APRENDIZAGEM ORGANIZACIONAL NO BRASIL

H236 Aprendizagem organizacional no Brasil / Claudia Simone Antonello ... [et al.]. – Porto Alegre : Bookman, 2011.
604 p. : il. ; 25 cm.

ISBN 978-85-7780-866-3

1. Administração. 2. Administração de pessoal. 3. Aprendizagem organizacional. I. Antonello, Claudia Simone.

CDU 658.3

Catalogação na publicação: Ana Paula M. Magnus – CRB 10/2052

CLAUDIA SIMONE ANTONELLO
ARILDA SCHMIDT GODOY
E COLABORADORES

APRENDIZAGEM ORGANIZACIONAL NO BRASIL

bookman
2011

Capa: *Tatiana Sperhacke*

Ilustração da capa: ©*iStockphoto.com/danleap*

Leitura final: *Verônica de Abreu Amaral*

Editora Sênior: *Arysinha Jacques Affonso*

Projeto e editoração: *Techbooks*

Av. Jerônimo de Ornelas, 670 – Santana
90040-340 – Porto Alegre – RS
Fone: (51) 3027-7000 Fax: (51) 3027-7070

Unidade São Paulo
Av. Embaixador Macedo Soares, 10.735 – Pavilhão 5 – Cond. Espace Center
Vila Anastácio – 05095-035 – São Paulo – SP
Fone: (11) 3665-1100 Fax: (11) 3667-1333

SAC 0800 703-3444

IMPRESSO NO BRASIL
PRINTED IN BRAZIL

AUTORES

Arilda Schmidt Godoy
Doutorado em Educação pela Universidade de São Paulo. É professora da Universidade Presbiteriana Mackenzie.
arilda@mackenzie.com.br

Claudia Simone Antonello
Doutorado em Administração pelo PPGA/UFRGS. É professora e pesquisadora da Universidade Federal do Estado do Rio Grande do Sul.
csantonello@ea.ufrgs.br.

Daniel Gomes dos Reis
Mestre em Administração de Empresas pela Universidade Presbiteriana Mackenzie. Pesquisador do Núcleo de Pesquisa e Formação em Administração da Universidade Presbiteriana Mackenzie.
danielreys@yahoo.com.br

Débora Costa de Azevedo
Mestre em Administração pela Universidade do Vale do Rio dos Sinos. Pesquisadora da Unisinos e professora convidada em cursos de especialização da PUCRS, do I-UMA e da UnC/Concórdia.
deboraazevedo@terra.com.br

Diego Bonaldo Coelho
Mestre em Administração de Empresas pela Universidade Presbiteriana Mackenzie. É professor da Universidade Anhembi-Morumbi e da Universidade Cidade de São Paulo.
coelhodb@yahoo.com.br

Douglas Wegner
Mestre em Administração pela Universidade de Santa Maria. Participa como pesquisador do Núcleo de Pesquisa Gestor do PPGA/UFRGS.
dwegner@ea.ufrgs.br

Éder Henriqson
Mestre em Administração e Negócios pela PUCRS. Professor Assistente da Faculdade de Ciências Aeronáuticas da PUCRS.
ehenriqson@pucrs.br; ehenriqson@yahoo.com.br

Isabel Cristina Badanais Vieira Leite
Mestre em Administração de Empresas pela Universidade Presbiteriana Mackenzie. Participa como pesquisadora do Núcleo de Pesquisa e Formação em Administração da Universidade Presbiteriana Mackenzie (UPM).
badanais@uol.com.br

Joel Dutra
Professor livre docente da Faculdade de Economia, Administração e Ciências Contábeis da Universidade de São Paulo e coordenador do Programa de Estudos sobre Gestão de Pessoas (PROGEP) da Fundação Instituto de Administração.
jdutra@usp.br

Juliana Kurek
Mestrado em Engenharia pela Universidade de Passo Fundo. É professora da Universidade de Passo Fundo.
jkurek@upf.br

Leonardo Flach
Mestre em Administração pela UFSC.
leoflach@hotmail.com

Lisiane Quadrado Closs
Doutora em Administração no PPGA/UFRGS.
lcloss@terra.com.br

Luciano Mendes
Mestre em Administração, com ênfase em Gestão de Negócios, pelo PPA/UEM/UEL.
lucianobtos@yahoo.com.br e mendes@cptl.ufms.br

Lucimara Amorim da Costa
Mestrado em Administração com ênfase em Comportamento Organizacional pela Universidade Presbiteriana Mackenzie/São Paulo. Pesquisador do Núcleo de Pesquisa e Formação em Administração da Universidade Presbiteriana Mackenzie.
E-mail: lucimara.amorim@uol.com.br

Luis Araujo Ph.D.
Doutorado em Marketing pela University of Lancaster. Professor e Chefe do Departamento de Marketing na Lancaster University Management School.
l.araujo@lancaster.ac.uk

Luiz Henrique Boff
Doutor em Administração pela Universidade Federal do Rio Grande do Sul. Professor da Associação Internacional de Educação Continuada e professor do Instituto Brasileiro de Gestão de Negócios.
lhboff@bb.com.br

Marcia D'Amelio
Mestrado em Administração de Empresas pela Universidade Presbiteriana Mackenzie, participa como pesquisadora do Grupo de Pesquisa em Aprendizagem Organizacional do NUPES – Núcleo de Pesquisa em Ensino e Administração da Universidade Presbiteriana Mackenzie em São Paulo.
marciadamelio@yahoo.com.br

Marco Vinicius Zimmer
Doutor em Administração, com ênfase em Sistemas de Informação e Apoio à Tomada de Decisão, pelo PPGA/UFRGS.
zim@uol.com.br

Marcelo Milano Falcão Vieira, Ph.D.
Ph.D. em Administração pela University of Edinburgh, Escócia. Tem pós-doutorado na École de Hautes Études Commercialles (HEC-Paris), França. Professor visitante da Universidad Andina Simon Bolivar, Quito, Equador. Professor colaborador no curso de mestrado profissionalizante do Centro de Pesquisa de História Contemporânea do Brasil – CPDOC, da Fundação Getúlio Vargas.
marcelo.vieira@fgv.br

Miguel Pina e Cunha, Ph.D.
Tem um doutoramento pela Universidade de Tilburg e uma agregação pela Universidade Nova de Lisboa. É professor associado na Faculdade de Economia da Universidade Nova de Lisboa. mpc@fe.unl.pt

Patrícia Kinast de Camillis
Mestrado em Administração pela Universidade Federal do Estado Rio Grande do Sul com ênfase na área de Recursos Humanos.
patriciadecamillis@gmail.com

Rejane Prevot Nascimento
Doutora em Engenharia de Produção pela COPPE/UFRJ.
rejaneprevot@uol.com.br

Rodrigo Pinto Leis
Doutor em Administração do PPGA/UFRGS/NITEC. Professor Convidado da Euromed Marseille École de Management – França. Professor das Faculdades Rio-grandenses.
rodrigo@produttare.com.br

Luis Araujo

APRESENTAÇÃO

Os últimos 20 anos foram testemunho de um interesse crescente no conhecimento e na aprendizagem como motores de desenvolvimento socioeconômico (Organisation for Economic Cooperation and Development, 2000; United Nations Industrial Development Organisation, 2002). O sociólogo Castells (1996) apelidou a nova ordem econômica de informacional e global, dado que a produtividade e a competitividade das unidades econômicas, sejam elas empresas, regiões ou nações, dependem da capacidade de gerar, processar e aplicar eficazmente a informação baseada no conhecimento. Mesmo se é possível afirmar que a informação e o conhecimento sempre foram fatores determinantes no desenvolvimento econômico (Marshall, 1920), a emergência de novos paradigmas tecnológicos tornaram a informação e o conhecimento simultaneamente matéria prima e resultado dos processos produtivos nas economias modernas.

Neste contexto, não é de estranhar o despertar do interesse de pesquisadores na área das Ciências da Administração para o estudo da Aprendizagem Organizacional, que teve um crescimento notável desde a década de 90 até hoje, como muitas das contribuições nesta obra assinalam. O próprio aparecimento de livros dedicados aos temas do Conhecimento e da Aprendizagem Organizacional (Dierks et al., 2001; Easterby-Smith, Lyles 2003) no início desta década constituem uma prova do vigor e maturidade deste campo de pesquisa.

Ao mesmo tempo, qualquer leitor menos avisado ficará surpreendido com a variedade de abordagens teóricas e metodológicas empregue pelos autores que se entregam ao estudo destes temas. Se esta heterogeneidade pode surpreender os incautos, não é menos verdade que a junção das duas palavras-chave – aprendizagem e organização – levanta imediatamente uma multiplicade de dúvidas e questões. O estudo da aprendizagem não está necessariamente ligado a organizações formais, nem as organizações formais são imperativamente locais de aprendizagem. O estudo dos dois temas, aprendizagem e organização, coexistiram durante décadas sem que nenhum dos campos se preocupasse excessivamente com o outro.

E, no entanto, há boas razões para argumentar que a própria noção de conhecimento é inseparável da noção de ordem ou organização no sentido lato, enquanto as formas de organização têm uma forte influência sobre a possibilidade de mobilizar conhecimento e gerar inovação. Este entendimento do conhecimento como inseparável de organização tem raízes importantes na gênese da Economia como Ciência Social, remontado a Smith (1776) e Marshall (1920) como assinala Loasby (2007). A preocupação de Smith (1776) com a divisão do trabalho como princípio organizacional e a noção de que a especialização favorece a expansão do conhecimento, bem como a insistência de Marshall (1920) de que a organização é geradora de conhecimento, mostram uma sensibilidade precoce para a relação íntima entre conhecimento e organização, algo que foi redescoberto no início deste século.

A distinção entre informação e conhecimento proposta por Boulding (1955) é igualmente pertinente neste contexto. Para Boulding, a informação é algo transitório e efêmero, ao passo que o conhecimento é necessariamente uma estrutura de classificação e organização. A informação é algo que penetra esta estrutura e que pode ser ignorada, assimilada de forma parcial ou integral, ou capaz de transformar radicalmente os componentes e as ligações que constituem o conhecimento. Em outras palavras, a evolução do conhecimento está intrinsicamente ligada à organização no sentido lato, mas essa evolução pode ser potencializada ou dificultada por tipos específicos de organização formal (Loasby, 2007).

As organizações formais, como assinala Vaughan (1999), tanto podem facilitar como complicar os processos de utilização e geração do conhecimento. As organizações formais são por natureza formas de configuração de indivíduos, recursos materiais, tecnologias e práticas de trabalho. Por acréscimo, as organizações formais estabelecem sistemas de motivatição e incentivos que facilitam determinados tipos de aprendizagem e desencorajam outros. Por último, as organizações formais estabelecem relações com outros públicos (por exemplo, instituições estatais, clientes, fornecedores) que tanto podem reforçar como contrariar lógicas de aprendizagem locais. Elas também são necessariamente produtos de lógicas de desenvolvimento locais que não têm forma de escapar ao contexto histórico, geográfico e sociopolítico que as gerou.

A publicação de *Aprendizagem Organizacional no Brasil* tem um significado duplamente importante. O domínio da literatura em Ciências de Administração exercido pela língua inglesa, e pela academia norte-americana em particular, atinge níveis quase asfixiantes quer nas formas de expressão quer no credo em tendências universalizantes na forma de organização do conhecimento, tanto nas academia como na sociedade em geral. O estudo de formas de organização socioeconômica, e da aprendizagem organizacional em particular, só tem a se beneficiar com a sua extensão a outros contextos e com o questionamento crítico de pressupostos tidos como autoevidentes – por exemplo, a aprendizagem organizacional como um discurso desprovido de conteúdo politico e com efeitos benéficos por natureza.

Segundo, o Brasil tem assumido um papel cada vez mais importante na economia global quer como uma potência emergente dentro do agrupamento de países designado por BRIC (Brasil, Rússia, India e China), quer como um contraexemplo à noção de que a convergência de práticas e teorias de administração é inevitável num mundo cada vez mais globalizado e padronizado. Dessa forma, é importante que o desenvolvimento do campo da Aprendizagem Organizacional no Brasil mantenha uma postura de reflexividade, de questionamento sistemático de noções tidas como adquiridas, bem como contribua com estudos empíricos que estendam as fronteiras do campo e o confrontem abordando os mesmos fenômenos provindos de outras áreas.

As empresas multinacionais e as suas relações internas e externas, para citar apenas um exemplo, constituem um excelente terreno para estudar formas diversas de aprendizagem, relações de poder, a pobreza da noção de transferência de "best practices", a aprendizagem como forma de controle, etc. Os poucos estudos sobre estes temas têm sido realizados por acadêmicos ligados ao Negócio Internacional (Kogut, Zander, 2003) ou à Geografia Econômica (Amin, Cohendet, 2004). O campo da Aprendizagem Organizacional, ao cingir-se a contextos empíricos desprovidos de complexidades geográficas e culturais, tem ignorado excelentes oportunidades de expandir as suas fronteiras e contribuir de forma crítica para debates sobre a economia informacional e globalizada tal como Castells (1996) a caracterizou.

Em conclusão, felicito todos os colaboradores e as organizadoras desta obra pela excelente iniciativa e faço sinceros votos para que este projeto venha a constituir um marco importante no desenvolvimento de uma abordagem à Aprendizagem Organizacional distintamente brasileira e enriquecedora da área no contexto internacional.

○ REFERÊNCIAS

AMIN, A.; COHENDET, P. *Architectures of Knowledge*: firms, capabilities and communities. Oxford: Oxford University Press, 2004.

BOULDING, K. Notes on the information concept. *Explorations*, v. 6, p. 103-112, 1995.

CASTELLS, M. *The information age*: economy, society and culture: the rise of the network society. Oxford: Basil Balckwell, 1996.

DIERKES, M. et al. (Ed.). *Handbook of organizational learning and knowledge*. Oxford: Oxford University Press, 2001.

EASTERBY-SMITH, M.; LYLES, M. *The Blackwell handbook of organizational learning and knowledge management*. Oxford: Basil Blackwell, 2003.

KOGUT, B.; ZANDER, U. Knowledge of the firm and the evolutionary theory of the multinational firm: 2003 decade award winning article. *Journal of International Business Studies*, v. 34, n. 6, p. 516-529, 2003.

LOASBY, B. J. The ubiquity of organization. *Organization Studies*, v. 28, n. 11, p. 1729-1759, 2007.

MARSHALL, A. *Principles of economics*. 8th ed. London: Macmillan, 1920.

ORGANISATION FOR ECONOMIC COOPERATION AND DEVELOPMENT. *Knowledge management in the learning economy*: education and skills. Paris, 2000.

SMITH, A. *An inquiry into the nature and causes of the wealth of nations*. London: W. Strahan and T. Cadell, 1776.

UNITED NATIONS INDUSTRIAL DEVELOPMENT ORGANISATION. *Competing through innovation and learning*. Viena, 2002. Industrial Development Report 2002/3.

VAUGHAN, D. The role of the organization in the production of techno-scientific knowledge. *Social Studies of Science*, v. 29, n. 6, p. 913-943, 1999.

Miguel Pina e Cunha

INTRODUÇÃO

*THE TIMES THEY ARE A-CHANGIN'**

A SOCIEDADE ORGANIZACIONAL À ENTRADA DO SÉCULO XXI

* O título é obviamente tomado de empréstimo da canção de Bob Dylan, do álbum com o mesmo nome (Sony BMG, 1964). Serve de homenagem ao grande poeta/cantor/compositor que nos ajudou a recordar que o mundo, tal como já notara Camões, sempre foi composto de mudança.

○ INTRODUÇÃO

Apesar da persistência da formulação taylorista/fordista, o processo de *design* e gestão das organizações tem mudado de forma visível ao longo do primeiro século de gestão moderna. As mudanças têm sido, todavia, segundo alguns observadores, menos rápidas e menos profundas do que seria desejável. Tomando 1911, data da edição de *The Principles of Scientific Management*, como o ano da fundação da gestão moderna, durou todo este século a dominação da prática da gestão pelos princípios desenhados por Taylor. Esta posição crítica pode ser encontrada em autores como Drucker (1998), Manville e Ober (2003) ou Hamel (2007), que defenderam a necessidade de reinventar a gestão, dada a incapacidade da filosofia taylorista de corresponder às necessidades das novas organizações e daqueles que nelas trabalham. O mesmo tipo de argumentação é apresentado por Maccoby (2007), que defende a necessidade de novos líderes. Os empregados e os seus líderes emergem num determinado contexto social – um fato ao qual a literatura de gestão tem dedicado escassa atenção. As pessoas que estão chegando ao mercado de trabalho foram criadas em contextos familiares distintos daqueles que deram origem às organizações hierárquicas tradicionais, com uma estrutura social e de autoridade conservadora. Muitos dos novos profissionais provêm de famílias não tradicionais, nas quais não mais está presente uma figura paterna dominadora. Essa mudança na experiência de vida resultará, segundo Maccoby, na busca de novos contextos organizacionais mais interativos, colaborativos e marcados por um espírito de comunidade diferente do tradicional, o qual assentava em fortes vínculos interpessoais. Ou seja, a sociedade organizacional está, como sempre esteve, em mudança. Dada a centralidade das organizações na estruturação da sociedade contemporânea, o entendimento da mudança social requer o acompanhamento desta presumível mudança organizacional.

Esta apresentação analisa a mudança organizacional no seu contexto social. Propõe a existência de dois grandes paradigmas organizacionais: burocrático e pós-burocrático, apresentando o primeiro com duas variantes principais, burocracias coercivas e burocracias capacitadoras/aprendentes (ver Quadro 1). Embora existam múltiplas formas de organização das teorias organizacionais (por exemplo, Pfeffer, 1982, 1997a), a distinção entre organizações burocráticas e pós-burocráticas permite captar de forma parcimoniosa a tensão entre o núcleo mais profundo da organização moderna e a busca de novas fundações para a gestão de empresas, mais alinhadas com a pós-modernidade.

1 • O PARADIGMA BUROCRÁTICO

A burocracia é a marca distintiva da organização moderna. O avanço da sociedade no sentido da

QUADRO 1
***Design* organizacional e práticas de gestão**

Design organizacional	Burocracias coercivas	Burocracias aprendentes	Pós-burocracias
Modus operandi	Organizações complexas, pessoas simples	Organizações complexas, pessoas complexas	Organizações simples, pessoas complexas
O trabalhador	Empregado	Cidadão organizacional	Empreendedor interno
Liderança	Liderança administrativa	Liderança capacitadora	Liderança adaptativa
Sistema de controle	Hierarquia	Hierarquia + *empowerment*	Estruturas mínimas
Exemplos	Ford Motor Co., Estado	Toyota, AutoEuropa	Whole Foods, OutSystems

modernidade deveu-se em grande medida à burocracia. Sem a burocracia não teria sido possível a concretização do projeto moderno, isto é, a organização da sociedade de acordo com um conjunto de princípios racionais.

A burocracia não constitui, evidentemente, uma criação da era moderna. Sofisticadas burocracias foram criadas à medida que as sociedades de caçadores-colectores deram lugar a comunidades de produtores agrícolas sedentários. A maior capacidade produtiva permitiu o surgimento de especialistas: guerreiros profissionais, políticos e o seu séquito de burocratas.* À medida que o processo prosseguia, o grupo burocrático ia sendo alargado, nomeadamente para garantir que os reis e senhores obtivessem os impostos a que tinham direito (autoestabelecidos). Estes burocratas pré-modernos estavam, no entanto, a serviço de monarcas e de senhores, e não de um projeto racional desenhado sobre um conjunto de princípios supraindividuais.

A palavra burocracia combina o termo *bureau*, francês para escritório ou gabinete, com *krátos* a palavra grega para poder. No século XIX, a Alemanha apresentava vários exemplos do sucesso da burocracia como filosofia e forma de desenho organizacional, incluindo a organização do Estado. O estado alemão construído pelo primeiro chanceler, Bismarck, constituía um modelo do poder burocrático, designadamente pelos feitos conseguidos em termos da organização estatal e militar. As origens do Estado alemão residiam num conjunto de invenções sociais levadas a cabo na Prússia, o berço da futura Alemanha. A burocracia estatal alemã e a organização do exército prussiano eram invejadas na Europa. Como assinalam Clegg, Kornberger e Pitsis (2008), nada exprimia melhor a disciplina prussiana que o célebre passo de ganso daquele exército, criado no século XVII. O passo de ganso transmitia um conjunto de mensagens: a capacidade dos generais de submeterem os recrutas às suas ordens e disciplina estrita, por mais dolorosas que fossem, e por mais inúteis que parecessem. Para fora, a máquina de guerra prussiana mostrava como era possível criar um coletivo capaz de eliminar o individualismo e de curvar qualquer tentativa de submissão. Estas lições seriam então transferidas para o mundo da indústria: Frederick Taylor transpunha para o campo da organização alguns princípios comuns a Frederico, o Grande, da Prússia (Morgan, 1986). Em outras partes da Europa, os princípios burocráticos eram aplicados em contextos menos favoráveis ao ímpeto de racionalização, resultando em híbridos de arcaísmo e modernidade – que persistem até hoje, sem nunca terem cumprido plenamente as promessas de modernização que lhe estavam associadas (Ballas, Tsoukas, 2004; Tsoukas, Papoulias, 2005; Cunha, Clegg, Rego, 2008).

A burocracia é um sistema organizacional baseado nos princípios da ordem e da racionalidade. Num sistema burocrático as pessoas obedecem às regras porque assumem/acreditam que aquele que dá as ordens atua de acordo com um conjunto de princípios legais e regras definidos de uma forma racional-legal e decorrentes da sua posição na estrutura. O oficial burocrático é alguém cujo comportamento se rege segundo um código próprio:

- É nomeado para uma posição em função da sua conduta e competência técnica.
- Exerce a autoridade em si delegada de acordo com regras impessoais.
- Exerce essa atividade de forma profissional e em tempo integral. Nesse sentido, não a complementa com atividades paralelas – uma das principais fontes de corrupção do aparelho administrativo.
- A sua lealdade é direcionada para a execução das tarefas que lhe cabem.

Deste código resulta que as funções na organização eficiente são executadas por burocratas, cujas normas de atuação são balizadas por um conjunto de princípios:

* O processo pode ser aprofundado, por exemplo, em Diamond (1997).

- O poder pertence à posição ocupada e não ao seu ocupante.
- As relações de poder na estrutura da organização têm uma configuração de autoridade especificada pelas regras da organização.
- Uma vez que o poder é exercido em termos das regras do sistema e não função das pessoas que ocupam os cargos no sistema, a ação organizacional é impessoal.
- Os sistemas disciplinares de conhecimento, quer sejam formulados de acordo com regras profissionais quer organizacionais, enquadram a ação organizacional – a qual não depende de crenças idiossincráticas.
- As regras tendem a ser formalmente codificadas.
- Estas regras são contidas em arquivos ou documentos escritos, os quais, tendo por base regras precedentes e abstratas, servem de padrão para a ação organizacional.
- Estas regras definem tarefas específicas, distintas e realizadas por diferentes categorias de pessoal, nelas especializado – e não em outras. Estas tarefas oficiais são organizadas numa base continuamente regulada, de modo a assegurar que o trabalho flui adequadamente entre as partes descontínuas do sistema. Existe como tal uma tendência para a especialização.
- Existe uma fronteira clara entre a ação burocrática e a ação pessoal particularística, fronteira esta que define os limites da legitimidade.
- A separação funcional das tarefas significa que as pessoas devem deter a autoridade e o poder de sanção comensuráveis com as suas responsabilidades. As organizações têm, assim, uma estrutura de autoridade.
- Uma vez que as tarefas são funcionalmente separadas e porque as pessoas encarregadas de cada função têm poderes precisamente delegados, existe uma tendência para a hierarquia.
- A delegação dos poderes é expressa sob a forma de deveres, direitos, obrigações e responsabilidades. Deste modo, as relações organizacionais tendem a exibir uma base contratual precisa.
- As qualidades requeridas para as posições organizacionais são crescentemente medidas em termos de credenciais formais.
- Visto que diferentes posições na hierarquia dos gabinetes requerem distintas credenciais para admissão, existe uma estrutura de carreira na qual a promoção é possível por senioridade ou por mérito de serviço de indivíduos com credenciais similares.
- As diferentes posições na hierarquia são estratificadas e remuneradas distintamente.
- A comunicação, a coordenação e o controle são centralizados.

A burocracia pode, em resumo, ser definida com base em três elementos essenciais:

- Um sistema de autoridade assente na capacidade profissional para avaliar códigos abstratos e racionalizados.
- Essa autoridade é exercida de modo impessoal e baseada em regras e procedimentos formais escritos.
- A relação de emprego presume uma carreira de trabalho em tempo integral, com a separação do trabalho e da vida privada, e a compensação salarial pelo trabalho executado de acordo com normas e regras.

A imagem resultante é, por conseguinte, a de um sistema quase mecânico. O trabalho é racionalmente dividido. As partes do sistema estão bem definidas. Cada pessoa conhece a parcela de autoridade e responsabilidade que lhe cabe. As decisões são tomadas de acordo com regras – e não por via de nepotismos e favoritismos. A seleção das pessoas para os cargos rege-se por critérios de competência e da capacidade. As funções são executadas por profissionais especializados e competentes. A autoridade é determinada e exercida por um esquema hierárquico claro. A estrutura é mantida independentemente das pessoas que ocupam os cargos. O resultado prático desta teoria de estruturação organizacional é, o mais das vezes, a burocracia coerciva, discutida a seguir. No restante desta seção e nas seções seguintes, os diversos tipos organizacionais serão analisados de acordo com uma estrutura que considera o *modus operandi* típico da organização, o papel dos trabalhadores, a forma predominante de liderança e o sistema de controle mais provável. Cada seção conclui com a apresentação de casos ilustrativos de cada tipo.

• 1.1 • Burocracia coerciva

O resultado mais habitual da aplicação dos princípios da organização burocrática é a burocracia tradicional ou coerciva. A distinção entre burocracias coercivas e burocracias aprendentes ou capacitadoras (*enabling*) foi introduzida por Adler e Borys (1996). A burocracia coerciva corresponde, em traços gerais, às burocracias tradicionais baseadas em linhas hierárquicas claramente estabelecidas e nas quais as decisões fluem de forma descendente, com fraca participação da base.

MODUS OPERANDI O modo de funcionamento da burocracia coerciva baseia-se no princípio fundamental de que o utilizador de um determinado sistema organizacional é uma potencial fonte de problemas que devem ser evitados tanto quanto possível. O desafio que se coloca aos *designers* organizacionais em tal contexto é o de criarem um sistema organizacional suficientemente complexo que permita às pessoas realizarem operações simples e pouco exigentes. O último objetivo destas formas organizacionais era o de criar sistemas organizacionais tão aperfeiçoados que não requeressem aos seus utilizadores particular sofisticação – conforme se discute a seguir.

O TRABALHADOR O trabalhador na empresa mais próxima da lógica burocrática interpretada de forma coerciva é, por *design*, uma peça relativamente fácil de substituir (dada a simplicidade das funções) de uma máquina orientada para a eficiência. A figura do empregado, tal como apresentada por Jacques (1996) e por Clegg, Courpasson e Phillips (2006) é emblemática deste período: um especialista em obediência ou um "corpo dócil" – em alguns casos descrito de forma que o revela próximo da boçalidade (vide o célebre Schmidt, de Taylor, 1911, p. 44-45). Maus resultados conduzem à solução óbvia: aquisição de "peças" mais baratas e que produzam o mesmo ou mais. Por exemplo, a General Motors anunciou em fevereiro de 2008 a rescisão dos seus contratos com um quarto da sua força de trabalho, cerca de 74.000 trabalhadores! O objetivo: "trocar funcionários atuais por outros mais baratos" (Rocha, 2008, p. 31). Se os ganhos desta medida são óbvios, as suas fraquezas são menos visíveis – pelo menos no curto prazo. Mas não deixa de ser reveladora a tomada desta decisão na mesma altura em que a Toyota comunicou o seu sentido de pertença a comunidades, bem como a sua própria filosofia da organização como comunidade de trabalho.

LIDERANÇA O modelo de liderança predominante nas organizações burocráticas coercivas corresponde ao tipo descrito por Uhl-Bien, Marion e McKelvey (2007) como liderança administrativa. Trata-se de uma filosofia de liderança assente nas noções burocráticas clássicas de hierarquia, alinhamento e controle. A liderança está associada à posição ocupada por alguém numa estrutura hierárquica, isto é, ao gabinete/ *bureau/ office*. O detentor do poder formal coordena a partir do gabinete e da autoridade que este lhe confere. Tal autoridade decorre do *fiat*, a autoridade imposta na ausência de participação.* Estabelece a correspondência entre liderança e o ocupante de um lugar na hierarquia organizacional.

SISTEMA DE CONTROLE O sistema de controle nas burocracias do tipo coercivo assenta na hierarquia e nas regras. Estas consagram um conjunto

* O termo *fiat* vem do latim e pode ser traduzido como "que assim seja".

de práticas alegadas/desejavelmente boas, que requerem dos seus alvos uma aplicação mais ou menos automática. A regra, por outras palavras, serve para criar procedimentos operacionais padronizados. Em princípio, regras racionais aplicadas por pessoas bem intencionadas produzem organizações mais ou menos funcionais – ou pelo menos não totalmente disfuncionais. Mas nos casos extremos, as limitações deste modo de pensar a organização tornam-se claros. *Standard Operating Procedure* é, além de uma noção consagrada nas teorias da gestão (por exemplo, Cyert, March, 1992), o título de um documentário de 2008, da autoria de Errol Morris. O filme consiste em dar voz aos militares punidos por abusos de prisioneiros iraquianos em Abu Ghraib. Um interrogador civil contratado referiu-se inicialmente a estes soldados como "uns policiais rudes armados em idiotas. Hoje acho que eram uns meninos sem experiência que foram enrolados." Um dos militares inquiridos referiu sobre a sua participação: "É muito fácil aos oficiais superiores perguntarem porque é que não nos recusamos a cumprir as ordens que nos davam. Mas desde o primeiro dia de recruta que nos dizem que temos que cumprir as ordens senão estamos lixados." (Mourinha, 2008).

EXEMPLOS Muitas organizações conservam, até aos nossos dias, traços claros das burocracias coercivas desenhadas segundo os princípios das teorias clássicas da organização. As burocracias estatais são exemplos claros da persistência e da resiliência destas burocracias. Apesar da apologia da mudança (por exemplo, Osborne; Gaebler, 2001), as organizações estatais continuam majoritariamente a assemelhar-se mais aos famosos labirintos kafkianos que a ambientes de empreendedorismo entusiasta, conforme poderá ser atestado por qualquer usuário.

• 1.2 • Burocracia aprendente

A noção de burocracia capacitadora/aprendente foi introduzida por Adler e Borys (1996). Os autores observaram que as organizações burocráticas não funcionavam necessariamente num registro coercivo típico. Para explicar a diferença entre os tipos coercivo e capacitador, Adler e Borys convidam à distinção entre boas e más regras. As más regras (aquelas que coagem e limitam o comportamento) são vistas de um modo fortemente negativo por aqueles a quem se aplicam, ao passo que as boas regras (regras que enquadram/apoiam) tendem a passar despercebidas, i.e, são vistas como "naturais".

A compreensão da formação de organizações com diferentes tipos de regras pode ser melhor entendida se se considerar o cruzamento de duas variáveis:

- O tipo de formalização, que se refere ao fato de as regras poderem ser "boas" (capacitadoras) ou "más" (coercivas).
- O grau de formalização, que respeita a extensão das regras e o grau em que são aplicadas. Este segundo aspecto é importante porque uma organização pode ter muitas regras – mas não as aplicar. Estas organizações são chamadas falsas burocracias (*mock bureaucracies*).

A combinação destas duas dimensões resulta em quatro tipos: os tradicionais tipos orgânico/não burocrático e mecanicista/burocrático, mais a autocracia e a burocracia capacitadora. A autocracia corresponde a ambientes despóticos ou paternalistas. A burocracia capacitadora, o objeto desta seção, constitui uma forma burocrática menos conhecido e minoritária, mas merecedora de atenção.

A burocracia capacitadora é um exemplo ilustrativo da possibilidade de as burocracias aprenderem e se adaptarem. Isto significa que pode ser inadequado aduzir de forma simplista que toda a burocracia introduz um sistema rígido de controle que diminui a flexibilidade e a capacidade de resposta adaptativa. Com efeito, parece ser mais recomendável presumir que (também) há vias burocráticas capacitadoras de elevados desempenhos e de adaptações às turbulências da envolvente. Em suma: a burocracia pode efetivamente funcionar como uma estratégia de controle coerciva, mas não necessariamente. Por isso, reduzi-la a um único tipo de controle – mecanicista e não adaptativo – é uma simplificação desvirtuadora da realidade.

MODUS OPERANDI O modo de funcionamento da burocracia aprendente baseia-se no princípio fundamental de que o utilizador de um determinado sistema organizacional deve ser suficientemente sofisticado para poder interagir com um sistema complexo. O operador pode, portanto, interferir para resolver os problemas detectados e para melhorar o sistema. Os *designers* organizacionais têm por desafio criar sistemas organizacionais que, apesar da sua complexidade, permitam às pessoas atuar nos momentos certos para melhoria ou resolução de problemas. A complexidade do sistema organizacional exige complexidade equivalente dos operadores humanos aos diversos níveis da organização.

O TRABALHADOR Nas organizações burocráticas aprendentes, o trabalhador adquire novas responsabilidades e um novo papel. Passa a ser um "cidadão" ou "membro" da organização, com responsabilidades acrescidas. Cabe-lhe contribuir para a melhoria da organização, embora de acordo com pressupostos/fronteiras definidos pela própria organização. Esta mudança de papel decorreu em parte da difusão da filosofia de gestão pela qualidade total, a qual consagra um novo papel dos trabalhadores: o de agentes de melhoria contínua do sistema. Ou seja, já não lhes compete apenas executar com competência e obediência as ordens provenientes do topo; cabe-lhes proceder à identificação de possibilidades de melhoria (Ichniowski; Shaw, 2000). Por outras palavras, a área de atuação dos empregados situa-se no domínio técnico: as pessoas resolvem problemas técnicos associados a um negócio delimitado no topo.

LIDERANÇA O modelo de liderança predominante nas organizações burocráticas aprendentes corresponde ao tipo descrito por Uhl-Bien, Marion e McKelvey (2007) como liderança capacitadora. Trata-se de uma filosofia de liderança assente na ideia de que compete aos líderes estimular por todo o sistema organizacional a capacidade de aprendizagem e de resolução de problemas. Ou seja, o líder não é o *locus* de emanação de ordens, mas um criador de contextos organizacionais favoráveis ao crescimento e à aprendizagem por via da participação e do *empowerment*.

SISTEMA DE CONTROLE Na burocracia aprendente o controle é exercido a partir da combinação de formas *hard* e *soft*: a hierarquia mantém-se, mas combina os controlos hierárquicos com sofisticados mecanismos de participação e envolvimento (Adler; Borys, 1996). O interesse pelas pessoas e pelo seu desenvolvimento pode ser genuíno, mas a complexidade da operação e/ou a história organizacional podem sugerir a manutenção da hierarquia e de procedimentos formais claros e relativamente intrusivos.

EXEMPLOS A Toyota constitui um dos melhores exemplos, porventura o mais profundamente estudado, da burocracia aprendente. O volumoso trabalho de Jeffrey Liker sobre a empresa japonesa ilustra de forma clara a combinação de sistemas de controle do tipo hierárquico e tecnológico/de *design*, combinados com sofisticadas práticas de inclusão e participação (Liker, 2004; Liker, Meier, 2007; Liker, Hoseus, 2008). O sistema de produção da Toyota foi descrito como "detalhado e prescritivo" (Adler; Borys, 1996, p. 71) mas não foi desenhado para ser "à prova" do utilizador. Pelo contrário, é possivelmente desta capacidade de combinar a complexidade do sistema com a complexidade dos trabalhadores que resulta a sua superioridade competitiva. O elogiado sistema de produção não é compreensível sem a consideração do papel desempenhado pelos processos de desenvolvimento do talento humano e da utilização da cultura como uma ferramenta de vantagem competitiva (Liker; Hoseus, 2008).

O desenvolvimento de burocracias do tipo aprendente tem proporcionado bons resultados a empresas como a Toyota. Não obstante, empresas de diversos setores de atividade têm procurado formas mais propiciadoras de autonomia e flexibilidade. Essas organizações, que procuram se libertar do lastro histórico do pensamento de Taylor e Weber, são aqui genericamente chamadas de "pós-burocráticas".

2 • AS ORGANIZAÇÕES PÓS-BUROCRÁTICAS

Fatores como o reconhecimento das limitações das estruturas burocráticas, as mudanças nos padrões educacionais e sociopolíticos (cidadãos com níveis educacionais mais elevados e vivendo em regimes democráticos têm expectativas de participação mais amplas e profundas) e a alta velocidade do processo competitivo em diversos setores de actividade têm conduzido à busca de formas organizacionais alternativas aos tradicionais desenhos burocráticos. A capacidade de aprender e de se adaptar mais e mais depressa que os concorrentes tem sido apresentada como a mais importante fonte de vantagem competitiva (Child; Mcgrath, 2001) em ambientes nos quais a economia física deu lugar a economias de informação apoiadas em tecnologias digitais. Diversos tipos e designações pós-burocráticos já foram identificados na literatura. O Quadro 2 apresenta um elenco de possíveis formatos, incluindo variantes como as heterarquias, organizações modulares, mercados internos, adhocracias, clãs, etc. Outras designações poderiam ainda ser consideradas, porém o quadro não deve ser tomado como exaustivo. Neste capítulo essas diferenças não são tratadas com detalhe, antes sendo adotada a designação genérica de organizações pós-burocráticas para este conjunto de formas que procuram partir das estruturas tradicionais. A emergência de organizações pós-burocráticas pode, portanto, ser entendida como o reconhecimento de que as mudanças nas diversas esferas da envolvente organizacional forçam a mudança nas formas de desenhar e gerir as organizações com o objetivo de aumentar a sua flexibilidade e capacidade adaptativa. Estas características são particularmente significativas nas chamadas economias criativas (Carvalho, 2008), dominadas pela necessidade de novidade mesmo em termos de produtos antes indiferenciados. A designação "pós-burocracia" refere-se, em traços gerais, a um tipo de "organização no qual cada um assume responsabilidade pelo sucesso do todo" (Heckshed, 1994, p. 24).

A experimentação com estes novos formatos pós-burocráticos não deve significar que os novos formatos organizacionais serão destituídos de uma componente burocrática – designadamente a formalização de procedimentos – nem que algumas organizações contemporâneas possam desde já ser qualificadas como essencialmente pós-burocráticas. A investigação mostra, aliás, que mais procedimentos burocráticos podem significar maior flexibilidade (Briscoe, 2007). Nesse sentido e paradoxalmente, as pós-burocracias podem ser mais ... burocráticas. Daí que, mesmo Heckshed, autor do importante texto já citado sobre a organização pós-burocrática, considere que não existe ainda algo como a organização pós-burocrática. Existem sim, considera, aproximações à essência da organização pós-burocrática: uma forma interativa que evolui por consenso informado e, não, em função de decisões emanadas da hierarquia e de uma estrutura de autoridade restrita e pouco acessível. Muitas aparentes tentativas de ultrapassagem das limitações da burocracia (*empowerment*, participação, gestão por objetivos) não são mais que vinho velho em odres novos: a estrutura decisional mantém-se, agora com uma maior margem de manobra determinada a partir do topo.

Uma contribuição importante para o reconhecimento das limitações das formas burocráticas e para a consideração das formas pós-burocráticas foi apresentada por Gerard Fairtlough no seu livro *The three ways of getting things done*. Fairtlough sugere que as organizações e aqueles que as habitam estão viciados em hierarquia e que, por isso, essa forma tende a dominar a paisagem organizacional. No entanto, a

Quadro 2 Novas soluções de *design* organizacional com traço pós-burocrático	
Conceito	Características
Adhocracia	Organizações cujo *design* foi crescendo de forma "orgânica", não explícita nem deliberada. Têm pouca estrutura e poucas regras. São frequentemente organizações criativas e de pequena dimensão.
Tecnocracia	Estruturas organizacionais arquitetadas em torno de novas tecnologias. Por exemplo, um conjunto de pessoas trabalha sobre a mesma base de dados a partir de localizações dispersas. Organizações de investigação como o Projeto Genoma constituem um exemplo.
Mercado interno	Organizações cujos elementos, incluindo a alta gestão, se encontram autonomizados em centros de proveitos. Cada unidade tem uma relação contratual com as outras, cujos preços são ditados pelo mercado e não por mecanismos administrativos de preços de transferência.
Clã	Organizações unidas em torno de uma cultura partilhada, mais do que de regras formais. A cultura é muito sustentada e propagada por via da comunicação oral, como acontece nas *start ups* de alta tecnologia no Vale do Silício.
Heterarquia	Parecida com uma rede, designadamente com uma rede de pesca. Há várias linhas de autoridade que se cruzam e não uma hierarquia única e bem-estabelecida. As empresas de serviços profissionais, como as sociedades de advogados, parecem-se por vezes com este arranjo.
Organização virtual	Estruturada em volta de redes virtuais e não de regras formais. Envolve organizações baseadas em projetos, frequentemente muito distantes em termos geográficos. A informação move-se com grande rapidez entre equipes que trabalham separadas. Foi usada por exemplo pela Iberomoldes para desenvolver produtos "around the clock" em Portugal, China e México.
Organização em rede	Organização formada por linhas que cruzam e intersectam diversas organizações separadas. A conexão entre elas toma com frequência a forma de um projeto. A diferença face à organização virtual é o fato de a ligação entre as partes ser mais formal e de não haver sobretudo fluxos de informação. Um exemplo: a parceria entre uma grande empresa pública do setor das *utilities* e empresas construturas de infraestruturas.
Organização oca	As empresas ocas são aquelas em que uma parte das atividades é subcontratada no exterior, "esvaziando" a organização das atividades/processos não *core* (por exemplo, atividades de contabilidade e alguns processos de gestão administrativa de recursos humanos). Permitem ganhos de eficiência, especialização e flexibilidade. Por exemplo, a diferença face à estrutura modular é que nesta forma as unidades (módulos) são partes do produto, ao passo que nas organizações ocas são externalizados processos.
Rede mínima	Organização em rede, baseada em equipes temporárias e muitas vezes virtuais. Nestas organizações a confiança é substituída por mecanismos de coordenação com base em processos e prazos. A visão, os princípios e os objetivos não são partilhados, apenas tornados compatíveis no decurso do trabalho do grupo.
Organização pós-moderna	A organização burocrática depois de passar por um processo de de-diferenciação, isto é, mais integrada, menos especializada, mais baseada em equipes. As construtoras japonesas do setor automobilístico, grandes burocracias com traços de *learning organizations*, são um exemplo notório.
Organização modular	Uma composição de unidades (módulos) independentes e mais ou menos acoplados, que no final devem funcionar como um todo coerente. A organização divide os produtos, por exemplo, jatos no caso da Bombardier, em módulos (*cockpit*, reatores, asas, aviônica, etc.) que são produzidos em diferentes organizações – alguns internamente, outros não. No final, a Bombardier monta os módulos como peças de Lego.

Fonte: Baseado em Clegg (2007) e em Cunha, Cunha e Fonseca (2008). Para a identificação de referências sobre cada um dos tipos constantes desta tabela, ver o Capítulo 5 desta última obra.

hierarquia é, segundo o autor, apenas uma das três formas possíveis de "fazer as coisas", sendo as outras duas a heterarquia e a autonomia responsável (para uma leitura mais detalhada das diferenças entre estas três formas de "fazer as coisas", ver Quadro 3). A dominação da hierarquia deve-se à segurança que ela proporciona: as pessoas conhecem-na. O futuro da organização passará cada vez mais, segundo o vaticínio de Fairtlough, pelo profissionalismo dos seus membros e não tanto pela manutenção de uma cadeia hierárquica que transforma os trabalhadores em especialistas em obediência. Na organização hierárquica, as pessoas transformam-se muitas vezes em subordinados acríticos que executam ordens sem nelas pensar.

A ilusão da "inevitabilidade da hierarquia" vem sendo posta em causa pela existência de dois outros tipos possíveis: a heterarquia, um sistema organizacional baseado na dispersão do poder por vários agentes, e a autonomia responsável, um sistema organizacional no qual cada um define a sua ação no âmbito de uma visão comum e é avaliado pelos resultados que consegue. O Quadro 3 detalha as diferenças entre estes sistemas organizacionais e sugere que as novas

QUADRO 3
Três formas de fazer as coisas: hierarquia, heterarquia e autonomia responsável

	Hierarquia	Heterarquia	Autonomia responsável
Descrição	Um sistema organizacional baseado no poder de um	Um sistema organizacional baseado no poder de vários	Um sistema organizacional baseado no poder de muitos
Vantagens	Familiaridade, "naturalidade", obediência, disciplina, clareza	Prevenção das más decisões do líder supremo, poder distribuído, sistema de pesos e contrapesos	Diversidade, simplicidade, capacidade de improvisação, polifonia
Desvantagens	Rigidez, fraco aproveitamento da inteligência dos membros da organização	Decisões potencialmente mais lentas, processos negociais complexos	Forma pouco familiar e potencialmente desconfortável, necessidade de processos sofisticados de gestão da cultura, requer ambientes de elevada confiança
Condição crítica	Aceitação da dominação do hierarca	Aceitação da separação de poderes (p.e., CEO e *chairman*)	Alta maturidade profissional em toda a organização
Ilustração	Hierarquias "normais"	Organizações com culturas claras de separação de poderes (p.e., os diferentes conselhos nas universidades)	Organizações de especialistas (centros de investigação, empresas de especialistas)
Perfil do membro da organização	Especialista em obediência	Trabalhador de equipe, aberto à diversidade e dotado de boas capacidades de *boundary spanning*	Trabalhador de equipe, empreendedor interno, altamente *accountable*
Motivações	Executar corretamente, subir na hierarquia	Contribuir, vir a pertencer ao grupo de heterarcas	Contribuir, descobrir, ter um impacto, prosseguir projectos interessantes
Trabalho	Emprego	Carreira	Projetos

Fonte: Fairtlough (2005).

organizações terão que se libertar das "ratoeiras" dos quadros mentais gestionários do século XX (por exemplo, Dougherty, 2007). As evidências deste novos modelos de gestão vão surgindo com maior frequência. Do estudo de caso Semco no Brasil, a empresas como a YDreams em Portugal, onde "abundam talentos mas faltam regras de gestão" (Crespo, 2008, p. 18), novas organizações vão experimentando soluções de *design* que facilitem a aprendizagem e a adaptação – o que parece passar pelo desmantelamento parcial das estruturas de poder e dos formalismos das burocracias/hierarquias tradicionais.

MODUS OPERANDI O modo de funcionamento da organização pós-burocrática baseia-se no princípio fundamental de que nos novos ambientes competitivos, o sistema organizacional deve ser suficientemente simples para poder dar amplas zonas de liberdade aos seus utilizadores. O operador tem espaço amplo para resolver os problemas detectados e para melhorar o sistema. Os *designers* organizacionais têm por desafio criar sistemas organizacionais com zonas de liberdade que permitam que as pessoas atuem nos momentos certos para adaptação, melhoria ou resolução de problemas. A eficácia do sistema organizacional simples depende da complexidade dos operadores humanos em diversos níveis. Estas organizações replicam uma regra dos sistemas complexos naturais: os comportamentos de sistemas complexos decorrem de conjuntos de regras simples, o que sugere a existência de uma relação profunda entre simplicidade e complexidade, no mundo natural bem como no organizacional (Gribbin; 2004; Cunha; Rego, 2008).

O TRABALHADOR Na organização pós-burocrática, o trabalhador deixa de ser um executante de ordens, mais (burocracia aprendente) ou menos (burocracia coerciva) autorizado a mudar o sistema organizacional, passando a ser entendido como um recurso competitivo crítico. A identificação de novas nomenclaturas (colaboradores, talentos, ativos humanos) sugere a reinvenção do papel das pessoas nas organizações (Gomes et al., 2008). Aos anteriores "empregados", é cada vez mais pedido que assumam o papel de *intrapreneurs* ou empreendedores internos. O caso de Dave Myers, o engenheiro que iniciou o negócio das cordas de guitarra na W. L. Gore proporciona uma boa ilustração deste novo tipo (Hamel, 2007). Myers descobriu as potencialidades de um material de uso médico para a fabricação de cordas de guitarra de qualidade superior. A sua empresa não tinha até aí qualquer presença neste mercado, mas tal fato não o demoveu do uso do seu tempo "experimental" para explorar a possibilidade. Desta iniciativa individual, depois acompanhada por outros membros internos, resultou uma presença lucrativa no negócio da música. Neste caso, a intervenção do trabalhador já não se limita à melhoria do sistema no interior das fronteiras delimitados pela organização: aos novos *intrapreneurs* pede-se a capacidade de reinventar o negócio.

LIDERANÇA O modelo de liderança predominante nas organizações pós-burocráticas corresponde ao tipo descrito por Uhl-Bien, Marion e McKelvey (2007) como liderança adaptativa. Trata-se de uma filosofia de liderança assente na ideia de que compete aos líderes criar dinâmicas generativas capazes de facilitar a mudança emergente alinhada com uma visão partilhada das metas organizacionais. Como referiram Uhl-Bien, Marion e McKelvey (2007, p. 299), a dinâmica está embebida no contexto organizacional, é como que uma "ambiência" que se espalha através da "*persona* dinâmica" da organização. Liderar neste tipo de organizações representa, portanto, um conjunto de desafios que apenas remotamente se assemelham ao que acontecia com as práticas de liderança nas organizações burocráticas – e particularmente com as burocracias coercivas. Neste sentido, os princípios clássicos de gestão (planejar, organizar, dirigir e controlar) não têm mais lugar, pelo menos na sua concepção literal/ancestral.

SISTEMA DE CONTROLE As organizações pós-burocráticas tendem a valorizar sistemas de controle não intrusivos. As chamadas estruturas mínimas foram identificadas como uma possibilidade de introduzir a ordem necessária em sistemas que procuram manter elevada capacidade adaptativa. Por exemplo, em ambientes de alta velocidade, as organizações tendem a valorizar a capacidade de improvisação (p.e. Akgun et al., 2007). Tal capacidade parece ser incompatível com sistemas excessivamente estruturados e regulados, que convidam ao seguimento de instruções e não à busca de soluções novas para problemas emergentes. A estruturação mínima, por seu turno, define um pequeno conjunto de regras que proporcionam coordenação sem serem constrangedoras. Combinam ampla autonomia com claro controle. Estabelecem regras simples (por exemplo: objetivos, prazos, responsabilidades) que desempenham um papel próximo do das regras no *jazz*: existem para facilitar a criatividade, não para a manter sob controle (Kamoche; Cunha, 2001). A possibilidade de aplicação desta lógica em contextos aparentemente adversos, como o da música clássica, foi avançada por Khodyakov (2007) num estudo sobre a Orpheus, a orquestra sem maestro. Esta forma de trabalhar assenta necessariamente em níveis elevados de confiança. As relações de confiança são, de fato, um ingrediente crucial deste tipo de sistemas. Trata-se, no entanto, de formas de confiança baseadas na relação profissional e não, como refere Hecksher (1994), na solidariedade resultante de qualquer espírito de comunidade tradicional nem de uma versão comunal da burocracia. A noção de confiança nestas novas formas situa-se no campo profissional: um conjunto de expectativas recíprocas que se desenvolve mesmo na ausência de laços pessoais fortes, conforme demonstrado na literatura sobre equipes virtuais (Jarvenpaaj Leidner, 1999). Ou seja, a organização necessita de uma quantidade mínima de confiança para poder prosperar, e não de níveis de confiança interpessoal relevantes (Cunha et. al., 2004).

EXEMPLOS A abordagem pós-burocrática tem sido identificada em múltiplos setores de atividade: bandas de *jazz*, mas também orquestras sinfônicas, setores maduros e indústrias emergentes. O que parece comum às organizações que adotam lógicas pós-burocráticas é o envolvimento profundo dos membros da organização. Estas organizações abdicam em grande parte de desenhos estabelecidos pelo topo e proporcionam liberdade às pessoas para moldarem a estratégia à medida das suas competências e motivações. Neste sentido, para estas organizações, o *design* é a estratégia (Roberts; Eisenhardt, 2003) – donde a combinação abundância de talento/"ausência" de regras de gestão. Exemplos de organizações deste tipo incluem empresas como as estudadas empiricamente por Brown e Eisenhardt (1997), bem como os casos selecionados por Hamel (2007), como a Google, Whole Foods ou W. L. Gore. Outras empresas como a AES Corporation (Pfeffer, 1997b) ou a Semco (Semler, 2001) também poderão ser consideradas.

○ CONCLUSÃO

A paisagem do mundo organizacional tem sido dominada pela burocracia. A burocracia, com a sua exigência de especialização e formalização, permitiu níveis de crescimento e de sofisticação organizacional óbvios. A sociedade organizacional burocrática, aberta e global tem permitido feitos assinaláveis. Todavia, as mudanças nas esferas política e social vêm forçando a introdução de mudanças correspondentes na concepção e gestão das organizações. A educação de crianças que são cada vez mais o centro da atenção da família, a maturidade da democracia e as qualificações superiores de um número progressivo de profissionais tornam menos aceitável a autoridade exercida em nome da organização (Hobsbawn, 2008; Maccoby, 2007). As próprias organizações vão usando estas novas dinâmicas de poder para facilitar a emergência de novas formas, mais alinhadas com o espírito do tempo (Courpasson; Clegg, 2008). Por outro lado, a gestão da organização vem dando lugar à gestão de redes de colaboração interorganizacionais, suportadas por tecnologias de informação e comunicação. O sucesso de *The world is flat*

(Friedman, 2005) terá resultado da clareza com que apresentou os contornos de um novo mundo feito de redes interorganizacionais dispersas. Esta nova realidade organizacional requer práticas de liderança e de organização ajustadas (Crossan; Olivera, 2006): não basta deter poder posicional para convencer outras organizações a entrar em parcerias ou para estimular as pessoas a improvisar soluções para problemas não antecipados. O poder posicional da autoridade (*fiat*) dá lugar ao poder da persuasão e da partilha de uma missão, e o papel dos seguidores torna-se tão saliente como o papel dos líderes (Kellerman, 2008). A persistência destas forças sociais poderá estar na origem da emergência de novos arranjos organizacionais.

Novos formatos organizacionais vão então sendo testados para dar resposta a novas necessidades. Este capítulo discutiu este processo de mudança, das burocracias coercivas tradicionais às pós-burocracias, passando pelas burocracias aprendentes. A análise sugere que os novos modelos organizacionais buscarão inspiração mais nas ciências da complexidade que nos modelos mecanicistas clássicos (Osborn; Hunt, 2007). Gerir este tipo de organizações passará mais pela capacidade de criar dinâmicas facilitadoras da adaptabilidade coletiva, do que pela identificação dos objetivos que serão transmitidos em cascata ao longo da organização. Ser liderado neste tipo de organizações terá também um significado diferente do habitualmente associado ao papel do "empregado": obedecer competentemente não é mais suficiente para responder às expectativas da organização. As organizações que mobilizavam as mentes dos gestores e *designers* e que requeriam dos restantes membros comportamentos de obediência acrítica darão possivelmente lugar a organizações mais interessadas em estimular e fazer uso da inteligência e da criatividade dos seus membros, qualquer que seja a sua posição na estrutura.

A exploração da periferia para descoberta de novas ideias (Cunha; Chia, 2007), a capacidade de improvisar localmente soluções para novos problemas (Crossan; Hust, 2006) e a descoberta de oportunidades de negócio a partir da base (Hamel, 2007) são desafios para os quais as burocracias tradicionais estão pouco vocacionadas. Nesse sentido, as novas organizações tenderão a tornar-se mais democráticas e mais atentas à diversidade dos membros que compõem. Gerir a relação com os membros da organização e estimular o seu talento são desafios dos quais depende a capacidade de aprendizagem organizacional. As dificuldades que eles representam são assinaláveis, dada não apenas a resiliência da burocracia, o seu sucesso histórico e o grau de controle que ela possibilita aos dirigentes, bem como a possibilidade de as novas formas, em vez de manterem a organização na criativa "orla do caos", a poderem fazer pender para o lado da desordem e da descoordenação. Para facilitar a aprendizagem organizacional, o desafio que se coloca aos gestores de empresas é então o de descobrir como colocar e manter sistemas complexos neste espaço de criatividade e adaptação, onde a aprendizagem é mais espontânea e mais distribuída pela organização como um todo.

○ REFERÊNCIAS

ADLER, P. S.; BORYS, B. Two types of bureaucracy: enabling and coercive. *Administrative Science Quarterly*, v. 41, p. 61-89, 1996.

AKGUN, A. E. et al. New product development in turbulent environment: impact of improvisation and unlearning on new product performance. *Journal of Engineering and Technology Management*, v. 24, p. 203-230, 2007.

BALLAS, A. A.; TSOUKAS, H. Measuring nothing: the case of the Greek National Health System. *Human Relations*, v. 57, p. 661-690, 2004.

BRISCOE, F. From iron cage to iron shield? How bureaucracy enables temporal flexibility for professional service workers. *Organization Science,* v. 18, p. 297-314, 2007.

BROWN, S. L.; EISENHARDT, K. M. The art of continuous change: Linking complexity theory and time-paced evolution in relentlessly shifting organizations, *Administrative Science Quarterly*, v. 42, p. 1-34, 1997.

CHILD, J.; MCGRATH, R. G. Organizations unfettered: organizational form in an information-intensive economy. *Academy of Management Journal,* v. 44, p. 1135-1148, 2001.

CLEGG, S. R. *Something is happening here, but you don't know what it is, do you, Mister Jones?* 2007. Manuscrito.

CLEGG, S. R.; COURPASSON, D.; PHILLIPS, N. *Power and organizations*. Thousand Oaks, CA: Sage, 2006.

CLEGG, S. R.; KORNBERGER, M.; PITSIS, T. *Managing and organizations*. 2nd ed. London: Sage, 2008.

COURPASSON, D.; CLEGG, S. R. *The polyarchic organization*: Resistance in the workplace and the emergence of new organizational forms. 2008. Manuscrito.

CRESPO, L. Na YDreams abundam talentos mas faltam regras de gestão. *Jornal de Negócios*, p. 18, 7 fev. 2008.

CROSSAN, M. M.; HURST, D. K. Strategic renewal as improvisation: Reconciling the tennsion between exploration and exploitation. *Advances in Strategic Management,* v. 23, p. 273-298, 2006.

CROSSAN, M. M.; OLIVERA, F. Cross-enterprise leadership: a new approach for the 21st century. *Ivey Business Journal*, p. 1-6, May/June 2006.

CUNHA, M. P. et al. Minimal network: a contribution to the understanding of control in trust-based organizations. *International Studies of Management & Organization,* v. 33, n. 4, p. 94-120, 2004.

CUNHA, M. P.; CHIA, R. Using teams to avoid peripheral blindness. *Long Range Planning,* v. 40, p. 559-557, 2007.

CUNHA, M. P.; CUNHA, J. V.; FONSECA, J. M. *Organizações, progresso e contestação*. Lisboa: Sílabo, 2008.

CUNHA, M. P.; REGO, A. *Complexity & simplicity on organization studies*. 2008. Manuscrito.

CUNHA, M.P.; CLEGG, S.R.; REGO, A. *The institutions of archaic post-modernity and their organizational and managerial consequences*: the case of Portugal. 2008. Working paper, Faculdade de Economia, Universidade Nova de Lisboa.

CYERT, R. M.; MARCH, J. G. *A behavioral theory of the firm*. 2nd ed. Cambridge, MA: Blackwell, 1992.

DIAMOND, J. *Guns, germs and steel*. London: Vintage, 1997.

DOUGHERTY, D. Trapped in the 20th century? Why models of organizational learning, knowledge and capabilities do not fit bio-pharmaceuticals, and what do do about that. *Management Learning,* v. 38, p. 265-270, 2007.

DRUCKER, P. F. Management's new paradigms. *Forbes,* v. 162, n. 7, p. 152-170, 1998.

FAIRTLOUGH, G. *The three ways of getting things done*: Hierarchy, heterarchy and responsible autonomy. Greenways: Triarchy Press, 2005.

FRIEDMAN, T. L. *O mundo é plano: uma história breve do século XXI*. Lisboa: Actual, 2005.

GOMES, J. F. et al. *Manual de gestão de pessoas e do capital humano*. Lisboa: Sílabo, 2008.

GRIBBIN, J. *Deep simplicity*: chaos, complexity and the emergence of life. London: Penguin, 2004.

HAMEL, G. *The future of management*. Boston, MA: Harvard Business School Press, 2007.

HECKSHER, C. Defining the post-bureaucratic type. In: HECKSHER, C.; DONNELLON, A. (Ed.). *The post-bureaucratic organization*: new perspectives on organizational change. Thousand Oaks, CA: Sage, 1994. p. 14-62.

HOBSBAWM, E. *Globalização, democracia e terrorismo*. Lisboa: Presença, 2008.

ICHNIOWSKI, C.; SHAW, K. Quality improvement practices and innovative HRM practices: New evidence on adoption and effectiveness. In: COLE, R. E.; SCOTT W. R. (Ed.). *The quality movement and organization theory*. Thousand Oaks, CA: Sage, 2000. p. 347-365.

JACQUES, R. *Manufacturing the employee*: management knowledge from the 19th to 21st century. London: Sage, 1996.

JARVENPAA, S. L.; LEIDNER, D. Communication and trust in global virtual teams. *Organization Science,* v. 10, p. 791-815, 1999.

KAMOCHE, K.; CUNHA, M. P. Minimal structures: from jazz improvisation to product innovation. *Organization Studies,* v. 22, p. 733-764, 2001.

KELLERMAN, B. *Followership*: how followers are creating change and changing leaders. Boston, MA: Harvard Business School Press, 2008.

KHODYAKOV, D. M. The complexity of trust-control relationships in creative organizations: Insights from a qualitative analysis of a conductorless orchestra. *Social Forces,* v. 86, p. 1-22, 2007.

LIKER, J. K. *The Toyota way*. New York: McGraw-Hill, 2004.

LIKER, J. K.; HOSEUS, M. *Toyota culture*. New York: McGraw-Hill, 2008.

LIKER, J. K.; MEIER, D. P. *Toyota talent*: developing your people the Toyota way. New York: McGraw-Hill, 2007.

MACCOBY, M. *The leaders we need*. Boston, MA: Harvard Business School Press, 2007.

MANVILLE, B.; OBER, J. Beyond empowerment: building a company of citizens. *Harvard Business Review*, v. 81, n. 1, p. 48-53, Jan. 2003.

MILITARY Fiat. In: WIKIPEDIA: the free encyclopedia. 2008. Disponível em: <http://en.wikipedia.org/wiki/Military_fiat>. Acesso em: 15 fev. 2008.

MORGAN, G. *Images of organization*. Thousand Oaks, CA: Sage, 1986.

MOURINHA, J. Para lá do horror das fotos. *Público/P2*, p. 6, 13 fev. 2008.

OSBORN, R. N.; HUNT, J. G. Leadership and the choice of order: complexity and hierarchical perspectives near the edge of chaos. *Leadership Quarterly,* v. 18, p. 319-340, 2007.

OSBORNE, D.; GAEBLER, T. *Reinventing government*: how the entrepreneurial spirit is transforming the public sector. London: Longman, 2001.

PFEFFER, J. *Human resources at AES*: the case of the missing departament. Stanford, CA: Stanford Graduate School of Business, 1997b.

PFEFFER, J. *New directions in organization theory*. New York: Oxford University Press, 1997a.

PFEFFER, J. *Organizations and organization theory*. Marshfield, MA: Pitman, 1982.

ROBERTS, P. W.; EISENHARDT, K. M. Austrian insights on strategic organization: from marketing insights to implications for firms. *Strategic Organization,* v. 1, p. 345-352, 2003.

ROCHA, J. M. Prejuízos levam General Motors a rescindir com 74 mil trabalhadores. *Público*, p. 31, 13 fev. 2008.

SEMLER, R. *Maverick*: the success story behind the world's most unusual workplace. New York: Random House, 2001.

TAYLOR, F. W. *The principles of scientific management*. New York: W.W. Norton, 1911.

TSOUKAS, H.; PAPOULIAS, D. B. Managing third-order change: the case of the public power corporation in Greece. *Long Range Planning*, v. 38, p. 79-95, 2005.

UHL-BIEN, M.; MARION, R.; MCKELVEY, B. Complexity leadership theory: shifting leadership from the industrial age to the knowledge era. *Leadership Quarterly,* v. 18, p. 298-318, 2007.

SUMÁRIO

PARTE I

ASPECTOS TÉORICOS
possibilidades e impossibilidades a partir da teoria

PARTE II

APRENDIZAGEM ORGANIZACIONAL
possibilidades e impossibilidades a partir de estudos desenvolvidos

PARTE

I

ASPECTOS TEÓRICOS

possibilidades e impossibilidades a partir da teoria

Claudia Simone Antonello
Arilda Schmidt Godoy

1

APRENDIZAGEM ORGANIZACIONAL E AS RAÍZES DE SUA POLISSEMIA

OBJETIVOS DO CAPÍTULO

- Apresentar as perspectivas de Aprendizagem Organizacional para estabelecer uma reflexão crítica sobre os estudos desenvolvidos nesta área de conhecimento.
- Discutir as principais questões envolvidas na literatura e na investigação dos processos de aprendizagem nas organizações.
- Reconhecer, refletir e discutir sobre a necessidade de se repensar a forma de abordar e pesquisar o fenômeno Aprendizagem Organizacional.

RESUMO

A literatura sobre Aprendizagem Organizacional (AO) tem avançado nos últimos tempos não somente no volume de publicações, mas também apontando outras dimensões do tema. No Brasil, os conceitos predominantes recebem forte influência da abordagem da administração científica tradicional. Nesse contexto, pela própria abrangência, o debate abarca diversos campos teóricos: psicológico, sociológico, cultural, histórico e metodológico, além da gestão propriamente. Estas considerações instigam um importante questionamento: quais questões e características básicas fazem a AO peculiar e a separam de outros conceitos relacionados? Na tentativa de responder o questionamento, este capítulo apresenta as diversas perspectivas teóricas que abordam a AO; algumas questões e reflexões relacionadas às teorias, definições e estudos desenvolvidos nesta área. Lança-se, portanto, alguma luz sobre quatro questões que o conceito de AO tem que superar para tornar-se significativo. Por fim, sugere-se que um possível modo para superar estes desafios é a adoção de uma perspectiva *baseada em práticas*.

○ INTRODUÇÃO

"When changing what he knows about the world, man changes the world that he knows, and changing the world in which he is living man changes himself."

Th. Dobzhansky, 1962

O conceito de aprendizagem organizacional (AO) difundiu-se tanto na pesquisa em administração quanto em sua prática. Cada vez mais as publicações orientadas para administradores encorajam as organizações a tornarem-se "organizações que aprendem", a fim de sobreviverem aos tempos turbulentos no ambiente de negócios (Dragonetti et al., 2005). O tema está se tornando tão popular que transcendeu o discurso da administração alcançando debates mais gerais da política sobre a aprendizagem das nações (Contu; Grey; Örtenblad, 2003).

O perigo desta popularidade, que alguns chamariam de superexposição, é a perda da especificidade de seu próprio conceito. Na realidade, "é provável que o conceito de aprendizagem organizacional permaneça como um conceito guarda-chuva para muitos conceitos relacionados" (Argote, 1999, p. 13). O risco, porém, é que, ao se tentar abarcar muitos destes conceitos relacionados, a identidade própria da aprendizagem seja perdida. Para se avançar na compreensão da aprendizagem organizacional tem-se, então, como desafio manter a energia e a vitalidade que se originam das diversas perspectivas com que o assunto tem sido abordado e, simultaneamente, delinear e discutir algumas questões e características básicas que tornam esse conceito peculiar, separando-o de outros a ele relacionados. Este é o objetivo deste capítulo.

O conceito de aprendizagem organizacional tem uma linhagem muito distinta nos estudos de administração. Na realidade, é quase assustador tentar revisar a literatura devido à amplitude de ideias que podem ser consideradas relevantes. A partir de contribuições seminais, nos anos 50 e 60 (Cangelosi; Dill, 1965; March; Simon, 1993), a pesquisa em AO ramificou-se para incluir *insights* da psicologia, sociologia, ciência da computação e economia.

A literatura sobre AO tem avançado nos últimos tempos, não somente no volume de publicações, mas também descortinando outras dimensões do tema. Ela apresenta um legado de mais de 30 anos, com crescimento exponencial a partir dos anos 90 (Crossan; Guatto, 1996; Easterby-smith, 1997). Desde então, diversas revisões de literatura contribuíram para a consolidação e o progresso neste campo de estudo (Easterby-smith, 1997; Miller, 1996; Dodgson, 1993, Huber,1991; Fiol; Lyles,1985). Em um estudo de Bontis, Crossan e Hulland (2002), os resultados revelaram que, no período, uma diversidade de perspectivas foi utilizada para *olhar* o tema AO. Estas revisões trabalharam principalmente com a análise teórica e identificaram e expressaram várias preocupações, particularmente com o não acúmulo e a falta de integração dos estudos desenvolvidos, dificultando a geração de norteadores e de uma agenda de pesquisa, e com a carência de trabalhos empíricos. Lyles e Easterby-Smith (2003) identificaram que, nos últimos anos, apenas 19% das publicações voltaram-se para aspectos relacionados aos métodos empregados para pesquisar e mensurar AO, exigindo maior reflexão sobre os desenhos de pesquisa relacionados ao tema. Recentemente, num esforço para responder estas questões, Bapuji e Crossan (2004) avaliaram a produção neste campo, de 1990 a 2002. Eles identificaram, entre outros achados, o aumento de qualidade e quantidade da pesquisa empírica. Berthoin Antal e colaboradores (2001) comentam que pouco se sabe sobre a criação de conhecimento em AO nos países da África e da América do Sul, exigindo que se empreendam mais pesquisas que mapeiem o tema em outros países além dos Estados Unidos e das nações da Europa.

Dada a pluralidade da produção em AO, muitos estudiosos tentaram classificar a literatura no campo em diferentes disciplinas, escolas de pensamento ou perspectivas como se pode observar no Quadro 1-1.

QUADRO 1-1
Diferentes classificações da literatura acerca da aprendizagem organizacional

Literatura internacional	Proposta	Classificação
Shrivastava (1983)	Cronologia da Teoria	1. Aprendizagem adaptativa – tomada de decisão 2. Compartilhamento de expectativas 3. Desenvolvimento da base de conhecimento 4. Efeitos da experiência institucionalizada – curvas de aprendizagem
Wiegand (1996)	Sete Perspectivas	1. Abordagem de March – Comportamental – Tomada de decisão 2. Abordagem de Argyris – Indivíduo como agente nas organizações 3. Abordagens baseadas no conhecimento 4. Abordagens ecléticas 5. Abordagens integrativas 6. Pensamento Sistêmico e Teorias dos Sistemas 7. Individualista – normativa: desenvolvimento organizacional
Tsang (1997)	Duas correntes	1. Aprendizagem Organizacional 2. Organizações que aprendem
Easterby-Smith (1997)	Seis Perspectivas Disciplinares	1. Psicologia e Desenvolvimento Organizacional 2. Ciência da Administração 3. Teoria das Organizações 4. Estratégia 5. Administração da Produção 6. Antropologia Cultural
	Duas correntes	1. Aprendizagem Organizacional 2. Organizações que aprendem
Edmondson e Moingeon (1998)	Quatro enfoques	1. Resíduos 2. Comunidades 3. Participação 4. Responsabilidade
Pawlowsky (2001)	Cinco Perspectivas	1. Tomada de decisão organizacional 2. Teoria dos Sistemas 3. Aprendizagem na Ação 4. Conhecimento Cognitivo 5. Cultural
Bell, Whitwell e Lukas (2002)	Quatro Escolas de Pensamento	1. Desenvolvimento 2. Administrativa 3. Econômica 4. de Processo
Literatura nacional	**Proposta**	**Classificação**
Loiola e Bastos (2003)	Duas correntes	1. Aprendizagem Organizacional 2. Organizações que aprendem
Antonello (2005)	Seis Focos na Literatura de AO	1. Socialização da aprendizagem individual 2. Processo – sistema 3. Cultura 4. Gestão do conhecimento 5. Melhoria contínua 6. Inovação

Fonte: Elaborado pelos autores.

Ao se examinar tais propostas de sistematização e classificação teórica, evidencia-se que, até mesmo dentro da área, os autores apresentam perspectivas diferentes de AO como base para desenvolverem suas ideias.

No Brasil, estudos desenvolvidos por Antonello (2002) e por Loiola e Bastos (2003) tiveram como objetivo identificar e analisar a produção científica brasileira sobre AO no período de 1997 a 2001. Recentemente, Antonello e Godoy (2007) procuraram explorar a consolidação do campo de estudos em AO, no Brasil, por meio de metatriangulação, envolvendo as publicações de 2001 a 2005.

Os resultados indicam que, no Brasil, a afluência da literatura sobre AO subsidia o esclarecimento de diversos aspectos, mas, muitas vezes, obscurece a informação para pesquisadores e gestores. Os conceitos predominantes recebem forte influência da abordagem da administração científica tradicional. Nesse contexto, pela própria abrangência, o debate abarca diversos campos teóricos: psicológico, sociológico, cultural, histórico e metodológico, além da gestão propriamente. Estas considerações instigam um importante questionamento: quais questões e características básicas fazem a aprendizagem organizacional peculiar e a separam de outros conceitos relacionados?

Para responder esta questão, este capítulo está organizado nas seguintes seções: (2) referencial teórico, apresentando as perspectivas teóricas que abordam AO; (3) seção que aborda algumas questões e reflexões relacionadas a teorias, definições e estudos desenvolvidos em AO; (4) considerações finais, apontando para estudos futuros.

1 • AS RAÍZES E O "ENTRETERRITÓRIOS" DA APRENDIZAGEM ORGANIZACIONAL: PERSPECTIVAS TEÓRICAS

A escolha das perspectivas aqui apresentadas está sustentada nas coletâneas de textos organizadas por Dierkes e colaboradores (2001) e Easterby-Smith e Lyles (2003) que reúnem contribuições de reconhecidos pesquisadores. Estas obras resumem e analisam o que se tem de melhor no campo da AO, apresentam diferentes abordagens teóricas, aplicações e práticas, enriquecendo o debate sobre as debilidades e as forças dos estudos sobre o tema, além de delinear uma agenda de pesquisa, considerando o contexto global, atores e processos organizacionais.

• 1.1 • Aprendizagem organizacional e a perspectiva psicológica

A literatura da administração contemporânea contém basicamente duas visões sobre a relação entre AO e o processo de aprendizagem estudado em Psicologia. Na primeira, a AO é vista como uma analogia da aprendizagem individual. Sob esta perspectiva, o conhecimento sobre processos de aprendizagem individual pode ser usado para compreender o processo de aprendizagem organizacional (Walsh; Ungson, 1991). Na segunda visão, a aprendizagem individual é a base para a AO (Argyris; Schon, 1978; Cangelosi; Dill, 1965; Duncan; Weiss, 1979; Hedberg, 1981; March; Olsen, 1976). De acordo com esta visão, o incremento do conhecimento organizacional – um indicador de AO – está baseado na aquisição de conhecimentos dos indivíduos na organização.

Como existem inúmeras perspectivas para explicar a aprendizagem individual, a partir de uma abordagem psicológica, muitos caminhos e formas de pensamento sobre AO têm sido postulados. Após a análise de 70 artigos, Maier, Prange e Von Rosentiel (2001) propuseram três visões teóricas para AO: (a) comportamental/processamento da informação; (b) construção social; (c) psicologia aplicada.

1.1.1 (a) Comportamental

As teorias comportamentais a respeito da AO focam os antecedentes e as mudanças que ocorrem nas rotinas e nos sistema internos das organizações, quando elas respondem às próprias experiências e àquelas de outras organizações. Nelson e Winter (1982) apresentam uma teoria identificada como a mais bem desenvolvida a respeito do tema e que foi por eles nomeada de modelo "evolucionário da firma".

Segundo esta teoria, as organizações aprendem codificando inferências a partir da sua história e das rotinas que guiam seu comportamento. Estas rotinas são independentes dos atores individuais que as executam, sendo mantidas mesmo quando há considerável *turnover* de indivíduos na organização.

Dois importantes construtos do modelo são *path dependence* e trajetória. *Path dependence* envolve o princípio de que a história da organização é fundamental e que as condições iniciais para criação de uma organização predeterminam o repertório de habilidades individuais e capacidades organizacionais que a impelem a se adaptar às circunstâncias ambientais. Trajetória envolve a noção de que a aprendizagem futura de novas capacidades será construída sobre a aprendizagem acumulada e as capacidades obtidas no passado. Nesse sentido, a AO é moldada e pouco maleável.

Os modelos de AO segundo esta perspectiva estão focados nas consequências como o fator que mais impacta a aprendizagem. Apoiam-se também nos conceitos da psicologia da cognição e na noção psicodinâmica de que toda a aprendizagem é influenciada pelo passado.

Outra vertente das teorias comportamentais refere-se à aprendizagem como sistema de processamento da informação, inspirada na simulação de computador de padrões complexos das cadeias de evolução de comportamento e suas consequências na *performance*, descrita por Huber (1991). Este tipo de abordagem implica considerar que a aprendizagem organizacional e o desempenho não podem ser reduzidos à aprendizagem individual ou grupal e ao comportamento, pois a aprendizagem organizacional é vista como um fenômeno emergente. Esta vertente apresenta uma visão mais técnica e entende a AO como um processo efetivo, de interpretação e resposta para informação interna e externa à organização. Esta informação pode ser quantitativa ou qualitativa, mas geralmente é explícita e de domínio público. Uma das exposições mais claras desta visão vem de Huber (1991, p. 89), cuja afirmativa diz:

> [...] uma entidade aprende se através de seu processo de informação a extensão de seu comportamento potencial é mudada... uma organização aprende se quaisquer de suas unidades adquire conhecimento que é reconhecido como potencialmente útil para a organização.

1.1.2 (b) Construção social

Esta perspectiva foca a AO considerando os processos cognitivos socialmente mediados pela interpretação e o *sensemaking,* enfatizando o contexto social. A aprendizagem é socialmente construída e fundamentada em situações concretas, nas quais as pessoas participam e interagem umas com as outras. Esta perspectiva assume que a aprendizagem está incrustada nas relações e nas interações entre as pessoas (Orr, 1990; Lave; Wenger, 1991). Em síntese, a perspectiva da construção social delineia mais explicitamente seus conceitos e tem suas raízes na perspectiva da psicologia sociocultural. Nesta abordagem, os aspectos situacionais da aprendizagem têm um papel central, enquanto os princípios psicológicos da cognição social e individual são considerados processos secundários.

Dois modelos de AO são desenvolvidos a partir da ideia de produção de sentidos: comunidades de prática (Cop's de Lave; Wenger, 1991; Brown; Duguid, 1991, 1998) e Seci (Nonaka; Takeuchi, 1997). Os estudos sobre Cop's de Brown e Duguid (1991) revelam que estes modelos estão fortemente fundamentados na psicologia sociocultural e nas teorias cognitivas sociais de aprendizagem. De forma contrastante, os estudos sobre SECI inspiram-se nas teorias da construção social, mas parecem não ter diretamente raízes na psicologia sociocultural e da cognição social de aprendizagem.

1.1.3 (c) Psicologia aplicada

Esta perspectiva adota a noção de que a AO está fundamentada na experiência direta. Ela também requer ativa intervenção dos facilitadores em treinamento e dos consultores para incrementar as práticas dos indivíduos e das organizações. Muito da teoria da aprendizagem na ação cita o modelo de aprendizagem experiencial de Kolb (1984) que se inspirou em Piaget (1985), Lewin (1946) e Dewey (1938). Similarmente, diversos consultores e teóricos da aprendizagem na ação (entre eles Raelin, 2001 e Smith, 2001) citam Meziro (1991) e suas ideias sobre reflexão, as quais estão baseadas na psicologia do desenvolvimento cognitivo (Kegan, 1982).

Dentro desta perspectiva, há uma vertente designada *action learnig* (Revans, 1982) que propõe que a aprendizagem resulta da interação entre o questionamento programado e o espontâneo, considerando a experiência vivida pelo indivíduo. A intervenção em *action learning* enfatiza a reflexão sobre o comportamento na solução de problemas e constrói suposições sobre o que interfere no trabalho efetivo e na aprendizagem do indivíduo. A Ciência Ação, que representa outra vertente, foi popularizada por Argyris e Schön (1978) e desenvolvida desde o trabalho de Lewin (1946). Está baseada em diferentes perspectivas psicológicas e parte do princípio que as pessoas podem melhorar sua eficiência interpessoal e organizacional a partir da análise das crenças latentes que bloqueiam suas ações. Nesta perspectiva, há uma vertente designada *action learning* (Revans, 1982) que propõe que a aprendizagem resulta da interação entre o questionamento programado e o espontâneo, considerando a experiência vivida. A intervenção em *action learning* enfatiza a reflexão sobre o comportamento na solução de problemas e constrói suposições sobre o que interfere no trabalho efetivo e na aprendizagem individual.

• 1.2 • Aprendizagem organizacional e a perspectiva sociológica

De acordo com Gherardi e Nicolini (2001, p. 47), os "sociólogos não abordam a aprendizagem como algo que acontece na mente, mas como algo produzido e reproduzido nas relações sociais dos indivíduos quando eles participam de uma sociedade". Este conceito sugere que a aprendizagem está integrada no cotidiano dos indivíduos. Sugere também que grande parte da aprendizagem é oriunda da fonte informal das relações sociais, o que introduz, posteriormente, o conceito de prática como um fator proeminente na visão sociológica. Gherardi e Nicolini (2001, p. 49) comentam que "prática é um sistema de atividades no qual *saber* não está separado do *fazer* e das situações e poderia ser chamado de conhecimento *coproduzido* por meio da atividade". Pressupõe que toda atividade na vida dos indivíduos é uma oportunidade para aprendizagem e que a aprendizagem em situações sociais casuais é tão importante quanto experiências de aprendizagem formais.

Collins (1994) identificou quatro tradições sociológicas, e Gherardi e Nicolini (2001) acrescentaram o pós-modernismo que, embora não possa ser considerado uma tradição, pode estimular a reflexão sobre conhecimento como prática discursiva. A partir destas tradições, são estabelecidas narrativas de aprendizagem organizacional, apresentadas no Quadro 1-2.

A sociologia descreve a aprendizagem social como um processo envolvendo relações sociais (formado por instituições sociais) e a aprendizagem em si mesma (objeto cultural criado por práticas hábeis de trabalho cultural). Quando se utiliza a ontologia construcionista, a AO é percebida como uma conversação aberta, sendo que dois importantes conceitos podem contribuir para isto: a participação e a reflexividade.

O conceito de participação lança luzes no fato de que aprendizagem não ocorre somente na mente dos indivíduos, mas origina-se e sustenta-se em sua participação em atividades sociais. A lógica da prática não traça distinção entre conteúdo e objeto, em vez disto, envolve o saber como ser competente num ambiente. Este conceito conduz ao estudo do conhecimento pré-reflexivo, do conhecimento tácito, da compreensão estética, do

QUADRO 1-2
As tradições sociológicas e as narrativas de aprendizagem organizacional

Tradição sociológica	Narrativa de aprendizagem organizacional
Tradição do conflito (Marx, Engels, Weber)	• AO como ideologia de um grupo de poder. • AO como política de mobilização de recursos de poder e conflito. • AO como tentativa de gerenciar a tensão entre a racionalidade substantiva e a formal.
Racional/utilitária (Homans, Blau, Cook, Simon)	• AO como resolução de problemas quando o desempenho da organização não conhece os níveis de aspiração. • AO como a ativação da troca no trabalho em rede. • AO como aprendizagem ecológica, localizada e distribuída pelos multiatores dentro das rotinas, em vez de dentro da mente dos indivíduos.
Durkheiniana (Durkheim)	• AO como uma variável dependente de outras variáveis (estratégia, estrutura ou cultura) define as condições que facilitam ou dificultam a aprendizagem organizacional. A aprendizagem é compreendida como uma das funções do sistema organizacional que engendram mudança em algumas ocasiões e conservam em outras. • AO como socialização de códigos culturais específicos. Conceitua aprendizagem organizacional como socialização, que sintetiza conteúdos de diferentes ordens da sociedade, porque as açoes seletivas, em suas chance de vida, criam um senso de determinar, inevitavelmente, ordem social e restringir o resultado da mudança que é permitida.
Microinteracionista (Peirce, Mead, Hurssel, Schutz E Garfinkel)	• AO como transmissão de conhecimento dentro das comunidades ocupacionais. • AO como rótulo que produz uma realidade socialmente construída e é produzida por esta realidade.
Pós-moderna	• AO como prática discursiva

Fonte: Adaptado de Gherardi e Nicolini (2001, p. 46).

conhecimento em ação, enfim, do que alguns autores denominam *learning-organizing*.

A reflexividade, em contraste, relata o momento particular da separação entre o conteúdo do conhecimento e seu objeto do conhecimento. Isto instiga a organização, envolvida no processo social, a extrair o conhecimento teórico, oriundo do conhecimento prático e transformá-lo em conhecimento normativo, produzindo as condições necessárias para a operacionalização deste conhecimento (Brown; Collins; Duguid, 1989; Lave; Wenger, 1991; Tenkasi, Boland, 1996).

A principal característica da reflexividade é que a reflexão produz o *setting* que contém estes objetos, bem como os resultados esperados e os não esperados. O conceito de reflexividade está proximamente vinculado à participação, na qual a reflexividade ocorre quando o fluxo da experiência é interrompido e os conteúdos refletem sobre o conhecimento. Refere-se às maneiras de ver as ações anteriores e refletir sobre a existência de outras formas de vê-las. A reflexividade dá origem à institucionalização do conhecimento.

• 1.3 • Aprendizagem organizacional e a perspectiva antropológica

Uma maneira de construir a ponte entre a antropologia e a teoria das organizações foi conceber a organização como processos e não como estruturas. Os próprios antropólogos providenciaram argumentos para tratar esta questão: "culturas são organizações para fazer algo, para perpetuar a vida humana e a si mesmas" (Czarniawska, 2001, p. 24).

A antropologia começou a utilizar o termo AO como uma referência à aprendizagem que o indivíduo realiza em contexto de estruturas sociais. O conceito entrecruza diferentes disciplinas e está focado na maneira como as pessoas aprendem em estruturas sociais. A natureza e o processo da aprendizagem podem variar em culturas e situações diferentes. Segundo Easterby-Smith (1997), estes aspectos associados à globalização crescente dos negócios e da administração trouxeram a necessidade urgente de se desenvolver visões mais "localizadas" da aprendizagem organizacional. As contribuições da perspectiva antropológica seriam: (a) atribuir atenção para a importância de valores e convicções; (b) apresentar como a cultura pode afetar o processo e a natureza de AO; (c) examinar a dificuldade de transferir ideias de uma cultura para outra. O foco está no coletivo, nas ações (incluindo interações), nos objetos que são foco destas ações, na linguagem utilizada nestas ações, juntamente com os significados de terreno específico destes vários artefatos para os atores na situação.

• 1.4 • Aprendizagem organizacional e a perspectiva da ciência política

A ciência política tem como conceitos centrais a natureza, a posse e o exercício do poder. Estes conceitos tendem a ser obscurecidos e a transcender muito do que ocorre na esfera pública/privada. Este fato é criticamente importante, considerando-se que seu tratamento é extenso. Neste campo a AO tem atraído pouca atenção dos cientistas políticos.

A pesquisa da aprendizagem na área do setor público constitui-se, no entanto, em uma contribuição do campo de ciência política para a AO. A mudança de governos, por exemplo, pode exercer pressão para mudanças de propriedade e de controle, especialmente por meio da privatização, que tende a desencadear novas políticas organizacionais com implicações para as formas e a identidade da organização (Rodrigues; Child; Luz, 2004). Desse modo, a ideologia política tem impacto nas organizações por meio de decisões sobre formas de organização – hierarquia e estrutura – e estratégia (Simons; Ingram, 1997). A ideologia, porém, não é simplesmente uma força autônoma, exógena.

Aprendizagem é percebida como um processo político no qual os atores investem muitos esforços para influenciar uns aos outros, interpretar a experiência e tentar construir coalizões internas. O *framework* conceitual pelo qual a experiência é interpretada; a comunicação, estruturada; a informação, difundida, torna-se muito importante. Aprendizagem é vista como uma luta interna para o desenvolvimento de novos modelos mentais compartilhados. Uma ênfase é atribuída ao conflito intraorganizacional, isto é, ao conflito entre subgrupos ou partes com interesses políticos diferentes (Lapalombara, 2001).

Embora alguma atenção tenha sido dada à associação entre AO e mudança organizacional, somente alguns estudos aprofundaram esta questão (Merkens; Geppert; Antal, 2001; Lapalombara, 2001) na tentativa de explicar como as organizações absorvem as visões e as opiniões de que estão imbuídas ideológica e institucionalmente e as transformam em práticas e rotinas. Os estudos sobre controle administrativo e subjetividade no local de trabalho trouxeram os temas de ideologia e aprendizagem à atenção (Alvesson; Willmott, 2002), porém com pouca referência à influência potencial do ambiente institucional. Alguns estudos foram desenvolvidos demonstrando como a aprendizagem afeta os significados intersubjetivos e a identidade (Corley; Gioia, 2003; Gherardi; Nicolini, 2001; Child; Heavens, 2001). Essas contribuições, entretanto, não investigaram como a ideologia pode, por meio dos processos de aprendizagem, associar as identidades das organizações e dos indivíduos às relações de poder.

• 1.5 • Aprendizagem organizacional e a perspectiva histórica

Conforme Weber e Berthoin Antal (2001, p. 358), a "história tem um efeito de identificação para organizações". A forma como uma organização empregou a aprendizagem no passado pode ser utilizada em oportunidades futuras. A história ou a identidade de uma organização é construída, em parte, sobre a aprendizagem coletiva de indivíduos e grupos, dentro da organização, no transcorrer do tempo. É esta dimensão histórica do tempo que, de fato, capta esses elementos e os apresenta como uma combinação dos efeitos de tempo na habilidade da organização para aprender. Estes autores dizem que "a influência da história na organização pode ser positiva como também disfuncional" (Weber; Berthain Antal, 2001, p. 358). Organizações podem usar sua história para ampliar o potencial de seu conhecimento coletivo armazenado. Porém, elas têm que se precaver da obsolescência que pode ocorrer com a aderência rígida às práticas e aos procedimentos passados, sem a consideração de novas aprendizagens e oportunidades.

As narrativas podem oferecer um senso do processo desregrado de aprendizagem organizacional, superando instantaneamente a abordagem denominada de "antes-depois" e de "entrada-saída". A aprendizagem organizacional é um meio de reimaginar a história e a natureza da imagem da organização. As histórias podem revelar alternativas do passado ou do presente não consideradas pela organização. Por exemplo, buscar identificar as razões originais e as decisões para entrar em determinado mercado ou desenvolver produtos pode fornecer descobertas sobre trajetórias alternativas para as organizações (Fear, 2001).

Há uma corrente de historiadores que considera a reconstrução do passado e a redescoberta dos significados e suposições que guiam os comportamentos e as ações das pessoas ao longo do tempo. Os significados e a linguagem contemporâneos auxiliam a construir pensamentos e decisões prévias no tempo. Esta perspectiva pode levar ao distanciamento dessas práticas, oportunizando a reflexividade e a aprendizagem. Este distanciamento pode ter mais valor do que as "lições de aprendizagem" obtidas a partir das histórias, que podem parecer mais conclusivas, porém impedir o processo de reflexão no momento atual. Ela oportuniza uma abordagem vicária ou por contraste, desenvolvendo o senso de como categorias e significados muitas vezes vão se alterando no transcorrer do tempo. Ilumina o presente organizacional, examinando a trajetória do uso da linguagem, metáforas, símbolos e cultura presente. Assim, sugere que se dê menos importância à descrição e à análise do processo em si e que se volte o olhar para a detecção de quando os problemas se tornam perceptíveis, como as organizações reagem a mudanças do ambiente, quando tentam mudar e como superam ou não estas mudanças.

• 1.6 • Aprendizagem organizacional e a perspectiva econômica

Nesta perspectiva, a aprendizagem é definida como aquisição e uso do conhecimento existente e/ou criação de novo conhecimento com o objetivo de melhorar o desempenho econômico (Boerner; Macher; Teece, 2001). Apesar da centralidade da aprendizagem em questões econômicas fundamentais, seu tratamento na literatura da economia ortodoxa é escasso e, frequentemente, caricaturado. De certa forma, este descaso da economia para com a aprendizagem organizacional não surpreende. A negligência em relação à aprendizagem em economia sustenta-se, em parte, pelo fato de os teóricos construírem suas suposições a partir dos processos de comportamento e da tomada de decisão dos agentes econômicos. Em um ambiente baseado nestas suposições, os agentes são perfeitamente racionais e capazes de responder ótima e instantaneamente a condições variáveis. A natureza estilizada de tal ambiente é resumida por Nelson e Winter (1982).

Admite-se que é difícil definir e diferenciar a abordagem econômica da abordagem de aprendizagem. Boerner, Macher e Teece (2001) propõem sete abordagens que contemplam os modelos mais proeminentes de aprendizagem, identificados na literatura ortodoxa em economia. Estas abordagens são empregadas para modificar as suposições tradicionais e os temas de estudo relacionados à aprendizagem (vide Quadro 1-3).

QUADRO 1-3
Modificações na ortodoxia para acomodar a aprendizagem

	Suposições comportamentais	Ambiente institucional	Conceito de equilíbrio
Ortodoxa	Hiper-racionalidade Certeza	Ajustamento sem atrito	Ajustamento instantâneo
Modificações sugeridas para ortodoxia	1. Racionalidade limitada 2. Incerteza	3. Aprendizagem social 4. *Path dependency*	5. Abordagem da teoria dos jogos 6. Ajustamento bayesiano 7. *Learning-by-doing* e curvas de aprendizagem

Fonte: Boerner, Macher e Teece (2001, p. 92).

O tratamento de AO tem sido explorado em dois campos relativamente influentes da economia: a economia de inovação e a teoria da firma. Estes dois fluxos de literatura proveem novos e importantes *insights* acerca dos processos de aprendizagem individuais e como a aprendizagem individual é transformada em AO. Eles também ampliam a ortodoxia não só examinando como empresas adquirem e utilizam conhecimento existente, mas também como elas criam novo conhecimento. Esta extensão é essencial para o progresso de um *framework* mais inclusivo e mais dinâmico para entender a aprendizagem organizacional que existe hoje.

Um tema central da literatura de inovação mostra que os meios pelos quais as empresas desenvolvem um novo produto e tecnologias de processo não são fortuitos; muito da inovação tecnológica é estruturada e ordenada e acontece dentro de estruturas bem definidas (Dosi; Orsenigo, 1988; Pavitt, 1987). Em um esforço para melhorar a compreensão destas estruturas, pesquisadores da inovação colocaram ênfase considerável nos processos de AO (Metcalfe, 1995). Os *insights* obtidos por estes estudiosos ampliaram o tratamento da aprendizagem na literatura da economia. Visto sob esta ótica, toda inovação tecnológica requer AO. Embora qualquer tentativa para resumir, em poucas páginas, a contribuição da literatura de inovação para a AO seja inadequada, as principais contribuições são apresentadas no Quadro 1-4.

Os pesquisadores que estudam a economia da inovação, a exemplo de Nelson e Winter

QUADRO 1-4
Categorias de aprendizagem na literatura de inovação

Tipo de aprendizagem	*Locus*	Foco da inovação
Learning-by-doing	Interno à empresa	Atividades de produção
Learning-by-searching	Principalmente interno à empresa	Foco principalmente comercial – P&D – relacionado
Aprendizagem Científica	Interno e externo à empresa	Conhecimento tecnológico
Learning-by-using	Interno à empresa	Uso de produtos e *inputs*
Spillover learning	Externo à empresa	Absorvendo conhecimento externo e imitando as práticas de concorrentes

Fonte: Adaptado de Boerner, Macher e Teece (2001, p. 104).

(1982) e Dosi e Orsenigo (1988), realçam os vários tipos de aprendizagem que as organizações empregam e observam que as organizações tiram proveito de várias fontes internas e externas de aprendizagem. Esta literatura também aponta a natureza incremental e cumulativa da aprendizagem e da inovação.

Os economistas que trabalham na perspectiva da teoria da firma – Teorias Baseadas em Recursos e Teorias Evolucionárias da Firma, inspirados nos trabalhos de Coase (1937), Hayek (1945), Penrose (1959), Prahalad e Hamel (1990) – utilizam-se dos *insights* sobre a natureza e as fontes de aprendizagem para explorar como processos internos da firma afetam a habilidade das organizações econômicas desenvolverem e explorarem novas e existentes formas de conhecimento (capacidades dinâmicas e a criação do conhecimento na organização). O que emerge da economia, entretanto, não é um retrato completo de AO, mas fotografias instantâneas úteis de vários aspectos críticos dos processos de aprendizagem.

• 1.7 • Aprendizagem organizacional e a perspectiva da ciência da administração

A partir de uma revisão da literatura sobre as perspectivas e as abordagens teóricas para a questão da mudança organizacional e a AO, Pawlowsky (2001) propõe uma sistematização de abordagens e um modelo que procuram auxiliar a ciência da administração e o gerenciamento da aprendizagem nas organizações.

As diferentes abordagens para AO estão arraigadas em ampla variedade de estruturas teóricas e dificilmente haverá uma plataforma teórica que possa servir como base comum para desenvolvimento. Pawlowsky (2001) classifica AO em cinco perspectivas teóricas: (a) Perspectiva Cognitiva e do Conhecimento, (b) Perspectiva da Tomada de Decisão Organizacional e da Adaptação, (c) Perspectiva da Teoria de Sistemas, (d) Perspectiva Cultural e (e) Perspectiva da Aprendizagem na Ação. No entanto, seguindo a linha de raciocínio deste autor e a revisão de literatura sobre AO, identificou-se que está emergindo uma sexta perspectiva que poderia ser denominada de Perspectiva da Estratégia/Gerencial. Estas seis perspectivas são, a seguir, apresentadas.

1.7.1 (a) Perspectiva cognitiva e do conhecimento

Os pesquisadores que adotam esta perspectiva tendem a pensar em AO como tendo uma base cognitiva, na qual conhecimento é acumulado de modo consciente. Durante o processo de AO, a informação tem papel essencial. Para Argyris e Schön (1978, p. 10), "toda ação deliberada teve uma base cognitiva, que reflete normas, estratégias e suposições ou modelos do mundo [...] e aprendizagem individual pela aquisição do conhecimento cria uma fundação para aprendizagem organizacional". Na mesma linha, Slater e Narver (1995) definem aprendizagem como o desenvolvimento de novos conhecimentos e *insights* que têm influência no comportamento. Para tais autores, o processo de aprendizagem inclui a aquisição e a disseminação da informação e a interpretação compartilhada. Conforme Pawlowsky (2001), outros pesquisadores que adotam esta abordagem são Huber (1991), Nonaka e Konno (1998), Fiol e Lyles (1985) e Garvin (1993).

A noção essencial da perspectiva cognitiva é que os membros das organizações não são somente uma caixa de armazenamento de experiências racionais passadas, mas intérpretes da realidade de acordo com as especificidades de seu sistema cognitivo. A perspectiva cognitiva e do conhecimento da AO também inclui uma variedade de agrupamentos, podendo-se distinguir duas abordagens que têm recebido considerável interesse. A primeira engloba as abordagens estruturais, também denominadas "representacionismo", as quais têm como foco habilidades de processamento da informação que dependem de características estruturais do sistema cognitivo (Huber, 1991). A segunda, de caráter epistemológico, considera o processo de interpretação e a construção cognitiva de realidade como tema central de importância para a aprendizagem (Daft; Weick, 1984; Krogh; Roos; Slocum, 1996; Smircich; Stubbart, 1985).

1.7.2 (b) Perspectiva da tomada de decisão organizacional e da adaptação

Esta perspectiva está bem representada pelo trabalho em Cyert e March, que teve como foco o nível organizacional da aprendizagem por adaptação. Nele, os autores entendem que

> organizações exibem comportamento adaptável com o passar do tempo. Da mesma maneira que adaptações em nível individual dependem de fenômenos da fisiologia humana, adaptação organizacional usa os indivíduos da organização como instrumentos. Porém, nós acreditamos que é possível lidar com adaptação em nível agregado da organização. (Cyert; March, 1992, p. 13)

Portanto, as ideias desta perspectiva estão alinhadas com as teorias comportamentais a respeito de AO já expostas na seção 2.1. Ocorre, porém, um avanço nesta abordagem, à medida que Levitt e March (1988) explicitam o significado do termo "rotinas", a ele incorporando formas, regras, procedimentos, convenções, estratégias, tecnologia em torno dos quais as organizações são construídas e por meio dos quais elas operam.

1.7.3 (c) Perspectiva da teoria de sistemas

A Perspectiva da Teoria de Sistemas para AO define a organização como sistemas de atividades conscientemente coordenadas. AO é concebida como um incremento na solução de problemas potenciais de sistemas sociais derivado da aprendizagem institucional. Senge (1990) propõe a abordagem da dinâmica de sistemas para a AO. A suposição básica é que, uma vez que se reduz a complexidade de um sistema de rede, analisando as características de todos os fatores e suas relações dinâmicas com o passar do tempo, este conhecimento pode ser usado para compreender o funcionamento das redes de sistemas complexos e, assim, é possível intervir adequadamente. Todos os *outputs* de um sistema são vistos como *inputs* para outros sistemas, enquanto a aprendizagem significa compreender as relações complexas dos sistemas sociais e sua dinâmica. Esta abordagem baseada em sistemas dinâmicos foi desenvolvida, entre outros, por Forrester (1975). O conceito foi adotado por Senge (1990) e pela escola de Gallen em desenvolvimento organizacional (Morecroft, 1988; Ulrich; Probst, 1990).

1.7.4 (d) Perspectiva cultural

De forma geral, pode-se identificar, no mínimo, duas grandes vertentes para esta perspectiva. A primeira entende a AO como uma mudança nas rotinas defensivas no interior das organizações. Argyris (1990) diz que o mecanismo de defesa organizacional relativo aos processos de aprendizagem é fundamentado no nível cultural e emocional da organização. Ele distinguiu os dois tipos contrastantes de culturas nas organizações que são Modelo I e Modelo II – Teoria em Uso e Teoria Esposada. No nível conceitual mais simples "[...] nós podemos dizer que cultura é a aprendizagem comum compartilhada produzida" (Schein, 1991, p. 247).

A outra vertente, tendo como seus principais representantes Cook e Yanow (1993), propõe uma visão distinta da abordagem cultural para a AO, entendendo-a como um complemento, não um substituto para a perspectiva cognitiva. Para eles, a perspectiva cognitiva só foca o nível individual, enquanto, pela perspectiva cultural, pode-se capturar a aprendizagem no nível de aprendizagem coletivo. Assim, a AO é vista como um processo "[...] quando um grupo adquire a experiência que permite levar a cabo suas atividades coletivas" (Cook; Yanow, 1993, p. 13).

1.7.5 (e) Perspectiva da aprendizagem na ação

Segundo a Perspectiva da Aprendizagem na Ação – inspirada nas bases teóricas da aprendizagem experiencial (Argyris; Schön, 1978; Kolb, 1984) – acredita-se que a intervenção orientada para o comportamento é o ponto de partida para os processos de aprendizagem. Nevis, Dibella e Gould

(1995) definem AO como a capacidade de uma organização de manter ou melhorar seu desempenho baseado na experiência. A aprendizagem acontece a partir da experiência e a experiência dos aprendizes é refletida enquanto ocorre a ação. O *framework* "aprender fazendo" é de fato o argumento dos pesquisadores, nesta perspectiva, sendo que o conhecimento tácito é um elemento importante durante esse processo. A abordagem da aprendizagem na ação é heterogênea em suas teorias e em seus modelos. Enquanto alguns estão baseados no ciclo de aprendizagem experiencial de Kolb, outros se fundamentam na abordagem das práticas de AO de Revans (1980) e Pedler, Burgoyne e Boydell (1991).

1.7.6 (f) Perspectiva da estratégia/gerencial

Há uma tendência emergente na literatura de AO denominada **Perspectiva da Estratégia/Gerencial**. A aprendizagem, nesta visão, é fonte de heterogeneidade entre organizações, criando a base para uma possível vantagem competitiva. A aprendizagem não somente significa que uma organização aprende, mas que deve aprender mais rapidamente que as outras. Os autores seguidores desta abordagem acreditam que os gerentes têm papel ativo e importante no processo de AO, criando um ambiente de aprendizagem dentro da organização, identificando problemas e tomando decisões estratégicas. Entre os autores que adotam esta perspectiva estão Sullivan e Nonaka (1986) e Grant (1996).

2 • O "LUGAR" DA APRENDIZAGEM ORGANIZACIONAL: ALGUMAS POSSIBILIDADES E REFLEXÕES

Em sua longa história, a aprendizagem organizacional foi caracterizada como incremento/melhoria de desempenho no transcorrer do tempo (Adler; Clark, 1991; Argote, 1999); fenômeno comportamental (Nelson; Winter, 1982; Cyert; March, 1992); fenômeno cognitivo (Lant, 2002; Winter, 2000); fenômeno sociocultural (Cook; Yanow, 1993; Weick; Westley, 1996), fenômeno com dimensões reflexivas e emocionais (Schon, 1983; Antonacopoulou; Gabriel, 2001); fenômeno experiencial (ciclos de aprendizagem e aprendizagem na ação, Kolb, 1984; Argyris; Schön, 1978) e, mais recentemente, baseada em práticas (Nicolini; Gherardi; Yanow, 2003). Por estas considerações e pelas perspectivas apresentadas nas seções anteriores, é possível agrupar as contribuições em cinco diferentes grupos: (a) curvas de aprendizagem; (b) aprendizagem comportamental; (c) aprendizagem cognitiva; (d) aprendizagem pela ação; (e) aprendizagem social.

Ao contrário de outras revisões sobre aprendizagem organizacional, não se está aqui procurando elaborar ou criar um modelo integrado de aprendizagem (como de Crossan; Lane; White, 1999). Em vez de tentar ajustar todas as partes num mesmo conjunto, procura-se identificar exigências mínimas do conceito de aprendizagem organizacional, com base na literatura e sua crítica existente. Também não se procurou organizar a revisão da literatura por meio de disciplinas (como Easterby-smith, 1997), preferindo-se agrupar contribuições em abordagens gerais. Deste modo, identificaram-se macrogrupos nos quais disciplinas múltiplas coexistem, por exemplo, a escola comportamental de aprendizagem é desenhada a partir da economia evolutiva (Nelson; Winter, 1982), da cibernética e da teoria de sistemas (Cyert; March, 1992), e da sociologia (Feldman; Pentland, 2003). Acredita-se, porém, que esta abordagem (de disciplinariedade transversal) é apropriada para um campo como o da administração, aplicado e, afinal, multidisciplinar.

Os cinco grupos em aprendizagem organizacional identificados nesta revisão não podem ser vistos, como é frequentemente realizado, como cortes claros da forma aqui exposta. Algumas contribuições ultrapassam os limites e, recentemente, houve um esforço particular para integrar a visão comportamental com a visão cognitiva de aprendizagem (Gavetti; Levinthal, 2000; Tripsas; Gavetti, 2000; Winter, 2000).

Outras tentativas de trabalho, mais ambiciosas, buscam integrar todas as perspectivas, pelo *link* (cognitivo) dos processos de intuição em nível individual com os processos de interpretação e integração em nível de grupo e, finalmente, a institucionalização em nível organizacional – conectando tudo, então, à ação na forma de renovação estratégica (Crossan; Lane; White, 1999; Crossan; Berdrow, 2003; Lawrence et al., 2005; Pawlowsky, 2001). A maior parte dos autores, porém, permanece predominantemente dentro de uma categoria. Percebe-se, contudo, em alguns casos, que os estudos e as teorias propostos para AO pecam por não levarem em conta as lições oriundas da experiência e dos diversos estudos já desenvolvidos na área de conhecimento em aprendizagem.

Em função da evolução das teorias e adotando-se um olhar capaz de acomodar diversas representações da temática, acredita-se que seja possível identificar quatro características da AO, que precisam ser mais discutidas, incorporadas e/ou resgatadas para a compreensão do fenômeno e para o delineamento de um conceito de AO que fundamente seu estudo empírico. Dessa forma, torna-se importante que se reflita sobre a pesquisa existente em AO, lançando luzes sobre os resultados estabelecidos e as questões que permanecem com necessidade de maior investigação. Pela análise e crítica dos cinco grupos anteriormente identificados, apontam-se quatro questões principais – e relacionadas – para discussão:

1. **Nível da aprendizagem** – deveria ser levado em conta o fato de que AO recorre, independentemente do nível em questão, ao indivíduo e a suas interações (grupal, intergrupal, organizacional e interorganizacional), portanto, em nível interpessoal.
2. **Neutralidade da meta** – a aprendizagem pode ser vista como algo bom ou ruim.
3. **Noção de mudança** – nem toda a aprendizagem manifesta-se como uma mudança no comportamento.
4. **Natureza processual da aprendizagem** – aprendizagem é um processo e, como tal, deveria ser estudada.

Estes quatro aspectos estão relacionados e/ou combinados um com o outro.

A **primeira questão** trata da discussão sobre os níveis de aprendizagem e levanta a possibilidade de se considerar a aprendizagem explicitamente como um fenômeno interpessoal. Sugere-se que isto pode ser realizado a partir da análise explícita do nível grupal ou organizacional ou se considerando as ligações entre os vários níveis de análise. O que precisa estar presente, entretanto, é uma razão para a separação da aprendizagem individual e um mecanismo que explique como grupos e organizações aprendem.

De acordo com Dragonetti e colaboradores (2005), ao manter um forte foco no aspecto interpessoal do processo, pode-se esperar que os processos sociais de influência (Vince, 2001), o *sensegiving* (Gioia; Chittipeddi, 1991) e o interpretativismo (Stamatov, 2002) tenham influência importante na quantidade, qualidade e direção da aprendizagem que acontece no espaço de uma organização. Pode-se esperar também que a aprendizagem esteja intimamente conectada com a identidade em ambos os níveis, individual e organizacional (Cook; Yanow, 1993). Mais importante, entretanto, são as novas práticas (formal e informal) e as estruturas que podem ser um dos resultados do processo de aprendizagem (Feldman; Pentland, 2003). Estes resultados ainda podem ser vistos como manifestações do processo em andamento (em atividade) muito mais do que resultados finais. Como manifestações e artefatos, contudo, começam influenciando o próprio processo, de maneira recursiva.

A **segunda** questão é redefinir o *link* entre aprendizagem organizacional e os vários resultados de desempenho em nível de grupo ou organização: muito frequentemente, uma positiva relação é assumida, ou pela definição de aprendizagem, ou por sua operacionalização, e isto trivializa o conceito de aprendizagem organizacional.

A **terceira questão** é separar claramente a noção de aprendizagem da noção de mudança organizacional, um processo ao qual também é frequentemente associada (Crossan; Berdrow, 2003; Crossan; Lane, 1999; White; Fiol; Lyles, 1985): como está claro que os conceitos estão relacionados, sua relação é e tem que ser uma questão empírica e dependente de outros fatores, não algo assumido em nível teórico e universal.

A **quarta questão**, possivelmente a mais promissora para o futuro desenvolvimento do conceito, é recuperar o processo peculiar dos temas que cercam a aprendizagem. Frequentemente, aprendizagem é uma caixa-preta, quando a atenção se volta às entradas (*inputs*), às condições (facilitadores e obstáculos) ou aos resultados (*outputs*) do processo. Acredita-se que, recuperando a dimensão de processo de aprendizagem, de forma semelhante ao que Tsoukas e Chia (2002) propõem para mudança organizacional, pode-se obter um desenvolvimento interessante do conceito e dos estudos em aprendizagem organizacional. Para a concepção de aprendizagem como um processo em aberto, acredita-se que se possa aplicar algumas das considerações que Tsoukas e Chia (2002) fazem em relação à mudança organizacional. Esses autores sugerem que, para conceber corretamente a mudança como um processo, é preciso trocar de ponto de vista: a mudança de visão como uma característica permanente da realidade e a estrutura como um epifenômeno da ação humana – um passageiro e temporário estado que imergirá no fluxo da mudança. Assim, mudança é "o retecer das teias das convicções e hábitos de ação dos atores como um resultado de novas experiências obtidas por interações" (Tsoukas; Chia, 2002, p. 570) – consequentemente, mudança é a criação de novas estruturas, porém, estas podem, não ser permanentes, pelo constante repensar das categorias que ajudam a estruturar a compreensão de realidade.

○ CONSIDERAÇÕES FINAIS

A partir do exposto até aqui, sugere-se que, para desenvolver e avançar no estabelecimento do conceito e nos estudos sobre a aprendizagem organizacional, os pesquisadores devem olhar para o nível interpessoal, para a noção de neutralidade de meta, considerar a mudança sob outra perspectiva e a natureza processual da aprendizagem. Nenhum dos grupos ou perspectivas identificados na literatura, pode-se afirmar, abarca satisfatoriamente todas estas condições.

Contudo, ao se transferir a noção de processo de mudança, sugerida por Tsoukas e Chia (2002), para a realidade organizacional, adquire-se algo próximo à denominada *practicing* (Dragonetti et al., 2005): um processo emergente de conexão entre atores, sistemas, processos e artefatos. Antonacopoulou (2004, 2005) define *practising* como práticas que se distinguem da concepção estática de uma aplicação de rotinas numa realidade preexistente. Sugere que aprendizagem, nesta visão, pode ser conceituada como um processo pelo qual os atores refletem sobre suas práticas para entender as conexões entre os aspectos determinantes, as ações e os resultados. Este processo pode ser individual ou social, porém, somente quando é interpessoal utiliza-se o termo aprendizagem organizacional. Conforme a autora, este processo também é neutro para qualquer meta, quando então considera que pode obter ou não o incremento de desempenho.

Uma das correntes de pensamento no campo da AO que tem enfatizado a importância das comunidades de prática e a aprendizagem situada é a da aprendizagem baseada *em práticas* (Lave; Wenger, 1991; Gherardi; Nicolini, 2001). Esta abordagem parece contemplar, pelo menos mais proximamente, as quatro questões anteriormente apontadas neste capítulo. A proposta inicial foca predominantemente a prática como atividade e seu papel nos processos de aprendizagem, tendo sido aperfeiçoada por Nicolini, Gherardi e Yanow (2003). Estas pesquisadoras propõem a noção de que AO e conhecimento são fenômenos principalmente sociais e culturais e que estão baseados *em prática*, a partir de diferentes e influentes perspectivas: sociológica, cultural-interpretativista, teoria da aprendizagem situada, teoria da atividade e teoria ator-rede. Somando-se a esta abordagem, Antonacopoulou (2005) e Dragonetti e colaboradores. (2005) propõem uma visão alternativa da aprendizagem (*learning-as-practicing*), que busca ir além do aprender como prática. Esta perspectiva enfatiza o *ensaiar*, no sentido de que *experimentar e explorar* são os aspectos-chave da aprendizagem, quando alinhados à reflexão crítica. Os atores refletem sobre suas práticas para entender as conexões entre os aspectos determinantes, as ações e os resultados.

Por meio da análise aqui realizada, pode-se agrupar as contribuições prévias identificadas nas perspectivas apresentadas em cinco campos por meio dos quais alguns temas e questões parecem recorrentes. Lançou-se luz sobre quatro questões que o conceito de aprendizagem organizacional tem que superar para tornar-ser significativo. Por fim, sugere-se que um possível modo para superar estes desafios é a adoção de uma perspectiva *baseada em práticas* (Gherardi; Nicolini; Yanow, 2003), *olhando* para os microprocessos que estão por trás das práticas contínuas dos atores em um sistema social. Neste contexto, aprender torna-se um ato reflexivo, por meio do *olhar* os sistemas para os atos passados e os planos de seu futuro.

Acredita-se que esta nova conceituação do processo de aprendizagem pode gerar consideráveis *insights* em sua natureza, contribuindo simultaneamente para a compreensão da macro e microdinâmica da organização e do fluxo de mudança em um sistema social. Para obter estes *insights*, é necessário, porém, repensar os métodos que devem fazer parte de nossa caixa de ferramentas, por causa da natureza interpretativa do processo em questão.

○ SUGESTÕES DE QUESTÕES PARA REFLEXÃO/DISCUSSÃO

Quais são as implicações de se considerar as perspectivas teóricas em AO nas investigações?

1. Estabeleça uma análise das quatro características apontadas, neste capítulo, como necessárias para compreensão do fenômeno e para o delineamento de um conceito de AO e discorra sobre sua repercussão nos estudos empíricos.
2. Quais são os métodos de pesquisa que podem ser empregados para investigar AO, justifique.
3. Proponha um tema de pesquisa em AO e defina qual(is) perspectiva(s) teórica(s) em Aprendizagem Organizacional você utilizaria como lente para examinar o fenômeno em foco.

○ REFERÊNCIAS

ADLER, P.; CLARK, K. Behind the learning curve: a sketch of the learning process. *Management Science*, v. 37, n. 3, p. 267-281, 1991.

ALVESSON, M.; WILLMOTT, H. Identity regulation as organizational control: producing the appropriate individual. *Journal of Management Studies*, v. 39, n. 5, p. 619-644, 2002.

ANTONACOPOULOU, E. P. Strategizing as practising: strategic learning as connecting. In: EGOS COLLOQUIUM, 21., Berlin, 2005. Paper apresentado no sub-tema 13: Strategic Learning: Transforming Strategic Experiences into Actionable Knowledge.

ANTONACOPOULOU, E. P. The virtues of practising scholarship: A tribute to Chris Argyris a timeless learner. *Management Learning*, v. 35, n. 4, p. 381-395, 2004.

ANTONACOPOULOU, E. P.; GABRIEL, Y. Emotion, learning and organizational change: towards and Integration of psychoanalytic and other perspectives. *Journal of Organisational Change Management*, v. 14, n. 5, p. 435-451, 2001. Special Issue on Organisational Change and Psychodynamics.

ANTONELLO, C. S. A metamorfose da aprendizagem organizacional: uma Revisão crítica. In: RUAS, R.; ANTONELLO, C.; BOFF, L. H. (Org.). *Aprendizagem organizacional e competências*. Porto Alegre: Artmed, 2005.

ANTONELLO, C. S. Estudo dos métodos e posicionamento epistemológico na pesquisa de aprendizagem organizacional, competências e gestão do conhecimento. In: ENCONTRO ANUAL DA ANPAD, 26., 2002, Salvador. *Anais...* Salvador: ANPAD, 2002. 1 CD-ROM.

ANTONELLO, C. S.; GODOY, A. S. *A produção brasileira em aprendizagem nas organizações*: uma metatriangulação. 2007. Relatório de Pesquisa.

ARGOTE, L. *Organizational learning*: creating, retaining and transferring knowledge. Boston: Kluwer Academic Publishers, 1999.

ARGYRIS, C. *Overcoming organizational defenses*. Boston: Allyn and Bacon, 1990.

ARGYRIS, C.; SCHON, D. *Organizational learning*: a theory of action perspective. Reading, MA: Addison-Wesley, 1978.

BAPUJI, H.; CROSSAN, M. From questions to answers: reviewing organizational learning research. *Management Learning*, v. 35, n. 4, p. 397-417, 2004.

BELL, S.; WHITWELL, G.; LUKAS, B. Schools of thought in organizational learning. *Journal of the Academy of Marketing Science*, v. 30, n. 1, p. 70-86, 2002.

BERTHOIN ANTAL, A. et al. organizational learning and knowledge: reflections on the dynamics of the field and challenges for the future. In: DIERKES, M. et al. (Ed.). *The handbook of organizational learning and knowledge*. Oxford: Oxford University Press, 2001.

BOERNER, C.; MACHER, J. T.; TEECE, D. J. A review and assessment of organizational learning in economic theories. In: DIERKES, M. et al. (Ed.). *Handbook of organizational learning and knowledge*. New York: Oxford University Press, 2001.

BONTIS, N.; CROSSAN, M.; HULLAND, J. Managing an organizational learning system by aligning stocks and flows. *Journal of Management Studies*, v. 39, n. 4, p. 438-469, 2002.

BROWN, J. S.; COLLINS, A.; DUGUID, P. Situated cognition and the culture of learning. *Educational Researcher*; v. 18, n. 1, p. 32-42, Jan./Feb. 1989

BROWN, J. S.; DUGUID, P. Organizational learning and communities of practice: towards a unified view of working, learning and innovation. *Organization Science*, v. 2, n. 1, p. 40-57, 1991.

BROWN, J. S.; DUGUID, P. Organizing knowledge. *California Management Review*, v. 40, n. 3, p. 90-111, 1998.

CANGELOSI, V.; DILL, W. Organizational learning: observations towards a theory. *Administrative Science Quarterly*, v. 10, n. 2, p. 175-203, 1965.

CHILD, J.; HEAVENS, S. The social constitution of organizations and its implications for organizational learning. In: DIERKES, M. et al. *Handbook of learning and knowledge*. Oxford: Oxford University Press, 2001. p. 308-326.

COLLINS, R. *Four sociological traditions*. New York: Oxford University Press, 1994.

CONTU, A.; GREY, C.; ÖRTENBLAD, A. Against learning. *Human Relations*, v. 56, n. 8, p. 931-952, 2003.

COOK, S. D. N.; YANOW, D. Culture and organizational learning. *Journal of Management Inquiry*, v. 2, n. 4, p. 373-390, 1993.

CORLEY, K.; GIOIA, D. Semantic learning as change enabler: relating organizational identity and organizational learning. In: EASTERBY-SMITH, M.; LYLES, M. A. (Ed.). *Handbook of organizational learning and knowledge management*. Oxford: Blackwell, 2003. p. 623-638.

CROSSAN, M.; BERDROW, I. Organizational learning and strategic renewal. *Strategic Management Journal*, v. 24, n. 11, p. 1087-1105, 2003.

CROSSAN, M.; GUATTO, T. Organizational learning research profile. *Journal of Organizational Change Management*, v. 9, n. 1, p. 107-112, 1996.

CROSSAN, M.; LANE, H.; WHITE, R. An organizational learning framework: from intuition to institution. *Academy of Management Review*, v. 24, n. 3, p. 522-537, 1999.

CYERT, R.; MARCH, J. *A behavioral theory of the firm*. 2nd ed. Malden, MA: Blackwell, 1992. Primeira edição em 1963.

CZARNIAWSKA, B. Anthropology and organizational learning. In: DIERKES, M. et al. (Ed.). *Handbook of organizational learning and knowledge*. Oxford: Oxford University Press, 2001.

DAFT, R.; WEICK, K. Toward a model of organizations as interpretation systems. *Academy of Management Review*, v. 9, n. 2, p. 284-295, 1984.

DEWEY, J. *Experience & education*. New York: Macmillan, 1938.

DIERKES, M. et al. (Ed.). *Handbook of organizational learning and knowledge*. Oxford: Oxford University Press, 2001.

DODGSON, M. Organizational learning: a review of some literatures. *Organization Studies*, v. 14, n. 3, p. 375-394, 1993.

DOSI, G.; ORSENIGO, L. Coordination and transformation: an overview on structures, behaviors and change in evolutionary environments. In: DOSI, G. et al. (Ed.). *Technical change and economic theory*. London: Printer, 1988. p. 13-37.

DRAGONETTI, N. et al. Organisational learning: a review, a critique and a way forward. In: ORGANIZATION STUDIES WORKSHOP THEORIZING PROCESS IN ORGANIZATIONAL RESEARCH, 1., 2005, Santori. Paper apresentado.

DUNCAN, R.; WEISS, A. Organizational learning: implications for organizational design. *Research in Organizational Behavior*, v. 1, p. 75-123, 1979.

EASTERBY-SMITH, M. Disciplines of organizational learning: contributions and critiques. *Human Relations*, v. 50, n. 9, p. 1085-1113, 1997.

EASTERBY-SMITH, M.; LYLES, M. (Ed.). *The Blackwell handbook of organizational learning and knowledge management*. Oxford: Blackwell Publishing, 2003.

EDMONDSON, A.; MOINGEON, B. From organizational learning to the learning organization. *Management Learning*, v. 29, n. 1, p. 5-20, 1998.

FEAR, J. R. Thinking historically about organizational learning. In: DIERKES, M. et al. (Ed.). *Handbook of organizational learning and knowledge*. Oxford: Oxford University Press, 2001. p. 162-191.

FELDMAN, M.; PENTLAND, B. Reconceptualizing organizational routines as a source of flexibility and change. *Administrative Science Quarterly*, v. 48, p. 94-118, 2003.

FIOL; C. M.; LYLES, M. Organizational learning. *Academy of Management Review*, v. 10, n. 4, p. 803-813, 1985.

FORRESTER, J. W. *Learning through system dynamics as preparation for de 21st Century*. Portland, OR: Productivity Press, 1975. Collected Papers of J. W. Forrester.

GARVIN, D. A. Building a learning organization. *Harvard Business Review*, v. 71, n. 4, p. 78-91, 1993.

GAVETTI, G.; LEVINTHAL, D. Looking forward and looking backward: cognitive and experiential search. *Administrative Science Quarterly*, v. 45, n. 1, p. 113-137, 2000.

GHERARDI, S.; NICOLINI, D. The sociological foundations of organizational learning. In: DIERKES, M.; BERTHOIN ANTAL, A.; CHILD, J.; NONAKA, I. (Ed.). *The handbook of organizational learning and knowledge*. Oxford: Oxford University Press, 2001.

GIOIA, D.; CHITTIPEDDI, K. Sensemaking and sensegiving in strategic change initation. *Strategic Management Journal*, v. 12, p. 433-448, 1991.

GRANT, R. M. Towards a knowledge-based theory of the firm. *Strategic Management Journal*, v. 17, p. 109-122, 1996. Número especial.

HEDBERG, B. L. T. How organizations learn and unlearn. In: NYSTRÖM, P.; STARBUCK, W. (Ed.). *Handbook of organizational design*. Oxford: Oxford University Press, 1981. p. 8-27.

HUBER, G. P. Organizational learning: the contributing processes and the literatures. *Organization Science*, v. 2, n. 88, p. 115, 1991.

KEGAN, R. *The evolving self*. Cambridge, MA: Harvard University Press, 1982

KOLB, D. A. *Experimental learning*: experience as the source of Learning. New Jersey: Prentice-Hall, 1984.

KROGH, V. G.; ROOS, J.; SLOCUM, K. An essay on corporate epistemology. In: VAN KROGH, G.; ROOS J. (Eds.). *Managing knowledge*. Sage: London, 1996. p. 157-183.

LANT, T. K. Organizational cognition and interpretation. In: BAUM, J. (Ed.). *The Blackwell Companion to organization*. Oxford: Blackwell, 2002. p. 344-362.

LAPALOMBARA, J. The underestimated contributions of political science to organizational learning. In: DIERKES, M. et al. (Ed.). *Handbook of learning and knowledge*. Oxford: Oxford University Press, 2001. p. 137-161.

LAVE, J.; WENGER, E. *Situated learning*: legitimate peripheral participation. New York: Cambridge University Press, 1991.

LAWRENCE, T. et al. The politics of organizational learning: Integrating power into the 4I framework. *Academy of Management Review*, v. 30, n. 1, p. 180-191, 2005.

LEVITT, B.; MARCH, J. Organizational learning. *Annual Review of Sociology*, v. 14, p. 319-340, 1988.

LEWIN, K. Frontiers in group dynamics: II. Channel of group life: social planning and action research. *Human Relations*, v. 2, p. 143-153, 1946.

LOIOLA, E.; BASTOS, A. V. B. A produção acadêmica sobre aprendizagem organizacional no Brasil. *Revista de Administração Contemporânea*, v. 7, n. 3, p. 181-201, 2003.

LYLES, M.; EASTERBY-SMITH, M. Organizational learning and knowledge management: agendas for future research. In: EASTERBY SMITH, M.; LYLES, M. (Ed.). *The Blackwell handbook of organizational learning and knowledge management*. Oxford: Blackwell, 2003.

MAIER, G.; PRANGE, C.; VON ROSENSTIEL, L. Psychological perspectives of organizational learning. In: DIERKES, M. et al. (Ed.). *The handbook of organizational learning and knowledge*. Oxford: Oxford University Press, 2001. p. 14-34.

MARCH, J. G.; OLSEN, J. P. *Ambiguity and choice in organizations*. Bergen: Universitets Fralaget, 1976.

MARCH, J.; SIMON, H. *Organizations*. 2nd ed. Cambridge, MA: Blackwell, 1993. Primeira publicação em 1958.

MERKENS, H., GEPPERT, M.; ANTAL, A. Triggers of organizational learning during the transformation process in central European countries. In: DIERKES, M. et al. (Ed.). *Handbook of organizational learning and knowledge*. Oxford: Oxford University Press, 2001. p. 242-263.

METCALFE, S. the economic foundations of technological policy: equilibrium and evolutionary perspectives. In: STONEMAN, P. (Ed.). *Handbook of the economics of innovation and technological change*. Oxford: Blackwell, 1995.

MEZIRO, W. J. *Transformative dimensions of adult learning*. San Francisco: Jossey-Bass, 1991.

MILLER, D. A preliminary typology of organizational learning: Synthesizing the literature. *Journal of Management*, v. 22, p. 485-505, 1996.

MORECROFT, J. D. W. System dynamics and microworlds for policymakers. *European Journal of Operational Research*, v. 35, p. 301-320, 1988.

NELSON, R.; WINTER, S: *An evolutionary theory of economic change*. Cambridge, MA: Belknap, 1982.

NEVIS, E. C.; DIBELLA, A. J.; GOULD, J. M. Understanding organizations as leaning systems. *Sloan Management Review*, v. 36, p. 73-85, 1995.

NICOLINI, D.; GHERARDI, S.; YANOW, D. (Ed.). *Knowing in organizations*: a practice-based approach. Armonk, NY: M. E. Sharpe, 2003.

NICOLINI, D.; GHERARDI, S.; YANOW, D. Introduction: towards a practice-based view of knowing and learning in organizations. In: NICOLINI, D.; GHERARDI, S.; YANOW, D. (Ed.). *Knowing in organizations*: a practice-based approach. London: M.E. Sharpe, 2003. p. 3-31.

NONAKA, I.; KONNO, N. The concept of "Ba": building a foundation for knowledge creation. *California Management Review*, v. 40, n. 3, p. 54-84, 1998.

NONAKA, I.; TAKEUCHI, H. *Criação do conhecimento na empresa*: como as empresas japonesas geram a dinâmica da inovação. 11. ed. Rio de Janeiro: Campus, 1997.

ORR, J. *Talking about machines*: an ethnography of a modern job. 1990. Tese (Doutorado em Antropologia) - Cornell University, Department of Anthropology, 1990.

PAVITT, K. The objectives of technology policy. *Science and Public Policy*, v. 14, p. 182-188, 1987. Reprinted In Pavitt (1999) as The nature of Technology.

PAWLOWSKY, P. Management science and organizational learning. In: DIERKES, M. et al. (Ed.). *The handbook of organizational learning and knowledge*. Oxford: Oxford University Press, 2001.

PEDLER, M.; BURGOYNE, J.; BOYDELL, T. *The learning company*. New York: McGraw-Hill, 1991.

PIAGET, J. *O possível e o necessário*. Porto Alegre: Artes Médicas, 1985. v. 1. Primeira publicação em 1981.

RAELIN, J. A. Public reflection as the basis of learning. *Management Learning*, v. 32, n. 1, p. 11-30, 2001.

REVANS, R. W. *Action learning*: new techniques for management. London: Blond and Briggs, 1980.

REVANS, R. W. The enterprise as a learning system. In: REVANS, R. W. (Ed.). *The origins and growth of action learning*. Goch: Chartwell Bratt, 1982.

RODRIGUES, S.; CHILD, J.; LUZ, T. Aprendizagem contestada. *Revista de Administração de Empresas*, v. 44, n. 1, p. 27-43, 2004.

SCHEIN, E. H. What is culture? In: FROST, J. et al. (Ed.). *Reframing organizational culture*. Newbury Park: Sage, 1991. p. 243-253.

SCHON, D. A. *The reflective practitioner*. New York: Arena, 1983.

SENGE, P. M. *A quinta disciplina*: arte, teoria e prática da organização de aprendizagem. São Paulo: Best Seller, 1990.

SHRIVASTAVA, P. A typology of organizational learning systems. *Journal of Managenent Studies*, v. 20, p. 7-28, 1983.

SIMONS, T.; INGRAM, P. Organization and ideology: kibbutzim and hired labor, 1951-1965. *Administrative Science Quarterly*, v. 42, n. 4, p. 784-814, 1997.

SLATER, S. F.; NARVER, J. C. Market orientation and the learning organization. *Journal of Marketing*, v. 59, n. 3, p. 63-74, 1995.

SMIRCICH, L.; STUBBART, C. Strategic management in an enacted world. *Academy of Management Review*, v. 10, n. 4, p. 724-736, 1985.

SMITH, P. A. C. Action learning and reflective practice in project environment that are related to leadership development. *Management Learning*, v. 32, n. 1, p. 31-48, 2001.

STAMATOV, P. Interpretive activism and the political uses of Verdi's operas in the 1840s. *American Sociological Review*, v. 67, p. 345-366, 2002.

SULLIVAN, J.; NONAKA, I. The application of organizational learning theory to Japanese and American. *Management Journal of International Business Studies*, v. 17, n. 3, p. 127-147, 1986.

TENKASI, R. V.; BOLAND, R. J. Exploring knowledge diversity in knowledge intensive firms: a new role for information systems. *Journal of Organizational Change Management*, v. 9, n. 1, p. 79-91, 1996.

TRIPSAS, M.; GAVETTI, G. Capabilities, cognition and inertia: evidence from digital imaging. *Strategic Management Journal*, v. 21, n. 10-11, p. 1147-1161, 2000.

TSANG, E. W. K. Organizational learning and the learning organization: a dichotomy between descriptive and prescriptive research. *Human Relations*, v. 50, n. 1, p. 73-89, 1997.

TSOUKAS, H.; CHIA, R. On organizational becoming: rethinking organizational change. *Organization Science*, v. 13, n. 5, p. 567-582, 2002.

ULRICH, H.; PROBST, G. J. B. *Anleitung zum ganzheitlichen Denken und Handeln* (Guideline to Integral Thinking and Action). Bern: Haupt, 1990.

VINCE, R. Power and emotion in organizational learning. *Human Relations*, v. 54, n. 10, p. 1325-1351, 2001.

WALSH, J.; UNGSON, G. R. Organizational memory. *Academy of Management Review*, v. 16, n. 1, p. 57-91, 1991.

WEBER, C.; BERTHOIN ANTAL, A. The role of time in organizational Learning. In: DIERKES, M. et al. (Ed.). *The handbook of organizational learning and knowledge.* Oxford: Oxford University Press, 2001. p. 351-368.

WEICK, K.; WESTLEY, F. Organizational learning: affirming an oxymoron. In: CLEGG, S.; HARDY, C.; NORD, W. (Ed.): *Handbook of organization studies.* London: Sage, 1996. p. 440-458.

WENGER, E. *Communities of practice*: learning, meaning and identity. Cambridge, MA: Cambridge University Press, 1998.

WIEGAND, M. *Prozesse organisationalen lernens* (Processes of Organizational Learning). Wiesbaden: Gabler, 1996.

WINTER, S. G. The satisficing principle in capability learning. *Strategic Management Journal*, v. 21, n. 10-11, p. 981-996, 2000.

○ SUGESTÕES DE *SITES* SOBRE O TEMA

http://notes.lancs.ac.uk/pub/ol3.nsf/($All)?OpenView

http://www.cil4.com/9/learning-theory/theory%20of%20learning

http://www.strategy-as-practice.org/

Arilda Schmidt Godoy
Claudia Simone Antonello

2

CARTOGRAFIA DA APRENDIZAGEM ORGANIZACIONAL NO BRASIL
uma revisão multiparadigmática

OBJETIVOS DO CAPÍTULO

- Identificar, descrever e analisar a produção acadêmica sobre Aprendizagem Organizacional no Brasil, no período que se estende de 2001 a 2005, a partir do uso do método da metatriangulação, na modalidade revisão multiparadigmática.

RESUMO

O capítulo apresenta uma revisão multiparadigmática que tem como objetivo identificar, descrever e analisar a produção acadêmica sobre Aprendizagem Organizacional, no Brasil, no período de 2001 a 2005. Como fonte de dados, privilegiamos artigos nacionais publicados em quatro revistas e nos anais de dois congressos da área de administração, classificados como A pela CAPES. Cada artigo passou por um processo de codificação e registro das informações nele contidas, que foram organizadas em doz dimensões analíticas e examinadas de forma articulada e integrada. Estas dimensões apresentam: foco dos estudos, perspectivas teóricas de aprendizagem, autores utilizados, níveis de aprendizagem, atores envolvidos, natureza dos estudos, estratégias de pesquisa, posicionamentos epistemológicos, principais achados e resultados, e dados de contexto da produção. Os principais resultados indicam que o tema foi estudado principalmente a partir da perspectiva psicológica e das ciências da administração, com foco predominantemente cognitivo e técnico. É expressivo o número de estudos apoiados em relatos e descrições focados em uma unidade de análise, sendo apresentada pouca diversidade quanto ao tipo de pesquisa desenvolvido e à perspectiva paradigmática implícita. Grande parte da produção presente nos eventos científicos não se transforma, a curto prazo, em publicação nos periódicos examinados. Os achados enriquecem o debate sobre as debilidades e forças das pesquisas em Aprendizagem Organizacional, em território brasileiro.

○ INTRODUÇÃO

A literatura sobre Aprendizagem Organizacional tem avançado muito nos últimos anos não somente no volume de publicações, mas também descortinando outras dimensões deste campo de estudo. A pesquisa no tema apresenta um legado que alcança mais de 30 anos, com crescimento exponencial, a partir da década de 90. Desde então, desenvolveram-se diferentes investigações acerca da aprendizagem nas organizações, contribuindo para a consolidação e para o progresso neste campo de estudo multifacetado e multidisciplinar. As diferentes perspectivas utilizadas para *olhar* este fenômeno identificam e expressam várias inquietações e, simultaneamente, delineiam uma agenda para estudos futuros, ressaltando a importância de se realizar uma reflexão mais crítica endereçada *ao quê* e *como* se investiga o tema.

Na literatura internacional, pode-se identificar três obras que apresentam as teorias em Aprendizagem Organizacional e mapeiam a produção científica internacional a respeito do tema: o trabalho seminal de Cohen e Sproull (1995), que republicou alguns clássicos da área; o *Handbook of Organizational Learning and Knowledge* organizado por Dierkes e colaboradores (2001); *The Blackwell Handbook of Organizational Learning and Knowledge Management* editado por Easterby-Smith e Lyles (2003).

No Brasil, tomam-se como exemplo dois estudos que tiveram como objetivo levantar e discutir o estado da arte em Aprendizagem Organizacional (AO). O primeiro foi desenvolvido por Antonello (2002). Dentre outras conclusões e considerações, a pesquisadora sugere a continuidade na discussão sobre a evolução de AO na área de administração e a busca de informações sobre o que exatamente se investiga, atualmente, neste campo. Além de examinar os métodos empregados na elaboração dos estudos, ela comenta que seria relevante considerar a construção teórica das pesquisas desenvolvidas. Para investigações futuras, sugere que sejam pesquisadas as fontes de referência teórica, em específico, quais os autores mais utilizados (nacionais e internacionais, tradicionais e emergentes), assim como identificar os conceitos mais empregados para AO. Examinar as regiões de origem dos artigos e os métodos de pesquisa empregados também foram considerados objetivos importantes para realização de uma futura investigação. No segundo estudo, de Loiola e Bastos (2003), os resultados revelaram temas, conceitos, bases teóricas, referências e tipos de pesquisa que predominam neste domínio de investigação. Entre outras conclusões, os autores apresentaram, mais uma vez, a identificação da ocorrência de bifurcação do campo em duas abordagens (Aprendizagem Organizacional e Organizações que Aprendem); a prevalência de literatura estrangeira, notadamente produzida por autores posicionados nos Estados Unidos; o foco em dimensões macro-organizacionais; a concentração em estudos conduzidos a partir de uma forte orientação empírica, com base em pesquisa de desenho investigativo e relatos de experiência, embora tenha sido verificado ligeiro predomínio do primeiro tipo sobre o segundo.

Estas duas investigações, entre outras já desenvolvidas com intuito de mapear a produção científica de temas específicos da área de administração, levam a crer que levantamentos desta natureza são particularmente importantes para incentivar a reflexão, pelos próprios pesquisadores, sobre os desafios e limites que cercam sua prática, embora se tratem de estudos que adotam um "olhar o campo", o qual se restringe a categorias de análise bastante específicas.

Este capítulo representa mais uma contribuição nesse sentido e tem como objetivo identificar, descrever e analisar a produção no campo de estudos da Aprendizagem Organizacional no Brasil, no período que se estende de 2001 a 2005, a partir do uso do método da metatriangulação, na modalidade revisão multipardigmática. Toma, como *corpus* de análise, os artigos nacionais publicados em quatro revistas e nos anais de dois congressos da área de administração, classificados como A pela CAPES.

No item a seguir apresenta-se o percurso metodológico e as etapas envolvidas na organização das informações presentes nos artigos objeto de estudo. Os resultados encontrados estão expostos em dimensões analíticas que foram examinadas de forma articulada e integrada, sem perder de vista o contexto de sua produção. Estas dimensões apresentam: foco dos estudos (origem, tema e objetivo), perspectivas teóricas de aprendizagem, autores empregados, níveis de aprendizagem, atores envolvidos, natureza dos estudos, estratégias de pesquisa utilizadas, posicionamentos epistemológicos adotados, principais achados e resultados, sugestões para estudos futuros e dados de contexto da produção. Acredita-se que os achados enriquecem o debate sobre as forças e debilidades das pesquisas em AO, em território brasileiro, constituindo-se em fonte de reflexão para a academia, tendo em vista a elaboração de uma agenda de pesquisas neste campo.

1 • PERCURSO METODOLÓGICO

O estudo desenvolvido alinha-se à abordagem que Lewis e Grimes (1999) denominam revisão multiparadigmática e envolve a identificação de agrupamentos e de ligações entre teorias existentes. Busca explicitar premissas divergentes e distinções paradigmáticas, promovendo a compreensão, a utilização e a crítica de perspectivas alternativas. Neste tipo de revisão, procura-se trabalhar a partir da descoberta de zonas de transição "que integram interpretações paradigmáticas e enfatizam similaridades entre os paradigmas, podendo privilegiar algum lado numa situação dualista" (Lewis; Grimes, 1999, p. 74-75), realçando a importância da comunicação entre paradigmas. O método utilizado exigiu a apropriação de uma atitude reflexiva perante o conhecimento produzido e o próprio processo de sua construção. Visa, especialmente, à exploração de metaconjeturas, aqui entendidas como proposições que podem ser compreendidas e interpretadas a partir de múltiplos paradigmas.

Na organização do percurso metodológico a ser seguido, contou-se também com as orientações e sugestões encontradas nos estudos de Jasperson (2002) e de Saunders e colaboradores (2003). No Quadro 2-1, são apresentadas as etapas desenvolvidas no estudo.

Para análise dos paradigmas, optou-se por utilizar a tipologia proposta por Gephart (1999,

QUADRO 2-1
Etapas do estudo

Etapas	Principais tarefas desenvolvidas
Etapa I – Trabalho de base	• Definição de fenômeno de interesse • Revisão da literatura • Decisão sobre fonte de dados e amostra a ser trabalhada
Etapa II – Análise dos dados	• Planejamento do itinerário analítico • Codificação e registro dos dados • Descrição e apresentação dos dados
Etapa III – Exploração de metaconjecturas	• Escrita e interpretação dos resultados encontrados e dos paradigmas orientadores dessa produção, segundo uma perspectiva multiparadigmática • Exploração de metaconjecturas, ou seja, proposições interpretáveis, a partir de diferentes paradigmas • Apropriação de uma atitude reflexiva perante o conhecimento produzido e o próprio processo de sua construção

Fonte: Elaborado pelas autoras.

2004) – positivismo e pós-positivismo, interpretacionismo e construcionismo e o pós-modernismo crítico – uma vez que este autor está especialmente interessado no desenvolvimento da pesquisa científica na área de administração. Utilizou-se também o texto de Guba e Lincoln (1994), considerado um clássico quando se foca a questão dos paradigmas.

2 • APRESENTAÇÃO E ANÁLISE DOS RESULTADOS

Visando descrever o processo de articulação e análise dos conteúdos encontrados em cada um dos artigos examinados neste estudo, optou-se por apresentar os resultados, detalhando as decisões e os procedimentos adotados em cada uma das etapas do processo de revisão multiparadigmática.

Explora-se tanto o caminho metodológico trilhado pelos autores dos artigos analisados, quanto as informações obtidas a respeito do tema objeto de estudo – aprendizagem organizacional – que à medida que vão sendo apresentadas oferecem "um entendimento ampliado e esclarecedor do fenômeno de interesse, bem como dos paradigmas empregados", conforme recomendado por Lewis e Grimes (1999, p. XX).

A seguir, apresentam-se as decisões tomadas durante a Etapa I e que configuraram o campo de interesse.

O campo/tema de interesse – aprendizagem organizacional – foi tomado como um todo, buscando-se, *a posteriori*, a determinação dos subtemas, aspectos ou facetas privilegiadas, seguindo-se um raciocínio indutivo de caminhar dos dados para a identificação de padrões, visões divergentes, contrastes e conexões que serão apresentados na Etapa II.

O conjunto de artigos selecionados para fazer parte do estudo reúne tanto estudos teóricos, quanto aqueles que envolvem pesquisa empírica. Como fonte de dados, privilegiaram-se os estudos nacionais (empíricos e teóricos), publicados nos últimos cinco anos (2001 a 2005), em quatro revistas da área de administração e em anais de dois congressos nacionais que, por ocasião da coleta de dados, possuíam conceito A, de acordo com critério da CAPES. A seleção das fontes de pesquisa assegurou a cobertura dos periódicos e congressos nacionais mais expressivos e consolidados na área de conhecimento da administração. Assim, realizou-se levantamento de todos os artigos sobre aprendizagem nas organizações, publicados num período de cinco anos (2001 a 2005), nos seguintes periódicos e anais de congressos nacionais:

- Revista de Administração de Empresas (**RAE**), publicada pela Fundação Getúlio Vargas (FGV) de São Paulo (na versão tradicional e eletrônica).
- Revista de Administração Contemporânea (**RAC**), publicada pela Associação Nacional de Pesquisa e Pós Graduação em Administração (ANPAD).
- Revista Organizações e Sociedade (**O&S**), publicada pelo Núcleo de Pós-graduação da Escola de Administração da UFBA.
- Revista de Administração (**RAUSP**), publicada pela FEA – Faculdade de Economia e de Administração da Universidade de São Paulo.
- Anais do **ENANPAD** – Encontro Nacional dos Cursos de Pós-graduação em Administração, publicado pela Associação Nacional de Pesquisa e Pós Graduação em Administração (ANPAD).
- Anais do **ENEO** – Encontro Nacional de Estudos Organizacionais, publicado pela Associação Nacional de Pesquisa e Pós Graduação em Administração (ANPAD).

Inicialmente, realizou-se levantamento dos artigos tendo como critério para busca a palavra "aprendizagem" em resumos, palavras-chave e títulos dos artigos publicados nos periódicos e anais de congresso. No segundo momento, as pesquisadoras realizaram a leitura dos artigos pré-selecionados. O objetivo foi descartar artigos que, claramente, não contemplavam a temática aprendizagem nas organizações. Foram, então, retirados os artigos que, embora apresentassem a palavra "aprendizagem" no título, resumo e/ou palavras-chave, não contemplavam/abordavam ou examinavam o conceito no interior do texto. Foram também excluídos aqueles artigos cujo conteúdo não focava questões organizacionais, estando voltados a aspectos educacionais e do ensino de administração.

No total, 94 artigos passaram a constituir o conjunto a ser analisado, conforme o Quadro 2-2 (periódicos) e o Quadro 2-3 (anais de congresso).

Completada a Etapa I do estudo, a Etapa II de análise dos dados envolveu o planejamento do itinerário analítico a ser seguido. Organizou-se, então, uma ficha-sumário, destinada à identificação, ao registro e ao armazenamento das informações de cada um dos artigos que seriam analisados, baseada em Jasperson (2002) e Saunders e colaboradores (2003). Os dados obtidos foram organizados a partir das dimensões analíticas, expostas no Quadro 2-4, que reúnem informações de um ou mais campos da ficha-resumo, num esforço deliberado de se *olhar* tais informações de forma integrada e articulada, sem perder de vista o artigo como um todo e o contexto de sua produção. Os resultados e a análise destas dimensões analíticas são apresentados no transcorrer desta seção.

QUADRO 2-2
Número de artigos utilizados na revisão multiparadigmática: periódicos

	Número de artigos					
Periódico	**2001**	**2002**	**2003**	**2004**	**2005**	**Total**
Revista de Administração de Empresas (**RAE**)	0	0	0	5	1	6
Revista de Administração Contemporânea (**RAC**)	2	1	5	3	2	13
Revista Organizações e Sociedade (**O&S**)	1	0	1	0	0	2
Revista de Administração (**RAUSP**)	3	0	3	0	1	7
TOTAL	6	1	9	8	4	28

Fonte: Dados coletados pelos autores.

QUADRO 2-3
Número de artigos utilizados na revisão multiparadigmática: anais de congressos

	Número de artigos					
Anais de congresso	**2001**	**2002**	**2003**	**2004**	**2005**	**Total**
Anais do **ENANPAD**	2	7	12	21	14	56
Anais do **ENEO**	0	3	0	7	0	10
TOTAL	2	10	12	28	14	66

Fonte: Dados coletados pelos autores.
Observação: As publicações nos anais do Enanpad estão concentradas na Divisão Acadêmica de Comportamento Organizacional (27 artigos) e em Gestão de Pessoas e Relações de Trabalho (09 artigos). O restante dos artigos ficou distribuído de forma dispersa em 11 outras divisões.

QUADRO 2-4
Dimensões analíticas

Dimensões analíticas	Campos da ficha-resumo
Focos de Investigação • Título do documento • Tema de estudo • Questões de pesquisa • Objetivos dos estudos • Palavras-chave	 1. Identificação do documento 3. Temas de estudo 4. Objetivos do estudo 7. Natureza do estudo
Níveis de estudo	2. Nível de análise
Bases teóricas	8. Bases teóricas: nacionais e internacionais 12. Referências Bibliográficas
Análise das perspectivas teóricas de aprendizagem Baseada em Easterby-Smith, Lyles, (2003) e Dierkes et al. (2001): Psicológica (experiencial, comportamental, social e aplicada), Sociológica, Antropológica, Política, Ciência da Administração, Econômica.	8. Bases teóricas
Tipos de pesquisa	5. Tipo de estudo 7. Natureza do estudo
Natureza do estudo	5. Tipo de estudo 7. Natureza do estudo
Amostra e/ou sujeitos pesquisados	6. Amostra/sujeitos pesquisados
Paradigmas de Pesquisa	5. Tipo de estudo 7. Natureza do estudo 8. Bases teóricas 11. Paradigmas
Principais achados e resultados	9. Principais achados/resultados
Dados de contexto (pesquisadores e grupos de pesquisa)	10. Dados de contexto

Fonte: Elaborado pelas autoras.

• 2.1 • Níveis de aprendizagem examinados

Identificou-se que os estudos investigam, predominantemente, os níveis de análise organizacional (58) e individual (43), em detrimento de maior investimento na compreensão do nível grupal e do nível interorganizacional (Quadro 2-5). Apenas 14 estudos analisam, simultaneamente, em sua pesquisa, o nível individual e o organizacional. Este aspecto também foi detectado na revisão nacional desenvolvida por Loiola e Bastos (2003). Nas pesquisas internacionais, Bapuji e Crossan (2004) identificaram que 67% dos estudos estavam direcionados para o nível organizacional (37 casos); 13 tinham foco no nível grupal; apenas 5, no nível individual. Do total, 78% eram de natureza quantitativa.

Apenas seis estudos examinaram os três níveis (individual, grupal e organizacional), sendo que um deles, que investigou o nível grupal, foi o único que considerou também o nível societal. São escassas as investigações voltadas para os níveis intra e interorganizacional. Portanto, um desafio que se coloca para a pesquisa na área, ainda não contemplado em nível apropriado, quer no Brasil, quer no exterior, refere-se ao tratamento simultâneo dos diferentes e possíveis níveis de análise do fenômeno AO.

QUADRO 2-5
Níveis de estudos investigados

Nível de análise	Total		
	Periódicos	Anais	Total
Individual	17	26	43
Grupal	03	14	17
Intraorganizacional	0	02	02
Organizacional	19	39	58
Interorganizacional	01	02	03
Societal	01	0	01
Não foi possível identificar	0	01	01

Fonte: Dados coletados pelos autores.

• 2.2 • Focos de investigação

Nesta seção, apresentam-se os focos de estudos identificados a partir da análise da questão de pesquisa explorada e declarada pelo(s) autor(es) dos artigos, título do documento, objetivos explicitados, tema do estudo e palavras-chaves, quando disponibilizadas. A análise destes aspectos permitiu que fossem identificados 9 agrupamentos (categorias), apresentados no Quadro 2-6 e detalhados a seguir.

Evidencia-se marcadamente o elevado número de estudos que se dedicaram a pesquisar oportunidades, facilitadores e obstáculos para a AO (21), seguido pelo interesse em pesquisar modelos de gestão (12) e o processo de aprendizagem gerencial (10). Este resultado sugere que, embora a literatura recomende que se investigue a AO como processo, considerando inclusive seus aspectos sociais e políticos (Easterby-Smith, 1997; Easterby-Smith; Araujo, 2001), há tendência em se manter o foco em aspectos mais pragmáticos. Além disso, normalmente recomenda-se que se considere a AO como fenômeno individual e coletivo, que perpassa os diferentes níveis organizacionais, mas o foco dos estudos mantém-se no nível individual, principalmente gerencial. Por fim, a preocupação em se identificar modelos de gestão e estabelecer relações entre modelos de gestão, desempenho organizacional e incremento da AO sugere a necessidade de se identificar formas de "gerenciar" a AO, principalmente se associarmos o fato de que, embora seja utilizada literatura vinculada à vertente de AO, os trabalhos terminam se aproximando da noção adotada para a vertente Organizações que Aprendem (OA).

Foram detectados estudos que envolveram mais de um foco de investigação. Dos 94 artigos, 22 não puderam ser incluídos nestes agrupamentos por não explicitarem ou estarem confusos os objetivos e/ou questão de pesquisa, fundamentais para realização desta análise.

Embora a literatura associe, com frequência, a questão da aprendizagem nas organizações à mudança, este tema parece pouco explorado ou discutido nos estudos nacionais, assim como, sua articulação com os temas conhecimento organizacional e gestão do conhecimento. Outro aspecto interessante é que os assuntos desenvolvimento de competências e aprendizagem, quando mencionados, estão associados predominantemente à questão das competências organizacionais e tecnológicas e ao desenvolvimento de competências gerenciais.

QUADRO 2-6
Focos de investigação

Categoria		Total
Fatores/variáveis que interferem na aprendizagem organizacional/oportunidades de aprendizagem organizacional	Aqui estão agrupados artigos que objetivam descrever, analisar e discutir fatores e/ou estabelecer relação entre variáveis que influenciam o processo de aprendizagem nas organizações, sejam eles: ambiente organizacional, tecnologia, estrutura organizacional, valores ambientais e organizacionais, situações de mudança radical, cultura organizacional, ideologia organizacional e aspectos políticos, enfim, fatores que influenciam, condicionam, facilitam ou dificultam os processos de AO. Dentro deste conjunto, foi possível mapear um subgrupo de estudos (05) voltados para a identificação de práticas de trabalho e práticas organizacionais que contribuem para a AO. Em alguns casos, foram investigadas práticas formais e informais de trabalho em curso na ação organizacional e práticas de trabalho presentes nas estruturas informais das organizações.	21
Aprendizagem gerencial	Envolve estudos, tanto teóricos quanto empíricos, que têm como objetivo discutir e investigar o processo de aprendizagem gerencial, visando propor definições para aprendizagem gerencial, mapear este processo, identificar estilos de aprendizagem e sua relação com atitudes gerenciais, identificar competências educacionais do gestor e como os gerentes aprendem a gerenciar a partir das atividades de seu cotidiano de trabalho. Predominam estudos realizados no nível individual e diversos trabalhos adotam a noção de aprendizagem de adultos.	12
Modelos de gestão	Os trabalhos aqui agrupados apresentam como objetivo descrever, analisar, discutir, integrar e propor novos modelos e teorias de gestão, que estabelecem interface ou relação com a gestão da Inovação, de Recursos Humanos, da Produção, de Estratégia e da Qualidade (principalmente), direcionados a enfrentar as transformações e desafios da ambiência de negócios. Aqui se incluem também pesquisas que visam explorar empiricamente a relação entre orientação para aprendizagem e performance empresarial e medição da AO.	12
Estado da arte e métodos de pesquisa	Abarca estudos que têm como objetivos centrais descrever, avaliar, analisar e discutir as principais características metodológicas dos trabalhos nacionais publicados sobre a AO, buscando ainda: identificar o quanto o campo, no Brasil, articula-se de forma reflexiva ou crítica a uma agenda definida fora do país e oferecer bases para uma avaliação das lacunas, limites e potencialidades do tema. Também investigam as principais tensões teóricas entre as vertentes Aprendizagem Organizacional (AO) e Organizações que Aprendem (AO).	08
Aprendizagem organizacional, redes e cooperação	Este foco de investigação não foi identificado nos periódicos, mas emerge das publicações dos anais de congressos. Trata-se de estudos que investigam a questão da AO na formação e no funcionamento dos consórcios, verificando também as relações de cooperação e confiança decorrente deste processo.	06
Treinamento e desenvolvimento	Engloba estudos cujos objetivos estão centrados em questões como a utilização de tecnologia adequada a programas educacionais e de treinamento, suporte à transferência e estratégia de aprendizagem, avaliação do impacto do treinamento no desempenho e escala para mensurar a aprendizagem contínua. Para tal, os objetivos são: construir e validar instrumentos de medida, investigar a influência sobre tal impacto de variáveis relacionadas às características individuais dos treinados e às características dos treinamentos, bem como de percepções de suporte organizacional à transferência de treinamento.	05
AO, grupal e comunidades de prática	Foi identificado um grupo de estudos que buscou investigar especificamente os processos de aprendizagem no nível grupal junto a equipes e/ou grupos de trabalho. Em alguns casos, utilizando-se da noção e do referencial teórico relativo a Comunidades de Prática.	05

QUADRO 2-6
Focos de investigação *(Continuação)*

Categoria		Total
Aprendizagem e competências tecnológicas	Abrange estudos que examinam as implicações dos processos de aprendizagem para acumulação de competências tecnológicas, desenvolvendo e testando modelos, analisando a dimensão social das curvas de aprendizagem, examinando práticas gerenciais em situações de alianças tecnológicas, processos de aprendizagem intraorganizacionais e suas ligações com empresas e infraestrutura tecnológica. Em alguns casos, buscam estabelecer relações entre orientação para o mercado, inovação e orientação para aprendizagem, além das implicações que emergem para a literatura existente e para a formulação de políticas e de estratégias de gestão.	03
Aprendizagem organizacional como perspectiva	Aqui se situam, embora com uma incidência bastante baixa, estudos que utilizaram a AO como uma abordagem teórica para lançar luz e compreender outros fenômenos organizacionais.	02

Fonte: dados coletados.

• 2.3 • Bases teóricas

Nesta seção, apresentam-se e discutem-se os resultados relacionados às bases teóricas adotadas nos estudos pelos pesquisadores. Importante ressaltar que este levantamento das referências bibliográficas ficou restrito à literatura (autores) considerada fundamental e norteadora de cada estudo. O exame deste aspecto traz a análise dos principais autores utilizados e das principais definições empregadas nos artigos examinados.

Para realizar a **identificação dos principais autores utilizados** foram examinadas as referências bibliográficas, verificando-se a existência de grande dispersão em seu emprego, principalmente dos internacionais. O Quadro 2-7 apresenta a configuração dos autores nacionais e internacionais mais referenciados e os respectivos livros e/ou artigos frequentemente empregados nos estudos brasileiros.

Acima de 350 autores estrangeiros foram empregados e, em sua maioria, mencionados apenas uma vez. Da literatura internacional, a maior referência está relacionada aos ciclos de aprendizagem (simples, duplo e deutero) de Argyris, que, agrupadas às menções a Argyris e Schön, perfazem 59 citações. O segundo autor mais referenciado, com 43 referências, é Senge, autor da obra *A Quinta Disciplina* que popularizou a noção de Organizações que Aprendem.

Além destes autores, foram identificados Nonaka e Takeuchi (24), que examinam a criação de conhecimento nas organizações; Kim (18), que propõe a transferência da aprendizagem do nível individual para o organizacional, a partir da noção do compartilhar modelos mentais; Mezirow (18), que trata da questão da aprendizagem de adultos; Kolb (12), que difundiu a noção de ciclo e de aprendizagem experiencial; Easterby Smith (12), com capítulo de livro e artigo em que discute as duas vertentes de estudos, AO e OA. Exceto Nonaka e Takeuchi, os autores mencionados aproximam-se da vertente técnica e/ou da vertente OA numa linha predominantemente prescritiva, na qual os processos de aprendizagem envolvem melhorias e mudança de comportamento e o ambiente organizacional deve ser construído para favorecer processos de aprendizagem.

Loiola e Bastos (2003), em estudo abrangendo as publicações de 1999-2000 sobre AO, identificaram, dos autores que estavam entre os cinco primeiros classificados, que quatro eram estrangeiros e com produção concentrada em países de língua inglesa, destacando-se, além de Morgan e Schein, os trabalhos de Senge e Argyris. No pre-

QUADRO 2-7
Literatura e autores referenciados nos estudos

Autores internacionais	Obras mais referenciadas	Frequência
Argyris C., Schon, D.	• Theory in practice. San Francisco: Jossey-Bass, 1974.. • Organizational learning: a theory of action perspective. Workingham: Addison-Wesley, 1978. • Enfrentando defesas empresariais: facilitando o aprendizado organizacional. Rio de Janeiro: Campus, 1992. • On organizational learning. Cambridge, MA: Blackwell, 1992. • Organizational learning II: theory and practice. Workingham: Addison-Wesley, 1996.	59
Senge, P.	• A quinta disciplina: arte, teoria e prática da organização. São Paulo: Best Seller, 1990.	43
Nonaka, I, takeushi, H.	• Criação de conhecimento na empresa: como as empresas japonesas geram a dinâmica de inovação. Rio de Janeiro: Campus, 1997.	24
Kim, D.	• The link between individual and organizational learning. Sloan Management Review, v. 35, p. 37-50, 1993.	18
Mezirow, J.	• On critical reflection. Adult Education Quarterly, v. 48, n. 3, p. 185-200, 1998. • Transformative dimensions of adult learning. San Francisco: Jossey-Bass, 1991.	18
Kolb, D.	• Experiential learning. Englewood Clitfs, New Jersey: Prentice Hall, 1984. • Rubin, I.M.; Mclntyre, J.M. Psicologia organizacional: uma abordagem vivencial. Oliveira. E.G (trad). 1. ed. São Paulo: Atlas, 1986.	16
Easterby-Smith, M.	• Disciplines of organizational learning organization: contributions and critiques. Human Relations, v. 50, n. 9, p. 1085-113, 1997. • Aprendizagem organizacional: oportunidades e debates. In: Easterby-Smith, M., Burgyone, J; Araujo, L. (Coord.). Aprendizagem organizacional e organização de aprendizagem: desenvolvimento na teoria e na prática. São Paulo: Atlas, 2001.	16
Garvin, D	• Building a learning organization. Harvard Business Review, Boston, p. 78-91, Jul./Aug. 1993.	12
Dibella, A. J.	• Como as organizações aprendem: uma estratégia integrada voltada para a construção da capacidade de aprendizagem. São Paulo: Educator, 1999.	12
Wenger, E.	• Communities of practice: learning, meaning and identity. Cambridge: Cambridge University Press, 1998. • Communities of practice: the organizational frontier. Harward Business Review, v. 78, n. 1, pp. 139-145, 2000.	11
Autores nacionais	**Obras mais referenciadas**	**Frequência**
Abbad, G.	• Um modelo integrado de avaliação do impacto do treinamento no trabalho – IMPACT., 1999. Tese (Doutorado) – Universidade de Brasília, Brasília, 1999.	14
Fleury, A. e fleury, M.T.	• Aprendizagem e inovação organizacional: as experiências de Japão, Coréia e Brasil. São Paulo: Atlas, 1995.	12
Figueiredo, P. N	• Aprendizagem tecnológica e performance. Rio de Janeiro: FGV, 2003.	08

Fonte: Dados coletados.

sente estudo, percebe-se que este fato continua a ocorrer, mas Morgan, Schein e Garvin já não constam entre os autores mais referenciados.

Diferentemente do estudo de Loiola e Bastos (2003), que evidencia Fleury e Fleury (1995) como os autores mais referenciados, a autora mais referenciada é Abbad (1999), com 14 citações e pesquisas, cujo principal foco é o suporte e a transferência de aprendizagem na área de treinamento e desenvolvimento. Os autores Fleury e Fleury (1995, 2000), na presente pesquisa, aparecem em segundo lugar com 12 citações. Na sequência, tem-se, com oito menções, Figueiredo (2003), que desenvolve estudos com foco em gestão da aprendizagem tecnológica e inovação industrial no Brasil.

Quanto ao tipo de veículo de divulgação das citações, identificou-se acentuada predominância de periódicos e livros, seguidos, com frequência bem menos acentuada, por capítulos de livro e artigos oriundos de congressos/encontros/seminários (Quadro 2-8). O emprego de literatura oriunda de congressos, encontros e seminários, concentrou-se em publicações do ENANPAD.

Examinando o conjunto das publicações internacionais mais utilizadas nos artigos dos periódicos estudados, destacaram-se especialmente: *Harvard Business Review* (14), *Human Relations* (10), *Journal of Marketing* (10), *Organization Science* (07) e *Organizational Dynamics* (07), sendo que o restante variou sua frequência entre 1 e 5. Contudo, a utilização do *Journal of Marketing* ocorreu na mesma publicação.

Nos estudos publicados em anais de congressos, foi identificada a menção de 83 periódicos internacionais. Deste universo, sete periódicos são empregados com maior frequência: *Harvard Business Review* (25), *Management Learning* (14), *Organization Science* (14), *Sloan Management Review* (13), *Adult Basic Education* (12), *Academy Of Management Review* (11), *Human Relations* (7). Catorze periódicos são mencionado entre 2 e 5 vezes e os demais, apenas uma vez.

Verifica-se que a *Harvard Business Review* foi o periódico mais mencionado pelos pesquisadores brasileiros que investigam AO, quando se agrupam os resultados referentes a sua utilização em periódicos e em anais de congressos.

QUADRO 2-8
Origem das referências

	Total		
Referências	Periódico	Anais	Total
Periódicos	170	255	425
Livros	152	293	445
Capítulos/Livros	66	89	155
Congressos/Encontros/Seminários	28	50	78
Dissertações	14	23	37
Teses	10	15	25
Trabalhos não publicados	7	18	25
Revistas não acadêmicas	4	8	12
Relatórios Institucionais (Banco do Brasil)	1	0	1

Fonte: Dados coletados.

QUADRO 2-9
Número de referências oriundas de periódicos nacionais

Periódicos	Total		
	Referência em periódico	Referência em anais	Total
revista de Administração da USP	06	04	10
Revista de Administração de Empresas	02	07	09
Revista de Administração Contemporânea	04	04	08
Revista Eletrônica de Administração	02	01	03
Estudos da Psicologia	02	0	02
Organizações & Sociedade	01	01	02
Psicologia, Organizações e Trabalho no Brasil	0	02	02
Psicologia, Ciência e Profissão	01	0	01
Revista de Educação E Cultura	01	0	01
Tecnologia Educacional	01	0	01
Revista de Administração Pública	0	01	01
Análise	0	01	01
Ciência da Informação	0	01	01
TOTAL	20	22	42

Fonte: Dados coletados pelos autores.

Quanto aos periódicos nacionais, foram identificados treze (Quadro 2-9), destacando-se RAUSP, RAE e RAC. Os demais variaram a frequência entre 1 e 3.

Quanto à literatura de referência e aos autores utilizados para as questões de metodologia da pesquisa dos estudos desenvolvidos, a mesma dispersão ficou evidenciada. Significativa parcela dos autores é mencionada uma ou duas vezes. Dos aproximadamente 150 autores citados, apenas Yin (2001) aparece com algum destaque (14) – por tratar-se de um dos autores clássicos que aborda estudo de caso – e, Bardin (1977) (8), que é uma autora utilizada para análise de dados. Os autores brasileiros mais mencionados são Triviños (1987) (6) e Godoy (1995)(5). Observou-se também que, do total de 125 referências utilizadas para explicitar a metodologia da pesquisa, cerca de 20% são citações de obras da área de estatística, que dão suporte à análise e ao uso de técnicas quantitativas, nos estudos desenvolvidos. Três autores destacam-se: Tabachnich e Fidel (2001) e Hair (1998).

Quanto aos principais autores utilizados, destacam-se quatro aspectos. Primeiro, a evidente dispersão da literatura que embasa os estudos analisados; segundo, a predominância de literatura internacional sobre AO. O terceiro aspecto trata da maior aproximação dos estudos com autores que trabalham numa vertente de natureza mais prescritiva e técnica. De certa forma, o emprego desta literatura parece coerente e alinhado com alguns dos temas identificados na seção referente aos "focos de investigação", na qual os estudos cujas categorias Fatores/Variáveis que Interferem na AO/ Oportunidades de AO; Modelos de Gestão e Aprendizagem e Competências Tecnológicas, de certa forma, visam à identificação de ferramentas metodológicas específicas para o diagnóstico, implementação e avaliação da qualidade dos processos de aprendizagem e, em alguns casos, terminam servindo de base para sugerir o que uma organização deve fazer para aprender. Em seu estudo, Loiola e Bastos (2003) identificaram o predomínio de artigos mais vinculados à abordagem da AO. Na ocasião, examinaram as publicações no período de 1997-2001. Portanto, à medida que o presente estudo abrangeu praticamente os mesmos periódicos, examinados em período posterior (2001-2005), observa-se que os estudos migraram da vertente da AO para a vertente, mais prescritiva e normativa, da OA.

O quarto aspecto, que foca a utilização de publicações oriundas de periódicos em detrimento das dissertações e teses nacionais, pode sugerir certa descontinuidade nos estudos, pois, não necessariamente, os artigos de periódicos e anais de congresso/encontros/seminários são frutos daquelas publicações. Esta afirmação está calcada também no fato de que foram identificadas poucas situações, além da de autorreferência, que implicassem o uso de estudos já desenvolvidos no Brasil como literatura basilar nos documentos analisados.

Quanto às **principais definições empregadas** nos artigos analisados, verificou-se que há elevado número de estudos (38) em que não está claro, explicitado ou assumido, pelo(s) autor(es) uma definição, um posicionamento sobre o que se entende por AO ou mesmo aprendizagem no âmbito de determinado trabalho. Observou-se que os 56 artigos, quando foi possível identificar a definição adotada ou assumida pelos pesquisadores, podiam ser agrupados conforme a categorização apresentada no Quadro 2-10.

No primeiro grupo (AO), não foi possível identificar número significativo de estudos que adotem uma definição que busque uma visão integradora e abarque, com visão processual (Cook; Yanow, 1993), o fenômeno AO, articulando-se com a questão de pesquisa proposta. Além disso, diversos estudos, numa vertente teórica mais técnica, terminam definindo a AO

QUADRO 2-10
Definições adotadas para aprendizagem organizacional e aprendizagem

Definições adotadas	Periódicos	Anais	Total
1. Aprendizagem organizacional	07	25	32
2. Organizações que aprendem	01	03	04
3. Aprendizagem	Desenvolvida pelo autor 02	Desenvolvida pelo autor 02	10
	0	06	
4. Aprendizagem organizacional e organizações que aprendem	01	08	09
5. Não está explicitado	18	20	38

Fonte: Dados coletados pelos autores.

a partir do entendimento de que o aprender é uma mudança comportamental e/ou cognitiva ou pela perspectiva de ciclos de aprendizagem – individuais ou organizacionais. Atribuem, desta forma, maior ênfase aos conteúdos, tipos, níveis, métodos, contextos, nível gerencial e liderança, estilos de aprendizagem, assim como às formas de identificar, promover e avaliar a qualidade dos processos de aprendizagem e fatores facilitadores ou dificultadores da aprendizagem, tanto no plano dos indivíduos, como no coletivo. Nestas pesquisas, predomina o uso da perspectiva baseada na Ciência da Administração associada à perspectiva Psicológica Experiencial, conforme explicitado na próxima seção.

Poucos foram os estudos, vide segundo grupo (OA), que assumiram e explicitaram que seu posicionamento era de estabelecer "o que as organizações devem fazer para aprender", na busca de um tipo ideal. Há ainda um conjunto de estudos que adota uma definição para AO baseada num viés econômico, apresentando a noção de curvas de aprendizagem e aprendizagem vicária. Embora mencionem processo de aprendizagem, não há explicitação de literatura de AO que contemple a natureza processual, mas sim a questão de acumulação de competências tecnológicas por meio da AO. Ainda neste viés econômico, identificaram-se, no terceiro grupo (Aprendizagem), situações em que o próprio pesquisador elaborou uma definição para aprendizagem, mas não para AO. Nos 9 estudos, reunidos no quarto grupo (AO e OA), embora aos olhos de alguns possa parecer ambíguo, explicitou-se a adoção das duas vertentes num mesmo trabalho.

Uma das grandes dificuldades de avanço no campo teórico de AO consiste na própria definição (Prange, 2001). Isto parece evidenciar-se no presente estudo, à medida que se identificou elevado número de trabalhos nos quais não está explicitada a definição adotada para AO.

Analisando a seção do referencial teórico dos artigos, observaram-se três situações mais frequentes:

- A AO não era o principal foco de estudo na investigação realizada.
- Limitavam-se tão somente a comentar as tensões teóricas entre a clássica divisão em duas correntes AO e OA, utilizando Easterby-Smith (2001).
- Apresentavam uma incursão fragmentada e desconexa de autores de diferentes correntes, vertentes e abordagens de AO.

Embora se saiba que ocorre falta de consenso no plano conceitual, em função da ampla gama de definições para AO, mesmo quando utilizada para o nível individual, isto não justifica o desalinhamento do referencial adotado, em alguns casos, por desconsideração dos pesquisadores em relação ao posicionamento epistemológico e ontológico dos autores empregados. A essa complexidade, somam-se os problemas decorrentes, muitas vezes, da tentativa de simples transposição de um conceito que nasce para dar conta de fenômenos individuais, para compreender processos que ocorrem no nível coletivo. Fica também evidente que "mesclar" ou justapor abordagens teóricas exige um exercício complexo e cuidadoso destes aspectos.

• 2.4 • Análise das perspectivas teóricas de aprendizagem

Na realização da análise das perspectivas teóricas de aprendizagem, baseada em Dierkes e colaboradores (2001) e Easterby-Smith e Lyles (2003), não foi possível identificar em 15 estudos a(s) perspectiva(s) adotada(s). O Quadro 2-11 sintetiza as categorizações efetuadas.

Os documentos que constam na classificação referente à perspectiva psicológica "outras" são estudos que adotaram a perspectiva psicológica cognitivista. No item "Não foi possível identificar", encontram-se os estudos que apresentam as seguintes situações:

- Quando a AO não foi definida, pois ela não é conceito principal no bojo do artigo.

QUADRO 2-11
Perspectivas teóricas adotadas nos estudos

Perspectivas teóricas de aprendizagem		Adoção de uma perspectiva		Adoção de duas ou mais perspectivas		Total		
		Periódico	Anais	Periódico	Anais	Periódico	Anais	Total
Psicológica	Experiencial	1	4	0	11	1	15	16
	Comportamental	3	0	0	4	3	4	7
	Social	0	2	4	6	4	8	12
	Aplicada	0	2	0	1	0	3	3
	Outras	1	4	1	3	2	7	9
Sociológica		1	2	0	0	1	2	3
Antropológica		0	0	0	0	0	0	0
Política		1	0	0	0	01	0	1
Histórica		0	0	0	0	0	0	0
Ciência da Administração		7	11	6	19	13	30	43
Econômica		1	8	2	4	3	12	15
Não foi possível identificar		7	0	0	8	7	8	15

Fonte: Dados coletados pelos autores.

- Quando o(s) pesquisador(es) embasa(m) seu estudo num conjunto de autores de diversas perspectivas, vertentes e abordagens de AO, mas não assume(m) nenhum em especial como referencial ou norteador.
- Quando os artigos constituem-se em revisões ou ensaios teóricos.

Verificou-se que as perspectivas teóricas comumente adotadas nos estudos são a Psicológica e da Ciência da Administração, sendo frequente seu emprego simultâneo. Há tendência à utilização da Ciência da Administração como abordagem predominante, enquanto a Psicológica tende a ser utilizada em combinação/articulação com outras áreas de conhecimento, principalmente a da Ciência da Administração, como identificado em 24 estudos. Na perspectiva psicológica experiencial, os ciclos de aprendizagem propostos por Kolb, em nível individual, e os ciclos simples e duplo de Argyris são os mais empregados pelos autores. Dificilmente identifica-se o emprego da teoria da Ciência da Ação de Argyris e/ou o uso de seu modelo teórico na íntegra.

Chama atenção o fato de que as perspectivas relacionadas a campos das ciências humanas e sociais como a antropológica, a política, a histórica e a sociológica, praticamente não são empregadas. Parece que se investigam intensivamente os processos cognitivos; como as organizações incorporam modelos de mundo, atitudes e comportamentos; sua relação com a mudança e o desempenho organizacional. Contudo, raras são as investigações, por exemplo, que atentam para como a aprendizagem afeta os significados intersubjetivos e o papel da cultura organizacional.

Assim, por um lado, corroboram-se as pesquisas desenvolvidas por Antonello (2002) e por Loiola e Bastos (2003). Estes estudos já indicavam que a afluência da literatura brasileira sobre AO subsidia o esclarecimento de diversos aspectos, mas, muitas vezes, obscurece informação para pesquisadores e gestores, porque está sustentada em conceitos que recebem forte influência da abordagem da administração. Por outro lado, o presente estudo complementa estas considerações quando identifica que a perspectiva psicológica, principalmente a corrente da psicologia experiencial, é utilizada para nortear os estudos desenvolvidos e é frequentemente combinada com a perspectiva da ciência da administração. Estes achados, de certa forma, mostram-se coerentes com a literatura (autores utilizados) identificada nas seções anteriores e com os achados referentes às principais definições empregadas nos estudos.

• 2.5 • Paradigmas de pesquisa

A identificação do paradigma dominante que dava sustentação e orientava as metodologias e estratégias de pesquisa escolhidas pelos autores apresentou-se como grande dificuldade. Conforme detectado em outros trabalhos da mesma natureza (Lewis; Grimes, 1999; Saunders et al., 2003; Smircich, 1983; Tonelli; Caldas, 2004), nem sempre os autores preocupam-se em especificar o paradigma que fundamenta seu trabalho e em definir os conceitos-chave utilizados.

Para análise dos paradigmas de pesquisa, foram considerados apenas os artigos que envolviam pesquisas empíricas – qualitativas, quantitativas e multimétodo (Quadro 2-12), perfazendo um total de 77 artigos.

Apenas nove artigos declararam sua opção por determinado paradigma de pesquisa, coincidentemente o de natureza interpretacionista. Três artigos não permitiram a identificação de sua possível orientação paradigmática. Frente a esta dificuldade, procurou-se examinar de forma holística os artigos e realizar as categorizações a partir de um exame cuidadoso de vários aspectos: os autores tomados como referência para o embasamento do item metodologia; a forma de explicitação dos procedimentos metodológicos; a forma de tratamento e apresentação dos resultados; e o tipo de conhecimento que se pretendia alcançar, expresso na questão de pesquisa e objetivos do trabalho. Em alguns casos, no entanto, identificaram-se estudos que parecem apresentar elementos de dois paradigmas. Manteve-se este tipo de categorização para deixar pontuada, mais uma vez, a dificuldade envolvida nesta tarefa, tanto por parte daqueles que elaboraram seus estudos quanto daqueles pesquisadores interessados em esforços de revisão e análise desta literatura.

Observando os resultados expostos no Quadro 2-12, é possível concluir sobre a influência marcante do paradigma de orientação positivista e pós-positivista na pesquisa do tema "aprendizagem nas organizações", no Brasil, no período examinado.

QUADRO 2-12
Paradigmas de pesquisa

Número de artigos analisados		Paradigmas de pesquisa			Total
Periódicos	Anais	Positivismo/ pós-positivismo	Interpretacionismo/ construcionismo	Pós-modernismo crítico	
5	39	Positivismo/ pós-positivismo			44
6	7	Pós-positivismo/interpretacionismo			13
6	9		Interpretacionismo		15
2	0			Pós-modernismo crítico	2

Fonte: Dados da pesquisa.

• 2.6 • Natureza do estudo

Para falar da natureza dos estudos analisados, propõe-se sua discriminação em quatro categorias (Quadro 2-13).

O processo de classificação dos estudos, segundo sua natureza, também se revelou complexo. A categorização de um conjunto de artigos (43 artigos, 45,8% do total) foi feita a partir da leitura atenta das pesquisadoras, que inferiram a respeito da natureza do estudo analisado, a qual nem sempre se encontrava explicitada.

Além disso, estas categorias não são excludentes, e dez estudos, declarados por seus autores como pesquisas de natureza descritiva, também visavam testar hipótese, modelos e conceitos/construtos, assim como desenvolver modelos e conceitos. Seis destes estudos são estudos de caso.

QUADRO 2-13
Natureza do estudo

Natureza do estudo		Periódicos	Total Anais	Total
Disseminação/divulgação/elaboração teórica Estudos que têm como objetivo fundamental disseminar, divulgar e organizar o conhecimento existente (como nas revisões de literatura), assim como aqueles que usam o conhecimento existente para elaborar um trabalho profundo e criativo de reflexão sobre um corpo teórico, envolvendo alto nível de organização, de interpretação e de julgamento pessoal (como esperado nos ensaios teóricos).		9	10	19
Descrever/narrar Estudos que descrevem, a partir de dados e/ou informações coletados na realidade, as características de uma determinada população ou fenômeno humano e social. Englobam estudos cujo interesse fundamental é identificar as características, opiniões, percepções, atitudes e/ou crenças de um determinado grupo (indivíduos e/ou empresas). Geralmente são organizados adotando o formato de uma *survey* ou de uma pesquisa qualitativa.		12	40	52
Testar/verificar Estudos que testam ou verificam teorias, modelos, hipóteses, pressupostos e conceitos/construtos. Aqui se atribui um sentido amplo ao termo teoria que pode ser entendido, de acordo com Gioia e Pitre (1990, p. 587), como "qualquer coerente descrição ou explicação de fenômenos experimentados ou observados". O termo teoria aqui está alinhado à ideia de "teoria de médio alcance" (Merton, 1967) e da teoria substantiva (Strauss; Corbin, 1990), o que permite a utilização do termo modelo como sinônimo. Estudos desta natureza podem ser encontrados nas pesquisas quantitativas organizadas em formatos que envolvem teste de hipóteses, de construtos (por exemplo, nos estudos que validam escalas de medida) e de modelos (como, por exemplo, a modelagem de equações estruturais) e nos estudos de caso.	Teorias/ modelos	6	9	15
	Hipóteses	3	3	6
	Conceitos/construtos	1	1	2
	Premissas/ pressupostos	0	2	2
Desenvolver/gerar Estudos cujo objetivo fundamental é desenvolver ou gerar teorias, modelos, hipóteses e conceitos/construtos.	Teorias/ modelos	2	1	3
	Conceitos/ construtos	2	2	4

Fonte: Dados coletados pelos autores.

É possível observar a grande quantidade de artigos classificados na categoria "descrever/narrar", o que evidentemente está de acordo com um campo de estudo que vem desenvolvendo suas investigações por meio de metodologias qualitativas, mais marcadamente pelos estudos de caso, como verificado a seguir.

• 2.7 • Tipos de pesquisa

Dos 94 documentos analisados, em apenas 39 (41,5%), os autores explicitam claramente o tipo de pesquisa utilizado no desenvolvimento do estudo. Os 55 documentos restantes foram classificados a partir da percepção dos pesquisadores que se apoiaram na leitura cuidadosa dos itens referentes à metodologia da pesquisa e à apresentação dos resultados. É possível verificar (Quadro 2-14) a predominância das metodologias qualitativas (58,5% da produção), destacando-se os estudos de caso (36).

Por ser o estudo de caso o tipo de pesquisa empírica mais encontrado, vale a pena algumas considerações, entrecruzando esta categorização com o aspecto da perspectiva paradigmática. Embora a maioria dos estudos de caso – 17 – tenha usado dados de natureza qualitativa, estão enquadrados como alinhados ao paradigma positivista/pós-positivista. Este alinhamento levou em conta a maneira como os autores apresentaram e discutiram os resultados, assim como as referências usadas para fundamentar suas opções metodológicas. Embora alguns autores façam menção à sua opção pela perspectiva interpretacionista, verifica-se, entre os autores utilizados para embasar a escolha metodológica, a citação de Robert K.Yin e de Kathleen M.Eisenhardt, que adotam uma visão positivista

QUADRO 2-14
Tipos de pesquisa

Tipos de pesquisa		Total		
		Periódicos	Anais	Total
Revisão da literatura		3	5	8
Ensaio teórico		6	3	9
Pesquisa quantitativa	*Survey*	3	11	14
	Correlacional	1	2	3
Pesquisa qualitativa	Estudo de caso	8	28	36
	Etnografia	1	1	2
	Análise do discurso	1	1	2
	Pesquisa-ação	1	2	3
	Estudo qualitativo básico ou genérico	2	7	9
	Fenomenologia	0	2	2
	Pesquisa documental	0	1	1
Pesquisa multimétodo	*Survey* + pesq. documental (dados secundários)	1	1	2
	Estudo de caso + *Grounded Theory*	1	0	1
	Estudo de caso com dados quantitativos e qualitativos	0	1	1
	Sem denominação	0	1	1

Fonte: Dados coletados pelos autores.

para a modalidade de estudo de caso que defendem (Godoy, 2006). Oito estudos foram identificados como pertencentes à orientação paradigmática interpretacionista e oito ficaram localizados numa zona de transição ou região de fronteira entre os paradigmas pós-positivista/interpretacionismo. Somente um estudo de caso foi elaborado segundo uma perspectiva alinhada ao pós-modernismo crítico. Dois estudos classificados como estudos de caso, dada a superficialidade da descrição metodológica, acabaram não permitindo seu alinhamento com as perspectivas paradigmáticas propostas.

No que se refere à pesquisa quantitativa (17), destaca-se que as denominações utilizadas – *survey* e pesquisa correlacional – algumas vezes confundem-se, podendo aqui serem consideradas como sinônimos.

• 2.8 • Amostra e/ou sujeitos pesquisados

Conforme o Quadro 2-15, predominam os estudos desenvolvidos na área de serviços e da iniciativa privada. Poucos foram os estudos que explicitaram, de forma detalhada, o universo/população, a descrição da amostra e dos sujeitos pesquisados e as estratégias adotadas pelos pesquisadores para estabelecê-los.

Quanto à pessoa/função/categoria profissional (Quadro 2-16), foi possível observar nos documentos que ainda predomina a investigação no nível direção/executivo e gerencial, em detrimento de outras ocupações e funções organizacionais, embora exista significativo número de estudos que procuraram investigar, em conjunto, sujeitos que ocupam os cargos de chefia e também suas equipes de trabalho.

Quanto ao Setor/Área Organizacional a que pertencem os sujeitos, as informações registradas revelam-se diversificadas, como: unidade acionária, unidade de negócios, planta automotiva, agência de banco, ou ainda diferentes áreas/unidades da organização (de tecnologia, industrial, *design*, qualidade, engenharia de processos e engenharia industrial, direção, proprietário, comercial, recursos humanos, administrativo, projetos, compras, produção, suporte técnico, assistência técnica). Encontram-se ainda estudos que não fazem referência à posição ocupada pelos sujeitos, informando apenas tratar-se de indivíduos que pertencem a determinada(s) organização(ões).

• 2.9 • Principais achados e resultados

Nesta seção, procura-se sistematizar e discutir algumas conexões e/ou disparidades identificadas a partir dos achados/resultados apresentados nos estudos desenvolvidos.

QUADRO 2-15
Segmento de atuação da amostra e/ou sujeitos pesquisados

Segmento de atuação dos sujeitos	Periódicos	Anais	Total
Setor privado	11	35	46
Setor público	6	17	23
Segmento industrial	7	24	31
Serviços	13	27	40
Agroindústria	0	2	2
Outros	0	1	1
Autor não menciona	0	8	8

Fonte: Dados coletados pelos autores.

QUADRO 2-16
Pessoa/função/categoria profissional dos sujeitos pesquisados

Pessoa/função/categoria profissional	Periódicos	Anais	Total
Posição gerencial, executiva ou de direção da empresa, proprietário	9	16	25
Posição gerencial, executiva ou de direção da empresa, proprietário e a combinação de profissionais (engenheiros, técnicos, enfermeiros, médicos, servidores, funcionários de uma maneira geral, consultores, administradores, fornecedores, clientes, ex-dirigentes, ex-sócios)	9	13	22
Equipe de trabalho/de comissões/de programas	0	12	12
Indivíduos que exercem funções operacionais	0	3	3
Trainees – profissionais/estudantes pós-graduação *lato sensu* (gerentes)	0	3	3
Indivíduos pertencentes a diferentes categorias ocupacionais	0	1	1
Empresa	0	12	12
Institutos de pesquisa e desenvolvimento (P&D) brasileiros, públicos e privados, vocacionados para o setor de TIC	0	1	1

Fonte: Dados coletados pelos autores.

Assim como na literatura utilizada para sustentação das pesquisas, há clara dispersão nos resultados obtidos nos estudos empíricos, dificultando, muitas vezes, a possibilidade de se relacionar ou agrupar as conclusões apresentadas pelos pesquisadores. Poucos foram os casos nos quais se conseguiu identificar resultados similares ou complementares, obtidos a partir de diferentes perspectivas teóricas de aprendizagem ou paradigmas.

Numa visível tentativa de ultrapassar aspectos teóricos que se restringem à descrição dos fatores que facilitam e/ou dificultam a aprendizagem nas organizações, diversos estudos empíricos foram desenvolvidos com intuito de identificar estes fatores. Alguns achados são similares, embora as investigações tenham sido realizadas em diferentes ambientes organizacionais e com emprego de métodos de pesquisa diversos.

Os resultados apontam como mais comuns os fatores que podem ser facilitadores ou obstáculos para os processos de aprendizagem nas organizações: cultura organizacional, liderança, estilo de gestão e/ou liderança adotada pelos gestores de equipe/grupo de trabalho, tipo de estrutura organizacional, programas de qualidade por oportunizarem melhoria contínua, fontes de informação (externas e internas), compartilhamento de vivências, visões e conhecimentos (de natureza técnica e operacional), utilização de ferramentas formal e informalmente, aceitação de desafios, modelos mentais, *feedback* (formal e informal), rotinas e procedimentos e espaços que propiciem a troca de conhecimentos e experiências (formal e informalmente). Observa-se, portanto, que o leque de fatores identificados é amplo e de naturezas muito diversas.

Embora não existam medidas prescritivas ou generalizações que possam ser citadas, alguns estudos mencionam como promover a AO. Apontam estratégias, por exemplo, voltadas à interação, à comunicação, ao compartilhamento, ao ambiente informal e à visão sistêmica, como elementos facilitadores. De maneira geral, concluem que, para o desenvolvimento da AO, é necessária a iniciativa conjunta de indivíduos e organizações, cabendo às pessoas a busca contínua do conhecimento e do aprimoramento e, às organizações, a construção de um ambiente propício à aprendizagem, que atue como suporte ao desenvolvimento dos indivíduos. De acordo com os estudos, ambiente propício à aprendizagem significa: flexibilidade; aceitação de erros; investimento na formação das pessoas; espaço para interação; compartilhamentos de ideias, modelos mentais e conhecimento.

Embora com menor frequência, outros estudos apontam para a necessidade de um diagnóstico de cada situação organizacional, para assim, serem realizadas as recomendações de estratégias de estímulo às práticas de aprendizagem na organização, salientando a importância de primeiro se compreender a natureza dos contextos organizacionais específicos e, somente então, se passar a identificar oportunidades de aprendizagem a eles singulares. Observa-se, portanto, que aprendizagens são intrínsecas à dinâmica das organizações.

Um aspecto é reincidente nos achados e resultados de campo. Ele diz respeito a estudos que se limitaram a confirmar o que a literatura internacional de AO divulga há algum tempo. Principalmente os ciclos de aprendizagem de Argyris (ciclo simples e duplo), o ciclo de aprendizagem experiencial de Kolb, os modelos mentais de Kim e Senge e o estabelecimento da relação entre desempenho e competitividade, a partir da adoção de uma estratégia voltada para a AO. Talvez isto explique o elevado número de estudos classificados como do tipo "Descrever/Narrar".

Foi possível identificar pesquisas que têm em comum a análise do processo de aprendizagem gerencial, coerente com o fato de que há elevado número de investigações que examinam apenas o nível individual em AO. Dos documentos analisados, estes são os que apresentam maior possibilidade de alinhamento em seus achados. Embora desenvolvidos com objetivos diferentes, é possível, em alguns casos, estabelecer algumas aproximações. Assim, se identificaram achados sobre o processo de aprendizagem gerencial que podem ser agrupados da seguinte forma:

- Preocupação em abordar o desenvolvimento de competências gerenciais a partir dos processos de aprendizagem.
- Diferentes mecanismos de aprendizagem utilizados pelos gestores para aprender, com destaque para o *aprender fazendo*, o experiencial, no dia a dia de trabalho.
- Papel dos processos formais e informais no processo de aprendizagem gerencial, destacando-se o informal, até pela insatisfação constatada, em alguns casos, em relação aos resultados obtidos pelos programas formais.
- Aprendizagem gerencial como um processo contínuo e dinâmico.
- Autodirecionamento dos gestores nos processos de aprendizagem.

Os estudos que examinaram os processos de aprendizagem e acumulação de competências tecnológicas estão focados, principalmente, em testar um modelo e analisar a dimensão social das curvas de aprendizagem. Aqui também se identificou o alinhamento entre um grupo de pesquisadores pertencentes a uma linha de pesquisa. Nestes estudos, a noção de AO propriamente dita termina revelando-se como uma variável que poderá interferir diretamente na acumulação de competências tecnológicas. O importante a ser ressaltado a respeito destes estudos é que a adoção de paradigmas diferenciados sugere que, de uma maneira ou outra, são produzidos resultados que terminam enriquecendo o modelo que pretendem testar (Figueiredo, 2003). Não se identificou, no entanto, menção a estudos desenvolvidos por pesquisadores que não pertençam a este grupo de pesquisa.

Os documentos que têm em comum o foco de investigação treinamento e desenvolvimento, cujos objetivos estão direcionados para o estudo do suporte e transferência de aprendizagem e avaliação do impacto do treinamento no desempenho, evidenciam o alinhamento de interesses de um grupo de pesquisa estruturado em torno da mesma temática e de seus achados. Em alguns casos, confirmam o que pesquisas de natureza mais interpretacionista identificaram, por exemplo, que o apoio dado ao compartilhamento de conhecimentos, no ambiente de trabalho, retrata a qualidade da interação como facilitadora da aprendizagem.

Quanto aos estudos que estabelecem uma discussão teórica sobre a AO, predomina o debate a respeito das vertentes AO *versus* OA, exceto um artigo que propõe seis focos para se sistematizar a literatura em AO e ampliar a visão destas duas correntes. Fica evidente que há uma tensão presente em praticamente todos os domínios e tópicos da área de AO, não somente entre estas duas abordagens, pois partem de concepções muito distintas do fenômeno e, em decorrência, delineiam suas pesquisas de modo também diferente. Alguns pesquisadores, da mesma forma que Easterby-Smith e Araújo (2001) e Tsang (1997), sugerem que sejam desenvolvidos esforços de integração e de diálogo entre as duas vertentes – AO e OA – tendo em vista a complexidade da AO e a contribuição das diversas áreas científicas (administração, antropologia, engenharia, psicologia, sociologia, política, história e economia), que procuram encontrar respostas às indagações colocadas sobre esse objeto de estudo.

• 2.10 • Sugestões para estudos futuros

Dos 94 artigos, apenas 41 apresentam sugestões para estudos futuros que possibilitam começar a se delinear uma agenda de investigação para AO. É possível agrupar tais sugestões em três grandes grupos.

No **primeiro grupo,** estão reunidas propostas que se referem ao aprofundamento do estudo realizado. Alguns artigos apresentaram sugestões bastante genéricas. Neles, o pesquisador encerra o texto propondo apenas estender, complementar, realizar reflexões acerca do foco investigado, com o objetivo de aprofundar e/ou validar os achados/resultados obtidos. Outros artigos oferecem indicações mais específicas, conforme apresentado a seguir.

Reunindo-se as propostas que constam em onze dos artigos examinados, verifica-se que nelas é sugerido que se investiguem, em maior profundidade, temas específicos, principalmente, a análise do relacionamento entre variáveis que possam facilitar e/ou influenciar os processos de AO. São propostos estudos acerca da relação entre AO e, por exemplo, o processo de mudança, estrutura, desempenho organizacional, liderança, cultura, valores, modelo de gestão de pessoas, práticas organizacionais, modelos de gestão, rotinas e procedimentos, e a obtenção de resultados. Indicam também a investigação de indicadores da AO, considerando a natureza dos contextos organizacionais específicos, pois tais indicadores poderiam propiciar análises não só qualitativas como também quantitativas, relevantes sempre que se tem o objetivo de intervenção e mudança.

São sugeridos também alguns temas, visando aprofundar questões relacionadas às implicações dos processos de aprendizagem e das trajetórias de acumulação de competências tecnológicas na delimitação da performance operacional.

Há um subgrupo que apresenta algumas propostas com foco nas questões de suporte à transferência de aprendizagem e no impacto no desempenho no local de trabalho. As sugestões giram em torno do emprego e desenvolvimento de escalas de medida para verificar a transferência de treinamento; realização de análises mais detalhadas das interações sociais no ambiente de trabalho e de sua relação com o estímulo à aprendizagem, especialmente das chefias; condições, componentes ou elementos do ambiente organizacional, necessários à aprendizagem e à aplicação de novos conteúdos no trabalho, como ferramentas de gestão do conhecimento, baseadas em novas tecnologias da informação e comunicação.

Apenas um estudo sugere que se investigue a questão de como os programas de AO podem preparar terreno para uma ruptura da confiança, destacando a importância de se desenvolver estudos numa perspectiva política da aprendizagem.

O **segundo grupo** de sugestões refere-se ao uso de modelos teóricos ou métodos de pesquisa. Alguns artigos, que discutem o estado da arte em AO, apresentam sugestões de pesquisa relacionadas aos métodos empregados para investigar a temática. Três deles ocorrem a partir de um fórum de discussão no periódico RAC. Eles ressaltam a importância de se considerar a natureza processual do fenômeno aprendizagem nas organizações, a necessidade de se desenvolver estudos longitudinais e de se considerar os diferentes níveis (individual, grupal e organizacional), nos quais os processos de aprendizagem ocorrem. Em suma, eles sugerem a utilização da abordagem metodológica longitudinal para os estudos de aprendizagem nas organizações, especialmente quando se trata de investigações no contexto de microprocessos de aprendizagem e de pesquisas que procuram compreender a aprendizagem que ocorre no local de trabalho para auxiliar a construção e a proposição de novas formas de sustentar e nutrir processos de aprendizagem. Por fim, destacam a necessidade de se introduzir novas unidades de análise, como os processos de grupos ou de comunidades de prática, para tentar suprir a lacuna de estudos que contribuam para esclarecer o *link* entre aprendizagem individual e organizacional.

Outros quatro documentos sugerem estudos com o objetivo de investigar práticas de aprendizagem, individuais, grupais ou organizacionais, formais ou informais, utilizando métodos, como o etnográfico e a pesquisa-ação, e o desenvolvimento de investigações que impulsionem a realização de trabalhos mais reflexivos do fenômeno AO. Eles consideram que isso poderia contribuir para o debate e para a compreensão da AO e propiciar uma aproximação desta temática aos problemas vivenciados no cotidiano organizacional. Propõem também investigar se os elementos de construção teórica ou se os modelos conceituais, como base na discussão das questões organizacionais, são valorizados pelos critérios de publicação no Brasil e que se examine se os métodos empregados na elaboração dos estudos consideraram sua construção teórica.

No **terceiro grupo,** encontram-se as sugestões para replicação de método, instrumentos de coleta de dados e realização de estudos comparativos. Neste conjunto de doze documentos, há sugestões de estudos que permitam análises comparativas, ampliando o número de empresas investigadas, de igual ou diferente segmento de atuação, diversos tamanhos e em multinacionais.

Nos estudos que utilizaram questionários e escalas, a recomendação normalmente é de que se realize a replicação do instrumento validado em diferentes ambientes organizacionais, regidos por outras culturas e valores. As investigações que estabelecem relação causa-efeito sugerem que, para a comprovação efetiva de causalidade, sejam utilizados métodos alternativos, por exemplo, desenhos experimentais, ou a análise multivariada, objetivando a extração de novos fatores para sistematização de construtos. Segundo estas sugestões, se estaria possibilitando a realização de diagnósticos mais específicos sobre as características de ambientes e fatores que promovem a AO.

Os estudos desenvolvidos, principalmente junto ao nível gerencial, propõem que eles sejam ampliados e sugerem sua realização com sujeitos que estejam exercendo outros cargos e ocupações profissionais.

Espelhando o que foi constatado nas dimensões analíticas, focos de investigação, bases e perspectivas teóricas de aprendizagem, as sugestões de estudos terminam compondo uma agenda também dispersa.

• 2.11 • Dados de contexto: pesquisadores e grupos de pesquisa

Os dados referentes aos autores dos artigos analisados permitiram a sistematização dos estudos de acordo com regiões e estados do país e com os programas de pós-graduação aos quais os autores estão vinculados.

Identifica-se que a produção em AO, no Brasil, é predominante no Estado do Rio Grande do Sul, seguida pelo Estado de São Paulo, Distrito Federal, Estado da Bahia e Estado do Rio de Janeiro. No entanto, quando se tentou analisar esta produção, verificando seu alinhamento com os focos de investigação expostos anteriormente e os autores por ela responsáveis, observou-se a presença de três grupos que parecem alinhados a determina-

QUADRO 2-17
Dados de contexto

Região	Estado	Programas	Documentos Periódicos	 Anais	Total	
CENTRO-OESTE	Distrito Federal	PPGA da UnB	1	4	14	14
		PPG em Psicologia UNB	4	5		
NORDESTE	Bahia	PPGA da UFBA – NPGA/UFBA	4	4	10	18
		UEFS	0	1		
		CEPPEV/FVC	0	1		
	Pernambuco	CMA/ UNIFOR	0	2	4	
		PPGA/PROPAD/UFPE	0	2		
	Ceará	MPA/UFC/FEAAC	0	2	4	
		UECE/MAG	0	1		
		UECE/CESA	0	1		
SUDESTE	Rio de Janeiro	Escola de Química da UFRJ	1		10	29
		FGV/EBAPE-RJ	4	4		
		PPGP/PUC-RJ	0	1		
	São Paulo	FGV/SP		1	12	
		PPCC/ FEA/USP	1	2		
		PPGA/UPM	1	5		
		PPGA/PUC-SP	0	1		
		UFSCAR	0	1		
	Minas Gerais	CEPEAD/UFMG	0	1	7	
		Fundação Dom Cabral	1	0		
		MPA/PUC-MG	0	1		
		PPGA/UFLA	0	4		
SUL	Paraná	CEPPAD/PPGA/UFPR	2	2	4	30
	Rio Grande do Sul	PPGA da UFRGS	3	6	20	
		PPGA da UNISINOS-RS	1	2		
		PPGA da UCS-RS	1	0		
		PPGA da PUC-RS	1	1		
		PPGA/ UNIJUÍ	0	1		
		Curso de Administração/UFSM	0	4		
	Santa Catarina	PPEP da UFSC	2	1	6	
		PMA/UNIVALI	0	2		
		PPGA/UFSC	0	1		

Fonte: Dados coletados pelos autores.

das temáticas do campo: Ebape/FGV; PPG em Psicologia da UnB; PPGA da UFBA.

No caso da Ebape/FGV, esta produção está centrada no foco de investigação denominado "Aprendizagem e Competências Tecnológicas". No caso do PPG em Psicologia da UnB, o foco é em "Treinamento e Desenvolvimento". No PPGA da UFBA, caracteriza-se marcadamente a presença de estudos de natureza teórica. Observou-se também, nestes três casos, a menção que os artigos fazem a outros estudos desenvolvidos no âmbito dos referidos programas de pós-graduação, mostrando preocupação com a continuidade e o aprofundamento de determinadas temáticas.

De forma geral, mesmo considerando publicações de programas isolados (que não tenham implementado uma linha de pesquisa voltada para as questões de AO), não foi possível estabelecer maior articulação entre o que os pesquisadores estão desenvolvendo atualmente neste campo de conhecimento nos estados ou mesmo nas instituições, que pudesse vir a constituir uma rede de pesquisadores no país, como recentemente vem sendo incentivado pela Capes.

○ CONSIDERAÇÕES FINAIS

Este estudo permitiu identificar que, embora se perceba um esforço de pesquisa mais extensivo, isto não tem oportunizado a consolidação dos resultados. Paralelamente, se identificou expressivo número de artigos desenvolvidos com base em relatos e descrições singulares de estudos no conjunto analisado, voltados para a produção de conhecimentos mais verticalizados em torno de uma unidade de observação e análise.

Verificou-se que o material apresentava pouca diversidade quanto ao tipo de pesquisa desenvolvido. Talvez isto seja decorrência do fato de, no Brasil, ser relativamente recente o reconhecimento e a aceitação de outros paradigmas (além do positivismo e pós-positivismo) na pesquisa em administração de empresas, fortemente marcada pelo uso do estudo de caso, conforme detectado em estudos anteriores, por exemplo, em Antonello (2002). Evidenciou-se também que uma considerável parte da produção, envolvendo o tema AO, tem sido apresentada em eventos científicos reconhecidos na área, como os Enanpads e Eneos, porém não se transformando, a curto prazo, em publicação definitiva nos periódicos examinados.

O tema AO tem recebido maior atenção no Brasil, principalmente sob a perspectiva psicológica e da ciência da administração. Este resultado parece estar atrelado ao fato de que, por muito tempo, a AO tem sido estudada como um fenômeno predominantemente cognitivo e técnico, embora, mais recentemente, a literatura internacional tenha avançado para a compreensão de como a aprendizagem é socialmente construída. Os estudos, por exemplo, sobre a subjetividade no local de trabalho, lançam luzes sobre os temas ideologia e aprendizagem, cultura, poder e emoção, contudo, isto não foi identificado nos estudos nacionais. Assim, parece importante que se reflita sobre a pesquisa existente em AO, estando atentos para os resultados obtidos e as questões que permanecem com necessidade de maior investigação.

Em função da evolução das teorias propostas na literatura internacional, dos resultados apresentados neste capítulo e adotando-se um *olhar* capaz de acomodar diversas representações da temática, acredita-se que seja possível identificar quatro características da AO que precisam ser mais discutidas, incorporadas e/ou resgatadas para a compreensão do fenômeno e para o delineamento de um conceito de AO que fundamente seu estudo empírico. Assim, apontam-se quatro questões principais e relacionadas para discussão: (a) deveria ser levado em conta o fato de que AO recorre, independentemente do nível em questão, ao indivíduo e suas interações (grupal, intergrupal, organizacional e interorganizacional), portanto em nível interpessoal; (b) neutralidade da meta, considerando-se que a aprendizagem pode ser vista como algo positivo ou negativo; (c) ter presente que nem toda aprendizagem manifesta-se como uma mudança no comportamento e

(d) reconhecer que a aprendizagem é um processo e, como tal, deveria ser estudada.

Tal debate estabelecido permite que esta investigação reafirme a importância de se tomar a produção de conhecimento científico sobre Aprendizagem Organizacional como objeto legítimo de estudo. Análises, mesmo descritivas como as apresentadas, ensejam reflexões críticas e têm impacto sobre os rumos do conhecimento produzido. Também pode-se pensar em novos e mais refinados modelos analíticos da produção científica sobre o tema em foco e repensar os métodos que devem fazer parte de nosso manancial, em virtude da natureza interpretativa do processo em questão.

○ QUESTÕES PARA REFLEXÃO

1. Escolha um artigo de pesquisa que aborde temática relativa à "aprendizagem nas organizações", publicado num dos periódicos citados no Quadro 2-2 após o ano de 2005, e analise-o levando em consideração as dimensões explicitadas no Quadro 2-4.
2. Se você, enquanto professor-pesquisador da área de Administração de Empresas, em uma universidade, fosse solicitado a montar uma agenda de pesquisa para o campo da "aprendizagem nas organizações", quais focos de investigação escolheria como prioritários? Escolha três (dentre os nove apresentados no Quadro 2-6) e justifique sua opção.
3. Organize um quadro, diagrama ou figura que ilustre, de forma sumária, os principais resultados do estudo aqui apresentado.

○ REFERÊNCIAS

ABBAD, G. *Um modelo integrado de avaliação do impacto do treinamento no trabalho – Impact*. 1999. Tese (Doutorado em Psicologia) – Universidade de Brasília, Brasília, DF, 1999.

ANTONELLO, C. S. Estudo dos métodos e posicionamento epistemológico na pesquisa de aprendizagem organizacional: competências e gestão do conhecimento. In: ENCONTRO ANUAL DA ANPAD, 26., 2002, Salvador. *Anais...* Salvador: ANPAD, 2002. 1 CD-ROM.

BAPUJI, H.; CROSSAN, M. From questions to answers: reviewing organizational learning research. *Management Learning*, v. 35, n. 4, p. 397-417, 2004.

BARDIN, L. *Análise de conteúdo*. Lisboa: Persona, 1977.

COHEN, M.; SPROULL, L. *Organizational Learning*. London: Sage, 1995.

COOK, S. D. N.; YANOW, D. Culture and organizational learning. *Journal of Management Inquiry*, v. 2, n. 4, p. 373-390, 1993.

DIERKES, M. et al. (Ed.). *Handbook of organizational learning and knowledge*. Oxford: Oxford University Press, 2001.

EASTERBY-SMITH, M. Disciplines of organizational learning: contributions and critiques. *Human Relations*, v. 50, n. 9, p. 1085-1113, 1997.

EASTERBY-SMITH, M.; ARAUJO, L. Aprendizagem organizacional: oportunidades e debates atuais. In: EASTERBY-SMITH, M.; BURGOYNE, J.; ARAUJO, L. (Coord.). *Aprendizagem organizacional e organização de aprendizagem*: desenvolvimento na teoria e na prática. São Paulo: Atlas, 2001. p. 15-38.

EASTERBY-SMITH, M.; LYLES, M. (Ed.). *The Blackwell handbook of organizational learning and knowledge management*. Oxford: Blackwell, 2003.

FIGUEIREDO, P. N. *Aprendizagem tecnológica e performance*. Rio de Janeiro: FGV, 2003.

FLEURY, A.; FLEURY, M. T. *Aprendizagem e inovação organizacional*: as experiências de Japão, Coréia e Brasil. São Paulo: Atlas, 1995.

FLEURY, A.; FLEURY, M. T. *Estratégias empresariais e formação de competências*. São Paulo: Atlas, 2000.

GEPHART, R. From the editors: qualitative research and the academy of management journal. *Academy of Management Journal*, v. 47, n. 4, p. 454-462, 2004.

GEPHART, R. *Paradigms and research methods*. 1999. Research Methods Forum. Disponível em: <http://www.aom.pace.edu/rmd/1999_RMD_Forum_Paradigms_and_Research_Methods.htm>. Acesso em: 01 ago. 2004.

GIOIA, D.; PITRE, E. Multiparadigm perspectives on theory building. *Academy of Management Review*, v. 15, n. 4, p. 584-602, 1990.

GODOY, A. S. Estudo de caso qualitativo. In: GODOI, C.; BANDEIRA-DE-MELLO, R.; SILVA, A. (Org.). *Pesquisa qualitativa em estudos organizacionais*: paradigmas, estratégias e métodos. São Paulo: Saraiva, 2006. p. 115-146.

GODOY, A. S. Introdução à pesquisa qualitativa e suas possibilidades. *Revista de Administração de Empresas*, v. 35, n. 2, p. 57-63, 1995.

GUBA, E.; LINCOLN, Y. Competing paradigms in qualitative research. In: DENZIN, N. K.; LINCOLN, Y. S. (Ed.). *Handbook of qualitative research*. Thousand Oaks, CA: Sage, 1994. p. 105-117.

HAIR, J. et al. *Multivariate data analysis*. New Jersey: Prentice Hall,1998.

JASPERSON, J. Power and information technology research: a metatriangulation review. *MIS Quarterly*, v. 26, n. 4, p. 397-459, 2002.

LEWIS, M.; GRIMES, A. Metatriangulation: building theory from multiple paradigms. *Academy of Management Review*, v. 24, n. 4, p. 672-690,1999.

LOIOLA, E.; BASTOS, A. V. A produção acadêmica sobre aprendizagem organizacional no Brasil. *Revista de Administração Contemporânea*, v. 7, n. 3, p. 181 201, 2003.

MERTON, R. *On theoretical sociology*: five essays old and new. NewYork: Free Press, 1967.

PRANGE, C. Aprendizagem organizacional: desesperadamente em busca de teoria? In: EASTERBY-SMITH, M.; BURGOYNE, J.; ARAUJO, L. (Org.). *Aprendizagem organizacional e organização de aprendizagem*: desenvolvimento na teoria e na prática. São Paulo: Atlas, 2001.

SAUNDERS, C. et al. Lessons learned from the trenches of metatriangulation research. *Communications of the Association for Information Systems*, v. 11, p. 245-270, 2003.

SMIRCICH, L. Concepts of culture organizational analysis. *Administrative Science Quarterly*, n. 28, p. 339-358, 1983.

STRAUSS, A.; CORBIN, J. *Basics of qualitative research*: grounded theory procedures and techniques. Newbury Park: Sage, 1990.

TABACHNICH, B.; FIDELL L. *Using multivariatte statistics*. USA: Allys Bacon, 2001.

TONELLI, M. J.; CALDAS, M. P. *Produção acadêmica em recursos humanos na década de 90*: uma análise metateórica da pesquisa brasileira em periódicos e nos anais do EnANPAD. São Paulo: FGV, 2004. p. 161. Relatório de Pesquisa.

TRIVIÑOS, A N. *Introdução à pesquisa em ciências sociais*. São Paulo: Atlas, 1987.

TSANG, E. Organizational learning and the learning organization: a dichotomy between descriptive and prescriptive research. *Human Relations*, v. 50, n. 1, p. 73-89, 1997.

YIN, R. K. *Estudo de caso*: planejamento e métodos. 2. ed. Porto Alegre: Bookman, 2001.

○ SUGESTÕES DE *SITES* SOBRE O TEMA

http://www.anpad.org.br/

http://www.brint.com/OrLrng.htm

http://www.division.aomonline.org/rm/1999_RMD_Forum_Introduction

http://www.infed.org/biblio/organizational-learning.htm

http://www.misq.org/archivist/bestpaper/Jasperson.pdf

3

Marcelo Milano Falcão Vieira
Rejane Prevot Nascimento

A APRENDIZAGEM ORGANIZACIONAL COMO FORMA DE CONTROLE DOS INDIVÍDUOS

OBJETIVOS DO CAPÍTULO

- Apresentar uma reflexão crítica acerca do uso da Aprendizagem Organizacional como forma de controle nas organizações.

RESUMO

Este capítulo apresenta uma análise crítica da aprendizagem organizacional, abordando-a como um mecanismo que visa propiciar o controle dos indivíduos nas organizações. Resgata-se, neste sentido, as origens sistêmico-funcionalistas do conceito de aprendizagem organizacional e sua associação com a ideia de organização como um espaço para a obtenção de relações "harmoniosas" de trabalho. O uso da aprendizagem organizacional como forma de controle sustenta-se no argumento contido nos estudos sobre o processo de trabalho, segundo o qual as novas tecnologias de gestão utilizadas pelas organizações tem como finalidade possibilitar o controle dos indivíduos, controle este que, no que tange a aprendizagem organizacional, ocorre no nível cognitivo.

○ INTRODUÇÃO

O surgimento da teoria de sistemas ao final da década de 30, e sua posterior difusão nos estudos organizacionais na década de 50, representou um rompimento ontológico com os pressupostos funcionalistas predominantes nestes estudos ao longo do século XX. A influência desta teoria, construída em bases interdisciplinares a partir da biologia, possibilitou uma visão integrada do ambiente organizacional e da inter-relação entre seus elementos internos, assim como entre esses e o ambiente externo.

Esta nova visão de mundo substituiu a visão reduzida da organização como uma estrutura simplificada e departamentalizada, cujos elementos constituintes eram passíveis de controle e predeterminação e cujo funcionamento poderia ser explicado a partir de leis gerais. Em contrapartida, o paradigma sistêmico introduz uma visão da organização, por meio da metáfora de organismo complexo, submetido à atuação de múltiplas e indeterminadas variáveis e a relações não lineares.

A difusão dos pressupostos sistêmicos coincide com o declínio da burocracia e do taylorismo como formas de gestão das organizações e do trabalho, em função das mudanças ocorridas no contexto organizacional após a segunda guerra mundial. Estas mudanças levaram a maiores exigências de inovação e qualidade de produtos provocando, posteriormente, a crise do setor industrial em paralelo à expansão do setor de serviços. Como consequência, há uma mudança sobre as demandas de qualificação dos indivíduos. Nas organizações burocráticas, os trabalhadores deveriam restringir-se às atividades previamente prescritas e à tomada de decisões baseada em categorizações preexistentes, sendo submetidos a um controle direto. A hiperespecialização, exigida pelos processos burocráticos, foi substituída pela necessidade de um trabalhador com formação generalista, capaz de adaptar-se a diferentes processos e, principalmente, capaz de exercer a autonomia para decidir rapidamente quando da ocorrência de eventos inesperados no decorrer do seu trabalho. Em outras palavras, um indivíduo apto a lidar com as organizações complexas preconizadas pela visão sistêmica.

Dentre as características exigidas por este tipo de organização encontra-se a capacidade do indivíduo de aprender continuamente, formatando ao longo da sua vida "produtiva" múltiplos conhecimentos sobre os novos processos de produção. Da mesma forma, é demandada a capacidade de compartilhar o conhecimento adquirido sobre as atividades de trabalho, a fim de possibilitar a constituição de sistemas produtivos flexíveis (assim como a adaptação a estes sistemas). O discuro presente neste "novo" tipo de gestão voltada para a obtenção da flexibilidade ressalta com frequência a ampliação do espaço de autonomia e intervenção do sujeito sobre o seu próprio trabalho, além de supostamente permitir uma compreensão mais abrangente da organização, em contraposição à percepção fragmentada do indivíduo sobre o processo de trabalho sob a gestão burocrática, possibilitando a constituição de um ambiente mais propício ao desenvolvimento humano.

É na oposição a esta visão da aprendizagem organizacional que se situa a análise que desenvolvemos neste capítulo, a saber, a discussão da aprendizagem organizacional não como uma possibilidade de *desenvolvimento humano no trabalho.* A nosso ver, a aprendizagem organizacional é utilizada como tecnologia de gestão que amplia o controle da organização sobre os indivíduos, no que se refere ao controle de suas premissas cognitivas, não obstante ela esteja fortemente revestida, nos meios acadêmicos e empresariais, por um discurso de autonomia do trabalho e crescimento dos indivíduos.

1 • A TEORIA DE SISTEMAS E AS ORIGENS DA APRENDIZAGEM ORGANIZACIONAL

Na década de 30, sociólogos e cientistas passam a questionar a interpretação feita sobre o mundo e suas relações. Desta forma surge um novo paradigma, substituindo a visão mecanicista do mundo por um pensamento sistêmico, ou seja, o mundo passa a ser analisado por suas relações e integrações. Esta nova visão denomina-se Teoria dos Sistemas, segundo a qual "a propriedade das partes não são propriedades intrínsecas, mas só podem ser entendidas dentro do contexto do todo maior" (Capra, 1998).

Prestes Motta (1971) entende por teoria dos sistemas um conjunto complexo de elementos que estão em constante interação e intercâmbio com os diversos ambientes. Esta teoria foi influenciada por diversas disciplinas científicas, entre elas biologia, ciências sociais e relações humanas. Para o estudo da aplicação do modelo do sistema aberto à teoria das organizações, a visão do processo simbiótico, pelo contato dessa abordagem com a teoria sociológica, é fundamental, assim como o conhecimento do funcionalismo, na concepção de Talcott Parsons.

Foram fundamentais as contribuições do biólogo Ludwig von Bertalanffy que objetivava criar uma unidade entre as diversas ciências, sendo contra o reducionismo científico presente na década de 50. Segundo este biólogo, "um sistema pode ser definido como um complexo de elementos em interação que formam um todo organizado no sentido de alcançar um propósito" (Bertalanffy, 1975, p. 33). Assim, Von Bertalanffy especifica as funções básicas da Sociedade de Pesquisa Geral dos Sistemas, fundada em 1954:

> investigar a isomorfia de conceitos, leis e modelos em vários campos e promover a transferência útil de um campo para outro; 2– encorajar a criação de modelos teóricos adequados em campos onde atualmente não existem: 3– reduzir ao mínimo a duplicação do esforço teórico em diferentes campos; 4– promover a unidade da ciência mediante a melhoria da comunicação entre os especialistas. (Bertalanffy, 1975, p. 33)

A necessidade de relacionar o funcionamento do organismo vivo com o conceito de sistemas parte da premissa de que os problemas encontrados nos seres humanos são típicos de um sistema, considerando todas as partes envolvidas nele.

Morgan (1996) propõe que o entendimento dos sistemas biológicos podem ser reproduzidos para teoria geral dos sistemas, trazendo para o campo organizacional conceitos como: homeostase (autorregulação e capacidade para se manter um sistema em estado estável – desvios ativam ações de correção a fim de assegurar a harmonia do sistema); entropia e entropia negativa (entropia caracteriza os sistemas fechados tendendo ao desaparecimento; os sistemas abertos buscam a autossustentação, por meio da entropia negativa, importando energia para compensar as tendências do processo entrópico); estrutura, função, diferenciação e integração (todos esses elementos estando inter-relacionados permitem a autossustentação); requisito de variedade (a diversividade do ambiente necessita que aja uma variedade de mecanismos de controle interno compatível); equifinalidades (relacionada à diversidade de métodos possíveis para se atingir um determinado objetivo); evolução do sistema (habilidade de expandir-se para formas mais complexas de diferenciação e integração).

Para Katz e Kahn (1987), a abordagem mais desenvolvida de sistemas abertos é definida por Talcott Parsons, principal ator do funcionalismo, com o estudo das estruturas sociais, resultando na visão dessas estruturas como sistemas de natureza planejada, já que apresentam padrões de relacionamento. Fatores como pressões do ambiente, valores e expectativas compartilhadas reduzem a variabilidade possível desses padrões.

Outras influências também têm sido absorvidas por muitos estudiosos que adotaram o modelo do sistema aberto na teoria das organizações. Entre elas se encontra a psicologia social, pela obra de F. H. Allport, que desenvolveu suas ideias em uma linha adequada à abordagem sistêmica das organizações, definindo estrutura como ciclos de eventos paralelos ou tangenciais que ocorrem em um sistema social.

Da mesma forma, as ideias difundidas pela Teoria Geral de Sistemas e pelo Funcionalismo Parsoniano influenciaram significativamente os pesquisadores do Instituto Tavistock, de Londres,

Fred Emery e Eric Trist, responsáveis pela elaboração do Modelo Sociotécnico de Organização. O Modelo Sociotécnico baseia-se na valorização não somente dos aspectos técnicos e tecnológicos do ambiente organizacional como também dos aspectos humanos e sociais: "a organização eficiente precisa levar em conta tanto as importações que o subsistema social faz do ambiente, isto é, valores e aspirações, como também a que faz o subsistema técnico, ou seja, matérias-primas, equipamentos, etc." (Motta; Vasconcellos, 2006, p. 181).

A noção sociotécnica de organização compreende que a eficiência produtiva seria, portanto, decorrente da integração entre os aspectos técnicos e sociais da organização, entendendo-se o subsistema técnico como aquele capaz de conferir a eficiência *potencial* do sistema como um todo, enquanto que o subsistema social seria responsável por tornar a eficiência *potencial* em eficiência *real*. Em outras palavras, o modelo aponta para o fato de que a eficiência técnica/tecnológica só é possível de ser alcançada considerando-se a participação dos indivíduos nos processos organizacionais de forma a mobilizar suas capacidades de aprendizagem e relacionamento mútuo, promovendo desta forma a integração entre os diferentes subsistemas de forma harmoniosa (e, consequentemente, *produtiva*).

A concepção sociotécnica está alicerçada, assim, em características que a distinguem da concepçao clássica de organização burocrática, uma vez que ela pressupõe que o indivíduo possua uma visão *sistêmica* do seu trabalho, como um conjunto de atividades integradas entre si, e não como uma série de tarefas parcelizadas que não possibilitam a percepção do todo; há uma ênfase no trabalho em grupo, no lugar do trabalho individualizado, sendo este grupo responsável pela organização de suas atividades e da própria distribuição de tarefas, conferindo um alto grau de autonomia ao grupo no que concerne à tomada de decisões relativas ao processo de trabalho, excluindo a existência de controles do trabalho externos aos grupos.

O modelo sociotécnico de organização foi aplicado em várias empresas automobilísticas suecas na década de 70, como a Saab Scania e a Volvo. Nesta última, principalmente, em duas plantas nas cidades de Kalmar e Uddevala (esta construída no início da década de 90), que, em função de suas características únicas de organização do trabalho, tornaram-se paradigmas organizacionais.

Ambas as fábricas da Volvo eram organizadas com base no trabalho em equipe: todas as tarefas de montagem dos veículos eram definidas pelos grupos de trabalho, assim como a distribuição das atividades e a organização de outras rotinas inerentes ao processo produtivo. A participação dos funcionários, desde operadores até os níveis diretivos, ocorreu desde o projeto da planta. Não havia níveis de supervisão na fábrica para o controle do trabalho, e a verificação de qualidade era compartilhada pelos próprios empregados.

> The plant was outstanding in its human-centredness and the quality of work with groups building whole cars based on theories of holistic human learning. The plant also introduced advanced computer technology in logistics and planning in order to supply the teams with the components they needed to build a specific car in an efficient way (Sandberg, 1994, p. 24).

O mesmo autor enfatiza a importância da aplicação das ideias sociotécnicas, as quais contribuíram para o desenvolvimento de políticas de qualidade de vida do trabalho em conjunto com uma gestão voltada para o estímulo à aprendizagem e à resolução de problemas para os resultados alcançados nas duas plantas, em termos de satisfação dos funcionários e dos altos níveis de qualidade verificados nos carros produzidos nas duas fábricas.

Contudo, não obstante o reconhecimento das experiências suecas pelo seu caráter de referência para o estudo dos modelos organizacionais, Morgan (1996) ressalta a enorme publicidade obtida pelo sistema de organização do trabalho volvista, não necessariamente decorrente do sucesso deste sistema.

A principal contribuição do enfoque sistêmico para as teorias da organização, além da compreensão da interdependência entre os diversos elementos que compõem a organização, deve-se à identificação da necessidade de percepção das variáveis externas que incidem e interferem na atuação das organizações. Consequentemente, o debate corrente nos manuais gerenciais a partir das décadas de 70 e 80 orienta-se fortemente para a necessidade contínua de mudança, e para a capacidade das organizações de aprenderem e adaptarem-se a um ambiente em permanente estado de transformação: "o enfoque de sistemas fundamenta-se no princípio de que as organizações, como os organismos, estão 'abertas' ao seu meio ambiente e devem atingir uma relação apropriada com este ambiente caso queiram sobreviver" (Morgan, 1996, p. 46).

A hegemonia de uma visão da organização como um sistema em constante interação com o ambiente e, em função disto, submetido a necessidade de permanente adaptação, contribuiu para o surgimento do enfoque da aprendizagem organizacional, desde a sua origem influenciado pela concepção sistêmica de organização. A noção da aprendizagem organizacional é relativamente recente nos estudos organizacionais. Cabe ressaltar que a ideia de aprendizagem era praticamente inexistente na concepção clássica e burocrática de organização, uma vez que a necessidade de aprendizagem não coadunava com a execução de tarefas prescritas e rotinizadas, características deste tipo de organização. O conceito de aprendizagem organizacional, neste sentido, contrapõe-se, em sua definição, à ideia de organizações normativas de cunho burocrático, alicerçadas no controle dos indivíduos. Esta oposição pode ser identificada já nos estudos realizados pelos autores ligados ao enfoque sociotécnico.

Para Souza (2004), a aprendizagem organizacional está alinhada diretamente com a percepção de adequação da organização ao seu ambiente. A aprendizagem organizacional, assim, estaria intrinsecamente ligada à concepção de que as organizações estão em contínuo aprimoramento, abrangendo, neste processo, todos os tipos de mudanças organizacionais. O processo de aprendizagem deveria, neste contexto, contemplar um ou mais tipos de mudanças que podem afetar as organizações. A partir disto, deduz-se que os indivíduos segundo o enfoque da aprendizagem organizacional estariam aptos, *naturalmente*, à aprendizagem e à adequação a diferentes situações, impondo a estes as exigências de permanente formação e aprimoramento, a fim de tornarem-se capazes de atender às demandas das "novas" organizações. Transfere-se, desta forma, para o indivíduo, a responsabilidade de formação e requalificação a fim de atender às demandas de adaptação das organizações às mudanças.

Na visão de Motta e Vasconcellos (2006), o conceito de aprendizagem organizacional está associado à necessidade e à capacidade de inovações tecnológicas e sociais pelas organizações. De acordo com estes autores, os pressupostos que definem as chamadas organizações "pós-industriais" estão baseados em aspectos como mudança contínua, comunicação, diferença e diversidade, autonomia, entre outros, que obrigam a adequação das organizações a sistemas ambientais complexos. À aprendizagem organizacional é então colocada a questão de como obter do comportamento humano a capacidade de inovação e adaptação a um contexto caracterizado por estes aspectos. Peter Senge (1994), autor de uma espécie de manual que propõe uma sistematização do conceito de aprendizagem organizacional, assim como os meios de sua aplicação, define que esta adaptação deve ser sustentada a partir da convergência de cinco elementos, os quais são denominados por ele de "disciplinas". As cinco disciplinas descritas por Senge, "domínio pessoal", "modelos mentais", "objetivos comuns", "aprendizado em grupo" e "raciocínio sistêmico" (a quinta disciplina), em conjunto, seriam responsáveis pela promoção da aprendizagem organizacional. Contudo, a quinta disciplina consistiria na base da aprendizagem organizacional. A quinta disciplina representa, para o autor, a percepção do indivíduo acerca das inter-relações subjacentes aos fenômenos, transcendendo desta forma uma visão "linear", centrada unicamente na identificação de relações de causa e efeito.

O conceito de quinta disciplina proposto por Peter Senge é claramente inspirado nos conceitos sociotécnicos desenvolvidos pelos pesquisadores de Tavistock Institute of Human Relations na década de 70. Além disso, a concepção contida na quinta disciplina estimularia a criação de "organizações de aprendizagem", orientadas por práticas que desenvolvem a criatividade e a inovação, as quais se oporiam às "organizações controladoras" (Senge, 1994), sustentadas pela falta de autonomia dos indivíduos e pela limitação de sua criatividade.

No entanto, um modelo de aplicação de um processo de aprendizagem sustentado em cinco "disciplinas", ainda que em atuação "integrada", induz à uma ideia do processo de aprendizagem como algo passível de formatação em um conjunto de etapas tão prescritivas quanto alguns princípios da administração clássica. Além disto, a concepção do processo de aprendizagem como um "modelo" pressupõe que todos os indivíduos desenvolvem a aprendizagem segundo um mesmo roteiro preestabelecido. O enfoque da aprendizagem organizacional e suas aplicações assemelham-se, neste aspecto, aos modelos conceituais funcionalistas que propõem a existência de um padrão de comportamento para os seres humanos, assim como para as organizações, padrão este passível de estimulação e de controle. Tal perspectiva é reforçada pela afirmação de Bulgacov (2000) acerca das origens epistemológicas do conceito de aprendizagem organizacional, classificando-o como uma teorização que poderia ser identificada como neofuncionalista.

Embora amplamente difundido nos meios acadêmicos, o modelo de Aprendizagem Organizacional de Senge se junta a vários outros trabalhos acerca do tema nas últimas décadas. Não obstante a profusão de trabalhos sobre aprendizagem organizacional, este campo de estudos, como ressalta Souza (2004), ainda não se configura como um campo teórico, em vista da diversidade de conceitos sobre o tema, assim como das formas de sua aplicação. Versiani e Fischer (2008) destacam que a ausência de um modelo dominante de aprendizagem organizacional talvez se apresente como principal obstáculo para a formulação de uma teoria da aprendizagem organizacional. Por outro lado, os autores apontam a existência de trabalhos que tratam a aprendizagem organizacional como um modismo apenas e, portanto, de relevância temporária.

De acordo com Weick e Wesley (1999), a impossibilidade da criação de uma teoria da aprendizagem organizacional decorre da dificuldade de conceituar "organizações"e "aprendizagem":

> Organizar e aprender são essencialmente processos antagônicos, o que significa que a expressão aprendizagem organizacional é um oxímoro. Aprender é desorganizar e aumentar a variedade. Organizar é esquecer e reduzir a variedade. Os teóricos organizacionais negligenciaram esta tensão. (Weick; Wesley, 1999, p. 361)

A afirmação dos autores corrobora a noção dos enfoques de aprendizagem organizacional como modelos que visam instrumentalizar um processo que ocorre individualmente, de formas distintas e não necessariamente voltados para a aplicação prática. Adiciona-se a esta afirmação a conclusão de Bulgacov (2000) de que a teorização contida nestes enfoques baseia-se no imperativo da coesão, da harmonia entre as partes em prol de um objetivo comum, não admitindo em hipótese alguma a existência de uma tensão entre os elementos que compõem o sistema.

2 • ORGANIZAÇÕES E CONTROLE: DA SUPERVISÃO DIRETA À APRENDIZAGEM ORGANIZACIONAL

A maior parte da discussão sobre aprendizagem organizacional divide-se em duas grandes correntes, embora uma delas seja amplamente predominante. A primeira, e predominante, representa a corrente sistêmico-funcionalista, explicada na seção anterior deste capítulo, que tem como fundamento central a ideia de harmonia. Desta forma, o progresso de um sistema depende do progresso das suas diversas partes componentes e vice-versa. Esta visão tem sua origem nos sistemas cibernéticos e biológicos. A aprendizagem organizacional torna-se, portanto, uma ferramenta neutra de gestão que tem como objetivo principal melhorar o desempenho do sistema como um todo, em um jogo do tipo "ganha-ganha". O conflito é entendido como um elemento externo ao sistema que, quando ocorre, diminui seu desempenho. Para reverter o quadro de baixo desempenho os gestores utilizam soluções criativas que acabam não só por fazer com que o sistema retorne ao desempenho original, mas o melhorem em graus variados.

A segunda corrente tem sua origem nos estudos de uma tendência que ficou conhecida, principalmente na Grã-Bretanha, como análise do processo de trabalho* e que ganhou força e evidência a partir do trabalho seminal de Braverman (1974). De acordo com ela, as organizações e os indivíduos se encontram em constante conflito onde cada parte tenta ganhar algo em relação à outra para diminuir sua dependência de poder. Este poderia ser entendido como um "jogo de soma zero", onde uma quantidade total de poder é distribuída em um sistema e, quando uma parte aumenta seu volume de poder, o faz necessariamente a retirando da outra parte. Essa perspectiva sustenta que as novas tecnologias de gestão são introduzidas pelas organizações para aumentar o controle sobre a força de trabalho. É nessa direção, entendendo a aprendizagem organizacional como uma tecnologia de gestão, que apresentamos nosso argumento neste capítulo. O conflito, nesta visão, é entendido como parte constituinte do sistema, já que as organizações não são sistemas cibernéticos ou biológicos, mas sociais.

A questão do controle tem sido sempre central na teoria das organizações. Como sugere Kouzmin (1980, p. 134) "organização significa um método de controle social, uma forma de impor regularidade à sociedade ou à ação coletiva". A centralidade do controle na teoria das organizações também foi enfatizada por Tannenbaum (1968, p. 3) que afirmou que:

> Uma organização social é um arranjo de interações humanas individuais. O processo de controle ajuda a circunscrever comportamentos idiossincráticos e os manter em conformidade com o plano racional da organização [...] A coordenação, e a ordem, criadas a partir dos interesses diversos e dos comportamentos potencialmente difusos dos membros é em grande parte uma função do controle.

Hickson (1966) sugere que as teorias sobre estruturas das organizações convergem todas para uma linha de análise, qual seja, a especificidade da prescrição do papel. Isso significa o grau em que as organizações controlam seus membros por meio de regras padronizadas preestabelecidas e descrevem seu comportamento durante o desenvolvimento de atividades organizacionais. Hickson argumenta que diferentes tipos de organização são produzidos a partir uma relação linear entre o grau de especificidade da prescrição do papel e outras variáveis da estrutura organizacional, no estudo de cada teórico. Por exemplo, Likert (1961) e Macgregor (1960) relacionam a especificidade do papel com a motivação. Para esses autores quanto maior for o grau de especificidade do papel menor será a motivação dos empregados. Thompson (1965) e Hage (1965) argumentam que a capacidade de inovar é maior quando o grau de especificidade do papel é menor. Crozier (1964) e Litwak (1961) lançaram a hipótese de que um grau mai baixo de prescrição causa conflito entre papéis em disputa por distribuição de poder dentro das organizações. Em uma abordagem semelhante Taylor (1947) e Fayol (1949) argumentam que um grau de especificidade maior reduz confusões durante o desenvolvimento das atividades organizacionais.

Mais que um conjunto de técnicas para assegurar que o desempenho organizacional ocorrerá de acordo com os padrões estabelecidos, o controle tem sido analisado em relação ao de-

* Labour process analysis, no original.

senvolvimento social. Perrow (1986) sugere, por exemplo, que com o processo de industrialização da sociedade moderna, as formas de controle tendem a passar do controle direto para o burocrático e, finalmente, para o controle das premissas cognitivas. O mesmo argumento básico pode ser encontrado nos estudos de Edward (1981), Burris (1989), Carvalho (1999), Silva (2003a) e Rosen e Baroudi (1982). É o controle das premissas cognitivas que nos interessa relacionar à aprendizagem organizacional que será desenvolvida na última parte deste trabalho.

Perrow (1986) sumariza claramente essa questão. Ele sugere uma tipologia baseada em três tipos de controle organizacional: 1) controle direto, totalmente evidente; 2) controle burocrático ou menos evidente; 3) controle das premissas cognitivas ou totalmente não evidente.

O controle totalmente evidente refere-se à supervisão direta de regras e regulamentos. Esse tipo de controle é necessário em períodos de instabilidade e crises organizacionais, mas falha ao tentar regular a bagagem pessoal, a estrutura cognitiva, anteriormente adquirida dos empregados. As regras também são ineficientes em períodos de inovação continuada. Esse tipo de controle requer um grande esforço da administração, particularmente, no que diz respeito a tempo e custos.

O controle burocrático, por sua vez, é mais eficiente; ele está relacionado ao grau de padronização e especialização das atividades organizacionais. Quanto mais as atividades forem padronizadas e especializadas, os subordinados têm menor chance de tomar decisões de acordo com seus interesses pessoais. Perrow argumenta que isso explica alguns resultados de pesquisas anteriores (Blau; Scott, 1963; Blau, 1970; os estudos do Grupo de Aston – especialmente Pugh; Hickson, 1976 e Pugh; Hinings, 1976), que demonstram que quanto maior é o grau de burocratização maior será o grau de centralização. Isso ocorre porque a aplicação das regras e regulamentações organizacionais estabelece parâmetros individuais de discernimento, permitindo, assim, a previsibilidade e o controle do processo organizacional mais baixo.

Os controles das premissas cognitivas ou totalmente não evidente é o mais difícil de ser alcançado, mas, é o mais eficaz. Refere-se à adesão normativa voluntária entre o subordinado e o objeto de sua tarefa. Por meio de um processo de internacionalização das premissas comportamentais necessárias para o desenvolvimento da tarefa. Embora aplicável a todos os níveis da organização, essa forma de controle é mais importante quando a natureza do trabalho é rotineira; nesse caso as regras e os regulamentos não podem ser estabelecidos para a determinação do comportamento durante o desenvolvimento das atividades (ex.: cientistas em laboratório de pesquisa, professores em universidades, executivos de níveis hierárquicos em empresas, etc.). Esse tipo de controle é frequentemente mais usado em níveis mais altos da organização do que nos níveis mais baixos, porque o trabalho gerencial como o administrativo é menos rotineiro. Embora o controle direto e burocrático seja mais visível nos níveis mais baixos da hierarquia, todos esses níveis de controle são encontrados em todos os níveis organizacionais, variando apenas no seu grau de aplicabilidade.

Um aspecto importante do argumento de Perrow (1986) a respeito da transição para as formas menos visíveis de controle é que embora essas formas sejam mais evidentes hoje, as outras continuam a ser aplicadas.

A aprendizagem organizacional é entendida por nós neste capítulo como uma forma avançada de controle das premissas cognitivas (controle visível), uma vez que tem sido considerada como uma questão estratégica relacionada não apenas a questões técnicas, mas também, a mudanças culturais nas organizações.

○ CONCLUSÃO

As formas de controle nas organizações modernas evoluem conjuntamente à evolução das organizações e da própria sociedade. Este foi o argumento desenvolvido na seção anterior deste capítulo. Ao aceitar nosso argumento, o leitor pode observar também que ele pode ser utilizado para interpretar as evidências empíricas apresentadas em diferentes capítulos deste livro, embora saibamos que esta não foi a intenção dos autores que nos sucederam na ordem do livro, uma vez que situam-se no paradigma sistêmico-funcionalista e, portanto, trabalham a aprendizagem organizacional como uma ferramenta de gestão (técnica neutra) capaz de contribuir para o crescimento do indivíduo nas organizações, quando bem aplicada.

Entretanto, gostaríamos de apresentar dois contra-exemplos a respeito de como os arranjos organizativos da produção podem atuar no sentido exatamente inverso, ou seja, naquele que defendemos neste capítulo. Um desses exemplos é originário dos Estados Unidos, e os dados foram coletados por meio de uma etnografia. É o estudo de James Barker sobre o controle consentido. O outro corresponde a um estudo realizado no Brasil por Rosimeri Carvalho da Silva sobre o controle cultural.

Barker (1993) investigou uma companhia de manufatura nos Estados Unidos que havia passado por um processo de mudança de controle burocrático para uma forma flexível, autogerenciada, baseada em trabalhos e monitoramentos em equipe. Barker demonstra como os empregados desenvolveram uma forma de controle a que ele denominou controle consentido. Os empregados desenvolveram um sistema de regras normativas fundamentas em valores que controlavam suas ações de forma mais forte e completa que o sistema de controle anterior. Para Barker (1993, p. 411) o controle consentido representa

> uma mudança-chave no lócus do controle da administração para os próprios trabalhadores, que colaboram para desenvolver os meios do seu próprio controle. Os trabalhadores adquirem o controle consentido permitindo um consenso negociado como formatar seu comportamento de acordo com um conjunto central de valores, tais como os valores fixados no enunciado da visão corporativa. Em certo sentido o controle consentido reflete a adoção de uma nova racionalidade 'substantiva', em novo conjunto consensual de valores entre a organização e seus membros.

Barker (1993) conclui que, ao contrário de alguns defensores da especialização flexível e de formas organizacionais de grupos, o controle consentido emergente dessas estruturas dá mais enrijecimento à gaiola de ferro weberiana, por meio de uma poderosa combinação de pressão dos pares e de regras racionais em um sistema de controle consentido, aprendido e reproduzido pelos próprios funcionários.

Carvalho (2003) em um estudo emblemático na Siderúrgica Riograndense analisou como a organização, por meio de técnicas de gestão da qualidade, altera os mecanismos de controle de burocráticos para culturais. Esta mudança estava fortemente vinculada à estratégia de internacionalização do grupo do qual a Siderúrgica faz parte. Um organização familiar não seria legitimada no mercado internacional sem um modelo de gestão considerado moderno e profissional.

No estudo de Carvalho (2003, p. 280) a autora argumenta que

> [...] a cultura é compreendida como um conjunto de evidências compartilhadas (THÉVENET e VACHETTE, 1994). Essas evidências são construídas ao longo da história da organização, como respostas encontradas para problemas, e se transformam na solução permanente para um problema da coletividade (BERGER E LUCKMANN, 1996). Elas não exigem verificação; são consideradas como 'indo por si' (*allant de soi*) e só são problematizadas quando não servem mais ao uso convencional de maneira adequada.

Os resultados de Carvalho (2003) demonstram a construção de um novo mundo organizacional, compartilhado e aprendido, a partir da introdução da ferramenta de gestão da qualidade. Este novo mundo transforma o colega de trabalho em controlador.

No caso da aprendizagem organizacional, argumenta-se que ela faz parte de um conjunto, ao mesmo tempo amplo e específico, de técnicas de gestão que compõem o controle invisível (controle das premissas cognitivas) de Perrow (1986) que vem evoluindo ao longo do tempo nas organizações. Seu mecanismo de funcionamento pode ser reduzido a um jogo de poder.

Quando o trabalhador aprende algo novo e esse "algo" é útil para a organização, ocorre o que já é de senso comum conceber-se como aprendizagem individual. Tal aprendizagem é, muitas vezes, patrocinada total ou parcialmente pela própria organização (cursos de MBA, ou oficinas para treinamento específico, por exemplo), ou pode emergir das interações entre os trabalhadores.

Nesse momento de aprendizagem o trabalhador adquire conhecimento, especialização ou técnica que é útil e, neste sentido, ele diminui sua dependência de poder em relação à organização. Relembramos neste momento que definimos toda e qualquer organização como uma forma de poder ou, em sentido weberiano, como uma forma de dominação (manutenção da ordem dada por um período longo de tempo).

No jogo de poder, a organização, obviamente, sempre possui um volume muito maior de recursos do que o indivíduo. Ao aprender, o indivíduo aumenta seus recursos de poder e pode negociar melhor sua posição no espaço organizacional. É neste exato momento que entra no jogo a aprendizagem organizacional; uma regra segundo a qual o indivíduo que aprendeu, e portanto ganhou poder para jogar, é obrigado a compartilhar seu aprendizado em um suposto benefício mútuo, como se o jogo pudesse ser considerado uma partida do tipo ganha-ganha. Esse argumento só pode ser considerado razoável quando se aceita o paradigma sistêmico-funcionalista como orientação epistemológica, origem da aprendizagem organizacional.

Não nos cabe discorrer agora sobre as formas como se dá a passagem da aprendizagem individual para a organizacional. Este livro está cheio de exemplos nos capítulos seguintes (treinamentos, cursos, institucionalização de regras e procedimentos, etc.) Cabe-nos, entretanto, reafirmar o nosso argumento de que tanto quanto razoável, no sentido de possuir lógica interna, consideramos a técnica de gestão, conhecida como aprendizagem organizacional fundamentada na visão sistêmico-funcionalista de organização social, se não ingênua, no mínimo perigosa para o indivíduo.

○ REFERÊNCIAS

BARKER, J. R. Tightning the iron cage: concertive control in self-managing teams. *Administrative Science Quarterly*, v. 38, p. 408-437, 1993.

BERGER, P.; LUCKMANN, T. *La construction sociale de la réalité*. Paris: Meridiens Klincksieck, 1996.

BERTALANFFY, V. L.. *Teoria geral dos sistemas*. Petrópolis: Vozes, 1975.

BLAU, P. M. A formal theory of differentiation in organizations. *American Sociological Review*, v. 35, p. 201-218, 1970.

BLAU, P. M.; SCOTT, R. *Formal organizations*: a comparative approach. London: Routledge & Kegan Paul, 1963.

BRAVERMAN, H. *Labour and monopoly capital*: the degradation of work in the twentieth century. New York: Monthly Review Press, 1974.

BULGACOV, Y. L. M. Organizações de aprendizagem: "novas" formas de controle do comportamento humano na literatura gerencial. In: ENCONTRO DE ESTUDOS ORGANIZACIONAIS, 1., Curitiba, 2000. *Anais*... Curitiba: ANPAD, 2000.

BURRIS, B. H. Technocratic organization and contro. *Organization Studies*, v. 10, p. 1-22, 1989.

CAPRA, F. *A teia da vida*: uma nova compreensão científica dos sistemas vivos. São Paulo: Cultrix, 1998.

CARVALHO, C. A. El control organizativo en las organizaciones no gubernamentales: un estúdio de la realidad española. *Revista de Administração Contemporânea*, v. 33, n. 3, p. 37-56, 1999.

CROZIER, M. *The bureaucratic phenomenom*. London: Tavistock, 1964.

EDWARDS. R. C. The social relations of production at the point of production. In: ZEY-FERREL, M.; AIKEN, M. (Ed.). *Complex organizations*: cultural perspectives. Glenview, IL: Scott Foreman, 1981.

FAYOL, H. *General and industrial management*. London: Pitman, 1949.

FREITAS, W. B. *As teorias do caos e da complexidade na gestão estratégica*. 2005. Dissertação (Mestrado em Administração) - Universidade Municipal de São Caetano do Sul, São Caetano do Sul, 2005. Disponível em: <http://www.ibie.com.br/material/Midia/Artigos_Monografias/Caos_Complexidade_GestaoEstrategica.Pdf>. Acesso em: 20 ago. 2008.

HAGE, J. An axiomatic theory of organizations. *Administrative Science Quarterly*, v. 10, p. 289-320, 1965.

HICKSON, D. Convergence in organization theory. *Administrative Science Quarterly*, v. 11, p. 224-235, 1966.

KATZ, D.; KAHN, R. L. *Psicologia social das organizações*. 3. ed. São Paulo: Atlas, 1987.

KOUZMIN, A. Control and organization: towards a reflexive analysis. In: BOREHAM, P.; DOW, G. *Ideology and control in the capitalist labour process*. Melbourne: MacMillan, 1980.

LIKERT, R. *New patterns of management*. New York: McGraw-Hill, 1961.

LITWAK, E. Models of bureaucracy with permit conflict. *American Sociological Review*, v. 67, p. 177-184, 1961.

MCGREGOR, D. *The human side of enterprise*. New York: McGraw-Hill, 1960.

MISOCZKY, M. C. A. Da abordagem de sistemas abertos à complexidade: algumas reflexões sobre seus limites para compreender processos de interação social. *Cadernos Ebape*, v. 1, n. 1, 2003. Disponível em: <http://www.ebape.fgv.br/cadernosebape>. Acesso em: 20 mar. 2008.

MORGAN, G. *Imagens da organização*. São Paulo: Atlas, 1996.

MOTTA, F. C. P. *A teoria geral dos sistemas na teoria das organizações*. Rio de Janeiro: RAE, 1971.

MOTTA, F. C. P.; VASCONCELLOS, I. F. G. *Teoria geral da administração*. 3. ed. São Paulo: Thomson, 2006.

PERROW, C. *Complex organization*: a critical essay. New York: McGraw-Hill, 1986.

PUGH, D., HICKSON, D. J. *Organization structure in its contexts*: the Aston Programme I. London: Saxon House, 1976.

PUGH, D.; HININGS, C. R. *Organization structure*: extentions and replications; the Aston Programme II. London: Saxon House, 1976.

ROSEN, M.; BAROUDI, J. Computer-based technology and the emergence of new forms of managerial control. In: KNIGHTS, D.; WILLMOTT, H. (Ed.). *Skill and consent*: contemporary studies in the labour process. London: Routledge, 1992.

SANDBERG, A. *Enriching production*: perspectives on Volvo Uddevala's plant as an alternative a lean production. Munich: Munich Personal RePec Archive, 1994. Disponível em: <http://mpra.ub.uni-muenchen.de/10785/1/MPRA_paper_10785.pdf>. Acesso em: 20 ago. 2009.

SENGE, P. *A quinta disciplina*. São Paulo: Best Seller, 1994.

SILVA, R. C. Controle organizacional, cultura e liderança: evolução, transformações e perspectivas. *Revista de Administração Pública*, v. 37, n. 4, p. 797-816, 2003.

SILVA, R. C. Poder invisível, formas de controle e gestão da qualidade: o caso da Siderúrgica Riograndense. In: VIEIRA, M. M. F.; CARVALHO, C. A. *Organizações, instituições e poder no Brasil*. Rio de Janeiro: FGV, 2003b.

SOUZA, Y. S. S. Organizações de aprendizagem ou aprendizagem organizacional. *Revista de Adminsitração de Empresas*: eletrônica, v. 3, n. 1, art. 5, jan./jun. 2004. Disponível em: <http//www.rae.com.br/eletronica/index.cfm?FuseAction=Artigo&ID=1812&Secao=ORGANIZA&Volume=3&Numero=1&Ano=2004>. Acesso em: 20 set. 2009.

TANNEMBAUM, A. S. *Control in organizations*. New York: McGraw-Hill, 1968.

TAYLOR, F. W. *Scientific management*. New York: Harper, 1947.

THEVENET, M.; VACHETTE, J.-L. *Culture et comportements*. Paris: Vuibert, 1994.

THOMPSON, V. A. Bureaucracy and innovation. *Administrative Science Quarterly*, v. 10, p. 1-20, 1965.

VERSIANI, A. F.; FISCHER, A. L. A aprendizagem organizacional como um campo específico de conhecimento no cenário dos estudos organizacionais. In: ENCONTRO DE ESTUDOS ORGANIZACIONAIS, 5. 2008, Belo Horizonte. *Anais...* Belo Horizonte: ANPAD, 2008.

WEICK, K. E.; WESTLEY, F. Aprendizagem organizacional: confirmando um oximoro. *Handbook de estudos organizacionais*: teorizando sobre ação organizacional e gestão. São Paulo: Atlas, 1999. v. 2.

Claudia Simone Antonello
Debora Azevedo

4

APRENDIZAGEM ORGANIZACIONAL

explorando o terreno das teorias culturais e das teorias baseadas em práticas

OBJETIVOS DO CAPÍTULO:

- Identificar e resgatar as grandes narrativas sobre Aprendizagem Organizacional.
- Discutir as teorias culturais e suas diferentes concepções de Aprendizagem Organizacional.
- Apresentar e discutir a noção de conhecimento e prática na literatura de Aprendizagem Organizacional a partir dos Estudos Baseados em Prática.

RESUMO

Na discussão acerca de Aprendizagem Organizacional há duas questões que frequentemente não são endereçadas por aparentemente tratar-se de algo conhecido e compartilhado: quando falamos de Aprendizagem Organizacional, o que queremos dizer com Aprendizagem? E qual a aproximação desta com o Conhecimento nas organizações? Neste capítulo procuramos responder estas questões explorando alguns territórios. As visões que grande parte da literatura em Aprendizagem Organizacional adota consideram a aprendizagem como um processo cognitivo e/ou como um processo cultural, sendo que esta segunda é pouco explorada no Brasil como referência para a produção acadêmica na área. Assim, adentramos no terreno da teoria da aprendizagem baseada em prática e no terreno do que aqui chamamos de visão culturalista. Apresentamos algumas das principais referências da Aprendizagem e Conhecimento presentes nessas concepções. Dessa forma, esperamos contribuir para a ampliação das possibilidades de referenciais para Aprendizagem Organizacional utilizadas no Brasil.

○ TRABALHO, *CONHECIMENTO* E APRENDIZAGEM ORGANIZACIONAL

> Enquanto o *Animal laborens* está fixado na pergunta 'como?', o *Homo faber* pergunta 'por quê?'. Esta divisão parece-me falsa porque menospreza o homem prático – ou a mulher – que trabalha. O animal humano que é o *Animal laborens* é capaz de pensar; as discussões sustentadas pelo produto podem ocorrer mentalmente com materiais, e não com outras pessoas; as pessoas que trabalham juntas certamente conversam a respeito do que estão fazendo. Para Arendt, a mente se ativa uma vez realizado o trabalho. Uma outra visão, mais equilibrada, é a de que o pensamento e o sentimento estão contidos no processo do fazer. (Sennett, 2009, p. 17)

A discussão sobre Aprendizagem Organizacional e *Conhecimento* se dá a partir de uma série de pressupostos sobre as organizações e, fundamentalmente, sobre o trabalho. Para abordar essas temáticas que se complexificam no atual contexto, seja global ou local, parece-nos pertinente iniciar este capítulo apresentando uma, dentre tantas outras, daquilo que poderíamos chamar de 'raízes' de diferentes vertentes identificadas neste campo de estudos e que aqui são agrupadas sob a denominação estudos baseados em prática (EBP): a noção de trabalho que aproxima 'mão' da 'mente', que permite que possamos perguntar o 'como?' e o 'porquê?' frente a qualquer projeto e ao mesmo tempo.

Há muitos rótulos nas ciências sociais que são utilizados para definir as características da sociedade contemporânea e que buscam desvendar o núcleo de seu significado. Entre estes, o termo Sociedade do Conhecimento presta-se bem para estabelecer e descrever o trabalho no mundo contemporâneo. A ênfase no conhecimento simboliza tanto a desmaterialização do trabalho, quanto o principal e mais valioso produto do trabalho, ou as atividades centrais que são realizadas ao mesmo tempo em que se trabalha, ou ainda o que é conhecido e posto em prática e, também, os conhecimentos possuídos ou criados durante o curso da atividade laboral.

A sociedade contemporânea demonstra um crescimento constante do conhecimento do conteúdo do trabalho, da automação dos saberes do *expert* (Beck, 1997; Beck; Gernsheim, 2001) e do valor econômico de recursos chamados de 'intangíveis', como conhecimento, capital social e intelectual. Tudo isto representa um desafio para os cientistas sociais que visam compreender e descrever as modificações no trabalho com as categorias tradicionais herdadas do estudo do trabalho industrial ou atualizadas com o estudo do trabalho na sociedade do serviço.

Tradicionalmente, a sociologia do trabalho tem desenvolvido seus estudos, mantendo o foco no trabalho como um fato 'macrossocial', que se manifesta, principalmente, em relação ao mercado de trabalho, pela sua forma agregada nas profissões, pela sua regulação contratual nas formas de emprego atípico e na negociação sindical. A análise do trabalho numa ótica 'microssocial' não ocorre, especialmente, na Europa, por uma tradição bem arraigada (Gherardi, 2007). Certamente, não faltariam exemplos importantes e metodologicamente relevantes como, por exemplo, a questão da qualidade do emprego.

Assim, como fenômeno, o trabalho pode ser descrito e analisado de diferentes formas, dependendo da orientação teórica do pesquisador e, do mesmo modo, o cotidiano do trabalho está sujeito a uma variedade de conceitos teóricos (Jedlowski, 2001). Considerando que aqui não há espaço para realizar um exame cuidadoso das diversas abordagens, nem para encontrar um quadro comum às duas temáticas (trabalho cotidiano e o cotidiano do trabalho), apresenta-se a proposta de Gherardi (2007). A autora, a partir de uma abordagem fenomenológica, estabelece o que estas temáticas compartilham, utilizando-se da noção de tensão. Se o trabalho é considerado como uma experiência – subjetiva e coletivamente significativa – e como uma prática social situada na vida quotidiana, então, no campo semântico dentro do qual o cotidiano do trabalho pode ser interpretado, pode-se defini-lo pela tensão entre os seguintes pares de termos:

produção	reprodução
habitus	ação
repetição	inovação
típicas	única
convenção	inovação
um dado adquirido	reflexividade

Gherardi (2007) diz apreciar adotar a noção de tensão, ou seja, conceitos que não são definidos pela diferença e oposição, a fim de enfatizar o modo como as duas condições são necessárias para descrever os ativos localizados em um espaço-tempo de interações significativas. Um *frame* interpretativo que permita analisar e projetar o trabalho como uma prática cotidiana, poderia, portanto, estar baseado nos seguintes pressupostos:

- **Âmbito do trabalho**, no sentido do seu produto e da atividade desempenhada (*opus operatum*), é emergente, produzido coletivamente durante o curso das interações situadas e sustentado por uma orientação comum e recíproca.
- O **posto de trabalho** (locais e espaço de trabalho) é um território situacional, constituído e reconstituído ativamente por práticas de trabalho cotidianas.
- O **'fazer' laboral** não é uma atividade separada do conhecer, aprender, organizar e inovar. Através do 'saber na prática' pode-se compreender analiticamente a complexidade do entrelaçamento entre as atividades presentes conjuntamente.

Todas estas condições pressupõem delinear um espaço interpretativo no qual se encontra o conceito de interação situada, que está mediada:

- Pelo **corpo**, como uma presença física (co-presentes ou transmitidas e mediadas pelas tecnologias) como ferramentas de trabalho, como uma importante fonte de conhecimento sensível e, também, como um recipiente de conhecimento tácito incorporado no esquema corporal pelas ações e pela memória.
- Pelas **tecnologias, objetos e pela materialidade** do mundo circundante ou do mundo virtual entrelaçado com ele (mistura de espaços, objetos mistos). O mundo material não é passivo, mas nos desafia constantemente, é 'actante' (Latour, 2000) dentro de uma ecologia de humanos e de não humanos, é a 'prótese' tecnológica (Norman, 2006) de uma capacidade limitante, é um 'projeto que se prende ao corpo'(Mantovani, 2000).
- Pela **linguagem**, quer sob a forma de vocabulário técnico da semântica e a pragmática de seu uso, nas práticas discursivas, ou seja, de um 'fazer' e 'saber' que tem lugar no discurso e por meio dele.
- Pelas **relações sociais**, que manifestam e assumem forma através da 'ordem da interação' (Goffman, 1985), é dada pela mútua convivência (face a face ou transmitida) ou por relações inscritas na divisão do trabalho ou no sistema normativo (regulação social do trabalho) ou no sistema social.

Alguns autores franceses definem a ação situada como um novo paradigma em relação ao contexto e em contraposição ao objetivo, ou seja, a descontextualização. Esta linha de estudo se insere tendo como alvo de crítica a racionalidade, enfraquecendo os modelos racionais pela interpretação da ação social. Neste sentido, podemos dizer que o escopo do estudo do trabalho como atividade situada se constitui em substituir a racionalidade objetiva – representada na forma de um conjunto de tarefas a serem realizadas no âmbito da lógica do 'otimizar' – pela lógica da situação e, por isso, em regime de 'racionalidade contextual'. Nesta perspectiva, o contexto no qual o trabalho é realizado não é 'dado', mas ativamente 'construído' em vários 'quadros situacionais' que interpretam as situações de corte do ambiente. O trabalho está, então, 'localizado', isto quer dizer, contextualizado dentro de situações e, em tais contextos, 'agir' significa, também, uma situação. O ponto de partida da mudança paradigmática é, portanto, não considerar mais o trabalho como um conjunto objetivamente estruturado de tarefas, mas como um processo de definição de situações (Schutz, 1979; Berger; Luckmann, 2000) a partir de momentos de atenção seletiva que ativamente molduram porções da realidade em função de um tema, selecionando o conhecimento pertinente àquelas situações.

Definir o trabalho como atividade situada significa focar a análise sociológica do trabalho ligada à prática laboral, vinculada à modalidade de ação e conhecimento emergentes *in situ* a partir da dinâmica das interações (Gherardi, 2006). Esta definição tem suas raízes na fenomenologia, na teoria social, na etnometodologia, no interacionismo simbólico, na cognição distribuída e na psicologia cognitiva cultural (Gherardi, 2007). A partir de Conein e Jacopino, resumem-se as raízes teóricas do paradigma da ação situada, permitindo delinear uma distinção quanto ao significado de 'situado' em relação à natureza da interação (Conein; Jacopino, 1994, citado por Gherardi, 2007):

a) uma primeira concepção, que é encontrada em Goffman (1959, 1967), na etnometodologia e em Suchman (1987), centra-se na comunicação e na capacidade do ator compreender e ser direcionado pela ação do outros ('encontro', em termos de Goffman, dirigido e dependente da ação do destinatário);

b) um segundo conceito, que pode ser identificado nos trabalhos de Lave (1988), incide sobre a forma como os ambientes povoados por artefatos e objetos podem se tornar guias que facilitam e direcionam a execução do trabalho e dos processos de aprendizagem.

Para os autores citados estes dois conceitos têm dado origem a duas diferentes linhas de investigação. Isto porque se concentraram sobre o papel dos atores no processo de *sensemaking* das situações e na comunicação do processo de cooperação interativa, ou vice-versa, no papel da tecnologia e dos objetos, ao desafiar ativamente os atores e propor meios para a sua interação. Esta distinção pode ser enganosa, se for explorada como um critério para reafirmar a primazia do ator 'humano' no mundo material (não humanos, em termos de Latour). Ela adquire, contudo, uma forma mais complexa de se redefinir a natureza das interações sociais em contextos sociais igualmente povoados por seres humanos e não humanos, ou dito nos termos de Knorr-Cetina (1999), em situações de pós-socialidade ou dentro de sistemas sociotécnicos (Law, 1996).

No paradigma da ação situada é central a revisitação da noção de contexto: não mais como recipiente da ação, mas a situação em que os interesses dos agentes e as oportunidades e restrições do ambiente se encontram e definem-se mutuamente. Dentro desta perspectiva teórica, o trabalho e os saberes – aqui a ideia de *saberes* diz respeito ao '*knowing*' e não ao '*knowledge*' – são considerados como uma atividade situada em contextos de interação humana e não humana, informada pela lógica da situação. Nesta proposta, o conhecimento não é uma atividade meramente cognitiva, que ocorre nas mentes das pessoas que trabalham, ou apenas um conhecimento distribuído entre os atores que colaboram no desempenho de uma tarefa. Trata-se de uma atividade social que não estabelece distinção entre pensar e fazer, dentro das práticas de trabalho contextualizadas e que sofre e reflete a influência da especificidade das situações. Estas situações por sua vez, se alteram de acordo com os atores nela inseridos e, estes, em igual tempo, estão se modificando. Além disso, 'a mesma situação' está se transformando para este ator em época/momentos diferentes, por isso sua natureza polissêmica.

Desta forma, o trabalho são os saberes em prática, é o conhecimento em prática (*knowing-in-practice*, Gherardi, 2006) e para analisá-lo precisamos analisar conceitos e basear-nos em modelos de interpretação que estão distantes da visão do trabalho e de prática como meras atividades de execução.

Assim, de acordo com Gherardi (2007), é precisamente no terreno 'micro', que o desafio da sociedade do conhecimento vai se tornando mais evidente. Se partirmos do princípio de que a etapa fundamental na análise e gestão dos funcionários pode ser resumida na fórmula 'a partir da análise das competências profissionais' (Gherardi, 2007), pode-se imaginar como as categorias tradicionais de análise do trabalho não se aplicam às habilidades em prática. É neste terreno que as categorias de análise da vida quotidiana podem contribuir significativamente para um novo olhar sobre o trabalho e sobre o conhecimento e, desta forma, para uma ressignificação da ideia de Aprendizagem Organizacional.

Embora sintética e modesta, sem a pretensão de dar conta de um tema de tal porte – o trabalho – esta introdução permite obter algum lastro para que, nos parágrafos que se seguem, possamos abordar algumas das diferentes noções de Aprendizagem Organizacional (AO) e Conhecimento, bem como a construção da noção de conhecimento como saberes-em-prática (*'knowing'*), propondo um percurso que implique em reflexão e debate acerca dessas temáticas e das abordagens baseadas em prática, principalmente, a da vertente das teorias culturais.

1 • O QUE SE ENTENDE POR APRENDIZAGEM ORGANIZACIONAL?

Um ponto é comum às diferentes e numerosas compilações e tipologias sobre o tema: não há uma definição de consenso sobre o que seja AO (Nicolini; Meznar, 1995). Mais: não há consenso sobre a natureza da AO – no que ela consiste (Lahteenmaki; Toivonen; Mattila, 2001). Assim, além da diversidade de abordagens, encontra-se também uma diversidade de propostas de classificação dos estudos de AO. Entretanto, como apontado no Capítulo 1 por Antonello e Godoy, as abordagens de AO predominantes no Brasil recebem forte influência da abordagem da administração científica tradicional, ainda que influenciadas por diversos campos teóricos: psicológico, sociológico, cultural, histórico e metodológico, além do campo da gestão. De fato, o Capítulo 2 deste livro elaborado por Godoy e Antonello apresenta que, em geral, os modelos de AO utilizados nas publicações brasileiras consideram como aprendizagem a aquisição/aplicação de conhecimento e/ou a mudança observável (de comportamento, de ações, de resultados, de processos, de crenças, de atitudes, de estruturas).

Como Gherardi e Nicolini (2001) apontam, diferentes posições ontológicas e epistemológicas dão diferentes relatos de um objeto de estudo, ou seja, diferentes posições sobre um tema geram diferentes narrativas. Assim, o termo AO encontra-se expresso em uma variedade de narrativas e essa variedade abre a possibilidade de conversações entre elas, sendo que nenhuma conversação é mais válida do que alguma outra, mas as diversas conversações abrem espaço para compreensões, sejam elas práticas, teóricas, profissionais ou cotidianas. Assim, consideram-se aqui algumas das narrativas sobre AO presentes na literatura e seus possíveis desdobramentos.

A polissemia da noção de AO não é recente, mas marca os estudos ao longo do tempo. Em texto escrito há 25 anos, Shrivastava (1983) já apontava que o interesse no fenômeno da AO havia levado ao desenvolvimento de muitas posições teóricas e que a aprendizagem havia sido descrita em termos variados. O autor propunha, então, que as diferentes posições reconhecidas por ele na época poderiam ser sumarizadas em quatro perspectivas: AO como adaptação, AO como compartilhamento de pressupostos, AO como desenvolvimento de conhecimento sobre relações ação-resultado e AO como efeitos da experiência institucionalizada. Revisitam-se a seguir essas quatro perspectivas e seus possíveis desdobramentos, ressaltando aspectos da AO que ao longo do tempo deixaram o 'centro do palco', enquanto outros assumiram os papéis principais.

A visão de AO como adaptação é inicialmente apresentada por Cyert e March (1963). Os autores dão um caráter histórico e culturalmente situado aos processos de aprendizagem, focando, por exemplo, que a organização tem uma atenção seletiva para diferentes partes do ambiente e que esta atenção muda com base na experiência. Também o trabalho de Cangelosi e Dill (1965) apresenta um aspecto de AO pouco lembrado: a adaptação ocorre no nível individual e no nível organizacional. Os autores apontam que níveis de estresse são responsáveis pela adaptação, sejam estresses de desempenho (não atingimento de metas) ou estresses disjuntivos (conflitos entre subgrupos e indivíduos), e são padrões de comportamento conflitantes que geram esses estresses. Por outro lado, há um pressuposto contestado nesses modelos – o de que a organização tem arbítrio sobre essa adaptação. É na esteira dessa perspectiva que surge uma das questões polêmicas do tema: nem sempre a organização aprende "para melhor". Pode-se supor que o reconhecimento de incertezas e conflitos internos e externos à organização, bem como o reconhecimento de que as organizações de algum modo "se adaptam" levou ao desenvolvimento de uma abordagem de AO, ainda predominante no Brasil, que visa "controlar" as mudanças, seja por previsão, seja por prevenção. Assim, são desenvolvidos modelos ou ferramentas que buscam prever mudanças no ambiente, identificar as influências (fatores ou variáveis) dessas mudanças, buscar estratégias para lidar com as mudanças e desenvolver meios para implementar essas estratégias – em geral permeados pelo discurso da necessidade da mudança contínua, em resposta a um contexto sempre mutável.

A abordagem que considera AO como compartilhamento de pressupostos vem do trabalho de Argyris e Schön (1978) e um de seus desdobramentos ganhou destaque no meio gerencial com o trabalho de Senge (1990) sobre Organizações de Aprendizagem. Também March (1995) baseia-se na ideia de compartilhamento, afirmando que organizações aprendem a partir dos indivíduos e indivíduos aprendem a partir das organizações, assimilando regras, rotinas, procedimentos, crenças e modelos mentais. No modelo de Argyris e Schön (1996) a organização sabe menos que os indivíduos e, além disso, mesmo o que "todos os membros sabem" pode não ser aprendido pela organização. Em contrapartida, há conhecimentos da organização que excedem os dos indivíduos e que estão "construídos no tecido da organização". Assim, uma organização é mais do que uma mera coletividade de indivíduos – a organização possui procedimentos para tomada de decisão em nome da coletividade, há autoridade delegada a alguns indivíduos e há a diferenciação entre os que pertencem a ela ou não – e as ações das organizações não podem ser reduzidas às ações dos indivíduos. Nesse sentido, nas referências ao trabalho desses autores, uma figura usualmente esquecida é a do agente de aprendizagem, que é um 'agente da ação organizacional', ou seja, alguém que realiza um "processo de ação e pensamento que vai da dúvida à solução dessa dúvida", sendo que esse processo intersecta o processo de questionamento da própria organização. Essa ideia abre espaço para uma discussão sobre poder nas organizações, que usualmente é deixada de lado nos estudos de AO, que – nos desdobramentos dessa perspectiva – tendem a focar-se em modos ou ferramentas para ampliar o compartilhamento de pressupostos nas organizações.

A terceira abordagem identificada por Shrivastava em 1983 ganhou, ao longo do tempo, cada vez mais espaço na forma de Gestão do Conhecimento. A visão de AO como 'desenvolvimento de conhecimento sobre relações ação-resultado' apresentada por Duncan e Weiss (1979), também chamada de 'desenvolvimento de uma base de conhecimento', parte da visão de organização como sistema de ações propositais – grupo de indivíduos que se engajam em atividades coordenadas que transformam, direta ou indiretamente, um conjunto de *inputs* em *outputs* – e relaciona a efetividade desse sistema à qualidade da base de conhecimento disponível para a organização fazer escolhas estratégicas. Nessa visão, AO é um processo pelo qual esse tipo de conhecimento é desenvolvido – um conhecimento que está distribuído na organização, que é comunicável entre seus membros, que tem validade consensual e está integrado nos procedimentos de trabalho. Como a aprendizagem pode ser dificultada por uma série de ameaças, como ideologias, estruturas rígidas, padrões de desempenho, pressões por legitimação ou justificação e forças ambientais (Dunbar et al., 1982; Dutton, Duncan, 1981 citado por Shrivastava, 1983), surgem procedimentos e sistemas de gestão destinados a lidar com essas dificuldades. Os desdobramentos dessa abordagem encontram espaço nos diferentes enfoques de Gestão do Conhecimento que ainda têm como foco a gestão da 'qualidade da base de conhecimento disponível para a organização'.

A última abordagem identificada por Shrivastava (1983) baseia-se na ideia de que 'a experiência ensina' e se constituiu a partir da consideração das curvas de aprendizagem e da premissa de que a experiência adquirida pela repetição de um conjunto de atividades gera melhor conhecimento e antecipação do ambiente, possibilitando à organização lidar de modo mais eficaz com esse ambiente. Assim, a questão central é identificar experiências relevantes e transferíveis. Também nessa perspectiva são discutidos os diferentes níveis de aprendizagem: individual, grupal, organizacional, setorial e societal. Desdobramentos dessa perspectiva encontram-se hoje nos estudos de Gestão do Conhecimento e Gestão da Inovação.

A amplitude dessas narrativas tomou diferentes caminhos ao longo dos tempos. Cerca de dez anos depois do trabalho de Shrivastava (1983), e a partir de outro conjunto de critérios, Dodgson (1993) apontava que a AO era enfocada por diversas áreas de conhecimento nas mais diferentes maneiras:

- Teorias organizacionais: enfocam o processo de aprendizagem. Aprendizagem é estimulada pela necessidade de ajustamento a estímulos externos.
- Economia industrial e história econômica: enfocam os melhoramentos simples e quantificáveis nas atividades, com algum tipo de resultado positivo. Aprendizagem é busca de eficiência (produtividade) e é o resultado de experiências cumulativas.
- Psicologia: enfoca o processo de aprendizagem. Aprendizagem é a forma mais elevada de adaptação, que aumenta a probabilidade de sobrevivência em ambientes de mudança.
- Estudos em inovação, gerenciamento e negócios: enfocam a eficiência competitiva comparativa e sustentável ou promotora de eficiência inovadora comparativa. Aprendizagem é a busca proposital para reter e ampliar a competitividade, a produtividade e o poder de inovação em circunstâncias mercadológicas e tecnológicas incertas.

Entretanto, essas diferentes visões mantinham um ponto em comum: a noção de **melhoria focada em resultados**, sejam eles uma melhor adaptação, maior produtividade, sobrevivência ou maior eficiência. O autor também apresentava uma definição de AO que continha duas ideias: adaptação e busca de resultados, ou seja, a AO era apresentada como uma necessidade da organização para o desenvolvimento de eficiência. Dodgson (1993) ainda apresentava um conjunto de fatores que facilitariam ou impediriam o aprendizado – que poderiam atuar pró ou contra a produtividade. Coerente com essa visão utilitarista, e no mesmo período, tanto Senge (1990) quanto Stata (1989) tratam a AO como fonte principal de vantagem competitiva no futuro, em uma narrativa predominante nos anos 90, que levou a Aprendizagem a ser considerada como requisito para a sobrevivência das organizações. Assim, observa-se nesse intervalo de dez anos um deslocamento das questões centrais referentes à AO.

Também recorrente no debate tem sido a questão das tensões inerentes à própria noção de AO. O modelo apresentado por Levitt e March (1988) traz em si a percepção de que as organizações precisam lidar não apenas com tentativa-e-erro (para a solução de seus problemas), mas com ambiguidades de diferentes tipos: de interpretação, de experiência, de história, de conflitos e de poder. March (1995) também contribui nesse sentido comentando os conflitos inerentes aos processos de aprendizagem a partir das ideias de *exploration* e *exploitation*. Essas palavras englobariam uma série de tensões comumente atribuídas à AO: *exploration* representa busca, variação, risco, experimentação, descoberta, flexibilidade e inovação; enquanto *exploitation* remete a refinamento, escolha, produção, eficiência, seleção, implementação e execução.

Outro aspecto que tem ocupado papel importante é o esforço feito para relacionar aprendizagem individual com AO. Já em 1985, Fiol e Lyles enfatizam que AO não é simplesmente a soma das aprendizagens dos membros da organização, e que as organizações mantêm aprendizagens que influenciam seus membros e são transmitidas a outros pela história da organização e pelas normas. Tanto Crossan, Lane e White (1999) quanto Nonaka e Takeuchi (1997) consideram que a AO (ou a criação de conhecimento) é multinível: individual, grupal e organizacional, e esses três níveis estão ligados por processos sociais.

Atualmente, essa polissemia não apenas persiste como foi ampliada, ainda que algumas narrativas ocupem um espaço mais central na conversação. Dois *handbooks* sobre AO (Easterby-smith; Lyles, 2003; Dierkes et al., 2001) lançados no início desta década dedicam sua parte inicial para tratar de alguns dos enfoques dados à AO nas diferentes áreas de conhecimento (ver Capítulo 1 deste livro). Eles não deixam de tratar também de temas que já são debatidos há mais de 20 anos, como facilitadores e barreiras à aprendizagem, agentes de aprendizagem, estímulos externos que atuam como gatilhos para a aprendizagem etc. Além disso, compilam uma série de narrativas surgidas ao longo dos anos (novamente, algumas centrais outras periféricas) e que levam a caminhos como a Gestão do Conhecimento, as Organizações que Aprendem e a Aprendizagem Interorganizacional.

2 • OUTRAS POSSIBILIDADES PARA A APRENDIZAGEM ORGANIZACIONAL?

Apesar da diversidade de perspectivas, abordagens e modelos, a AO desenvolveu-se alinhada com um paradigma reinante de racionalidade (Gherardi, 2008) e em uma visão fundamentalmente utilitarista e, como tal, baseada na crença e no mito da racionalidade (Gherardi; Nicolini; Strati, 2007). Essa racionalidade, seja paradigmática, limitada, *a priori* (como no planejamento estratégico) ou situacional, é, acima de tudo, uma racionalidade fundamentalmente instrumental que está focada no desempenho da organização, em 'melhores resultados'. Gherardi, Nicolini e Strati (2007) argumentam que, ao longo dos últimos séculos, os estudiosos de organizações privilegiaram as categorias interpretativas que, baseadas no valor atribuído à utilidade, engendraram uma cegueira (socialmente construída) a toda experiência que não pudesse ser relacionada à instrumentalidade, à racionalidade e ao utilitarismo. Assim, aquilo que não se alinha a esse paradigma acaba por ser 'abandonado' ou não considerado ao longo do tempo, na medida em que alguns pontos de cada abordagem ganham destaque e passam a balizar a produção de novos estudos. Nos desdobramentos das diferentes narrativas de AO observa-se essa tendência – vários dos aspectos menos utilitaristas das diferentes narrativas acabaram perdendo espaço, enquanto a busca do 'gerenciável' ampliou-se.

Em artigo do *Handbook de Estudos Organizacionais,* originalmente publicado em 1996, chamado *Aprendizagem Organizacional: Confirmando um Oxímoro,* com o intuito de tencionar esses aspectos, Weick e Westley colocam o próprio termo Aprendizagem Organizacional em questão e o que ele poderia de fato acrescentar a nossa compreensão das organizações, em vez de ser apenas "uma mudança organizacional requentada" (Weick; Westley, 2004, p. 361). Os autores discutem o aparente antagonismo entre organizar e aprender – "aprender é desorganizar e aumentar a variedade" e "organizar é esquecer e reduzir a variedade" (Weick; Westtey, 2004, p. 361) – e buscam a superação desse pela visão de organizações como culturas, "dando menos ênfase ao conhecimento e ao que ocorre nas mentes dos indivíduos e mais ao que acontece nas práticas grupais", em uma perspectiva de "buscar teorias de aprendizagem que ofereçam uma alternativa positiva aos modelos de escolha racional" (Weick; Westtey, 2004, p. 361). Esses autores comentam que, à época, a bibliografia existente sobre aprendizagem organizacional como processo cultural era "limitada, mas instrutiva" (Weick; Westtey, 2004, p. 364).

De fato, ao longo do tempo, alguns autores apresentaram ideias de AO mais desvinculadas do cunho utilitarista. Em geral, esses pesquisadores apresentam uma visão diferenciada de conhecimento: não como "algo que as pessoas possuem em suas cabeças, mas algo que as pessoas fazem juntas" (Gergen, 1985 apud Gherardi, 2008) e essa visão leva a considerações de cunho totalmente diferente sobre o que possa ser a AO. Por exemplo, Nicolini e Meznar (1995) entendem que aprender não é algo que a organização escolha fazer, mas é parte do que ela é. Segundo esses autores, os processos identificados como AO acontecem continuamente, quer sejam ou não reconhecidos como tais. Cook e Yanow (1993) também problematizam a natureza da aprendizagem das organizações e defendem que a AO não é a aprendizagem dos indivíduos e tampouco a organização aprende como se fosse um indivíduo (de modo cognitivo) – no entanto as organizações agem. E a aprendizagem das organizações está diretamente ligada aos saberes (*knowing*) da organização, que estão nela como um todo e não em membros individuais. Assim, a AO é uma categoria de atividade realizada por grupos – a organização aprende a fazer aquilo que faz. De modo geral, pode-se apontar uma narrativa de AO que considera que aprendizagem (i) não implica necessariamente mudança; (ii) não precisa ser uma resposta a um estímulo do ambiente; e que (iii) os saberes organizacionais são, em grande medida, únicos de cada organização. Ou como resumem Weick e Westley (2004, p. 370), "aprendizagem parece estar relacionada tanto com reafirmação, confirmação, eficácia, conservação, complicação, apreciação, comunidade e, às vezes, até mesmo com autodestruição, como com mudança e melhoria."

3 • AS TEORIAS CULTURAIS E AS DIFERENTES NOÇÕES DE APRENDIZAGEM ORGANIZACIONAL

Nesta seção propomos uma ampliação da conversação até agora realizada: uma que relacione teorias sociológicas e alguns modelos de AO, na busca de novas possibilidades de narrativas. Considerando que as diferentes noções de AO referem-se de algum modo ao social, na medida em que são tratados fenômenos que estão além do indivíduo, o que se busca compreender são as noções de social por trás dessas diferentes abordagens, ainda que não estejam diretamente filiadas a uma ou outra teoria sociológica. As próprias teorias sociológicas são consideradas aqui como vocabulários subdeterminados pelos 'fatos' empíricos e que nunca atingem o âmago de um mundo social real, mas que oferecem sistemas contingentes de interpretações – um certo modo de ver e de analisar fenômenos sociais (Reckwitz, 2002). Uma aproximação com esse sentido já foi realizada por Gherardi e Nicolini (2001), que apresentam cinco tradições sociológicas, cada uma com características específicas e com diferentes narrativas para se pensar a AO, conforme apresentado por Antonello e Godoy no Capítulo 1 deste livro.

No entanto, há diversos modos de 'categorizar' as teorias sociológicas. Com base em um critério diferente, que leva em consideração que uma das diferenciações entre teorias sociológicas é o local onde se encontra o 'social' em cada uma delas, Reckwitz (2002) aponta três tradições sociológicas:

- O modelo do *homo economicus*, que coloca o social no nível dos produtos intencionais e não intencionais de interesses subjetivos, e tem como menor unidade de análise social as ações individuais.

- O modelo do *homo sociologicus*, que situa o social em um consenso de normas e papéis, e tem como menor unidade de análise as estruturas normativas.
- As teorias culturais, que situam o social em uma posição conectada com as estruturas de conhecimento simbólicas e cognitivas.

A partir dessa divisão, e da observação anterior de que muitos modelos de AO são fortemente marcados pelo pressuposto de uma racionalidade prioritariamente instrumental (e algumas vezes formal), pode-se considerar que a maioria dos modelos de AO baseia-se no modelo de *homo economicus*, algumas com influencia do modelo de *homo sociologicus*.

Entretanto, há também modelos e abordagens baseados em teorias culturais, como os apresentados por Lave e Wenger (1991), Brown e Duguid (1991), Cook e Yanow (1993), Nicolini e Meznar (1995), Gherardi, Nicolini e Odella (1998), Yanow (2000), Gherardi (2000) e Strati (2007a). Ainda que esses tenham uma base comum – a consideração das organizações como culturas – apresentam diferentes enfoques. Estes podem ser percebidos a partir da diferenciação das Teorias Culturais em cinco ramificações ideais apresentadas por Reckwitz (2002) – cada uma delas com diferentes concepções sobre a localização do social e sobre a menor unidade de análise social, as quais são apresentadas no Quadro 4-1.

As diferentes ramificações das teorias culturais, ao construírem diferentes concepções sobre a localização do social e sobre a menor unidade de análise social, diferem também nas concepções sobre corpo, mente, coisas, conhecimento, estrutura/processo e agente (conforme Quadro 4-2). Essas diferentes concepções auxiliam na compreensão das diferentes abordagens culturalistas de AO.

Com base nos quadros anteriores, pode-se fazer algumas inferências. A concepção de aprendizagem apresentada por Nicolini e Meznar (1995) pode ser considerada como influenciada pelo Mentalismo na sua versão subjetivista: a organização é um corpo de pensamentos, e estudar AO é investigar por que e como esses corpos de pensamento mudam. Já a análise de Cook e Yanow (1993) parece ter sido influenciada pelo Intersubjetivismo: a organização se engaja em um processo de manutenção das normas e práticas que garantem a constância e a qualidade de seu produto – a AO é a aquisição, sustentação ou mudança de significados intersubjetivos por meio de artefatos de sua expressão e transmissão, e as ações coletivas de um grupo. Outro exemplo dessa influência é Yanow (2000), com foco em significados situados. Ou ainda, o caso apresentado por Gherardi (2000), que com sua ênfase em metáforas e na linguagem, também parece ter sido influenciado pelo Intersubjetivismo. A partir desse tipo de análise, percebe-se que nem toda abordagem que considera aspectos culturais da aprendizagem parte de um mesmo conjunto de pressupostos sobre cultura, sobre o social e sobre conhecimento. Tampouco se pode considerar que as cinco ramificações das teorias culturais "contenham" os diferentes modelos de AO. Por outro lado, vários destes modelos "culturalistas" trabalham com a ideia de prática, ainda que não possam ser associados ao que Reckwitz (2002) chama de Teoria da Prática. Assim, na próxima seção aprofunda-se um pouco mais a discussão sobre as diferentes noções de prática, as formas como têm sido abordadas e os chamados Estudos Baseados em Prática e suas relações com os modelos culturalistas de AO.

4 • PRÁTICA E TEORIAS BASEADAS EM PRÁTICA

Conforme Brandi e Elkajaer (2006), nos últimos 15 anos, a visão em Aprendizagem Organizacional e mudança tem sido muito explorada, visão na qual o foco está sobre o caráter baseado em prática e situado em mudar e aprender nas organizações (Schatzki; Knorr Cetina; Von Savigny, 2000). Atribui-se ênfase na prática de organizar e nos processos de organizar (*organizing*) – a 'prática' retor-

QUADRO 4-1
Ramificações das teorias culturais conforme Reckwitz

Teorias culturais	Concepções
Mentalismo (versão objetivista)	*Local do social:* mente – local do conhecimento e das estruturas de significação. Causas ou condições internas do comportamento humano externo. *Menor unidade de análise social:* estruturas mentais como sistemas simbólicos inconscientes Comportamento humano é um "efeito" das estruturas simbólicas na mente "inconsciente" *Ramos teóricos:* estruturalismo, psicologia cognitiva *Autores:* Saussure e Lévi-Strauss
Mentalismo (versão subjetivista)	*Local do social:* mente – local do conhecimento e das estruturas de significação. Causas ou condições internas do comportamento humano externo. *Menor unidade de análise social:* mente, como a sequência de atos intencionais conscientes. O social é a ideia subjetiva de um mundo comum de significados. *Ramos teóricos:* fenomenologia social *Autores:* Alfred Schütz
Textualismo	*Local do social:* estruturas simbólicas "externas" *Menor unidade de análise social:* cadeias de signos, símbolos, discurso, "textos" ou atos de comunicação. *Ramos teóricos:* (i) pós-estruturalismo e semiótica (o social está nos discursos e nos sistemas de signos); (ii) hermenêutica radical (o social está na qualidade simbólica dos objetos materiais, nos "textos"); (iii) teoria construtivista dos sistemas sociais (o social está nas "sequências de comunicação" – sistemas sociais autorreprodutivos, local de códigos, de conhecimento e de interpretações. *Autores:* (i) Foucault, (ii) Geertz, (iii) Luhmann
Intersubjetivismo	*Local do social:* interações simbólicas – o social tem a estrutura de intersubjetividade *Menor unidade de análise social:* interações – agentes dotados de mentes que interagem uns com os outros baseados em regras e proposições não redutíveis a fatores psicológicos. *Ramos teóricos:* Teoria da Ação Comunicativa *Autores:* Habermas
Teoria da prática	*Local do social:* práticas *Menor unidade de análise social:* práticas *Autores:* Bourdieu, Giddens, Latour, Schatzki

Fonte: Reckwitz (2002)

na à cena nos estudos organizacionais e algumas abordagens foram completamente revistas. Dentro da pesquisa da tradição de mudança organizacional, por exemplo, Chia (1999), Feldman (2000), Ford e Ford (1994), Orlikowski (1996), Tsoukas e Chia (2002), e Weick e Quinn (1999) indicam, de diferentes formas, como esta noção chegou e, assim, estabeleceu-se outra perspectiva em relação à mudança organizacional. Uma perspectiva que partiu de uma ontologia e epistemologia diferentes da perspectiva tradicional (Chia, 1999) "postulada sobre a primazia de *organizar* práticas na mudança organizacional" (Orlikowski, 1996, p. 65). Nas pesquisas em Aprendizagem Organizacional ocorreu um desenvolvimento paralelo que foca a prática e os processos, cuja asserção obtém apoio de pesquisas a partir de Brown e Duguid (1991), Lave e Wenger (1991), Cook e Yanow (1993), Gherardi, Nicolini e Odella (1998), Gherardi (2000), e Yanow (2000) para mencionar apenas alguns dos estudiosos da AO com uma perspectiva baseada em prática.

QUADRO 4-2
Termos-chave na teoria social nas diversas ramificações das teorias culturais

Termo-chave	Teoria	Significado
Corpo	M	Distinção entre mente e corpo. Corpo como epifenômeno: ele realiza o que a mente prescreve. No mentalismo objetivista, as estruturas mentais podem ser idênticas às estruturas do cérebro.
	T	Corpo fornece um dos objetos que pode ser um símbolo, um tema do discurso. O corpo é um objeto de significados culturais como outros objetos são.
	I	O comportamento são atos simbólicos que seguem normas, não rotinas corporais. O corpo é fundamentalmente um referente de proposições como são outros objetos.
	P	Os desempenhos rotinizados do corpo são o local do social. O corpo não é instrumento, mas parte da prática, unido às atividades mentais e emocionais.
Mente	M	Mente como reino ontológico do "interior", o qual é distinto do comportamento exterior e é ao mesmo tempo sua causa. Esse reino interior pode ser uma estrutura (objetivista) ou um processo (subjetivista).
	T	Mente como imputações culturais realizadas em certos tipos de discurso. O mundo externo do discurso produz atributos mentais como um tema específico.
	I	Mente é um produto real das interações sociais. O mental aparece como um resultado socializado de regras e significados sociais, de "fora para dentro".
	P	Práticas são conjuntos de atividades mentais (também de desempenhos corporais). Essas atividades implicam certos modos rotinizados de compreender o mundo, de desejar algo, de saber como fazer alguma coisa.
Coisas	M T I	Objetos de conhecimento, símbolos culturais — Categorias simbólicas e interpretações intencionais são "sobre objetos." Os discursos produzem esses objetos como entidades com significado. As proposições produzem esses objetos e fazem declarações a seu respeito.
	P	Objetos são componentes (indispensáveis) de muitas práticas – realizar uma prática frequentemente significa usar um objeto em particular de determinada maneira. Os objetos permitem e limitam certas atividades mentais e corpóreas, certos conhecimentos e compreensões como elementos das práticas. A relação sujeito-sujeito não tem prioridade sobre a relação sujeito-objeto na produção e reprodução do ordenamento social.
Conhecimento	M	Objetivista: conhecimento identificado com sistemas inconscientes de distinções que têm efeitos no comportamento e não contribuem para a compreensão de um agente. Subjetivista: conhecimento como pano de fundo para a compreensão por parte do agente. Individualização enfática do conhecimento que é separado das rotinas corporais coletivas.
	T	Conhecimento não é imputado a mentes ou corpos, mas a textos, discursos ou comunicação – um código que produz certas cadeias de signos.
	I	Conhecimento como pano de fundo para a compreensão por parte do agente. Conhecimento como pano de fundo da comunicação, não das práticas em geral.
	P	Uma prática social específica contém formas específicas de conhecimento. Conhecimento é algo mais complexo do que "saber que", engloba modos de compreensão, saber como, formas de querer e de sentir que estão ligados uns aos outros dentro de uma prática. Conhecimento é uma forma de compreender o mundo (objetos, humanos, a si mesmo), que é grandemente implícita e histórico-culturalmente específica. Esse conhecimento é coletivo e compartilhado e contém um modo particular rotinizado de intencionalidade (de querer ou desejar certas coisas e evitar outras) e emocionalidades específicas.

QUADRO 4-2
Termos-chave na teoria social nas diversas ramificações das teorias culturais *(Continuação)*

Termo-chave	Teoria	Significado
Estrutura / processo	M	Estrutura existe "além do tempo" e está ligada à existência de categorias mentais "além do sujeito". Processo é a infinita realização e aplicação das estruturas na ação. Dificilmente processos quebrariam a estrutura.
	T	Estrutura consiste na autopoiese de códigos em uma sequência de eventos discursivos. A estrutura é temporal e sempre implica a possibilidade de quebra em "novos eventos" que não estão de acordo com código.
	I	Estrutura de acordo com um paradigma de consenso de significados. A estrutura se manifesta em um acordo entre sujeitos/agentes que acreditam no mesmo. A quebra da estrutura se dá por uma constelação de dissidência, em um desacordo entre falantes.
	P	A natureza da estrutura social é temporal e consiste em rotinizações (de movimentos do corpo, de compreensões, de desejos, de uso das coisas, interconectados). A estrutura não existe apenas na "cabeça" ou nos padrões de comportamento. Ela é quebrada ou modificada nas crises cotidianas das rotinas face à situação.
Agente	M	O papel de agente é substituído pelo de mente consciente.
	T	Agente como uma definição cultural específica no discurso, como uma "posição-sujeito" discursiva.
	I	Ideia de agente próxima da teoria da ação, mas com o viés linguístico: agentes são "falantes" que interagem uns com os outros. Há agentes que em uma constelação de interações seguem regras pragmáticas e semânticas.
	P	Agentes são corpos/mentes que "carregam" e "realizam" práticas sociais. Como portadores das práticas, não são autônomos (como o *homo economicus*) nem críticos estúpidos que agem de acordo com as normas (como o *homo sociologicus*) – eles compreendem o mundo e a si mesmos, e usam seu *know-how* e conhecimento motivacional de acordo com uma prática específica. O indivíduo é o ponto de cruzamento de uma multitude de diferentes práticas sociais, de rotinas corpóreo-mentais.

Legenda: (M) – mentalismo, (T) – textualismo, (I) – intersubjetivismo, (P) – teoria da prática.
Fonte: Elaborado a partir de Reckwitz (2002).

Durante as últimas décadas, um crescente número de pesquisadores de diferentes campos, como estudos organizacionais, sociologia, antropologia, educação e filosofia, adotaram uma gama de abordagens baseadas em prática para avançar na compreensão da ação e das atividades humanas. Estudiosos como Pierre Bourdieu (1990; 2004), Anthony Giddens (1984), Michel Foucault (1972) e, mais recentemente, Theodore Schatzki (Schatzki; Krortctina; Von Savigny, 2000) e Andreas Reckwitz (2002) têm produzido considerável impacto no desenvolvimento das abordagens baseadas em prática nas ciências sociais. Estes estudiosos desenvolveram extensas teorias que abordam a noção de prática, como o 'habitus' de Bourdieu e a 'consciência prática' de Giddens, e noções desenvolvidas nessas teorias têm sido apropriadas por diversas abordagens baseadas em práticas contemporâneas. Entretanto, uma teoria social da prática como tal não existe (Gherardi, 2006; Reckwitz, 2002). Em artigo de 2008, Corradi, Gherardi e Verzelloni apontam dez diferentes perspectivas sobre 'prática', representadas por diferentes rótulos utilizados pelos estudos: comunidades de prática e comunidades de práticos, ponto de vista baseado em prática, aprendizagem baseada em prática ou aprendizagem baseada no trabalho, prática como 'o que as pessoas fazem', prática como lente ou pesquisa orientada pela prática, saberes-em-prática (*knowing-in-practice)*, *practice turn*, perspectiva baseada em prática, abordagens baseadas em prática e prática como metodologia.

Ainda que existam abordagens que considerem prática como 'rotina' ou como um equivalente genérico para 'o que as pessoas de fato fazem', focam-se nessa oportunidade as concepções de prática como epistemologia (Gherardi, 2009), que vão questionar as concepções de conhecimento mais cognitivistas e utilitárias vinculadas ao paradigma de racionalidade reinante. As abordagens baseadas em prática fornecem um vocabulário teórico que permite pensar sobre 'conhecer', enquanto 'aprender' e 'organizar' (*knowing/ learning/ organizing*) 'como social, processual, material e historicamente mediado, emergente, situado, sempre em aberto e em caráter temporário.' (Nicolini; Gherardi; Yanow, 2003, p. 26)

Nos estudos organizacionais, diferentes abordagens baseadas em prática contribuem para a compreensão da aprendizagem nas organizações (Gherardi, 2000; Nicolini; Gherardi; Yanow, 2003). Dentre as diversas abordagens apropriadas no estudo de aprendizagem em organizações, geralmente incluem-se as comunidades de prática e a aprendizagem situada (Lave; Wenger, 1991; Wenger, 1998; 2000), a teoria de atividade (Blackler; Crump, 2000; Engeström; Middleton, 1996; Engeström; Miettinen; Punamäki, 1999), as teorias socioculturais (Billett, 2001; Cole, 1996), a teoria de ator-rede (Latour, 2001; Law; Hassard, 1999) e as perspectivas culturais em aprendizagem organizacional, (Cook; Yanow, 1993; Yanow, 2003), incluindo nesta última a estética organizacional (Strati, 2007b).

O âmbito dos estudos baseados em prática (EBP) (também chamados *practic-based studies*) é uma linha emergente, a partir da qual está surgindo uma variedade de abordagens que vão desde investigações da aprendizagem e do conhecimento nas organizações que nascem da tradição da teoria atividade (Engeström; Miettinen; Punamäki, 1999; Blackler; Crump, 2000); o trabalho no local de trabalho (Heath; Button, 2002) que foca a interação; até estudos que focam a tecnologia como prática social (Suchman et al., 1999), ou estudos sobre a construção de redes sociais e relacionais sociotécnicas na vertente da teoria ator-rede (Law; Hassard, 1999).

Gherardi (2000), por exemplo, propõe uma convergência das discussões teóricas em torno da ideia de prática nas organizações partilhada por tradições tão diversas como a teoria da atividade, a teoria ator-rede, teoria da aprendizagem e a perspectiva cultural sobre a AO. Apesar de a autora reconhecer o caráter multivocal das teorias baseadas em prática e comentar que não podem ser reduzidas a uma 'única' teoria, existem, no entanto, alguns pontos de contato para lançá-las num mesmo grupo, mesmo que suas soluções partilhadas para os problemas teóricos possam ser bastante diferentes. Uma das principais características que percorre as diversas vertentes da teoria baseada em prática é a sua posição fortemente antidualista (Fox, 2006) e, conforme Gherardi (2007), o que une estas linhas é a não distinção entre trabalhar e organizar. Exigindo, ao que tudo indica, atenção, cuidados e reflexão acerca das questões ontológicas e epistemológicas de cada teoria incorporada neste 'leque' de possibilidades, para evitar apropriações equivocadas.

Algumas destas abordagens utilizam uma combinação de tradições filosóficas e teóricas, como fenomenologia, marxismo, pragmatismo, o construtivismo social de Vygotsky e o período mais recente do filósofo Ludwig Wittgenstein. A maioria destas abordagens está inspirada no que pode ser chamado de fenomenologia do mundo-da-vida (*life-world/lebenswelt*). Enquanto vários conceitos desta orientação fenomenológica têm sido caracterizados em várias abordagens baseadas em prática, eles não são utilizados sistematicamente de um modo coerente e integrado.

O conceito de prática – com sua longa tradição sociológica e filosófica – ocupa um espaço no atual debate contemporâneo em administração (Gherardi, 2000; Schatzki; Knorr-Cetina; Von Savigny, 2000; Strati, 2007a). Na opinião de Gherardi (2007), esta descoberta está relacionada com o potencial do conceito de ser capaz de conter tanto os elementos relacionados com a 'habitualização' – prática como modo habitual e repetido de fazer e como o conhecimento desenvolvido no fazer –, quanto com elementos relacionados com a ação intencional – prática como modalidade institucionalizada e considerada apropriada de fazer – e, ainda, a prática não coincide nem com o hábito, nem com a ação orientada pela ordem.

Para Gherardi existem dois tipos de definição para práticas. Enquanto um primeiro tipo de definição compara práticas com atividades e o seu desempenho produtivo, uma segunda definição propõe significar ambos: nossa produção do mundo e o resultado do processo de produção. Práticas não são somente padrões periódicos de ação (nível de produção), mas também padrões frequentes de ação sustentada socialmente (produção e reprodução). O que as pessoas produzem em suas práticas situadas não é somente trabalho e conhecimento, mas também, a (re)produção da sociedade. Esta noção de prática é um conceito analítico que possibilita a interpretação de como as pessoas realizam ativamente o *ser-no-mundo.*

Uma prática não é reconhecível fora de seu significado intersubjetivamente criado. O que possibilita a reprodução competente de uma prática inúmeras vezes e seu refinamento, quando posto em prática (ou seu abandono), é a negociação constante do que é pensado como sendo um modo correto ou incorreto de praticar dentro da comunidade de práticos e dentro da sociedade e suas instituições, o que implica também contradições, conflito e ambiguidade. Uma prática, como tal, é reconhecida como um habitual e institucionalizado modo de fazer algo. Isto quer dizer, é sustentada por uma rede normativa de atores e conexões intra e interorganizacionais pelas quais a prática se torna normativamente apoiada e sancionada.

Prática também pode ser considerada como uma área distinta de *expertise*, modo pelo qual geralmente é vista nos estudos organizacionais. Em outras palavras, uma área particular de *expertise* pode ser considerada uma prática específica. Quando considerada uma área de *expertise* – por exemplo, jurídica, médica ou da engenharia –, a prática pode ser vista como expressando formas particulares de saber. Também, áreas mais específicas de *expertise* dentro das organizações, como a manutenção por técnicos de Julian Orr (1996), o processo do seguro médico de Etienne Wenger (1998) e a estratégia organizacional de Whittington (2006), podem ser consideradas como práticas específicas. O conhecimento que compõe estas práticas específicas é complexo e multifacetado, e constitui uma área distinta de *expertise* ou especialidade. Em outras palavras, ao se falar sobre prática, como tal, o foco está numa área distinta de conhecimento, como prática médica, processo de reclamação ou estratégia organizacional. Porém, um grupo de *stakeholders* está envolvido na constituição e no desenvolvimento da prática quando ela é vista deste modo. Por exemplo, nós consideramos centros de saúde, hospitais, escolas médicas, indústrias farmacêuticas, companhias de seguros, vários órgãos do governo que controlam e regulam drogas, e pacientes como atores importantes que – além de produzirem tensões entre si –, tensionam e produzem diferentes facetas da prática médica.

Quando compreendemos as organizações a partir de uma *perspectiva de prática*, o foco está num nexo de práticas com o objetivo de executar uma tarefa ou atividade particular. Mais especificamente, enquanto uma organização pode expressar um conhecimento sem igual, ou uma competência distintiva como Philip Selznick (1957) denominou, este saber não está definido somente por uma prática, mas por uma constelação de diferentes práticas. Desta forma, um jogo interconectando de práticas compõe organizações de pequeno porte ou de conhecimento intensivo, como empresas jurídicas, de engenharia e restaurantes. Por exemplo, um restaurante de classe 'A' não é somente definido pela prática da arte de uma determinada culinária, mas também inclui práticas como serviço de atendimento, decoração interior, administração e limpeza que, em conjunto, constituem um conhecimento sem igual no segmento de restaurantes. Consequentemente, está ocorrendo uma *prática* bastante particular de uma organização, como o restaurante, pela interconexão de práticas de um modo particular.

A partir dessa polissemia do termo prática, aqui se pretende identificar como alguns dos teóricos da prática a caracterizam e seus principais aspectos. Como mencionado, há várias abordagens baseadas em prática, e cada uma oferece uma conceituação específica do que constitui prática. Apesar da variedade de abordagens, Nicolini, Gherardi e Yanow (2003) e Schatzki, Knorr-Cetina e Von Savigny (2000) identificam um grupo de temas que estas abordagens têm em comum, sendo que cada um dos temas trata-se de um desejo em superar o problema das várias formas de dualismo presentes em muitas outras abordagens em ciências sociais, como sujeito e objeto, mente e corpo, interno e externo, emoção e cognição, indivíduo e coletivo, micro e macro, agência e estrutura. Buscando superar tal dualismo, a abordagem da prática geralmente enfatiza a relação, em lugar da separação, entre sujeito e objeto, entre emoção e cognição, e assim por diante.

Para Schatzki (1996, p. 89), a prática é um "[...] nexo temporalmente *desdobrado* e espacialmente disperso dos 'fazeres' (*doings*) e dos 'ditos' (do falado, *sayings*)". Contrariamente ao entendimento cartesiano, *fazeres* e *ditos* não podem ser conceituados como competências mentais, ou como uma sucessão de sinais, mas, como Reckwitz (2002, p. 211) argumenta, "apresentar-se em primeiro lugar e, principalmente, como atividades corporais regulares". Práticas, claro que, quase não são o que as pessoas fazem (Chia; Holt, 2006), mas constituem os 'terrenos sociais' nos quais os eventos, as entidades, e o significado, por sua vez, constituem um ao outro (Schatzki, 2005). Ainda, Reckwitz (2002, p. 211) diz que, "uma prática social é uma atividade física regular que se mantém unida por formas socialmente padronizadas de entendimento e *knowing*".

Em um nível básico, 'práticas dispersas' (Schatzki, 1996) são constituídas pelo compartilhamento de 'compreensões'. Práticas deste tipo são questionadas, ordenadas ou aprovadas. Entender estas práticas significa que a pessoa pode executar, reconhecer e responder a elas quando deparar-se com as mesmas. Já mais complexa, a prática 'integrada' (Schatzki, 1996) constitui domínios particulares da vida social, como educação, administração ou contabilidade, é adicionalmente vinculada por regras, princípios e instruções e, possivelmente, por um conjunto aceitável – por exemplo, de lucro e maximização da participação no mercado e em gestão, e uma variedade de emoções, humores e sentimentos que são aceitáveis ao se ocupar da prática. Schatzki refere-se a estes como 'estrutura teleoafetiva'. O 'site' do social, finalmente, está composto da conexão de práticas e arranjos materiais como seres humanos, artefatos, outros organismos e coisas (Schatzki, 2005).

Uma característica central na maioria das conceituações é que a prática pode ser vista como uma *ordem de atividades*. Por exemplo, a prática médica pode ser vista como consistindo em um grupo de atividades, como examinar sintomas de pacientes, diagnosticar doenças, estabelecer e providenciar um tratamento. Uma característica próxima relacionada é que as atividades são entrelaçadas pela *agência humana*. Em outras palavras, as atividades são orientadas e dirigidas pelo humano resoluto, determinado. Em particular, o entendimento compartilhado dos 'práticos' (profissionais) de sua prática é que fornece um meio de orientação e organização das atividades. A prática, então, é vista, principalmente, como socialmente, em vez de individualmente, constituída. É por definição coletiva, pois muitas pessoas estão envolvidas, de alguma maneira, uma com a outra. Outra característica central é que compartilhar habilidades e experiências permite realizar uma série de atividades da maneira desejada. As entidade*s não humanas,* como máquinas, computadores e ferramentas de vários tipos, também estão entrelaçados com a ordem das atividades. Ainda, outro princípio é a incorporação das atividades ou prática por 'práticos' (profissionais). O corpo pode ser visto como o ponto de conexão entre o social e o individual, por exemplo, *habitus* em Bourdieu (2004).

A lógica da prática é a lógica da prática situada, pois se adicionarmos esta ideia ao conceito de prática encontramos tanto a reprodução cotidiana das ações que a compõe num sentido de normatividade, quanto a institucionalização de um modo de agir. Participar de uma prática é, portanto, uma maneira de adquirir conhecimento em ação, mas também de mudar ou perpetuar este tipo de conhecimento e de produzir ou reproduzir a sociedade. Mente, cultura e sociedade são constantemente reproduzidas nos sistemas de atividades que, também, podem ser descritos em termos de trabalho prático (no que diz respeito à transformação de um determinado processo de trabalho), como uma linguagem prática (para a linguagem profissional e a interação dentro de certo processo de trabalho) e como 'política' (no que diz respeito, por exemplo, ao poder dos diferentes grupos ou classes sociais que estão envolvidas num determinado processo de trabalho).

Assim, na atual discussão sobre a aprendizagem e conhecimento nas organizações, a prática emerge como um novo conceito de 'sucesso'. Um *practice turn* (Schatzky, 2000) ocorreu, uma 'abordagem baseada em prática' já foi formulada (Gherardi, 2000) e a própria ciência e a investigação científica aparecem como um conjunto de práticas complexas e heterogêneas (Pickering, 1993; Law; Mol, 2002). A atenção tem se deslocado dos aspectos cognitivos, cultural e simbólico da organização (Weick, 1973) para sua forma material e performativa (Law, 1996; Knorr-Cetina; Preda, 2007), que se deve, também, ao efeito da grande difusão da chamada teoria ator-rede (Latour, 2001) nos estudos organizacionais (Czarniawska, 2007).

Neste debate, objetos e tecnologias ocupam uma crescente e relevante posição: eles são aprendidos como elementos de associação no grupo de referência dos atores organizacionais (Nicolini; Gherardi; Yanow, 2003), e na medida em que estejam conectados com as práticas convencionais de trabalho, eles quase invisivelmente sustentam a performance das tarefas (Star, 1999). Em outras palavras, as tecnologias são encaradas como atividades 'incorporadas' no contexto organizacional em relação a outros instrumentos e práticas (Suchman et al., 1999) e, assim, contribuem para a performance da organização. Mais precisamente, pode-se dizer que se trata, também, de uma maneira de ver a tecnologia como uma prática social e não como um artefato tecnológico. Os objetos e as tecnologias se deixam ser mantidos num segundo plano e se tornam parte integrante das interações e práticas das infraestruturas que 'materializam' a atividade da organização. A sua presença ressalta que as relações sociais e organizacionais operam por força de um conjunto de actantes cuja missão é permitir, reforçar e testemunhar a existência dessas relações (Knorr-Cetina, Bruegger, 2002; Woolgar; Salk; Latour, 1986).

5 • ESTUDOS BASEADOS EM PRÁTICA E A NOÇÃO DE '*KNOWING*'

As abordagens pela prática têm um forte interesse na questão do *knowing* e sublinham o seu papel central na ação (Blackler, 1995; Cook; Brown, 1999; Gherardi, 2000). Insistem, em particular, sobre a complexidade do *knowing* e destacam a sua dependência do contexto em que ele se manifesta e sua natureza socialmente construída.

O *knowing* é o cerne em inúmeras obras no âmbito das abordagens baseadas em prática no estudo das organizações (Gherardi, 2006). Assim, a maioria das abordagens identificadas por Corradi, Gherardi e Verzelloni (2008) estão interessadas em estudar ciências e tecnologia, aprendizagem, mudança ou inovação, com sujeitos da pesquisa que têm uma forte ligação com a questão do conhecimento. Por isso, é necessário concentrar a atenção sobre a concepção de conhecimento adaptada a partir das abordagens baseadas em prática e sobre a teoria do conhecimento subjacente, que terminam por apoiar a epistemologia da prática.

Gherardi (2000) indica que no estudo das organizações a concepção de conhecimento é apresentada por dois discursos dominantes sobre a sua natureza. O primeiro considera que o conhecimento é realizado na mente dos sujeitos, e que a sua propriedade, a sua transmissão e armazenamento são o resultado de processos mentais (vide também discussão apresentada no Capítulo 3 deste livro). Estas abordagens cognitivistas implicam considerar que o conhecimento tem uma existência prévia ao ato de conhecer e este é independente do sujeito. O segundo discurso dominante sobre o conhecimento está enraizado na obra da economia do conhecimento e da gestão do conhecimento, que o vê como um fator de produção, distinto de fatores tradicionais. O conhecimento é reificado como uma mercadoria – e potencialmente um ativo – da organização, e pode ser transferido com pleno controle da gestão.

Abordagens baseadas em prática opõem-se à ideia de um conhecimento perfeito externo ao sujeito e insistem sobre o fato que o conhecimento é o resultado da interdependência entre sujeito, objeto e contexto (Gherardi, 2000), denominado, então, *knowing*. Inerentemente dinâmico, o *knowing* não é utilizado na ação, ou mesmo habilita para a ação: é simplesmente a ação (Cook; Brown, 1999). O *knowing* é totalmente integrado ao sujeito e reflete 'um ato de conhecer', uma dinâmica da ação mais complexa. O conhecimento é o contrário, um 'sujeito-conhecimento' detido pelos indivíduos.

Aprendizagem e conhecimento, denominado '*knowing*', são vistos como atividades práticas e realizações: algo que as pessoas 'fazem juntas' (muito mais do que 'pensar sozinho') e que se traduzem como um efeito do acordo e da coordenação coletiva e disposição de diferentes 'materiais' (muito mais do que 'ideias'ou 'informação').

A definição de *knowing* na qual se fundamentam as abordagens pela prática destaca características fundamentais deste saber (Gherardi; Nicolini, 2001). Em primeiro lugar, ele está localizado em um sistema contínuo de prática. Na verdade, longe das ideias de generalização e abstração do conhecimento, ele está indissoluvelmente ligado às circunstâncias em que foi adquirido. A situação não é apenas um local para a mobilização e aplicação das capacidades cognitivas dos indivíduos, ao contrário, ela participa plenamente no processo. Aqui encontramos o conceito de 'lógica da situação' (Suchman, 1987), que tem as suas origens na obra de Mead (1934), Dewey (1922) e Goffman (1985), conforme Gherardi (2006).

Em segundo lugar, o saber é relacional e intermediado por artefatos. Isto é, expressa não somente a dimensão social e cultural do conhecimento (Tsoukas, 2003), mas também, a centralidade dos símbolos, as tecnologias e as relações que o apoiam. Estes instrumentos de intermediação – sobretudo a linguagem – são socialmente construídos, tratam-se de ações sociais, incluindo as realizadas individualmente. Isto reflete a dimensão de sociomaterialidade do conhecimento (Orlikowski, 2007).

O *knowing* também está situado em um contexto de interações e ocorre por meio da participação em uma comunidade de práticos. O trabalho inicial de Lave e Wenger (1991) destaca a aprendizagem progressiva de novos membros a partir de um mecanismo de 'legítima participação periférica' na atividade da comunidade. Brown e Duguid (1991) comentam que esta atividade traduz-se em práticas canônicas conformes aos princípios estabelecidos, mas também por práticas não canônicas. Em vez de ser adequado ou adquirido, o conhecimento é desenvolvido a partir da participação na atividade da comunidade.

Por último, o *knowing* é continuamente reproduzido e negociado, e, portanto, sempre dinâmico e provisório. Na verdade, o processo de legitimação, institucionalização e circulação do conhecimento tende a desincorporar o conhecimento de seu contexto local de origem, para em seguida, novamente, incorporá-lo a novos contextos. Estas interações, então, repetem-se, alterando tanto o contexto local como o conhecimento.

Indivíduos reconstroem permanentemente os seus conhecimentos ao longo do tempo e em diferentes contextos (Orlikowski, 2002). Face a este fluxo contínuo de conhecimentos, os '*knowings*' constituem-se como elementos-chave da estabilidade, inscrevem o conhecimento ao longo do tempo e lhe conferem certa permanência. O '*knowing*' é, portanto, o conjunto de interpretações do conhecimento num determinado momento (Clegg; Kornberger; Rhodes, 2005; Gherardi, 2006). No entanto, a permanência do conhecimento é relativa. De fato, o conhecimento sobre o qual se constrói o '*knowing*' é provisório, uma vez que constantemente é constituído e reconstituído por meio das práticas dos indivíduos (Blackler, 1995). O '*knowing*' também está sendo construído e reconstruído continuamente, através das práticas de representação e mobilização do conhecimento (Gherardi, 2000). Além disso, a relação constitutiva entre o conhecimento e o '*knowing*' é mútua. Assim, o processo de mobilização e utilização do '*knowing*' como objeto de conhecimento está localizado dentro de uma rede de interações com o mundo físico e social (Cook; Brown, 1999). O conhecimento e o '*knowing*' interagem e se constroem entre si através de uma 'dança generativa', nas palavras de Cook e Brown (1999) (vide Capítulo 8 deste livro).

A partir das abordagens baseadas em prática, o *knowing* está relacionado proximamente ao fazer (*doing*), à ação ou atividade. O *knowing* é produzido localmente, de forma emergente, situada e ativa (Blackler, 1995, 2000; Blackler; Crump; McDonald, 2003; Cook; Brown, 1999; Lave; Wenger, 1991; Wenger, 1998). Assim, o *knowing* organizacional é visto como:

> situado no sistema de práticas contínuas de ação de forma que são relacionais, mediadas através de artefatos e sempre enraizadas em um contexto de interação. Tal conhecimento é assim adquirido por alguma forma de participação e é reproduzido e negociado continuamente; isto quer dizer, sempre é dinâmico e provisório. (Nicolini; Gherardi; Yanow, 2003, p. 3)

Por fim, *knowing*, neste sentido, é basicamente sobre o 'fazer'. Sobre 'fazer o trabalho'. Isto implica uma conceituação de conhecimento como um processo, em vez da compreensão do conhecimento como uma substância, uma *commodity* ou uma parte da informação*. A partir de Nicolini, Gherardi e Yanow (2003), pode-se estabelecer cinco características gerais para o repertório teórico baseado em prática:

- "Faz emergir um mundo que sempre está na fabricação" (Nicolini; Gherard; Yanow, 2003, p. 22). Isto sugere focar de fato o que a pessoa faz: falar e olhar para ação, usando verbos para descrever isto.
- Um interesse nos aspectos sociais da aprendizagem, colocando os processos do conhecimento não na mente do indivíduo, mas como um tema social, distanciando-se das abordagens cognitivistas.
- Dá voz e desperta o interesse pelo 'não ordenamento', à medida que utiliza condições como incerteza, conflito e incoerência.
- Vê o conhecimento como situado em um contexto espaço-temporal.

* Para uma maior discussão de abordagem-*commodiy* para o conhecimento, ver Nicolini, Gherardi e Yanow (2003, p. 6).

- As teorias usam um grupo de 'objeto condições', "recorrendo a artefatos materiais como também a condições históricas específicas" (Nicolini; Gherardi; Yanow, 2003, p. 22).

○ REFLEXÕES ACERCA DA APRENDIZAGEM ORGANIZACIONAL E OS ESTUDOS BASEADOS EM PRÁTICAS

A ideia de uma abordagem de AO baseada em prática tem sido divulgada a partir, especialmente, do trabalho de Silvia Gherardi (Gherardi, 2000, 2001; Gherardi; Nicolini, 2001; Gherardi; Nicolini; Strati, 2007, Gherardi, 2008). Em texto de 2001, Gherardi e Nicolini propõem a ideia de estudar AO a partir de dois conceitos da Sociologia: participação em práticas e reflexividade. Junto a essa ideia propõem a substituição da ideia de AO pelo conceito de "*learning-in-organizing*" ('aprender-ao-organizar') para denotar um sistema representacional que escapa da ideia reificada de organização e que se refere a um processo social inerente à construção da sociedade, no qual *aprender* pode ser compreendido como a participação competente em uma prática, como uma forma de mudar ou perpetuar um conhecimento e produzir e reproduzir a sociedade. Prática é tomada como um sistema de atividades no qual conhecer não é separado de fazer e pode-se dizer das situações que elas coproduzem conhecimento por meio da atividade. Assim, torna-se um *topos* que conecta conhecer e fazer (Gherardi, 2008). Não se pretende aqui igualar a ideia de prática à ideia de aprendizado, mas salientar que ambos são aspectos centrais da constituição do outro (Antonacopoulou, 2008).

Cabe destacar que a forma como Reckwitz (2002) apresenta a noção de conhecimento na teoria da prática é ampliada por Gherardi (2008) que apresenta três possíveis relações, não mutuamente excludentes, entre conhecimento e práticas. A primeira é a relação de continência, em que as práticas são entidades objetivas que contêm conhecimento; a segunda é a relação de mútua constituição, na qual saber e conhecer não estão separados e interagem e se produzem mutuamente; e a terceira é a de equivalência, no sentido de que prática é "saber-em-prática", e realizar uma prática é conhecer. Outro ponto pouco enfatizado por Reckwitz (2002) é o caráter situado das práticas. Situado tanto no corpo (gênero, sentidos, movimentos, formas), quanto na dinâmica das relações com sujeitos e objetos (caráter emergente), na linguagem (indexicalizado) e no contexto físico (Gherardi, 2008). Assim, práticas são de natureza holística e temporal (Antonacopoulou, 2008). É relevante ainda comentar a concepção de ação, "não como o produto de 'inter-ações', mas como emanando de 'trans-ações' nas quais as relações e as entidades que criam essas ações não estão isoladas, mas são vistas como "coevoluindo em uma negociação continuada, constitutiva de cada um e das possibilidades que suas interrelações podem produtivamente criar" (Antonacopoulou, 2008, p. 113).

As diferentes abordagens baseadas em prática vêm ganhando destaque, e trabalhos que enfocam as questões ontológicas, epistemológicas e metodológicas referentes a esses estudos (por exemplo, Antonacopoulou, 2008, 2007; Schatzki, 2000) podem pautar um aprofundamento da concepção de AO a partir dos EBP. Além disso, a partir dos EBP, é possível afastar-se das concepções racionalistas e cognitivistas de aprendizagem, considerando os relacionamentos complexos entre trabalhar, organizar e conhecer, e assumindo as constituições recíprocas entre conhecedor e conhecido, entre conhecimento e conhecer, e entre prática e praticar (Gherardi, 2008). A consideração feita por Antonacopoulou (2008) sobre bens internos e externos pode auxiliar na consideração de alguns dos conflitos inerentes às práticas e permitir a discussão de valores, significados e papéis. Também a discussão sobre integridade e intencionalidade permite narrativas sobre AO que têm sido pouco exploradas. Gherardi, Nicolini e Strati (2007, p. 315) atribuem a essa perspectiva a possibilidade de tratar da relação expressiva e de ligação com o mundo, indo além do limite de uma visão puramente instrumental e econômica da ação humana: "a ideia de que as pessoas fazem o que fazem pelo amor ao que fazem e não por dinheiro".

Pensar a AO a partir dos EBP traz em si uma série de possibilidades apontadas por diversos autores. Aqui compilam-se algumas delas:

- Dissolve as separações entre níveis de aprendizagem (individual, grupal, organizacional), já que a mesma prática engloba todos esses níveis.
- Desaparecem os conflitos antes presentes nos modelos de AO: processo natural ou sistemático, baseado em conhecimento tácito ou explícito, a aprendizagem é normativa (regras, normas, leis, procedimentos padrão) ou exemplar (maneiras de agir, valores, crenças, concepções, formas de executar não explicitadas), a serviço do aprimoramento ou da inovação, adaptativa (incremental) ou de ruptura (transformação radical).
- Supera dualidades como estrutura/agência, estabilidade/mudança, exploration/exploitation (Antonacopoulou, 2008).
- Pode-se revelar aspectos não usuais das conexões entre aqueles que trabalham, seus objetos de trabalho e os significados objetivos e subjetivos do trabalho e de organizar (Gherardi; Nicolini; Strati, 2007).
- Vai além da imagem hiper racional e intelectualizada da agência humana e do social; descentraliza a mente (Reckwitz, 2002). Valoriza o conhecimento sensível e estético (Gherardi; Nicolini; Strati, 2007).
- Traz de volta ao vocabulário o corpo, os movimentos, as rotinas, os conhecimentos práticos (Reckwitz, 2002).
- O conceito de prática fornece uma nova narrativa por meio da qual relacionar-se com a fluidez do organizar, ao abarcar ambiguidade, incerteza e descontinuidade como o reino do desconhecido e fundação do tornar-se/emergir/organizar (Antonacopoulou, 2008).

Outro ponto a ser destacado são as implicações para o pesquisador e para a realização da pesquisa. Primeiramente, pela 'livre experiência da realidade', o pesquisador pode reconhecer sua prática e refletir sobre ela, reconhecendo seus próprios valores e sua postura ética. Essa reflexão abre espaço para que outras práticas (inclusive aquelas pesquisadas) possam ser consideradas a partir da possibilidade de uma racionalidade substantiva, alterando inclusive a relação do pesquisador com a pesquisa e com os pesquisados (sujeitos e objetos). Outro caminho a considerar nessa abordagem é a noção de paixão como 'desejo em fluxo' explorada no trabalho de Gherardi, Nicolini e Strati (2007). Os exemplos apresentados, como o dos marinheiros, ou o dos matemáticos, levam a uma compreensão de paixão que não é apenas afeto, mas está vinculada a uma série de valores (como o respeito pelo mar, o reconhecimento da beleza da Matemática) e é ao conhecer esses valores que a participação competente na prática toma lugar. Essa concepção não instrumental de conhecimento promove estilos de pesquisa não convencionais e direciona para a identificação, invenção e comunicação de formas de compreensão organizacional baseadas na revisão de categorias interpretativas e analíticas ou na construção de novas categorias. (Gherardi; Nicolini; Strati, 2007). Segundo Reckwitz (2002) a teoria da prática nos encoraja a considerar o problema ético como a questão de criar e "cuidar" das rotinas sociais, não como uma questão do justo, mas como uma questão do 'bom'. Em uma ética que não se refira apenas a relação entre sujeitos, mas entre sujeitos e objetos, e do sujeito com ele mesmo. Assim, o pesquisador reflete não apenas sobre sua prática de pesquisa, mas sobre o conhecimento que constrói e os efeitos sociais dessa produção (Gherardi; Nicolini, 2001). Além disso, apesar da sua variedade, grande parte das abordagens culturais compartilham a convicção que os fenômenos da organização não têm univocidade, mas são constituídos e atravessados por múltiplas interpretações elaboradas igualmente pelos atores das organizações e pelos investigadores que a estudam, não ignorando que emoções, cognições e ações estão interligadas nos modos de existência da ambiguidade, seja individual ou coletivamente. A existência destas interpretações policromáticas constitui-se, com efeito, num verdadeiro problema científico, ao mesmo tempo devido à contradição que dirige às teses positivistas e pelo fato de constituir-se num desafio ao pesquisador na condução de um trabalho de investigação empírico.

Qualquer que seja a perspectiva a partir da qual o pesquisador aborda a AO, isso não o exclui de fazer considerações éticas sobre suas ações e sobre as implicações de sua pesquisa. Além disso, a aprendizagem nas organizações não ocorre em um mundo asséptico, apolítico, amoral, sem relações de poder e hiper-racional. 'Como' e 'por quê?' aprendizagem é um processo social de interações, específico e estruturado *na* e *pela* ambiguidade? A possibilidade de 'colocar luz' sobre aspectos da vida organizacional e da aprendizagem nas organizações que até agora foram 'deixados na sombra' surge como uma promessa dos EBP e um desafio para os pesquisadores brasileiros. Finalmente, esperamos que a EPB não seja apenas mais 'uma das narrativas' sobre Aprendizagem Organizacional, que distancia-se ou oculta a dimensão política que permeia profundamente esta temática.

○ QUESTÕES PARA REFLEXÃO

1. Identifique e aponte outros aspectos presentes nas narrativas sobre Aprendizagem Organizacional aqui apresentadas.
2. Identifique e analise na literatura outras narrativas acerca da Aprendizagem Organizacional, além das abordadas neste capítulo.
3. A partir da literatura sobre Aprendizagem Organizacional, quais outras abordagens podem ser discutidas a luz da proposta de Reckwitz?
4. Como você acredita que os Estudos Baseados em Prática podem contribuir para a literatura e pesquisas em Aprendizagem Organizacional?
5. Descreva alguma situação em que você acredita conseguir identificar a noção de '*knowing*'. Apresente e discuta com seus colegas.
6. Estabeleça outros cuidados que um pesquisador deve adotar ao trabalhar com EBP, além dos sugeridos neste texto.

○ REFERÊNCIAS

ANTONACOPOULOU, E. P. On the practise of practice: in-tensions and ex-tensions in the ongoing reconfiguration of practices. In: BARRY, D.; HANSEN, H. *New approaches in management and organization*. London: SAGE, 2008.

ANTONACOPOULOU, E. P. Practise-centred research: the study of inter-connectivity and fluidity. In: CARDIFF/AIM, INTERNATIONAL WORKSHOP 'MAKING CONNECTIONS', 2007, United Kingdom. Paper apresentado.

ARGYRIS, C.; SCHÖN, D. *Organizational learning II*: theory, method, and practice. Massachusetts: Addison-Wesley, 1996.

ARGYRIS, C.; SCHÖN, D. *Organizational learning*: a theory of action perspective. New York: McGraw-Hill, 1978.

BECK, U. Autodissolução e auto-risco da sociedade industrial: o que significa isto? In: BECK, U.; GIDDENS, A.; LASH, S. (Ed.). *Modernização reflexiva*. São Paulo: Unesp, 1997. p. 207-254.

BECK, U.; GERNSHEIM, E. *Individualization*: institutionalized individualism and its social and political consequences. London: Sage, 2001.

BERGER, P. L.; LUCKMANN, T. *A construção social da realidade*. 19. ed. Petrópolis: Vozes, 2000.

BILLETT, S. Knowing in practice: reconceptualising vocational expertise. *Learning and Instruction*, v. 11, p. 431-452, 2001.

BLACKLER, F. Knowledge, knowledge work and organizations: an overview and interpretation. *The Journal of Organization Studies*, v. 16, n. 6, p. 1021-1046, 1995.

BLACKLER, F.; CRUMP, N. Organizing processes in complex activity network. *Organization*, v. 7, p. 277-300, 2000.

BLACKLER, F.; CRUMP, N.; MCDONALD, S. Organizing processes in complex activity networks. In: NICOLINI, D; GHERARDI, S.; YANOW, D. (Ed.). *Knowing in organizations*: a practice-based approach. Armonk, NY: M. E. Sharpe, 2003. p. 126-150.

BORDIEU, P. *The logic of practice*. Cambridge: Polity, 1990.

BORDIEU, P. A *Economia das trocas simbólicas*. 5. ed. São Paulo: Perspectiva, 2004. Primeira publicação em 1977.

BRANDI, U.; ELKJAER, B. Organizational dynamics: practice in the continuing transaction between structure and process. In: ORGANIZATION STUDIES SUMMER WORKSHOP ON RE-TURN TO PRACTICE: *Understanding Organization as it Happens*, 2., 2006, Mykonos, Greece.

BROWN, J. S.; DUGUID, P. Organizational learning and communities of practice: toward a unified view of working, learning, and innovation. *Organization Science*, v. 2, p. 40-57, 1991.

CANGELOSI, V. E.; DILL, W. R. Organizational learning: observations toward a theory. *Administrative Science Quarterly*, v. 10, n. 2, p. 175-203, 1965.

CHIA, R. A 'rhizomic' model of organizational change and transformation: perspective from a metaphysics of change. *British Journal of Management*, v. 10, p. 209-227, 1999.

CHIA, R.; HOLT, R. Strategy as practical coping: a Heideggarian perspective. *Organization Studies*, v. 27, n. 5, p. 635-655, 2006.

CLEGG, S. R.; KORNBERGER, M.; RHODES, C. Learning/becoming/organizing. *Organization*, v. 12, n. 2, p. 147-167, 2005.

COLE, M. *Cultural psychology*: a once and a future discipline. Cambridge: Harvard University Press, 1996.

COOK, S.; BROWN, J. Bridging epistemologies: the generative dance between organizational knowledge and organizational learning. *Organization Science*, v. 10, n. 4, p. 381-400, 1999.

COOK, S.; YANOW, D. Culture and organizational learning. *Journal of Management Inquiry*, v. 2, n. 4, p. 373-390, 1993.

CORRADI, G.; GHERARDI, S.; VERZELLONI, L. Ten good reasons for assuming a 'practice lens' in organization studies. In: OLKC CONFERENCE, 3., 2008.

CROSSAN, M.; LANE, H. W.; WHITE, R. E. An organizational learning framework: From intuition to institution. *The Academy of Management Review*, v. 24, n. 3; p. 522-537, 1999.

CYERT, R. M.; MARCH, J. G. *A behavioral theory of the firm*. Englewood Cliffs, NJ: Prentice-Hall, 1963.

CZARNIAWSKA, B. Has organization theory a tomorrow? *Organization Studies*, v. 28, p. 27-29, 2007.

DEWEY, J. *Human nature and conduct:* an introduction to social psychology. [S. l.]: Carlton House, 1922.

DIERKES, M. et al. *Handbook of organizational learning and knowledge*. Oxford: Oxford University Press, 2001.

DODGSON, M. Organizational learning: a review of some literatures. *Organization Studies*, v. 3, n. 14, p. 375-394, 1993.

DUNCAN, R. B.; WEISS, A. Organizational learning: implications for organizational design. In: STAW, B. (Ed.). *Research in organizational behavior*. Greenwich, CT: JAI Press, 1979. p. 75-123.

EASTERBY-SMITH, M.; LYLES, M. *The Blackwell handbook of organizational learning and knowledge management*. Oxford: Blackwell, 2003.

ENGESTRÖM, Y.; MIDDLETON, D. (Ed.). *Cognition and communication at work*. Cambridge: Cambridge University Press, 1996.

ENGESTRÖM, Y.; MIETTINEN, R.; PUNAMÄKI, R. L. (Ed.). *Perspectives on activity theory*. New York: Cambridge University Press, 1999.

FELDMAN, M. S. Organizational routines as a source of continuous change. *Organization Science*, v. 11, n. 6, p. 611-629, 2000.

FIOL, C. M.; LYLES, M. A. Organizational learning. *The Academy of Management Review*, v.10, n. 4, p. 803-813, 1985.

FORD, J. D.; FORD, L. W. Logics of identity, contradiction, and attraction in change. *The Academy of Management Review*, v. 19, n. 4, p. 756-785, 1994.

FOUCAULT, M. *Histoire de la folie à l'âge classique*. Paris: Gallimard, 1972.

FOX, S. "Inquiries of every imaginable kind": ethnomethodology, practical action and the new socially situated learning theory. *The Sociological Review*, v. 54, n. 3, p. 426-45, 2006.

GHERARDI, S. From organizational learning to practice-based knowing. *Human Relations*, v. 1, n. 54, p. 131-139, 2001.

GHERARDI, S. Introduction: the critical power of the 'practice lens'. *Management Learning*, v. 40, n. 2, p. 115-128, 2009.

GHERARDI, S. *Organizational knowledge*: the texture of workplace learning. London: Blackwell, 2006.

GHERARDI, S. Situated knowledge and situated action: what do practice-based studies promise? In: BARRY, D.; HANSEN, H. *New approaches in management and organization*. London: Sage, 2008.

GHERARDI, S. *Texto de apoio para Research Unit on Cognition, Organizational Learning, and Aesthetics*. 2007. Università di Trento, Dipartimento di Sociologia e Ricerca Sociale [Trento], Mimeo. Disponível em: <http://www.unitn.it/rucola/>. Acesso em: maio 2007.

GHERARDI, S. Where learning is: metaphors and situated learning in a planning group. *Humam Relations*, v. 53, n. 8, p. 1057-1080, 2000.

GHERARDI, S.; NICOLINI, D. The sociological foundations of organizational learning. In: DIERKES, M. et al. *Handbook of organizational learning and knowledge*. Oxford: Oxford University Press, 2001. cap. 2, p. 35-60.

GHERARDI, S.; NICOLINI, D.; ODELLA, F. Toward a social understanding of how people learn in organizations. *Management Learning*, v. 29, n. 3, p. 273-297, 1998.

GHERARDI, S.; NICOLINI, D.; STRATI, A. The passion for knowing. *Organization*. v. 3, n. 14, p. 315-329, May 2007.

GIDDENS, A. *The constitution of society*: outline of the theory of structuration. Cambridge: Polity, 1984.

GOFFMAN, E. *A representação do eu na vida cotidiana*. 8. ed. Petrópolis: Vozes, 1985.

GOFFMAN, E. *A representação do eu na vida cotidiana*. Petrópolis: Vozes, 1975.

GOFFMAN, E. *Interaction ritual*. Garden City: Anchor Books, 1967.

HEATH, C.; BUTTON, G. Special issue on workplace studies: editorial introduction. *The British Journal of Sociology*, v. 53, n. 2, p. 157-161, 2002.

JEDLOWSKI, P. Memory and sociology: themes & issues. *Time & Society*, v 10, p. 29-43, 2001.

KNORR-CETINA, K. *Epistemic cultures*: how the sciences make knowledge. Cambridge: Harvard University Press, 1999.

KNORR-CETINA, K.; BRUEGGER, U. 'Traders' engagement with markets: a postsocial relationship. *Theory, Culture and Society*, v. 19, n. 5/6, p. 161-185, 2002.

KNORR-CETINA, K.; PREDA, A. The temporalization of financial markets: from network. *Theory, Culture & Society*, v. 24, n. 7-8, p. 116-138, 2007.

LÄHTEENMÄKI, S.; TOIVONEN, J.; MATTILA, M. Critical aspects of organizational learning research and proposals for its measurement. *British Journal of Management*, v. 12, p. 113-129, 2001.

LATOUR, B. *A esperança de pandora*: ensaios sobre a realidade dos estudos científicos. Bauru: EDUSC, 2001.

LATOUR, B. *Ciência em ação*. São Paulo: Unesp, 2000.

LAVE, J. *Cognition in practice*. Cambridge: Cambridge University Press, 1988.

LAVE, J.; WENGER, E. *Situated learning*: legitimate peripheral participation. Cambridge: Cambridge University Press, 1991.

LAW, J. *Notes on the theory of the actor network*: ordering, strategy and heterogeneity', published by the Centre for Science Studies. Lancaster, LA: Lancaster University, 1996. Disponível em: <http://www.comp.lancs.ac.uk/sociology/papers/Law-Notes-on-ANT.pdf>. Acesso em: 30 nov. 2007.

LAW, J.; HASSARD, J. *Actor network theory and after*. Oxford, UK: Blackwell, 1999.

LAW, J.; MOL, A. *Situating technoscience*: an inquiry into spatialities, published by the Centre for Science Studies. Lancaster, LA: Lancaster University, 2002. Disponível em: <http://www.comp.lancs.ac.uk/sociology/papers/Law-Mol-Situating-Technoscience.pdf>. Acesso em: 30 nov. 2007.

LEVITT, B.; MARCH, J. G. Organizational learning. *Annual Review of Sociology*, n. 14, p. 319-340, 1988.

MANTOVANI, G. *Exploring borders*: understanding culture and psychology. London: Routledge, 2000.

MARCH, J. Exploration and exploitation in organizational learning. In: COHEN, M.; SPROULL, L. *Organizational Learning*. Califórnia: Sage, 1995.

MEAD, G. H. *Mind, self, and society*. Chicago: University of Chicago Press, 1934.

NICOLINI, D.; GHERARDI, S.; YANOW, D. (Ed.). *Knowing in organizations*: a practice-based approach. Armonk, NY: M. E. Sharpe, 2003.

NICOLINI, D.; MEZNAR, M. B. The social construction of organizational learning: conceptual and practical issues in the field. *Human Relations*, v. 48, n. 7, p. 727-741, 1995.

NONAKA, I.; TAKEUCHI, H. *Criação de conhecimento na empresa*. Rio de Janeiro: Elsevier, 1997.

NORMAN, D. *O desenho do dia a dia*. Rio de Janeiro: Roco, 2006.

ORLIKOWSKI, W. J. Improvising organizational transformation over time: a situated change perspective. *Information Systems Research*, v. 7, n. 1, p. 63-92, 1996.

ORLIKOWSKI, W. J. Knowing in practice: enacting a collective capability in distributed organizing. *Organization Science*, v. 13, n. 3, p. 249-273, 2002.

ORLIKOWSKI, W. J. Sociomaterial practices: exploring technology at Work. *Organization Studies*, v. 28, n. 9, p. 1435-1448, 2007.

ORR, J. E. *Talking about machines*: an ethnography of a modern job. New York: Cornell University Press, 1996.

PICKERING, A. The mangle of practice: agency and emergence in the sociology of science. *The American Journal of Sociology*, v. 99, n. 3, p. 559-589, 1993.

RECKWITZ, A. Toward a theory of social practices: a development in culturalist theorizing. *European Journal of Social Theory*, v. 2, n. 5, p. 243-263, 2002.

SCHATZKI, T. R. 'The site of organizations'. *Organization Studies*, v. 26, n. 3, p. 465-484, 2005.

SCHATZKI, T. R. *Social practices*: a Wittgensteinian approach to human activity and the social. Cambridge: Cambridge University Press, 1996.

SCHATZKI, T. R.; KNORR-CETINA, K.; VON SAVIGNY, E. (Ed.). *The practice turn in contemporary theory*. London: Routledge, 2000.

SCHUTZ, A. *Fenomenologia e relações sociais*: coletânea de textos de Alfred Schutz. Rio de Janeiro: Zahar, 1979.

SELZNICK, P. *Leadership in administration*. New York: Harper and Row, 1957.

SENGE, P. M. *The fifth discipline, the art and practice of learning organization*. New York: Doubleday Dell, 1990.

SENNETT, R. *O artífice*. Rio de Janeiro: Record, 2009.

SHRIVASTAVA, P. A typology of organizational learning systems. *Journal of Management Studies*, v. 20, n. 1, 1983.

STAR, S. L. The Ethnography of Infrastructure. *American Behavioral Scientist*, v. 43, n. 3, p. 377-391, 1999.

STATA, R. Organizational learning: the key to management innovation. *Sloan Management Review*, n. 30, p. 63-74, 1989.

STRATI, A. *Organização e estética*. Rio de Janeiro: FGV, 2007b.

STRATI, A. Sensible knowledge and practice-based learning. *Management Learning*, v. 38, n.1, p. 61-77, 2007a.

SUCHMAN, L. et al. Reconstructing technologies as social practice. *American behavioural scientist*, v. 43, n.3, p. 392-408, 1999.

SUCHMAN, L. *Plans and situated action*: the problem of human-machine communication. Cambridge: Cambridge University Press, 1987.

TSOUKAS, H. Do we really understand tacit knowledge? In: EASTERBY-SMITH, M.; LYLES, M. (Ed.). *The Blackwell handbook of organizational learning and knowledge management*. Oxford: Blackwell, 2003. p. 410-427.

TSOUKAS, H.; CHIA, R. On organizational becoming: rethinking organizational change. *Organization Science*, v. 13, n. 5, p. 567-582, 2002.

WEICK, K, E. *Psicologia social da organização*. São Paulo: Blucher, 1973.

WEICK, K. E.; QUINN, R. E. Organizational change and development. *Annual Review of Psychology*, v. 50, p. 361-386, 1999.

WEICK, K. E.; WESTLEY, F. Aprendizagem organizacional: confirmando um oximoro. In: CLEGG, S.; HARDY, C.; NORD, W. R. (Org.). *Handbook de estudos organizacionais*. São Paulo: Atlas, 2004. v. 3, p. 361-388.

WENGER, E. Communities of practice and social learning systems. *Organization*, v. 7, n. 2, p. 225-246, 2000.

WENGER, E. *Communities of practice*: learning, meaning, and identity. Cambridge: Cambridge University Press, 1998.

WHITTINGTON, R. Completing the practice turn in strategy research. *Organization Studies*, v. 5, p. 613-634, 2006.

WOOLGAR, S.; LATOUR, B. *Laboratory life*: the construction of scientific. New Jersey: Princeton University Press, 1986.

YANOW, D. Seeing organizational learning: a `cultural' view. *Organization,* v. 7, n. 2, p. 247-268, 2000.

YANOW, D. Seeing organizational learning: a 'cultural' view. In: NICOLINI, D.; GHERARDI, S.; YANOW, D. (Ed.). *Knowing in organizations*: a practice-based approach. Armonk, NY: M. E. Sharpe, 2003. p. 32-52.

○ SUGESTÕES DE *SITES* SOBRE O TEMA

http://carbon.cudenver.edu/~mryder/itc_data/act_net.html

http://carbon.cudenver.edu/~mryder/itc_data/activity.html

http://class.csueastbay.edu/publicadmin/dyanow/

http://www.lancs.ac.uk/fass/sociology/research/resalph.htm#lr

http://www.learningandteaching.info/learning/situated.htm

http://www.unitn.it/rucola/members/gherardi.htm

5

Leonardo Flach
Claudia Simone Antonello

IMPROVISAÇÃO E APRENDIZAGEM NAS ORGANIZAÇÕES

reflexões a partir da metáfora da improvisação no teatro e na música

OBJETIVOS DO CAPÍTULO

- Identificar e analisar as possíveis articulações entre a improvisação e os processos de aprendizagem nas organizações.
- Analisar as contribuições da perspectiva sociocultural para a aprendizagem nas organizações.
- Identificar e propor, a partir da metáfora da improvisação na música e no teatro, pressupostos sobre improvisação e aprendizagem nas organizações.

RESUMO

Nas organizações, existem momentos em que são exigidas respostas imediatas, que implicam improvisação. Tais ocasiões fornecem pouca margem para elementos como planejamento, padronização e controle. Surge, então, a necessidade de novos modelos teóricos e práticos que abarquem estas necessidades organizacionais. Este capítulo tem por objetivo identificar e propor, a partir da perspectiva sociocultural da aprendizagem e da metáfora da improvisação no teatro e na música, alguns pressupostos que auxiliem os estudos a e compreensão do papel da improvisação nos processos de aprendizagem nas organizações. São apresentados e discutidos os seguintes pressupostos: a) a influência do tempo no processo de improvisação; b) a bricolagem na improvisação; c) a improvisação a partir das estruturas mínimas; d) as pausas e o silêncio no processo de improvisação; e) a improvisação individual ou coletiva; f) a improvisação baseada em clichês e em repetição ou variação de temas; g) o erro como parte da improvisação; h) a negociação e os diálogos contínuos na improvisação em conjunto; i) a performance no ato de improvisação.

○ INTRODUÇÃO

No momento em que se demanda uma ação ou tarefa que deve ser executada na organização, naquela exata ocasião, forma-se um terreno fértil para o surgimento da improvisação. A improvisação consiste na contração do planejamento e da execução, ou seja, na compreensão da ação, à medida que esta vai tomando lugar, e na capacidade de executar um movimento de antecipação ou reação sem o benefício de reflexão prévia (Cunha, 2002). A palavra improvisação deriva do latim *improvisus* e significa uma ação realizada subitamente, de forma extemporânea, sem planejamento prévio. Por surgir nas organizações, muitas vezes de forma inesperada, a improvisação trabalha com o imprevisto e passa a ser gerada pelo impulso do momento. Envolve também trabalhar com aquilo que já foi criado, formando e transformando ideias, colocando características únicas em cada uma das novas criações (Weick, 1998).

Ela consiste, assim, em uma ação a ser realizada que fornece pouca margem para o planejamento. Apesar do esforço das organizações em adotar processos de planejamento estratégico, bem como novas formas de direção e controle, os cenários atuais têm acarretado dificuldades na realização de planejamentos estruturados. Isto exige dos empresários um papel comparado ao de um bombeiro, isto é, de alguém que, constantemente, precisa apagar incêndios no momento em que eles surgem, para que o restante da organização ou mesmo os *stakeholders* não sejam afetados. Partindo da ideia que a improvisação tem se tornado uma constante na vida das organizações, neste capítulo é aprofundada sua relação nas organizações, com base na metáfora da improvisação no teatro e na música.

Nas organizações, a improvisação consiste, portanto, em um conjunto de ações tomadas de forma espontânea, que envolvem a criação simultânea à realização da ação, na qual a "intuição guia a ação em uma forma espontânea" (Crossan; Sorrenti, 1997, p. 1). No entanto, o sentido espontâneo da improvisação, inclusive da improvisação nas artes, deve, às vezes, ser colocado entre aspas, pois ela deve passar por um processo de aprendizagem que exige treino, disciplina, conhecimento e experiência. Na música, por exemplo, a improvisação consiste em uma composição em tempo real, que inicia com variações sobre um modelo já escrito, no qual se inserem outras notas, ornamentos e nuanças, resultando em nova melodia.

Cunha (2002) transferiu os ensinamentos da arte para a gestão, estabelecendo uma relação com o *jazz* e discutindo as implicações de seu estudo na análise das organizações. Weick (1999) construiu uma analogia com a música, a partir da imagem de estruturas organizacionais orgânicas e mecânicas, respectivamente à imagem das organizações como bandas de *jazz e* orquestras sinfônicas. Kirschbaum, Sakamoto e Vasconcelos (2006), acreditando que a metáfora do *jazz* seja limitada para explicar os aspectos harmônicos e cooperativos das relações entre os músicos e as organizações, mantiveram o foco de estudo na música de *repente*, julgando necessária a investigação de novas metáforas que sejam complementares ou que se justaponham à metáfora do *jazz.*

Crossan e Sorrenti (1997) analisaram o fenômeno da improvisação a partir da metáfora do teatro, ressaltando principalmente a *commedia dell'arte*, gênero de teatro improvisado, surgido na Europa no século XVI. Utilizando a metáfora da improvisação teatral, Vera e Crossan (2004) analisaram as implicações de processos de improvisação em empresas. Identificaram semelhanças e diferenças entre os conceitos de performance e sucesso no teatro e nas organizações, extraindo também lições da improvisação teatral possíveis de serem transportadas à improvisação organizacional.

A utilização de metáforas para estudar e explicar teorias e abstrações tem sido muito aproveitada nos estudos organizacionais. A própria Aprendizagem Organizacional, para Gherardi (2000), consiste em uma metáfora que une os conceitos de aprendizagem e organização, e permite explorar a organização como uma entidade que aprende, que processa informações, que reflete com base em experiências, processos sociais e cognitivos. Além disso, a metáfora da aprendizagem organizacional consiste em uma alternativa válida à imagem da organização racional, pois não aborda relações causais como tentativa e erro, mas a ambiguidade dos processos interpretativos, a experiência, a história, os conflitos e o poder (Levitt; March, 1995).

Alguns teóricos têm criticado a utilização das metáforas, apontando-as como forma de simplificação de uma realidade mais complexa. Sob este ponto de vista, entende-se que toda a forma de estudo e sistematização de ideias depende de determinada simplificação, pois um tema abstrato, para se tornar um tema de pesquisa, passa por um processo que o torna mais concreto e sistemático, no intuito de proporcionar a análise teórica com base na leitura da realidade. A utilização da metáfora da música e do teatro na administração já foi fonte de crítica pela possibilidade de se tratar de uma forma de apropriação da arte, que poderia resultar em nova ferramenta para dominação. Este argumento foi contraposto por Hatch e Weick (1998) ao afirmarem que qualquer metáfora, assim como qualquer ideia e conhecimento, pode acabar sendo utilizada para a dominação. Ou seja, depende da forma de interpretação que é dada ao conhecimento estruturado e dos resultados que se pretende atingir com seu aprendizado.

A metáfora da improvisação na música, por exemplo, tem ajudado na compreensão de problemas de análise e mudança organizacional. Entre os estudos que estabelecem analogia da improvisação do teatro e a improvisação nas organizações, destaca-se o trabalho de Crossan (1998). A autora afirma que a improvisação não se limita apenas a uma metáfora para promover *insights* na organização, pois significa também uma orientação para o alcance da renovação estratégica da organização. Relacionando a improvisação no teatro e nas organizações, a autora destaca como vantagens da utilização da improvisação: ampliação da capacidade de interpretação do ambiente; aumento da astúcia estratégica; cultivo do espírito de liderança; fortalecimento das equipes de trabalho; desenvolvimento de habilidades individuais; análise da cultura organizacional. Conforme Hatch e Weick (1998), a utilização da improvisação nas organizações pode ampliar a capacidade da organização em lidar com as mudanças, torná-la mais flexível e elástica, com maior capacidade de elaborar ações imediatas, em detrimento de planejamentos e antecipações. A improvisação pode contribuir para a capacidade de agregação de novos conhecimentos, flexibilidade estrutural, flexibilidade operacional, capacidade de adaptação (Lewin, 1998), inovação, criatividade, cooperação (Weick, 1998).

O interesse aqui incide em analisar como a improvisação a partir da metáfora das artes (teatro e música) poderia contribuir para compreender os processos de aprendizagem nas organizações. A utilização da metáfora da improvisação nas artes não tem por objetivo fornecer uma explicação completa de um fenômeno abstrato, mas apenas uma comparação analítica. Independentemente das responsabilidades sobre as possibilidades de utilização, a partir de novas interpretações, acredita-se que a utilização da metáfora da improvisação nas artes pode gerar novos *insights* e futuras pesquisas sobre a improvisação nas organizações.

Neste capítulo, tem-se, portanto, como objetivo principal propor pressupostos que norteiem futuros estudos sobre processos de aprendizagem e improvisação nas organizações. Ele inicia com uma abordagem sobre a improvisação e sua justificativa para estudos em organizações, realizando uma analogia com o improviso na música e no teatro. Na seção seguinte, apresenta-se a abordagem sociocultural para Aprendizagem Organizacional, com o objetivo de auxiliar a compreensão do processo de improvisação, o papel das comunidades de prática e do *sensemaking* neste fenômeno. Posteriormente, são expostos alguns pressupostos para a aprendizagem da improvisação nas organizações, a partir de lições fornecidas pela metáfora da improvisação no teatro e na música. O capítulo encerra-se com algumas considerações finais que destacam a importância de se aprofundar os estudos sobre o aprendizado da improvisação nas organizações e os processos socioculturais que o permeiam.

1 • A IMPROVISAÇÃO NAS ORGANIZAÇÕES

A improvisação consiste em um processo espontâneo e criativo, com o intuito de atender um objetivo por intermédio de novo caminho. Como processo espontâneo, a improvisação é extemporânea, não planejada e não premeditada. Como processo criativo, procura desenvolver algo novo e útil para a situação, embora nem sempre consiga atingir este ponto (Vera; Crossan, 2004). A improvisação nas organizações consiste em um fenômeno que tem sido estudado recentemente e tem atraído a atenção do campo de estudos da Administração (Cunha; Kamoche; Cunha, 2003). Conforme Cunha (2002), o conceito de improvisação pode ser aplicado para a análise de três áreas da atividade organizacional: interna (estrutura); externa (turbulência ambiental); de articulação entre o interior e o exterior (gestão da mudança).

A edição especial da revista *Organization Science,* do ano de 1998, foi inteiramente dedicada à metáfora do *jazz* para novos estudos em administração. Nesta edição, Lewin (1998) defendeu a improvisação no *jazz* como uma metáfora para as teorias organizacionais, afirmando que a improvisação era considerada, anteriormente, como disfunção da organização, como evento inesperado. Em sua contextualização sobre improvisação organizacional, Weick (1998) argumenta contra visões idealizadas de improvisação, frequentemente a partir de metáforas da arte, nas quais, muitas vezes, se posiciona a improvisação como cura mágica para as empresas que possuem carência de inovação e adaptação.

Para Weick (1998), a improvisação é mais comum nas organizações do que pesquisadores e empresários possam pensar. Embora os gerentes e empresários tendam a evitar surpresas e preferir rotinas e controle, a improvisação é frequente. A improvisação não consiste em um processo que se possa evitar e faz parte do cotidiano das organizações (Crossan; Sorrenti, 1997). Além disso, a improvisação não ocorre somente em circunstâncias de crise em que uma equipe de trabalho se depara com um evento não planejado.

O compartilhamento de informações ocorre frequentemente na improvisação. Quando um músico improvisa sobre um tema, por exemplo, os outros componentes ouvem atentos, de forma a interpretar o sentido e procurar estabelecer um *link*, emendar a frase melódica e manter o sentido da frase ou mesmo partir daquele tema que estava sendo executado no solo improvisado do companheiro. Assim, não só como na música e no teatro, nas organizações as formas pelas quais os indivíduos criam sentidos e significados na improvisação constituem processos relevantes. Nesta criação de sentido ou *sensemaking*, trabalha-se com a construção e com o destaque de informações indiretas, que são interpretadas, e suas interpretações revisadas, baseadas na ação e em suas consequências (Weick, 1995).

O *sensemaking* pode ser definido a partir de sete características que o distinguem de outros processos explanatórios (explicativos): é um processo baseado na construção de identidade; é retrospectivo; representa ambientes sensíveis (*enactment*); considera a influência da socialização; envolve um processo contínuo (*ongoing*); é focado em extrair informações indiretas (sugestões ou "entrelinhas"); e é comandado mais pela plausibilidade do que pela minuciosidade. As organizações que improvisam podem ser tratadas como importantes ambientes para criação de sentido (*sensemaking*), geradoras de significados que podem ser valiosos para os indivíduos e, consequentemente, para as organizações (Weick, 1995).

Defende-se neste capítulo que o desenvolvimento de estudos sobre a improvisação pode trazer grandes contribuições para o entendimento do processo de aprendizagem nas organizações. Mas como os indivíduos improvisam nas organizações? A improvisação é um processo aprendido? Qual o papel da improvisação nos processos de aprendizagem nas organizações? Com o intuito de procurar trazer reflexões sobre estas questões, considera-se que, assim como a aprendizagem nas organizações, existem componentes formais e informais no processo de improvisação, sendo que a socialização do indivíduo e a cultura em que está imerso consistem em fatores fundamentais para este fenômeno. Desta forma, apresenta-se a seguir uma das abordagens da Aprendizagem Organizacional, a sociocultural, que será utilizada como lente para a compreensão do processo da improvisação e da aprendizagem nas organizações.

2 • APRENDIZAGEM ORGANIZACIONAL NA PERSPECTIVA SOCIOCULTURAL

A perspectiva sociocultural sobre a aprendizagem nas organizações surgiu a partir de autores como Brown e Duguid (1991, 1995), Cook e Yanow (1993) e Wenger (1998). Estes pesquisadores buscaram outro caminho para explicar os processos de aprendizagem, que até então eram dominados por modelos de aprendizagem baseados na psicologia cognitiva e na gestão do conhecimento, e também como uma forma de asserção da significância do contato humano nos mecanismos sociais que fazem parte da aprendizagem nas organizações (Easterby-Smith et al., 2004). Desta forma, a partir dos anos 1990, surgem novos modelos teóricos e enfoques dentro da perspectiva sociocultural da aprendizagem, como comunidades de prática (Wenger, 1998), conhecimento baseado na prática (Gherardi, 2000), participação legitimada periférica e aprendizagem situada (Lave; Wenger, 1991).

Em pesquisa realizada com a produtora de flautas Powell, Cook e Yanow (1993) observaram que, na organização, havia interação entre seus membros e que não havia somente indivíduos construindo flautas, mas um conjunto de indivíduos que faziam as partes do instrumento, compartilhando atos, linguagens, artes, artefatos, experiências, culturas. Como a aprendizagem é inerente à cultura (Weick; Westley, 2004), Cook e Yanow (1993), os autores abordaram o conceito de cultura organizacional como um conjunto de valores, crenças e sentimentos, acompanhados de artefatos de sua expressão e transmissão (como mitos, símbolos, metáforas e rituais) que são criados, herdados, compartilhados entre um grupo de pessoas, o que os torna distintos de outros grupos.

A expressão aprendizagem organizacional é considerada por Weick e Westley (2004) um oxímoro. Ou seja, os autores afirmam que aprender e organizar seriam dois processos paradoxalmente distintos. Organizar sugere ordem, aprender sugere desordem. A composição entre ordem e desordem é o que está na raiz dos processos de mudança e aprendizagem organizacional. Nessa perspectiva, os autores defendem que a aprendizagem organizacional é facilitada quando a ordem está justaposta à desordem, pois, nesses momentos, as pessoas conseguem perceber o que é rotineiramente imperceptível. Afinal, os momentos de aprendizagem não são óbvios e não podem ser restringidos às atividades formalmente voltadas à aprendizagem. As aprendizagens podem ocorrer quando um elemento novo desordena uma adaptação anterior, produzindo novo equilíbrio em novo patamar de conhecimento. Neste sentido, acredita-se que a metáfora da arte possa trazer contribuições para a compreensão do processo de construção de significados dos indivíduos e grupos nas organizações, pois trabalha constantemente com ordem e desordem justapostos, com busca de novas perspectivas e ruptura de estéticas e estruturas e modelos estabelecidos. A arte seria, portanto, um meio de manter a desordem e, simultaneamente, criar ordem.

Os sentidos elaborados e adquiridos pelos membros de grupos e organizações nos processos de aprendizagem surgem e são mantidos por suas interações. Essas interações ocorrem não somente pelo modo face a face, mas também mediadas pelos artefatos da cultura da organização como os objetos simbólicos e a linguagem. São, sobretudo, as relações entre cultura e aprendizagem organizacional que indicam a necessidade de se identificar, no contexto de cada organização, oportunidades de aprendizagem. Ou seja, buscar os momentos e as situações que, já inscritos na cultura e nas formas privilegiadas de ação, sejam propícios à aprendizagem (Cook; Yanow, 1993).

Estas interações mediadas por artefatos, descritas por Cook e Yanow (1993), quando ocorrem com determinado grupo, de maneira mais frequente, com compartilhamento de interesses e práticas de modo informal, podem se inserir dentro do conceito de comunidades de prática, termo criado por Wenger (1998) para descrever a criação de grupos informais que fomentam a aprendizagem. As comunidades de prática consistem em blocos básicos de construção de um sistema de aprendizagem social, pois funcionam como '*containeres*' sociais de competências, que permitem o crescimento de um sistema, no qual se reforçam a identidade e a troca de significados (Wenger, 2000).

A comunidade de prática consiste, portanto, em um grupo de pessoas com interesses semelhantes, que se reúnem em determinado lugar (físico ou não), para discutir e partilhar conhecimento. Para que isto aconteça e em consequência disto, são criados documentos, utilizadas ferramentas e definidos valores. Uma comunidade de prática é, portanto, diferente de uma equipe, por ser criada em torno de tópicos de interesse, não por uma tarefa a ser realizada, sendo também distinta de uma rede informal pelo fato de adotar tais tópicos, tendo assim uma identidade. Uma comunidade de prática pode ser definida pela existência de um tópico de interesse; pela possibilidade de interação e relações entre os indivíduos em torno do tópico; por haver uma prática e não meramente interesse compartilhado (Antonello; Ruas, 2002, v. 1).

Fazendo uma analogia com os grupos de teatro, de dança e de música que improvisam, entende-se que estes grupos que já têm longo tempo de experiência trabalhando em conjunto podem ser considerados exemplos de comunidades de prática, podendo existir espaço aberto para a participação de novos componentes, discussões sobre assuntos de interesse do grupo, compartilhamento de artefatos e significados, e para a improvisação. Trata-se também de um exemplo em que a aprendizagem é situada (Lave; Wenger, 1991), pois a prática do trabalho possibilita a assimilação de informações relativas a: estilo artístico, histórias de vida sobre os artistas, casos, novas criações, novas interpretações, cultura e história da arte, performances, linguagens, improvisações.

Salienta-se, assim, a importância das possibilidades que o arcabouço teórico e as 'lentes' da abordagem sociocultural, cujas implicações são exploradas a seguir, disponibilizam para os pesquisadores interessados em desenvolver estudos que visem à compreensão do processo de aprendizagem nas organizações, que, atualmente, outras perspectivas têm apenas tangenciado.

3 • IMPLICAÇÕES DA PERSPECTIVA SOCIOCULTURAL PARA O ENTENDIMENTO E A INTERPRETAÇÃO DA APRENDIZAGEM ORGANIZACIONAL E DA IMPROVISAÇÃO

Os processos de improvisação e aprendizagem envolvem componentes de interação, trocas simbólicas, conhecimento, mudanças de cognição e conduta, artefatos, linguagens, crenças, valores, ritos, rituais, memória, rotinas e significados. Em decorrência da estreita relação com os componentes socioculturais, surge a necessidade de novas lentes de análise, tal como a perspectiva sociocultural da aprendizagem, que abarca conhecimentos da antropologia e da sociologia.

A tradição microinteracionista da sociologia considera que a aprendizagem ocorre a partir da participação, de tornar-se membro de uma comunidade, considerando relações sociais como importantes para a transmissão de conhecimento e a formação de um currículo situado (Gherardi; Nicolini, 2001). Observa-se, portanto, estreita relação desta tradição com o foco sociocultural, pautado na aprendizagem situada (Lave; Wenger, 1991), na aprendizagem por práticas, nas comunidades de prática e nas zonas de participação periférica. Lave e Wenger (1991) cunham o termo "participação periférica legitimada" para explicar a maneira como ocorre a aprendizagem e a participação de novos membros em uma comunidade de prática, antes de atingir o domínio do conhecimento e das habilidades necessárias para se tornarem membros de uma comunidade. Neste processo, o aprendiz que se encontra na zona de participação periférica aos poucos adquire habilidades e conhecimento, sob a tutela dos membros mais experientes.

A criação do conhecimento, no ponto de vista da aprendizagem sociocultural, ocorre por processos de negociação de identidades e relações de poder, entendido pela transmissão de artefatos físicos, comportamentais e verbais (Gherardi; Nicolini, 2001). Em seu estudo sobre as flautas, Yanow (2000) encaminhou também uma pesquisa sobre histórias da organização e mitos sobre o instrumento (Yanow, 2000). Ao final de um processo de improviso, existe uma relação mantida entre o resultado deste processo e seu criador. Da mesma forma, no processo de aprendizagem, existe uma relação mantida entre o resultado deste processo e as pessoas que dele fizeram parte. No processo de criação, são estabelecidas relações de aprendizagem, formação do conhecimento, mudança nos processos cognitivos ou comportamentais, inovação. No entanto, se pode dizer que há, principalmente, a formação de artefatos, crenças, valores, entre outros símbolos gerados pelos criadores e compartilhados no grupo, ou mesmo criados pelo próprio grupo.

Existem também relações sociais e políticas que envolvem este processo de aprendizagem, as quais são defendidas por Coopey e Burgoyne (2000). Segundo os autores, a aprendizagem organizacional pode ser facilitada por uma forma mais livre e aberta de políticas no local de trabalho, baseada em obrigações e direitos civis e sociais dos membros, com uma autoridade legitimada, havendo conformidade e sinergia destes elementos com o sistema existente no ambiente externo. Quer dizer, considera-se aqui que o contexto histórico, político e social influenciam diretamente as relações de aprendizagem.

Além da importância dos elementos socioculturais de manutenção do conhecimento, comentados anteriormente (artefatos, linguagens, crenças, valores, ritos, rituais, memória, rotinas e significados), o conhecimento produzido pela improvisação e pela aprendizagem também se torna significativo e sustentado, através dos tempos, por meio de sua prática e legitimação. Ou seja, trata-se do conhecimento exteriorizado, transformado em ações, que deixa de permanecer no nível tácito.

O campo de teorias baseadas na prática tem, recentemente, atraído a atenção de tradições que convergem suas pesquisas nos processos de *sensemaking* (criação de significados, sentidos) e de aprendizagem; em teorias de cognição situada e distribuída; nas relações entre conhecimento e prática (Blackeler; Crump; McDonald, 2003). A prática consiste em "um modo, relativamente estável no tempo e socialmente reconhecido, de ordenar itens heterogêneos de maneira coerente" (Gherardi, 2005, p. 34) e na ação baseada nos conhecimentos adquiridos.

Para Gherardi (1999), a aprendizagem baseada em práticas tem como proposta um novo modelo interpretativo dos processos de aprendizagem nas organizações, levando em consideração que a aprendizagem ocorre entre as fronteiras de domínio do conhecer e do fazer: a prática. A autora também defende a necessidade de entender a aprendizagem como dispositivo interpretativo, que permite a construção de sistemas representacionais para a compreensão de como o conhecimento é constituído, como ele circula, como se institucionaliza, e quais contribuições podem ser geradas para a sociedade.

Gherardi (2005) defende a existência de três relações principais entre conhecimento e prática: a) relação de retenção (*containment*) – o conhecimento toma espaço a partir de práticas situadas. Neste sentido, as práticas são constituídas por entidades objetivas sobre as quais os praticantes já possuem conhecimento, ancoradas nas normas e estéticas do sistema elaborado culturalmente; b) relação de constituição mútua – conhecimento e prática não são indissociáveis, pois interagem e auxiliam no crescimento mútuo; c) relação de equivalência – prática significa conhecimento na prática, mesmo que o sujeito não esteja consciente deste processo.

Blackeler, Crump e McDonald (2003) apontam três relações estabelecidas a partir de redes de atividades baseadas em práticas: a) *perspective making* (criação de perspectivas) – diferentes contribuições que diferentes comunidades de atividade trazem para a organização, envolvendo gerenciamento de prioridades, infraestrutura e identidade; b) *perspective taking* (adoção de perspectivas) – refere-se a relações entre comunidades de atividades, que abarcam o gerenciamento de autoridades e influências, questões de prioridade e identidade; c) *perspective shaping* (formatação de perspectivas) – refere-se a temas como contexto, conquistas e possibilidades. Envolve o gerenciamento de ideias baseadas na identificação de problemas, recursos conceituais que as pessoas trazem para suas atividades e a facilidades para reflexão.

A prática possui, portanto, um aspecto qualitativo e holístico, pois responde a questão de como os significados poderão ser mantidos de forma coerente em uma unidade. Está relacionada à temporalidade, já que necessita de repetições para se manter reconhecida socialmente, como um hábito. Consiste, assim, em padrões de atividades institucionalizadas em virtude de um conjunto de julgamentos normativos que as pessoas negociam entre si, expressado em termos de ética, estética e critérios técnicos apropositados e coerentes (Gherardi, 2005).

4 • ASPECTOS QUE PERMEIAM OS PROCESSOS DE IMPROVISAÇÃO E A ARTICULAÇÃO ENTRE APRENDIZAGEM INDIVIDUAL E COLETIVA

Os aspectos envolvidos no processo de improvisação, que interferem de forma positiva ou negativa na articulação entre a aprendizagem individual e coletiva são: artefatos, linguagens, mudanças de estruturas cognitivas ou comportamentos, novas competências adquiridas, bricolagem, experimentações, ampliação das fronteiras, conhecimento tácito, conhecimento baseado em práticas, regras, rotinas, memória individual e coletiva. Regras e rotinas, por exemplo, podem tanto auxiliar como prejudicar os processos de improvisação e aprendizagem, pois dependem da situação, do contexto e da prática. São, a seguir, apresentados alguns argumentos sobre a lente teórica que procura analisar estes aspectos a partir de um ponto de vista sociocultural.

A relação entre aprendizagem individual e coletiva ainda se mantém como uma das questões não resolvidas dentro do debate de aprendizagem, especialmente dentro do debate sobre aprendizagem organizacional (Antonacopoulou, 2006). Os primeiros debates sobre a passagem da aprendizagem individual para o nível coletivo talvez tenham surgido com a apresentação das ideias de Argyris e Schön (1978) sobre a possibilidade de uma organização aprender, isto é, sobre a aprendizagem organizacional. Os autores já defendiam que as organizações, como um conjunto de indivíduos que possuem cargas cognitivas e aprendem, também poderiam passar por um processo de aprendizagem.

Segundo Cook e Yanow (1993), a maior parte dos trabalhos em aprendizagem organizacional incidem em dois diferentes campos inter-relacionados. O primeiro é que as organizações aprendem com seus indivíduos, cuja aprendizagem é subsequentemente ancorada nas mudanças organizacionais. O outro, complementarmente, assume que as organizações aprendem porque possuem atributos de aprendizagem idênticos aos dos indivíduos, antromorfizando e reificando a organização. Falar em aprendizagem organizacional seria uma forma de reificar e fornecer qualidades antropomorfizadas à organização, ou seja, considerá-la como um ser vivo que aprende. No entanto, o argumento mais forte, que ainda permanece, é que as organizações, como um conjunto de indivíduos, são resultado da soma das aprendizagens individuais (Argyris; Schön, 1978).

A relação entre aprendizagem individual e coletiva parece ser explicada de forma mais detalhada por Antonacopoulou (2006). A autora, que explorou práticas de aprendizagem entre administradores, comenta que existem dimensões psicossociais de aprendizagem envolvidas em processos que transcendem múltiplos níveis e unidades de análise, em contextos múltiplos e interligados.

Embora não se possa dizer que tenha sido elaborado a partir de uma abordagem sociocultural, Crossan, Lane e White (1999) propõem um modelo para explicar a passagem da aprendizagem individual para a aprendizagem coletiva e organizacional (Figura 5-1).

De acordo com o *framework* proposto por Crossan, Lane e White (1999), os processos de aprendizagem nas organizações ocorrem principalmente em dois sentidos. O primeiro, no processo de *feedforward*, ocorre pela transferência da aprendizagem de indivíduos para o coletivo, podendo ser, posteriormente, institucionalizada na organização em forma de sistemas, estruturas, estratégias e procedimentos. O segundo sentido, de *feedback*, relaciona-se com a utilização do que foi aprendido, bem como com os impactos dessa aprendizagem nos indivíduos e grupos. Estes dois sentidos da aprendizagem, segundo os autores, perpassam a aprendizagem individual, coletiva e organizacional em quatro estágios:

a. intuição – ocorre no nível do indivíduo, favorecida, em grande parte, pelas experiências e imagens retidas em sua memória. É expressa também por meio de metáforas, principalmente quando ainda não existe um vocabulário desenvolvido para este novo saber. Com esta habilidade, por exemplo, o indivíduo, mesmo de maneira inconsciente, cria novas ideias e identifica padrões que, no passado, lhe permitiram entender e agir perante determinada situação;

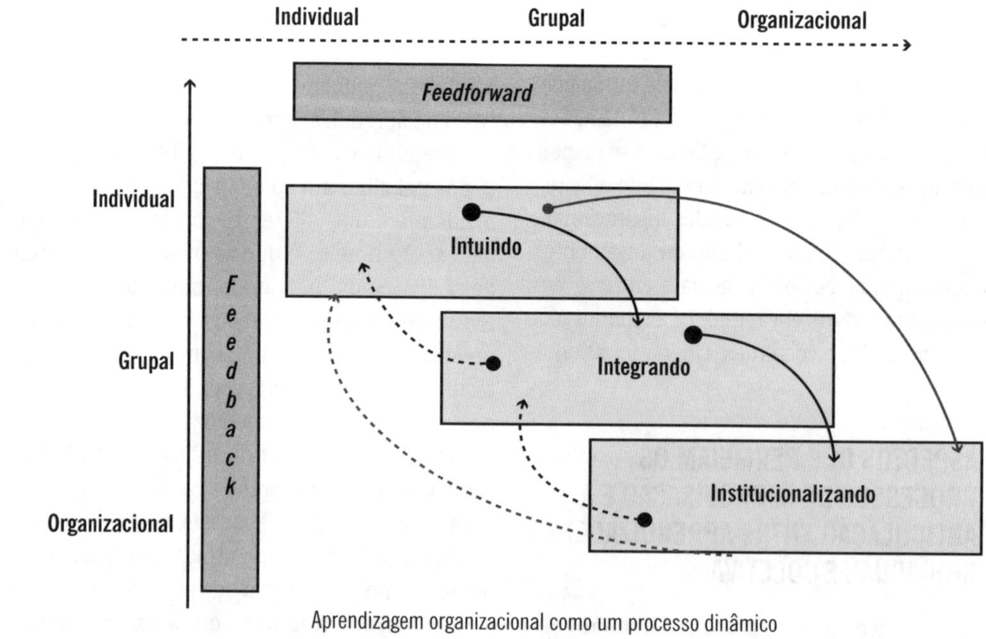

FIGURA 5-1 *Framework* dos processos dinâmicos de aprendizagem organizacional.

Fonte: Crossan, Lane e White (1999, p. 532).

b. interpretação – processo que pode ocorrer em nível individual e coletivo. Consiste na busca pela compreensão com base nos significados atribuídos. A interpretação pode se manifestar pela explicação por meio de palavras e/ou ações. A partir do processo de interpretação, os indivíduos desenvolvem mapas cognitivos sobre os diversos domínios em que operam. Isso significa que a interpretação está diretamente relacionada com o contexto sociocultural em que o indivíduo insere-se;
c. integração – ocorre no nível coletivo, a partir do desenvolvimento de um saber partilhado e de tomada de ações conjuntas através de mútuas concessões. Tem por principal objetivo o consenso para uma ação coletiva e coerente, na qual o diálogo, o contexto, as comunidades de prática e as narrativas são mediadores importantes;
d. institucionalização – situa-se apenas em nível organizacional e permite à organização a capacidade de manter a perenidade e sobreviver, em caso de perda de um de seus elementos. Trata-se de uma etapa do processo de aprendizagem gradativo e lento que ocorre em sistemas, estruturas, estratégias e rotinas da organização.

Analisar a aprendizagem organizacional na perspectiva sociocultural permite o foco nos significados atribuídos pelos indivíduos a seus processos de trabalho realizados com o coletivo. Isto significa um foco sobre "*o quê*" os indivíduos aprenderam e sobre o processo que os levou a aprender desta maneira, considerando o coletivo, suas interações, seus atos e artefatos (Yanow, 2000). Para Lave e Wenger (1991), a aprendizagem envolve a construção de identidade, na qual o aprendiz torna-se uma pessoa diferente no que diz respeito ao sistema de relações, no qual o processo de aprendizagem ocorre. Trata-se de um processo que, assim como a improvisação, possui alguns elementos facilitadores. No Quadro 5-1, procura-se sistematizar alguns aspectos, a partir da lente da perspectiva sociocultural.

Argumenta-se, neste capítulo, que a aprendizagem pode ser um dos caminhos resultantes de um processo de improvisação. Quando não resultar em aprendizagem, o processo de improvisação pode ter como resultado uma ação pontual eficiente ou ineficiente sobre o problema enfrentado; novo problema; aprendizagem por erros; esquecimento. Estes elementos estão demonstrados na Figura 5-2.

Defende-se, portanto, que o conhecimento e a aprendizagem são atributos dos indivíduos, mas que são evidenciados e observados na dimensão coletiva, em que as práticas de trabalho demonstram seu domínio. Por exemplo, o senso intuitivo em uma equipe de esportes, em grupos musicais, em grupos de teatro passa por um processo de aprendizagem coletivo, pois se aprendem suas partes e criam-se sentidos sobre elas de maneira efetiva somente coletivamente. O conhecimento e a aprendizagem do indivíduo são demonstrados, em grande parte, por suas práticas e interações com os demais membros da coletividade (Yanow, 2000).

5 • O PAPEL DA IMPROVISAÇÃO NOS PROCESSOS DE APRENDIZAGEM NAS ORGANIZAÇÕES

Existe a falsa crença de que grande parte das improvisações parte de elementos livres, sem articulação, totalmente espontâneos. No entanto, a improvisação, no teatro e na música, exige muito estudo, prática e aprendizagem por parte dos indivíduos. Os improvisadores de *jazz*, por exemplo, estão interessados na criação de novos materiais musicais, surpreendendo seu público com ideias espontâneas e anteriormente não ensaiadas. Neste ponto, o *jazz* difere da música clássica, pois não há uma prescrição clara do que realmente deve ser executado (Barrett, 1998). A Aprendizagem Organizacional, numa perspectiva sociocultural, oportuniza a compreensão da transformação organizacional transcendendo a interface cognição-comportamento. Além disso, considera os aspectos intuitivos e espontâneos da criação de novos *insights e* a compreensão de como se

QUADRO 5-1
Contribuições da perspectiva sociocultural para os processos de improvisação e aprendizagem

Facilitadores de improvisação e aprendizagem	Contribuições da perspectiva sociocultural
Objetivo, foco	Além do desenvolvimento cognitivo, aborda o processo de aprendizagem situado, na prática, pela interação com os demais membros da comunidade de prática.
Contexto de aprendizagem	Ambiente social onde o conhecimento é formado.
Processos formais	Aprendizagem por cursos, projetos e participações com membros da comunidade com maior experiência.
Processos informais	Comunidades de Prática, interações com os indivíduos.
Mediadores	Professor, gerente, instrutor, mestre artesão, entre outras pessoas com maior experiência no campo do conhecimento, auxiliam no processo de mediação do processo de aprendizagem individual e coletivo.
Comunidades	Formação de grupos informais com interesse em comum, que compartilham informações e práticas.
Compartilhamento de informações	Análise das interações sociais, das comunidades de prática, da aprendizagem baseada na prática, da maneira como o conhecimento do indivíduo passa para o nível coletivo.
Engajamento	O estudo sobre as Zonas de Participação Periférica (Lave; Wenger, 1991) contribui para analisar a entrada de novos indivíduos nas comunidades e de que maneira ocorrem estes processos iniciais de aprendizagem.
Criação de significados	A criação de significados gerada pelo indivíduo a partir do conhecimento aprendido e baseado em práticas permite uma aprendizagem significativa.
Influências sociais	Considera que a aprendizagem não ocorre apenas na mente dos indivíduos, mas nas suas interações, por influências de políticas, poder, estética.
Influências culturais	Crenças, valores, significados, artefatos, símbolos, linguagens são observados, com o objetivo de analisar suas influências nos processos de aprendizagem individual e coletivo.

institucionalizam estes *insights* nos sistemas, nas estruturas e nos procedimentos (Crossan; Sorrenti, 1997), permitindo que se proponha a inclusão da improvisação como um importante processo a ser considerado nos estudos da AO. São apresentados, a seguir, alguns pressupostos que podem ser considerados essenciais para o estudo e para a compreensão do papel da improvisação nos processos de aprendizagem nas organizações.

• 5.1 • A influência do tempo no processo de improvisação

Na física clássica, especialmente na mecânica newtoniana, o espaço e o tempo eram independentes entre si, medidos pelos corpos em movimento e representados, no espaço euclidiano, como uma linha. Ou seja, assim como o filósofo Aristóteles, o físico Newton acreditava no tempo absoluto, que o tempo existia de forma completamente independente do espaço (Davies, 2002). Esta crença permaneceu até 1915, quando Albert Einstein defendeu a Teoria da Relatividade, argumentando que o tempo não é independente do espaço, ao contrário, ambos formam um elemento chamado tempo-espaço, um contínuo quadridimensional formado, portanto, pelas três dimensões do espaço e pela dimensão temporal.

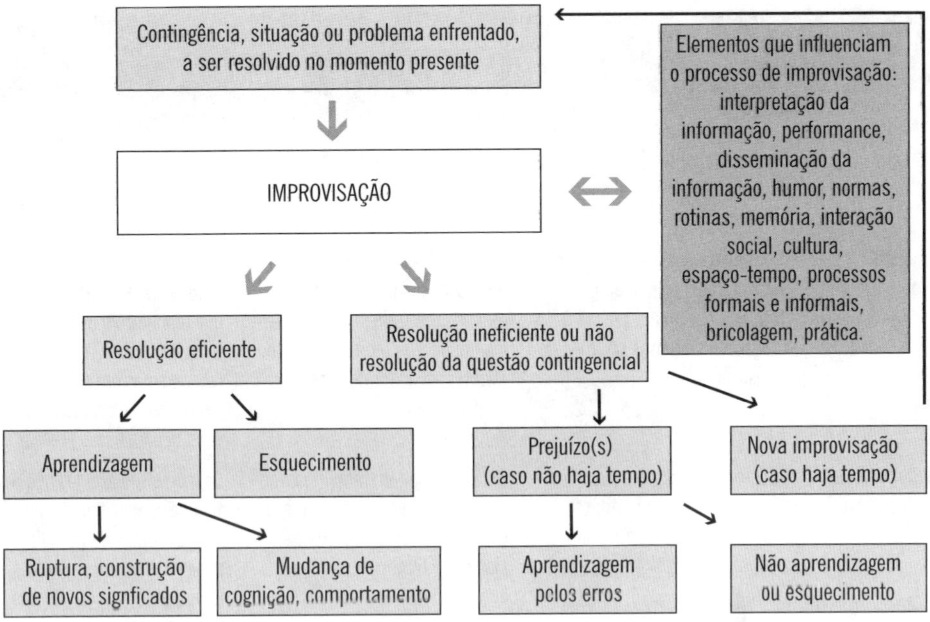

FIGURA 5-2 *Framework* do processo de improvisação e aprendizagem.

Na sociedade capitalista, para Harvey (2001, p. 218), tanto o tempo como o espaço "são definidos por intermédio da organização de práticas sociais fundamentais para a produção de mercadorias". O tempo passa então a ser tratado como uma mercadoria, particularmente a partir da revolução industrial, nas relações de produção e de trabalho. Com isso, se substitui a tarefa pela duração do trabalho como principal unidade de produção. O tempo, nessa abordagem, é considerado um recurso e um fator de produção. Denota, assim, tratar-se de uma estrutura hegemônica sob a qual se exige a precisão, a disciplina e o controle por critérios quantitativos (Hassard, 1996).

Dentro das organizações, Orlikowski e Yates (2002) distinguem três diferentes interpretações sobre o tempo, que estão dispostas no Quadro 5-2.

Traçando as perspectivas temporais objetiva, subjetiva e baseada na prática, Orkikowski e Yates (2002) buscaram formular uma estrutura temporal nas organizações, ou seja, uma maneira de compreender o tempo nas organizações. Desta forma, também sugerem que, em suas ações diárias, os atores produzem e reproduzem uma variedade das estruturas temporais que dão forma ao ritmo temporal e a suas práticas. O foco na estrutura temporal, combinado com a perspectiva da prática, permitiu a construção de uma ponte sobre a dicotomia da visão subjetiva e objetiva do tempo nas organizações.

O tempo-espaço passou a ser uma categoria única que agiliza, garante eficiência e aumenta significativamente a rotatividade da produção e do consumo. Como a economia global é um conjunto de estratégias das empresas multinacionais para conquistas e domínios de mercados, as novas tecnologias da informação e o acervo do conhecimento possibilitaram a interconexão rápida dos negócios, oferecendo outra caracterização à economia global: economia de velocidade. O tempo-espaço é, no atual mundo das organizações, uma unidade indissociável. Há de considerar-se a escala de incorporação das novas tecnologias de gestão e informação, sob o pressuposto de que a contração do tempo-espaço exerce atualmente poderosa influência nos padrões de organização das empresas (Vieira, 2003).

QUADRO 5-2
Diferentes perspectivas sobre o tempo nas organizações

	Objetiva	Subjetiva	Baseada na prática
Conceito de tempo	Existe independentemente da ação humana; exógeno; absoluto.	Socialmente construído pela ação humana; culturalmente relativo.	Constituído pelas ações humanas, assim como sendo seu elemento constituinte.
Experiência do tempo	O tempo determina ou poderosamente constrange ou limita as ações humanas, graças à adoção de sistemas padrões de mensuração.	O tempo é experienciado através de processos interpretativos das pessoas que criam noções significadoras temporais, como eventos, ciclos, rotinas e ritos de passagem.	O tempo é realizado a partir das práticas recorrentes das pessoas que reproduzem estruturas temporais (p. ex.: calendários e cronogramas em planos) que são tanto resultantes quanto meio ou suporte para essas práticas.
Papel dos atores na mudança do tempo	Os atores não podem modificar o tempo; eles podem adaptar suas ações para corresponder adequadamente à sua aparente inexorabilidade.	Os atores podem modificar sua interpretação cultural do tempo, e, assim, alterar sua experienciação do tempo nas rotinas, nos eventos e nos ciclos.	Os atores são agentes que reflexivamente monitoram suas ações e assim, em certas condições, podem reproduzir estruturas temporais novas ou alteradas em suas práticas sociais.

Fonte: Orlikowski e Yates (2002, p. 691).

Se o tempo é considerado atualmente uma vantagem competitiva, embora seja absoluto, intangível e não comercializável, então as pessoas ganhariam velocidade caso realizassem improvisos mais espontâneos, sem a necessidade de constantes planejamentos (Crossan; Sorrenti, 1997, p. 4). Destaca-se, portanto, neste momento, a importância da improvisação para a aprendizagem nas organizações e as práticas dos atores frente a estas novas demandas. Sob o ponto de vista da improvisação, o tempo determina não somente a necessidade de improvisação, como também a duração da improvisação. Quando se improvisa em conjunto, um aspecto essencial para o improvisador é o chamado *timing*, ou seja, aguçada concentração no tempo, regulação e controle de velocidades, tempo e ritmo, para a escolha eficaz dos momentos adequados para a realização de determinadas ações ou improvisos. Para isso, é também necessária a habilidade do *feeling*, quer dizer, a aguçada percepção e a sensibilidade das ações que ocorrem nestes períodos de tempo.

Pode-se dizer, então, que a improvisação é predominantemente baseada no tempo presente. A improvisação baseia-se, em parte, no passado, tendo em vista as experiências anteriores acumuladas. No entanto, sua ação é predominantemente no presente e baseada muito pouco no futuro. Essencialmente, a execução de uma improvisação no momento em que for necessária depende da memória, da prática e da forma como é executada (Weick, 1998).

• 5.2 • A bricolagem na improvisação

Uma questão que abre espaço para a análise de processos individuais e coletivos – os quais consistem em um ponto convergente no papel da improvisação nos processos de aprendizagem individual e coletivo – é a bricolagem. O termo deriva do francês *bricolage* e significa, dentro do campo de estudo das organizações, realizar ações com os recursos disponíveis, sendo também interpretado por Verjans (2005) da seguinte maneira:

> A tradução inglesa mais comum para a palavra bricolagem é *'do-it-yourself'* (faça você mesmo), e se relaciona a pessoas em particular fazendo pequenas alterações em suas casas, jardins e utensílios. Em um contexto organizacional, poderia-se interpretar o termo 'bricolage' como séries de ações toscas, realizadas por tentativas bem intencionadas de gerentes sem muita experiência, no intuito de desviar sua organização de problemas, e reparar prejuízos ao longo do caminho (Verjans, 2005, p. 509).

Verjans (2005) associa a palavra francesa *bricolage* com a palavra inglesa *tinkering*, que, em português, tem o significado de remendar. Segundo o autor, os trabalhos regularmente desenvolvidos nas organizações requerem habilidades e capacidades para resolver problemas *ad hoc*. Habilidades como criatividade não podem ser facilmente pré-sistematizadas. O caráter de improvisação das práticas de trabalho possui uma relação próxima com as habilidades de bricolagem. O termo *tinker** tem o significado de trabalho por um caminho amador e sem método, especialmente para ajustes e reparos de maquinaria. Ele faz sentido na relação com bricolagem, quando se trata de um tipo de processo de improvisação que não fornece espaço para planejamento. Ainda assim, mesmo que o caminho tenha sido realizado de maneira amadora, o gerente que executa a ação de improvisação provavelmente já passou por um processo de aprendizagem e possui conhecimentos que poderão ser utilizadas como estrutura para desenvolvimento de suas ações de improvisação com bricolagem.

Cunha (2004) defende a improvisação baseada na ação em tempo real e a bricolagem como os principais processos para o desenvolvimento das organizações. Os termos *bricolage* (bricolagem) e *bricoleur* (pessoa engajada no processo de bricolagem) foram abordados primeiro por Levi-Strauss (1966). Bricolagem consiste na invenção de recursos a partir dos materiais disponíveis, para resolução de problemas imprevistos, caracterizando-se assim como local e contextual. Nas organizações, consiste em se trabalhar com os recursos disponíveis e reorganizá-los de modo a tornarem-se úteis nas dinâmicas e nos contextos em que surgirem. Ou seja, utilizando os recursos disponíveis, o administrador os redefine como recursos úteis, redefinindo também suas ideias, de acordo com os materiais que estejam a seu alcance no momento (Cunha, 2004).

Segundo Weick (1998), a bricolagem consiste essencialmente em retrabalhar uma estrutura existente de acordo com as circunstâncias, a fim de lidar com oportunidades e problemas inesperados. Weick (1998) e Hatch (1999), além de contraporem a ideia que a improvisação ocorre por meio do caos e da falta de estrutura – afirmando que ocorre em ambientes estruturados –, defendem que os ambientes estruturados fomentam a improvisação. Os autores destacam a importância dos elementos pré-compostos no fomento à improvisação, como planos, experiências ou interações prescritas e papéis.

Nas organizações, a necessidade de ações rápidas estimula o processo de bricolagem, pois há necessidade de planejar, mas também necessidade de improvisar e realizar ações rápidas, a partir dos recursos disponíveis, sem planejamento prévio (Cunha; Cunha; Kamoche, 1999). Assim como a capacidade de improvisação, a bricolagem deve ser reavaliada como uma prática funcional adaptativa e não como um desvio inconsequente e disfuncional (Lewin, 1998). Na improvisação teatral, estes recursos incidem em todos os recursos materiais (como equipamentos de cena, fantasias) e recursos humanos (conhecimentos específicos de cada ator, performance). Na música, estes recursos incidem sobre as partituras, equipamentos musicais, habilidade técnica e conhecimento teórico do músico, entre outros. Nas organizações, os recursos a serem utilizados na bricolagem abarcam todos os bens, capacidades, competências,

---

* No contexto organizacional, o conceito de *tinkering* pode ser relacionado a gerentes tendo que resolver anteriormente problemas causados por tomadas de decisão errôneas realizadas. Nesta interpretação, *tinkering* é conceitualmente ligado a se esforçar a qualquer custo para manter-se flutuando em uma enchente (Verjans, 2005).

processos organizacionais, informações que sejam controlados por seus membros e que tornam a organização capaz de conceber e implementar estratégias que visem a sua eficiência e eficácia.

O processo de aprendizagem individual de um gerente como improvisador, estrategista e *bricoleur* consiste em fazer ligações entre o passado e o futuro, com grande consciência de *quê, quando, porquê e como* os recursos têm sido usados (Cunha, 2004). O termo "experiência" refere-se ao processo em que o gerente desenvolve as habilidades que lhe permitem agir melhor, de acordo com a experiência pessoal, mais do que pelo conhecimento explícito formalizado (Vera; Crossan, 2004).

No nível coletivo das organizações, as atividades de bricolagem são provocadas quando as situações aumentam e requerem do grupo inovações e expedições, rumo a novos caminhos para guarnecer recursos. Estas situações podem ser caracterizadas pela presença de duas causas: imprevisibilidade dos eventos e necessidade de ação rápida. A imprevisibilidade promove a bricolagem, porque neutraliza planos existentes e torna a distribuição atual de recursos obsoleta, introduzindo *gaps* inesperados entre planos, procedimentos e eventos reais.

Levando em consideração que a ordem temporal encontra-se no coração da improvisação, a bricolagem destaca-se como uma importante habilidade a ser requerida no processo de improvisação, uma vez que quanto menor for o tempo para realizar determinada improvisação, menor também será o tempo para se obter os recursos apropriados, gerando consecutivamente necessidade de bricolagem, de trabalhar com os recursos disponíveis (Moorman; Miner, 1998).

• 5.3 • A improvisação a partir das estruturas mínimas

Nas organizações, as estruturas mínimas são estruturas que fornecem alguns balizamentos para a execução da improvisação, mas que também fornecem maior liberdade para a execução do improviso. Para atingir este aspecto contraditório entre liberdade e controle, as estruturas mínimas definem os limites para os comportamentos das pessoas, especificando algumas regras gerais, nomeando objetivos, responsabilidades ou prazos (Kamoche; Cunha, 2001).

Assim como se aprende e se deve observar a gramática e as regras de análise sintática para exercer uma conversa e fazer um improviso no momento de um discurso, a linguagem musical também possui regras que devem ser observadas no momento da improvisação. Ao explorar como os músicos de *jazz* aprendem a improvisar, Barrett (1998) destaca que aprender a improvisar no *jazz* envolve aprender a teoria e as regras que governam as progressões musicais. Esta mesma questão pode ser transportada para a questão do improviso de tarefas e ações nas organizações. Na música, por exemplo, a improvisação funciona como uma conversa a partir de uma linguagem, que exige estruturas mínimas, como regras gramaticais e de ortografia. Realizando a analogia de uma improvisação musical com uma conversa, a linguagem poderia ser considerada o estilo musical ou cultura regional, o alfabeto seriam as notas musicais, as escalas seriam estudos gramaticais, que seguiriam também a lógica da harmonia e dos acordes. Todos estes elementos unidos e formando novas frases e conversas, de forma extemporânea, caracterizariam o processo de improvisação. A conversa musical na improvisação exige também normas como saber escutar enquanto o outro executa uma frase, de modo a, posteriormente, ter a capacidade de responder a frase de outra maneira.

O modelo de improvisação para desenvolvimento de novos produtos, proposto por Kamoche e Cunha (2001), identifica um conjunto de elementos estruturais claramente especificados das dimensões técnica e social, que servem para facilitar a ação inovadora, em vez de a constrangerem. A essa estrutura foi atribuída a designação de estrutura mínima.

Na mesma linha, Barrett (1998) sugeriu a necessidade de estruturas mínimas inegociáveis, tacitamente aceitas e sem necessidade de articulação constante. Todas essas sugestões, no fundo, indicam uma tendência no sentido de um esforço de síntese entre elementos frequentemente tidos como opostos. A necessidade de aprendizagem exploratória e utilitária (March, 1991) e a "dança" entre adaptação sistemática e aproveitamento de oportunidades ou soluções fortuitas no desenvolvimento dos processos organizativos constituem exemplos adicionais dessa visão dialética. Ela sugere novas possibilidades de entendimento das realidades organizacionais, para além das tradicionais dicotomias, como diferenciação *versus* integração, organicismo *versus* mecanicismo, inovação *versus* rotina.

No choro e no *jazz*, o tema tem papel fundamental na manutenção do foco dos músicos, ao mesmo tempo em que lhes permite a flexibilidade necessária para improvisar sobre as estruturas harmônica, melódica e rítmica. É essa síntese entre liberdade e controle que torna as estruturas musicais do choro tão apelativas para o mundo das organizações (Flach; Antonello, 2007). A dificuldade com que se confrontam os investigadores e os gestores consiste na identificação dos equivalentes organizacionais da estrutura mínima. Visões, missões ou protótipos de produtos constituem possibilidades dignas de menção. Estes diferentes elementos podem, aliás, combinar-se em uma filosofia de estruturação que envolva aspectos organizativos, culturais, tecnológicos, sistemas de informação e controle capazes de guiar, sem limitar a autonomia das contribuições individuais.

Relacionando, portanto, as estruturas mínimas com o elemento visto anteriormente, denominado bricolagem, entende-se que as estruturas mínimas podem facilitar a bricolagem, porque criam um espaço para a exploração improvisada dentro dos limites estabelecidos. Tomando a concepção de improvisação como ação extraída com base nos recursos disponíveis, a conexão entre bricolagem e estruturas mínimas pode facilmente ser estabelecida. As estruturas mínimas criam espaço para exploração inovadora da utilização dos recursos.

• 5.4 • As pausas e o silêncio no processo de improvisação

Nos estudos sobre improvisação na música, apenas algumas pesquisas trabalham com foco nas pausas e no silêncio. De maneira geral, parece tratar-se de um elemento negligenciado. Um dos artistas que revolucionou a música moderna foi John Cage, que compôs uma música denominada "Três minutos e trinta e três segundos". O músico revolucionou o conceito de silêncio, pois, em suas apresentações, sentava ao palco, em frente ao piano, e permanecia por três minutos e trinta e três segundos sem tocar. A partir desta música, pode-se realizar algumas inferências. O primeiro argumento é de o silêncio ser algo que, na forma absoluta, não existe, pois mesmo trancado em um estúdio, o ser humano consegue escutar algo, como as batidas do coração. O segundo argumento é que o silêncio faz parte de uma improvisação e deve também ser valorizado. O terceiro argumento é que, nas organizações, o silêncio pode proporcionar maior abertura para as percepções. Por exemplo, quando uma pessoa chega atrasada em uma reunião, o simples silêncio de todos por um período de tempo pode passar certa mensagem para esta pessoa e, dependendo de sua percepção, pode lhe causar constrangimento. O quarto argumento é que, nas organizações, a pausa, assim como na música, também deve ser valorizada, ou seja, deve haver um tempo de pausa para que o indivíduo possa repensar e refletir sobre suas ações tomadas e sobre as ações futuras.

As pausas sugerem uma prática de refletir, ou seja, sobre um tempo destinado à busca de ideias, pois auxiliam o indivíduo a realmente se concentrar no problema. Conforme sustentam Harman e Hormann (1997), pausa não é perda de tempo e sim condição essencial para o ato de construir, compor, criar.

Este pressuposto está associado ao apresentado na seção 5.1 "A influência do tempo no processo de improvisação". O tempo livre passou a ser praticamente sinônimo de riqueza, pois atualmente a dinâmica social dá a impressão aos indivíduos de que estaria se tornando cada vez mais escasso. O que determina o tempo livre não é o que se faz com ele, mas como se faz, a forma de usar o tempo liberado do trabalho em ações reflexivas ou práticas. O tempo parece sofrer uma aceleração desenfreada, mas, na realidade, é o homem que se subordina a um ritmo acelerado e avassalador. A categoria tempo possui um valor relativo a cada indivíduo, variando conforme seu uso. É preciso "dar sentido ao tempo", além daquele que existe para o tempo de trabalho, seguindo a tradição linear-quantitativa do tempo que o torna um objeto (Antunes, 1999). Dentro desta ideia, que remete novamente à metáfora da pausa e do silêncio no processo de improvisação nas organizações, o tempo livre poderia ser uma espécie de pausa para repensar as ações e improvisações, quando tomado de maneira curta e eficiente.

O processo de improvisação e aprendizagem nas organizações deve também levar em consideração esta metáfora das pausas e silêncios, ou seja, deve valorizar este tempo livre e os momentos de pausa entre uma ação e outra, entre um improviso e outro, para refletir sobre elementos armazenados na memória, sobre ações e práticas. Considera-se que os executivos possuem ansiedade por ações e práticas, mas negligenciam os momentos de pausa, que poderiam proporcionar o surgimento de novos *insights*.

• 5.5 • A improvisação individual ou coletiva

Assim como a aprendizagem nas organizações, a improvisação pode ser individual ou coletiva. Conforme Weick (1998), tornar o processo de improvisação mais eficiente significa melhorar a memória, seja ela organizacional, coletiva ou individual. Melhorar a memória da organização significa ampliar a perspectiva com relação aos recursos existentes, bem como o acesso a estes. Implica também ouvir a si mesmo e ouvir aos outros.

A improvisação individual pode ser comparada a um solo improvisado de um dos músicos ou artistas de teatro. No entanto, quando um pequeno grupo passa a improvisar, este improviso passa a ser coletivo, havendo necessidade de harmonia entre os improvisadores, para que todos percorram um mesmo sentido. A improvisação coletiva ocorre como uma boa conversação, na qual os membros reúnem-se em uma estrutura básica, a arte de ouvir os outros e a si mesmos, com trabalho mútuo e intervenções em tempo real (Weick; Westley, 2004).

De acordo com o *framework* proposto por Crossan, Lane e White (1999), os processos de aprendizagem nas organizações (individual, grupal e organizacional) ocorrem principalmente em dois sentidos. O primeiro, no processo de *feedforward*, ocorre pela transferência da aprendizagem de indivíduos para o coletivo, podendo ser posteriormente institucionalizada na organização em forma de sistemas, estruturas, estratégias e procedimentos. O segundo sentido, de *feedback*, relaciona-se com a utilização do que foi aprendido, bem como com os impactos dessa aprendizagem nos indivíduos e grupos. Estes dois sentidos da aprendizagem, segundo os autores, perpassam a aprendizagem individual, coletiva e organizacional em quatro estágios que, pode-se dizer, abrangem o processo de improvisação. Estes estágios dinâmicos, sociais e psicológicos do *framework* são:

a. Intuição – no nível mais básico, a intuição envolve a percepção de similaridades e diferenças, padrões e possibilidades. A exemplo da metáfora das artes, um músico, quando improvisa em conjunto, enquanto aguarda seu momento de improvisar, improvisa suas notas com base nas notas anteriormente tocadas, na intuição de possibilidade de passagens para outros temas e frases musicais, na intuição das notas tocadas pelo companheiro de improviso (ou mesmo pelo "duelo" musical), intuindo as notas que o companheiro vai tocar.

b. Interpretação – enquanto a intuição enfoca, predominantemente, os processos inconscientes do desenvolvimento de *insights*, a interpretação aborda a captação e organização destes elementos de forma consciente.

c. Integração – ocorre a partir do momento em que as informações que já passaram pelas fases de intuição e integração são socializadas para um grupo ou para a organização. Esta integração pode ocorrer por meio de conversas, artefatos e práticas (Brown; Duguid, 1995).

d. Institucionalização – consiste no processo de legitimação de atividades, comportamentos e conhecimentos (Crossan; Lane; White, 1999), que passam a fazer parte da rotina e da memória da organização (Levitt; March, 1995).

Então, como funcionariam estas fases no processo de improvisação? Tomando como exemplo a metáfora de um grupo de choro, a intuição é uma constante no processo de improvisação, que se reflete no *feeling* e no *timing* de quem improvisa. A interpretação ocorre quando o músico reconhece os padrões musicais, tem conhecimento pleno das notas da partitura e parte para novas organizações destes elementos e linguagens musicais, formando novos olhares e improvisos sobre a música. A integração ocorre no momento em que suas práticas são socializadas com o grupo, podendo resultar em uma institucionalização, que teria como resultado nova composição musical, novo padrão rítmico ou de práticas a serem utilizados em outras músicas, ou mesmo nova música. Neste sentido, a roda de choro consiste em uma metáfora para a possibilidade de improvisação coletiva, pois se trata de um encontro de músicos para tocar o ritmo brasileiro do choro, de forma espontânea e com bastante espaço para a improvisação. Outra característica da roda de choro é a possibilidade de proporcionar, em grande parte das vezes, aprendizagem coletiva informal, pois nem sempre os músicos que tocam em uma roda de choro fazem parte do mesmo grupo, possuem formações e interpretações musicais diferentes e não se reúnem por motivo de compromissos formais. Desta maneira, o improviso mistura também as influências e as construções de significado de cada um dos componentes (Flach; Antonello, 2007).

Da mesma forma, a improvisação coletiva poderia ser comparada com a metáfora da improvisação das *Big Bands* de *jazz* ou com ocasiões nas quais vários membros realizam improvisos em tempos concomitantes, podendo chegar a alterar padrões rítmicos e musicais anteriormente estabelecidos, de forma conjunta. À medida que a improvisação varia, combina e recombina um conjunto de elementos, os membros passam a perceber a coerência e os rumos da improvisação, conferindo a esta um significado. Desta maneira, projetam nela o que estão realizando coletivamente. Aqui surge a aprendizagem do grupo, pois torna-se momentos a serem lembrados como experiências significativas. Assim, a ação coordenada parece fluida, não requer esforço; a linguagem parece criar, em vez de descrever; o antigo é visto como novo, numa mistura de descoberta e nostalgia. Os indivíduos reconhecem a experiência como social e local, podendo inclusive ser recuperada com a combinação correta de pessoas, recursos e circunstâncias (Weick; Westley, 2004).

• 5.6 • A improvisação baseada em clichês e em repetição ou variação de temas

Na improvisação, a pessoa que a executa desenvolve, com o passar do tempo, pelo acúmulo de estudos e experiência, alguns padrões de improviso denominados clichês. No *jazz*, por exemplo, os músicos desenvolvem um vocabulário de frases e padrões que é colocado nas improvisações. Estes clichês podem surgir pela observação e pela análise da improvisação de outros; por imitação de improvisações executadas; por repetição; e por memorização de solos e frases (Barrett, 1998). O mesmo ocorre no teatro, quando os atores pautam-se em movimentos e frases já observados em improvisos de colegas ou mesmo em seus próprios improvisos. De qualquer maneira, somente a prática e a memorização destes padrões não bastam, pois o improvisador precisa desenvolver uma percepção, para saber quais frases, clichês e padrões podem ser utilizados nas circunstâncias com as quais se depararem (Barrett, 1998). Estes padrões e repetições de ações anteriormente executadas são também úteis para as organizações. Levitt e March (1995) referem-se a uma *competency trap* sobre esta tendência a tornar-se competente e especializada em uma rotina bem-sucedida.

A improvisação na organização implica saber explorar os conhecimentos já aprendidos e estabelecidos na memória da organização (*exploitation*) e também explorar novas formas de conhecimento e aprendizagem (*exploration*) (March, 1991). Para o improvisador, um grande salto de aprendizagem ocorre quando ele consegue estabelecer relações entre diferentes padrões e contextos de improviso, exportando clichês para outros momentos, antes não premeditados; recriando padrões; combinando-os; fazendo variações; adicionando e trocando notas; variando acentos; desviando subitamente o contorno de uma frase antes padronizada. A improvisação também envolve combinar elementos de modelos diferentes. Na música, por exemplo, isto ocorre quando o improvisador mistura diferentes harmonias e notas, estende intervalos, altera tonalidades ou transfere elementos musicais de um ritmo para outro, para produzir algo novo. No teatro, por exemplo, isto ocorre quando um ator utiliza técnicas teatrais com influências de diferentes escolas, no intuito de realizar um improviso em forma de teatro de rua, alternando falas e gestos.

Assim, pode-se dizer que, nas organizações, estas repetições de temas e clichês estão diretamente ligadas às rotinas (March, 1991), que, por sua vez, encontram-se na memória organizacional (Levitt; March, 1995; Moorman; Miner, 1998). Moorman e Miner (1998), relacionando improvisação nas organizações com memória organizacional, definem improvisação nas organizações como o grau no qual a composição e a execução de uma ação convergem no tempo, tendo esta relação próxima com a *procedural memory* (memória processual, baseada no conhecimento de habilidades) e a *declarative memory* (memória declarativa, baseada no conhecimento factual). Os autores propõem que ambas as formas de memória organizacional moderam o impacto dos resultados da improvisação nas organizações. Ao mesmo tempo, a improvisação influencia a memória organizacional por gerar novos experimentos e permitir o desenvolvimento de competências de alto nível na improvisação.

• 5.7 • O erro como parte da improvisação

A palavra improviso provém do latim *improvisus,* que significa "não visto antes do tempo". Improvisação consiste em executar uma ação de modo extemporâneo, em uma composição no momento. Considerando o alto potencial de inovação e exploração, existe também grande potencial para o erro. A improvisação, desta forma, envolve explorar, experimentar continuamente, consertando os erros com novas possibilidades (Barrett, 1998).

As organizações, em princípio, tendem a enfatizar a intolerância com relação ao erro. Seifert e Hutchins (1992) estudaram as oportunidades que os erros podem gerar para o desenvolvimento mais amplo e criação de novos olhares. Nas bandas de *jazz,* o erro é considerado parte do improviso e algo praticamente inevitável, quando se trata de alçar novos caminhos musicais. Barrett (1998) destaca que os improvisadores do *jazz* regularmente cometem erros, mesmo que para a plateia isto não se torne aparente. Uma parcela destes erros ocorre pela discrepância entre intenção e ação, ou seja, às vezes, as mãos do músico falham ao tocar algo que inerentemente o músico já imaginava. No teatro, ocorre o mesmo, pois, muitas vezes, a pronúncia de determinadas palavras ou a gesticulação não ocorre conforme o ator havia planejado.

Quando os erros ocorrem, os artistas improvisadores não procuram achar logo as causas nem identificar os responsáveis, mas tratá-los de forma impessoal e considerá-los inerentes ao processo. Neste sentido, Weick (1999) defende a "estética da imperfeição" nas organizações. Segundo o autor, em vez de procurar avaliar sucessos ou falhas de criações individuais, baseadas em modelos simples de perfeição (como a metáfora da música clássica), deve-se pensar em modelos imperfeitos, mas audaciosos, que agreguem valor a novas experimentações, sejam estas bem ou mal sucedidas. Assim, a estética da imperfeição envolve avaliar um repertório de ações que combine frases belas com frases feias (que seriam resultantes de processos de improvisos com erro e ações inovadoras mal sucedidas). Apreciando a estética da imperfeição, as pessoas podem manter o equilíbrio entre ordem e desordem, aumentando a probabilidade de que ocorra a aprendizagem (Weick; Westley, 2004).

Dessa forma, o improvisador precisa estar apto a correr riscos, cometer erros diante de sua plateia. Precisa estar consciente de que os erros podem ser oportunidades para novas informações e para acesso à formação de novos significados. Os erros resultantes da justaposição entre ordem e desordem na improvisação podem ser revistos como oportunidades, e não como ameaças à execução (Weick; Westley, 2004).

Portanto, entendendo a aprendizagem como um processo que envolve descoberta, retenção de informações, *exploration* e *exploitation* (March, 1991) e que o próprio processo de improvisação consiste em ações que permitem posterior avaliação de resultados, ambos caracterizam-se pelo processo de tentativa e erro (Moorman; Miner, 1998). Organizações que estimulam os processos de aprendizagem e improvisação podem ser descritas como aquelas que valorizam a estética da imperfeição (Weick, 1999), ou seja, que atribuem valor positivo para experiências de aprendizagem, sejam elas inicialmente bem ou mal sucedidas. Consistem em organizações que estimulam a experimentação, a iniciativa voluntária para assumir riscos e que visualizam os erros como falhas do alcance, mas também como oportunidades de obter a informação que talvez não fosse facilmente perceptível por outros meios (Sitkin, 1992).

• 5.8 • A negociação e os diálogos contínuos na improvisação em conjunto

A improvisação aborda também a capacidade de trabalhar com perguntas e respostas de frases melódicas. Neste sentido, por exemplo, um músico de *jazz* é desafiado, em determinado momento, com uma pergunta em linguagem sonora e deve respondê-la com seu instrumento. Este jogo de improvisação, também muito utilizado na música nordestina, no repente, na bossa-nova e no samba, caracteriza o diálogo, bem como as relações existentes entre cooperação e competição.

Segundo Wenger (1998), uma prática não existe em abstrato, pois depende de pessoas envolvidas em ações cujo significado é negociado entre elas. Assim, só existe porque estas pessoas pertencem a uma comunidade engajada em concretizar um empreendimento. O empreendimento comum é negociado entre os membros da comunidade, a partir de um processo social de negociação que reflete o envolvimento das pessoas na comunidade. O repertório compartilhado é criado, aos poucos, pela comunidade. A busca conjunta de concretização do empreendimento cria recursos para a negociação de significado. Os elementos do repertório podem ser muito heterogêneos e obtêm sua coerência não como símbolos, atividades ou artefatos específicos, mas do fato de pertencerem à prática de uma comunidade em busca de um empreendimento.

A aprendizagem e a relação de negociação de identidade e poder podem ser melhor compreendidas pela interpretação de conhecimentos físicos que são repassados por meio de artefatos. Estes artefatos são símbolos, transmitidos pelos próprios atores, que consistem em elementos que fornecem interpretações e geram novas negociações. Esta negociação ocorre pelo fato de a aprendizagem ser mediada por diferenças de perspectivas entre pessoas para a construção de uma realidade social. A prática da comunicação dentro de um grupo social molda a comunidade de forma que ela produza e aproprie conhecimentos (Gherardi; Nicolini, 2001).

• 5.9 • A performance no ato de improvisação

Nas organizações, a improvisação está muito ligada à atitude tomada no momento do improviso. Ela é adquirida com a experiência, com o sentido de autoeficácia e autoconfiança. Pensar a performance também implica não isolar esferas da vida social como estética, ética, política, religião, dentre outras. Turner (1982) defende o estudo da "antropologia da perfomance" como parte essencial de uma "antropologia da experiência": "todo tipo de performance cultural, incluindo ritual, cerimônia, carnaval, teatro e poesia, é explicação da vida" (Turner, 1982, p. 13). Recorrendo à etimologia da palavra – performance deriva do francês antigo *parfournir,* completar – o autor atribui à performance o momento de finalização de uma experiência, sem a qual esta não seria completa. Schechner (1988), parceiro de Turner (1982) em trabalhos sobre a antropologia da performance, defende sua diferença com relação ao autor do conceito de drama social. Turner (1982) localiza o drama essencial no conflito e em sua resolução. Schechner (1988) localiza-o na transformação, em como as pessoas usam a performance como meio de experimentar, atuar e sancionar mudanças. As transformações via performance se dão tanto nos *performers* – que rearranjam seu corpo e mente – como no público. Estas mudanças podem ser temporárias, quando se trata da performance como entretenimento, ou permanentes, no caso do ritual.

Relacionando a performance na improvisação teatral com a improvisação nas organizações, Vera e Crossan (2005) discutiram o papel do treinamento para a eficácia na improvisação e as possíveis maneiras pelas quais se desenvolvem habilidades desta performance. Segundo as autoras, existe exagerada ênfase com relação ao aspecto espontâneo da improvisação. Analisando grupos de teatro, destacaram que a improvisação teatral fornece, para as organizações, lições de performance sobre práticas, colaboração, combinação, aceitação e adição, presença no momento e trabalho com a reincorporação de clichês.

A performance da improvisação no teatro e na música consiste em metáfora transparente e acessível para a performance da improvisação nas organizações, porque os elementos usados por atores de teatro e músicos são praticamente os mesmos utilizados pelos times de trabalho, nas organizações. Ou seja, principalmente no caso da improvisação teatral, observa-se que ela está baseada em fala, pensamento, postura, gestos, expressões faciais, movimento e ação, que consistem nos mesmos elementos utilizados na performance dos indivíduos nas organizações (Vera; Crossan, 2005).

Considera-se que a performance da improvisação pode ser perpassada por um processo de aprendizagem e, desta forma, desenvolvida ao transcorrer do tempo. Um músico iniciante no processo de improvisação, por exemplo, mesmo que esteja carregado de técnicas, possui frequentemente dificuldades para improvisar ou mesmo realiza improvisações que deixam a desejar. Tendem a ser improvisações fracas, pois lhe falta principalmente experiência, criatividade espontânea para formação de frases e melodias, conhecimento da linguagem, *timing, feeling,* entre outros. De modo similar, no teatro, o ator iniciante sente dificuldades para improvisar e pode realizar movimentos duros, gestos sem demonstração de sentimento e que não passam mensagem para o público, ou mesmo citações de frases que não se encaixam no contexto. Na verdade, assim como na improvisação musical e teatral, a improvisação nas organizações ocorre por influência de diversos fatores, mas considera-se que, nesta forma de aprendizagem, seja essencial a experiência a partir da socialização e do compartilhamento.

○ CONSIDERAÇÕES FINAIS

Neste capítulo, procurou-se estabelecer alguns pontos de discussão e reflexão acerca da improvisação e da aprendizagem nas organizações. Para isso, delimitou-se o foco na perspectiva sociocultural da aprendizagem, que defende que os processos de aprendizagem dos indivíduos na organização ocorrem através do trabalho, da prática e da interação, pela reflexão e ação, considerando que trabalho e organização são práticas sociais, engajadas por atividades situadas em contextos específicos de interação (Gherardi; Nicolini, 2000). Nesta interação, ocorre a aquisição, o suporte e a mudança de significados dentro da organização, por meio da transmissão de elementos intersubjetivos como artefatos (Cook; Yanow, 1993).

Considera-se a perspectiva sociocultural como lente para compreensão dos processos de improvisação e aprendizagem nas organizações, pois ela permite a análise da ação individual e coletiva, dos processos individuais e coletivos de aprendizagem. Além de auxiliar na compreensão sobre quem está aprendendo no processo, permite também analisar "o que está sendo feito" e "quais ações são necessárias para a efetivação dos objetivos propostos", bem "o que se torna visível, para quem e com quais objetivos" (Yanow, 2000, p. 256). Quando os pesquisadores focam as organizações como culturas, enfatizam as práticas coletivas, em detrimento das cognições dos indivíduos (Weick; Westley, 2004), com possibilidade de análise de mudança organizacional por processos de aprendizagem. Permite também a análise de processos de improvisação e a aprendizagem por correções de erros, improvisações e adaptações decorrentes de mudanças ambientais (Yanow, 2000).

Crossan e Sorrenti (1997) comentam que a AO tem sido estudada lançando-se foco sobre diferentes aspectos, como memória, *sensemaking*, inteligência, mas não a partir da improvisação. Para Crossan e Sorrenti (1997), a improvisação é uma parte do cotidiano organizacional e um aspecto vital da AO. A improvisação ocorre, às vezes, de forma positiva e, às vezes, de forma negativa e sabe-se muito pouco sobre as características que separam estes dois extremos. O *tradeoff* entre a prudência e a exploração continua a atormentar a realidade das organizações.

A partir dos nove pressupostos aqui discutidos e sustentados em revisão da literatura sobre Aprendizagem Organizacional e improvisação, entende-se que a improvisação pode permear um processo de aprendizagem, assim como o processo de aprendizagem pode exigir do indivíduo a improvisação. Não se trata de buscar estabelecer uma relação de causa-efeito entre os fenômenos, mas de buscar compreendê-los em sua complexidade e dinamicidade. Pode-se tomar, como exemplo, o *post-it* da empresa 3M. Inicialmente, o criador do produto tinha como tarefa e objetivo produzir uma cola potente. No entanto, a cola obtida era "fraca". Mesmo assim, o pesquisador, em um processo de improvisação, uniu um bloco de papéis com esta cola e percebeu que poderia utilizar o pequeno bloco com a função de pequenos bilhetes e lembretes colantes. Ou seja, ocorreu simultaneamente a justaposição do processo de aprendizagem e de improvisação, além da criação um novo produto, o *post-it*.

A emergência do modelo de improvisação tem menos a ver com a mera exploração de novas metáforas do que com a necessidade de encontrar modos de atuação mais adaptados às exigências de um mundo organizacional em mudança (Cunha, 2002). Um dos estímulos mais significativos para a emergência da improvisação decorre da insatisfação com a concepção de estrutura que tem prevalecido de forma duradoura. Os teóricos da organização têm se preocupado, há muito tempo, com o problema da estrutura e com a forma profunda como as estruturas influenciam o comportamento das (e nas) organizações. As novas investigações sobre a improvisação organizacional vêm ilustrando, contudo, o fato de a escolha de uma posição no contínuo orgânico-mecanicista não ser uma inevitabilidade. As necessidades de adaptação organizacional tornam claras as dificuldades com que se defrontam os gestores de organizações e a necessidade de Aprendizagem Organizacional. Os gestores são pressionados a alcançar resultados, a responder às mudanças do ambiente e lhes são exigidas capacidades de inovação e de adaptação suficientes para acompanhar os níveis de mudança no ambiente. Assim, os modelos de gestão firmados nos pressupostos de previsibilidade, da capacidade de antecipação e de estabilidade deram lugar à busca de modelos capazes de oferecer um entendimento mais dinâmico da relação entre as organizações e seus ambientes, estando também associados diretamente à ideia de improvisação (Cunha, 2002). A exploração de novos caminhos e de novas interpretações, a partir da noção da improvisação, pode ser, portanto, considerada elemento fundamental.

Neste capítulo, não se pretendeu propor soluções, ferramentas ou aplicações de natureza prescritiva para as organizações lidarem com a improvisação e incrementarem sua performance, mas procurar, a partir da metáfora da improvisação na música e no teatro, enriquecer a discussão sobre a temática em foco e lançar alguns pressupostos e eixos norteadores para investigações futuras sobre o processo de improvisação e aprendizagem nas organizações.

QUESTÕES PARA REFLEXÃO

1. De que maneira a questão espaço-tempo interfere no processo de improvisação nas organizações?
2. Relacionando com os autores clássicos de aprendizagem, quais são os elementos da aprendizagem que possivelmente poderiam ser identificados após um processo de improvisação?
3. Toda a improvisação acarreta um processo de aprendizagem?
4. É possível gerenciar um processo de improvisação? Justifique sua resposta.
5. Quais momentos são propícios para o surgimento do improviso nas organizações?
6. Haveria ocasiões onde o improviso não seria bem-vindo nas organizações? Em caso afirmativo, quais seriam? Justifique sua resposta.
7. Como você acredita que a necessidade de improviso seja vista pelos empresários, empreendedores e pelas organizações? Qual a sua opinião sobre o improviso nas organizações?

REFERÊNCIAS

ANTONACOPOULOU, E. P. The relationship between Individual and organizational learning: new evidence from managerial learning practices. *Management Learning*, v. 37, n. 4, p. 455-473, 2006.

ANTONELLO, C. S.; RUAS, R. Formação gerencial: pós-graduação lato sensu e o papel das comunidades de prática. In: ENCONTRO NACIONAL DA ASSOCIAÇÃO NACIONAL DOS PROGRAMAS DE PÓS-GRADUAÇÃO EM ADMINISTRAÇÃO, 26., 2002, Salvador. *Anais*... Salvador: ANPAD, 2002. v. 1. p. 1-14.

ANTUNES, R. *Os sentidos do trabalho*: ensaio sofre a afirmação e negação do trabalho. São Paulo: Boitempo, 1999.

ARGYRIS, C.; SCHÖN, D. A. *Organizational learning*: a theory of action perspective. Reading, MA: Addison-Wesley, 1978.

BARRET, F. J. C. Creativity and improvisation in organizations: implications for organizational learning. *Organization Science*, v. 9, p. 605-622, 1998.

BLACKELER, F.; CRUMP, N.; MCDONALD, S. Organizing processes in complex activity networks. In: NICOLINI, D.; GHERARDI, S.; YANOW, D. (Ed.). *Knowing in organizations*: a practice-based approach. New York: M.E. Sharpe, 2003. cap. 6, p. 126-150.

BROWN, J. S.; DUGUID, P. Organizational learning: observations toward a theory. *Administrative Science Quarterly*, v. 10, n. 2, p. 175-203, 1991.

BROWN, J. S.; DUGUID, P. Organizational learning and communities of practice: toward a unified view of working, learning and innovation. In: COHEN, M. *Organizational learning*. California: Sage, 1995.

COOK, S. D. N.; YANOW, D. Culture and organisational learning. *Journal of Management Inquiry*, v. 2, n. 4, p. 373-390, 1993.

COOPEY, J.; BURGOYNE, J. Politics and organizational learning. *Journal of Management Studies*, v. 37, n. 6, p. 869-885, 2000.

CROSSAN, M. M. Improvisation in action. *Organization Science*, v. 9, n. 5, p. 593-599, 1998. Special Issue: Jazz Improvisation and Organizing.

CROSSAN, M.; LANE, H.; WHITE, R. An organizational learning framework. *The Academy of Management Review*, v. 24, n. 3, p. 522-537, 1999.

CROSSAN, M.; SORRENTI, M. Making sense of improvisation. In: WALSH, J. P.; HUFF, A. S. (Ed.). *Advances in strategic management*. Greenwich, CT: JAI Press, 1997. p. 155-180.

CUNHA, M. P. All that jazz: três aplicações do conceito de improvisação organizacional. *Revista de Administração de Empresas*, v. 42, n. 3, 2002.

CUNHA, M. P. *Bricolage in organizations*. Lisboa: Universidade Nova de Lisboa, 2004.

CUNHA, M. P.; CUNHA, J. V.; KAMOCHE, K. Organizational improvisation: what, when, how and why. *International Journal of Management Reviews*, v. 1, p. 299-341, 1999.

CUNHA, J. V.; KAMOCHE, K.; CUNHA, M. P. Organizational improvisation: a contextual approach. *International Review of Sociology*, v. 13, n. 3, p. 567-589, 2003.

DAVIES, P. Esse fluxo misterioso. *Scientific American Brasil*, ano 1, n. 5. p. 54-57, 2002.

EASTERBY-SMITH, M. et al. Constructing contributions to organizational learning: Argyris and the next generation. *Management Learning*, v. 35, n. 4, p. 371-380, 2004.

FLACH, L.; ANTONELLO, C. S. O papel da improvisação nos processos de aprendizagem nas organizações: a metáfora da improvisação no ritmo brasileiro choro. In: ENCONTRO NACIONAL DA ASSOCIAÇÃO NACIONAL DOS PROGRAMAS DE PÓS-GRADUAÇÃO EM ADMINISTRAÇÃO, 31., 2001, Rio de Janeiro. Anais... Rio de Janeiro: ANPAD, 2007.

GHERARDI, S. Learning as problem-driven or learning in the face of mistery? *Organization Studies*, v. 20, n. 1, p. 101-124, 1999.

GHERARDI, S. Practice-based theorizing on learning and knowing in organizations. *Organization*, v. 7, n. 2, p. 211-223, 2000.

GHERARDI, S. *Organizational knowledge*: the texture of workplace learning. London: Blackwell, 2005. cap. 1.

GHERARDI, S.; NICOLINI, D. The Sociological Foundations of Organizational Learning. In: DIERKES, M. et al. (Org.). *Handbook of Organizational Learning and Knowledge*. London: Oxford University Press, 2001. p. 35-60.

HARMAN, W.; HORMANN, J. *O trabalho criativo*: o papel construtivo dos negócios numa sociedade em transformação. São Paulo, Cultrix, 1997.

HARVEY, D. *Condição pós-moderna*: uma pesquisa sobre as origens da mudança cultural. 10. ed. São Paulo: Loyola, 2001.

HASSARD, J. Tempo de trabalho: outra dimensão esquecida nas organizações. In: CHANLAT, J. *O indivíduo na organização*: dimensões esquecidas. 3. ed. São Paulo: Atlas, 1996. p. 175-193.

HATCH, M. J. Exploring the empty spaces of organizing: how improvisational jazz helps redescribe organizational structure. *Organization Studies*, v. 20, p. 75-100, 1999.

HATCH, M. J.; WEICK, K. Critics corner: critical resistance to the Jazz Metaphor. *Organization Science*, v. 9, n. 5, p. 600-604, 1998. Special Issue: Jazz Improvisation and Organizing.

KAMOCHE, K.; CUNHA, M. P. Minimal structures: from jazz improvisation to product innovation. *Organization Studies*, v. 22, p. 733-763, 2001.

KIRSCHBAUM, C.; SAKAMOTO, C.; VASCONCELOS, F. C. Improvisação na música e nas organizações: relações de competição e cooperação. In: ENCONTRO NACIONAL DE ESTUDOS ORGANIZACIONAIS ASSOCIAÇÃO NACIONAL DOS PROGRAMAS DE PÓS-GRADUAÇÃO EM ADMINISTRAÇÃO, 4., 2006, Porto Alegre. *Anais*... Porto Alegre: ENEO, 2006.

LAVE, J.; WENGER, E. *Situated learning*: legitimate peripheral participation. Cambridge: Cambridge University Press, 1991.

LEVI-STRAUSS, C. *The savage mind*. Chicago, IL: University of Chigago, 1966.

LEVITT, B.; MARCH, J. Organizational learning. In: COHEN, M. *Organizational learning*. California: Sage, 1995.

LEWIN, A. Y. Jazz improvisation as a metaphor for organization theory. *Organization Science*, v. 9, n. 5, p. 539, 1998. Special Issue: Jazz Improvisation and Organizing.

MARCH, J. Exploration and exploration in organizational learning. *Organization Science*, v. 2, n. 1, p. 71-87, 1991.

MOORMAN, C.; MINER, A. Organizational improvisation and organizational memory. *The Academy of Management Review*, v. 23, n. 4, p. 698, 1998.

ORLIKOWSKI, W.; YATES, J. It's about time: temporal structuring in organizations. *Organization Science*, v. 13, n. 6, p. 684-700, 2002.

SCHECHNER, R. *Performance theory*. New York: Routledge, 1988.

SEIFERT, C. M.; HUTCHINS, E. L. Error as opportunity: learning in a cooperative task. *Human-Computer Interaction*, v. 7, n. 4, p. 409-435, Feb. 1992.

SITKIN, S. B. Learning through failure: the strategy of small losses. In: STAW, B.; CUMMINGS, L. (Org.). *Research in organizational behavior*. Greenwich: JAI Press, 1992. v. 14, p. 231-266.

TURNER, V. *From ritual to theatre*: the human seriousness of play. New York: PAJ Publications, 1982.

VERA, D.; CROSSAN, M. Theatrical Improvisation: Lessons for Organizations. *Organization Studies*, v. 25, n. 5, p. 727-749, 2004.

VERA, D.; CROSSAN, M. Improvisation and innovative performance in teams. *Organization Science*, v. 16, n. 3, p. 203-224, 2005.

VERJANS, S. Bricolage as way of life: improvisation and irony in information systems. *European Journal of Information Systems*, v. 14, p. 504-506, 2005.

VIEIRA, M. M. F. Sobre a dimensão espaço-tempo na análise organizacional. In: ENCONTRO NACIONAL DA ASSOCIAÇÃO NACIONAL DE PROGRAMAS DE PÓS-GRADUAÇÃO EM ADMINISTRAÇÃO, 27., 2003, Atibaia. *Anais...* Atibaia: ANPAD, 2003.

WEICK, K. E. *Sensemaking in organizations*. London: Sage, 1995.

WEICK, K. E. Improvisation as a mindset for organizational analysis. *Organization Science*, v. 9, n. 5, p. 543-555, 1998.

WEICK, K. E. The aesthetic of imperfection in orchestras and organizations. In: CUNHA, M. P.; MARQUES, C. A. *Readings in organization science*. Lisbon: ISPA, 1999. p. 541-563.

WEICK, K.; WESTLEY, F. Aprendizagem organizacional: confirmando um oxímoro. In: CLEGG, S.; HARDY, C.; NORD, W. (Org.). *Handbook de estudos organizacionais*. São Paulo: Atlas, 2004. v. 3, p. 361-388.

WENGER, E. *Communities of practice*: learning, meaning, and identity. New York: Cambridge University Press, 1998.

WENGER, E. Communities of practice and social learning systems. *Organization*, v. 7, n. 2, p. 225-246, 2000.

YANOW, D. Seeing organizational learning: a 'cultural'view. *Organization*, v. 7, n. 2, p. 247-268, 2000.

○ SUGESTÕES DE *SITES* SOBRE O TEMA

http://appliedimprov.ning.com/

http://www.forum-improvisation.net/

http://www.ivey.uwo.ca/faculty/Mary_Crossan.html

Claudia Simone Antonello

6

CONTEXTOS DO SABER
a aprendizagem informal

OBJETIVOS DO CAPÍTULO

- Apresentar as noções básicas de aprendizagem informal, incidental, experiencial e situada com intuito de explorar as possibilidades de aproximações e distanciamentos teóricos.
- Discutir as principais questões envolvidas na literatura e na investigação dos processos de aprendizagem e seu papel no desenvolvimento de competências.
- Apresentar, para futuras análises e discussões, um quadro de referências relativamente integrado para a definição e o papel da aprendizagem na ação no desenvolvimento de competências.

RESUMO

Há um debate contínuo sobre a natureza das relações entre pessoas, objetos e discursos; a natureza de mútua reconfiguração que ocorre nestas interações; a natureza e o contexto em que é gerado o conhecimento. Este capítulo tem como objetivo abordar, discutir e propor, uma concepção que procura mapear e estabelecer conexões entre as diferentes definições atribuídas à aprendizagem informal e à aprendizagem experencial, seu processo e seu papel no desenvolvimento de competências no contexto organizacional. O estudo desenvolvido investigou os aspectos relacionados à aprendizagem e ao desenvolvimento de competências na percepção de universitários que estavam trabalhando e cursando a etapa final do curso de Administração. Os resultados revelam a importância do contexto em que os indivíduos estão inseridos na construção de significados para o processo de aprendizagem; como as situações que surgem no cotidiano podem tornar-se veículo neste processo; e permitem dizer que, para instalar uma cultura de aprendizagem que possibilite o desenvolvimento de competências, é necessária a compreensão das novas diretrizes de uma tarefa educativa voltada para a aprendizagem. Na perspectiva de trazer alguma contribuição, o estudo conclui propondo um quadro de referências relativamente integrado para a definição e o papel da aprendizagem na ação no desenvolvimento de competências.

○ INTRODUÇÃO

A compreensão do processo de aprendizagem e desenvolvimento gerencial envolve e exige a interlocução de diferentes áreas de conhecimento. Atualmente, identificam-se duas problemáticas, ou melhor, duas lacunas entre as expectativas geradas nas iniciativas de formação e o que efetivamente é desenvolvido em termos de competências: (a) os impactos (restritos) dos programas de treinamento e formação convencionais sobre o desenvolvimento de competências; (b) as dificuldades enfrentadas pelos participantes destes cursos de compartilharem, no âmbito da organização, as competências desenvolvidas com pares de trabalho ou grupos específicos.

A importância de iniciar-se uma discussão com o objetivo de examinar estas duas problemáticas é o que justifica este estudo. Para isto, partiu-se do seguinte pressuposto: as situações que surgem no cotidiano podem tornar-se veículo para o desenvolvimento de um processo de aprendizagem, pois propiciam o desenvolvimento da capacidade dos gerentes identificarem e responderem rapidamente aos problemas emergentes em sua realidade de trabalho (Le Boterf, 1999). Elas também levam o gestor ao desenvolvimento de novas competências e à geração de novas atitudes em relação a seu trabalho.

Evidencia-se, então, a importância de clarificar algumas abordagens e processos relacionados com a aprendizagem na ação. Assim, estabeleceu-se como objetivo principal deste estudo identificar e analisar os processos de aprendizagem que contribuem para o desenvolvimento de competências requeridas ao administrador, no atual ambiente de negócios, a partir da percepção de estudantes universitários que estavam trabalhando e cursando a etapa final do curso de Administração.

Este capítulo está estruturado da seguinte forma: inicialmente, é apresentada uma revisão teórica que aborda aprendizagem experiencial, informal e situada; a noção de competência adotada no estudo e algumas pesquisas realizadas no Brasil sobre os processos de aprendizagem e o desenvolvimento de competências. Em seguida, há apresentação e discussão dos resultados e da teoria substantiva, considerando-se que o método utilizado para análise dos dados foi a *grounded theory*. Conclui-se propondo um quadro de referências relativamente integrado para a definição e o papel da aprendizagem na ação, no desenvolvimento de competências.

1 • REFERENCIAL TEÓRICO

A dimensão individual da aprendizagem é habitualmente analisada, a partir de vários modelos, relativamente distintos, desenvolvidos ao longo do tempo, para tentar explicar o processo de aprendizagem. Entre eles, estão o *Behaviorista*, o Cognitivista e da Aprendizagem Experiencial, sendo este último o de maior interesse aqui. As abordagens cognitivistas e experienciais veem o fenômeno da aprendizagem como o estudo das formas em que as cognições – percepções, atitudes e crenças – são modificadas pela experiência e afetam o comportamento dos indivíduos. O modelo cognitivo tenta explicar o aprendizado de fenômenos mais complexos e identifica-se com a teoria Gestalt, que diz que o aprendizado ocorre a partir de *insights* e da compreensão das relações lógicas entre meios e fins e entre causa e efeito. Estes modelos levam em consideração as crenças e percepções dos indivíduos e o processo de formulação de mapas cognitivos que lhes possibilitam compreender melhor a realidade.

Frente à diversidade de definições que podem ser identificadas na literatura que trata dos temas aprendizagem e competências, nesta seção apresentam-se aspectos de alguns tipos de aprendizagem (experiencial, informal, incidental e situada) e propõe-se uma definição para competências.

• 1.1 • Aprendizagem experiencial

Os modelos de aprendizado experiencial baseiam-se, principalmente, nos trabalhos de Dewey, Lewin e Piaget. Segundo estes autores, o aprendizado é, por natureza, um processo de tensão e conflito, que ocorre por meio da interação entre o indivíduo e o ambiente, envolvendo experiências concretas, observação e reflexão, que geram a permanente revisão dos conceitos aprendidos, ou seja, o aprendizado é um processo e não um produto. A noção de ciclo de aprendizagem foi definida por vários pesquisadores, mas a origem do ciclo é atribuída frequentemente a Dewey (2000). O conceito mais importante, em seu estudo sobre aprendizagem, é a noção de experiência. O autor define aprendizagem como a contínua reorganização e reconstrução da experiência, que ocorre todo o tempo e em todas as situações em que as pessoas agem e interagem, refletem e pensam. Conforme Dewey, a aprendizagem nasce de uma situação em que a pessoa está confusa ou em dúvida, ou seja, confrontada com um problema que a faz parar e pensar, estabelecendo-se um fluxo: situação-problema-indagação-reflexão-nova situação. Isto implica o entendimento não dualista do fazer e do conhecer, ação e pensamento. A separação dualista é substituída por uma continuidade de agir e conhecer. A aprendizagem envolve tanto ações como cognição, pois ações sem cognição são de pouco valor em termos de aprendizagem. Refletir e pensar são esforços intencionais que possibilitam o estabelecimento de conexões específicas entre as ações e consequências resultantes, de modo que os dois elementos tornam-se contínuos e permitem a reorganização e a reconstrução da experiência vivenciada. Isso conduz à definição de experiência e ao que significa aprender com base na experiência:

> A experiência não deriva da mera atividade, mero fazer, e não está baseada em qualquer mudança que implique reflexão sobre ações anteriores com o fim de antecipar consequências futuras. A simples participação na prática, na ação, não cria aprendizagem. Uma pessoa está aprendendo somente quando é capaz de refletir sobre suas ações e reorganizar, assim como reconstruir a experiência, por meio de um processo contínuo de reflexão – pensamento – como meio de atuação. A ideia de aprendizagem como reorganização e reconstrução da experiência não é uma questão de argumentar a favor ou contra a cognição (Elkjaer, 2000, p. 113).

Pode-se identificar, na literatura, várias definições para aprendizagem experiencial, que apresentam diferentes ênfases, entre elas: na resolução de conflitos; na avaliação para desenvolvimento; no treinamento de habilidades; em modelos teóricos; no crescimento pessoal; no desenvolvimento e treinamento no local de trabalho. Tudo termina sendo apresentado e categorizado como fazendo parte da "família" da aprendizagem experiencial.

O que é então Aprendizagem Experiencial? Para alguns autores, é tudo que envolve a educação; para outros, é restrita a uma prática específica ou um modelo de currículo. A vasta ordem de atividades educacionais que utilizam o termo aprendizagem experiencial pode ser encontrada no trabalho de Henry (1989). Esta pesquisadora apresenta uma classificação em que são vistos como métodos de aprendizagem experiencial: resolução de problemas; aprendizagem independente; desenvolvimento pessoal; mudança social; aprendizagem não tradicional; baseada na atividade; projeto de trabalho; trabalho e colocação na sociedade; aprendizagem anterior. Além desta classificação, também existem, na literatura, outras definições de aprendizagens consideradas experienciais e vinculadas à ação:

a. **Aprendizagem fortuita**: por exemplo, reuniões; interações informais; em sala de aula no intercâmbio com colegas e professores.
b. **Aprendizagem da vida**: atividades e papéis, além do ambiente de trabalho, que auxiliam

na vida profissional, como, membro de um conselho escolar; cantor; iatista, voluntário de um programa na comunidade; pintor; papel de pai na família.

c. **Aprendizagem com os outros**: por exemplo, em equipe; em fusões e alianças de empresas.
d. **Aprendizagem na ação:** na resolução de problemas; nas atividades desenvolvidas no trabalho; no desenvolvimento de projetos.
e. **Aprendizagem autodirigida/autodesenvolvimento**: o próprio indivíduo identifica, planeja e desenvolve suas necessidades de aprendizagem (formação e desenvolvimento).
f. **Aprendizagem formal:** embora geralmente recorra a atividades de aprendizagem intencionalmente construídas e normalmente consideradas pertencentes ao domínio de Desenvolvimento de Recursos Humanos, apresenta, em algumas situações, caráter experiencial. Ações de desenvolvimento formal constituem-se em educação continuada, treinamento e educação básica, cursos de graduação, pós-graduação, seminários e *workshops*.
g. **Aprendizagem baseada no trabalho**: baseia-se na simples ideia de que aprendizagem pode ser adquirida por meio da prática. Raelin (1997) propõe que sejam fundidas deliberadamente teoria e prática, e reconhece a interseção de formas explícitas e tácitas de saber, atribuindo importância ao nível coletivo, na aprendizagem individual.

Há também uma categorização útil no campo da Aprendizagem Experiencial desenvolvida pelos trabalhos da I Conferência Internacional em Aprendizagem Experiencial em Londres (Henry, 1989, p. 17): "Aprendizagem experiencial refere-se a um espectro de significados, práticas e ideologias as quais emergem do mundo do trabalho e de compromissos de políticos, pedagogos, treinadores, agentes de mudança e das pessoas em geral." A aprendizagem experiencial é entendida a partir de significados diferentes, como os referentes aos desafios que os indivíduos enfrentam em sua vida, na educação, nas instituições, nas organizações, em comunidades e na sociedade como um todo. Pode-se, porém, discernir quatro ênfases para aprendizagem experiencial. Cada ênfase dá base para um agrupamento relacionado a ideias e preocupações, são elas, aprendizagem experiencial:

a. como a base para provocar mudança nas estruturas, objetivos e currículos na educação;
b. como base para elevação da consciência de grupo, ação de comunidade e mudança social;
c. como base para criar novas rotas em sua educação, emprego, oportunidades de treinamento e organizações profissionais, quando a pessoa está particularmente preocupada em avaliar e credenciar a aprendizagem da vida e a experiência de trabalho;
d. relacionada ao crescimento pessoal, desenvolvimento e ampliação da autoconsciência e eficiência do grupo.

Baseando-se, então, nos modelos cognitivistas e experienciais, desenvolvem-se alguns dos principais trabalhos relacionados ao aprendizado individual, no contexto organizacional. Entre outros estudos, o mais difundido é o de Kolb (1984), inspirado nos modelos de aprendizagem experiencial e influenciado pelas ideias de Dewey. A aprendizagem é apresentada por Kolb (1984, p. 41) como "o processo por meio do qual o conhecimento é criado pela transformação da experiência", a partir de seis suposições: 1) aprendizagem é um processo, não um resultado; 2) deriva da experiência; 3) exige que um indivíduo solucione demandas dialeticamente opostas; 4) é sistêmico e integrativo; 5) requer interação entre uma pessoa e o ambiente; 6) resulta em criação de conhecimento. Kolb propõe o ciclo de aprendizagem vivencial, em que concebe a aprendizagem como um ciclo quadrifásico, como pode ser visualizado na Figura 6-1.

O modelo proposto por Kolb influenciou diversos estudos em Administração. Entre eles,

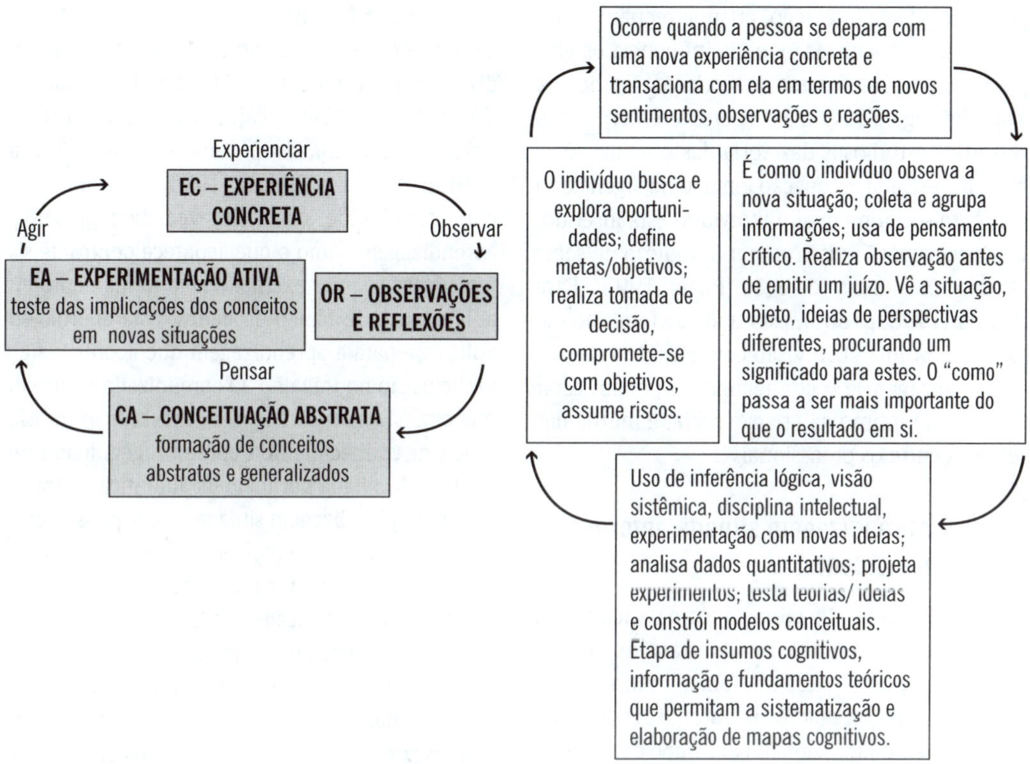

FIGURA 6-1 Ciclo da aprendizagem experiencial de Kolb.
Fonte: adaptado a partir de Kolb (1984).

a interação pessoa-trabalho (Sims, 1983), pesquisa e desenvolvimento de equipes (Carlsson; Keane; Martin, 1976), sistemas organizacionais (Dixon, 1994), desenvolvimento de estratégia (Van Der heijden, 1996), desenho de educação em administração (Lengnick-Hall; Sanders, 1997) e aconselhamento no trabalho (Hunt, 1987). Miettinen (1998) sugere a razão para tal influência: este modelo combina espontaneidade, sentimentos e *insights* profundos dos indivíduos com a possibilidade de pensamento racional e reflexão. Mantém a crença humanista na capacidade de todo indivíduo crescer e aprender, tão importante para o conceito de aprendizagem contínua e para a educação de adultos. Em termos de aprendizagem, a experiencial pode ser descrita como um processo pelo qual o indivíduo reflete sobre sua experiência e, disto, emergem *insights* ou novas aprendizagens. Ela pode ser definida, então, como um processo que inicia com a experiência seguida por reflexão, discussão, análise e avaliação da experiência. A suposição é que raramente se aprende da experiência, a menos que se avalie a experiência, conceba-se o próprio significado em termos das próprias metas, objetivos, ambições e expectativas. Destes processos surgem os *insights*, as descobertas e o entendimento. As partes assumem seus lugares e a experiência toma significado e forma, somando em relação a outras experiências. Isso é então conceituado, sintetizado e integrado ao sistema de construção do indivíduo, que lhe impõe o mundo pelo qual ele vê, percebe, categoriza, avalia e busca experiência.

Stacey (1993) reforça a importância da interação social. O autor acredita que os indivíduos, por meio de sua interação, criam e recriam continuamente a organização, e ela influencia os grupos e o contínuo processo de recriação. Desde que a aprendizagem passou a despertar crescente interesse dos estudiosos da teoria das organizações, evidencia-se a preocupação em não negligenciar o contexto social no qual o indivíduo está inserido. Esta preocupação visa romper a tradição de separar o conhecimento da ação (Raelin,1997). Para Richter (1998, p. 301), esta tradição tem sido desafiada por uma "[...] visão construtivista de que a aprendizagem e o conhecimento podem estar situados no íntimo da criação social e mútua das relações entre os profissionais".

• 1.2 • Aprendizagem situada, informal e incidental

O tipo de aprendizagem informal acontece, naturalmente, como parte do trabalho diário. Usualmente, os eventos de treinamento são considerados espaços típicos de aprendizagem e desenvolvimento profissional. No campo da aprendizagem na ação uma das abordagens mais ricas é a que trata da aprendizagem informal e das comunidades de prática, por meio aprendizagem situada. Os benefícios mais sustentáveis, em termos de necessidades individuais e organizacionais, tendem a ser o resultado da "ação" ou da *"aprendizagem situada"*, que é informal e resulta diretamente de atividades relacionadas com o trabalho (Lave; Wenger, 1991). Esta é a aprendizagem que se dá em espaços e interstícios de vida organizacional.

Lave e Wenger (1991) argumentam que o aprendizado sempre ocorre em função da atividade, do contexto e da cultura em que ocorre ou se situa. Para os autores, esta proposição contrasta com a maioria das atividades em sala de aula, que envolvem conhecimentos abstratos, totalmente descontextualizados de situações concretas. *A interação social* é um componente crítico da aprendizagem situada; nela, os aprendizes ficam envolvidos em "Comunidades de Prática", que portam certas convicções e definem comportamentos a serem adquiridos.

Brown e Duguid (1992) descrevem este tipo de local de trabalho como um processo de aprendizagem que acontece por "teias de participação". Wenger e Lave (1998) caracterizam estas *teias de aprendizagem informais* como Comunidades de Prática; Boland e Tenkasi (1995) as denominam comunidades de saber. Em vez de representar aprendizagem como o que acontece dentro de sistemas formais, por exemplo, pelo treinamento em aula ou uso de banco de dados, esta abordagem volta-se a para a aprendizagem que acontece pela participação no trabalho. O aprendizado ocorre de maneira não intencional, não deliberada. A transferência de conhecimento e aprendizagem mais integrados é facilitada por meio da autêntica interação social. A aprendizagem situada coloca pensamento e ação num lugar e tempo específicos. Situar significa envolver indivíduos, o ambiente e as atividades para criar significado. Situar significa localizar, num *setting* particular, os processos de pensar e fazer utilizados pelos *experts* para criar conhecimento e habilidades para as atividades. O conhecimento é obtido pelos processos descritos como "*way in*" e prática. "*Way in*" é um período de observação no qual um aprendiz assiste um *expert*/mestre e faz a primeira tentativa de resolver um problema. Na prática, está o refinamento e o aperfeiçoamento do uso do conhecimento adquirido.

Para Lankard (2000), aprende-se em contextos que refletem como o conhecimento será devidamente usado em situações da vida real. A estratégia está baseada na premissa de que conhecimento não é independente, mas fundamentalmente situado, sendo, em parte, um produto da atividade, do contexto e da cultura em que é desenvolvido (Brown; Duguid, 1992). Orey e Nelson (1994, p. 623) elaboram uma explicação: "aprendizagem requer mais que só pensamento e ação, ou uma situação física ou social particular, ou de receber um corpo de conhecimento; também requer participação nas atuais práticas da cultura". Assim, a aprendizagem situada é o autêntico contexto social no qual a aprendizagem acontece, fornecendo ao indivíduo o benefício do conhecimento ampliado e o potencial para aplicar este conhecimento de novas formas em novas situações. Na teoria da aprendizagem situada, o "conhecimento é visto como coproduzido pelas pessoas e pela situação; o compromisso e o engajamento do indivíduo são críticos na situação" (Damarin, 1993, p. 28).

Quanto à *aprendizagem informal*, Livingstone (1999) sugere que seja alguma atividade que envolva a busca de entendimento, conhecimento ou habilidade que acontece fora dos currículos que constituem cursos e programas educacionais. Outra definição é oferecida por Watkins e Marsick (1992), segundo a qual, a aprendizagem informal e a incidental podem ocorrer a partir de uma experiência formalmente estruturada, com base em atividades específicas para este fim. Estas autoras afirmam que aprendizagem informal pode se encontrar em processos formais de ensino, pode ser planejada ou não, mas, normalmente, envolve algum grau de consciência que a pessoa está aprendendo.

Aprendizagem incidental é a aprendizagem não intencional ou não planejada que resulta de outras atividades. Acontece frequentemente no local de trabalho, no processo de realização das tarefas (Cahoon, 1995). Ocorre de muitas formas: por observação, repetição, interação social e resolução de problema (Rogers, 1997); provém de significados implícitos em sala de aula, políticas ou expectativas do local de trabalho (Leroux; Lafleur, 1995); por "assistir" ou falar com colegas ou *experts* sobre tarefas (Rogers, 1997); provém de erros, suposições, convicções e atribuições (Cseh; Watkins; Marsick,1999); ou de ser forçado a aceitar ou adaptar-se a situações (English, 1999). Este modo "natural" de aprender (Rogers, 1997) tem características que o tornam muito eficaz em situações de aprendizagem formais: é situado, contextual e social. Ross-Gordon e Dowling (1995, p. 315) definem: "Aprendizagem incidental é uma ação ou transação espontânea, a intenção na realização de uma tarefa, que na descoberta ao acaso aumenta conhecimento e habilidades específicas. Inclui o aprender com erros, aprender fazendo, aprender pela transmissão em rede, aprender de uma série de experiências interpessoais".

A *aprendizagem incidental* pode resultar em competência melhorada, mudança de atitudes, incremento de habilidades interpessoais, autoconfiança e autoconsciência (Mcferrin, 1999; Ross-gordon; Dowling, 1995). Porém, nem toda aprendizagem não planejada é eficaz. Mealman (1993) explica como criar um clima que nutre aprendizagem incidental e auxiliar as pessoas a obterem bons resultados deste tipo de aprendizagem: a consciência da oportunidade e o valor de tal aprendizagem podem ser expostos à atenção dos aprendizes, enfatizando que eles podem antecipar resultados pela aprendizagem incidental e que isto repercute em incremento da competência; maior autoconhecimento; habilidades aperfeiçoadas; desenvolvimento de autoconfiança. Outras sugestões incluem oportunidades para trocas sociais (Lawrence, 2000); arranjo do local de trabalho (Brown; Duguid, 2000); desenvolvimento de habilidades de reflexão crítica (Cseh; Watkins; Marsick,1999).

A *aprendizagem situada*, como a *aprendizagem experiencial*, enfatiza que é mais provável que a mudança de comportamento aconteça como resultado da reflexão em experiência. A *aprendizagem incidental* difere, porque envolve pouca ou nenhuma reflexão. A dificuldade de validar a aprendizagem incidental como uma estratégia de aprendizagem eficaz é que se trata de uma aprendizagem que não é antecipada, tão pouco consciente, então, não é tão facilmente avaliada. A intenção primária da atividade é realizar a tarefa e não aprender. Quando a aprendizagem incidental acontece, é uma surpresa – um subproduto de outra atividade. O indivíduo descobre algo durante o processo de fazer.

Na abordagem das questões de identificação e avaliação da *aprendizagem informal*, é crucial não esquecer sua natureza contextual. Quando adquiridas em ambientes sociais e concretos, as competências são, em grande parte, os resultados da participação em Comunidades de Prática. Esta perspectiva implica valorizar não apenas o lado relacional (o papel do indivíduo dentro de um grupo social), mas também a qualidade da aprendizagem. Aprender, em termos individuais, significa adquirir competências de desempenho por envolvimento num processo contínuo de aprendizagem. Como tal, a aprendizagem não é apenas reprodução, mas também reformulação e renovação do conhecimento ou das competências.

Conforme Elkjaer (2000, p. 114), considerar a aprendizagem como parte inerente da prática social, como algo interpretado, baseado no mundo em que vivemos, "[...] pode também ser chamado de uma abordagem construtivista social sobre aprendizagem – e organizações". Esta abordagem tem desenvolvido conceitos, como o de aprender enquanto se trabalha. As práticas de trabalho são vistas como construções sociais. De acordo com Jacobson (1996, p. 23), "as relações sociais são centrais para a aprendizagem em determinado ambiente; aprender é significativo não somente pelas competências e processos que são adquiridos, mas pelas mudanças das relações sociais a que isto leva". De forma similar,

QUADRO 6-1
Síntese dos principais aspectos da aprendizagem situada, informal e incidental

	Situada	Informal	Incidental
DEFINIÇÃO	O aprendizado sempre ocorre em função da atividade, contexto e cultura no qual ocorre ou se situa. Requer participação nas práticas da cultura em que o sujeito está inserido.	Trata-se de alguma atividade que envolve a busca de entendimento, conhecimento ou habilidade. Ocorre fora dos currículos que constituem programas educacionais, cursos ou *workshops*.	É não intencional ou não planejada que resulta de atividades. Ocorre, frequentemente, no local de trabalho, no processo de realizar tarefas.
ÊNFASE	Assim como a aprendizagem na ação/experiencial, enfatiza que a mudança de comportamento é mais provável que aconteça como resultado da reflexão em experiência.	Implica valorizar não apenas o lado relacional (o papel do indivíduo dentro de um grupo social), mas também a qualidade da aprendizagem. Normalmente, envolve algum grau de consciência que a pessoa esteja aprendendo.	É amplamente não intencional. Pode se encontrar em processos formais de ensino. Difere das outras, porque envolve pouca ou nenhuma reflexão. Como não está baseada em reflexão, está presente nas ações do indivíduo. Trata-se de uma aprendizagem que não é antecipada, tão pouco consciente.
COMO OCORRE	Colocar pensamento e ação num lugar e tempo específicos. Situar significa envolver indivíduos, o ambiente e as atividades para criar significado. Significa localizar num *setting* particular os processos de pensar e fazer utilizados pelos *experts* para criar conhecimento e habilidades para as atividades. Pode ocorrer em Comunidades de Prática.	Pode ocorrer a partir de uma experiência formalmente estruturada, com base em atividades específicas para este fim. Pode ser planejada ou não planejada. Pode ocorrer em Comunidades de Prática.	Ocorre de muitas formas: por observação, repetição, interação social, e resolução de problema; de significados implícitos em sala de aula ou políticas ou expectativas do local de trabalho; por "assistir" ou falar com colegas ou *experts* sobre tarefas; de erros, suposições, convicções, e atribuições; ou do indivíduo ser forçado aceitar ou adaptar-se a situações.
RESULTADO	Fornece ao indivíduo o benefício do conhecimento ampliado e o potencial para aplicar este conhecimento de novas formas em novas situações.	O indivíduo pode adquirir competências por envolvimento num processo contínuo de aprendizagem. A aprendizagem não é apenas reprodução, mas reformulação e renovação do conhecimento e das competências.	Pode resultar em competência melhorada, mudança de atitudes, aumento de habilidades interpessoais, desenvolvimento de autoconfiança, ampliação de habilidades em geral e maior autoconhecimento.

Fonte: Elaborado pela autora a partir da revisão de literatura.

Lave e Wanger (1991, p. 52) afirmam que "a aprendizagem implica não somente as relações com atividades específicas, mas as relações com comunidades sociais", as denominadas comunidades de prática, ou seja, a aprendizagem implica o indivíduo tornar-se apto para envolver-se em novas atividades e funções e para adquirir novos conhecimentos.

No Quadro 6-1, apresenta-se a tentativa de sistematizar alguns aspectos dos tipos de aprendizagem que foram abordados nesta seção.

A aprendizagem no ambiente de trabalho é distinguida, na literatura, das atividades de aprendizagem em termos de seu *locus* de controle. Atividades de aprendizagem formais são conceituadas como organizacionalmente mediadas e envolvem muito menos autodireção, quando comparadas a atividades informais e incidentais consideradas altamente autodirigidas, cujo controle está dentro da esfera da aprendizagem individual (Eraut, 2000). Neste sistema ou estrutura social complexa de atores, cada indivíduo possui seus interesses específicos. Spender (1996) comenta que, em vez de adotar conceitos simplistas e reducionistas do indivíduo, precisa-se de alguma teoria sobre a relação entre os níveis individuais e sociais de pensamento que não pressuponha que todos os aspectos dos processos de conhecimento de um indivíduo possam estar separados de seu contexto social.

• 1.3 • Em construção: a noção de competência

Neste estudo, adotou-se a ideia que a competência permite a ação e/ou resolver problemas profissionais de maneira satisfatória dentro de um contexto particular, ao mobilizar diversas capacidades de maneira integrada. Esta proposta de definição foi construída a partir das ideias de Le Boterf (1999), Sandberg (2000) e Zarifian (2001). Está presente a questão processual e contextual em que a articulação e a interação são aspectos fundamentais para o indivíduo, a organização e a sociedade. Trata-se de uma abordagem dinâmica que privilegia a análise de competências, a partir da definição de noção e seleção de atributos* de competência, desenvolvimento e formação que se optou por denominar "competência em processo". Verificou-se que diferentes autores utilizam diferentes definições, com frequentes contradições e superposições conceituais. Para fins do estudo, entende-se que mais do que definir o que constitui competências é necessário também compreender como são desenvolvidas e, portanto, cabe considerar os seguintes aspectos elaborados, a partir dos autores anteriormente mencionados:

a. **Conexão existente entre a competência e a ação:** a competência permite o agir e é ela que adapta este agir. Ela não existe por si, independentemente da atividade, do problema a resolver, do uso que dela é feito.
b. **Contextualidade:** a competência está vinculada a uma dada situação profissional e corresponde, consequentemente, a um contexto.
c. **As categorias constitutivas da competência:** competência é constituída pela mobilização de recursos de competências: conhecimentos, habilidades e atitudes (Le Boterf, 1999).
d. **A competência adiciona valor às atividades da organização e valor social ao indivíduo:** à organização em forma de desempenho e ao indivíduo na forma de autorrealização, sentimento ou experiência pessoal de ser competente. Aqui se insere a ideia de autodesenvolvimento e motivos no sentido de que o indivíduo também é responsável pelo desenvolvimento, aprimoramento e consolidação de suas competências.

* Le Boterf (1999) sugere uma classificação para recursos/atributos de competências: a) conhecimentos: gerais e teóricos, operacionais e do ambiente; b) habilidades: operacional, experiencial, relacional cognitivo; c) atitudes: atributos pessoais e relacionais d) recursos fisiológicos: energia, disposição; e) recursos do ambiente: sistemas de informação, bancos de dados. Estes recursos podem ser desdobrados em outros.

e. **Interação e rede do trabalho:** as competências desenvolvem-se por interação entre as pessoas, no ambiente de trabalho, formal ou informalmente. A noção de construção de competência inclui a interação do indivíduo com seu grupo profissional, grupos sociais do ambiente em que vive. Considera-se também acesso a banco de dados, livros, manuais, dentre outros.

f. **As práticas de trabalho:** a competência pode ser compreendida com base nas práticas organizacionais, focando sua análise no enriquecimento de experiências e vivências. O desenvolvimento de competências envolve mudança na estrutura e no significado das práticas do trabalho. Neste sentido, um aspecto fundamental refere-se à apropriação do saber em ações no trabalho (saber agir). O conhecimento é construído e, ao mesmo tempo, incorporado às atitudes, manifestando-se por meio de ações e práticas no trabalho.

Tais considerações convergem para a construção da definição de competência adotada no estudo: é a que ocorre em função da capacidade de mobilização de conhecimentos, habilidades e atitudes (recursos de competência) pelo indivíduo frente à situação, atividade, contexto e cultura em que ocorre ou se situa. Trata-se da capacidade de o indivíduo pensar e agir dentro de um ambiente particular, supondo a capacidade de aprender e de adaptar-se a diferentes situações, a partir da interação com outras pessoas. O indivíduo também é responsável pela construção e pela consolidação de suas competências (autodesenvolvimento), tendo em vista o aperfeiçoamento de sua capacitação, podendo, dessa forma, adicionar valor às atividades da organização e a si próprio (autorrealização).

Ressaltam-se alguns estudos desenvolvidos no Brasil que abordam os processos de aprendizagem e o desenvolvimento de competências. Entre eles, o estudo de Leite, Godoy e Antonello (2006) cujo objetivo foi o de compreender como os gerentes de banco aprendem o exercício da função gerencial por meio de sua experiência. Como principais resultados, as pesquisadoras identificaram que os gerentes desenvolvem competências gerenciais a partir das experiências que vivenciam, não somente aquelas que por algum motivo foram marcantes, mas também por meio de atividades corriqueiras. Neste processo de desenvolvimento de competências, várias formas de aprender pela experiência foram mencionadas, recebendo maior ênfase a observação e a aprendizagem por tentativa e erro.

Antonello (2004) identificou e analisou como ocorre o processo de intercâmbio entre as práticas informais e formais de aprendizagem, no processo de desenvolvimento de competências, junto a gerentes que participam de programas de especialização e mestrado profissional em Administração. Os resultados deste estudo apontaram uma diversidade de modos a partir dos quais os indivíduos podem desenvolver suas competências, destacando a importância da aprendizagem informal neste processo. Além da construção de uma taxonomia de doze formas de aprendizagem* que contribuem para o desenvolvimento de competências gerenciais, a autora ressalta a necessidade de reconhecer-se a contribuição da aprendizagem informal pelas práticas de trabalho, na aquisição e no desenvolvimento de competências gerenciais, delineando algumas proposições para gestores e profissionais que atuam na área de desenvolvimento e formação gerencial.

Em estudo posterior, Antonello (2005) analisa estratégias empregadas para o desenvolvimento de competências gerenciais no âmbito organizacional. Os resultados desta investigação indicam que o processo de aprendizagem gerencial associado

---

* As doze formas de aprendizagem identificadas foram: experiência anterior e transferência extraprofissional; experienciar; reflexão; autoanálise (autoconhecimento); observação (modelos); *feedback*; mudança de perspectiva; mentoria e tutoria (ser assistido por ou exercer o papel de mentor ou tutor); interação e colaboração (em grupo); treinamentos; aprendizagem informal (no trabalho – baseada na prática e/ou durante cursos formais); aprendizagem pela articulação entre teoria e prática.

ao desenvolvimento de competências é complexo e dinâmico, transcendendo o domínio individual. Dentre outros achados, destaca-se a importância da aprendizagem na ação e do compartilhar de modelos mentais no desenvolvimento de competências gerenciais. Conforme Antonello, a aprendizagem gerencial no desenvolvimento de competências pode ser compreendida como um processo contínuo de responder às diversas demandas pessoais e ambientais, organizacionais e sociais que surgem da interação entre experiência, conceituação, reflexão e ação. A autora ressalta que a alternativa de atividades acadêmicas conjuntas às organizações pode ser uma excelente oportunidade, um espaço para experimentação de novas ideias, modelos e práticas voltadas para a realidade das empresas brasileiras.

Salienta-se que, se uma competência é um *saber-mobilizar*, não se trata de uma técnica ou de mais um saber, mas de uma capacidade de mobilizar um conjunto de recursos – conhecimentos, *know-how*, esquemas de avaliação e de ação, ferramentas, atitudes – a fim de enfrentar, com eficácia, situações complexas e inéditas. Não basta, portanto, " enriquecer a gama de recursos do gestor para que as competências se vejam automaticamente ampliadas, pois seu desenvolvimento passa pela integração e pela aplicação sinérgica desses recursos nas situações, e isso precisa ser aprendido" (Antonello, 2005, p. 36). Desta forma, evidencia-se a necessidade de compreender-se quais processos de aprendizagem estão presentes no desenvolvimento de competências.

3 • MÉTODO

O principal objetivo deste estudo exploratório, de natureza qualitativa, foi o de identificar e analisar os processos de aprendizagem que contribuem para o desenvolvimento das competências requeridas ao administrador pelo ambiente de negócios, na percepção de alunos do curso de graduação em Administração.

Esta pesquisa envolveu 75 alunos de duas universidades privadas, cursando o último semestre do curso noturno em Administração. Justifica-se a escolha pelo curso noturno por ampliar a possibilidade de pesquisar alunos que estivessem trabalhando. A limitação do estudo pode estar no fato de não terem sido investigados alunos de universidade pública e do turno diurno para o estabelecimento de estudo comparativo. Embora não fosse este o objetivo desta pesquisa, aqui fica a sugestão para estudos futuros. Os sujeitos pesquisados foram selecionados a partir de critérios que garantissem maior compreensão e proveito do fenômeno em questão. Assim, se definiram, como atributos essenciais que guiaram a escolha da unidade de análise: (a) alunos cursando último semestre do curso de administração; (b) alunos que estivessem trabalhando.

A estratégia empregada para a coleta de dados foi a de entrevista em profundidade. O roteiro semiestruturado para realização da entrevista foi formulado de acordo com a teoria apresentada nas seções anteriores, de modo a garantir a característica indutiva da pesquisa qualitativa. O conjunto de perguntas realizadas aos alunos pesquisados derivou do que é tecnicamente conhecido como estrutura teórica do estudo (Merriam, 1998). De acordo com Richter (1998), pesquisas interessadas em compreender o processo de aprendizagem devem preocupar-se em compreender o processo de construção de significados que o sujeito realiza, pois as perguntas sobre aprendizagem tendem a ser respondidas conforme aquilo que os sujeitos assumem como aprendizagem.

A *grounded theory* foi adotada como estratégia para análise dos dados. Esta abordagem visa à construção de teorias em pesquisa qualitativa e é "um método de pesquisa qualitativo que usa um sistemático conjunto de procedimentos para desenvolver indutivamente uma 'teoria' sustentada sobre o fenômeno. O levantamento da pesquisa constitui uma formulação teórica da realidade sob investigação" (Strauss; Corbin, 1990, p. 24). Para Carson e Coviello (1996), a *grounded theory* provê uma abordagem mais aberta à análise de dados. Em vez de forçarem-se os dados dentro de suposições e categorias obtidas a partir de deduções lógicas, os achados de campo são empregados para gerar uma teoria substantiva, derivada de conceitos e categorias usados pelos próprios agentes sociais para interpretar e organizar seus mundos. Strauss e Corbin (1990) e Carson e Coviello (1996) comentam que a interpretação de dados pode ser guiada por literatura e teoria existente. Isto é um processo altamente recursivo entre teoria que é construída e a teoria existente (Wolfgramm; Boal; Hunt, 1998). Nesta metodologia, o pesquisador inicia com um construto minimalista *a priori*, investiga profundamente comportamentos e eventos e, gradualmente, elabora uma teoria fundamentada, substantiva (Strauss; Corbin, 1990). Salienta-se que na *grounded theory*:

> [...] sua força está na possibilidade de compreender as experiências dos indivíduos por meio de um método flexível e aberto às descobertas e que [...] recontar e explicar essas experiências por meio de uma teoria: um conjunto integrado de proposições que explicam a variação da ocorrência de um fenômeno social subjacente ao comportamento de um grupo ou à interação entre grupos. [...] não é uma teoria formal, [...] mas uma teoria substantiva, específica para determinado grupo ou situação e não visa generalizar além de sua área substantiva. (Bandeira-de-Mello; Cunha, 2006, p. 247-248)

Esse método propõe desenvolver proposições em vez de testar hipóteses, permitindo a descoberta de processos que podem gerar uma teoria substantiva, baseada no estudo do que os atores "fazem" e em "como" eles interpretam essas ações (Creswell, 1998). "Antes de testar os relacionamentos entre variáveis, queremos descobrir categorias relevantes e os relacionamentos entre elas" (Strauss; Corbin, 1990, p. 49).

Assim, foram utilizados métodos de comparação constante e de codificação de termos para captar a essência do fenômeno estudado, dando sentido aos dados (Strauss; Corbin, 1990). Trata-se de um procedimento que, desde o levantamento, admite passos de construção de conceitos – principalmente indutivos – e teorias. De acordo com Mayring (2002), a *grounded theory* parte da suposição que o pesquisador, já durante a coleta de dados, desenvolve, aprimora e interliga conceitos teóricos, construtos e suposições, de tal maneira que levantamento e análise superpõem-se. No decorrer do levantamento de dados, cristaliza-se um referencial teórico, que está sendo modificado e completado passo a passo.

4 • APRESENTAÇÃO E ANÁLISE DOS RESULTADOS

A faixa etária dos pesquisados variou de 25 a 35 anos, sexo feminino (43%) e masculino (57%), sendo que 62% exerciam cargo gerencial ou de supervisão, com um tempo médio de experiência no trabalho de 10 anos. Procurou-se investigar com a utilização de um roteiro de entrevistas basicamente dois eixos principais: o processo de aprendizagem e o desenvolvimento de competências. Da análise das entrevistas emergiram as categorias de conteúdo, que são apresentadas no Quadro 6-2.

• 4.1 • Discussão

Tendo em vista os pressupostos metodológicos adotados neste estudo, o propósito desta seção é apresentar a teoria substantiva gerada a partir dos sujeitos pesquisados e que, entende-se, contribui para a compreensão do fenômeno estudado. Sinteticamente, pode-se dizer que a partir da percepção dos pesquisados identificam-se algumas questões abordadas na literatura sobre aprendizagem e desenvolvimento de competências. Pelos relatos, a noção do significado de aprendizagem pode ser identificada em quatro dimensões: (1) interação; (2) desenvolvimento pessoal e autonomia; (3) ação/experienciar; (4) processos e estruturas mentais. A importância de "colocar em prática" e "aprender pela experiência e pela ação" são as formas preferidas pelos entrevistados, facilitando seu processo de aprendizagem, também identificadas nos estudos desenvolvidos por Leite, Godoy e Antonello (2006) e por Antonello (2004, 2005).

Para os entrevistados, o objetivo da aprendizagem é provocar alguma mudança na própria

QUADRO 6-2
Categorias identificadas no estudo

Categorias gerais	Roteiro de entrevista	Microcategorias identificadas	Descrição da microcategoria
Processo de aprendizagem	I. Aprende-se mais:	Prática	Quando se coloca em prática algo.
		Observação	Pela observação de demonstrações sobre o que se quer aprender.
		Interação	Pela discussão e troca de ideias com outros colegas de trabalho.
		Leitura	Pela leitura de artigos e livros.
	II. Aprender significa:	Contexto Interação	A aprendizagem das pessoas e seu desenvolvimento produzem-se em contextos ou situações sociais, de interação grupal, facilitando que as pessoas possam conhecer pontos de vista diferentes e desenvolver suas próprias ideias.
		Desenvolvimento pessoal para autonomia	A aprendizagem é um processo de desenvolvimento e crescimento pessoal e afetivo que permite que as pessoas conquistem sua autonomia. Exige investimento e dedicação intensivos no autoconhecimento.
		Ação e experienciar	A aprendizagem ocorre pela ação e por aquilo que se experiencia. O que se aprende fica evidenciado no que se faz (forma de agir).
		Processo cognitivo	A aprendizagem é principalmente uma atividade interna e tem a ver com mudança dos processos e estruturas mentais das pessoas.
Barreiras	III. Quanto à preferência por atividades de formação	Reflexão	Que propiciam a reflexão dos participantes, mediante sua observação, com objetivo de conhecer, analisar e avaliar a própria prática, de conhecer a si mesmo.
		Simulação	Que utilizam a simulação como atividade principal.
		Interação	Que utilizam a aprendizagem entre colegas como estratégia relevante para o desenvolvimento profissional.
		Orientação/ acompanhamento	Que incorporam orientação/acompanhamento na aquisição de habilidades profissionais.
Ambiente	IV. Quanto ao ambiente das atividades de formação	Interesse do aprendiz	Para obter um bom ambiente de aprendizagem é necessário que os participantes dediquem-se, com interesse, à atividade.
		Orientação/ acompanhamento	Manter equilibrados os níveis de orientação/acompanhamento na atividade de formação melhora suas relações e seu ambiente.
		Atividades inovadoras	O que cria um bom ambiente é a realização de atividades inovadoras.
		Resultados percebidos	Perceber como produtivas as tarefas da atividade de formação ajuda a criar um bom ambiente.

(continua)

QUADRO 6-2
Categorias identificadas no estudo (*Continuação*)

Categorias gerais	Roteiro de entrevista	Microcategorias identificadas	Descrição da microcategoria
Planejamento	V. Planejamento das atividades de formação:	Associar teoria à prática	Deve promover a possibilidade de associar-se teoria à prática.
		Resolução de problemas	Deve se realizar sobre a base dos problemas reais diagnosticados pelas empresas.
		Colaboração	Deve ser uma tarefa colaborativa com implicação dos alunos na mesma.
Formador	VI. A principal característica de um bom formador deve ser	Conteúdo	Domínio do conteúdo.
		Motivação	Capacidade de motivar.
		Clareza	Clareza ao expor o tema.
		Propiciação à reflexão	Capacidade para propiciar a reflexão.
Competências	VII. Competências gerenciais necessárias para o bom desempenho em sua profissão	Competências referenciadas como prioritárias	Capacidade de gerenciar pessoas. Conhecimentos – competência técnica. Capacidade de estabelecer relacionamento interpessoal. Capacidade de trabalhar em equipe.
		Competências secundárias	Planejamento estratégico – agilidade e flexibilidade – responsabilidade – atenção voltada para o cliente – liderança.

eficácia, mudar valores e atitudes ou ter experiências que sejam aproveitadas no futuro. Assim, a aprendizagem é o processo pelo qual eles criam conhecimento por meio da transformação da experiência. Uma experiência de aprendizagem não é considerada uma consequência completa enquanto não tenha tido uma aplicação em uma situação de trabalho concreta e, na qual, de acordo com os entrevistados, possam avaliar sua eficácia. Este aspecto reporta-se à noção de competência: um dos pontos-chave é a transformação da experiência em conhecimento e em ação, a competência expressa-se na ação (Le Boterf, 1999).

Alguns dos resultados obtidos são similares a uma ideia apresentada por Watkins e Marsick (1992), a de que as condições que aumentam a aprendizagem são: (a) proatividade: na qual o aprendiz toma para si e dirige sua aprendizagem – semelhante às condições de autonomia e *empowerment*; (b) reflexão crítica: na qual os aprendizes identificam e tornam explícitos normas, valores e suposições que estão escondidos em sua consciência e desafiam o modo como as coisas são feitas ao seu redor; (c) criatividade: que permite às pessoas pensarem e perceberem as situações a partir de perspectivas diferentes.

A aprendizagem incidental não é reconhecida ou classificada frequentemente como aprendizagem pelos pesquisados, confirmando assim, outros estudos de que é difícil mensurá-la. Porém, "as consequências não intencionais de uma situação de aprendizagem são frequentemente mais importantes para o aprendiz que os objetivos originais" (McFerrin, 1999, p. 1). Aprendizes não distinguem frequentemente aprendizagem formal e incidentalmente adquirida (Mealman, 1993) ou se preferem oportunidades de aprendizagem incidental no lugar da formal, embora alguns estudos demonstrem que reter a aprendizagem incidental é pessoalmente significativo para os indivíduos (Woods, 1998).

A necessidade da aproximação entre a teoria e a prática, apontada pelos entrevistados, evidencia que o resgate da bagagem de conhecimentos/experiências do indivíduo em seu cotidiano e no ambiente de formação, possibilita-lhe apropriar-se desta bagagem e, ao mesmo tempo, contribui para seu autodesenvolvimento. Além disso, os pesquisados salientam a importância do facilitador ter a capacidade de propiciar a reflexão em ambiente de formação. Estes aspectos permitem-lhes ampliar seu repertório de respostas às situações que se apresentam em seu dia a dia. No reapropriar de sua experiência profissional/pessoal, esperam poder redimensionar situações com as quais se deparam, a partir de uma perspectiva diferente, questões também apontadas em estudo de Antonello (2004). Trata-se da aplicação da dinâmica da relação entre ação-reflexão e aprendizagem. Desta forma, pode-se dizer que a aprendizagem designa o processo pelo qual o indivíduo constrói, assimila e aperfeiçoa conhecimentos e novas competências, por intermédio do qual suas representações, seus comportamentos e suas capacidades de ação são modificados.

Na percepção dos pesquisados, as competências consideradas imprescindíveis, além do conhecimento, para seu desempenho profissional como administrador numa função gerencial, situadas no campo das competências sociais, são a capacidade de: gerenciar pessoas; de relacionamento interpessoal e de trabalhar em equipe. Na literatura, reconhece-se que a principal meta da formação gerencial é ajudar os gestores a desenvolverem-se como profissionais reflexivos, que possam refletir criticamente sobre sua própria prática profissional. Os gestores, no atual contexto de negócios, precisam ser capazes de analisar a informação; resolver problemas; comunicar-se; relacionar-se e trabalhar em equipe; refletir sobre seu próprio papel no processo de aprendizagem (Schön, 2000).

Observa-se que os pesquisados sinalizam que aprendem reconhecendo e respondendo a um jogo diverso de demandas ambientais e pessoais. A aprendizagem envolveria a interação entre duas dimensões interdependentes de conhecimento: *aquisição* e *transformação.* Cada dimensão exige que um indivíduo solucione uma dialética ou um jogo de aprender por meio das tensões.

Assim, tomando as microcategorias identificadas no estudo para a categoria "aprender significa" – contexto, interação, reflexão e desenvolvimento pessoal – pode-se dizer que a dimensão de aquisição de conhecimento exige que um indivíduo solucione a tensão entre *apreensão* (experiência concreta) e a *compreensão* (conceituação abstrata). Apreensão exige que um indivíduo aceite um novo conhecimento por percepção sensória e experiência direta com o mundo (sentimentos). Em contraste, a compreensão acontece quando um indivíduo une conhecimento por intermédio de conceitos abstratos e representações simbólicas. A compreensão acontece quando o indivíduo desconstrói e separa a experiência em eventos significativos e os coloca dentro de um sistema simbólico da cultura e da sociedade. O conhecimento adquirido por apreensão ou compreensão interagiria prontamente com a segunda dimensão de aprendizagem, aqui denominada de *transformação de conhecimento.*

A dimensão de transformação da aprendizagem também é caracterizada por uma tensão dialética: *intenção de conhecimento* (observação-reflexiva) *versus extensão do conhecimento* (experimentação-ativa). No processo de aprender pela intenção, o indivíduo move-se internamente para refletir sobre o conhecimento previamente adquirido. Em contraste, aprendizagem por meio da extensão exige que ele se mova, além de si mesmo, para interagir com um ambiente externo e com outros indivíduos.

Os relatos analisados revelaram a noção de aprendizagem na ação e autogerenciada, em que o desenvolvimento de competências exige escolha e transformação interna do indivíduo, a partir das interações sociais. Evidenciou-se, ainda, a importância atribuída pelos entrevistados ao papel da autonomia e da motivação no processo de aprendizagem, atuando como capacitadores no seu contínuo desenvolvimento, bem como, à relevância do papel do facilitador para estimular a motivação por meio da orientação e do acompanhamento.

A forma como os entrevistados relataram que solucionam estas tensões dialéticas revelou como delineiam sua trajetória em torno do processo ciclo de aprendizagem. Vista como um todo, a aprendizagem por eles descrita trata-se de um processo contínuo de responder às diversas demandas pessoais e ambientais destes indivíduos, as quais surgem da interação entre experiência, conceituação, reflexão e ação constituindo um ciclo – embora não necessariamente fechado, ordenado e sequencial – mas melhor expresso pela noção de espiral, acompanhado pelo desenvolvimento de uma competência. Assim, a análise dos relatos oportuniza elaborar a configuração que se apresenta na Figura 6-2.

Na Figura 6-2, evidencia-se a ideia que a aprendizagem dos pesquisados é um processo de natureza social, emancipatória, tácita, que envolve a representação interna do indivíduo (autoconhecimento; interesse e motivação em aprender) e sua ação social (conhecimento do outro), viabilizando o desenvolvimento de suas competências. Quando os entrevistados falam em aprendizagem, estão falando de um conceito que inclui ambos, o explícito e o tácito. Inclui o que é dito e o que é não dito; o que é representado e o que é assumido. Inclui a linguagem, as ferramentas, os documentos, as imagens, os símbolos, os papéis definidos, os critérios especificados, os procedimentos, os regulamentos e os contratos que várias práticas fazem explícitas para uma variedade de propósitos. Inclui também todas as relações implícitas, convenções tácitas, sugestões sutis, regras não declaradas, intuições, percepções, sensibilidade, compreensões incorporadas, suposições subjacentes, visões de mundo compartilhadas que nunca puderam ser articuladas.

Assim, a transposição dos saberes para a prática não comporta apenas uma dimensão técnica, implicando um trabalho pessoal de reconstrução das representações e das atitudes, de reinvenção quotidiana de estratégias de ação, oportunizando o desenvolvimento pessoal e a autonomia. A contribuição mais significativa da aprendizagem na ação no desenvolvimento de competências reside, talvez, na ruptura com um modo de pensamento essencialmente prescritivo e justificativo, que exige a inversão da relação entre a "teoria" e a realidade observada, a partir da interação com *o outro* e do contexto em que está inserido o sujeito.

• 4.2 • Algumas proposições

Iniciou-se o capítulo abordando as dificuldades de estabelecer-se uma definição para aprendiza-

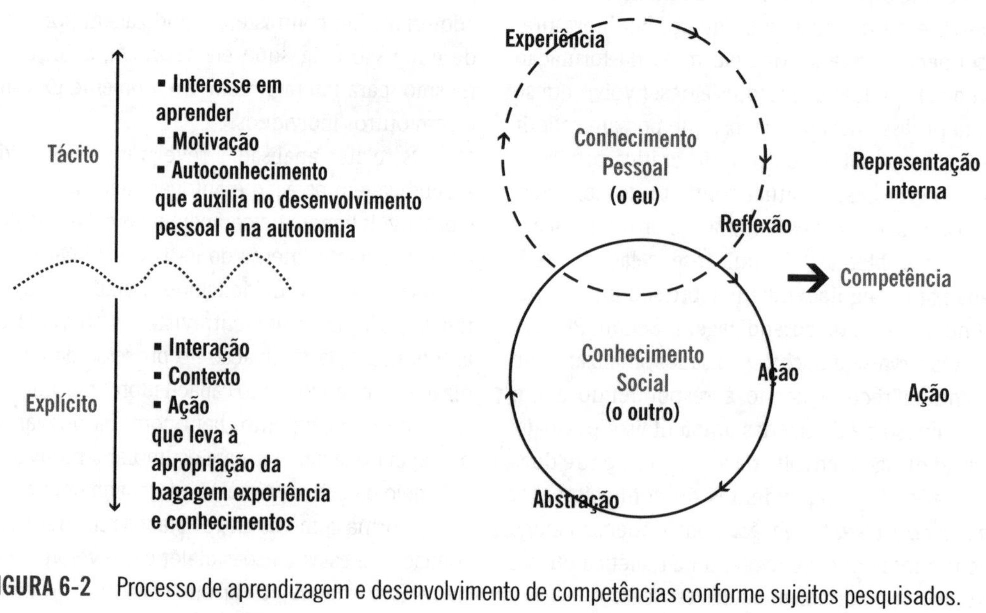

FIGURA 6-2 Processo de aprendizagem e desenvolvimento de competências conforme sujeitos pesquisados.

gem experiencial. A diversidade de nomenclaturas e abordagens do tema pode confundir o leitor que esteja buscando compreender o processo de aprendizagem e sua contribuição no desenvolvimento de competências. Além disso, por algum tempo, houve uma tendência de abordar-se a questão do desenvolvimento de competências descolada dos processos de aprendizagem que permeiam este fenômeno. Desta forma, conclui-se esta seção propondo um quadro de referências relativamente integrado para a definição e o papel da aprendizagem na ação no desenvolvimento de competências. A ideia não é unificar, mas estabelecer interlocuções entre algumas definições e abordagens. A partir da revisão teórica e da reflexão acerca do estudo exploratório desenvolvido, percebem-se conexões relativas ao conceito de aprendizagem que se denomina experiencial ou na ação em contextos organizacionais e de formação:

a. **processo**: ênfase no *como,* em termos de continuidade e ideia de espiral;
b. **transformação:** baseada na possibilidade de mudança de atitude;
c. **grupo**: enfatizando o coletivo;
d. **criação e reflexão:** sob a ótica da conscientização e inovação;
e. **ação:** apropriação e disseminação do conhecimento, experienciar e compartilhar por interações;
f. **situada:** o aprendizado ocorre em função da atividade, do contexto e da cultura em que ocorre ou se situa, sendo carregado de significado.

Assim, considerando: (i) as conexões obtidas pela incursão nas formas, definições, abordagens e processos de aprendizagem apresentados na literatura e (ii) o estudo exploratório aqui apresentado e a teoria substantiva gerada, propõe-se que: aprendizagem, independente de sua forma ou processo, frequência, intensidade e constância, designa ao indivíduo e aos grupos a oportunidade de vivenciar ou experimentar algum tipo de situação ou problema e isto pode implicar uma ação. Esta ação poderá estar envolvida por reflexão antes, durante ou depois do que se vivencia, oportunizando o desenvolvimento de competências. Identifica-se, também, a possibilidade do ciclo de aprendizagem experiencial contribuir para o desenvolvimento de competências, considerando-se os tipos de aprendizagem (vide Figura 6-3).

A noção de aprendizagem como um conceito tem evoluído marcantemente em termos de significado. Em sua forma tradicional, tende a ser conceituada como a preocupação com a aquisição de habilidades que são ampliadas pela experiência no trabalho. Concepções mais contemporâneas tendem a enfatizar menos a informação ou a aquisição de habilidades e transferem seu olhar para o desenvolvimento de novos e modernos processos cognitivos junto à aquisição e ao desenvolvimento de competências. A aprendizagem na ação é muito mais do que um simples acumular de experiências. Para quem experiência é a interação de uma pessoa ou coletivo com a situação de trabalho, nem toda a experiência permite diretamente uma aprendizagem. A transformação que a experiência quase sempre promove nos indivíduos pode ser o resultado de uma "repetição" ou "impregnação" e significar muito pouco no plano da formação. Para que tal aconteça, é necessário que exista intencionalidade da parte dos atores, no ambiente de aprendizagem formal ou nas práticas de trabalho, como ficou evidenciado nos resultados do estudo. Para potencializar formativamente os ambientes organizacionais e de formação com o objetivo de desenvolver competências é necessário que a interação com essas situações faça sentido para os que nela estão envolvidos.

A possibilidade de agir com um determinado sentido sobre a situação é um dos componentes fundamentais da aprendizagem experiencial: reforça o contato direto, a relação sujeito-objeto e favorece o ambiente de reflexividade e de releitura da experiência. Neste contexto, torna-se pertinente a realização de um empreendimento, uma ação, um projeto, a aposta no compartilhar de experiências e vivências, no confronto de processos e de resultados, instituindo espaços de aprendizagem coletiva. Trata-se de induzir o retorno à ex-

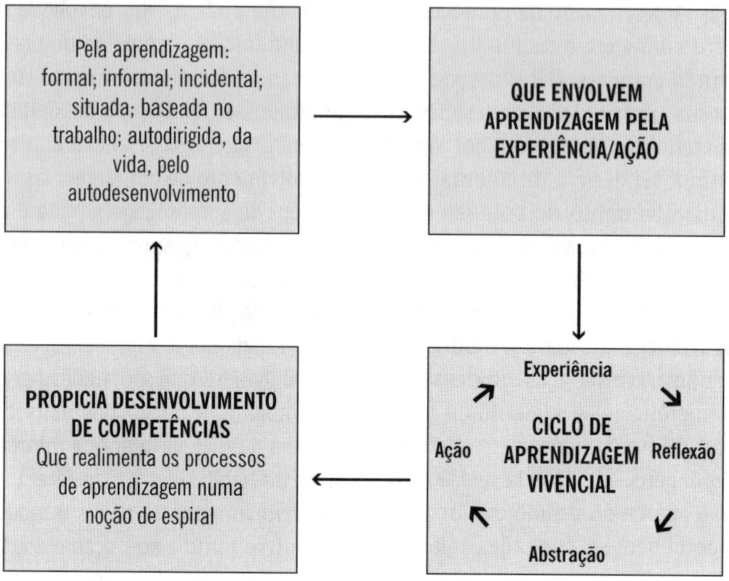

FIGURA 6-3 O papel da aprendizagem na ação no desenvolvimento de competências.

periência que visa a sua transformação em saber formalizado, em que a presença dos pares converte-se em mediação social, essencial para fazer evoluir o saber da experiência, tornando-o menos precário e menos pragmático e oportunizando o desenvolvimento de competências.

○ CONSIDERAÇÕES FINAIS

Os resultados do estudo realizado permitem dizer que o desenvolvimento de uma competência específica não é mero produto de processos e formas de aprendizagem particulares. Tal qual o processo de aprendizagem, o de desenvolvimento de competências é dinâmico e complexo e ambos estão totalmente inter-relacionados. A complexidade da combinação de diferentes ambientes e formas de aprendizagem, contexto e possibilidades permitem, em maior ou menor grau, o desenvolvimento de competências do indivíduo. Tentar o descolamento para compreendê-los isolada e separadamente seria, no mínimo, imprudente.

O contexto é uma complexa trama de referências (intercâmbio de informações, ideias, dentre outros) que, em longo prazo, pode auxiliar a configurar o saber dos indivíduos e, em igual tempo, determinar uma arquitetura social para este saber. Compreendido deste modo, o contexto em que ocorre a aprendizagem pode ou não criar equilíbrio dinâmico entre o saber/teoria e saber-fazer/prática. É por meio desta estreita interdependência ou coprodução de conhecimento teórico-prático que as competências podem ser desenvolvidas. Aprender significa desenvolver competências por envolvimento num processo contínuo de aprendizagem. Como tal, a aprendizagem não é apenas reprodução, mas também reformulação e renovação do conhecimento e das competências.

As situações de trabalho e de formação comportam multiplicidade de efeitos oriundos da aprendizagem, ou seja, mudanças duráveis no comportamento dos indivíduos e dos grupos. Estes são fruto da capitalização das experiências individuais e coletivas e da aquisição de conhecimentos na ação, produzindo-se de modo não necessariamente consciente. Correspondem a uma formação difusa, residual ou latente, mesmo quando a situação não tenha fins explicitamente de formação.

São considerados como coprodutos da atividade principal e constituem aquilo que se designa por aprendizagem informal. Diversos contextos instigam o indivíduo a analisar situações, a identificar problemas, a estabelecer prioridades, a perspectivar soluções, a gerar e gerir recursos. Em suma, a aprendizagem na ação pode apresentar-se como um processo a ser empregado na geração e no desenvolvimento de competências, capacitando os administradores a fazer frente às novas exigências.

As novas formas de organizar os processos de trabalho e a literatura, que aponta para a necessidade de superação das formas de organização tayloristas, oportunizam questionar o modelo de racionalidade técnica da formação – caracterizado por seu caráter linear e cumulativo – mas que, na prática, ainda parece predominar nos programas de formação e desenvolvimento adotados pelas organizações. A necessidade de aprendizagem na sociedade ao longo da vida tem se intensificado, assim como se reconhece, cada vez mais, que o desenvolvimento de competências não pode restringir-se à fase de educação inicial, deve ser um processo presente em toda a vida da pessoa. Além disso, os métodos tradicionais de ensino não se ajustam ou não são suficientes à aprendizagem, mas também, se fazem necessários o pensamento reflexivo e crítico; a autoavaliação; o autoconhecimento e a resolução de problemas (Dochy; Moerkerke, 1997). Este estudo permite dizer que, para se instalar uma cultura da aprendizagem que possibilite o desenvolvimento de competências, é necessária a compreensão clara das novas diretrizes de uma tarefa educativa – seja no ambiente organizacional ou educacional – voltada não para o *ensino*, mas para a *aprendizagem*.

Por fim, o fenômeno de forte mobilidade profissional e de multiplicação de tempos de formação, ao longo de toda a vida profissional, propicia o encadeamento interativo das situações de trabalho e de formação, associadas aos processos de enriquecimento profissional. Mas, algumas indagações permanecem na continuidade desta discussão, estudos e reflexões futuras: qual é o potencial formativo das situações de trabalho num quadro de mudança e de transformação? Como as áreas de Treinamento e Desenvolvimento têm se posicionado frente a estas transformações? Que efeitos de aprendizagem – residuais e latentes – são gerados em seu decurso? Qual a natureza das competências que são desenvolvidas nestes contextos?

○ QUESTÕES PARA REFLEXÃO

1. Entreviste seu colega tendo como roteiro sugerido as seguintes questoes:
   a. Quando aprende-se mais?
   b. O que significa aprender para você?
   c. O que pode dificultar seu processo de aprendizagem?
   d. Qual é o melhor ambiente para aprendizagem?
   e. Na sua opinião, como devem ser planejadas as atividades que envolvem aprendizagem?
   f. Quais são as principais características de um bom formador?
   g. Quais são as competências necessárias para se obter um bom desempenho como administrador (gerente)?

Ao final, compartilhe as respostas com seus colegas em pequeno em grande grupo.

2. Quais podem ser consideradas as principais características da aprendizagem experiencial, informal, situada e incidental?
3. A partir da leitura do texto, explique qual é o papel dos processos de aprendizagem no desenvolvimento de competências.

○ REFERÊNCIAS

ANTONELLO, C. S. As formas de aprendizagem utilizadas por gestores no desenvolvimento de competências. In: ENCONTRO NACIONAL DOS PROGRAMAS DE PÓS-GRADUAÇÃO EM ADMINISTRAÇÃO, 28., 2004, Curitiba. *Anais*... Curitiba, Paraná: ANPAD, 2004.

ANTONELLO, C. S. Desenvolvimento de projetos associado à formação profissional: uma estratégia para a geração de conhecimento e desenvolvimento de competências. In: INTERNATIONAL MEETING OF THE IBEROAMERICAN ACADEMY OF MANAGEMENT, 4., 2005, Lisboa. *Anais*... Lisboa: IAM -Iberoamerican Academy of Management, 2005.

BANDEIRA-DE-MELLO, R.; CUNHA, C. J. Grounded theory. In: GODOI, C. K. et al. (Org.). *Pesquisa qualitativa em estudos organizacionais*. São Paulo: Saraiva, 2006. p. 241-266.

BOLAND, R.; TENKASI, R. Perspective making and perspective taking in communities of knowing. *Organization Science*, v. 4, n. 6, p. 350-72, 1995.

BROWN, J. S.; DUGUID, P. *The social life of information*. Boston: Press Harvard Businesses Scholl, 2000.

BROWN, J. S.; DUGUID, P. When change is constant, maybe we need to change our own eyeglasses. *Learning in organizations workshop*. London: University of Western Ontario Business School, 1992. p. 21-23.

CAHOON, B. Computer skill learning in the workplace: a comparative case study. 1995. Tese (Doutorado) – University of Geórgia, Atlanta USA, 1995. Disponível em: <http://www.gactr.uga.edu/~cahoonb/dissertation.html>. Acesso em: 17 jun. 2002.

CARLSSON, B.; KEANE, P.; MARTIN, B. R. D. Organizations as learning systems. *Sloan Management Review*, v. 17, n. 3, p. 1-15, 1976.

CARSON, D.; COVIELLO, N. Qualitative research issues at the marketing / entrepreneurship interface. *Marketing Intelligence & Planning*, v. 14, n. 6, p. 51-58, 1996.

CRESWELL, J. *Qualitative inquiry and research design*: choosing among five traditions. London: Sage, 1998.

CSEH, M.; WATKINS, K.; MARSICK, V. Re-conceptualizing Marsick and Watkins' model of informal and incidental learning in the workplace. In: ACADEMY OF HUMAN RESOURCE DEVELOPMENT CONFERENCE PROCEEDINGS, 1999, Kuchinke. *Proceedings*... Baton Rouge: Academy of Human Resource Development, 1999. p. 349-356.

DAFT, R.; WEICK, K. Toward a model of organizations as interpretation systems. *Academy Management Review*, v. 9, n. 2, p. 284-95, 1984.

DAMARIN, S. School and situated knowledge. *Educational Technology*, v. 33, n. 3, p. 27-32, 1993.

DEWEY, J. *Democracy and education*. New York: Macmillan, 2000.

DIXON, N. *The organizational learning cycle*. New York: McGraw-Hill, 1994.

DOCHY, F.; MOERKERKE, G. The present, the past and the future of achievement testing and performance assessment. *International Journal of Educational Research*, v. 27, n. 5, p. 415-432, 1997.

ELKJAER, B. Em busca de uma teoria de aprendizagem social. In: EASTERBY-SMITH, M.; BURGOYNE, J.; ARAÚJO, L. (Org.). *Aprendizagem organizacional e a organização de aprendizagem*. São Paulo: Atlas, 2000. p. 100-116.

ENGLISH, L. A Study of Informal and Incidental Learning at the Parish Level. *International Journal of Lifelong Education*, v.18, n. 5, p. 385-394, 1999.

ERAUT, M. Non-formal learning and tacit knowledge in professional work. British. *Journal of Educational Psychology*, v. 70, p. 113-36, 2000.

HENRY, J. Meaning and practice in experiential learning. In: WEIL S.; MCGILL, I. *Making sense of experiential learning*. London: Open University Press, 1989. p. 29-33.

HUNT, D. *Beginning with ourselves*: practice, theory and human affairs. Cambridge: Brookline Books, 1987.

JACOBSON, W. Learning, culture, and learning culture. *Adult Education Quarterly*, v. 47, n. 1, p. 15-28, 1996.

KEGAN, R. *How the way we talk can change the way we work*. San Francisco: Jossey-Bass, 2001.

KOLB, D. *Experiential learning*: experience as the source of learning and development. New Jersey: Prentice-Hall, 1984.

LANKARD, B. A. *Clearinghouse on adult career and vocational education*. Ohio: ERIC Digest. 161, 2000. n. 161. Disponível em: <http://www.ed.gov/databases/ERICDigests>. Acesso em: 17 jun. 2002.

LAVE, J.; WENGER, E. *Situated learning*: legitimate peripheral participation. Cambridge: University Press, 1991.

LAWRENCE, L. *Transcending boundaries*: building community through residential adult learning. Chicago: Louis University, 2000. Disponível em: <http://www.nl.edu/ace/Resources/Documents>. Acesso em: 17 jun. 2002.

LE BOTERF, G. *L'ingénierie des compétences*. Paris: Les editions d'organisation, 1999.

LEITE, I. B.; GODOY, A. S.; ANTONELLO, C. S. O aprendizado da função gerencial: os gerentes como atores e autores do seu processo de desenvolvimento. *Aletheia*, v. 23, p. 27-41, 2006.

LENGNICK-HALL, C. A.; SANDERS, M. M. Designing effective learning systems for management education. *Academy of Management Journal*, v. 40, n. 6, p. 1334-1368, 1997.

LEROUX, J.; LAFLEUR, S. Employability skills: the demands of the workplace. *Vocational Aspect of Education*, v. 47, n. 2, p. 189-196, 1995.

LIVINGSTONE, D. Exploring the icebergs of adult learning. *Canadian Journal for the Study of Adult Education*, v. 3, n. 2, p. 49-72, 1999.

MAYRING, P. *Einführung in die qualitative Sozialforschung*. Weinheim: Beltz Studium, 2002.

MCFERRIN, K. Incidental learning in a higher education asynchronous online distance education course. In: PRICE, J. D. et al. (Ed.). *Society for Information Technology & Teacher Education International Conference Proceedings*. Charlottesville, VA: Association for the Advancement of Computing in Education, 1999.

MEALMAN, C. Incidental learning by adults in nontraditional degree program. In: ANNUAL MIDWEST RESEARCH-TO-PRACTICE CONFERENCE, 12., 1993, Columbus, Ohio. *Proceedings...* Disponível em: <http://www.nl.edu/ace/ Resources/ Documents/ Incidental.html>. Acesso em: 17 jun. 2002.

MERRIAM, S. B. *Qualitative research and case study applications in education*. San Francisco: Jossey-Bass, 1998.

MIETTINEN, R. About the legacy of experiential learning. *Lifelong Learning in Europe*, v. 4, n. 3, p. 165-171, 1998.

OREY, M.; NELSON, W. Situated learning and the limits of applying the results of these data to the theories of cognitive apprenticeships. In: THE NATIONAL CONVENTION OF THE ASSOCIATION FOR EDUCATIONAL COMMUNICATIONS AND TECHNOLOGY, 1994, Whashington.

RAELIN, J. A. A model of work-based learning. *Organisational Science*, v. 8, n. 6, p. 563-578, 1997.

RICHTER, I. Individual and organizational learning at the executive level. *Management Learning*, v. 29, n. 3, p. 299-316, 1998.

ROGERS, A. Learning: can we change the discourse? *Adults Learning*, v. 8, n. 5, p. 116-117, 1997.

ROSS-GORDON, J.; DOWLING, W. Adult learning in the context of African-American women's voluntary organizations. *International Journal of Lifelong Education*, v. 14, n. 4, p. 306-319, 1995.

SANDBERG, J. Understanding human competence at work: an interpretative approach. *Academy of Management Journal*, v. 43, n. 1, p. 9-17, 2000.

SCHÖN, D. *Educando o profissional reflexivo*. Porto Alegre: Artes Médicas, 2000.

SIMS, R. R. Kolb's experiential learning theory: a framework for assessing person-job interaction. *Academy of Management Review*, v. 8, n. 3, p. 501-508, 1983.

SPENDER, J. C. Organizational knowledge, learning and memory. *Journal of Organizational Change Management*, v. 9, n. 1, p. 63-78, 1996.

STACEY, R. D. *Strategic management and organisational dynamics*. London: Pitman, 1993.

STRAUSS, A.; CORBIN, J. *Basics of qualitative research*: grounded theory procedures and techniques. London: Sage, 1990.

VAN DER HEIJDEN, K. *Scenarios*: the art of strategic conversation. New York: John Wiley, 1996.

WATKINS, K.; MARSICK, V. Toward a theory of informal and incidental learning in organizations. *International Journal of Lifelong Education*, v. 11, n. 4, p. 287-300, 1992.

WENGER. K.; LAVE, J. *Communities of practice*: learning, meaning, and identity. Cambridge: University Press, 1998.

WOLFGRAMM, S.; BOAL, K.; HUNT, J. Organizational adaptation to institutional change: a comparative study of first-order change in prospector and defender banks. *Administrative Science Quarterly*, v. 43, p. 87-126, 1998.

WOODS, L. Effects of a tourism awareness program on the attitudes and knowledge of older adults. *Educational Gerontology*, v. 24, n. 1, p. 69-78, 1998.

ZARIFIAN, P. *Objetivo competência*: por uma nova lógica. São Paulo: Atlas, 2001.

○ SUGESTÕES DE *SITES* SOBRE O TEMA

http://eric.ed.gov/

http://reviewing.co.uk/research/experiential.learning.htm#242

http://www.businessballs.com/kolblearningstyles.htm

http://www.emtech.net/learning_theories.htm

http://www.infed.org/index.htm

http://www.learningandteaching.info/learning/experience.htm

http://www.learning-theories.com/

http://www.nall.ca/res/

http://www.via6.com/comunidade.php?cid=6316

http://www.wallnetwork.ca/index.html

7

Marco Vinicius Zimmer
Rodrigo Pinto Leis

GESTÃO DO CONHECIMENTO NO BRASIL
o que está sendo produzido e para onde caminha a área*

OBJETIVOS DO CAPÍTULO

- Analisar a produção científica brasileira em Gestão do Conhecimento, em termos qualitativos e quantitativos.
- Identificar autores nacionais e estrangeiros mais referenciados, bem como os principais centros acadêmicos brasileiros de produção nessa área.
- Apontar caminhos para incremento da produção acadêmica em Gestão do Conhecimento no Brasil, com o intuito de sugerir aperfeiçoamentos qualitativos e quantitativos.

RESUMO

Ao lado da Aprendizagem Organizacional, a Gestão do Conhecimento (GC) é um tema de crescente relevância nos estudos em Administração no Brasil. Prova disso é a produção científica na área, que vem recebendo maior atenção e aumentando em termos quantitativos, notadamente nos últimos 10 anos. Este capítulo visa a analisar a produção no campo de estudos sob diversas óticas: estratégias de pesquisa utilizadas, posicionamento epistemológico, bases teóricas, autoria e filiação acadêmica dos autores dos artigos. Neste quesito, dá-se atenção à predominância da autoria (se brasileira ou estrangeira), bem como à origem das fontes utilizadas (se periódicos, nacionais ou estrangeiros, ou livros). A revisão se estendeu do período de 1997 (ano da publicação no Brasil do clássico seminal "A Criação de Conhecimento nas Empresas", de Nonaka e Takeuchi) até 2007, abrangendo estudos publicados no Enanpad e nos periódicos nacionais classificados como A pela Capes. Ao final, indicam-se possíveis caminhos de estudo que agreguem substância ao que vem sendo produzido em Gestão do Conhecimento no Brasil.

* Versão preliminar deste estudo foi apresentada no 1º ENADI – Encontro de Administração da Informação, em 2007. Sua estrutura serviu de base para a elaboração deste capítulo, que foi revisado e ampliado.

○ INTRODUÇÃO

Atualmente, a Gestão do Conhecimento (GC) é vista como um tema emergente, com diferentes perspectivas e abordagens. O ponto central neste debate está embasado no fato de que o conhecimento é um recurso crucial para o desempenho das organizações. No entanto, por não existir um único conceito capaz de englobar todas as diversas facetas que permeiam o conhecimento, o tema é desenvolvido a partir de uma lógica multidisciplinar e em fase de consolidação.

Uma das possíveis explicações para o crescente interesse pela GC está ligada ao fato do rápido contexto de mudanças do mundo empresarial, que coloca o conhecimento na posição de uma das principais fontes de vantagem competitiva sustentável, uma vez que é de difícil imitação pelos concorrentes.

O termo Gestão do Conhecimento surgiu na década de 90 como uma proposta de agregar valor à informação e de facilitar o fluxo interativo dentro e entre as organizações. Quando utilizada de forma apropriada, a GC é tida como uma abordagem de gestão fundamental para a manutenção da competitividade das organizações. De acordo com Sveiby (1998), esse tema se foca no aproveitamento do recurso conhecimento existente nas empresas, proporcionando aos seus integrantes formas para empregar as melhores práticas e minimizar o fenômeno da reinvenção dos processos.

Percebe-se, assim, que a Gestão do Conhecimento tornou-se assunto relevante no contexto organizacional. A produção científica sobre o tema, que pode-se situar, no contexto brasileiro, com a publicação da obra "A Criação do Conhecimento na Empresa", de Nonaka e Takeuchi em 1997, tem aumentado desde então, acompanhando essa percepção de relevância na práxis organizacional.

Para verificar o estado-da-arte sobre a temática dentro da produção científica brasileira, será feito, neste estudo, um levantamento e análise bibliométrica de artigos publicados no Enanpad – Encontro Nacional de Programas de Pós-Graduação em Administração – e em periódicos nacionais Qualis A, da Capes, no período compreendido entre 1997 e 2007.

Além de verificar-se aspectos inerentes à metodologia de pesquisa (posicionamento epistemológico, estratégia, planejamento e tipo de pesquisa empregada), com vistas a uma avaliação de sua consistência científica, serão identificados os principais *loci* acadêmicos de produção sobre o assunto, em termos de quantidade, e as referências bibliográficas utilizadas. Por fim, serão traçadas recomendações e apontados novos caminhos para a produção em GC, que permitam a reflexão sobre sua relevância e uma maior consistência e originalidade, em direção a uma produção nacional sólida, consistente e capaz de agregar valor e inovar em relação ao que vem sendo produzido no cenário nacional – e não apenas seguir e replicar estudos produzidos no exterior.

Assim, na próxima seção será feita uma breve revisão conceitual sobre Gestão do Conhecimento. Em seguida, será apresentado um levantamento de alguns dos principais estudos de análise da produção científica em Administração no Brasil, nas diversas áreas e em Gestão do Conhecimento em si, no período 1997-2007. Após, será explicitada a forma como foi construída a análise metodológica dos artigos selecionados para, ao final, apresentar os resultados obtidos e discorrer sobre possíveis caminhos.

1 • REFERENCIAL TEÓRICO

• 1.1 • Gestão do conhecimento

A GC tem sido discutida de forma intensiva ao longo da última década segundo visões diferenciadas que caracterizam esta época pós-moderna, propícia à diversidade. Há desde abordagens profundamente filosóficas (Morin, 2001), passando por abordagens com predominância da visão sistêmica (Senge, 2000), até aquelas notoriamente pragmáticas (Davenport; Prusak, 1998; Stewart, 1997; Sveiby, 1998), que propõem "intervenções" organizacionais transformadoras da maneira de se pensar a organização empresarial pelo ponto de vista da sua eficácia econômica.

A GC, assim como o próprio conhecimento, é um conceito muito fluido e difícil de ser estabelecido fora do contexto organizacional. No entanto, a maior parte da discussão sobre esse assunto tem sido unânime em afirmar que, como o conhecimento é um recurso crítico, a GC tem sido apresentada como central na inovação e melhoria de produtos e processos, para a tomada de decisão gerencial e para a mudança organizacional (Earl, 2001). Além disso, o processo de implantação da GC nas empresas irá depender do conjunto de recursos de que cada empresa dispõe, sendo, assim, difícil encontrar uma GC igual em mais de uma empresa.

Dessa forma, dependendo do conjunto de variáveis no contexto da organização que vai iniciar um processo de GC, talvez seja mais interessante uma abordagem com foco maior em sistemas e tecnologia da informação, ao passo que, para outra organização em contexto diverso, talvez seja mais interessante uma abordagem com foco maior em sistemas baseados em conhecimento tácito. Visando facilitar o entendimento de como cada abordagem trata as questões relacionadas com o tema, Earl (2001), a partir de uma série de fontes de pesquisa, propõe uma classificação das "escolas" da GC, colocadas como tipos ideais com orientações particulares e formas diversas de intervenção organizacional, mas não totalmente excludentes (ver Quadro 7-11).

Earl (2001) propõe que sua classificação, além de servir a propósitos didáticos e acadêmicos, sirva também como auxílio às empresas nas escolhas sobre que linhas seguir na implementação da GC. É evidente que essas escolas cumprem melhor as finalidades didáticas e acadêmicas, mas podem de fato auxiliar na determinação de rumos em uma iniciativa de GC na organização.

Além de apresentar essa diversidade de abordagens, a GC também parece apresentar dois tipos diferentes de filosofias, a ocidental e a oriental, cada uma tratando o conhecimento organizacional de forma diferenciada. De acordo com Nonaka e Takeuchi (1997), na filosofia ocidental em torno da GC há uma rica tradição epistemológica, enquanto que na filosofia oriental (restrita ao Japão) não se pode afirmar sua existência. Isso se deve às diferentes formas nas quais as duas culturas encaram o conhecimento.

No ocidente, a epistemologia em torno do conhecimento e de seu gerenciamento pode ser dividida em duas correntes opostas, mas complementares: uma racionalista e outra empirista (Nonaka; Takeuchi, 1997). Para os racionalistas, o verdadeiro conhecimento não é produto da experiência sensorial, mas sim de um processo mental ideal, sendo a matemática e a lógica os verdadeiros paradigmas do conhecimento, nos quais verdades necessárias são obtidas por intuição e inferências racionais. Mas, por outro lado, os empiristas alegam não existir conhecimento *a priori* e que a única fonte de conhecimento é a experiência sensorial, sendo o seu paradigma as ciências naturais, nas quais as observações e os experimentos são cruciais à investigação.

Já no oriente, Nonaka e Takeuchi (1997) comentam que, apesar de não possuir uma grande tradição filosófica, o Japão apresenta uma abordagem ao pensamento do conhecimento organizacional e de como gerenciá-lo, que de certa forma é sutil e sofisticada. Esta abordagem pode ser vista no budismo, no confucionismo e no treinamento de samurais, estando embasada em três pilares: (i) a unidade do homem e da natureza; (ii) a unidade do corpo e da mente; e (iii) a unidade do eu e do outro.

Assim, diante da diversidade de escolas e de filosofias encontradas na literatura para abordar a GC, verifica-se que a mesma encontra-se "retalhada" e ainda em processo de construção, dificultando sobremaneira definições conceituais robustas e de consenso entre todos. Têm-se proposições conceituais simples e mais filosóficas, até aquelas mais complexas e de caráter funcional.

• 1.2 • Análise da produção científica

A consolidação de uma ciência, em moldes funcionalistas, passa pela intensificação, em termos quantitativos e qualitativos, de sua produção científica. A Administração, ciência nascida no século

QUADRO 7-1
Escolas de gestão do conhecimento

	Tecnocráticas			Econômicas	Comportamentais		
Atributo	Sistemas	Mapeamento	Processos	Comercial	Organizacional	Espacial	Estratégica
Foco	Tecnologia	Mapas	Processos	Ganhos	Redes	Espaço de ação	Intenção
Objetivo	Bases de conhecimento	Listas de conhecimento	Fluxos de conhecimento	Ativos de conhecimento	Fusão de conhecimentos	Intercâmbio de conhecimentos	Habilidades
Unidade	Domínio	Empreendimento	Atividade	Experiência	Comunidade	Local	Negócio
Fatores críticos de sucesso	Validação de conteúdo; incentivos ao fornecimento de conteúdos	Cultura e incentivos ao compartilhamento de conhecimentos; redes que conectam pessoas	Distribuição irrestrita de conhecimento e aprendizagem	Equipes especializadas; processos institucionalizados	Cultura amigável; mediadores de conhecimento	Projeto para estímulo a uma finalidade	Artefatos retóricos
Contribuição principal	Sistemas baseados em conhecimento	"Páginas amarelas" e perfis em redes	Bancos de dados compartilhados	Sistemas de registro e processamento de ativos intelectuais	Grupos de trabalho e intranets	Ferramentas de acesso e representação	Eclética
Filosofia	Codificação	Conectividade	Habilidade	Comercialização	Colaboração	Contato	Consciência

Fonte: Earl (2001).

20, caminha nesse sentido, mais ainda num país periférico em relação ao *mainstream* norte-americano predominante na área.

Para mensuração e análise do estado-da-arte dessa produção, a bibliometria, aliada a técnicas qualitativas, é uma estratégia muito difundida e utilizada. Nos últimos anos, diversos estudos vêm sendo conduzidos com esse fim, nas diversas áreas da ciência administrativa.

A seguir, apresenta-se um quadro (7-2) sintético por área de alguns dos mais relevantes estudos bibliométricos em Administração, publicados na última década – mesmo período de análise deste capítulo.

Além das grandes áreas da Administração, buscou-se localizar artigos que realizassem análise da produção em Gestão do Conhecimento *per se*. De 1997 a 2007, foram identificados três estudos: o de Antonello (2002), o de Durante e Maurer (2007) e o de Zimmer e Leis (2007).

Antonello (2002) parte de uma amostra constituída por artigos publicados no Enanpad no período 1997-2000, visando à análise da produção em Aprendizagem Organizacional, Competências e Gestão do Conhecimento. Com este fim, levanta a quantidade de estudos sobre esses temas em relação ao total de artigos publicado nessas edições do Enanpad, as sessões para as quais foram submetidos e, após, classifica-os por planejamento, por tipo de pesquisa e por posicionamento epistemológico, de acordo com a taxonomia de Burrell e Morgan (1979).

Em Gestão do Conhecimento, foram localizados 16 artigos. Em planejamento de pesquisas, 1 era exploratório, 8 exploratório-teóricos, 1 descritivo, 2 multimétodos, 1 causal e 2 estudos de caso. Sobre o posicionamento epistemológico, 12 foram classificados como funcionalistas, 3 como interpretativos e 1 como radical-humanista. Quanto ao tipo de estudo, 10 foram avaliados como qualitativos, 5 como quantitativos e 1 como quali-quanti.

Já sobre as sessões onde os artigos foram publicados, houve uma distribuição igualitária: em Administração da Estratégia, Recursos Humanos e Organizações, 3 em cada área; em Administração Pública, Administração da Informação, Operações, Logística e Serviços, 2 em cada; e em Contabilidade, apenas um.

À época, a autora detectou a predominância de ensaios teóricos e a dispersão do tema entre áreas distintas, associando estes fatores a um possível estágio inicial do tema como assunto de interesse para os pesquisadores e o início de um processo de consolidação de suas bases (Antonello, 2002).

Durante e Maurer (2007) realizaram estudo nas áreas de Gestão de Informação e Gestão do Conhecimento, a partir de uma amostra caracterizada pelo banco de teses da Capes, anais do Enanpad e pelos periódicos Ciência da Informação, RAE e REAd no período 2000-2005.

Como resultados, descobriram uma predominância dos temas inovação, tecnologia da informação, estratégia e sistemas de informação, e de estudos de caso, descritivos e pesquisas exploratórias, na seara metodológica. Por fim, instigam os pesquisadores a adotar abordagens de viés crítico e interpretativo.

Zimmer e Leis (2007) apresentaram estudo analisando o estado-da-arte em Gestão do Conhecimento numa amostra constituída por periódicos Qualis A (O&S, RAC, RAE Eletrônica, RAE, RAP, RAUSP, Revista Eletrônica de Administração (REA) e Revista Eletrônica de Administração (REAd)) e anais do Enanpad no período compreendido entre 1997 e 2006. Num primeiro momento, foi tabulada a quantidade de artigos, identificando os empíricos e os teóricos e, após, a sessão do Enanpad em que foram publicados ou a seção dos periódicos. Em seguida, foram identificados os tipos de planejamento, a estratégia e o tipo de pesquisa, bem como o posicionamento epistemólogico verificado.

Os autores verificaram um predomínio de publicações sobre o tema no Enanpad, em detrimento dos periódicos nacionais, traçando algumas inferências sobre esse aparente desinteresse dos últimos sobre o tema. No Enanpad, descobriu-se que a área que concentra o maior número de publicações em GC é a de Adminis-

QUADRO 7-2
Estudos bibliométricos em administração no Brasil (1997-2007)

Área	Autores	Ano de publicação	Principais itens analisados
Administração pública	Pacheco	2003, 2005	Temas e subtemas mais recorrentes nos artigos; métodos predominantes
Estratégia	Bertero, Vasconcelos e Binder	2003, 2005	Quantificar e classificar os artigos de acordo com as perspectivas estratégicas clássica, processual, sistêmica e evolucionária; temas centrais dos artigos; metodologia empregada; produção por Instituição de Ensino Superior; e número de autores por quantidade de artigos
Finanças	Leal, Oliveira e Soluri	2003	Artigos relacionados à área em relação ao total; número de autores por artigo; autores que mais publicaram; filiação acadêmica dos autores; e relação entre número de artigos por estado ou país do autor
	Leal	2005	
Marketing	Vieira	2003, 2005	Principais temas, de acordo com a quantidade e percentual de artigos publicados em relação ao total da área, o número de autores por artigo, a filiação acadêmica dos mesmos e número e média de referências bibliográficas – e, em relação a estas, as de periódicos, identificando-se internacionais e nacionais
Operações	Arkader	2003, 2005	Temas predominantes e quantidade de artigos por tema, e quantidade de autores por artigo
Organizações	Vergara e Pinto	2000	Nacionalidade dos autores utilizados nos artigos científicos brasileiros
	Vergara	2001, 2005	
Recursos humanos	Tonelli e colaboradores	2003, 2005	Identificação quantitativa e percentual da produção em RH em relação à totalidade de produção na Administração; os principais temas e subtemas abordados nos artigos; a base epistemológica dos mesmos; o perfil metodológico; e, em relação aos estudos de caso (método predominante na área), classificação quanto a casos únicos ou múltiplos e, dentro dessas, porcentagens de perfis exploratórios, descritivos e explanatórios
Sistemas de informação	Hoppen	1998	Quantificação de artigos de natureza empírica *versus* ensaios teóricos, principais temáticas, estratégias de pesquisa e metodologias empregadas
	Hoppen e Meirelles	2005	
	Lunardi, Rios, e Maçada	2005	Quantificação de artigos, principais temáticas, estratégias de pesquisa e metodologias empregadas, filiação acadêmica dos autores
	Oliveira, Maçada e Goldoni	2006	Tipos, formas de planejamento, coleta e análise dos dados do método estudo de caso

tração da Informação, o que indica a predominância de um viés mais técnico e funcionalista, característico dessa área.

Como a linha de tempo se estendeu a um período maior do que o trabalho de Antonello (2002), além da prevalência da ADI, pôde-se perceber um equilíbrio entre artigos de cunho quali-quanti – diferentemente do maior número de trabalhos qualitativos, observado pela autora em 2002. Além disso, identificou-se uma evolução natural do cunho dos estudos na área, iniciando com ensaios teóricos, passando por um período de maior quantidade de estudos empíricos e, recentemente, uma retomada do interesse em revisões de literatura, já refletindo o amadurecimento e a geração de massa crítica para debates teóricos.

Feita essa revisão, na próxima seção serão delineados os aspectos metodológicos empregados neste estudo.

2 • PROCEDIMENTOS METODOLÓGICOS

A análise bibliométrica empregada no artigo tem natureza descritiva. Para delimitar o período de tempo para seleção de estudos a serem pesquisados, optou-se por iniciar com o ano de 1997, quando foi lançada a versão em Português da obra *Knowledge-Creating Company*, de Nonaka e Takeuchi, que recebeu o nome *Criação de Conhecimento na Empresa*. A partir dessa publicação, o termo Gestão do Conhecimento foi amplamente difundido e impulsionou a produção científica nessa área.

Para a análise, foram investigados os anais do Enanpad e os periódicos classificados como A pela Capes na área de Administração na mais recente avaliação – O&S, RAC, RAE Eletrônica, RAE, RAP, RAUSP, Revista Eletrônica de Administração (REA) e Revista Eletrônica de Administração (READ).

A seguir, foi feito levantamento dos estudos sobre GC, utilizando-se os seguintes procedimentos – sintetizados no Quadro 7-3 a seguir.

Concluídas essas etapas e conhecida a quantidade de artigos da amostra, foram definidos os critérios de análise:

- Quantificação de:
  - Artigos, classificando-os por ano e por periódico/edição do Enanpad
  - Autores por artigo
- Identificação de:
  - Artigos empíricos × ensaios teóricos
  - Seção do periódico em que foram publicados os artigos e da sessão do Enanpad a que foram submetidos
  - Filiação acadêmica dos autores.
- Classificação dos artigos de acordo com:
  - Planejamento de pesquisa (exploratório; descritivo; explanatório/causal)
  - Estratégia utilizada (quali, quanti ou quali-quanti/multi-métodos)
  - Posicionamento epistemológico, de acordo com a taxonomia de Burrell e Morgan (1979): funcionalista, interpretativo, humanismo radical, estruturalismo radical
  - Tipo de pesquisa (estudo de caso, *survey*, experimento, pesquisa-ação, etc.)

QUADRO 7-3
Fases e procedimentos adotados na pesquisa

Fase	Procedimento
1	Consulta a todos os artigos pelas palavras-chave "conhecimento", "gestão de conhecimento" e "gestão do conhecimento". Em anais ou periódicos não disponíveis em mídia digital, foi feita leitura dos resumos e do item palavras-chave, buscando-se localizar esses termos
2	Após localização dos artigos, foi feita a leitura, com ênfase para a seção destinada à metodologia
3	Exclusão de artigos do tipo casos para ensino (sem referencial bibliográfico), daqueles cujo tema central não fosse GC ou nos quais fosse abordada a temática "conhecimento" e não GC

Em todo o processo de análise, identificação e classificação dos artigos, foi seguida a informação declinada pelos autores, sem entrar-se no mérito de sua adequação. No entanto, nos casos em que isto não era explicitado, por exemplo, artigos em que não era dito se o planejamento de pesquisa era exploratório, descritivo ou causal, ou a estratégia – quali, quanti ou quali-quanti – não declinada), os autores fizeram a leitura completa e identificaram os itens faltantes.

Relatados os procedimentos metodológicos, passa-se à apresentação dos resultados da pesquisa.

3 • RESULTADOS

Tendo em vista a abrangência dos itens analisados, cada um deles será separado em subseções distintas, como segue.

• 3.1 • Número de artigos publicados

O critério de número de artigos publicados sobre a GC nos periódicos A no período de 1997-2007 aponta para um número pequeno de publicações, totalizando apenas 15 artigos em 10 anos. Percebe-se um incremento de publicações no período de 2003-2005 (12 artigos), com uma queda acentuada em 2006, ano em que apenas um artigo foi publicado. Destaque para as revistas REAd, RAUSP e RAE, que juntas correspondem a mais de 73,32% das publicações em GC nos periódicos A do país (conforme destaca o Quadro 7-4).

Em relação ao Enanpad, percebe-se um incremento constante, a partir de 1997, até atingir um pico de publicações sobre o tema em 2002. A partir daí, exceto em 2004, houve uma estabilização. Cabe analisar se esse incremento se deve ao aumento da quantidade de artigos selecionados para o evento ou a um maior e renovado interesse da

QUADRO 7-4
Número de artigos publicados sobre o tema, classificados por ano e por periódico/edição do Enanpad

	Década de 1990			Década de 2000									
Periódicos	97	98	99	00	01	02	03	04	05	06	07	**Total**	**% period.**	**% total**
O&S	0	0	0	0	0	0	0	0	0	0	0	0	0	0
RAC	0	0	0	0	0	0	1	0	0	0	0	1	5,88	1,11
RAE	0	0	1	0	0	0	0	0	1	0	0	2	11,76	2,53
RAE Eletr**	–	–	–	–	–	0	0	1	0	0	0	1	5,88	1,27
RAP*	0	0	0	0	0	0	0	1	0	0	0	1	5,88	1,27
RAUSP	0	0	0	0	0	0	3	0	1	0	0	4	23,53	5,05
REA**	–	–	–	–	–	0	0	0	0	1	0	1	5,88	1,27
REAd	0	0	0	0	0	1	0	1	3	0	2	7	41,19	6,33
Total	**0**	**0**	**1**	**0**	**0**	**1**	**4**	**3**	**5**	**1**	**2**	**17**	**100**	18,89
Enanpad	**1**	**4**	**4**	**7**	**8**	**12**	**6**	**5**	**7**	**10**	**09**	**73**		81,11
Total geral	**1**	**4**	**5**	**7**	**8**	**13**	**10**	**8**	**12**	**11**	**11**	**90**		**100**

* Até o ano de 1999, a RAP tinha o nome de Boletim do Centro de Pesquisas Administrativas da EBAP – Escola Brasileira de Administração Pública.

** Lançada somente no ano de 2002.

comunidade acadêmica pelo tema – essa discussão será retomada na seção Considerações finais.

Em termos gerais, pode-se verificar que, do total de 90 artigos identificados no período analisado, 81,11% dos artigos foram apresentados no Enanpad, sendo apenas 18,89% em periódicos A. Além disso, observa-se um constante incremento de artigos publicados até o ano de 2002, ano de maior número de publicações no tema (13 artigos), com posterior estabilização até o ano de 2007 (ver Quadro 7-4).

• 3.2 • Estudos empíricos *versus* teóricos

Já quanto ao critério quantificação de artigos de cunho empírico *versus* ensaio teórico, pode-se verificar, no Quadro 7-5, que, no período 1997-2007, 80% dos artigos publicados nos periódicos A nacionais são de viés empírico, enquanto apenas 20% são teóricos. Destaca-se que, até o ano de 2002, os poucos artigos publicados nesses periódicos eram de cunho teórico, ocorrendo uma inversão após esse ano, quando os artigos de cunho empírico passaram a predominar. Destaque especial para as revistas REAd e RAUSP, que juntas correspondem a 46,66% dos artigos empíricos publicados.

Especificamente quanto aos artigos do Enanpad, pode-se perceber também que, nos primeiros cinco anos (1997-2001), a maioria dos artigos sobre o tema era de viés teórico. No entanto, a partir de 2002, percebe-se uma maior densidade de estudos empíricos, assim como nos periódicos A nacionais: no Enanpad, do total de 73 artigos, 75,34% são de viés empírico, contra apenas 24,66% de artigos teóricos. Isso indica que, com a maior consolidação do tema, começam a predominar os artigos de cunho empírico – trajetória natural quando do surgimento de novos temas em uma disciplina – e o amadurecimento da reflexão, por parte da comunidade acadêmica, sobre a importância de se desenvolver a aplicabilidade das diversas formas de abordagem da GC no contexto empresarial e organizacional brasileiro.

• 3.3 • Sessão de publicação no Enanpad e seção de periódico

Analisando-se o item identificação da sessão do Enanpad em que os artigos foram apresentados, observa-se, no Quadro 7-6, que a área mais prolífica na produção acadêmica sobre GC no Brasil é a de Administração da Informação (31,5% do total de estudos publicados). Em seguida, Estratégia, com 13,7%, e Ciência e Tecnologia (C&T), com 12,3%. A seguir, ambas com 10,9%, Organizações e Recursos Humanos, notadamente pelo impacto no contexto organizacional, quanto à primeira área, e junto aos trabalhadores e às relações de trabalho, quanto à segunda.

Pode-se fazer algumas conjecturas (carentes de comprovação científica, que poderão ser realizadas em pesquisas futuras) sobre o predomínio dessas áreas no Enanpad: o viés tecnológico assumido pelo tema no Brasil – muitos estudos são baseados na aplicação e/ou replicação de modelos de transferência, conversão ou compartilhamento de conhecimento organizacional criados por autores estrangeiros, notadamente norte-americanos, bem como a sua vinculação ao campo estratégico, pela natureza do próprio assunto.

Já em relação aos artigos publicados nos periódicos A no país, pode-se constatar que a maior parte dos artigos de GC é publicada sem ter uma seção especial (ver Quadro 7-7). Além disso, os poucos artigos publicados em seções estão em outras áreas de conhecimento, como RH, Estratégia e Economia. Tal fenômeno pode apontar para duas questões: a primeira diz respeito a uma tradição de linha editorial por parte da maioria dos periódicos em não desenvolver seções específicas que tratem dos artigos de uma forma organizada por área temática; e a segunda diz respeito à possível falta de artigos de qualidade sobre o tema GC capazes de suprir a demanda das revistas que poderiam justificar a criação de uma seção especificamente dedicada ao tema e de forma constante.

QUADRO 7-5
Número de artigos publicados sobre o tema, classificados por ano e por periódico/edição do Enanpad, de cunho empírico (e) ou teórico (t)

	1997		1998		1999		2000		2001		2002		2003		2004		2005		2006		2007		Total		% Periódicos		% Total	
	E	T	E	T	E	T	E	T	E	T	E	T	E	T	E	T	E	T	E	T	E	T	E	T	E	T	E	T
RAC	0	0	0	0	0	0	0	0	0	0	0	0	1	0	0	0	0	0	0	0	0	0	1	0	5,88	0	1,11	0
RAE	0	0	0	0	0	1	0	0	0	0	0	0	0	0	0	0	1	0	0	0	0	0	1	1	5,88	5,88	1,11	1,11
RAE Eletr.	–	–	–	–	–	–	–	–	–	–	0	0	0	0	1	0	0	0	0	0	0	0	1	0	5,88	0	1,11	0
RAP	0	0	0	0	0	0	0	0	0	0	0	0	0	0	1	0	0	0	0	0	0	0	1	0	5,88	0	1,11	0
RAUSP	0	0	0	0	0	0	0	0	0	0	0	0	2	1	0	0	1	0	0	0	0	0	3	1	17,65	5,88	3,33	1,11
REA	–	–	–	–	–	–	–	–	–	–	0	0	0	0	0	0	0	0	1	0	0	0	1	0	5,88	0	1,11	0
REAd	0	0	0	0	0	0	0	0	0	0	0	1	0	0	1	0	3	0	0	0	2	0	6	1	35,29	5,88	6,67	1,11
Total	**0**	**0**	**0**	**0**	**0**	**1**	**0**	**0**	**0**	**0**	**0**	**1**	**3**	**1**	**3**	**0**	**5**	**0**	**1**	**0**	**2**	**0**	**14**	**3**	**82,35**	**17,65**	15,56	3,33
Enanpad	0	1	1	3	2	2	5	2	5	3	10	2	6	0	5	0	5	2	8	2	8	1	**55**	**18**	**75,34**	**24,66**	**61,11**	**20,00**
Total Geral	**0**	**1**	**1**	**3**	**2**	**3**	**5**	**2**	**5**	**3**	**10**	**3**	**9**	**1**	**8**	**0**	**10**	**2**	**9**	**2**	**10**	**1**	**69**	**21**			**76,67**	**23,33**

QUADRO 7-6
Número de artigos publicados no tema por sessão do Enanpad/ano

Sessões	1997	1998	1999	2000	2001	2002	2003	2004	2005	2006	2007	N. de artigos	%
Adm. da informação	0	1	1	0	2	1	3	2	2	4	7	23	**31,5**
Estratégia	0	1	1	1	2	1	1	0	1	1	1	10	**13,7**
Adm. Ciência e tecnol.	0	0	0	0	2	3	0	0	2	2	0	9	**12,3**
Organizações	1	1	0	1	0	1	1	1	1	1	0	8	**10,9**
Recursos humanos	0	0	1	3	0	2	0	1	0	0	1	8	**10,9**
Adm. de marketing	0	0	0	0	0	2	1	0	0	1	0	4	**5,4**
Operações, log. e serv.	0	1	0	1	1	0	0	0	0	0	0	3	**4,1**
Adm. Pública	0	0	0	1	0	0	0	0	1	1	0	3	**4,1**
Contab. e cont. gerencial	0	0	1	0	0	1	0	0	0	0	0	2	**2,7**
Gestão internacional	0	0	0	0	1	1	0	0	0	0	0	2	**2,7**
Ensino e pesquisa	0	0	0	0	0	0	0	1	0	0	0	1	**1,3**
Total	**1**	**4**	**4**	**7**	**8**	**12**	**6**	**5**	**7**	**10**	**9**	**73**	**100**

QUADRO 7-7
Número de artigos publicados no tema por seção dos periódicos/ano

Periódicos	1999	2002	2003	2004	2005	2006	2007
RAC	0	0	sem seção definida	0	0	0	0
RAE	Organização, recursos humanos e planejamento	0	0	0	sem seção definida	0	0
RAE Eletr.	0	0	0	Gestão de pessoas	0	0	0
RAP	0	0	0	sem seção definida	0	0	0
RAUSP	0	0	sem seção definida	0	Estratégia e economia de empresas	0	0
REA	0	0	0	0	0	sem seção definida	0
REAd	0	sem seção definida	0	sem seção definida	sem seção definida	0	sem seção definida

• 3.4 • Estratégia e planejamento de pesquisa

No que tange ao critério estratégia e planejamento de pesquisa, analisando apenas os artigos classificados como empíricos, verifica-se, no Quadro 7-8, que, no caso dos periódicos nacionais A, é quase hegemônico o uso da estratégia de pesquisa qualitativa, pois, dos 14 artigos identificados, 12 são classificados dessa forma, havendo apenas dois artigos de viés multi-método. Já quanto ao planejamento da pesquisa, verifica-se uma igualdade no uso das abordagens exploratória e descritiva, ambas com sete artigos cada. Tais resultados podem ser explicados pelo fato do tema GC estar em consolidação entre a comunidade acadêmica brasileira, sendo dessa forma mais facilmente justificadas estratégias qualitativas e com viés exploratório ou descritivo do que pesquisas que utilizam um viés multi-métodos e explanatório/causal – já que pesquisas dessa natureza exigem um quadro teórico-empírico de maior tradição e com diversos trabalhos já desenvolvidos.

Nesse mesmo critério, mas agora aplicado ao Enanpad, também foram analisados apenas os artigos com estudos empíricos – portanto, o ano de 1997 não consta do Quadro 7-9 a seguir. Quanto à estratégia de pesquisa, há predomínio da qualitativa, em número de 25. Em seguida, os trabalhos de cunho quantitativo (18) e, por fim, os multimétodos/quali-quanti (12). A maior quantidade de artigos qualitativos tem relação direta com o predomínio de estudos de caso (ver Quadro 7-13, em seguida) que, em sua maioria, adotam essa estratégia. Mesmo assim, não há uma diferença tão grande em relação às outras duas, demonstrando-se uma diversificação quanto a este item.

Já sobre o planejamento de pesquisa, ocorre maior predominância do exploratório, com 36 estudos, seguido do descritivo (15) e do explanatório/causal, com apenas quatro. Esse resultado reflete o que já foi apontado em outros estudos de análise de produção científica, como os de Hoppen (1998), Hoppen e Meirelles (2005) e Oliveira, Maçada e Goldoni, (2006), que apontam esse mesmo predomínio dos estudos de natureza exploratória.

QUADRO 7-8
Classificação dos artigos publicados em periódicos de acordo com a estratégia e o planejamento de pesquisa

	Estratégia de Pesquisa			Planejamento de Pesquisa		
Periódico/Ano	Qualitativo	Quantitativo	Multimétodos	Exploratório	Descritivo	Explanatório/Causal
RAC/2003	1	0	0	1	0	0
RAE/2005	1	0	0	0	1	0
RAE Eletr./2004	1	0	0	0	1	0
RAP/2004	1	0	0	1	0	0
RAUSP/2003	2	0	0	2	0	0
RAUSP/2005	1	0	0	0	1	0
REA/2006	1	0	0	1	0	0
REAd/2004	0	0	1	0	1	0
REAd/2005	4	0	1	2	3	0
Total	**12**	**0**	**2**	**7**	**7**	**0**

QUADRO 7-9
Classificação dos artigos publicados no Enanpad de acordo com a estratégia e o planejamento de pesquisa

Ano	Qualitativo	Quantitativo	Multimétodos	Exploratório	Descritivo	Explanatório/Causal
1998	0	1	0	0	0	1
1999	0	1	1	1	0	1
2000	3	1	1	3	2	0
2001	2	3	0	3	2	0
2002	2	5	3	6	4	0
2003	3	2	1	4	2	0
2004	3	1	1	3	2	0
2005	4	0	1	5	0	0
2006	3	2	3	6	1	1
2007	5	2	1	5	2	1
Total	**25**	**18**	**12**	**36**	**15**	**4**

• 3.5 • Posicionamento epistemológico

Na análise do critério posicionamento epistemológico à luz da taxonomia de Burrel e Morgan (1979), verifica-se, no caso dos artigos publicados nos periódicos nacionais A, uma predominância quase que total do posicionamento Funcionalista, existindo apenas um artigo com posicionamento Interpretacionista. O posicionamento Humanista Radical e o Estruturalista Radical não apareceram em artigo algum (ver Quadro 7-10).

Quanto à base epistemológica dos artigos publicados no Enanpad, percebe-se através do Quadro 7-11, amplo predomínio do Funcionalismo (55), seguido pelo Interpretacionismo (16) e pelo Humanismo Radical (2). Tais resultados refletem a opção da área por estudos funcionalistas, característica já apontada em estudos anteriores, como os de Bertero, Caldas e Wood (1999), Antonello (2002) e Tonelli e colaboradores (2003, 2005).

• 3.6 • Tipo de pesquisa

Sobre o item tipo de pesquisa empregado, especificamente no caso daqueles artigos apresentados nos periódicos nacionais A e levando-se em consideração apenas aqueles de cunho empírico, verifica-se que há amplo predomínio por artigos que se valem de estudo de caso único (10), havendo apenas um que utilizou casos múltiplos e outro que optou por *survey* (ver Quadro 7-12).

O mesmo critério foi analisado em relação aos artigos publicados no Enanpad, o que explica o fato de não ter se incluído o ano de 1997 na análise, uma vez que houve apenas um artigo teórico nesse ano. O tipo de pesquisa predominante foi o estudo de caso, em número de 37, sendo 21 casos únicos e 16 casos múltiplos – equilíbrio entre ambos. Em seguida, em quantidade significativa, *surveys* (16). Por fim, apenas um experimento e uma pesquisa-ação, e nenhum outro tipo de pesquisa identificado (ver Quadro 7-13).

A maioria de estudos de caso reflete o que já foi apontado por outros estudos, como os de Tonelli e colaboradores (2003, 2005), em Recursos Humanos, e os de Hoppen (1998), Hoppen e Meirelles (2005) e Oliveira, Maçada e Goldoni (2006), na própria área de Sistemas de Informação.

QUADRO 7-10
Classificação dos artigos publicados em periódicos segundo o posicionamento epistemológico, de acordo com a taxonomia de Burrell e Morgan

	Posicionamento Epistemológico	
Periódico/Ano	**Funcionalista**	**Interpretacionista**
RAC/2003	1	0
RAE/1999	1	0
RAE/2005	1	0
RAE Eletr./2004	1	0
RAP/2004	1	0
RAUSP/2003	3	0
RAUSP/2005	1	0
REA/2006	1	0
REAd/2002	0	1
REAd/2004	1	0
REAd/2005	3	0
REAd/2007	2	0
Total	**16**	**1**

Fonte: Burrel e Morgan (1979).

QUADRO 7-11
Classificação dos artigos publicados no Enanpad segundo o posicionamento epistemológico, de acordo com a taxonomia de Burrell e Morgan

Ano	**Funcionalista**	**Interpretacionista**	**Humanista radical**
1997	1	0	0
1998	3	1	0
1999	4	0	0
2000	4	2	1
2001	6	2	0
2002	9	2	1
2003	5	1	0
2004	4	1	0
2005	5	2	0
2006	8	2	0
2007	6	3	0
Total	**55**	**16**	**2**

Fonte: Burrel e Morgan (1979).

QUADRO 7-12
Classificação dos artigos publicados em periódicos de acordo com o tipo de pesquisa empregado

Periódico/Ano	Estudo de caso único	Estudo de casos múltiplos	*Survey*
RAC/2003	1	0	0
RAE/2005	1	0	0
RAE Eletr./2004	1	0	0
RAP/2004	1	0	0
RAUSP/2003	2	0	0
RAUSP/2005	0	1	0
REA/2006	1	0	0
REAd/2004	0	0	1
REAd/2005	3	0	0
REAd/2007	1	1	0
Total	**11**	**2**	**1**

• 3.7 • Filiação acadêmica e quantidade de autores por artigo

Foi analisada, também, a filiação acadêmica dos autores dos artigos, ou seja, por qual instituição de ensino eles publicaram. Em relação ao Enanpad, a maior quantidade foi identificada como proveniente de autores da UFRGS (13), seguido por UFMG (7) e USP e Unisinos-RS (5). A seguir, é apresentado o quadro completo (ver Quadro 7-14). Cabe ressaltar que o total não é igual ao visto anteriormente, de 73, uma vez que

QUADRO 7-13
Classificação dos artigos publicados no Enanpad de acordo com o tipo de pesquisa empregado

Ano	Estudo de caso único	Estudo de casos múltiplos	*Survey*	Experimento	Pesquisa-ação
1998			1		
1999			2		
2000	2	2	1		
2001		2	2	1	
2002	3	2	5		
2003	4		2		
2004	3	1	1		
2005		5			
2006	5	2	1		
2007	4	2	1		1
Total	**21**	**16**	**16**	**1**	**1**

QUADRO 7-14
Quantidade de artigos publicados no Enanpad de acordo com filiação acadêmica dos autores

Instituição de ensino	Quantidade
UFRGS	13
UFMG	7
USP e UNISINOS-RS	5
UFPR, PUC-SP e FGV-SP	4
PUC-PR, PUC-RS e University of North Carolina-EUA	3
Mackenzie, Unicid-SP, UNIFOR-CE, UNIPEL-MG, UFPB, UFBA e UEM-PR	2
Universidade Anhembi Morumbi-SP, Universidad Valladolid Jaime-Espanha, UFRJ, UNITAU-SP, UNISUL-SC, UniRitter-RS, Unijuí-RS, UNICA-SC, Unicamp, UnB, UFSM-RS, UFSCAR-SP, UFSC, UCAM-RJ, PUC-RJ, BB, Embrapa, IPEA, Terra Forum, IPA-RS, Ibmec-RJ, FUMEC-MG, HEC-França, FIAP-SP, FGV-RJ, FEAD-MG, FDC, FACI-PA, ESPM-SP	1

alguns autores tiveram mais de um artigo publicado, mas a contabilização de sua instituição foi realizada uma única vez.

Já no caso dos artigos publicados em periódicos nacionais Qualis A, verifica-se uma maior concentração de trabalhos de autores provenientes da UFRJ (4), seguido por USP e Fundação Oswaldo Cruz (3) e FEAD-Minas, UNIFOR, UFMG e PUC-RS (2). O mesmo critério de análise adotado para os artigos do Enanpad foi utilizado para aqueles publicados nos periódicos (ver Quadro 7-15).

De forma a também agregar uma informação relativa ao número de vezes em que um mesmo autor de uma IES publicou um artigo no Enanpad ou em periódico nacional A, apresenta-se, a seguir, os Quadros 7-16 e 7-17, respectivamente. No Quadro 7-16, referente aos artigos publicados no Enanpad, verifica-se que a mesma classificação apresentada no Quadro 7-14 (por IES) é mantida, ou seja, nos dois primeiros lugares aparecem UFRGS (17) e UFMG (9), mas se altera em algumas posições intermediárias.

Já nos artigos publicados em periódicos Qualis A, verifica-se uma mudança substancial em três IESs, haja visto que um mesmo autor conseguiu ter mais de um artigo aprovado. Assim, por esse critério de análise, a UFRGS detém três trabalhos publicados por um único autor, bem com a UNISINOS-RS e a Université de Poitiers/França, que apresentaram dois artigos cada.

QUADRO 7-15
Quantidade de artigos publicados em periódicos nacionais A de acordo com filiação acadêmica dos autores

Instituição de ensino	Quantidade
UFRJ	4
USP e Fundação Oswaldo Cruz	3
FEAD-Minas, UNIFOR, UFMG e PUC-RS	2
UNISINOS-RS, FICE-MG, UECE-CE, Universidad Tecnológica de La Habana–Cuba, UFRRJ, Embrapa Agroindústria Tropical, FURB-SC, UFRGS, FIC-CE, Université de Poitiers–França, Corporacion Universitaria Autónoma de Occidente de Cali–Colômbia, FAPA-RS, UCPEL-RS,	1

QUADRO 7-16
Classificação dos artigos publicados no Enanpad de acordo com a quantidade de participação dos autores nos artigos

Instituição de ensino	Quantidade autores
UFRGS	17
UFMG	9
PUC-RS e USP	7
UFPR	6
PUC-PR e Unisinos-RS	5
FGV-SP e UNIPEL-MG	4
UFPE, UFRJ, ESPM-SP, PUC-SP, UEM-PR, UFBA, UFSM-RS, UnB, UNIFOR-CE e Embrapa	3
Ibmec-RJ, FGV-RJ, Mackenzie, UFPB, Unicamp, Unijuí-RS, UNITAU-SP, Unicid-SP	2
UniRitter-RS, FACI-PA, FDC, FEAD-MG, FIAP-SP, FUMEC-MG, IPA-RS, BB, IPEA, HEC-França, PUC-RJ, Terra Forum, UCAM-RJ, UFSC, UNICA-SC, UNISUL-SC, Universidade Anhembi Morumbi-SP, University of North Carolina-EUA, Universidad Valladolid Jaime-Espanha e UFSCAR-SP	1

Pode-se perceber no Quadro 7-18 que, nos estudos publicados no Enanpad, há predominância de artigos escritos por dois autores (52% do total), seguido por autoria única (27%), três autores (18%) e quatro e cinco (1% cada).

No caso dos artigos publicados em periódico nacional A, percebe-se também que há predominância de artigos escritos por dois autores (47% do total). No entanto, os artigos com 3 autores aparecem na segunda posição (29%), seguidos por autoria única (24%), não existindo artigos com mais de 3 autores (ver Quadro 7-19).

• 3.8 • Referencial teórico empregado

Para a análise deste item, foram considerados apenas autores que abordavam o tema Gestão do Conhecimento em si. Assim, aqueles que discorriam sobre outros pontos, como procedimentos metodológicos, temas auxiliares ou mesmo sobre

QUADRO 7-17
Classificação dos artigos publicados em periódicos nacionais A* de acordo com a quantidade de participação dos autores nos artigos

Instituição de ensino	Quantidade autores
UFRJ	4
USP, Fundação Oswaldo Cruz e UFRGS	3
FEAD-Minas, UNIFOR, UFMG, PUC-RS, UNISINOS-RS e Université de Poitiers–França	2
FICE-MG, UECE-CE, Universidad Tecnológica de La Habana–Cuba, UFRRJ, Embrapa Agroindústria Tropical, FURB-SC, FIC-CE,, Corporacion Universitaria Autónoma de Occidente de Cali–Colômbia, FAPA-RS e UCPEL-RS	1

*Conforme classificação da Capes.

QUADRO 7-18
Classificação dos artigos publicados no Enanpad de acordo com a quantidade de autores/artigo

Número de autores por artigo	Quantidade	%
1	20	27%
2	38	52%
3	13	18%
4	1	1%
5	1	1%
TOTAL	73	100%

assuntos próximos, como Aprendizagem Organizacional, Organizações que Aprendem ou Capital Intelectual, não foram considerados. Com isso, mesmo com diversas citações, as obras de Senge, Argyris, Kolb, Easterby-Smith, Drucker e Edvinson e Malone não foram compiladas.

Dentro da amostra pesquisada, foram identificados mais de 300 autores diferentes, demonstrando uma grande dispersão e a inclusão de determinados pesquisadores apenas uma vez. A maior parte da produção é em língua inglesa, mesmo que não necessariamente os autores sejam norte-americanos ou ingleses.

Um exemplo típico é o caso de Ikujiro Nonaka, o autor mais referenciado entre todos, tanto no Enanpad (86 referências, num total de 73 artigos selecionados, ou seja, mais de uma obra

QUADRO 7-19
Classificação dos artigos publicados em periódicos nacionais A de acordo com a quantidade de autores/artigo

Número de autores por artigo	Quantidade	%
1	4	24%
2	8	47%
3	5	29%
TOTAL	17	100%

por estudo) quanto em periódicos Qualis A (23 referências, num total de 17 artigos, também mais de uma obra por artigo). Sua produção, em conjunto com Takeuchi (no clássico e já citado *Criação de Conhecimento na Empresa*), Konno, Umemoto, Toyma, Noburu e Von Krogh, tem uma afiliação clara com a escola norte-americana, mesmo que ele seja japonês – bem como a maioria de seus coautores.

Em seguida, como o mais citado, vem Thomas Davenport, com 43 citações (37 em artigos do Enanpad e 6 em artigos de periódicos nacionais A), sendo 33 referentes ao livro *Conhecimento Empresarial*, em conjunto com Laurence Prusak – sendo as demais em coautoria ou em artigos de autoria única.

Outros autores estrangeiros muito referenciados, entre 10 e 25 citações, foram Sveiby (25 no total – 19 oriundos de artigos do Enanpad e 6 de artigos em periódicos nacionais A), Polanyi (17 no total – 12 oriundos de artigos do Enanpad e 5 de artigos em periódicos nacionais A), Kogut e Zander (15 no total – 11 oriundos de artigos do Enanpad e 4 de artigos em periódicos nacionais A) e Choo e Grant (12 artigos advindos do Enanpad).

Entre os autores brasileiros, dois nomes têm destaque: José Cláudio Terra, com 19 referências (17 em artigos do Enanpad e 2 em periódicos nacionais A), e Moacir de Miranda Oliveira, também com 19 (15 em artigos do Enanpad e 4 em periódicos nacionais A). Pode-se perceber um incremento da citação a autores nacionais a partir de 2001, o que demonstra um amadurecimento e uma certa consolidação do tema junto aos pesquisadores brasileiros – e a consequente possibilidade de referência a eles.

A maior fonte de busca dos referenciais para os artigos analisados do Enanpad adveio de livros, seguido por periódicos internacionais, especialmente aqueles mais conhecidos, como Harvard Business Review, Journal of Management Studies, Sloan Management Review, entre outros. Já no caso dos artigos publicados em periódicos nacionais A, a fonte de busca mais utilizada foram os periódicos internacionais, seguido de livros e anais de congresso. Tal fato pode ser explicado pelas linhas editoriais desses periódicos, ao menos em relação aos artigos sobre GC, que apresentam uma tendência de maior valorização de referências advindas de outros periódicos (nacionais ou internacionais) do que de livros ou outras fontes.

A fim de se ter um entendimento mais profundo e detalhado em relação às referências nacionais utilizadas nos artigos analisados do Enanpad e periódicos nacionais A, foram mapeados os tipos de fontes de tais referências. Em relação aos artigos publicados no Enanpad (ver Quadro 7-20), pode-se destacar que as fontes de referência mais frequentes dos autores nacionais citados são de anais de Congressos (30 no total, com 23 provenientes do Enanpad), seguido por livros nacionais (22). Periódicos foram 18, mas apenas cinco oriundos daqueles classificados como Qualis A pela Capes.

No que tange aos artigos publicados em periódicos Qualis A, as referências nacionais são muito pouco utilizadas, quando comparadas a referências estrangeiras. Esse é um contraste interessante quando comparado com os artigos do Enanpad, uma vez que, neste caso, verifica-se uma alusão mais frequente a autores brasileiros. Quando os autores da amostra selecionada entre os periódicos nacionais utilizaram referências de autores brasileiros (ver Quadro 7-21), elas ficaram concentradas em livros nacionais (7), periódicos Qualis A (4), *sites* (4) e anais do congresso Enanpad (3).

○ CONSIDERAÇÕES FINAIS

Novas filosofias, técnicas e práticas gerenciais vêm surgindo a cada momento. Conceitos básicos não têm se alterado muito, mas essas filosofias, técnicas e práticas a eles adicionadas geram novas e diferentes abordagens para gerenciar as empresas. Ao analisar-se o tema Gestão do Conhecimento no Brasil nos últimos 10 anos (período de 1997-2007), a partir dos periódicos classificados como A pela Capes e do principal congresso brasileiro de Administração (Enanpad), tal fenômeno parece voltar a ocorrer. No entanto, algumas diferenças interessantes entre essas duas fontes de conhecimento no país foram identificadas.

Primeiramente, é preciso notar que é irrisória a participação de artigos de GC nos periódicos nacionais A, pois, ao longo de 10 anos, apenas 17 artigos foram publicados. Alguns aspectos podem estar afetando tal desempenho:

QUADRO 7-20
Classificação dos artigos publicados no Enanpad de acordo com a fonte de referência a autores nacionais

FONTE		QUANTIDADE
Livros	Nacionais	22
	Estrangeiros	2
Periódicos	Nacionais-Qualis A	5
	Nacionais-outros	13
Trabalhos acadêmicos	Teses	6
	Dissertações	2
	Monografias	1
Anais de congressos	Enanpad	23
	Outros	7
Notas de aula/ *working papers*		2

QUADRO 7-21
Classificação dos artigos publicados em periódicos nacionais A de acordo com a fonte de referência a autores nacionais

FONTE		QUANTIDADE
Livros	Nacionais	7
	Estrangeiros	0
Periódicos	Nacionais-Qualis A	4
	Nacionais-outros	0
Trabalhos acadêmicos	Teses	0
	Dissertações	1
	Monografias	0
Anais de congressos	Enanpad	3
	Outros	0
Sites		4

1. Falta de maior interesse na produção na área, demonstrado também pela existência de poucos núcleos de pesquisa do tema no país. Nos locais onde tais núcleos existem, verifica-se uma maior produtividade acadêmica, como demonstram os resultados da RAUSP e REAd, periódicos da Universidade de São Paulo e da Universidade Federal do Rio Grande do Sul, respectivamente.
2. Falta de um periódico que aborde com frequência temas onde o foco está relacionado com o conhecimento, como aprendizagem organizacional, capital intelectual, inteligência competitiva e a própria GC. Isso faz com que outras áreas, como Economia e Ciências da Informação, apropriem-se mais do tema GC do que a própria Administração.
3. Falta de uma seção própria, em periódicos nacionais, dedicada exclusivamente ao tema. Os resultados desta pesquisa mostram que a maioria dos periódicos não é dividida por sessões temáticas, o que acaba dificultando para os pesquisadores a identificação de quais são os periódicos com maior potencial de aprovação de trabalhos de GC.
4. O processo de aprovação dos artigos por parte dos periódicos nacionais A é lento, o que poderia estar desestimulando os pesquisadores e estudiosos em GC a publicarem seus trabalhos nesses meios de comunicação científica – haja visto que a participação em congressos, como os dados mostraram em relação ao Enanpad, tem se mostrado mais profícua.

Quanto ao Enanpad, pode-se perceber uma maior frequência de aprovação de artigos em GC. Como se pode verificar a partir da análise dos resultados, a área de Administração da Informação vem se apropriando mais do tema, publicando 31,5% do total de artigos nessa seara. Este fato parece apontar para a predominância de uma abordagem mais tecnológica e funcionalista, uma vez que tais artigos procuram analisar a temática sob essa ótica, em especial sobre como as organizações podem fazer para organizar, sistematizar e permitir o compartilhamento de conhecimento por meio de sistemas tecnológicos.

A retomada de artigos de cunho empírico nas últimas edições do Enanpad demonstra um princípio de consolidação da GC na Administração. Após o predomínio de pesquisas empíricas, por alguns anos, o fato de começar a existir mais estudos teóricos mostra que já existe um *corpus* estabelecido capaz de permitir novas teorizações e análises.

O relativo equilíbrio entre métodos quali e quantitativos no Enanpad, ao menos em GC, demonstra as diferentes possibilidades de abordagem que o tema permite, de acordo com o posicionamento epistemológico dos pesquisadores. Nesta mesma linha, o predomínio da ótica funcionalista demonstra o que já se pôde constatar sobre a disciplina, isto é, essa perspectiva predomina na própria ciência administrativa.

Quanto ao predomínio de estudos de caráter exploratório, também se alinha com o que já foi observado sobre essa maior tendência de aplicação na área da Administração. Pode-se vislumbrar que, com o final do processo de consolidação da GC como disciplina, outros tipos, como o causal, poderão ser mais frequentemente encontrados.

De forma geral (tanto nos periódicos A nacionais quanto no Enanpad), também é possível verificar o predomínio de artigos com múltiplos autores (em torno de 75% do total dos trabalhos). Esta tendência pode ser salutar, no sentido de indicar que mais pessoas têm estudado temas em comum na área. Em alguns casos, esses coautores provêm de instituições diferentes, indicando uma possibilidade de incremento do intercâmbio acadêmico. Tal fato carece de acompanhamento longitudinal para se verificar se trata-se de uma tendência ou um fato isolado.

No que tange às citações, há ampla predominância de autores de outros países, demonstrando que a produção acadêmica nacional está sendo centrada fortemente na adaptação e replicação de modelos estrangeiros, com poucos trabalhos que contribuem para a proposição e produção de *frameworks* nacionais, originais e aderentes a aspectos relevantes da cultura nacional em GC.

Além disso, ao analisar-se os principais tipos de fontes utilizadas nos trabalhos pesquisados, verifica-se o predomínio de livros sobre as demais fontes. Esse resultado demonstra o potencial de crescimento de referências a periódicos de qualidade, que costumam balizar os parâmetros internacionais dos melhores periódicos e congressos que abordam o tema GC. Caso isso ocorra, pode começar a haver uma inversão da curva de crescimento quantitativo na publicação de artigos de GC, mas, por outro lado, poderiam ser melhorados aspectos relativos à qualidade, profundidade, rigor e impacto de mudança na própria área.

Este capítulo, ao traçar um amplo painel sobre os estudos em GC no Brasil nos últimos 10 anos, em periódicos Qualis A nacionais e no maior congresso científico da área (o Enanpad), visa a contribuir para o processo de consolidação da disciplina. Como foi visto aqui, esta é uma contribuição relevante para uma área que pretende seguir este caminho. Ao delinear características e quantificar os estudos, permite mostrar o estado atual e sugerir novos campos e possibilidades de análise, seja quanto aos tipos de estudo ou quanto a outras vertentes epistemológicas até agora pouco exploradas.

○ QUESTÕES PARA REFLEXÃO

1. De que forma a comunidade científica brasileira pode incrementar a produção em Gestão do Conhecimento, tanto qualitativamente quanto quantitativamente?
2. Vimos, neste artigo, que existe uma predominância de autores estrangeiros na produção nacional em Gestão do Conhecimento. Além da replicação de modelos importados, que outras formas de abordagem podem ser feitas com base na produção internacional?
3. Como pode-se aplicar teorias e modelos de Gestão do Conhecimento em ambientes organizacionais? Quais são os ganhos que essa aplicação pode gerar?

○ REFERÊNCIAS

ANTONELLO, C. S. Estudo dos métodos e posicionamento epistemológico na pesquisa de aprendizagem organizacional, competências e gestão do conhecimento. In: ENCONTRO ASSOCIAÇÃO NACIONAL DE PÓS-GRADUAÇÃO

ARKADER, R. A pesquisa científica em gerência de operações no Brasil. *Revista de Administração de Empresas*, v. 43, n. 1, p. 70-80, 2003.

ARKADER, R. Gestão de operações: a pesquisa científica no Brasil. In: BERTERO, C. O.; CALDAS, M. P.; WOOD X, T. Jr. (Coord.). *Produção científica em administração no Brasil*: o estado-da-arte. São Paulo: Atlas, 2005. p. 131-146.

BERTERO, C. O.; CALDAS, M. P.; WOOD, T. Jr. *Produção científica em administração de empresas*: provocações, insinuações e contribuições para um debate local. Revista de *Administração Contemporânea*, v. 3, n. 1, p. 147-178, 1999.

BERTERO, C. O.; VASCONCELOS, F. C.; BINDER, M. P. Estratégia empresarial: a produção científica brasileira entre 1991 e 2002. *Revista de Administração de Empresas*, v. 43, n. 4, p. 48-62, 2003.

BERTERO, C. O.; VASCONCELOS, F. C.; BINDER, M. P. Estratégia empresarial: a produção científica brasileira entre 1991 e 2002. In: BERTERO, C. O.; CALDAS, M. P.; WOOD, T. Jr. (Coord.). *Produção científica em administração no Brasil*: o estado-da-arte. São Paulo: Atlas, 2005. p. 18-34.

BURREL, G.; MORGAN G. *Sociological paradigms and organizational analysis*. London: Heinemann, 1979.

CALDAS, M. P.; OLIVEIRA, J.; SOLURI, A. Perfil da pesquisa em finanças no Brasil. *Revista de Administração de Empresas*, v. 43, n. 1, p. 91-104, 2003.

DAVENPORT, T. H.; PRUSAK, L. *Conhecimento empresarial*: como as organizações gerenciam seu capital intelectual. Rio de Janeiro: Campus, 1998.

DURANTE, D. G.; MAURER, S. A. S. Gestão do conhecimento e da informação: revisão da produção científica do período 2000-2005. In: ENCONTRO ASSOCIAÇÃO NACIONAL DE PÓS-GRADUAÇÃO EM ADMINISTRAÇÃO, 31., 2007, Rio de Janeiro. *Anais do XXXI Enanpad*. 2007. Rio de Janeiro: ANPAD, 2007.

EARL, M. Knowledge management strategies: toward a taxonomy. *Journal of Management Information System*, v. 18, n. 1, p. 215-233, 2001.

EM ADMINISTRAÇÃO, 26., 2002, Salvador. *Anais do XXVI Enanpad*. Salvador: ANPAD, 2002.

HOPPEN, N. Sistemas de informação no Brasil: uma análise dos artigos científicos dos anos 90. *Revista de Administração Contemporânea*, v. 2, n. 3, p. 151-177, 1998.

HOPPEN, N.; MEIRELLES, F. S. Sistemas de informação: um panorama da pesquisa científica entre 1990 e 2003. *Revista de Administração de Empresas*, v. 45, n. 1, p. 24-35, 2005.

LEAL, R. Finanças: perfil da pesquisa no Brasil. In: BERTERO, C. O.; CALDAS, M. P.; WOOD, T. Jr. (Coord.). *Produção científica em administração no Brasil: o estado-da-arte*. São Paulo: Atlas, 2005. p. 115-130.

LUNARDI, G., RIOS, L.; MAÇADA. A. C. G. Pesquisa em sistemas de informação: uma análise a partir dos artigos publicados no Enanpad e nas principais revistas nacionais de Administração. In: ENCONTRO ASSOCIAÇÃO NACIONAL DE PÓS-GRADUAÇÃO EM ADMINISTRAÇÃO, 29., 2005, Brasília, DF. *Anais do XXIX Enanpad*. Brasília, DF: ANPAD, 2005.

MORIN, E. *A inteligência da complexidade*. São Paulo: Fundação Peirópolis, 2001.

NONAKA, I.; TAKEUCHI, H. *Criação de conhecimento na empresa*: como as empresas japonesas geram a dinâmica da inovação. Rio de Janeiro: Campus, 1997.

OLIVEIRA, M.; MAÇADA, A. C. G.; GOLDONI, V. Análise da aplicação do método estudo de caso na área de sistemas de informação. In: ENCONTRO ASSOCIAÇÃO NACIONAL DE PÓS-GRADUAÇÃO EM ADMINISTRAÇÃO, 30., 2006, Salvador. *Anais do XXX Enanpad*. Salvador: ANDAP, 2006.

PACHECO, R. S. Administração pública nas revistas especializadas – Brasil, 1995-2002. *Revista de Administração de Empresas*, v. 43, n. 4, p. 63-71, 2003.

PACHECO, R. S. Administração pública: a produção científica veiculada nas revistas especializadas – 1995-2002. In: BERTERO, C. O.; CALDAS, M. P.; WOOD, T. Jr. (Coord.). *Produção científica em administração no Brasil: o estado-da-arte*. São Paulo: Atlas, 2005. p. 86-99.

SENGE, P. M. *A quinta disciplina*: arte, teoria e prática da organização de aprendizagem. 15. ed. São Paulo: Best Seller, 2000.

STEWART, T. *Intellectual capital*: the wealth of organizations. New York: Currency/Doubleday, 1997.

SVEIBY, K. E. *A nova riqueza das organizações*: gerenciando e avaliando patrimônios de conhecimento. Rio de Janeiro: Campus, 1998.

TONELLI, M. J. et al. Produção acadêmica em recursos humanos no Brasil: 1991-2000. *Revista de Administração de Empresas*, v. 43, n. 1, p. 105-122, 2003.

TONELLI, M. J. et al. Recursos humanos: a produção científica no Brasil entre 1991 e 2000. In: BERTERO, C. O.; CALDAS, M. P.; WOOD, T. Jr. (Coord.). *Produção científica em administração no Brasil*: o estado-da-arte. São Paulo: Atlas, 2005. p. 50-66.

VERGARA, S. C. A hegemonia americana em estudos organizacionais, *Revista de Administração Pública*, v. 35, n. 2, p. 63-77, 2001.

VERGARA, S. C. Estudos organizacionais: a produção científica brasileira. In: BERTERO, C. O.; CALDAS, M. P.; WOOD, T. Jr. (Coord.). *Produção científica em administração no Brasil*: o estado-da-arte. São Paulo: Atlas, 2005. p. 35-49.

VERGARA, S. C; PINTO, M. C. S. Nacionalidade das referências teóricas em análise organizacional: um estudo das nacionalidades dos autores referenciados na literatura brasileira. In: ENCONTRO NACIONAL DE ESTUDOS ORGANIZACIONAIS, 1., 2000, Curitiba. *Anais do 1º ENEO*. Curitiba: ANPAD, 2000.

VIEIRA, F. G. D. Marketing: a produção científica brasileira. In: BERTERO, C. O.; CALDAS, M. P.; WOOD, T. Jr. (Coord.). *Produção científica em administração no Brasil*: o estado-da-arte. São Paulo: Atlas, 2005. p. 100-114.

VIEIRA, F. G. D. Narciso sem espelho: a publicação brasileira de marketing. *Revista de Administração de Empresas*, v. 43, n. 1, p. 81-90, 2003.

ZIMMER, M.; LEIS, R. P. Estado-da-arte sobre a produção científica brasileira em gestão do conhecimento: um estudo em periódicos nacionais e nos anais do Enanpad no período 1997-2006. In: ENCONTRO DE ADMINISTRAÇÃO DA INFORMAÇÃO, 1., 2007, Florianópolis. *Anais do 1º EnADI*. Florianópolis: ANPAD, 2007.

○ SUGESTÕES DE *SITES* SOBRE O TEMA

http://read.adm.ufrgs.br

http://www.anpad.org.br

http://www.anpad.org.br/rac

http://www.ebape.fgv.br/academico/asp/ dsp_rap_sobre.asp

http://www.facef.br/rea/

http://www.rae.com.br/eletronica/

http://www.rae.com.org.br

Luiz Henrique Boff
Claudia Simone Antonello

8

DESCAMINHOS

aprendizagem e conhecimento organizacional *versus* organizações que aprendem e gestão do conhecimento

OBJETIVO DO CAPÍTULO

- Apresentar, discutir e analisar as publicações que realizam propostas de integração dos campos de estudos em Aprendizagem Organizacional, Organizações de Aprendizagem, Conhecimento Organizacional e Gestão do Conhecimento.

RESUMO

A Aprendizagem Organizacional e o Conhecimento Organizacional tornaram-se temas relevantes no meio acadêmico e empresarial. Contudo, estas temáticas têm gerado confusão e enfrentado problemas oriundos de sua diversidade teórica e das diferentes respostas apresentadas no contexto organizacional. Este fato pode ser constatado no mapeamento do estado-da-arte destes temas no Brasil, apresentados nos Capítulos 2 e 7. Nestes capítulos se evidencia um elevado número de autores e publicações que adotam diferentes perspectivas para abordar as duas áreas de conhecimento. Embora, para alguns, seja possível identificar ligações implícitas entre estes campos de estudo, ainda existe uma significativa distância 'entre' e 'dentro' delas. Assim, neste capítulo procura-se discutir as 'aproximações' e os 'distanciamentos' entre Aprendizagem e Conhecimento Organizacional e Organizações que Aprendem e Gestão do Conhecimento (AO/CO *versus* OA/GC), a partir de uma revisão da literatura de campos de estudos, bem como de um debate analítico acerca dos princípios e abordagens teóricas, pontos comuns e divergentes, lacunas e sobreposições.

O INTRODUÇÃO

No período de 1999 a 2009, pode-se identificar na literatura que trata do conhecimento nas organizações uma coletânea de publicações que revela certo esforço para estabelecer uma aproximação entre, principalmente, dois campos de estudos, o da Aprendizagem Organizacional e da Gestão do Conhecimento.

Nessa literatura, de um modo geral, a Gestão do Conhecimento (GC) é utilizada para descrever atividades relacionadas com a identificação, codificação, medição, armazenamento e transferência de todos os tipos de conhecimento. Já a Aprendizagem Organizacional (AO) é identificada como um campo voltado para o estudo dos processos cognitivos e sociais do conhecimento nas organizações, que estão imbricados nas práticas organizacionais e de trabalho.

A partir da seleção de oito publicações que tinham como objetivo, explícita ou implicitamente, discutir a aproximação ou integração desses campos de estudos, buscou-se analisar a natureza desses trabalhos e identificar contribuições que possam esclarecer de maneira eficaz o que tem sido tratado como confusão conceitual entre áreas (Vera; Crossan, 2003; Chiva; Alegre, 2005). Tomou-se como ponto de partida os trabalhos de Lyles e Easterby-Smith (2003) e Antal e colaboradores (2001), que apresentam propostas de integração entre o conhecimento e a aprendizagem no contexto organizacional.

Para enriquecer a discussão, foram incluídos os campos referente às Organizações que Aprendem (OA) – partindo da clássica discussão Aprendizagem Organizacional *versus* Organizações que Aprendem, explorada por diferentes autores, entre eles, Easterby-Smith, Burgoyne e Araújo (2001) – e o Conhecimento Organizacional (CO) – considerando que a noção de conhecimento permeia todos esses campos de estudos (Nicolini; Gherardi; Yanow, 2003).

Assim, o principal objetivo deste capítulo é identificar e analisar as divergências e convergências existentes nas propostas de comparação entre os quatro campos de estudos, de modo a fornecer uma fundamentação teórica para pesquisas que envolvam uma ou mais dessas os áreas.

Antes de ingressar na seção onde serão apresentados e discutidos estes trabalhos, é pertinente situar de forma breve e sintética os aspectos que caracterizam cada um dos quatro campos. Na Figura 8-1, Easterby-Smith e Lylels (2003) apre-

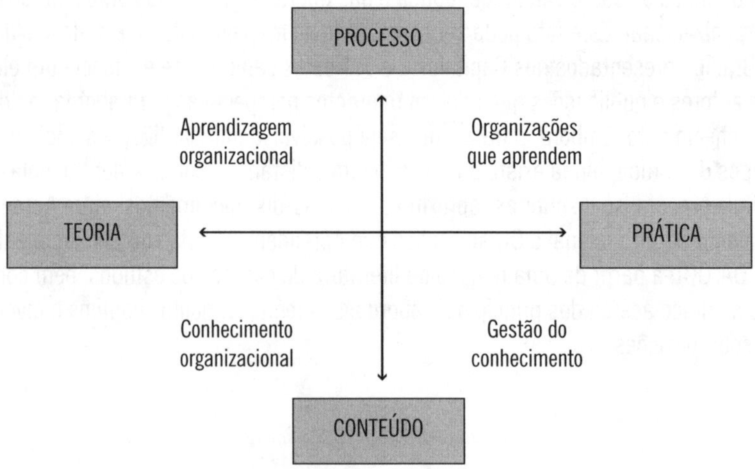

FIGURA 8-1 Classificação dos campos de estudos.
Fonte: Easterby-Smith e Lyles (2003).

sentam uma classificação baseada em duas dicotomias: teoria-prática e conteúdo-processo.

Este esquema de classificação ajuda a compreender a natureza de cada um dos campos. Entretanto, não se pode considerar uma delimitação rígida entre as dicotomias. Por exemplo, Aprendizagem Organizacional não é puramente teórica e voltada para processo, nem a Gestão do Conhecimento é somente prática e orientada a conteúdos. Como ê evidenciado na seção seguinte, cada um dos campos pode "invadir" outros quadrantes, sendo esta uma das possíveis razões da já citada confusão conceitual. Entretanto, numa visão mais otimista, essa invasão pode indicar a possibilidade de integração entre os campos.

A fim de ampliar a compreensão dos campos, são apresentados no Quadro 8-1 outros elementos de classificação: foco, disciplinas

QUADRO 8-1
Sumário acerca de aprendizagem e conhecimento organizacional, organizações que aprendem e gestão do conhecimento

	Aprendizagem organizacional	Organizações que aprendem	Conhecimento organizacional	Gestão do conhecimento
Foco	Processos	Conteúdo e produtos	Processos	Conteúdo e produtos, quantificação e medidas
Disciplinas predominantes	• Estudos organizacionais • Sociologia • Psicologia social • Educação	• Administração • Comportamento organizacional • Psicologia cognitivista	• Estudos organizacionais • Sociologia • Antropologia • Psicologia social	• Sistemas de informação • Economia • Administração • Psicologia cognitivista • Tecnologia
Trabalhos clássicos	Argyris, C.; Schon, D. A.. *Organizational learning*: a theory of action perspective reading. Massachusetts: Addison-Wesley, 1978. Cook, S.; Yanow, D. Culture and organizational learning. *Journal of Management In quiry*, v. 2, n. 4, Dez. 1993. Brown, J. S; Duguid, P. Organizational learning and communities of practice: Toward a unified view of working, learning, and innovation. *Organization Science*, v. 2, p. 40-57, 1991. Weick K. E., The nontraditional quality of organizational learning, *Organization science*, v. 2, n. 1, p. 166-124, 1991.	Garvin, D. A. Building a learning organization. *Harvard Business Review*. v. 71, n. 4, p. 78-91, Jul./Aug. 1993 Senge, P. M. *A Quinta disciplina – arte, teoria e prática da organização de aprendizagem*. São Paulo: Best Seller, 1990.	Orr, *J. Talking about machines: an ethnography of a modern job. 1990.* Thesis. Cornell University, Department of Anthropology, 1990. Lave, J. Wenger, E. *Situated learning: legitimate peripheral participation.* Cambridge: Cambridge University Press, 1991. Cook, S.; Yanow, D. Culture and organizational learning. *Journal of management inquiry*, v. 2, n. 4, Dez. 1993.	Cyert, R.; March, J. *A behavioral theory of the firm*. 2nd ed. Blackwell, Malden, MA, 1992. first published in 1963. Polany, M. *The tacit dimension*. Garden City, New York: Doubleday & Company, Inc., 1966. Duncan, R.; Weiss, A. Organizational learning: implications for organizational design. *Research in organizational behavior*, v. 1, p. 75-123, 1979. March, J. Exploration and exploitationin organizational learning. In: Cohen, M. J Sproull, L. Organizational Learning. Califórnia: Sage, 1995.

(continua)

QUADRO 8-1
Sumário acerca de aprendizagem e conhecimento organizacional, organizações que aprendem e gestão do conhecimento *(Continuação)*

	Aprendizagem organizacional	Organizações que aprendem	Conhecimento organizacional	Gestão do conhecimento
Trabalhos representativos	Easterby-Smith, M. Disciplines of organizational learning: contributions and Critiques. *Human Relations*. v. 50, n. 9, pp. 1085-113, 1997. Brown, J. S.; Duguid, P. Knowledge and organization: a social-practice perspective, *Organization Science*, v. 12, p. 198-213, 2001. Easterby-Smith, M.; Araujo, L.; Burgoyne, J. (Org.) *Aprendizagem organizacional e organizações de aprendizagem:* desenvolvimento na teoria e na prática. São Paulo: Atlas, 2000.	Pedler, M., Burgoyne, J.; Boydell, T. *The learning company.* London: McGraw-Hill, 1991. Marquardt, M. J. Building the learning organization: a system approach to quantum *Improvement and global success.* London: McGraw-Hill, 1996 Dibella, A. *Como as organizações aprendem*. São Paulo: Educator, 1999.	Gherardi, S; Nicolini, D; Odella, F. Toward a social understanding of how people learn in organizations. *Management Learning,* v. 29, n. 3, p. 273-297, 1998. Cook, S. D. N.; Brown, J. S. Bridging epistemologies: the generative dance between organizational knowledge and organizational knowing. *Organizational Science,* v. 10, n. 4, p. 381-400, Jul./Aug., 1999. Gherardi, S. From organizational learning to practice-based knowing. Human Relations. n. 54, v. 1, p. 131-139, 2001 Nicolini, D.; Gherardi, S.; Yanow, D (ed.) *Knowing in organizations:* a practice-based approach. London: M.E.Sharpe., p. 3-31, 2003.	Nonaka, I.; Takeuchi, H. *Criação de conhecimento na empresa.* Rio de Janeiro: Campus, 1997. Prusak, L. Where did knowledge management come from. *IBM System Journal,* v. 40, p. 1002-1007, 2001.
Temas/ construtos/ teorias	– ciclos de aprendizagem, – processos de aprendizagem – níveis de aprendizagem – aprendizagem informal – mudança organizacional – processo decisório – processo de construção de sentidos	• pensamento sistêmico • mapas mentais • facilitadores e obstáculos para a aprendizagem nas organizações	• cultural organizacional • teoria baseada em prática • estética organizacional • teoria ator-rede • teoria da aprendizagem situada	• estrutura do conhecimento • tecnologia e conhecimento • inovação

QUADRO 8-1
Sumário acerca de aprendizagem e conhecimento organizacional, organizações que aprendem e gestão do conhecimento *(Continuação)*

	Aprendizagem organizacional	Organizações que aprendem	Conhecimento organizacional	Gestão do conhecimento
Visão de conhecimento	Conhecimento organizacional é construído socialmente e, assim, a ênfase maior está no processo	Conhecimento é como se fosse uma *commodity*, com ênfase na sua posse	"Fazer" não está dissociado do "saber". Conhecimento está situado no sistema de práticas contínuas de ação de forma que são relacionais, mediadas por meio de artefatos, e sempre enraizadas em um contexto de interação. Tal conhecimento é assim adquirido por alguma forma de participação e é reproduzido e negociado continuamente; isto quer dizer, sempre é dinâmico e provisório	conhecimento é como se fosse uma *commodity*, com ênfase na sua posse. Pode ser codificado, armazenado e do mesmo modo ser transmitido para outros
Tipos de conhecimento	Conhecimento social (processo), individual e coletivo conhecimento canônico e não canônico	Conhecimento cognitivo	*Knowing* (conhecimento na ação)	Conhecimento cognitivo, conhecimento tácito e explícito
Objetivos	Como as organizações conhecem	O que organizações conhecem	Como as organizações conhecem	O que organizações conhecem

Fonte: Elaborado pelos autores.

predominantes, trabalhos clássicos, trabalhos representativos, temas/construtos/teorias, visão de conhecimento, tipos de conhecimento e objetivos.

Identifica-se, a partir do quadro, numa perspectiva histórica, bem como na contemporaneidade dos escritos desses campos, que tem ocorrido poucas possibilidades de aproximação de AO e CO com OA e GC, em função de seus antecedentes e as condições de seu surgimento, que estabelecem diferenças no foco, objetivo e teorias empregadas, diferenças estas fundamentalmente epistemológicas. Evidencia-se que AO e CO buscam abordar a questão do conhecimento numa perspectiva processual, enquanto GC e OA estão voltados, predominantemente, para as questões de gestão.

Embora os termos tenham significados diferentes, Gestão do Conhecimento, Aprendizagem Organizacional e Organizações que Aprendem têm sido utilizados de forma indiscriminada e intercambiável em muitos estudos e na literatura, tanto acadêmica como empresarial, o que não seria o procedimento mais correto se examinarmos o Quadro 8-1.

É importante considerar que a falta de orientações claras pode impedir o desenvolvimento de teorias em todos os sentidos. Mais importante ainda, a investigação sobre esses campos pode até apresentar zonas de sobreposição em termos de foco e abordagens, especialmente nas investigações mais recentes, mas isto precisa ser melhor discutido. A partir desta reflexão, neste capítulo buscou-se identificar autores que de alguma forma tenham realizado explicitamente uma tentativa de comparação e discussão de dois ou mais campos, que serão apresentados na próxima seção.

1 • PROPOSTAS DE UMA APROXIMAÇÃO DOS CAMPOS DE ESTUDOS

O objetivo desta seção é verificar o que a literatura apresenta em termos de comparação entre os quatro campos de estudos que são objeto de análise deste capítulo. Para isso, foram selecionados artigos publicados nos últimos 10 anos que contêm nas suas propostas, explicitamente, a revisão da literatura e a comparação de pelo menos dois campos.

Para isso, foi realizada uma pesquisa junto a três bases de dados frequentemente utilizadas pelos cursos de Administração e disponibilizadas no Portal de periódicos da Capes* na área de Ciências Sociais Aplicadas e Ciências Humanas: EBSCO, Emerald e ISI Web of Knowledge. O critério de busca ocorreu a partir da seleção de publicações que apresentassem em seu título a combinação de pelo menos dois dos quatro campos de estudo, no período de 1999 a 2009. Os resultados obtidos podem ser visualizados o Quadro 8-2, onde se pode identificar, considerando as três bases, certo destaque para publicação em AO/OA e AO/GC.

Para realização desta sistematização procurou-se identificar em cada um dos artigos os seguintes itens: justificativa, objetivos e questões de pesquisa (explicitados ou não), as definições adotadas explicita ou implicitamente para AO, OA, GC e CO, algum tipo de proposta para aproximação ou não desses campos e as contribuições do trabalho. Foram identificados oito artigos, cujas principais informações são apresentadas de forma resumida a seguir.

* Coordenação de Aperfeiçoamento de Pessoal de Nível Superior no *site* http://www.periodicos.capes.gov.br/portugues/index.jsp acessado em 20 de julho de 2009.

QUADRO 8-2
Busca em base de dados Capes

Palavras no título (referências entre 1999 e 2009)	EBSCO	Emerald	Discover ISI Web of Knowledge*
organizational learning / learning organization	16	16	14
organizational learning / organizational knowledge	01	28	52
organizational learning / knowledge management	26	13	18
organizational knowledge / learning organization	0	01	1
organizational knowledge / knowledge management	12	02	63
Knowledge management / learning organization	07	04	22
organizational learning / organizational knowledge / knowledge management / learning organization	0	0	0

Fonte: EBSCO, Emerald, ISI Web of Knowledge.
Legenda: (*) Bases: SCI-EXPANDED, SSCI, A&HCI.

Esta revisão da literatura analisou as diferentes propostas que buscam comparar e/ ou aproximar as divergências e convergências dos domínios da AO, OA, CO e GC. A partir da classificação proposta por Easterby-Smith e Lyles (2003), apresentada na Figura 8-1 deste capítulo, pode-se "posicionar" os artigos analisados e verificar qual a relação estabelecida entre os campos.

Observa-se inicialmente um ponto comum a todos os artigos: a comparação entre conhecimento e aprendizagem. Embora evidente, nota-se em muitos estudos da administração a confusão conceitual e a ausência de uma distinção clara

QUADRO 8-3
Sumário da Literatura que realiza revisão e comparação dos campos de estudos em AO, OA, GC e CO

01	***Bridging epistemologies: The generative dance between Organizational Knowledge and Organizational Learning*** **(Cook; Brown, 1999)**
Justificativa	Trabalhos em CO, AO, OA E GC repousam na compreensão tradicional da natureza do conhecimento: epistemologia da posse que tende a privilegiar o conhecimento explícito sobre o tácito e o conhecimento possuído pelo indivíduo sobre aquele possuído por grupos.
Objetivo	Explorar a epistemologia de posse e prática para propor uma nova perspectiva para compreensão de CO.
Questões de pesquisa	Como expandir uma epistemologia que inclua os quatro tipos distintos de conhecimento (tácito, explícito, individual e grupal/coletivo), sendo que um é não superior ao outro?
Aprendizagem organizacional	Tem uma tradição que privilegia o nível individual e o conhecimento explícito, em vez de considerar, também, o nível coletivo e o conhecimento implícito.
Organizações que aprendem	Não aborda.
Gestão do conhecimento	Não aborda.
Conhecimento organizacional	Noção de *Knowing* (conhecimento em ação).
Proposta	Dança generativa entre o conhecimento (*knowledge* – epistemologia de posse) e saber (epistemologia da prática – *knowing*) é uma fonte de inovação da organização.
Contribuições/ conclusões	Oferecem uma visão de alguns elementos essenciais para uma epistemologia de práticas. Propõe ver o conhecimento como uma ferramenta de saber que pode auxiliar a explicar como os indivíduos e grupos utilizam as quatro formas de conhecimento. Moldam de forma mais robusta a estrutura epistemológica centrada em temas como núcleo de competências, gerência do capital intelectual, etc.

02	***Integrating complexity theory, knowledge management and organizational learning*** **(McElroy, 2000)**
Justificativa	GC quer livrar-se de sua reputação tecnológica e substituí-la pelo papel de promover a AO.
Objetivo	Discutir a convergência do pensamento e da prática que está por trás da GC, AO e da teoria de complexidade.
Questões de pesquisa	O que torna tão especial a fusão das OA, GC e teoria da complexidade tão atraente? O que poderia contar para a aparente sinergia entre elas?

(continua)

QUADRO 8-3
Sumário da Literatura que realiza revisão e comparação dos campos de estudos em AO, OA, GC e CO *(Continuação)*

Aprendizagem organizacional	Não aborda.
Organizações que aprendem	Sistemas complexos são organizações que aprendem.
Gestão do conhecimento	O autor chama de teoria do conhecimento de segunda geração, a teoria que volta-se para a preocupação em criar e manter as condições requeridas para a produção ótima de novo conhecimento (i.e. conhecimento em prática). Crescentemente, ambos os lados (primeira e segunda geração) estão atribuindo e enxergando a importância de uma aproximação equilibrada, na qual a produção saudável de novo conhecimento e sua efetiva distribuição e uso ao longo da organização é reconhecida como duas partes do mesmo ciclo de recursivo
Conhecimento organizacional	Segunda geração de GC: como conhecimento é criado, compartilhado e difundido ao longo de uma organização.
Proposta	Falta para GC e OA uma teoria de como a cognição ocorre nos sistemas sociais humanos: a teoria que oferece isto é a da complexidade.
Contribuições/ conclusões	Para o debate de GC e OA, a compreensão da complexidade acrescenta que o conhecimento assume a forma (regras) e os meios pelos quais ela surge (processos de conhecimento).

03	***Understanding "Strategic Learning": Linking Organizational Learning, Knowledge Management, and Sensemaking*** **(Thomas; Sussman; Henderson, 2001)**
Justificativa	Dificuldade de aplicar modelos de aprendizagem no contexto estratégico das organizações.
Objetivo	Identificar a influência da aprendizagem estratégica sobre o desempenho e a inovação em processos organizacionais.
Questões de pesquisa	Não apresenta.
Aprendizagem organizacional	Perspectiva estratégica da aprendizagem.
Organizações que aprendem	Aprendizagem estratégica é utilizada para compreender os eventos presentes e futuros.
Gestão do conhecimento	Usa AO como base para fornecer *insights* sobre como as organizações gerenciam o conhecimento para obter competitividade.
Conhecimento organizacional	Não aborda.
Proposta	Pesquisa empírica (estudo de caso) para mapear o processo de aprendizagem estratégica numa organização.

QUADRO 8-3
Sumário da Literatura que realiza revisão e comparação dos campos de estudos em AO, OA, GC e CO *(Continuação)*

Contribuições/ conclusões	Identificação de quatro dimensões da aprendizagem estratégica: 1. Definição de eventos: aprendizagem nas situações relacionadas à estratégica, percebida pelos executivos; conhecimento é coletado em tempo real. 2. Aquisição de conhecimento: uso de especialistas internos e externos; definição de um modelo de coleta de conhecimento; coleta e análise feitas separadamente; observações com questões críticas sobre o evento. 3. Interpretação: discussões sobre os *insights* dos especialistas; codificação e indexação das observações para uso em diferentes situações. 4. Assimilação do conhecimento (empacotamento): filtros para identificar lições que promovam assimilação e mudança de comportamento; uso de tecnologias de comunicação para transferência de conhecimento tácito e explícito. Modelo de aprendizagem estratégica explica como ocorre a construção de sentido (*sensemaking*) na organização.

04	***Organizational learning and knowledge management: toward an integrative framework* (Vera; Crossan, 2003)**
Justificativa	Reduzir a confusão conceitual entre AO e GC.
Objetivo	Apresentar um modelo conceitual para definir e integrar AO e GC e estabelecer uma relação teórica entre os construtos e o desempenho.
Questões de pesquisa	Como AO e GC se relacionam? Como AO e GC influenciam o desempenho?
Aprendizagem organizacional	Descritivo; aprendizagem é um processo de mudança.
Organizações que aprendem	Prescritivo; orientado para prática.
Gestão do conhecimento	Prescritivo; conhecimento como vantagem competitiva; processos para gerenciar o conhecimento.
Conhecimento organizacional	Descritivo; conhecimento adquirido e conhecimento na ação.
Proposta	Modelo integrado de AO e GC; Conhecimento é criado e desenvolvido pela aprendizagem; conhecimento prévio determina a aprendizagem; Alinhamento entre as estratégias de conhecimento/aprendizagem da empresa e sua estratégia de negócios modera a relação entre aprendizagem/conhecimento e desempenho.
Contribuições/ conclusões	Separa a literatura de CO e GC. Identifica tópicos comuns e exclusivos de cada campo; forte relação entre processos de aprendizagem e de conhecimento; aprendizagem e conhecimento influenciam o desempenho.

(continua)

QUADRO 8-3
Sumário da Literatura que realiza revisão e comparação dos campos de estudos em AO, OA, GC e CO (*Continuação*)

05	***Discourses of Knowledge Management and the Learning Organization: Their production and consumption*** **(Scarbrough; Swan, 2003)**
Justificativa	Necessidade de colocar GC e OA nos seus respectivos contextos a partir dos discursos produzidos pela literatura.
Objetivo	Desenvolver uma abordagem reflexiva de conhecimento e aprendizagem a partir dos discursos produzidos no contexto organizacional.
Questões de pesquisa	Não apresenta.
Aprendizagem organizacional	Não aborda.
Organizações que aprendem	Processo para melhorar a habilidade da organização sobre o que é eficaz em termos de suas próprias experiências e aprendizagem.
Gestão do conhecimento	Criação, aquisição, captura, compartilhamento e uso do conhecimento para melhorar o desempenho nas organizações.
Conhecimento organizacional	Não aborda.
Proposta	Revisão da literatura sobre GC e OA, entre 1990 e 2000, e análise de discurso para categorização dos campos.
Contribuições/ conclusões	Compara e distingue os campos a partir das características apresentadas nos discursos; os campos apresentam diferentes respostas às mudanças organizacionais. Identifica os discursos de GC e OA dentro do modelo de moda da administração (*fashion management*).

06	***Organizational Learning and Organizational Knowledge: Towards the Integration of Two Approaches*** **(Chiva; Alegre, 2005)**
Justificativa	Crescimento dos campos AO e CO nos contextos acadêmico e empresarial, que traz problemas como confusão e diversidade teórica, a partir de diferentes perspectivas. Apesar da relação entre os campos, cada um trilha diferentes caminhos e adota linguagens distintas.
Objetivo	Apresentar uma abordagem integrativa para resolver duas questões: princípios epistemológicos e ontológicos para alicerçar nossa compreensão sobre aprendizagem, conhecimento e suas relações; a relação entre aprendizagem individual e organizacional e conhecimento na ação (*knowing*).
Questões de pesquisa	Quais são as similaridades e as diferenças entre AO e CO? (implícitas)
Aprendizagem organizacional	Aprendizagem a partir de duas perspectivas: cognitivista (individual) e social (interação no ambiente de trabalho).
Organizações que aprendem	Não aborda.
Gestão do conhecimento	Não aborda.
Conhecimento organizacional	Conhecimento a partir de duas perspectivas: cognitivista (posse) e social (processo).

QUADRO 8-3 Sumário da Literatura que realiza revisão e comparação dos campos de estudos em AO, OA, GC e CO (*Continuação*)	
Proposta	A abordagem integrativa apresenta as similaridades e as diferenças entre os campos a partir das perspectivas cognitivista e social.
Contribuições/ conclusões	Contribuição teórica que identifica a relação entre os campos. A perspectiva cognitivista explica por que os campos estão separados: diferentes fontes teóricas (psicologia e economia), diferentes áreas (recursos humanos e gestão estratégica), diferentes linguagens e a definição de que AO e CO são conceitos distintos. Já a perspectiva social identifica que os campos possuem fontes teóricas similares, são tratados pelas mesmas áreas e entende que AO e CO possuem conceitos semelhantes.
07	***Organizational Learning and Knowledge Management: Whence and Whither?*** **(Spender, 2008)**
Justificativa	Literatura de GC permanece como um quebra-cabeça, sendo superestimada ou vista com pouca credibilidade ou consistência.
Objetivo	Extrair ideias das teorias de aprendizagem e dos estudos organizacionais para analisar a natureza dos problemas das prática da GC.
Questões de pesquisa	Pressupostos adotados: não pode haver campos distintos dos quais o conhecimento está isolado da gestão; GC trata sobre a gestão da ausência de conhecimento; o gerenciamento da imaginação trata do entendimento e da modelagem das limitações sobre o assunto, uma vez que isto impacta e envolve o mundo.
Aprendizagem organizacional	Aborda os teóricos de aprendizagem.
Organizações que aprendem	Não aborda.
Gestão do conhecimento	É muito diferente da corrente da teoria gerencial, pois é pós-moderna e auxilia a estabelecer pontes epistemológicas.
Conhecimento organizacional	Não aborda.
Proposta	Segundo o autor, nada do que ele apresentou no seu artigo, em termos debate teórico, é novo ou diferente da teoria da prática executiva já proposta, por exemplo, por Barnard (1951). Para Barnard, a tarefa do executivo abrange sintetizar os recursos estruturados em três subsistemas (físico, psicológico e social) e um quarto sistema orgânico, o da prática organizacional situada. Nenhuma análise mais profunda da gestão ou da organização foi realizada desde então.
Contribuições/ conclusões	O futuro de GC e AO está num regresso a teorias clássicas, que não ignoram a experiência e as práticas dos gestores.
08	***Cognitive and Practice-based Theories of Organizational Knowledge and Learning: Incompatible or Complementary?*** **(Marshall, 2008)**
Justificativa	Discorda da afirmação que existe incompatibilidade para integração das abordagens cognitivas com as baseadas em práticas para realização de estudos em CO e AO.
Objetivo	Discutir porque a aproximação das tradições cognitivas e a baseada em prática no estudo de CO e AO têm contribuições relevantes.

(continua)

QUADRO 8-3 Sumário da Literatura que realiza revisão e comparação dos campos de estudos em AO, OA, GC e CO *(Continuação)*	
Questões de pesquisa	Integração entre das abordagens cognitivas e as baseadas em práticas para estudar CO e AO. (implícita)
Aprendizagem organizacional	Não distingue CO de AO.
Organizações que aprendem	Não aborda.
Gestão do conhecimento	Não aborda.
Conhecimento organizacional	Conhecimento é cognitivo e histórico, cultural e socialmente situado.
Proposta	Teorias baseadas em prática podem aproveitar noções das abordagens cognitivas: o papel de estruturas ou dos esquemas cognitivos que guiam os processos de conhecimento. Estudo multimétodos junto a uma equipe de engenheiros consultores que representa e executa esquemas alternativos de projeto de trabalho por meio de suas práticas cotidianas.
Contribuições/ conclusões	Esquemas cognitivos são equivalentes às regras sociais e às normas, e são centrais para sustentar a competência interpretativa para constituir, transformar e situar ações.

entre os termos como elementos relacionados, mas distintos. Por outro lado, da mesma forma que os diversos trabalhos abordam esses campos de estudo, as revisões adotam caminhos e um desenvolvimento de análises relativamente distintas, devido às diferentes tradições intelectuais e condições que lhes deram origem, às diferentes disciplinas e as perspectivas adotadas para realizar algum tipo de proposta, também apontadas no Capítulo 1 deste livro, principalmente no que diz respeito a AO.

Se examinarmos, por exemplo, o artigo 8, o autor busca num referencial predominantemente cognitivista apoio para explicar o processo de 'construção' do conhecimento (mesmo que 'não ortodoxo', como o próprio autor denomina (Marshall, 2008) e, numa tentativa frustrada de integrar a abordagem cognitivista com a baseada em práticas, termina perdendo de vista a discussão epistemológica da noção de 'conhecimento' nos diferentes campos de estudos, reduzindo 'normas e regras sociais' à esquemas cognitivos. Cabe mencionar que nos Capítulos 2 e 7 deste livro, no Brasil pode-se identificar a predominância e consolidação da vertente cognitivista, de natureza funcionalista, nos estudos desenvolvidos em AO e GC. Postura bastante diversa a dos autores do artigo 1, embora não tenham abordado as noções de AO, OA, GC e CO direta ou explicitamente.

Analisando estes oito artigos, a princípio, parecem confirmar-se as constatações das revisões obtidas nos artigos 4, 5 e 6, onde os autores terminam identificando a existência de tópicos comuns e exclusivos de cada campo, principalmente entre os campos de AO e CO (o mesmo posicionamento epistemológico em relação a noção de **conhecimento**) e entre os campos de AO/OA (**aprendizagem** como processo em AO e como resultado em OA) e de CO/GC (**conhecimento** como 'construção coletiva', processo em CO e como objeto a ser gerenciado em GC).

A revisão da literatura revela também que há cada vez maior convergência no que diz respeito

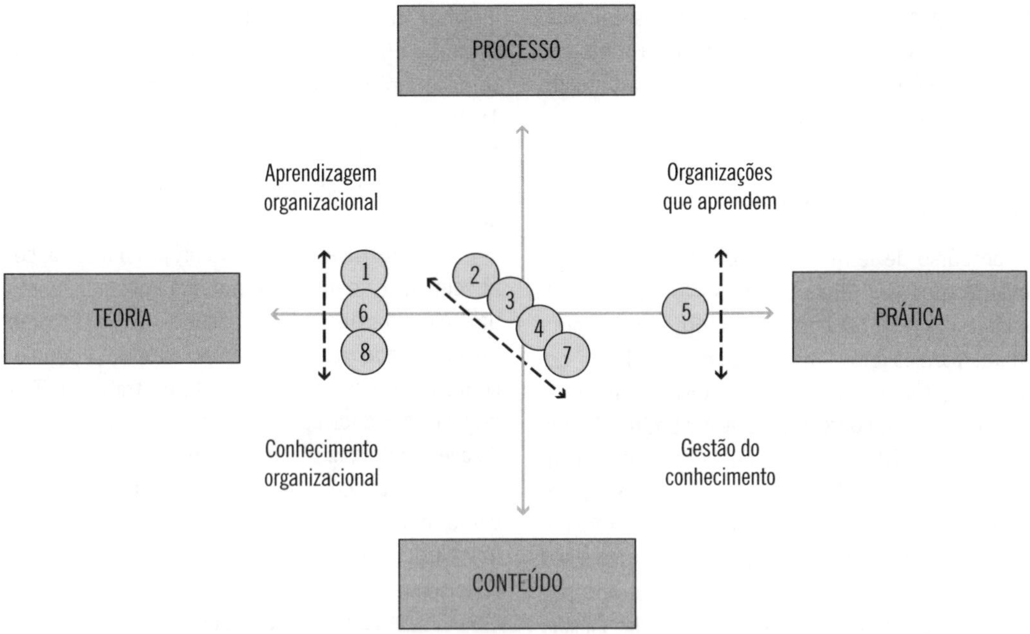

FIGURA 8-2 Relação entre os campos de estudos na classificação proposta por Easterby-Smith e Lyles (2003).

à natureza do conhecimento e da partilha de conhecimento no contexto organizacional. Apesar das diferenças epistemológicas, que ocorrem principalmente entre AO/CO e GC/OA, os campos de AO e CO começam a criar uma visão convergente para a noção de conhecimento, compreendendo-o como relacionado à prática e situado num contexto histórico, social e cultural no qual é gerado e adquirido, principalmente nos artigos 1, 7 e 8. Além disso, os quatro campos têm um interesse comum, reconhecem o conhecimento e a aprendizagem como multiníveis. Está presente uma tentativa de compreender a natureza do conhecimento e os processos de aprendizagem em diferentes níveis, tentando suprir as lacunas entre o conhecimento individual e coletivo, mas a partir de definições e paradigmas diversos.

Se examinada a cronologia destas publicações revelam-se preocupações diferenciadas. O primeiro (1999) estabelece a discussão epistemológica de conhecimento, retomada, parcialmente, no artigo 6 em 2005. Neste ínterim a atenção manteve-se voltada para as questões de estratégia e AO, cujo foco é o desempenho organizacional.

Destaca-se também a associação de outros temas aos campos de estudos analisados. No artigo 2, o autor argumenta que falta à GC e OA algo que explique como a cognição ocorre em sistemas sociais, como as organizações, e apresenta como solução a Teoria da Complexidade. No artigo 3, os autores tratam a AO numa perspectiva estratégica e atribuem a ela a função de compreender a realidade, presente e futura, e assim contribuir para a construção de sentido (*sensemaking*) da organização.

Finalmente, a análise desta revisão considera que os artigos 4 e 6 apresentam as maiores contribuições para a compreensão dos campos de estudos. Ambos atendem ao objetivo de elaborar uma proposta de integração entre AO/GC e AO/CO, respectivamente. Primeiro, porque separam os conceitos e a literatura dos campos analisados. Segundo, porque tratam, implícita ou explicitamente, das dimensões epistemológica e ontológica do conhecimento e da aprendizagem. Terceiro, porque desenham igualmente com clareza propostas de integração entre os campos. Com isso, contribuem, ao menos, para o melhor entendimento dos temas e da sua aplicabilidade no contexto organizacional.

○ CONSIDERAÇÕES FINAIS

O percurso de leitura e análise dos artigos aqui examinados (de Cook e Brown (1999) à Marshall e Nice, (2008)) faz com que retornemos a caminhada para os anos 90, quando o tema de Aprendizagem Organizacional e a Organização de Aprendizagem, conforme Easterby-Smith, Snell e Gherardi (1998), emergiram de forma intensa em diferentes comunidades de pesquisadores. A partir desta época a expressão Aprendizagem Organizacional perdeu sua atratividade e consenso a seu respeito. Conforme Gherardi (2009), tomou seu lugar a expressão altamente simbólica da 'Gestão do Conhecimento' e, rapidamente, os artigos inspirados nesta noção ultrapassaram os que se dedicavam à questão da aprendizagem. Este debate também incluiu a discussão entre pesquisadores que passaram a trabalhar com ênfase na Gestão do Conhecimento e os que defendiam uso do termo anterior Aprendizagem Organizacional. Durante algum tempo, a discussão girou em torno da descoberta que conhecimento é um dos recursos mais significativos da sociedade contemporânea e que a Aprendizagem Organizacional tratava-se de um processo a ser gerenciado como qualquer outro processo organizacional.

Porém, para Gherardi (2009), o 'recurso' conhecimento provou ser difícil de ser 'aprendido' quando se utilizou as tradicionais categorias de análise organizacional. A dificuldade principal estava em definir conhecimento como se fosse um objeto, denominado 'epistemologia de posse' (*knowledge*) por Cook e Brown (1999), possivelmente um dos aspectos que atualmente mais dificultam a integração entre AO/CO e OA/GC. Consequentemente, em analogia com a troca conceitual dos anos 90 de 'organização' para 'organizando' (*organizing*) (Clegg; Hardy, 1996), outros caminhos começaram a emergir e o termo 'conhecimento' foi substituído por '*knowing*', isto quer dizer, uma atividade e um processo que se desdobram com o passar do tempo (Blackler, 1995). Este, pode-se dizer, era um momento decisivo nos estudos acerca do '*knowing*' e da aprendizagem nas organizações (vide Capítulo 4 deste livro).

Na construção desta nova proposta teórica, conhecimento é definido como uma atividade, como um coletivo e distribuído 'fazendo' ('*doing*'), como uma atividade situada no tempo e espaço e, então, como *acontecendo* nas práticas de trabalho. Tais práticas, desta forma, constituem o *lócus* da aprendizagem e do 'fazer' (*doing*), que, por sua vez, poderiam ser conceituadas como atividades práticas, como uma bricolagem coletiva 'ligada' por aqueles que participam de uma prática, mobilizando recursos, usando instrumentos e empregando uma racionalidade contingente e metadirigida (Gherardi, 2009). Estes aspectos ficam mais evidenciados nas publicações referentes aos campos de AO e CO e, talvez aqui, possa estar um ponto de partida para buscar uma aproximação e não uma integração teórica, com um caminho próprio a ser trilhado.

Nas últimas duas décadas ampliou-se progressivamente a compreensão sobre como as atividades ocorrem no local de trabalho e a sua relação entre trabalhar ('*doing*', '*knowing*' e '*organizing*'. O interesse crescente em descortinar a essência da atividade humana e a interação não se restringe ao ambiente de trabalho, mas faz parte de uma tendência cultural mais ampla, posta em foco por uma ou outra em um conjunto de termos inter-relacionados: conhecimento, aprendizagem, prática, ação, interação, atividade, experiência, desempenho (Gherardi, 2009).

Por fim, ao 'garimpar' as propostas que buscam a integração dos quatro campos de estudos a partir da aproximação de caminhos construídos em bases e terrenos tão diferenciados – os que adotam a noção de conhecimento como processo e baseado em *práticas* (AO/CO) e os que têm como foco a gestão do conhecimento como objeto/resultado (OA/GC) – parece possível dizer que tal construção está longe de acontecer.

○ QUESTÕES PARA REFLEXÃO

1. Identifique e relacione as principais características de cada um dos quatro campos de estudos: AO, OA, CO e GC a partir do Quadro 8-1.
2. Você acredita que é possível realizar uma aproximação destes quatro campos de estudos. Quais? Comente e justifique.
3. Pesquise artigos que abordem os temas aprendizagem e conhecimento organizacional e classifique-os de acordo com a Figura 8-1.
4. A partir deste capítulo proponha sugestões de estudos futuros.

○ REFERÊNCIAS

ANTAL, B. et al. Organizational learning and knowledge: reflections on the dynamics of the field and challenges for the future. In: DIERKES, M. et al. (Ed.). *Handbook of organizational learning and knowledge*. Oxford: Oxford University Press, 2001. p. 921-938.

BLACKLER, F. Knowledge, knowledge work and organizations: an overview and interpretation. *Organization Studies*, v. 16, n. 6, p. 1021-46, 1995.

CHIVA, R.; ALEGRE, J. Organizational learning and organizational knowledge: towards the integration of two approaches. *Management Learning*, v. 36, n.1, p 49-68, Mar. 2005.

CLEGG, S.; HARDY, C. Organizations, organization and organizing. In: CLEGG, S.; HARDY, C.; NORD, W. (Ed.). *Handbook of organization studies*. London: Sage, 1996. p. 1-28.

COOK, S.; BROWN, J. Bridging epistemologies: the generative dance between Organizational Knowledge and Organizational Learning. *Organization Science*, v. 10, n. 4, p. 381-400, 1999.

EASTERBY-SMITH, M.; BURGOYNE, J.; ARAUJO, L. (Org.). *Aprendizagem organizacional e organização de aprendizagem*: desenvolvimento na teoria e na prática. São Paulo: Atlas, 2001.

EASTERBY-SMITH, M.; LYLES, M. Introduction: watersheds of organizational learning and knowledge management. In: EASTERBY-SMITH, M.; LYLES, M. (Ed.). *The Blackwell handbook of organizational learning and knowledge management*. Oxford: Blackwell, 2003. p. 1-15.

EASTERBY-SMITH, M.; SNELL, R.; GHERARDI, S. Organizational learning and learning organization: diverging communities of practice? *Management Learning*, v. 29, n. 3, p. 259-272, 1998.

GHERARDI, S. 'Knowing and learning in practice-based studies: an introduction'. *The Learning Organization*, v. 16, n. 5, p. 352-359, 2009. Número especial.

LYLES, M.; EASTERBY-SMITH, M. Organizational learning and knowledge management: agendas for future research. In: EASTERBY-SMITH, M.; LYLES, M. (Ed.). *The Blackwell handbook of organizational learning and knowledge management*. Oxford: Blackwell, 2003. p. 638-650.

MARSHALL, N. Cognitive and practice-based theories of organizational knowledge and learning: incompatible or complementary? *Management Learning*, v. 9, n. 4, p. 104-121, 2008.

MCELROY, M. W. Integrating complexity theory, knowledge management and organizational learning. *Journal of Knowledge Management*, v. 4, n. 3, p. 195-203, 2000.

NICOLINI, D.; GHERARDI, S.; YANOW, D. (Ed.). *Knowing in organizations*: a practice-based approach. Armonk, NY: M. E. Sharpe, 2003.

SCARBROUGH, H.; SWAN, J. Discourses of knowledge management and the learning organization: their production and consumption. In: EASTERBY-SMITH, M.; LYLES, M. (Ed.). *The Blackwell handbook of organizational learning and knowledge management*. Oxford: Blackwell, 2003. p. 495-512.

SPENDER, J.-C. Organizational learning and knowledge management: whence and whither? *Management Learning*, v. 39, n. 2, p. 159-176, 2008.

THOMAS, J.; SUSSMAN, S. W.; HENDERSON, J. C. Understanding "strategic learning": linking organizational learning, knowledge management, and sensemaking. *Organization Science*, v. 12, n. 3, p. 331-345, 2001.

VERA, D.; CROSSAN, M. Organizational learning and knowledge management: toward an integrative framework. In EASTERBY-SMITH, M.; LYLES, M. (Ed.). *The Blackwell handbook of organizational learning and knowledge management*. Oxford: Blackwell, 2003. p. 122-141.

○ SUGESTÕES DE *SITES* SOBRE O TEMA

http://apollon1.alba.edu.gr/OKLC2002/

http://class.csuhayward.edu/publicadmin/dyanow/65aBJM.pdf

http://www.brint.com/OrgLrng.htm

http://www.jucs.org/jucs_9_6/the_post_nonaka_knowledge

http://www.learning-org.com/

http://www.solonline.org/

http://www.systems-thinking.org/kmgmt/kmgmt.htm

PARTE

II

APRENDIZAGEM ORGANIZACIONAL

possibilidades e impossibilidades a partir de estudos desenvolvidos

APRENDIZAGEM ORGANIZACIONAL E PROCESSO DE APRENDIZAGEM

Isabel Cristina Badanais Vieira Leite

9

O APRENDIZADO DA FUNÇÃO GERENCIAL POR MEIO DA EXPERIÊNCIA

OBJETIVOS DO CAPÍTULO

- Compreender como os gerentes aprendem a exercer a posição gerencial.
- Identificar e analisar qual o papel da aprendizagem pela experiência no processo de aprendizagem dos gerentes.

RESUMO DO CAPÍTULO

Este capítulo apresenta um estudo que objetivou compreender como, por meio de sua experiência, os gerentes aprendem o exercício da função gerencial. A investigação, de natureza qualitativa, teve como sujeitos sete gerentes gerais de agências de bancos de varejo – de capital nacional e estrangeiro – da cidade de São Paulo. A coleta de dados ocorreu por meio de entrevistas semiestruturadas e, no processo analítico, foram utilizados procedimentos da análise de conteúdo para categorização das informações obtidas. Como principais resultados, o estudo demonstrou que os gerentes aprendem habilidades gerenciais com as experiências que vivenciam, não somente com aquelas que, por algum motivo, foram marcantes, mas também por meio de atividades corriqueiras. Neste processo de aprendizagem, várias formas de aprender pela experiência foram citadas, tendo recebido maior ênfase a observação e a aprendizagem por tentativa e erro. Os gerentes participantes deste estudo privilegiam a ação em detrimento da reflexão, o que pode trazer, como consequência, o comprometimento da inovação e da criatividade na busca de alternativas para a solução de demandas que surgem em seus cotidianos como gerentes.

○ INTRODUÇÃO

É possível supor que a gerência existe, há milhares de anos, se considerado que obras milenares, como as pirâmides egípcias, demandaram concepção, planejamento e supervisão para sua construção (Drucker, 1999). Entretanto, foi entre os anos de 1895 e 1905, com a distinção entre propriedade e gerência, que ela se estabeleceu como trabalho e tarefa (Drucker, 2001). Como disciplina, surgiu somente após a Segunda Guerra Mundial, entre outros motivos, pelo sucesso do Japão que, após ter sido devastado pela guerra adotando as práticas gerenciais americanas desenvolvidas durante o conflito, reergueu-se e foi alcançado à posição de potência mundial.

A literatura na área de administração de empresas é precária quando se procura uma definição para o termo "gerente". Drucker (1981) define gerente como qualquer trabalhador com conhecimento que contribua, de forma material, para a capacidade de a organização obter resultado, destacando que não há vinculação, necessariamente, entre a posição que o indivíduo ocupa e o gerenciamento. Há administradores que não são gerentes, mas supervisores, pois, apesar de administrarem o trabalho de outros, não têm responsabilidade e tampouco autoridade sobre a direção e a qualidade deste trabalho. Drucker (1999, p. 28) comenta que, quando iniciou seus estudos sobre gerenciamento, o "gerente era um 'chefe' e a gerência era posição e poder". Somente a partir dos anos 50, o gerente passou a ser definido como aquele que era responsável pelo desempenho das pessoas. Para Drucker (1999, p. 28), essa definição ainda é restrita, entendendo como correta a de que o gerente "é responsável pela aplicação e pelo desempenho do conhecimento". Ao comparar estas definições, nota-se como o conceito de gerente foi se alterando com o passar dos anos.

Sob a ótica de Kotter (1997a), há diferenças entre a liderança e a administração que, para ele, confunde-se com gerenciamento. Segundo Kotter, a gerência está relacionada com a complexidade interna de uma organização. Administrar (ou gerenciar) implica manter o bom funcionamento da organização, fornecendo produtos ou serviços com qualidade, dentro do prazo e do orçamento. A liderança está relacionada à criação da organização ou de sua visão e ao processo de mudança de aspectos fundamentais para aproveitamento de oportunidades. Kotter (2001) entende gerenciamento e liderança como complementares.

A preocupação com a identificação das tarefas que caracterizam o trabalho gerencial inicia-se com a Escola Científica da Administração, representada principalmente por Fayol, para a qual administrar envolve planejar, organizar, coordenar e controlar. Este conceito foi ampliado por Drucker que, em 1963, declarava que cabem à gerência: o desenvolver e o aproveitar do potencial das pessoas; integrar pessoas em um empreendimento comum, identificando as diferenças de cultura; definir objetivos, valores e metas da organização; possibilitar a aprendizagem e o crescimento da organização frente a oportunidades; definir o que deve ser realizado de forma clara e garantir que as pessoas entendam o que delas é esperado; medir e julgar seu desempenho, buscando constante melhoria; garantir a satisfação dos clientes finais da organização (Drucker, 2001).

Baseado em estudos desenvolvidos na década de 60, Henry Mintzberg (1973) agrupou os papéis gerenciais em três categorias. A primeira diz respeito ao papel interpessoal, que envolve as obrigações de caráter cerimonial ou de "chefe", representando as tarefas cerimoniais e simbólicas da função. Estão ainda, nesta categoria, as atribuições relativas à gestão de pessoas, como contratação, treinamento e disciplina dos funcionários. Cabe ao gerente também o relacionamento com as partes internas e externas à organização. A segunda categoria refere-se ao papel de prover e de disseminar informação. Gerentes funcionam tanto como canais de transmissão de informações para outros membros da organização, quanto como porta-vozes, ao divulgá-las para pessoas externas à organização. A terceira envolve o papel de decisão, que diz respeito às suas escolhas, assumindo papéis como empreendedor, gerenciador de problemas, alocador de recursos e negociador.

Para Gosling e Mintzberg (2003), uma descrição do papel exercido pelos gerentes não deve se restringir ao elenco de suas atividades. Dada a complexidade do processo de gerenciamento, o mais importante é identificar e descrever as habilidades necessárias ao desempenho deste papel. Segundo estes autores, cinco habilidades são requeridas: gerenciamento de si mesmo; gerenciamento da organização; gerenciamento de contexto; gerenciamento de relacionamentos; gerenciamento da mudança.

O gerenciamento de si mesmo refere-se à necessidade de reflexão. Sugere que gerentes devem parar e pensar, retroceder e refletir a respeito de suas experiências. A reflexão é necessária para que a mente faça conexões entre acontecimentos, produzindo novos *insights* e experiências. Os gerentes reflexivos devem ter respeito pela história, não somente dos fatos marcantes, mas daqueles que ocorrem no dia a dia.

O gerenciamento da organização enfatiza a análise. Boas análises, além de permitirem às pessoas trocar entendimentos daquilo que guia seus esforços, proveem medidas de desempenho. Atualmente, os gerentes fazem muitas análises, mas elas são convencionais. O caminho para a análise eficaz é apreciar aquilo que funciona e qual efeito traz para a organização.

O gerenciamento de contexto diz respeito à necessidade de os gerentes saírem de seus escritórios, irem aos locais onde os produtos são elaborados, por exemplo, adquirindo experiências ecléticas, que os contextualizem em relação à organização.

O gerenciamento de relacionamentos refere-se à colaboração. Ir além da delegação de tarefas, permitindo que pessoas que têm condições para fazer as coisas bem, as façam. O gerente deve, ainda, se engajar com seu grupo e envolver-se.

O gerenciamento da mudança refere-se às ações gerenciais, que devem ser mais bem pensadas, visto que hoje há uma excessiva ênfase na ação à custa da reflexão. A mudança é um processo de aprendizagem, mas não pode ser indiscriminada e sem justificativa, apenas influenciada pelo apelo de que o mundo está mudando. A mudança deve visar sempre à melhor performance.

Especificamente com relação à gerência média, objeto deste trabalho, Drucker (1989) acredita que sua função é a de mediar a supervisão de primeira linha e o topo da administração. No contexto da pesquisa aqui relatada, para referenciar o gerente de nível médio, adotou-se uma combinação das características apontadas pelos autores anteriormente citados. Entende-se aqui o gerente de nível médio como aquele que exerce o papel de tradutor da estratégia em planos operacionais, para que a empresa alcance seus objetivos. Para tanto, lidera equipes; aloca recursos materiais e humanos; administra conflitos internos (com funcionários e pares) e externos (com clientes e fornecedores); acompanha os resultados obtidos; analisa e toma decisões dentro de seu âmbito de atuação. O gerente de nível médio tem, ainda, por atribuição orientar e apoiar o desenvolvimento profissional dos membros de sua equipe.

As fontes de aprendizagem que suportam o exercício da função gerencial podem ser divididas em duas grandes categorias: aprendizagem explícita e aprendizagem implícita. Segundo Pozo (2002, p. 57), a aprendizagem explícita "é produto de uma atividade deliberada e consciente, que costuma se originar em atividades socialmente organizadas, que de modo genérico podemos denominar ensino". A educação explícita está relacionada ao conhecimento que pode ser codificado e transmitido. Nesta categoria, enquadram-se, por exemplo, a educação recebida na escola (cursos de graduação, especialização, MBAs) e os treinamentos promovidos pelas empresas. A aprendizagem implícita é aquela "que não requer um propósito deliberado de aprender, nem uma consciência do que se está aprendendo, de forma que produz conhecimentos implícitos" (Pozo, 2002, p. 56). A aprendizagem implícita está relacionada ao conhecimento adquirido fora do ambiente formal das escolas e instituições de ensino. Seu conteúdo é pessoal, específico e não facilmente codificado.

Embora toda educação recebida, desde a infância, nas escolas, possa ser qualificada como educação explícita, nesse estudo, destacam-se apenas os níveis relativos à educação superior – cursos de graduação, pós-graduação e especialização – tendo em vista sua contribuição no processo de formação e profissionalização dos gerentes. É importante pontuar que um gerente pode ter, como formação, um curso acadêmico que o qualifique para funções profissionais não diretamente relacionadas ao gerenciamento. Como exemplo, citam-se gerentes de instituições bancárias que possuem formação em engenharia ou indivíduos com formação em medicina, gerenciando clínicas ou hospitais.

O posicionamento de Drucker (1991) sugere que a educação implícita tem um papel fundamental na formação dos gerentes. Esta posição é compartilhada por Kotter (1997b), quando aborda a aprendizagem da liderança. Para este autor, as pessoas aprendem a liderar como aprendem outras funções sociais, lentamente, por tentativa e erro, com o encorajamento de outras pessoas que possuam esta habilidade.

Na visão de autores como Pfeffer e Sutton (1999), a educação formal não mostra as nuanças dos métodos de trabalho, como falhas, tarefas que desagradam ou pessoas que são úteis nas tarefas. A aprendizagem implícita é então fundamental, pois grande parte do que é útil para o desempenho no trabalho tem como origem tentativas e erros, conhecimento transferido através de histórias contadas, observação de pessoas experientes por aprendizes. O hiato entre o que os indivíduos aprendem através da educação formal e as exigências do mercado de trabalho, bem como a conversão da teoria em prática, nas organizações, são preocupações há muito existentes e que vêm se agravando face às constantes mudanças no ambiente, refletidas no requerimento de novas habilidades da força de trabalho. Nem sempre, entretanto, a aprendizagem explícita pode diminuir esse hiato. Pfeffer e Sutton (1999) sugerem que a aprendizagem relacionada a pessoas, operações e organizações vem da experiência, do conhecer pelo fazer por meio de atividades do dia a dia, ocorridas naturalmente, sem intervenções instrucionais.

Observando assistematicamente o exercício da posição gerencial, é possível supor que os gerentes façam uso da aprendizagem pela experiência no desenvolvimento de suas ações cotidianas. Estudos têm demonstrado que as experiências do dia a dia dos gerentes são ricas fontes de aprendizagem (Daudelin, 1996; Mccall; Lombardo; Morrison, 1988). Uma maneira possível de se entender como eles aprendem, a partir destas experiências, é ouvindo-os.

Neste capítulo, são apresentados alguns resultados de uma pesquisa mais ampla que objetivou compreender como os gerentes aprendem a exercer a posição gerencial e qual o papel da aprendizagem pela experiência, neste processo. O capítulo inicia com uma explanação do conceito e dos pressupostos da teoria da aprendizagem pela experiência. Em seguida, são resumidos os estudos nacionais e internacionais sobre aprendizagem pela experiência e seus principais achados. Na seção seguinte, é descrito o caminho metodológico utilizado na condução deste estudo. A seção quatro apresenta os resultados encontrados, os quais são, a seguir, analisados e comentados. Na última seção, são tecidas as considerações finais.

1 • A APRENDIZAGEM PELA EXPERIÊNCIA

Na literatura sobre a aprendizagem pela experiência, destaca-se a obra *"Experiential Learning: Experience as the Source of Learning and Development"*, de David A. Kolb. Este psicólogo americano vem se dedicando à elaboração de um modelo teórico, a respeito da aprendizagem pela experiência e suas implicações no desenvolvimento de indivíduos adultos, na educação, no trabalho e nas organizações. A partir do modelo desenvolvido e das pesquisas realizadas, ele propõe uma tipologia de estilos de aprendizagem individual que tem sido examinada empiricamente e associada a variáveis diversas como tipos de personalidade, áreas de especialização universitária, carreiras profissionais, trabalho gerencial, desenvolvimento gerencial e competências. Kolb (1984) sistematizou os mecanismos envolvidos na aprendizagem pela experiência sob a sigla ELT – *Experiential Learning Theory* (traduzida como aprendizagem pela experiência), que integra o referencial teórico deste estudo.

Os fundamentos desta abordagem, segundo Kolb, estão assentados, como exposto a seguir, na psicologia social, na filosofia e na psicologia cognitiva, destacando que a aprendizagem constitui-se num processo que dura a vida inteira e que relaciona o mundo da educação, do trabalho e do desenvolvimento pessoal. Entende que o local de trabalho também se constitui num ambiente de aprendizagem. Ele pode aumentar e suplementar a educação formal e oportunizar o desenvolvimento pessoal, por meio de atividades e tarefas que tornem o trabalho significativo e promovam o desenvolvimento da carreira do indivíduo.

• 1.1 • Fundamentos

Kolb (1984) explicita que a perspectiva da aprendizagem pela experiência é assim denominada para expressar a ligação com suas origens intelectuais, que derivam, principalmente, dos trabalhos de John Dewey, na área da filosofia educacional, de Kurt Lewin, na psicologia social, e de Jean Piaget, na psicologia do desenvolvimento. Esta denominação busca enfatizar o papel central que, para estes autores, a experiência desempenha no processo de aprendizagem.

De forma sumarizada, pode-se dizer que Kolb apoiou-se em Dewey para destacar os valores democráticos da liderança cooperativa, do diálogo e do humanismo científico. Igualmente em Dewey, o modelo de Kolb vai buscar a ideia do pragmatismo que postula a inter-relação entre teoria e prática, como processo dialético permanente, integrando experiência e conceitualização abstrata, observação e ação.

O pensamento de Lewin também é central na obra de Kolb, uma vez que tem como tema recorrente a preocupação da integração entre teoria e prática, assim como contribuições no campo da dinâmica de grupos (de onde se originaram os *T-Groups*), introduzindo a modalidade da pesquisa-ação como estratégia de pesquisa e intervenção na realidade organizacional.

Os *T-Groups,* preconizados por Lewin, são laboratórios de aprendizagem que possibilitam, a seus participantes, antecipar comportamentos, receber *feedback* e experimentar novo comportamento. A pesquisa-ação refere-se ao esforço de investigação que prevê o envolvimento do pesquisador com os membros de uma organização, em torno de um assunto (problema) de relevância para eles, havendo interesse real em promover algum tipo de ação e intervenção na situação estudada. Lewin, ao adotar a pesquisa-ação, na década de 40, considerava que ela se constituía num tipo de investigação voltada à prática social, mas que deveria guiar-se pelo rigor científico que permitisse tanto o estudo de leis gerais quanto o diagnóstico de situações específicas. Para isto, ele aliou o uso dos experimentos com teste de hipótese a uma abordagem interpretativa, fato que, embora visto com desconfiança por alguns, foi se impondo e levando ao desenvolvimento de uma variedade de métodos orientados para o diagnóstico e a intervenção no nível organizacional (Eden; Huxham, 2001).

Segundo Kolb, para Lewin, o processo de aprendizagem envolve a experiência imediata, do aqui-e-agora, seguido pela coleta de dados e observações acerca da experiência. Tais dados são então analisados e as conclusões desta análise são retornadas aos atores para seu uso, resultando na modificação de seus comportamentos e na escolha de novas experiências. Forma-se assim um ciclo de aprendizagem com quatro estágios (conforme apresentado no Quadro 9-1), no qual a experiência concreta é considerada a base para a observação e reflexão. Considera-se aqui que a

QUADRO 9-1
Modelos de processos de aprendizagem de Dewey, Lewin e Piaget

Autor	Ênfase	Fases do modelo	Modelo
Dewey	• A aprendizagem é um processo dialético que integra experiência e conceitos, observação e ação.	**Ciclo de 3 fases:** • observação das condições do ambiente; • conhecimento de situações similares do passado; • julgamento: conjuga o que é observado e o que é revocado para ver o que significam.	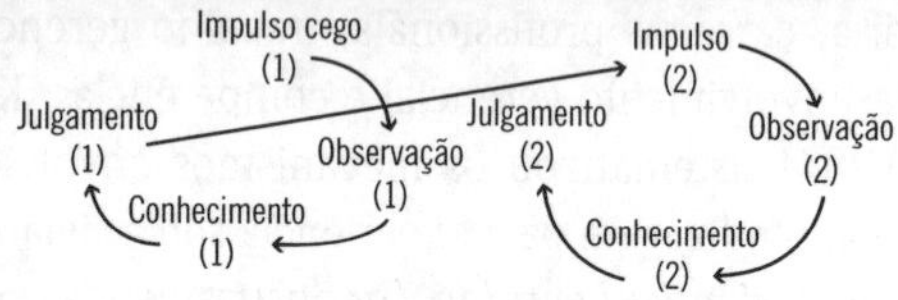 Um impulso cego difere de um propósito pela tradução deste em um plano e método de ação, baseado nas consequências da ação, dadas as condições observadas. O ciclo demonstra como a aprendizagem transforma os impulsos, sentimentos e desejos da experiência concreta em uma ação determinada.
Lewin	• A experiência pessoal imediata é o foco para a aprendizagem. • O *feedback*, ou realimentação, de informações é a base para um processo contínuo de ações dirigidas aos objetivos e à avaliação do resultado destas ações. A ausência de realimentação pode explicar a ineficácia organizacional e individual e é resultante do desbalanceamento entre ação e observação.	**Ciclo de 4 fases:** • experiência concreta: é a matéria-prima para a observação e reflexão; • observação e reflexão: as observações são assimiladas; • formação de conceitos abstratos e generalizações: a assimilação da experiência permite a teorização; • teste da aplicação dos conceitos em novas situações: a teoria é testada e serve como guia nas ações para criar novas experiências.	
Piaget	• O segredo para a aprendizagem reside na interação mútua dos processos de acomodação e assimilação. • Experiência, conceito, reflexão e ação formam a base contínua para o desenvolvimento do pensamento adulto. • A adaptação inteligente deriva da tensão entre acomodação e assimilação.	• acomodação: é o processo de acomodação de conceitos existentes à experiência no mundo. • assimilação: é o processo de assimilação de acontecimentos do mundo em conceitos existentes. • o crescimento cognitivo é baseado na contínua tensão entre acomodação e assimilação, em sucessivos estágios, incorporando o que havia antes.	 Quando a acomodação suplanta a assimilação, há a imitação do mundo circundante. Quando ocorre o oposto, são impostos os conceitos dos indivíduos sem considerar o ambiente.

Fonte: Elaborado pelo autor, com base em Kolb (1984).

experiência concreta e imediata "é o ponto focal para a aprendizagem, dando vida, textura e significado pessoal e subjetivo aos conceitos abstratos e ao mesmo tempo provendo uma referência concreta e publicamente compartilhada que possibilita teste e validação das ideias criadas durante o processo de aprendizagem" (Kolb, 1984, p. 21). O *feedback* torna-se essencial para o aprendizado, permitindo a obtenção de informações que detectem desvios nos objetivos pretendidos.

A terceira influência sobre Kolb (1984) vem dos estudos a respeito do desenvolvimento cognitivo, elaborados por Jean Piaget que, embora direcionados inicialmente à explicação dos estágios de desenvolvimento, que se manifestam desde o nascimento até a adolescência, também contribuíram para a articulação de algumas concepções de aprendizagem que apoiam modelos de desenvolvimento do indivíduo adulto. O reconhecimento de que a aprendizagem e o desenvolvimento duram toda a vida imputa novas responsabilidades às instituições sociais e organizações que deveriam conduzir suas ações de forma a propiciar que adultos tenham experiências que facilitem sua aprendizagem e seu desenvolvimento pessoal. Embora os estudos de Piaget estejam centrados, principalmente, no processo de desenvolvimento, trazem elementos importantes para a questão da aprendizagem, especialmente por tratar-se de uma perspectiva interacionista. Nela, o indivíduo e o ambiente devem ser analisados conjuntamente, uma vez que o conhecimento é o produto da interação entre sujeito e objeto. Kolb entende que o segredo do processo de aprendizagem está na ideia de mudança das estruturas cognitivas de uma pessoa, que ocorre a partir dos processos contínuos e dialéticos de assimilação (integração) das experiências às estruturas conceituais e da acomodação de conceitos existentes às experiências (como mostra o Quadro 9-1).

Ao comentar as raízes teóricas da aprendizagem pela experiência e os modelos de aprendizagem de Lewin, Dewey e Piaget, Kolb (1984) destaca seus pontos comuns, os quais estão sumariados no Quadro 9-1.

• 1.2 • Conceituação e pressupostos

É possível dizer, segundo Kayes (2002), que a teoria de Kolb ampara-se no conceito humanista de que as pessoas têm capacidade natural para aprender e que a experiência exerce papel de catalisador neste processo. Kolb (1984, p. 38) define a aprendizagem pela experiência como "um processo pelo qual o conhecimento é criado através da transformação da experiência". A base do modelo é o ciclo quadrifásico de aprendizagem apresentado na Figura 9-1.

De acordo com Kolb (1997, p. 322), nesta concepção entende-se que:

> A experiência concreta imediata é a base da observação e da reflexão. As observações são assimiladas na forma de uma teoria a partir da qual pode-se deduzir novas implicações para a ação. As implicações ou hipóteses servem de guias durante a ação para criar novas experiências. Para o efetivo aprendizado, os aprendizes necessitam de quatro tipos diferentes de habilidades – experiência concreta (EC), observação reflexiva (OR), conceituação abstrata (CA) e experimentação ativa (EA).

Para Kolb (1984), a aprendizagem pela experiência possui um conjunto de pressupostos que são, a seguir, analisados.

- A aprendizagem é concebida como um processo e, não como resultados.

Nesta teoria, as ideias, como elementos do pensamento, não são consideradas como fixas e imutáveis, sendo formadas e reformadas por meio da experiência. Esta postura diverge das abordagens idealistas da educação tradicional e das teorias comportamentalistas que, normalmente, definem a aprendizagem em termos de resultados, considerando que o conjunto de ideias fixas que uma pessoa possui é fator de mensuração do quanto ela aprendeu.

Kolb utiliza Freire (1974) para contrapor-se à orientação denominada "bancária" (*banking*) que concebe a educação como a transmissão de conteúdos fixos, na qual o escopo de ação possibilita

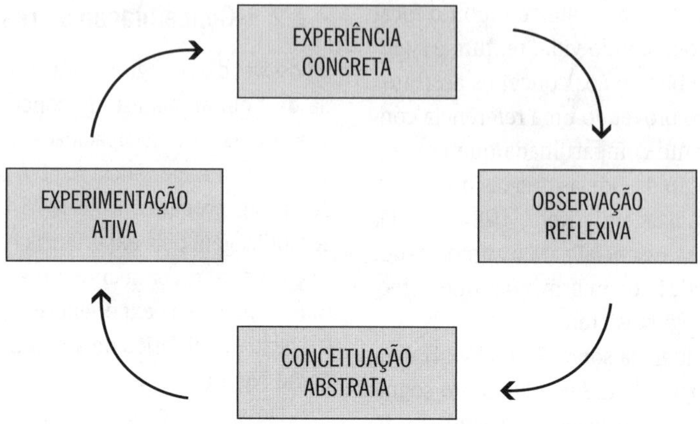

FIGURA 9-1 Ciclo quadrifásico de aprendizagem.
Fonte: Kolb (1984).

aos alunos ampliarem seus conhecimentos, a partir da recepção e estocagem de assuntos que seus professores lhes repassam. De acordo com Kolb, o conhecimento é um processo de transformação e não uma entidade independente para ser adquirida e transmitida. A aprendizagem é transformadora, contínua e permite que os homens alterem sua maneira de ver o mundo, vivenciando e utilizando suas experiências. Kolb (1974, p. 58) concorda com Freire no sentido que "só existe saber na invenção, na reinvenção, na busca inquieta, impaciente, permanentemente, que os homens fazem no mundo, com o mundo e com os outros."

- A aprendizagem é um processo contínuo fundado na experiência.

O conhecimento deriva da experiência e é testado por meio dela. Quando um indivíduo vive uma experiência, a habilidade por ele aprendida torna-se um instrumento para o entendimento e para o aprendiz lidar com novas experiências. Este processo é contínuo, pois ocorre ao longo da vida (Dewey, 1938 apud Kolb, 1984). As implicações deste pressuposto no campo educacional resultam na assunção de que toda aprendizagem é reaprendizagem. O trabalho do educador deixa, então, de ser somente o de introduzir novas ideias, para ser também o de modificar aquelas que o indivíduo já possui.

- O processo de aprendizagem requer a resolução de conflitos entre modos dialeticamente opostos de adaptação com o mundo.

Segundo Kolb (1984), conforme ressaltado no Quadro 9-1, nos modelos de aprendizagem de Dewey, Lewin e Piaget, destaca-se o papel que as tensões e os conflitos desempenham na aquisição dos conhecimentos e nas formas de apreensão do mundo. Para Dewey, a aprendizagem implica a contínua reorganização e reconstrução da experiência, buscando a solução de problemas. Lewin reforça o movimento dialético, presente na resolução de tais conflitos, e que se manifesta entre a experiência concreta e os conceitos abstratos de um lado e a observação e ação do outro. Complementarmente, o autor lembra Piaget que reconhece que, no ato de aprender, sempre está presente a tensão entre os processos de acomodação de ideias ao mundo externo e de assimilação de experiências dentro de conceitos já existentes.

De acordo com Kolb (1984), os novos conhecimentos, atitudes e habilidades são obtidos por intermédio da confrontação entre os quatro modos de aprendizagem pela experiência: a experiência concreta, na qual o indivíduo se envolve totalmente e sem vieses em novas experiências; a observação reflexiva, que o habilita a observar suas experiências, a partir de perspectivas diferentes; a conceituação abstrata, que envolve a habilidade de criar conceitos que integrem as observações em uma teoria; a experimentação ativa, ou seja, a habilidade de usar as teorias para a solução de problemas.

Para o autor, a tensão dialética, que normalmente está presente no processo de aprendizagem, se dá por meio de duas dimensões: a primeira representada pela experiência concreta em um extremo e a conceituação abstrata no outro; a segunda, pela experimentação ativa de um lado e a observação reflexiva, no outro. No processo de aprendizagem, o indivíduo pode agir variando os níveis de sua ação nos papéis de "ator para observador e do envolvimento específico para a imparcialidade analítica" (Kolb, 1984, p. 31). Estas são dialéticas opostas nos modos de adaptação ao mundo e que geram conflitos que requerem resolução pelos indivíduos. Dependendo da escolha do indivíduo, a aprendizagem terá propensão para especializar-se no modo dominante (escolhido) e limitar-se no modo dominado (preterido).

- A aprendizagem é um processo holístico de adaptação ao mundo.

A aprendizagem pela experiência é um conceito que busca explicar o processo da adaptação humana ao ambiente físico e social. Além do entendimento de como as pessoas pensam e sentem, esta teoria interessa-se com a questão de quando o comportamento é guiado pela forma de pensar ou pelos sentimentos. Kolb (1984, p. 31) sugere que "aprender não é campo especial de uma simples esfera especializada do funcionamento humano, como cognição e percepção. Envolve o funcionamento integrado de todo o organismo – pensar, sentir, perceber e se comportar".

- A aprendizagem envolve transações entre a pessoa e o ambiente.

Na teoria da aprendizagem pela experiência, a palavra transação é utilizada em lugar de interação, para especificar o relacionamento entre a pessoa e o ambiente, com seus símbolos e artefatos culturais da sociedade. Kolb (1984, p. 36) explica que o conceito de transação " implica um relacionamento mais fluido e interpenetrante entre as condições objetivas e a experiência subjetiva, tal que ao se tornarem relacionados, ambos são essencialmente modificados". Em suma, o destaque é para a modificação do indivíduo e do ambiente, caracterizando a aprendizagem como uma via de mão dupla: não somente o indivíduo modifica-se nesse relacionamento, mas também o ambiente.

- A aprendizagem resulta na criação de conhecimento.

O processo de aprendizagem pela experiência tem como base as transações entre os quatro modos adaptativos – experiência concreta, observação reflexiva, conceituação abstrata e experimentação ativa – e a forma como são resolvidas as dialéticas – abstrato/concreto e ativo/reflexivo – relativas a esses modos de adaptação. Para melhor entendimento deste processo, Kolb (1984) introduz a ideia da existência de duas dimensões básicas da aprendizagem: a percepção e a transformação, sugerindo que o conhecimento deriva da combinação de capturar a experiência e transformá-la.

Segundo Kolb (1984), há duas maneiras de capturar a experiência (percepção). A primeira está relacionada com as qualidades sentidas na experiência imediata, ao que se ouve, vê e sente, cujo conhecimento como realidade é instantâneo e básico, não sendo necessária uma investigação racional para a captura. A captura da experiência por meio deste modo de conhecimento é denominada apreensão. A segunda forma de capturar a experiência envolve a confiança na interpretação conceitual e na representação simbólica e denomina-se compreensão. Por meio da compreensão é introduzida uma ordem nas sensações apreendidas. Ao ordenar as apreensões, o fluxo das sensações apreendidas pode ser modelado e modificado. Em contrapartida, a compreensão permite que as experiências sejam comunicadas e transcendam tempo e espaço, bem como que sejam previstas e recriadas as apreensões, ganhos que se sobrepõem à perda de nuanças da experiência apreendida em estado bruto. A transformação da experiência pode se dar através de um processo de fundamentação de ideias e experiências no mundo externo, denominado extensão, ou através da reflexão interna sobre estas experiências, em um processo denominado intenção. A aprendizagem requer tanto a captura quanto a transformação da experiência. Nenhuma das duas dimensões sozinha produz conhecimento.

Os estilos de aprendizagem originam-se dos diferentes graus de apreensão e compreensão que os indivíduos enfatizam em sua captura da experiência. São também compostos pela forma como esses indivíduos, por meio de um autoprograma, transformam suas percepções, via extensão ou intenção. A autoprogramação que se condiciona à experiência é determinante na ênfase dada aos quatro modos de aprendizagem básica: experiência concreta, observação reflexiva, conceituação abstrata e experimentação ativa. O fato de as pessoas possuírem estilos distintos de aprendizagem, que enfatizam um dos modos básicos, não é restritivo à utilização de mais de uma das orientações em suas experiências. Kolb (1984) entende que a combinação desses quatro modos básicos produz o mais alto nível de aprendizagem.

Os indivíduos desenvolvem estruturas de possibilidades para a solução da tensão dialética entre os processos de percepção (apreensão e compreensão) e de transformação (extensão e intenção) das experiências. O desenvolvimento de estilos de aprendizagem que privilegiam algumas habilidades de aprendizagem em detrimento de outras tem como fatores subjacentes a hereditariedade, as experiências passadas e as demandas do ambiente nas quais os indivíduos estão inseridos.

No trabalho, na família e na escola, o conflito entre ser ativo ou reflexivo e entre ser imediato ou analítico pode ser explicitado por intermédio das quatro formas básicas de conhecimento: a divergência, a assimilação, a convergência e a acomodação.

A Figura 9-2 sintetiza os estilos de aprendizagem, no contexto do ciclo de aprendizagem e da dialética de percepção e transformação.

O conhecimento acomodável/adaptável é aquele voltado para a ação, visto ser resultante

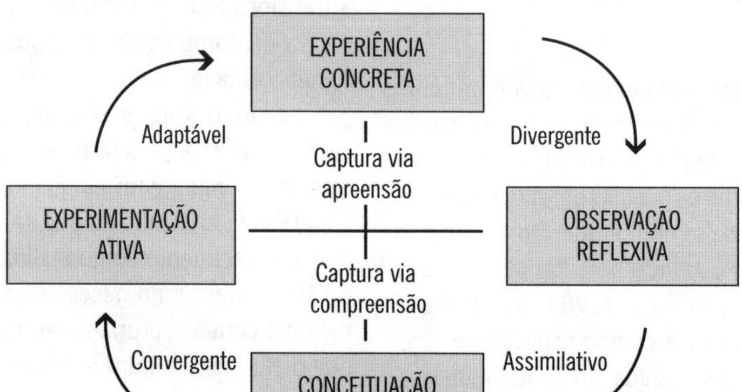

FIGURA 9-2 Dimensões estruturais subjacentes ao processo de Aprendizagem pela Experiência e as formas básicas de conhecimento resultantes.

Fonte: Kolb (1984, p. 42).

da captura via apreensão (experiência concreta) e da transformação por extensão (experimentação ativa). O conhecimento convergente é derivado da capacidade de concentração em problemas específicos e na aplicação prática de ideias, por ser resultante de captura via compreensão (conceituação abstrata) e transformação por extensão (experimentação ativa). O conhecimento divergente caracteriza-se pela avaliação de situações concretas, a partir de diferentes perspectivas, e é derivado de captura por apreensão (experiência concreta) e transformação por intenção (observação reflexiva). O conhecimento assimilativo, derivado de captura por compreensão (conceituação abstrata) e transformação por intenção (observação reflexiva), está relacionado à capacidade para criação de modelos teóricos.

Cada indivíduo desenvolve, de maneira singular, um estilo de aprendizagem, com pontos fortes e fracos. Kolb (1984) criou instrumentos para avaliar as orientações individuais com relação à aprendizagem, dentre os quais o *Learning Style Inventory* (LSI), ou Inventário de Estilos de Aprendizagem, o *Adaptative Style Inventory* (ASI), ou Inventário de Estilos Adaptativos, e o *Learning Styles Profile* (LSP), ou Perfil de Estilos de Aprendizagem.

No estudo aqui relatado, não foi feito uso dos instrumentos elaborados por Kolb, em primeira instância, porque o objetivo não é estudar os estilos ou perfis de aprendizagem dos indivíduos. Entende-se que, anterior a isso, é relevante a compreensão do processo da aprendizagem pela experiência em si mesmo.

2 • ESTUDOS INTERNACIONAIS E NACIONAIS SOBRE APRENDIZAGEM PELA EXPERIÊNCIA

A revisão de literatura realizada mostrou que muitos dos estudos identificados restringiam-se à mera utilização dos instrumentos quantitativos desenvolvidos para identificar estilos de aprendizagem, não havendo, portanto, interesse em focá-los neste trabalho.

Procurou-se, então, apresentar neste item estudos cujos objetivos estão centrados no trabalho gerencial, tomando como referencial teórico a questão da aprendizagem pela experiência de uma forma geral. No primeiro momento, destacam-se os estudos internacionais para, a seguir, expor os trabalhos nacionais a respeito do tema. A preocupação é a de apresentar estudos que possam contribuir para aprofundar a reflexão sobre o tema, contrapondo-se elementos teóricos aos resultados da pesquisa de campo.

O estudo qualitativo desenvolvido por Gerber e colaboradores, em 1995, teve como objetivo entender a experiência de autodireção de aprendizagem das pessoas no local de trabalho. Os 21 sujeitos entrevistados eram de companhias da Austrália. Como resultado, o estudo detectou que os trabalhadores aprendiam de várias maneiras, algumas delas fundamentadas na escolha individual e tomada de decisão. Às vezes, a ação de aprendizagem foi demandada pela necessidade de resolver um problema no local de trabalho. Nestes casos, o trabalhador procurou resolver o problema por si mesmo ou buscou a recomendação de um especialista que pôde assisti-lo na atividade de aprendizagem.

Num estudo quantitativo realizado por Barcley, em 1996, os sujeitos eram 100 profissionais que cursavam a Glasgow Caledonian University, em regime de meio período. O estudo objetivou implementar e monitorar uma técnica de registro da aprendizagem em diários, como forma de maximizar a aprendizagem pela experiência que ocorre no ambiente de trabalho. Adicionalmente, o estudo avaliou o efeito de outras influências, como o suporte gerencial no processo e os benefícios e problemas da técnica empregada. Como resultado principal, verificou-se que a hipótese de que os aprendizes reflexivos seriam mais positivos quanto à utilização de diários não se confirmou. Quando indagados se manteriam os registros de aprendizagem, os sujeitos identificados como teóricos (que adaptam observações em teorias) foram os mais positivos à continuidade de utilização da técnica. Os sujeitos denominados práticos (que preferem testar ideias na prática) mostraram-se os menos motivados à continuidade do procedimento. Alguns sujeitos também viram benefícios no uso do diário, independentemente do quanto recebiam de ajuda de seus gerentes neste processo.

Uma pesquisa qualitativa realizada por Schratz e Walker (1998) teve como objetivo verificar, usando entrevistas, quais as experiências de aprendizagem – relacionadas aos temas desafios sociais, política, família, incidentes críticos, tempo de lazer, instituições educacionais e ocupação – foram importantes para os sujeitos. Os resultados mostraram que, embora todos os entrevistados tenham concordado sobre a fundamentação propiciada pela aprendizagem escolar, nenhum deles considerou-a fator decisivo em sua aprendizagem de carreira. A principal crítica foi que o conteúdo da aprendizagem institucional está muito distante da realidade experimentada. Houve também a menção da importância de pessoas no aprendizado da carreira. O tempo de lazer foi citado como incentivo à aprendizagem na forma de *hobbies* ou esportes desafiadores. Há contentamento quando as situações de aprendizagem possuem correspondência com a prática. Incidentes críticos identificados tiveram profundo impacto na aprendizagem dos indivíduos, constituindo-se em força transformacional.

Em 2002, um estudo quantitativo, envolvendo 198 estudantes de MBA, realizado por Mainemelis, Boyatzis e Kolb, investigou se indivíduos com estilos de aprendizagem balanceados possuíam desenvolvimento mais sofisticado de aprendizagem do que aqueles com estilos especializados de aprendizagem. Adicionalmente, foi verificado o relacionamento entre o desenvolvimento de habilidades de aprendizagem e os estilos de aprendizagem integrativos e especializados. Como principais resultados, não se confirmou a previsão da *Experiential Learning Theory* quanto à flexibilidade dos indivíduos que integrassem as duas dialéticas do modelo de aprendizagem de conceituar e experimentar, bem como agir e refletir. Houve confirmação apenas para a dimensão de conceituação/experimentação. Verificou-se, ainda, não ser totalmente verdadeira a inferência que estilos de aprendizagem especializados poderiam responder com menos flexibilidade a diferentes contextos de aprendizagem. Indivíduos com estilos de aprendizagem balanceados não mostraram maior desenvolvimento de habilidades de aprendizagem; aqueles com estilos especializados em experimentar mostraram maior nível de habilidades interpessoais. Já os especializados em conceituação abstrata mostraram maior nível de habilidade analítica.

Quatro estudos empíricos brasileiros, com foco na aprendizagem de gerentes e no desenvolvimento de habilidades requeridas para a prática gerencial, também trouxeram contribuições para a compreensão do fenômeno.

O estudo conduzido por Silva, Moraes e Martins (2003), focado na aprendizagem gerencial, teve como sujeitos professores da Universidade do Estado de Santa Catarina (UDESC) que se tornaram dirigentes universitários. O objetivo era compreender como se dá a aprendizagem gerencial, o que aprendem os professores que se tornam dirigentes e a influência da cultura do meio acadêmico no processo de aprendizagem. O estudo de caso – de natureza qualitativa – teve como amostra nove dirigentes de unidades universitárias da UDESC. A coleta de dados foi feita por meio de entrevistas semiestruturadas e no processo analítico utilizaram-se procedimentos da *grounded theory* para categorização das informações obtidas. Como principais resultados, o estudo identificou que os sujeitos aprenderam, ao longo da vida, por meio de experiências que transferiram para a carreira acadêmica. Valores trazidos da infância, como a importância do estudo e a persistência, foram padrões identificados nos sujeitos, dada a história de vida semelhante que tiveram: nasceram no meio rural e os pais realizaram esforços para que tivessem uma vida de mais oportunidades. Os relacionamentos proporcionaram facilidades na aprendizagem da nova posição, visto que a maioria era ex-aluno da Universidade da qual se tornaram dirigentes, portanto, a cultura do ambiente era conhecida. Embora todos os sujeitos fossem graduados em diversas áreas de formação e possuíssem pós-graduação, não houve, de sua parte, prévia formação específica em gestão ou a busca por uma educação formal neste campo. A aprendizagem ocorreu principalmente por meio de atividades informais.

Outro estudo qualitativo, conduzido por Silva, Rebelo e Cunha (2003), buscou compreender, sob a perspectiva da experiência vivida, a transformação vivenciada por dois sujeitos que passaram da condição de empregado para a de gerente de seu próprio negócio. O estudo também verificou como se deu o aprendizado da posição gerencial, bem como as ligações entre o processo de aprendizagem e a experiência de vida de cada um. A conclusão do estudo foi que o processo de aprendizagem gerencial é dinâmico e contínuo e que as experiências na família, escola, comunidade e empresa são fatores que contribuíram para o desenvolvimento de habilidades no processo de aprendizagem gerencial. Foi observada, como característica marcante, a existência da reflexão crítica, com consequente redirecionamento de ações.

O estudo de caso conduzido por Moraes e Silva (2004) investigou o processo de aprendizagem gerencial em uma organização hospitalar, objetivando compreender como seus executivos aprendem a gerenciar no dia a dia. O estudo evidenciou que a aprendizagem dos executivos depende dos contextos vivenciados: quando a mudança no conteúdo do trabalho demanda a necessidade do conhecimento sobre gestão; quando o sujeito, permanecendo no mesmo cargo, é exigido a aprender por contínuas pressões externas; quando o indivíduo sente necessidade de aprender algo para executar suas tarefas ou a empresa demanda novos conhecimentos ou habilidades dos sujeitos. Com relação aos sentimentos dos sujeitos nas situações em que houve a exigência de aprendizagem, foram verificados tanto sentimentos positivos, quanto negativos. O conteúdo da aprendizagem desses executivos compreendeu os conhecimentos da organização (valores, processos, habilidades interpessoais e significado do trabalho executivo), analíticos (técnicas de gestão e conhecimentos específicos), contextual (ambiente externo) e o autoconhecimento, relacionado à autorreflexão sobre as habilidades que possuíam e sobre comportamentos negativos que poderiam comprometer suas carreiras. Verificou-se que os sujeitos apresentaram variadas formas de aprendizagem, envolvendo projetos de aprendizagem pessoais ou da instituição, atualização profissional com recursos formais ou informais, compartilhamento de relacionamentos, observação, ação, reflexão e mudança de consciência. Fatores que facilitam e dificultam a aprendizagem gerencial foram destacados. Os fatores facilitadores podem ter origem na organização (ampliação da área de ação, autonomia, credibilidade) ou no próprio sujeito, referindo-se a comportamentos ou atributos pessoais como: ser humilde, proativo, interessado, adotar modelos e trabalhar em equipe. Quanto aos fatores que dificultaram a aprendizagem, foram apontados os intrínsecos (sentimentos e interesse pessoal) e os extrínsecos (falta de tempo, cansaço, acúmulo de atividades). O resultado da aprendizagem dos sujeitos foi classificado em três categorias: autoconhecimento (postura, tomada de decisões, maturidade e coragem); conhecimento sobre a organização (segurança, postura, tomada coerente de decisões, promoções e desenvolvimento pessoal); desenvolvimento profissional (crescimento e resultados operacionais). Na conclusão, destaca-se que a aprendizagem gerencial não se dá apenas pela transferência de conhecimentos, mas é um processo que ocorre durante toda a trajetória profissional. Dependendo do conteúdo que se pretende alcançar, os mecanismos utilizados pelos indivíduos foram diferentes, sendo que a reflexão foi citada como componente da natureza emancipatória da aprendizagem.

Ao fechar esta revisão, destaca-se o estudo de Antonello, apresentado no Capítulo 10, que identificou e analisou as práticas formais e informais de aprendizagem para o desenvolvimento de competências gerenciais.

3 • ESCOLHA DOS PARTICIPANTES DA PESQUISA, ESTRATÉGIAS DE COLETA E ANÁLISE DAS INFORMAÇÕES OBTIDAS

O trabalho aqui apresentado foi planejado para responder aos questionamentos: como os gerentes aprendem a exercer a função gerencial? Qual o papel da aprendizagem pela experiência neste processo?

Para responder a estas perguntas, foi conduzido um estudo qualitativo com gerentes principais de agências de quatro dos cinco maiores bancos brasileiros privados, utilizando-se, para coletar os dados, entrevistas semiestruturadas.

A posição de gerente principal, neste estudo, é caracterizada como aquela que agrega a responsabilidade tanto pelos negócios quanto pela gestão administrativa de uma agência bancária, incluída a gestão de pessoas, o que lhe dá uma amplitude de atuação que permite experiências de naturezas diversas. Optou-se pela amostragem por conveniência, selecionando-se sujeitos que possuíam até cinco anos de experiência como gerente geral de agências. A opção pela restrição do tempo de exercício da função de gerente principal deveu-se à busca por experiências recentes que possibilitassem detalhamento das situações vivenciadas. A ocupação anterior em cargo de gerente de conta ou relacionamento não se constituiu em aspecto impeditivo para que o sujeito fizesse parte da amostra, visto que para atingir o cargo de gerente principal é comum, na carreira bancária, que os indivíduos exerçam primeiro posições de gerente *trainee* e de gerente de relacionamento (ou de conta), cuja responsabilidade restringe-se à captação de negócios.

Cabe a contextualização da hierarquia dos gerentes principais nas instituições financeiras brasileiras. Embora não haja uniformidade em todos os bancos quanto à nomenclatura dos cargos nas posições hierárquicas, a Figura 9-3 provê uma orientação quanto à posição e à linha de reporte de gerentes principais.

Nas instituições em que trabalham os participantes da pesquisa, verificaram-se duas possibilidades de reporte ao gerente principal. Na primeira, o gerente administrativo, bem como os caixas e escriturários, reportam-se diretamente ao gerente principal. Na segunda, o gerente operacional e as demais funções não relacionadas às atividades comerciais têm reporte a um superior hierárquico de uma área administrativa. Essa é a razão pela qual, na Figura 9-3, as posições administrativas estão representadas por linhas pontilhadas, indicando que pode ou não existir ligação hierárquica direta com o gerente principal.

Neste estudo, adotou-se a metodologia qualitativa, respeitando-se suas principais características, conforme descritas em Lüdke e André (1986) e Godoy (1995). Os dados foram coletados por meio de entrevistas semiestruturadas com sete gerentes comerciais. Para análise dos dados, foi utilizada a análise de conteúdo, seguindo-se as recomendações de Bardin (1977) para a modalidade análise categorial.

4 • OS RESULTADOS ENCONTRADOS

• 4.1 • A ocupação da posição gerencial

As informações relativas às expectativas, sentimentos e preocupações dos sujeitos ao se tornarem gerentes evidenciam que, embora a promoção para um cargo que, nas agências, é o de mais alto escalão hierárquico, as citações de sentimentos negativos (seis sujeitos) são superiores àquelas de sentimentos positivos (quatro sujeitos). Dos quatro sujeitos que citaram sentimentos positivos, todos associaram, simultaneamente, um sentimento negativo.

Os dados sugerem que o peso da responsabilidade e a ansiedade, ao assumir a posição de gerente, atenuam ou, até mesmo, anulam os sentimentos positivos. Parte dos sentimentos negativos pode ser decorrente da ausência de real conhecimento de o que a posição gerencial repre-

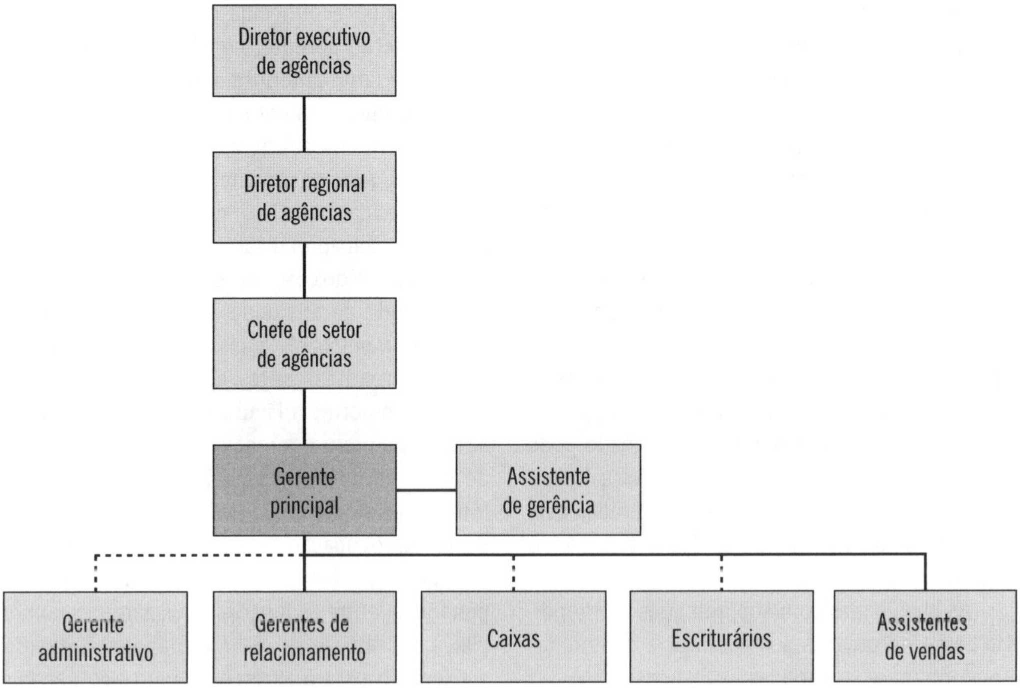

FIGURA 9-3 Organograma básico da área comercial de instituições financeiras.

Fonte: Elaborado pela autora.

senta em termos de atribuições. Apenas três dos sete sujeitos declararam que a complexidade da posição gerencial foi correspondente às suas expectativas.

Quanto às preocupações relativas a pessoas e processos operacionais que lhes sobrevieram com a promoção, verifica-se que praticamente metade dos sujeitos não mencionou qualquer preocupação com o aspecto "gestão de pessoas", embora esta atribuição fosse novidade para a maioria, conforme demonstram os dados relativos às habilidades que estes afirmaram ter aprendido durante o exercício da posição gerencial. Este resultado parece sugerir que há gerentes que, de fato, não têm interesse quanto à gestão de pessoas ou que não atribuem, no primeiro momento, importância a esta questão, embora constatem sua relevância durante o exercício do gerenciamento.

• 4.2 • Habilidades necessárias ao gerente, momento do aprendizado e grau de dificuldade para aprender

As habilidades entendidas pelos sujeitos como necessárias para a ocupação do cargo de gerente, bem como o momento de seu aprendizado – antes ou durante o gerenciamento –, serão examinadas a partir das três subcategorias: habilidades técnicas, habilidades com subordinados e habilidades comportamentais.

O que se observa é que as habilidades técnicas requeridas para a comercialização de produtos foram citadas pelos gerentes como necessárias e aprendidas antes do gerenciamento. Este resultado pode ter origem no fato de que os gerentes gerais das agências, antes de alcançarem esta posição hierárquica, exercem a posição de gerentes comerciais, cuja principal atribuição é a venda de produtos e serviços. Verifica-se, ainda, que as habilidades técnicas aprendidas durante o gerenciamento estão estreitamente ligadas a uma visão mais estratégica requerida pela posição de gerente. Cabe ao profissional nesta posição, além das funções comerciais, ter uma visão dos resultados que as vendas geraram, bem como tomar decisões, não somente quanto aos negócios das agências, mas também com relação à gestão de pessoas.

Entende-se como relevante o fato de que a tomada de decisões, mesmo se constituindo em atividade crucial para os gerentes, não foi mencionada como uma habilidade necessária para o exercício da posição gerencial. Este achado pode sugerir que as habilidades estratégicas, características da posição gerencial, são aprendidas pela experiência, após os sujeitos se depararem com o cotidiano desta posição.

As habilidades com subordinados – entendidas como necessárias aos gerentes e aprendidas – encontram-se sumariadas na Figura 9-4.

A gestão de pessoas é um aspecto que se mostrou complexo e ambíguo para os sujeitos. Embora seja reconhecida como uma habilidade necessária ao gerente, considera-se que ela foi aprendida tanto anteriormente ao gerenciamento (especificamente quanto à motivação, liderança e trabalho em equipe) quanto durante o exercício da função. Adicionalmente, ora foi citada como a habilidade mais difícil de ser aprendida, ora como a de mais fácil aprendizado.

A análise dos dados possibilita entender, dada a amplitude de atividades encerradas no rótulo "gestão de pessoas", quais atividades específicas foram aprendidas antes e depois do gerenciamento. Conforme a Figura 9-4, foram aprendidas anteriormente ao gerenciamento as habilidades de motivar, liderar e trabalhar em equipe. Estas dimensões da gestão de pessoas podem estar presentes na ocupação de outras posições que não a de gerente. Nas agências bancárias, há interdependência entre as funções, e os gerentes comerciais precisam, às vezes informalmente, exercer a liderança para o alcance de metas comerciais, bem como trabalhar em equipe e motivar os funcionários para o alcance dos objetivos.

FIGURA 9-4 Habilidades com subordinados necessárias ao gerente, momento do aprendizado e grau de dificuldade para aprender.

Fonte: Elaborada pela autora com base nos dados coletados.

Quanto às habilidades aprendidas durante o gerenciamento, podem ser identificadas: reconhecimento da diversidade dos subordinados (a exigência de tratamento de forma individualizada a cada um) e necessidade de determinar limites nas relações com funcionários, de forma que o ambiente de trabalho seja descontraído, sem prejuízo do cumprimento das tarefas com responsabilidade. Outras dimensões citadas como aprendidas durante o gerenciamento referem-se à delegação de tarefas, conhecimento das pessoas e cobrança de desempenho. Estas dimensões nem sempre estiveram presentes nas atribuições dos sujeitos antes de se tornarem gerentes.

Pode-se inferir que aprender a gerenciar pessoas, para estes sujeitos, não se constitui numa tarefa fácil e envolve um aprendizado cotidiano e contínuo que se efetiva a partir da interação entre o gerente e seus subordinados. A facilidade ou dificuldade que os sujeitos apresentam nos depoimentos, quanto às questões relacionadas às pessoas, demonstram que ter tido uma experiência anterior com a liderança de pessoas, ainda que informalmente, possuir facilidade de se relacionar e gostar de pessoas são fatores que facilitam a gestão. A complexidade de balizar os limites do relacionamento, bem como a crença de que "quem delega não trabalha" e, também, a de que "os funcionários nunca dizem o que pensam", dificultam o processo de gerenciar pessoas.

As habilidades comportamentais necessárias e aprendidas pelos gerentes podem ser sumariadas, conforme mostra a Figura 9-5.

Observa-se que várias habilidades comportamentais, relatadas pelos sujeitos como necessárias ao gerente, não foram citadas como aprendidas nem antes e tampouco durante o gerenciamento. A maioria destas habilidades está relacionada a características pessoais, o que o sujeito deve "ser" – ser um bom chefe, ser desprendido, ser

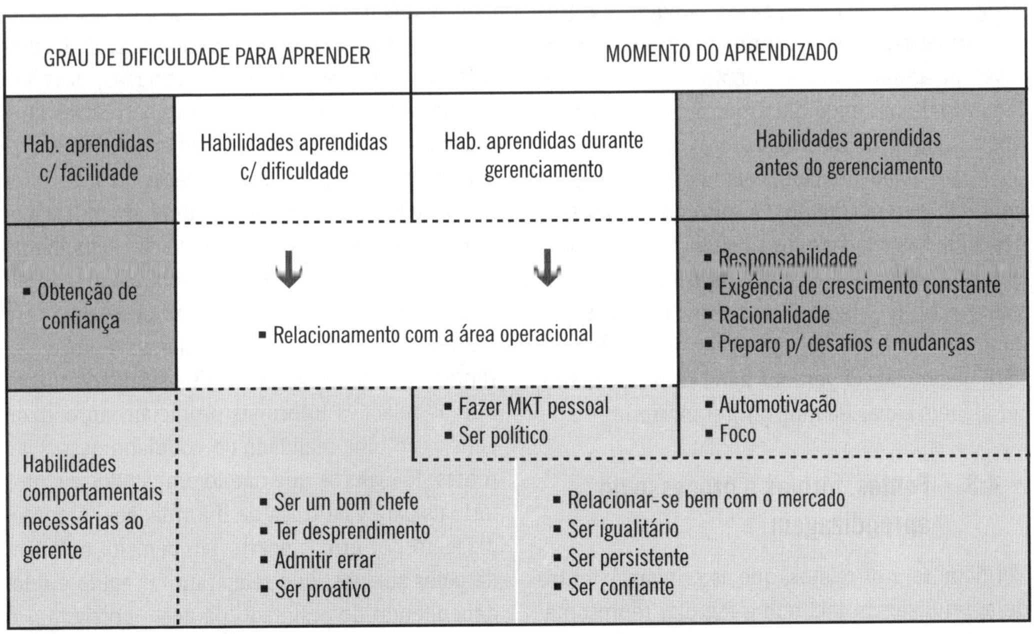

FIGURA 9-5 Habilidades comportamentais necessárias ao gerente, momento do aprendizado e grau de dificuldade para aprender.

Fonte: Elaborada pela autora com base nos dados coletados.

igualitário, ser proativo, ser persistente, ser confiante – e menos relacionadas com ações efetivas – como aquelas relativas a isolar sentimentos com clientes, admitir errar, relacionar-se bem com o mercado. Pode haver aqui um fator subjacente de idealização de como o gerente deve ser na visão dos sujeitos, o qual, porém, não se confirma na realidade.

O que os sujeitos relataram ter aprendido durante o gerenciamento foram as habilidades de fazer *marketing* pessoal – ou "vender-se" – e de ser político em seus relacionamentos. O aprendizado destas habilidades durante o gerenciamento pode estar relacionado ao fato de que a posição gerencial envolve relacionamentos com posições hierárquicas de alto nível e de que, ao alcançar a gerência, os sujeitos começam a projetar suas carreiras fora do âmbito das agências, concorrendo com inúmeros gerentes gerais para uma indicação ao cargo de Diretor de Rede ou Superintendente de Rede, dependendo da instituição. Anteriormente, a concorrência por um cargo melhor restringia-se ao nível das agências, em que os cargos de gerente geral são mais numerosos do que os de nível hierárquico superior, uma vez que há estreitamento da pirâmide hierárquica, na medida em que os cargos são mais elevados.

Das habilidades comportamentais aprendidas antes do gerenciamento, a automotivação teve destaque nas citações dos sujeitos. Pode-se inferir que esta habilidade é relevante para elevar indivíduos do nível técnico ao gerencial, visto que, conforme as falas, há, nas agências, certa "solidão" gerencial. O gerente geral deve, portanto, ser alguém capaz de motivar a si mesmo.

• 4.3 • Fontes, formas e processo de aprendizagem

Verificou-se, nos relatos, que as principais fontes de aprendizagem incluem a família, representada pelo pai, os colegas de trabalho e os superiores hierárquicos. A citação do pai sugere que os valores aprendidos na vida familiar do indivíduo, ao longo de sua existência, podem ser transportados para as atividades cotidianas do gerente. Um dos prováveis pontos de ligação é que a figura patriarcal, nos relatos, está associada à do líder. Ao tornarem-se líderes, os sujeitos evocam a figura do pai e os valores que ele lhes passou como líder da família. Os colegas de trabalho são citados como fonte de aprendizagem, pois há troca de informações entre os sujeitos que possuem o mesmo cargo. Vivenciam experiências de natureza semelhante e podem aconselhar quanto às dúvidas que cada um deles têm, principalmente no início do gerenciamento. Superiores hierárquicos e outros líderes da esfera profissional dos relacionamentos dos sujeitos são mencionados, pois lhes servem de exemplo ou parâmetro de comparação, constituindo-se em fonte de aprendizado "do que fazer", mas também "do que não fazer". Pessoas mais experientes foram citadas como fonte de aprendizagem, principalmente quando já vivenciaram situações, ao longo de sua trajetória pessoal e profissional, com as quais os sujeitos têm dificuldade de lidar por constituírem-se novidade.

Quanto ao "como" aprenderam, as formas relatadas pelos sujeitos foram variadas, havendo destaque para a observação e experiências contadas por outros e por meio de erro/acerto. Observar situações pelas quais colegas ou superiores hierárquicos já passaram traz uma aprendizagem que é evocada quando uma situação semelhante acontece com o sujeito. O aprendizado a partir das experiências relatadas pelas pessoas ocorre por meio da troca de experiências com outros gerentes e colegas de trabalho. Este resultado sugere que as relações informais propiciam aprendizagens e são uma realidade no cotidiano desses gerentes. Ressalta-se que não foram citados eventos formais para esta troca de informações. A aprendizagem por erro e acerto também foi enfatizada pelos sujeitos, que relataram ter agido e que, dependendo do resultado da ação, corrigiram o curso da ação ou reforçaram a ideia de que aquela solução será a melhor quando uma nova experiência de mesma natureza voltar a ocorrer. Esta maneira de aprender está relacionada ao próprio resultado da aprendizagem: ações nas quais o resultado foi positivo são reforçadas e aquelas com resultados negativos são utilizadas como fonte de informação para não errar novamente.

O fato de ter passado por níveis hierárquicos inferiores foi apontado como uma forma de aprendizagem. Quando os sujeitos relatam a importância de terem aprendido em outros cargos, a aprendizagem está mais relacionada a habilidades técnicas, embora haja citações de que os sujeitos tiveram seu primeiro contato com a gestão de pessoas, ao substituirem, por um período, o gerente geral, na agência, ou por ocuparem um cargo da área operacional, o que os auxiliou quando foram promovidos.

Alguns sujeitos relatam a aprendizagem que se dá "colocando-se no lugar do outro". Esta forma de aprendizagem, dentro do contexto relatado, visa ao entendimento do "por quê" as pessoas agem de determinada maneira e pode sugerir uma atividade de reflexão.

Destaca-se também a citação dos sujeitos quanto ao treinamento explícito (formal) que receberam nas instituições de ensino ou na própria empresa. Os sujeitos atribuem o principal resultado desta forma de aprender ao aprendizado de disciplinas que fornecem base ao gerenciamento. O treinamento formal foi reconhecido pela quase totalidade dos sujeitos como um facilitador no desenvolvimento das habilidades gerenciais. Não obstante, houve menções quanto às diferenças entre o que se aprende e o que a prática requer, bem como de que não há treinamento formal que ensine a ser gerente.

Quando os gerentes referiram-se, de forma espontânea, ao processo de aprendizagem, um dos sujeitos relatou que a forma de reagir frente a experiências já conhecidas é diferente de quando não se conhece a situação. No contexto do relato, houve a sugestão de que a experiência transforma o modo de agir. Ainda foi sugerido que, quando ocorre nova experiência, não há parâmetros para comparar as ações e há maior desconforto do sujeito. Vivenciar experiências também diminui o impacto quando situações similares acontecem, pois uma "proteção" é criada com a função de amortecer estes impactos.

Houve ainda o comentário dos sujeitos sobre algumas características da aprendizagem. Há o reconhecimento de que a aprendizagem é um processo contínuo, dinâmico e individual. A individualidade das pessoas, na forma de aprender, foi destacada pela menção de que os indivíduos têm dificuldades para aprender diferentes habilidades. Foi relatado que a aprendizagem e as experiências variam de acordo com o contexto, ou seja, diferentes contextos podem produzir diferentes experiências e aprendizagem.

Dois sujeitos relataram explicitamente que as atividades diárias absorvem de tal maneira os gerentes, que não há tempo para refletir sobre as experiências. Esta pode ser uma das causas de os gerentes utilizarem-se, com mais ênfase, da aprendizagem por erro e acerto e pela observação. Pode-se ainda inferir que algumas das formas de aprendizagem relatadas – como "colocar-se no lugar do outro" e observar e avaliar se a ação em uma experiência se aplica a outras – sugerem a existência de reflexão no processo de aprendizagem dos sujeitos. Parece, no entanto, que este processo vem ocorrendo de forma automática, sem os sujeitos se darem conta.

5 • COMENTANDO OS RESULTADOS

A investigação do processo de aprendizagem gerencial pela experiência reuniu dados que, longe de serem conclusivos, pela própria natureza qualitativa e exploratória do estudo, ampliam o conhecimento sobre "como", "o quê", e por meio de quais fontes os gerentes aprendem habilidades técnicas, comportamentais e de relacionamento com seus subordinados.

O conjunto dos resultados permite inferir que as habilidades gerenciais são aprendidas com as experiências que os gerentes vivenciam, não somente aquelas que por algum motivo foram marcantes e evocadas por eles como tal, mas também por meio de atividades corriqueiras.

A importância da aprendizagem implícita e a contribuição das práticas do dia a dia para o desenvolvimento de competências gerenciais estão igualmente presentes no estudo conduzido por Antonello, apresentado no Capítulo 10 deste livro. Ela é respaldada na literatura por dois pressupostos da teoria da aprendizagem pela experiência de Kolb (1984). Um deles destaca que a aprendizagem deriva da experiência, e o outro pontua que a aprendizagem requer a transação entre a pessoa e o ambiente. Estes pressupostos sugerem que a aprendizagem é alcançada pelo aprendiz ao experimentar situações e que a aprendizagem proporciona mudanças na forma de agir dos indivíduos e no próprio ambiente, constituindo-se em "via de duas mãos".

Como a aprendizagem é um processo contínuo que se dá ao longo da vida (Kolb, 1984), a família é citada, sugerindo que os valores repassados desde a infância, principalmente pelo pai, influenciam a forma como os gerentes agem. A vivência de diferentes experiências e a internalização de valores pela influência dos pais corroboram resultados encontrados por Silva, Moraes e Martins (2003) e Silva, Rebelo e Cunha (2003).

A aprendizagem informal por meio de relacionamentos com colegas, compartilhando experiências, contando histórias e aconselhando, no caso dos mais experientes, mostrou-se, neste estudo, relevante fonte de aprendizagem pela experiência. Denominadas por um dos sujeitos como "aprendizagem indireta", as experiências compartilhadas compõem um "repertório" ao qual os gerentes recorrem para referência de como agir, quando novas situações apresentam-se no cotidiano do gerenciamento. Moraes e Silva (2004) verificaram o compartilhamento de relacionamentos como fonte de aprendizagem, principalmente como meio de captar o conhecimento diluído por toda a organização. As comunidades de prática, definidas naquele estudo como "interações espontâneas nas quais os executivos vão interpretando suas experiências e aprendendo a fazer as coisas" (Moraes; Silva, 2004, p.8), encontram correspondência com o relato dos sujeitos desta investigação, ao descreverem a interação que têm com outros gerentes. O mesmo ocorre no estudo de Antonello (Capítulo 10) que identificou, como formas de aprendizagem, a interação e a colaboração com outros profissionais da mesma área.

Os relacionamentos são citados como fonte de aprendizagem por Silva, Moraes e Martins (2003), porém com o sentido de que conhecer determinadas pessoas facilita a aprendizagem e afeta a forma como os sujeitos agem. Considerando que, neste estudo, as experiências compartilhadas informalmente pelos gerentes são evocadas quando uma nova situação se apresenta, pode-se inferir que há influência das pessoas com as quais os sujeitos relacionam-se, quanto ao que aprendem e rotulam como algo relacionado ao sucesso ou fracasso, que vai reforçar ou afastar determinado padrão de ação em experiências futuras.

Quanto às formas, "como" os indivíduos aprenderam, a observação, o erro/acerto, as experiências contadas por outros, a trajetória profissional em cargos diferentes e o treinamento explícito foram as mais enfatizadas pelos sujeitos.

A observação relatada pelos sujeitos é relacionada a presenciar situações nas quais outras pessoas agiram e ao aprendizado de algo que se deve "aprender a fazer" ou "aprender a não fazer". Neste contexto, foram citados superiores hierárquicos atuais e anteriores e colegas de trabalho. A observação também foi considerada contribuição relevante à aprendizagem por Silva, Rebelo e Cunha (2003), pois observar como as pessoas desenvolvem seu trabalho produziu aprendizagem, no caso daquele estudo, sobre prática de gestão. Há igualmente a menção sobre a aprendizagem de "o que não fazer", baseada na observação do superior hierárquico pelos sujeitos. A observação é citada por Antonello, em estudo que compõe o Capítulo 10 deste livro. Embora reconhecida como importante forma de aprendizagem, ela foi considerada secundária no processo de formação profissional pelos sujeitos. Neste estudo, também aparecem a observação e a influência do "modelo de papel negativo", ou seja, aquele que não se pretende seguir, geralmente associado à figura do superior hierárquico.

Retomando a teoria da aprendizagem pela experiência (Kolb, 1984), embora uma das dimensões do ciclo de aprendizagem seja a observação reflexiva, entende-se que não há elementos suficientes nos dados para corroborar a ocorrência deste tipo de observação, uma vez que a reflexão conjugada com a observação foi sugerida de forma sutil e por apenas um sujeito. Essa possível reflexão observada nos dados foi identificada por Moraes e Silva (2004) que a qualificou como um processo intuitivo, visto que os relatos dos sujeitos apontaram para situações de tomada de decisão sob pressão e com curto espaço de tempo para pensar.

Gerber e colaboradores (1995) mencionam em seu estudo que uma das formas de aprendizagem é a escolha individual e a tomada de decisão. Em situações nas quais os sujeitos depararam-se com a necessidade de resolver um problema e não tiveram tempo suficiente para realizar um treinamento formal, decidiram por si mesmos ou pela recomendação de algum especialista no assunto.

Neste estudo, este processo intuitivo de aprendizagem foi citado pelo sujeitos como tentativa e erro. Os relatos sugerem que os sujeitos agiram e, dependendo do resultado desta ação, corrigiram seu curso ou reforçaram a ideia de que esta era a melhor solução. Silva, Rebelo e Cunha (2003) referem-se à aprendizagem oriunda da intuição e do bom-senso como vital para os sujeitos da pesquisa, quando se tornaram gerentes e não conheciam as tarefas que envolviam o gerenciamento. Antonello, no estudo relatado no Capítulo 10, refere-se a esta forma de aprendizagem como "experienciar". Neste caso, as situações que os sujeitos relataram tinham como denominador comum o desejo de ampliar e desafiar as experiências, possibilitando aprendizado mais global, o que exige relacionamento das partes com o todo (sistêmico).

A experiência resultante da ocupação de diferentes cargos hierárquicos mostrou-se como uma forma de aprendizagem reconhecida pelos sujeitos. A diversidade de tarefas e o aumento de complexidade nas funções trouxeram contribuições à formação gerencial. Este resultado é corroborado pelos estudos nacionais já citados, nos quais a experiência profissional adquirida antes da ocupação da posição gerencial foi relatada pelos sujeitos como importante forma de aprendizagem.

Os resultados mostram, ainda quanto à forma de aprendizagem gerencial, que o treinamento explícito (formal) fornece a base de conhecimentos para o exercício da posição gerencial. Esta forma de aprendizagem se faz presente no estudo de Moraes e Silva (2004), no qual a educação explícita foi inserida na dimensão de atualização profissional por meio de recursos formais. A forma de aprendizagem de competências gerenciais, investigada por Antonello (vide Capítulo 10), aponta a educação explícita em duas categorias distintas: treinamentos e aprendizagem pela articulação entre teoria e prática. Enquanto os treinamentos foram considerados pelos participantes do estudo como importantes, mas secundários no processo de formação profissional, a articulação entre teoria e prática mostrou-se, para eles, como uma forma de aprendizagem com elevado grau de importância.

O estudo de Schratz e Walker (1998), que buscou verificar as experiências de aprendizagem entendidas como importantes pelos sujeitos, obteve resultado semelhante. Embora os sujeitos tenham concordado com o fundamento provido pela aprendizagem explícita (formal), não houve citação desta experiência de aprendizagem como fator decisivo na aprendizagem profissional. Entre as principais críticas dos sujeitos, está a distância entre o conteúdo da aprendizagem explícita e a realidade.

Pressupostos da teoria da aprendizagem pela experiência de Kolb (1984) foram mencionados quando os participantes do estudo abordaram, espontaneamente, o processo de aprendizagem: o reconhecimento de que se constitui um processo contínuo e dinâmico, que compreende todas as etapas da vida, e a individualidade quanto à forma de aprender. Ainda referenciando Kolb (1984), quanto à dialética de ação/reflexão e concreto/abstrato, dois relatos explicitaram que as atividades diárias e o ritmo impresso pelas demandas do trabalho comprometem a prática da reflexão. A partir do conteúdo destes relatos, conjugado com a ênfase que os sujeitos demonstraram na forma de aprendizagem por erro e acerto, infere-se que os sujeitos apresentam uma forma de aprendizagem que privilegia o conhecimento no qual a experiência é captada via apreensão – dimensão da experiência concreta do ciclo de aprendizagem de Kolb – e é transformada via extensão – relacionada à dimensão de experimentação ativa. Este resultado, comparado com o ciclo quadrifásico de aprendizagem de Kolb, permite a inferência de que os gerentes participantes deste estudo privilegiam a ação em detrimento da reflexão.

Young (2002) faz uma exposição do ciclo quadrifásico de Kolb, demonstrando a divisão que há entre o que denomina *hands on* (dimensões da ação) e *minds on* (dimensões da reflexão), conforme mostra a Figura 9-6.

A comparação entre o ciclo de aprendizagem de Kolb e o processo de aprendizagem relatado permite inferir que os participantes deste estudo utilizam somente as dimensões de ação (*hands on*), tendo em vista que a reflexão foi relatada apenas sutilmente e que a conceituação não pôde ser verificada explicitamente nos relatos.

Uma das causas para a ausência das dimensões de reflexão e conceituação (*minds on*) na aprendizagem pela experiência dos gerentes pode ser a valorização da ação pelas organizações, quando estas proveem incentivos gerenciais somente baseados nos resultados e no atendimento de demandas de curto prazo, conforme sugere Daudelin (1996). Este parece o caso dos gerentes comerciais das agências de instituições financeiras do varejo, uma vez que, conforme os resultados, um dos foco destes sujeitos está em alcançar metas comerciais ambiciosas.

Entende-se que as consequências da manutenção deste modelo de aprendizagem pela experiência, que privilegia apenas as dimensões relacionadas à ação, pode comprometer a inovação e a criatividade na busca de alternativas para a solução de demandas surgidas no cotidiano dos gerentes, elementos relevantes para a criação e sustentação de vantagens competitivas.

○ CONSIDERAÇÕES FINAIS

Espera-se que a discussão proposta, neste estudo, sobre a aprendizagem gerencial pela experiên-

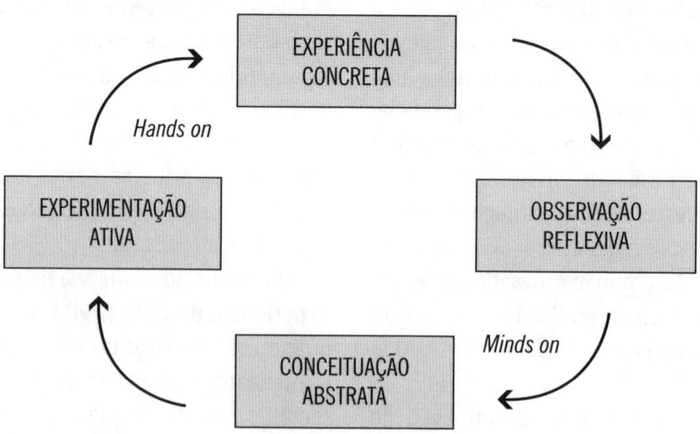

FIGURA 9-6 Ciclo da aprendizagem pela experiência.
Fonte: Young (2002).

cia auxilie na compreensão da importância da aprendizagem informal na formação dos gerentes. Adicionalmente, se espera que os gerentes, conscientes do aprendizado que pode ser extraído das situações cotidianas, possam voltar seu olhar com mais atenção para estas oportunidades de aprendizado e delas tirar melhor proveito.

As empresas poderão refletir sobre seus investimentos em educação formal e proporcionar aos gerentes a possibilidade de refletir sobre suas experiências isoladamente, bem como incentivar a troca de experiências entre funcionários para que a aprendizagem implícita dissemine-se dentro das organizações.

○ QUESTÕES PARA REFLEXÃO

1. Apresente, a partir de um diagrama ou mapa mental, os pressupostos que sustentam o conceito de aprendizagem pela experiência de David A. Kolb.
2. Quais são as principais fontes de aprendizagem pela experiência reveladas no estudo de Leite? A partir de sua vivência como gerente ou supervisor, quais outras fontes você pode citar?
3. Quais ações as organizações podem desenvolver, internamente, visando tornar o compartilhamento das experiências uma prática capaz de propiciar aprendizagem no nível gerencial?
4. Um dos resultados mostrados no estudo de Leite é de que os gerentes participantes privilegiavam, ao aprender, a ação em detrimento da reflexão. Analise e discuta as consequências da utilização desta forma de aprender para o exercício da função gerencial.

○ REFERÊNCIAS

BARCLEY, J. Learning from experience with logs. *Journal of Management Development*, v. 15, n. 6, p. 28-43, 1996.

BARDIN, L. *Análise de conteúdo*. Lisboa: Ed. 70, 1977.

DAUDELIN, M. W. Learning from experience through reflexion. *Organizational Dynamics*, v. 24, n. 3, p. 36-49, 1996.

DRUCKER, P. F. *A profissão de administrador*. São Paulo: Pioneira Thomson Learning, 2001.

DRUCKER, P. F. *As fronteiras da administração*: onde as decisões do amanhã estão sendo determinadas hoje. São Paulo: Pioneira, 1989.

DRUCKER, P. F. *As novas realidades*: no governo e na política, na economia e nas empresas, na sociedade e na visão do mundo. 2. ed. São Paulo: Pioneira, 1991.

DRUCKER, P. F. *O gerente eficaz*. 9. ed. Rio de Janeiro: Zahar, 1981.

DRUCKER, P. F. *Sociedade pós-capitalista*. São Paulo: Pioneira, 1999.

EDEN, C.; HUXHAM, C. Pesquisa-ação no estudo das organizações. In: CLEGG, S. R.; HARDY, C.; NORD, W. R. (Org.). *Handbook de estudos organizacionais*. São Paulo: Atlas, 2001. v. 2, p. 93-117.

FREIRE, P. *Pedagogia do oprimido*. Rio de Janeiro: Paz e Terra, 1974.

GERBER, R. et al. Selfdirected learning in a work context. *Education and Training*, v. 37, n. 8, p. 26-33, 1995.

GODOY, A. S. Introdução à pesquisa qualitativa e suas possibilidades. *Revista de Administração de Empresas*, v. 35, n. 2, p.57-63, 1995.

GOSLING, J.; MINTZBERG, H. The five minds of a manager. *Harvard Business Review*, v. 81, n. 11, p. 54-64, 2003.

KAYES, C. Experiential learning and its critics: preserving the role of experience in management learning and education. *Academy of Management Learning & Education*, v. 1, n. 2, p. 137-150, 2002.

KOLB, D. A gestão e o processo de aprendizagem. In: STARKEY, K. (Ed.). *Como as organizações aprendem*: relatos do sucesso das grandes empresas. São Paulo: Futura, 1997. p. 321-342.

KOLB, D. A. *Experiential learning*: experience as the source of learning and development. New Jersey: Prentice Hall, 1984.

KOTTER, J. P. *Afinal, o que fazem os líderes*: a nova face do poder e da estratégia. Rio de Janeiro: Campus, 2001.

KOTTER, J. P. As chaves para o sucesso. *HSM Management*, n. 2, p. 30-36, 1997b.

KOTTER, J. P. Os líderes necessários. *HSM Management*, n. 4, p. 6-12, 1997a.

LÜDKE, M.; ANDRÉ, M. E. D. A. *Pesquisa em educação*: abordagens qualitativas. São Paulo: EPU, 1986.

MAINEMELIS, C.; BOYATZIS, R. E.; KOLB, D. A. Learning styles and adaptative flexibility: testing experiential learning theory. *Management Learning*, v. 33, n. 1, p. 5-33, 2002.

MCCALL, M. W. Jr.; LOMBARDO, M. M.; MORRISON, A. M. *The lessons of experience*: how sucessful executives develop on the job. New York: The Free Press, 1988.

MINTZBERG, H. *The nature of managerial work*. New York: Harper & Row, 1973.

MORAES, L. V. S.; SILVA, M. A. O processo de aprendizagem gerencial em uma organização hospitalar. In: ENCONTRO NACIONAL DA ASSOCIAÇÃO NACIONAL DOS PROGRAMAS DE PÓSGRADUAÇÃO EM ADMINISTRAÇÃO, 28, 2004, Curitiba. *Anais*... Rio de Janeiro: ANPAD, 2004. 1 CD-ROM.

PFEFFER, J.; SUTTON, R. I. Knowing "what" to do is not enough: turning knowledge into action. *California Management Review*, v. 42, n. 1, p. 83-108, 1999.

POZO, J. I. *Aprendizes e mestres*: a nova cultura da aprendizagem. Porto Alegre: Artmed, 2002.

SCHRATZ, M.; WALKER, R. Towards an ethnography of learning: reflexion on action as an experience of experience. *Studies in Cultures, Organizations, and Sciences*, v. 4, n. 2, p. 197-209, 1998

SILVA, A. B.; REBELO, L. M. B.; CUNHA, C. J. C. A. A aprendizagem de gerentes: a perspectiva da experiência vivida. In: ENCONTRO DA ASSOCIAÇÃO NACIONAL DOS PROGRAMAS DE PÓS-GRADUAÇÃO EM ADMINISTRAÇÃO, 27., 2003, Atibaia. *Anais*... Rio de Janeiro: ANPAD, 2003. 1 CD-ROM.

SILVA, M. A.; MORAES, L. V. S.; MARTINS, E. S. A. A aprendizagem gerencial dos professores que se tornam dirigentes universitários: o caso da UDESC. In: ENCONTRO DA ASSOCIAÇÃO NACIONAL DOS PROGRAMAS DE PÓS-GRADUAÇÃO EM ADMINISTRAÇÃO, 27., 2003, Atibaia. *Anais*... Rio de Janeiro: ANPAD, 2003. 1 CD-ROM.

YOUNG, M. R. Experiential Learning = Hands-on + Minds-on. *Marketing Education Review*, v. 12, n. 1, p. 43-51, 2002.

○ SUGESTÕES DE *SITES* SOBRE O TEMA

http://reviewing.co.uk/research/experiential.learning.htm

http://www.infed.org/b-explrn.htm

http://www.learningfromexperience.com/

http://www.weatherhead.case.edu/research/faculty/profile.cfm?id=5389

Claudia Simone Antonello

10

SABERES NO SINGULAR? EM DISCUSSÃO A FALSA FRONTEIRA ENTRE APRENDIZAGEM FORMAL E INFORMAL

OBJETIVOS DO CAPÍTULO

- Identificar e descrever os processos de aprendizagem de gestores.
- Compreender, comparar e analisar os processos de aprendizagem de gestores.
- Refletir a respeito de seu próprio processo de aprendizagem.

RESUMO DO CAPÍTULO

O capítulo apresenta um estudo que identifica e analisa como ocorre o processo de intercâmbio entre as práticas informais e formais de aprendizagem, no processo de desenvolvimento de competências, junto a participantes de programas de especialização e mestrado profissional em Administração. Evidenciou-se uma diversidade de modos a partir dos quais os indivíduos podem adquirir suas competências, realçando a importância crítica da aprendizagem informal neste processo. Além da construção de uma taxonomia de 12 formas de aprendizagem que contribuem para o desenvolvimento de competências gerenciais, o estudo desperta a necessidade de se reconhecer a contribuição da aprendizagem informal pelas práticas de trabalho na aquisição de competências gerenciais, permitindo delinear algumas proposições para gestores e profissionais que atuam na área de desenvolvimento e formação gerencial.

○ INTRODUÇÃO

No contexto atual, as organizações são compelidas a adaptarem-se e a evoluírem continuamente. Estas mudanças na vida organizacional têm elevado o nível de exigência do desempenho gerencial e, consequentemente, alterado o perfil exigido. Para acompanhar estas mudanças, os gerentes precisam desenvolver novas competências – o que, por um lado, pode ser uma fonte de vantagem competitiva. Esta vantagem repousa não na singularidade do perfil de competências, mas no fato de ser tão difícil obtê-las. A dificuldade ocorre, em parte, por uma mudança fundamental na forma dos gerentes contribuírem neste processo. Seu papel deixa de ser principalmente o de controlar recursos e agir como um canal de informação e passa a ser o de criar um contexto habilitado para um bom desempenho. Porém, o gestor precisa fazer isto num ambiente organizacional que não é simples, lógico ou controlável.

A compreensão do processo de aprendizagem e desenvolvimento gerencial envolve e exige a interlocução de diferentes áreas de conhecimento. Atualmente, identificam-se duas problemáticas, ou melhor, dois *gaps* entre as expectativas geradas nas iniciativas de formação e o que efetivamente é desenvolvido em termos de competências: 1) os impactos (restritos) dos programas de treinamento e formação convencionais sobre o desenvolvimento de competências e 2) as dificuldades enfrentadas pelos participantes destes cursos de compartilhar, no âmbito da organização, com pares de trabalho ou grupos específicos, as competências desenvolvidas.

Entende-se que as situações que surgem no cotidiano podem tornar-se veículo para o desenvolvimento de um processo de aprendizagem, pois propiciam o desenvolvimento da capacidade dos gerentes identificarem e responderem rapidamente aos problemas emergentes em sua realidade de trabalho (Le Boterf, 1999). Elas também levam o gestor ao desenvolvimento de novas competências e à geração de novas atitudes em relação a seu trabalho. Evidencia-se, assim, a importância de clarificar alguns processos e abordagens relativos à aprendizagem, sem a pretensão de esgotar a discussão, pois há vasta literatura e uma diversidade de compreensões pode ser estabelecida sobre esta questão.

O estudo desenvolvido pretende identificar e analisar as possíveis contribuições da articulação sistematizada de processos de aprendizagem formais e informais, no desenvolvimento de competências gerenciais. Para tanto, fixou a atenção na interação entre os fatores individuais (microprocessos) e organizacionais (macroprocessos), especialmente no contexto das relações de grupos e no desenvolvimento de competências dos gestores. Particularmente, o interesse é identificar e analisar as possíveis articulações entre as práticas organizacionais e os processos de aprendizagem formais e informais, à luz da aprendizagem experiencial.

Desta forma, o estudo analisa como ocorre o desenvolvimento de competências gerenciais dos participantes de programas de especialização e mestrado profissional em Administração, no âmbito da UFRGS – Universidade Federal do Estado do Rio Grande do Sul. Inicialmente apresenta-se sucinta revisão teórica norteadora do estudo; em seguida, os resultados obtidos e sua respectiva análise e, por fim, considerações e implicações para gestores e profissionais que atuam na área de desenvolvimento e formação gerencial.

1 • REFERÊNCIAS TEÓRICAS NORTEADORAS

A dimensão individual da aprendizagem é analisada a partir de vários modelos, relativamente distintos, que foram desenvolvidos ao longo do tempo para tentar explicar o processo de aprendizagem. Segundo Terra (2000), embora existam vários modelos sobre aprendizagem individual, os mais relevantes são: o Modelo *Behaviorista*, o Cognitivo e o de Aprendizado Experiencial/Vivencial. Com frequência, além da referência a estas abordagens, verificam-se, na literatura sobre o assunto, as denominações aprendizagem formal, não formal e informal.

A aprendizagem formal no ambiente organizacional, embora geralmente recorra a atividades de aprendizagem intencionalmente construídas e normalmente consideradas pertencentes ao domínio de Desenvolvimento de Recursos Humanos, apresenta, em algumas situações, caráter "experiencial". As denominadas ações de desenvolvimento formal constituem-se de educação continuada, treinamento e educação básica, cursos de especialização e mestrado profissional, seminários e *workshops* (Dutra, 2001). É conceituada como organizacionalmente mediada e envolve menos autodireção do indivíduo quando comparada a atividades informais (Eraut, 1998).

Quanto à aprendizagem informal, Livingstone (1999) sugere que seja alguma atividade que envolva a busca de entendimento, conhecimento ou habilidade, que acontece fora dos currículos que constituem cursos e programas educacionais. Outra definição é oferecida por Watkins e Marsick (1992), ao dizerem que a aprendizagem informal pode ocorrer a partir de uma experiência formalmente estruturada, com base em atividades específicas para este fim. A aprendizagem informal pode ser planejada ou não planejada, mas normalmente envolve algum grau de consciência de que a pessoa está aprendendo. Estes autores afirmam que a aprendizagem informal pode ser encontrada em processos formais de ensino.

Na abordagem das questões de identificação e avaliação da aprendizagem informal, é crucial considerar sua natureza contextual. Quando adquiridos em ambientes sociais e concretos, os conhecimentos e as competências são, em grande parte, o resultado da participação em *Comunidades de Prática** (Lave; Wenger, 1991). Esta perspectiva implica valorizar não apenas o lado relacional (o papel do indivíduo dentro de um grupo social), mas também a qualidade da aprendizagem. Aprender, em termos individuais, significa adquirir competências de desempenho por envolvimento num processo contínuo de aprendizagem. Como tal, a aprendizagem não é apenas reprodução, mas também reformulação e renovação do conhecimento e das competências.

A partir da investigação minuciosa sobre os significados e usos dos termos aprendizagem formal, informal e não formal, Malcolm, Hodkonson e Colley (2003) chegaram a algumas constatações interessantes. Conforme os autores, inúmeras publicações usam estas nomenclaturas sem qualquer definição clara ou empregam definições contraditórias e fronteiriças. Eles concluem, em sua análise, que há elementos significativos de aprendizagem formal em situações informais e elementos de informalidade em situações formais; ambas estão indissoluvelmente inter-relacionadas. A natureza desta inter-relação, os modos como é descrita e seu impacto nos aprendizes e em outros envolvidos relacionam-se muito de perto aos contextos organizacionais, sociais, culturais, econômicos, históricos e políticos nos quais a aprendizagem acontece. Os autores citados relatam algumas constatações que foram consideradas para realização deste estudo.

* Brown e Duguid (1992) descrevem este tipo de local de trabalho que aprende como um processo que acontece por "teias de participação". Wenger e Lave (1998), caracterizaram estas teias de aprendizagem informais como Comunidades de Prática e Boland e Tenkasi (1995) as denominam como Comunidades de Saber. Em vez de representar aprendizagem como o que acontece dentro de sistemas formais, p. ex, pelo treinamento em aula ou uso de banco de dados, esta abordagem volta-se para a aprendizagem que acontece a partir da participação no trabalho. À medida que os novatos movem-se da periferia destas comunidades para o centro, eles tornam-se mais ativos e engajados na construção da cultura destas e, então, assumem o papel de especialistas. Nesse sentido, o aprendizado ocorre de maneira não intencional, não deliberada. A transferência de conhecimento e a aprendizagem mais integradas são facilitadas por meio da autêntica interação social.

A ênfase está principalmente na onipresença e na eficiência da aprendizagem cotidiana ou informal, definida em oposição à educação formal. Há forte tendência para perceber a aprendizagem informal e formal como separadas. Isto resulta, frequentemente, numa polarização entre elas, com defensores do denegrir a informal em relação à formal e vice-versa. A leitura que se faz destes posicionamentos conduz à identificação de duas dimensões:

- Informal – aprendizagem por práticas presentes no cotidiano; conhecimento horizontal; espaços não educacionais.
- Formal – a aprendizagem é individual; conhecimento vertical e intencional; dentro de estabelecimentos de ensino.

A visão dominante, na literatura, é buscar identificar atributos e características que possam separar radicalmente a aprendizagem formal da informal. Esta é uma abordagem equivocada, pois o mais importante é identificar sua integração. Desta forma, o desafio está na verdade em reconhecer e identificar os atributos e entender suas implicações. Por isto, o conceito de aprendizagem não formal, pelo menos quando visto como um estado mediano entre formal e informal, é redundante. Embora alguns autores utilizem o termo informal e outros o não formal, na prática, não é possível discernir diferenças entre eles.

Isto conduz a algumas considerações. Primeiro, não é possível definir tipos ideais separados de aprendizagem formal e informal que sustentem esta divisão, pois a gama de critérios ou de atributos para estabelecer tais categorias separadamente é infindável. Segundo, todas (ou quase todas) as situações de aprendizagem contêm atributos de formalidade/informalidade, mas a natureza e o equilíbrio entre elas variam significativamente de situação a situação.

Os atributos da formalidade e informalidade também se relacionam de modos diferentes em situações de aprendizagem diferentes. Os atributos e as suas inter-relações influenciam a natureza e a eficácia da aprendizagem em qualquer situação. Estas inter-relações e seus efeitos só podem ser corretamente compreendidos se a aprendizagem for examinada em relação aos contextos mais amplos nos quais acontece. (Vide Capítulos 6 e 12 deste livro).

Identificou-se que a literatura menciona com frequência que a aprendizagem informal acontece naturalmente como parte do trabalho diário e que, usualmente, os eventos de treinamento são considerados espaços típicos de aprendizagem e desenvolvimento profissional.

Assim, torna-se relevante evitar dois possíveis enganos. Primeiro, não se está afirmando que a aprendizagem é a mesma em todas as situações. Há diversas diferenças muito reais e significativas entre elas, quando se refere à aprendizagem no trabalho e nas instituições de ensino. O argumento é que tais diferenças não podem ser endereçadas adequadamente, classificando, simplesmente e de forma estanque, a aprendizagem em dois ou três tipos – formal, não formal e informal. Como Billett (2002, p. 57) comenta:

> Locais de trabalho e estabelecimentos de ensino representam exemplos diferentes de práticas sociais nas quais a aprendizagem acontece pela participação. Aprendizagem em ambos os tipos de prática social pode ser entendido considerando as suas respectivas práticas de participação. Então, para distinguir entre os dois tipos... [de forma que] uma é formalizada e outra informal... não é útil.

Segundo, o posicionamento defendido é que não é impróprio empregar nomenclaturas como formal, informal e não formal para descrever aprendizagem. Na verdade, o que se recomenda é que qualquer uso deve ser desenvolvido cuidadosamente com objetivos particulares, e os pesquisadores deveriam deixar claro como estão usando os termos e por quê.

Os modos de entender informalidade e formalidade da aprendizagem de Malcolm, Hodkonson e Colley (2003), adotados neste estudo, têm vantagens em relação aos argumentos de abordagens mais convencionais que propõem a simples separação de dois ou três tipos de aprendizagem e por isto serão adotados. As vantagens incluem:

- Evitar a afirmação de que a aprendizagem formal ou informal é inerentemente superior e vice-versa a outra.
- Supor que teorias diferentes de aprendizagem só se aplicam à aprendizagem informal ou à formal.
- Para compreensão das diferenças entre os tipos de aprendizagem, é necessário considerar aspectos do contexto no qual ela ocorre e analisar a natureza da aprendizagem em muitas situações.

Adotar este posicionamento é ampliar as possibilidades de leitura e compreensão mais consistente e profunda de um fenômeno complexo e dinâmico como o processo da aprendizagem no desenvolvimento de competências. Assume-se um posicionamento diferente das abordagens que fragmentam e "engessam" em duas ou três categorias isoladas as formas de aprendizagem.

2 • O ESTUDO

Como mencionado, o estudo investigou e analisou como ocorre o desenvolvimento de competências gerenciais dos participantes de programas de especialização e mestrado profissional em Administração, na Universidade Federal do Estado do Rio Grande do Sul. Os entrevistados participavam de duas modalidades de curso: de especialização e mestrado executivo *in company** (Caso I – Telefonia e Caso II – Metal) e de cursos abertos** (Caso III – CEAD/PPGA/UFRGS).

Ele caracteriza-se como um estudo exploratório, de natureza predominantemente qualitativa, e foi construído a partir de um desenho longitudinal (período 2001-2003). A pesquisa foi desenvolvida em três etapas – inicial, intermediária, avançada –, o que permitiu cortes profundos para análise processual do tema investigado. Este estudo adotou recursos metodológicos da *Grounded Theory* para a análise e categorização dos dados. Esta abordagem metodológica visa à construção de teorias em pesquisa qualitativa. Assim, utilizou-se os métodos de comparação constante e de codificação dos dados para captar a essência dos fenômenos estudados, dando sentido aos dados (Strauss; Corbin, 1990). Trata-se de um procedimento que, desde o levantamento, admite passos de construção de conceitos – principalmente indutivos – e teorias. De acordo com Mayring (2002), a *grounded theory* parte da suposição que o pesquisador, já durante a coleta de dados, desenvolve, aprimora e interliga conceitos teóricos, construtos e hipóteses, de maneira que levantamento e análise superpõem-se. No decorrer do levantamento de dados, cristaliza-se um referencial teórico, que está sendo modificado e completado passo a passo.

A unidade de análise foram os gestores, aqueles que participaram dos referidos cursos e que estivam exercendo a função de gerência em sua organização, pelo menos há dois anos, período suficiente para o sujeito ter tido contato com as políticas de recursos humanos e com o ambiente organizacional.

A principal técnica de campo foi a entrevista em profundidade. Além disso, houve observação participante, pois "o campo de aplicação clássica da *Grounded Theory* é a pesquisa de campo na qual o próprio pesquisador é envolvido, geralmente por meio da observação participante" (Mayring, 2002, p. 106). Grupos de foco, questionário, relato de histórias de aprendizagem e pesquisa documental foram métodos de coleta de dados adicionais empregados. As 43 entrevistas realizadas tiveram, em média, em torno de 1h30min e perfizeram um total de, aproximadamente, 65 horas de transcrição. Houve também

* Cursos orientados objetivamente para um segmento produtivo ou para uma empresa e restritos a profissionais deste meio oferecidos pela UFRGS.

** Cursos de especialização e mestrado profissional oferecidos pela UFRGS e direcionados para profissionais de diversos segmentos e organizações.

o cuidado de se construir uma "árvore profissional", a partir do relato de miniautobiografia profissional de cada pesquisado. O objetivo era contextualizar o momento de vida profissional de cada sujeito e melhor compreender seu processo de formação e desenvolvimento de competências dentro deste estudo.

Estes métodos foram empregados para investigar quais competências foram desenvolvidas e quais os processos de aprendizagem envolvidos – formais e informais – na percepção dos gestores. O objetivo era responder ao questionamento: *Como ocorre o processo de intercâmbio entre as práticas informais e formais de aprendizagem no processo de desenvolvimento de competências numa dimensão individual e coletiva?*

Foram acompanhados e pesquisados, durante o período de três anos, 24 gestores da empresa Telefonia – pertencentes às gerências de RH, *Call Center*, Engenharia, Financeiro, Comercial, Lojas, Jurídico, Quiosques, Administração e Operações; 10 gestores da empresa Metal pertencentes às áreas de Planejamento, Financeiro, Comercial, Exportação, Engenharia, Custos, Compras, RH, Produção e nove gestores do CEAD pertencentes a diferentes áreas de atuação e empresas dos segmentos de Petroquímica, Ensino Superior, Médico-Hospitalar, Agronegócios, Ensino de Línguas, Construção Civil, Máquinas e Implementos Agrícolas, Metalurgia e Comércio.

3 • APRESENTAÇÃO E ANÁLISE DOS RESULTADOS

Nos questionários, entrevistas e grupos de foco, procurou-se investigar junto aos gestores, entre outras questões, experiências que tivessem lhes proporcionado aprendizagem, abordando, particularmente, *o que* e *como* foi aprendido. Questões adicionais trataram de solicitar exemplos e histórias de aprendizagem. Procurou-se investigar também quais as dificuldades particulares que haviam sido enfrentadas e como haviam sido superadas, além dos aspectos que, em sua percepção, puderam facilitar o processo de aprendizagem.

Foram obtidos, em alguns casos, relatos ricos em detalhes e histórias como exemplos de aprendizagem em suas trajetórias de vida. Estes serão inevitavelmente suprimidos ou simplesmente exemplificados com trechos, em alguns casos nesta exposição. Em algumas situações, as experiências informadas sobrepõem-se aos modos de aprendizagem mencionados. Os resultados emergiram a partir de todos os *insights* espontâneos oferecidos pelos respondentes em suas respostas às perguntas qualitativas.

Salienta-se que a análise dos dados ocorreu simultaneamente à coleta. Em cada fase do estudo, a análise dos dados foi apresentada aos sujeitos pesquisados, a fim de verificar se as descobertas eram congruentes com a realidade. A teoria gerada foi também confrontada com a literatura pertinente ao tema de pesquisa, a fim de identificar os contrastes e as contribuições, que serão apresentados na seção a seguir.

• 3.1 • Identificação e análise dos processos formais e informais de aprendizagem

A análise sugere 12 tipos gerais de formas de aprendizagem. Cada uma delas abrange uma série de "experiências de aprendizagem" ou "eventos de aprendizagem". Estes foram organizados dentro de uma taxonomia que abrange 12 categorias. Devido a limitações espaciais, a taxonomia obtida foi apresentada, na maioria dos casos, com somente uma única fase de desagregação. Porém, ela pode ser ampliada para subsidiar subdivisões adicionais à "experiência ou ao evento de aprendizagem". Por exemplo, poderiam ser divididos "modelo de papel entre "modelo de papel positivo" e "modelo de papel negativo".

À medida que se apresentar cada uma destas categorias, serão explicitados os respectivos tipos agrupados. O Quadro 10-1 foi desenhado apenas para facilitar ao leitor a visualização da análise

QUADRO 10-1
Processo de aprendizagem: principais formas de aprendizagem utilizadas pelos gestores no desenvolvimento de competências

Forma de aprendizagem		Telefonia	CEAD	Metal
1. Experiência anterior e transferência extraprofissional		**	**	*
2. Experienciar		***	**	**
3. Reflexão		**	***	
4. Autoanálise – autoconhecimento		**	***	
5. Observação – modelos		*	*	
6. *Feedback*		**	**	
7. Mudança de perspectiva		***	***	*
8. Mentoria (*mentoring*) e tutoria (*coaching*)	a. Ser assistido por um mentor ou tutor	*	**	
	b. Exercer o papel de mentor ou tutor	**	*	
9. Interação e colaboração (em grupo)		***	***	*
10. Treinamentos		*	*	*
11. Informal	a. No trabalho – baseada na prática	***	**	***
	b. No curso de especialização e mestrado	***	***	
12. Aprendizagem pela articulação entre teoria e prática		***	**	

Legenda:
*** – Formas de aprendizagem relatadas como extremamente importantes no processo de formação profissional
** – Forma de aprendizagem relatada com elevado grau de importância
* – Forma de aprendizagem relatada como importante, mas secundária no processo de formação profissional
Fonte: Dados empíricos.

dos resultados, não tendo intuito de referir-se a dados quantitativos, mas sim à presença e ao grau de importância atribuído em cada um dos casos analisados.

As formas de aprendizagem que mais se destacaram foram pela Mudança de Perspectiva e Aprendizagem Informal (em Cursos e no Trabalho), seguidas pela forma Experienciar e Interação em Grupo, em particular nos casos I – Telefonia e III – CEAD e, com menor ênfase, pela observação de modelos. Evidentemente, a contribuição de diferentes fatores variou de um indivíduo para outro. Por exemplo, alguns consideraram a aprendizagem na prática extremamente importante, enquanto outros não lhe atribuíram importância primordial. Até por que, em algumas situações, por exemplo, o indivíduo não teve oportunidade de contatar com mentor formal, somente informalmente, quando houve.

• 3.2 • Principais formas de aprendizagem identificadas na pesquisa

A ideia é apresentar cada uma das 12 categorias, comentando seu significado, a partir da percepção dos entrevistados e, ao mesmo tempo, apresentar a experiência de aprendizagem que constitui estes 12 agrupamentos, uma vez que, para diversos gestores, o rol de formas de aprendizagem foi amplo e rico em detalhes. A fim de se ter uma organização visual, as categorias estão divididas em dois quadros (10-2 e 10-3).

QUADRO 10-2
Categorias e subcategorias de análise

Categorias		Subcategorias
1. Experiência anterior e transferência extraprofissional	→	1. Experiência anterior: transferência de aprendizagem de ocupação/cargo anterior. 2. Transferência de aprendizagem oriunda da educação formal anterior: trazer a teoria para prática de cursos realizados no passado. 3. Aprendizagem fora do trabalho: lazer, *hobby,* atividades, trabalho voluntário.
2. Experienciar	→	1. Exigências, tarefas e problemas complexos. 2. Experiências amplas: que requerem múltiplas habilidades e compreensão global. 3. Experiências multifacetadas: que requerem conexão entre diversas áreas de conhecimento. 4. Atividades pioneiras e de inovação: experiências que envolvem o desenvolvimento de novas ideias ou abordagens. 5. Experiências traumáticas: situações difíceis. 6. Processos de mudança organizacional: por exemplo, reestruturação, fusão.
3. Reflexão	→	1. Reflexão sobre a ação: após atividade ou evento. 2. Reflexão na ação: durante uma atividade ou evento. 3. Reflexão em grupo/coletiva. 4. Escrever um jornal reflexivo: diário de aprendizagem, anotações dispersas. 5. Refletir sobre como os outros fazem as coisas. 6. Questionamento: ser questionado ou questionar a si mesmo. 7. Aprendizagem oriunda do fracasso: analisando o que foi errado e por quê.
4. Autoanálise	→	Referindo-se à autoanálise e à autoavaliação.
5. Observação – Modelos	→	1. Observação estruturada e crítica dos outros. 2. Observação informal/casual dos outros. 3. Usar um modelo de papel positivo: tentar fazer algo como alguém faz. 4. Usar um modelo negativo de papel: esforço para não fazer como alguém faz.
6. *Feedback*	→	1. *Feedback* oriundo de sua equipe de trabalho. 2. Crítica de pares de trabalho. 3. Avaliação de desempenho (formal) por pares/colegas/superiores. 4. Escuta eficiente: para o que é dito sobre o desempenho. 5. *Feedback* oriundo de clientes ou de outros profissionais. 6. Leitura da linguagem do corpo: como as pessoas reagem a você.
7. Mudança de perspectiva	→	1. Mudança de papel. 2. Transferência/troca de trabalho. 3. Trabalhar com pessoas de áreas diferentes a sua. 4. Trabalhar com diferenças culturais e inspiração súbita *ou insight.*
8. Mentoria (*mentoring*) e tutoria (*coaching*)	→	1. Ser assistido por um mentor – tutor – referindo-se à: mentor – orientador/conselheiro: ocupacional, para carreira, para vida pessoal; tutor/treinador – instrução/demonstração. 2. Exercer o papel de mentor – tutor – referindo-se à: ensinar: tutoriar; instruir; ser mentor/conselheiro de outros e comentários simultâneos às ações.

QUADRO 10-2
Categorias e subcategorias de análise (*Continuação*)

Categorias		Subcategorias
9. Interação e colaboração	→	1. Trabalho em grupo/equipe. 2. Colaboração em projetos. 3. Aprendizagem oriunda de outros profissionais da mesma área. 4. Aprendizagem a partir de clientes. 5. Trabalho em equipes multidisciplinares. 6. Rede (*networking*) com outros profissionais da mesma área.
10. Cursos treinamentos	→	1. Treinamento no trabalho (*on the job*). 2. Rotação de funções (*job rotation*) e programa *trainee*. 3. Intensa aprendizagem/ intenso treinamento (muito além do mínimo para um desempenho competente). 4. Multiplicação de treinamentos/cursos.
11. Informal	→	1. Informal no trabalho: baseada na prática: aprendizagem informal e comunidade de prática. 2. Informal: em cursos de mestrado e especialização.
12. Aprendizagem pela articulação entre teoria e prática	→	1. Escrever artigos/*papers*/relatórios. 2. Apresentar conferências. 3. Justificar/Defender/explanar ações. 4. Trabalhos do curso. 5. Simulação durante curso. 6. Trabalho final e dissertação. 7. Especialização/mestrado articulados à aprendizagem baseada no trabalho.

Fonte: Dados empíricos.

3.2.1 *Experiência anterior e transferência extraprofissional*

Vários respondentes referiram-se a atividades “fora do trabalho” que tinham lhes auxiliado a aprender e também a desenvolver competências pertinentes à sua profissão. Alguns exemplos: capacidade de organizar-se e trabalhar em equipe, no papel de mãe, quando da chegada de filhos; o iatismo que proporcionou aprender a lidar com desafios; o exercício do voluntariado junto a uma ONG, que lhe oportunizou lidar melhor com diferenças individuais e ampliar seu nível de tolerância e, assim, diversos outros casos. A aprendizagem fora do contexto de trabalho foi um dos tipos de episódios de aprendizagem identificado por Eraut e colaboradores (1998), em sua pesquisa sobre aprendizagem baseada no trabalho. Além deste tipo de aprendizagem, também foram relatadas inúmeras situações de aprendizagem em empresas e/ou funções exercidas anteriormente à atual ocupação.

3.2.2 *Experienciar*

Diferentes entrevistados falaram de suas dificuldades, quando foram expostos a níveis subsequentes de situações difíceis. Como resultado, por passar diversas vezes por estas situações difíceis, relataram que haviam perdido o receio de enfrentar situações semelhantes.

Os relatos revelam que a exposição a situações difíceis sem nenhum preparo – de forma deliberada, acidental ou por obrigação – possa tornar uma fraqueza em uma força e que, talvez, os profissionais passam a reagir quase automaticamente frente a situações difíceis. O fenômeno de aprendizagem frente a situações difíceis é muito abordado na literatura de psicologia, embora seja visto frequentemente como algo que pode ter efeitos principalmente negativos (Drever, 1964, p. 198). Neste caso, todos os efeitos informados eram positivos, apenas a descrição do processo "durante" revelou ansiedade, desgaste e medo. Vários gestores apontaram as experiências em que lhes fora oferecida uma oportunidade ou em que foram obrigados a operar em nível mais alto que seu grau normal de desempenho em sua carreira. Os benefícios típicos descritos para tais experiências foram: ajudou-o a ver coisas numa perspectiva mais estratégica; deu-lhe uma noção de como os profissionais em nível gerencial trabalham; deu-lhe confiança de que poderia atuar naquele nível.

Vários gestores acreditam que o fato de terem enfrentado, em suas carreiras, problemas complexos ou multifacetados tenha sido uma fonte excelente de aprendizagem. Estes foram os tipos de problema que os forçaram a utilizar uma gama de diferentes princípios abordados em treinamento ou em sua formação, exigindo que conectassem diferentes conhecimentos e áreas disciplinares e os aplicassem de modo sistêmico. Inúmeros exemplos foram oferecidos, mas o mais frequente foi o da fase de implantação da empresa no Caso I. Este momento exigiu e instigou, conforme relatos, criação e implantação de processos de trabalho, relação e trabalho com outras áreas que não somente a sua, avaliação de risco, negociação, e vários outros aspectos que, muitas vezes, o entrevistado só tinha aprendido teoricamente. Uma das entrevistadas, por exemplo, disse que depois desta experiência ela sentia que tinha se tornado "*uma profissional mais redonda*" (T16). Muitas experiências foram identificadas como difíceis, mas, ao mesmo tempo, extremamente formativas.

Uma forma particular de ampliar a experiência mencionada por várias pessoas envolve o trabalho de empreendimento que abria novo caminho ou de caráter inovador. Foram identificados eventos como valiosas fontes de desenvolvimento como: a criação e o desenvolvimento de novo produto; a implantação de novo sistema de informações; a própria fase criação e implantação de uma das empresas; a absorção da produção de uma filial estrangeira; a reengenharia; *dowsinzing*, etc.

A linha comum que transpassa estes itens parece ser a natureza formativa de ampliar e desafiar pelas experiências, que parecem oferecer oportunidades de aprendizagem mais globais e sistêmicas, mas que sem apoio poderiam tornar-se provas esmagadoras. Os resultados apoiam amplamente a abordagem da Gestalt (Lewin, 1978), que acentua o valor de aprendizagem holística. Este grupo de experiências também parece semelhante ao de Eraut e colaboradores (1998) quando eles referem-se ao "desafio do próprio trabalho" em sua lista de episódios de aprendizagem, observada em seu estudo de aprendizagem baseada no trabalho.

3.2.3 Reflexão

Os resultados sugerem que a *reflexão* seja percebida como mais importante após a atividade do que antes ou durante a atividade desenvolvida pelas pessoas. Isto poderia lançar dúvida em colocar-se muita ênfase em reflexão no início de programas de desenvolvimento. Pode ser que a reflexão não seja completamente eficaz até que os indivíduos construam experiência suficiente a partir da qual possam refletir. Outro aspecto extremamente relevante é o fato de que a maior parte das categorias identificadas incluiu modos informais de aprendizagem, inclusive dentro dos cursos de caráter formal.

Apesar das reservas anteriormente comentadas sobre o valor da reflexão nas fases iniciais do desenvolvimento profissional, ela é vitalmente importante para que ocorra o processo de desenvolvimento dos indivíduos (Kolb, 1984). Vários entrevistados, ao falarem sobre aprendizagem, deram ênfase ao valor da reflexão. Os exemplos e as histórias que foram oferecidos tenderam a mostrar-se de formas mais sistemáticas – por exemplo, questionamentos (inclusive autoquestionamento); equipe baseada na reflexão; elaboração de diários de aprendizagem; reflexão conectada a um esforço de revisão da prática. Os entrevistados deram ênfase, particularmente, ao valor de refletir juntamente com outros colegas, pares e equipe de trabalho. Porém, diversos comentaram que para isso ser eficaz era necessário ter uma estrutura satisfatória sobre a qual refletir.

Um bom número de técnicas para ampliar a reflexão tem seus defensores dentro da literatura [por exemplo, de questionamento – Pearson e Smith, (1985); escrever reflexões – Walker (1985); praticar auditoria – Nixon e Vimpany (1994)]. É possível que a identificação pelos entrevistados de reflexão como um método discreto de aprendizagem possa suavizar sua importância. Por outro lado, parece provável que muitos dos outros métodos de aprendizagem, identificados e descritos neste estudo, precisem da reflexão como um elemento fundamental para transformar uma experiência em aprendizagem.

3.2.4 Autoanálise

Os entrevistados realçaram a importância do autoconhecimento como processo de "aprender sobre si mesmo". Isto incluiu reconhecimento das próprias forças e fraquezas da pessoa e de conseguir ser realista sobre suas metas e objetivos. Como um gestor comentou, "*é importante reconhecer que você não consegue ser bom em tudo*" (C18). O segredo, ele sugeriu, era jogar com suas forças e, quando possível, evitar suas fraquezas. Alguns, disseram-se preparados para admitir abertamente os limites da sua própria competência, nunca empreendendo tarefas que pusessem em risco o negócio e os clientes. Vários dos profissionais mais experientes admitiram que havia áreas nas quais eles não se sentiam completamente competentes ou realmente necessitavam aperfeiçoar-se buscando investir na aprendizagem.

Falaram também da importância de ter uma autoimagem apropriada. Uma autoimagem positiva foi considerada um aspecto importante, assim como ser realista. Alguns sugeriram que os profissionais deveriam fazer esforços para tentar se ver como clientes ou colegas os viam, então tentar ajustar seu comportamento e/ou de sua autoimagem adequadamente. Os relatos citam o valor potencial de avaliações que ajudaram a formar uma autoimagem realista. Estes resultados confirmam o que Boyatzis (1982) diz sobre a contribuição da autoimagem e do papel social para desempenho competente.

O incremento do autoconhecimento requer *feedback* quanto à competência ou à incompetência demonstrada pelo indivíduo. A competência é determinada pela imagem que a pessoa tem de si (autoimagem) e pela imagem que os outros formam dela. Assim, a forma como suas ações são percebidas e recebidas pelos outros, proporcionam-lhe um *feedback* que possibilitará corrigir e complementar sua autoimagem.

3.2.5 Observação – Modelos

Alguns entrevistados realçaram a importância de observar os colegas. Sentiam que observar os comportamentos de colegas tinha sido particularmente útil, ajudando-os em seu aprendizado e a desenvolver suas próprias competências pessoais. Atribuíram ênfase ao fato de que a observação precisa ser consciente e próxima, em vez de casual. Vários disseram que usaram alguma forma de estrutura ou embasamento que os ajudasse a observar mais crítica ou intensamente. O papel fundamental da observação no desenvolvimento de competências parece pouco controverso e lhe é dada ênfase por muitos teóricos. Alguns sugerem modos de fazer isto de forma mais eficaz, por exemplo, Bandura (1986) e Kolb (1984).

Ocorre divergência de visão sobre a importância de modelos de papel. Alguns dos respondentes negaram categoricamente o desenho de um modelo de papel, enquanto diziam que "*é importante ser sua própria pessoa, não cópia de outra pessoa*" (T16). Outros acharam o modelo de papel particularmente influente. A maioria dos que atribuem importância, em seu processo de aprendizagem, ao modelo de papel disse que havia se inspirado em elementos de várias pessoas diferentes, em vez do modelo de uma pessoa especificamente. Exemplos oferecidos foram a forma de gerenciar, o atendimento a clientes e permanecer tranquilo numa crise.

Identificaram indivíduos particulares em quem eles tinham tentado se inspirar deliberadamente. Outros apontaram indivíduos que tinham sido influentes em pontos de sua vida pessoal ou em suas carreiras cuja influência talvez tenha permanecido com eles, por exemplo, uma diretora que já não atua na empresa em que o entrevistado trabalha, na qual ele buscou inspirar-se em sua forma de gerenciamento de equipes. Informaram também serem influenciados por "modelos de papel negativos", isto é, pessoas que oportunizaram exemplos de como não fazer coisas e de quem tentam evitar conscientemente a forma de agir. Um entrevistado disse que o próprio chefe era um modelo de papel positivo e negativo.

Embora o uso de modelos de papel pareça ser menos difundido do que alguns pesquisadores sugerem (por exemplo, Wales; Nardi; Stager, 1993), quando eles são usados, podem ter importante influência no desenvolvimento de profissionais. Modelos de papel negativos também parecem influenciar o comportamento profissional de um indivíduo, confirmando pesquisa de Nóvoa (1992), como um dos tipos de modelo de papel que influencia a formação do que ele chama de "identidades profissionais".

3.2.6 Feedback

Os entrevistados enfatizaram a importância da avaliação. Exemplos oferecidos de avaliação incluíram o de superiores, mentores, colegas, clientes e equipe. Diversos atribuíram forte ênfase à importância de buscar avaliação, deliberadamente, ou de escutar, com cuidado, o que pessoas poderiam lhes estar falando indiretamente sobre seu desempenho. Poucos gestores realçaram o valor das avaliações formais para subsidiar a avaliação de "como eles estavam fazendo". Porém, alguns disseram que a avaliação, uma vez por ano, embora útil, não era o bastante. Isto faz com que muitos busquem, informalmente, a avaliação contínua sobre "como eles estão fazendo no dia a dia".

Vários entrevistados falaram da importância de poder ouvir a crítica sem ser defensivo ou sentir-se ofendido, mas de transformar isto numa fonte de aprendizagem. Uma observação semelhante foi feita sobre reclamações de cliente. Eles fizeram com que a observação crítica construtiva pudesse ser uma fonte importante de avaliação e autoconhecimento. Porém, alguns fizeram a ressalva entre aceitar crítica e aceitar o abuso. Outros entrevistados relataram que buscam ativamente a crítica, reconhecendo seu valor como uma ajuda para melhoria contínua de seu desempenho e aprendizagem.

3.2.7 Mudança de perspectiva

Evidenciaram-se, nas entrevistas, relatos de gestores que mencionaram os benefícios formativos de ser forçado a mudar perspectivas, na medida em que lhes é dada uma oportunidade de ver sua profissão ou uma situação particular de outro ponto de vista, em especial quando assumiram pela primeira vez um papel gerencial.

Um exemplo também frequente foi o de colocar-se no lugar do outro. Eles informaram mudanças semelhantes de perspectiva que resultaram em empatia melhorada com clientes ou equipe. Para outros gestores, a mudança de perspectiva veio de trabalhar ou estudar com pessoas de outras disciplinas profissionais. Vários disseram que a mudança de perspectiva tinha ajudado seu próprio desenvolvimento profissional, mostrando-lhes modos novos de fazer coisas, ou os tinha tornado mais sensíveis a determinadas situações e problemas. Alguns falaram em obter novos *insights* na troca da perspectiva – por exemplo, tentando ver coisas deliberadamente do ponto de vista do cliente ou da outra área de trabalho. Isto pode ser visto como uma forma particular de reflexão. De acordo com diversos entrevistados, o processo de aprendizagem exige um período de assimilação. Cada pessoa tem seu tempo para depois se dar conta que aprendeu algo – o que denominam "cair as fichas".

Para os entrevistados que tiveram oportunidade de experienciar, eles obtiveram benefícios formativos ao trabalhar em uma cultura diferente, especialmente de outras empresas, unidades, estados ou países. Isto os instigou a buscar adaptar suas próprias abordagens e perspectivas para absorver a cultura diferente; permitiu-lhes importar boas práticas e, em alguns casos, tornou-os mais independentes, uma vez que tiveram que trabalhar com menos apoio que em seu ambiente de origem.

3.2.8 *Mentoria* (mentoring) *e tutoria* (coaching)

- Ser assistido por um mentor – tutor

Relativamente poucos entrevistados comentaram ter formalmente mentores, entretanto, muitos identificaram indivíduos que tinham agido como mentores não oficiais. Alguns disseram que os arranjos de mentor formais com os quais eles tinham tido contato os haviam desapontado. Em alguns casos, o arranjo parecia ter sido pouco mais que nominal. Desses que identificaram mentor como um contribuinte importante para seu desenvolvimento e sua aprendizagem, vários disseram que a pessoa interessada não era seu mentor formal, mas alguém com quem eles tinham desenvolvido uma relação de mentor não oficial. Às vezes, a pessoa interessada estava fora de sua própria organização.

Os mentores descritos nem sempre estavam dentro da profissão do entrevistado ou diretamente interessados em sua ocupação. Alguns falaram do que poderia ser denominado o "mentor de vida", isto é, pessoas que os tinham aconselhado de modo geral em sua vida ou os guiado pela carreira escolhida. Outros recorreram ao que pode ser chamado "mentor funcional", isto é, pessoas dentro de uma ocupação relacionada com a sua e que os auxiliaram a desenvolver competências importantes. Os exemplos de arranjos de mentores informais e autosselecionados são consistentes com os resultados do estudo de Bennetts (1998).

- Exercer o papel de mentor – tutor

Ensinar pode ser considerado como uma forma particular de articulação entre a aprendizagem e o desenvolvimento dos indivíduos. Uma proporção significativa de entrevistados informou ter alguma responsabilidade por ensinar, de ser treinador (*coaching*) ou mentor (*mentoring*) de novos ingressantes na empresa ou na equipe. Muitos recorreram aos benefícios positivos deste trabalho para sua aprendizagem e inclusive ao próprio desenvolvimento de sua competência. Comentários típicos foram: exige pensar sobre sua própria prática; faz justificar ou mudar como você faz coisas; exige manter-se atualizado. Vários entrevistados sugeriram que, como profissionais, teriam o dever de repassar para outros o que eles tinham aprendido.

De acordo com os entrevistados, o *feedback* constante na realização das tarefas do dia a dia dos funcionários é uma forma de ensinar (comentários simultâneos sobre as ações). Alguns sugeriram que os profissionais deveriam estar preparados até mesmo para admitir enganos aos aprendizes. De acordo com a literatura esta seria uma forma de iniciar-se a instalação de comunidades de prática (Lave; Wenger, 1991).

3.2.9 *Interação e colaboração*

Muitos entrevistados identificaram os benefícios positivos de aprendizagem que derivam do trabalhar em equipes e em outras formas de colaboração. O funcionamento da equipe parece ter sido especialmente eficaz, quando um trabalho novo ou desafiador tinha sido empreendido coletivamente. As razões para isto, segundo os pesquisados, foram: uma tarefa difícil parece frequentemente menos assustadora ao ser enfrentada por uma equipe; os diferentes colegas trazem, aportam conhecimentos e competências diferentes ao grupo; as competências diferentes e os aprendizados tendem a ser comunicados e transferidos para outras pessoas da equipe. Disseram também que esforços em grupo normalmente alcançam melhores resultados do que esforços individuais e podem ter efeitos benéficos no moral e na confiança de todos.

Foram fornecidos diferentes exemplos dos benefícios formativos de trabalho em equipe. Estes incluíram a melhoria de habilidades de comunicação, escuta, relacionamento interpessoal e empatia. Outros se referiram ao estímulo encorajador e a benefícios, até mesmo terapêuticos, que podem ser obtidos dentro de equipes. Elas podem ajudar a reduzir tensão e prover a catarse, quando necessário, em situações difíceis. Vários disseram que se situar num escritório com a equipe ou ser colocado em alguma outra situação comum com colegas tinha os ajudado a melhorarem sua confiança e a compartilharem. Este aspecto pode ser relacionado com as comunidades de prática e a aprendizagem situada, que é o processo de entrar num sistema cultural de significados compartilhados e requer daqueles que compartilham tais significados existência de relacionamento (Daft; Weick, 1983).

Foram realçados os benefícios positivos da diversidade dentro das equipes e de seu funcionamento com pessoas com estilos e abordagens diferentes: "*você pode aprender modos diferentes dos seus de fazer coisas*", foi um comentário típico. Porém, vários apontaram a necessidade de valores serem compartilhados dentro das equipes. Valores incompatíveis, comentam, podem conduzir a tensões e dilemas éticos para os integrantes da equipe.

Os entrevistados que estavam trabalhando atualmente com pessoas de outras profissões, ou vivenciaram esta oportunidade, ou que tinham realizado cursos ao lado de pessoas de outras áreas de atuação afirmaram que estas experiências foram muito ricas em seu processo de aprendizagem. Eles disseram que tais experiências tinham os exposto a modos diferentes de fazer coisas e de ver o mundo e a perspectivas técnicas diferentes. Um administrador relatou que coordenar uma equipe de engenheiros possibilitou-lhe ver as coisas de outra forma e que a recíproca também ocorreu. O próprio curso de mestrado aberto possibilitou que diferentes áreas intercambiassem.

Os pesquisados enfatizaram que o funcionamento multidisciplinar também os encoraja a olharem mais criticamente para sua própria função e seu papel profissional, a desafiar práticas estabelecidas e importar abordagens de outras disciplinas. Outros benefícios formativos comentados pelos gestores para o funcionamento multidisciplinar foram:

- Ampla variedade de ideias que conduzem à resolução de problemas mais eficaz ou geração de ideias mais criativas.
- Visão mais global da atividade gerencial que pode promover "sintonia" entre funções e profissões.
- Significativa transferência de competências transversais entre áreas profissionais diferentes que conduzem a indivíduos mais multiqualificados.

O que se poderia dizer é que, no tipo de atividade interdisciplinar anteriormente informada, cada profissional tem algo a aprender do outro nos aspectos procedimental e conceitualmente. A experiência também pode modificar os modos de os participantes verem o mundo.

Um número significativo de entrevistados deu ênfase à importância da habilidade de escutar e identificaram nos clientes uma fonte rica de aprendizagem. Estes resultados apoiam Casement (1995 apud Antonacopoulou; FitzGerald, 1999), um dos primeiros a defender os benefícios da aprendizagem a partir dos clientes.

Além disso, identificaram gestão de redes com profissionais da mesma categoria, particularmente de outra organização ou especialistas, como fonte significativa de aprendizagem. Alguns benefícios descritos pelos pesquisados foram: permitir comparar como coisas são feitas; oferecer ajuda para resolver problemas particulares; e dar confiança sobre se o que estão fazendo está correto. Alguns relataram o envolvimento em arranjos de gestão de redes formais em que era habitual planejar e compartilhar experiências. Outros falaram de redes mais fortuitas e informais. As informações são insuficientes para indicar se os arranjos mais formais e sistemáticos conferem alguma vantagem.

Esta forma de aprendizagem em grupo valorizada e entendida pelos entrevistados, por meio do compartilhar e socializar conhecimento, experiências e práticas de trabalho, vem confirmar e até mesmo auxiliar a compreensão do trânsito entre aprendizagem individual e organizacional, de acordo com Kim (1993) e Nonaka e Takeuchi (1997), imprescindível para a obtenção da aprendizagem organizacional.

3.2.10 Cursos: treinamentos

Embora estas formas de aprendizagem não tenham sido relatadas com destaque pelos entrevistados, alguns comentaram sobre a importância de seu papel no desenvolvimento do indivíduo. No caso, a rotação de cargos surge como uma prática que estava sendo retomada no Caso II-Metal. Os poucos gestores que participaram apontam que ela lhes possibilitou "enxergar" melhor a organização, além de enriquecer sua experiência profissional. A multiplicação de treinamentos evidenciou-se como uma prática adotada em fases de consolidação da organização; após a etapa inicial de implantação, em que altos investimentos são realizados em treinamento – principalmente nas organizações que têm necessidade de inovação e atualização tecnológica. A questão do treinamento no trabalho é relevante, de acordo com alguns entrevistados, em funções de base vinculadas à manufatura e ao atendimento ao cliente.

Brown e Duguid (2000), numa visão construtivista, acreditam que instruções formais sobre *como fazer o trabalho* são inadequadas, pois as informações de como executar de maneira eficaz não estão escritas. Elas são obtidas por trocas informais entre pessoas experientes e menos experientes. A ideia central desta perspectiva é que muito do conhecimento organizacional fundamental não está somente no papel ou na mente dos indivíduos, mas dentro da organização como um todo.

3.2.11 Informal

- Informal no trabalho: baseada na prática

Referindo-se à: (1) Aprendizagem Informal (2) Comunidade de Prática

O relato, a seguir, será usado para exemplificar as diversas histórias de aprendizagem que, como essa, permitiram evidenciar a aprendizagem informal. Este relato consegue exemplificar a reunião de diversas nuanças (situada e incidental) da aprendizagem informal.

> [...] eu já trabalhei quatro anos na [empresa] RR, era um mundo masculino; de lá eu trabalhei sete anos no Banco XX. Então eu trabalhei depois com calçados, durante um ano e pouco, também masculino. Porque eu sou muito objetiva,... as nuanças femininas até então eu não dominava. Quando eu fui para LL, passei a trabalhar com uma coisa completamente diferente, que era conta, cliente, eu nunca tinha lidado com cliente, eu nunca tinha lidado com tanta mulher. Era mulher por tudo que era lado. Era uma mulherada louca, impressionante. E foi muito complicado. Eu tive que perder uma série de coisas que para mim eram muito normais, muito naturais, como fazer..., especialmente do banco pra dentro, e comecei a ter que entender muito mais como é que as pessoas se movem, como é que as coisas acontecem, onde é que tem que entrar mais devagar, sentar e ouvir, ouvir; e assim, eu comecei a mexer em mim de uma maneira que eu nunca tinha mexido. [...] Então esses tempos eu estava conversando até com o [colega] X, eu acho que os meus grandes aprendizados vieram do meu trabalho; na vida pessoal, mas onde eu fui me trabalhando como uma pessoa, foi muito no trabalho. E foi interessante, porque eu aprendi a ter paciência, tolerância com o cliente, ele te faz aprender um monte de situações que a gente pensa que não vai saber fazer, e que a gente não sabe fazer mesmo, a ver de uma outra forma, conciliar o cliente com a empresa [...]

Observa-se, no caso, a aprendizagem no trecho em que a entrevistada comenta sobre sua mudança de ramo de atividade, do ambiente masculino para feminino. O aprendizado ocorre em função da atividade, do contexto e da cultura nos quais ocorre ou se situa, requerendo do gestor participação nas práticas da cultura em que está inserido. Este situar significou envolver-se com o ambiente e as atividades e criar significados referentes ao que entende por mundo masculino e feminino, no atendimento a clientes e, disto resultou aprendizagem. Diferentes relatos evidenciaram essa criação de significados em função da atividade ou do contexto em que o entrevistado está ou estava inserido, originando um processo de aprendizagem que trouxe mudança de comportamento, quando realizada uma reflexão sobre este processo em si.

No momento em que o entrevistado relata sua conversa com o colega (X), evidencia a aprendizagem informal que se trata da busca de entendimento, conhecimento ou habilidade. Esta ocorreu fora dos currículos que constituem programas educacionais, cursos ou *workshops.* Ao mesmo tempo, este processo envolve a aprendizagem incidental, principalmente na etapa inicial, no momento de troca de ambiente do masculino para o feminino, pois não foi intencional ou planejada, envolvendo pouca ou nenhuma reflexão do entrevistado. Outros relatos como este revelaram uma forma de aprendizagem que ocorre frequentemente no local de trabalho, no processo de realizar tarefas e atividades sem o dar-se conta do aprendizado, o dar-se conta só ocorre posteriormente.

Praticamente não houve uma só entrevista que não evidenciasse a forma de aprendizagem a partir de práticas de trabalho. O que ocorreu foi uma diferenciação no grau de importância que lhe foi atribuído ou sua combinação com outras formas de aprendizagem. Alguns relatam desconhecer exatamente o que foi aprendido, apropriado internamente (caracterizando a aprendizagem informal do tipo incidental), ou como será empregado o conhecimento adquirido, no entanto, mesmo assim, esta aprendizagem passou a fazer parte de suas práticas de trabalho. Da mesma forma, relatam que o desenvolvimento da competência necessita de tempo para sua maturação e que nem sempre o ambiente organizacional permite-lhes isso, pois depende das características do gestor envolvido, das condições de suas atividade, dos recursos e do tipo de competências escolhido para ser trabalhada.

A partir da observação participante, foi possível identificar, na fase intermediária do estudo, a existência de uma Comunidade de Prática (Cop) no Caso I – Telefonia, partindo da noção de que Cop é "*um grupo interdependente de pessoas com conhecimento complementar e que interagem através de (recursos e outras) relações*" (Merali, 2000). Ela localizava-se no *Call Center* e sua existência também foi confirmada pelos relatos obtidos nas entrevistas realizadas na fase avançada do estudo.

Identificou-se, na fase intermediária, a movimentação de algumas pessoas que, no final das aulas, reuniam-se em frente ao prédio da Administração em torno de uma hora. Eram supervisores do *call center* (sempre os mesmos) que permaneciam reunidos, conversando. A pesquisadora passou a participar desta "reunião" informal. Então, alguns aspectos começaram a emergir e foi possível identificar características apontadas pela literatura de Brown e Duguid (2000) que levam a considerar a possibilidade da formação de uma Cop. Durante estes encontros informais, estavam tratando da unificação do atendimento do *call center*, ou seja, tratava-se de um grupo de indivíduos que trabalhavam juntos, durante longo período, e que estavam compartilhado práticas e experiências ricas. Seus interesses eram semelhantes – situações problema de atendimento e unificação do *call center* – e este "encontro" servia para discutir e partilhar conhecimento sobre as modificações no *call center*, o que cada um já havia experimentado, no que havia obtido sucesso ou não (Wenger, 2000).

Em consequência, retornavam para o dia a dia e criavam relatórios e documentos de controle, por exemplo. Não tratavam apenas da experiência da unificação do *call center*, mas também de situações de atendimento "problema". Diversas foram as trocas e reflexões sobre como proceder em situações específicas e, muitas vezes, foram geradas novas formas de lidar com o problema, a partir do compartilhar de ideias e práticas, o que significava compartilhar o conhecimento tácito. Esta "reunião" subsidiava um espaço para a interação social, em que se estabelecia o diálogo, e conseguiam perceber, de várias perspectivas, qualquer assunto relativo ao atendimento (Lave;

Wenger, 1991). Tratava-se da conexão da prática com a análise e a reflexão para compartilhar as compreensões tácitas e criar conhecimento compartilhado, a partir das experiências entre participantes, transformando-se numa oportunidade de aprendizagem. Diversos foram os relatos dos entrevistados que este tipo de "reunião" já ocorrera no período da implantação da empresa, com outros grupos de gestores.

Conforme os autores Lave e Wenger (1991) e Wenger (2000), há três elementos na definição de *Comunidades de Prática*. Eles foram identificados no *call center*: (a) existência de um domínio – atendimento – que era um assunto sobre o qual a comunidade falava; (b) a própria comunidade: as pessoas interagiam e construíam relações entre si em torno do assunto atendimento; (c) a existência de uma prática: as práticas e experiências que cada um trazia de seu dia a dia de trabalho sobre a unificação do atendimento. Eles aprenderam juntos como fazer coisas pelas quais se interessavam. Sabe-se que as relações sociais são fundamentais para a aprendizagem em determinado ambiente, e esta aprendizagem é significativa por possibilitar aos indivíduos aquisição de competências, envolver-se em novas atividades, dominar novos conhecimentos e por levar a mudanças nas relações sociais (Jacbson, 1996).

- Informal: em cursos de mestrado e especialização

Os relatos apontam a aprendizagem informal que ocorre ou ocorreu nos espaços dos cursos formais, particularmente, nos de especialização e mestrado. Independentemente de ter sido um curso *in company* ou não, apontam a importância e os ganhos obtidos na interação com colegas, seja em trabalhos extraclasse, intervalo para cafezinho, *happy-hour*, *e-mails* ou nas chamadas "conversas paralelas em sala de aula". Em particular no caso III – CEAD, que não é *in company*, estas interações permitiram a troca e o compartilhar de ideias, problemas e soluções, sendo que alguns citam que formaram uma rede de contatos "informais" que lhes dá possibilidade de transitar por diferentes segmentos empresarias e, simultaneamente, se manterem atualizados e vinculados ao mercado de trabalho, no caso de quererem trocar de empresa ou serem demitidos. No Caso I – Telefonia, o curso mostrou-se como uma possibilidade de resolver questões do dia a dia de trabalho, além de trocas sobre práticas. No Caso II – Metal, isto emerge com menor intensidade no período pós-curso. Na fase de pesquisa inicial deste estudo, havia sido mencionado pelos entrevistados como importante.

3.2.12 Aprendizagem pela articulação entre teoria e prática

Diversos entrevistados relataram a importância das apresentações em sala de aula e de trabalhos por eles escritos. Acreditam terem sido provocados a articular melhor suas ideias e a ensaiar um pensamento argumentativo, o que lhes exigiu posicionamento e argumentação para defendê-los num fórum mais crítico. A isto associaram as situações de seu ambiente de trabalho, onde muitas decisões precisam ser fundamentadas e defendidas junto à direção da organização. Perceberam também que estas experiências oportunizaram-lhes e encorajaram-nos a atuar de modo mais reflexivo. Os entrevistados também se referiram não somente a capacidade de articular seus pensamentos oralmente, mas também por escrito, e que os trabalhos exigidos em aula ou de conclusão constituíram um elemento importante em seu processo de aprendizagem.

Alguns dos pesquisados, particularmente, de formação na área de engenharia mecânica, lamentaram o fato de não ser suficientemente encorajada esta articulação durante a educação formal inicial. Isto lhes trouxe alguns problemas na apresentação de conferências e até mesmo na condução de uma reunião com maior número de pessoas no ambiente de trabalho. Exigiu que trabalhassem intensamente para desenvolver a competência relacionada à comunicação. O curso de mestrado/especialização oportunizou-lhes situações que possibilitaram este processo de articulação de forma mais eficaz.

Estes resultados parecem apoiar a visão que aprendizagem, linguagem e pensamento estão proximamente vinculados (Piaget, 1977; Vygotsky, 1991). E também reconhecida, explicitamente, a importância desta articulação na aprendizagem no "modelo de aprendizado cognitivo" de Collins, Brown e Newman (1989).

Um número significativo de entrevistados ofereceu exemplos de simulações que contribuíram em seu processo de aprendizagem. Alguns comentaram sobre as limitações da simulação – um comentário típico era: "*às vezes falta um pouco da realidade da coisa, de alguns procedimentos importantes*". Estes resultados sugerem que a simulação pode ser valiosa se de razoável fidelidade, apoiando os resultados de Strickler (1976) e Short (1989).

Além dessas formas de aprendizagem, ao trabalho final e à dissertação, no caso daqueles que estão na fase final de elaboração ou já a concluíram, é atribuído um papel fundamental no processo de aprendizagem, podendo-se dizer que, em determinadas situações, representa a possibilidade de novos *insights* ou do dar-se conta do "que foi aprendido", no transcorrer do curso – uma espécie de consolidação. Salientam a possibilidade de ter aprendido um método de pesquisa que pode ser empregado também em seu dia a dia de trabalho, por exemplo, na pesquisa de cliente. Não só isso, pois há também a possibilidade de melhor sistematizarem as informações.

Os exemplos oferecidos até aqui são representativos de uma ampla variedade de experiências e eventos de aprendizagem informados pelos entrevistados. Em igual tempo, os resultados apresentados atestam a diversidade de modos, a partir dos quais os indivíduos podem adquirir suas competências. Eles relatam que muito da aprendizagem requerida para atingir toda competência ocorre, na realidade, em seu ambiente de trabalho. Esta conclusão realça a importância crítica da aprendizagem informal. Porém, os resultados também sugerem que diferentes indivíduos encontrem tipos diferentes de experiência formativa e isto serve para acautelar quanto a ser muito prescritivo em relação à "melhor prática" para métodos de aprendizagem. Conforme a análise dos resultados apresentada, embora as experiências informadas sejam diversas, elas parecem ser de um número limitado de tipos gerais, conduzindo à produção de uma taxonomia simples de formas de aprendizagem.

Em seus relatos sobre como aprendem, os entrevistados estabeleceram, com frequência, associações entre as competências desenvolvidas e a forma de aprendizagem identificada – Cursos de Especialização e Mestrado articulados à aprendizagem baseada no trabalho (atividades profissionais).

○ CONSIDERAÇÕES FINAIS

O estudo evidencia uma diversidade de modos, a partir dos quais os indivíduos podem adquirir suas competências, realçando a importância crítica da aprendizagem informal e gerando a produção de uma taxonomia simples de formas de aprendizagem – formais e informais.

Pode-se dizer que o desenvolvimento de uma competência gerencial específica não é um mero produto de processos e formas de aprendizagem particulares. Tal qual o processo de aprendizagem é dinâmico e complexo, eles também estão totalmente inter-relacionados, há uma "colagem" destes fenômenos. A complexidade da combinação de diferentes ambientes e formas de aprendizagem, de contexto e possibilidades permite, em maior ou menor grau, o desenvolvimento de competências ao indivíduo. Tentar um descolamento e compreendê-los isolada e separadamente seria, no mínimo, imprudente. O contexto é uma complexa trama de referências (intercâmbio de informações, ideias, etc.) que, em longo prazo, pode auxiliar a configurar o saber dos indivíduos e, em igual tempo, determinar uma arquitetura social para este saber. Compreendido deste modo, o contexto em que ocorre a aprendizagem pode ou não criar equilíbrio dinâmico entre o saber/teoria e saber-fazer/prática. É a partir desta estreita interdependência ou coprodução de conhecimento teórico-prático que as competências podem ser desenvolvidas.

O estudo revela evidências de que, além do curso de especialização e mestrado, as práticas do dia a dia de trabalho também contribuem para o desenvolvimento de competências. Estabelece como fundamental o processo de compartilhar modelos mentais, valorizando a aprendizagem na ação/experiencial no processo de conversão e criação de conhecimento e na formação de competências transversais, tendo como pilares a indagação, reflexão e diálogo.

Desperta também a necessidade de se passar a reconhecer explicitamente a contribuição fundamental de aprendizagem informal para a aquisição de competências gerenciais. Isto implica também rever as limitações de programas formais.

Os programas formais, ao serem desenhados, poderiam considerar a possibilidade de transmitir conhecimento central mais associado a competências transversais do que a competências ditas especializadas e, principalmente, em desenvolver uma gama de competências de aprendizagem, especialmente na conexão com a aprendizagem informal.

Evidencia-se a importância de procurar incluir mecanismos de aprendizagem informais, até mesmo dentro das fases mais formais de programas de desenvolvimento. Contudo, deve-se assegurar que as atividades práticas externas sejam seguidas por questionamento apropriado e baseadas na reflexão individual e em grupo, para maximizar a aprendizagem.

Embora a aprendizagem experiencial evidencie-se como um processo natural, não intencional, observaram-se bons resultados, quando se facilitou aos gestores maximizarem o potencial da aprendizagem informal, planejando métodos de desenvolvimento, como sistematização da indagação, reflexão e o compartilhar em grupo. Mais do que adotar um determinado tipo de aprendizagem (tipo treinamento no trabalho, mentor e tutoria, entre outros identificados), a combinação de diferentes abordagens parece enriquecer o processo de desenvolvimento de competências. Expor o gestor, dentro do possível, à ampla variedade de formas de aprendizagem e seu potencial, as listadas na taxonomia, de forma planejada e sistematizada, sugere garantir maior oportunidade de aprendizagem.

O encorajamento dos gestores a identificarem, reconhecerem e explorarem a gama de oportunidades de aprendizagem e seu possível potencial, ou seja, a perceberem todas as experiências como experiências de aprendizagem, contribuiria para seu autodesenvolvimento, para os tornarem autônomos e autodirigidos em seu processo de aprendizagem e no desenvolvimento de competências, uma vez que podem tornar-se mais competentes para a extrair o melhor, a partir de todas as oportunidades de aprendizagem.

Poderia ser útil simplesmente alertar os aprendizes sobre as diferentes formas de aprendizagem que possuem a sua disposição, mas o estudo evidencia ser necessário oferecer-lhes elementos que lhes permitam extrair mais de suas experiências. Estes poderiam incluir formas de: (1) buscar e receber *feedback*; (2) observação (auto e hetero); (3) adoção de diferentes estilos de aprendizagem; (4) formas de autodesenvolvimento; (5) princípios de aprendizagem experiencial; (6) consciência do próprio estilo de aprendizagem e adoção de diferentes estilos; (7) reflexão (individual e grupal); (8) questionamento – indagação; (9) experiência articulada à teoria; (10) ciclos de aprendizagem organizacional; (11) identificação de mapas mentais; (12) mudança de perspectiva.

Este estudo, ao identificar que mais importante do que definir competência é entender seu desenvolvimento, contribui no sentido de revelar que, para os gestores em suas carreiras, a maior parte de sua aprendizagem profissional ainda está por vir. Desta forma, a atitude e a visão de aprendizagem permanentes e contínuas tornam-se fundamentais. Os gestores ao perceberem-se "em desenvolvimento" passam a ver toda experiência (positiva ou negativa) como uma oportunidade para aprendizagem. Estimular um compromisso com a aprendizagem profissional vitalícia, que extrapola os próprios programas de formação gerencial, torna-se também imprescindível.

O estudo constatou que a *reflexão* foi percebida como sendo mais importante pelos pesquisados após a atividade desenvolvida do que antes ou durante. Isto lança um questionamento sobre se deve-se investir acentuadamente na reflexão, no início de programas de desenvolvimento. Isto por que a reflexão talvez não seja completamente eficaz até que os indivíduos construam experiência suficiente sobre a qual refletir.

Evidentemente, não se pode afirmar que os resultados e as análises apresentados neste estudo sejam definitivos, mas eles podem oportunizar alguns *insights* sobre como os gestores aprendem e desenvolvem competências formal e informalmente. Assim, outro trabalho poderia ser realizado em torno da própria taxonomia das formas de aprendizagem aqui identificadas. Isto poderia incluir: pesquisa para validar a taxonomia; a busca de formas adicionais de aprendizagem; desenvolvimento posterior de uma taxonomia, introduzindo talvez nova ordem de desdobramento. Além disso, seria interessante investigar quais tipos de competências são desenvolvidos em cada uma destas formas. Os resultados ajudariam a planejar oportunidades de desenvolvimento para dar cobertura à gama de competências desejadas.

QUESTÕES PARA REFLEXÃO

1. A partir de uma reflexão, selecione três formas de aprendizagem que você têm utilizado com maior frequência, aponte vantagens e desvantagens. Exemplifique.
2. Em que situações pode haver maior eficácia na utilização da Aprendizagem formal e informal? Exemplifique e Justifique.
3. Selecione três competências que você gostaria de desenvolver. Quais têm sido os obstáculos mais frequentes para você desenvolvê-las? Quais formas de aprendizagem poderiam ser utilizadas para desenvolver estas competências. Comente.

REFERÊNCIAS

ANTONACOPOULOU, E. P., FITZGERALD, L. Developing learning managers within learning organisations. In: EASTERBYSMITH, M.; ARAUJO, L.; BURGOYNE, J. (Ed.). *Organisational learning*: developments in theory and practice. London: Sage, 1999. p. 217-242.

BANDURA, A. *Social foundations of thought and action*: a social cognitive theory. New Jersey: Prentice-Hall, 1986.

BENNETTS, C. M. *Traditional mentor relationships in the lives of creative people*: toward and aesthetic understanding. Tese (PhD) - University of Sheffield, Sheffield, 1998.

BILLET, S. Critiquing workplace learning discourses: participation and continuity at work. *Studies in the Education of Adults*, v. 34, n. 1, 56-57, 2002.

BOLAND, R.; TENKASI, R. Perspective making and perspective taking in communities of knowing. *Organization Science*, v. 4, n. 6, p. 350-372, 1995.

BOYATZIS, R. E. *The competent manager.* New York: Wiley, 1982.

BROWN, J. S.; DUGUID, P. *The social life of information*. Boston, Massachusetts: Harvard Businesses Scholl Press, 2000.

BROWN, J. S.; DUGUID, P. When change is constant, maybe we need to change our own eyeglasses. In: CROSSAN, M. M. et al. (Ed.). *Learning in Organizations Workshop.* London, Ontario: University of Western Ontario Business School, 1992. p. 89-99.

COLLINS, A.; BROWN, J. S.; NEWMAN, S. E. Cognitive apprenticeship: teaching the crafts of reading, writing and mathematics. In: RESNICK, L. B. *Knowing, Learning and Instruction*. Hillsdale, NJ: Lawrence Erlbaum Associates, 1989.

DAFT, R. L.; WEICK, K. F. Toward a model of organization as interpretation system systems. *Academy of Management Review*, v. 9, n. 2, p. 284-95, 1983.

DREVER, J. *A dictionary of psychology.* Harmondsworth: Penguin Reference Books, 1964.

DUTRA, J. S. (Org.). *Gestão por competências*. São Paulo: Gente, 2001.

ERAUT, M. *Development of knowledge and skills in employment*. Brighton: University of Sussex, Institute of Education, Education Development Building, 1998.

JACOBSON, W. Learning, culture and learning culture. *Adult Education Quarterly*, v. 47, n. 1, p. 15-28, 1996.

KIM, D. H. The link between individual and organizational learning. *Sloan Management Review*, v. 35, n.1, p. 37-50, 1993.

KOLB, D. A. et al. *Experiential learning*. Cliffs, NJ: Prentice-Hall Englewood, 1984.

LAVE, J.; WENGER, E. *Situated learning*: legitimate peripheral participation. Cambridge, UK: Cambridge University Press, 1991.

LE BOTERF, G. *L'ingénierie des compétences*. Paris: Les editions d'organisation, 1999.

LEWIN, K. *Problemas de dinâmica de grupo*. 3. ed. São Paulo: Cultrix, 1978.

LIVINGSTONE, D. Exploring the icebergs of adult learning. *Canadian Journal for the Study of Adult Education,* v. 3, n. 2, p. 49-72, 1999.

MALCOLM, J.; HODKONSON, P.; COLLEY, H. The interrelationships between informal and formal learning. *Journal of Workplace Learning*, v. 15, n. 7/8, p. 131-318, 2003.

MAYRING, P. *Einführung in die qualitative Sozialforschung* [Introdução à pesquisa social qualitativa: uma introdução para pensar qualitativamente]. 5. ed. Weinheim: Beltz Studium, 2002.

MERALI, Y. Communities of practice in knowledge management. *Intelligence in Industry,* n. 3, p. 9-13, 2000.

NIXON, K.; VIMPANY, M. *The educational value of medical audit*. Sheffield: University of Sheffield, 1994.

NONAKA, I.; TAKEUCHI, H. *Criação de conhecimento na empresa*. Rio de Janeiro: Campus, 1997.

NOVOA, A. *As organizações escolares em análise*. Lisboa: Quixote, 1992.

PEARSON, M.; SMITH, D. Debriefing in experience-based learning. In: BOUD, D. et al. *Reflection*: turning experince into learning. London: Koghan Page Nichols, 1985. p. 69-84.

PIAGET, J. *Psicologia da inteligência*. Rio de Janeiro: Zahar, 1977.

SHORT, R. F. *Simulators*: the training of deck officers. London: Kogan Page, 1989.

STRAUSS, A.; CORBIN, J. *Basics of qualitative research*: grounded theory procedures and techniques. London: Sage, 1990.

STRICKLER, M. K. Accident prevention: the role of education and training. *Granada Publishing*, 1976. p. 23-29.

TERRA, J. C. C. *Gestão do conhecimento*. São Paulo: Negócio, 2000.

VYGOTSKY. L. S. *A formação social da mente*. 4. ed. São Paulo: Martins Fontes, 1991.

WALES, C. E.; NARDI, A. H.; STAGER, R. A. *Emphasing critical thinking and problem solving*: educating professonals. San Francisco, CA: Jossey Bass, 1993. p. 178-211.

WALKER, D. Writing and reflection. In: BOUD, D. et al. *Reflection*: turning experince into learning. London: Koghan Page Nichols, 1985. p. 52-68.

WATKINS, K.; MARSICK, V. Toward a theory of informal and incidental learning in organizations. *International Journal of Lifelong Education*, v. 11, n. 4, p. 287-300, 1992.

WENGER, E. *Communities of practice.* USA: Butterworth-Heinemann, 2000.

WENGER, K.; LAVE, J. *Communities of practice*: learning, meaning, and identity. Cambridge: Cambridge University Press, 1998.

○ SUGESTÕES DE *SITES* SOBRE O TEMA

http://ericacve.org/docs/pab00009.htm

http://reviewing.co.uk/research/experiential.learning.htm#242

http://www.emtech.net/learning_theories.htm

http://www.emtech.net/learning_theories.htm

http://www.hud.ac.uk/hhs/research/template_analysis/whatis.htm

http://www.infed.org/lifelonglearning/b-life.htm

http://www.infed.org/thinkers/

http://www.learningandteaching.info/learning/experience.htm

http://www.learningfromexperience.com/research-library/

http://www.learning-theories.com/

http://www.lsda.org.uk/

http://www.nall.ca/res/

http://www.reviewing.co.uk/research/experiential.learning.htm#2

11

Marcia D'Amelio

GERENTES DE DIFERENTES FORMAÇÕES E SUAS TRAJETÓRIAS DE APRENDIZAGEM

OBJETIVOS DO CAPÍTULO

- Identificar e descrever os processos de aprendizagem das competências gerenciais de gerentes de diferentes formações profissionais.
- Comparar e analisar os processos de aprendizagem das competências dos gerentes de diferentes formações profissionais.

RESUMO

As organizações precisam contar, cada vez mais, com a atuação estratégica das pessoas, notadamente de seus gestores, responsáveis por conduzi-las em direção ao lucro. Por isto, o interesse nas pesquisas acadêmicas e os investimentos das empresas em desenvolvimento gerencial são significativos, subentendendo-se que a compreensão dos diversos aspectos envolvidos no processo de aprendizagem das competências contribui para torná-lo mais eficaz na prática das organizações. Este capítulo tem como objetivo relatar os resultados de um estudo comparativo dos processos de aprendizagem de competências gerenciais de pessoas com formações profissionais diversas: engenheiros, administradores de empresas e psicólogos. A fundamentação teórica para o exame dos resultados foi construída a partir de noções da aprendizagem individual, focadas em abordagens relacionadas ao construtivismo, às experiências e aos contextos formais e informais. As conclusões extraídas evidenciam a importância da aprendizagem formal, principalmente quando integrada à informal. As peculiaridades identificadas entre os gerentes dos três grupos resultam das contribuições das experiências obtidas, no decorrer da carreira profissional e no exercício da função gerencial. A relevância da interação social e da reflexão foram destaques no processo de aprendizagem de todos.

O INTRODUÇÃO

A aprendizagem, tanto individual como organizacional, vem sendo considerada como um diferencial competitivo para as empresas e uma condição de empregabilidade para os gerentes e demais profissionais que nelas atuam. Cada vez mais é exigido dos funcionários desempenho superior, de forma que sejam capazes de se adaptar e dar respostas eficazes aos problemas enfrentados pelas empresas.

Em relação aos gestores, tais expectativas extrapolam os conhecimentos da área de administração e aqueles específicos de sua formação profissional para abranger também habilidades e atitudes que lhes possibilitem lidar com a complexidade do meio empresarial e suas contradições. Assim, ao gestor cabe garantir a competitividade, mas também potencializar o trabalho das pessoas em suas equipes; assegurar os lucros e, ao mesmo tempo, incorporar pressupostos éticos e de responsabilidade social. É esperado ainda, que seja capaz de gerenciar eficazmente as informação na tomada de decisão, de incorporar novas tecnologias nos processos de trabalho e de aplicar capacidades de empreendedorismo e de inovação, além de atualização constante e autodesenvolvimento, o que implica forte capacidade de aprender. Nesse cenário, a aprendizagem passa a ser vista, conforme explica Meister (1999), como um processo contínuo e permanente vinculado ao trabalho.

Na tentativa de propiciar aos gerentes possibilidades de desenvolvimento de suas competências, cursos de natureza diversa (aperfeiçoamento, especialização e pós-graduação) são oferecidos pelas instituições de ensino e atividades de desenvolvimento gerencial, ofertadas no interior das organizações. No entanto, nem sempre tais iniciativas produzem os resultados esperados. Como assinala Ruas (2003), os cursos de formação além de se concentrarem no "conhecimento", nem sempre conseguem assegurar entre os gerentes a transposição dos saberes adquiridos para o trabalho. Tem-se, em decorrência, a dicotomia entre teoria e prática e a consequente instalação de uma lacuna à qual pode se atribuir as causas das ineficiências do processo de desenvolvimento gerencial.

Às indagações que surgem quando se volta o pensamento sobre qual seria o melhor modo de se preparar os gerentes para a "complexidade, incerteza, singularidade e conflito de valores" que caracterizam, de acordo com Schön (1987), os ambientes organizacionais, junta-se o questionamento acerca dos próprios mecanismos de aprendizagem utilizados por eles para o enfrentamento de tais desafios.

Ao se adotar a perspectiva construtivista para o processo de aprendizagem em indivíduos adultos, verifica-se que ênfase especial é atribuída à ação como ponto de partida para a aquisição e o aprimoramento das competências gerenciais que envolvem o saber (conhecimentos), o saber-fazer (habilidades) e o saber ser/agir (atitudes).

A concepção de competências gerenciais aqui assumida preserva o significado fundamental que Ruas (2005) reforça em seus trabalhos: a competência é a mobilização de capacidades na ação. Considera-se também como importante o destaque dado por Bitencourt (2001, p. 30) ao caráter processual da competência, "um processo contínuo de formação e desenvolvimento de conhecimentos, habilidades e atitudes". Com base nos dois autores, a competência gerencial é definida como o conjunto de capacidades construídas e desenvolvidas pelo gerente e que, articuladas e mobilizadas em função de diferentes situações, necessidades ou desafios, possibilitam o alcance das estratégias empresariais. Assim, no âmbito deste trabalho, os termos competência e capacidade são tomados como sinônimos.

Entende-se, ainda, que não se pode compreender o processo de aprendizagem das competências gerenciais confinado aos domínios das instituições de ensino ou das salas de treinamento convencionais, pois ele está presente também nos locais de trabalho e em outros contextos da vida adulta, conforme preconizado por Merriam e Caffarella (1999). Este foco abrangente é contemplado na definição de aprendizagem apresentada por Antonello (2006a, p. 27):

> Um processo contínuo de apropriação e geração de novos conhecimentos nos níveis individual, grupal e organizacional, envolvendo todas as formas de aprendizagem – formais e informais – no contexto organizacional, alicerçado em uma dinâmica de reflexão e ação sobre as situações-problema e voltado para o desenvolvimento de competências gerenciais.

Mintzberg e Quinn (2001) ressaltam que, ao assumirem uma posição gerencial, os indivíduos, normalmente, possuem experiências profissionais anteriores, a partir das quais desenvolveram conhecimentos e habilidades que se converteram em um conjunto de modelos mentais. Com base nestes modelos, os gerentes interpretam o mundo à sua volta e constroem sua forma de atuar. Nem sempre a formação profissional que estruturou a carreira técnica das pessoas lhes oferece suporte para a ocupação da posição gerencial, de forma que, provavelmente, terão que utilizar outros mecanismos de aprendizagem para se apropriar das capacidades requeridas de um gestor. É possível supor que a formação profissional obtida, especialmente no âmbito dos cursos de graduação, assim como o exercício da própria profissão, podem se constituir em elementos que interferem na forma como tais pessoas estruturam o processo de aprendizagem necessário a seu desempenho como gerentes.

Neste sentido, as próprias experiências da pesquisadora deste estudo em atividades de desenvolvimento gerencial permitiram-lhe observar diferenças na receptividade, reação e predisposição para aplicabilidade dos conteúdos dos programas de educação corporativa, oferecidos aos gerentes da empresa em que atua, em função da formação profissional dos mesmos. Nos diagnósticos realizados para apoiar tais atividades, a pesquisadora notou que, frequentemente, fazia-se referência ao fato de que seu planejamento deveria considerar a forma de aprender dos indivíduos, neste caso caracterizados como "gerentes engenheiros" e "gerentes não engenheiros". Mesmo no cotidiano, em comentários amealhados no exercício da atividade de docência e de *benchmarking*, a pesquisadora deparou-se com alusões de que as competências gerenciais características de determinados grupos profissionais são diferenciadas.

Foram tais considerações que sustentaram a opção da autora pela realização de um estudo empírico que respondesse a algumas de suas inquietações, estabelecendo como objetivo da pesquisa aqui apresentada identificar, descrever e analisar, de forma comparativa, os processos de aprendizagem das competências gerenciais de pessoas que possuem diferentes formações profissionais.

A estrutura teórica da pesquisa, apresentada a seguir, destaca a aprendizagem individual, segundo a perspectiva construtivista, e a aprendizagem pela experiência, assim como a distinção entre aprendizagem formal e informal. Além disso, organizou-se breve sumário de estudos nacionais e internacionais que focam a questão da aprendizagem das competências gerenciais.

1 • APRENDIZAGEM INDIVIDUAL

Nas últimas décadas, o tema aprendizagem vem sendo estudado, na área de administração, como processo individual grupal e organizacional. Diante da amplitude do campo da aprendizagem individual – foco deste estudo –, o suporte teórico à pesquisa aqui relatada está alinhado às abordagens que a examinam, considerando a perspectiva construtivista, suas experiências e os contextos formais e informais que a impulsionam.

A aprendizagem inicia-se no nascimento e estende-se ao longo da vida. Trata-se de um fenômeno intrínseco ao ser humano e pressupõe sua interação com o ambiente, considerando os vários papéis desempenhados na vida: na família, na escola, no trabalho, nos grupos de amizade e de convivência, em geral. É o elo que possibilita ao indivíduo apreender os conhecimentos do meio, transformá-los e rever a si mesmo, pelo enriquecimento de experiências, em processo permanente.

Está presente em todos os setores da vida humana, possibilitando evolução contínua pela revisão dos sucessos e fracassos e pela descoberta de novas formas de atuação no mundo. É ela que confere significado às experiências nas quais se apoiarão as ações futuras. Aprender significa enfrentar uma situação nova ou encará-la de outra maneira para atuar diferenciadamente. Significa, sobretudo, operar mudanças, sair da chamada "zona de conforto" e ajustar-se ao novo, lidando com as ambiguidades e contradições até encontrar outra estrutura de suporte às ações.

É o que ocorre tipicamente com uma pessoa ao assumir novo papel, como o gerencial, em uma organização. Exige-se dela novos conhecimentos, habilidades, disposição, determinação e condições emocionais para enfrentar circunstâncias não usuais no papel técnico anterior. São típicas situações como ver-se na contigência de questionar e modificar os modos vigentes do trabalho da equipe; necessidade imperiosa de relacionar-se positivamente; preocupação com o desenvolvimento das pessoas; necessidade de lidar com eventos de exposição na organização e fora dela; defrontação com possíveis contraposições ou rejeições a suas ideias e até mesmo fracassos nos resultados.

A aprendizagem é um processo psicológico que, tradicionalmente, tem sido estudado a partir de duas vertentes: a behaviorista e a cognitivista. A opção do trabalho aqui descrito foi por examinar o fenômeno da aprendizagem, a partir da vertente cognitivista, na perspectiva construtivista (Bastos, 2004).

A perspectiva psicológica do construtivismo ancora-se historicamente em Piaget, cuja "Epistemologia Genética" estabelece que o conhecimento seja gerado por meio da interação do homem com seu meio, a partir de suas estruturas cognitivas (Merriam; Caffarella, 1999). Novos significados a fatos e descobertas ocorrem a partir da criação e transformação das estruturas cognitivas internas no indivíduo. A relação permanente entre homem e ambiente conduz à evolução constante da inteligência humana, que ocorre, segundo os estudos de Piaget (1980), em fases sucessivas, como resultado da contínua reconfiguração das experiências anteriores. O conhecimento é assim obtido por assimilação e acomodação. Uma pessoa assimila informações, acrescentando-as ao referencial que já possui e as utiliza como base para aplicação em novos eventos. A acomodação ocorre quando se depara com uma situação em que esquemas anteriores não são suficientes para responder adequadamente, requerendo reorganização ou criação de outras estruturas cognitivas, em patamares sucessivamente mais complexos. Desta forma, como posicionou Kolb (1984), o homem não nasce inteligente e não é passivo às influências do meio, pois responde aos estímulos externos, agindo sobre eles para construir e organizar o seu próprio conhecimento, de forma cada vez mais elaborada.

Becker (2001, p. 72) sintetiza a concepção central do construtivismo, expressando claramente as ideias de Piaget:

> A ideia de que nada, a rigor, está pronto, acabado, e de que, especificamente, o conhecimento não é dado, em nenhuma instância, como algo terminado é sempre um leque de possibilidades que podem ou não ser realizadas. É constituído pela interação do indivíduo com o meio físico e social, com o simbolismo humano, com o mundo das relações sociais, e se constitui por força da ação, e não por qualquer dotação prévia, na bagagem hereditária ou no meio.

Pela perspectiva psicológica do construtivismo, o aprendizado tem característica idiossincrática, ou seja, cada aprendiz constrói os conhecimentos com base naqueles já possuídos, conferindo significado próprio a seu desenvolvimento. Segundo Richardson (2003), no meio social o indivíduo tem a oportunidade de compartilhar e validar a visão "descoberta" acerca de um fenômeno e suas relações com outros. As capacidades adquiridas por um profissional, por exemplo, são compartilhadas com outros profissionais, à medida que são empregadas nos eventos do trabalho, dando-lhes condições de perceber seus erros e acertos e aferir sua eficácia na resolução de problemas ou no enfrentamento de desafios.

Em consonância às premissas construtivistas e com base em Antonello (2006a), entende-se aprendizagem, para efeito deste trabalho, como o processo de incorporação e transferência de novos conhecimentos e habilidades para operar transformações necessárias que resolvem os problemas, mostram novas estratégias e fazem as pessoas saírem do seu *status quo*. Diz respeito a mudanças nos processos mentais e atitudes que se refletem no comportamento, tornando-as aptas a agirem de maneiras distintas, em conformidade às diferentes configurações da realidade e com base em experiências vividas.

Examinando-se a aprendizagem gerencial nesta perspectiva, identifica-se sua estreita relação com a noção de competência como uma estrutura dinâmica de mobilização e articulação de conhecimentos, habilidades e atitudes. Sempre que o sujeito defronta-se com situações desconhecidas ou desafiadoras, verifica-se um desequilíbrio estrutural, que lhe possibilita reorganizar o pensamento em nível mais elevado do que o previamente atingido (Ramos, 2001). As competências seriam, portanto, as estruturas ou os esquemas mentais responsáveis pela interação dinâmica entre os saberes prévios do indivíduo – construídos mediante as experiências – e os saberes reconhecidos. Trata-se do processo de construção e reconstrução permanente, mais do que a mera repetição do que já deu certo no passado, em outras circunstâncias.

Ao considerá-las neste ângulo, percebe-se seu alinhamento a um dos focos que emergem nas noções que permeiam atualmente a aprendizagem de gerentes: um processo contínuo em função das exigências da realidade empresarial. O gerente competente é o que enfrenta cada problema ou desafio com estratégia diferente e não simplesmente repete as soluções anteriormente adotadas. Como explica Antonello (no Capítulo 6 deste livro), a competência adquire significado nas práticas organizacionais e, portanto, sua aprendizagem vincula-se ao enriquecimento de experiências e vivências ao longo da carreira profissional de uma pessoa.

A **aprendizagem pela experiência** alcançou proeminência com os trabalhos de Mezirow, Freire e Gregorc, nos anos 80, mas sua ampla disseminação no campo da administração é imputada a Kolb (1984). Como amplamente apresentado nos capítulos de Leite e de Reis, neste livro, a aprendizagem baseada na experiência origina-se na ação e concretiza-se em mudança, possibilitada pela reflexão. Embora ocorra na interação social, a aprendizagem é individual e efetiva-se a partir da reorganização e reconstrução da vivência em cada situação enfrentada. É de se esperar que haja então diversidades no processo de aprendizagem das pessoas, mesmo entre as que convivem no mesmo contexto.

Canário (2001) enriquece ainda mais a relação entre aprendizagem e experiência, ao explicar a primeira, não como um acúmulo de experiências, mas como ruptura com as anteriores e, por conseguinte, com as formas usuais de pensar e agir. Por esta ideia é possível visualizar, na aprendizagem experiencial, a premissa fundamental do construtivismo, pela qual se entende que o indivíduo é agente ativo de seu conhecimento, constrói novos significados de suas experiências e vivências nos diferentes contextos e define seu próprio sentido e representação da realidade.

Consequentemente, ao se ter colocado, como objetivo deste estudo, identificar e analisar os processos envolvidos na aprendizagem de competências gerenciais de pessoas com diferentes formações profissionais, considerou-se fundamental examiná-la do ponto de vista das experiências dos gestores, especialmente daquelas originadas nas etapas de formação e de desempenho profissional, as quais podem determinar diferentes formas de apropriação e reconstrução da realidade, conforme exposto a seguir.

2 • APRENDIZAGEM FORMAL E INFORMAL

A tradição teórica da vertente construtivista contribui para o esclarecimento de como ocorre a apropriação contínua e a geração de novos conhecimentos, habilidades e atitudes que possibilitam o desempenho gerencial diferenciado. De acordo com esta vertente, como reconhece Richardson (2003), o processo é variável entre as pessoas já que a percepção da realidade é subjetiva e parte de diferentes experiências anteriores para construir e reconstruir capacidades.

As concepções tradicionais descrevem a aprendizagem dissociada de qualquer outra atividade. De acordo com tais posições, aprende-se em um período determinado da vida e em circunstâncias determinadas, como ao se assistir às aulas na escola, ou a vídeos instrucionais, ou ao se ler livros. Entretanto, muito do que distingue um profissional ou gerente competente é obtido no dia a dia, seja no trabalho ou por outras atividades do cotidiano das pessoas. Verifica-se que as práticas formais são importantes fontes de aprendizagem, mas em razão de seu distanciamento da prática, não se efetivam necessariamente em competências (Ruas, 2001). Por isso, a aprendizagem não formal ou informal vem recebendo crescente atenção, principalmente por sua relação com a aprendizagem permanente, requisito dos tempos atuais, e de competências.

Qualquer tentativa de caracterização dos tipos de aprendizagem não pode prescindir de Marsick e Watkins (1997, 2001), expoentes no campo. De acordo com as autoras, a **aprendizagem formal** refere-se a atividades oferecidas institucionalmente. É estruturada e considerada como treinamento e educação. Abbad e Borges-Andrade (2004) a nomeiam aprendizagem induzida, atribuindo-lhe, no entanto, o mesmo significado. À luz da tradição cognitiva da aprendizagem, para eles, a aprendizagem formal oferece condições de otimizar os processos de aquisição, retenção e generalização de conhecimentos, habilidades e atitudes – *CHAs*. A figura do professor ou instrutor coordenando o processo é atributo comum deste tipo, que pode ocorrer em cursos ministrados nas instituições de ensino em diferentes níveis, em seminários e cursos oferecidos pelas organizações e em programas formais de autoestudo.

Em contraste à aprendizagem formal, Marsick e Watkins (1997) exploram os conceitos de aprendizagem informal e incidental. A **aprendizagem informal**, para tais autoras, é predominantemente experiencial e decorre da atividade no trabalho. Pode também ser verificada em instituições, mas não é altamente estruturada ou baseada em sala de aula e tem intencionalidade por parte do aprendiz. A **aprendizagem incidental** é por elas considerada produto secundário de alguma outra atividade. Sua característica marcante é a não intencionalidade – não há consciência dela por parte do aprendiz.

Os atributos que definem o enquadramento do tipo de aprendizagem em certa modalidade são heterogêneos. Até mesmo a denominação é variada: formal e informal, não formal, incidental, natural e induzida. Nem sempre as definições encontradas na literatura sobre o tema são convergentes e estabelecem a abrangência de cada uma com clareza, descrevendo-as em paradigmas distintos (conforme descreve Antonello no Capítulo 6). Neste sentido, Malcom, Hodkinson e Colley (2003) ressaltam que a fragmentação conceitual pode induzir erroneamente a se considerar a superioridade de uma em relação à outra. Por isso, defendem a não existência de separação conceitual entre os dois tipos de aprendizagem.

Como salienta Antonello (no Capítulo 6), "há elementos significativos de aprendizagem formal em situações informais e elementos de informalidade em situações formais; os dois estão indissoluvelmente inter-relacionados". Não significa, entretanto, a inexistência de diferenças entre aprendizagem no trabalho e nas instituições de ensino. A caracterização e o inter–relacionamento devem ser feitos criteriosamente em relação ao contexto onde ocorrem. As considerações de Antonello ressaltam que a eficácia do processo de aprendizagem depende não da adoção de uma ou outra forma, mas da eficácia da inter-relação estabelecida entre os atributos em cada ocasião. Por tais argumentos, no escopo deste estudo, é considerada a noção integrada de formalidade e não formalidade na aprendizagem de competências gerenciais.

São várias as abordagens que examinam a aprendizagem gerencial. Cada uma ilumina diferentes aspectos que corroboram a ideia de que as pessoas aprendem de diferentes formas e que não há universalidade na eficácia de uma ou outra, em particular. Na literatura, encontram-se diversos estudos nacionais e internacionais com referências ao fato de que, na prática das organizações, a formação, a capacitação e o desenvolvimento das competências de gerentes não se efetuam somente a partir de cursos oferecidos por instituições de ensino (em nível de graduação e pós-graduação) e pelos treinamentos e mecanismos formais disponibilizados pelas organizações. Tais estudos revelam que os gerentes podem aprender as competências gerenciais também a partir de suas experiências advindas de mecanismos informais e incidentais de aprendizagem (Marsick; Watkins, 1997), como a observação, o relacionamento interpessoal, os próprios desafios do trabalho, os erros e os acertos, entre outros fatores.

O aprender pela experiência e o aprender de forma vinculada à ação estão presentes em variadas formas de aprendizagem no contexto de trabalho. Manifesta-se sempre que houver a necessidade de resolver um problema ou superar um desafio que incite a reflexão sobre a vivência para reorganizá-la e reaplicá-la em nova situação, no que Kolb (1984) denomina de ciclo da aprendizagem vivencial. A percepção desse contexto pelos indivíduos é mediada por sua formação profissional. Esta é uma afirmação presente no cotidiano das organizações, muitas vezes na fala das pessoas em referência ao jeito pragmático de resolver os problemas dos engenheiros, ou à visão de resultados dos profissionais da área de finanças, ou à facilidade nas relações interpessoais dos profissionais da área de humanas, por exemplo.

3 • ESTUDOS SOBRE APRENDIZAGEM GERENCIAL

A aprendizagem é um campo de interesse recente nas organizações e vem crescendo desde os anos 90, atraindo o interesse não apenas de acadêmicos, mas também daqueles que nela veem a possibilidade de tornar a empresa mais competitiva, sendo possível encontrar uma série de estudos abordando o tema em uma "pluralidade de perspectivas", de acordo com Easterby-Smith e Araújo (2001). Na literatura internacional sobre aprendizagem individual, identificaram-se três estudos que, especificamente, examinam a aprendizagem de competências na perspectiva das profissões dos sujeitos e, por isso, foram utilizados na comparação dos processos de aprendizagem de gerentes da pesquisa realizada: o de Cheetham e Chivers (2001), o de Eraut (2004) e o de Collin (2004).

Os pesquisadores ingleses Cheetham e Chivers coordenam estudos desde 1994, visando esclarecer como os profissionais adquirem e mantêm suas competências, e qual a influência da aprendizagem formal e informal no processo.

A investigação envolveu pessoas de 20 profissões diferentes, selecionadas de seis grupos funcionais (ensino/treinamento; medicina e saúde; financeiro e legal; político e administrativo – serviço público; técnico e científico; religioso/espiritual). Os resultados obtidos, de acordo com Cheetham e Chivers (2001), sugeriram a existência de variações na importância concedida por pessoas de profissões diferentes aos métodos ou experiências no desenvolvimento de suas competências profissionais.

Demonstraram também que ambos os métodos de aquisição de competências, formal e informal, são importantes e até certo ponto relacionados. Dados prévios do referido estudo sobre os impactos da aprendizagem formal indicam que os programas de desenvolvimento profissional formal têm papel significativo na fundamentação básica – aprendizagem de conhecimentos teóricos especializados e habilidades profissionais básicas – e podem influenciar positivamente a aprendizagem de metacompetências importantes no desempenho de profissões de nível superior (Cheetham; Chivers, 2005). A aprendizagem informal torna-se o componente mais significativo no decorrer da maturação profissional, revelando que o alcance da plena competência profissional ocorre após o período de formação/treinamento formal.

De maneira sintética, o Quadro 11-1 apresenta as formas de aprendizagem identificadas por Cheetham e Chivers (2001).

Abordando o papel da aprendizagem informal no local de trabalho, Eraut e sua equipe vêm realizando pesquisas por meio do "*Teaching and Learning Research Programme*" patrocinados pelo *UK Economic and Social Research Council*. Tais estudos abrangem a identificação dos fatores que afetam a aprendizagem em três campos profissionais qualificados: engenharia, saúde/bem-estar e setor de negócios, envolvendo profissionais e gerentes. Têm como foco investigar quais episódios de aprendizagem auxiliam os profissionais a adquirirem os conhecimentos e as habilidades necessários ao desempenho, buscando identificar o que está sendo aprendido, como e quais os principais fatores intervenientes.

Os dados obtidos corroboram a ocorrência da aprendizagem por métodos informais e incidentais no local de trabalho e fora dele, em várias modalidades. "O desempenho profissional e gerencial normalmente é complexo e envolve tipicamente o uso simultâneo de vários tipos de conhecimento e habilidades que devem ser aprendidos mais holisticamente" (Eraut, 2004, p. 247). Os resultados dos estudos foram resumidos no Quadro 11-2.

QUADRO 11-1
Formas de aprendizagem de competências profissionais apresentadas por Cheetham e Chivers

• Prática e repetição • Reflexão	• Atividades de maior esforço ou tensão (atividades inovadoras, pioneiras ou complexas)
• Observação e cópia (modelos profissionais)	• Mudança/alteração de perspectiva
• Absorção inconsciente ou osmose (aprendizagem tácita)	• *Mentoring/Coaching*
• Articulação (apresentação de trabalhos práticos em fóruns acadêmicos ou críticos)	• Uso de dispositivos mentais (pensamento analítico, mapas mentais, relaxamento)
• *Feedback* (avaliação)	• Transferência de ocupações extraprofissionais
• Cursos	• Colaboração (trabalhos em equipe)

Fonte: Adaptado pela autora com base em Cheetham e Chivers (2001, p.281).

QUADRO 11-2
Formas de aprendizagem utilizadas pelos profissionais no estudo de Eraut et al.

• Com outras pessoas, seja pela observação, seja por atividades realizadas em parceria	• Assumir desafios que proporcionem motivação e confiança
• Trabalhar com o cliente, que compreende o conhecimento sobre ele, de seus problemas e a criação de soluções conjuntas	• Participação em trabalhos em grupos
• Autodesafio para o trabalho	• Cursos de pequena duração
• Vida particular	• Acesso a materiais (livros, documentos, intranet)
• Suporte organizado da empresa à aprendizagem	• Consulta externa ao grupo de trabalho

Fonte: Adaptado pela autora com base em Eraut (2004, p. 266-271).

Inserido no projeto "*Learning and the development of expertise in the interaction between higher education and working life*" da Academy of Finland, o foco do estudo de Collin (2004) está na investigação da percepção de um grupo de engenheiros e *designers* sobre o papel da experiência no trabalho para a aprendizagem profissional. As categorias identificadas foram resumidas no Quadro 11-3.

A principal conclusão da investigação refere-se ao fato de que a aprendizagem a partir das experiências obtidas no trabalho é um processo contínuo e desenvolvido no desempenho das atividades, no cotidiano. As experiências são consideradas como elementos de grande importância para o desenvolvimento do *expertise*, destacando-se nos resultados da pesquisa aquelas originadas na interação social, seja no contato direto com os colegas ou atuando em cooperação nos grupos de trabalho, em comunidades de prática, demonstrando que a aprendizagem e o próprio trabalho são colaborativos na realidade dos pesquisados. Foram valorizadas, como outra fonte de aprendizagem, as experiências obtidas gradualmente no desempenho do próprio trabalho, que asseguram a obtenção gradual da visão holística dos processos e projetos, e possibilitam ao profissional a noção de prioridade do que é importante fazer e aprender, de sua contribuição ao todo, da finalidade e significado do trabalho. Despontou ainda, segundo Collin (2004), a aprendizagem oriunda das experiências de outras pessoas, aí considerados os próprios colegas ou outros profissionais externos à empresa, utilizando-os como referências ou modelos em sua atuação. Como última categoria, Collin (2004) abordou o papel da experiência intrínseca ao percurso individual dos profissionais e acumulada ao longo do tempo, originada por atividades em que estiveram imbuídos a aceitação de responsabilidades, o correr riscos ou em que foi possível realizar a transposição da aprendizagem formal e das experiências extratrabalho.

No Brasil, vários estudos empíricos desenvolvidos podem ser considerados como importantes referências comparativas a este trabalho. Dentre eles, destacam-se dois voltados ao exame da aprendizagem de competências gerenciais: o de Antonello (2004) e o de Bitencourt (2005).

Antonello (Capítulo 10) relata uma pesquisa com gerentes participantes de programas de especialização e mestrado profissional em Administração. O objetivo esteve relacionado à identificação e à análise das contribuições da articulação sistematizada de processos de aprendizagem formal e informal, no desenvolvimento de competências gerenciais, em dimensão individual e coletiva. Com base nos dados da pesquisa, a autora elaborou uma taxonomia composta de 12 formas de aprendizagem – formais e informais – que contribuem para o desenvolvimento de competências gerenciais, apresentada no Quadro 11-4.

Bitencourt (2005) desenvolveu uma pesquisa que teve como objetivo identificar e ca-

QUADRO 11-3
Formas de aprendizagem pelas experiências do trabalho de Collin

• Interação com outras pessoas – trabalhos conjuntos/ em cooperação	• Experiências de outras pessoas –cópia/modelo (colegas, redes, clientes, *benchmarking*, consultores)
• Processos e projetos de trabalho – experiências do cotidiano	• Acumulação das próprias experiências – no trabalho e fora dele (aceitar desafios, assumir responsabilidades, correr riscos, integrar a aprendizagem formal – graduação e especialização – com a prática)

Fonte: Adaptado pela autora com base em Collin (2004, pp. 118-122).

QUADRO 11-4 Formas de aprendizagem de Antonello	
• **Experiência anterior e transferência – extraprofissional** – (de ocupação/cargo e da educação formal anteriores:, de atividades fora do trabalho: lazer, *hobby*, atividades, trabalho voluntário)	• **Experiência**: problemas complexos/ abrangentes, atividades pioneiras ou de inovação, experiências traumáticas, processos de mudança organizacional
• Reflexão	• **Autoanálise** – autoconhecimento
• **Observação** – modelos (aprender com outros profissionais)	• ***Feedback***
• **Mudança de Perspectiva**: troca de papel, transferência, troca de trabalho, trabalhar com pessoas de áreas diferentes da sua	• **Mentoria** e **tutoria**
• **Interação e Colaboração**: trabalho em grupo/equipe; aprendizagem a partir de outros profissionais da mesma área, de clientes; trabalho em equipes multidisciplinares e rede (*networking*) com outros profissionais da mesma área	• **Informal:** • No trabalho – baseada na prática • No curso – especialização e mestrado: na interação com colegas
• **Treinamentos:** treinamento no trabalho (*on the job*); rotação de funções (*job rotation*) e programa *trainee*; intensa aprendizagem/ intenso treinamento (muito além do mínimo para um desempenho competente) e multiplicação de treinamentos/cursos.	• **Aprendizagem pela articulação entre a teoria e a prática**: redação de artigos/ *papers* / relatórios; apresentação de conferências, de trabalhos do curso e da dissertação; e especialização / mestrado articulados a aprendizagem baseada no trabalho

Fonte: Adaptado pela autora com base em Antonello (Capítulo 10 deste livro).

racterizar a gestão de competências gerenciais e analisar a contribuição de elementos de aprendizagem organizacional (conceitos, princípios e práticas) neste processo. A pesquisa de caráter qualitativo e exploratório foi realizada por meio de estudo comparativo de seis empresas (três brasileiras e três australianas). Similarmente aos estudos internacionais, os resultados destacaram a importância das práticas informais na aprendizagem. A maioria das experiências relevantes, na perspectiva dos pesquisados, não foram as formais, mas as que extrapolaram os limites organizacionais e das instituições de ensino. Elas foram sintetizadas no Quadro 11-5.

QUADRO 11-5 Formas de aprendizagem de competências gerenciais no estudo de Bitencourt	
• Autodesenvolvimento	• Relacionamento interpessoal
• Desafios	• Satisfação social (responsabilidade social)
• Experiência voltada a modelos de liderança	• Práticas do cotidiano
• Vivência no exterior	• Papel da universidade-aprendizagem formal
• Sistema de gestão e projetos que estimulam a visão processual e a equipe multifuncional	• Importância da família

Fonte: Adaptado pela autora com base em Bitencourt (2005, pp. 134-149).

4 • A PESQUISA DE CAMPO

O estudo ora apresentado caracterizou-se como qualitativo básico ou genérico (Merriam, 1998) e teve as entrevistas semiestruturadas (Godoy, 2007) como estratégia fundamental de coleta de dados. O tratamento das informações obtidas nas entrevistas foi realizado com base nas orientações para análise de dados qualitativos propostas por Merriam (1998), sendo que para a categorização temática valeu-se da abordagem denominada por King (2004) de "análise de *templates*".

Foram realizadas quinze entrevistas, envolvendo gerentes pertencentes aos quadros de uma empresa da área de prestação de serviços de infraestrutura urbana do estado de São Paulo. A escolha dos grupos foi direcionada de maneira a assegurar pessoas com formação em três áreas profissionais de forma equitativa: Engenharia (5), Psicologia (5) e Administração de Empresas (5) e atuantes nos diversos sistemas organizacionais. A Figura 11-1 sintetiza o perfil dos participantes.

Os resultados encontrados são expostos, a seguir, em dois blocos de informações. Inicialmente apresenta-se os dados referentes à identificação e descrição do processo de aprendizagem das capacidades gerenciais. Posteriormente, são destacadas as contribuições da aprendizagem formal e da aprendizagem informal na aquisição destas capacidades.

5 • COMO OS GERENTES APRENDEM?

A passagem da carreira profissional para a gerencial foi um importante marco, uma experiência singular no caso dos 15 sujeitos deste estudo. Representou o enfrentamento de mudanças, de desafios e de busca de alternativas de ação para novas situações. Assim apresentado, pode-se referir a aprendizagem deste período como o processo que permitiu aos novos gerentes moverem-se das formas usuais de agir – como engenheiros, psicólogos ou administradores – para lidar com as exigências e expectativas envoltas na nova posição até encontrar nova estrutura de suporte às ações ou identidade. Representou a necessidade de mobilizar as capacidades profissionais já adquiridas em nova combinação, desenvolvendo outras competências, num ciclo contínuo. Entende-se que, na transição, as lentes pelas quais gerentes interpretavam o mundo, seus "modelos mentais" (Argyris,1999; Kim, 1993), eram fortemente baseadas nas referências da sua formação e prática profissional.

A principal característica da passagem é que as capacidades desenvolvidas, a partir de então, passaram a ser baseadas em um processo de construção individual, iniciado pela visão que os indivíduos possuíam sobre a organização, a unidade e o trabalho, em contraposição a suas possibilidades, motivações, aspirações e visões acerca da fun-

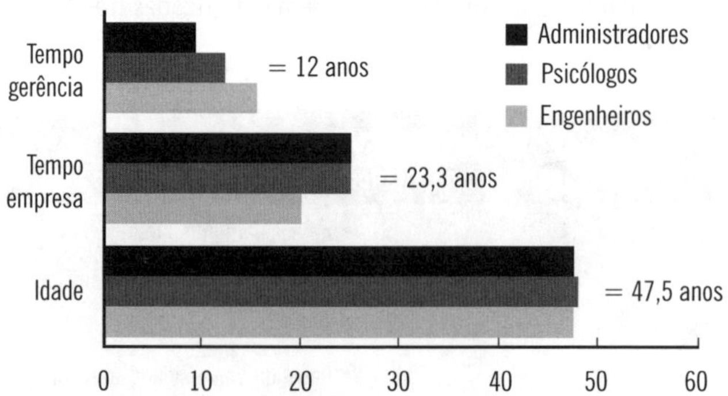

FIGURA 11-1 Perfil dos sujeitos.

Fonte: Elaborado pela autora com base nas entrevistas com os sujeitos da pesquisa.

ção gerencial, sobre si mesmo e sobre a vida. "A aprendizagem é multidimensional e pode influenciar as perspectivas de significado de várias maneiras e em diferentes níveis" (Cranton, 1994, p. 48).

• 5.1 • O processo de aprendizagem

Tradicionalmente, a aprendizagem no universo empresarial apoia-se na aprendizagem formal, a partir da realização de cursos. Não se pode questionar a validade da promoção de cursos, cuja importância é significativa na atualização e aquisição de conhecimentos e práticas a serem incorporados na empresa, como foi apontado pelos gerentes, mas isoladamente não lhes asseguraram aprendizagem efetiva (Ruas, 2003). Ponderação semelhante foi apontada por Cheetham e Chivers (2001), ao esclarecerem que programas formais podem prover a base de conhecimentos teóricos e especializados na área de atuação profissional, principalmente quando estabelecem vínculos com a prática, o que, de maneira semelhante, foi evidenciado, neste estudo, em relação aos cursos de pós-graduação e a alguns de aperfeiçoamento.

Assim, a aprendizagem das capacidades dos sujeitos desta pesquisa ocorreu, de forma geral, pela aprendizagem formal e informal (Marsick; Watkins,1997), mas acentuadamente com base em experiências que amealharam, no decorrer da sua carreira profissional e no exercício da função gerencial, propriamente dita. De acordo com os resultados, tratou-se de um processo dinâmico, contínuo e baseado nas sucessivas experiências, corroborando os princípios da aprendizagem construtivista, descritos anteriormente.

No Quadro 11-6, são apresentadas as formas de aprendizagem dos sujeitos, comparativamente a tipologias identificadas por alguns autores nacionais e internacionais. Na sequência, elas são descritas em subcategorias estabelecidas com o intuito de assegurar o melhor entendimento, pois na realidade dos sujeitos pesquisados, de acordo com a interpretação dos depoimentos, muitas vezes elas ocorreram fortemente imbricadas.

5.1.1 Aprendizagem formal

A aprendizagem formal, neste estudo, foi considerada como aquela obtida por meio da graduação (Administração de Empresas, Psicologia e Engenharia), dos cursos de pós-graduação na área de formação profissional e na área de gestão, da realização de cursos de aperfeiçoamento em geral e suportes oferecidos pela empresa.

Entre os gerentes dos três grupos profissionais, o papel da **graduação** está relacionado ao fornecimento da base geral para o desempenho como gerentes, constituindo-se na fonte de conhecimentos a partir dos quais estruturaram a aprendizagem sobre gerenciamento. Porém, a contribuição de cursos de **pós-graduação** foi mais decisiva para 13 deles. Vale ressaltar que, no caso de 11 pessoas, tratou-se de cursos realizados nos últimos seis anos, o que lhes assegurou atualização, com um fator diferencial: na ocasião do curso, já possuíam experiência na posição gerencial, o que pode ter contribuído para a integração entre a aprendizagem formal e a prática. Na opinião dos sujeitos, tais cursos conferiram mais sentido à aprendizagem e facilitaram a vinculação com as atividades da função, à medida que abordavam questões diretamente relacionadas à prática ou lhes forneciam subsídios para compreensão do negócio e da administração empresarial. Além de conhecimentos atualizados em sua área de gerenciamento, possibilitaram-lhes atuação com maior fundamentação, do ponto de vista técnico, e implementação de novas ideias ou ferramentas. As experiências obtidas na prática conectaram-se àquelas obtidas na aprendizagem formal. Neste sentido, o estudo de Collin (2004) também assinala a importância do conhecimento teórico adquirido em cursos realizados após alguns anos de experiência prática, quando a bagagem adquirida concede referência diferenciada na aprendizagem do conhecimento teórico e, consequentemente, para as novas competências.

Os cursos de **aperfeiçoamento** foram mais aproveitados pelas gerentes psicólogas, possivel-

QUADRO 11-6
Formas de aprendizagem dos sujeitos, comparadas com os autores referenciados

Formas de aprendizagem deste estudo		Gerentes deste estudo/nº				Autores internacionais				Autores nacionais	
		Total	Admin.	Psicol.	Engenh.	Kolb	Cheetham e Chivers	Eraut	Collin	Anto-nello	Bi-ten-court
Aprendizagem formal	Graduação	14(*)	05(*)	05(*)	04(*)	●	●		●		●
Aprendizagem formal	Pós-graduação	12	04	04	04				●	●	●
Aprendizagem formal	Cursos	15(*)	05(*)	05(*)	05(*)			●	●	●	
Aprendizagem formal	Suportes organizacionais	12	04	04(*)	03			●			
Aprendizagem informal	**Experiências profissionais**	14	05	05	04	●	●		●	●	●
Aprendizagem informal – Experiências gerenciais	**Interação social**										
	Funcionários	14	04	05	05	(**)					
	Pares	08	02	03	03	(**)	●	●	●	●	●
	Superiores / pessoas influentes	13	04	05	04	(**)	●		●	●	
	Clientes (internos ou externos) / fornecedores	09	03	02	04	(**)	●	●		●	
	Redes internas, *networking*, *benchmarking*	06	03	02	01	(**)	●		●	●	
	Desempenho do trabalho gerencial										
	Experiências do cotidiano	15	05	05	05	●	●		●	●	●
	Experiências do ambiente empresarial / situações adversas / desafios	13	05	03	05	●	●	●		●	●
	Projetos inovadores	10	04	03	03	●	●			●	
	Metas empresariais	06	0	04	02						
	Relação do gerente consigo mesmo										
	Autoconhecimento	06	01	05	0		●			●	
	Feedback	08	03	03	02		●	●	●	●	
	Autodesenvolvimento	14	05	05	04	●					●
	Reflexão	13	04	04	05	●	●			●	
	Valores	09	01	03	05						●

Fonte: Elaborado pela autora com base nas entrevistas e na síntese das pesquisas de Kolb (1984), Cheetham e Chivers (2001, p. 281), Eraut (2004, p. 266-271), Collin (2004, p. 118-122), Antonello (vide Capítulo 10 deste livro) e Bitencourt (2005, p. 148).

Legenda:

(*) Influência discreta

(**) Referência à interação social, no geral

mente em razão da valorização que a eles concedem, a partir de sua atuação profissional na área de desenvolvimento gerencial. Para os outros sujeitos, sua validade no desenvolvimento de capacidades gerenciais foi tênue, embora citada por todos e especialmente reconhecida quando demonstrava possibilidade de aplicação direta à sua prática.

É importante observar que, de acordo com os dados extraídos da pesquisa, várias iniciativas da empresa contribuíram para o desenvolvimento de competências entre os gestores. No que tange à aprendizagem formal, salienta-se a concessão de subsídio parcial à realização de cursos de pós-graduação para 11 sujeitos e patrocínio integral a inúmeros cursos de aperfeiçoamento.

Além de Collin (2004,) outros autores, como Cheetham e Chivers (2001), Eraut (2004), Antonello (Capítulo 10 deste livro) e Bitencourt (2005), também apontaram a importância de algum tipo de aprendizagem formal entre os resultados de seus estudos.

5.1.2 *Aprendizagem informal*

No desenvolvimento das capacidades gerenciais, os sujeitos também se valeram da aprendizagem informal ocorrida a partir de experiências profissionais anteriores ao exercício da posição gerencial e experiências gerenciais advindas da interação, do trabalho gerencial e da relação consigo mesmo, como mostrado na Figura 11-2.

Princípios da teoria da aprendizagem pela experiência, fundamentada notoriamente por Kolb (1984), fizeram-se presentes entre os resultados deste estudo. Um deles refere-se à experiência, explicada por Paloniemi (2006) como a maneira pela qual as pessoas conferem significado a situações vivenciadas na vida e no local de trabalho. Outro dos princípios da aprendizagem de Kolb (1984) diz respeito à aprendizagem envolver

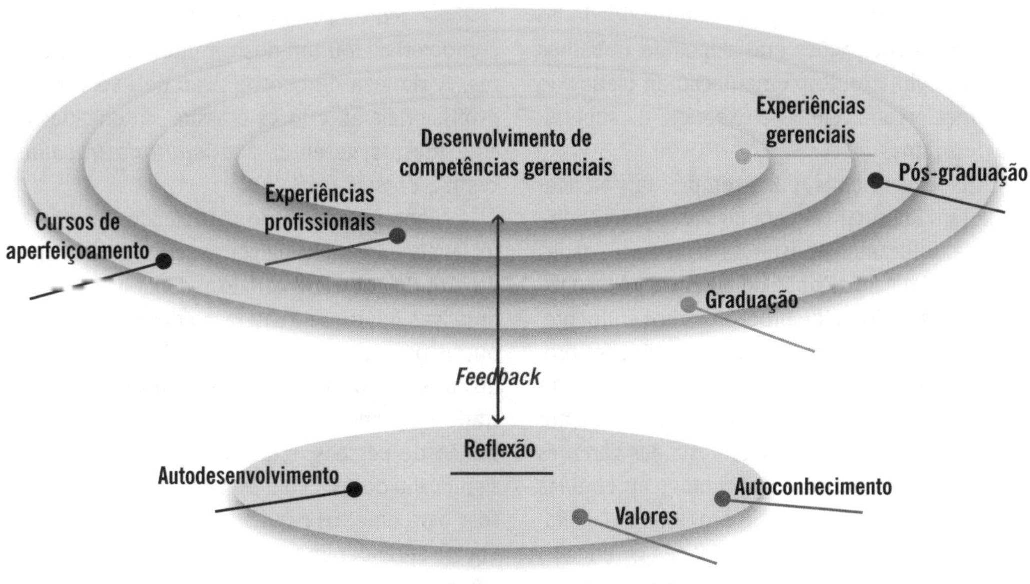

FIGURA 11-2 Síntese das formas de aprendizagem.

Fonte: Elaborado pela autora.

transações entre a pessoa e o ambiente, ou seja, ocorrer na interação social. Entretanto, este é um processo individual, baseado na contínua reorganização e reconstrução da experiência (Elkjaer, 2001). Por essa noção compreenderam-se as diversidades encontradas no processo de aprendizagem dos gerentes da pesquisa realizada.

Dos relatos, depreendeu-se que a aprendizagem de capacidades gerenciais, com base nas **experiências como administradores, psicólogos ou engenheiros**, foi predominante entre todos os gerentes. O processo analítico permitiu entender que capacidades por eles desenvolvidas no exercício profissional retratavam uma visão do trabalho condizente aos requisitos da função gerencial e, portanto, facilitaram sua indicação à promoção. As vivências anteriores dos sujeitos dos três grupos caracterizaram-se como atividades de natureza institucional (voltadas a toda a organização), inovadoras e/ou de responsabilidades técnicas significativas, tendo sido marcadas por desafios, necessidades de assumir riscos, aumento crescente da complexidade do trabalho, participações em grupos de trabalhos multidisciplinares, implementação de planos de mudança organizacional e exercício de supervisão de equipes.

Aos engenheiros, por exemplo, tais atividades foram importantes para lhes assegurar condições de, futuramente, estar à frente de unidades responsáveis pelo alcance de objetivos, execução de serviços e adoção de procedimentos eminentemente técnicos, alicerçados em capacidades providas pela formação e exercício profissional e utilizadas direta ou indiretamente no embasamento de suas decisões. A visão manifesta das gerentes psicólogas indicou que capacidades aprendidas na formação ou no exercício profissional facilitaram a aprendizagem de capacidades gerenciais, primordialmente as relacionadas à gestão de pessoas e de relacionamento interpessoal, em geral, e à visão sistêmica. No caso dos administradores, possibilitou-lhes desenvolver capacidades relacionadas à visão dos vários segmentos da atividade empresarial, o que subsidiou o desempenho gerencial na articulação do trabalho de suas unidades com as demais.

Cheetham e Chivers (2001) e Antonello (Capítulo 10 deste livro) acrescentam que também as vivências extraprofissionais são significativas ao desenvolvimento de competências mobilizadas no trabalho atual, o que foi apontado por três gerentes deste estudo: uma psicóloga e um engenheiro exerceram atividades docentes, que enriqueceram seus conhecimentos na área gerencial; as capacidades de um dos gestores administradores relacionadas à liderança e à comunicação foram incrementadas por sua atividade de liderança religiosa. Este tipo de dado está alinhado à ideia de Kolb (1984) de que as experiências que fornecem a base de desenvolvimento para outras não são acumuladas em um único contexto, mas desenvolvidas ao longo do desempenho profissional e ao assumir responsabilidades. Como explicou Collin (2004), o indivíduo adquire e acumula informações e habilidades, etapa a etapa, que o auxiliarão no futuro, pois "não se acorda gerente de um dia para outro", como verbalizou um dos gerentes administradores. A riqueza da contribuição de experiências profissionais anteriores é assim sintetizada por esse mesmo gerente: *"na auditoria trabalhei, chorei, cresci"*.

A aprendizagem de capacidades gerenciais foi igualmente marcada por experiências advindas do próprio exercício gerencial. Uma das mais expressivas referiu-se à interação dos gerentes com outras pessoas. Foi evidenciado que os gerentes dos três grupos, na **interação com os subordinados**, aprenderam capacidades relacionadas à gestão de pessoas, relacionadas à "sutileza" do significado de lidar com as diferenças entre as pessoas para obter os resultados da unidade. Com a equipe aprenderam também conhecimentos práticos referentes ao trabalho e ao conhecimento sobre si mesmos, por meio de *feedbacks* recebidos e pelo refinamento de sua percepção em relação aos limites para melhor compatibilizar o atendimento das expectativas das pessoas e dos interesses da organização.

A **interação com superiores**, de acordo com as informações dos sujeitos, constituiu-se em outra importante fonte de aprendizagem de capacidades gerenciais, relembrada explicitamente por treze dos sujeitos. Alguns depoimentos referiram-se ao desenvolvimento de capacidades funcionais relativas aos limites da tomada de decisão, aguçando o discernimento quanto à adequação de compartilhamento de problemas para obtenção de respaldo e segurança nas soluções. Outros abordaram a aprendizagem obtida ao assumir riscos, porque puderam contar com respaldo dos gerentes. Houve menção também às oportunidades de desenvolvimento de capacidades técnicas (conhecimentos teóricos e práticos) e políticas obtidas na interação com seus gerentes mais maduros. Na interação com superiores, os gerentes obtiveram *feedback* acerca de sua atuação, apoio e exemplo que contribuíram para fortalecimento de capacidades que possibilitaram a obtenção de resultados, o fortalecimento do seu comprometimento com a organização, a sintonia às metas e subsídios à sua posição como representantes da empresa junto aos clientes. Houve desenvolvimento de capacidades comportamentais pelos exemplos de seus superiores, positivos e negativos, demonstrando que com "chefe ruim" também se aprende (Bennis; Nanus,1988), pois esta é a realidade dos gerentes: "lidar com as diversidades e adversidades", como disse um deles. Encontram-se citações que corroboram a importância da aprendizagem com gerentes atuais ou passados, especialmente em Cheetham e Chivers (2001), Antonello (Capítulo 10 deste livro), Collin (2004) e, Leite (Capítulo 9 deste livro). Nelas são reforçadas as informações de que os gestores, além de suas atribuições, também são responsáveis pela formação de novos gerentes.

Na interação com **pares** obteve-se outra concentração expressiva de resultados quanto à forma de aprendizagem, embora sem predominância de um ou outro grupo profissional. Ocorreu em função da execução de atividades em grupos multifuncionais ou interáreas, assim como emergiu do cotidiano, pela interface de trabalho entre áreas técnicas e operacionais ou administrativas. Nesta relação, como se pôde notar nos depoimentos dos gerentes, afloraram informações sobre a aprendizagem de capacidades comportamentais inerentes aos trabalhos em grupos, como comunicação, cooperação, administração de conflitos e negociação. Tratou-se de fonte de conhecimentos relativos ao próprio trabalho ou à atuação de segmentos diversos da organização e da empresa e setor do negócio, ampliando-lhes a visão global. Trabalhar junto com outras pessoas favoreceu-lhes observar e ouvir profissionais diferentes, ter contato com pontos de vista diversos e obter conhecimentos, não só explícitos, como tácitos, facilitando a aquisição de capacidades funcionais pelo contato com modos alternativos de resolução de problemas. Como explicou Collin (2004) sobre esta forma de aprendizagem, quando se atua em grupos, cada um é parte de um processo ativo de construção de novas ideias, métodos e produtos. A aprendizagem com pares foi abordada também por Eraut (2004) ao enumerar tipos de atividades que regularmente possibilitam aprendizagem, bem como por Cheetham e Chivers (2001) e Antonello (Capítulo 10 deste livro), ao se referirem aos benefícios dos trabalhos em grupo (*teamworking*) ou à utilização da referência de atuação de outros (modelos).

A **interação com clientes** foi mencionada como origem de desenvolvimento de capacidades gerenciais, de forma mais acentuada entre gerentes engenheiros e administradores, que atuam em unidades voltadas diretamente ao cliente externo da empresa.

Por meio dos depoimentos sobre este tipo de interação, compreendeu-se ter ocorrido desenvolvimento de capacidades que contribuíram para gerenciar o trabalho da unidade, de acordo com as necessidades dos clientes, internos e externos, aguçando-lhes a orientação da gestão dos processos de trabalho, além de capacidades comportamentais como negociação, comunicação e relacionamento em geral.

Tais resultados também foram encontrados nos estudos de Cheetham e Chivers (2001) e de

Eraut (2004), segundo os quais esta interação propicia maior conhecimento do cliente e, a partir disso, facilita a identificação de soluções mais adequadas aos problemas e necessidades, construção conjunta de novas ideias e desenvolvimento de habilidades comportamentais como negociação, empatia e comunicação. Para Collin (2004), a interação com clientes proporciona informações que originam inovação ou insumos para os projetos e a correção de falhas.

Antonello (Capítulo 10 deste livro) abordou como fonte de aprendizagem gerencial a mudança de perspectiva que ocorre nas situações em que gerentes têm a oportunidade ou são forçados a ver as coisas de outro ângulo. Um dos engenheiros e três dos gerentes administradores pesquisados relataram esta forma de aprendizagem, oportunizada pelo relacionamento intenso que estabeleceram com **fornecedores** para a prestação de serviços terceirizados, os quais precisaram ocorrer de maneira muito sintonizada às práticas e aos procedimentos da empresa. Desenvolveram capacidades funcionais específicas, atinentes à gestão de contratos para assegurar o atendimento aos clientes, estabelecendo condições para execução dos trabalhos por meio de relações justas e harmoniosas, e a prestação de serviços com os requisitos de qualidade necessários.

Outras fontes de experiências foram buscadas pelos sujeitos desta pesquisa em sua trajetória gerencial, visando obter conhecimentos de práticas de gestão externa e interna, informações especializadas e referências para avaliação de sua própria atuação. Constituíram-se da interação estabelecida nas **redes internas** de contatos que se formaram na organização, em ***networking*** com colegas de cursos, em ***benchmarking*** com profissionais de outras empresas, que, algumas vezes, acabaram se incorporando como ferramenta na gestão de processos. A "aprendizagem com os outros", a de menor ênfase entre as formas de aprendizagem pela interação, foi referida por gerentes administradores e com formação em Psicologia e somente por um dos engenheiros, possivelmente em função das demandas das áreas onde atuavam ou do tipo de atividade em que estiveram envolvidos. Estas se caracterizaram quando os gerentes precisaram ter acesso a informações, por meio de profissionais da própria empresa ou de outras com quem mantinham contato, facilitado pelo curso de pós-graduação, ou quando estavam desenvolvendo projetos inéditos, para os quais foi importante contar com as referências de práticas do mercado. Cheetham e Chivers (2001), Collin (2004), Leite (Capítulo 9 deste livro) também identificaram os benefícios da aprendizagem advindas deste tipo de interação: comparar como as coisas são feitas; aprender novas formas de fazer; adquirir referências se sua forma de agir está no caminho "certo"; obter informações sobre como resolver problemas, assegurando o "caminho das pedras".

O desempenho de trabalho gerencial em si mesmo ofereceu aos gerentes desta pesquisa numerosas experiências de aprendizagem. Entre elas estão as **experiências do cotidiano** que, apontadas por todos os gerentes, representaram o esforço de resolver problemas e de lidar com as situações diariamente, entrando em contato com uma gama de variáveis do mercado, da organização e dos processos de sua unidade e proporcionando, paulatinamente, mais facilidade no desempenho das atribuições e em níveis crescentes de complexidade. Referiram-se a situações intuitivas em que a aprendizagem ocorreu com base em acertos e erros ou pela instalação de ciclos de melhoria contínua, subentendendo certa reflexão, sinal de correspondência, nestas situações, às experiências concretas de Kolb (1984), a partir das quais ocorre a transformação do conhecimento possuído. A "aprendizagem com a vida", como um dos gerentes a qualificou, fica registrada no indivíduo, e como tem a propriedade de ser desenvolvida, no assumir das responsabilidades, vai constituindo um leque de capacidades que se reconfiguram nas vivências posteriores e não só em situações semelhantes em que se originaram, conforme explica Kolb (1984), quando se refere à diversidade das situações enfrentadas como facilitadora da aprendizagem. A aprendizagem baseada nas experiências do cotidiano também figura nas pesquisas de Cheetham e Chivers (2001) como forma de desenvolver um repertório de conhecimentos, habilidades e atitudes por seu crescente acúmulo. O depoimento de uma das gerentes psicólogas ilustra esta situação:

> Hoje eu me sinto mais segura com as experiências que tive durante esse tempo, mas eu sinto que é um aprendizado diário porque as pessoas não são as mesmas todos os dias. Por mais que eu tenha vivido experiências, quando vou passar por uma nova situação que considero difícil, busco essa minha experiência como um referencial de como eu vou agir na nova situação que está aparecendo, mas ela não é suficiente para eu resolver... Embora a experiência de passado me ajude a ter uma luz, eu não posso usá-la exclusivamente para resolver os novos problemas, não posso... (a experiência) tem que se remodelar... .

Atividades de complexidade superior às normais; resolução de problemas, como apontado por Cheetham e Chivers (2001); desafios e vivências que promovem o raciocínio sistêmico, mencionados por Antonello (Capítulo 10 deste livro); a compreensão ampliada da realidade por meio da reflexão, decorrente da experiência do novo, referida por Bitencourt (2005), e com suporte da organização, impulsionam a motivação e a mudança, de acordo com Eraut (2004) e constituem-se em fatores importantes para o desenvolvimento de competências gerenciais.

Esta forma de aprendizagem foi evidenciada, entre os resultados deste estudo, também de forma marcante para todos os gerentes. Além da ampliação e da articulação de conhecimentos e habilidades, exigiu esforço para superação da capacidade de fazer acontecer e desenvolveu autoconfiança, determinação, empenho, segurança e coragem para enfrentar riscos.

De forma semelhante, os projetos inovadores, dos quais participaram 10 dos gerentes deste estudo, foram determinantes de uma "forma particular de ampliar a experiência", conforme apontou Antonello (Capítulo 10 deste livro), com base em sua pesquisa com gerentes.

As experiências obtidas a partir da implementação e do acompanhamento de metas decorrentes do processo de planejamento empresarial foram assinaladas pelas gerentes psicólogas e, em menor escala, pelos engenheiros, como meio de desenvolver capacidades anteriormente não exigidas tão intensamente na empresa, como vinha ocorrendo nos últimos anos. Cabe destaque a este tipo de experiência entre as gerentes psicólogas, cujas unidades historicamente prescindiam da obrigatoriedade de comprovação de resultados nas organizações. Com as mudanças e a necessidade de comprometimento efetivo de todas as áreas da organização, incluindo as áreas-meio, o estabelecimento de metas passou a orientar a gestão das unidades em busca de resultados, contrapondo-se à gestão da rotina e impulsionando o desenvolvimento de novas capacidades das gerentes. Eles desenvolveram a ampliação da visão global da empresa, do negócio e da contribuição de sua área para os resultados, além de capacidade para envolver a equipe e atuar em parceria com gerentes de outras unidades.

Como se viu até este ponto, os gerentes do estudo aqui relatado tiveram sua aprendizagem originada nas relações com os outros e na relação com o próprio trabalho gerencial. Porém, o relato dos participantes evidenciou ter também abrangido a "aprendizagem sobre si mesmos", como a denominou Antonello (Capítulo 10). Este tipo de aprendizagem informal ocorreu como decorrência de autoconhecimento, *feedback*, reflexão e valores – fatores estes estreitamente relacionados. Foi mencionada por gerentes dos três grupos profissionais, mas com ênfase entre as psicólogas, como demonstrado anteriormente no Quadro 11-6.

O **autoconhecimento** mostrou-se fundamental no processo de reflexão sobre a atuação dos gerentes da pesquisa que a ele se reportaram. Em essência, é o exercício de autogestão: ao identificar suas motivações, ambições, valores e características pessoais marcantes, o gerente adquire segurança e tem condições de agir com eficiência. Não mencionado pelos gerentes engenheiros, mas citado com frequência pelas gerentes psicólogas, permitiu estabelecer o autodesenvolvimento, um caminho de aprendizagem independente e autodirecionado, seja ele formal ou informal. Estes resultados encontram ressonância nos de Antonello (Capítulo 10 deste livro) e de Cheetham e Chivers (2001), ao se referirem à importância do autoconhecimento para a percepção dos potenciais e dos limites pessoais, detecção de fraquezas e aperfeiçoamento de forças, complementando suas capacidades com as dos subordinados para assegurar a realização das atividades das unidades, conforme mencionaram gerentes desta pesquisa.

Eraut (2004) e Cheetham e Chivers (2001) ressaltaram a contribuição da prática do ***feedback*** interpessoal na modificação ou no aprimoramento de gerentes. Foi exatamente esta a contribuição percebida pelos sujeitos dos três grupos, de maneira relativamente homogênea, por meio de oportunidades em que ouviram outras pessoas acerca de como estavam sendo percebidas suas atitudes. Notou-se que foram experiências provocadas por atividades estruturadas de desenvolvimento de habilidades comportamentais ou ocorreram informalmente para alguns, como produto da interação de confiança estabelecida no convívio diário com subordinados e chefes, quando já não existiam tantas defesas para ouvir críticas. Percebeu-se que, para os sujeitos deste estudo, o *feedback* foi útil para impulsionar o autoconhecimento e rever atitudes no relacionamento interpessoal e mesmo tendo sido doloroso para alguns, deixaram a entender que o resultado podia fazê-los gerentes melhores. Com sentido semelhante, a aprendizagem desencadeada por *feedback* também foi apresentada por Antonello (Capítulo 10 deste livro).

Um dos mais expressivos resultados deste estudo refere-se à aprendizagem dos gerentes obtida por meio da **reflexão**. Permeou o desenvolvimento das capacidades da maioria dos sujeitos e, a despeito do estereótipo acerca do pragmatismo dos engenheiros, foi percebida nos relatos de todos eles. Os sujeitos relataram situações em que transpareceu a ocorrência do processo de reflexão sobre experiências associado a uma situação de aprendizagem, demonstrando seu valor no desenvolvimento contínuo, principalmente entre pessoas mais experientes, como afirmaram Cheetham e Chivers (2001). Não obstante, a importância concedida ao conhecimento técnico pelos sujeitos e a necessidade de possuí-lo para apoiar sua atuação, seus depoimentos demonstraram que, em conformidade a Schön (1983), a competência profissional não deriva única e tão somente da aplicação dos conhecimentos profissionais especializados. Implicou também o desenvolvimento de capacidades para compreender as situações incertas e imprevisíveis que caracterizavam a realidade empresarial, criticá-las para agir em consonância com suas demandas. A reflexão situa-se exatamente neste ponto em que é preciso estabelecer relações causais entre "o que" está se fazendo, buscando entender as implicações que isso pode provocar em sua vida e tentar atribuir significados a essa experiência.

Embora não demonstrada como prática sistematizada, e sim, ocorrer após as experiências, com maior frequência, a reflexão apoiou o desenvolvimento de outras competências gerenciais. Foi relacionada, por exemplo, a situações em que gerentes identificavam a melhor forma de obter da equipe os resultados do trabalho ou quando buscavam o equilíbrio da delegação e a autonomia a ser concedida. Entremeou os relatos sobre maneiras pelas quais os gerentes ponderaram acertos e erros ou na assertividade imprimida nos relacionamentos com as pessoas. Auxiliou a encontrar saídas para problemas surgidos nas interações com superiores e constituiu-se em ponto de apoio para a avaliação diária de sua atuação e contribuição aos resultados da organização. A reflexão evidenciou-se ainda nas citações acerca das revisões e reafirmações de condutas pessoais ou na formação da identidade gerencial, desencadeadas por meio de suas próprias observações e *insights* ou a partir de *feedback* recebido de funcionários, pares ou superiores. Os efeitos da reflexão no desenvolvimento gerencial narrados nos trabalhos de Cheetham e Chivers (2001) e em Antonello (Capítulo

10 deste livro) foram identificados como métodos discretos de aprendizagem, possivelmente subestimados, pois seria um componente necessário à transformação de experiências em aprendizagem, conforme explicou Kolb (1984), ao possibilitar a compreensão do significado de ideias e situações e o exame das vivências em novas perspectivas.

Na realidade empresarial, disseminou-se a consciência de que a aprendizagem é um processo que perpassa a vida das pessoas, não se reduzindo a etapas específicas ou atividades formais. Nesse sentido, está implícita a ideia de que cada profissional ou gerente é responsável por seu desenvolvimento. O **autodesenvolvimento**, entendido como processo pelo qual pessoas assumem o controle de sua aprendizagem, foi outra forma de aprendizagem mencionada pelos gerentes deste estudo, ao descreverem iniciativas tomadas na condução de seu processo de desenvolvimento, em conformidade com sua visão sobre necessidades e desafios. Aplicavam assim, a capacidade de "aprender a aprender". Pelos depoimentos nas entrevistas, pôde ser verificado que vários gerentes buscaram caminhos independentes de aprendizagem, no ambiente de trabalho ou por fontes de aprendizagem formais, definindo seus objetivos de aprendizagem e as formas de alcançá-los. Por sua iniciativa e guiados por suas próprias motivações e necessidades, relataram a ocorrência da aprendizagem por meio de cursos que realizaram na busca de conhecimentos técnicos específicos de sua área de atuação, nas leituras de livros ou materiais na Internet e à integração de seus conhecimentos técnicos aos de outros funcionários da empresa em áreas em que não tinham domínio.

Os gerentes encontraram importante fonte de aprendizagem nos **valores** adquiridos na família, no trabalho e na vida em geral. Depreende-se pelos relatos que suas concepções de gerenciamento em relação às pessoas e à ação gerencial, em si mesma, foram por eles influenciadas e inspiraram a forma de gerir as unidades, de lidar com as pessoas e o alcance da visão. Referida por gerentes dos três grupos profissionais e por todos com formação em engenharia, concretizando a famosa frase de Chaplin no filme Tempos Modernos: "Não sois máquinas... homens é o que sois".

Na relação consigo mesmo, os sujeitos puderam aprender que o significado do sucesso é "acima de tudo sentir-se realizado no que está fazendo", conforme um deles mencionou. A busca pela realização pessoal foi denotada em vários trechos da entrevistas, principalmente quando se reportaram às preocupações com o alcance de resultados pela unidade, outro indicador do êxito gerencial e consequência da contribuição do trabalho do gerente e da equipe para a empresa.

Fundamentalmente, na relação consigo mesmo, os gerentes aprenderam ou ainda estão buscando aprender, sob o título genérico de gestão de pessoas, o que talvez seja mais difícil, como explicou um deles:

> [...] fazer com que as pessoas da sua equipe também se sintam realizadas. Porque no meu papel de supervisão eu não posso achar que eu adquiri sucesso se a minha equipe está insatisfeita. Eu acho que o sucesso tem que ser uma somatória da minha realização profissional e deles, que se sintam satisfeitos, que eles consigam visualizar a contribuição que eles deram ao processo.

• 5.2 • Contribuições da aprendizagem formal e informal

Na realidade dos gerentes desta pesquisa, as duas formas de aprendizagem fizeram-se presentes em seu processo de aprendizagem, com contribuições significativas, relativamente em nível de maturidade pessoal e gerencial. Num esforço didático de demonstrar a diferenciação do grau de importância concedido pelos gerentes, percebida a partir do processo analítico, apresenta-se, na Figura 11-2, a síntese das formas de aprendizagem identificadas neste estudo.

Com base na análise realizada e conforme demonstrado na Figura 11-2, em relação à **aprendizagem formal**, salienta-se que:

- De maneira global, ela forneceu base de conhecimentos sobre a qual os gestores estabeleceram sua atividade gerencial. A partir da interpretação das entrevistas, nota-se que particularmente os engenheiros atribuíram-lhe maior peso na gestão de suas áreas, cujos serviços possuem natureza técnica bastante especializada. Porém, tratou-se de importante fonte de aprendizagem na fase inicial da carreira gerencial dos sujeitos dos três grupos ou quando assumiram a gestão de novas unidades/serviços, momentos estes em que buscavam conhecimentos adicionais para configurar processos de trabalho e o gerenciamento em si mesmo.

- Os cursos de aperfeiçoamento foram mais aproveitados pelas gerentes psicólogas, possivelmente em razão de terem atuado como profissionais na área de desenvolvimento gerencial. Para os outros, sua validade no desenvolvimento de capacidades gerenciais foi tênue, embora citada por todos.
- Os cursos de graduação foram citados como fontes de aprendizagem gerencial, porém com importância discreta, comparativa aos cursos de pós-graduação, especificamente porque estes proporcionaram a formação (ou complementação) gerencial não obtida na graduação ou asseguraram conhecimentos atualizados sobre práticas gerenciais, em sua área de gerenciamento e em consonância com suas necessidades.
- Para os gerentes dos três grupos, a aprendizagem formal mostrou-se um meio significativo para aprender, principalmente quando ocorreu de forma integrada a suas experiências e necessidades, articulando-se à aprendizagem informal.
- Todos os autores selecionados para referenciar os dados desta pesquisa relacionaram a importância de algum tipo de aprendizagem formal nos resultados de seus estudos, o que leva a inferir que, para assegurar a renovação das organizações e o crescimento das pessoas, não se pode prescindir destes esforços nos processos de formação ou de atualização gerencial.

Sobre a **aprendizagem informal,** salienta-se que:

- Foi também considerada uma via bastante significativa de aprendizagem gerencial entre gerentes engenheiros, psicólogos e administradores.
- O processo de aprendizagem gerencial, no caso dos sujeitos deste estudo, sofreu influência das experiências que obtiveram como profissionais, isto é, antes de se tornarem gerentes. Entende-se, pelo relato dos indivíduos, que tais experiências caracterizaram as diferenças entre os grupos, no processo de aprendizagem das capacidades gerenciais, orientando as buscas de desenvolvimento.
- As experiências anteriores ao exercício da função gerencial também se revelaram importantes, tanto para os gerentes deste estudo, como para os sujeitos das pesquisas dos outros autores, embora não tenham sido destacadas por Eraut (2004) e Bitencourt (2005).
- Entre as formas de aprendizagem que, significativamente, marcaram a aprendizagem dos sujeitos pode-se apontar a interação social, também verificada nos resultados de outros autores mencionados.
- A interação social, como fonte de aprendizagem, foi citada pelas gerentes psicólogas por meio de suas relações com superiores e funcionários. A aprendizagem com funcionários foi expressiva entre administradores e engenheiros.
- A aprendizagem com clientes e fornecedores foi verificada, com ênfase, entre engenheiros e administradores, possivelmente em razão das características das áreas que gerenciam, com implicação direta na prestação de serviços aos clientes ou dependentes de parceria com fornecedores.
- No desempenho do trabalho gerencial, as experiências do cotidiano constituíram-se em fonte de aprendizagem para quase todos os

gerentes. Kolb (1984) as menciona como relevantes à aprendizagem, desde que acompanhadas pela reflexão, o que parece ter ocorrido na realidade dos gerentes deste estudo.

- Todos os sujeitos aprenderam capacidades, a partir da relação que estabeleceram consigo mesmo, ou seja, a partir da autogestão. Nos estudos anteriores sobre o tema foram mais frequentes as citações sobre a aprendizagem advinda do *feedback* ou da reflexão.
- Os resultados demonstraram que os sujeitos com formação em Engenharia apoiaram seu desenvolvimento gerencial nos valores pessoais e profissionais, assim como foi mais expressivo o autoconhecimento para as gerentes psicólogas.
- O autodesenvolvimento manifestou-se de maneira "enfática" como meio de aprendizagem para os três grupos de sujeitos.

○ CONSIDERAÇÕES FINAIS

Diante dos dados obtidos, pode-se afirmar que o desenvolvimento das capacidades gerenciais dos participantes deste estudo verificou-se pela aprendizagem formal e informal. Como se afirmou no item anterior, a aprendizagem formal mostrou-se relevante para os sujeitos das três profissões, particularmente quando pôde ser estabelecida sua vinculação com as experiências gerenciais.

Principalmente a síntese dos resultados permite destacar a relevância da interação social no processo de aprendizagem dos gerentes envolvidos e, a partir daí, tecer algumas considerações que retomam a perspectiva psicológica construtivista apresentada nas considerações teóricas deste capítulo.

Sob a perspectiva construtivista, pode-se entender que o conhecimento é construído individual e continuamente. A aprendizagem ocorre como forma de uma pessoa lidar com a instabilidade estabelecida sempre que se deparar com novas situações ou desafios e não encontrar referências nos modelos pessoais de mundo. Para obter o reequilíbrio, de acordo com a teoria de Piaget (1980), aprendizes reelaboram os conhecimentos ou as experiências anteriormente adquiridos e os transformam, sucessivamente a cada situação, de forma cada vez mais elaborada (Kolb, 1984). As experiências entendidas como significativas por cada indivíduo, de acordo com as diferentes situações vividas (Collin, 2004), são compartilhadas e validadas no meio social (Kolb, 1984). Dessa forma, a experiência ocorre em razão da interação do indivíduo com seu ambiente (Kolb, 1984).

Os resultados desta pesquisa, em relação ao papel da interação social na aprendizagem, adquirem significado mais expressivo, quando examinados à luz da teoria da aprendizagem experiencial e conversacional apresentada por Baker, Jensen e Kolb (2005). Segundo estes autores, a aprendizagem conversacional deve ser entendida como o "processo pelo qual aprendizes constroem significados e transformam suas experiências coletivas em conhecimentos por meio das conversações" (Baker; Jensen; Kolb, 2005, p. 412). Envolve adquirir experiências e pontos de vista do outro com quem interage, expressar suas próprias conclusões sobre o aprendido e, com base nelas, agir. O processo de interpretação e compreensão da experiência humana é um ato solitário, mas ocorre na relação com os outros por meio da conversação. Diferente de discussão, debate ou diálogo, que pressupõem forças opostas ou conflitos, conversação implica compartilhamento de ideias, consideração franca e real do peso das opiniões do outro para incrementar conjuntamente a compreensão de uma experiência. Na aprendizagem conversacional, as diferenças são fontes de novas compreensões e princípios, ultrapassando preconcepções pessoais. Por esta noção o desequilíbrio e reequilíbrio, antes referidos, são representados pelo processo dialético que ocorre no que se chama de espaço da aprendizagem conversacional.

A compreensão da aprendizagem interacional é ampliada, quando se retomam os tipos principais de atividades no trabalho que proporcionam aprendizagem, apontados por Eraut (2004) e que se assemelham aos encontrados neste estudo: (a) a participação em trabalhos em grupos; (b) a aprendizagem com outras pessoas, seja pela observação, seja por atividades realizadas em parceria; (c) o trabalho com o cliente, que compreende o conhecimento sobre ele, dos seus problemas e a criação de soluções conjuntas; (d) assumir desafios, que proporcionam motivação e confiança.

Com base nos resultados alcançados, entende-se também o papel significativo exercido pela reflexão no processo de aprendizagem das capacidades gerenciais dos sujeitos. Corroboraram que a experiência que resulta em aprendizagem dos indivíduos adquire sentido ao se refletir sobre elas:

> Na descoberta minuciosa das relações entre os nossos atos e o que acontece em consequência deles, surge o elemento intelectual que não se manifestara nas experiências de tentativa e erro. À medida que se manifesta, esse elemento aumenta proporcionalmente o valor da experiência. Com isto, muda-se a qualidade desta; e a mudança é tão significativa – isto é, reflexiva por natureza (Dewey, 1979, p. 159).

A reflexão permite que a ação não seja um caso fortuito, mera obra do acaso, mas consequência da análise e da avaliação da experiência anterior, que viabiliza a percepção de erros cometidos ou dos diferentes aspectos das situações que influenciarão composições futuras das capacidades em novas vivências (Schön, 1983).

Para Kolb (1984), a observação reflexiva corresponde a entender o significado de ideias e situações e examinar as experiências vivenciadas em novas perspectivas.

Apesar da ênfase na aprendizagem organizacional, apropriam-se as ideias de Souza-Silva e Davel (2007) sobre colaboração reflexiva que supera a ação reflexiva individual, segundo as quais é ampliada a reflexividade ocorrida em situações de aprendizagem marcadas pela interação social e intercâmbio de experiências. Transpostas aos resultados deste estudo, pode-se considerar que as experiências de aprendizagem obtidas pelos sujeitos nas interações sociais contribuíram para intensificar sua reflexão que, entendida como metacompetência, exerceu papel significativo, potencializando a aprendizagem de outras capacidades.

Na Figura 11-3, foram resumidos os aspectos característicos da aprendizagem de capacidades gerenciais dos sujeitos.

Resgatando-se os objetivos propostos neste capítulo, conclui-se que não foram identificadas diferenças significativas nas capacidades desenvolvidas pelos gerentes administradores, psicólogos e engenheiros. Encontraram-se, porém, peculiaridades entre os três grupos na ênfase que a elas concederam no gerenciamento. O desenvolvimento de determinadas capacidades gerenciais com que moldaram sua gestão mostrou-se influenciado pelas experiências obtidas na carreira profissional, e estas sim guardaram similaridade entre os grupos. A formação proporcionada pela graduação forneceu o "pano de fundo" em cujas malhas foram tecidas as capacidades dos indivíduos. Em outras palavras, a formação é a base e as experiências profissionais correspondem a

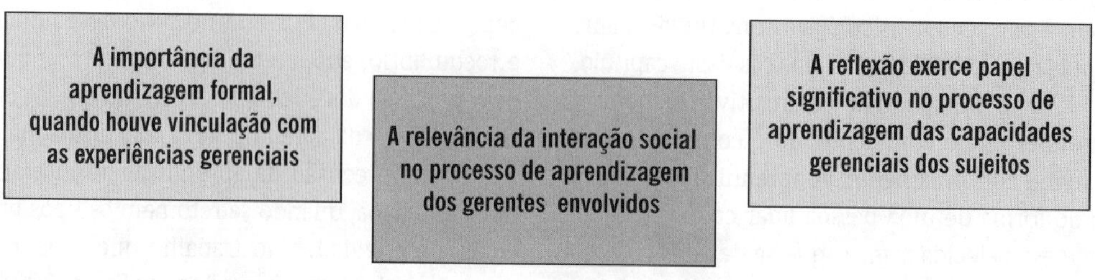

FIGURA 11-3 Destaques das características da aprendizagem dos sujeitos.

Fonte: Elaborado pela autora com base nos resultados da pesquisa realizada.

colunas que sustentam o desenvolvimento das capacidades gerenciais. Pode-se, portanto, arriscar a afirmação de existência de relação indireta entre a aprendizagem das capacidades gerenciais e a formação profissional, como processo contínuo de transformação das experiências. Esta interpretação ganha mais sentido se forem tomados os dados do estudo de Kolb (1997), que considera a formação na graduação importante fator no desenvolvimento do estilo de aprendizagem dos indivíduos. A síntese das conclusões está expressa na Figura 11-4.

Encerra-se as considerações com um excerto da entrevista de uma das gerentes psicólogas por entendê-lo compreender a síntese das premissas teóricas que alicerçaram a perspectiva construtivista, a integração da aprendizagem formal e informal, a experiência e o papel da reflexão, além da dimensão do papel gerencial em relação às equipes nas organizações:

> Há uma frase que eu aprendi em um treinamento no passado e sempre que eu posso compartilho com outros profissionais que exercem a função de liderança. É muito legal quando você consegue ver isso na prática, você ouve uma frase, ela faz muito sentido para você e você percebe na prática que isso existe. Uma vez eu escutei: 'líder era aquele que, a partir da semente, conseguia enxergar a árvore'. Isso é muito interessante: quando eu lembro, ao receber a minha primeira equipe, eu procurava olhar em cada um deles e verificar que árvores eles seriam, como é que eu iria regar aquelas sementes que passavam para a minha responsabilidade para que pudessem se tornar boas árvores?

- Não há diferenças marcantes entre as competências desenvolvidas e em sua forma de aprendizagem.
- Há peculiaridades entre os três grupos na ênfase que a elas concederam (no desenvolvimento e gerenciamento).
- O desenvolvimento de determinadas capacidades gerenciais com que moldaram a gestão mostrou-se influenciado pelas experiências obtidas na carreira profissional (similaridade entre os grupos).
- A formação profissional forneceu a base para a carreira profissional e gerencial.

↓

Existência de relação indireta entre a aprendizagem das capacidades gerenciais e a formação profissional, como um processo contínuo de transformação das experiências.

FIGURA 11-4 Síntese da conclusão do estudo.

Fonte: Elaborado pela autora com base na análise dos dados.

○ QUESTÕES PARA REFLEXÃO

1. Aprendizagem formal e informal – em que situações pode haver maior eficácia na utilização de uma ou outra? Justifique.
2. Desenvolvimento gerencial: é tarefa das organizações ou responsabilidade dos gerentes? Comente.
3. Quais premissas devem orientar a elaboração e a implantação de um programa de desenvolvimento gerencial?

REFERÊNCIAS

ABBAD, G. S.; BORGES-ANDRADE, J. E. Aprendizagem humana em organizações de trabalho. In: ZANELLI, J. C.; BORGESANDRADE, J. E.; BASTOS, A. V. B. *Psicologia, organizações e trabalho no Brasil*. Porto Alegre: Artmed, 2004. p. 237-275.

ANTONELLO, C. S. Aprendizagem na ação revisitada e sua relação com a noção de competência. *Comportamento Organizacional e Gestão*, v. 1, p. 17-37, 2006.

ANTONELLO, C. S. As formas de aprendizagem utilizadas por gestores no desenvolvimento de competências. In: ENCONTRO NACIONAL DA ASSOCIAÇÃO NACIONAL DOS PROGRAMAS DE PÓS-GRADUAÇÃO EM ADMINISTRAÇÃO, 28., 2004, Curitiba. *Anais eletrônicos...* Disponível em: <http://www.anpad.org.br/evento.php?acao=trabalho&cod_edicao_subsecao=39&cod_evento_edicao=8&cod_edicao_trabalho=1340>. Acesso em: 17 maio 2006.

ARGYRIS, C. D. On organizational learning. 2nd ed. UK: Blackwell Business, 1999. Cap. 2-3.

BAKER, A. C.; JENSEN, P. J.; KOLB, D. A. Conversation as experiential learning. *Management Learning*, v. 36, n. 4, p. 411-427, 2005.

BASTOS, A. V. B. Cognição nas organizações de trabalho. In: ZANELLI, J. C.; BORGES-ANDRADE, J. E.; BASTOS, A. V. B. (Org.). *Psicologia, organizações e trabalho no Brasil*. Porto Alegre: Artmed, 2004. p. 177-206.

BECKER, F. *Educação e construção do conhecimento*. Porto Alegre: Artmed, 2001.

BENNIS, W. *A formação do líder*. São Paulo: Atlas, 1996.

BENNIS, W.; NANUS, B. *Líderes*: estratégias para assumir a verdadeira liderança. São Paulo: Harbra, 1988.

BITENCOURT, C. C. A gestão de competências como alternativa de formação e desenvolvimento nas organizações: uma reflexão crítica baseada na percepção de um grupo de gestores. In: RUAS, R.; ANTONELLO C. S.; BOFF, L. H. (Org.). *Os novos horizontes da gestão*: aprendizagem organizacional e competências. Porto Alegre: Bookman, 2005. p. 132-165.

BITENCOURT, C. C. *A gestão de competências gerenciais*: a contribuição da aprendizagem organizacional. 2001. Tese (Doutorado em Administração) – Programa de Pós-Graduação em Administração, Universidade Federal do Rio Grande do Sul, Porto Alegre, 2001.

BURGOYNE, J.; REYNOLDS, M. Informal and incidental learning. *New Directions for Adult and Continuing Education*, n. 89, p. 25-34, 2001.

CANARIO, R. Aprendizagem, experiência e currículo. *Revista Acesso*, n. 15. 2001. Disponível em: <http://www.fde.sp.gov.br/subpages/RevistaAcesso/acesso15/curric.htm>. Acesso em: 09 dez. 2006.

CHEETHAM, G.; CHIVERS, G. How professionals learn: the practice! What the empirical research found. *Journal of European Industrial Training*, v. 25; n. 5, p. 248-292, 2001.

CHEETHAM, G.; CHIVERS, G. *Professions, competence and informal learning*. Cheltenham: Edward Elgar, 2005.

COLLIN, K. The role of experience in work and learning among design engineers. *International Journal of Training and Development*, v. 2, p. 111-27, 2004.

CRANTON, P. *Understanding and promoting transformative learning*: a guide for educators of adults. San Francisco: Jossey-Bass, 1994.

DEWEY, J. *Democracia e educação*: introdução à filosofia da educação. 4. ed. São Paulo: Nacional, 1979.

EASTERBY-SMITH, M.; ARAUJO, L. Aprendizagem organizacional: oportunidades e debates atuais. In: EASTERBY-SMITH, M.; BURGOYNE, J.; ARAUJO, L. (Coord.). *Aprendizagem organizacional e organização de aprendizagem*: desenvolvimento na teoria e na prática. São Paulo: Atlas, 2001. p. 15-38.

ELKJAER, B. Em busca de uma teoria de aprendizagem social. In: EASTERBY-SMITH, M.; BURGOYNE, J.; ARAUJO, L. (Coord.). *Aprendizagem organizacional e organização de aprendizagem*: desenvolvimento na teoria e na prática. São Paulo: Atlas, 2001. p. 100-118.

ERAUT, M. et al. Learning during the first professional job: the first year of full time employement after college for accountants, engineers and nurses. *AERA Conference Paper*, 2003. Disponível em: <http://www.sussex.ac.uk/usie/linea/AERA.pdf>. Acesso em: 13 set. 2006.

ERAUT, M. et al. Learning during the first three years of postgraduate employment. Interim Report for Engineering to ESRC/TLRP (Brighton, University of Sussex School of Education), 2002. Disponível em: <http://www.sussex.ac.uk/usie/linea/AERA.pdf>. Acesso em: 13 set. 2006.

ERAUT, M. Informal learning in the workplace. *Studies in Continuing Education*, v. 26, n. 2, p. 247-273, 2004.

GODOY, A. S. Entendendo a pesquisa científica. In: HANASHIRO, D. M. M.; TEIXEIRA, M. L. M.; ZACCARELLI, L. M. (Org.). *Gestão do fator humano*: uma visão baseada em stakeholders. São Paulo: Saraiva, 2007. p. 351-371.

KIM, D. H. The link between individual and organizational learning. *Sloan Management Review*, v. 35, n. 1; p. 37-50, 1993.

KING, N. Using templates in the thematic analysis of text. In: CASSELL, C.; SYMON, G. *Essencial guide to qualitative methods in organizational research*. London: Sage, 2004. p. 256-270.

KOLB, D. A gestão e o processo de aprendizagem. In: STARKEY, K. *Como as organizações aprendem*. São Paulo: Futura, 1997. p. 321-342.

KOLB, D. *Experiential learning*: experience as the source of learning and development. New Jersey: Prentice Hall, 1984.

MALCOLM, J.; HODKINSON, P.; COLLEY, H. The interrelationships between informal and formal learning. *Journal of Workplace Learning*, v. 15, n. 7/8, p. 313-318, 2003.

MARSICK, V. J.; WATKINS, K. E. Lessons from informal and incidental learning. In: BURGOYNE, J.; REYNOLDS, M. *Manage-*

ment learning: integrating perspectives in theory and practice. London: Sage Publications, 1997. p. 295-332.

MERRIAM, S. B. *Qualitative research and case study applications in education*. 2nd ed. San Francisco: Jossey-Bass, 1998.

MERRIAM, S. B.; CAFFARELLA, R. S. *Learning in adulthood*: a comprehensive guide. 2nd ed. San Francisco: Jossey-Bass, 1999.

MINTZBERG, H.; QUINN, J. B. *O processo da estratégia*. 3. ed. São Paulo: Bookman, 2001.

PALONIEMI, S. Experience, competence and workplace learning. *Journal of Workplace Learning*, v. 18, n. 7/8, p. 439-450, 2006.

PIAGET, J. *Psicologia e pedagogia*. São Paulo: EPU, 1980.

RAMOS, M. N. A pedagogia das competências e a psicologização das questões sociais. *Boletim Técnico do Senac*, v. 27, n. 3, p. 1-64, 2001.

RICHARDSON, V. Constructivist pedagogy. *Teachers College Record*, v. 105, n. 9, p. 1623-1640, 2003.

RUAS, R. L. Desenvolvimento de competências gerenciais e contribuição da aprendizagem organizacional. In: FLEURY, M. T. L.; OLIVEIRA JÚNIOR, M. M. (Org.). *Gestão estratégica do conhecimento*. São Paulo: Atlas, 2001. p. 242-269.

RUAS, R. L. Gestão por competências: uma contribuição à estratégia das organizações. In: RUAS, R.; ANTONELLO C. S.; BOFF, L. H. (Org.). *Os novos horizontes da gestão*: aprendizagem organizacional e competências. Porto Alegre: Bookman, 2005. p. 34-54.

RUAS, R. L. Mestrado modalidade profissional: em busca da identidade. *Revista de Administração de Empresas*, v. 43, n.2, p. 55-63, 2003.

SCHÖN, D. *Educating the refexive practitioner*. Washington DC, 1987. Presentation to 1987 Meeting of the American Educational Research Association. Disponível em: <http://educ.queensu.ca/~ar/schon87.htm>. Acesso em: 22 jan. 2006.

SCHÖN, D. *The reflective practitioner*: how professionals think in action. New York: Basic Books, 1983.

SOUZA-SILVA, J. C. de; DAVEL, E. Da ação à colaboração reflexiva em comunidades de prática. *RAE*: Revista de Administração de Empresas, v. 47, n. 3,p. 53-65, jul./set. 2007.

○ SUGESTÕES DE *SITES* SOBRE O TEMA

http://www.emtech.net/learning_theories.htm

http://www.hud.ac.uk/hhs/research/template_analysis/whatis.htm

http://www.infed.org/lifelonglearning/b-life.htm

http://www.infed.org/thinkers/

12

Patrícia Kinast de Camillis

OS SABERES NO PLURAL

um estudo acerca dos processos de aprendizagem dos trabalhadores que não exercem um papel gerencial

OBJETIVOS DO CAPÍTULO

- Apresentar brevemente as principais teorias a respeito de aprendizagem como um processo social.
- Apresentar e discutir os resultados obtidos a partir de um estudo realizado com o objetivo de identificar como ocorrem os processos de aprendizagem de trabalhadores que não exercem papéis gerenciais.
- Instigar a reflexão sobre a importância da continuidade de investigações desta natureza.

RESUMO

Este capítulo apresenta um estudo que, a partir da perspectiva social da teoria de Aprendizagem Organizacional, buscou identificar e analisar os processos de aprendizagem no local de trabalho de indivíduos que não exercem um papel gerencial, pertencentes a equipes administrativas de uma multinacional europeia. O estudo também visou contribuir com as escassas investigações sobre aprendizagem que consideram outros níveis organizacionais e categorias profissionais, e não somente o gerencial. O método utilizado para realização desta investigação foi o de estudo qualitativo básico. Foram pesquisados colaboradores de duas áreas administrativas com o intuito de identificar experiências e opiniões a respeito de seus processos de aprendizagem. A investigação evidenciou, entre outras questões, a importância dos processos informais de aprendizagem e do contexto no qual eles ocorrem. Foi possível identificar os objetivos de aprendizagem, os aspectos facilitadores e as oportunidades de aprendizagem, bem como os obstáculos e os resultados do processo de aprendizagem dos sujeitos pesquisados. O estudo proporciona informações sobre os processos de aprendizagem e adiciona subsídios aos profissionais que atuam na área de Recursos Humanos na elaboração de uma análise crítica sobre as atuais práticas, ações e formulação de políticas em sua área de atuação.

O INTRODUÇÃO

O tema Aprendizagem Organizacional, segundo Bapuji e Crossan (2004), tem estado presente na literatura sobre estudos gerenciais há décadas, mas, especialmente a partir dos anos 90, tornou-se amplamente reconhecido. Na crescente literatura referente ao assunto, existe, entretanto, muita discordância em relação ao que é e como ocorre a aprendizagem, e identifica-se a existência de duas linhas de trabalho, uma dita pragmática e outra processual.

A preocupação presente na Administração em relação à competitividade das organizações reflete-se nos estudos relacionados ao tema aprendizagem, gerando a linha pragmática, comumente tratada como Organizações de Aprendizagem ou Organizações que Aprendem (OA) e, de acordo com Easterby-Smith, Burgoyne e Araújo (2001), concentra-se no desenvolvimento de modelos normativos e metodologias para criar mudança, em direção a processos de aprendizagem aperfeiçoados. Essa linha de pensamento possui uma preocupação que enfatiza intervenções baseadas na mensuração e na crença de que é possível definir processos normativos. Autores como Argyris, Swieringa e Weirdsma e Torbert trabalham com a ideia de que processos organizacionais podem ser classificados em níveis que devem progredir para as organizações aprenderem. Outros autores, como Kolb, Dixon, Garvin e Senge, trabalham com modelos cíclicos de aprendizagem, considerando-a um processo contínuo que cria melhorias e que deve ser sempre conscientemente planejado. A vertente de OA é originária de correntes da área de conhecimento da administração inspiradas na economia, em sistemas de informações e na psicologia aplicada.

Conforme Easterby-Smith, Burgoyne e Araújo (2001), apesar das diferenças, há uma preocupação comum entre os autores da OA em entender por que o conceito é tão difícil de implementar. Isto justifica o interesse em diversos conjuntos de estratégias e técnicas de implementação que levarão a uma capacidade acentuada de aprendizagem, com base, principalmente, em casos de organizações bem sucedidas. Além disso, muitos autores encaram as questões vinculadas aos processos políticos como umas das principais barreiras ao estabelecimento de OA e, por isso, procuram minimizar a incidência e o impacto do comportamento político. Assim, a ideia de aprendizagem organizacional como processo político é tratada superficialmente pela escola de OA e, quando abordada, é encarada como um problema persistente, necessitando ser transposto e anulado, para que a aprendizagem ocorra.

Também nesta perspectiva, o objetivo do processo de aprendizagem é desenvolver a capacidade de pensamento sistêmico, que requer "mudança na mente" a fim de "ver o mundo sob nova forma" (Senge, 1990, p. 68). Com esse objetivo, é necessário expandir a inteligência, as capacidades e habilidades de cada indivíduo da organização – habilidades precisam ser desenvolvidas e atitudes precisam ser formadas para se ajustarem aos propósitos da organização.

Em contrapartida, segundo Elkjaer (2001), existem estudos nos quais a preocupação é entender os processos de aprendizagem que ocorrem nas organizações, no sentido de não simplificá-los a recomendações de práticas determinísticas. A literatura de Aprendizagem Organizacional (AO) tem se concentrado na observação e na análise dos processos envolvidos em aprendizagem individual e coletiva nas organizações e possui duas vertentes: a aprendizagem como um processo técnico ou um processo social.

A visão técnica considera que uma organização aprende se qualquer de suas unidades adquire conhecimento – informações, quantitativas ou qualitativas, explícitas e de domínio público – que ela reconhece como potencialmente útil para a organização. Defende também que só há aprendizagem quando ocorrem detecção e correção de erros ou quando ocorrem mudanças ou transformações radicais que poderão refletir na estratégia da organização. É preciso, porém, atentar para dois pontos: 1) se perde a referência de quais são as formas de mudanças que estão associadas com a aprendizagem; e 2) os acontecimentos nem sempre "tomam o curso esperado", isto é, as pessoas e as organizações podem não se comportar conforme previsto e ações políticas podem tomar precedência. Alguns membros da organização podem distorcer e suprimir informações para apoiar suas decisões e usar informações de forma seletiva para validá-las, podendo afetar o acesso à propriedade da informação (Easterby-Smith; Burgoyne; Araújo, 2001).

Conforme Blacker (1993), a perspectiva social sobre a Aprendizagem Organizacional foca a maneira pela qual as pessoas atribuem significado a suas experiências de trabalho, que podem derivar de fontes explícitas, como relatórios financeiros, ou de fontes tácitas, como a intuição. Nessa perspectiva, a aprendizagem é algo que emerge das interações sociais. No caso da informação explícita, envolve um processo conjunto de retirar significado dos dados. As fontes mais tácitas de aprendizagem envolvem práticas estabelecidas, observação, emulação e socialização.

Inspirada principalmente nas áreas de conhecimento da sociologia, da antropologia e psicologia social, a perspectiva social da AO, segundo Easterby-Smith, Burgoyne e Araújo (2001), possui diversos pesquisadores que consideram a aprendizagem organizacional como socialmente construída, como um processo político e entrelaçada na cultura de uma organização. A perspectiva social reconhece que os dados não têm significado por si mesmos, até que as pessoas determinem o que eles representam, e também acredita ser uma ingenuidade querer eliminar a política na organização, pois a política é um aspecto natural e inevitável de qualquer processo social e da realidade organizacional. Conforme Morgan (1996, p. 200) "os objetivos organizacionais, a estrutura, a tecnologia, a estruturação de cargos, o estilo de liderança e outros aspectos formais do funcionamento organizacional têm uma dimensão política, da mesma forma que o mais óbvio jogo de poder e conflitos."

Pesquisas acadêmicas nacionais e internacionais têm valorizado e enfatizado a questão da aprendizagem dos gerentes. No Brasil, boa parte destes estudos, identificados em uma pesquisa realizada na base de dados do ENANPAD (Encontro Nacional dos Programas de Pós-Graduação em Administração), no período de 2001 a 2008, aborda os estilos de aprendizagem de gestores ou consultores e, além de buscar compreender o papel de facilitador do gerente nos processos de aprendizagem organizacional, utilizam-se das percepções desses indivíduos para definir a maneira como os demais colaboradores podem ser estimulados ao aprendizado. Estes estudos tendem a considerar apenas o ponto de vista gerencial para explicar o processo de aprendizagem e procuram identificar "ferramentas" que incrementem a aprendizagem. Esta abordagem dos estudos em aprendizagem nas organizações revela uma visão parcial, que está alinhada com a perspectiva de organizações que aprendem (OA).

O indivíduo tem fundamental importância nos processos de aprendizagem organizacional, considerando-se que, entre outros aspectos, as condições organizacionais também poderão apresentar forças impulsoras ou restritivas à expressão da criatividade, à troca de informações, de conhecimento e à consolidação desta aprendizagem socialmente construída no ambiente organizacional. A identificação do indivíduo como sujeito do processo social de aprendizagem, desse modo, é base para a formação e o compartilhamento de conhecimento e para a compreensão dos processos de aprendizagem nas organizações.

É relevante, portanto, identificar e analisar os processos de aprendizagem, a partir da perspectiva dos indivíduos que não ocupam funções ditas gerenciais, visto que elas têm sido bastante discutidas em outros estudos. No momento em que se propõe considerar as práticas sociais no ambiente das organizações e suas influências, torna-se necessário abranger as demais categorias de trabalhadores que compõem o ambiente organizacional e pensar sobre o contexto em que estão inseridos e os processos resultantes, em vez de buscar apenas identificar as melhores práticas baseadas em contextos e interações sociais sob a ótica gerencial. Além disso,

> [...] pensar em aprendizado tanto individual quanto organizacional, apenas acreditando que a forma

> de se transmitir e/ou compartilhar conhecimento para e com os indivíduos se dá em ambientes de treinamento, salas de aula ou quaisquer outras circunstâncias onde o aprendizado fosse viabilizado somente pela interação entre aquele que detém o conhecimento e o indivíduo que irá aprender, sem considerar todo o contexto social da organização, é um equívoco. A participação em processos, em situações do dia a dia de trabalho das e nas organizações é também fonte de aprendizagem. (Antonello, 2004, p. 7)

Assim, entende-se que optar pela perspectiva social da Aprendizagem Organizacional pode lançar novas luzes sobre os processos de desenvolvimento do indivíduo nas organizações e auxiliar a responder à questão: como ocorrem os processos de aprendizagem no local de trabalho de indivíduos que não exercem um papel gerencial?

Ao identificar e analisar, a partir deste estudo, os processos de aprendizagem no local de trabalho em um grupo de indivíduos que não exerce papel/cargo/função gerencial, se está contribuindo para os escassos estudos sobre aprendizagem que considerem outros níveis da hierarquia organizacional, além de trazer subsídios aos profissionais que atuam na área de desenvolvimento de Recursos Humanos para a elaboração de uma análise crítica sobre as atuais práticas e a posterior formulação de políticas na área, que possam ser condizentes com a realidade da organização onde estão inseridos.

Apresenta-se, a seguir, o referencial teórico norteador e o método de pesquisa e, na continuidade, a análise dos achados em campo e as considerações finais.

1 • REFERENCIAL TEÓRICO NORTEADOR

• 1.1 • A aprendizagem como um processo social

A perspectiva social sobre a aprendizagem organizacional, de acordo com Easterby-Smith e Araújo (2001), tem como foco de estudo a maneira pela qual as pessoas atribuem significado a suas experiências de trabalho, que podem ser derivadas de informações organizadas e disponibilizadas pela empresa ou do que "está na cabeça das pessoas". Conforme os autores, a aprendizagem é algo que emerge de interações sociais que ocorrem na vida organizacional.

Segundo Brown e Duguid (1991), as instruções formais a respeito de como executar determinadas tarefas nem sempre são adequadas e, por isso, se faz necessário examinar a maneira como os novos funcionários que ingressam numa organização aprendem as normas não escritas sobre como obter um desempenho eficaz no trabalho. Isso é alcançado por meio de trocas informais entre os experientes e os poucos experientes e pelo uso de linguagens que não são necessariamente as explicitadas pela organização, como as que constam nos manuais de procedimentos. Ainda conforme os mesmos autores, muito do conhecimento crítico organizacional não existe no papel, nem na mente dos indivíduos, mas na comunidade como um conjunto.

De acordo com Easterby-Smith e Araújo (2001), se para a perspectiva social, o conhecimento é socialmente construído por indivíduos e grupos, é inevitável que interpretações particulares venham a servir aos interesses de alguns e a prejudicar os de outros. O processo interpretativo dentro das organizações é diretamente mediado por relações de poder. Departamentos, grupos funcionais, equipes e times de projeto poderão se organizar conscientemente para apresentar informação, interna e externamente, de modo a servir a seus propósitos. É ilusório esperar que a política vá desaparecer, uma vez que se constitui em parte integrante das transações organizacionais e é consequência direta de interesses que são diferenciados tanto horizontal como verticalmente. O que se precisa, então, são concepções de aprendizagem organizacional que levem em consideração os processos políticos que ocorrem em meio à vida organizacional.

Conforme Easterby-Smith e Araújo (2001), a noção de aprendizagem como um artefato cultural é algo que acontece não dentro da mente dos indivíduos, mas como resultado da interação entre pessoas. "Manifesta-se no modo como as pessoas se comportam quando estão trabalhando com outras, e esses padrões de comportamento são normalmente aprendidos por novatos na comunidade, pelo processo de socialização" (Lave; Wenger, 1991, p. 21). A maioria dos estudos que adotam essa perspectiva tende a focar a cultura como um atributo de organizações ou grupos, em seu interior.

A perspectiva social de aprendizagem parte do pressuposto que é a pessoa e não a organização que aprende, preocupando-se, assim, em entender e auxiliar a aprendizagem dos indivíduos nas organizações. Desta forma, há forte ligação entre aprendizagem e prática do trabalho. Lave e Wenger (1991) complementam esta ideia afirmando que esse campo teórico trabalha explorando as relações concretas entre as pessoas, pois os aprendizes assimilam conhecimentos e adquirem habilidades, à medida que participam de uma comunidade junto a outros profissionais.

Segundo Gherardi, Nicolini e Odella (1998), a corrente da perspectiva social de aprendizagem surgiu como resposta a algumas críticas aos modelos tradicionais de aprendizagem pautados por um processo de transferência de informação. Assim, a perspectiva social foca o processo de participação e interação e, por essa razão, alguns conceitos são, a seguir, analisados.

A Teoria Interagente de Strauss (apud Elkjaer, 2001) considera a ação/interação e a experiência, tanto individual como coletiva, partes integrantes da ação e são vistas como um processo contínuo. No mundo dos fenômenos sociais, a estabilidade social e a mudança social não podem ser separadas, devendo se considerar o processo e a estrutura como constituindo um ao outro.

Strauss (apud Elkjaer, 2001) conceitua mundos sociais como formados por grupos que compartilham comprometimentos em certas atividades, ao mesmo tempo em que dividem recursos variados para atingir suas metas, constroem ideologias em comum sobre como dirigir seus negócios e abrangem a vida organizacional, conforme ela se desdobra entre os membros e no contexto da organização. Desta forma, entende-se que o conceito de mundos sociais leva em consideração explicitamente tanto as pessoas como os contextos: "os mundos sociais não representam unidades sociais ou estruturas sociais, mas uma forma reconhecível de ação coletiva." (Elkjaer, 2001, p. 109).

Para Elkjaer (2001), o indivíduo é um ser que forma a sociedade e é formado por ela. Tanto as atividades individuais como coletivas estão baseadas no passado, no presente e no futuro. Ações e interações ocorrem entre indivíduos – em pequenos grupos – ou em relação a todos os membros do grupo e um contexto. Devido às diferentes perspectivas dos interagentes – indivíduos que agem e interagem –, as mesmas ações podem resultar em múltiplos significados. Além disso, os indivíduos são capazes de empenhar-se em autorreflexão (pensar) antes, durante e depois de quaisquer ações manifestas. "[...] os fenômenos não se desenrolam exatamente de forma automática, nem são diretamente determinados por circunstâncias sociais, econômicas, culturais, ou outras; ao contrário, são em parte formados pelas interações dos atores interessados" (Elkjaer, 2001, p. 110).

Considerar aprendizagem como uma parte inerente da prática social, como algo interpretado, baseado no mundo em que vivemos, pode também ser chamado de abordagem construtivista social sobre aprendizagem – e organizações. O construtivismo preocupa-se com o desenvolvimento de conceitos, processo que não se reduz a uma sequência de estágios de maturidade, mas que é entendido como construções reorganizadoras de um aprendiz ativo (Rocha; Loiola, 2000).

Em oposição à visão psicológica cognitiva sobre aprendizagem, praticada em ambientes formais e institucionais, a noção de "aprendizagem situada" considera que a aprendizagem é mais do que processamento de informações e transferência de culturas e atitudes "certas". A aprendizagem é considerada como parte de uma prática social que envolve interpretação. Essa perspectiva não é baseada no indivíduo, mas na prática social da vida organizacional em que processos e estruturas sociais estão continuamente sendo produzidos e reproduzidos, interpretados e reinterpretados (Elkjaer, 2001).

Lave e Wenger (1991) entendem que o processo de aprendizagem *no* e *para o* trabalho pode ser visto a partir de duas perspectivas: no engajamento legítimo nas práticas atuais e na coparticipação com outros membros da comunidade (currículo de aprendizagem); e na participação em cursos formais, ministrados por um instrutor, que demonstra uma visão externa de conhecimento (currículo de ensino). Como o currículo de aprendizagem independe do contexto, pois foca as oportunidades de aprendizagem relativas a determinada ocupação, pode-se supor que um mesmo currículo servirá a várias organizações.

Gherardi, Nicolini e Odella (1998) apresentam, como derivado do currículo de aprendizagem, o conceito de currículo situado: totalmente dependente do contexto, seu conteúdo está relacionado a um conjunto de características econômicas, simbólicas e sociais de um sistema de práticas e atividades de trabalho e, portanto, servirá apenas para uma determinada organização.

Como uma alternativa à abordagem de cognição individual sobre a aprendizagem, Lave e Wenger (1991) desenvolveram um conceito analítico – participação periférica legítima (PPL) – em que a aprendizagem é concebida como um assunto basicamente social, como participação na prática. Por meio da PPL, pode-se entender a aprendizagem em situações desprovidas de quaisquer sinais visíveis de atividades de ensino, como nas atividades diárias das organizações; "ao usar PPL como um conceito para entender a aprendizagem, não há diferenciação entre participação na prática e aprendizagem. Participação em qualquer prática implica que ocorrerá aprendizagem de uma forma ou outra" (Elkjaer, 2001, p. 108).

Segundo Elkjaer (2001), a PPL chama a atenção para o fato de que os aprendizes estão, inevitavelmente, participando em comunidades de prática – em contextos interagentes. Para o autor, os conceitos de significado, compreensão e aprendizagem são todos definidos em relação aos contextos sociais e não, meramente, em relação à mente. Desta forma, na PPL, a aprendizagem ocorre dentro de um contexto de participação social e não somente na mente individual.

Para Gherardi, Nicolini e Odella (1998), participação periférica legítima refere-se ao modo como os novos membros socializam-se, aprendem e perpetuam as práticas na organização. Os aprendizes adquirem conhecimentos e habilidades quando passam a participar das práticas socioculturais de determinada comunidade de profissionais. Assim, "periférico" significa o caminho que um novato deve seguir para ser reconhecido como participante da comunidade e "participação legítima" significa que esse caminho é um processo social e não apenas cognitivo.

A PPL enfatiza que toda prática é dependente de um processo social pelo qual é sustentada e perpetuada, pois a aprendizagem ocorre por meio do engajamento naquela prática. A aprendizagem não é só situada na prática, mas "é uma parte integrante da prática social generalizada no mundo vivido" (Lave; Wenger, 1991, p. 53).

Transpondo esta ideia para o ambiente organizacional, considera-se que a participação periférica legítima tem como foco "o relacionamento entre aprendizado e a situação organizacional em que ele ocorre. Logo, a aprendizagem é entendida como uma forma de coparticipação em alguma das atuais práticas do ambiente de trabalho, em vez de defini-la em termos de aquisição de conhecimento abstrato" (Gherardi; Nicolini; Odella, 1998, p. 279).

• 1.2 • Aprendizagem experiencial

Os modelos de aprendizado experiencial baseiam-se, conforme afirma Antonello (2006, p. 3), principalmente, nos trabalhos realizados por Dewey, Lewin e Piaget, para os quais a aprendizagem é, por natureza, um processo de tensão e conflito, que ocorre por meio da interação entre o indivíduo e o ambiente, envolvendo experiências concretas, observação e reflexão, que geram uma permanente revisão dos conceitos aprendidos. Ou seja, a aprendizagem é um processo, por vezes, contínuo e não um produto – mero resultado de uma equação racional.

Conforme menciona Elkjaer (2001), a teoria de John Dewey sobre aprendizagem como uma noção de experiência não pode ser considerada oposta à abordagem de aprendizagem situada. Ao contrário, as duas teorias pertencem ao mesmo campo de trabalho, mas enfatizam aspectos de aprendizagem levemente diferentes. O autor considera que a habilidade de agir de modo proposital e significativo – a intencionalidade – nos processos de aprendizagem tende a desaparecer na abordagem da aprendizagem situada e, por isso direciona-se à perspectiva de Dewey sobre a aprendizagem.

Segundo Dewey (1916), aprendizagem é definida como uma contínua reorganização e reconstrução da experiência. A aprendizagem ocorre todo o tempo e em todas as situações em que as pessoas agem e interagem – refletem e pensam. "A noção de Dewey sobre aprendizagem implica um entendimento não dualista do fazer e do conhecer, ação e pensamento. A separação dualista é substituída por uma continuidade de agir e conhecer." (Elkjaer, 2001, p. 112).

De acordo com Elkjaer (2001), Dewey considera que a aprendizagem resulta em um processo contínuo de crescimento, como parte do desenvolvimento na vida dos indivíduos, e afirma que, embora a aprendizagem ocorra em situações sociais, é o aprendiz individual que aprende e o faz por meio da reorganização e da reconstrução de sua experiência. Isso leva a uma definição de conceito de experiência e do que significa aprender com base na experiência:

> Aprender com base na experiência [...] é fazer uma conexão para trás e para frente entre o que fazemos para os acontecimentos e o que desfrutamos ou sofremos, como consequência, a partir deles. Sob tais condições, fazer torna-se tentar; um experimento com o mundo para descobrir com o que se parece; a experiência transforma-se em instrução – descoberta da conexão entre as coisas [...] (1) a experiência é, principalmente, uma questão de ativa-passiva; não é fundamentalmente cognitiva. Todavia, (2) a medida do valor de uma experiência reside na percepção das relações ou continuidades, as quais ela conduz. Inclui cognição, à medida que é cumulativa ou correspondente a algo, ou possui significado. (Dewey, 1916, p. 99)

Elkjaer (2001) conclui que a experiência é baseada em uma mudança que implica reflexão sobre ações anteriores, com o fim de antecipar consequências futuras. Porém, somente o fato de um indivíduo participar na prática, na ação, não irá criar aprendizagem. Uma pessoa só estará aprendendo quando for capaz de refletir sobre suas ações e reorganizar, assim como reconstruir experiência, por meio de um processo contínuo de reflexão – pensamento – como meio de atuação.

Deste modo, é possível também considerar a abordagem da aprendizagem experiencial como orientada a problemas, uma vez que descobrimos um problema, levantamos indagações, refletimos e solucionamos. Todo o processo está, entretanto, embutido numa prática social, ou seja, não pode ser compreendido fora de um contexto social, o que significa que a aprendizagem envolve mudanças tanto na prática social como em indivíduos engajados com uma contínua reorganização e reconstrução de sua experiência – e prática (Elkjaer, 2001, p. 114).

Conforme Antonello (2006), é possível identificar uma série de definições consideradas parte da "família" da aprendizagem experiencial (vide Capítulo 6 deste livro). Segundo a autora, situações que surgem no cotidiano podem se tornar um meio para o desenvolvimento de um processo de aprendizagem, ao propiciarem o desenvolvimento da capacidade de os indivíduos identificarem e responderem rapidamente aos problemas emergentes em sua realidade de trabalho e desenvolverem ou aperfeiçoarem novas competências e atitudes em relação a seu trabalho.

Para Elkjaer (2001), a noção de experiência, ao ser utilizada para analisar a aprendizagem organizacional pela perspectiva social, possibilita ir além da cognição individual, embora a cognição seja uma parte muito importante na construção e reconstrução da experiência. A situação de aprendizagem é expandida por tentativas, ações e reflexão sobre as consequências, a fim de resolver quaisquer problemas potenciais. "Não é o bastante que as atitudes e ideias certas sejam apresentadas numa embalagem bonita [...]. É uma questão de tomar parte na formulação de problemas e sua solução em mundos sociais na organização." (Elkjaer, 2001, p. 116).

De acordo com Rocha e Loiola (2000), a pergunta importante a ser feita não é se o indivíduo cognoscente ou o ambiente ou a cultura deveriam receber prioridade em uma análise da aprendizagem, mas como é a interação entre eles, tornando o social e o individual apenas planos distintos de análise. Nessa perspectiva, para entender as competências cognitivas e sua aquisição, é necessário explorar os contextos específicos de atividades e práticas sociais nas quais elas ocorrem (Gherardi, Nicolini; Odella, 1998). Desta forma, pode-se dizer que uma considerável parte da aprendizagem, na fase adulta, ocorre, também, em ambientes de trabalho.

• 1.3 • Aprendizagem informal, incidental e formal

Marsick e Watkins (1990) definem aprendizagem informal e incidental comparando-as com aprendizagem formal:

> Aprendizagem formal é tipicamente patrocinada institucionalmente, baseada na sala de aula e altamente estruturada. Aprendizagem Informal, uma categoria que também inclui a Aprendizagem Incidental, pode ocorrer em instituições, mas não é tipicamente baseada em sala de aula ou altamente estruturada, e o controle da aprendizagem está primordialmente nas mãos do aprendiz (de quem aprende). Aprendizagem Informal é definida como um subproduto de algumas atividades, por exemplo, cumprimento de tarefas, interação interpessoal, sentir a cultura organizacional, experimentação por tentativa e erro, ou até mesmo da aprendizagem formal, e pode ser deliberadamente encorajada por uma organização ou também pode ocorrer mesmo que o ambiente não seja altamente propício para tal. Aprendizagem Incidental, por outro lado, quase sempre ocorre mesmo que as pessoas não tenham, sempre, consciência de tal aprendizagem (Marsick; Watkins, 1990, p. 12).

A diferença significativa entre aprendizagem informal e incidental consiste no fato de a aprendizagem informal ser frequentemente intencional, enquanto a incidental, não. Ambas, porém, ocorrem por meio da experiência e não são institucionalizadas. A aprendizagem incidental dá-se por intermédio de experiências no local de trabalho – no processo de realizar tarefas; por observação, repetição, interação social e resolução de problema; ao falar com colegas ou especialistas sobre qualquer tema; ao cometerem-se erros ou deduzirem-se suposições; em um processo de adaptação/aceitação de situações – porém elas somente são percebidas como aprendizado depois de ocorrida a situação, ou seja, não há a intenção do aprender mas, por fim, aumenta o conhecimento e as habilidades. Este modo "não intencional" de aprender é situado, contextual e social. Tanto a aprendizagem informal, quanto a incidental são consideradas altamente autodirigidas, cujo controle está dentro da esfera da aprendizagem individual. (Antonello, 2006, p. 12. Ver também Capítulo 6 deste livro).

Segundo Watkins e Marsick (1992), a aprendizagem informal pode ser planejada ou não planejada, mas normalmente envolve algum grau de consciência que a pessoa está aprendendo, podendo ocorrer em processos formais de ensino, mas principalmente acontece, ao natural, como parte de trabalho diário e em outras situações.

Desde sua concepção, a proposta de Marsick e Watkins (1990) sobre a resolução de problemas pela aprendizagem incidental no local de trabalho recebeu revisões e colaborações para seu aprimoramento. Assim, as autoras incluíram a noção de contexto como fator importante na compreensão dos processos de aprendizagem informal e incidental. A aprendizagem ocorre a partir das atividades do cotidiano, enquanto se trabalha e vive em um determinado contexto. O modelo proposto sugere que as pessoas diagnosticam ou identificam a nova experiência com a qual tenham se deparado. Verificam, então, os problemas ou desafios; comparam a nova situação com experiências passadas; identificam similaridades ou diferenças; utilizam a interpretação para encontrar o significado de um novo desafio. As autoras apontam que interpretar o contexto leva à escolha de ações alternativas (Cseh; Watkins; Marsick, 1999).

A aprendizagem informal, de acordo com Antonello (2006), pode ocorrer a partir de uma experiência formalmente estruturada, com base em atividades específicas para este fim. Desta forma, a aprendizagem informal também pode ser encontrada em processos formais de ensino.

2 • MÉTODO DE PESQUISA

O campo em que se desenvolveu o estudo foi o escritório central da filial de Porto Alegre/RS de uma empresa multinacional europeia, constituída, aproximadamente, por 80 funcionários.

Optou-se pelo uso da pesquisa qualitativa que, de acordo com Merriam (1998), possui o campo de interesse no nível profundo do social e cujo objetivo é fazer uma interpretação das intenções e dos significados que os atores revelam, baseada na visão de que a realidade é construída pela interação de indivíduos com o seu mundo social.

Segundo Merriam (1998), uma das características-chave da pesquisa interpretativa qualitativa é buscar compreender o significado que as pessoas constroem sobre suas experiências e sobre seu mundo, sem tentar prever o que irá necessariamente acontecer no futuro, mas compreender a natureza do ambiente – o que significa para os participantes estarem neste ambiente, o que se passa com eles, como o mundo se parece nesse ambiente em particular.

Desenvolveu-se um estudo qualitativo básico, definido por Merriam (1998), como uma investigação que procura desvendar e compreender um fenômeno, um processo e as perspectivas e a visão de mundo das pessoas envolvidas ou uma combinação de tudo isso. O pesquisador é o instrumento de pesquisa e o resultado final é descritivo.

Foi selecionado um grupo de participantes, que apresentassem entre suas características: pertencer à mesma equipe de trabalho; não exercer função gerencial/coordenação/supervisão/chefia/; e estar, no mínimo, há um ano na empresa, tempo necessário para que estes indivíduos tenham tido oportunidades e vivências variadas na organização. Foram selecionadas duas equipes administrativas distintas, chamadas de Área A e Área B. A identidade dos entrevistados e da empresa foi preservada. Foram realizadas 15 entrevistas: nove na Área A e seis na Área B. Dos sujeitos pesquisados, apenas um não havia concluído o nível superior, no período de realização das entrevistas. O tempo de empresa variava de dois a 22 anos de trabalho.

Os dados foram coletados por meio de entrevistas semiestruturadas, baseadas em roteiro previamente preparado, mas com possibilidade de flexibilidade para ordenar, formular e aprimorar as perguntas, durante a entrevista. A análise foi feita através da técnica de análise de conteúdo, procurando identificar presença ou ausência de uma característica (ou um conjunto) e descobrir os núcleos de sentido que compõem uma comunicação, verificando a ocorrência e a relevância desses núcleos (categorias de análise), a partir da análise do relato de cada sujeito pesquisado.

3 • APRESENTAÇÃO E ANÁLISE DOS RESULTADOS

Na Figura 12-1, mostra-se o quadro resumo das macrocategorias e das categorias de análise que emergiram do trabalho de interpretação do conteúdo das entrevistas realizadas. A seguir, elas são explicadas, articulando-se os achados com o referencial teórico utilizado neste estudo.

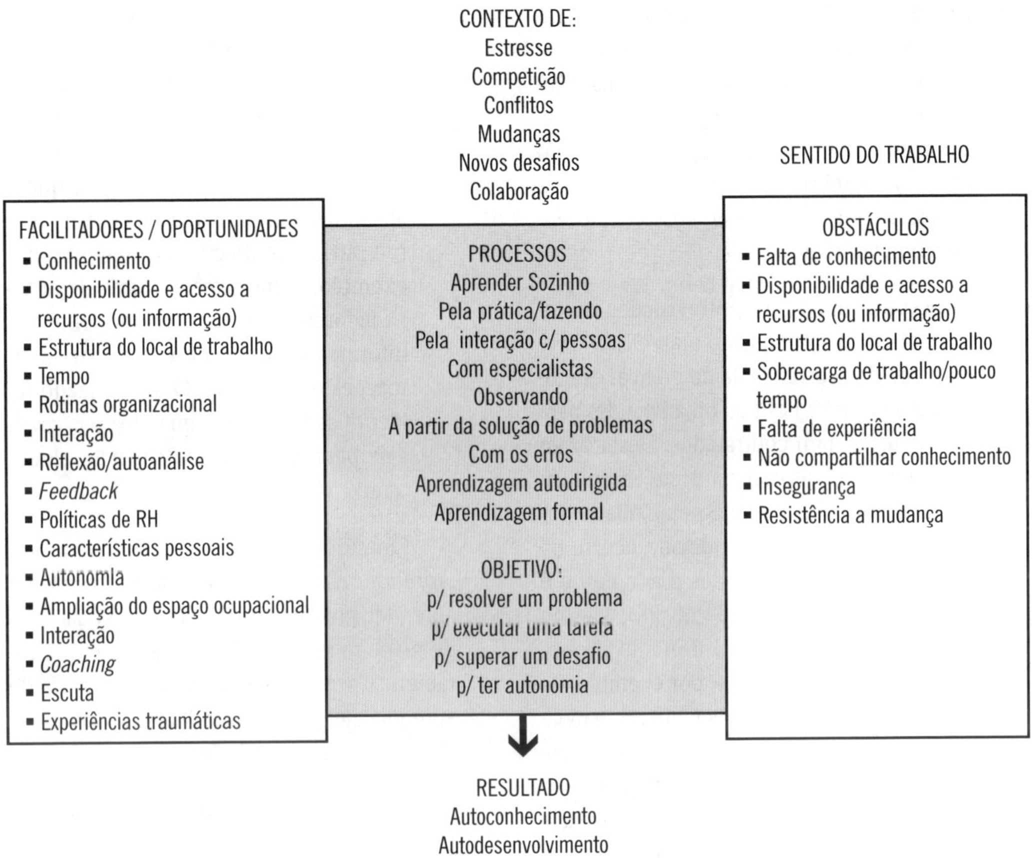

FIGURA 12-1 Macrocategorias e categorias de análise.

Fonte: Elaborado a partir dos dados coletados.

• 3.1 • O processo de aprendizagem

Nesta seção, são apresentados os processos de aprendizagem propriamente ditos, que ocorrem em um ambiente de trabalho, identificados de acordo com a perspectiva dos sujeitos entrevistados.

a. **Aprender sozinho** – o indivíduo aprende sem o auxílio e a interação com outras pessoas, sendo "forçado" a buscar, por conta própria, as informações que julga necessárias e, desta forma, aprender o que precisa. Trata-se de um processo visto como eficaz pelos entrevistados, porém, sempre o relacionaram a uma maneira difícil, complicada, árdua e desgastante de aprender. Ao falarem a respeito de aprendizado no local de trabalho, classificaram-na como uma forma mais demorada e, por isso, pouco valorizada.

Conforme relatos, é um processo identificado em contextos de estresse, competição e conflitos, em que quase não há interação entre os indivíduos, ou seja, não há troca. Pode também ocorrer devido à característica pessoal de *aprender sozinho,* aliada a um cargo ou função no qual é exigido que o indivíduo aprenda algo para repassar aos demais colegas.

b. **Aprender pela Prática/Fazendo** – realizando a atividade ou tarefa que lhe foi designada. Foi um dos processos mais valorizados pelos indivíduos, inclusive considerado mais eficaz quando comparado com o aprender na teoria. Dentro desta categoria foi possível identificar o processo experiencial e o incidental.

- **Experiencial** – os entrevistados relataram que o aprendizado mais eficaz e comum de ocorrer se dá na prática, executando a tarefa pontual ou atividades para as quais foram contratados. Destacaram também a importância deste aprendizado prático ser orientado e auxiliado por outro colega. O aprendizado ocorre na execução das atividades diariamente e faz parte constante do trabalho. Mesmo a pessoa não tendo o domínio de um conhecimento prévio – por exemplo, de outro idioma – que inicialmente parece essencial ao aprendizado – ele se dá pela prática diária, ao executar o trabalho. Ao salientarem a importância de aprender na prática, mas com o auxílio de um colega, revelou-se a interligação das categorias de análise Aprender Fazendo e pela Interação.

  Considerando que Dewey (1916) define aprendizagem como uma contínua reorganização e reconstrução da experiência ocorrendo todo o tempo e em todas as situações em que as pessoas agem e interagem – refletem e pensam, os relatos revelaram ação, interação e reflexão nos processos de aprendizagem, caracterizando-se como aprendizagem experiencial.

- **Incidental** – foi mais difícil de ser identificado, pois muitos dos entrevistados demoravam um pouco para responder, afirmando que existia esse tipo de aprendizado, porém sem dar maiores detalhes sobre o processo propriamente dito. As situações referidas falavam a respeito do aprendizado em termos de relacionamento interpessoal, por exemplo, como lidar com pessoas de perfis diferentes. Poucos trouxeram situações em que a aprendizagem incidental ocorreu em relação ao conhecimento técnico, por exemplo, como executar uma determinada tarefa ou acessar uma determinada informação dentro do sistema de informações da empresa. O aprendizado foi identificado somente quando precisaram agir perante a mesma situação algum tempo depois.

Quando os entrevistados falam em *Aprender Fazendo,* verifica-se a intenção de aprender, por intermédio da experiência, mas de maneira não institucionalizada, o que caracteriza processos totalmente informais de aprendizagem, conforme Marsick e Watkins (1990) e Antonello (2006).

c. **Aprender por meio da interação com pessoas** – é um processo valorizado positivamente. Destaca-se o auxílio de outras pessoas no aprendizado como determinante, por exemplo: (E2)"meu aprendizado é com pessoas". Trata-se das situações ocorridas no ambiente de trabalho, em que a interação do entrevistado com outras pessoas proporcionou aprendizagem, pois houve contribuição de informações, conhecimentos, ideias e pontos de vista que auxiliaram os entrevistados a se modificarem e a modificar os outros também, nas atitudes e percepções no trabalho.

Além da interação, a aprendizagem também pode ocorrer pela observação de como os colegas da área agem. Os sujeitos mencionaram que aprenderam certas atitudes, como ter paciência, analisar a situação antes de agir, pensar em todas as possibilidades de solução do problema, entre outras, a partir da observação de seus pares. Desta forma, foi possível identificar que a aprendizagem é algo que acontece não dentro da mente dos indivíduos, mas como resultado da interação entre pessoas e manifesta-se no modo como elas se comportam, quando estão trabalhando com outras. Esses padrões de comportamento são normalmente aprendidos por novatos na comunidade, através da socialização (Lave; Wenger, 1991).

O aprendizado também pode ocorrer pela interação com pessoas de fora da empresa e do local de trabalho. Por exemplo, com outras unidades da empresa que tenham realidades diferentes em relação a horários, condições de trabalho e clima, distâncias geográficas, situação econômica, dentre outros aspectos, uma vez que podem contribuir com visões e opiniões diferentes da realidade em que o sujeito está inserido.

De acordo com Antonello (2006), atividades planejadas ou não, que envolvem a busca de entendimento, conhecimento ou habilidade que acontece fora dos currículos ditos formais (cursos, treinamentos e programas educacionais), mas sempre de maneira consciente, evidenciam a aprendizagem como um processo social, pois os aprendizes assimilam conhecimentos e adquirem habilidades à medida que participam, com outros profissionais, de uma comunidade.

d. **Aprender com especialistas –** quando há oportunidade de trocar informações e, principalmente, receber informações de pessoas mais experientes, ou que já tenham vivenciado a mesma situação, ou que possuam um grande volume de conhecimento em um determinado assunto. Essas pessoas eram consultadas por iniciativa dos entrevistados, quando eles achavam necessário, mas também serviam como modelo. Em alguns casos, o gestor é considerado um especialista. Nas situações mais significativas, citaram pessoas reconhecidas como mais experientes, as que estão na empresa há mais tempo, pessoas que possuem muito conhecimento em determinado assunto ou que já sabem como executar o trabalho. Não consideraram como especialistas pessoas com grande experiência no assunto (ou na área), mas que estivessem trabalhando há pouco tempo na organização, revelando a valorização da oportunidade de aprender com alguém que conhece também os processos e o contexto e não somente a parte técnica do assunto.

e. **Aprender observando –** refere-se às atitudes, aos comportamentos e à postura de outras pessoas no local de trabalho, seja o gestor ou o colega mais antigo na função/empresa. Foi muito pouco relacionado à parte "técnica" requerida ao cargo. Alguns entrevistados afirmaram que, ao observar atitudes de novos funcionários no trabalho, refletiram e mudaram sua própria atitude. Entretanto, quando o contexto era descrito como de pouca interação entre as pessoas, os relatos falavam de observar para aprender a executar uma tarefa como uma das poucas alternativas.

f. **Aprender a partir da solução de problemas** – o indivíduo depara-se com uma situação que é encarada como um problema a ser resolvido. Para tal, torna-se necessário buscar informações, premissas, alternativas e também agir em relação à situação, ou seja, tentar solucionar o problema, além de verificar e avaliar o resultado de sua ação. Durante esse processo de tentativa de solução, a partir dos relatos nas entrevistas, foi possível identificar que ocorrem processos de aprendizagem em que existem momentos nos quais o indivíduo age conforme as premissas e chega a um resultado esperado, e outros, em que chega a um resultado não esperado. No primeiro caso, trata-se de um processo de aprendizagem experiencial e no segundo, acidental (por acaso).

- **Experiencial** – diante de um "problema" ou de uma nova situação, os sujeitos iniciavam a busca de novas alternativas para solução, pelo contato com outras pessoas e pela procura e coleta de informações, além de também aplicarem as alternativas encontradas, ocorrendo um processo de aprendizagem informal.

Aqui se evidencia quase que por completo o ciclo de aprendizagem experiencial: o sujeito experiencia o problema – reflete sobre ele – busca teoria ou premissas (às vezes falta conhecimento) e, então, coloca em ação. Neste processo informal alguns entrevistados aprenderam a partir da tentativa de solução de um problema. Conforme Dewey (1916), o processo de aprendizagem pode ser descrito como um fluxo que é estimulado a partir de uma situação, que pode ser um problema, seguida de uma indagação, uma reflexão, que vai gerar uma nova situação, diferente da inicial. Assim, a partir dos pesquisados foi possível identificar que durante o processo de solução de problemas ocorreu o aprendizado.

- **Acidental** – durante o processo de resolução de problemas também ocorre a aprendizagem por acaso (acidentalmente), o entrevistado ao tentar resolver um problema, por exemplo, com relação ao pagamento de um fornecedor, diz ter aprendido algo, no caso sobre o cadastro dos bancos feitos para toda a empresa, porém que não era o foco da ação.

  O aprendizado pela solução de problemas apareceu sempre como um processo que envolve a vontade do indivíduo em resolver o problema, a busca de alternativas que pode ser por conta própria, tentando localizar informações em um sistema ou pela interação com outras pessoas e, por fim, envolve o fazer, executar a ação para tentar resolver o problema. Assim, foi possível verificar a interação de categorias como *Aprender Fazendo* e *Aprender pela Interação com Pessoas*, o que evidencia que os processos de aprendizagem são contínuos e muitas vezes informais.

g. **Aprender com os erros:** os erros são entendidos pelos entrevistados como parte das ações do seu dia a dia de trabalho – somente quem executa uma tarefa está sujeito a errar. Apesar de terem admitido que "não é bom errar, ninguém quer errar", entendem que o erro proporciona aprendizado e que é algo que marca. Quando se "aprende pelo erro, não se esquece" e o individuo fará o possível para que o erro não ocorra novamente. (Antonello, 2004a).

   Desta forma, mais uma vez foi possível identificar processos informais de aprendizagem, que ocorrem segundo Elkjaer (2001), a partir da Aprendizagem Experiencial. Este processo pode surgir a partir de situações do cotidiano que se tornam um meio para o desenvolvimento de um processo de aprendizagem. Isto porque propiciam o desenvolvimento da capacidade dos indivíduos identificarem e responderem rapidamente aos problemas emergentes em sua realidade de trabalho, desenvolverem ou aperfeiçoar novas competências e atitudes em relação ao seu trabalho.

h. **Aprendizagem autodirigida** – ocorreu quando a pessoa, por vontade ou por interesse próprios, e sem "imposição" do contexto, iniciou uma busca por conhecimentos que considera relevantes para o seu aprendizado. A aprendizagem autodirigida pode ser desencadeada, de acordo com os relatos, a partir de uma situação nova surgida no dia a dia de trabalho e, principalmente, por interesse do indivíduo em aprender para expandir seu conhecimento. Está ligada diretamente à busca do autodesenvolvimento e associada à característica individual de "querer aprender". Segundo os entrevistados, por exemplo, quando buscaram leitura de assuntos relacionados ao trabalho ou realizaram cursos por conta própria, ou se organizaram e se dispuseram a estudar e aprender no local de trabalho, reservando, por iniciativa própria, um período de tempo para tal.

Esse discurso de "ter iniciativa e proatividade" está presente nos relatos, revelando que, mesmo quando o contexto não é receptivo ao novo funcionário, existe consenso entre os entrevistados de que tudo começa pela vontade própria para aprender, sem considerar outros fatores, como interação com as pessoas e acesso às informações.

O fato de o entrevistado gostar do que faz, afirmando que seu trabalho tem um sentido que não é apenas financeiro, mas de realização pessoal, o motiva à aprendizagem autodirigida.

A *Aprendizagem Autodirigida* se difere da categoria *Aprender Sozinho*, pelo fato de não ser imposta. O indivíduo se propõe a aprender e, não necessariamente, de forma solitária. O indivíduo quer aprender e, muitas vezes, procura por pessoas com as quais possa aprender. Conforme Cseh, Watkins e Marsick (1999), a aprendizagem informal pode ser considerada altamente autodirigida, pois seu controle está dentro da esfera da aprendizagem individual.

i. **Aprendizagem formal** – os entrevistados afirmaram ter aprendido ao fazerem cursos formais propostos pela empresa, porém, admitiram que estes cursos têm maior valor, quando já existe uma prática anterior. Assim, preferem primeiro executar a atividade na prática e depois realizar um treinamento formal para aprimorar seus conhecimentos.

Foi possível identificar aspectos de informalidade em processos formais de aprendizagem. Um bom exemplo foi quando, ao executar uma tarefa no trabalho, semanas depois de ter participado de um curso, um entrevistado percebeu que havia aprendido algo novo, portanto, ocorreu o aprendizado incidental. Segundo Watkins e Marsick (1992), a aprendizagem informal e a incidental podem ocorrer a partir de uma experiência formalmente estruturada, com base em atividades específicas para este fim.

Analisando os relatos, foi possível identificar que a aprendizagem formal, embora geralmente recorra a atividades de aprendizagem previamente planejadas e com um objetivo a ser atingido, apresenta, em algumas situações, um caráter "experiencial" (Antonello, 2006). Elas foram bastante valorizadas pelos indivíduos que citaram cursos ministrados de maneira participativa.

• 3.2 • O Objetivo da aprendizagem

Seguem, de acordo com os sujeitos pesquisados, os motivos pelos quais aprendem. Os mais relevantes foram *aprender para resolver um problema, executar uma tarefa* e *superar um desafio.*

a. **Aprender para resolver um problema** – o aprendizado ocorreu antes da ação de solução de um problema, isto quer dizer que, para o indivíduo poder solucionar um problema, ele teve necessidade de aprender algo antes. O momento inicial do processo de aprendizagem é anterior à obtenção da solução. Em algumas entrevistas, há o relato de que houve necessidade de aprender sobre um determinado assunto diferente para poder solucionar um problema, caso contrário, não alcançaria a solução.

Diversos relatos evidenciaram o aprender diante de uma necessidade, diante de não saber como solucionar um problema, ou seja, os sujeitos aprenderam por que houve uma demanda. A questão de resolver um problema emergiu quando questionados sobre "como identificavam as necessidades de aprendizagem no local de trabalho".

b. **Aprender para executar uma tarefa, desenvolver um trabalho** – a aprendizagem ocorreu durante as atividades do dia a dia, com o objetivo de executar uma tarefa não rotineira. Pode se tratar de demandas extras, que surgem no decorrer do trabalho ou pelo tipo de trabalho realizado pela área, por exemplo, melhorias de processos de controles. Em outros momentos, também houve aprendizado quando os indivíduos precisaram desenvolver um trabalho para o qual não tinham preparo anterior.

c. **Aprender para superar um desafio** – situações em que os entrevistados atribuíram grande ênfase ao aprendizado obtido para realizar algo que não imaginavam que fossem capazes de executar, ao que denominaram "superar limitações". Consideraram-no não como uma simples tarefa a ser cumprida, mas como um desafio a ser superado, o qual só foi superado devido ao aprendizado que ocorreu. Da mesma forma, quando receberam uma tarefa de forma inesperada ou tiveram que realizar um trabalho que repercutiria na empresa como um todo, viram isto como um desafio para o qual foi necessário aprender a fim de superá-lo. Uma situação considerada como desafio por muitos entrevistados foi aquela em que precisaram realizar tarefas novas, que não eram da esfera da formação teórica (escolar/acadêmica) do indivíduo, por exemplo, um contador que vai trabalhar com negociação de compras.

d. **Aprender para ter autonomia** – apesar de considerarem importante a questão de interação com outras pessoas diante de um problema ou de uma situação a ser resolvida, os entrevistados revelaram que um dos objetivos da aprendizagem é o de terem autonomia, isto é, de não dependerem dos outros, sejam colegas ou até mesmo o gestor, para executar as atividades diárias. Preferem recorrer a outras pessoas somente quando surgem demandas diferentes do habitual. Enfatizaram a importância do objetivo de aprender, no menor tempo possível, para não dependerem mais do outro colega para ter autonomia na execução de uma tarefa.

De maneira geral, identificou-se a busca de aprendizado para conseguir resolver problemas ou dificuldades da área ou da empresa, por meio dos colegas no local de trabalho e também por meio de pessoas externas à organização (ex.: consultorias). Neste ponto foi possível observar a interação entre duas categorias de *objetivo do aprendizado*: busca-se o aprendizado para poder *resolver problemas* e também para *ter autonomia* em determinado processo, para que a empresa não dependa de outras empresas ou para que pessoas não dependam de outras pessoas. Isto parece um paradoxo, uma vez que os pesquisados afirmam que aprendem mais pela interação com as pessoas.

• 3.3 • Contextos e o processo de aprendizagem

Neste estudo, contexto é considerado um conjunto de acontecimentos e percepções que provocam determinada reação do indivíduo, no decorrer de um período. Conforme os relatos, existem contextos que oportunizam maior aprendizado: *contextos de colaboração, desafio* e *mudança.*

a. **De estresse/insatisfação** – o contexto de insatisfação com o trabalho, relatado por alguns dos sujeitos pesquisados, foi identificado pelo fato de não gostarem da atividade para qual foram designados e foi expresso também por alguns dos entrevistados como um contexto de baixo nível de aprendizado ou como pouco eficiente. Assim, foi possível relacionar o fato de gostar da atividade que executam com o fato de aprender no ambiente de trabalho.

Em algumas falas, identificou-se um **contexto onde o acúmulo de atividades** e a carga excessiva de trabalho causou **estresse**, revelando-se um contexto de baixo nível de aprendizado no que diz respeito à interação com outras pessoas. Dentro deste contexto de acúmulo de atividades, foram comuns longas descrições das atividades executadas pelo sujeito, enfatizando a quantidade de controles necessários, de contatos improdutivos com outras pessoas, além de destacarem a pressão que sofrem, tantos dos gestores quanto de outros setores da empresa, por prazos e soluções. Segundo os entrevistados, todas essas situações são consideradas causadoras de estresse.

Muitas vezes, os entrevistados realçaram a importância do aprendizado obtido pela interação entre as pessoas ou pela análise crítica de seu trabalho, porém, logo depois comentaram que não têm tempo para isso, em decorrência do acúmulo de atividades exigidas pela empresa, destacando a falta de tempo como um *obstáculo à aprendizagem*, categoria que será abordada mais adiante.

Em contextos de estresse e insatisfação, o aprendizado ocorreu de maneira mais desgastante e pelo processo de *aprender sozinho*, apesar de sempre caracterizado como não sendo a melhor maneira de aprender. Emergiu acentuadamente a ideia de trabalho com sentido financeiro (apenas como meio de ganhar dinheiro).

b. De competição/conflitos – aqui, o processo de aprendizagem geralmente ocorreu por meio do *aprender sozinho* e, da mesma forma que na categoria anterior, foi descrito como "difícil". Ficou evidente o contexto de competição, quando os entrevistados afirmaram haver divergências entre áreas, quanto ao assumir responsabilidades sobre erros cometidos e processos de trabalho.

Identificou-se ainda que o contexto de **conflito** pode ocorrer:

- Entre quem está ingressando (o "novo") *versus* quem já esta na empresa (o "velho").
- Entre os que querem "chegar mudando coisas", sem considerar a experiência de quem já está na empresa.
- Em relação aos que "resistem a mudanças", pois "têm medo de perder o emprego para quem esta chegando".

Queixas de ambos os lados ("novos" e "velhos" funcionários) talvez revelem o despreparo, por parte da empresa, para lidar com esse tipo de diferença, porém, é preciso melhor análise com relação à entrada de pessoas novas.

Verificou-se que, em contextos de competição e conflitos, a interação entre as pessoas fica prejudicada e, como consequência, há menor nível de aprendizagem. Foi possível também constatar que o aprendizado ocorre em meio a interesses pessoais ou coletivos, que fazem parte das situações enfrentadas diariamente no local de trabalho, ou seja, a política é um aspecto natural e inevitável de qualquer processo social, em que grupos podem se organizar conscientemente para apresentar informações e interpretações particulares que podem servir aos interesses de alguns e prejudicar os interesses de outros, conforme Easterby-Smith, Burgoyne e Araújo (2001) e Morgan (1996).

c. De mudanças – nos contextos de mudanças, os relatos de exemplos de processos ou situações de aprendizado foram expressos de forma espontânea e sempre relacionados com maior nível de aprendizagem.

- **Mudança de área** – ao mudar de área, pode-se, por exemplo, passar a exercer nova atividade, desenvolver novo trabalho (novo cargo/função). Assim, modificam-se as tarefas realizadas, as exigências com relação a responsabilidades, os prazos exigidos para as soluções, além do tipo de interação entre os colegas – maior ou menor. Este contexto, porém, independentemente de ser avaliado como "bom" ou "ruim", foi considerado como um contexto de aprendizado.

- **Mudanças na mesma área** – em alguns casos o indivíduo permaneceu na mesma área, porém a área sofreu alterações que culminaram com modificações nas tarefas executadas por ele e por outros colegas. Dentro deste contexto, a aprendizagem ocorreu, principalmente, a partir da interação com as pessoas, por exemplo, alguns entrevistados aprenderam com colegas de trabalho a realizar as tarefas de quem havia saído da área por meio da prática.

Para outros sujeitos, a mudança ocorreu devido à entrada de novas pessoas, o que oportunizou contato e interação com ideias e visões diferentes da realidade do mercado e com atitudes diferentes perante o trabalho. O aprendizado, nesse *contexto de mudança,* ocorreu através da reflexão (da autoanálise). Ficou evidente que essa reflexão só ocorreu devido ao novo contexto que se estabeleceu.

Os relatos também evidenciaram que a aprendizagem ocorre em contextos que não necessariamente representam mudar de área, mas realizar um trabalho que exige maior interação com as pessoas, aliado à mudança de tarefas de um foco mais rotineiro e de visão mais restrita do trabalho, para tarefas não rotineiras e que exigem visão mais ampla do trabalho realizado. Portanto, contextos que se caracterizam pela interação, mudança das tarefas, processos de trabalho mais abrangentes, atuação em diversas áreas da empresa e grupos pequenos de trabalho enriquecem os processos de aprendizagem.

d. **De novos desafios** – este contexto foi descrito como se tratando de situações em que o entrevistado aceita e passa a ser responsável (ou um importante colaborador) por novas tarefas, das quais ele não tem o total domínio ou desconhece qual será o resultado do seu trabalho – sabe apenas como "gostaria de ver o resultado final". Ou ainda quando o sujeito foi convidado para outra área, na qual será preciso construir um conhecimento. Desta forma, sentiu-se desafiado a aprender, a executar a tarefa ou desempenhar a nova função e mostrar que é capaz. Neste contexto, o significado do trabalho é de oportunidade para aprender, de realização pessoal e os processos de aprendizagem geralmente são os *de aprender fazendo* e *por interação.*

e. **De colaboração** – a aprendizagem ocorreu pela interação entre as pessoas, que estão dispostas a repassar o conhecimento e a ajudar o colega na tarefa. Foi caracterizado como "um bom ambiente de trabalho". Relatos como (E2) "pelo menos comigo sempre foi assim, é que existe um grande grau de integração das pessoas, ninguém te deixa sem informação [...] " foram comuns.

Nas entrevistas, a postura de colaboração não aparece como uma característica pessoal, mas do grupo, da equipe de trabalho. Alguns entrevistados fizeram questão de salientar que são indivíduos colaborativos, outros, mesmo sem expressar esta característica, relataram situações de colaboração entre a equipe e o quanto isso foi importante para o aprendizado no local de trabalho.

O surgimento da categoria contexto confirma a ideia de Elkjaer (2001) de que o indivíduo não se encontra casualmente numa sociedade e nem é um ser isolado dentro dela, ele é um ser que é formado pela sociedade e, ao mesmo tempo, a forma. Ações e interações ocorrem entre indivíduos – em pequenos grupos – ou em relação a todos os membros do grupo e não deveriam ser vistas meramente como ações e interações de indivíduos isolados de um contexto, já que, neste contexto, há participação, em vários níveis, de outros indivíduos e as mesmas ações podem resultar em múltiplos significados.

Com relação à categoria *contexto*, pode-se retomar a definição de Gherardi, Nicolini e Odella (1998) de que a aprendizagem é vista como uma tentativa de os adultos apropriarem-se e utilizarem um corpo de conhecimentos já legitimados por um grupo social. É possível, dessa forma, acreditar que a principal característica da aprendizagem, na fase adulta, é o fato de ela ser dependente do contexto.

• 3.4 • Facilitadores e/ou oportunidades para o processo de aprendizagem

Aqui se reúnem os aspectos relacionados à organização e/ou aos indivíduos e aos aspectos situacionais que, de acordo com os sujeitos, facilitam e/ ou oportunizam aprendizado, sendo um dos mais valorizados a *interação.*

a. **Conhecimento** – relacionado a vários tipos:

- Ter conhecimento/experiência anterior – possuir conhecimento prático e experiência de trabalho ou, ao menos, conhecimento teórico sobre o assunto ou sobre o trabalho foram considerados como facilitadores. O programa de *trainee* da empresa foi valorizado por proporcionar conhecimento em relação às atividades da empresa e às pessoas. Isto, posteriormente, quando os entrevistados passaram a atuar na área para a qual foram designados, foi identificado como um facilitador dos processos de aprendizagem.
- Conhecimento do fluxo de trabalho – conhecer todo o fluxo de trabalho, de onde vem e para onde irão as atividades que está realizando, conhecer o resultado do seu trabalho, de que forma ele impacta o trabalho de outras pessoas e a empresa e, a partir disso, identificar o motivo de certas exigências em relação ao seu próprio trabalho. Em suma, conhecer o motivo pelo qual está realizando determinada tarefa, seu resultado e o seu impacto foi considerado um facilitador ao aprendizado, uma vez que possibilita ter consciência de seu papel na organização e não apenas executar uma tarefa porque "sempre foi feito assim" ou porque "é assim que se faz".
- Conhecer o "negócio da empresa" – conhecer as diretrizes da empresa, a área de atuação, o mercado em que ela está inserida, as políticas, o que ela espera dos colaboradores e a sua estratégia foi visto como um grande facilitador da aprendizagem. Conforme os entrevistados, a partir disso, o sujeito pode aprender de forma a estar em consonância com a empresa. Isto remete ao conceito de Currículo Situado, que diz que as oportunidades de aprendizagem estão relacionadas ao contexto da organização em que elas ocorrem (Gherardi; Nicolini; Odella, 1998). É interessante, porém, examinar até que ponto esse aprendizado é de interesse do indivíduo e até que ponto é influenciado pelos interesses específicos da organização.

b. **Rotinas organizacionais** – a existência de rotinas formalizadas, procedimentos que orientem a realizar determinada tarefa ou a quem recorrer. Como os entrevistados entendem que, ao ler os procedimentos, teriam, em linhas gerais, orientações do que deveria ser feito, este aspecto foi considerado um facilitador. Um ponto interessante é o fato de "conhecer as rotinas organizacionais" (em específico, os procedimentos disponibilizados na *intranet* da empresa), que poderia ser mais adequado à categoria anterior (conhecimento), foi mencionado por apenas um dos entrevistados. Os demais afirmaram que não existia ou que estavam sendo elaborados os procedimentos e que tê-los facilitaria a aprendizagem inclusive ao ingressar na empresa, ou na área.

c. ***Feedback*** – os entrevistados consideraram a possibilidade de receberem *feedback* do gestor como uma forma de oportunizar a aprendizagem. O *feedback* pode ser em forma de elogio, incentivo, mas também de críticas, às vezes "duras", porém, construtivas.

Há também relatos que destacam o *feedback* "construtivo", no sentido de receber um retorno com relação a alguma atitude ou postura no trabalho (correta ou não) dos colegas ou gestor, como uma oportunidade para o aprendizado e também como um facilitador, algo que desencadeou um processo de aprendizagem. Foi possível identificar que os indivíduos atribuem significativa importância ao fato de obterem retorno com relação à sua imagem perante os colegas de trabalho.

d. **Políticas e ações da área de Recursos Humanos** – ao serem questionados sobre as oportunidades de aprendizagem dentro da organização, alguns levantaram a questão de que as políticas de RH deveriam buscar o alinhamento entre a teoria e a prática, trazendo assim maior credibilidade à área de Recursos Humanos (RH) frente aos colaboradores, pois isto facilitaria a aprendizagem no local de trabalho. Os pesquisados percebem o tema aprendizagem como diretamente relacionado à área de RH e esperam uma postura coerente desta área em relação aos programas de aprendizagem formal: cursos, conhecimento de língua estrangeira, avaliação de desempenho que abrange o programa de treinamento e desenvolvimento, etc. Alguns entrevistados também afirmaram que o RH tem o papel de supervisionar a atuação dos gestores com relação à gestão de pessoas, incluindo a questão da aprendizagem.

   De acordo com as entrevistas, o papel do gestor é o de proporcionar a aprendizagem dos indivíduos por meio do *feedback*, mas, principalmente, por disponibilizar acesso aos cursos formais que a empresa oferece via plano de treinamento/desenvolvimento, contemplado pelo sistema de avaliação por competências e também incentivar os membros da sua equipe, em participar, indicando inclusive cursos a serem realizados.

   Desta forma, a participação em cursos formais, indicados pelo gestor, foi um suporte valorizado pelos indivíduos e entendido como uma forma de a empresa facilitar e oportunizar a aprendizagem. Eles citaram sempre os cursos em que houve a possibilidade de aliar a teoria com a prática do dia a dia, afirmando que estes eram os cursos mais "interessantes". Valorizaram também os cursos ditos "comportamentais", por exemplo, aqueles que abordaram trabalho em equipe, relacionamento interpessoal, administração do tempo, dentre outros. Esta categoria revela, conforme Antonello (2006), que os processos de aprendizagem formais são considerados oportunidades de aprendizagem quando apresentam situações de caráter prático.

e. **Características pessoais** – os entrevistados afirmaram que certos indivíduos possuem características que facilitam o processo de aprendizagem, como: ter iniciativa, proatividade e motivação para aprender nova atividade, significando que a pessoa quer aprender e busca as informações para tal; aprender rápido, ser dinâmico ou ter um raciocínio rápido; conseguir aprender sobre grande variedade de assuntos em curto espaço de tempo.

   Quando mencionaram a característica pessoal "ter iniciativa ou proatividade" relacionaram-na ao interesse pelo crescimento profissional, ou seja, se alguém quer desenvolver-se profissionalmente precisa ter iniciativa para tal e isso facilita a interação com as pessoas para o aprendizado, uma vez que entendem que a empresa fornece alguns subsídios, mas o indivíduo precisa estar disposto a aproveitá-los.

   Em relação à característica de "aprender mais coisas em menos tempo", os entrevistados entendem que cada indivíduo tem um "tempo de aprendizado", o qual deve ser respeitado pela organização. Afirmaram, porém, que a empresa disponibiliza pouco tempo para a aprendizagem no local de trabalho e que, embora pareça contraditório, os indivíduos que possuem a característica de "aprender rápido" têm mais facilidade para aprender.

f. **Disponibilidade e acesso a recursos e informação** – os relatos destacaram que ter acesso às informações disponíveis em Sistemas de Informação e nos meios de comunicação internos (a *intranet*) e externos, (a *internet*) é entendido como um(a) facilitador/oportunidade de aprendizagem, porém o Sistema de Informação da empresa foi avaliado pelos entrevistados como um obstáculo para a aprendizagem.

   Os entrevistados mencionaram a importância de a empresa oportunizar e custear cursos para funcionários que, por iniciativa própria, querem aprender, principalmente quando sentem que lhes faltam conhecimentos ou informações necessários e quando têm como objetivo a solução de um problema ou realização de um trabalho.

g. **Estrutura do local de trabalho** – alguns entrevistados relataram situações em que uma estrutura física do tipo "*layout* aberto" facilitou a aproximação e a interação das pessoas. Ao facilitar a obtenção de informações, a estrutura facilitou também a aprendizagem.

h. **Tempo** – foi considerado importante dispor de tempo para poder aprender, de maneira geral, mas, principalmente, quando recebem novas tarefas. Por exemplo: ter tempo para receber treinamento do colega e reforçar o aprendizado. A pesquisa revelou que alguns entrevistados valorizam o fato de a empresa disponibilizar mais tempo para que eles aprendam e consigam realizar o trabalho que foi proposto. Conforme alguns exemplos apresentados, isso ocorreu quando da criação de uma nova área. Entretanto, em contextos de estresse, a questão tempo foi considerada um obstáculo.

i. **Autonomia** – o fato de poder ter autonomia, isto é, não necessitar de autorização do gerente para buscar as informações ou aprender com outras pessoas da empresa quando necessário; ou ainda, dentro do seu dia a dia de trabalho ter autonomia para decidir o estabelecimento de prioridades na execução das tarefas, o que traz um "sentimento" de liberdade e de responsabilidade perante seu trabalho, foram considerados fatores que facilitam o processo de aprendizagem.

j. **Reflexão/autoanálise** – refletir e analisar criticamente, principalmente suas atitudes diante de alguma situação foi relatado pelos entrevistados como uma oportunidade de aprender sobre seu comportamento e como poderia melhorá-lo. Afirmaram que refletir durante a ação é muito difícil, pois alegam não ter tempo para tal. A reflexão só é realizada, dentro da empresa, após a situação ter ocorrido ou quando estão fora da empresa.

   É interessante que, em alguns relatos sobre processo de aprendizagem pela *resolução de problemas*, por exemplo, foi possível identificar momentos de reflexão em que o indivíduo analisa as possibilidades ou busca identificar premissas. Porém, quando questionados sobre o tema "reflexão", os pesquisados referiram-se apenas aos momentos de reflexão pós-ação como oportunidade de aprender, com intuito de autoanálise.

k. **Ampliação do espaço ocupacional** – os entrevistados consideraram oportunidade de aprendizagem a possibilidade de receberem nova atribuição em seu trabalho e também de executar uma atividade diferente da que geralmente realizam, mesmo que de forma provisória, para substituir outro colega nas férias ou para auxiliá-lo na realização do trabalho, sem necessariamente mudar de cargo. Essas situações foram vistas como extremamente estimulantes ao aprendizado. Eles consideravam que, tendo essa oportunidade de executar uma nova atividade, a qual Dutra (2002) chama de ampliação do espaço ocupacional, poderiam "sair da rotina" e aprender coisas novas. De acordo com Dutra (2002), a ampliação do espaço ocupacional pode ocorrer em função de duas variáveis: as necessidades das empresas e as competências individuais e coletivas. No momento em que ela ocorre, indica que houve desenvolvimento da pessoa, que ela é capaz de assumir e executar atribuições, além de assumir responsabilidades de maior complexidade. Conforme os relatos, isso pode ser um facilitador do processo de aprendizagem no momento que lhes é dada a oportunidade de aprender nova atividade.

l. **Interação** – uma das oportunidades/facilitadores dos processos de aprendizagem mais mencionados e valorizados pelos entrevistados foi a interação com pessoas. As formas de interação relatadas foram bem variadas: desde processos formalizados pela empresa como no caso do treinamento de *trainees,* os quais passam a conhecer várias áreas, até situações de convívio social fora da empresa. Contudo, o maior destaque foi dado às interações que ocorrem no dia a dia de trabalho com a equipe, incluindo o gestor, com as outras áreas da empresa, com pessoas de fora da empresa (fornecedores, concorrentes, parceiros de negócio, viagens a trabalho). Houve destaque especial para a interação com a equipe, por haver possibilidade de as pessoas mostrarem outras maneiras de fazer o mesmo trabalho, emitirem opiniões, criticarem processos, terem a chance de ajudar um colega em uma tarefa, trocarem ideias, partilharem conhecimentos/ informações e, desta forma, terem a oportunidade de aprender.

Quando falam em interação, alguns consideram importante o estabelecimento de um vínculo social fora da empresa com os colegas. Outros lembram de aproveitar os momentos no "cafezinho" ou no almoço para descontrair, interagir com as pessoas e ter oportunidade de aprender. Outros lembraram a importância da interação com pessoas de fora da empresa e a criação de vínculos de amizade que pode facilitar não só o contato, mas também a aprendizagem.

Houve destaque para o fato de que ensinar suas tarefas a outros colegas é uma oportunidade para aprender, pois afirmaram que a interação com os novos funcionários pode trazer outras perspectivas com relação ao trabalho.

Muitos utilizaram o termo "relacionamento interpessoal" como um sinônimo de interação e bom relacionamento com os colegas e frisaram que não estão falando em "amizade pessoal", mas em "relacionamento entre colegas de trabalho que possuem um objetivo em comum dentro da empresa". Os comentários que tratavam a respeito da interação com pessoas da mesma faixa etária como uma oportunidade para aprender chamaram a atenção pela identificação de um contexto de conflito entre "funcionários mais novos" e "mais antigos" na empresa, em relação tanto ao tempo de trabalho quanto à idade. Pode-se supor que este conflito reduz o grau de interação entre as pessoas e as oportunidades de aprendizagem.

Outra questão lembrada pelos entrevistados, quando mencionaram a interação, foi o fato de que, muitas vezes, para interagir com as pessoas era preciso ter iniciativa própria, vontade de aprender. Este aspecto pode ser vinculado à categoria de análise das *características pessoais.*

m. ***Coaching*** – os entrevistados que declararam estar participando ou já terem participado do processo de *coaching,* na empresa, afirmaram que este é um período de oportunidades de aprendizado. Isso por terem tido a possibilidade de realizar atividades diferentes das que geralmente desenvolvem e a oportunidade de desenvolverem habilidades novas relacionadas à gestão de pessoas, à liderança, entre outras, além de participarem de processos decisórios importantes para sua área e de aproximarem-se mais dos colegas. Destacaram a importância do papel do gestor como facilitador e de *aprender fazendo* como processo de aprendizagem. Em algumas situações de *coaching,* o entrevistado pôde realizar determinado trabalho com a orientação do gerente, havendo um momento posterior de reflexão do "aprendiz", que obteve *feedback* do gestor, o que oportunizou a aprendizagem.

n. **Escuta** – ouvir conversas entre outros colegas da área sobre assuntos relacionados ao trabalho ou sobre alguma situação por eles vivenciada pode ser uma oportunidade para aprender, pois os entrevistados afirmaram que, caso se deparassem com o mesmo assunto ou situação, saberiam como agir ou a quem direcionar a questão. Ele entendem que desta forma estão atentos ao ambiente, referindo-se a área em que atuam.

o. **Experiências traumáticas** – situações que exigem "resistência emocional" do indivíduo, que vão de encontro aos seus valores, mas que devem ser cumpridas devido ao cargo/função que ocupam na empresa, foram consideradas pelos sujeitos como experiências traumáticas e de desgaste emocional muito grande, por exemplo, na integração de empresas adquiridas, as incorporações de tarefas, a demissão de pessoas. Trata-se de momentos descritos como difíceis, que, ao tornarem-se parte do passado, terminam sendo identificados como situações em que houve oportunidade de aprendizado com relação a aspectos da própria personalidade e sobre os colegas de trabalho. Em outros exemplos, os entrevistados vivenciaram situações estressantes e tensas ao ingressarem na área em que trabalham. Situações ditas "difíceis", mas que proporcionam aprendizagem, referem-se sempre a processos informais e experiências de aprendizagem no local de trabalho.

Com relação aos facilitadores e/ou oportunidades para os processos de aprendizagem, de um modo geral, foi possível identificar um importante conjunto de fatores interligados e interdependentes. Por exemplo, os relatos abordam o aprender com outras pessoas, mas as necessidades vão surgindo à medida que estão trabalhando, executando as tarefas. Os entrevistados afirmaram que é importante contar com pessoas mais experientes ou que já conhecem a atividade, e aliar motivação, vontade e iniciativa para aprender ao conhecimento das estratégias gerais da empresa como um norteador para a aprendizagem e a execução das tarefas.

Desta forma, foi possível verificar que a aprendizagem é um processo de tensão e conflito, que ocorre por meio da interação entre o indivíduo e o ambiente, envolvendo experiências concretas, observação e reflexão, que geram permanente revisão dos conceitos aprendidos. É um processo contínuo e não um resultado de uma equação racional, conforme Antonello (2006).

• 3.5 • Obstáculos ao processo de aprendizagem

Da mesma forma que a macrocategoria anterior, os obstáculos ao processo de aprendizagem foram aspectos relacionados à organização e/ou aos indivíduos e aos aspectos situacionais que, de acordo com os sujeitos, dificultam o aprendizado no local de trabalho. Os mais relevantes foram: *não compartilhar conhecimento/pouca interação* e *sobrecarga de trabalho.*

a. **Falta de experiência** – o fato de não ter uma experiência anterior na área ou atividade em que estão atuando foi, no início, um obstáculo à aprendizagem. Muitos afirmaram, porém, que conseguiram superá-lo devido ao auxílio dos colegas, isto é, por intermédio do processo de *aprender pela interação* com as pessoas. A falta de experiência está relacionada à parte prática da atividade.

b. **Falta de conhecimento** – está relacionada aos seguintes aspectos: não ter conhecimento teórico sobre a atividade, não conhecer a estratégia da companhia, não conhecer todo o fluxo de trabalho, o processo inteiro e o motivo de realizar aquele trabalho. Em relação à estratégia e ao fluxo de trabalho, a pesquisa revelou que os entrevistados entendem que é importante, no processo de aprendizagem, o indivíduo sentir-se parte de um todo; compreender seu papel dentro da empresa; saber qual a forma que a organização espera que ele se comporte como seu representante perante o mercado em que ela atua – clientes, fornecedores e concorrentes.

c. **Estrutura do local de trabalho** – o *layout* aberto emergiu, em alguns relatos, como um obstáculo ao processo de aprendizagem devido ao barulho – conversas, telefones – na área e às interrupções frequentes de outras pessoas. Muitos, mesmo concordando que o *layout* aberto possa facilitar as interações, entendem que não compensa por causa do alto ruído e estresse que causa.

d. **Sobrecarga de trabalho/pouco tempo** – os entrevistados salientaram muito o fato de o excesso de atividades fazer com que tenham menos tempo para aprender. Destacaram que uma elevada quantidade de tarefas rotineiras deixa a pessoa sem tempo para se dedicar à reflexão, pensar sobre o trabalho que está realizando e aprender com isso. Acreditam que, se tivessem mais tempo, poderiam aprender mais. Ter pouco tempo para aprender obriga a acelerar o aprendizado, porém, mesmo os que afirmaram ter facilidade para aprender (têm a característica pessoal de aprender rapidamente), comentaram que a falta de tempo dificulta a aprendizagem. Todos os entrevistados afirmaram que este é um ponto importante a ser observado pelo gestor e pela empresa.

e. **Não compartilhar conhecimento/pouca interação** – foi considerado pelos entrevistados um obstáculo relevante à aprendizagem o fato de existirem pessoas, principalmente dentro da empresa, que não compartilham o conhecimento que possuem ou têm dificuldades para fazê-lo, pois, muitas vezes, o trabalho a ser realizado depende deste conhecimento. Houve citações a pessoas de fora da empresa que não sabem transmitir seus conhecimentos, em particular, ministrantes de curso externo. Quando questionados sobre o que dificulta a aprendizagem no local de trabalho, alguns entrevistados responderam sem hesitar, por exemplo: (E6) "é justamente essas pessoas que têm dificuldade de dividir a atividade que fazem. Isso é meu; isso aqui quem faz sou eu e eu faço assim! Isso é o que mais dificulta."

Os relatos parecem evidenciar que o resultado da pouca interação entre os indivíduos é o não compartilhamento do conhecimento. É difícil, porém, identificar exatamente se o baixo nível de interação ocorre devido ao fato de alguns indivíduos não terem disposição para compartilhar seus conhecimentos ou se a pouca oportunidade para interação leva ao reduzido compartilhamento de ideias e conhecimentos.

f. **Sentimento de insegurança** – emergiu nas falas dos entrevistados que participaram do processo de *trainee* da empresa. Eles afirmaram que, em vez de voltarem sua atenção para o *aprender*, ficavam preocupados por não saberem em qual área seriam lotados. A partir deste achado, pode-se dizer que situações de insegurança, estresse e preocupações relacionados ao local de trabalho podem ser um obstáculo ao aprendizado, uma vez que "induzem a atenção" do indivíduo para outro foco que não o de aprendizagem.

g. **Resistência à mudança/pouca interação** – a mudança referida por alguns entrevistados diz respeito, por exemplo, à aquisição de outra empresa, quando se fez necessário mudar os processos de trabalho. Nesta ocasão, algumas pessoas teriam dificultado esse trabalho, acrescido o fato da dificuldade em interagir com elas. Em outras situações, mencionaram novos funcionários que, ao tentarem propor alterações na área, depararam-se com a resistência: (E8) "devido à resistência a mudanças dos que já estavam trabalhando e à pouca interação com eles houve dificuldade no aprendizado".

h. **Disponibilidade e acesso a recursos e informações** – os entrevistados alegaram que para aprender, muitas vezes precisavam recorrer ao Sistema de Informações da empresa (*software* específico), no entanto, por se tratar de um sistema extremamente complexo e/ou por não atender à necessidade da área, a informação nem sempre estava disponível. Outros falaram da dificuldade de acesso a informações por não existirem registros das atividades realizadas por pessoas que ocuparam o cargo anteriormente, nem procedimentos definidos e, desta forma, se desgastam e "perdem tempo" procurando informações. As situações citadas tornaram-se um obstáculo à aprendizagem.

• 3.6 • Resultado da aprendizagem

Os resultados dos processos de aprendizagem estão relacionados diretamente ao indivíduo, embora o processo seja socialmente construído. Duas categorias emergiram.

a. **Autoconhecimento** – os entrevistados relataram que passaram a agir de forma diferente depois de ter aprendido algo novo. Eles afirmaram que conseguiram identificar as atividades que apreciam executar ou não e reafirmar ou identificar características pessoais, que muitos chamaram de "perfil profissional", a partir do que aprenderam no local de trabalho.

b. **Autodesenvolvimento** – está mais relacionado à parte técnica do trabalho e foi visto como importante para o futuro profissional. Surgiu como resultado do processo de aprendizagem quando os indivíduos relataram que, devido ao fato de terem aprendido algo novo, sabem executar uma atividade ou tarefa que antes não sabiam. Como consequência, dizem estar preparados para novas oportunidades de trabalho, dentro ou fora da empresa. Muitos afirmaram que, por terem aprendido a executar atividades mais complexas, obtiveram autodesenvolvimento e, consequentemente, promoção de cargo na área ou para outra área.

Assim, os achados revelam que "o autodesenvolvimento é um processo autoiniciado de aprendizagem, cujos elementos-chave no processo são autoconsciência, reflexão e experimentação, e cujas dimensões são o desenvolvimento, a pessoa vista no seu todo e a responsabilidade pessoal" (Antonello, 2004b, p. 54).

• 3.7 • Diferenças e semelhanças nos processos de aprendizagem das equipes pesquisadas

Não foi possível identificar diferenças com relação aos processos de aprendizagem entre os entrevistados, apenas semelhanças. As duas equipes também possuem semelhanças no que tange ao tipo de trabalho realizado: tarefas administrativas. Entretanto, foi possível identificar algumas diferenças em relação a outros tópicos que são, a seguir, apresentados.

Ao analisar os processos de aprendizagem das duas áreas, verificou-se que as diferenças existentes estão relacionadas ao contexto no qual os indivíduos estão inseridos e à experiência anterior que possuem. Dos entrevistados da área B, a maioria tinha muito pouco conhecimento anterior na área de atuação; ao contrário da área A que relatou ter experiências específicas ou em áreas afins. Esse pouco conhecimento anterior, na área B, apareceu relacionado a relatos de situações de esforço e desgaste para aprender, de demorarem mais tempo para aprender, do que na área A.

Excesso de trabalho, situações de estresse, conflitos e competição estavam mais presentes nos relatos da área B, o que parece provocar menor interação entre as pessoas, aumentando o processo de *Aprender Sozinho*, ao contrário do que ocorreu na área A, em que os relatos de colaboração e aprendizagem, a partir da interação entre as pessoas, foram mais comuns.

Ao se constatar o surgimento da categoria de *Contexto em que Ocorre a Aprendizagem*, identificou-se que, dentro de cada contexto específico, podem ocorrer processos mais "citados" e outros menos. No caso do processo de *aprender pela interação com as pessoas*, valorizado por todos entrevistados, foi, porém, mais citado em contextos de *colaboração* do que de *competição/conflitos*.

○ CONSIDERAÇÕES FINAIS E SUGESTÕES PARA ESTUDOS FUTUROS

Neste estudo, foi possível identificar e descrever os tipos de processos de aprendizagem que ocorrem no local de trabalho de um grupo de trabalhadores que não ocupam papéis/cargos/funções gerenciais. Alguns destes processos foram considerados mais usuais e mais eficientes pelos pesquisados, principalmente os **informais**. Os resultados aqui discutidos foram apresentados na forma de agrupamento de categorias, porém, interdependentes e dinâmicas.

Quanto aos **processos de aprendizagem,** *Aprender pela Prática* e *Aprender pela Interação* foram considerados, de um modo geral, os mais relevantes pelos entrevistados. Assim, foi possível identificar a predominância de processos informais de aprendizagem no dia a dia de trabalho. Os entrevistados salientaram que os momentos de reflexão ocorrem após a situação vivenciada e, principalmente, fora da organização. Os relatos revelaram ação, interação e reflexão nos processos de aprendizagem, caracterizando-se como aprendizagem experiencial que, conforme Dewey (1916), é a contínua reorganização e reconstrução da experiência, ocorrendo aprendizagem todo o tempo e em todas as situações em que as pessoas agem e interagem – refletem e pensam. O processo de aprendizagem autodirigido, embora nele a busca por conhecimento seja por iniciativa própria, está sempre relacionado ao contexto do trabalho, ou seja, parece ser influenciado pela organização, pois existe a preocupação dos pesquisados em saber o que a empresa "espera de seus colaboradores" para que direcionem seu aprendizado. É difícil diferenciar até que ponto a iniciativa ocorre conforme a motivação e os interesses do indivíduo ou da organização (**quanto aos objetivos de aprendizagem**).

Recebeu especial destaque a *interação* como **processo de aprendizagem** propriamente dito e como **facilitadora** deste processo. Isto revelou que a participação do indivíduo tem fundamental importância nos processos de aprendizagem organizacional, considerando-se também que, entre outros aspectos, as condições organizacionais podem apresentar forças impulsoras ou restritivas à expressão da criatividade, à troca de informações, de conhecimento e à consolidação desta aprendizagem socialmente construída no ambiente organizacional. A identificação do indivíduo como sujeito do processo social de aprendizagem, desse modo, é a base para a formação e o compartilhamento de conhecimento e para a compreensão dos processos de aprendizagem nas organizações. Para que os novos membros de um grupo – ou de uma organização – possam acumular conhecimento, adquirir habilidades e/ou aprender alguma forma de profissão ou tarefa num ambiente organizacional, eles precisam participar integralmente das chamadas práticas socioculturais de uma comunidade, por exemplo, uma equipe de trabalho (Elkjaer, 2001).

Quanto aos **contextos e ao processo de aprendizagem**, os achados remetem ao que Gherardi, Nicolini e Odella (1998) definem como Currículo Situado, que diz que as oportunidades de aprendizagem estão relacionadas ao contexto específico da organização em que elas ocorrem. Foi possível identificar que os processos de aprendizagem propriamente ditos ocorrem nas duas equipes pesquisadas, porém, observou-se diferenças no que diz respeito ao *contexto* de trabalho, sendo este um fator que pode interferir diretamente nos processos de aprendizagem dos indivíduos. Por exemplo, ao analisar os procesos de aprendizagem das duas áreas, identifcou-se que além de os entrevistados da área B declararem possuir pouco conhecimento e experiência prévia na área de atuação, diferentemente da área A, ocorreram diversos relatos de situações de maior esforço e tempo para aprender, e eles próprios identificam que estão inseridos em um contexto repleto de situações de estresse, excesso de trabalho e, principalmente, de competição e conflito, levando-os a optarem, predominantemente, pela forma de *Aprender Sozinho.*

O contexto de *Competição/Conflito* também revela que é importante considerar os processos políticos para compreender a aprendizagem nas organizações. Na perspectiva social, de acordo com Easterby-Smith e Araújo (2001), se o conhecimento é socialmente construído por indivíduos e grupos, interpretações particulares podem servir aos interesses de alguns e prejudicar os interesses de outros. O processo interpretativo, dentro das organizações, é permeado por relações de poder. Departamentos, grupos funcionais, equipes e times de projeto podem se organizar conscientemente para apresentar informação de modo a servir a seus objetivos, mostrando que a política constitui parte integrante das transações organizacionais e consequência direta de interesses que são diferenciados, tanto horizontal como verticalmente.

No discurso de "ter iniciativa e proatividade", os sujeitos trazem para si a responsabilidade do aprender, desconsiderando o contexto. Esta postura alinha-se à literatura que propõe o ajuste e a adequação dos indivíduos em relação ao que é considerado "atitudes esperadas e corretas" para a aprendizagem. Outra situação a destacar é que o indivíduo busca aprender com os outros, porém, para não depender mais deles, para obter autonomia e poder trabalhar sozinho. A cultura que está por trás é a de que os competentes são aqueles que sabem muito e não dependem dos outros? Será que é esse caminho individualista que proporcionará maior aprendizado no local de trabalho?

Quanto aos **facilitadores e/ou oportunidades para o processo de aprendizagem**, foi possível identificar um importante conjunto de fatores interdependentes. Por exemplo, os relatos abordam o *aprender com outras pessoas*, mas as necessidades vão surgindo à medida que estão trabalhando e executando as tarefas. Assim, é importante contar com pessoas mais experientes ou que já conhecem a atividade. Aliadas a todos estes aspectos estão a motivação, a vontade e a iniciativa para aprender, além de possuir conhecimento das estratégias gerais da empresa como um norteador para a aprendizagem e a execução das tarefas. Observa-se nos exemplos, conforme Antonello (2006), que a aprendizagem é um processo de tensão e conflito, que ocorre por meio da interação entre o indivíduo e o ambiente, envolvendo experiências concretas, observação e reflexão, que geram permanente revisão dos conceitos aprendidos. É também um processo contínuo e não um mero resultado de um cálculo previsível e controlável.

Quanto aos **obstáculos ao processo de aprendizagem**, identificou-se que estão mais vinculados à organização do que aos indivíduos, evidenciando uma lacuna em que a organização poderia atuar com o objetivo de minimizá-los. Por exemplo: estrutura do local de trabalho, acesso a recursos e informações, sobrecarga de trabalho/escassez de tempo e insegurança. Em contrapartida, quando os sujeitos mencionam a falta ou o desconhecimento das rotinas organizacionais, isso não parece impedir os processos de aprendizagem, pois nos relatos das situações de aprendizagem, evidencia-se que o indivíduo termina encontrando alguma maneira para aprender sem depender dos procedimentos estabelecidos pela empresa.

A categoria do *Sentido do Trabalho* não pode ser lançada especificamente em nenhuma das macrocategorias apresentadas. A partir de vários relatos, foi possível identificar que o sentido do trabalho para os entrevistados é "gostar do que faz e entender que o trabalho é um motivo de prazer". Desta forma, o indivíduo sente-se estimulado a aprender cada vez mais. Como base – "gostar do trabalho, estar satisfeito" – revela que o sentido do trabalho é percebido como importante e como primeiro passo para a aprendizagem ocorrer. Este aspecto fica bem evidente nos relatos dos sujeitos, quando colocam em primeiro lugar a questão de "se estar feliz e satisfeito, fazendo o que gosta". Desta forma, o *sentido do trabalho* aparece como sustentáculo para os processos de aprendizagem, podendo torná-los mais participativos, ou não. Ele também transparece como um nível de satisfação do entrevistado com relação ao trabalho, ao aprendizado e ao local (organização).

Espera-se, com esta pesquisa e sua respectiva análise, ter contribuído para os estudos acerca da aprendizagem que consideram outros níveis organizacionais, destacando o papel do trabalhador. Além disso, trazer subsídios aos profissionais que atuam na área de Recursos Humanos na elaboração de uma análise crítica sobre as atuais práticas e na formulação de políticas condizentes com a realidade da organização em que estão inseridos. Uma vez que os processos informais nem sempre são valorizados pela área de RH das organizações, cabem algumas perguntas: por que eles não são considerados? Será que não está na hora de pensar a respeito e incluir esta questão nas estratégias de RH das organizações? As organizações costumam investir tempo e dinheiro em diversos tipos de processos formais de aprendizagem, será que esse investimento é suficiente para promover a aprendizagem dos indivíduos nas organizações? Talvez seja necessário incluir nas ações de desenvolvimento o estímulo e a valorização dos processos informais de aprendizagem. Por fim, sugere-se estudos futuros acerca do contexto em que ocorrem os processos de aprendizagem nas organizações e o aprofundamento da investigação sobre o papel do sentido do trabalho nos processos de aprendizagem.

○ QUESTÕES PARA REFLEXÃO

1. Seria viável para as organizações incentivar processos informais de aprendizado? Como?
2. Quais poderiam ser consideradas diferenças significativas nos processos de aprendizagem de gerentes e não gerentes?
3. Num contexto desfavorável é possível ocorrer aprendizagem? Como? Exemplifique com situações que você tenha vivenciado.
4. Em sua opinião, é valido aprender coisas em prol da organização e não de sua própria vontade?

○ REFERÊNCIAS

ANTONELLO, C. As formas de aprendizagem utilizadas por gestores no desenvolvimento de competências. In: ENCONTRO NACIONAL DOS PROGRAMAS DE PÓS-GRADUAÇÃO EM ADMINISTRAÇÃO, 28., 2004, Curitiba. *Anais*... Curitiba: ANPAD, 2004a.

ANTONELLO, C. S. Aprendizagem na ação revisitada e sua relação com a noção de competência. *Comportamento organizacional e gestão*, v. 1, p. 17-37, 2006.

ANTONELLO, C. S. O autodesenvolvimento e a perspectiva da aprendizagem organizacional. In: BITENCOURT, C. (Org.). *Gestão contemporânea de pessoas*. Porto Alegre: Bookman, 2004b.

BAPUJI, H.; CROSSAN, M. From questions to answers: reviewing organizational learning research. *Management Learning*, v. 35, n. 4, p. 397-417, 2004.

BLACKER, F. Knowledge and theory of organizations: organizations as activity systems and the reframing of management. *Journal of Management Studies,* v. 30, n. 6, p. 863-884, 1993.

BROWN, J.; DUGUID, P. Organizational learning and communities-of-practice: towards a unified view of working, learning and innovation. *Organization Science*, v. 2, n. 1, p. 40-57, 1991.

CSEH, M.; WATKINS, K.; MARSICK, V. J. Re-conceptualizing Marsick and Watkins' model of informal and incidental learning in the workplace. In: KUCHINKE, K. P. (Ed.). *Proceedings of the 1999 Academy of Human Resource Development Annual Conference*. Baton Rouge, LA: Academy of Human Resource Development, 1999. p. 349-356.

DEWEY, J. *Democracy and education*. an introduction to the philosophy of education. New York: Free Press, 1916.

DUTRA, J. S. *Gestão de pessoas*: modelos, processos, tendências e perspectivas. São Paulo: Atlas, 2002. p. 15-35.

EASTERBY-SMITH, M.; ARAÚJO, L. Aprendizagem organizacional: oportunidades e debates atuais. In: EASTERBY-SMITH, M.; BURGOYNE, J.; ARAÚJO, L. *Aprendizagem organizacional e organização de aprendizagem*: desenvolvimento na teoria e na prática. São Paulo: Atlas, 2001. p. 16-38.

EASTERBY-SMITH, M.; BURGOYNE, J.; ARAUJO, L. (Org.). *Aprendizagem organizacional e organização de aprendizagem*: desenvolvimento na teoria e na prática. São Paulo: Atlas, 2001.

ELKJAER, B. Em busca de uma teoria de aprendizagem social. In: EASTERBY-SMITH, M.; BURGOYNE, J.; ARAÚJO, L. *Aprendizagem organizacional e organização de aprendizagem*: desenvolvimento na teoria e na prática. São Paulo: Atlas, 2001. p. 100-116.

GHERARDI, S.; NICOLINI, D.; ODELLA, F. Toward a social understanding of how people learn in organizations. *Management Learning*, v. 29, n. 3, p. 273-297, 1998.

LAVE, J.; WENGER, E. *Situated learning*: legitimate peripheral participation. New York: Cambridge University Press, 1991.

MARSICK, V. J.; WATKINS, K. *Informal and incidental learning in the workplace*. London: Routledge, 1990.

MERRIAN, S. B. *Qualitative research and case study applications in education*. San Fransisco: Jossey-Bass, 1998.

MORGAN, G. *Imagens da organização*. São Paulo: Atlas, 1996.

ROCHA, M. C.; LOIOLA, E. Aprendendo a aprender: análise de três estudos de caso em aprendizagem organizacional a partir do construtivismo. In: ENCONTRO NACIONAL DOS PROGRAMAS DE PÓS-GRADUAÇÃO EM ADMINISTRAÇÃO, 24., 2000, Florianópolis. *Anais*... Rio de Janeiro: ANPAD, 2000.

SENGE, P. M. *A quinta disciplina*: arte, e pratica da organização de aprendizagem. São Paulo: Best Seller, 1990. p. 62-68.

WATKINS, K.; MARSICK, V. J. Toward a theory of informal and in cidental learning in organizations. *International Journal of Lifelong Education*, v. 11, n. 4, p. 287-300, 1992.

○ SUGESTÕES DE *SITES* SOBRE O TEMA

http://spu.autoupdate.com/modulos.php

http://www.kmol.online.pt/default.htm

http://www.nall.ca/res/

DIMENSÕES QUE PERPASSAM A APRENDIZAGEM NAS ORGANIZAÇÕES

Lucimara Amorim da Costa

13

AMBIENTE ORGANIZACIONAL E SUA INFLUÊNCIA NO PROCESSO DE APRENDIZAGEM DOS INDIVÍDUOS

OBJETIVOS DO CAPÍTULO

- Apresentar e discutir como o ambiente organizacional influencia o processo de aprendizagem dos indivíduos.
- Discutir as estratégias e ações em Treinamento e Desenvolvimento que as organizações utilizam para favorecer a aprendizagem dos indivíduos.
- Agrupar elementos de aprendizagem organizacional, do grupo e individual, que ressaltem aspectos facilitadores desses processos.

RESUMO

Este capítulo apresenta um estudo cujo objetivo principal foi compreender como aspectos do ambiente organizacional influenciam a aprendizagem dos indivíduos. Para atender a esse objetivo são abordados conceitos de aprendizagem nas organizações e as relações entre os níveis de aprendizagem, conjuntamente com aspectos do ambiente organizacional e a sua influência sobre o processo de aprendizagem dos indivíduos. O capítulo também apresenta perspectivas e abordagens da área de Treinamento e Desenvolvimento com o intuito de discutir estratégias e ações que as organizações utilizam para favorecer a aprendizagem dos indivíduos. Para sustentação da discussão, apresentam-se os resultados de uma pesquisa de campo realizada na General Electric do Brasil, em que são identificadas algumas das relações entre Ambiente Organizacional, Aprendizagem nas Organizações e Treinamento & Desenvolvimento.

○ INTRODUÇÃO

A proposta de desenvolver um estudo acerca da aprendizagem significa buscar responder algumas inquietações que o próprio ser humano tem sobre sua capacidade de desenvolver-se. A aprendizagem está no cerne dessa questão no sentido de que todos os seres são capazes de aprender em diferentes níveis.

Maier, Prange e Von Rosenstiel (2001) argumentam que a aprendizagem ocorre por meio da adaptação dos indivíduos ao ambiente. Os membros de cada geração precisam lidar com as revoluções tecnológicas que eles próprios provocam. Todo o desenvolvimento é uma adaptação para a sobrevivência. A aprendizagem não apenas proporciona a sobrevivência como também oportuniza a criação de um diferencial competitivo. Nesse sentido, as mudanças ambientais, tão frequentes nas empresas, motivam os indivíduos a estarem conectados à necessidade de aprendizagem. Atualmente, percebe-se, na sociedade, que a necessidade de aprendizagem é ressaltada pelo ambiente de competitividade.

Elkjaer (2004) argumenta que o objetivo da aprendizagem pode ser visto como transmissão de uma herança cultural e transferência de conhecimento cultural, sendo a socialização necessária para assegurar que as sociedades possam funcionar do modo como o fazem. Pode-se transpor essa visão de sociedade para uma organização, a qual, de modo similar, pode ser vista como um mundo cultural em que os indivíduos devem buscar sua socialização.

Reforçando esse cenário, Kolb (1976) afirma que os gerentes ou administradores de elevado sucesso distinguem-se não tanto pelo simples conjunto de conhecimentos ou habilidades que possuem, mas por sua capacidade de adaptarem-se às demandas ocasionadas por mudanças em seus trabalhos, no ambiente e na carreira, ou seja, por sua habilidade de aprender. Na atual Era da Informação, os princípios sobre o que é importante para administrar provocaram aumento no *gap* existente entre a prática profissional e os modelos de aprendizagem, baseados na lógica tradicional da Ciência da Administração. Isso levou ao crescente interesse em compreender como os executivos aprendem (Burgoyne; Reynolds, 1997) e em entender a aprendizagem organizacional (Argyris, 1999), o conhecimento organizacional (Nonaka; Takeuchi, 1997) e os fatores que influenciam a aprendizagem (Antal; Lenhardt; Rosenbrock, 2001; Cook; Yanow, 1996; Cunningham; Iles, 2002).

Na tentativa de estabelecer um conjunto de atributos eficazes para que os indivíduos lidem satisfatoriamente com essas mudanças, diversos autores discutem a aprendizagem dos indivíduos e trazem para o palco aspectos cognitivos e psicológicos que estão por trás do processo de desenvolvimento da aprendizagem (Kim, 1993; Kolb et al., 1994; Raelin, 1997). Alguns autores buscam, na análise do contexto e das relações sociais, as explicações que vão garantir a forma mais eficaz de desenvolver-se a aprendizagem (Gherardi; Nicolini; Odella, 1998). É preciso analisar também o ambiente organizacional voltado para aspectos experienciais (Marsick; Watkins, 1997; Garavan et al., 2002) e o contexto social como espaço para reflexão (Argyris; Schön, 1978; Rigano; Edwards, 1998).

Este capítulo tem como objetivo principal apresentar e discutir **como o ambiente organizacional influencia o processo de aprendizagem dos indivíduos**. Para atender a esse objetivo, são abordados conceitos de aprendizagem nas organizações e as relações entre os níveis de aprendizagem, conjuntamente com aspectos do ambiente organizacional e sua influência sobre o processo de aprendizagem dos indivíduos. O capítulo apresenta perspectivas e abordagens da área de Treinamento e Desenvolvimento, com o intuito de discutir as estratégias e as ações que as organizações utilizam para favorecer a aprendizagem dos indivíduos. Para sustentação da discussão, apresenta-se os resultados de uma pesquisa de campo feita na General Electric do Brasil, em que são identificadas algumas das relações entre o Ambiente

Organizacional, a Aprendizagem nas Organizações e Treinamento & Desenvolvimento.

1 • REFERENCIAL TEÓRICO

Percebe-se, nos estudos sobre aprendizagem nas organizações, a existência de grande diversidade de ênfases para estudar o assunto. Todas elas, em sua lógica, apresentam contribuições e limitações. Pawlowsky (2001) desenvolveu um modelo conceitual para investigar a aprendizagem nas organizações, que sistematiza diversas classificações e oferece um cenário sobre o que tem sido desenvolvido sobre o tema (vide Figura 13-1).

Para os **níveis de aprendizagem**, é importante destacar a distinção entre aprendizagem organizacional e aprendizagem individual. Neste caminho, a aprendizagem do grupo não é apenas a ligação entre aprendizagem organizacional e aprendizagem individual, mas também é um sistema crucial de intervenção social no qual, compartilhando, os indivíduos aprendem e o comportamento organizacional se estabelece. Os grupos são o espaço em que as visões de mundo dos indivíduos são compartilhadas, negociadas e influenciadas. O próximo nível, geralmente idealizado, é a aprendizagem intraorganizacional, na qual a principal questão é entender como uma organização pode aprender como uma entidade global. A aprendizagem interorganizacional também tem sido assunto bastante explorado, principalmente a questão de como sistemas externos de conhecimento podem ser usados para encorajar a aprendizagem.

Com relação aos **tipos de aprendizagem**, vários autores usam nomenclaturas diferentes para nomeá-los. Argyris e Schön (1978) definem como **aprendizagem de circuito simples** aquela que é basicamente uma correção dos desvios. Este tipo de aprendizagem consiste na localização de descontinuidades de desempenho e sua eliminação, de acordo com procedimentos operacionais padronizados que tenham sido definidos *a priori*. **A aprendizagem de circuito duplo** demanda ajuste ao ambiente. Esta aprendizagem é baseada na hipótese de que as organizações possuem teorias em uso, sistemas de

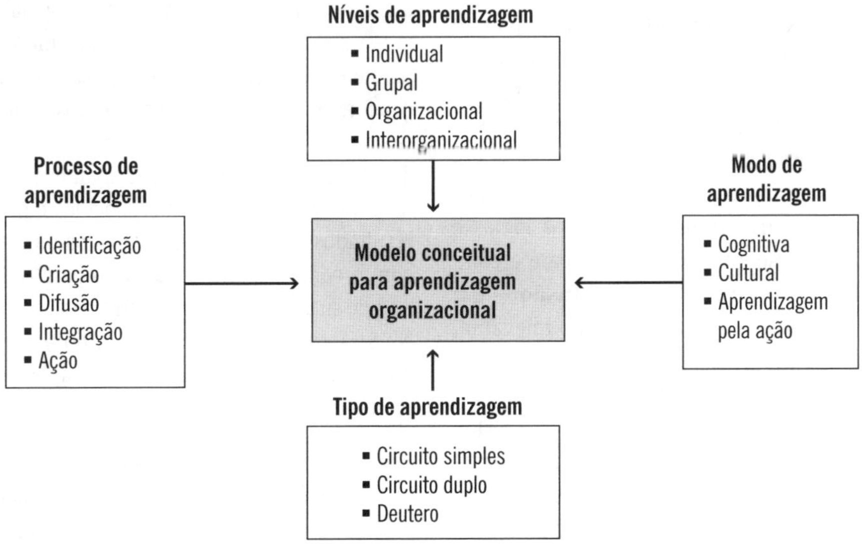

FIGURA 13-1 Modelo conceitual para aprendizagem nas organizações.
Fonte: Pawlowsky (2001).

interpretação e modelos de referência que guiam e determinam o comportamento organizacional. Se o ambiente desafia as concepções da organização e se estas concepções podem ser redefinidas e alteradas completamente para se adequarem às demandas do ambiente, pode-se dizer que houve aprendizagem de circuito duplo. A **deutero aprendizagem** refere-se à aprendizagem para solução de problemas (aprender a aprender). Este tipo de aprendizagem necessita de reflexão coletiva sobre regras de administração e concepção da empresa.

Os **modos de aprendizagem** são definidos por três orientações: **cognitiva, cultural** e **aprendizagem pela ação.** Elas correspondem a três posições existenciais da condição humana: conhecimento, sentimento e ação. Em vez de excluir da aprendizagem organizacional alguma dessas perspectivas, Pawlowsky (2001) assume que os três componentes devem ser considerados como complementares na promoção da aprendizagem organizacional. O autor argumenta que os gerentes precisam entender a aprendizagem não apenas como uma questão de conhecimento, mas também de valores, emoções e comportamento.

O **processo de aprendizagem** é dividido em fases: (1) **identificação** – a principal intenção é facilitar a identificação interna e externa do conhecimento, tornando o conhecimento interno visível, buscando fontes externas de novos conhecimentos ou ambos; (2) **criação de conhecimento** – desenvolvimento de novas ideias e inovação, esta fase é tida como vital para a competitividade da organização; (3) **difusão** – é a troca e a distribuição de conhecimento relevante, sendo pré-requisito para o desenvolvimento e a disseminação de novas ideias e aprendizagem; (4) **integração** – apresenta uma importante questão que é como o conhecimento é mantido, armazenado dentro da organização e como a base do conhecimento organizacional é alterada, modificada e renovada; (5) **ação** – enfoca as consequências comportamentais da aprendizagem.

Este modelo sistematiza aspectos relevantes que devem ser considerados no desenvolvimento de um estudo sobre aprendizagem nas organizações. Assim, o modelo servirá como norteador desta investigação.

• 1.2 • Treinamento e desenvolvimento

A aquisição de conhecimento está claramente relacionada com o processo de aprendizagem e é mais ampla e mais profunda do que a mera acumulação de dados e informações (Davenport; Prusak, 1998). A aprendizagem surge da tensão entre o novo e o velho conhecimento e também da transformação do conhecimento presente na memória de um indivíduo. Este contexto de aprendizagem acontece quando conceitos, estruturas e capacidades são criados ou se desenvolvem à luz do conhecimento que é novo ao indivíduo (Ruas; Antonello, 2003). Considerar a relação entre conhecimento e aprendizagem também é realçar os diferentes tipos de conhecimento requeridos em situações de trabalho, bem como a diversidade de tipos e níveis de aprendizagem (Antonello, 2005).

Gherardi, Nicolini e Odella (1998) defendem a aprendizagem como um processo social. Elas relatam que a aprendizagem inicia-se muito cedo, à medida que os indivíduos vão passando por educação formal, instrução e treinamentos. Normalmente, as pessoas recebem treinamento após o término da educação profissional. O treinamento é considerado, portanto, uma forma específica e orientada a resultados que permite aos novatos terem contato com o conhecimento necessário para o desempenho de suas funções, em determinada organização. Na visão das autoras, é preciso, porém, entender que essa abordagem de aprendizagem e treinamento é muito limitada por dois motivos:

- Essa visão sugere que a aprendizagem é desconectada e, algumas vezes, oposta a qualquer outra atividade organizacional. Muito do que é relevante na aprendizagem que distingue um novato de um profissional experiente é adquirido no dia a dia, agindo e refletindo, pensando sobre o que e no porquê se está fazendo, compartilhando com outros (Schon, 1983; Kolb, 1984).

- A visão de que a aprendizagem é uma atividade absolutamente individual é mal interpretada. Aprendizagem é muito mais. Ela é diferente de simplesmente procurar e adquirir aspectos do conhecimento organizacional. Na vida cotidiana, pessoas e grupos criam conhecimento, negociando o significado de palavras, ações, situações e artefatos materiais (Gherardi; Nicolini; Odella, 1998).

O estudo da aprendizagem nas organizações abrange também a busca da compreensão a respeito de como os gestores podem aprimorar suas habilidades. Segundo Garavan, Barnicle e O'Suilleabhain (1999b), as mudanças organizacionais e no ambiente empresarial precipitaram a busca por um modelo mais integrado de desenvolvimento dos recursos humanos (DRH). O DRH propõe que o aprendizado e o desenvolvimento planejado de indivíduos e grupos beneficiariam não somente o negócio, mas também os aprendizes individuais. Neste contexto, o desenvolvimento gerencial continua a ser foco de consideráveis debates e discussões, tanto entre acadêmicos como entre praticantes (Garavan; Barnicle; O'Suilleabhain, 1999 b).

De modo geral, as definições sobre DRH enfatizam atividades de aprendizagem planejadas, algumas, porém, dão ênfase ao processo de aprendizagem. Encontram-se também alguns pesquisadores que abordam as dimensões interpretativas do DRH ou um elenco de estratégias que normalmente aparecem com o termo DRH (Garavan; Heraty; Barnicle, 1999). Mesmo não havendo concordância na definição sobre o DRH, nota-se que aquilo que, nas organizações, entende-se como DRH, está definitivamente ligado à aprendizagem. Seja nas atividades planejadas de treinamento, seja no processo de aprendizagem em si, percebe-se a preocupação, por parte das organizações, em abordar e desenvolver o assunto. Nesse contexto, o desenvolvimento de recursos humanos é que pode colocar em prática tais preocupações da organização.

As organizações têm percebido que a adoção de uma perspectiva de aprendizagem facilita a conexão com a estratégia por ela escolhida, propiciando que grandes mudanças organizacionais possam acontecer (Pedler; Burgoyne; Boydell, 2004). Nesse contexto, observa-se, na literatura sobre DRH, incentivos à aprendizagem no ambiente de trabalho (Friedman; Lipshitz; Overmeer, 2001); encorajamento para que os indivíduos se responsabilizem pela aprendizagem (PedleR; Burgoyne; Boydell, 2004); estímulo aos líderes na criação de uma cultura que facilite a aprendizagem (Cunningham; Iles, 2002).

Garavan, Heraty e Barnicle (1999) apontam que existem crescentes evidências na literatura sobre DRH que está havendo evolução dos conceitos individuais tradicionais de treinamento e desenvolvimento para um conceito mais amplo e abrangente, denominado aprendizagem. Os conceitos de aprendizagem utilizados em DRH estão, contudo, muito mais voltados à aprendizagem e à formação gerencial.

A aprendizagem gerencial vem sendo uma preocupação das empresas que começam a desenvolver programas internos de formação, na intenção de abastecer o nível de entrada de profissionais na organização. Disseminam-se, dessa forma, os programas de *trainee*, quase como uma extensão da graduação universitária no campo da administração de empresas.

• 1.3 • Ambiente para aprendizagem na organização

Para Gherardi, Nicolini e Odella (1998), a aprendizagem desenvolvida no local de trabalho deve ser entendida como uma atividade social e cognitiva. Percebe-se que a aprendizagem desempenha uma função prática, porque enfatiza a importância da aplicação do conhecimento num contexto social. O ambiente deve ser concebido como um produto social e histórico que é coproduzido juntamente com as atividades que ele suporta: agentes, objetos, atividades, artefatos materiais e simbólicos. Tudo isso constitui um sistema heterogêneo que evolui com o passar do tempo e que forma a cultura de uma organização.

A cultura da organização representa forte influência na literatura sobre aprendizagem organizacional (AO). Entre estas influências destaca-se a visão de cultura como um mecanismo de construção de significados – *sensemaking* – que guia e forma os valores, os comportamentos e as atitudes dos funcionários (O'Reilly; Chatman, 1996). Esses valores transformam-se em metas que guiam o comportamento dos indivíduos (Rohan, 2000). O processo de aprendizagem organizacional é socialmente construído (Easterby-Smith; Araujo; Burgoyne, 2001). À medida que um indivíduo interage com o ambiente, ele participa da criação da realidade, sendo compreendido como agente ativo, construtor da realidade na qual está inserido (Gherardi; Nicolini; Odella, 1998).

A cultura é importante para a aprendizagem porque age como símbolo e armazenadora de experiências passadas e funciona como um instrumento para comunicar essa aprendizagem para toda a organização (Weick; Westley, 2004). Os membros de uma organização, ao se comunicarem entre si, assimilam valores, normas, procedimentos, tanto na primeira socialização organizacional como durante a comunicação formal ou informal no trabalho cotidiano.

Para se estudar o ambiente para aprendizagem nas organizações, é importante procurar diferentes visões sobre como uma organização pode proporcionar um ambiente propício e saudável, capaz de estimular a aprendizagem. Nesse aspecto, identificam-se Weick e Westley (2004), analisando a aprendizagem e as ações rotineiras. A aprendizagem como um momento num processo chama a atenção para a aprendizagem que pode ser percebida nas ações rotineiras. Eles também analisam pequenos ganhos como momentos de aprendizagem, à luz de Peters (1977, apud Weick; Westley, 2004), o qual esclarece que, num ambiente complexo, é difícil acontecer grandes mudanças e ainda mais difícil controlá-las. Normalmente as mudanças envolvem a manipulação de tantas variáveis simultâneas que demandam esforço para que se aprenda algo com a experiência. É provável, também, que uma grande mudança ocorra quando menos se espera e a um pequeno custo. Essa forma especial de mudança é denominada de pequeno ganho e é definida como oportunidades controláveis de modesto tamanho que produzem resultados visíveis e tangíveis (Weick, 1990). Os pequenos ganhos podem transformar velhas rotinas em nova aprendizagem.

Schein (1997) argumenta que, num mundo de turbulência e mudança, as organizações precisam aprender cada vez mais rápido, o que exige uma cultura que incentive um sistema de aprendizagem contínua. A primeira tarefa de um líder contemporâneo é criar e sustentar uma cultura que possa se retroalimentar moldando-se às próprias concepções do líder. Schein (1997) define liderança como a atitude e a motivação para examinar e gerenciar a cultura. Um líder que valoriza aprendizagem tem que ser capaz de entender o que é adequado à cultura organizacional, detectando as disfuncionalidades e promovendo a transformação necessária.

Desenvolver um ambiente que favoreça a aprendizagem dos indivíduos é um desafio tanto para as organizações quanto para os líderes que são os responsáveis diretos nesse contexto.

1.3.1 Fatores que contribuem para a aprendizagem do indivíduo nas organizações

Diversos autores desenvolveram pesquisas sobre fatores que contribuem para a aprendizagem dos indivíduos nas organizações, alguns serão apresentados a seguir.

Stewart e Stewart (1981) estabelecem quatro condições básicas para aprendizagem: primeiro, o aprendiz deve perceber a conexão entre o que ele toma como uma tarefa de aprendizagem e suas potenciais consequências. Segundo, deve haver *feedback* sobre o desempenho, para que esse possa ser melhorado. Terceiro, a oportunidade de praticar é muito importante, especialmente quando se aprende uma nova habilidade. Quarto, o auxílio pode ser útil naquelas áreas em que as capacidades analíticas das pessoas estão empobrecidas – habilidades interpessoais, linguagem de especialidades não familiares, etc.

Antonacopoulou (2001) destaca que um requisito básico para que a aprendizagem ocorra é um clima que encoraje, facilite e recompense a aprendizagem. A autora utiliza-se de Mumford (1989 apud Antonacopoulou, 2001), quando ele enfatiza a **cultura de aprendizagem** de uma organização e proporciona uma lista de fatores que, a partir de estudos por ele desenvolvidos, deveriam estar presentes em qualquer organização dita como encorajadora de aprendizagem:

- Encorajar os gerentes a identificarem suas próprias necessidades de aprendizagem
- Rever regularmente o desempenho e a aprendizagem
- Encorajar os gerentes a estabelecerem metas de aprendizagem para si próprios
- Proporcionar *feedback* tanto em desempenho, como em aprendizagem
- Rever o desempenho dos gerentes no que se refere ao desenvolvimento de outros funcionários
- Assistir os gerentes a perceberem as oportunidades de aprendizagem no trabalho
- Proporcionar novas experiências, com as quais os gerentes possam aprender
- Proporcionar ou facilitar o uso de treinamento na situação de trabalho
- Tolerar alguns enganos
- Encorajar a revisão e o planejamento de atividades de aprendizagem
- Desafiar as maneiras tradicionais de fazer as coisas

Honey e Mumford (1996) descrevem o clima favorável à aprendizagem como aquele em que as atitudes e práticas envolvidas em um contínuo desenvolvimento são ativamente encorajadas. Cunningham e Iles (2002) destacam quatro atividades-chave que os gerentes precisam tomar para desenvolver um clima de aprendizagem dentro da organização:

- Desenvolver um modelo adequado de comportamento e prática
- Planejar e prover oportunidades de aprendizagem
- Construir a aprendizagem integrada aos processos organizacionais
- Ter atitudes favoráveis à aprendizagem

Cunningham e Iles (2002) citam outros autores em sua revisão, como Pedler, Boydell e Burgoyne (1991), que, em sua pesquisa, relataram 10 dimensões importantes para a aprendizagem: ambiente físico, recursos para aprendizagem, incentivo para aprendizagem, comunicação, recompensas, conformidade, valorização do intelectual, auxílio prático, entusiasmo e padrões. Bartram e colaboradores (1993a, 1993b) analisam o quão bem uma organização está contribuindo para manter a aprendizagem e o desenvolvimento no ambiente de trabalho, por meio de sete dimensões: estilo e relações gerenciais, disponibilidade de tempo, autonomia e responsabilidade, estilo da equipe, oportunidades para desenvolvimento, disponibilidade de direcionamento, satisfação com o ambiente do local de trabalho.

Percebe-se que diversos fatores podem ser considerados como facilitadores de aprendizagem e nota-se dois aspectos fundamentais que englobam esses fatores: o ambiente organizacional e a interação social entre os indivíduos.

Garvin (2000) relata que as organizações precisam criar situações favoráveis e ambientes estimulantes para a aprendizagem e que quatro condições são essenciais para esta aprendizagem: (1) reconhecer e aceitar as diferenças, (2) fornecer *feedback* oportuno, (3) estimular o fluxo de novas ideias e (4) assumir riscos e enganos.

Os fatores facilitadores de aprendizagem organizacional, de um lado, permitem que as empresas percebam e reconheçam mais facilmente as mudanças do ambiente empresarial. Por outro, eles exigem das empresas certo grau de maturidade e cultura corporativa permissiva, na qual a aceitação de erros, o *feedback* oportuno, as novas ideias e opiniões, a grande base de informações e a revisão de visões preconcebidas tornem-se elementos determinantes para o ambiente de aprendizagem.

1.3.2 Obstáculos para a aprendizagem do indivíduo nas organizações

Antal, Lenhardt e Rosenbrock (2001) realizam uma revisão da literatura e estudam as barreiras para a aprendizagem organizacional. Os autores agrupam essas barreiras em três categorias: interrupções no processo de aprendizagem; bloqueios psicológicos e culturais para a aprendizagem; obstáculos relacionados à estrutura organizacional e liderança.

Antonacopoulou (2001) apresenta os principais obstáculos à aprendizagem dos indivíduos, dividindo-os em duas perspectivas: fatores pessoais e fatores organizacionais, os quais são apresentados no Quadro 13-1. Esta autora explica que os indivíduos experimentam muitas contradições resultantes da dinâmica social, no contexto da organização. Para explorar completamente a complexidade da aprendizagem humana, é preciso apreciar como os fatores sociais e psicológicos interagem, criando, muitas vezes, prioridades concorrentes, e como os indivíduos tentam reconciliá-las.

2 • PROCEDIMENTOS METODOLÓGICOS

Este estudo tem por objetivo principal apresentar e discutir **como o ambiente organizacional influencia o processo de aprendizagem dos indivíduos.** Como objetivo geral busca-se com-

QUADRO 13-1
Os fatores pessoais e organizacionais que são obstáculos à aprendizagem

Fatores pessoais	Fatores organizacionais
Percepção sobre a necessidade de aprender	Organização interna do trabalho
Percepção sobre a habilidade de aprender	Sistemas organizacionais, por exemplo, treinamento
Valores culturais e crenças	Cultura e clima
Emoções-sentimentos/reações	Processos de tomada de decisões
Atitude com respeito à atualização	Comunicação e *feedback*
Capacidade intelectual-mental	Política e aversão ao risco
Idade	Instabilidade e mudança
Memória	Posição econômica, competição
Habilidade de comunicação	Poder e controle

Fonte: Antonacopoulou (2001).

preender e analisar o processo de aprendizagem de indivíduos que atuam na área financeira e participaram do programa de *trainee,* conhecido como FMP (*Finance Management Program),* da empresa General Electric. Para atender este objetivo geral traçaram-se os seguintes objetivos específicos: (a)identificar e analisar os elementos organizacionais que contribuem e dificultam o processo de aprendizagem dos indivíduos; (b)analisar a contribuição do programa de *trainee* FMP nesse processo; e (c)analisar a importância do programa de *trainee* FMP para o contexto social e organizacional.

Do ponto de vista acadêmico, a pesquisa se propôs a buscar uma contribuição básica, que diz respeito à formação de conhecimentos mais sólidos e profundos sobre as formas que as organizações encontram no intento de estimular um ambiente de aprendizagem. Considerando que a natureza do fenômeno em estudo é predominantemente social, adotou-se uma abordagem qualitativa para esta investigação. Além de descritivo, este estudo trata-se de uma pesquisa exploratória, pois foi desenvolvido com o objetivo de proporcionar visão geral acerca de determinado fato, no caso, o tema em foco no estudo pode ser considerado pouco explorado.

Apesar de esta pesquisa apresentar algumas características de um estudo de caso, no que se refere à análise do processo social que envolve a aprendizagem, suas relações internas e interações culturais (Gil, 1996), ela não pôde ser caracterizada como tal por não possuir a profundidade de análise exigida para assim ser considerada. Desta forma, é mais adequado caracterizá-la como um estudo qualitativo básico ou genérico, descrito por Merriam (1998) como uma pesquisa com características qualitativas, que não possui todos os requisitos para ser considerada um estudo de caso intensivo.

A coleta de dados ocorreu a partir de uma fonte única, a entrevista semiestruturada. Para o tratamento e a análise dos dados foi empregada a técnica conhecida como análise de conteúdo. Por meio do referencial teórico, foram estabelecidas algumas categorias de análise para facilitar o estudo fenômeno, as quais se mostraram adequadas para a sua observação e entendimento. As novas categorias que emergiram, a partir da análise dos dados coletados em campo, são abordadas na seção de apresentação e análise dos dados.

A escolha dos sujeitos da pesquisa foi intencional, em função das condições de acesso e disponibilidade dos participantes. Foram realizadas 11 entrevistas com indivíduos que participaram do programa de *trainee* FMP, da empresa General Electric. Buscando investigar a maior quantidade de relações possíveis, ao longo da carreira desses indivíduos, estipulou-se que diferentes perfis de indivíduos deveriam ser entrevistados, mantendo em comum o aspecto de terem participado ou estarem participando do referido treinamento. Foram realizadas entrevistas com quatro perfis de indivíduos que atendem à seleção dos sujeitos: (a) indivíduos que estão participando do programa de *trainee* FMP; (b) indivíduos formados no programa, há cinco anos em média, e que ocupam cargos de analista sênior ou gerente júnior; (c) indivíduos formados no programa, há mais de dez anos, e que ocupam cargos de alta gerência ou diretoria; (d) instrutores que ministram o programa.

• 2.1 • Descrição do programa de *trainee* FMP

A pesquisa empírica foi conduzida na *General Electric* do Brasil – GE. Os negócios que compõem a empresa são: GE Advanced Materials, GE Commercial Finance, GE Consumer & Industrial, GE Energy, GE Equipment Services, GE Healthcare, GE Infrastructure, GE Insurance, GE Money e GE Transportation.

O programa de *trainee* FMP é o principal ponto de entrada da GE para indivíduos que busquem uma carreira na área financeira, sendo também uma estratégia da organização no desenvolvimento dos futuros líderes para a área financeira. É relevante destacar que esse programa é desenvolvido de maneira centralizada pela GE e abastece o nível de entrada de profissionais de todos os negócios da companhia, estabelecendo de alguma forma um alinhamento dos departamentos financeiros dos diversos negócios.

O programa de *trainee* FMP existe há 49 anos no Brasil e consiste em quatro ou cinco rotações, que acontecem de seis em seis meses nos negócios da empresa, combinadas com quatro cursos intensivos, com avaliação, ministrados por profissionais da GE. Os membros do programa, denominados FMPs, também atendem a um seminário de desenvolvimento de lideranças e são expostos, por meio de redes de aconselhamento (*mentoring*) formais e informais, aos atuais líderes da GE.

Nas rotações, os FMPs recebem atribuições desafiadoras que podem incluir tanto responsabilidades de rotina (abrangendo lucratividade de uma linha de produtos, previsões de curto e longo prazo, relatórios financeiros, precificação, análise dos custos de manufatura, etc.) até trabalho em projetos (exemplos incluem a introdução de novos produtos, planejamento minucioso de atividades da empresa e análise de consequências, implantação de sistemas diversos). Quase todas as rotações envolvem interação com a alta gerência e exposição a outras funções. As atribuições dos FMPs tornam-se gradativamente mais desafiadoras, conforme o profissional adquira mais experiência. Os FMPs completam quatro cursos em dois anos ou dois anos e meio. O conteúdo dos cursos centra-se nos conceitos básicos de contabilidade e finanças e sua aplicação às operações dos diferentes negócios da GE. Os cursos também enfocam estratégia operacional, análise competitiva, técnicas de auditoria e gerenciamento de risco.

A GE valoriza o treinamento e a experiência adquirida no programa de *trainee* FMP e o considera como a base para formação de futuros líderes na área de finanças.

3 • APRESENTAÇÃO E ANÁLISE DOS RESULTADOS

A apresentação e a análise dos resultados da pesquisa discutem o processo de aprendizagem de indivíduos que participaram de um determinado programa de *trainee*. À medida que as entrevistas foram analisadas, surgiram, nos relatos dos indivíduos, padrões reincidentes que puderam ser agrupados e explicados, à luz da teoria estudada, complementando as categorias de análise que foram construídas com base no referencial teórico do trabalho. Destacam-se aspectos como: o tempo, a liderança e o autodesenvolvimento (vide Quadro 13-2).

• 3.1 • Macrocategoria de análise 1: aprendizagem nas organizações

Pawlowsky (2001) elaborou um modelo que sistematiza diversas classificações sobre aprendizagem nas organizações. Ele estabelece categorias que foram utilizadas como elementos de análise nesse estudo: **níveis** (individual, grupal, organizacional e interorganizacional); **processos** (identificação, criação, difusão, integração e ação); **modos** (cognitiva, cultural e aprendizagem pela ação); **tipos de aprendizagem** (ciclo-simples, ciclo-duplo e deutero).

A pesquisa realizada destacou principalmente os modos e os processos de aprendizagem, conforme proposta de Pawlowsky (2001).

a. **Modos** – ao refletirem sobre o que é aprendizagem, os entrevistados relataram principalmente características dos modos de aprendizagem definidos por três orientações: cognitiva, cultural e aprendizagem pela ação. A ênfase maior está no modo de aprendizagem cognitiva, em que se valoriza a questão da aquisição de conhecimento. Pôde-se perceber o acúmulo de conhecimentos como

QUADRO 13-2
Categorias e elementos de análise

Macrocategoria de análise 1	Microcategorias de análise	Elementos de análise	Categorias que emergiram
APRENDIZAGEM NAS ORGANIZAÇÕES * O modelo conceitual para investigação de aprendizagem nas organizações (Pawlowsky, 2001) norteia a macrocategoria de análise 1, sistematizando-a em níveis, processos, modos e tipos de aprendizagem	Aprendizagem organizacional NÍVEIS	Ciclos de aprendizagem **TIPOS** Contexto, ambiente social e cultura **MODOS** Experiência e interação **MODOS**	• Aprendizagem cognitiva (*know-how* e *know-why*) • Aprendizagem cultural (socialização da aprendizagem, comunicação/*feedback*/*networking*, tempo para vivenciar) • Aprendizagem pela ação (tempo no processo de aprendizagem) • Liderança • Aprendizagem de ciclo duplo (melhoria constante, desafio)
	Aprendizagem grupal NÍVEIS	Modelos mentais compartilhados (ligação entre AO e AI) **NÍVEIS** Contexto, ambiente social e cultura **MODOS**	
	Aprendizagem individual NÍVEIS	Aprendizagem pela experiência **MODOS** Significado da aprendizagem (*know-how* e *know-why*) **PROCESSOS** Comportamento **MODOS** Observação Prática social **MODOS**	
Macrocategoria de análise 2	**Microcategorias de análise**	**Elementos de análise**	**Categorias que emergiram**
TREINAMENTO E DESENVOLVIMENTO	Aprendizagem e formação gerencial	Ambiente de mudança (adaptação) Competência Formação	• Treinamentos (aprendizagem teórica e prática / técnico e comportamento) • Liderança (postura de aprendizagem, aprendizagem contínua) • Autodesenvolvimento • Desafio
	Programa de *trainee* FMP	Disciplinas estudadas, interação social, a opinião dos indivíduos.	

QUADRO 13-2
Categorias e elementos de análise *(Continuação)*

Macrocategoria de análise 3	Microcategorias de análise	Elementos de análise	Categorias que emergiram
AMBIENTE PARA APRENDIZAGEM NA ORGANIZAÇÃO	Fatores que Contribuem para a Aprendizagem	Fatores pessoais	• Cultura de aprendizagem • Responsabilidade do indivíduo se engajar no processo
		Fatores organizacionais	• Responsabilidade da empresa oferecer recursos • Ambiente sem barreiras
	Obstáculos para Aprendizagem	Fatores pessoais	• Rotinas defensivas • Acomodação • Visão restrita à empresa
		Fatores organizacionais	• Bloqueios na comunicação • Pressão por resultados (tempo)

Fonte: Elaborado pela autora.

integrante dessa concepção, desse modelo de mundo entendido como válido. Na fala a seguir, nota-se a importância dada à aprendizagem cognitiva e à aquisição de conhecimento ou *know-how*:

> Você aprofundar os seus conhecimentos financeiros basicamente junto de análise de operações, onde você 'linka' o financeiro com operações, contabilidade, estratégia e controladoria. [...] ou seja, eu vejo a aprendizagem mais como um aprofundamento de conhecimentos na área que você escolhe. (S12)

Um dos entrevistados relata um exemplo de aprendizagem experiencial e, em sua fala, nota-se que a aprendizagem aglutina os dois significados propostos por Kim (1993), o *know-how* e o *know-why:*

> Porque na verdade, na nossa área, é o FMP ou profissional novo entrando e realmente pondo a mão na massa e entendendo como é que aquele valor entrou naquela conta? Como é que ele vai sair daquela conta? Tá certo ele estar lá? Se ele precisa tomar alguma ação, se não precisa? É aí que ele começa a entender as consequências de, por exemplo, você fazer um *journal entry* e as consequências de você estar mexendo num balanço, de você estar mexendo num P&L, o que isso significa pro negócio. (S6)

Ainda que o modo de aprendizagem cognitiva seja o predominante em praticamente todos os relatos, também o de aprendizagem cultural pode ser identificado, nas falas dos sujeitos, como um modo de aprendizagem importante para que os indivíduos adaptem-se ao ambiente organizacional. Foi possível perceber que o ambiente organizacional influencia a aprendizagem dos indivíduos pesquisados, pois, em suas falas, identifica-se que eles ressaltam a necessidade da aprendizagem estar adequada àquele contexto.

Aspectos da aprendizagem pela ação também podem ser observados nas falas dos sujeitos. Nos relatos, foi possível identificar que os sujeitos atribuem importância a aspectos da execução das tarefas, de experimentar coisas novas e internalizá-las e que, para que isso aconteça, o tempo aparece como condicionante.

b. Processos – outro aspecto revelado na fala dos sujeitos é a aprendizagem entendida como um processo. Maier, Prange e Von Rosenstiel (2001) argumentam que a aprendizagem, ao ser descrita como um processo, evidencia que ela emprega mais tempo que um evento único, pois é algo que evolui. A noção de tempo aparece nas falas dos sujeitos, sempre associada à ideia de processo, como neste exemplo:

> Aprendizagem... bom, é um processo ... você tem um processo de determinado tempo onde você vai entrar em contato com várias coisas que você não conhece e é todo um processo, não é simplesmente você chegar e num dia você ter a visão de alguma coisa. A aprendizagem é um processo maior, então por exemplo, o FMP, acho que ele é bem completo nisso porque ele tem toda uma evolução de aprendizado, tudo e cada etapa você fala sobre uma coisa específica e não misturando com outras pra não confundir. É algo que tem um tempo, assim um tempo que não seja curto pra você aprender o processo de determinada coisa. (S2)

Pawlowsky (2001) divide o processo de aprendizagem nas seguintes fases: identificação, criação, difusão, integração, ação. Na fala, a seguir, foi possível perceber vários aspectos do processo de aprendizagem, como: a fase de integração do processo de aprendizagem, que está relacionada à questão de como o conhecimento é mantido e armazenado dentro da organização e como a base do conhecimento organizacional é alterada, modificada e renovada; a fase difusão do processo de aprendizagem, que aborda a troca e a distribuição de conhecimento relevante como um pré-requisito para o desenvolvimento e a disseminação de novas ideias; a fase identificação do processo de aprendizagem, na qual é importante tornar-se o conhecimento interno visível e acessível:

> Bom, aí se a ideia é implementada... é claro que toda vez que você implementa uma ideia ou um processo novo de trabalho, você tem que documentar, não é? Você tem que fazer um processo, até porque hoje no *Sox 404* [regra contábil internacional], que é aquele da *Sarbanes & Oxley*, você é obrigado a documentar cada processo, cada etapa do seu trabalho. Então você documenta e fica lá disponível pra quem quiser tirar informação... (S10)

Ainda se pode relacionar esta fala com a formação da memória organizacional, composta por rotinas e procedimentos documentados. A diferença entre os processos de aprendizagem e memória pode ser explicada em termos de uma sequência de três partes, constituída por aquisição, codificação e lembrança de uma informação. Em geral, o conceito de aprendizagem enfoca o processo que ocorre durante a aquisição de um novo comportamento, enquanto os conceitos de memória ou processamento de informação enfocam o armazenamento e a lembrança da informação.

3.1.1 Aprendizagem organizacional

As principais categorias que emergiram em aprendizagem organizacional foram: a liderança, a cultura e o ciclo duplo de aprendizagem. O conceito de Aprendizagem Organizacional é complexo e multidimensional. A fim de explorar este tema, os sujeitos foram questionados sobre a preocupação da empresa com processos de aprendizagem e sobre como a empresa lida com o surgimento de novas ideias.

A maior parte dos entrevistados relatou que a organização está bastante preocupada com a questão da aprendizagem. Eles exemplificam essa preocupação, informando que existem vários treinamentos disponíveis na *intranet* da organização, num aplicativo conhecido como *e-learning*. Existem também treinamentos presenciais, sendo um dos mais enfatizados o treinamento Six Sigma.*

---

* "O que é Six Sigma? A ideia central por trás de Six Sigma é que você pode medir quantos 'defeitos' você tem em um processo; você pode sistematicamente determinar como eliminar esses defeitos e chegar o mais próximo possível da situação de <zero defeitos>". Texto extraído do folder: O que é Six Sigma? O caminho para satisfazer nossos clientes, publicado pela GE.

Os relatos dos entrevistados demonstram ainda que a organização tem preocupação com o conhecimento dos indivíduos, pois acredita que isto lhe possibilitará obter bons resultados e tornar-se uma empresa de ponta.

Nos estudos sobre aprendizagem organizacional, é possível notar que a vida da organização é fortemente influenciada por seus líderes. Na fala dos sujeitos, ficou evidente que a preocupação da empresa com a aprendizagem está ligada à questão da formação de lideranças. A empresa utiliza a aprendizagem como meio para a formação de lideranças dentro da organização. As questões da liderança e da aprendizagem são percebidas como bastante significativas no contexto dessa organização. O programa de *trainee* FMP é um programa que tem como principal meta desenvolver os futuros líderes para a área financeira. Todo esse investimento no treinamento dos indivíduos acaba formando funcionários que valorizam a aprendizagem. Isto estabelece um clima em que a organização impulsiona os indivíduos a estarem sempre procurando desenvolver melhores formas para executarem seus trabalhos. Esse contexto estimula um comportamento de solução de problemas pelos membros da organização, um comportamento de melhoria constante, com características do ciclo duplo de aprendizagem (Argyris; Schön, 1978).

Nota-se, nos relatos, que existem mecanismos de questionamento e certo desafio do *status quo* na organização, no sentido de melhorar o trabalho (Cunningham; Iles, 2002). Isto pode ser observado na fala a seguir, quando o sujeito foi indagado sobre a possibilidade de questionar a maneira como as coisas são feitas dentro da empresa.

> [...] Em vez de você simplesmente fazer aquilo todos os dias, que faz 20 anos que você faz daquele jeito, você está sendo estimulado a pensar: será que existe uma forma melhor de fazer isso que eu estou fazendo? E é cultural, eu vejo isso como parte da cultura da GE [...] (S9).

Nos relatos, emergem alguns dos aspectos da organização que estão voltados para o ideal de uma organização de aprendizagem, descritos por Argyris (1999). Percebe-se que essa predisposição ao questionamento pode ser entendida como um modelo mental compartilhado pelos membros da organização, pois eles percebem esse comportamento como uma cultura ou um valor da empresa.

A cultura organizacional está muito presente na fala dos entrevistados. Os principais aspectos apresentados para que um indivíduo tome conhecimento do ambiente organizacional e da cultura da organização são o tempo e o relacionamento com pessoas. A aprendizagem sobre a cultura da empresa se dá principalmente pela experiência e pela interação entre os indivíduos, apresentando, dessa forma, aspectos da aprendizagem do grupo. A cultura pode ser compreendida como um mecanismo de construção de significados – *sensemaking* – que guia e constitui os valores, os comportamentos e as atitudes dos funcionários (O'Reilly; Chatman, 1996). Esses valores transformam-se em metas que guiam o comportamento dos indivíduos (Rohan, 2000). Os entrevistados atribuem ênfase ao tempo necessário para conhecerem a empresa. Eles relatam que é preciso vivenciar as relações daquele ambiente para realmente entendê-lo.

Para Gherardi, Nicolini e Odella (1998), conhecer é ser capaz de participar, com a competência necessária, de um complexo contexto de relacionamentos entre pessoas e atividades. Foi possível perceber que os sujeitos deram destaque especial ao relacionamento e à exposição aos processos para que conseguissem conhecer a empresa. Nessa organização, os indivíduos entendem exposição como o fato de estarem "sob os holofotes", demonstrando seu trabalho a pessoas importantes ou aceitando tarefas que oportunizem que eles estejam em evidência dentro da organização.

3.1.2 Aprendizagem do grupo

Identificou-se, na aprendizagem do grupo, o papel do relacionamento com os colegas de trabalho (*networking*), a aprendizagem experiencial e a melhoria contínua como fatores extremamente relevantes no processo de aprendizagem dos indivíduos.

Aspectos da aprendizagem do grupo surgiram quando os sujeitos relataram como a aprendizagem acontece dentro do ambiente organizacional. Notou-se que os indivíduos relatam a importância do relacionamento com colegas de trabalho para a aprendizagem. Eisenhart (1995) esclarece que o processo de participação em atividades sociais conecta o indivíduo primeiro ao relacionamento social e, como consequência, às habilidades e conhecimentos da perícia prática no interior desses relacionamentos.

Quando questionados sobre como as novas ideias são implantadas, os sujeitos relatam a importância do processo de interação entre as pessoas no ambiente de trabalho, como uma maneira mais informal de colocar em prática essas novas ideias. Identificou-se que esta atitude é uma consequência da cultura de sempre estar em busca de melhorias (Kolb, 1990). Ahmed, Loh e Zairi (1999) argumentam que aprendizagem e melhoria contínua estão complexamente ligadas e podem ser consideradas processos não estruturados. Essa cultura de melhoria constante pode ser claramente exemplificada na fala a seguir, quando o sujeito explica como as novas ideias são colocadas em prática.

> É difícil você ouvir falar dentro da GE que o seu resultado foi fantástico e você não poderia fazer nada melhor. Eu nunca... Eu estou há 7 anos na GE e eu nunca ouvi isso. "O seu resultado foi fantástico mas... eu acho que você ainda consegue fazer melhor do que você está fazendo... " E eles estão sempre te empurrando pra esse lado e é incrível a nossa capacidade de fazer as coisas, de fazer mais e fazer melhor com a mesma quantidade de recursos. [...] Então a palavra de novo é produtividade. É eficiência e produtividade. (S9)

Para explorar a questão da aprendizagem em grupo, questionou-se aos sujeitos como ocorre a disseminação de ideias na empresa. Essa questão pretendia identificar modelos mentais compartilhados pelos indivíduos e identificar possíveis *links* entre Aprendizagem Organizacional e Aprendizagem Individual. A iniciativa para a disseminação de ideias aparece de maneira formal, mas é aceita pelo grupo e colocada em prática. A comunicação é um aspecto vital na perspectiva desses sujeitos, a maneira como eles compartilham as ideias e disseminam os novos processos é sempre por meio de reuniões, de conversas tanto formais quanto informais.

Outra forma de disseminação do conhecimento usada pela organização é a multiplicação do conhecimento por meio do treinamento de um indivíduo, o qual se torna responsável por transmitir esse conhecimento para a organização. Normalmente, essas iniciativas acontecem quando nova política está sendo implantada pela matriz e precisa ser transmitida às subsidiárias.

Percebe-se, nas falas dos indivíduos, que o trabalho em grupo está muito presente na organização. Nos exemplos apresentados pelos entrevistados, nota-se que os processos de mudança tornam-se mais independentes quando as decisões são tomadas em grupo, quando os responsáveis pelas partes do processo reúnem-se e podem decidir com mais assertividade.

Quando falam da importância do relacionamento com colegas de trabalho, os sujeitos deixam transparecer que consideram importante conversar com seus pares sobre as atividades que desempenham. Nesse processo, eles trocam pontos de vista e experiências. Muitas vezes, por meio do relacionamento com os colegas, os sujeitos conseguem desenvolver melhor seu próprio trabalho, pois, ao se depararem com alguma tarefa nova, eles buscam, em seu *networking,* alguém que possa ajudá-los, alguém que já tenha vivenciado alguma situação semelhante. Algo similar acontece quando eles podem ajudar algum colega, estabelecendo assim uma relação de *benchmark.*

É necessário destacar que os fatores que emergiram na aprendizagem do grupo estão bastante interligados: a aprendizagem que acontece no dia a dia, por meio da troca de informações e experiências dos sujeitos, sempre com o intuito de melhorarem o desempenho de suas atividades.

3.1.3 Aprendizagem individual

Na aprendizagem individual, foi possível destacar as seguintes categorias: a aprendizagem integrada ao ambiente social; a aprendizagem pela observação; e a aprendizagem na prática. Embora os entrevistados valorizem a questão da aquisição de conhecimento – descrita por Pawlowsky (2001) no item aprendizagem cognitiva, quando propõe modos de aprendizagem – eles também apresentaram uma visão mais prática do modo de aprendizagem pela ação.

Ao relatarem seu modo de aprendizagem, vários sujeitos informaram que o modo de aprendizagem pela ação é a maneira que utilizam para aprender. Eles enfatizam a prática, destacando fases do modelo de aprendizagem experiencial de Kolb (1976), quando informam que preferem refletir e analisar para assim poderem aprender.

Alguns sujeitos revelaram que tiveram necessidade de mudar sua forma de aprender, quando entraram no programa de *trainee* FMP. Se antes eles privilegiavam a prática, o programa de *trainee* FMP trouxe a necessidade de estarem focados na aquisição de conhecimento como conteúdo teórico. Além da mudança que o programa de *trainee* FMP provocou na maneira de o sujeito aprender, é possível perceber que o programa também estimulou a articulação entre conhecimento teórico e prático.

Outros sujeitos relataram que aprendem a partir da convivência com profissionais mais experientes. Essa forma de aprendizagem remete à importância do convívio social num ambiente que proporcione a troca de informações, propiciando aos novatos exemplos de situações vividas e soluções adequadas para essas ocasiões (vide também Capítulos 6, 10 e 12 deste livro). Taylor e Taylor (1996) notam que os líderes são amplamente responsáveis por ajustar a forma como uma organização comporta-se, e isso se reflete na maneira como eles abordam determinadas tarefas, como as diretrizes da empresa são interpretadas e como os funcionários são tratados.

O modelo de aprendizagem experiencial (Kolb, 1984) está sustentado em alguns pressupostos que explicam a aprendizagem dos indivíduos. Dentre estes pressupostos, percebeu-se, na fala dos sujeitos, preocupação especial com a adaptação ao mundo e ao ambiente. Eles percebem que esse ambiente pode lhes proporcionar aprendizagem como processo contínuo e atualização que os capacitem a entenderem e adaptarem-se ao mundo e ao mercado. Percebe-se que os sujeitos valorizam o aspecto de estar sempre em contato com coisas novas, tanto dentro da empresa quanto fora dela – eles gostam de se sentir estimulados e desafiados.

Os sujeitos relatam a observação como um fator importante para a aprendizagem. A aprendizagem, segundo Bandura (1977), está baseada no princípio da aprendizagem individual por meio da observação. Se os indivíduos veem um modelo sendo recompensado por seu comportamento, eles vão, provavelmente, imitar esse comportamento.

Os sujeitos identificaram que aprendem no dia a dia, à medida que interagem com a atividade a ser desempenhada e com seus colegas de trabalho. A aprendizagem pode ser vista como parte de uma prática social, em que a perspectiva sobre aprendizagem não é baseada no indivíduo, mas na prática social da vida organizacional (Elkjaer, 2004).

Em síntese, na microcategoria aprendizagem individual, emergiram, dos entrevistados, importantes temas como: a aprendizagem integrada ao ambiente social; a aprendizagem pela observação; e a aprendizagem na prática.

A Figura 13-2 sintetiza as categorias que compõem a macrocategoria aprendizagem nas organizações.

Ao analisar a aprendizagem nas organizações, considerando as categorias de análise aprendizagem organizacional, aprendizagem do grupo e aprendizagem individual, foi possível perceber pontos interconectados entre elas. Por exemplo, em aprendizagem organizacional, percebe-se que

FIGURA 13-2 Aprendizagem nas organizações.

Fonte: Elaborado pela autora a partir de dados empíricos.

a organização incentiva um comportamento de solução de problemas, sugerindo características do ciclo duplo de aprendizagem e, na aprendizagem do grupo, é possível perceber que os indivíduos buscam sempre melhorar o desempenho de suas atividades.

Identificou-se também que, no nível individual, a aprendizagem pela experiência é a forma que os sujeitos pesquisados utilizam para aprender, por considerarem-na mais eficiente, enquanto, no nível grupal, é a aprendizagem que acontece no dia a dia e na troca de experiências entre os sujeitos.

A questão da cultura que emerge na categoria aprendizagem organizacional pode ser relacionada à aprendizagem integrada ao ambiente social, a qual também emergiu na aprendizagem individual. Na aprendizagem organizacional, percebeu-se que os sujeitos consideram importante conhecer a empresa, e este conhecimento é observado como aprender a cultura da empresa. Na aprendizagem individual, os sujeitos entendem que a aprendizagem está integrada ao ambiente social, ou seja, a aprendizagem deve estar adequada ao que a empresa e as pessoas que a integram entendem e valorizam como aprendizagem. Eles percebem que a aprendizagem deve ser adequada à cultura da empresa.

• 3.2 • Macrocategoria de análise 2: treinamento e desenvolvimento (T&D)

A GE é uma empresa que investe muito em treinamento e desenvolvimento de recursos humanos. Os entrevistados reconhecem a importância dada pela empresa aos treinamentos que ela desenvolve e o alinhamento dessas iniciativas com a estratégia organizacional.

3.2.1 Apresentação das iniciativas em treinamento e desenvolvimento

Dentre as iniciativas de treinamento, destacam-se: *EHS, e-learning, Six Sigma, Entry-levels* (FMP, HRLP, OMLP) e Crotonville, que é um grande centro de treinamento.

Há treinamentos de integridade, LOTO (*lockout/tagout*), segurança da informação, direção defensiva e conscientização ergonômica, são dados no processo de integração dos funcionários, no primeiro dia de trabalho. A empresa investe também numa ferramenta de treinamentos *on-line.*

Por meio dos relatos dos sujeitos e da apresentação das principais iniciativas de treinamento da GE, pode-se perceber o estabelecimento de uma cultura em que a aprendizagem é vista como algo natural, algo que faz parte do ambiente, ou seja, existe a preocupação que se crie uma cultura de aprendizagem. A GE possui iniciativas ligadas ao desenvolvimento de carreira dos indivíduos como: EMS e *Session* C (uma plataforma de medição de desempenho), Avaliação 360° e *Mentoring*.

Os entrevistados atribuíram grande destaque à importância do treinamento ligado ao desempenho das tarefas. É possível perceber que o programa de *trainee* FMP é desenvolvido pela organização com uma clara visão de que esses indivíduos formam a base para suprir a necessidade da empresa em ter profissionais capazes na área financeira. Garavan, Heraty e Barnicle (1999) esclarecem que o desenvolvimento de recursos humanos propõe o aprendizado e o desenvolvimento planejado de indivíduos e grupos, beneficiando não somente o negócio, mas também os aprendizes individuais. A fala, a seguir, revela o que o programa de *trainee* FMP representa para a organização:

> É uma fonte renovável de recursos para a área financeira, de lideranças para a área financeira. Eu acho que o foco do FMP, além da formação de lideranças, é a formação de profissionais com a base técnica apurada. (S9)

Outro aspecto relevante do treinamento é que ele também está desenvolvendo comportamento adequado ao contexto da organização (Garavan; Heraty; Barnicle, 1999). Os sujeitos demonstram preocupação com relação à adaptação do indivíduo à cultura da empresa. Alguns relatos sugerem que o programa de *trainee* FMP é importante para o processo de aculturamento do indivíduo. Schneider, Brief e Guzzo (1996) sugerem que as organizações devem atrair e selecionar pessoas com estilos compatíveis aos da organização. Foi possível perceber que os indivíduos consideram que o programa de *trainee* FMP serve também como um período de teste dessa adaptação à cultura da organização.

As iniciativas de treinamento e desenvolvimento desempenham papel fundamental no processo de aprendizagem dos indivíduos. Pode-se destacar a integração entre teoria e prática nos treinamentos, nos quais os sujeitos abordam tanto questões técnicas como de comportamento. Identificou-se que a liderança e o desenvolvimento de líderes é um dos pontos-chave quando, nessa organização, explora-se a questão de treinamento e desenvolvimento.

3.2.2 Aprendizagem e formação gerencial

Um aspecto do desenvolvimento de recursos humanos é a preocupação da organização em estabelecer fortes ligações entre as metas organizacionais e as iniciativas de treinamento, desenvolvimento e educação dos indivíduos. Para alcançar essa meta é interessante perceber que o foco está sendo a adoção de perspectivas de aprendizagem organizacional, especificamente incentivando os indivíduos a desenvolverem sua capacidade de aprender a aprender (Argyris; Schön, 1978).

Quando questionados sobre com o que um gerente deve estar preocupado em aprender, os sujeitos relatam que deve estar constantemente ligado à aprendizagem, no sentido de adaptar o negócio às situações do mercado. Os relatos dos sujeitos evidenciam que os gerentes precisam desenvolver diversas habilidades, como de relacionamento, para avaliação do ambiente onde a companhia está inserida e capacidade técnica para serem bons gerentes. Essa aprendizagem gerencial vai ao encontro do conceito de competência e profissionalismo. Le Boterf (2003) declara que o profissional deve, antes de qualquer coisa, saber administrar uma situação profissional complexa. O autor elenca, nesse saber administrar, fatores que compõem essa capacidade: saber agir com pertinência; saber mobilizar saberes e conhecimentos em um contexto profissional; saber integrar ou combinar saberes múltiplos e heterogêneos; saber transpor; saber aprender e aprender a aprender; e saber envolver-se.

Percebe-se, na fala dos sujeitos, que a empresa estimula um ambiente de constante mudança, em que valoriza o contato com pessoas e ambientes diferentes. Com relação a esse incentivo em estar sempre buscando ter contato com ambientes variados, é possível perceber que os indivíduos, mesmo depois de concluírem o programa de *trainee* FMP, são incentivados a buscarem oportunidades de trabalho em áreas e negócios diferentes. A empresa estimula que o profissional circule pelos vários negócios da companhia, para que dessa forma ele possa entender a empresa de uma maneira global. Pode-se notar que os sujeitos entendem que essa atitude por parte da empresa acaba por acelerar seu próprio processo de aprendizagem, uma vez que, para se candidatarem a novas posições, os sujeitos precisam demonstrar à empresa sempre mais conhecimento e experiência. Analisando os aspectos da aprendizagem e da formação gerencial percebeu-se também que o papel do ambiente onde esses indivíduos estão inseridos é algo que se destaca.

Na microcategoria aprendizagem e formação gerencial, revela-se a importância da aprendizagem como um processo contínuo, possibilitando ao indivíduo ser capaz de lidar melhor com as mudanças impostas pela atual dinâmica organizacional. Destaca-se também a valorização do contato com ambientes e culturas variados, possibilitando ao indivíduo desenvolver a capacidade de observação e análise do ambiente onde ele se insere. É importante que o indivíduo saiba entender tanto o mercado no qual sua organização atua como seu papel dentro da organização.

3.2.3 Programa de trainee *FMP*

O programa de *trainee* FMP (*Finance Management Program*) é um programa de desenvolvimento de lideranças, desenvolvido pela matriz da GE com o intuito de formar profissionais que serão os gestores da área financeira da empresa. Esse programa tem a função de suprir o nível de entrada de profissionais na empresa, fazendo com que sua adaptação seja mais fácil e adequada, e busca a total integração entre conhecimento prático e teórico. O programa de *trainee* FMP é visto pela empresa como um diferencial para os indivíduos, oportunizando a seus participantes acesso intenso aos treinamentos disponibilizados pela empresa.

Os sujeitos destacam a importância do programa de *trainee* FMP, na organização, tanto na questão de acelerar a aprendizagem, à medida que amplia o acesso aos treinamentos, quanto para a ampliação de oportunidades de desenvolvimento dentro dela.

Outro aspecto revelado pelos entrevistados sobre o programa é que ele está focado no autodesenvolvimento, no autoaprendizado. Antonello (2004) explica que o autodesenvolvimento, como conceito, é uma síntese do desenvolvimento que abrange contínua passagem de ações externas (experiencial) para processos internos (reflexão) e volta para a ação, e assim sucessivamente. Os relatos destacam a transformação interior de alguns indivíduos e como sua preferência pela aprendizagem pela ação contribuiu quando se depararam com a situação de autoestudo. Segundo Antonello (2004), um dos elementos-chave no processo de autodesenvolvimento é o autoconhecimento. O indivíduo pode direcionar seu desenvolvimento se, dentre outros aspectos, conhecer a si próprio, suas necessidades, sua forma de ser e identificar suas habilidades, comportamentos, atitudes e valores. O relato, a seguir, demonstra que a companhia espera dos sujeitos o autoconhecimento.

> Eu acho que a GE estimula o autoconhecimento, a proatividade do profissional em aprender por si mesmo, com o instrumental que ela oferece. A GE não vai dizer o que você tem que fazer. Ela vai dizer o que ela quer que você faça e vai te mostrar de que maneira você pode entregar aquilo que ela quer. A cultura da GE é essa, uma cultura bem *self made men*, faça por você mesmo, não vai esperar que ela diga o que tem que fazer. (S1)

Antonello (2004) apresenta o autodesenvolvimento como uma estratégia que somente é benéfica para o indivíduo e para a organização, quando a organização não se isenta de sua parcela de responsabilidade e investimento no desenvolvimento dos indivíduos e estes sabem aproveitar adequadamente as oportunidades.

No que diz respeito a como o programa de *trainee* FMP repercutiu na aprendizagem dos indivíduos, os relatos dos sujeitos revelam que esse aprendizado foi percebido como bastante acelerado. O programa de *trainee* FMP, além de acelerar a aprendizagem dos indivíduos, também exige ou exigiu desses profissionais um desempenho adequado às oportunidades de aprendizagem, proporcionando que os sujeitos experienciassem, na prática, o resultado da aprendizagem. Observou-se que os entrevistados sentiram-se desafiados a assumirem posições para as quais talvez não se considerassem preparados.

Nos relatos de como o programa de *trainee* FMP repercutiu na vida dos indivíduos, percebeu-se que as mudanças causadas foram bastante intensas. Os sujeitos mudaram em diversos aspectos, dentre eles: tiveram contato com pessoas e culturas diferentes; adquiriram mais maturidade; precisaram de disciplina para se adaptarem às exigências do programa de *trainee* FMP; precisaram sair de casa e morar em cidades diferentes e até em países diferentes; e tiveram que se dedicar intensamente ao trabalho. Como um dos relatos informa: "você precisa ter um desprendimento da sua vida pessoal total".

Os sujeitos percebem que o programa de *trainee* FMP acelera seu processo de aprendizagem através dos conteúdos que eles precisam estudar, por meio das rotações e por colocá-los em situações desafiadoras, das quais eles precisam desvencilhar-se.

Para a vida dos sujeitos, o programa de *trainee* FMP trouxe maturidade, pois os indivíduos precisaram enfrentar situações desafiadoras e aprender a administrar melhor o tempo. Outra mudança em suas vidas foi o contato com pessoas, culturas e países diferentes. Eles precisaram adaptar-se às exigências do programa, tendo que estudar várias horas semanais; sair de casa para trabalhar em outras cidades e até em outros países; se dedicar intensamente ao trabalho.

Em síntese, o programa de *trainee* FMP é descrito pelos sujeitos como um treinamento bastante intenso que integra teoria e prática. O programa de *trainee* FMP garante aos sujeitos acesso a outros treinamentos oferecidos pela companhia e abre oportunidades profissionais diferenciadas, garantindo que o indivíduo terá destaque dentro da organização.

Os destaques da categoria treinamento e desenvolvimento estão sintetizados na Figura 13-3.

• 3.3 • Macrocategoria de análise 3: ambiente para aprendizagem na organização

Estudar o ambiente para aprendizagem nas organizações é fundamental, à medida que se entende que o processo de aprendizagem organizacional é socialmente construído (Easterby-smith; Araújo; Burgoyne, 2001). Um dos aspectos mais relevantes no ambiente para aprendizagem nas organizações é a cultura organizacional. A cultura é importante para a aprendizagem, porque age como símbolo e armazenadora de experiências passadas e funciona como um instrumento para comunicar as aprendizagens para toda a organização (Weick; Westley, 2004). Diversos foram os relatos que possibilitaram identificar que o contato com outros membros da companhia favorece o entendimento dos valores e dos procedimentos da empresa por meio da troca de experiências. Por exemplo:

> Como eu falei antes, observo a aprendizagem como troca. Troca de valores, troca de experiências e troca de pontos de vista. E acho que não tem uma maneira melhor de você fazer isso dentro de uma empresa, ainda mais uma empresa do tamanho da GE que é tão diversa, tão diferente; não tem maneira melhor do que você colocar pessoas em contato, colocar gente de outras partes, de outros negócios em contato pra poder trocar experiências. Acho que tem muito a ver com a GE. (S11)

Quando se examina o ambiente para aprendizagem, percebe-se, nos relatos dos entrevista-

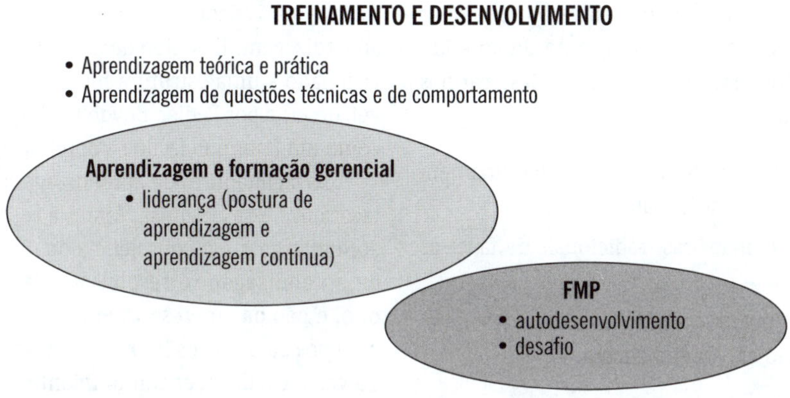

FIGURA 13-3 Treinamento e desenvolvimento.

Fonte: Elaborado pela autora a partir de dados empíricos.

dos, que a aprendizagem também está presente em ações rotineiras e pode ser composta por pequenos ganhos (Weick; Westley, 2004). Nas falas dos sujeitos, é possível perceber que existe incentivo ao questionamento sobre como fazer melhor as tarefas. Isso reflete a valorização das iniciativas de melhoria de processos, fazendo com que o processo de aprendizagem não esteja ligado somente à grandes mudanças, mas que as pequenas mudanças estejam arraigadas àquele contexto que começa a ser compreendido também como um aspecto da cultura. O resultado, de tamanho moderado, é uma forma especial de mudança. Seu impacto é administrável, não gera rupturas e é projetado para melhorar a aprendizagem sobre o sistema. Embora haja um resultado tangível, o significado desses resultados não é fixo. Os pequenos ganhos podem transformar velhas rotinas em nova aprendizagem.

3.3.1 Fatores que contribuem para a aprendizagem

Antonacopoulou (2001) salienta a importância da interação entre fatores individuais/pessoais e organizacionais/contextuais e o impacto da receptividade do indivíduo em relação à aprendizagem. A autora observou, em seus estudos, que os indivíduos não podem ser forçados a aprender contra sua vontade. Quando questionados se a empresa é responsável pela aprendizagem dos indivíduos, os sujeitos relatam, em suas falas, exatamente o que Antonacopoulou (2001) argumenta sobre a receptividade em relação à aprendizagem: "Eu acho que ela [organização] é responsável por oferecer e por estimular, mas ela não consegue obrigar ninguém a aprender. (S9)"

De acordo com os pesquisados, cada pessoa deve ser responsável pela própria aprendizagem. Na literatura sobre desenvolvimento de recursos humanos, Pedler, Burgoyne e Boydell (2004) comentam que, para incentivar aprendizagem, é importante ter um ambiente que encoraje os indivíduos a se responsabilizarem por sua aprendizagem. Os sujeitos destacam que consideram importante que a empresa os estimule e que eles estejam sempre desenvolvendo sua aprendizagem.

Para explorar os fatores que contribuem para a aprendizagem, foi questionado aos sujeitos como a empresa pode criar um ambiente favorável à aprendizagem. Antonacopoulou (2001) utiliza-se de Mumford (1989 apud Antonacopoulou, 2001) que enfatiza a cultura de aprendizagem de uma organização e proporciona uma lista de fatores que, conforme os estudos por ele desenvolvidos, deveriam estar presentes em qualquer organização dita como encorajadora de aprendizagem. Dentre esses fatores, pode-se destacar nos relatos dos sujeitos:

- proporcionar ou facilitar o uso de treinamento na situação de trabalho;
- desafiar as maneiras tradicionais de fazer as coisas;
- proporcionar *feedback*, tanto em desempenho como em aprendizagem.

Com uma perspectiva mais voltada para organizações que aprendem, Garvin (2000) cita, como fatores facilitadores da aprendizagem organizacional, práticas, políticas e condições existentes na organização como catalisadoras da ocorrência de aprendizagem. Nas falas dos pesquisados foi possível identificar alguns desses fatores, como:

- O compartilhamento de visões e experiências, por meio da troca de experiências.
- As novas ideias e opiniões quando o sujeito surpreende-se com novos pontos de vista.
- O ambiente de aprendizagem é reconhecido, quando ele descreve que vários fatores dentro da organização contribuem para o estabelecimento de um ambiente favorável à aprendizagem.
- As fontes de informação podem ser percebidas, quando o sujeito descreve que, pela absorção de informações, está melhorando sua cultura, valores, capacidade técnica e de gerenciamento.

Um aspecto novo que emergiu dos relatos como facilitador da aprendizagem é a existência de um ambiente organizacional sem barreiras, em que os indivíduos têm liberdade para se comunicarem livremente, independentemente de função ou hierarquia. Pode-se relacionar esse tipo de ambiente com a perspectiva social da aprendizagem, quando ela procura explicar que tipo de contexto social é mais adequado para o desenvolvimento da aprendizagem. Esse tipo de ambiente pode ser relacionado a uma estrutura hierárquica mais flexível, descrita por Pedler, Boydell e Burgoyne (1991) como um fator que facilita a aprendizagem.

Os facilitadores de aprendizagem que se destacaram, nessa pesquisa, foram a receptividade à aprendizagem e a consciência de que o processo de aprendizagem é responsabilidade do indivíduo, e não da empresa. À empresa cabe oferecer recursos para que os indivíduos possam se desenvolver e estabelecer um ambiente que encoraje esse desenvolvimento. A comunicação, o *feedback* e o compartilhamento de experiências foram fatores considerados importantes e que apareceram inter-relacionados. Destaca-se também a questão de a empresa não oferecer barreiras de comunicação entre as pessoas, independentemente de função ou hierarquia.

3.3.2 Obstáculos para aprendizagem

As barreiras psicológicas e culturais parecem ser as que ganham mais visibilidade na literatura. Diversos autores exploram essas questões. Argyris (1991) aborda como um obstáculo as rotinas defensivas que os indivíduos desenvolvem para se protegerem de críticas sobre seu papel na organização. Identificou-se nas falas dos sujeitos que em algum momento eles já se depararam com atitudes de resistência à mudança por parte de colegas de trabalho.

Os obstáculos relacionados à estrutura organizacional apontam que estruturas centralizadoras tendem a bloquear a aprendizagem, pois as estruturas mecanicistas tendem a reforçar comportamentos passados, dificultando mudanças em crenças e ações. Quando questionado sobre o que pode impedir que as pessoas desenvolvam aprendizagem, um dos sujeitos relata: “Primeiro, ter uma postura que o que tem está funcionando, então você não precisa aprender nada novo. (S8)”. Conforme o entrevistado, esse tipo de postura bloqueia a aprendizagem, por ser uma postura de acomodação e de achar que “se as coisas estão funcionando nada precisa ser melhorado". Para ele, esse é um dos principais fatores que impedem a aprendizagem. Esse relato ainda pode ser interpretado como uma postura de acomodação por parte do sujeito, entendida como resistência à mudança.

Foi possível identificar, em algumas falas, como obstáculo para aprendizagem, a tendência a restringir a visão global em favorecimento de um foco mais restrito. Morgan (1996) demonstra que estruturas departamentais podem também inibir a aprendizagem organizacional, porque seus membros enfocam totalmente sua atenção no espaço do departamento e perdem de vista a globalidade dos problemas da organização. Os entrevistados mencionam que, às vezes, é preciso conseguir questionar os paradigmas sobre a maneira como as atividades são realizadas. Eles comentam que, muitas vezes, as pessoas não conseguem "pensar fora da caixa".

O líder também pode representar um obstáculo à aprendizagem, no momento em que age valorizando em demasia o conhecimento como uma grande virtude em detrimento do processo de aprendizagem (Morgan, 1996). Os sujeitos comentam que a postura do líder é fundamental para a aprendizagem e, em seus relatos, informam que, se os líderes não se engajarem no desenvolvimento de aprendizagem, isso se transforma em um obstáculo. Cabe-lhes, então, a responsabilidade de serem um agente que incentive a aprendizagem.

Outro aspecto que sofre bastante influência do líder é a questão da comunicação. A comunicação é um fator que pode se tornar um obstáculo à aprendizagem (Antonacopoulou, 2001). Conforme os entrevistados, quando a comunicação é bloqueada, o indivíduo sonega informações para a melhoria de um processo.

Antonacopoulou (2001) apresenta os principais obstáculos à aprendizagem dos indivíduos, dividindo-os em duas perspectivas: fatores pessoais e fatores organizacionais. Com relação aos fatores pessoais, destaca-se a percepção dos entrevistados sobre a necessidade de aprender. Nos fatores organizacionais, destaca-se, na fala dos sujeitos, que a comunicação e o *feedback* são muito importantes. Eles informam que um obstáculo à aprendizagem seria um local onde a comunicação fosse complicada. A comunicação aparece com diversas roupagens. Entre elas, os sujeitos destacam a comunicação:

- como um fator que dá liberdade de atuação ao indivíduo, certa autonomia (Bartram et al., 1993a, 1993b);
- auxiliando na obtenção de um ambiente livre de barreiras;
- por parte do superior, fornecendo ao indivíduo um *feedback* tanto em desempenho, como em aprendizagem (Antonacopoulou, 2001);
- ligada à possibilidade de questionar.

Outro aspecto importante para a questão de aprendizagem é o tempo aliado à pressão por resultado. Gieskes, Hyland e Magnusson (2002) relatam, em sua pesquisa, que a falta de tempo foi o aspecto citado com mais frequência como um obstáculo à aprendizagem. Mais especificamente, a falta de tempo reduziu as possibilidades de experimentar novos métodos e soluções, restringiu também a produção de relatórios e base de dados que poderiam ter sido usadas no desenvolvimento dos projetos.

Destaca-se que os facilitadores e os obstáculos à aprendizagem, no ambiente organizacional, aparecem muito entrelaçados, pois, ao mesmo tempo em que aparecem, na literatura, como facilitadores, podem ser considerados obstáculos se ausentes.

As rotinas defensivas e certa acomodação no sentido de tentar proteger e manter o papel que as pessoas têm na organização puderam ser observadas como obstáculos nesta pesquisa. Foi possível também observar que a visão de alguns sujeitos fica restrita a uma perspectiva interna, pois, como a empresa é de grande porte e complexa, os sujeitos acabam não observando o que outras empresas e o mercado a sua volta estão valorizando. Os bloqueios à comunicação e a falta de tempo aliada à pressão por resultados foram igualmente destacados como fatores que dificultam a aprendizagem.

Na Figura 13-4, são apresentados os principais fatores que emergiram, nessa pesquisa, como facilitadores e obstáculos à aprendizagem.

○ CONSIDERAÇÕES FINAIS

Esse estudo investigou, por meio da análise do processo de aprendizagem dos indivíduos que participaram do programa de *trainee* conhecido como FMP (*Finance Management Program*), da empresa General Electric, como o ambiente organizacional influencia o processo de aprendizagem individual. Foi possível identificar alguns dos elementos do ambiente organizacional (estruturas organizacionais, políticas de gestão de pessoas, cultura, valores, tipos de liderança, competências) que influenciam o processo de aprendizagem dos sujeitos pesquisados, tendo havido possibilidade de articular alguns destes elementos à literatura corrente sobre este tema. A Figura 13-5 sintetiza os principais resultados que emergiram nessa pesquisa.

Dentre os principais elementos do ambiente organizacional que influenciam o processo de aprendizagem dos indivíduos, foram identificados, neste estudo: políticas de gestão de pessoas voltadas para o desenvolvimento contínuo dos indivíduos com ênfase no autodesenvolvimento; cultura que incentiva a questão de melhoria e a formação de líderes voltados para a aprendizagem; estrutura organizacional que oportuniza a comunicação e o trabalho em equipe.

A cultura da organização estabelece um ambiente no qual os indivíduos são estimulados a repensarem suas rotinas e a discutirem e trocarem ideias com outros membros da empresa, com o objetivo de melhorar a maneira pela qual as atividades são realizadas.

A empresa também dispõe de políticas de gestão de pessoas que influenciam o processo de aprendizagem dos sujeitos, pois, por meio das avaliações de desempenho, planeja o desenvolvimento desses indivíduos, oferecendo treinamentos que estejam adequados ao momento de carreira do sujeito, além de proporcionar sua par-

FIGURA 13-4 Ambiente para aprendizagem nas organizações.

Fonte: Elaborado pela autora a partir de dados empíricos.

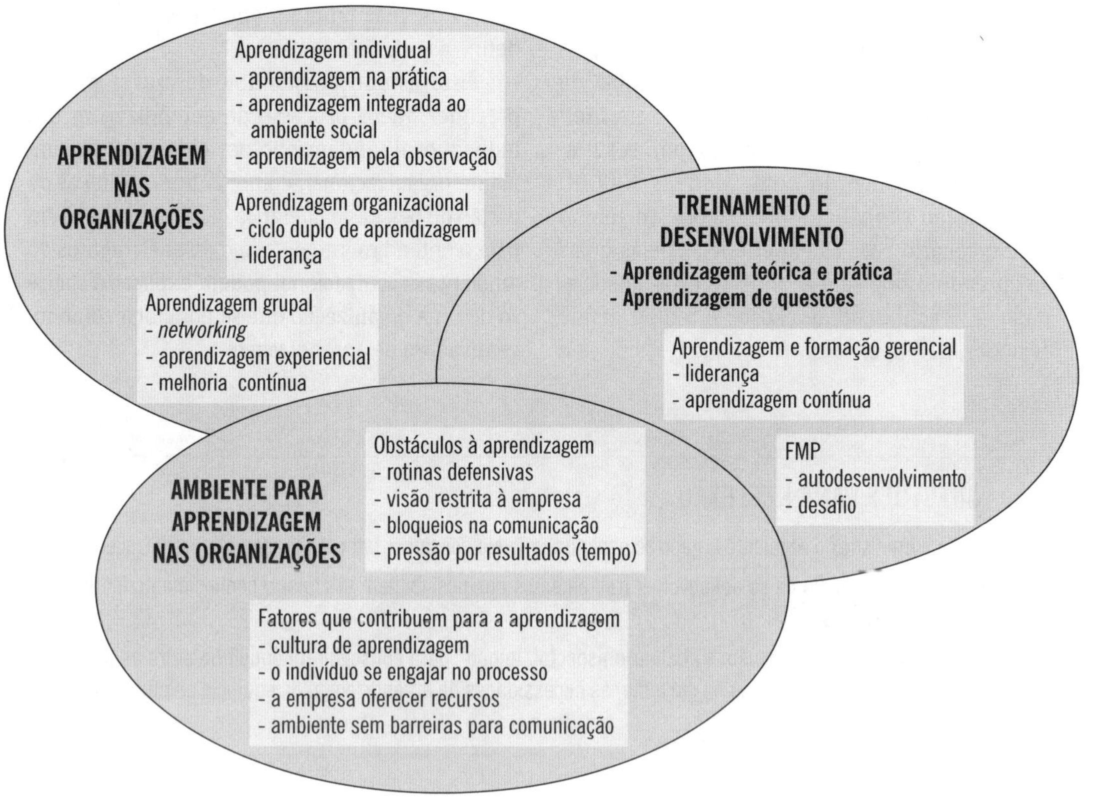

FIGURA 13-5 Visão geral dos resultados.
Fonte: Elaborado pela autora a partir de dados empíricos.

ticipação em um programa de *mentoring,* caso considere adequado.

A noção de liderança voltada para aprendizagem também influencia o processo de aprendizagem dos indivíduos. Nesse quesito, percebe-se preocupação especial da empresa com a formação dos líderes, tendo em vista todos os programas de desenvolvimento de liderança, sendo, no Brasil, o programa de *trainee* FMP, recorte desse estudo, o mais significativo. Foi possível perceber que é atribuída atenção especial aos sujeitos que cursam o programa de *trainee* FMP, pois, como declarado pela empresa, eles serão os futuros líderes da companhia e, portanto, é necessário neles incutir a valorização da aprendizagem como ferramenta na manutenção da estratégia da organização.

A estrutura organizacional apresenta flexibilidade acentuada e, com isso, estabelece um ambiente livre de barreiras à comunicação. Os sujeitos têm a possibilidade de discutirem assuntos de seu interesse dentro da organização, sem precisar prenderem-se à hierarquia. Ela também favorece o trabalho em equipe, pois, além de não haver barreiras à comunicação, incentiva que os indivíduos tenham a postura de se ajudarem mutuamente.

Destaca-se que um dos achados mais interessantes deste estudo, pouco mencionado ou investigado na literatura sobre aprendizagem nas organizações, é sobre o papel do autodesenvolvimento e do tempo na aprendizagem dos indivíduos. O elemento tempo, no processo de aprendizagem dos indivíduos pesquisados, ressalta a natureza processual do fenômeno aprendizagem (para a maturação e interação social) e contribui para evidenciar a importância da reflexão neste processo (observação/reflexão/conceitualização *versus* pressão por resultados/ação). De acordo com Giddens (2000), a ordenação simbólica do espaço e do tempo gera o cenário para as experiências pelas quais se aprende o que se é e onde se está na sociedade. A organização de espaço e tempo define relações, não apenas entre atividades, coisas e conceitos, mas também entre pessoas, ou seja, define as relações sociais.

Este estudo possibilitou descrever e compreender que o processo de aprendizagem dos indivíduos é influenciado por elementos do ambiente organizacional, como: cultura, políticas de gestão de pessoas e liderança. Contribuiu também para o entendimento de como esses elementos do ambiente organizacional podem explicar o sucesso de uma organização que se posiciona como incentivadora de aprendizagem.

QUESTÕES PARA REFLEXÃO

1. Como administrar o ambiente organizacional para que ele possa ser fator facilitador de aprendizagem?
2. Qual é a importância de se desenvolver treinamentos que possibilitem articular o conhecimento teórico à prática profissional?
3. Como as organizações devem trabalhar o aspecto "tempo" para conseguirem equilíbrio entre as tarefas que precisam ser executadas no dia a dia, as necessidades de aprendizagem da equipe e as mudanças do ambiente organizacional?

REFERÊNCIAS

AHMED, P. K.; LOH, A. Y. E.; ZAIRI, M. Cultures for continuous improvement and learning. *Total Quality Management*, v. 10, n. 4/5, p. 426-34, 1999.

ANTAL, A. B.; LENHARDT, U.; ROSENBROCK, R. Barriers to organizational learning. In: DIERKES, M. et al. *Handbook of organizational learning & knowledge*, New York: Oxford, 2001. p. 865-885.

ANTONACOPOULOU, E. Desenvolvendo gerentes aprendizes dentro de organizações de aprendizagem. In: EASTERBYSMITH, M.; ARAUJO, L.; BURGOYNE, J. *Aprendizagem organizacional e organização de aprendizagem*. São Paulo: Atlas, 2001. p. 263-292.

ANTONELLO, C. S. A metamorfose da aprendizagem organizacional. In: RUAS, R.; ANTONELLO, C. S.; BOFF, L. H. *Os novos horizontes de gestão*: aprendizagem organizacional e competências. Porto Alegre: Bookman, 2005.

ANTONELLO, C. S. O Autodesenvolvimento e a perspectiva da aprendizagem organizacional. In: BITENCOURT, C. (Org.). *Gestão contemporânea de pessoas*: novas práticas, conceitos tradicionais. Porto Alegre: Bookman, 2004. p. 51-75.

ARGYRIS, C. *On organizational learning*. Oxford: Blackwell, 1999.

ARGYRIS, C. Teaching smart people how to learn. *Harvard Business Review*, v. 69, n. 3, p. 99-109, 1991.

ARGYRIS, C.; SCHÖN, D. A. *Organizational learning*: a theory of action perspective. Massachusetts: Addison-Wesley, 1978.

BANDURA, A. *Social learning theory*. Englewood Cliffs, NJ: Prentice Hall, 1977.

BARTRAM, D. et al. *Learning Climate Questionnaire (LCQ)*: A user´s guide. Hull: Newland Park Associates, 1993b.

BARTRAM, D. et al. *Learning Climate Questionnaire (LCQ)*: background and technical information. Hull: Newland Park Associates, 1993a.

BURGOYNE, J.; REYNOLDS, M. *Management learning*: integrating perspectives in theory and practice, London: Sage, 1997.

COOK, S. D. N.; YANOW, D. Culture and organizational learning. In: COHEN, M. D. *Organizational learning, thousand*. Oaks: Sage, 1996. p. 430-455.

CUNNINGHAM, P.; ILES, P. Managing learning climates in a financial services organisation. *Journal of Management Development*, v. 21, n. 6, p. 477-492, 2002.

DAVENPORT, T. H.; PRUSAK, L. *Conhecimento empresarial*: como as organizações gerenciam o seu capital intelectual. São Paulo: Campus, 1998.

EASTERBY-SMITH, M.; ARAUJO, L.; BURGOYNE, J. *Aprendizagem organizacional e organização de aprendizagem*. São Paulo, Atlas, 2001.

EISENHART, M. Learning as movement in networks of knowledge and power. *Educational Researcher*, v. 24, n. 7, p. 35-36, 1995.

ELKJAER, B. Em busca de uma teoria de aprendizagem social. In: NORD, W. R.; CLEGG, S. R.; HARDY, C. *Handbook de estudos organizacionais*. São Paulo: Atlas, 2004. v. 3, p. 100-118.

FRIEDMAN, V. J.; LIPSHITZ, R.; OVERMEER, W. Creating conditions for organizational learning. In: DIERKES, M. et al. *Handbook of organizational learning & knowledge*. New York: Oxford, 2001. p. 757-774.

GARAVAN, T. N. et al. Human resource development and workplace learning: emerging theoretical perspectives and organisational practices. *Journal of European Industrial Training*, v. 26, n. 2, p. 60-71, 2002.

GARAVAN, T. N.; BARNICLE, B.; O´SUILLEABHAIN, F. Management development: contemporary trends, issues and strategies. *Journal of European Industrial Training*, n. 23-25, p. 191-207, 1999.

GARAVAN, T. N.; HERATY, N.; BARNICLE, B. Human resource development literature: current issues, priorities and dilemmas. *Journal of European Industrial Training*, n. 23-25, p. 169-179, 1999.

GARVIN, David A. *Learning in action*: a guide to putting the learning organization to work. Boston: Harvard Business School Press, 2000.

GHERARDI, S.; NICOLINI, D.; ODELLA, F. Toward a social understanding of how people learn in organizations. *Management Learning*, v. 29, n. 3, p. 273-297, 1998.

GIDDENS, A. *Runaway world*: how globalization is reshaping our lives. London: Routtledge, 2000.

GIESKES, J. F. B.; HYLAND, P.; MAGNUSSON, M. G. Organisational learning barriers in distribuited product development: observations from a multinational corporation. *Journal of Workplace Learning*, v. 14, n. 7/8, p. 310-391, 2002.

GIL, A. C. *Como elaborar projetos de pesquisa*. São Paulo. Atlas, 1996.

HONEY, P.; MUMFORD, A. *How to manage your learning environment*. Maidenhead: McGraw Hill, 1996.

KIM, D. H. The link between individual and organizational learning. *Sloan Management Review*, v. 35, n. 1, p. 37-50, 1993.

KOLB, D. A. et al. Strategic management development: using experiential learning theory to assess and development managerial competencies. In: MABEY, C.; ILES, P. *Managing learning*. London: Routledge, 1994.

KOLB, D. A. *Experiential learning*. Englewood Cliffs, NJ: Prentice-Hall, 1984.

KOLB, D. A. Management and learning process. *California Management Review*, v. 18, n. 3, p. 21-31, 1976.

KOLB, D. A. *Psicologia organizacional*: uma abordagem vivencial. São Paulo: Atlas, 1990.

LE BOTERF, G. *Desenvolvendo a competência dos profissionais*. Porto Alegre: Artmed, 2003.

MAIER, G. W.; PRANGE, C.; VON ROSENSTIEL, L. Psychological perspectives of organizational learning. In: DIERKES, M. et al. *Handbook of organizational learning & knowledge*. New York: Oxford, 2001. p. 15-34.

MARSICK, V. J.; WATKINS, K. E. Lessons from Informal and Incidental Learning. In: BURGOYNE, J.; REYNOLDS, M. *Management learning*: integrating perspectives in theory and practice. London: Sage, 1997. p. 295-311.

MERRIAM, S. B. *Qualitative research and case study applications in education*. San Francisco: Jossey-Bass, 1998.

MORGAN, G. *Imagens da organização*. São Paulo: Atlas, 1996.

NONAKA, I.; TAKEUCHI, H. *Criação do conhecimento na empresa*. Rio de Janeiro: Elsevier, 1997.

O´REILLY, C. A.; CHATMAN, J. A. *Culture as social control*: corporations, cults and commitment. Greenwich: JAI Press, 1996.

PAWLOWSKY, P. The Treatment of organizational learning in management science. In: DIERKES, M. et al. *Handbook of organizational learning & knowledge*. New York: Oxford, 2001. p. 61-88.

PEDLER, M. J.; BOYDELL, T.; BURGOYNE, J. C. The learning company. London: McGraw-Hill, 1991.

PEDLER, M. J.; BURGOYNE, J.; BOYDELL, T. Suggested development. *People Management*, v. 10, n. 4, p. 32-34, 2004.

RAELIN, J. A. A model of work-based learning. *Organization Science*, v. 8, n. 6, p. 563-578, 1997.

RIGANO, D.; EDWARDS, J. Incorporating reflection into work practice. *Management Learning*, v. 29, n. 4, p. 431-446, 1998.

ROHAN, Meg J. A Rose by any name? the values construct. *Personality and Social Psychology Review*, v. 4, n. 3, p. 255-277, 2000.

RUAS, R.; ANTONELLO, C. S. Repensando os referenciais analíticos em aprendizagem organizacional: uma alternativa para análise multidimensional. *Revista de Administração Contemporânea*, v. 7, n. 3, p. 203-212, 2003.

SCHEIN, E. H. *Organizational culture and leadership*. San Francisco. Jossey-Bass, 1997.

SCHNEIDER, B.; BRIEF, A. P.; GUZZO, R. A. Creating a climate and culture for sustainable organizational change. *Organizational Dynamics*, v. 24, n. 4, p. 7-19, 1996.

SCHÖN, D. *The reflective prectitioner*: how professionals think in action. London: Temple Smith, 1983.

STEWART, V.; STEWART, A. *Tomorrow´s managers today*. 2nd ed. London: IPM, 1981.

TAYLOR, R.; TAYLOR, C. Trouble at the top: assessing the upper-level executive. *The Journal of Workplace Learning*, v. 8, n. 7, p. 13-15, 1996.

WEICK, K. E. The vulnerable system: an analysis of the tenerife air disaster. *Journal of Management*, v. 16, n. 3, p. 571-593, 1990.

WEICK, K. E.; WESTLEY, F. Aprendizagem organizacional: confirmando um oximoro. In: NORD, W. R.; CLEGG, S. R.; HARDY, C. *Handbook de estudos organizacionais*. São Paulo: Atlas, 2004. v. 3, p. 361-388.

○ SUGESTOES DE *SITES* SOBRE O TEMA

http://mx.mackenzie.com.br/tede/tde_busca/arquivo.php?codArquivo=47

http://www.archives.gov/research/alic/reference/organizationalchange-bibliography/organizational-change.html

http://www.bpsdiv.org/html/organizational_learning.html

http://www.routledgesociology.com/books/Learning-Training-and-Development-in-Organizations-isbn9780805855593

http://www.scu.edu/hr/training/opportunities/staff.cfm

www.solonline.org/res/RG/agenda2.html

Claudia Simone Antonello

14

APRENDIZAGEM NAS ORGANIZAÇÕES
significado do trabalho e espaço organizacional

OBJETIVOS DO CAPÍTULO

- Identificar, descrever e analisar elementos que interferem nos processos de aprendizagem.
- Discutir o papel do espaço organizacional e do sentido do trabalho no processo de aprendizagem nas organizações.
- Oportunizar reflexão acerca de seu próprio processo de aprendizagem.

RESUMO

Apresenta-se, neste capítulo, um estudo com objetivo de identificar e analisar quais as oportunidades de aprendizagem que contribuem para o desenvolvimento dos indivíduos. Particularmente, o interesse foi identificar e analisar as possíveis articulações entre as práticas organizacionais e os processos de aprendizagem formais e informais. Para tanto, fixou-se a atenção na interação entre os fatores individuais (microprocessos) e organizacionais (macroprocessos), especialmente no contexto das relações de grupos. Os resultados revelam que a articulação da formação gerencial e o ambiente organizacional ocorrem e contribuem para os processos de aprendizagem a partir de seis elementos, que, de certa forma, estão associados entre si: os *relacionados à aprendizagem formal (cursos)*: 1. método de intervenção: abordagem da aprendizagem experiencial; 2. desenvolvimento da percepção e reflexão; 3. diálogo: o interagir e compartilhar; os *relacionados ao indivíduo*: 4. significado do trabalho; 5. autodesenvolvimento; e os *relacionados à organização:* 6. espaço organizacional para aprendizagem. Destes elementos, tiveram maior destaque o significado do trabalho e o espaço organizacional para aprendizagem, detalhados neste capítulo.

○ INTRODUÇÃO

As inovações tecnológicas, a transformação das estruturas organizacionais, as mudanças quase contínuas nos processos de trabalho e o crescente volume dos conhecimentos científicos exigem aprendizagem contínua como base que permita enfrentar a mudança e as transformações dela decorrentes. Os sistemas de desenvolvimento gerencial baseados em competências tornaram-se uma resposta frequente a este cenário, insistindo na flexibilidade e na adaptabilidade do indivíduo. Contudo, até o presente momento, são escassos os estudos que validem os processos e os resultados destes programas.

O estudo desenvolvido, pretendendo identificar e analisar as possíveis contribuições da articulação sistematizada de processos de aprendizagem formais e informais no desenvolvimento de competências gerenciais, fixou a atenção na interação entre os fatores individuais (microprocessos) e organizacionais (macroprocessos), especialmente no contexto das relações de grupos e no desenvolvimento de competências de gestores. Particularmente, o interesse foi identificar e analisar as possíveis articulações entre as práticas organizacionais e os processos de aprendizagem formais e informais, à luz da aprendizagem experiencial.

A relevância científica do estudo apoia-se nos seguintes aspectos que dizem respeito à escassez na literatura de estudos nacionais: (a) que tentem esclarecer as relações entre o desenvolvimento de competências gerenciais e os processos de aprendizagem formais e informais; (b) que desenvolvam estudo longitudinal tendo como objeto de análise o indivíduo, visando examinar a natureza processual da aprendizagem individual e coletiva.

Considerou-se ainda ser a visão dominante na literatura a de buscar identificar atributos e características que possam separar radicalmente a aprendizagem formal da informal. Esta é uma abordagem equivocada, pois o mais importante é identificar sua integração. Desta forma, o desafio está em reconhecer e identificar os atributos e entender suas implicações. Isto conduz a algumas considerações. Primeiro, não é possível definir tipos ideais separados de aprendizagem formal e informal que sustentem esta divisão (vide Capítulos 6, 10 e 12 deste livro), pois a gama de critérios ou de atributos para estabelecer tais categorias separadamente é infindável. Segundo, todas ou quase todas as situações de aprendizagem contêm atributos de formalidade e/ou informalidade, mas a natureza e o equilíbrio entre elas variam significativamente de situação a situação (Billet, 2002; Malcolm; Hodkonson; Colley, 2003).

1 • PROCEDIMENTOS METODOLÓGICOS

O estudo investigou e analisou como ocorre o desenvolvimento de competências gerenciais dos participantes de programas de especialização e mestrado profissional em Administração no âmbito de uma universidade pública. Os entrevistados participavam de duas modalidades de curso: de especialização e mestrado executivo *in company* * (Caso I – Telefonia e Caso II – Metal) e de cursos abertos** (Caso III – Alfa). O objetivo era responder ao questionamento: *como ocorre o processo de intercâmbio entre as práticas informais e formais de aprendizagem no processo de desenvolvimento de competências numa dimensão individual e coletiva?* Salienta-se que os resultados e as análises apresentados são fruto de estudo mais abrangente de tese de doutorado e representam uma parcela dos achados de pesquisa.

Caracterizou-se como um estudo exploratório de natureza predominantemente qualitativa e foi construído a partir de um desenho longitudinal (período de dois anos). A pesquisa foi desenvolvida em três etapas – inicial, intermediária e avançada –, o que permitiu cortes profundos para análise processual do tema investigado.

* Cursos orientados objetivamente para um segmento produtivo ou para uma empresa e restritos a profissionais deste meio oferecidos pela universidade pública.

** Cursos de especialização e mestrado profissional oferecidos pela universidade e direcionados para profissionais de diversos segmentos e organizações.

A unidade de análise foi o gestor. Aqueles que participaram dos referidos cursos e que estivessem exercendo a função de gerência, pelo menos há dois anos em sua organização, período suficiente para o sujeito ter tido contato com as políticas de recursos humanos e o ambiente organizacional. Foram acompanhados e pesquisados, durante o período de dois anos, 24 gestores da empresa Telefonia, pertencentes às gerências de RH, *Call Center*, Engenharia, Financeiro, Comercial, Lojas, Jurídico, Quiosques, Administração e Operações; 10 gestores da empresa Metal, pertencentes às áreas de Planejamento, Financeiro, Comercial, Exportação, Engenharia, Custos, Compras, RH, Produção; nove gestores do caso Alfa, pertencentes a diferentes áreas de atuação e empresas dos segmentos de Petroquímica, Ensino Superior, Médico-Hospitalar, Agronegócios, Ensino de Línguas, Construção Civil, Máquinas e Implementos Agrícolas, Metalurgia e Comércio.

Quanto aos cursos, salienta-se que um deles (Caso I – Telefonia) apresentava um desenho diferenciado dos demais que não será descrito aqui em função de limitações de espaço. A metodologia adotada para os cursos baseava-se em princípios e métodos de formação e capacitação orientados para o ambiente de trabalho, visando associar conteúdos e vivências, desenvolvidos no *curriculum* de disciplinas e seminários, às experiências e práticas dos participantes. Permitia que cada participante selecionasse duas competências que desejasse desenvolver, num processo de aprendizagem e experimentação que fosse apropriado pelo coletivo da empresa e não por alguns gestores de forma individual. Era também exigido de seus participantes a realização de um miniprojeto. A partir da abordagem da aprendizagem experiencial, o aluno desenvolvia o projeto, considerando um problema de seu dia a dia de trabalho e, então, associava e articulava suas práticas de trabalho aos conteúdos abordados em sala de aula.

A principal técnica de campo foi a entrevista em profundidade, havendo também observação participante. Grupos de foco, questionário, relato de histórias de aprendizagem e pesquisa documental foram métodos adicionais de coleta de dados empregados. As 43 entrevistas realizadas tiveram, em média, em torno de 1h30min e perfizeram um total de, aproximadamente, 65 horas de transcrição. Houve também o cuidado de se construir uma "árvore profissional", a partir do relato de miniautobiografia profissional de cada pesquisado. O objetivo era contextualizar o momento de vida profissional de cada sujeito e melhor compreender seu processo de formação e desenvolvimento de competências dentro deste estudo. Estes métodos foram empregados para investigar quais competências foram desenvolvidas e quais os processos de aprendizagem envolvidos – formais e informais – na percepção dos gestores.

2 • APRESENTAÇÃO E DISCUSSÃO DOS RESULTADOS

Este estudo limitou-se e manteve o foco no que se identificou e denominou como elementos que facilitam o processo de articulação entre os programas de formação de longa duração com as atividades profissionais de seus participantes, no desenvolvimento de competências, numa dimensão individual e coletiva. Foram identificados seis elementos facilitadores da aprendizagem que, de certa forma, estão associados entre si, são eles:

- Relacionados ao curso: (1) método de intervenção utilizado num dos cursos: abordagem da aprendizagem experiencial; (2) desenvolvimento da percepção e reflexão; (3) diálogo: o interagir e o compartilhar.
- Relacionados ao indivíduo: (4) significado do trabalho; (5) autodesenvolvimento.
- Relacionados a organização: (6) espaço organizacional para aprendizagem.

Das categorias de análise que emergiram dos relatos dos entrevistados, tomaram destaque, neste estudo, como elementos que facilitam a aprendizagem nas organizações: **o significado do trabalho e o espaço organizacional para aprendizagem**, que são, a seguir, exploradas.

• 2.1 • Elementos facilitadores relacionados ao curso

2.1.1 Método de intervenção: abordagem da aprendizagem experiencial

Os cursos de que os pesquisados participavam nos casos II (Metal) apresentavam desenho e técnicas pedagógicas convencionais. Os pesquisados do caso III (Alfa) participavam de um formato de curso intermediário – apenas laboratórios de criatividade e *workshops* de competências foram inseridos. Os pesquisados do caso I (Telefonia) participavam de cursos cujo desenho e práticas pedagógicas ressaltavam a relevância da associação, de um lado, entre os conhecimentos originários de disciplinas teóricas e, de outro, as experiências no ambiente de trabalho, a partir de uma metodologia específica baseada na aprendizagem experiencial. Ou seja, a metodologia adotada para os cursos baseava-se em princípios e métodos de formação e capacitação orientados para o ambiente de trabalho, visando associar conteúdos e vivências, desenvolvidos no *curriculum* de disciplinas e seminários, às experiências e práticas dos participantes e propunha a realização de projetos voltados para práticas e problemas de trabalho, oriundos do ambiente profissional dos participantes. Permitia que cada participante selecionasse duas competências que desejasse desenvolver, num processo de aprendizagem e experimentação que fosse apropriado pelo coletivo da empresa e não por alguns gestores de forma individual. Na elaboração dos projetos, foram estabelecidas ações, associadas a indicadores e fontes de informações (relatórios gerenciais, pesquisa de clima, etc.), utilizadas para mensurar os resultados obtidos em cada miniprojeto(resultado esperado *versus* obtido).

A metodologia adotada durante os cursos, no caso III, foi baseada no modelo de aprendizagem experiencial de Kolb (1984), tendo como mote o desenvolvimento de projetos. Este método contribuiu para geração, sistematização e compartilhamento de competências no âmbito da Telefonia. Na fase intermediária do estudo, já se havia identificado, a partir dos relatos dos pesquisados, entre outros achados: (a) a aproximação entre a prática e a teoria, a partir da realização dos projetos, valorizando a abordagem da aprendizagem experiencial; e (b) que as práticas do dia a dia de trabalho, abordadas via desenvolvimento de projetos, também contribuem para que os cursos de especialização e mestrado profissional desenvolvam competências. Assim, destaca-se a importância, no desenvolvimento de competências, dos processos envolvidos na aprendizagem *a partir, no e pelo* trabalho e sua estreita relação com a aprendizagem experiencial via desenvolvimento de projetos.

A partir da análise das entrevistas e da observação participante, identificou-se que os pesquisados destacaram a importância decisiva, em seu processo de aprendizagem e desenvolvimento de competências, dos métodos e das abordagens empregados principalmente nos casos I e III, cuja proposta de ensino era diferenciada – aprendizagem experiencial. Os pesquisados do caso II revelaram, em seus relatos, as perdas sofridas no processo de aprendizagem e, principalmente, no desenvolvimento de competências, a exemplo de sequer recordarem conteúdos e/ou verificarem a transferência de aprendizagem para seu local de trabalho.

Este estudo proporcionou alguns *insights* importantes que permitem assinalar e destacar a extensão da aprendizagem, no local de trabalho, e afirmar a relevância da articulação entre práticas de trabalho com formação gerencial no desenvolvimento de competências, se associadas por métodos que as sistematizem.

2.1.2 Percepção e reflexão: um novo olhar

Foi possível identificar que os cursos, ao trabalharem a ampliação da percepção de seus participantes, através de atividades, laboratórios de criatividade e *workshops* específicos e da proposta do desenvolvimento de um projeto, a partir de suas práticas e problemas de trabalho, constituíram um dos pilares que possibilitou a posterior mudança de modelos mentais e o estabelecimento da própria visão sistêmica e crítica, muito mencionada pelos pesquisados. Esta questão da percepção também esteve acompanhada de um processo de indagação sistemática, reflexão e diálogo (no sentido de compartilhar), lembrando o ciclo de aprendizagem experiencial de Kolb, Rubin e McIntyre (1990). A percepção é básica para a compreensão do comportamento porque é por meio do processo perceptivo que as pessoas constituem sua realidade. Com base no que é percebido, elas raciocinam, tomam decisões, agem. A percepção é influenciada por fatores internos de cada indivíduo e por fatores ambientais. Na organização, observa-se constante interação entre valores, atitudes, motivos e características da personalidade dos indivíduos com fatores ambientais como estrutura da organização, valores objetivos, divisão do trabalho, grupos organizacionais, tecnologia, cargo, atividades, sistema de remuneração, política e diretrizes, grupos de referências, etc.

De acordo com os relatos, pode-se dizer que os gestores que participaram dos cursos foram instigados a saírem de sua "zona de conforto" ou de "sua posição na organização" e a ampliarem sua percepção, através de exercícios, atividades e laboratórios. A sensibilização para este "outro olho", da subjetividade, permitiu preparar o ambiente interno dos gestores para iniciar a identificação de seus modelos mentais, através da indagação, da reflexão e do diálogo. Entende-se que a percepção e os modelos mentais funcionam como uma lente entre o ambiente interno do indivíduo (que abrange o significado do trabalho e seu autodesenvolvimento) e seu ambiente externo (situações e eventos, ambiente organizacional).

A percepção também influencia a forma como os gestores percebem a informação, a convertem em conhecimento e compartilham com seus pares e equipes. Ao ampliar a capacidade de perceber dos gestores, abriu-se para eles a possibilidade de identificarem e reverem seus modelos mentais. Além da percepção do ambiente externo, diversos entrevistados verbalizaram, em seus relatos, terem exercitado a auto e heteropercepção, fundamental para o estabelecimento do relacionamento interpessoal e o trabalho em equipe (Moscovici, 2001), e para o processo de autoconhecimento acompanhado pela reflexão.

Durante muitos anos, diversos pesquisadores ofereceram definições sobre o que significa engajar-se em reflexão (por exemplo, Dewey, 2000; Mezirow, 1991). Há concordância de que reflexão é um processo pelo qual considera-se conhecimento, crenças, suposições, ações e processos que influenciam o comportamento dos indivíduos, a fim de entender suas experiências.*

Identificou-se também que uma série de barreiras à reflexão permeia o ambiente de trabalho dos pesquisados. Em alguns casos o gestor argumentou que: (a) há "*pressão por desempenho*" (tempo para reflexão é um luxo e é pouco propiciado); (b) *é mais rápido e mais fácil continuar a fazer o que já estamos fazendo, mesmo que não seja no melhor interesse da organização* – "ciladas de competência" de acordo com Preskill e Torres (2001); (c) ausência de fóruns ou estruturas de aprendizagem e reflexão.

A reflexão permitiu a alguns gestores interpretarem seu comportamento dentro de um referencial mais amplo e total – observando como seu próprio comportamento é afetado por outros e, ao mesmo tempo, como o seu comportamento afeta outros indivíduos na organização. Evidenciou-se também que a reflexão não ocorre somente nos espaços oportunizados pelos cursos. Houve vários momentos em que a reflexão pôde estimular a indagação e a aprendizagem – ela ocorreu tanto durante a prática, depois dela ou para a prática futura.

Embora muitas vezes a reflexão seja encarada como uma atividade individual, seus resultados são acrescidos, quando ela é desenvolvida coletivamente pelo que se pôde constatar neste

* Mezirow (1991) sugere que há três tipos ou focos de reflexão: (1) reflexão de conteúdo, que se refere à reflexão sobre o conteúdo ou descrição de um problema em questão; (2) reflexão de processo, que envolve analisar os métodos e estratégias que estão sendo usados para resolver o problema; (3) reflexão sobre premissas, que centra-se nas suposições e crenças subjacentes que os indivíduos mantém sobre o problema e requer que considere-se, em primeiro lugar, por que o problema constitui um problema.

estudo. Em particular nos *workshops* desenvolvidos, a reflexão sobre as premissas subjacentes desafiou os gestores a considerarem seus modelos mentais e suposições que influenciaram sua prática. A reflexão para ação ou práticas futuras centrou-se em prognosticar como o gestor iria utilizar o que aprendeu no processo de reflexão (Schön, 1983).

Acrescente-se que uma prática reflexiva jamais é inteiramente solitária, com base no fato de se ter identificado que ela se apoia em conversas informais, momentos organizados de profissionalização interativa (Thurler, 1996), em práticas de *feedback*, de análise do trabalho, de reflexão sobre sua qualidade e de avaliação do que foi realizado. A prática reflexiva até pode ser solitária, mas verificou-se que ela passa também pelos grupos, apela para especialistas externos, insere-se em redes, isto é, apoia-se sobre formações, oferecendo os instrumentos ou as bases teóricas que permitiram a alguns gestores melhor compreenderem os processos em jogo e melhor compreenderem a si mesmos, como ficou evidenciado nos relatos.

Em contrapartida, identifica-se que não é suficiente que o curso propicie espaço para questionamento e reflexão. Existe outra diferença muito importante: o profissional para ser reflexivo precisa aceitar fazer parte do problema. Observou-se que alguns gestores que refletiram sobre sua própria relação com o saber, com as pessoas, o poder, a organização, a tecnologia, a cooperação, tanto quanto sobre o modo de superar as limitações ou de tornar seus gestos técnicos mais eficazes, terminaram apropriando-se desta prática, a de reflexão. Pode-se arriscar a dizer que este apropriar-se transformou-se em competência. A prática reflexiva inscreveu-se na vida destes gestores como uma rotina. Não uma rotina monótona, mas uma rotina paradoxal, um estado de alerta permanente, o qual Perrenoud (1999) denomina de atitude e competência reflexivas que apresentam várias facetas.

Identificou-se que a reflexão é um dos componentes essenciais no desenvolvimento de competências gerenciais e no processo de aprendizagem individual e grupal. Consiste em um profissional conseguir apreender perspectivas em relação a suas práticas, representações, formas de atuar e aprender. Pode colocá-las em palavras, em forma figurativa, e submetê-las à análise crítica. Esta capacidade é que o converte não somente em *ator*, mas também em *autor*. Ele mesmo cria seu saber profissional e suas competências ao dar-lhes forma. É esta reflexão que lhe permitirá a voltar a investir suas experiências e suas práticas em práticas e situações profissionais diversas e converter-se num "*homem da situação*" (Le Boterf, 1999a, p. 110).

2.1.3 Compartilhar pelo diálogo como domínio da complexidade

Isaacs (1993, p. 25), em artigo seminal, define diálogo como "uma investigação coletiva contínua dos processos, suposições e certezas que compõem a experiência cotidiana, que busca incorporar um novo modo de pensar para ver o mundo com novos olhos". Assim, o processo de diálogo, que envolve inquirir, compartilhar significados, entender a totalidade e revelar suposições, se dá acerca de comunidades e aprendizagem para a mudança. Habitualmente, é por intermédio do diálogo que os indivíduos fazem conexões entre si e comunicam interpretações pessoais e sociais que guiam o comportamento subsequente. Por meio do diálogo, as pessoas aprendem sobre objetivos, metas, procedimentos e políticas da organização. Diz-se o lugar onde os profissionais podem confrontar contradições que, de outra forma, poderiam continuar sem serem desafiadas ou questionadas e ajudar a revelar as suposições e crenças de cada um. Requer a suspensão de respostas defensivas e o exame das razões da existência do comportamento defensivo (Brooks, 1992).

Conforme os pesquisados, por meio do compartilhar de conhecimento pessoal dos indivíduos, o diálogo teve o potencial de construir capacidades que dissolveram a resistência de alguns gestores. Tendo em vista o *background* e as experiências variadas dos participantes, os indivíduos precisaram engajar-se em diálogo para identificar recursos e compreender, aceitar e apreciar as diferenças individuais, a fim de realizar as tarefas do grupo. O diálogo também contribuiu para a produção de novo conhecimento que foi compartilhado em pares ou em relação aos membros de determinada equipe. Ressalte-se aqui que a possibilidade de estabelecer diálogo ocorreu, de acordo com os entrevistados, porque sua capacidade de escuta foi desenvolvida no transcorrer do curso e no ambiente de trabalho.

Durante o curso e mesmo no desenvolvimento de projetos, questionar as razões por detrás das afirmações e ações ajudou os gestores a atingirem maior nível de compreensão, apesar das possíveis divergências e dos diferentes argumentos. À medida que se comunicaram e compreenderam os pontos de vista um do outro, eles assimilaram partes que se ajustaram à sua própria maneira de pensar. Isso, muitas vezes, resultou em nova perspectiva, negociada, que encerrou componentes do pensamento de mais de um gestor. Este mesmo processo de diálogo pode se estender para as equipes de trabalho do gestor.

Na prática de diálogo, o foco do questionamento estava em padrões subjacentes, padrões coletivos de pensar, permitindo aos gestores e às equipes examinarem e mudarem as suposições subjacentes ou teorias que estavam por trás de suas ações. O diálogo envolveu os gestores na criação do significado compartilhado por participação, contrastando com o mais superficial nível dos processos de comunicação de conversação, que terminam deixando a atitude e a visão das pessoas inalteradas.

O diálogo, neste estudo, pode ser visto como um veículo primário para entender subculturas organizacionais, das quais, qualquer forma de aprendizagem organizacional depende. Mostrou-se uma "tecnologia essencial" (usando terminologia de Schein, 1993), um elemento central para processo de aprendizagem tanto individual quanto grupal, determinando ações mais efetivas do grupo. Na prática, ocorreu que o diálogo oportunizou aos gestores entrarem em contato com suas suposições subjacentes e processos de pensamento e construir um pensamento de grupo. Envolveu a evolução de modelos mentais compartilhados e processos de pensamento, perpassados pelas subculturas existentes na organização, a qual permitiu que um grupo de pessoas alcançasse, em conjunto, um nível mais alto de consciência e criatividade. Aqui, o diálogo envolveu aprendizagem de como aprender da própria experiência e de aprender a aprender do conhecimento e da experiência dos outros.

No diálogo, se fez uso de uma disciplina de pensamento coletivo e do questionamento como uma abordagem que permite às pessoas desenvolverem pensamento colaborador e ação coordenada, em alguns casos. Identificou-se, neste estudo, o estabelecimento de uma visão sistêmica, suportada por uma visão crítica, por intermédio do diálogo e do compartilhar.

• 2.2 • Elementos facilitadores relacionados ao indivíduo

2.2.1 Autodesenvolvimento

A aprendizagem é incrementada quando as pessoas descobrem coisas por si mesmas a partir de seu próprio compromisso emocional. Isto requer um compromisso com a descoberta, a experimentação e a revisão de metas emocionais, pessoais e de visões. Desta forma, autodesenvolvimento é um processo autoiniciado de aprendizagem, cujos componentes-chave, no processo, são ***o autoconhecimento, a pessoa vista em seu todo e a responsabilidade pessoal.***

Em diferentes relatos, emergiu a categoria autodesenvolvimento como um dos elementos propulsores do processo de aprendizagem do indivíduo. Em diversas falas dos entrevistados, quando referindo o processo de aprendizagem ou o desenvolvimento de competências, foi possível relacionar com o processo e as dimensões do autodesenvolvimento.

Pelos relatos identificou-se que o desenvolvimento das pessoas, como ideia, abarca tanto a realidade do ambiente externo e os objetivos organizacionais, quanto a realidade interna da pessoa. Cada indivíduo é um ser sem igual no processo de formação, mas ele só pode fazer progressos interagindo com outras pessoas e exercitando suas habilidades de fazer escolhas pessoais tão construtivamente quanto possível. O indivíduo pode gerar oportunidades em ambos os aspectos (interagir e fazer escolhas), o que o impulsiona para o autodesenvolvimento.

Autoconhecimento

Para Bourner (1996), quando se fala em autodesenvolvimento é impossível dissociar a ideia de autoconhecimento. O indivíduo pode direcionar seu desenvolvimento se, dentre outros aspectos, conhecer a si próprio, suas necessidades, forma de ser, identificar habilidades, comportamentos, atitudes, valores e, consequentemente, esse processo repercutirá em seu potencial de aprendizagem (Swieringa; Wierdisma, 1995). Assim fala um dos entrevistados: "C4 – Eu não tenho, por exemplo, a mesma objetividade que alguns têm. Então eu acho que a primeira lição é que tudo na vida tem um equilíbrio, e que ele tem que se usar nestas oportunidades [referindo-ao curso] e que tu tens que te cercar, que tu tens que fazer uma autoavaliação que nem a gente diz né, poder te autoavaliar – no que eu sou bom, no que eu não sou bom, naquilo que eu não sou bom eu tenho que me cercar disso, eu tenho que buscar me suprir disso."

Desta forma, o autoconhecimento é pré-requisito para o desenvolvimento do potencial de aprendizagem. Quanto maior o autoconhecimento, maior o potencial de aprendizagem do indivíduo. O incremento do autoconhecimento requer *feedback* quanto à competência ou à incompetência demonstrada. A competência é determinada pela imagem que a pessoa tem de si (autoimagem) e pela imagem que os outros formam dela. Assim, a forma como suas ações são percebidas e recebidas pelos outros, proporcionam o *feedback* que lhe possibilitará corrigir e complementar sua autoimagem. Portanto, embora paradoxal assim como o autodesenvolvimento, somente é possível aprender e adquirir autoconhecimento através da interação. Em diversos momentos das entrevistas, foi ressaltada a importância do *feedback* no processo de aprendizagem.

Dentro desta ideia, Swieringa e Wierdisma (1995) propõem três níveis de autoconhecimento: *(1) conhecimento do que posso fazer*: refere-se ao que o indivíduo sabe que é possível fazer, caso ele queira ter possibilidades razoáveis de êxito, e o que é melhor evitar. É uma forma de autoconhecimento que impede a superestimação das próprias capacidades; (2) *conhecimento do que sei*: e, em particular, do que entendo. (3) *conhecimento de quem sou e do que desejo ser*: modela a base da personalidade e da identidade do indivíduo.

Identificou-se, nas entrevistas, que uma das competências desenvolvidas citadas foi a capacidade de escuta do outro, ouvir empaticamente, a partir de um processo de ampliação da auto e heteropercepção. Para Bourner (1996), a autoconsciência, entre outras questões, abrange as forças e as fraquezas do indivíduo. Segundo o autor, esta forma de autoconhecimento contribui para a eficácia da administração de vários modos. Por exemplo, gerentes que têm uma percepção de quais são suas fraquezas estão numa posição que lhes possibilita reparar com forças compensatórias. Quando um gerente compreende suas próprias forças e fraquezas, consegue compreender as dos outros e, consequentemente, escutar empaticamente. O gerente com alto grau de autoconsciência, de acordo com Thoreau (1995 apud Bourner, 1996), conhece a si próprio, seus valores, capacidades e propósito de vida, revela elevada autoestima e autoconfiança e é flexível aos desafios que se apresentam.

Nos relatos, também foi dito que o curso possibilitou rever papéis, e no desenvolvimento dos projetos, por exemplo, a própria equipe teve seu papel esclarecido. É importante a reflexão sobre o próprio papel que as pessoas representam na organização e a consciência que deve surgir do próprio indivíduo. Se o gestor estiver consciente de seu papel na organização e de sua contribuição no processo de mudança organizacional, ele estará mais aberto à aprendizagem, gerando melhores resultados em suas atividades e processos da organização.

De acordo com Pedler (1985) e Kolb (1984), se experiências vão apresentar resultados de desenvolvimento, o indivíduo deve ser capaz de empregar as competências e os recursos necessários para buscar tal experiência e transformá-la em eventos de aprendizagem significativos. O foco de desenvolvimento dentro do processo de autodesenvolvimento é a mudança, a inovação e a aprendizagem que acontecem, não só a aquisição quantitativa e incremental de conhecimento e habilidades.

A pessoa em seu todo

Para Pedler (1986), o autodesenvolvimento acontece quando o indivíduo encontra o significado e o sentido pessoal, provindos de eventos particulares ou experiências resultantes de sua interação real ou simbólica com alguma parte de seu ambiente. Quando estabelece metas de autodesenvolvimento, o indivíduo não pode estar divorciado do que ele está fazendo.

O autodesenvolvimento é a integração da pessoa com seu papel de trabalho. O processo de desenvolvimento adquire significado, a partir da integração do conhecimento específico e das habilidades pertinentes para o papel particular e os sentimentos, intenções e ações do indivíduo. Esta perspectiva está muito relacionada com a terceira dimensão de autodesenvolvimento, a responsabilidade pessoal. O desenvolvimento é a transformação da pessoa inteira e não só o treinamento do indivíduo como "trabalhador".

Os relatos evidenciaram diversos aspectos vinculados ao desenvolvimento da pessoa – sua vida familiar, relações importantes, crises de vida, saúde, idade, entre outros – como também habilidades gerenciais, estilo e competência, revelando que trabalho e vida dentro da organização são parte importante e crítica da vida do gerente, mas não o seu todo.

Responsabilidade pessoal

Uma característica central de autodesenvolvimento é a escolha por parte do indivíduo. Diferentemente do processo de desenvolvimento convencional que trata os indivíduos como recipientes passivos, o autodesenvolvimento coloca o indivíduo à frente do processo de desenvolvimento. O argumento subjacente é que o desenvolvimento não é apenas um assunto para especialistas, mas trata-se de uma questão que envolve vontade e determinação pessoal para comprometer a si mesmo com um processo que o indivíduo valoriza e acredita (Burgoyne; Pedler; Boydell, 1996; Pedler, 1985). O indivíduo é, então, livre para escolher as metas, decidir como alcançá-las, iniciar a ação para realizá-las e avaliar seu sucesso (Megginson, 2004; Pedler, 1991). Nesta dimensão de desenvolvimento, o lugar do indivíduo é no controle (teoricamente, pelo menos) do processo de autodesenvolvimento.

Foi neste aspecto que ocorreram as maiores divergências. Nos Casos I – Telefonia e III – Alfa, o autodesenvolvimento aparece como um componente forte. Nas entrevistas realizadas no caso II – Metal, ele pouco se evidenciou e, quando citado, foi atribuído à responsabilidade da organização.

Pelos resultados deste estudo, o elemento autodesenvolvimento nos processos de aprendizagem aparece muito vinculado ao processo de reflexão e indagação que o indivíduo realiza individualmente e pela interação com o outro ou com grupos. A mudança de atitude é um pressuposto básico que as organizações e as pessoas devem buscar desenvolver e é desejável em um ambiente de mudança, independentemente do programa ou "modelo" gerencial adotado. No entanto, a consciência para essa necessidade é um processo interno ao indivíduo que deve buscar conhecer seus próprios limites, necessidades, formas de contribuição em relação ao processo de mudança individual (atitude) e organizacional (atividades desenvolvidas pelas empresas). Trata-se, portanto, de um processo de descoberta, de questionamento, de reflexão, em que o autoconhecimento torna-se ponto central para essa análise.

2.2.2 Significado do trabalho

O elemento significado do trabalho para os entrevistados, sinteticamente, refere-se a: "para que uma pessoa sinta-se satisfeita com o trabalho que realiza é importante que ele exija a mobilização das suas competências". De acordo com os pesquisados, parece relevante que o indivíduo tenha a oportunidade de testar suas capacidades, com o objetivo de estimular suas necessidades de autoconhecimento; seu crescimento pessoal e seu senso de responsabilidade. Vários recursos foram considerados por eles: disponibilização de autonomia; variedade e desafio; criatividade; oportunidade de interagir com as pessoas; oportunidade de ensinar e de viabilizar resultados.

Diferentes estudos, em diversos campos do conhecimento, já revelaram como o trabalho ocupa lugar central na vida das pessoas e das sociedades industrializadas (Antunes, 1995, 1999; Bauman, 1998; Castells, 1999; Sennet, 1999).

Morin (1996, 1997, 2002), inspirada nos trabalhos do grupo MOW, pesquisou o sentido do trabalho entre administradores em Quebec e na França, e obteve resultados semelhantes aos já apontados por Hackman e Oldham (1976), Emery (1976) e Trist (1978). Para Hackman e Oldham (1976), três condições contribuem para se obter um trabalho com sentido: variedade das tarefas; identidade com o trabalho e possibilidade de realizar algo do começo ao fim com resultados; e o significado do trabalho sobre o bem das pessoas, da organização e/ou da sociedade. Para os representantes da Escola Sociotécnica, o trabalho precisa de sete características para ter sentido: ter variedade e ser desafiador; possibilitar aprendizagem contínua; e permitir autonomia e decisão; possibilitar reconhecimento e apoio; trazer uma contribuição social; e permitir um futuro desejável.

As pesquisas de Morin (2002), realizadas com duas amostras, uma de estudantes de administração e outra de administradores, trouxe resultados próximos aos já descritos. Entre os estudantes de administração, Morin (2002) encontrou cinco motivos: para realizar-se e atualizar o potencial; para adquirir segurança e ser autônomo; para relacionar-se com os outros e estar vinculado em grupos; para contribuir com a sociedade; e para ter um sentido na vida, o que inclui ter o que fazer e manter-se ocupado. Conforme Morin (2002), as características que o trabalho deve ter são consoantes com os motivos que estimulam esses estudantes ao trabalho: é necessário haver boas condições de trabalho (horários convenientes, bom salário, preservação da saúde); oportunidade de aprendizagem e realização adequada da tarefa; trabalho estimulante, variado e com autonomia.

De acordo com Morin e colaboradores (2003), desde os escritos da Escola Sociotécnica, em meados dos anos 50, os pesquisadores têm procurado, por diferentes metodologias, compreender o significado desta atividade para as pessoas. O sentido do trabalho já foi estudado em diversos países por pesquisadores do grupo MOW (1987). Os resultados do estudo desenvolvido por Morin e colaboradores (2003) no Brasil revelaram que o trabalho pode assumir desde uma condição de neutralidade até de centralidade na identidade pessoal e social. Preliminarmente, sua pesquisa indica que o trabalho é essencial na vida das pessoas e que elas buscam, ao mesmo tempo, utilidade para suas atividades dentro das organizações e também para a sociedade. Além disso, conforme já apontado por outros estudiosos, os dados indicam que valores como variedade na natureza das tarefas, aprendizagem, autonomia, reconhecimento, bem como a função de garantir sobrevivência e segurança são fundamentais para que o trabalho tenha sentido.

Oliveira e colaboradores (2004), em um estudo exploratório, buscaram identificar o conceito de trabalho, e o sentido lhe foi atribuído junto a 28 profissionais-estudantes de pós-graduação (*lato sensu)* de uma universidade do sul do Brasil. Entre os resultados identificaram que o trabalho é central na vida dos indivíduos, tanto como forma de realização, como de desenvolvimento e retorno material. Ainda, de acordo com os resultados do mesmo estudo, um trabalho com sentido relaciona a busca pela realização de um trabalho que seja útil para a organização e para a sociedade e que permita desenvolvimento, valorização, reconhecimento e, consequentemente, autorrealização. Por outro lado, um trabalho sem sentido é aquele que entra em choque com valores pessoais, não é reconhecido, não possibilita desenvolvimento, é improdutivo, rotineiro ou pouco desafiador.

Neste estudo, identificou-se que a competência pode ser entendida com base nas práticas organizacionais, focando sua análise no enriquecimento de experiências e vivências. Desta forma, o desenvolvimento de competências envolve mudança na estrutura e no significado das práticas do trabalho. O conhecimento é construído e, ao mesmo tempo, incorporado às atitudes, e manifesta-se por meio de ações e práticas no trabalho. Ou seja, um aspecto fundamental para o desenvolvimento de competências refere-se à apropriação do saber em ações no trabalho – saber agir – e é necessária "a situação" de competência em que o indivíduo sinta-se autorrealizado e competente.

Considerando esta proposição, se está dizendo que a compreensão do significado do trabalho é essencial na definição de competências. O desenvolvimento de um conjunto de conhecimentos, habilidades e atitudes envolve a mudança na compreensão do trabalho. Para a definição da visão de competência, parte-se da compreensão ou da forma de como os gestores percebem competências. Para sustentar esta ideia, buscou-se apoio nas contribuições de Sandberg (1996, 2000) e Le Boterf (1999a, 1999b) que não se centralizam somente na definição dos atributos de competência (conceitos), mas em sua aplicação (práticas). Um estudo apresentado por Sandberg (1996) critica o conceito tradicional de competências como um conjunto de conhecimentos, habilidades e atitudes, ou seja, aquisição de atributos que é uma abordagem racionalista. Segundo este autor, os aspectos essenciais da competência não podem ser reduzidos a uma lista externa de atributos relacionados ao trabalho.

A partir desta ideia, o desenvolvimento de competências deve ser compreendido com base nas práticas organizacionais, focando sua análise no enriquecimento de experiências e vivências (abordagem interpretativa). O desenvolvimento de competências envolve a mudança na estrutura e no significado das práticas de trabalho (Sandberg; Dall'alba, 1996). A questão refere-se, pois, não apenas ao que constitui competências, mas também a como as competências são desenvolvidas. Desta forma, introduziu-se, no roteiro de entrevista, questionamentos sobre as práticas de trabalho do pesquisado e, mais especificamente, sobre qual o significado do trabalho em sua vida. Apresenta-se, no Quadro I, os resultados obtidos nos três casos I, II e III, de acordo com as macro e microcategorias de análise que emergiram das respostas a este questionamento.

Das nove macrocategorias que emergiram dos entrevistados, cinco estão estreita e/ou diretamente relacionadas à questão da aprendizagem e ao desenvolvimento de competências:

- Categoria 1 – viabilizar resultados e sentimento de utilidade
- Categoria 2 – autoconhecimento
- Categoria 4 – oportunidade de interagir com as pessoas e contribuir com o outro, ajudando a construir e a mudança
- Categoria 6 – autonomia, variedade e desafio, desenvolver e materializar a criatividade; ter responsabilidade, entender o objetivo do trabalho que está desenvolvendo
- Categoria 7 – oportunizar aprendizagem e ensinar; adquirir e praticar conhecimento; colocar em prática o que se sabe

Os resultados sugerem que o significado do trabalho para o pesquisados assume, em sua experiência, mais que um conjunto específico de atributos, ele constitui as competências, a possibilidade de praticar e desenvolvê-las. Baseado nas ideias de Sandberg (1996), mais especificamente, os resultados levam a crer que o modo particular de conceber o trabalho delimita

QUADRO 14-1
O significado do trabalho: categorias identificadas no discurso dos entrevistados

Macrocategorias: o significado do trabalho	Microcategorias de análise	Presença da categoria Telefonia	Alfa	Metal
1. **Resultados e sentimento de utilidade:** através da análise das respostas evidencia-se que o trabalho é percebido como uma atividade produtiva que adiciona valor a alguma coisa e isto aparece expresso no sentimento de utilidade das pessoas. Os entrevistados consideram que é importante que a realização do trabalho conduza a resultados úteis, seja para si próprios, seja para a organização.	• Viabilizar os resultados	X	X	X
	• Sentimento de utilidade	X	X	X
2. **Autoconhecimento:** conforme os pesquisados, o trabalho é uma excelente forma de conhecer suas potencialidades e limitações. O ambiente de trabalho é um espaço, um laboratório, que pode ser utilizado para exercitar a autopercepção. Além disso, a maneira como os indivíduos trabalham e o que eles produzem têm um impacto sobre o que pensam e a maneira como percebem sua liberdade e independência. "O processo de trabalho, assim como seu fruto, ajuda o indivíduo a descobrir e a formar sua identidade"(Morin, 2003, p. 73).	• Autoconhecimento	–	X	–
3. **Satisfação intrínseca:** o prazer e o sentimento de realização que podem ser obtidos através do trabalho lhe dão um significado especial. O interesse pelo trabalho em si mesmo parece estar associado, por um lado, à capacidade de corresponder a suas exigências, por outro, a um conjunto de valores e interesses do indivíduo. Diversos entrevistados relataram que o trabalho pode representar felicidade, prazer e satisfação, na medida em que oportuniza desenvolvimento e crescimento profissional, a realização de projetos pessoais e oferece oportunidade para compartilhar seus valores e ideais pessoais e ampliar a autoestima. O trabalho permite-lhes a possibilidade de um futuro almejado, alcançar um sonho, incluindo atividades de aperfeiçoamento profissional.	• Realização pessoal e profissional	X	X	X
	• Oportunidade de construir algo – realizar projeto pessoal e/ou coletivo	X	X	–
	• Satisfação – prazer – felicidade	X	X	X
	• Compartilhar valores	X	–	–
	• Oportunidade de trabalhar, desenvolver, crescer	X	–	–
	• Desenvolver uma carreira	X	X	X
	• Motivação e fazer por que gosta	X	X	X
	• Autoestima	X	–	–
	• Reconhecimento – gratificação – valorização – motivo de Orgulho	X	X	–

QUADRO 14-1
O significado do trabalho: categorias identificadas no discurso dos entrevistados (*Continuação*)

Macrocategorias: o significado do trabalho	Microcategorias de análise	Presença da categoria		
		Telefonia	Alfa	Metal
4. **Oportunidade interagir com as pessoas:** o trabalho é uma atividade que oportuniza a interação entre as pessoas. Essa característica aparece de forma acentuada, sinalizando sua importância para os entrevistados. Vários reportaram que o trabalho permite-lhes encontrar pessoas, trocar ideias, aprender, ajudar e serem ajudados a resolver problemas, além de prestar-lhes serviço. Essa interação pode ocorrer, portanto, durante as trocas com os clientes, superiores, equipe e pares de trabalho. Desta forma, o trabalho passa a ter a capacidade de impactar significativamente sobre o bem-estar ou sobre o trabalho de outras pessoas.	• Interagir/estar em contato com outras pessoas	X	X	X
	• Contribuição para o outro, ajudar a construir, modificar	X	X	-
5. **Sustento, segurança e inserção social:** na análise das respostas, o trabalho surge claramente associado ao atendimento de necessidades básicas, como a noção de sustento, manutenção de vida (sobrevivência) e segurança. Para diversos entrevistados o sustento aparece como algo muito importante, inclusive para custear formação profissional, sem com isso colocar em detrimento outros significados do trabalho, como realização pessoal e profissional e motivação. Em particular, alguns entrevistados do gênero feminino ressaltaram a importância de obter a independência financeira. Outro aspecto relevante é o fato de possuírem um emprego, um trabalho em si, que lhe possibilite ser aceito na sociedade. Isso é ainda mais marcante para os entrevistados que perderam o emprego. Eles dizem que o trabalho é uma necessidade, uma dimensão importante de suas vidas, que os ajuda a se situarem.	• Sustento (meio de manutenção)	X	X	X
	• Forma de pagar estudos	X	X	X
	• Independência financeira (no caso das mulheres principalmente)	X	X	–
	• Segurança	X	X	X
	• Desemprego significa não ser aceito na sociedade	X	–	–

QUADRO 14-1
O significado do trabalho: categorias identificadas no discurso dos entrevistados *(Continuação)*

Macrocategorias: o significado do trabalho	Microcategorias de análise	Presença da categoria		
		Telefonia	Alfa	Metal
6. **Autonomia, variedade e desafio, criatividade:** a questão do trabalho e o espaço organizacional que possibilite autonomia, uso de suas competências e liberdade/campo de ação surgem como aspectos extremamente significativos para os indivíduos no trabalho. Um trabalho somente tem importância para o indivíduo se houver liberdade de ação, ou seja, quando existe margem de manobra e autonomia, invocando a capacidade de decisão da pessoa. De acordo com as respostas, é preciso o reconhecimento da necessidade de autonomia e o prazer obtido do exercício de julgamentos pessoais no trabalho. Além disso, este espaço organizacional deve favorecer um trabalho com atividades variadas, que exijam competências variadas, como o uso de criatividade e a capacidade de resolver problemas. De acordo com o entrevistados, as atividades rotineiras – um trabalho que não estabeleça constantes desafios, até para o exercício de sua criatividade – não tem sentido algum, é monótono, reduzindo seu nível de motivação, prazer e interesse. Há necessidade de as pessoas terem um objetivo definido e claro, "enxergarem" o que estão fazendo, bem como os resultados que são esperados.	• Ter responsabilidade	X	–	–
	• Entender o objetivo do trabalho que está desenvolvendo	X	–	X
	• Desafio e variedade – rotina desgasta	X	X	–
	• Oportuniza desenvolver e materializar a criatividade	X	X	–
7. **Oportunizar aprendizagem e ensinar:** outro aspecto muito relevante para os entrevistados é o fato de o trabalho significar a possibilidade de exercerem seus talentos e competências, resolverem problemas, fazerem novas experiências, aprenderem e desenvolverem habilidades. Referem-se à aprendizagem contínua de forma que o trabalho oferece oportunidades de aprendizagem em uma base regular, permitindo estimular sua necessidade de crescimento pessoal. Ou ainda pela oportunidade de adquirirem e praticarem conhecimento – colocarem em prática o que sabem.	• Oportunidade de aprendizagem	X	X	–
	• Oportunidade de ensinar	X	X	–
	• Oportunidade de adquirir e praticar conhecimento	X	–	–

QUADRO 14-1
O significado do trabalho: categorias identificadas no discurso dos entrevistados *(Continuação)*

Macrocategorias: o significado do trabalho	Microcategorias de análise	Presença da categoria		
		Telefonia	Alfa	Metal
8. **Ser útil para sociedade:** embora poucos, alguns dos entrevistados demonstraram-se preocupados com as contribuições de seu trabalho para sociedade. A ideia é que se não precisassem trabalhar numa organização ou quando se aposentarem irão realizar atividades voluntárias, buscando atuar numa atividade socialmente responsável. Este ser útil para a sociedade é uma forma de o trabalho permitir a união entre o exercício de atividades e suas consequências sociais. Isso contribui para a construção da identidade social e protege a dignidade pessoal. Esse âmbito do trabalho reconhece o prazer de contribuir para a sociedade.	• Identidade social	X	X	–
9. **Sentido da vida:** foram frequentes as expressões como "o trabalho é tudo em minha vida, é essencial em minha, vida, é fundamental, o trabalho assume o sentido da vida, é oxigênio, é tudo, não sei viver sem trabalhar" – centralidade do trabalho na vida das pessoas, importância central. Ele é, assim, uma atividade que estrutura e organiza a vida do indivíduo e, por extensão, sua história pessoal.	• Centralidade	X	X	–

Fonte: Dados empíricos.

certos atributos como essenciais e os organiza em uma estrutura distinta de competência no trabalho. Evidencia-se a necessidade de o indivíduo exercer sua autonomia, seus julgamentos e a tomada de decisão. Além disso, pode-se dizer que as competências também se desenvolvem por meio da interação entre as pessoas no ambiente organizacional, pela rede de trabalho que se estabelece.

Os resultados não só subsidiam a compreensão alternativa do que constitui competência, mas também de como a competência é desenvolvida. Partindo das abordagens racionalistas, nas quais desenvolvimento de competência é considerado como aquisição de atributos, os resultados deste estudo sugerem mudança nas concepções de trabalho como uma forma mais básica de desenvolvimento de competência. Os resultados evidenciam que as formas de conceber o trabalho dos pesquisados estipulam quais atributos eles desenvolvem e que significados estes atributos assumem em seu desempenho no trabalho.

• 2.3 • Elemento facilitador relacionado a organização: espaço organizacional para aprendizagem

De acordo com Dutra (2002), o conceito de espaço ocupacional é decorrente da relação existente entre complexidade e entrega. Entrega da pessoa é compreendida como o saber agir responsável e reconhecido, que agrega valor para a organização (Fleury, 2001). A pessoa pode ampliar o nível de complexidade da suas atribuições e responsabilidades sem mudar de cargo ou posição na empresa. A isto, Dutra denomina processo de ampliação do espaço ocupacional, que ocorre em função de duas variáveis: as necessidades da empresa e as competências individuais e coletivas. A ampliação de espaço ocupacional é uma indicação do desenvolvimento da pessoa e de sua maior capacidade de agregar valor – ela é capaz de assumir e executar atribuições e responsabilidades de maior complexidade.

Os resultados obtidos neste estudo permitem ampliar um pouco mais esta noção. O que se identificou na verdade é muito mais do que o esforço do gestor ou de sua equipe para ampliar a complexidade e o espectro de sua atuação, trata-se em contrapartida de um espaço fornecido pela organização para os processos de aprendizagem como cruciais no desenvolvimento das competências.

Na análise dos relatos dos gestores e de seus funcionários, foram identificadas as seguintes categorias como essenciais para ampliação de competências:

- **possibilidade de enfrentar desafios e variedade de atividades**;
- **comunicação** – possibilidade de acessar com facilidade outras áreas e chefias (direção e gerentes e supervisores) e as informações;
- **fórum para discussão e reflexão;**
- **autonomia e responsabilidade** – liberdade para exercer a criação e inovar;
- **forma de gestão** – autonomia e liberdade para exercer a tomada de decisão.

O espaço organizacional reivindicado pelos entrevistados, no qual eles possam exercer a criatividade e a tomada de decisão, vem acompanhados da necessidade de autonomia e de assumir responsabilidades enfrentando novos desafios e determina a possibilidade de empregar suas competências e, portanto, desenvolvê-las.

Identificaram-se, nos relatos, dois componentes básicos do processo de desenvolvimento de competências, mencionados por Zarifian (2001). O aumento da complexidade do trabalho e as crescentes demandas por produtividade e qualidade constituem um rompimento com o modelo de estabilidade organizacional, no qual a abordagem tradicional de competências está baseada, caracterizando uma crise na utilização de modelos prescritivos e burocráticos de organização do trabalho. Assim, um processo de Gestão de Competências necessita, para ser eficaz, de dois componentes que antecedem qualquer discussão sobre conhecimentos, habilidades e comportamentos:

- **Assumir responsabilidade pessoal** – a competência é mais uma atitude social do que um conjunto de conhecimentos profissionais. Isto implica que o ponto de partida seja sempre a forma pela qual a pessoa propõe-se a mobilizar sua inteligência e subjetividade, dispondo-se a assumir riscos. Cabe à empresa criar condições para que os empregados assumam responsabilidades e motivem-se, subjetivamente, de forma a ampliar suas competências.
- **Exercício de reflexividade no trabalho** – distanciamento crítico e questionamento frequente quanto à maneira de trabalhar são atitudes que se originam na pessoa e fazem com que sua competência desenvolva-se. Para que isto ocorra, são necessárias três condições: (a) disposição de ir até o fim na análise e compreensão dos eventos relativos ao trabalho; (b) espaço para questionamento do trabalho fora das pressões e urgências cotidianas; (c) comprometimento da empresa em desenvolver esta atitude reflexiva em seus empregados.

No que diz respeito à autonomia e à responsabilidade, os relatos dos entrevistados também conduzem as ideias de Zarifian (2001). Observou-se uma tomada de consciência de seu papel como gestor, bem como iniciativas junto a sua equipe, resultando em maior autonomia, comprometimento, motivação da equipe e consequente incremento de resultados. De acordo com Zarifian (2001), a autonomia e a responsabilidade fazem parte da definição de base da competência por ele proposta. Trata-se de atitudes sociais totalmente integradas às competências profissionais e que expressam as novas opções de organização do trabalho. Estas atitudes, em sua opinião, não podem realmente ser aprendidas e desenvolvidas se o indivíduo não assume situações profissionais que as solicitem, mesmo que o sistema educativo possa favorecer, por meio de métodos pedagógicos que acentuem a iniciativa dos alunos, o desenvolvimento deste tipo de atitudes. A autonomia e a responsabilidade constroem-se essencialmente nas mudanças internas dos modos de funcionamento das organizações. "É um problema de acontecer: primeiro se tornar autônomo, primeiro se tornar responsável"(Zarifian, 2001, p. 146). O papel da empresa e dos profissionais da área de desenvolvimento é de acompanhar esse *acontecer*, esse *tornar-se*, criando as condições favoráveis, pois não tem sentido "formar as pessoas para serem autônomas". Deve-se atuar sobre as condições que permitem a um indivíduo tornar-se autônomo ou responsável e ajudá-lo nessa trajetória, se surgirem dificuldades.

Em relação à questão da importância da comunicação apontada pelos entrevistados, Zarifian (2001) diz que a comunicação *é*, de certo modo, um dos problemas mais complexos, já que necessita dos efeitos da reciprocidade. Não se aprende a comunicar-se, mas aprende-se a inserir-se ativamente em relações de comunicação e, por isso, é preciso que essas relações desenvolvam-se. A base da comunicação interpessoal não é a transferência de mensagens ou de informação, mas a intercompreensão, a compreensão recíproca. Não se deve ver a comunicação como uma competência social entre outras competências ou agregada às competências profissionais. É preciso vê-la como signo da maneira como uma pessoa pode se desenvolver profissionalmente, pode se qualificar no contexto das novas organizações do trabalho, portanto, também, a maneira pela qual o indivíduo pode ser excluído, caso se perceba excluído das principais redes e processos de comunicação.

Do anteriormente exposto, pode-se dizer que o desenvolvimento do curso *in company* na Telefonia, em particular, permitiu este processo de comunicação, como um fórum para indagações e reflexões. Os participantes puderam comunicar-se, no sentido de compreender o outro e compartilhar com ele referências, motivos e objetivos parcialmente comuns. Isto normalmente é muito visível na vida profissional: as necessidades de comunicação entre indivíduos, entre diferentes profissões ou atividades, com os usuários, etc. são amplas e multiformes.

Assim, as informações, na medida em que foram compartilhadas entre os gestores e, posteriormente, com suas equipes, puderam ajudar a estruturar redes de comunicação e a ampliar a rede de trabalho, mencionada por Sandberg (2000). Porém, a rede somente passou a funcionar quando as pessoas aprenderam a conhecer seus pontos de vista, suas preocupações, seus limites e respectivas obrigações e começaram a identificar os problemas comuns. Observou-se também que a comunicação era menos da ordem do saber que dos modos de socialização. Evidenciou-se a importância decisiva dos modos de socialização e, portanto, da maneira como os indivíduos desenvolvem-se (profissionalmente) em redes de sociabilidade, para a competência profissional. Identificou-se, nos três casos estudados, que esta reciprocidade ocorre não somente entre os pares e grupos de trabalho, mas também evolui, de acordo com as possibilidades de interação e transformação que ocorrem no mundo externo à organização (profissionais de outras empresas, clientes, fornecedores, etc.).

Desta forma, ressalta-se a importância da integração de estratégias de autonomia, responsabilidade, comunicação e gestão de espaços organizacionais para aprendizagem nas organizações como uma forma de propiciar o desenvolvimento de competências. Como menciona Zarifian (2001, p. 33): "trata-se de uma opção organizacional, porém, trata-se também de uma opção pedagógica", pois a maneira de mobilizar a capacidade coletiva de aprender torna-se tão importante quanto o conteúdo aprendido.

Retomando a noção de espaço ocupacional (vide Capítulo 16 deste livro), sugere-se a ampliação deste conceito, incluindo, além das necessidades da empresa e do desenvolvimento de competências individuais e coletivas, a noção de espaço organizacional para aprendizagem, conforme propõe-se na Figura 14-1.

Entende-se que, além de outras formas, através do espaço organizacional de aprendizagem é que o indivíduo tem oportunidades de ampliar seu espaço ocupacional, considerando a relação entre a complexidade e a entrega.

Além dos elementos comunicação, autonomia e responsabilidade, já comentados, a forma de gestão parece ser um fator determinante na percepção dos pesquisados, nos rumos de seus processos de aprendizagem e no desenvolvimento de competências. Evidentemente, uma forma de gestão voltada para aspectos de controle, com centralização da tomada de decisão e muitos níveis hierárquicos, enfrentará problemas para estabelecer uma boa rede de comunicação, de compartilhar informações e conhecimento, na delegação, na tomada de decisão, e, consequentemente, no trabalho em equipe, o que determinará, por si mesma, sua perpetuação. Além disso, a valorização do elemento humano representa, na percepção dos entrevistados, que se este espaço organizacional para aprendizagem existe, precisa ser aproveitado pelo próprio gestor. Os resultados esperados, a partir dos investimentos realizados em desenvolvimento de recursos humanos, também são determinantes, dependendo da forma como a organização propicia sua aplicação.

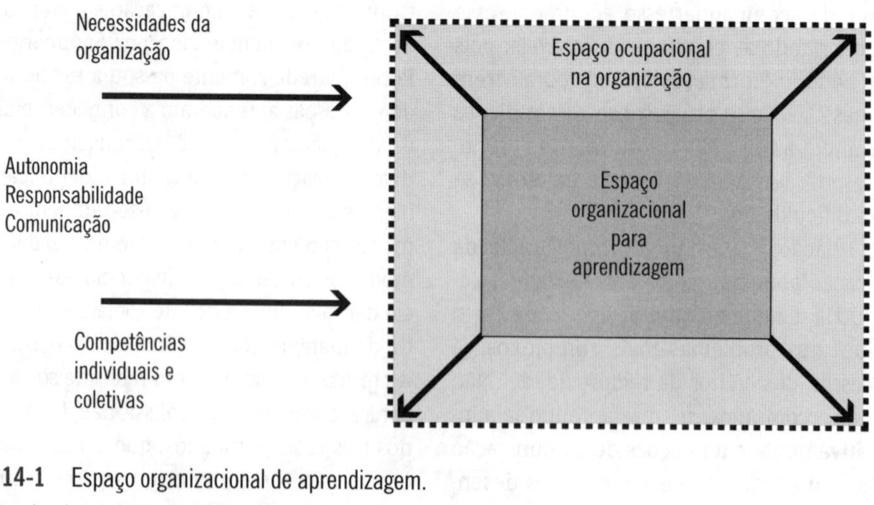

FIGURA 14-1 Espaço organizacional de aprendizagem.
Fonte: Elaborado pela autora a partir de Dutra (2001) e resultados do estudo.

Identifica-se, neste estudo, que, além de facilitar a articulação dos cursos de especialização e mestrado com as atividades profissionais, o espaço para aprendizagem na organização pode tornar-se um facilitador para gerar ambiente para melhores práticas de trabalho. Consequentemente, isto repercutirá nos processos de aprendizagem e desenvolvimento de competências individuais e coletivas que subsidiam as competências organizacionais e, por sua vez, realimentam o processo (vide Figura 14-2).

Diferentes autores, entre eles, Gherardi e Nicolini (2001), comentam que a aprendizagem que ocorre no local de trabalho pode ser compreendida como uma atividade social e cognitiva, à medida que o contexto organizacional é social e culturalmente estruturado, e continuamente reconstruído pelas atividades dos indivíduos que a ele estão integrados. Os autores referem-se que conhecer é ser capaz de participar com a competência necessária num complexo contexto de relacionamentos entre pessoas e atividades, ou seja, o conhecimento não é somente o que reside na mente dos indivíduos, livros ou bancos de dados. Esta definição revela que a aprendizagem desempenha uma função prática, porque enfatiza a importância da aplicação do conhecimento num contexto social, em que o indivíduo precisa descobrir o que, quando e como deve ser feito, utilizando-se de artefatos e rotinas específicas, a fim de identificar por que determinada atividade foi realizada. Para compreender as competências

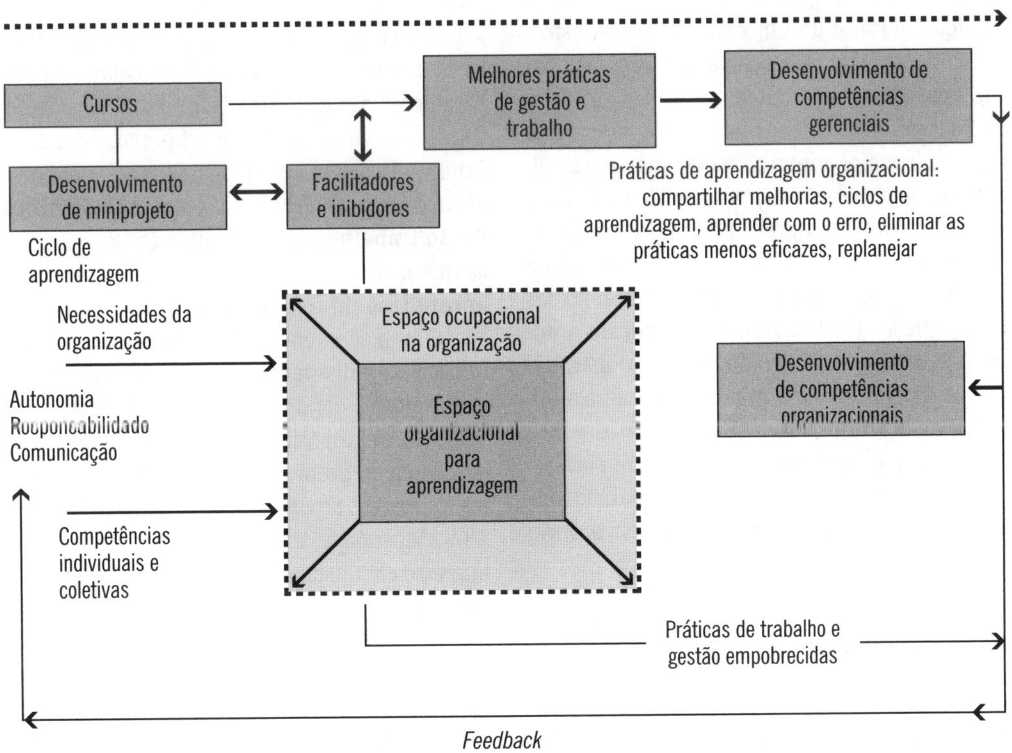

FIGURA 14-2 Espaço organizacional para a aprendizagem e o desenvolvimento de competências.

Fonte: Análise dos resultados obtidos pelo estudo e pela literatura.

e seu desenvolvimento, é necessário explorar os contextos das atividades e as práticas sociais em que elas ocorrem. A partir de compreensão das circunstâncias e de como os indivíduos constroem a situação, pode-se dar uma interpretação válida à atividade de aprendizagem que foi realizada. O ambiente deve ser concebido como um produto social e histórico coproduzido com as atividades que ele suporta – agentes, objetos, atividades, artefatos materiais e simbólicos – tudo o que constitui um heterogêneo sistema que se transforma com o transcorrer do tempo. O ambiente organizacional não deve, portanto, ser considerado como simplesmente um "recipiente" para as atividades humanas.

Resta ainda uma questão: como se pode definir espaço organizacional para aprendizagem? Assim como a competência, mais do que uma definição, trata-se de um conceito em construção. Pode-se dizer que o espaço organizacional para aprendizagem trata-se de fóruns, formais e informais, nos quais os gestores e as equipes podem ter maior interação, que lhes possibilite trocas de experiências, práticas de trabalho e conhecimento. A empresa pode colaborar, oferecendo oportunidades de desafios, de criação e várias atividades que possibilitem o emprego das competências dos indivíduos, a partir da autonomia e da responsabilidade. Em contrapartida, cabe ao indivíduo e às equipes de trabalho a iniciativa de movimentarem-se para aproveitar estes espaços, ampliando sua capacidade para assumir e executar atribuições e responsabilidades de maior complexidade e sobre o seu próprio desenvolvimento.

○ CONSIDERAÇÕES FINAIS

Neste estudo, novos modos de conceber e praticar a formação revelam o potencial formativo das situações de trabalho. Destaca-se a pluralidade de situações de aprendizagem que o ambiente de trabalho proporciona, sugerindo uma unidade de tempo e de lugar entre a formação e o exercício do trabalho. Refere-se ao tipo de formação que se alicerça nas experiências e nas vivências dos indivíduos e dos coletivos, as quais uma estratégia formativa pode transformar em aprendizagem por via simbólica, formalizando o informal, ou por um ciclo (virtuoso) de construção de novos saberes, a partir de saberes em utilização.

A "formação experiencial", expressão frequentemente utilizada, é muito mais do que um simples acumular de experiências. Conforme Courtois (1992), para quem experiência é a interação de uma pessoa ou de um coletivo com a situação de trabalho, nem toda a experiência permite diretamente uma aprendizagem. A transformação que a experiência quase sempre promove nos indivíduos pode bem ser o resultado de uma "repetição" ou "impregnação" e significar muito pouco no plano da formação. Para que tal aconteça, é necessário que exista intencionalidade da parte dos atores na situação de trabalho. Ou seja, para potencializar formativamente a situação de trabalho, é necessário que a interação com essa situação faça sentido para aqueles que nela estão envolvidos (referindo-se ao **elemento significado do trabalho**) e tenha uma proposta pedagógica que inclua um método (**pela abordagem da aprendizagem experiencial**).

O jogo de intencionalidades e de sentidos que implica os indivíduos e o coletivo num projeto, por exemplo, dando-lhe conteúdo formativo, advém de um propósito de mudança das condições de exercício, do desejo e da vontade coletiva de instituir novos processos. Como diz Pain (1990, p. 137), "quando se trata de adultos, a passagem do interesse circunstancial ao projeto faz da intencionalidade um fator cujo peso é maior e decisivo".

A possibilidade de agir com determinado sentido sobre a situação é uma das componentes fundamentais da aprendizagem experiencial: reforça o contato direto, a relação sujeito-objeto e favorece o ambiente de reflexividade (**elemento reflexão**) e de releitura da experiência (**elementos: autonomia e responsabilidade**). Neste contexto, torna-se pertinente a realização de um empreendimento, uma ação, um projeto, a aposta no compartilhar de experiências e vivências (**elemento diálogo –compartilhar**), no confronto de processos e de resultados, instituindo espaços de trabalho coletivo. Trata-se de induzir o retorno à experiência que visa a sua transformação em saber formalizado, em que a presença dos pares converte-se em mediação social (**comunicação**), essencial para fazer evoluir o saber da experiência, tornando-o menos precário e menos pragmático.

Para Brown e Duguid (1992), as situações de trabalho (**práticas de trabalho**) comportam multiplicidade de efeitos de aprendizagem, ou seja, mudanças duráveis no comportamento dos indivíduos e dos grupos e o desenvolvimento de competências. Estas são fruto da capitalização das experiências individuais e coletivas e da aquisição de conhecimentos na ação, produzindo-se de modo não necessariamente consciente. Correspondem a uma formação difusa, residual ou latente, mesmo quando a situação não tenha fins explicitamente de formação. São considerados como coprodutos da atividade principal, constituem aquilo que se designa como aprendizagem informal. Diversos contextos obrigam o indivíduo a analisar situações, a identificar problemas, a estabelecer prioridades, a perspectivar soluções, a gerar e gerir recursos. Algumas intervenções são, em vários níveis, geradoras desse tipo de efeitos e, muitas vezes, são genericamente designadas como "autoformação e mudança sem se sentir, mas que existe" (**elementos espaço organizacional de aprendizagem**).

A transposição dos saberes para a prática não comporta apenas uma dimensão técnica, implicando um trabalho pessoal de reconstrução das representações e das atitudes, de reinvenção cotidiana de estratégias de ação (**elemento autodesenvolvimento**). A contribuição mais significativa da **aprendizagem na ação/experiencial**, no desenvolvimento de competências, reside, talvez, na ruptura com um modo de pensamento essencialmente prescritivo e justificativo, que exige a inversão da relação entre a "teoria" e a realidade observada.

O modo como as organizações aprendem, adquirem os saberes e o saber-fazer no domínio das práticas, pode parecer uma questão um tanto metafórica. Em última instância, são as pessoas que aprendem, que se apropriam e que (re)constroem os saberes, o saber-fazer e o saber-ser que orientam as práticas, mas este processo tem uma dimensão coletiva. Uma organização, como qualquer grupo social, precisa mobilizar os conhecimentos e as competências de seus membros para realizar seus objetivos e enfrentar os acontecimentos cotidianos. Os indivíduos "nas organizações modernas [...] estão permanentemente em cursos de formação [...], mas a formação organizada não é o único método de aprendizagem, sendo útil destacar o papel dos grupos de encontro e de partilha de experiências ou outras modalidades, que tendem a favorecer a comunicação, a circulação de ideias e de pesquisa" (Nóvoa,1992, p. 68).

Uma competência é um *saber-mobilizar*. Não se trata de uma técnica ou de mais um saber, mas de uma capacidade de mobilizar um conjunto de recursos – conhecimentos, *know-how*, esquemas de avaliação e de ação, ferramentas, atitudes – a fim de enfrentar, com eficácia, situações complexas e inéditas. Não basta, portanto, enriquecer a gama de recursos do gestor para que as competências se vejam automaticamente ampliadas, pois seu desenvolvimento passa pela integração e pela aplicação sinérgica desses recursos nas situações, e isso deve ser aprendido.

Embora não se esteja negando o importante papel que os cursos formais têm no processo de aprendizagem e de desenvolvimento de competências, não se pode dizer que qualquer formação contínua participe direta e intensivamente da construção de competências.

Muitos cursos de aperfeiçoamento limitam-se a oferecer somente ingredientes para esta construção, abordando apenas marginalmente as práticas, ou seja: é relativamente fácil trazer alguma novidade (ideias, tecnologia, ferramentas), mas é muito mais difícil *integrar* esses aportes a uma gestão de classe e a um sistema didático. De outra parte, o ambiente organizacional muitas vezes não oportuniza o emprego das competências por seus gestores ou deixa de criar o que se identificou como espaço organizacional para aprendizagem.

Deste ponto de vista, compreende-se que a procura de modalidades e dispositivos de formação, que possibilitem aproximar e até fazer coincidir a formação com o processo de trabalho e a inteligência desse processo, tenha emergido como uma questão central. Trata-se de encarar as situações de formação como "reconstruções" das situações de trabalho (como situações de socialização). A existência de forte dimensão formativa em situações e contexto de trabalho representa, atualmente, uma das mais fecundas hipóteses para orientar quer a produção de novas práticas formativas, quer sua elucidação, a partir da produção de novos conhecimentos. Novos modos de conceber e praticar a formação revelam o potencial formativo das situações de trabalho (Malglaive, 1990).

Identifica-se, neste estudo, a possibilidade de relacionar, a partir da noção de macro e microprocessos, o ciclo de aprendizagem experiencial, contribuindo para o desenvolvimento de competências, considerando os seis elementos de aprendizagem apresentados (vide Figura 14-3).

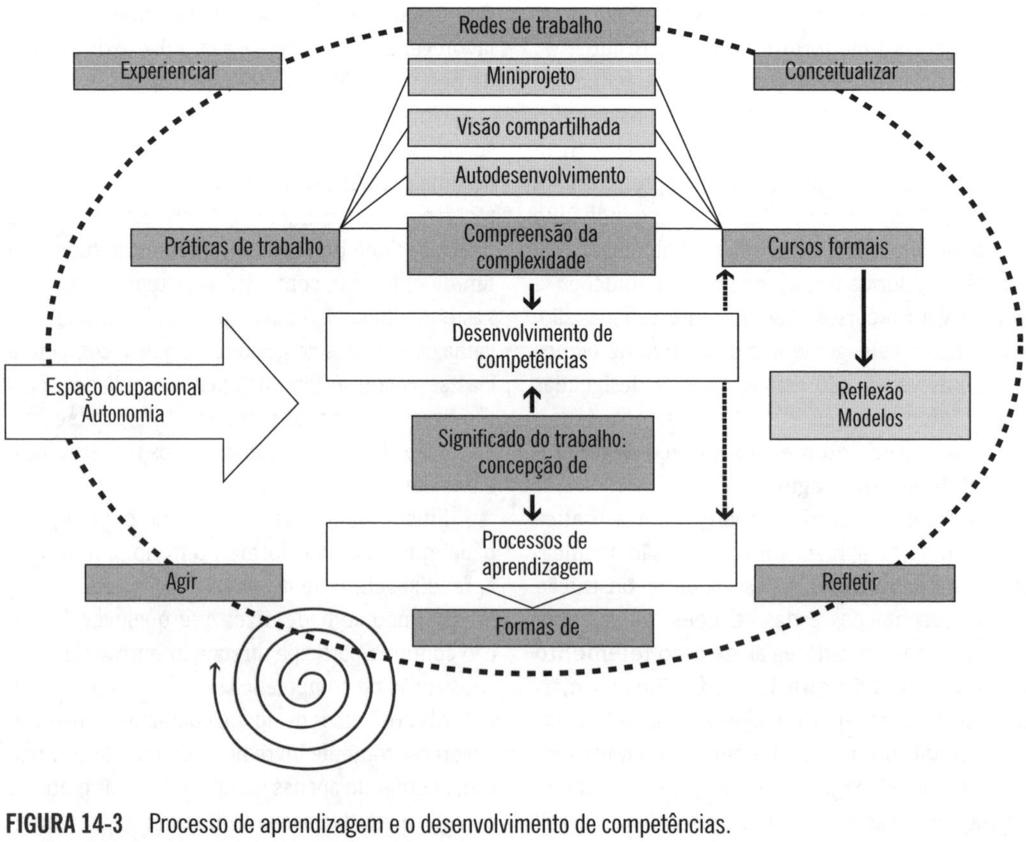

FIGURA 14-3 Processo de aprendizagem e o desenvolvimento de competências.
Fonte: Elaborado pela autora.

QUESTÕES PARA REFLEXÃO

1. Qual é o papel do espaço organizacional nos processos de aprendizagem nas organizações?
2. Qual é o papel do significado do trabalho nos processos de aprendizagem nas organizações?
3. As organizações estão preparadas para tratar a questão do significado do trabalho e o desenvolvimento de seus funcionários?
4. A partir da leitura do texto, que outros elementos poderiam ser apontados como tendo um papel relevante no processo de aprendizagem? Justifique e exemplifique.
5. A seguir, busque um exemplo, a partir de suas vivências, para cada uma das categorias identificadas pelo estudo apresentado neste capítulo.
   a. **Relacionados ao curso:**
      - Método de intervenção utilizado num dos cursos: abordagem da aprendizagem experiencial.
      - Desenvolvimento da percepção e reflexão.
      - Diálogo: o interagir e o compartilhar.
   b. **Relacionados ao indivíduo:**
      - Significado do trabalho.
      - Autodesenvolvimento.
   c. **Relacionados à organização:**
      - Espaço organizacional para aprendizagem.

REFERÊNCIAS

ANTUNES, R. *Adeus ao trabalho?*: ensaios sobre as metamorfoses e a centralidade do mundo do trabalho. Campinas, SP: Cortez, 1995.

BAUMAN, Z. *O mal-estar da pós-modernidade*. Rio de Janeiro: Jorge Zahar, 1998.

BILLET, S. Critiquing workplace learning discourses: participation and continuity at work. *Studies in the Education of Adults*, v. 34, n. 1, 56-57, 2002.

BOURNER, T. Effective management and the development of self awareness: a plain manager's guide. *Career Development International*, v. 1, n. 4, p. 14-18, 1996.

BROOKS, A. Building learning organizations: the individual culture interaction. *Human Resource Development Quarterly*, v. 3, n. 4, p. 323-337, 1992.

BROWN, J. S.; DUGUID, P. When change is constant, maybe we need to change our own eyeglasses. In: THE LEARNING IN ORGANIZATIONS WORKSHOP, 1992, Ontario. [*Paper*]. London, Ontario: University of Western Ontario Business School, 1992.

CASTELLS, Manuel. *A sociedade em rede*. A era da informação: economia, sociedade e cultura. 2. ed. São Paulo: Paz e Terra, 1999. v. 1.

COURTOIUS, B. La formation en situation de travail: une formation experientielle ambigue. *Éducation Permanente*, n. 112, p. 95-105, 1992.

DEWEY, J. *Democracy and education*. New York: Macmillan, 2000.

DUTRA, J. S. (Org.). *Gestão por competências*. São Paulo: Gente, 2001.

DUTRA, J. S. *Gestão de pessoas*: modelo, processos, tendências e perspectivas. São Paulo: Atlas, 2002.

EMERY, F. *Future we are in Leiden*. Netherlands: Martinus Nijhoff, 1976.

FLEURY, M. T. Aprendizagem e gestão do Conhecimento. In: DUTRA, J. S. (Org.). *Gestão por competências*. São Paulo: Gente, 2001.

GHERARDI, S.; NICOLINI, D. The sociological foundations of organizational learning. In: DIERKES, Meinolf et al. *Handbook of organizational learning & knowledge*. New York: Oxford, 2001. p. 35-60.

HACKMAN, J. R.; OLDHAM, G. R. Motivation thorough the design of work: test of a theory. *Organizational Behavior and Human Performance*, v. 16, p. 250-279, 1976.

ISAACS, W. N. Taking flight: dialogue, collective thinking and organizational learning. *Organizational Dynamics*, v. 22, n. 2, p. 24-39, 1993.

KOLB, D. A. *Experiential learning*. Englewood Cliffs, NJ: Prentice-Hall, 1984.

KOLB, D. A.; RUBIN, I.; McINTYRE, J. *Psicologia organizacional*: uma abordagem vivencial. São Paulo: Atlas, 1990.

LE BOTERF, G. *Compétence et navigation professionnelle*. Paris: Les editions d'organisation, 1999b.

LE BOTERF, G. *L'ingénierie des compétences*. Paris: Les editions d'organisation, 1999a.

MALCOLM, J.; HODKONSON, P.; COLLEY, H. The interrelationships between informal and formal learning. *Journal of Workplace Learning*, v. 15, n. 7/8, p. 131-318, 2003.

MALGLAIVE, G. *Enseigner à des adultes*. Paris: PUF, 1990.

MEGGINSON, D. The learning company. *Industrial & Commercial Training*, v. 26, n. 1, p. 6-8, 2004.

MEZIROW, J. Transformative theory and cultural context: a replay to Clark and Wilson. *Adult Education Quartely*, v. 41, n. 3, p. 188-192, 1991.

MORIN, E. et al. O trabalho e seus sentidos. In: ENCONTRO NACIONAL DE PROGRAMAS DE PÓS GRADUAÇÃO EM ADMINISTRAÇÃO, 27., 2003, Salvador. *Anais*... Salvador: ANPAD, 2003.

MORIN, E. L'efficacité organisationnelle et sens du travail. In: PAUCHAUNT, T. (Org.). *La quête du sens*: gerer nos organizations pour la snaté des personnes, de nos sociètés et de la nature. Quebec: Editions de l'organisation, 1996. p. 257-286.

MORIN, E. Os sentidos do trabalho. In: WOOD, T. (Org.). *Gestão Empresarial*: o fator humano. São Paulo: Atlas. 2002.

MORIN, E.Le sens du travail pour des gestionnaires francophones. *Revue Psychologie du Travail e des Organizations*, v. 3, n. 2/3, p. 26-45, 1997.

MOSCOVICI, F. *A Organização por trás do espelho*. Rio de Janeiro: Olympio, 2001.

MOW. *International research team the meaning of work*. New York: Academic Press, 1987.

NOVOA, A. *As organizações escolares em análise*. Lisboa: Quixote, 1992.

OLIVEIRA, S. et al. Buscando o sentido do trabalho. In: ENCONTRO NACIONAL DE PROGRAMAS DE PÓS GRADUAÇÃO EM ADMINISTRAÇÃO, 28., 2004, Curitiba. *Anais*... Curitiba: ANPAD, 2004.

PAIN, E. *Éducation informalle*: les effets formateurs dans le quotidian. Paris: L´Hartmattan, 1990.

PEDLER, M. *Action learning in practice*. 2nd ed. Aldershot: Gower, 1991.

PEDLER, M. Management self-development. *Education and Development*, v. 17, n. 1, p. 26-31, 1986.

PEDLER, M. Self development. *Training Officer*, v. 21, n. 7, p. 131-137, 1985.

PERRENOUD, P. *Construir as competências desde a escola*. Porto Alegre: Artmed, 1999.

PRESKILL, H.; TORRES, R. Papel do inquérito de avaliação na criação de organizações de aprendizagem. In: EASTERBY-SMITH, M. et al. *Aprendizagem organizacional e a organização de aprendizagem*: desenvolvimento na teoria e prática. São Paulo: Atlas, 2001. p. 121-147.

SANDBERG, J. *Human competence at work*. Sweden: Grafikerna I Kungälv AB, 1996.

SANDBERG, J. Understanding human competence at work: an interpretative approach. *Research Seminar Series*, v. 43, n. 1, p. 9-17, 2000.

SANDBERG, J.; DALL'ALBA, G. Educating for competence in professional practice. Netherlands. *Instructional Science*, n. 24, p. 411-437, 1996.

SCHEIN, E. On dialogue, culture and organisational learning. *Organizational Dynamics*, v. 22, n. 2, p. 40-51, 1993.

SCHÖN, D. *The reflective practitioner*: how professionals think in action. New York: Basic Books, 1983.

SENNETT, Richard. *A corrosão do caráter*: consequências pessoais do trabalho no novo capitalismo. Rio de Janeiro: Record, 1999.

STRAUSS, A.; CORBIN, J. *Basics of qualitative research*: grounded theory procedures and techniques. London: Sage, 1990.

SWIERINGA, J.; WIERDISMA, A. *La organización que aprende*. Delaware: Addison-Wesley, 1995.

THURLER, M. *Les dynamiques de changement internes aux systèmes édu catifs* : comment les praticiens réfléchissent à leurs pratiques. Genève: Faculté de Psychologie et des Sciences de L'Education,1996.

TRIST, E. Adapting to a changing work. *Labour Gazette*, v. 78, p. 14-20, 1978.

ZARIFIAN, P. *Objetivo competência*: por uma nova lógica. São Paulo: Atlas, 2001.

○ SUGESTÕES DE *SITES* SOBRE O TEMA

http://papers.ssrn.com/sol3/papers.cfm?abstract_id=988635

http://www.eric.ed.gov/

http://www.mngt.waikato.ac.nz/ejrot/cmsconference/2001/Abstracts/Barinaga_abstract.pdf

http://www.ped.gu.se/biorn/phgraph/civil/graphica/diss.ab/sandberg.html

http://www.sam-arts.demon.co.uk/ksam/kbank/selfdev.html

http://www3.interscience.wiley.com/journal/119004941/abstract?CRETRY=1&SRETRY=0

Daniel Gomes dos Reis

15

O PAPEL DA REFLEXÃO NA APRENDIZAGEM GERENCIAL

OBJETIVOS DO CAPÍTULO

- Identificar e analisar o uso da reflexão pelos gerentes em suas rotinas diárias de trabalho.
- Entender como o processo de reflexão contribui para a aprendizagem dos gerentes.
- Identificar modificações que ocorreram, com os gerentes, no tocante à forma como lidam com novas situações, após passarem por experiências que exigiram algum tipo de reflexão.

RESUMO

Na área de Administração, a aprendizagem é um assunto relevante e é possível identificar vasta literatura sobre este tema. Na diversidade de teorias sobre aprendizagem destaca-se, como mais divulgado, o modelo de aprendizagem experiencial de Kolb (1976, 1984) e suas fases. Constatou-se que a maioria das pesquisas que se sustentam neste modelo atribui maior foco à etapa de ação do ciclo de aprendizagem. Raros estudos voltam suas atenções à etapa da reflexão, fato que leva à construção de uma fotografia incompleta de como ocorre a aprendizagem. A necessidade crítica de se entender profundamente o papel que a reflexão desempenha na aprendizagem pela experiência, dá ensejo ao estudo apresentado, neste capítulo, que visava identificar, descrever e compreender como ocorre o processo de reflexão gerencial. Foram pesquisados gerentes, por terem que lidar com situações complexas no cotidiano profissional, tendo de resolver problemas que lhes demandam contínuo processo de análise e reflexão sobre as experiências vivenciadas. O material obtido proporcionou melhor compreensão do papel da reflexão na aprendizagem gerencial.

O INTRODUÇÃO

Atualmente, o gerente ou administrador bem sucedido não se distingue pelo conjunto particular de conhecimentos ou habilidades, mas por sua capacidade de adaptação e pela forma como enfrenta as exigências dinâmicas do trabalho e da carreira profissional, ou seja, por sua capacidade de aprender. A manutenção do sucesso, num mundo em constante mudança, segundo Kolb (1997), está calcada na capacidade de exploração de novas oportunidades e na aprendizagem obtida por meio de sucessos e fracassos passados. Percebe-se, a partir de palavras do autor, a importância que a aprendizagem tem recebido, hoje, principalmente em nível gerencial.

Os gerentes têm como aspectos inerentes a seu cargo o fato de lidarem com situações complexas no cotidiano e a tomada de decisões constantemente. Suas atividades cotidianas, conforme Escrivão Filho (1995), são caracterizadas pela brevidade, variedade, fragmentação e a consequente apresentação de respostas rápidas, em tempo real, sob as pressões do cargo. A variedade de tarefas e a preferência pelo contato verbal intensificam as relações interpessoais (Escrivão Filho, 1995; Bitencourt, 2004), isto, juntamente com a necessidade intrínseca do cargo de gerenciar pessoas, faz, naturalmente, que a natureza do trabalho seja totalmente dinâmica, complexa e mutável. O conhecimento do processo de aprendizagem dos gerentes pode proporcionar o entendimento de como lidam com as características de seu cargo e como ocorre sua busca de subsídios para tanto.

Alguns estudos e pesquisas recentes de autores nacionais, que buscam a compreensão do processo de aprendizagem dos gerentes, destacam as seguintes descobertas como importantes e emergentes na área:

- Os gerentes afirmaram que seu aprendizado ocorre, sobretudo, a partir das experiências do cotidiano, da prática e da vivência das situações, devido à natureza de seu trabalho (Antonello, 2004; Leite; Godoy; Antonello, 2006; Moraes, 2000; Moraes; Silva; Cunha, 2004);
- A aprendizagem informal tem sido identificada pelos gerentes como relevante fonte de aprendizagem pela experiência (Antonello, 2004; Bitencourt, 2004; Leite; Godoy; Antonello, 2006), principalmente por ser voltada a situações de trabalho, com aplicabilidade visível e pela facilidade de observação quanto a sua funcionalidade.
- Nota-se a crescente importância atribuída pelos gerentes ao componente de reflexão da aprendizagem (Moraes, 2000; Moraes; Silva; Cunha, 2004, ver também os Capítulos 10 e 14 deste livro), apesar de, conforme Leite, Godoy e Antonello (2006), as atividades diárias e o ritmo impresso pelas demandas do trabalho comprometerem a prática da reflexão, pois os gerentes acabam se envolvendo com a reflexão apenas após a atividade desenvolvida (Antonello, 2004).

Das descobertas mencionadas, destacam-se os fatos de os gerentes aprenderem a partir das experiências do cotidiano, da prática e da vivência de situações; a ênfase atribuída à aprendizagem informal; a constatação da importância dos processos de reflexão e conceitualização na tomada de decisão, mesmo que muitas vezes não haja tempo suficiente para que o processo aconteça adequadamente.

Apesar de o processo de reflexão ter sua importância na tomada de decisão, na literatura de administração, os estudos são escassos. De acordo com Seibert e Daudelin (1999), a reflexão tem recebido menos atenção do que o componente "ação" do ciclo de aprendizagem. Isto pode ser considerado compreensível, mas esta preocupação tem levado à construção de uma imagem incompleta de como se dá a aprendizagem. Por esta razão, há necessidade crítica de se entender, de forma aprofundada, o papel que a reflexão desempenha na aprendizagem pela experiência. Embora, conforme os autores, a reflexão tenha sido extensamente estudada no campo da educação, sendo inclusive reconhecida como componente-chave da aprendizagem, na literatura voltada para a administração recebeu menos atenção.

Neste capítulo, não são abordados, em detalhes, os autores considerados precursores no desenvolvimento de estudos sobre aprendizagem experiencial: Dewey, Lewin e Piaget, pois eles foram apresentados, juntamente com David Kolb, por Leite no Capítulo 9 deste livro. Apenas apresenta-se, rapidamente, o modelo de aprendizagem experiencial de Kolb (1976, 1984), base de grande parte da literatura voltada para a aprendizagem. A seguir, aborda-se o tema reflexão propriamente dito e os modelos de reflexão propostos por Schön (1983, 2000) e Seibert e Daudelin (1999). Na sequência, apresenta-se a metodologia utilizada na pesquisa e a análise dos achados em campo. Depois, são feitas as considerações finais, comentando-se as principais descobertas.

1 • REFERENCIAL TEÓRICO

Nesta seção, é apresentada a revisão de literatura sobre reflexão, suas várias definições e abordagens. Apresenta-se também a existência dos modelos de reflexão de Schön e Seibert e Daudelin, que são importantes para o entendimento de como a aprendizagem ocorre por meio da reflexão.

• 1.1 • Kolb, a aprendizagem e seu modelo

Kolb desenvolveu um modelo de aprendizagem experiencial (Figura 15-1) em que a aprendizagem é descrita como um ciclo de quatro estágios. Este modelo é chamado, segundo Kolb (1976,1997), de experiencial ou vivencial, por duas razões. Primeiro por uma razão histórica, devido a sua origem intelectual na psicologia social de Kurt Lewin, nos anos 40, e seus trabalhos em treinamento e educação em laboratório, nos anos 50 e 60. Segundo, para enfatizar o importante papel que a experiência desempenha nos processo de aprendizagem. De acordo com o autor, o objetivo do modelo é a simples descrição do ciclo de aprendizagem – como a experiência é traduzida em conceitos, que, por sua vez, são usados como guia na escolhas das novas experiências, conforme a Figura 15-1.

No modelo de Kolb (1976), a aprendizagem é concebida como um ciclo de quatro estágios, sendo a experiência concreta imediata a base para a observação e a reflexão. As observações são assimiladas em uma teoria pela qual novas implica-

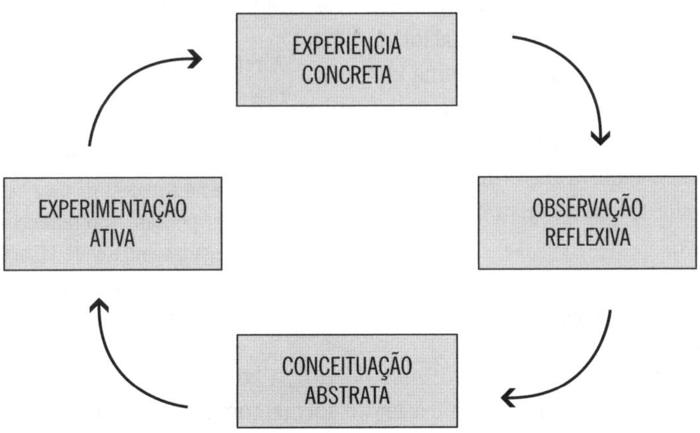

FIGURA 15-1 Modelo de aprendizagem experiencial de Kolb.
Fonte: Adaptado de Kolb (1976, p. 22).

ções para a ação podem ser deduzidas; estas implicações ou hipóteses, então, servem como guia para a ação de criar novas experiências. O autor afirma que o aprendiz, para ser eficiente, precisa de quatro diferentes tipos de habilidades: experiência concreta (EC), observação reflexiva (OE), conceitualização abstrata (CA) e experimentação ativa (EA). Ou seja, ele deve estar apto a envolver-se completa, abertamente e sem preconceitos em novas experiências (EC); deve ser capaz de refletir sobre e observar as experiências por várias perspectivas (OE); deve ser capaz de criar conceitos que integrem suas observações em teorias logicamente plausíveis (CA); e deve ser capaz de usar as teorias na tomada de decisões e resolução de problemas.

Kolb (1984) afirma que, no tocante ao processo de aprendizagem, há grande similaridade entre as ideias de Dewey, Lewin e Piaget, à medida que estes autores apresentam uma perspectiva única em relação à aprendizagem e ao desenvolvimento. Segundo Kolb (1984), aprendizagem é um processo pelo qual o conhecimento é criado por meio da transformação da experiência. Esta definição enfatiza muitos aspectos críticos do processo de aprendizagem visto a partir da perspectiva experiencial. Primeiro, porque atribui ênfase ao processo de adaptação e ao aprendizado, em contraposição à ênfase aos conteúdos ou resultados de aprendizagem. O segundo, pelo fato de o conhecimento ser um processo transformacional, continuamente criado e recriado, e não uma entidade independente que pode ser adquirida ou transmitida. O terceiro aspecto crítico diz respeito ao fato de a aprendizagem transformar a experiência tanto em sua forma objetiva quanto em sua forma subjetiva.

• 1.2 • A reflexão na literatura sobre aprendizagem

No campo da aprendizagem, verifica-se que o termo reflexão assume diferentes abordagens na literatura específica. Com objetivo de compreender a diversidade de formas e aspectos de como o tema reflexão é empregado, apresentam-se, a seguir, algumas denominações, níveis e enfoques a respeito. No Quadro 15-1, é possível ter uma visão geral de como o conceito de reflexão é abordado de diferentes formas por diversos autores.

A maioria das definições encontradas sobre reflexão discute a reflexão como atividade cognitiva processada individualmente, objetivando a resolução de algum problema ou situação. Entretanto, existem outras formas de reflexão, como a reflexão crítica, que diz respeito ao questionamento de premissas e a valores contextuais; à autorreflexão crítica e à reflexividade prática, que se referem ao questionamento do próprio indivíduo como ser social; e à reflexão pública ou organizacional, abordada como uma prática desenvolvida em grupo, deixando de lado seu caráter individual.

Como se pôde perceber, existem diversas maneiras de abordar a reflexão. Woerkom (2004) afirma que existe pouca consistência nas definições sobre reflexão, o que provoca confusão quanto aos conceitos. Alguns autores empregam reflexão, reflexão crítica ou pensamento crítico, não ficando clara a diferença entre estes termos. Dewey (1959), por exemplo, define pensamento reflexivo como a espécie de pensamento que consiste em examinar mentalmente o assunto e dar-lhe consideração séria e consecutiva. Este autor usa tanto o termo reflexão quanto pensamento reflexivo para se referir à forma cognitiva do conceito:

> A reflexão não é simplesmente uma sequência, mas uma consequência – uma ordem de tal modo consecutiva que cada ideia engendra a seguinte como seu efeito natural e, ao mesmo tempo, apoia-se na antecessora ou a esta se refere. [...] em qualquer pensamento reflexivo, há unidades definidas, ligadas entre si de tal arte que o resultado é um movimento continuado para um fim comum. (Dewey, 1959, p. 14).

A reflexão ou o pensamento reflexivo, da forma como Dewey (1959) define, é justamente o conceito de reflexão que foi utilizado neste estudo, envolvendo o exame cognitivo da experiência, de forma individual, a fim de resolver

QUADRO 15-1
Definições e enfoques sobre o conceito de reflexão

Definição	Enfoque	Autor (ano)
O pensamento reflexivo é a espécie de pensamento que consiste em examinar mentalmente o assunto e dar-lhe consideração séria e consecutiva. O pensar reflexivo, diferentemente das outras operações a que se dá o nome de pensamento, abrange: (1) um estado de dúvida, hesitação, perplexidade, dificuldade mental, o qual origina o ato de pensar; (2) um ato de pesquisa, procura, inquirição, para encontrar material que resolva a dúvida, assente e esclareça a perplexidade.	Cognitivo	Dewey (1959)
Reflexão é o processo de voltar/relembrar uma experiência para ponderar, cuidadosamente e persistentemente, seu significado ao eu (*self*) através do desenvolvimento de inferências.	Cognitivo	Daudelin (1996)
Reflexão é a prática de, periodicamente, relembrar uma experiência a fim de ponderar seu significado ao eu e a outros no ambiente imediato de alguém sobre o que foi recentemente transpirado. Ela ilumina o que foi experienciado tanto para o próprio indivíduo quanto para outros, proporcionando uma base para a ação futura. Em particular, ela privilegia o processo de investigação, levando à compreensão das experiências que podem não ter sido percebidas na prática.	Cognitivo Reflexão pública	Raelin (2001, 2002)
Reflexão crítica inclui o contexto social da reflexão. Ela envolve uma crítica das pressuposições sobre as quais nossas crenças foram construídas. [...] Reflexão crítica envolve a consciência de por que nos prendemos aos significados que fazemos na realidade, especialmente a nossos papéis e relacionamentos – significados que frequentemente são mal construídos a partir de meias-verdades não criticamente assimiladas, obtidas através da sabedoria convencional ou relacionamentos de poder.	Social Crítica	Mezirow (1981, 1999 apud Høyrup, 2004)
Reflexão é uma importante atividade humana, na qual as pessoas recapturam sua experiência, pensam sobre ela, organizam-na e avaliam-na. Reflexão, no contexto de aprendizagem, é um termo genérico para aquelas atividades intelectuais e afetivas nas quais os indivíduos engajam-se para explorar suas experiências, a fim de conseguirem novos entendimentos e apreciações.	Cognitivo	Boud, Keought e Walker (1985 apud Høyrup, 2004)
Aprendizagem reflexiva é um processo de examinar e explorar internamente um assunto de interesse trazido por uma experiência, o qual cria e clarifica significados em relação ao eu (*self*) e resulta numa perspectiva conceitual modificada.	Cognitivo	Boyd e Fales (1983 apud Peltier; Hay e Drago; 2005)
Reflexão é: a) algo que ocorre na ação ou durante a ação; b) algo que é uma atividade cognitiva separada da ação (física); c) em si mesma uma ação, no sentido de que o pensamento é uma ação; d) um tipo de autoentendimento que leva a algum tipo de iluminação ou aprendizagem.	Cognitivo	Brown e McCartney (1998)
Comportamento crítico reflexivo no trabalho é um conjunto de atividades individuais, conectadas, com o objetivo de analisar, aperfeiçoar ou inovar práticas de trabalho nos níveis individual, grupal ou organizacional.	Cognitivo	Woerkom, Nijhof e Nieuwenhuis (2002)
Reflexão é um processo cognitivo altamente pessoal. Quando uma pessoa engaja-se na reflexão, toma uma experiência do mundo externo, leva-a para dentro da mente, modifica-a, faz conexões com outras experiências, filtrando-a, através de inclinações pessoais. Reflexão é o processo de relembrar uma experiência para ponderar, cuidadosamente e persistentemente, seu significado ao eu (*self*) através do desenvolvimento de inferências.	Cognitivo	Daudelin (1996)

QUADRO 15-1
Definições e enfoques sobre o conceito de reflexão (*Continuação*)

Definição	Enfoque	Autor (ano)
A reflexão-na-ação surge, na maioria das vezes, da experiência da surpresa. Quando a *performance* intuitiva apresenta uma surpresa ou algo não procurado, o indivíduo lida com isso refletindo durante a ação. Em tais processos, a reflexão tende a focar-se nos resultados da ação, na ação em si e no saber intuitivo implícito na ação. Quando um indivíduo defronta-se com uma surpresa, ele tenta entender seu sentido e reflete sobre seu saber que está implícito em suas ações, enfrentando-o, criticando-o, reestruturando-o e absorvendo-o nas ações.	Cognitivo	Schön (1983, 2000)
Duas formas de reflexão: reflexão ativa e proativa. A reflexão ativa acontece a partir de diálogo interno, envolvendo momentos de investigação e interpretação, com o intuito de conseguir maior discernimento em relação à experiência. A reflexão proativa consiste em trazer para o presente uma experiência do passado, para ponderar cuidadosa e persistentemente seu significado ao eu (*self*) por meio do desenvolvimento de inferências.	Cognitivo	Seibert e Daudelin (1999)

Fonte: Revisão da literatura.

uma situação problemática. Nesse mesmo sentido, encontram-se diversos autores como Daudelin (1996), Brown e McCartney (1998), Boyd e Fales (1983 apud Peltier; Hay; Drago, 2005), Boud, Keought e Walker (1985 apud Høyrup, 2004), Schön (1983, 2000) e Seibert e Daudelin (1999). Os dois últimos foram tomados como norteadores para esta pesquisa e são abordados nas próximas seções.

Apesar de o conceito de reflexão ser usualmente associado a fatores psicológicos individuais em aprendizagem, devido, sobretudo, a sua dimensão cognitiva, ele também pode igualmente descrever fatores sociais determinados pela atividade de um grupo, organização ou até mesmo sociedade (Järvinen; Poikela, 2001). Isto também é sugerido por Vince (2002), ao enfocar a reflexão como processo organizacional em vez de processo individual, a qual tem três características principais: (1) contribui para o questionamento coletivo de premissas que servem de base organizante, a fim de tornar as relações de poder visíveis; (2) as práticas reflexivas necessariamente provêm um recipiente para a administração de ansiedades aumentadas pelo fato de as relações de poder terem sido tornadas visíveis; (3) contribuem para a democracia na organização.

Para abordar a reflexão que visa ao questionamento de premissas e valores, seja em forma grupal ou individual, existem outros conceitos, como reflexão crítica e autorreflexão crítica (Mezirow, 1990 apud Woerkom, 2004) e reflexividade prática (Cunliffe; Easterby-Smith, 2004). Segundo Cunliffe e Easterby-Smith (2004), enquanto a reflexão é geralmente caracterizada como atividade cognitiva, a reflexividade prática é conceituada como uma atividade dialógica e relacional – se por um lado, a reflexão envolve dar ordem às situações, por outro, a reflexividade prática significa a preocupação com as práticas convencionais. Os autores definem reflexividade prática como o processo de o indivíduo refletir sobre si mesmo, a fim de se questionar, como sujeito: a plausibilidade do que é afirmado como verdade; o significado literal da linguagem; a credibilidade de textos; a exatidão e a objetividade do conhecimento. A reflexividade prática, segundo os autores, difere de outros tipos de reflexividade, porque envolve questionamento existencial em vez de reflexivo sobre ideologias, textos e teorias. Um questionamento do eu no lugar de outros. Isto significa a alteração de premissas sobre aprendizagem da perspectiva epistemológica para a ontológica, envolvendo a aprendizagem no contexto da experiência. Esta perspectiva ontológica situa a aprendizagem como uma maneira de ser e relacionar-se com o outro(s), em processo contínuo de construção do senso de identidade e realidade em interação com outro(s).

A reflexividade prática envolve o senso tácito, intuitivo e a compreensão explícita de complexas situações nas quais o indivíduo encontra-se, sendo possível engajar-se nessa reflexibilidade prática, tanto no momento presente como em momentos futuros, realizando questionamentos retrospectivos. Em resumo, a reflexibilidade prática desafia a ideia que a aprendizagem é processo interno, cognitivo, substituindo isso pela noção que a aprendizagem é uma atividade incorporada, dialógica e existencial intimamente ligada a sentimentos, expressão e comunicação com o outro. Nesse sentido, aprendizagem não pode ser definida como forma ou estrutura particular, ao contrário, ela pode ser uma complexa onda de conhecimento explícito, um senso comum social, respostas incorporadas e um saber tácito que o indivíduo pode não ser capaz de articular.

Cunliffe e Easterby-Smith (2004) redefinem aprendizagem como processo emergente, calcado na maneira de agir e ser, no qual o indivíduo pode não ser capaz de articular o porquê de algo ter acontecido, a maneira como aconteceu ou por qual forma de conhecimento, seja ele tácito ou explícito. Nesse sentido, aprendizagem não é somente refletir sobre a ação, tampouco é reflexão-na-ação, mas é também reflexibilidade prática – formas práticas, tácitas de conhecimento, questionando e explorando como se constroem identidades e realidades.

Além do conceito de reflexibilidade prática, que diz respeito ao questionamento de aspectos intrínsecos ao indivíduo, existe o conceito de reflexão crítica que, diferentemente da reflexão prática, está relacionado com o questionamento de pressupostos, mas com um foco diferente, já que nesse caso o que se questiona são aspectos extrínsecos ao indivíduo, referentes a seu meio social.

De acordo com Reynolds (1998), o conceito de reflexão crítica é a pedra fundamental das abordagens emancipatórias de educação. A reflexão como conceito de aprendizagem gerencial é expressa primariamente como o elemento-chave de resolução de problemas. Segundo o autor, a distinção crucial entre o uso dos termos está relacionada com o questionamento de aspectos contextuais tomados como corretos, sejam sociais, culturais ou políticos. O autor afirma que a reflexão crítica provê a possibilidade de mudança na base de uma análise realística sobre a forma como as coisas são.

A forma como a reflexão crítica é definida na literatura ainda é pouco consistente, já que, conforme Woerkom (2004) afirma, os autores variam o modo de abordá-la, sendo que alguns autores (por ex., Argyris; Schön, 1996; Deming, 1986; Nonaka; Takeuchi, 1995; Schön, 1983) enfatizam a reflexão em sua função instrumental, relacionada à resolução de problemas, enquanto outros (Marsick, 1988) focam a emancipação do indivíduo para fazer escolhas livres. Woerkom (2004) também nota a existência de variações quanto à terminologia utilizada para se referir à reflexão crítica: criação de conhecimento (por exemplo Nonaka; Takeuchi, 1995), melhoria contínua (Deming, 1986), desafio ao pensamento do grupo (Brookfield, 1987), rebelião (Wenger, 1998), democracia no local de trabalho (Brookfield, 1987) e aprendizagem de ciclo duplo (Argyris; Schön, 1996).

Woerkom (2004) afirma que todas estas terminologias indicam diferentes dimensões da reflexão crítica no local de trabalho, no tocante à distinção de Mezirow (1990) entre os termos reflexão, reflexão crítica e autorreflexão crítica. De acordo com Mezirow (1990 apud Woerkom, 2004), se, por um lado, a reflexão tem como objetivo a resolução de problemas que alguém encontra em seu trabalho ou de tornar o conhecimento tácito explícito, por outro lado, a reflexão crítica tem como foco analisar e mudar os valores da organização. Ainda, há a autorreflexão crítica, que visa à emancipação do indivíduo em relação à organização. Woerkom (2004) afirma que essas dimensões não podem ser vistas como dicotômicas, pois elas são interconectadas, já que a reflexão instrumental pode levar à reflexão crítica que, por sua vez, pode levar à autorreflexão crítica.

Segundo Mezirow (1998), reflexão é trazer de volta, relembrar uma experiência e pode significar muitas coisas: simples consciência de um objeto, evento ou estado, incluindo consciência de uma percepção, pensamento, sentimento, disposição, intenção, ação ou o hábito de alguém em fazer estas coisas. A reflexão também pode significar simplesmente permitir que os pensamentos vaguem sobre algo, tomar algo em consideração ou imaginar alternativas e, nestes casos, segundo o autor, a reflexão não necessariamente implica fazer uma avaliação do que se está refletindo, sendo esta a principal distinção que a diferencia da reflexão crítica.

A reflexão crítica, conforme Mezirow (1998), pode ser implícita, quando o indivíduo impensadamente realiza escolhas, considerando seus valores assimilados, ou explícita, quando o indivíduo faz suas escolhas à luz de sua consciência, examinando e avaliando as razões que lhe fizeram optar por tal caminho. Quando o objeto da reflexão crítica é uma premissa ou um pressuposto, uma ordem diferente de abstração é introduzida, com maior potencial de efetuar uma mudança no modelo de referência existente. Pressupostos sobre os quais estes hábitos mentais e pontos de vista relacionados são determinados podem ser epistemológicos, lógicos, étnicos, psicológicos, ideológicos, sociais, culturais, econômicos, políticos, ecológicos, científicos, espirituais ou pertencer a outros aspectos da experiência. Segundo Mezirow (1998), autorreflexão crítica de pressupostos envolve críticas de uma premissa sobre a qual o aprendiz definiu o problema, sendo que esse tipo de reflexão pode ser o resultado de significantes transformações pessoais e sociais.

Mezirow (1998) afirma que o conceito de reflexão crítica de pressupostos é central à compreensão de como adultos aprendem por si mesmos em vez de agirem sobre conceitos, valores e sentimentos de outros. Além de ser central para a compreensão de muitas das teorias e práticas comuns no discurso profissional de educadores de adultos, incluindo teoria crítica, pensamento crítico e pensamento dialético.

Como se pode observar, a reflexão crítica envolve muito mais que o simples exame cognitivo da experiência, já que há diversos componentes (sociais, étnicos, políticos, etc.), considerados como fatores intrínsecos à existência do indivíduo, que moldam suas ações e comportamentos. Para a ocorrência da reflexão crítica ou da autorreflexão crítica, há necessidade de questionamento desses pressupostos pelo indivíduo, a fim de que ele possa mudar seu modelo de referência e partir para a ação reconstruindo o contexto em que está inserido.

De acordo com Reynolds (1998), as características da reflexão crítica que a distinguem de outros tipos de reflexão são: a) ela está relacionada com o questionamento de pressupostos; b) seu foco é social, não individual; c) presta atenção particular à analise das relações de poder; d) está relacionada com emancipação.

Woerkom, Nijhof e Nieuwenhuis (2002) afirmam que, dentre a maioria das definições existentes sobre reflexão crítica, o questionamento de pressupostos parece ser um aspecto central da maioria das definições, apesar de não se tornarem concretas no contexto organizacional. A maioria das definições, segundo os autores, é pouco operacional e caracteriza processos em vez de comportamentos visíveis. Também foca a aprendizagem ou o pensamento no lugar do trabalho em uma organização. Os autores identificaram, na teoria e na prática, oito dimensões que levam à operacionalização do comportamento crítico reflexivo no trabalho: 1) reflexão sobre si mesmo em relação ao trabalho; 2) aprendizagem a partir dos erros; 3) compartilhamento de visão; 4) desafio ao pensamento do grupo; 5) solicitação de *feedback*; 6) experimentação; 7) compartilhamento de conhecimento; 8) consciência de empregabilidade.

Os autores também constataram a existência de dois *clusters* de fatores que têm impacto no comportamento crítico reflexivo no trabalho: fatores individuais e fatores relacionados ao trabalho e à organização. No caso de fatores individuais, os autores reconheceram a motivação, subdividindo este item em experiência de integração social, de autonomia, de competência e balanço entre segurança e desafios. Identificaram também autoeficácia, como a crença na capacidade de alguém em organizar e executar os recursos de ação requeridos para gerenciar situações prospectivas, além de depender de autoavaliação e de como as pessoas veem sua capacidade. Ainda como fator individual, há a variação de experiência. Em relação a fatores relacionados ao trabalho e à organização, os autores citam as seguintes características do trabalho: ritmo e carga de trabalho, alternação, autonomia, obscuridade de tarefas, informação, participação, cooperação, comunicação, *coaching* e clima organizacional para aprendizagem. Apesar de os conceitos de reflexão crítica, autorreflexão crítica e reflexividade prática serem de grande importância para o entendimento do indivíduo e suas relações consigo mesmo e com seu contexto e grupos sociais, a abordagem adotada, neste estudo, tem como foco a reflexão em sua forma individual, portanto, uma abordagem cognitivista. Considera-se, pois, a relação do indivíduo e o exame da experiência em sua consciência, a partir da noção proposta de reflexão ou pensamento reflexivo de Dewey (1959).

A seguir, apresenta-se uma compilação das ideias do autor em relação a esta definição, a fim de se explicitar o conceito de reflexão utilizado ao longo deste estudo.

De acordo com Dewey (1959), o pensamento reflexivo é a espécie de pensamento que consiste em examinar mentalmente o assunto e dar-lhe consideração séria e consecutiva. Em qualquer pensamento reflexivo, há unidades definidas, ligadas entre si de tal sorte que o resultado é um movimento continuado para um fim comum no qual o indivíduo faz ativo, prolongado e cuidadoso exame de toda a crença ou espécie hipotética de conhecimento, exame efetuado à luz dos argumentos que a apoiam e das conclusões a que se chega. Segundo o autor, a reflexão não é simplesmente uma sequência, mas uma consequência – uma ordem de tal modo consecutiva que cada ideia engendra a seguinte como seu efeito natural e, ao mesmo tempo, apoia-se na antecessora ou a ela se refere. A reflexão não está no fato de uma coisa indicar, significar outra, mas começa quando se inicia a investigação da idoneidade, do valor de qualquer índice particular, quando se experimenta verificar sua validade e saber qual a garantia de os dados existentes realmente indicarem a ideia sugerida, de modo que justifique sua aceitação.

Segundo Dewey (1959), o pensar reflexivo, diferentemente das outras operações a que se dá o nome de pensamento, possui as seguintes fases: (1) um estado de dúvida, hesitação, perplexidade, dificuldade mental, o qual origina o ato de pensar; (2) um ato de pesquisa, procura, inquirição, para encontrar material que resolva a dúvida, assente e esclareça a perplexidade.

O autor afirma que não existe reflexão quando se permite que a atividade mental passe insensivelmente de um assunto a outro ou que a imaginação entregue-se livremente a seus caprichos. O pensamento reflexivo existe apenas quando a sucessão é tão controlada que se torna uma sequência ordenada, rumo a uma conclusão, que contém a força intelectual das ideias precedentes. Caso se apresente, porém, uma dificuldade, um obstáculo, no processo de alcançar uma conclusão, é necessário deter-se, a fim de inspecionar outros fatos e, por um descortino completo da situação, compreender a relação desses fatos entre si. O ato de pensar é regulado por seu objetivo. A necessidade da solução de uma dúvida é o fator básico e orientador em todo o mecanismo da reflexão, seja uma pergunta a responder ou uma incerteza a esclarecer. Qualquer conclusão sugerida é verificada em sua relação com esse fim regulador, em sua pertinência ao problema de interesse. A natureza do problema a resolver determina o objetivo do pensamento que orienta o processo do ato de pensar.

De acordo com Dewey (1959), o ato de pensar possibilita a ação de finalidade consciente, sendo dotado de alguns valores, pois é uma capacidade que emancipa o indivíduo da ação unicamente impulsiva e rotineira, ou seja, o pensamento torna o indivíduo capaz de dirigir suas atividades com previsão e planejamento conscientes, agindo deliberada e intencionalmente, a fim de atingir futuros objetos ou obter domínio sobre o que está, no momento, distante e ausente, convertendo uma ação cega e impulsiva em ação inteligente.

Além disso, Dewey (1959) diz que o pensamento não existe sem inferência. Em todos os casos de atividade reflexiva, o indivíduo defronta-se com uma situação presente, da qual busca conseguir ou concluir algo não presente. Esse processo de chegar a uma ideia do que está ausente na base do que está presente chama-se inferência. Toda inferência, justamente por ultrapassar os fatos incontestáveis e conhecidos, fornecidos seja pela observação ou pela lembrança referente a conhecimento anterior, contém em si um salto do conhecido para o desconhecido. A inferência ocorre por intermédio da sugestão despertada pelo que é visto e lembrado e, ao mesmo tempo em que se observam as condições que constituem os fatos tratados, são sugeridos os cursos possíveis da ação. Os fatos recém-observados podem causar (em qualquer situação complexa) o aparecimento de novas sugestões, que se tornam guia de pesquisas posteriores a respeito das condições. Os resultados dessa vistoria verificam e corrigem a inferência proposta e sugerem outra nova. De grande importância é a referência ao passado, abrangida pela reflexão. A sugestão, é claro, depende sempre da experiência passada, não surge do nada.

Para Dewey, os dados e as ideias são fatores correlatos e indispensáveis na reflexão. Os dados formam o material a ser interpretado, considerado, explicado ou, no caso de deliberação sobre o que fazer ou como fazer, a ser tratado e utilizado. As soluções sugeridas para as dificuldades que a observação trouxe à luz formam as ideias. Os dados (fatos) e as ideias (sugestões, soluções possíveis) formam, assim, os dois fatores indispensáveis e correlatos a toda atividade reflexiva. São eles, respectivamente, providos pela observação – na qual, por conveniência, está incluída a memória de observações anteriores de casos semelhantes – e pela inferência. Esta última refere-se antes ao possível do que ao real, procedendo por antecipação, suposição, conjetura, imaginação. O que é inferido requer dupla verificação: em primeiro lugar, o processo de formar a ideia ou a suposta solução é constantemente confrontado com as condições observadas como realmente presentes; em segundo lugar, depois de formada, a ideia é verificada pela ação por ela ditada, exterior, quando possível, sendo que as consequências da ação confirmam, modificam ou refutam a ideia.

Dewey (1959) afirma que a atividade reflexiva possui algumas funções essenciais, sendo que os dois limites de cada unidade de pensamento são: uma situação embaraçosa, perturbadora ou confusa, no início, e uma situação esclarecida, unificada, resolvida, no final. A primeira destas situações pode chamar-se pré-reflexiva: apresenta o problema a ser resolvido e é a origem da questão a que a reflexão deve responder. Na situação final, a dúvida foi dissipada, a situação é pós-reflexiva, resulta numa experiência direta de domínio. Além dessas funções, o pensamento reflexivo possui cinco fases ou aspectos do pensamento reflexivo. Dentro de tais limites, situam-se os vários estados do ato de pensar, que são:

- Sugestões nas quais o espírito salta para uma possível solução.
- Intelectualização da dificuldade ou perplexidade que foi sentida (diretamente experimentada) e que passa, então, a constituir um problema a ser resolvido, uma questão cuja resposta deve ser procurada.
- Uso de uma sugestão seguida por outra, como ideia-guia ou hipótese, a iniciar e guiar a observação e outras operações durante a coleta de fatos.
- Elaboração mental da ideia ou suposição (raciocínio, no sentido de parte da inferência e não da inferência inteira).
- Verificação da hipótese, mediante ação exterior ou imaginativa.

A sequência das cinco fases não é fixa. As cinco fases, termos ou funções do pensamento, que foram citadas não seguem uma à outra em ordem estabelecida. Ao contrário, cada passo do pensar verdadeiro faz alguma coisa para completar a formação de uma sugestão e promover a transformação desta em ideia-guia ou hipótese orientadora, contribuindo, de algum modo, para localizar e definir o problema. Cada aperfeiçoamento da ideia conduz a novas observações que fornecem novos fatos ou dados, auxiliando a julgar mais acuradamente a relevância dos fatos já em mãos. A elaboração da hipótese não espera até que o problema tenha sido definido, a hipótese adequada obtida pode aparecer em qualquer tempo intermédio. Qualquer verificação exterior particular não precisa ser final, pode servir de introdução a novas observações e novas sugestões, de conformidade com as consequências que lhe seguem.

• 1.3 • Modelos de reflexão

Um dos principais estudiosos do tema reflexão na aprendizagem experiencial é Donald Schön, que se dedicou a discutir como os profissionais, ou, em inglês, como ele denomina, *practitioners*, podem se utilizar da reflexão para lidar com as situações encontradas em suas práticas de trabalho. A seguir, apresenta-se suas principais ideias sobre como os profissionais lidam com a reflexão, principalmente, na ação.

1.3.1 O modelo de Schön

Schön (2000) utiliza o termo *talento artístico profissional* para se referir aos tipos de competência que os profissionais demonstram em certas situações da prática caracterizadas como únicas, incertas e conflituosas. Esse termo está relacionado ao saber que é demonstrado naturalmente, de forma espontânea, quando um indivíduo executa ações em seu cotidiano (Schön, 1983). O conhecimento demonstrado por um indivíduo, nestes casos, parece se dar durante o curso da ação.

Schön (2000) utiliza a expressão *conhecer-na-ação* para referir-se aos tipos de conhecimento que são revelados nas ações e afirma que o *conhecer-na-ação* é um processo tácito, que acontece espontaneamente, sem deliberação consciente, e que funciona proporcionando os resultados pretendidos, enquanto a situação estiver dentro dos limites do que se aprendeu a tratar como normal. O autor diferencia o que ele chama de conhecer-na-ação e o que ele chama de *reflexão-na-ação*. O conhecer-na-ação é mais automático, rotineiro, espontâneo, isto é, tácito, enquanto a *reflexão-na-ação* surge a partir de resultados inesperados e de surpresas produzidas pela ação. O processo de *reflexão-na-ação* não é, conforme Schön (2000), tão espontâneo quanto o conhecer-na-ação, pois aquele tem uma função crítica, questionando a estrutura de pressupostos do conhecer-na-ação.

Segundo Schön (1983), a reflexão-na-ação surge, na maioria das vezes, da experiência da surpresa. Quando a *performance* intuitiva apresenta uma surpresa ou algo não procurado, o indivíduo lida com isso refletindo durante a ação. Em tais processos, a reflexão tende a focar-se nos resultados da ação, na ação em si e no saber intuitivo implícito na ação. Quando um indivíduo defronta-se com uma surpresa, ele tenta entender seu sentido e reflete sobre seu saber que está implícito em suas ações, enfrentando-o, criticando-o, reestruturando-o e absorvendo-o nas ações.

De acordo com Schön (2000), o profissional pode se defrontar com situações familiares ou não familiares. No primeiro caso, o indivíduo resolve, baseando-se em seu conhecimento tácito construído ao longo de sua vida, ou pode encontrar uma situação não familiar, para a qual inicialmente não tem resposta e terá que construí-la, repensando e questionando seu conjunto tácito de conhecimentos, fazendo experimentos que, como fim último, visam à resolução da situação. Quando a situação é familiar, reconhece-se como um caso limite às situações nas quais é possível fazer uma aplicação rotineira das regras e dos procedimentos existentes a situações problemáticas específicas. Em situações que não se adaptam perfeitamente a essas situações, o profissional tenta ajustar as regras, teorias e técnicas conhecidas, a fim de resolver o problema numa forma limitada de *reflexão-na-ação.*

Nos casos não familiares, reconhece-se diagnósticos problemáticos nos quais os profissionais não apenas seguem as regras da investigação, mas também, às vezes, respondem a descobertas surpreendentes a partir da invenção imediata de novas regras, sendo esse tipo de *reflexão-na-ação* fundamental para o talento artístico com o qual os profissionais, muitas vezes, compreendem situações incertas, únicas e conflituosas. Em circunstâncias como essas, o profissional experimenta uma surpresa que o leva a repensar seu processo de *conhecer-na-ação,* de modo a ir além de regras, fatos, teorias e operações disponíveis, respondendo àquilo que é inesperado ou anômalo, através da reestruturação de algumas de suas estratégias de ação, teorias incorporadas ou formas de conceber o problema, inventando experimentos imediatos para testar suas novas compreensões.

Em sua prática profissional, um profissional defronta-se com muitas experiências que podem ser familiares e conhecidas ou não familiares e desconhecidas. Segundo Schön (2000), todas as experiências do tipo não familiar ou desconhecidas, agradáveis e desagradáveis, contêm um elemento de surpresa, ou seja, algo não está de acordo com as expectativas. Na tentativa de preservar a constância dos padrões normais de *conhecer-na-ação,* é possível responder à ação colocando-a de lado, ignorando seletivamente os sinais que a produzem ou é possível responder a ela através da reflexão, o que pode ser feito de duas formas: retrospectivamente ou na ação.

No primeiro caso, de acordo com Schön (1983, 2000), os *profissionais* refletem sobre seu saber na prática, quando relembram um projeto pelo qual tiveram responsabilidade ou uma situação que vivenciaram, pensando retrospectivamente sobre o que fizeram, a fim de descobrir como seu ato de *conhecer-na-ação* pode ter contribuído para um resultado inesperado, explorando as compreensões obtidas através da situação experienciada. Isto pode ser feito de maneira despretensiosa ou por meio de um esforço visando à preparação para eventuais casos futuros, após o fato, em um ambiente de tranquilidade, ou com uma pausa no meio da ação, com o objetivo de "parar e pensar" sobre o que se está fazendo. Em ambos os casos, a reflexão não tem qualquer conexão com a ação presente.

Quando o *profissional* defronta-se com essas situações desconhecidas, não familiares e inicia sua *reflexão-na-ação,* além de refletir sobre os diversos fatores mencionados anteriormente, ainda tem que levar em conta outros aspectos que influenciam seu processo de *reflexão-na-ação.* De acordo com Schön (1983), entre eles, estão: o contexto institucional ou sistema apreciativo, já que todos os papéis profissionais, de alguma forma, estão embebidos por um ambiente específico ou sistema apreciativo que os afeta; seu repertório, que é formado pelo seu conjunto de conhecimentos acumulados ao longo do tempo, a partir de suas experiência; mídia e linguagem, dentre outros. De acordo com o autor, alguns desses fatores podem ser modificados pela reflexão do *profissional,* já que a *reflexão-na-ação* interage com o seu objeto, sua experiência. Isto acontece quando o *profissional* inicia um processo de conversação reflexiva com a situação (Schön, 1983, 2000), sendo este o momento em que o *profissional* investiga, questiona e interpreta sua ação, seus movimentos e os resultados obtidos, em busca da solução ou resposta para lidar com a situação não familiar, surpreendente, inesperada e incerta, com a qual se defrontou durante sua prática profissional.

O processo de investigação, conforme Schön (2000), pode ser descrito como sequência de "momentos" em um processo de *reflexão-na-ação.* Inicialmente, há uma situação de ação para a qual o indivíduo traz respostas espontâneas e de rotina, que revelam um processo de *conhecer-na-ação* que pode ser descrito em termos de estratégias, compreensão de fenômenos e formas de conceber uma tarefa ou um problema adequado à situação. Estas respostas de rotina produzem uma surpresa – um resultado inesperado, agradável ou desagradável, que não se encaixa nas categorias do *conhecer-na-ação* – que traz à tona a reflexão. Esta reflexão é, pelo menos em alguma medida, consciente, ainda que não seja descrita por meio de palavras e tem uma função crítica, levando ao questionamento da estrutura dos pressupostos do ato de *conhecer-na-ação*. O *profissional* começa a pensar criticamente sobre o que o levou a essa situação difícil ou a essa oportunidade e pode, nesse processo, reestruturar as estratégias de ação, suas compreensões dos fenômenos ou as formas de conceber os problemas. Na sequência, a reflexão gera o experimento imediato, momento em que novas ações são experimentadas com o objetivo de explorar os fenômenos recém-observados, testar as compreensões experimentais acerca deles ou afirmar as ações que foram inventadas para mudar as coisas para melhor.

Segundo Schön (1983), a relação do investigador com a situação é transacional, pois ele molda a situação, em conversação com ela, de forma que seus próprios modelos e apreciações também sejam moldados pela situação. O fenômeno que este investigador procura compreender é parcialmente de sua própria construção, já que ele faz parte de uma situação que está buscando compreender. Esta é outra forma de dizer que a ação na qual ele testa suas hipóteses é também um movimento de tentativa de realizar uma mudança desejada numa situação e uma investigação pela qual ele a explora. O investigador compreende a situação tentando mudá-la e considera as mudanças resultantes não como defeito do método experimental, mas como essência de seu sucesso.

1.3.2 O modelo de Seibert e Daudelin

Seibert e Daudelin (1999) definem reflexão, inicialmente, como o exame cognitivo da experiência. Segundo os autores, reflexão envolve a atividade mental de tomar materiais do meio externo, trazê-los para dentro da mente, filtrá-los por meio das experiências passadas, examiná-los e buscar seu entendimento. Quando esta atividade é eficaz, ocorre aprendizagem, já que os gerentes desenvolvem inferências sobre formas potenciais de responder às demandas que eles enfrentam em sua experiência. A reflexão gerencial, conforme definição de Seibert e Daudelin (1999), é a atividade mental em que o gerente engaja-se com objetivo de tentar entender o sentido de sua experiência. Os autores classificam a reflexão gerencial em dois tipos: reflexão ativa e reflexão proativa.

A reflexão ativa acontece espontaneamente aos gerentes quando se engajam em experiências de desenvolvimento. Trata-se de uma experiência considerada desafiante que ocorre em situação de trabalho e leva os gerentes além dos limites de suas capacidades atuais, proporcionando-lhes oportunidades de aprendizagem e crescimento. A reflexão ativa acontece a partir de diálogo interno, envolvendo momentos de investigação e interpretação, com o intuito de conseguir discernimento em relação à experiência. Por intermédio da reflexão ativa, os gerentes não apenas desenvolvem a compreensão básica de sua experiência, mas também apreciam a aprendizagem requerida para lidar de forma bem sucedida com a situação.

A reflexão proativa tem caráter formal e acontece somente se os gerentes são providos com a oportunidade para que ela ocorra, o que envolve sua remoção da experiência, a fim de analisá-la deliberadamente e entender seu significado. A reflexão proativa consiste em trazer para o presente uma experiência do passado para cuidadosa e persistentemente ponderar seu significado ao eu (*self*) por meio do desenvolvimento de inferências. Este tipo de reflexão capacita os gerentes a exteriorizar e consolidar a aprendizagem que é inerente a sua experiência.

Seibert e Daudelin (1999) definem reflexão ativa como a atividade que contribui para a aprendizagem durante uma experiência de desenvolvimento, por intermédio de diálogo interno, envolvendo momentos de investigação e interpretação com a intenção de produzir discernimento da experiência. Ela envolve o processo que acontece na mente do gerente, quando ele tenta lidar com informações novas e intrigantes. Estes autores propuseram um modelo conceitual do papel da reflexão ativa na aprendizagem gerencial, conforme Figura 15-2.

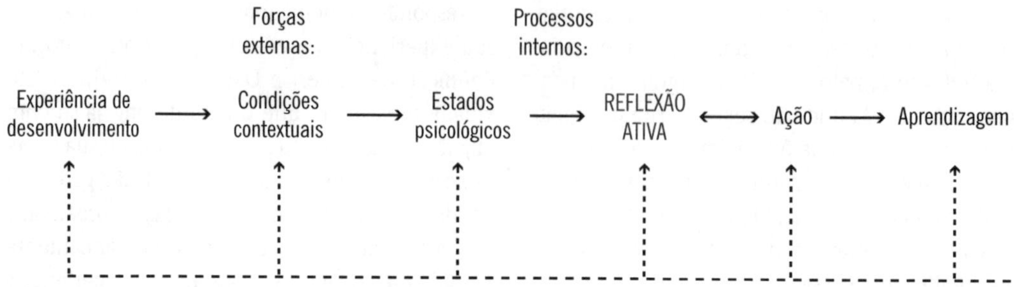

FIGURA 15-2 Modelo conceitual do papel da reflexão ativa.
Fonte: Seibert e Daudelin (1999).

De acordo com este modelo, a reflexão ativa inicia a partir de um desafio genuíno, chamado de experiência de desenvolvimento. Apesar de diferenças individuais existirem, o modelo assume que existem forças nas organizações que são poderosas o suficiente para transcender o conjunto de diferenças individuais e produzir efeitos consistentes. Tão importante quanto as condições contextuais, é o fato de sua influência não ocorrer diretamente sobre a reflexão. Em vez disso, estas forças externas atuam sobre o gerente, resultando em estados psicológicos particulares internos que, por sua vez, estimulam a reflexão ativa. O termo "estado psicológico" refere-se à maneira pelas quais as condições no contexto organizacional são experienciadas pelo gerente.

Na Figura 15-2, as linhas pontilhadas indicam que os resultados da aprendizagem modificam os outros elementos do processo de aprendizagem pela experiência. Seibert e Daudelin (1999) afirmam que a reflexão é necessária para a aprendizagem ocorrer, mas também consideram que a reflexão sozinha não é suficiente para produzir aprendizagem, a partir da experiência. Verificaram que a aprendizagem ocorre, assim como a reflexão se inicia, a partir de uma experiência de desenvolvimento. Os autores também constataram que o gerente é influenciado por condições contextuais, as quais influenciam seus estados psicológicos. Levando em consideração estes fatores, o gerente engaja-se num ciclo de ação e reflexão, comportamentalmente, respondendo à experiência, e cognitivamente, processando o que está acontecendo. Este movimento de ir e vir entre agir e refletir, em última instância, produz aprendizagem.

Para Seibert e Daudelin (1999), a investigação é o primeiro momento da reflexão e envolve a formulação de questões na busca por informação e compreensão. Depois que as questões são formadas e a ação é tomada para coletar informações relevantes, os dados tornam-se disponíveis e, então, são processados mentalmente, organizados e decifrados num esforço de entender seu sentido. Por intermédio desse momento de reflexão, informações começam a ser traduzidas em conhecimento e o gerente começa a entender questões-chave e a determinar que tipo de aprendizagem é requerida para lidar com elas. O termo interpretação é usado para descrever este momento de reflexão porque as questões que os gerentes estão investigando são complexas demais e indeterminadas para resultar em respostas isentas de ambiguidade. Interpretações são geralmente provisórias e sujeitas à revisão. Elas também têm um elemento de subjetividade, em que uma situação poderia ser razoavelmente entendida sob mais de uma forma. Certamente, algumas interpretações capturam a realidade de maneira mais acurada e válida que outras, mas raramente há uma única interpretação correta.

De acordo com Seibert e Daudelin (1999), não somente dois momentos de reflexão – investigação e interpretação – interagem repetidamente entre si, mas também cada um desses momentos interage com a ação. A investigação como está descrita aqui é uma atividade mental, que acontece conforme as questões afloram, são formuladas e construídas na mente dos gerentes. Uma vez que essas questões são formuladas, elas frequentemente são verbalizadas, o que significa passar do campo cognitivo para o comportamental, ou seja, as questões que existiam mentalmente são exteriorizadas, a fim de se encontrar respostas para elas. Colocado de forma simples, os gerentes perguntam a alguém suas questões. A investigação, que era um processo mental, torna-se um processo comportamental. É desta forma que reflexão e ação interagem repetidamente no processo de aprendizagem, a partir de experiências de desenvolvimento.

Estes autores afirmam que a reflexão ativa é similar à *reflexão-na-ação* de Schön (1983), um tipo de experimentação imediata que, por definição, ocorre no momento em que ela ainda pode fazer diferença na situação que está à mão. Embora tanto Schön quanto Seibert e Daudelin tenham constatado que a *reflexão-na-ação* é comum aos gerentes quando se defrontam com experiências desafiadoras, há diferenças nas descobertas dos autores. Schön verificou que a reflexão raramente ocorre separadamente da ação (que denominou *on-action*). Já a maioria dos gerentes estudados por Seibert e Daudelin (1999) demonstrou refletir, também, sobre o objeto da experiência mesmo quando eles não estavam diretamente envolvidos com ela, ou seja, fora do ambiente de trabalho. Este tipo de reflexão ativa, que ocorre separadamente da ação em si, é definida por Seibert e Daudelin (1999) como *off-line*.

De acordo com os autores, a reflexão que um gerente naturalmente faz durante uma experiência de desenvolvimento é influenciada pelo estado de sua mente (estados psicológicos), o qual é influenciado diretamente por seu ambiente de trabalho imediato. As condições no ambiente de trabalho são experienciadas simultaneamente tanto cognitiva quanto emocionalmente, sendo que as condições contextuais referem-se às características do ambiente de trabalho imediato do gerente que afetam seus estados psicológicos. Um ambiente de trabalho caracterizado pelo *feedback* e acesso a outras pessoas possibilita ao gerente sentir-se informado, o que promove a reflexão ativa.

A partir dos estudos de Seibert e Daudelin (1999) com gerentes, pode-se afirmar que as condições contextuais e os estados psicológicos influenciam a reflexão ativa, restringindo-a ou estimulando-a. Quanto mais propícias forem as condições para reflexão, mais os gerentes estarão psicologicamente preparados para refletir e, consequentemente, poderão resolver com maior facilidade as demandas proporcionadas pelas experiências de desenvolvimento em que se envolvem.

De acordo com Seibert e Daudelin (1999), a literatura da área de educação discorre muito pouco sobre o tipo proativo de reflexão. Em vez disso, o maior foco, no tocante à reflexão deste campo do saber, está voltado para o que os autores definem como reflexão proativa: o processo de trazer para o presente uma experiência do passado para cuidadosa e persistentemente ponderar seu significado ao eu (*self*), por meio do desenvolvimento de inferências. Tal ação produzirá algum tipo de resultado, mas ele não irá levar necessariamente à aprendizagem. Para a aprendizagem ocorrer, forças externas ao gerente precisam ser introduzidas. Os três métodos de reflexão, individual, grupo de pares e tutor, sumarizam o que a literatura indica como forças que promovem a reflexão. Muita atenção foi atribuída, na literatura, a esses três métodos, posteriormente referidos como intervenções. Intervenção é um termo muito útil no contexto da aprendizagem gerencial a partir da experiência, desde que os gerentes queiram aprender tudo o que podem sobre determinada situação vivenciada. Todas as intervenções são designadas para estimular o processo interno de reflexão proativa nos gerentes. A literatura sobre educação assume que intervenções externas são necessárias para estimular a reflexão interna, sendo ambas necessárias para produzir aprendizagem a partir da experiência.

A reflexão proativa, por definição, é uma atividade planejada. Ela acontece como uma intervenção formal, usando ferramentas e linhas de direção, sozinho, com outra pessoa ou num grupo pequeno. Ademais, a reflexão proativa é apartada de uma experiência de desenvolvimento. Aprendizes são intencionalmente removidos, em tempo e espaço, de sua experiência para refletir sobre ela de forma mais pensada. Assim, como a reflexão ativa requer a imersão numa experiência, a reflexão proativa requer distanciamento daquela experiência.

O modelo apresentado na Figura 15-3 mostra, além do relacionamento entre os elementos significativos envolvidos na aprendizagem pela experiência, que os gerentes não aprendem diretamente pela experiência, mas por meio de processos intervenientes de dois modos de reflexão, sendo cada um afetado por significantes forças externas. Para os gerentes refletirem ativamente no meio de uma experiência de desenvolvimento, eles precisam de um ambiente de trabalho que proporcione condições que conduzam à reflexão ativa. Da mesma maneira, para os gerentes relembrarem uma experiência e engajarem-se no processo de reflexão proativa, eles precisam de alguma forma de intervenção formal em sua experiência. A reflexão não está totalmente sob o controle dos gerentes, ela depende de importantes forças externas. Além disso, a aprendizagem como resultado desejado de uma experiência de desenvolvimento é maximizada somente quando ambos os modos de reflexão ocorrem de forma balanceada.

Segundo Seibert e Daudelin, reflexão é, ao mesmo tempo, um ato natural e não natural para os gerentes. O paradoxo é resolvido, naturalmente, pelo reconhecimento de que os dois modos diferentes de reflexão existem: um que ocorre espontaneamente e outro que precisa ser induzido por algo "de fora" ao gerente. O processo cognitivo interno de reflexão natural, que é a reflexão no modo ativo, envolve conscientemente investigar e interpretar ao longo do curso da experiência.

Quando um gerente defronta-se com falta de familiaridade, ambiguidade e tensão causadas por um desafio de desenvolvimento, sua mente começa a trabalhar, a fim de buscar o entendimento e a superação de novos desafios. Conforme o gerente adquire informações que são relevantes para suas investigações, ele as organiza e examina, desenvolve premissas (que podem ou não ser criticamente avaliadas), desenvolve conclusões e planeja ações. Tudo isso acontece conforme o gerente

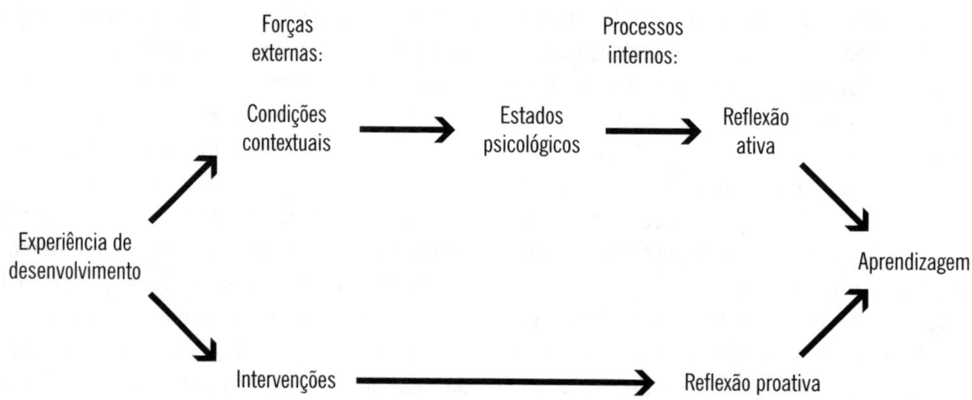

FIGURA 15-3 Modelo integrado de reflexão ativa e proativa.
Fonte: Seibert e Daudelin (1999).

defronta-se com a experiência. Posteriormente, pode haver maior tempo para reflexão mais duradoura, mas por ora ele deve estar imerso e responder à experiência. Em contraste, um segundo modo proativo de reflexão acontece. Este modo é muito mais ordenado e controlado que o modo ativo e acontece somente mediante um esforço deliberado para fazê-lo acontecer. Preparação proativa é requerida para induzir este modo de reflexão num gerente. A reflexão proativa proporciona ao gerente momentos para parar, olhar, ouvir e, principalmente, realizar questionamentos, o que é feito deixando de lado, física e temporariamente, as demandas do momento.

2 • MÉTODO

Considerou-se a adoção do método qualitativo neste estudo como mais apropriado, tendo em vista que o objetivo a ser alcançado era a compreensão de um fenômeno que acontece internamente ao indivíduo, a reflexão. Assim, utilizaram-se os procedimentos do método de história de vida, com ênfase na trajetória profissional, para a consecução dos objetivos inicialmente propostos, pois, dentre os métodos existentes, entendeu-se que, neste, o entrevistado teria oportunidade para apresentar sua visão de mundo, a partir de experiências pessoais sem, contudo, ficar restrito e limitado a questões predeterminadas.

Apesar de todas as fragilidades e ambiguidades, segundo Nóvoa (1995), é inegável que as histórias de vida têm dado origem a práticas e reflexões extremamente estimulantes, fertilizadas pelo cruzamento de várias disciplinas e pelo recurso à grande variedade de enquadramentos conceituais e metodológicos. A história de vida permite captar o modo como cada pessoa, permanecendo ela própria, transforma-se. Este método coloca em evidência o modo como cada pessoa mobiliza seus conhecimentos, seus valores e suas energias, para ir dando forma a sua identidade, num diário com seus contextos. Numa história de vida, pode-se identificar as continuidades e as rupturas, as coincidências no tempo e no espaço, as "transferências" de preocupações e de interesses e os quadros de referência presentes nos vários espaços do cotidiano (Nóvoa, 1995).

Appel (2005) afirma que há quatro princípios cognoscitivos que orientam a apresentação da história de vida pessoal.

- A narração está ligada à perspectiva pessoal do narrador como dono de sua biografia. Devem introduzir a si mesmo como protagonista, identificar e descrever os personagens significativos em sua vida para entender sua história de vida e ambiente social. Entretanto, o narrador sempre regressa à história pessoal, significativamente, quando argumenta ou avalia a respeito de experiências pessoais, ou seja, quando se preocupa com a identidade pessoal.
- Há um conjunto de experiências e acontecimentos ou um fio condutor que faz entender como o narrador está ligado a acontecimentos externos e às respectivas mudanças de seu estado interno. Os sedimentos desse conjunto de experiências acumulam-se e expressam-se como segmentos narrativos que têm uma ordem consecutiva.
- A apresentação de marcos sociais (situações, meio ambiente social e mundos sociais) orienta a apresentação da história de vida. A apresentação de situações sociais de maneira cênica acompanha, muitas vezes, momentos marcantes ou experiências de vida inusitadas. Marca a passagem de um processo estruturado ao próximo.
- A narração está ordenada sob um aspecto temático dominante. Tem uma *gestalt* global (uma história triste, de sofrimento, de superar obstáculos, de sucesso, de aprendizagem, etc.). Comunica, no preâmbulo e em passagens de avaliação, e explica a teoria pessoal do narrador sobre sua história de vida.

As características apresentadas por Appel (2005) vão ao encontro do que Seibert e Daudelin

(1999) identificaram como reflexão ativa: um tipo de reflexão que definiram como do tipo narrativa, caracterizada por seu aspecto pessoal, pela qual o gerente busca o significado da experiência para si, quase pela construção de uma história pessoal. O termo narrativa é usado para descrever investigação e interpretação que são orientados para o eu (*self*), porque os gerentes expressam essa reflexão apesar de estarem construindo uma história pessoal. A história de vida pode identificar aspectos subjetivos, construídos de fora para dentro no gerente, a partir de experiências individualizadas que ganham interpretações e significados únicos. A história de vida propicia conhecer, de forma profunda, o indivíduo e suas interpretações em relação às experiências que vivencia, proporcionando melhor compreensão de seu comportamento.

Os sujeitos desta pesquisa são indivíduos que exerciam, na ocasião, função gerencial, há pelo menos dois anos e que tivessem cursado ou estivessem cursado cursos de pós-graduação *strictu* ou *lato sensu.* Utilizou-se o critério de acessibilidade, ou por conveniência, sendo selecionados os elementos a que o pesquisador tinha acesso, admitindo que estes pudessem, de alguma forma, representar o grupo pesquisado (Gil, 1999). Justifica-se a escolha desses indivíduos pelo fato de um gerente enfrentar muitas situações que propiciam a aprendizagem e também pelo fato de que um indivíduo que tenha cursado ou esteja cursando um curso de pós-graduação está interessado em seu desenvolvimento profissional.

Assim, foram selecionados, para esta pesquisa, sete gerentes, sendo quatro mulheres e três homens, com idades variando entre 30 e 50 anos, com diversas formações e gerenciando áreas bastante diferentes umas das outras. Foram geradas 14 entrevistas, já que cada um deles foi entrevistado duas vezes, com aproximadamente 15 horas de gravações e mais de 200 laudas de transcrições do áudio. O perfil de cada gerente pode ser observado no Quadro 15-1.

3 • ANÁLISE E DISCUSSÃO DOS RESULTADOS

Nesta seção, a partir da sistematização dos achados, é apresentada a análise das descobertas em campo, as semelhanças e diferenças identificadas e a retomada da teoria que serviu como base para o desenvolvimento deste trabalho.

De maneira geral, nesta pesquisa, foi possível identificar, em campo, a maioria das ideias de Schön (1983, 2000) e Seibert e Daudelin (1999), referentes à reflexão. No entanto, algumas propostas dos últimos autores não foram observadas nos relatos respostas das entrevistas junto a todos

QUADRO 15-1
Perfil dos gerentes entrevistados

Entrevistado	1	2	3	4	5	6	7
Idade	34	50	48	41	30	37	34
Cargo atual	Gerente de patrimônio	Gerente de estratégias de mercado	Diretora financeira e de administração	Diretor Comercial e RH	Gerente de finanças corporativas	Gerente administrativo	Gerente de desenvolvimento de RH
Tempo no cargo	2 anos	6 anos	22 anos	5 anos	5 anos	3 anos	3 anos
Nº de subordinados	17	5	De 5 a 8	30	30	6	22

Fonte: Elaborado pelo autor a partir das entrevistas com os gerentes.

os gerentes pesquisados. Especificamente, no tocante ao modelo de reflexão ativa de Seibert e Daudelin (1999), não ficou evidenciado, em sua totalidade, o funcionamento das três dimensões consideradas pelos autores como adicionais. O que os autores denominaram como dimensão *timing*, podendo ser *on-line*, quando os gerentes refletem interagindo com a experiência ou *off-line*, quando o pensamento ou raciocínio ocorre separadamente da ação, o pesquisador deste estudo denominou como "momentos de reflexão", a fim de saber em que momentos os gerentes refletem sobre a experiência em que estão envolvidos.

Teve-se grande dificuldade em identificar de forma sistemática os dois tipos de *timing,* conforme proposto pelos autores e observado no processo de reflexão dos entrevistados, pois separar o relacionamento do gerente da experiência, quando ele está no contexto organizacional, não é tarefa fácil, já que, mesmo em momentos considerados *off-line*, de acordo com a definição dos autores, o gerente pode continuar conectado com a situação, ou seja, *on-line*. Neste estudo, optou-se por considerar os momentos de reflexão como acontecendo dentro ou fora do ambiente organizacional, o que será discutido adiante.

Quanto à dimensão abordagem, subdividida em analítica e intuitiva, de Seibert e Daudelin (1999), foi possível identificar que todos os gerentes lidam de forma analítica, mas apenas alguns se utilizam da intuição como recurso para solucionar as experiências em que estão envolvidos. Percebeu-se que o uso de intuição ocorria dependendo do sentimento do gerente que o levava a acreditar que determinada escolha, sem explicação aparente, levaria para o melhor caminho de resolução da situação. Neste estudo, considera-se este aspecto, mas não é possível generalizar o uso da intuição no processo de reflexão dos gerentes. Ainda, há a dimensão cognição e afeto de Seibert e Daudelin (1999), a qual, de forma geral, foi identificada, pois foi constatado pelos relatos que, inicialmente, a maioria dos gerentes apresenta sentimentos de ansiedade, tensão e insegurança, mas, ao mesmo tempo, sentem-se desafiados e confiantes e, conforme sua familiaridade com a experiência aumenta, refletem um sentido de satisfação, prazer e realização.

Os gerentes entrevistados, em nenhum momento, afirmaram que se utilizaram da reflexão proativa mencionada por Seibert e Daudelin (1999), ou seja, não são realizadas intervenções formais pelas organizações, para refletir sobre experiências passadas e obter maior compreensão sobre elas.

Ao se defrontarem com experiências familiares, os gerentes revelaram grandes semelhanças na forma de lidar com este tipo de situação. Isto se deve ao fato de estas experiências não apresentarem novidades em relação às situações do cotidiano que o gerente está habituado a se envolver e, tampouco, exigirem a obtenção de novos conhecimentos para sua resolução. De forma geral, para chegar ao resultado que esperavam, utilizaram-se de respostas padronizadas que já tinham funcionado em algum momento passado. O processo de reflexão, nestes casos, é praticamente inexistente, pois, ao se depararem com a situação, os gerentes adotam a resposta que já está pronta. No Quadro 15-2, foram selecionados trechos dos discursos de alguns dos gerentes para ilustrar a maneira como eles lidam com as experiências familiares. Percebe-se que algumas expressões como "*default*" e "automatizado", a menção de experiências anteriores ou até mesmo não saber explicar como se chegou a uma solução para a situação sugere, pelo menos aparentemente, que a reflexão envolvida nestes processos é quase imperceptível. É o *conhecer-na-ação,* descrito por Schön (1983, 2000), um saber tácito, automático, rotineiro e espontâneo que funciona proporcionando os resultados pretendidos, enquanto a situação estiver dentro do limite do que se aprendeu a tratar como normal.

Entretanto, quando a experiência vivenciada é do tipo não familiar, constatou-se que o processo de reflexão acontece de forma intensa, pois os gerentes defrontam-se com algo que lhes é desconhecido, único, incerto, ou seja, uma situação sem uma resposta predefinida para a qual é necessária uma

QUADRO 15-2
Discursos dos entrevistados sobre experiências familiares

Entrevistado	Discurso
Gerente 2	... o que é rotina, o que é rotina já fica no, o que a gente chama *default*...
Gerente 3	... justamente por ser automatizado às vezes não se pensa...
Gerente 4	... eu utilizo da experiência daquilo que eu já fiz e sei que deu certo e não deu certo...
Gerente 6	... às vezes eu me vejo dando solução para uma coisa de uma forma tão natural que depois até eu me surpreendo comigo mesmo.

Fonte: Dados coletados em campo.

solução. Isto vai ao encontro das teorias de Dewey (1959), ao afirmar que a necessidade da solução de uma dúvida é fator básico e orientador em todo mecanismo de reflexão, assim como Schön (2000) ao mencionar o surgimento da *reflexão-na-ação*, a partir de resultados inesperados e surpresas produzidas pela ação. No mesmo sentido, Seibert e Daudelin (1999) afirmam que a reflexão ativa ocorre quando os gerentes defrontam-se com "experiências de desenvolvimento", definidas por eles como situações desafiantes que demandam aos gerentes capacidades além das que eles possuem atualmente.

A partir do Quadro 15-3, pode-se notar que os gerentes, em suas entrevistas, afirmaram enfrentar dificuldades para lidar com as situações que não lhes eram familiares, seja pelo fato de não terem experiências anteriores que servissem como referência, seja por não vislumbrarem o desfecho da situação em que estavam envolvidos.

Evidenciou-se que quando os gerentes, na maioria dos casos, envolveram-se em experiências não familiares, eles inicialmente não tinham clareza sobre a situação com que estavam lidando. Para conseguir isso, iniciam um processo de investigação e questionamento, conforme termos de Seibert e Daudelin (1999), ou uma conversação reflexiva com a situação, nas palavras de Schön (1983, 2000), com o objetivo de obter

QUADRO 15-3
Discursos dos entrevistados sobre experiências não familiares

Entrevistado	Discurso
Gerente 1	Não sei se por tentativa e erro, mas erramos bastante sem sombra de dúvida, porque não tinha o fator experiência para nos dar um respaldo, vamos dizer assim, então isso mal ou bem faz uma diferença...
Gerente 2	Então, nós estamos indo meio que na tentativa e erro, ler tudo o que, eu estou agindo meio que em uma pesquisa exploratória quando eu estou levantando o referencial teórico para um trabalho, você entende?
Gerente 4	[...] a gente procura se envolver com o maior número possível de informações disponíveis e quando não disponíveis [...] eu procuro tentar entender as relações das empresas [...] o que de fato está acontecendo aqui, fazer uma leitura [...] fazer essa leitura é o mais importante.
Gerente 5	Então eu acho que essa é a grande diferença com situações não familiares porque você não sabe no que vai dar aquilo, você não sabe, você não sabe aonde vai chegar, aonde vai doer, aonde vai pegar porque você não consegue entender a extensão dela...

Fonte: Dados coletados em campo.

os subsídios necessários para poder interpretar a situação que tinham à mão e, assim, conseguir maior compreensão sobre a experiência e, por conseguinte, ter maior clareza sobre ela.

Inicialmente, evidenciou-se que os gerentes buscaram o entendimento da situação em que estavam envolvidos e procuraram essa compreensão a partir da obtenção das informações necessárias para tanto. Estas informações poderiam ser obtidas dentro da própria organização ou fora dela: bancos de dados internos ou externos, artigos, pesquisas acadêmicas, livros, o próprio mercado, dentre outros, o que vai ao encontro das ideias de Dewey (1959), quando afirma que o pensar reflexivo abrange um ato de pesquisa, procura, inquirição, para encontrar material que resolva a dúvida, assente e esclareça a perplexidade.

Muitos dos gerentes pesquisados disseram que, em diversas situações, procuraram o que necessitavam junto às pessoas de dentro da organização, que possuíam outras perspectivas da situação ou tinham mais conhecimento daquilo com que eles estavam lidando. Isto proveu os gerentes do primeiro passo ao encontro do entendimento da situação. Com essa compreensão inicial do objeto de sua experiência, os gerentes começaram a ter alguma familiaridade com a situação e, por conseguinte, "testar" alguma intervenção, nas palavras de Schön (1983, 2000), um "experimento imediato", a fim de iniciar a resolução da situação. Alguns dos gerentes entrevistados mencionaram que experimentavam algo dependendo do risco, do impacto ou das pessoas envolvidas. Quando o impacto de suas tentativas era pequeno ou não envolvia muitas variáveis, os pesquisados afirmaram não analisar a situação de forma muito elaborada, usando o procedimento de tentativa e erro. Se a tentativa funcionasse, partiam para novo experimento, caso contrário, ou seja, havendo o erro, recebiam o *feedback* e realizavam outras tentativas sucessivamente até obter o resultado esperado.

Nos casos em que o impacto da decisão era maior, a análise era mais elaborada, ou seja, o processo de investigação e interpretação da situação era mais amplo, havendo a preocupação do gerente em estar de posse do máximo de informações sobre o assunto em pauta e a observação das perspectivas de outras pessoas envolvidas. Além de analisar as diversas possibilidades e alternativas para encaminhamento da situação, antes de realizar algum tipo de experimentação na prática. Apesar deste processo ser mais planejado, o gerente realizava estes procedimentos considerando o tempo de que dispunha, já que, muitas vezes, ele(a) precisava decidir com rapidez e sob pressão. Isto vai ao encontro das propostas de Schön (1983, 2000) e Seibert e Daudelin (1999), especificamente no tocante ao que os autores chamam de "conversação reflexiva com a situação" e "momentos de investigação e interpretação", respectivamente. Observou-se que alguns gerentes diferenciaram as experiências não familiares como de menor ou maior impacto, sendo que estas últimas, segundo eles, necessitam de processo de reflexão mais detalhado e elaborado, devido às prováveis consequências da solução encontrada.

Além de todo este processo de coleta de informações e apreciação de pontos de vista diversos, os gerentes demonstraram trazer consigo um repertório de experiências profissionais que pôde contribuir para seu processo de reflexão (vide Quadro 15-4), encaminhando-os para a escolha de alternativas e decisões baseadas em situações pregressas vivenciadas, bem-sucedidas ou não. Schön (1983) afirma que o profissional, nestes casos, observa o novo problema como variações de experiências anteriores, refletindo sobre similaridades e diferenças por ele percebidas, comparando conscientemente as situações. Isto vai ao encontro das ideias de Dewey (1959) que menciona a referência ao passado como tendo grande importância na reflexão, já que ela pode prover sugestões para a resolução da experiência presente.

Percebeu-se que as experiências anteriores dos gerentes entrevistados os ajudaram a formular seu processo de reflexão e a construção do caminho que seria percorrido para a resolução das

QUADRO 15-4
Discursos dos entrevistados sobre experiências anteriores

Entrevistado	Discurso
Gerente 2	É muito difícil não resgatar na minha memória alguma coisa que eu já tenha vivido ou parecida ou pelo menos para fazer uma combinação de como foi o passado e como está sendo o presente.
Gerente 3	... eu acho que essa bagagem de experiências serve para nos alertar que aquilo que foi parecido que esse cliente a gente conduziu assim se eu adaptar de forma de outro e pegar um negocinho daqui e outro daqui eu adapto e tomo uma decisão rápida, rasteira que dá certo.
Gerente 4	[...] as experiências anteriores estão dentro de mim [...] já fazem parte do meu modelo mental de atuação. [...] Eu acho que as experiências anteriores são bastante importantes.
Gerente 7	... é fruto de tudo o que eu vivi e do que eu consegui tirar de proveito para isso ser legal, de reflexão mesmo e aprendizado e guardar essas experiências como recursos que você vai usar, vai usar na sua vida porque a situação vai aparecer de novo, de uma forma diferente.

Fonte: Dados coletados em campo.

experiências. É mais um "ingrediente" na análise elaborada, que compõe o que Schön (1983) define como "conversação reflexiva com a situação" ou o que Seibert e Daudelin (1999) chamam de "momentos de investigação e interpretação".

No Quadro 15-4, é possível observar alguns trechos em que os gerentes fazem menção ao uso das experiências pregressas para lidar com as situações que vivenciam. Os gerentes, a partir do momento em que realizaram as ponderações necessárias, ou seja, refletiram sobre a experiência com que lidaram, decidiram qual seria o caminho a ser percorrido e resolveram agir, deixaram o mundo da reflexão e do pensamento e ingressaram no mundo concreto, na prática, a fim de experimentar se aquilo que analisaram funcionaria quando colocado em ação. Os gerentes, ao agir, receberam um *feedback*, positivo ou negativo, ou seja, nas palavras de Schön (1983, 2000), um experimento imediato. No caso de *feedback* negativo, de forma geral, reanalisaram a experiência e consideraram a resposta obtida, a fim de elaborar a nova estratégia de ação. No caso positivo, o processo de reflexão prosseguia, até chegar à conclusão esperada, colocando fim no relacionamento com aquela experiência inicialmente não familiar, mas que se tornou familiar ao longo do relacionamento dos gerentes com a situação, a partir de sua reflexão.

Os pesquisados, em sua maioria, ao lidar com essas experiências desconhecidas até então, inicialmente, relataram sentirem-se tensos, ansiosos, com algum grau de insegurança, conforme pode ser observado no Quadro 15-5, similar ao que Seibert e Daudelin (1999) denominaram "atração ansiosa". Com o passar do tempo e o aumento da familiaridade com a situação, após maior compreensão da experiência devido às experimentações realizadas, o sentimento percebido era de realização, prazer, satisfação e segurança. Este aspecto está próximo do sentimento de "expansão da capacidade", definido por Seibert e Daudelin como a percepção, por parte do gerente, de sua evolução em termos de aprendizado ao longo da experiência. Muitos dos entrevistados sentiram-se motivados e desafiados por estarem envolvidos em situações que lhes proporcionassem aprendizagem e contato com novos conhecimentos. Por outro lado, alguns gerentes mencionaram que se sentiram tranquilos durante todo o processo, mas ao final, com a situação resolvida, também se sentiram satisfeitos e realizados.

QUADRO 15-5
Discursos dos entrevistados sobre sentimentos envolvidos nas experiências

Entrevistado	Discurso
Gerente 1	Então foi muito, digamos assim, prazeroso esse processo como um todo apesar de muito desgastante especialmente no começo, foi um processo bastante prazeroso...
Gerente 2	... vai clareando com muita sutileza e eu estou clareando no meio dele, eu estou tentando encontrar um certo equilíbrio porque isso gera um certo, a ansiedade é fruto do desequilíbrio, entre aspas né no meio disso tudo.
Gerente 3	... cada meta atingida causava uma sensação de alívio e, no final, o sentimento foi de vitória, pois quando muitas empresas sucumbiram, conseguimos a sobrevivência com o nosso esforço e de nossa equipe.
Gerente 4	É, mais ansiedade. Ansiedade de quando você não sabe a evolução como vai ser conduzida, né. Então, no durante, [...] sempre fico um pouco ansioso, sempre tenho um pouco de ansiedade .
Gerente 5	Eu acho assim, é medo mesmo porque você não sabe onde vai dar...

Fonte: Dados coletados em campo.

Quanto ao momento em que os gerentes refletem, verificou-se que este aspecto varia de pessoa para pessoa, já que alguns expuseram que sua reflexão também acontece fora do ambiente de trabalho, em diversas situações. No entanto, o que se nota é a predominância da reflexão no contexto organizacional, ou seja, é o que Schön (1983, 2000) define como reflexão-na-ação. Alguns gerentes, em certos momentos, relataram terem que parar o que estavam fazendo, isolar-se de suas atividades habituais, para poderem analisar a situação mais friamente ou apenas reorganizar as informações e perspectivas que tinham à mão, semelhante ao que Seibert e Daudelin (1999) chamaram de reflexão *off-line*.

Percebeu-se o contexto organizacional como aspecto que pode tanto colaborar como restringir o processo de reflexão do gerente, o que vai ao encontro do exposto por Schön (1983) e Seibert e Daudelin (1999). Segundo Schön (1983), o escopo e a direção da reflexão-na-ação do gerente são fortemente influenciados e podem ser severamente limitados pelo sistema de aprendizagem da organização na qual ele trabalha. Similarmente, Seibert e Daudelin (1999) afirmam que as condições contextuais não influenciam diretamente a reflexão, mas atuam diretamente sobre o gerente, influenciando-o. Observou-se, de maneira ampla, que a cultura e os valores organizacionais influenciam o gerente, positiva ou negativamente, em seu processo reflexivo, dependendo de sua cultura ou valores individuais. Os fatores políticos também podem ser empecilhos, pois restringem as ações do gerente.

Como principais descobertas obtidas na pesquisa de campo, identificou-se, de forma mais detalhada, como ocorrem os momentos de "interpretação e investigação" e "conversação reflexiva com a situação", já que se identificou, a partir dos relatos dos gerentes, como eles refletem e como buscam subsídios para tanto. Percebeu-se, por exemplo, que o gerente, em seu processo de reflexão individual, algumas vezes, recebe auxílio de outras pessoas, de dentro ou de fora da organização.

Foi possível também constatar os momentos de reflexão, que acontecem predominantemente durante a ação, no contexto de trabalho do gerente, mas que, com alguma frequência, ocorrem em outras ocasiões, distantes das situações não familiares específicas. Mesmo não estando no ambiente de trabalho, alguns gerentes relataram que continuam refletindo sobre as experiências em que estão envolvidos.

O CONSIDERAÇÕES FINAIS

O estudo aqui apresentado teve como principal objetivo identificar, descrever e compreender como ocorre o processo de reflexão na aprendizagem gerencial. Conforme mencionado anteriormente, existem poucas pesquisas que tratem do tema reflexão dentro da literatura sobre o assunto, o que cria uma lacuna para entender o processo da aprendizagem experiencial, principalmente no tocante ao modelo desenvolvido por Kolb (1976). Retomando este modelo e considerando os resultados obtidos nesta pesquisa, pode-se perceber que o aprendizado dos gerentes acontece por meio de análise, investigação, interpretação e observação das experiências que vivencia sob várias perspectivas, considerando seu repertório acumulado e os experimentos que realiza. Isto provê discernimento e compreensão da situação experimentada e proporciona a transformação de uma situação antes desconhecida em conhecida, que é a finalidade do processo reflexivo.

A literatura sobre o processo de reflexão, principalmente de estudos nacionais, ainda é bastante incipiente, tanto que as contribuições mais relevantes sobre o tema, utilizadas como base para o desenvolvimento deste estudo são de origem estrangeira.

O trabalho de Schön não contempla alguns aspectos, de forma mais detalhada, que Seibert e Daudelin (1999) abordaram. Estes autores, ao realizarem uma pesquisa com gerentes, incluíram novas dimensões e detalhes no modelo de reflexão que desenvolveram. Esta investigação conseguiu identificar grande parte dos aspectos citados por Schön (1983, 2000) em sua teoria. De forma geral, constatou-se que os gerentes não refletem, ou o fazem muito pouco, ao lidarem com experiências familiares. No entanto, quando o tipo de situação não é familiar, o processo de reflexão é mais intenso, devido à necessidade dos profissionais realizarem uma maior investigação sobre a experiência em que estão envolvidos, o que os leva a utilizar seu repertório de conhecimentos pregressos, a "conversar reflexivamente com a situação" e a realizar "experimentos imediatos", para a compreensão sobre a situação experimentada, a fim de encontrar a solução esperada.

No que diz respeito à proposta de Seibert e Daudelin (1999), este estudo pôde constatar diversos aspectos. No caso do modelo de reflexão ativa, foi possível identificar que os gerentes iniciam seu processo de reflexão a partir do momento em que se defrontam com "experiências de desenvolvimento", uma definição bastante similar às "experiências não familiares" citadas por Schön (1983, 2000). Constatou-se também que os gerentes, a fim de encontrarem o entendimento da situação e a solução esperada e obterem um "*insight* aumentado", têm diversos momentos de investigação e interpretação da experiência vivenciada. Neste ponto, a teoria desses autores é bastante parecida com a proposta de Schön (1983, 2000).

No entanto, no que diz respeito à teoria de Seibert e Daudelin (1999), foram identificadas algumas diferenças, principalmente no tocante a alguns aspectos das três dimensões adicionais do modelo de reflexão ativa desenvolvido por eles. No caso da dimensão *timing*, nem sempre foi possível classificá-la como *on-line* ou *off-line*, da forma proposta pelos autores. Alguns gerentes pesquisados mencionaram refletir apenas na forma *on-line*. Acredita-se que a melhor forma de classificar esta dimensão seja considerando os momentos em que o gerente esteja refletindo sobre a situação dentro do contexto organizacional ou fora dele.

Verificou-se que os gerentes, ao estarem em contato com suas situações de trabalho, estão envolvidos diretamente com o objeto da experiência. Acredita-se que o fato de eles deslocarem-se dentro da organização, deixando de lado a situação, momentaneamente, possa significar desvinculação da resolução de seu problema. O vínculo com o objeto da experiência, além de físico, é mental. O que se quer dizer com isto é que mesmo que o gerente tenha deixado seu trabalho, por um momento, para tomar um café, ele ainda estará conectado com a situação. De outra maneira, é esta a relação dos gerentes com a experiência, quando estão fora do contexto organizacional.

Quanto à dimensão de abordagem, observou-se que os gerentes utilizam, na maioria das vezes, a análise racional e, alguns, a intuição, para a procura de soluções para as situações em que estão envolvidos. No caso da dimensão de atividade, verificou-se que os gerentes, no geral, sentem-se inicialmente ansiosos e, ao final da experiência, realizados e satisfeitos, o que vai ao encontro da proposta dos autores. Alguns itens, que fazem parte do modelo de Seibert e Daudelin (1999), não foram identificados de forma sistemática, em particular o que os autores chamaram de "cinco tipos comuns de questões formuladas na investigação", já que os gerentes pesquisados não relataram especificamente como ocorrem seus questionamentos durante seu processo de reflexão.

Quanto à proposta de reflexão proativa de Seibert e Daudelin (1999), que trata de trazer para o presente uma experiência vivida no passado, utilizando-se de intervenções, nenhum dos gerentes demonstrou ter participado de algum processo como o mencionado pelos autores. De qualquer forma, acredita-se que pode ser um método eficaz para reviver uma experiência passada e extrair, de um grupo, percepções reflexivas que podem ser úteis em situações futuras.

De maneira geral, identificou-se que os gerentes refletem a partir do momento em que se defrontam com experiências não familiares, como casos únicos e incertos, que provocam surpresa aos gerentes e os levam à reflexão, com o objetivo de solucionar a experiência vivenciada. Foi possível também definir reflexão como o processo que leva o indivíduo, considerando seu repertório construído ao longo do tempo, a examinar mentalmente o objeto de sua experiência, realizando investigações, inquirições e interpretações que lhes permitem a formulação de teorias e sua experimentação, a fim de obter maior compreensão e familiaridade sobre a situação vivenciada.

Constatou-se que, quanto mais complexa a situação, maior é o grau de profundidade da reflexão e o nível de investigação, inquirição e interpretações. Uma contribuição relevante deste estudo foi identificar quais os tipos de informações que os gerentes utilizam e onde eles as obtém. Contatou-se enorme gama de material que serve de subsídio aos profissionais: bancos de dados internos e externos; artigos acadêmicos, livros, Internet, informações do mercado de atuação, dentre outros.

Foi possível identificar, também, que os gerentes buscam o que necessitam junto a outras pessoas, dentro ou fora da organização, geralmente, com maior conhecimento sobre detalhes relevantes para o entendimento da situação. Há pessoas, conforme relataram alguns gerentes, que, mesmo sem envolvimento com a situação ou sem conhecê-la, contribuem para obtenção de melhores percepções, simplesmente pelo fato de lhes darem novas perspectivas sobre o assunto. Ou seja, no processo de reflexão individual, ocorre a colaboração de outros indivíduos.

Os gerentes, ao longo de seu processo de investigação, inquirição e interpretação, vão adquirindo mais conhecimento do objeto de sua experiência, formulam teorias e realizam experimentos. Conforme foi constatado, eles realizam procedimentos a fim de solucionar a situação, no que podem ser bem sucedidos ou não. Eles obtêm respostas a partir de suas tentativas, que lhes proporcionam familiaridade com a experiência em que estão envolvidos até o ponto que solucionam a situação.

Acrescente-se, também, que os gerentes, ao longo de suas vidas e carreiras, adquiriram experiências que lhe proporcionaram um repertório de soluções para determinadas situações que contribuem para o processo reflexivo. Os entrevistados atribuíram grande importância a este item para lidar com as experiências não familiares demandadas pelo desenvolvimento de suas atividades gerenciais. A partir do momento em que o gerente passa por uma situação que lhe demanda reflexão, ele torna algo que não lhe era familiar parte de seu repertório, ou seja, familiar. Nas próximas situações semelhantes que vivenciar, não será necessário passar por todo o processo novamente, pois já terá aprendido a lidar com aquele tipo de experiência.

Outra descoberta desta investigação foi a possibilidade de maior compreensão dos sentimentos vivenciados pelos gerentes quando em meio a situações não familiares. Seibert e Daudelin (1999) verificaram, em sua pesquisa, que os gerentes, no início da situação, sentem "atração ansiosa" e ao final, "expansão da capacidade", o que não esclarecia totalmente quais sentimentos os gerentes realmente experimentavam. Neste estudo, pôde-se constatar que os gerentes, de forma geral, no primeiro momento, enquanto não têm familiaridade com a experiência, sentem-se ansiosos, tensos e inseguros e, conforme vão compreendendo melhor a situação vivenciada e obtêm familiaridade, passam a sentir-se motivados, realizados, satisfeitos e com prazer, pelo fato de conseguirem resolver a experiência inicialmente não familiar. Alguns poucos gerentes manifestaram que sempre se mantêm tranquilos nessas situações, pelo fato de estarem habituados a lidar com situações únicas, incertas e de mudança.

No tocante ao contexto organizacional, confirmaram-se as teorias de Schön (1983, 2000) e Seibert e Daudelin (1999) que identificam o contexto organizacional como um componente que afeta diretamente o profissional ou o gerente. Percebeu-se, neste estudo, que aspectos culturais e políticos, de maneira geral, interferem no sentido de facilitar ou impedir que o gerente coloque em prática o produto de sua reflexão.

Como principais contribuições deste estudo têm-se o aprofundamento de qual é o papel da reflexão na aprendizagem gerencial, que é justamente o exame cognitivo da experiência não familiar, elaborado por intermédio de análises, investigações, inquirições e interpretações por parte do gerente, considerando seu repertório pregresso, visando à obtenção de maior familiaridade e compreensão da situação problemática vivenciada. Foi possível também identificar que:

- A reflexão acontece quando o gerente defronta-se com alguma situação não familiar, que lhe demanda novos conhecimentos.
- Os gerentes refletem em situações que lhes são novas, incertas, únicas, ou seja, não familiares.
- Uma situação não familiar torna-se familiar, quando os gerentes refletem sobre ela e a resolvem. A mesma situação não será objeto de reflexão em momento futuro.
- Os gerentes acrescentam a seu repertório novos conhecimentos referentes à situação antes desconhecida e, na próxima oportunidade, não terão necessidade de refletir sobre a experiência vivenciada.

Destaca-se que a metodologia empregada trouxe um diferencial à pesquisa em relação aos estudos desenvolvidos sobre a aprendizagem gerencial. A história de vida favoreceu o acesso a diversos aspectos da vida profissional e, algumas vezes, pessoal, dos gerentes, proporcionando o conhecimento de detalhes de situações vivenciadas, além de permitir que os entrevistados tivessem liberdade de relatar suas experiências da maneira como eles as percebiam, enriquecendo a compreensão do fenômeno investigado.

Sugere-se para estudos futuros pesquisas que tratem do tema reflexão com profissionais de outras áreas, a fim de verificar se o processo reflexivo e seus componentes são semelhantes ou distintos aos dos gerentes. Recomenda-se ainda que sejam realizados estudos que busquem identificar os aspectos psicológicos citados por Seibert e Daudelin (1999) e investigações sobre a reflexão proativa, pois, neste estudo, revelou-se um tipo de reflexão pouco utilizada na prática.

○ QUESTÕES PARA REFLEXÃO

1. Na sua opinião, o que distingue o ato de pensar do ato de refletir?
2. Qual é a importância da reflexão para o processo de aprendizagem?
3. Qual foi a última vez que você vivenciou uma experiência não familiar? Você poderia descrevê-la? Como você lidou com situação?
4. Você agiria hoje da mesma maneira que no passado caso se defrontasse com uma situação semelhante?
5. Como as organizações poderiam tirar proveito da reflexão de seus funcionários?
6. Como as organizações podem atuar, a fim de que a reflexão e o aprendizado obtido pelos seus integrantes possam ser disseminados em nível grupal ou organizacional?

○ REFERÊNCIAS

ANTONELLO, C. S. As formas de aprendizagem utilizadas por gestores no desenvolvimento de competências. In: ENCONTRO NACIONAL DOS PROGRAMAS DE PÓS-GRADUAÇÃO EM ADMINISTRAÇÃO, 28., 2004, Curitiba. *Anais do XXVIII Enanpad*. Curitiba: ANPAD, 2004.

APPEL, M. La entrevista autobiográfica narrativa: fundamentos teóricos y la praxis del análisis mostrada a partir del estudio de caso sobre el cambio cultural de los Otomíes en México. *Forum*: Qualitative Social Research, v. 6, n. 2, art. 16, 2005.

BITENCOURT, C. C. A gestão de competências gerenciais e a contribuição da aprendizagem organizacional. *Revista de Administração de Empresas*, v. 44, n. 1, p. 44-57, 2004.

BROWN, R. B.; MCCARTNEY, S. Using reflections in postgraduate accounting education. *Accounting Education*, v. 7, n. 2, p. 123-137, 1998.

CUNLIFFE, A.; EASTERBY-SMITH M. P. V. From reflection to practical reflexity: experiential learning as lived experience. In: REYNOLDS, P. M.; VINCE, R. (Ed.). *Organizing reflection*. Aldershot: Ashgate, 2004. p. 30-46.

DAUDELIN, M. W. Learning from experience through reflection. *Organizational Dynamics*, v. 24, n. 3, p. 36-48, 1996.

DEWEY, J. *Como pensamos*: como se relaciona o pensamento reflexivo com o processo educativo: uma reexposição. São Paulo: Nacional, 1959.

ESCRIVÃO FILHO, E. *A natureza do trabalho do executivo*: uma investigação sobre as atividades racionalizadoras do responsável pelo processo produtivo em empresas de médio porte. 1995. Tese (Doutorado em Engenharia) - Universidade Federal de Santa Catarina, Florianópolis, 1995. Disponível em: <http://www.eps.ufsc.br/teses/escrivao/indice/index.htm#Sumário>. Acesso em: 30 ago. 2006.

GIL, A. C. *Métodos e técnicas de pesquisa social*. 5. ed. São Paulo: Atlas, 1999.

HØYRUP, S. Reflection as a core process in organisational learning. *The Journal of Workplace Learning*, v. 16, n. 8, p. 442-454, 2004.

JÄRVINEN, A.; POIKELA, E. Modelling reflective and contextual learning at work. *The Journal of Workplace Learning*, v. 13, n. 7/8, p. 282-289, 2001.

KOLB, D. A. A gestão e o processo de aprendizagem. In: STARKEY, K. (Org.). *Como as organizações aprendem*: relatos do sucesso das grandes empresas. São Paulo: Futura, 1997. p. 321-341.

KOLB, D. A. *Experiential learning*: experience as the source of learning and development. New Jersey: Prentice Hall, 1984.

KOLB, D. A. Management and the learning process. *California Management Review*, v. 18, n. 3, p. 442-452, 1976.

LEITE, I. C. B. V.; GODOY, A. S.; ANTONELLO, C. S. O aprendizado da função gerencial: os gerentes como atores e autores do seu processo de desenvolvimento. *Aletheia*, v. 23, p. 27-41, 2006.

MEZIROW, J. On critical reflection. *Adult Education Quarterly*, v. 43, n. 3, p. 139-156, 1998.

MORAES, L. V. S. *A dinâmica da aprendizagem gerencial*: o caso do Hospital Moinhos de Vento. 2000. Dissertação (Mestrado em Engenharia de Produção) - Universidade Federal de Santa Catarina, Florianópolis, 2000.

MORAES, L. V. S. A.; SILVA, M. A.; CUNHA, C. J. C. A. Aprendizagem gerencial: teoria e prática. *Revista de Administração de Empresas:* eletrônica, v. 3, n. 1, art. 7, 2004. Disponível em: <http://www.rae.com.br/eletronica/index.cfm?FuseAction=Artigo&ID=1854&Secao=ORGANIZA&Volume=3&Numero=1&Ano=2004>. Acesso em: 30 ago. 2006

NÓVOA, A. Histórias de vida: perspectivas metodológicas. In: NÓVOA, A. *Vidas de professores*. 2. ed. Porto: Porto, 1995.

PELTIER, J. W.; HAY, A.; DRAGO, W. The reflective learning continuum: Reflecting on reflection. *Journal of Marketing Education*, v. 27, n. 3, p. 250-263, 2005.

RAELIN, J. A. "I don´t have time to think!" versus the art of reflective practice. *Reflections*, v. 4, n. 1, p. 66-79. 2002.

RAELIN, J. A. Public Reflection as the basis of learning. *Management Learning*, v. 32, n. 1, p. 11-30, 2001.

REYNOLDS, M. Reflection and critical reflection in management learning. *Management Learning*, v. 29, n. 2, p. 183-200, 1998.

SCHÖN, D. A. *Educando o profissional reflexivo*: um novo design para o ensino e a aprendizagem. Porto Alegre: Artes Médicas, 2000.

SCHÖN, D. A. *The reflective practitioner*: how professionals think in action. USA: Basic Books, 1983.

SEIBERT, K. W.; DAUDELIN, M.W. *The role of reflection in managerial learning*: theory, research and practice. Westport, London: Quorum, 1999.

VINCE, R. Organizing reflection. *Management Learning*, v. 33, n. 1, p. 63-78, 2002.

WOERKOM, M. van. The concept of critical reflection and its implications for human resource development. *Advances in Development Human Resources*, v. 6, n. 2, p. 178-192, 2004.

WOERKOM, M. van; NIJHOF, W. J.; NIEUWENHULS, L. F. M. Critical reflective working behaviour: a survey research. *Journal of European Industrial Training*, v. 26, n. 8, p. 375-383, 2002

○ SUGESTÕES DE *SITES* SOBRE O TEMA

http://books.google.com/books?id=NMd2t2MThPUC&hl=pt-BR

http://educ.queensu.ca/~russellt/howteach/schon87.htm

http://www.infed.org/foundations/w-inf4.htm

http://www.infed.org/thinkers/et-schon.htm

http://www.intime.uni.edu/model/learning/refl.html

Joel Dutra

16

CARREIRA E APRENDIZAGEM ORGANIZACIONAL

OBJETIVO DO CAPÍTULO

- Oferecer uma perspectiva diferente para compreender a dinâmica do desenvolvimento das pessoas e de suas carreiras profissionais, a partir da combinação de dois conceitos: competência e complexidade.

RESUMO

O capítulo apresenta o trabalho desenvolvido a partir da experiência, em mais de uma centena de empresas, ao longo dos últimos 18 anos, utilizando como abordagem metodológica a análise de casos múltiplos a partir da pesquisa-ação. Nessas experiências, foi possível combinar os conceitos de competência e complexidade e, por meio dessa combinação, visualizar novas possibilidades para compreender a dinâmica do desenvolvimento das pessoas e de suas carreiras profissionais, no contexto da empresa moderna. Por meio deste trabalho, foi possível: configurar com maior precisão o que é uma trajetória de carreira; visualizar que as trajetórias de carreira, nas empresas e no mercado, mudam muito pouco no tempo e que a pessoas tendem a permanecer na mesma trajetória, por um longo período; perceber que a mudança de trajetória se traduz para a pessoa e para o mercado de trabalho como uma transição de carreira e de identidade profissional e, ainda, constatar que as organizações normalmente pensam o desenvolvimento das pessoas no sentido de torná-las mais eficientes em suas posições e, não, de prepará-las para situações cada vez mais exigentes e, eventualmente, para uma transição de carreira.

O INTRODUÇÃO

A gestão de pessoas efetuada pelas organizações passa por grandes transformações em todo o mundo. Essas transformações vêm sendo motivadas pelo surgimento de novo contrato psicológico entre as pessoas e a organização. As empresas em um ambiente competitivo perceberam, com rapidez, que sua sobrevivência estava atrelada a seu contínuo desenvolvimento e que este estava atrelado ao desenvolvimento das pessoas. As empresas passaram a cobrar dessas pessoas uma contribuição efetiva para o desenvolvimento organizacional. Ao longo deste capítulo, será demonstrado que as pessoas que contribuem para o desenvolvimento organizacional são as promovidas ou as que têm seu salário alterado para cima. De outro lado, as pessoas perceberam, nesse ambiente competitivo, que sua mobilidade, na empresa ou no mercado de trabalho, dependia de seu desenvolvimento contínuo. No Brasil, observou-se que, no final da década de 90, as pessoas estavam dispostas a trocar remuneração por desenvolvimento. Na década de 2000, elas estão se movimentando no mercado de trabalho basicamente em busca de condições concretas de desenvolvimento. Nesse contexto, emerge novo contrato psicológico assentado no mútuo desenvolvimento que, no Brasil, surgiu desde o início dos anos 90. A empresa espera de seus colaboradores uma contribuição para seu desenvolvimento, e eles esperam uma contribuição efetiva da empresa para seu desenvolvimento. Assim, a relação entre pessoas e organização só se sustenta quando há o mútuo desenvolvimento, caso ele não exista não quer dizer que haverá uma ruptura da relação, mas, com certeza, a relação perderá o sentido, se tornará frágil e poderá ser rompida a qualquer momento por uma das partes.

Esse novo contrato psicológico altera substancialmente o papel dos indivíduos e da empresa na gestão de pessoas. Entretanto, observa-se que a maior parte das empresas brasileiras tem suas práticas baseadas em um modelo tradicional de gestão de pessoas, considerando modelos de gestão como constituídos por um conjunto de pressupostos, práticas e instrumentos de gestão (Brewster; Hegewisch, 1994; Fischer, 2002; Ulrich, 1997). Esse modelo tradicional tem sua gênese nos movimentos de administração científica, na busca da pessoa certa para o lugar certo e está ancorado no controle como referencial para encarar a relação entre os colaboradores e a organização (Braverman, 1974; Fleury; Fischer, 1992; Friedmann, 1964; Gorz, 1973; Hirata et al., 1991). No modelo tradicional, a pessoa tem um papel passivo e submisso, já que é o objeto do controle, enquanto a realidade do mercado exige alguém com papel ativo em relação a seu desenvolvimento, como condição necessária para sua contribuição para o desenvolvimento organizacional.

No Brasil, a eficácia de uma prática calcada no mútuo desenvolvimento esbarra em questões culturais. Embora o brasileiro esteja preocupado com seu desenvolvimento, raramente assume a gestão de sua carreira e de seu desenvolvimento, normalmente cobra da empresa a oferta de situações e de oportunidades de aprendizagem (Dutra, 1996). De outro lado, a empresa brasileira tem normalmente uma postura de proteção e provimento, o que vai ao encontro das ansiedades das pessoas, como uma forma sutil de controle. Esses comportamentos são fruto da forma como os indivíduos foram educados para trabalhar suas carreiras, como se discutirá a seguir, e da forma como as organizações veem o desenvolvimento deles. O conhecimento sobre o modo como as pessoas movimentam-se, nas organizações e no mercado, ajuda a gestão mais adequada do desenvolvimento das pessoas, na qual as responsabilidades possam ser compartilhadas por elas próprias e pela empresa.

Ao longo do trabalho, constata-se, também, que a carreira das pessoas pode ser organizada em trajetórias, ou seja, a lógica das posições ocupadas pelos sujeitos, ao longo de sua vida. A carreira tem sido definida de forma contemporânea como uma sucessão de experiências profissionais e pessoais (Arthur, 1999; Guns; Peiperl, 2007; Hall, 2002), a qual, entretanto, apresenta padrões que permitem seu estudo. A partir dos conceitos de competência e complexidade observa-se padrões de como essa sucessão de experiências comporta-se nas organizações.

Para permitir que o leitor acompanhe o processo de reflexão de descobertas, estruturou-se o capítulo da seguinte forma: revisão dos conceitos de competência e complexidade adotados durante a realização dos estudos; discussão do papel da pessoa na gestão de sua carreira e desenvolvimento; discussão sobre o processo de desenvolvimento de pessoas e da dinâmica das carreiras nas organizações; e as principais conclusões do trabalho.

1 • REVENDO O CONCEITO DE COMPETÊNCIA

Durante os anos 80, no Brasil, era possível constatar a existência de uma organização "subterrânea" em termos de gestão de pessoas. Subterrânea por não existir de forma consciente, nem para os profissionais da área de recursos humanos, nem para os gestores da empresa. Essa organização subterrânea operava da seguinte forma: o gestor tomava uma decisão sobre alguém de sua equipe e depois verificava a possibilidade de implementá-la dentro do sistema formal. Caso este não conseguisse dar as respostas adequadas, o gestor e/ou o profissional de recursos humanos efetuava "acertos" e "gambiarras" ou sabotava o sistema formal. Exemplo típico dessa sabotagem era a criação de cargos para justificar aumentos salariais ou para distinguir as pessoas das demais, em função de sua contribuição para a empresa ou negócio.

No final dos anos 80 e início dos anos 90, buscando compreender melhor esse fenômeno, observou-se que, nessa organização subterrânea, os gestores tomavam decisões sobre as pessoas em função da agregação de valor que traziam para o meio. Em empresas sadias, a agregação de valor é para a empresa ou para o negócio, em empresas patológicas, ela é para um feudo ou para a chefia imediata ou mediata. Para explicar esse fenômeno, o conceito encontrado foi o da competência, inicialmente utilizado pelos franceses. Essa abordagem foi desenvolvida para oferecer suporte a movimentos de qualificação profissional, em pequenas e médias empresas do setor moveleiro, em meados da década de 80 (Zarifian, 2001). A base desse conceito é o deslocamento do foco sobre a qualificação do trabalhador e suas características (McClelland, 1973) para a forma como o sujeito mobiliza sua qualificação, características e repertório de vida, em determinado contexto, de modo a agregar valor para o meio no qual se insere (Le Bortef, 1995, 2000, 2001, 2003; Fleury; Fleury, 2000). Autores como Boterf (1995, 2000, 2001, 2003) e Zarifian (1996, 2001) exploram o conceito de competência associado à ida de agregação de valor e entrega em determinado contexto de forma independente do cargo, isto é, a partir do próprio sujeito. Essa construção do conceito de competência explica de forma mais adequada o que observa-se na realidade das empresas atuando no Brasil.

Vários autores procuraram estruturar o desenvolvimento do conceito de competência e/ou efetuar uma revisão bibliográfica, juntando as várias abordagens. Dentre eles, destacam-se: Parry (1996), McLagan (1997) e Woodruffe (1991). A partir do início dos anos 90, procurou-se empregar o conceito de competência em trabalhos de intervenção, em empresas brasileiras, e na adaptação, em empresas multinacionais, de estruturas de gestão de pessoas globais para a realidade brasileira.

Os resultados foram bons, mas a aplicação do conceito de competência abrangia apenas alguns aspectos da gestão de pessoas nessas empresas. A primeira oportunidade de aplicação do conceito em um sistema integrado de gestão de pessoas ocorreu em 1996 e 1997, em uma empresa do setor de telecomunicações (Dutra; Hipólito; Silva, 1999). A partir da pesquisa-ação, em que os conceitos foram transformados em instrumentos de gestão e, simultaneamente, o conjunto de gestores da empresa era partícipe da construção desses instrumentos, foi possível discutir aspectos importantes da gestão de pessoas. Destacam-se os seguintes:

- Entrega exigida pela organização – foram questionadas as abordagens metodológicas para a determinação das entregas requeridas das pessoas. A origem dessas entregas deveria estar no intento estratégico da empresa. Ao mesmo tempo, não era possível pensar que haveria o mesmo padrão de entrega para diferentes grupos profissionais dentro da empresa.
- Caracterização da entrega – a forma de descrever a entrega requerida das pessoas deveria ser facilmente identificável e o mais objetiva possível. Essa era uma questão da maior relevância, pois teria influência nos parâmetros remuneratórios e deveria contemplar as limitações legais impostas pela Justiça do Trabalho brasileira.
- Forma de mensurar a entrega – além da descrição objetiva da entrega havia o desafio de criar uma escala para mensurá-la.

Essas discussões foram importantes para a validação do conceito de competência e sua transformação em instrumento de gestão. Foram também significativas para consolidar a agregação do conceito de complexidade ao de competência visando à obtenção dos resultados necessários. Percebeu-se, com maior nitidez, a possibilidade de integrar a gestão de pessoas ao intento estratégico da empresa, através da discussão das competências organizacionais. Essa temática já vinha sendo trabalhada no Brasil por Maria Tereza Fleury (Fleury; Fleury, 2000), a partir "da abordagem dos recursos da firma", através da qual se verifica a interação entre o intento estratégico, as competências organizacionais e as competências individuais (Fleury; Fleury, 2000; Ruas, 2002).

2 • AGREGANDO O CONCEITO DE COMPLEXIDADE AO DE COMPETÊNCIA

Nos primeiros trabalhos em que se utilizou o conceito de competência, verificou-se uma limitação natural em sua aplicação. Oriundo da escola norte-americana, o conceito tinha como ponto de partida o cargo e depois a adequação da pessoa a ele. Mesmo em autores como Boyatzis (1982), que procura ampliar o conceito de cargo para um conjunto de expectativas em relação à pessoa no contexto organizacional, não há aprofundamento da questão. Os autores que buscaram efetuar uma discussão mais profunda do cargo, como Lawler III (1990, 1992, 1996), não conseguiram propor algo consistente que pudesse substituí-lo como referência na gestão de pessoas dentro das organizações. A análise das empresas, entretanto, revelou que o cargo estava longe de expressar a realidade da gestão de pessoas. No final dos anos 80 e início dos anos 90, já era comum encontrar várias pessoas com o mesmo cargo, com o mesmo salário e entregando coisas bem diferentes para a organização, sem que ela tivesse ferramentas confiáveis para mensuração, avaliação e tomada de decisão.

Os autores franceses, apesar de centrar a avaliação nas pessoas e reverem a ida de cargo (Zarifian, 2001), não propunham alternativas. Procurou-se responder às seguintes questões: Como mensurar a entrega e a agregação de valor da pessoa para a empresa, o negócio ou o meio em que se insere? Como estabelecer parâmetros para a valorização da pessoa em função da entrega? Como orientar as pessoas para que ampliem sua capacidade de agregar valor?

Sabia-se que o cargo já não era uma referência. Algumas ocorrências ajudaram a encontrar o caminho. Uma delas foi a possibilidade de efetuar trabalhos na Gessy-Lever do Brasil, empresa subsidiária da Unilever, onde se entrou em contato com a adaptação do sistema McBer (Spencer; Spencer, 1993) ali efetuada. Essa adaptação é trabalhada por Boulter (1992) e mostra a necessidade da empresa de criar gradações nas competências para avaliação mais adequada de seus gerentes. Verificou-se, em outras subsidiárias no Brasil, que, de alguma forma, ocorrera o mesmo com o uso do conceito de competências proposto pela McBer e que a própria empresa de consultoria já oferecia essa gradação aos novos clientes. Com a criação da Hay/McBer, em 1989, a proposição das competências já trazia propostas de gradação. Observou-se que as gradações, nas empresas estudadas, apresentavam formatações diferentes, mas todas tinham em comum a tentativa de estabelecer padrões de complexidade.

A demanda de algumas empresas para revisar seus sistemas de remuneração, sem utilizar a forma tradicional de fatores e pontos, foi outra ocorrência importante. Essas empresas queriam sistemas mais simples e amigáveis. A busca de alternativas conduziu novamente ao uso de padrões de complexidade para explicar as diferenças de contribuição dos sujeitos. Padrões para mensuração de complexidade não eram novidade, pois existiam de forma estruturada desde a década de 50. Foram padrões desse tipo que a Hay utilizou para desenvolver sua sistemática de remuneração e que a tornaram mundialmente conhecida. Seu sistema de diferenciação de cargos não considerava unicamente o posicionamento do cargo na estrutura de comando, incluindo uma série de fatores que mensuravam a complexidade da posição. Desse modo, indivíduos em mesmo nível de comando poderiam ter padrões de remuneração diferenciados, em função da complexidade de suas posições. Sempre houve, por trás dessa proposta, a premissa que a agregação de valor estava vinculada ao nível de complexidade das atribuições e responsabilidades do cargo. Para definir complexidade, a Hay utilizou os seguintes parâmetros: amplitude gerencial, conhecimentos técnicos, complexidade das atribuições (quanto menos estruturada, maior a complexidade) e complexidade das responsabilidades (medida em termos de grau de autonomia decisória, de impacto nos resultados e de abrangência da decisão). A Hay, entretanto, sempre utilizou o cargo como referência. Com a falência do cargo como elemento de caracterização da contribuição do sujeito para a organização, algumas empresas começaram a contestar a eficiência dessa sistemática.

O conceito de complexidade sempre esteve presente na classificação dos cargos e mostrou-se muito adequado, quando atribuído aos sujeitos que os exerciam. Para desenvolver métricas aplicáveis às pessoas, investigaram-se e pesquisaram-se trabalhos já elaborados. Encontraram-se vários autores que vinham refletindo na mesma direção, entre os quais destacam-se: Dalton e Thompson (1993), Jaques (1967, 1988, 1990, 1994), Rowbottom e Billis (1987) e Stamp (1989, 1993a, 1993b, 1994a e 1994b).

O abandono do cargo como referência gerou a necessidade de cunhar um termo que explicasse o conjunto de atribuições e responsabilidades das pessoas dentro de uma organização. Os autores de língua inglesa utilizavam *job* como expressão genérica, a qual se confundia com a ida de cargo. Passou-se então a utilizar a expressão "espaço ocupacional" para expressar o conjunto de atribuições e responsabilidades das pessoas, constatando-se que o espaço que elas ocupam é dinâmico. O que, no início, era uma expressão, tornou-se gradativamente um conceito. Verificou-se também que a dinâmica do espaço ocupacional de alguém na organização e sua demarcação em determinado momento são estabelecidas, de um lado, pelas necessidades da empresa, do negócio ou do meio ambiente e, de outro, pela capacidade de a pessoa atender essas necessidades.

Para explicar melhor, é necessário estabelecer uma distinção entre complexidade e dificuldade. Se uma atividade de difícil execução puder ser sistematizada e reproduzida com facilidade por outros profissionais de mesmo nível, ela deixa de ser complexa, mas continua sendo de difícil execução. Por exemplo, intervenções cirúrgicas para extração de apêndice ou amígdalas: embora difíceis, porque alguém sem preparo em medicina dificilmente poderia executá-las, não são complexas, pois são atividades facilmente incorporáveis ao repertório de cirurgião. Um transplante de coração, no entanto, mesmo que possa ser sistematizado, requer o conhecimento de especialidades diferentes e a possibilidade de ocorrências inesperadas é muito grande. Desse modo, o transplante de coração é uma atividade de grande complexidade e exige do profissional, que lidera uma equipe de cirurgiões, larga experiência, legitimidade perante seus colegas e ter dado mostras para seus clientes de que é competente para executar esse tipo de intervenção cirúrgica. Pode ser que, em futuro próximo, com os avanços da medicina, essa intervenção deixe de ser complexa, mas continuará sendo de difícil execução. Analogamente, na realidade vivida nas organizações modernas, em ambiente em constante transformação, a complexidade não está na situação em si, mas no que ela exige da pessoa. Esse padrão de exigência é a base para a construção das 'fitas métricas' a serem usadas.

A complexidade permitiu estabelecer uma definição operacional de desenvolvimento: a pessoa desenvolve-se quando é capaz de realizar atribuições e assumir responsabilidades mais complexas. A complexidade permitiu compreender que a carreira é uma sucessão de degraus de maior complexidade. Por exemplo: uma empresa que cresceu, nos últimos 3 anos, à razão de 100% ao ano, e nela há um gestor que, ao longo desses três anos, ocupa o mesmo cargo e a mesma posição no organograma. Ele, porém, estava em uma empresa de tamanho 'x' há 3 anos e hoje encontra-se em uma empresa de tamanho '8x', ou seja, oito vezes maior, o seu cargo tem, portanto, uma complexidade muito maior do que há 3 anos. Há um equívoco quando se toma como referência o cargo ou a posição no organograma para analisar o posicionamento na carreira ou o desenvolvimento do sujeito.

O estudo da complexidade permitiu observar como a pessoa qualifica-se para lidar com níveis de complexidade crescente. Em trabalhos realizados por Stamp (1989,1993a, 1993b, 1994a, 1994b), foi possível associar o nível de compreensão do contexto pela pessoa ao nível de complexidade com o qual ela consegue lidar. O nível de compreensão do contexto foi chamado por Stamp (1989) de nível de abstração que é ampliado quando a pessoa enfrenta uma situação mais exigente. A ampliação do nível de abstração permite que ela possa enfrentar situações mais exigentes e, portanto, mais complexas num ciclo contínuo de desenvolvimento. Há correspondência entre o nível de abstração e o nível de complexidade no qual a pessoa é capaz de atuar. Essa constatação é importante, porque alguém que atua em um determinado nível de complexidade e em uma determinada carreira, ao decidir mudar de carreira, terá a condição de mudar para a nova carreira no mesmo nível de complexidade. A pessoa consegue atuar em uma nova carreira que exige novos conhecimentos e habilidades no mesmo nível de complexidade, porque consegue compreender as demandas do novo contexto sobre ela, mobilizar seu repertório para atender essas demandas e perceber imediatamente quais suas carências em termos de conhecimento, habilidades e comportamento. Há tendência de os conhecimentos e as habilidades tornarem-se desatualizados com muita velocidade. O que diferencia os sujeitos é o que fazem com seus conhecimentos e habilidades, portanto, o nível de abstração é seu grande patrimônio, os sujeitos o levarão para onde forem. A forma para ampliar o nível de abstração é através da experiência, enfrentando desafios crescentes, e da formação. Desse modo, se alguém permanecer fazendo repetitivamente a mesma tarefa ou atividade estará se desenvolvendo muito pouco, ao contrário, se uma pessoa for continuamente desafiada a realizar atividades de complexidade crescente, experimentará o desenvolvimento contínuo.

3 • PAPEL DAS PESSOAS NA GESTÃO DE CARREIRA

Há, por parte dos indivíduos, uma natural resistência ao planejamento de suas vidas profissionais, tanto pelo fato de encararem a trilha profissional como algo dado, quanto pelo fato de não terem tido qualquer estímulo ao longo de suas vidas. A resistência ao planejamento individual de carreira é ainda muito grande no Brasil. As pessoas tendem a guiar suas carreiras mais por apelos externos, como: remuneração, *status*, prestígio etc., do que por preferências particulares. Embora não se tenha até aqui pesquisas que confirmem esta afirmação, há, a seu favor, inúmeras constatações empíricas oriundas de eventos em que este assunto foi discutido, intervenções em empresas e trabalhos com estudantes de nível superior.

Na pesquisas realizadas, constatou-se que as pessoas encaram a gestão de suas carreiras como identificação de oportunidades na organização em que atuam ou no mercado de trabalho. Essa postura conduz a um movimento de fora para dentro, no qual a percepção que os sujeitos têm das possibilidades oferecidas influenciam suas escolhas. Essa forma de pensar a carreira leva as pessoas a cometerem alguns equívocos importantes, que foram constatados nos levantamentos de biografias profissionais e análises de grupos de profissionais:

- Visão restrita de oportunidades – quando grupos de gestores e profissionais de alto nível foram estimulados a pensarem sobre suas carreiras, a maioria as projetou tendo como referência o organograma de suas empresas ou o plano de cargos e salários. Ao tomarem o organograma como referência, estavam olhando para a empresa de ontem e não para a empresa do futuro. De forma análoga, as pessoas, ao olharem para o mercado de trabalho, observam uma estrutura que reflete o mercado de ontem e não o de amanhã. Desse modo, elas pensam a sua carreira olhando para o ontem e não enxergam as oportunidades que o futuro apresenta de desenvolvimento profissional, tanto na empresa onde atuam quanto no mercado.
- Armadilhas profissionais – na análise de várias biografias profissionais foram encontrados inúmeros tipos de armadilhas, classificadas em: becos sem saída, quando as pessoas caminham para situações profissionais que as deixam extremamente dependentes da organização onde trabalham ou em situações de grande vulnerabilidade; sofrimento profissional, quando elas vivem situações profissionais em que executam um trabalho que demanda pouco de seus pontos fortes e muito de seus pontos fracos ou quando os valores da empresa ou das pessoas com as quais são mantidas relações mais frequentes são bem diferentes; desgaste de imagem, quando se atua em organizações ou situações profissionais que podem levar ao envolvimento com situações ilegais ou reprovadas socialmente. Essas armadilhas são revestidas de oportunidades e suas iscas são: remuneração, *glamour* da posição, imagem da empresa, pressão de amigos e vantagens de curto prazo. Os entrevistados que perceberam as armadilhas relataram que a principal causa para caírem nelas foi o fato de não terem olhado para si próprios e, sim, para o apelo da posição.
- Falta de foco – nas análises das biografias, constatou-se que 90% dos entrevistados relataram situações de falta de foco. Isto ocorre quando as pessoas passam a ter sua capacidade profissional subutilizada e não se sentem mais desafiadas em seu trabalho, o que gera um desconforto profissional crescente que, em um determinado momento, incomoda o sujeito. Nesse momento, ele passa a se questionar se gosta do que faz e sua primeira impressão é que não gosta mais, mas, ao mesmo tempo, não sabe do que gosta. Essa situação o deixa desorientado e angustiado até conseguir perceber o que está acontecendo. Nesse momento, toma as decisões adequadas para corrigir a situação. As mais típicas são: ampliar o espaço de trabalho incorporando atribuições e responsabilidades de maior complexidade; mudar de posição na empresa; mudar de empresa. A partir das entrevistas, percebeu-se que o processo, envolvendo a instalação do desconforto profissional, percepção, ação de mudança e saída da situação de desconforto, demora de 2 a 5 anos e que, durante o período de desconforto, as pessoas estavam paralisadas em seu desenvolvimento ou desenvolviam-se lentamente.

O projeto profissional consciente minimiza esses riscos porque pressupõe um olhar para a carreira de dentro para fora. Ou seja, que a pessoa tome a si própria como referência para desenvolver o seu projeto, priorizando seus pontos fortes, o que gosta de fazer e o que faz bem.

Para o estabelecimento de um projeto profissional podem ser utilizadas várias técnicas, as mais comuns são:

- Manuais de autopreenchimento, por exemplo, os apresentados por Savioli (1991) e por Kotter, Faux e McArthur (apud London; Stumpf, 1982.
- *Workshops* para planejamento de carreira, em que os participantes trabalham sua avaliação individualmente e em grupos e discutem suas preferências e objetivos de carreira. Estes trabalhos podem gerar ainda insumos para uma continuidade de trabalho individual (*homework*) a ser confrontado com opiniões de familiares, amigos e, eventualmente, parceiros de empresa (Gutteridge, 1986).
- Suporte de consultores especializados que utilizam um *mix* de técnicas que envolvem preenchimento de manuais de autoavaliação e entrevistas de aconselhamento. Geralmente, este tipo de serviço está associado à demanda das empresas em relação a seus empregados, quer visando a trabalhos de desenvolvimento, quer visando a trabalhos de recolocação (*outplacement*). Este suporte pode ser dado por conselheiros da própria empresa ou contratados.

As etapas para construção de projeto profissional podem ser realizadas de diferentes formas. Um modelo que sintetiza, de forma genérica, as proposições de diversos autores para planejamento de carreira é apresentado por London e Stumph (1982). Segundo esses autores, o planejamento de carreira depende de três tarefas de responsabilidade do indivíduo:

- **Autoavaliação** – avaliação de suas qualidades, interesses e potencial para vários espaços organizacionais.
- **Estabelecimento de objetivos de carreira** – identificação de objetivos de carreira e de um plano realista, baseado na autoavaliação e na avaliação das oportunidades oferecidas pela empresa.
- **Implementação do plano de carreira** – obtenção de capacitação e acesso às experiências profissionais necessárias para competir pelas oportunidades e para atingir as metas de carreira.

Estes autores afirmam que as pessoas podem conduzir seu planejamento de carreira de várias formas; duas preocupações, porém, são essenciais: formar uma visão realista, clara e apurada de suas qualidades, interesses e inclinações pessoais e estabelecer objetivos de carreira e preferências profissionais. A proposta desses autores apresenta-se esquematizada na Figura 16-1.

A Figura 16-1 aponta como ponto de partida a autoavaliação, o autoconhecimento. A partir daí, devem ser desenvolvidos os objetivos de carreira e o plano de ação para a consecução destes objetivos. Com base neste exercício, torna-se possível identificar as oportunidades de carreira. Estas etapas são, naturalmente, interativas, ocorrendo ao longo do processo de planejamento de carreira uma contínua influência entre elas.

Sintetizando as publicações mais recentes sobre o tema, pode-se estabelecer as seguintes etapas para a construção de um projeto profissional:

- **1º passo – autoconhecimento** – essa é sem dúvida a parte mais importante e difícil do processo: saber-se, conhecer-se, olhar-se. As técnicas mais comuns são análise de realizações, análise de valores pessoais e análise de personalidade. Por meio do levantamento de realizações, a pessoa percebe sua evolução e seus pontos fortes. O mapeamento de valores pessoais é efetuado usando parâmetros estabelecidos por pesquisadores como Edgar Schein (1990) ou Derr (1988). A análise de personalidade é efetuada por testes de diversas origens, e dentre os mais comuns estão os testes

FIGURA 16-1 Etapas do processo de planejamento de carreira.
Fonte: London e Stumpf (1982, p. 32).

baseados em Jung. Informações sobre o tema podem ser encontradas em Casado (1998);

- **2º passo – conhecimento do mercado** – o mercado, dentro e fora da empresa, deve ser sempre analisado observando-se: opções, tendências, limitações e alternativas de desenvolvimento profissional. Na pesquisas feitas, verificou-se que as pessoas pensam suas carreiras olhando para o organograma da empresa ou para seu plano de cargos e salários. Isso é um grande equívoco, pois o organograma e os cargos refletem o passado ou o presente, jamais o futuro e, quando se pensa em carreira, deve se pensar no amanhã e não no ontem.
- **3º passo – objetivos de carreira** – uma parte significativa da literatura estimula as pessoas a iniciarem sua reflexão, estabelecendo objetivos de carreira, conduzindo-as ao risco de fechar demais o foco, por exemplo: almejar chegar ao cargo *x* na empresa *y* em cinco anos. Não se sabe se a empresa *y* existirá daqui a cinco anos, muito menos o cargo *x*, portanto, sempre que se usar qualquer referencial externo, esse referencial será movediço. O único referencial que não muda é a própria pessoa. A recomendação é que se procure estabelecer objetivos centrados em si mesmo, fazendo perguntas do seguinte tipo: como posso estar mais feliz profissionalmente daqui a cinco anos? Para responder a essa pergunta, a pessoa tem que se conhecer bem, para saber o que a faz feliz profissionalmente. Recomenda-se ainda pensar em objetivos em todas as dimensões relevantes para si mesmo, como: familiar, social, pessoal, econômico/financeiro, etc..
- **4º passo – estratégias de carreira** – uma vez definido o objetivo, qual é a estratégia para alcançá-lo? Rothweel e Kazanas (1988) propõem como principais estratégias: crescimento na empresa ou no mercado; diversificação com a agregação de novas responsabilidade e/ou atribuições; integração com a agregação de nova área de trabalho na empresa ou novas ocupações fora da empresa; revisão com a desaceleração de determinadas áreas de atuação e reforço de novas áreas; e a combinação das estratégias anteriores.
- **5º passo – plano de ação** – após a definição da estratégia, é importante a definição de um plano de ação. O plano de ação deve conter metas de curto prazo, indicadores de sucesso, fatores críticos para o sucesso e avaliação dos recursos de tempo, dinheiro e educacionais necessários.
- **6º passo – acompanhamento do plano** – avaliação de resultados das estratégias de carreira – este deve ser um processo contínuo de avaliação de resultados, para tanto, os objetivos/metas fixados representam um padrão de mensuração essencial. Além destes aspectos, é importante avaliar a consistên-

cia das ações e dos próprios objetivos/metas quanto a: valores e interesses; demandas da empresa e da ocupação; demandas do ambiente; praticidade; disponibilidade de informações e recursos; compatibilidade com a vida familiar; lazer e interesses pessoais e nível dos riscos envolvidos. Muitas destas questões não poderão ser respondidas com precisão, mas servirão para indicar necessidades de revisão do planejamento de carreira.

Martins (2001) apresenta uma proposta muito interessante para pensar a carreira de forma estruturada, inspirada no formato cíclico da qualidade total, propondo uma forma cíclica para a reflexão sobre a carreira: escolha, planejamento, implementação e avaliação.

Uma vez construído o projeto profissional, o processo seguinte é sua negociação com a empresa. Os aspectos principais a serem considerados são:

- Definir o posicionamento da empresa no seu projeto de carreira – a empresa pode estar ou não em seu projeto. Caso não esteja, é importante avaliar quais são as alternativas fora da empresa, que podem ser: mudar de empresa, montar um negócio, transformar-se em prestador de serviço, vida acadêmica, etc. Caso a empresa esteja em seu projeto, é porque a pessoa consegue vislumbrar nela oportunidades
- Avaliação de oportunidades – as empresas normalmente não divulgam, de modo formal, as oportunidades. Geralmente, elas não têm consciência de todas as oportunidades, portanto, a pessoa precisa estar em constante avaliação da situação. As melhores fontes de informação são as pessoas, a sua rede de relacionamentos
- Avaliação dos requisitos exigidos – deve-se ter clareza quanto aos requisitos exigidos pela empresa para as posições em que se tem interesse e avaliar seu atendimento ou não
- Negociação com a empresa – para negociar a carreira com a empresa, é importante estar seguro. A segurança, em relação à carreira, significa que se está efetuando escolhas, que se sabe o que se quer e o que não se quer. À medida que se definem as prioridades, naturalmente se passa a investir energia nesse caminho, a ocupar espaços, a sinalizar, com mais clareza, para onde se vai.

4 • COMPREENSÃO DAS TRAJETÓRIAS DE CARREIRA

A carreira não deve ser entendida como um caminho rígido a ser seguido pela pessoa e, sim, como uma sequência de posições e de trabalhos por ela realizados. Essa sequência, articulada de forma a conciliar o desenvolvimento dos sujeitos com o desenvolvimento da empresa, é o que se chamará de carreira.

Constatou-se, nas pesquisas, que as pessoas tendem fortemente a aprofundar seus conhecimentos e habilidades em determinada área do conhecimento ou de atuação nas organizações ou no mercado de trabalho. Considera-se que, no futuro, essa tendência será mantida. Com a crescente volatilidade das informações e do conhecimento, as pessoas necessitarão ter foco no aprendizado, nas redes de relacionamento e na área de especialização. Será cada vez mais difícil e arriscado não ter uma área de referência profissional; os chamados generalistas não terão identidade profissional.

O mercado atual dá preferência àqueles que são, ao mesmo tempo, especialistas (conhecem em profundidade sua área de atuação) e generalistas (conhecem o contexto em que atuam e a ele conseguem aplicar seus conhecimentos). As pessoas tendem a concentrar seus investimentos em desenvolvimento em determinada área porque, ao fazê-lo, sentem-se bem consigo mesmas, felizes em utilizar seus pontos fortes e gratificadas com os resultados obtidos. As carreiras tendem a concentrar-se em determinadas áreas de atuação e conhecimento de forma natural, tanto nas organizações quanto na sociedade, e devem obedecer à mesma lógica no futuro.

Na busca de padrões para as carreiras das pessoas nas empresas e no mercado de trabalho, constatou-se que os sujeitos tendem a permanecer em atividades profissionais de mesma natureza. Tais atividades traduzem as chamadas trajetórias de carreira, que se caracterizam por atribuições e responsabilidades de mesma natureza.

Para ilustrar, toma-se como exemplo alguém que cursou administração de empresas e entra na empresa pela área financeira, então vai para sistemas e depois para gestão de pessoas. Ela esteve sempre na mesma trajetória de carreira, porque seu cliente foi sempre o público interno da empresa. Ela esteve sempre mobilizando conhecimentos e habilidades de mesma natureza, embora em áreas funcionais diferentes. A natureza das atribuições e responsabilidades pode ser definida a partir do público-alvo do trabalho e da natureza dos conhecimentos e das habilidades mobilizados. Constatou-se que as trajetórias de carreira não estão necessariamente atreladas a profissões ou áreas funcionais e, sim, a atribuições e responsabilidades de mesma natureza.

Quando alguém permanece na mesma trajetória, tem seu desenvolvimento mais rápido, porque está mobilizando conhecimentos e habilidades de mesma natureza, em situações de crescente complexidade. Quando alguém muda de trajetória, ou seja, passa a lidar com atribuições e responsabilidades de diferente natureza, tem a condição de mudar no mesmo nível de complexidade, mas, ao fazê-lo, antes de se lidar com níveis de maior complexidade terá que consolidar um conjunto de conhecimentos e habilidades de diferente natureza, agregar nova rede de relacionamentos e nela criar legitimidade.

As biografias analisadas são, em sua maior parte, de gerentes de nível tático, os quais, quando mudaram de trajetória, estavam plenos em novas posições, em um período de 2 a 3 meses, porém voltaram a se desenvolver na nova trajetória, após 2 anos, em média. Outro aspecto importante na mudança de trajetória é que ocorre uma alteração na identidade profissional, por isso, mudar de trajetória é bem diferente de mudar de função. Na mudança de função é como se houvesse troca de roupa, na mudança de trajetória é como se fossem feitos traços na pele, é muito doloroso e difícil. A mudança de trajetórias implica a pessoa viver um processo de transição (Ibarra, 2003), são movimentos mais raros nas biografias profissionais.

Embora raras, se tem observado na década de 2000, importante crescimento das mudanças de trajetórias. Elas estão ocorrendo em dois momentos: um no que se chama de crise da meia carreira (Morison; Erickson; Dychtwald, 2006; Quishida, 2007); outro no processo de aposentadoria. A crise da meia carreira está acontecendo no Brasil para os indivíduos com idade em torno de 40 anos. Aqueles que optaram por uma trajetória técnica estão chegando ao final da sua, depois de 15 a 18 anos de formados e são defrontados com a necessidade de transição de carreira ou permanência onde estão até sua aposentadoria. Aqueles que optaram por uma trajetória gerencial estão chegando ao nível tático, entre 30 a 40 anos, alguns antes, outros depois, mas a maior parte nessa faixa de idade, e estão chegando ao nível estratégico entre 35 e 45 anos, alguns antes, mas raramente depois dos 45 anos de idade. As pessoas, aos 40 anos, começam, portanto, a ficar preocupadas com sua progressão e são defrontadas com a necessidade de refletir sobre suas carreiras.

A aposentaria ocorre de forma particular no Brasil por causa de sua realidade demográfica. Houve uma explosão de nascimentos nas décadas de 70 e 80, e essa geração pressiona para fora do mercado as gerações anteriores. Há uma precoce aposentadoria por causa do mercado, as pessoas estão sendo aposentadas com muita vitalidade e provavelmente permanecerão no mercado de trabalho, necessitando, porém, efetuar uma transição de carreira.

A trajetória de carreira tem três momentos bem definidos no que tange à gestão do desenvolvimento:

- **O início** – a entrada na carreira é bem clara para a empresa e para as pessoas. Quase sempre é possível estabelecer, com precisão, quais são os requisitos e as condições de acesso à carreira.

- **O crescimento** – as organizações, em geral, conseguem monitorar bem o início do processo de crescimento das pessoas na carreira, após o que as deixam completamente abandonadas. As empresas mais bem estruturadas conseguem estabelecer todo o percurso de crescimento em determinada carreira. Nas pesquisas realizadas, encontrou-se essa estruturação em carreiras operacionais e técnicas, porém, raramente em carreiras administrativas e gerenciais.
- **O final** – raramente as organizações e as pessoas têm clareza sobre o final da carreira. Tem se encontrado, em várias empresas, colaboradores que já estão no teto de suas carreiras há muitos anos, sem perspectivas de desenvolvimento e bloqueando o acesso de outros que vêm crescendo. O fundamental na transparência sobre o final da carreira é a possibilidade de preparar-se para outra carreira com o suporte da empresa. Essa outra carreira pode ser dentro ou fora da empresa. Por exemplo: analisando carreiras de profissionais técnicos sem vocação gerencial observou-se que, durante seu processo de crescimento, podem ser preparados para diferentes carreiras, como: acadêmica, expatriação, montagem do próprio negócio, profissional liberal, etc. As carreiras podem ter vários desenhos e naturezas diferentes. Em função das entregas requeridas pelas empresas e pelo mercado, há carreiras de três categorias:
  - **Operacionais** – são carreiras ligadas às atividades-fim da empresa; exigem o uso do corpo ou alto grau de estruturação. Geralmente se encerram em si mesmas, sendo importante que a organização defina critérios de mobilidade para outras carreiras ou para o mercado. Dos casos analisados, um dos mais interessantes é o dos "call centers" com uma população de grande mobilidade e baixo nível de aproveitamento interno (menos de 10%). Nos casos bem sucedidos, as empresas recrutam pessoas sem experiência, desenvolvem-nas e as devolvem para o mercado de trabalho com mais valor e maior nível de articulação.
  - **Profissionais** – são carreiras ligadas a atividades específicas; geralmente exigem pessoas com formação técnica ou de terceiro grau (superior). Não são definidas pela estrutura organizacional da empresa e, sim, pelos processos fundamentais como: administração, envolvendo atividades administrativas, sistemas de informação, finanças, contabilidade, recursos humanos, jurídico, etc.; tecnologia, envolvendo engenharia de produtos, processos, qualidade, produção, materiais, logística, etc.; comercialização, envolvendo vendas, marketing, gestão de consumidores, etc.
  - **Gerenciais** – são carreiras ligadas às atividades de gestão da empresa. Normalmente, as pessoas são oriundas das carreiras operacionais ou profissionais, que, ao longo do seu processo de crescimento, demonstraram vocação e apetência para a carreira gerencial. Algumas empresas recrutam pessoas recém-formadas e sem experiência profissional e as preparam para a carreira gerencial; são os chamados programas de *trainees*.

A migração entre carreiras de naturezas diferentes apresenta muitas dificuldades para a empresa e para as pessoas. A mobilidade entre carreiras de mesma natureza se dá naturalmente. Em função disso, é importante estabelecer com precisão os critérios de mobilidade entre carreiras de naturezas diferentes. Exemplo clássico, nas empresas, é a migração do melhor profissional técnico para a carreira gerencial e não de alguém vocacionado para ela; isso porque a carreira gerencial é vista como prêmio, o reconhecimento da contribuição do sujeito para a organização, e não como nova carreira ou carreira de natureza diferente. No exemplo citado, a empresa perde um excelente profissional técnico e ganha um gerente insatisfeito com sua carreira e, na maior parte das vezes, despreparado para ela.

5 • REFERENCIAIS ESTÁVEIS PARA A GESTÃO DE PESSOAS

• 5.1 • Trajetórias de carreira

A gestão de carreiras foi sempre uma questão-chave nos trabalhos pesquisados, por ajudar a compreender as trajetórias reais das pessoas, nas empresas estudadas. Ao compreender essas trajetórias pôde-se desenvolver uma visão crítica em relação a elas, observando o quanto atendiam ou não aos interesses da organização e das pessoas. A análise das trajetórias permitiu encontrar referenciais estáveis para a gestão de pessoas, ou seja, parâmetros para a gestão de pessoas que não mudam no tempo, independentemente de a empresa alterar seu intento estratégico, ou estar se associando a outras empresas ou incorporando outras empresas. Esse aspecto reveste-se de grande importância para orientar o desenvolvimento das pessoas no ambiente volátil, no qual se vive e, provavelmente, se continuará a viver.

Observou-se que as trajetórias profissionais são estáveis nas empresas, ou seja, ao compreender as trajetórias profissionais como atuação do sujeito em atribuições e responsabilidades de mesma natureza, foi possível verificar que essas trajetórias não se alteram, ao longo do tempo. As trajetórias nas empresas investigadas estão alinhadas a macroprocessos e, estes, associados à natureza da organização. As trajetórias mudam, quando há mudanças substantivas nos macroprocessos, e isso ocorre somente quando a empresa muda sua natureza. Analisam-se, a seguir, dois casos para ilustrar esse ponto.

No caso de uma empresa que produz lingotes de alumínio, encontrou-se quatro trajetórias de carreira: operacional, englobando quem produz o alumínio; técnica, englobando quem atua na engenharia de produção, qualidade, segurança e meio ambiente; suporte, englobando quem atua em atividades administrativas, financeiras, tecnologia de informação, jurídica, etc.; e gerencial, englobando quem tem responsabilidades gerenciais na empresa. Essas trajetórias existem desde a inauguração dessa empresa, ocorrida há quase 30 anos, embora a empresa já tenha passado por quatro revisões de estrutura organizacional e tenha mudado a origem de seu capital. Nos próximos 40 anos, se a empresa não mudar sua natureza, manterá a mesma estrutura de trajetórias profissionais. Por quê? Porque, ao manter a mesma natureza, sempre haverá pessoas produzindo o alumínio, efetuando a engenharia, efetuando atividades administrativo-financeiras e em posições gerencias.

Um caso em que houve mudança da natureza da empresa, refere-se ao CPqD, fundação de direito privado que atua em tecnologia de telecomunicações. O CPqD foi formado, em 1976, como o braço tecnológico do Sistema Telebrás, ligado à sua Diretoria Técnica. Com a privatização da telefonia, o CPqD foi transformado em uma empresa que precisava sobreviver a partir de sua atuação.

As trajetórias profissionais existentes até a privatização eram: técnica, englobando o pessoal de desenvolvimento tecnológico; suporte, englobando o pessoal de administrativo, financeiro, de tecnologia de informação aplicado aos sistemas de apoio, jurídico, etc.; e gerencial, englobando o grupo responsável pela gestão do CPqD. Com a privatização, a empresa mudou sua natureza e passou a ter que vender seus produtos no mercado mundial. Nesse momento, surgiu uma nova trajetória, a comercial, englobando pessoas que cuidam hoje das parcerias estratégicas, da construção e da manutenção da imagem da empresa, do relacionamento com o mercado e com os clientes e asseguram a entrega do que foi vendido.

• 5.2 • Distribuição e organização das competências

As competências individuais exigidas pela organização não são as mesmas para todas as pessoas que mantêm relação de trabalho com a organização. É comum haver um conjunto de competências, requerida de uma pessoa que ocupa uma posição gerencial, diferente do conjunto requerido de alguém que ocupa uma posição técnica. À semelhança de uma orquestra – na qual cada conjunto de músicos toca um grupo de instrumentos com determinada partitura e o todo gera os resultados necessários para a excelência da apresentação – as organizações necessitam que diferentes grupos de pessoas entreguem diferentes conjuntos de competências. Quando as competências individuais harmonizam-se no todo, há um conjunto competente.

O desafio que se coloca é como se deve agrupar as pessoas em função das competências delas exigidas? Nesse ponto o conceito de trajetória profissional oferece grande contribuição. Pode-se identificar, nas organizações, as trajetórias profissionais existentes, ou seja, as atribuições e responsabilidades de mesma natureza. Ao longo dos últimos anos, utilizando um processo empírico de aprendizagem, associaram-se as trajetórias profissionais às macrofunções da empresa, ou seja, conjunto de funções ligadas à natureza da organização. Por exemplo: os sujeitos que atuam em atividades de suporte administrativo, financeiro e de informações para a organização geralmente estão na mesma trajetória, porque têm atribuições e responsabilidades de mesma natureza, seus clientes são os mesmos e os conhecimentos e habilidades mobilizados são de mesma natureza, desse modo, a migração de uma pessoa nessas atividades é efetuada de forma natural e sem grandes sobressaltos.

Os sujeitos que atuam na mesma trajetória têm semelhante identidade profissional no mercado de trabalho e no interior da organização – ao mudar de trajetória a pessoa também muda sua identidade. Por exemplo: o gerente financeiro de uma empresa, ao se transferir para a posição de gerente de *marketing*, muda de trajetória, porque mudou a natureza de suas atribuições e responsabilidades. Como gerente financeiro, seus clientes eram as pessoas dentro da empresa, os acionistas, e seu olhar era para a eficiência da empresa em termos financeiros. Como gerente de *marketing*, seu olhar é para o consumidor ou para o cliente externo, dependendo do negócio da empresa, e seu foco está no atendimento das necessidades e expectativas dos consumidores ou clientes externos. Caso esse profissional permaneça dois anos na posição de gerente de *marketing* e depois se apresente no mercado de trabalho em busca de uma nova empresa, ele será reconhecido como um profissional de *marketing* e não mais como um profissional de finanças. Normalmente, a mudança de trajetória profissional não permite retorno à trajetória anterior, porque é adquirida nova identidade profissional.

Quando alguém atua na mesma trajetória, as competências requeridas são as mesmas, compreendendo competências como a entrega da pessoa para a organização. As entregas exigidas das pessoas na mesma trajetória são semelhantes, por isso, pode-se utilizar as trajetórias de carreira para agrupar as competências delas exigidas. As trajetórias de carreira de determinada empresa podem ser associadas a um conjunto de competências exigidas das pessoas, que servirão de baliza para que o desenvolvimento de cada uma concilie as expectativas individuais com as necessidades da organização e/ou da comunidade. Pode-se identificar, nas organizações, diferentes trajetórias de carreira. Elas estão atreladas aos processos fundamentais da empresa. Um processo fundamental é aquele que existirá sempre na empresa, não importa qual seja seu desenho organizacional. Por exemplo: administrativo, gerencial, tecnológico. A empresa deve definir as principais competências de cada uma das suas trajetórias de carreira. Cada trajetória terá, pois, um conjunto próprio de competências; algumas podem ser comuns a mais de um eixo, mas a ideia é analisar as principais entregas em cada uma.

As competências individuais podem ser agrupadas nas trajetórias profissionais, ou seja, em determinada trajetória se terá as mesmas competências. Como as trajetórias não se alteram, também as competências tendem a se manter estáveis no tempo. Assim, o conjunto de entregas que é esperado de alguém, em determinada trajetória, mantém-se no tempo. Além disso, os níveis de complexidade do trabalho dentro de determinada trajetória também se mantêm no tempo. Dessa forma, as trajetórias profissionais revelam um referencial estável para compreender a gestão de pessoas nas organizações, lembrando que todas as empresas têm estruturas de trajetórias profissionais, quer estejam formalizadas ou não.

○ CONSIDERAÇÕES FINAIS

A compreensão da dinâmica das trajetórias profissionais permitiu aprofundar a discussão sobre as competências requeridas das pessoas pela empresa e o processo de desenvolvimento delas. Na discussão proposta por Le Boterf (2003) sobre profissionalismo, na qual ele foca a pessoa em determinada trajetória, o autor não aprofunda o debate sobre as trajetórias profissionais na empresa moderna e no mercado. A compreensão de como as trajetórias profissionais caracterizam a estrutura de carreira permitiu relacionar as etapas da carreira, ou seus diferentes patamares de complexidade, com a remuneração. Pode-se associar uma faixa salarial para cada degrau de complexidade. Desse modo, independentemente de como a empresa organize a questão da remuneração, há uma regra subjacente: à medida que a pessoa desenvolve-se, aumenta sua agregação de valor e passa a valer mais para a empresa e para o mercado.

Em suas experiências, este pesquisador tem traduzido as trajetórias profissionais naturais das organizações em um sistema de carreira. Para cada trajetória, constroem-se critérios de mensuração do nível de agregação de valor das pessoas, a partir da complexidade de suas atribuições e responsabilidades. Depois, se atribuem faixas salariais para cada degrau de complexidade. Uma vez estabelecida essa estrutura, enquadram-se automaticamente os sujeitos nos degraus de complexidade por seus salários.

Isso demonstra que, independentemente de como a empresa administra a remuneração, a tendência é que a valorização dos sujeitos obedeça a seu nível de agregação de valor para a organização. Hipólito (2001) demonstrou que a mesma lógica aplica-se ao mercado de trabalho. Assim, pode-se perceber a lógica da gestão de pessoas pela empresa, tanto pelas trajetórias quanto pela remuneração. Ambas traduzem, de forma concreta, a realidade da gestão de pessoas.

A remuneração obedece à lógica da agregação de valor da pessoa, embora os sistemas formais da empresa estejam baseados em cargos e, por decorrência, nas tarefas, atividades ou funções executadas por indivíduos. O problema dessa abordagem é que utilizar o cargo como referência é apoiar-se em uma base movediça, pois o cargo não continua igual no tempo, ou seja, as tarefas e as responsabilidades das pessoas estão em constante alteração. É necessário um padrão estável no tempo. Esse padrão é a complexidade das entregas esperadas da pessoa. Mesmo que essas entregas mudem, o que importa é o grau de sua complexidade. O grau é estável no tempo e pode ser transformado em uma base métrica sólida.

A importância de destacar as práticas de carreira e remuneração nas empresas e os conceitos subjacentes a essas práticas permitem a compreensão mais profunda da gestão de pessoas pelas empresas. Tem sido difícil discutir carreira nas empresas, porque há imediata associação entre carreira e remuneração. Essa associação não é infundada, como foi visto, por isso, torna-se necessário obter referenciais que permitam olhar para a realidade da empresa com maior profundidade e construir formas de intervenção e ação sobre essa realidade; que permitam à organização vislumbrar contribuições efetivas para seu desenvolvimento; que permitam às pessoas uma visão mais nítida de alternativas concretas para o seu crescimento profissional.

Quando se olha para as tendências sobre a gestão de carreiras, visualizam-se transformações importantes para os próximos anos. Ao considerar os avanços da tecnologia, particularmente a convergência de tecnologia de comunicação e informação e o barateamento das comunicações, associados às transformações na demografia brasileira, haverá crescente valorização da carreira subjetiva, em detrimento da carreira objetiva. A carreira objetiva é observável a partir da escolhas profissionais efetuadas pelos sujeitos e é materializada no conjunto de atribuições e responsabilidades por elas assumido. A carreira subjetiva é caracterizada por valores, atitudes e motivações que fazem com que as pessoas efetuem suas escolhas profissionais. Nem sempre é fácil perceber a carreira subjetiva.

A valorização da carreira subjetiva pode ocorrer pelos seguintes motivos:

- Possibilidade do trabalho à distância, gerando necessidade de repensar remuneração, desenvolvimento, carreira, vínculos, etc..
- Carreira da família, quando várias gerações da família estão, ao mesmo tempo, no mercado de trabalho.
- Mobilidade para diferentes partes do globo e escolha de diferentes locais para viver e trabalhar.

○ QUESTÕES PARA REFLEXÃO

1. No processo de conciliação de interesses entre as pessoas e a organização, qual é o papel das pessoas e qual é o papel da empresa? Procure avaliar como esses papéis estão estabelecidos na empresa onde você atua ou em uma empresa do seu conhecimento.
2. Qual pode ser a contribuição da gestão de carreira para compreender a gestão de pessoas na organização moderna?
3. Como você analisa a evolução da gestão de carreiras na sociedade moderna?

○ REFERÊNCIAS

ARTHUR, M. *The new careers*: individual action and economic change. London: Sage, 1999.

BOULTER, N. Developing the leaders of tomorrow at Unilever. In: BOULTER, N.; DALZIER, M.; HILL, J. *People and competencies*: the route to competitive advantage. London: Hay/McBer, 1992.

BOYATZIS, R. E. *The competent management*: a model for effective performance. Nova York: Wiley & Sons, 1982.

BRAVERMAN, H. *Labor and monopoly capital*: the degradation of work in the twentieth century. New York: Monthly Review Press, 1974.

BREWSTER, C.; HEGEWISCH, A. *Human resource management in Europe*: issues and opportunities in policy and practice in European human resource management. London, UK: Routlegde, 1994.

CASADO, T. *Tipos psicológicos*: uma proposta de instrumento para diagnóstico do potencial humano nas organizações. 1998. Tese (Doutorado em Administração) - FEA-USP, São Paulo, 1998.

DALTON, G.; THOMPSON, P. *Novations*: strategies for career management. Provo, Utah: Ed. dos Autores, 1993.

DERR, C. B. *Managing the new careerists*. San Francisco: Jossey-Bass, 1988.

DUTRA, J. S. *Administração de carreira*. São Paulo: Atlas, 1996.

DUTRA, J. S.; HIPÓLITO, J. A.; SILVA, C. M. Personnel management through competences: the case of a company in the telecommunications sector. In: INTERNACIONAL RESEARCH SYMPOSIUM ON PUBLIC SERVICES MANAGEMENT, 3., 1999, Birmingham, UK. *Proceedings*. Birmingham, UK: Aston Business School, 1999.

FISCHER, A. L. Um resgate conceitual e histórico dos modelos de gestão de pessoas. In: FLEURY, M. T. L. et al. *As pessoas na organização*. São Paulo: Atlas, 2002.

FLEURY, A.; FLEURY, M. T. L. *Estratégias empresariais e formação de competências*. São Paulo: Atlas, 2000.

FLEURY, M. T.; FISCHER, R. M. Relações de trabalho e políticas de gestão: uma história das questões atuais. *Revista de Administração da USP*, v. 27, n. 4, p. 5-15, 1992.

FRIDMANN, G. *Le travail en miettes spécialisation et loisirs*. Paris: Éditions Gallimard, 1964.

GORZ, A. *Critique de la division du travail*. Paris: Éditions du Seuil, 1973.

GUNS, H.; PEIPERL, M. *Handbook of career studies*. Los Angeles, California: Sage, 2007.

GUTTERIDGE, T. G. Organizational career development systems: the state of the practice. In: HALL, D. T. *Career development in organizations*. San Francisco, California: Jossey-Bass, 1986.

HALL, D. T. *Career in and out of organizations*. Thousand Oaks, Califórnia: Sage, 2002.

HIPÓLITO, J. A. *Administração salarial*: a remuneração por competência como diferencial competitivo. São Paulo: Atlas, 2001.

HIRATA, H. et al. *Alternativas sueca, italiana, japonesa ao paradigma fordista*: elementos para uma discussão sobre o caso brasileiro. São Paulo: Instituto de Estudos Avançados da USP, 1991.

IBARRA, H. *Working identity*: unconventional strategies for reinventing your career. Boston, Massachusetts: Harvard Business School Press, 2003.

JAQUES, E. *Equitable payment*: a general theory of work, differential payment and industrial progress. London, UK: Pelican Books, 1967.

JAQUES, E. In praise of hierarchy. *Harvard Business Review*, v. 68, n. 2, p. 73-93, 1990.

JAQUES, E. *Requisite organization*. Arlington, USA: Cason, 1988.

JAQUES, E.; CASON, Kathryn. *Human capability*. Falls Church: Cason, 1994.

LAWLER III, E. Competencies: a poor foundation for the new pay. *Compensation and Benefits Review*, v. 8, n. 6, p. 20-26, 1996.

LAWLER III, E. E. Pay de person, not the job. *Industry Week*, p. 19-24, 1992.

LAWLER III, E. E. *Strategic pay*: aligning organizational strategies and pay systems. San Francisco: Jossey-Bass, 1990.

LE BOTERF, G. *Construire les compétences individuelles et collectives*. Paris: Éditions d' Organisation, 2001.

LE BOTERF, G. *De la compétence*: essi sur um attracteur etrange. Paris, France: Éditions d' Organisation, 1995.

LE BOTERF, G. *Desenvolvendo a competência dos profissionais*. Porto Alegre: Artmed, 2003.

LE BOTERF, G. *L' ingénierie des compétences*. Paris: Éditions d' Organisation, 2000.

LONDON, M.; STUMPH, S. *Managing careers*. Massachusetts: Addison-Wesley, 1982.

MAINIERO, L. A.; SULLIVAN, S. E. *The opt revolt*: why people are leaving companies to create kaleidoscope careers. California: Davies-Black, 2006.

MARTINS, H. T. *Gestão de Carreiras na era do conhecimento*. Rio de Janeiro: Qualitymark, 2001.

MCCLELLAND, D. C. Testing for competence rather than intelligence. *American Psychologist*, v. 28, n. 1, p. 1-14, 1973.

MCLAGAN, P. Competencies: the next generation. *Training and Development*, v. 51, p. 40-47, 1997.

MORISON, R., ERICKSON, T.; DYCHTWALD, K. A crise da meia carreira. *Harvard Business Review*, p. 48-57, mar. 2006.

PARRY, S. B. The quest for competencies. *Training*, v. 33, n. 7, p. 48-54, 1996.

QUISHIDA, A. *Adaptação à transição de carreira na meia idade*: um estudo exploratório sob o enfoque do lócus de controle. 2007 Dissertação (Mestrado em Administração) - FEA-USP, São Paulo, 2007.

ROBOTTOM, R. W.; BILLIS, D. *Organizational design*: the worklevels approach. Cambridge: Gower, 1987.

ROTHWELL, W.; KAZANAS, H. C. *Strategic human resources and management*. New Jersey: Prentice Hall, 1988.

RUAS, R. *Gestão das competências gerenciais e a aprendizagem nas organizações*. 2002. Documento preliminar preparado como material de apoio aos Cursos de Extensão do Programa de Pós-Graduação e Pesquisas em Administração da UFRGS.

SAVIOLI, N. *Carreira manual do proprietário*. São Paulo: Qualitymark, 1991.

SCHEIN, E. H. *Career anchors*: discovering your real values. California: University Associates, 1990.

SCHEIN, E. H. *Career dynamics*: matching individual and organizational needs. Massachusetts: Addison-Wesley, 1978.

SPENCER, L. M. Jr.; SPENCER, S. M. *Competence at work: models for superior performance*. Nova York: John Wiley, 1993.

STAMP, G. *Key relationship appreciation*. 1994b. Documento interno da Bioss – Brunel Institute of Organization and Social Studies.

STAMP, G. *Making the most of human capital for competitive advantage*. 1994a. Documento interno da Bioss – Brunel Institute of Organization and Social Studies.

STAMP, G. The essence of levels of work. 1993b. Documento interno da Bioss – Brunel Institute of Organization and Social Studies.

STAMP, G. The individual, the organizational and the path to mutual appreciation. *Personnel Management*, v. 21, p. 1-7, 1989.

STAMP, G.; STAMP, C. Wellbeing at work: aligning purposes, people, strategies and structure. *The International Journal of Career Management*, v. 5, n. 3, p. 2-36, 1993a.

ULRICH, D. *Human resource champions*: the nest agenda for assing value and delivering results. Boston, Massachusetts: Harvard Business School Press, 1997.

WOODRUFFE, C. Competent by any other name. *Personnel Management*, p. 30-33, 1991.

ZARIFIAN, P. *A gestão da e pela competência*. Rio de Janeiro: Ciet, 1996. Material de apoio ao Seminário Internacional Educação Profissional, Trabalho e Competência.

ZARIFIAN, P. *Objetivo competência*: por uma nova lógica. São Paulo: Atlas, 2001.

○ SUGESTÕES DE *SITES* SOBRE O TEMA

www.algosobre.com.br/carreira/

www.artigos.com/artigos/sociais/administraçao/marketing-epropaganda/paradigmas-e-a-gestão-de-carreira-1872/artigo/

www.blogs.universia.com.br/carreira/categorygesto-de-carreira

www.vocesa.abril.com.br

Lisiane Quadrado Closs
Claudia Simone Antonello

17

AMPLIANDO AS FRONTEIRAS DA EDUCAÇÃO GERENCIAL
é possível uma reflexão crítica?

OBJETIVOS DO CAPÍTULO

- Abordar algumas perspectivas teóricas para a compreensão do processo de aprendizagem gerencial.
- Analisar uma síntese de resultados de pesquisas recentes desenvolvidos no Brasil que buscaram responder à questão "como os gerentes aprendem".
- Suscitar debates sobre a importância do papel da reflexão e da reflexão crítica para os processos de aprendizagem de gestores no contexto contemporâneo.

RESUMO

Este capítulo constitui-se de: (a) uma revisão teórica sobre a aprendizagem de adultos e gerencial; (b) apresentação de dados obtidos a partir de levantamento de pesquisas empíricas desenvolvidas por pesquisadores brasileiros, entre 2000 e 2006, que buscaram investigar como ocorrem os processos de aprendizagem gerenciais; (c) a apresentação de recente estudo desenvolvido acerca do tema, utilizando a abordagem da história de vida; e (d) a realização de uma análise comparativa dos resultados obtidos nestes estudos. A partir da sistematização e análise dos achados destaca-se, principalmente, a importância do papel da reflexão e da reflexão crítica no processo de aprendizagem gerencial, dentre outros achados. Por fim, busca-se instigar a discussão acerca da educação gerencial, uma vez que os desafios atuais requerem novos questionamentos, alternativas e perspectivas.

○ INTRODUÇÃO

Face à desordem e à incerteza do mundo atual, à saturação de informações, às incessantes mudanças tecnológicas e transformações sociais, a necessidade de aprendizagem constante por parte de gestores torna-se inquestionável, pois a capacidade de aprender e reformular pensamentos é vital em um ambiente dinâmico, que exige frequentes inovações. Percebe-se uma crescente pressão sobre estes profissionais que, supostamente, devem "saber o que está e deveria estar acontecendo" (Brooks, 2004, p. 211), para que encontrem respostas aos desafios complexos apresentados pelo mundo contemporâneo.

A busca de soluções, alternativas e novas perspectivas, por sua vez, requer aprendizagens passíveis de serem favorecidas tanto pela educação formal como por processos informais, envolvendo experiências vivenciadas no ambiente familiar, profissional, social, entre outros. Nesse sentido, considera-se que a aprendizagem sob a perspectiva individual e a aprendizagem como processo social sejam complementares. A perspectiva individual possibilita visualizar como ocorrem os processos de aprendizagem nos indivíduos; a ótica social permite perceber não só a importância do papel da interação dos indivíduos nos seus processos de aprendizagem, mas também a importante influência do contexto em que esse indivíduo se insere e interage.

O conceito de aprendizagem pode ser definido de várias maneiras, dependendo dos aspectos da aprendizagem que cada teoria enfatiza. Muitos autores a concebem como um processo que envolve uma mudança relativamente permanente em comportamento ou em comportamento potencial, como resultado da experiência (Maier; Prange; Rosenstiel, 2001; Merriam; Caffarela, 1999). Algumas aprendizagens, no entanto, não são necessariamente práticas ou experienciais. Embora frequentemente provocadas por uma experiência, elas podem ser desencadeadas por processos internos, como autorreflexão, exploração ou intuição (Cranton, 2006). Assim, neste estudo, entende-se a aprendizagem como um processo que ocorre nos indivíduos, desencadeado por experiências ou por processos internos, envolvendo uma mudança relativamente permanente em comportamento ou em comportamento potencial.

Apesar da relevância de se procurar compreender como ocorrem os processos de aprendizagem de gestores na atualidade, não é possível identificar muitos estudos acerca do tema no Brasil e, tampouco, sistematizações dos seus resultados. O objetivo deste capítulo é, portanto, buscar consolidar os dados de pesquisas brasileiras sobre 'como ocorrem os processos de aprendizagem gerencial', destacando seus principais achados e suscitando novos debates acerca do tema. Embora as investigações não tragam resultados conclusivos, ressalta-se a importância do papel da reflexão e da reflexão crítica para a aprendizagem gerencial, entre outros aspectos identificados nos estudos.

O capítulo aqui apresentado compreende: (a) uma revisão teórica sobre a aprendizagem de adultos e gerencial; (b) dados obtidos a partir de levantamento de pesquisas empíricas desenvolvidas por pesquisadores brasileiros, entre 2000 e 2006, que buscaram investigar como ocorrem os processos de aprendizagem gerenciais; (c) a apresentação de recente estudo desenvolvido acerca do tema, utilizando a abordagem da história de vida; (d) a realização de uma análise comparativa dos resultados deste estudo com os de pesquisas anteriores; e, por fim, as considerações finais do capítulo.

1 • APRENDIZAGEM DE ADULTOS

Uma vez que este estudo visa aprofundar a compreensão sobre a aprendizagem de gestores, considera-se oportuna uma revisão da literatura que trata especificamente sobre os aprendizes adultos, concebidos como:

> [...] maduros, indivíduos socialmente responsáveis que participam em atividades informais ou formais que os conduzem a adquirir novos conhecimentos, habilidades ou valores; elaborar conhecimen-

tos, habilidade e valores existentes; revisar suas crenças e suposições básicas; ou modificar o modo de ver alguns aspectos de si próprios ou do mundo a sua volta (Cranton, 2006, p. 2).

Entre os componentes identificados que se destacam em revisões de literatura sobre a aprendizagem de adultos, encontram-se alguns dos aspectos, discutidos a seguir, relevantes para este estudo, e que aparecem frequentemente interligados.

• 1.1 • a) Caráter voluntário da aprendizagem

O primeiro aspecto identificado na literatura sobre aprendizagem de adultos – seu caráter voluntário – é controverso. Supondo-se que haja desejo de desenvolvimento pessoal ou profissional, assume-se que haja alta motivação e interesse no conteúdo. Entretanto, eventualmente, as pessoas podem se engajar em atividades de desenvolvimento profissionais por se sentirem obrigadas a fazê-lo e não por interesse intrínseco em aprender algo. Mesmo assim, o educador e/ou as atividades de ensino-aprendizagem podem despertar sua atenção e seu desejo de aprender, desencadeando um processo de aprendizagem. De modo inverso, uma pessoa que queira aprender pode ser desestimulada por inúmeros fatores passíveis de bloquear o processo de aprendizagem (Cranton, 2006).

• 1.2 • b) Aprendizagem autodirigida/autônoma

O fenômeno da aprendizagem autodirigida recebe considerável atenção na literatura sobre aprendizagem de adultos, sendo que muitos autores afirmam ser esta uma habilidade que a sociedade complexa, em rápida mudança e desenvolvimento tecnológico, requer dos adultos (Oddi, 1987). Knowles (1975) sugere que adultos preferem aprendizagens autodirigidas, concebendo-as como o processo no qual a responsabilidade primária pelo planejamento, pela condução e pela avaliação do próprio aprendizado é assumida pelo aprendiz. Ter preferência por aprendizagens autodirigidas, no entanto, não implica a possibilidade de presumir que aprendizes adultos sejam efetivamente autodirigidos; tampouco representa um modo independente e isolado de aprendizagem, confusões encontradas na literatura sobre o tema (Cranton, 2006).

Estar no controle do processo da própria aprendizagem, segundo Brookfield (1993), implica fazer escolhas esclarecidas, agir refletidamente em direção aos próprios interesses. Exercer controle com base em informações limitadas e alternativas não examinadas é, assim, uma forma ilusória e distorcida de controle. O autor sugere, no entanto, a possibilidade de utilizar a ideia da aprendizagem autodirigida sob a ótica crítica, como um importante elemento na reconstrução da prática de educação de adultos.

• 1.3 • c) Natureza prática ou experiencial da aprendizagem

A proposta de que a aprendizagem deve ser prática e baseada na experiência é defendida por vários autores, originando-se da integração das perspectivas do pragmatismo filosófico de Dewey, da psicologia social de Lewin e da epistemologia genética de Piaget (Cranton, 2006). Sob a ótica desses autores, o aprendizado ocorre mediante a interação entre indivíduo e meio ambiente, sendo um processo de tensão e conflito que envolve experiências concretas, ação e reflexão; a aprendizagem é um processo dinâmico que gera revisões permanentes dos conceitos aprendidos. O conhecimento é criado a partir da transformação da experiência (Antonello, 2005). A aprendizagem, sob a visão de Dewey, resulta de um processo contínuo de crescimento, como parte do desenvolvimento da vida do adulto, envolvendo tanto ações como cognição, uma vez que a ação sem cognição tem pouco valor para a aprendizagem. Refletir e pensar intencionalmente, com um objetivo em mente, torna-se um contínuo no sentido de desvendar conexões entre as ações e as consequências delas resultantes (Antonello, 2005).

Apresentadas algumas das características essenciais encontradas na literatura sobre a aprendizagem de adultos, na seção seguinte, exploram-se as contribuições oriundas do campo teórico da aprendizagem gerencial abordando a aprendizagem de gestores em contexto formal e a aprendizagem como um processo social, a qual enfatiza a aprendizagem do dia a dia de gestores, em contextos não formais de aprendizagem.

2 • APRENDIZAGEM GERENCIAL SOB O ENFOQUE DA EDUCAÇÃO

Diversos autores destacam o papel central da aprendizagem individual para a aprendizagem nas organizações (Argyryris; Schön, 1996; Kim, 1998; Kolb, 1997; Swieringa; Wierdsma, 1995; Senge, 1990). O grande diferencial de pessoas e organizações, segundo Kolb (1997), é sua capacidade de aprender. Para Swieringa e Wierdsma (1995), a aprendizagem organizacional ocorre por meio de criações e mudanças provocadas pelas pessoas, iniciando-se pelos gerentes. Tais afirmações exemplificam a relevância da aprendizagem gerencial para a corrente de estudos sobre a aprendizagem organizacional.

Alguns dos caminhos encontrados pelos gestores para buscar novas aprendizagens é através da educação formal, pela realização de cursos, pela participação em *workshops* e eventos, dentre outras atividades. Na busca para a colocação profissional, os programas de MBA (*Master in Business Administration* – voltados para a educação gerencial) são apresentados como uma via para um mundo globalizado e com muitas oportunidades para os mais qualificados (Wood; Paula, 2004). Diversas críticas, no entanto, vêm alvejando o ensino em administração e as aprendizagens possibilitadas por seus programas, fundamentadas nas diferentes visões sobre o papel dos gestores anteriormente apresentadas.

As correntes que criticam a educação em administração podem ser aglutinadas em dois grandes grupos. Um representa a corrente que questiona a eficácia dos programas, acusando-os de não capacitar para a gestão, embora façam crer que capacitem, ela origina-se, principalmente, nos estudos de Henry Mintzberg. O autor propõe um modelo alternativo aos programas de MBA, cujos pilares são a utilização da experiência profissional dos estudantes; a vivência internacional; e o uso de uma pedagogia que envolva grande interação entre estudantes e disposição física especial para as salas de aula (Wood; Paula, 2004).

O segundo grupo é representado por autores filiados aos *Critical Management Studies* (estudos críticos do *management*), envolvendo o tratamento e combate dos seguintes temas, sintetizados por Paula e Rodrigues (2006), a partir da visão de seus principais idealizadores (Alvesson; Deetz, 1996; Alvesson; Willmott, 1992, 1993): a) a ideia de que as organizações são necessárias, naturais, racionais e autoevidentes e, não, fruto de um complexo processo sócio-histórico; b) a visão de que os interesses administrativos são universais e de que não há interesses conflitantes; c) o domínio da instrumentalidade e da competição no imaginário organizacional.

Outros problemas apontados pelos estudos críticos do *management*, sintetizados por Wood e Paes de Paula (2004), a partir de revisão da literatura sobre o tema são: excessiva redução da complexidade dos fenômenos estudados; tendência à acentuação da instrumentalidade, levando estudantes a aprenderem reprodução de técnicas e não realização de diagnósticos; menor efetividade de conteúdos e métodos; reduzido incentivo à autonomia e ao autodidatismo; processo de 'mercadorização' do ensino.

Percebe-se, na corrente inspirada por Mintzberg e colaboradores, a ênfase na aprendizagem experiencial (Kolb, 1997; Schön, 1983), baseada nas vivências dos gestores, além do destaque para a importância das interações no processo de aprendizagem. Essa visão pressupõe que a aprendizagem ocorre somente quando uma pessoa é capaz de refletir sobre suas ações, reorganizando e reconstruindo suas experiências (Antonello, 2005). A segunda corrente crítica, a dos estudos críticos do *management*, salienta a necessidade do desenvolvimento de uma visão crítica e de raciocínio analítico. Ambas as vertentes destacam, portanto, a importância da reflexão para os processos de aprendizagem gerencial, sendo que a segunda corrente valoriza especialmente o papel da reflexão crítica.

A reflexão é concebida por Schön (1983) como um processo que envolve a busca, o teste e a avaliação de entendimentos intrínsecos à experiência, à prática profissional. O mesmo autor assinala que profissionais competentes exibem conhecimento tácito, revelam capacidade para refletir sobre seu conhecimento intuitivo em meio à ação e, utilizam essa capacidade para lidar com as situações práticas que são únicas, incertas, conflituosas. Duas possibilidades de responder a algum elemento surpresa em experiências rotineiras são observadas por Schön (2000): refletindo sobre a ação retrospectivamente, após o fato, ou por meio de uma pausa para pensar no meio da ação, desconectando a reflexão da ação presente; ou pela reflexão-na-ação, refletindo no meio da ação, pensando para dar forma ao que está sendo realizado a fim de interferir na ação em andamento. A reflexão-na-ação torna-se, pois, essencial para lidar com situações problemáticas envolvidas nas práticas de trabalho diário de gestores.

Cunliffe (2004) observa dois modos diferentes de, pela reflexão, dotar uma experiência de sentido. O primeiro é através da 'análise reflexiva', conceito associado ao de aprendizagem em *single-loop* (Argyris; Schön; 1996), uma aprendizagem instrumental que possibilita mudanças de estratégia de ação ou pressupostos sem, no entanto, modificar valores de uma teoria de ação. O conceito de reflexão-na-ação (Schön, 1983), como um processo analítico objetivo pelo qual se constrói o entendimento de uma situação pelo teste de entendimentos intuitivos sobre um fenômeno vivenciado, representa igualmente o conceito de 'análise reflexiva' (Cunliffe, 2004).

O segundo conceito proposto por Cunliffe (2004), o 'questionamento reflexivo crítico', baseia-se no pressuposto que existem realidades construídas, múltiplas e subjetivas, ao contrário da análise crítica, que concebe a existência de uma realidade objetiva. O 'questionamento reflexivo crítico' envolve a exposição de contradições, dúvidas, dilemas, possibilidades; busca iluminar ideologias e pressupostos tácitos. Essa noção pode ser associada à de aprendizagem em *double-loop* (Argyris; Schön, 1996), a qual resulta em mudança nos valores das teorias em uso, em suas estratégias e pressupostos.

A importância da reflexão crítica (realizada pelo questionamento reflexivo crítico) para a educação gerencial é ressaltada por Cunliffe (2004), porque, pensando de modo mais crítico a respeito dos próprios pressupostos e ações, é possível desenvolver maneiras mais colaborativas, responsáveis e éticas para gerir as organizações. A citada autora acredita que a responsabilidade da educação gerencial engloba não apenas tornar os gestores cidadãos mais eficazes nas organizações, mas também auxiliá-los a tornarem-se pensadores críticos e profissionais morais.

Reynolds (1998) destaca igualmente a necessidade de incorporação de uma perspectiva crítica na educação e no desenvolvimento gerencial, dado seu poder societal e global. Ele critica a perspectiva individual dada por Schön e Kolb às suas teorias de aprendizagem experiencial, embora reconheça que, para ambos, a reflexão é um processo mais elaborado do que apenas fazer opções pensadas entre possibilidades de ações disponíveis.

Os aspectos característicos que distinguem a reflexão crítica de outras formas de reflexão para Reynolds (1998) são: a) interesse no questionamento de pressupostos; b) foco social em vez de individual; c) atenção especial à análise de relações de poder. A educação gerencial, quer nas organizações, quer em instituições educacionais, pode auxiliar no exame dos efeitos da história e do contexto na vida profissional dos gestores, desenvolvendo quadros de referência para entender esses processos.

O foco social da reflexão crítica é também ressaltado por outros autores que abordam a temática da educação gerencial (Cunliffe, 2002; Fox; Grey, 2000; Vince, 2002). Qualquer prática reflexiva, segundo Vince (2002), deve contribuir para o questionamento de pressupostos coletivos, revelando as relações de poder nas organizações, tornando-as visíveis e passíveis de mudanças; para trazer à tona ansiedades individuais e coletivas, as quais promovem reações defensivas e resistências a mudanças; para guiar esforços em favor da democracia, sendo a sua ocorrência mais provável se percebida coletivamente do que individualmente.

Cunliffe (2002) sugere que a aprendizagem pode ser favorecida por uma prática reflexiva dialógica, a qual envolve

> [...] o engajamento em diálogo (através da fala ou escrita), consigo próprio/outros/outro para iluminar os pressupostos e ideologias tácitos que subsistem em nossos modos de falar, e explorando como nossas próprias ações, práticas de conversação e modos de dar significados (como gestores, educadores e aprendizes) podem criar e ser sustentados por formas específicas de se relacionar e por relações de poder implícitas ou explícitas (Cunliffe, 2002, p. 57).

Verifica-se, assim, o papel central da reflexão e da reflexão crítica para o processo de aprendizagem gerencial. Embora ambas tenham sido explorados nessa subseção, cujo enfoque é a educação gerencial, os dois conceitos são igualmente essenciais para a aprendizagem como processo social, retratada a seguir.

3 • A APRENDIZAGEM GERENCIAL COMO PROCESSO SOCIAL

Embora a educação formal tenha como objetivo explícito o desencadeamento de aprendizagens, elas ocorrem igualmente na vida cotidiana das pessoas e nas organizações, não sendo um processo totalmente individual. Uma visão alternativa da aprendizagem, que recebe aportes teóricos da sociologia geral e das organizações, a concebe como uma prática social. (Gherardi; Nicolini, 2001; Gherardi; Nicolini; Odella, 1998). Sob essa ótica, as interconexões e trajetórias de participação e prática no mundo social, onde elas adquirem sentido e propiciam *insights* sobre a mútua natureza criativa das relações entre indivíduos, suas práticas de trabalho e seus ambientes em transformação, adquirem papel central (Richter, 1998).

Oriundo da vertente socioconstrucionista, o conceito de participação favorece o estudo da aprendizagem que ocorre na ação e pela ação. Nesse sentido, a prática tanto produz o mundo como é resultado desse processo. Intimamente relacionado ao conceito de participação está o de reflexividade, que ocorre quando os indivíduos refletem sobre o conhecimento experienciado, reavaliando suas visões e, assim, estabelecem a ligação entre o conhecimento na prática e o conhecimento de uma prática (Gherardi; Nicolini, 2001).

A aprendizagem, sob esse enfoque, é um modo de tomar parte no mundo social. A aprendizagem no trabalho, por sua vez, pode ser entendida como "o desenvolvimento de uma nova identidade baseada na participação no sistema de práticas situadas" (Gherardi; Nicolini; Odella, 1998, p. 276).

Para se realizar uma interpretação válida de uma atividade de aprendizagem, é preciso compreender o contexto específico das atividades e das práticas sociais em que ela ocorre, considerando-se o contexto como um produto histórico e social produzido conjuntamente com as atividades que apoia (Gherardi; Nicolini; Odella, 1998). O conhecimento é produzido em conjunto com as situações em que atividades são realizadas. Aprendizagem e cognição são essencialmente situadas, sendo inerentes à prática social (Brown; Collins; Duguid, 1989; Elkjaer, 2001).

Uma das abordagens que enfoca a aprendizagem informal nos espaços de vida organizacional como resultante de atividades relacionadas ao trabalho é a teoria da 'aprendizagem situada', proposta por Lave e Wenger (Antonello, 2005). A aprendizagem, sob essa perspectiva, envolve o relacionamento dinâmico, de dupla via, entre pessoas e sistemas de aprendizagem sociais, nos quais elas participam, combinando transformação pessoal com evolução das estruturas sociais (Wenger, 2000).

Os principais aspectos das modalidades de aprendizagem situada, informal e incidental abordadas nessa seção estão sintetizados no Quadro 6-1 no Capítulo 6 deste livro.

O conhecimento e as atividades, sob a perspectiva da aprendizagem situada, têm sempre um local e um tempo de ocorrência específicos, estão sempre situados dentro de um contexto material, histórico e socioeconômico. Esse contexto emerge das condições colocadas pela própria prática, não sendo preestabelecido, é um processo emergente. O conhecimento advindo dessa aprendizagem é sempre relacional, mediado por artefatos e fundado em um contexto de interação, adquirido através de alguma forma de participação. Ele é continuamente reproduzido e negociado, sendo dinâmico e provisório (Nicolini; Gherardi; Yanow, 2003).

As mudanças na sociedade e nas organizações renovaram o interesse de pesquisadores do campo da Administração sobre a aprendizagem informal, no ambiente de trabalho. Estudos realizados na última década, estimam que entre 60 e 80% da aprendizagem ocorra informalmente nos ambientes de trabalho atuais (Marsick, 2006). A aprendizagem incorpora-se aos indivíduos a partir da necessidade de adquirir conhecimentos e habilidades para atender às constantes novas demandas geradas pela vida em família, pelas atividades de lazer, pelo trabalho.

Em contraste com a aprendizagem formal, cuja ocorrência se dá tipicamente em ambientes altamente estruturados, como salas de aula, a aprendizagem informal acontece como parte das atividades cotidianas exercidas pelos indivíduos. A aprendizagem informal caracteriza-se pelo controle da aprendizagem centrar-se, principalmente, no aprendiz e por ser normalmente intencional, mas não altamente estruturada, podendo ocorrer também no âmbito formal. A aprendizagem incidental está incluída na categoria da aprendizagem informal, definida como um subproduto muitas vezes tácito ou inconsciente da realização de atividades, como cumprimento de tarefas, interações interpessoais, experimentações ou mesmo da aprendizagem formal (Marsick, 2006; Marsick; Watkins, 2001).

Marsick e Watkins (2001) ainda destacam que o uso da tecnologia, especialmente o da Internet, está trazendo mudanças ao ambiente organizacional e impactando a natureza da aprendizagem informal e incidental proporcionada pela sua utilização. A autora alerta que devido à natureza assíncrona das interações facilitadas por essa tecnologia, muito pode ser aprendido incidentalmente pelos aprendizes, sugerindo a necessidade de se explorar a compreensão sobre essa modalidade de aprendizagem informal.

Verifica-se, a partir dos aportes teóricos trazidos nessa seção, a importância de se considerar a aprendizagem como um processo social. A relevância dessa perspectiva da aprendizagem de gestores é corroborada por estudos desenvolvidos por autores brasileiros que estudam a aprendizagem de gestores, conforme apresentado na seção seguinte.

4 • ESTUDOS DESENVOLVIDOS NO BRASIL ACERCA DO PROCESSO DE APRENDIZAGEM GERENCIAL

Nesta seção, apresenta-se a análise de dados obtidos a partir de levantamento de pesquisas empíricas, desenvolvidas no Brasil, que buscaram investigar como ocorrem os processos de aprendizagem de indivíduos que ocupam a função gerencial, ou seja, que tentaram responder à questão 'como os gerentes aprendem'. Consideraram-se, para o levantamento, as publicações realizadas no Brasil entre os anos de 2000 e 2006, encontradas junto à base de teses e dissertações da Capes e selecionadas a partir das palavras-chave aprendizagem e aprendizagem gerencial. Na primeira busca, foram identificados alguns estudos que não disponibilizavam seu texto na íntegra. Procurou-se, então, identificar junto a periódicos e anais de congressos conceito 'A nacionais' artigos que pudessem ser produto destes estudos. Identificou-se apenas um artigo desenvolvido por Silva, Rebelo e Cunha (2006), fruto de pesquisa independente dos autores.

A partir da leitura dos trabalhos selecionados pelo critério especificado, inicialmente realizou-se a análise das questões de pesquisa e dos objetivos propostos em cada um dos estudos sobre aprendizagem gerencial. A seguir, o esforço foi no sentido de identificar a abordagem metodológica utilizada pelos estudos, com o intuito de visualizar os caminhos adotados pelos pesquisadores para conduzir suas investigações sobre o tema. Buscou-se, então, identificar e sintetizar os principais achados de cada um dos trabalhos, destacando-se suas contribuições para o aprofundamento dos estudos no campo da aprendizagem gerencial. O Quadro 17-1 sintetiza os dados coletados a partir destes estudos.

Destaca-se primeiramente o volume reduzido de publicações sobre o tema, dada a sua importância enfatizada anteriormente. Identifica-se que as *abordagens metodológicas* utilizadas nos estudos são todas de natureza qualitativa, evidenciando uma preocupação em considerar a natureza processual do fenômeno da aprendizagem. Os métodos variam entre estudo de caso, fenomenologia hermenêutica e pesquisa qualitativa básica, esta última com variações entre os métodos de análise de dados. Os gerentes, executivos e gerentes-proprietários pesquisados atuam em organizações de diferentes segmentos, lotados em estados da região sudeste e sul do país; apenas um dos estudos foca gerentes de outro país.

Retrata-se a seguir alguns dos principais achados dessas pesquisas. Inicialmente, identifica-se a importância dos contextos informais de aprendizagem e das experiências vivenciadas, não apenas no ambiente organizacional, considerados fundamentais para o processo de aprendizagem em todos os estudos. Aspectos relacionados à reflexão são também constantes nos trabalhos. Gottwald (2001) coloca que a cultura organizacional é aprendida por reflexão e assimilação e que os gestores pesquisados tendem a refletir mais após as ações, mas não criticamente. Bitencourt (2001), por outro lado, percebe a importância da reflexão na ação para os gestores, por meio de questionamentos constantes e da busca de melhorias contínuas. Silva, Rebelo e Cunha (2006) verificam a presença da reflexão crítica nas ações dos sócios-proprietários estudados e a capacidade de refletirem na ação como uma das características marcantes em seu processo de transformação. Moraes (2000), Lucena (2001) e Antonello (2004a) destacam ainda o papel da reflexão como forma de aprendizagem.

Quanto ao caráter formal da aprendizagem, Gottwald (2001) observa que programas de treinamento na organização contribuem pouco para a aprendizagem. Leite, Godoy e Antonello (2006), entretanto, identificam o treinamento explícito como uma das formas de aprender usadas pelos gestores. Conforme Grohmann (2004), a educação formal teve como principais reflexos na aprendizagem alguma ampliação em suas habilidades e valorização de outras, aquisição de novos conhecimentos, mas poucas mudanças de atitude. Entre as situações significativas para a sua formação e desenvolvimento, Bitencourt (2004) identifica o papel da universidade. Silva, Rebelo e Cunha (2006) percebem o papel da escola entre as dimensões de experiências vividas que influenciaram a aprendizagem dos sócios-gerentes.

Roglio (2006) visualiza o MBA Executivo como uma opção concreta para proporcionar o exercício sistemático e continuado da prática re-

QUADRO 17-1
Estudos sobre aprendizagem gerencial realizados por pesquisadores brasileiros entre 2000 e 2006

Autor/ano – Tipo de trabalho – Objetivo do estudo Abordagem metodológica	Principais achados
Moraes (2000) – Dissertação UFSC Investigar o processo de aprendizagem de gerentes em organizações hospitalares **Abordagem metodológica**: Estudo de caso qualitativo	• Aprendizagem gerencial é um processo dinâmico, ocorre ao longo da trajetória, com ajustes em estágios de transição, dependendo das demandas e dos desafios do trabalho e das dimensões: **individual** (história de vida e padrões culturais e psicológicos), do **trabalho** (a organização, sua cultura e as interações entre membros) e **social** (aspectos políticos, econômicos e sociais que influenciam as atividades da organização e a ação do indivíduo). • Aprendizagem dos executivos transcende a classificação formal e informal; maior parte das aprendizagens foi incidental. • Formas de aprendizagem: projetos de aprendizagem, compartilhar relacionamentos, atualização profissional, reflexão, observação, ação e mudança de consciência (central por contribuir para atualizar a estratégia empresarial e a transformação pessoal).
Gottwald (2001) – Dissertação UFSC Compreender o processo de aprendizagem de **executivos** da VW/Audi **Abordagem metodológica:** Estudo de caso qualitativo	• O que mais propicia aprendizagem são contextos informais (responsabilidades novas e confrontos com contextos desconhecidos). • Treinamentos de caráter formal contribuem pouco para a aprendizagem. • Relacionamentos com time são importantes para a aprendizagem. • Cultura organizacional é aprendida por reflexão e assimilação; especialmente por vivência na matriz. • Organização responsável pela maioria das intenções de aprendizagem. • Tendem a refletir mais após ações (como forma de aprendizagem) mas não refletem criticamente. • Ambiente com liberdade para tomada de ações e decisões favorece a aprendizagem.
Possamai (2005) – Tese UFSC Compreender o processo da aprendizagem de executivos de uma empresa e sua relação com a cultura da organização **Abordagem pesquisa:** qualitativa básica	• Aprendizagem dos executivos ocorre no ambiente de trabalho, implementando mudanças de ordem técnica e comportamental. • A aprendizagem é eminentemente informal, autodirecionada, continuada, com foco no diariamente e estreitamente ligado à cultura da organização.
Lucena (2001) – Tese UFSC Compreender a natureza da aprendizagem de **gerentes-proprietários** do setor de varejo de vestuário de Florianópolis – **Abordagem pesquisa:** Qualitativa básica	• Motivados a aprender devido às demandas do trabalho (enfrentar concorrência, superar adversidades do negócio, necessidades de adquirir certos conhecimentos); por casualidades e para obter recompensas em suas atividades. • Aprendiam por meio de relacionamentos sociais (com determinados familiares, sócios, colegas). • A maior parcela da aprendizagem profissional derivava da prática e da reflexão em questões de trabalho. • Os aprendizes eram influenciados pela mídia e pelo contexto de trabalho. • Os conteúdos assimilados compreendiam o nível individual, assim como o organizacional.

QUADRO 17-1
Estudos sobre aprendizagem gerencial realizados por pesquisadores brasileiros entre 2000 e 2006 (*Continuação*)

Autor/ano – Tipo de trabalho – Objetivo do estudo Abordagem metodológica	Principais achados
Cunha (2003) – Tese UFSC Compreender as experiências vividas de gerentes, em uma empresa do ramo de alimentos, situada no estado do RS, com relação às mudanças organizacionais. **Abordagem metodológica:** Fenomenologia hermenêutica	• Gerentes precisam atuar como facilitadores de mudanças, envolvendo capacidade de influenciar, favorecer motivação e autoconfiança; ter visão abrangente, dividir responsabilidades e compartilhar poder. • Medo, especialmente em situações de instabilidade, de ser incapaz de corresponder às novas demandas, adquirir novos comportamentos. • Importância da inclusão de objetivos pessoais aos organizacionais. • Experiência de mudança provoca crescimento preparando-os para enfrentar diversas situações. • Valorização de relacionamentos interpessoais. • Questionar práticas revela-se importante; escolhas implicam assumir responsabilidades, perdas e riscos. • Importância do trabalho realizado em equipe. • Oportunidade de conhecer aos outros e a si próprio. • Mudança envolve aprendizado contínuo; autoconsciência.
Grohmann (2004) – Tese UFSC Compreender qual o impacto que a educação formal, através de um curso de pós-graduação, tem no processo de aprendizagem gerencial **Abordagem metodológica:** fenomenologia hermenêutica	• Principais formas utilizadas para aprendizagem no curso: ler e estudar, ouvir professores e debates; aprenderam a dar maior valor às habilidades técnicas e descobriram novos conhecimentos voltados às tarefas. • Educação formal teve como principais reflexos na aprendizagem: alguma ampliação em suas habilidades e valorização de outras; aquisição de novos conhecimentos (principalmente voltados às tarefas); e poucas mudanças de atitude. Os gerentes: • Aprenderam por motivos pessoais e profissionais. • Utilizam diferentes formas de aprendizagem, destaque para aprendizagem através da ação, seguido dos relacionamentos sociais. • Aprenderam a importância das habilidades humanas e de conhecimentos voltados para relacionamentos. • Fizeram curso para adquirir melhores conhecimentos para atividade profissional e pela vontade de aprender.
Roglio (2006) – Tese UFSC Desenvolver o conceito de executivo reflexivo e identificar de que forma programas de MBA Executivo influenciam o desenvolvimento de executivos reflexivos. **Abordagem metodológica**: Estudo de caso qualitativo	• A prática reflexiva é formada pelas inter-relações entre o pensamento conectivo, o pensamento crítico e o pensamento introspectivo; essa prática estimula o processo de aprendizagem do executivo; no seu processo decisório, a aprendizagem gerada pela prática reflexiva promove a criação de uma configuração organizacional equilibrada, que concilia a visão organizacional estratégica com a dinâmica das relações interpessoais e a eficácia dos processos organizacionais. • Lacuna entre o reconhecimento da relevância da prática reflexiva e a sua aplicação nos processos decisórios. Por isso, foram identificadas possibilidades para o exercício da prática reflexiva, que possibilitam ao executivo fazer a escolha consciente de incorporar a prática reflexiva ao seu processo decisório e compartilhar a aprendizagem resultante em toda a organização. • MBA Executivo se configura como uma opção concreta para difundir o conceito de executivo reflexivo e proporcionar o exercício sistemático e continuado da prática reflexiva. Elementos relevantes para o desenvolvimento dessa prática nesses programas: atuação dos professores como profissionais reflexivos; metodologias educacionais baseadas na interação entre experiências primárias e secundárias; a ênfase sobre o processo de compartilhar experiências e dialogar sobre elas; as equipes de aprendizagem.

QUADRO 17-1
Estudos sobre aprendizagem gerencial realizados por pesquisadores brasileiros entre 2000 e 2006 (*Continuação*)

Autor/ano – Tipo de trabalho – Objetivo do estudo Abordagem metodológica	Principais achados
Silva, Rebelo e Cunha (2006) – Artigo Enanpad Compreender o processo de aprendizagem sob a perspectiva da experiência vivida – como ocorreu o processo de transformação da passagem de empregados a dirigentes vivenciado por dois sócios-proprietários. **Abordagem metodológica:** Fonomenologia Hermenêutica	• Existência de cinco dimensões de experiências vividas que influenciaram a aprendizagem: a família, a escola, a comunidade, a vida como empregado e a vida como gerente. • Esses fatores contribuem para o desenvolvimento das habilidades e atitudes necessárias no processo de aprendizagem gerencial, direcionando decisões e ações dos gerentes durante sua vida. • No processo de aprendizagem houve uma transformação nas perspectivas de significados e esquemas. • Processo de reflexão crítica esteve presente nas ações dos gerentes; uma das características marcantes do processo de transformação foi a capacidade de ambos realizarem a "reflexão-na-ação". • Influência marcante dos valores de base, centrados na família.
Bitencourt (2001) – Tese PPGA/ UFRGS Identificar e caracterizar a gestão de competências gerenciais e analisar a contribuição de elementos de Aprendizagem Organizacional neste processo, tomando-se por base a investigação e exploração de práticas de gestão em organizações do RS/Brasil e Queensland/ Austrália. **Abordagem metodológica:** Estudo de caso qualitativo	• Importância das práticas informais e experiências que envolvem outros ambientes, não apenas o organizacional. • Importância da construção de uma consciência social. • Elementos que dificultam desenvolvimento de competências: volume de trabalho e burocracia do sistema; abstração e excesso de planejamento x ação. • Situações significativas para formação e desenvolvimento: autodesenvolvimento; relacionamento interpessoal; desafios; satisfação social; experiência voltada a modelos de liderança; práticas do dia a dia; vivência no exterior; papel da universidade; sistemas de gestão e projetos que estimulam a visão processual e a equipe multifuncional; importância da família. • Importância da reflexão em ação (questionamento constante, busca de melhorias contínuas).
Antonello (2004a) – Tese PPGA/ UFRGS Identificar e analisar a contribuição de processos de aprendizagem coletivos formais e informais no desenvolvimento de competências gerenciais, a partir das percepções **de participantes** de programas de especialização e mestrado profissional em administração realizados no âmbito da UFRGS. **Abordagem pesquisa:** Exploratória, longitudinal, *grounded theory*	• Resultados destacam a importância das práticas de trabalho e a possibilidade de sua articulação aos cursos de formação gerencial no desenvolvimento de competências numa dimensão individual e coletiva, a partir da abordagem da aprendizagem experiencial. • Aprendizagem formal e informal estão indissoluvelmente inter-relacionadas. • Desenvolvimento de competências a partir de seis elementos: reflexão; diálogo; autodesenvolvimento; aprendizagem experiencial; significado do trabalho; espaço organizacional de aprendizagem. • Importância dos microprocessos de aprendizagem e das interações dos indivíduos nos pequenos grupos para compreensão da articulação entre os níveis individual e organizacional de aprendizagem.

QUADRO 17-1
Estudos sobre aprendizagem gerencial realizados por pesquisadores brasileiros entre 2000 e 2006 (*Continuação*)

Autor/ano – Tipo de trabalho – Objetivo do estudo Abordagem metodológica	Principais achados
Abordagem metodológica	• Aprendem habilidades gerenciais com experiências vivenciadas, não apenas as marcantes, mas também em atividades corriqueiras. • Desafios forçam gerentes a experimentar novos comportamentos e consequências, levando ao aprendizado pela experiência. • Entre as formas de aprender pela experiência destacam-se a observação, experiências contadas por outros e a aprendizagem por tentativa e erro, o que pode implicar o comprometimento da inovação e da criatividade na busca de alternativas para a solução de problemas; foram enfatizadas ainda a trajetória profissional em cargos diferentes e o treinamento explícito. • As principais fontes de aprendizagem incluem a família, representada pelo pai, os colegas de trabalho e superiores hierárquicos.

Fonte: Elaborado pelas autoras a partir de levantamento de publicações nacionais.

flexiva. Antonello (2004a) ressalta a possibilidade de articulação das práticas de trabalho aos cursos de formação gerencial, salientando que aprendizagem formal e informal estão indissoluvelmente articuladas. A maior parte das aprendizagens encontradas por Moraes (2000) foram incidentais, transcendendo a classificação formal e informal.

Dados os principais achados de pesquisa trazidas pelos trabalhos envolvendo a aprendizagem de gestores, verifica-se que o processo reflexivo tem importância reconhecida no campo gerencial, aparecendo em todas as investigações. O processo de reflexão crítica, entretanto, evidenciou-se em apenas um dos estudos (Silva; Rebelo; Cunha, 2006), confirmando que uma perspectiva mais crítica na aprendizagem de gestores raramente atinge o meio gerencial ou a educação de gestores (Reynolds, 1998). No entanto, a investigação sobre o papel da reflexão e a influência da reflexão crítica para a aprendizagem, além da necessidade de desenvolvimento de uma consciência social e de mudança de consciência proporcionados pela reflexão crítica, foram sugeridas nos estudos de Grohmann (2004) e Moraes (2000), denotando a relevância de integrar essa perspectiva à educação gerencial.

Sintetizados os principais achados de pesquisas realizadas visando compreender a temática da aprendizagem gerencial, apresenta-se, a seguir, estudo desenvolvido acerca do tema, utilizando a abordagem metodológica de história de vida.

5 • PESQUISA REALIZADA A PARTIR DA ABORDAGEM METODOLÓGICA DE HISTÓRIA DE VIDA

Este estudo, realizado em 2008, teve como questão norteadora: *Como ocorrem os processos de aprendizagem de gestores frente às transformações vivenciadas no contexto contemporâneo?* A compreensão de 'como' ocorrem os processos de aprendizagem de gestores requereu a realização de uma pesquisa de caráter qualitativo, cuja orientação é responder às indagações que buscam entender como experiências sociais são criadas e dotadas de sentido (Denzin; Lincoln, 2005). A técnica da história de vida foi adotada considerando esta estratégia metodológica favorecedora do estudo de processos de aprendizagem gerencial, por possibilitar a contextualização pessoal, histórica, social, institucional e/ou política das narrativas (Denzin, 1989). O uso do método de história de vida demanda muito tempo, por isto, no estudo realizado, limitou-se a sete o número de entrevistados, contemplando-se ambos os gêneros, uma faixa etária abrangente, formações básicas distintas, experiências em áreas de atuação e setores diversos, além da realização de cursos de MBA e mestrado em instituições diferentes. Considera-se que este número de participantes propiciou suficiente riqueza de dados para análise e para a consecução dos objetivos propostos pelo estudo. Os perfis dos pesquisados estão sintetizados no Quadro 17-2.

A estratégia de análise de dados envolveu a realização de leituras atentas de cada história de vida (Demartini, 1988), buscando experiências e significados relevantes para cada entrevistado. Em seguida, foram destacados trechos das narrativas, associados aos objetivos da pesquisa, constituindo-se categorias amplas. A análise dos diversos trechos selecionados, à luz da literatura sobre o tema, possibilitou a identificação de subcategorias, envolvendo padrões de experiências e significados semelhantes, testadas e reformuladas continuamente, organizadas em torno das categorias que correspondiam aos objetivos específicos do estudo (Denzin, 1989). Uma síntese da história de vida foi então escrita, bem como as análises interpretativas, incluindo os trechos das narrativas mais representativas das questões analisadas na íntegra. Este procedimento foi adotado na análise dos relatos de história de vida dos três primeiros participantes, propiciando a identificação de categorias relevantes para a compreensão da questão de pesquisa proposta pelo estudo. A partir do quarto entrevistado, o processo de análise dos conteúdos das narrativas foi sistematizado em mapas, inspirados no modelo proposto por Spink e Lima (2000). Concluídas as análises individuais dos três primeiros gestores entrevistados e as análises e os mapas dos demais, o conjunto de informações foi analisado, envolvendo a identificação de semelhanças e diferenças; a redefinição de categorias; a interpretação com base nos referenciais teóricos existentes e em novos referenciais que auxiliassem a compreensão dos objetivos de pesquisa. Como sugere Flores (1994), os resul-

QUADRO 17-2
Perfil dos gestores entrevistados

Sujeito	Idade	Cargo atual	Atuação da empresa	Formação	Mestrado
Helena	30	*Controller* Segmento	Indústria de tecnologia	Economia	Finanças Internac. (Londres)
Vasco	35	Gerente de Planej. e Mkt.	Empresa de comunicação	Economia	MBA (Belo Horizonte)
Guilherme	37	Diretor de operações	Empresa de comunicação	Administração	MBA (Califórnia – USA)
João	37	Gerente de Planej. e Mkt.	Instituição financeira	Comunicação	MBA (Porto Alegre)
Ana Niza	41	Gerente de RH	Indústria de mecanização agrícola	Administração	MBA (Porto Alegre)
Sofia	45	Sócia-proprietária	Assessoria de mercado química e petroquímica	Engenharia química	MBA (Porto Alegre)
Augusto	55	Presidente	Instituição financeira	Administração Contabilidade	MBA (Porto Alegre)

Fonte: Elaborado pelas autoras.

tados obtidos durante o processo analítico foram constantemente revisados, gerando novas compreensões e modificações, neste mesmo processo.

6 • PRINCIPAIS RESULTADOS DE PESQUISA

Alguns eventos envolvendo aprendizagens assemelharam-se nas trajetórias dos executivos pesquisados, pois obedecem a certos padrões de conformidade social que delimitam expectativas para a realização de determinadas atividades, inclusive demarcando faixas etárias 'certas' para a sua ocorrência, como os períodos de frequência à escola, de realização de um curso de graduação, de ingresso ou de retirada no mercado de trabalho. Muitos dos eventos que propiciaram aprendizagens consideradas importantes pelos gestores pesquisados, no entanto, são peculiares às suas vivências individuais, retratando singularidades inerentes às suas trajetórias de vida.

Os processos de aprendizagem observados neste estudo refletem o esforço para superação do predomínio de uma lógica racional, que fragmenta saberes, presente no contexto contemporâneo (Enriquez, 1999; Morin, 2003; Santos, 1987). Nesse sentido, um dos aspectos que a identificação e a descrição dos processos de aprendizagem percebidos pelos gestores como importantes, ao longo de suas vidas, iluminam é que suas aprendizagens mais significativas ocorreram no sentido de acumular e integrar novos saberes, *savoir-faire* e atitudes em visões sistêmicas, mais amplas e inclusivas. Estas perspectivas favoreceram a busca de soluções para os problemas complexos com os quais eles se defrontaram. Dicotomias envolvendo vida profissional e familiar ou razão e emoção, entre outras que apareceram nas falas dos gestores, representam, no entanto, a compartimentação de dimensões indissociáveis nos seres humanos, o que torna o equilíbrio entre as esferas de vida pessoal, familiar e profissional um de seus aprendizados mais difíceis e, ao mesmo tempo, um dos mais almejados por eles.

Os processos de aprendizagem ocorreram ao longo da vida dos gestores e aprendizagens obtidas em uma das esferas de vida foram transferidas para as demais, tanto em seus aspectos positivos como negativos. Valores e técnicas aprendidas no âmbito organizacional, por exemplo, foram introduzidos em suas vidas pessoal e familiar. Por outro lado, valores adquiridos na infância mostraram-se presentes, ainda na vida adulta dos executivos pesquisados, podendo auxiliá-los no meio profissional, quando alinhados aos valores das organizações nas quais atuam. Alguns dos valores e pressupostos adquiridos em suas trajetórias podem, no entanto, representar barreiras que limitam suas visões a respeito do mundo e de si próprios, impedindo novas possibilidades de ação em consonância com as próprias ideias. A reflexão crítica de pressupostos, nesse sentido, possibilita o exame do sistema de crenças dos indivíduos pela análise de suas origens, natureza e consequências, para determinar se crenças adquiridas anteriormente permanecem funcionais. As aprendizagens que envolvem a reflexão crítica sobre premissas de um problema ou do próprio indivíduo podem transformar perspectivas de significado, uma experiência de aprendizagem mais significativa e menos frequente (Mezirow, 1981).

Dentre os eventos que geraram aprendizagens no campo da educação formal, destacaram-se, nas trajetórias dos entrevistados, a realização de cursos de especialização, no início de suas trajetórias profissionais, objetivando principalmente o desenvolvimento de conhecimentos técnicos e instrumentais e a realização de um MBA, em estágios mais avançados de suas carreiras, motivada pela busca de ampliação de perspectivas de atuação profissional. Uma das experiências mais ricas em termos de aprendizagens, embora vivenciadas por apenas dois dos gestores pesquisados, foi a atuação como professor.

Tal como assinala Gadotti (2000), qualidades humanas como relações interpessoais, saber trabalhar coletivamente, ter intuição, saber comunicar-se e ter estabilidade emocional são aspectos importantes no mundo do trabalho, percebidos também pelos gestores pesquisados, exigindo constantes autoexames, autocríticas e aprendizagens. A educação formal, porém, contribuiu muito pouco para o desenvolvimento destes aspectos. Brooks (1999) ressalta a utilidade do papel da reflexão crítica para organizações, em meio a mudanças que requerem o questionamento de seus valores, pressupostos básicos e crenças para a realização de mudanças profundas, possibilitando aperfeiçoar as práticas de trabalho, lidar com dilemas éticos e morais, assim como avaliar metas e estratégias organizacionais.

Os eventos vivenciados em contextos informais representaram as mais ricas fontes de aprendizagem entre os pesquisados neste estudo. O mundo em torno dos adultos – suas forças sociais, econômicas, culturais e políticas – moldam o modo de pensar e o tipo de conhecimento valorizado por eles (Merriam; Caffarella, 1999). As empresas exercem igualmente este papel, influenciando o que e como os executivos aprendem, induzindo comportamentos por meio de suas culturas e fornecendo modelos de atuação desejáveis. Os processos de aprendizagem que ocorreram, a partir de reflexões sobre dificuldades e frustrações, geraram as aprendizagens mais profundas relatadas pelos gestores, especialmente os processos que envolveram a reflexão crítica sobre pressupostos sociais e culturais, possibilitando mudanças em suas formas de pensar, sentir e agir.

Em meio às transformações no contexto contemporâneo, percebe-se que as formas de aprender identificadas, neste estudo, não diferem muito das apresentadas em outros trabalhos desenvolvidos por pesquisadores brasileiros, sintetizados no Quadro 17-1. As aprendizagens podem ser visualizadas como mudanças de comportamentos estimuladas pelo ambiente; como processos cognitivos que propiciam o processamento de informações; como processos autodirecionados que permitem a autoatualização; como processos sociais em que valores preconizados por grupos sociais ou pela sociedade são incorporados; como construção, envolvendo processos de reflexão, que propiciam novos *insights*, além da criação de novas ideias e sínteses; como transformação de formas de ver a si próprio e ao mundo. O destaque dado à análise do papel da reflexão crítica para processos de aprendizagem que envolvem mudanças profundas, bem como ao papel da intuição para soluções rápidas que envolvem problemas complexos, assinalando-se a importância das emoções nestes processos, que podem favorecer ou bloquear suas ocorrências, diferenciam-se neste estudo, por serem aspectos pouco retratados em trabalhos anteriores.

Entre as principais mudanças que exigem novas aprendizagens por parte dos gestores no contexto contemporâneo está a globalização, bem como suas implicações em mudanças no contexto social, político, econômico e tecnológico brasileiro. Estas mudanças geraram novos pensamentos, sentimentos e atitudes, repercutindo em mudanças nas formas de conduzirem suas carreiras, bem como em novos arranjos familiares, implicando também questões relativas a lidar com a escassez de tempo e a buscar maior qualidade de vida. Entre os temas emergentes, estão a maior participação das mulheres em posições gerenciais no mercado de trabalho e as decorrências desta mudança, além do debate crescente acerca da responsabilidade social e ambiental. Todas estas mudanças implicam necessidades de aprendizagem em volume e rapidez maiores do que os observados em outras épocas, tornando a aprendizagem ao longo da vida uma prática vivenciada por todos os gestores pesquisados.

Tonelli (2005) identifica, em estudo com executivos, que, apesar dos avanços tecnológicos, predominam as comunicações orais como sistemas de informações. Neste estudo, diferentemente, observa-se que, entre as gerações mais jovens, a busca de informações pela Internet é priorizada em detrimento de comunicações orais. A comunicação via *e-mail* assume igualmente tamanha importância no meio empresarial que alguns dos executivos entrevistados buscam aprender, assim como ensinar aos seus colaboradores, a dosar a comunicação e a busca de informações por intermédio da Internet, refletindo sobre as vantagens e desvantagens no uso de ferramentas tecnológicas.

Ao serem impelidos a assumirem novos papéis, responsabilidades, projetos e desafios profissionais, em um contexto em constante mudança, aprendizagens envolvendo questionamentos, experimentação e solução de problemas, encontros e conversas informais para desenvolver suas *expertises*, fazem-se cada vez mais necessárias, destacando-se a importância de aprendizagens de caráter autodirigido (Oddi, 1987). O mercado de trabalho atual, altamente competitivo, demanda constante diferenciação e a superação de expectativas profissionais, pois "o que importa para uma organização viva não é apenas adaptar-se, mas aprender, inventar, criar" (Morin, 2001, p. 365). A partir do acúmulo de experiência em uma área de atuação ou em um segmento específico, os gestores demonstraram a importância dos processos intuitivos, apropriados para atuar face a tendências emergentes e a fatos concretos limitados, quando existem poucos precedentes ou há várias alternativas plausíveis de solução para determinada situação (Khatri; Ng, 2000), aspectos vivenciados no contexto profissional dos executivos pesquisados.

Sintetizados os principais resultados desta pesquisa, apresenta-se, na seção seguinte, um comparativo dos principais resultados deste estudo com os de pesquisas anteriores.

7 • ANÁLISE COMPARATIVA DOS PRINCIPAIS RESULTADOS DOS ESTUDOS

Inicialmente, apresenta-se o Quadro 17-3 que compreende uma síntese comparativa dos principais achados de pesquisas obtidas em estudos anteriores e na pesquisa atual.

Observa-se, a partir das análises realizadas, algumas questões que podem favorecer a compreensão de lacunas existentes e a ampliação da compreensão sobre o tema, exploradas a seguir.

Os resultados das pesquisas anteriores parecem contraditórios no que tange ao papel da reflexão para os processos de aprendizagem. Gotwald (2001) percebe que os gestores pesquisados tendem a refletir mais após as ações. Bitencourt (2001) salienta a importância da reflexão na ação, por meio de questionamentos e da busca de melhorias contínuas. Neste estudo, percebe-se que tanto a reflexão na ação como a reflexão após a ação integram os processos de aprendizagem dos gestores pesquisados, como processos complementares. Visualizou-se, predominantemente, a reflexão na ação em tarefas do dia a dia, na solução de problemas, na busca de melhorias para processos de trabalho ou no experienciar novos desafios, frequentemente associada a aprendizagens de caráter instrumental. A reflexão após a ação envolveu geralmente a análise de questões pessoais ou profissionais, sob uma perspectiva mais ampla e mais profunda, como a avaliação de dificuldades ou insucessos, considerando suas emoções. Este processo gerou aprendizagens mais significativas entre os pesquisados, compreendendo tanto o domínio técnico como o comunicativo, possibilitando a compreensão de fenômenos complexos, englobando a inter-relação entre vários elementos.

Observou-se a presença da reflexão crítica na análise das narrativas dos gestores pesquisados neste trabalho, tal como Silva, Rebelo e Cunha (2006) identificam em seu estudo. Dilemas gerados por barreiras emocionais, de conhecimentos e situacionais (Mezirow, 1981) foram superados através de um processo de revisão crítica de crenças, pressupostos e valores, possibilitando o desenvolvimento de novas perspectivas, embora não conduzindo, necessariamente, a mudanças de comportamentos imediatas.

Antonello (2004a) ressalta, em seu estudo, a articulação entre aprendizagem formal e informal. Moraes (2000) observa que a aprendizagem de executivos transcende a classificação formal e informal, já que a maioria das aprendizagens encontradas em sua pesquisa foram incidentais. A análise realizada neste trabalho permite visualizar a interligação entre aprendizagens formais, informais e incidentais. Por meio da participação em atividades de desenvolvimento formal, como cur-

QUADRO 17-3
Comparativo entre achados de pesquisa sobre o tema "como os gestores aprendem"

Estudos anteriores	Estudo atual
Contradições: papel da reflexão – na ação e após a ação	Reflexão na ação: tarefas do dia a dia, em novos desafios – instrumental. Reflexão após ação: análises mais profundas, dificuldades, emoções – aprendizagens mais significativas
Mudança de consciência (Moraes, 2000); transformação de perspectivas e esquemas de significados (Silva; Rebelo; Cunha, 2006)	Mudanças de esquemas de significados (expectativas, juízos, conceitos, crenças, sentimentos); transformações de perspectivas de significados (caráter emancipatório: libertação de barreiras)
Articulação entre aprendizagem formal e informal (Antonello, 2004a) Maioria das aprendizagens incidentais (Moraes, 2000)	Interligação entre aprendizagens formais, informais e incidentais
Importância dos contextos informais de aprendizagem	Além dos fatores anteriores: cultura organizacional; processos de avaliação e planos de desenvolvimento; atuação como professor
Importância de experiências vivenciadas	Destaca-se: vivências em outras localidades
Experiências de mudanças (Cunha, 2003)	Destaca-se: importância das experiências em uma atividade específica, setor de mercado ou empresa – propicia ocorrência de processos intuitivos
	Importância de integrar intuição e emoção
Dimensões de experiências: família, escola, comunidade, vida como empregado e como gerente (Silva; Rebelo; Cunha, 2006)	Dimensões: vivências e desenvolvimentos profissionais; vivências afetivas (família)
Importância da família e de relacionamentos	Destaca-se aprendizagem com lideranças
Contradições: importância da aprendizagem formal	Importância de cursos de especialização: aprendizagens instrumentais; MBA: também aprendizagens comunicativas; graduação: críticas
Importância do autodesenvolviemento	Destaca-se: motivado pela necessidade de manter-se profissionalmente e diferenciar-se (competição)
Aprendizagem: processo dinâmico; ocorre ao longo da trajetória, com ajustes em períodos de transição; dependendo de demandas e desafios individuais, de trabalho e sociais	Salienta-se: visualização destas inter-relações

Fonte: Elaborado pelas autoras.

sos, além do aprendizado previsto nos currículos, os executivos entrevistados obtiveram aprendizagens de caráter informal e incidental, observando-se uma inter-relação entre estes processos de aprendizagem.

Os contextos informais de aprendizagem, considerados essenciais para o processo de aprendizagem de gestores em todos os estudos brasileiros realizados anteriormente, destacam-se igualmente nesta pesquisa. Além dos fatores que propiciaram aprendizagens apontados nas pesquisas prévias, como assumir responsabilidades novas e confrontos com contextos desconhecidos; relacionamentos; oportunidades para tomar decisões e implementar mudanças; práticas de trabalho e desafios, salienta-se a importância da cultura organizacional; do processo de avaliação e dos planos de desenvolvimento gerenciais, bem como a atuação como professor(a) nos processos de aprendizagem informais relatados pelos gestores pesquisados neste estudo.

A importância das experiências vivenciadas, não apenas no ambiente organizacional, é destacada por todos os pesquisadores nos estudos anteriores. Entre as formas de aprendizagem através da experiência assinaladas estão: aprendizagem através da ação; relacionamentos sociais; observação; tentativa e erro; trajetória profissional em cargos diferentes; treinamento explícito; e experiências contadas por outros. Esta última foi a única não verbalizada explicitamente neste estudo. Além destas, as vivências em outras localidades, seja no Brasil, seja no exterior, geraram um processo de adaptação a outras culturas e a necessidade de lidar com o distanciamento familiar, representando experiências muito ricas em termos de aprendizados, pouco salientadas por estudos anteriores.

Cunha (2003) assinala que experiências de mudanças provocam crescimento, preparando gestores para enfrentar diversas situações, aspecto igualmente observado nos resultados desta pesquisa. Destaca-se, aqui, a importância conferida pela maioria dos gestores às experiências adquiridas trabalhando em uma atividade específica, em determinado setor de mercado ou empresa. Os gestores situaram suas competências em um *setting* específico, associando suas aprendizagens à participação em suas práticas, enfoque destacado pela aprendizagem situada (Antonello, 2005; Nicolini; Gherardi; Yanow, 2003).

O acúmulo de experiências profissionais obtidas em um contexto determinado, no qual desenvolveram suas *expertises*, propicia a ocorrência de processos intuitivos, que conectam uma série de experiências e aprendizagens prévias armazenadas no subconsciente (Khatri; Ng, 2000), a partir de *insights* que surgem de forma súbita. Este estudo ilumina a importância de integrar a intuição e a emoção aos processos de aprendizagem de gestores, aspectos muitas vezes rejeitados em um contexto organizacional que prioriza a racionalidade funcional em detrimento da racionalidade substantiva que, em vez de limitar-se a valores técnicos e instrumentais, considera todo o escopo dos valores humanos (Ramos,1989).

Silva, Rebelo e Cunha (2006) identificaram cinco dimensões de experiências vividas que influenciaram a aprendizagem de sócios-gerentes: a família, a escola, a comunidade, a vida como empregado e como gerente. Neste estudo, as experiências mais ricas, em termos de aprendizagem, relatadas pelos gestores, centraram-se nas vivências e nos desenvolvimentos profissionais – incluídos, nesta classificação, os cursos realizados por eles em âmbitos formais – e em vivências afetivas, destacando-se, neste aspecto, a família, especialmente representada por pais, filhos e alguns companheiros/cônjuges mencionados. O papel da família como uma das principais fontes de aprendizagem e constituinte dos valores de base dos gestores visualizado neste estudo é destacado também em outras pesquisas (Bitencourt, 2001; Leite; Godoy; Antonello, 2006; Lucena, 2001; Silva; Rebelo; Cunha, 2006). Observou-se, neste estudo, que os gestores aprenderam – com a educação familiar e a observação de seus modelos, valores e padrões culturais – o que fazer, mas também o que não fazer, motivando-os a agirem de modo diferente dos pais.

Salienta-se ainda a importância para a aprendizagem dos relacionamentos entre membros nas organizações identificada nos estudos de Gottwald (2001), Moraes (2000) e Antonello (2004a) e, mais explicitamente, com lideranças, nesta pesquisa. Colegas e professores foram importantes para os processos de aprendizagem nos programas de MBA realizados pelos gestores deste estudo, tal como assinala Roglio (2006) em seu trabalho.

Quanto ao caráter formal da aprendizagem, Gottwald (2001) observa que programas de treinamento na organização contribuem pouco para a aprendizagem, aspecto semelhante ao encontrado neste estudo, já que somente um dos gestores destacou sua importância. Leite, Godoy e Antonello (2006), no entanto, identificaram o treinamento explícito como uma das formas de aprender utilizadas pelos gestores em suas pesquisas.

Entre as situações significativas para a formação e desenvolvimento de gestores, Bitencourt (2004) identifica o papel da universidade. Nesta pesquisa, a importância da participação em cursos de especialização, principalmente no que tange à aquisição de conhecimentos instrumentais, foi ressaltada. Os cursos de MBA propiciaram aprendizagens também no domínio comunicativo. Os cursos de graduação, no entanto, foram alvo de crítica entre os gestores. O curso de Administração, conforme dois dos alunos de uma instituição federal gaúcha, não os capacitou adequadamente para exercer suas atividades, fazendo com que buscassem complementar sua formação em cursos de especialização. Grohmann (2004) observou que a educação formal teve como principais reflexos na aprendizagem alguma ampliação em suas habilidades e valorização de outras; aquisição de novos conhecimentos (principalmente voltados às tarefas); mas poucas mudanças de atitude, percepção semelhante à visualizada aqui.

A importância do autodesenvolvimento para a aprendizagem de gestores, destacada em pesquisas anteriores (Antonello, 2004a; Bitencourt, 2001; Possamai, 2005), foi igualmente identificada nesta pesquisa. Ele foi motivado, especialmente, pela necessidade de manter posições profissionais e diferenciar-se em um mercado altamente competitivo.

Corrobora-se a visão obtida pelos estudos anteriores, realizados por pesquisadores brasileiros, de que a aprendizagem pode ser caracterizada como um processo dinâmico, que ocorre ao longo da trajetória, com ajustes em estágios de transição, dependendo das demandas e desafios do trabalho e das dimensões: individual (história de vida e padrões culturais e psicológicos); do trabalho (a organização, sua cultura e as interações entre membros); e social (aspectos políticos, econômicos e sociais que influenciam as atividades da organização e a ação do indivíduo), conforme síntese realizada por Moraes (2000). Salienta-se que o estudo realizado propiciou visualizar estas inter-relações nos processos de aprendizagem dos gestores pesquisados.

Antonello (2004b) propõe o estudo e a validação da taxonomia das formas de aprendizagem identificadas em seu trabalho, apresentadas a seguir (Antonello, 2004b): 1) experiência anterior e transferência extraprofissional; 2) experienciar; 3) reflexão; 4) autoanálise – autoconhecimento; 5) observação – modelos; 6) *feedback*; 7) mudança de perspectiva; 8) mentoria e tutoria (ser assistido ou exercer este papel); 9) interação e colaboração em grupo; 10) treinamentos; 11) informal; 12) aprendizagem pela articulação entre teoria e prática. Observa-se todas estas formas de aprendizagem descritas por Antonello (2004b) no presente estudo, embora, em alguns casos, não sob nomeclaturas iguais, mas similares. Salienta-se que mudança de perspectiva, para Antonello (2004b), refere-se a mudanças de papel; transferência/troca de trabalho; trabalhar com diferenças culturais e inspiração súbita ou *insight*, formas de aprendizagem encontradas também neste trabalho. Esta noção difere do conceito de mudança de perspectivas de significados identificada neste estudo, que é um processo obtido a partir da reflexão crítica sobre pressupostos, sendo esta a única forma de aprendizagem adicional encontrada entre as identificadas por Antonello (2004b).

Concluída a análise comparativa entre resultados de pesquisa e formas de aprendizagem identificados em investigações anteriores com os achados do presente estudo, apresenta-se, na seção seguinte, a título de considerações finais, algumas questões para reflexão.

○ CONSIDERAÇÕES FINAIS: PARA REFLETIR, CRITICAMENTE OU NÃO

Constantes aprendizados são vitais para a adaptação e a sobrevivência em um mundo que passa por rápidas transformações. Na sociedade de consumo, tal como os demais objetos, os aprendizados e os próprios seres humanos que não os renovam tornam-se 'descartáveis'. Nesse sentido, cresce a oferta de 'fórmulas' gerenciais e de autoajuda que prometem auxiliar a superação das dificuldades enfrentadas em função das constantes necessidades de aprendizagens e reciclagens, não apenas de conhecimentos e de habilidades, mas de si próprios, para que os gestores tornem-se e mantenham-se 'valiosos' a cada novo ditame estabelecido pelo mercado. No entanto, observa-se que as respostas para as problemáticas atuais não se encontram em fórmulas prontas, mas sim em reflexões e em reflexões críticas que possam propiciar processos de aprendizagem, envolvendo questionamentos e mudanças mais profundas, em consonância com as problemáticas complexas enfrentadas atualmente pelos executivos.

Longe de se defender a supremacia de uma ou outra abordagem (da reflexão sobre a da reflexão crítica ou vice-versa), é importante sublinhar que existem diferenças significativas entre elas. A reflexão foca o imediato, apresenta e discute detalhes de uma tarefa ou problema, estabelece uma análise de natureza mais prática e técnica. A reflexão crítica envolve análise do poder, controle e exame da construção dentro da qual a tarefa ou o problema estão situados. A teoria da aprendizagem experiencial, que sustenta a noção de reflexão, leva em conta aspectos causais na resolução de um problema. A análise do contexto está frequentemente autorreferenciada, mas raramente envolve a análise dos processos sociais e políticos, atuais ou históricos.

A reflexão crítica, oriunda da pedagogia crítica, ressalta a importância de se considerar a natureza socialmente situada da experiência para a reflexão ter algum significado e a emancipação coletiva do indivíduo, e reconhece a natureza essencialmente social, política e histórica da experiência. (Cunliffe, 2002; Reynolds, 1998). Para Reynolds (1998), a abordagem da reflexão crítica não desconsidera a relevância da educação em administração para a sociedade, uma vez que as organizações têm papel atuante e administrar não é uma atividade neutra nem desinteressada. A abordagem da reflexão crítica propõe que se discutam o envolvimento e os efeitos da administração na vida dos indivíduos e da sociedade e seu futuro. Wilson (1994, p. 188) observa que:

> [...] o que nós não compreendemos é que refletir sobre pensamento e ação (teoria e prática) não é um tema individual... porque nossa teoria e prática estão situadas dentro e emanam de tradições históricas; não praticamos como indivíduos, mas como integrantes de comunidades que refletem valores, convicções e normas sobre os meios e fins da prática e constituem nosso trabalho educacional diariamente.

Nesta linha, considerando-se que a educação em administração também formula e dissemina conhecimento, torna-se oportuno trazer algumas reflexões lançadas por Bauman (2007). Este sociólogo estabelece uma crítica sobre a visão de aprendizagem no decorrer da vida – proposta e divulgada pela Comunidade Europeia – e discute a noção do que ele denomina "capacitamento", em capítulo intitulado 'Aprendendo sobre a Areia Movediça' (Bauman, 2007). Na visão da Comunidade Europeia, a aprendizagem e a educação precisam ter utilidade e devem ocorrer de forma permanente e eficaz, no decorrer da vida, com o objetivo de desenvolver nos indivíduos capacidades para que eles se adaptem rapidamente às aceleradas mudanças mundiais, persigam individualmente seus objetivos e obtenham sucesso.

Para Bauman (2007, p. 162), estar 'capacitado' significa "ser capaz de fazer escolhas e atuar de maneira eficaz sobre as escolhas feitas, e isso, por sua vez, significa a capacidade de influenciar o espectro de escolhas disponíveis e os ambientes sociais em que as escolhas são feitas e perseguidas" . Isto exige dos indivíduos capacidades para que obtenham um bom desempenho e "poderes" para influenciar os objetivos e as normas do "jogo planejado por outros", ou seja, além de habilidades pessoais, exige também "poderes sociais".

Baumann comenta que estar capacitado implica realizar a construção e a reconstrução de vínculos pessoais, "de manter um diálogo, de negociar, de obter a compreensão mútua e de administrar ou resolver os inevitáveis conflitos em qualquer instância da vida compartilhada" (Bauman, 2007, p. 163). Diferente do que propõe a Comunidade Europeia, o objetivo da educação deveria ser a reconstrução do espaço público. Seria possível transpor isto para o campo das organizações? Sem a intenção de responder, cabe lembrar Freire (1999, p. 19):

> Isso não significa negar os condicionamentos genéticos, culturais, sociais a que estamos submetidos. Significa reconhecer que somos seres *condicionados* mas não *determinados*. Reconhecer que a História é tempo de possibilidades e não de determinismos, que o futuro [...] é problemático e não inexorável.

Embora este trabalho não responda a todas as questões e lacunas identificadas nos estudos relacionados à aprendizagem gerencial, espera-se que tenha instigado a reflexão e apontado algumas preocupações acerca da educação gerencial que visa à inserção crítica do gestor na sociedade e à incorporação das dimensões ética, socioeconômica, política, cultural e histórica no processo de ensino e de aprendizagem. Aprender a pensar por si próprio, liberando-se de pressupostos condicionados sobre o mundo, sobre os outros e sobre si mesmos, revela-se crucial para o mundo do trabalho, para a cidadania e para a tomada de decisões morais de gestores em uma sociedade em rápida mudança. Trata-se, contudo, de uma construção complexa e paradoxal. Em um contexto em que a educação é necessária para que se tenham escolhas e, mais ainda, para que se mantenham condições que as tornem possíveis e tangíveis (Bauman, 2007), parece fundamental o papel da reflexão crítica, uma vez que os desafios atuais requerem a formulação de novos questionamentos e, possivelmente, a identificação de novas alternativas e perspectivas.

○ QUESTÕES PARA REFLEXÃO

1. Considerando-se a centralidade das organizações nas principais mudanças ocorridas no contexto contemporâneo, qual é a relevância do papel da educação em administração para a sociedade?
2. Quais são as implicações da atuação dos gestores na vida dos indivíduos, da sociedade e em seu futuro?
3. Seria possível estabelecer reflexão crítica em organizações ditas modernas? Isto seria mais profícuo em organizações não governamentais, movimentos sociais, cooperativas?
4. A reflexão crítica deveria ser suscitada na educação em administração?

○ REFERÊNCIAS

ALVESSON, M.; DEETZ, S. Critical theory and postmodernism approaches to organizational studies. In: CLEGG, S.; HARDY, C.; NORD, W. R. (Ed.) *Handbook of studies*. London: Sage, 1996.

ALVESSON, M.; WILLMOTT, H. *Critical management studies*. London: Sage, 1992.

ALVESSON, M.; WILLMOTT, H. (Ed.). *Making sense of management*: a critical analysis. London: Sage, 1993.

ANTONELLO, C. *Alternativas de articulação entre programas de formação gerencial e as práticas de trabalho*: uma contribuição no desenvolvimento de competências. 2004a. Tese (Doutorado em Administração) – Programa de Pós-Graduação em Administração, Escola de Administração, Universidade Federal do Rio Grande do Sul, Porto Alegre, 2004.

ANTONELLO, C. Aprendizagem na ação revisitada e sua noção com a noção de competência. In: INTERNATIONAL MEETING OF THE IBEROAMERICAN ACADEMY OF MANAGEMENT, 4., 2005, Lisboa. *Anais...* Lisboa: Iberoamerican Academy of Management, 2005.

ANTONELLO, C. As formas de aprendizagem utilizadas por gestores no desenvolvimento de competências. In: ENCONTRO ANUAL DA ANPAD, 28., 2004, Curitiba. *Anais*... Curitiba: Associação Nacional dos Cursos de Pós-Graduação em Administração, 2004b.

ARGYRIS, C.; SCHÖN, D. *Organizational learning II*: theory, method, and practice. Reading: Addison-Wesley, 1996.

BAUMAN, Z. *Vida líquida*. Rio de Janeiro: Jorge Zahar, 2007.

BITENCOURT, C. *A gestão de competências gerenciais*: a contribuição da aprendizagem organizacional. 2001. Tese (Doutorado em Administração) – Programa de Pós-Graduação em Administração, Escola de Administração, Universidade Federal do Rio Grande do Sul, Porto Alegre, 2001.

BROOKFIELD, S. Self-directed learning, political clarity, and the critical practice of adult education. *Adult Education Quarterly*, v. 43, n. 4, p. 227-242, 1993.

BROOKS, A. Critical reflection as a response to organizational disruption. *Advances in Human Resources*, v. 3, p. 66-79, 1999.

BROOKS, A. Transformational learning theory and implications for human resource development. *Advances in Developing Human Resources,* v. 6, n. 2, p. 211-225, 2004.

BROWN, J.; COLLINS, A.; DUGUID, P. Situated cognition and the culture of learning. *Educational Researcher*, v. 18, n. 1, p. 32-42, 1989.

CRANTON, P. *Understanding and promoting transformative learning*: a guide for educators of adults. San Francisco: Jossey-Bass, 2006.

CUNHA, M. *Prática gerencial*: experiências vividas de mudança. 2003. Tese (Doutorado em Engenharia da Produção) – Programa de Pós-Graduação em Engenharia da Produção, Centro Tecnológico, Universidade Federal de Santa Catarina, Florianópolis, 2003.

CUNLIFFE, A. On becoming a critically reflexive practicioner. *Journal of Management Education*, v. 28, n. 4, p. 407-426, 2004.

CUNLIFFE, A. Reflexive dialogical practice in management learning. *Management Learning*, v. 33, n. 1, p. 35-61, 2002.

DEMARTINI, Z. B. F. Histórias de vida na abordagem de problemas educacionais. In: SIMSON, O. M. V. (Org.). *Experimentos com histórias de vida*: Itália-Brasil. São Paulo: Vértice, 1988.

DENZIN, N. K. *Interpretive biography*. Newbury Park: Sage, 1989.

DENZIN, N.; LINCOLN, Y. Introduction: the discipline and practice of qualitative research. In: THE SAGE *handbook* of qualitative research. 3. ed. Thousand Oaks: Sage, 2005.

ELKJAER, B. Em busca de uma teoria de aprendizagem social. In: EASTERBY-SMITH, M.; BURGOYNE, J.; ARAÚJO, L. *Aprendizagem organizacional e organização de aprendizagem*. São Paulo: Atlas, 2001.

ENRIQUEZ, E. Perda do trabalho, perda da identidade. In: NABUCO, M.; CARVALHO NETO, A. (Org.). *Relações de trabalho contemporâneas.* Belo Horizonte: IRT, 1999. p. 69-83.

FLORES, J. G. Aproximación interpretativa al contenido de la información textual. In: ANÁLISIS de datos cualitativos: aplicaciones a la investigación educativa. Barcelona: PPU, 1994. p. 65-107.

FOX, S.; GREY, C. Introduction: connecting learning and critique. *Management Learning*, v. 31, n. 1, p. 7-10, 2000.

FREIRE, P. *Pedagogia da autonomia*: saberes necessários à prática educativa. São Paulo: Paz e Terra, 1999.

GADOTTI, M. Perspectivas atuais da educação. *São Paulo em Perspectiva*, v. 14, n. 2, p. 3-11, 2000.

GHERARDI, S.; NICOLINI, D. The sociological foundations of organizational learning. In : DIERKES, M. et al. *Handbook of organizational learning and knowledge*. Oxford: Oxford University Press, 2001.

GHERARDI, S.; NICOLINI, D.; ODELLA, F. Toward a social understanding of how people learn in organizations: the notion of situated curriculum. *Management Learning*, v. 29, n. 3, p. 273-297, 1998.

GOTTWALD, G. *Aprendizagem de executivos no setor automobilístico*: estudo de caso na Volkswagen/Audi do Brasil. 2001. Dissertação (Mestrado em Engenharia da Produção) – Programa de Pós-Graduação em Engenharia da Produção, Centro Tecnológico, Universidade Federal de Santa Catarina, Florianópolis, 2001.

GROHMANN, M. *Influências de um curso de pós-graduação no processo de aprendizagem gerencial*. 2004. Tese (Doutorado em Engenharia da Produção) – Programa de Pós-Graduação em Engenharia da Produção, Centro Tecnológico, Universidade Federal de Santa Catarina, Florianópolis, 2004.

KHATRI, N.; NG, H. The role of intuition in strategic decision making. *Human Relations*, v. 53, n. 1, p. 57-86, 2000.

KIM, D. O elo entre a aprendizagem individual e a aprendizagem organizacional. In: KLEIN, D. *A gestão estratégica do capital Intelectual:* recursos para a economia baseada no conhecimento. Rio de Janeiro: Qualitymark, 1998. p. 61-92.

KNOWLES, M. *Self-direct learning*: a guide for learners and teachers. Chicago: Follet Publishing Company, 1975.

KOLB, D. A gestão e o processo de aprendizagem. In: STARKEY, K. *Como as organizações aprendem*. São Paulo: Futura, 1997.

LEITE, I.; GODOY, A.; ANTONELLO, C. O aprendizado da função gerencial: os gerentes como atores e autores do seu processo de desenvolvimento. *Aletheia*, n. 23, p. 27-41, 2006.

LUCENA, E. A natureza da aprendizagem de gerentes-proprietários do setor de varejo de vestuário de Florianópolis. 2001. Tese (Doutorado em Engenharia da Produção) – Programa de Pós-Graduação em Engenharia da Produção, Centro Tecnológico, Universidade Federal de Santa Catarina, Florianópolis, 2001.

MAIER, G.; PRANGE, C.; ROSENSTIEL, L. Psychological perspectives of organizational learning. In: DIERKES, M. et al. *Handbook of organizational learning and knowledge*. Oxford: Oxford University Press, 2001.

MARSICK, V. Informal strategic learning in the workplace. In: STREUMER, J. (Ed.). *Work-related learning*. Netherlands: Springer, 2006. p. 51-69.

MARSICK, V.; WATKINS, K. Informal and incidental learning. *New Directions for Adult and Continuing Education*, n. 89, p. 25-34, 2001.

MERRIAM, S.; CAFFARELLA, R. *Learning in adulthood*: a comprehensive guide. 2. ed. San Francisco: Jossey-Bass, 1999.

MEZIROW, J. A critical theory of adult learning and education. *Adult Education Quarterly*, v. 32, n. 1, p. 3-24, 1981.

MORAES, L. *A dinâmica da aprendizagem gerencial*: o caso do Hospital Moinhos de Ventos. 2000. Dissertação (Mestrado em Engenharia da Produção) – Programa de Pós-Graduação em Engenharia da Produção, Centro Tecnológico, Universidade Federal de Santa Catarina, Florianópolis, 2000.

MORIN, E. *O método 1*: a natureza da natureza. 2. ed. Porto Alegre: Sulina, 2003.

MORIN, E. *O método 2*: a vida da vida. Porto Alegre: Sulina, 2001.

NICOLINI, D.; GHERARDI, S.; YANOW, D. *Knowing in organizations*: a practice-based approach. New York: M.E. Sharpe, 2003.

ODDI, L. F. Perspectives on self-directed learning. *Adult Education Quarterly*, v. 38, n. 1, p. 21-31, 1987.

PAULA, A. P.; RODRIGUES, M. Pedagogia crítica no ensino da administração: desafios e possibilidades. In: ENCONTRO ANUAL DA ASSOCIAÇÃO NACIONAL DOS CURSOS DE PÓS-GRADUAÇÃO EM ADMINISTRAÇÃO, 30., 2006, Salvador. *Anais*... Salvador: ANPAD, 2006.

POSSAMAI, F. *A influência da cultura da organização na aprendizagem de executivos*: o caso da Tigre. 2005. Tese (Doutorado em Engenharia da Produção) – Programa de Pós-Graduação em Engenharia da Produção, Centro Tecnológico, Universidade Federal de Santa Catarina, Florianópolis, 2005.

RAMOS, A. G. *A nova ciência das organizações*: uma reconceituação da riqueza das nações. Rio de Janeiro: FGV, 1989.

REYNOLDS, M. Reflection and critical reflection in management learning. *Management Learning*, v. 29, n. 2, p. 183-200, 1998.

RICHTER, I. Individual and organizational learning at the executive level: towards a research agenda. *Management Learning*, v. 29, n. 3, p. 299-316, 1998.

ROGLIO, K. *O executivo reflexivo*: arquiteto e facilitador de novas configurações organizacionais. 2006. Tese (Doutorado em Engenharia da Produção) – Programa de Pós-Graduação em Engenharia da Produção, Centro Tecnológico, Universidade Federal de Santa Catarina, Florianópolis, 2006.

SANTOS, B. *Um discurso sobre as ciências*. Porto: Afrontamento, 1987.

SCHÖN, D. *Educando o profissional reflexivo*: um novo design para o ensino e a aprendizagem. Porto Alegre: Artmed, 2000.

SCHÖN, D. *The reflective practicioner*: how Professionals Think in Action. New York: Basic Books, 1983.

SENGE, P. O novo trabalho do líder: construindo organizações que aprendem. In: SENGE, P. *A quinta disciplina*: arte, teoria e prática da organização de aprendizagem. São Paulo: Best Seller, 1990.

SILVA, A.; REBELO, L.; CUNHA, C. Aprendizagem de gerentes: a perspectiva da experiência vivida. In: ENCONTRO ANUAL DA ASSOCIAÇÃO NACIONAL DOS CURSOS DE PÓS-GRADUAÇÃO EM ADMINISTRAÇÃO, XXX, 2006, Salvador. *Anais*... Salvador: ANPAD, 2006.

SPINK, M. J.; LIMA, H. Rigor e visibilidade: a explicitação dos passos da interpretação. In: SPINK, M. J. (Org.). *Práticas discursivas e produção de sentidos no cotidiano*: aproximações teóricas e metodológicas. São Paulo: Cortez, 2000.

SWIERINGA, J.; WIERDSMA, A. *La organización que aprende*. Delaware: Addison-Wesley, 1995.

TONELLI, M. J. *À beira de um ataque de nervos*: um dia na vida de executivos em São Paulo. Rio de Janeiro: FGV, 2005. FGV-EASP/GV Pesquisa. Relatório de Pesquisa n. 19/2005.

VINCE, R. Organizing reflection. *Management Learning*, v. 33, n. 1, p. 63-78, 2002.

WENGER, E. Communities of practice and social learning systems. *Organization*, v. 7, n. 2, p. 225-256, 2000.

WILSON, A. L. To a middle ground: praxis and ideology in adult education. *International Journal of Lifelong Education*, v. 13, n. 3, p. 187-102, 1994.

WOOD, T. Jr.; PAULA, A. P. O fenômeno dos MPAs brasileiros: hibridismo, diversidade e tensões. *Revista de Administração de Empresas*, v. 44, n. 1, p. 116-129, 2004.

○ SUGESTÕES DE *SITES* SOBRE O TEMA

http://educ.queensu.ca/~russellt/howteach/schon87.htm

http://unesdoc.unesco.org/ulis/

http://www.infed.org/thinkers/

http://www.rae.com.br/eletronica/index.cfm?FuseAction=Secao&Secao=FOR%2EESTCRI&Volume=3&numero=2&Ano=2004

APRENDIZAGEM ORGANIZACIONAL E DE GRUPOS

Luciano Mendes
Claudia Simone Antonello

18

APROPRIAÇÃO *INDÉBITA*? REPENSANDO A UTILIZAÇÃO DA TEORIA DE MICHEL FOUCAULT NOS ESTUDOS EM APRENDIZAGEM ORGANIZACIONAL

OBJETIVOS DO CAPÍTULO

- Entender aspectos concernentes à abordagem pós-moderna nos estudos em aprendizagem organizacional.
- Compreender as modalidades de aprendizagem situada e comunidades de prática no contexto da abordagem pós-moderna.
- Analisar a utilização da teoria de Michel Foucault na denominada abordagem pós-moderna da aprendizagem.
- Aprofundar a compreensão das algumas temáticas foucaultianas difundidas nos estudos em aprendizagem organizacional.
- (Re)pensar as possibilidades e limitações na utilização das concepções teóricas de Michel Foucault na abordagem pós-moderna da aprendizagem organizacional.

RESUMO

A intenção, neste capítulo, é refletir as relações entre as concepções teóricas sobre aprendizagem organizacional e a teoria de Michel Foucault, a fim de discutir se existem essas possibilidades. Para tanto, retoma-se a literatura que articula as concepções de aprendizagem organizacional às concepções pós-modernas e à teoria foucaultiana. Neste percurso, detectou-se que a teoria da aprendizagem situada possui íntima relação com as teorias pós-modernas. O passo seguinte foi abordar as alterações de tal aprendizagem e das comunidades de prática, contatando-se a relação equivocada que alguns autores têm com as teorias de Michel Foucault. Além disso, são apresentadas algumas das principais ideias propostas por Foucault, no sentido de elucidar e ampliar seu entendimento. Discute-se também a apropriação que os autores da área de estudos em aprendizagem organizacional fizeram acerca da teoria foucaultiana, traçando suas limitações, possibilidades e amplitudes.

○ INTRODUÇÃO

Na recente literatura em aprendizagem organizacional, é possível detectar a amplitude de temáticas, contempladas por várias áreas da ciência, como a psicologia, a sociologia, a economia. Tal amplitude possibilitou novas vertentes e novos pressupostos sobre a aprendizagem organizacional. Os estudos em aprendizagem organizacional permitiram observar que esse fenômeno não decorre somente de uma variação da aprendizagem individual, por existirem elementos sociais que permitem constatar outros fatores relacionados à aprendizagem, como a história, a cultura e os relacionamentos entre os indivíduos. Os estudos sobre aprendizagem comportaram verificar esse fenômeno não somente como mudança de comportamento, mas, muitas vezes, como a própria manutenção de comportamentos adquiridos e possibilitaram observar que, nesse fenômeno, não há somente fatores positivos, mas também negativos.

A diversidade de temáticas ampliou o espectro de concepções teóricas sobre a aprendizagem proveniente de outras áreas da ciência, como anteriormente mencionado (vide também Capítulo 1 deste livro). Por um lado, houve a apropriação de concepções sobre, por exemplo, conhecimento, saber, aprendizagem, mudança de comportamento, amplamente discutidas em outras ciências, como a psicologia, a sociologia do conhecimento e a filosofia. Por outro, os estudiosos em aprendizagem organizacional – com a intenção de aprofundar suas discussões –apropriaram-se de concepções que possuíam relações com o fenômeno da aprendizagem, mas que não o dispunham como foco nem como pretensão. A ideia era desenvolver a relação entre essas concepções teóricas advindas de outras áreas do conhecimento e os estudos em aprendizagem organizacional. As concepções taxadas como "pós-modernas" – difundidas, principalmente, no contexto da filosofia e da sociologia – foram, pela amplitude de análise e pela possibilidade da crítica, um dos alvos principais desses estudiosos em aprendizagem organizacional.

Gherardi e Nicolini (2001) enfatizam essa abordagem pós-moderna ao discutirem "as cinco tradições sociológicas" nos estudos sobre aprendizagem organizacional (vide Capítulo 1 deste livro). Mesmo considerando a abordagem pós-moderna, uma das tradições em sociologia, os autores iniciam o tópico questionando se o pós-modernismo seria mesmo uma tradição, visto que as concepções teóricas que fundamentam essa tradição são provenientes da filosofia. Os autores enfatizam que muitos sociólogos têm declarado, desde a década de 1980, a apropriação dessas concepções teóricas, considerando ser uma revolução cultural silenciosa. Como a sociologia é uma das áreas em que os estudiosos em aprendizagem organizacional têm buscado respaldo para explicação e entendimento desse fenômeno nas organizações, não tardou para que as concepções pós-modernas se infiltrassem nessa temática de estudos.

A amplitude nas temáticas sobre o estudo da aprendizagem no contexto das organizações possibilitou, de maneiras diversas, o entendimento de tal fenômeno, em que a utilização das concepções ditas "pós-modernas" estaria limitada e confortavelmente alocada sob a lógica – um tanto positivo/funcionalista – da compreensão dessa modalidade de aprendizagem. Não há como negar que as discussões sobre a aprendizagem organizacional surgem sob essa dinâmica positivo/funcionalista, o que limita e, muitas vezes, condiciona a maneira como os estudiosos apropriam-se de concepções surgidas em outras áreas da ciência, como ocorre com as temáticas ditas pós-modernas.

Na linha pós-moderna, um dos principais autores difundidos é o filósofo francês Michel Foucault, que, em seus últimos estudos, dedicou-se à discussão sobre as relações entre poder/saber, como forma de disciplina instituída na sociedade moderna. Gherardi e Nicolini (2001) retomam essa discussão, procurando relacioná-la às temáticas de aprendizagem nas organizações – como a teoria da aprendizagem situada e as discussões sobre a comunidade de práticas, que os autores preferem chamar de comunidade de praticantes. Para Gherardi e Nicolini (2001), a relação poder/saber estabelecida por Michel Foucault possibilitou entender a dinâmica dos processos de aprendizagem organizacional. Tendo em vista essa discussão, o questionamento que perfaz a constituição deste capítulo é: será realmente possível estabelecer essa relação entre as discussões constituídas por Michel Foucault e os estudos em aprendizagem organizacional?

Para tanto, inicialmente, é necessário resgatar as discussões em aprendizagem organizacional, enfatizando textos – como o de Gherardi e Nicolini (2001) – que tomam as discussões sobre esse fenômeno nas organizações e estabelecem relações com as concepções teóricas de Michel Foucault. Após esse retomada, que transita entre a perspectiva sociológica da aprendizagem organizacional e as discussões sobre comunidade de práticas, as concepções teóricas e as ideias geradas por Michel Foucault são abordadas, como adendo para se pensar até que ponto há real contribuição aos estudos desenvolvidos acerca da aprendizagem organizacional. No contexto das considerações finais, a intenção é estabelecer relações entre as discussões geradas nos tópicos anteriores, como forma de elucidar limitações, amplitudes e possibilidades nessas articulações.

1 • A APRENDIZAGEM ORGANIZACIONAL E A DIFUSÃO DAS CONCEPÇÕES FOUCAULTIANAS

Há muito, os estudiosos em aprendizagem organizacional têm enfatizado a importância do contexto social e das relações estabelecidas entre os indivíduos no processo de aprendizagem. De concepções que buscavam compreender a aprendizagem, a partir de mecanismos cognitivos de estímulos/respostas, de onde as ações humanas estavam enredadas sob funcionamentos mais primitivos e simples – o que permitia comparar essas ações ao de um animal –, derivaram a amplitude e a complexidade nas concepções atuais. Por isso se faz a apropriação de temáticas estabelecidas em outras ciências, das quais emergem atributos peculiares às ações humanas, como a potencialidade de reflexão, de interação e de compartilhamentos simbólicos. Essa amplitude possibilitou novas abordagens sobre a aprendizagem organizacional, assim como maneiras diversas de analisar esse fenômeno nas organizações.

Retomando os fundamentos da sociologia nos estudos sobre aprendizagem organizacional, Gherardi e Nicolini (2001) subdividem as tradições sociológicas em cinco categorias: tradição do conflito; tradição racional-utilitarista; tradição durkheimiana; tradição microinteracionista; e tradição pós-moderna (para mais detalhes vide Capítulo 1 deste livro). O foco maior dos autores é a potencialidade de análise que essas concepções proporcionam ao fenômeno da aprendizagem organizacional, ou seja, a intenção, muitas vezes, é a apropriação desse arcabouço teórico para entender como os processos de aprendizagem funcionam no contexto das organizações. Sem ter a pretensão de retomar cada uma das discussões contidas nas cinco tradições, Gherardi e Nicolini (2001) elucidam que a aprendizagem organizacional na tradição do conflito é vista como um fator de distinção de grupos, em que o foco é a elucidação de diferenças entre conhecimentos, como a divisão entre "conhecimento da firma" e "conhecimento dos trabalhadores". Essas diferenças no processo de aprendizagem instauram, no contexto organizacional, as relações de conflito entre as classes superiores, que possuem um conhecimento especializado, e as classes inferiores, que não detêm esse conhecimento e, consequentemente, estão sob a égide da dominação. Esse fato traz à tona a questão da ideologia e da falsa consciência, que coloca os grupos inferiores num processo constante de dominação e de exploração de seu trabalho.

Além dessa tradição marxista da aprendizagem organizacional, Gherardi e Nicolini (2001) olham os pressupostos instituídos no que se pode chamar de tradição pós-moderna. Esse campo é amplamente heterogêneo, contemplando uma diversidade de autores e temáticas teóricas que, muitas vezes, impossibilita "enquadrá-los" sob o mesmo prisma "pós-moderno", porém, na falta de uma denominação que contemple os avanços e as amplitudes teóricas por eles desenvolvidos, observá-los nessa concepção "pós-moderna" é um ato razoável. Gherardi e Nicolini (2001) analisam essa problemática e comentam que as principais influências dessa temática provêm do pós-estruturalismo francês, por exemplo, do trabalho de Latour (1987); da desconstrução de Derrida (1973); e da teoria do discurso de Foucault (1997). Gherardi e Nicolini (2001) apresentam, como foco central dessas concepções pós-modernas, a crítica da modernidade, das grandes narrativas e de concepções totalitárias. Salientam que o foco dos estudiosos pós-modernos, que também possui relevância central nos estudos sobre aprendizagem organizacional, é a relação poder/saber, os processos discursivos e a identidade fragmentada.

Gherardi e Nicolini (2001) destacam que as relações entre poder/saber são centrais, devido ao fato de o conhecimento estar intimamente ligado aos processos de aprendizagem, pois o intuito desta última é a produção de saber no contexto das organizações. Neste sentido, a produção de conhecimento estabelece distinções no contexto das organizações, desde as quais a manifestação das relações de poder torna-se evidente, fundando formas específicas de conflito e divisão do trabalho. Os discursos organizacionais e as narrativas históricas constituem veículos de uma memória organizacional e seu desenvolvimento permite a aprendizagem organizacional. Após elucidar tais importâncias, Gherardi e Nicolini (2001) discutem as contribuições da relação poder/saber desenvolvida por Michel Foucault no contexto das discussões sobre aprendizagem. Para eles, as concepções foucaultianas são importantes nos estudos em aprendizagem organizacional pelo fato de permitirem observar esse fenômeno como uma tecnologia de poder usada para disciplinar os membros organizacionais.

A disciplina na concepção foucaultiana, dizem Gherardi e Nicolini (2001), funciona como o exercício de poder invisível, capaz de manter a disciplina individual e sua subjetivação, a partir daquilo que Foucault chama de "jogos de verdade". Apesar de não aprofundar essas discussões, os autores dizem que os discursos organizacionais – desde os quais a relação poder/saber se estabelece – não são vistos como espelhos da realidade ou estados mentais, mas como processos metafóricos e figurativos, carregados de contradições, opacidades e incoerências. Não são, portanto, discursos globais, mas locais, precários e fragmentados. Nesta vertente, salientam Gherardi e Nicolini (2001), enquanto, na visão moderna, o conhecimento faz parte de uma coletânea de entidades reais locadas na mente das pessoas, assim como a aprendizagem é o processo de internalização desse conhecimento, na visão pós-moderna, o limite entre a cultura e o mundo está dissolvido. Ou seja, o limite entre subjetividade/objetividade não está evidentemente estabelecido, estando, muitas vezes, até mesmo ausente.

Diante dessa discussão, Gherardi e Nicolini (2001) dizem que existem, vinculada à visão moderna, a tradicional teoria da aprendizagem cognitiva e, numa visão mais pós-moderna, a emergência da teoria da aprendizagem situada. Gherardi e Nicolini (2001) não hesitam em dizer que o pós-modernismo está consistente com a teoria da aprendizagem situada e a valorização da emergência do contexto social. Diante dessa temática, os autores destacam a importância dos estudos em práticas contextualizadas, como as comunidades de práticas ou comunidades de praticantes (Gherardi; Nicolini, 2001), pois a tradição pós-moderna possibilita observar a aprendizagem organizacional como prática discursiva.

Gherardi (2005) prefere nem mesmo adentrar a discussão sobre as denominações "organizações aprendizes" ou "aprendizagem organizacional", pois ambas estão enredadas sob a mesma prática social de legitimação das tecnologias gerenciais e do conhecimento científico. Gherardi (2005) observa que ambas são visões construídas sob um mesmo corpo de conhecimento, provenientes de práticas situadas em comunidades de organizações, de praticantes, de acadêmicos e até mesmo na sociedade. Sendo práticas situadas, os processos de aprendizagem organizacional ou das organizações aprendizes funcionam como discursos disciplinares, capazes de sustentar formas de comportamentos normativos, além de prover recursos para a normalização. Novamente, Gherardi (2005) volta à perspectiva foucaultiana de discursos, poder e saber. O que instiga nos traçados desenvolvidos pelos mencionados autores é a ênfase na prática e na aprendizagem situada, como forma pós-moderna de observar os processos de aprendizagem organizacional. Esse fato conduz à necessidade de aprofundamento das discussões sobre aprendizagem situada, comunidades de prática e a relação estabelecida entre essas altercações e a teoria foucaultiana.

2 • COMUNIDADES DE PRÁTICA E A RETOMADA DA TEORIA FOUCAULTIANA

A teoria da aprendizagem situada foi desenvolvida por Lave e Wenger (1991) com o intuito de enfatizar a ocorrência dos processos de aprendizagem em práticas sociais de engajamento e trocas simbólicas. A ideia é ir além de concepções restritas que observam esse processo tão somente como aprendizagem na prática ou transferências formais de conhecimento. A teoria da aprendizagem situada oferece uma crítica às teorias cognitivistas de aprendizagem. Ela questiona a suposição pedagógica que a aprendizagem baseada "em sala de aula" (como uma atividade descontextualizada) é tão eficaz quanto a aprendizagem em comunidades, na qual o que é "praticado" é "aprendizagem" e vice-versa. A idealização cognitivista da sala de aula está sustentada numa suposição positivista do conhecimento abstrato: tal conhecimento é valioso porque reflete uma realidade objetiva e pode ser manipulado, utilizando-se de uma lógica racionalista e simbólica.

Lave e Wenger (1991) propõe a comunidade da prática como uma condição intrínseca para a existência do conhecimento. De acordo com os autores, a aprendizagem toma espaço, nestas comunidades, não apenas como restrita aprendizagem situada em que os exemplos da prática são simplesmente replicados, mas pela "aprendizagem com a Participação Periférica Legitimada (PPL)". A PPL não consiste meramente na aprendizagem situada na prática, mas na aprendizagem como parte integral da prática, ou seja, na aprendizagem como "a prática social generativa no mundo vivido".

Lave e Wenger (1991) foram os primeiros autores a introduzir a noção de comunidade da prática. Descreveram uma comunidade da prática como um conjunto de relações entre pessoas, atividade e mundo, em determinado período de tempo, e na relação com outras comunidades de prática tangenciais e sobrepostas. Nestas comunidades, os recém-chegados aprendem com os mais antigos a partir da permissão de sua participação em determinadas tarefas relativas à prática da comunidade. Com o passar do tempo, os recém-chegados movem-se da posição periférica para a participação plena na comunidade. Assim, é possível dizer que Lave e Wenger (1991, p. 98) não foram precisos em sua definição para comunidade de prática, chegando a mencionar que essas comunidades se estabelecem no "relacionamento entre pessoas, atividades e mundo". Eles sublinham que a comunidade não implica somente uma cultura compartilhada, pois os membros de uma comunidade possuem diferentes interesses, fazem diversas contribuições para as atividades e possuem diferentes pontos de vista. A ideia de comunidades de prática – afirmam os autores – implica, portanto, a participação em um sistema de atividades, a maneira como os participantes compartilham significados, como eles dão sentido a suas vidas e como eles entendem o que fazem. Por esse motivo, Lave e Wenger (1991) aproximam as discussões sobre comunidades de prática do processo de construção de identidades.

Os autores comentam que a aprendizagem ocorre em processos de engajamento mútuo entre participantes, de forma informal e na interação social situada. Para efetivar essa possibilidade, Lave e Wenger (1991) enfatizam o que eles chamam de "participação periférica legitimada" em comunidades de prática. Com a noção de participação periférica legitimada, traçam um caminho para entender o relacionamento entre "novos" e "velhos" membros em uma comunidade, assim como sobre a atividade, a construção de identidade e os artefatos em comunidades de conhecimento e prática. Desta forma, embora visto frequentemente como um modelo simples de aprendizagem, em que o conhecimento maleável é transferido por meio da aprendizagem situada, o conceito central de Participação Periférica Legitimada (PPL) não se restringiu somente à aprendizagem. O conceito de "participação periférica legitimada" leva em consideração o relacionamento e as estratégias de integração desenvolvidas pelos novos participantes em uma comunidade de prática.

A Participação Periférica Legitimada é de natureza complexa. Cada um dos três aspectos – legitimidade, região periférica e participação – são indispensáveis e não podem ser considerados de forma isolada. Legitimidade e participação definem as maneiras características de pertencer a uma comunidade, enquanto região periférica e participação tratam da posição e da identidade no mundo social. Lave e Wenger (1991) reforçam o caráter composto dos três componentes da PPL, portanto, de seus inter-relacionamentos.

A legitimidade em uma comunidade de prática incide na dimensão que diz respeito a relações de poder e autoridade perante o grupo. Em estudos com alcoólicos anônimos, alfaiates, açougueiros e parteiras, Lave e Wenger (1991) observaram que a legitimidade não precisa necessariamente ser formal. Por exemplo, para os alfaiates e açougueiros há um grau de legitimidade formal que vem da hierarquia e da posição na organização. No caso dos alcoólicos anônimos e no das parteiras, ela seria mais informal. Os alcoólicos anônimos, neste caso, ganham legitimidade quando as histórias que tratam de suas experiências tornam-se mais maduras e mais próximas do que aquelas dos mais antigos.

A noção de *peripherality* (periferia) de Lave e Wenger (1991) não é um conceito físico, relacionado à posição no núcleo ou na periferia, nem uma medida simples da quantidade de conhecimento que tenha sido adquirida. Os autores utilizam os termos de periferia e participação plena para denotar o grau de engajamento e de participação na comunidade.

A noção de participação fornece a chave para compreender as comunidades de prática, o que não implica necessariamente a copresença em um grupo bem definido e identificável ou as fronteiras sociais visíveis. Entretanto, as comunidades de prática implicam participação numa atividade sobre a qual todos os participantes têm uma compreensão comum, sobre o que é e o que significa para suas vidas. A comunidade e o grau de participação nela estão, em alguns sentidos, inseparáveis da prática (Lave; Wenger, 1991).

Até mesmo pelo fato de considerarem a participação periférica, Lave e Wenger (1991) relatam que, no espaço instituído nas comunidades de prática, estão expressas relações de poder, que impulsionam participações mais ou menos intensivas, assim como posições e empoderamento. A ideia de periferia e centro se faz através de relações complexas e dinâmicas, em que o poder passa a ser fator central. Como bem lembra Cox (2005), apesar da centralidade dessa temática do poder, Lave e Wenger (1991) não aprofundam nem possibilitam desenvolvê-la nas discussões sobre comunidades de prática e aprendizagem situada. Este fato fez com que Fox (2000) tivesse a pretensão de reempreender essa discussão, como desenvolve-se, mais adiante, neste capítulo.

Não foram, porém, somente Lave e Wenger (1991) que discutiram sobre as comunidades de prática. Numa temática pouco diversa, Brown e Duguid (1995) retomam essa discussão utilizando como exemplo, em suas explicações, uma etnografia desenvolvida em uma empresa de fotocopiadoras por J. Orr. A ênfase de Brown e Duguid (1995) está na possibilidade de as comunidades de prática impulsionarem a inovação e as resoluções de novos problemas. Como bem expõe Cox (2005), os aspectos vinculados às comunidades de prática no trabalho de Brown e Duguid (1995) possuem mais características de improvisação em novas práticas do que a reprodução de práticas existentes, como ocorreu no trabalho de Lave e Wenger (1991). Apesar dessa amplitude, Cox (2005) ressalta um fato interessante, pois as discussões sobre comunidades de prática em Brown e Duguid (1995) transitam como engajamentos harmoniosos, sem elucidar relações de conflitos e interesses.

Apesar de central, as relações de poder têm sido negligenciadas e marginalizadas nos estudos desenvolvidos em aprendizagem organizacional (vide Capítulo 2 deste livro) e nas discussões sobre comunidades de prática. Roberts (2006) aborda essas considerações como um fator crítico nas discussões sobre comunidades de prática. Esse autor elucida que entender a dinâmica do poder nas relações em comunidades de prática é essencial para a ampla compreensão da criação e da disseminação do conhecimento. Roberts (2006) diz que, em comunidades de prática, existem membros diversificados no que tange às experiências, idades, habilidades, personalidades e autoridades. O autor evidencia o poder como capacidade ou habilidade de obtenção de coisas, através de influência, força ou controle. Roberts (2006) retoma vários trabalhos que discutiram sobre as comunidades de prática a fim de elucidar essas relações de poder, por exemplo, no caso do trabalho de Lave e Wenger (1991), nas discussões sobre a "participação periférica legitimada". Ao final de sua discussão, Roberts (2006) resgata o trabalho de Fox (2000) – que possui importância central neste capítulo – elucidando a utilização que esse autor fez das discussões sobre as relações de poder na teoria de Michel Foucault e as contribuições da teoria ator-rede, como fator crítico nas altercações acerca das comunidades de prática.

Fox (2000) identifica a defasagem – anteriormente elucidada neste capítulo – nas discussões acerca das relações de poder em teorizações referentes às comunidades de prática. A contribuição de Fox (2000) ocorre quando ele introduz, no entremeio dessas altercações sobre poder na teoria de Michel Foucault, como a relação poder/saber e a teoria ator-rede elucidam os relacionamentos e a difusão do poder. Nas discussões acerca da relação entre a teoria da comunidade de prática e a concepção sobre o poder em Michel Foucault, Fox (2000) salienta que o poder é visto como não podendo ser possuído ou adquirido, mas que se manifesta nas relações sociais. Fox (2000) mostra o que para Foucault não é poder, ou seja, o poder não está contido em uma estrutura ou instituição, nem mesmo é observado como fator repressivo que um grupo exerce sobre outro, ele não emana de um indivíduo e deságua em outro. O poder deve ser compreendido como

> [...] a multiplicidade de correlações de força imanentes ao domínio onde se exercem e constitutivas de sua organização; o jogo que, através de lutas e afrontamentos incessantes as transforma, reforça, inverte; os apoios que tais correlações de força encontram umas nas outras, formando cadeias ou sistemas ou no contrário, as defasagens e contradições que as isolam entre si; enfim, as estratégias em que se originam e cujo esboço geral ou cristalização institucional toma corpo nos aparelhos estatais, na formação da lei, nas hegemonias sociais. (Foucault, 1988, p. 88)

Para Foucault, sublinha Fox (2000), o poder manifesta-se nas relações sociais, ou seja, o poder surge quando é exercido. Para Foucault,

> [...] o poder funciona e se exerce em rede. Nas suas malhas os indivíduos não só circulam, mas

> estão sempre em posição de exercer esse poder e sofrer sua ação; nunca são o alvo inerte ou consentido do poder, são sempre centros de transmissão. Em outros termos, o poder não se aplica aos indivíduos, passa por eles (Foucault, 1982, p. 183).

Como exemplo dessas discussões, Fox (2000) retoma os trabalhos apresentados por Lave e Wenger (1991); Brown e Duguid (1995); Wenger (1998), sendo que, nas discussões do último, está um dos grandes esforços de articulação. Wenger (1998) retoma, anos depois, o trabalho por ele publicado com Jean Lave: a noção de comunidades de prática, no sentido de elucidar e reconfigurar alguns pressupostos desenvolvidos originalmente naquele trabalho. Wenger (1998), conhecedor das limitações da obra publicada com Lave, procura destacar outros fatores importantes nas discussões sobre comunidades de prática, no sentido de explanar o processo de construção da identidade, assim como os significados compartilhados e a prática em si, que até então eram conceitos pouco explorados.

Wenger (1998) procura revelar que a noção de comunidade de prática possui íntima relação com a teoria social da aprendizagem. A proposta subjacente é que os processos de aprendizagem se dão nos relacionamentos sociais e não somente nos processos formalizados de aprendizagem, pois o ser humano é um ser social. A comunidade de prática emerge nas relações informais, sustentadas por esses relacionamentos mútuos –conflituosos ou harmoniosos – que possibilitam o desenvolvimento de práticas, de significados e de manifestações e construções de identidades.

Wenger (1998), tendo como foco a relação entre a teoria social da aprendizagem e a teoria da aprendizagem situada, destaca a importância das discussões sobre o poder, a subjetividade e a coletividade. Como bem expõe Fox (2000), as discussões acerca do poder continuam, porém, marginalizadas. Na visão de Fox (2000), o poder assume alguma importância no trabalho de Wenger (1998), quando mais vinculado ao processo de formação de identidade do que sobre a prática em si, que é um conceito central nas discussões sobre comunidades de prática. Por esse motivo, Fox (2000) enfatiza a relevância da teoria do poder de Michel Foucault, pois possui uma ótica vinculada às práticas sociais de produção do poder e do saber.

Fox (2000) salienta que o poder, na concepção foucaultiana, não é possuído, muito menos exercido como forma de dominação, mas relacional e capaz de produzir coisas. Frente a esse conceito, o autor diz que existe, nas comunidades de prática, a distribuição desigual de poder, o que permite analisar a concepção foucaultiana do poder no entremeio dessa dinâmica. Fox (2000), apesar de ter como objetivo central estabelecer uma relação da teoria foucaultiana com as discussões sobre as comunidades de prática, dedica maior atenção à teoria ator-rede (vide Capítulo 24 deste livro), não permitindo que se analise a fundo a dinâmica do poder foucaultiano. Mesmo assim, Fox (2000) evidencia – na mesma linha de pensamento desenvolvida por Gherardi e Nicolini (2001) – que o exame dessa modalidade de relações de poder, nas discussões sobre comunidades de prática é possível. Isto se deve ao fato de o foco estar na aprendizagem situada, ou seja, na aprendizagem ocorrida em situações de interação e compartilhamento.Tanto a concepção do poder foucaultiano quanto a teoria ator-rede poderiam ser utilizadas nas análises das comunidades de prática por se tratarem de concepções que enfatizam relações, microrrelações e relações situadas.

Diante dessa constatação, é possível articular – como fez Fox (2000) e enfatizaram Gherardi e Nicolini (2001) – as discussões da teoria de Michel Foucault, a comunidade de prática e a aprendizagem nas organizações? A relação poder/saber possui proximidade com as discussões anteriores? Com a intenção de possibilitar artifícios que permitam repensar essa relação, no próximo tópico são resgatadas algumas considerações sobre a teoria de Michel Foucault, sublinhando-se as discussões acerca da relação poder/saber, a verdade e a identidade.

3 • APROFUNDANDO AS CONSIDERAÇÕES TEÓRICAS DE MICHEL FOUCAULT

Michel Foucault desenvolve, particularmente em seus últimos escritos, as discussões sobre o poder e a relação entre poder/saber. Em uma de suas entrevistas, chegou a questionar: sobre o que mais ele poderia ter dito em todos seus escritos senão sobre o poder (Foucault, 1982)? Propõe um conceito complexo e que, na sua obra, toma características específicas, dadas a ênfase e a maneira de análise dos discursos instituída por esse filósofo francês. No primeiro volume de História da Sexualidade – ponto retomado por Fox (2000) – Foucault (1988) procura mostrar o que o poder não é, numa tentativa de revelar a particularidade e a centralidade do poder em sua análise sobre os discursos sociais. Foucault (1988) diz que a palavra poder utilizada indiscriminadamente pode produzir mal-entendidos, sendo necessário aprofundar seu conceito. Para tanto, Foucault (1988) elimina de sua análise as formas "terminais" do poder, ou seja, as formas institucionalizadas – como o aparelho do Estado na análise marxista; as formas legais, como nas discussões jurídicas; a forma de dominação de um grupo sobre o outro, como nas discussões políticas.

> [...] na medida em que as instituições agem essencialmente através da colocação de dois elementos em jogo: regras (explícitas ou silenciosas) e um aparelho, corremos o risco de privilegiar exageradamente um ou outro na relação de poder [...]. Não se trata de negar a importância das instituições na organização das relações de poder. Mas de sugerir que é necessário, antes, analisar as instituições a partir das relações de poder, e não o inverso; e que o ponto de apoio fundamental destas, mesmo que elas se incorporem e se cristalizem numa instituição, deve ser buscado aquém. (Foucault, 1995, p. 245)

A ênfase que Foucault (1988) concede ao estatuto do poder está diretamente ligada ao que se poderia chamar de sustentáculo dessas formas terminais de poder. O foco central da análise que Foucault (1988) desenvolve são a produção e a manifestação desse poder. O poder, afirma Foucault (1988), é algo que se exerce em meio a relações móveis e desiguais, capaz de produzir coisas; ele é exercido de baixo, no sentido de que não há mão única no exercício do poder, por exemplo, entre dominantes e dominados, ocorre sempre sua produção. O poder não está em estado de superestrutura, como algo que atinge de fora, o poder é sempre imanente, está contido nas microrrelações que os sujeitos estabelecem entre si. Apesar da ênfase que Foucault (1988) atribui ao lado estratégico do poder, no sentido de que o poder não é apenas repressivo e com características negativas, mas de que produz coisas, produz discursos, etc., onde há poder, há resistência, ou melhor, resistências. Como bem expressa o autor (Foucault, 1982, p. 91), "resistências, no plural, são casos únicos: possíveis, necessárias, improváveis, espontâneas, selvagens, solitárias, planejadas, arrastadas, violentas, irreconciliáveis, prontas ao compromisso, interessadas ou fadadas ao sacrifício". Esse fato mostra que, ao analisar o poder na concepção de Foucault (1988), encontra-se a resistência como um dos elementos centrais.

Foucault (1988), porém, não estaciona sobre esses fatos, possibilitando uma discussão de central importância para o entendimento de sua dinâmica, ou seja, a racionalidade do poder. Foucault (1988) reconhece que, nas discussões sobre o poder, há sempre intencionalidades, miras e objetivos, mas que, mesmo existindo esses elementos atrelados ao poder, não é permitido dizer que ele resulte de decisões e escolhas do sujeito. Foucault (1988) alerta que não devemos buscar a equipe que detém o poder, nem ao menos aquela que governa, nem ainda aqueles que controlam as instituições, com a intenção de identificar ali o poder. Como ele próprio expõe, o poder parte de baixo, está em estado de imanência, manifesta-se nas microrrelações, não é dominado ou possuído, mas exercido. A racionalidade do poder em tentar detectar aqueles capazes de exercê-lo coloca todo empreendimento foucaultiano no mesmo contexto ao qual durante anos ele tentou se furtar: o poder funciona somente no entremeio das relações negativas. Sendo esses fatores centrais para entender o poder na temática foucaultiana, há nas discussões sobre as comunidades de prática um distanciamento dessa temática, pois existe sempre a tentativa de racionalização de poder, por exemplo, quando ele é detectado como fator inerente à noção de "participação periférica legitimada". Salienta-se, novamente, que Foucault (1988) não nega a existência dessa modalidade de poder, mas que essa modalidade não possui centralidade em sua discussão, pois seu foco está no sustentáculo do poder e em suas manifestações e, não, na localização e detecção de estruturas "engessadas" e unívocas.

Ao analisar-se as discussões sobre aprendizagem organizacional e comunidades de prática, fica evidente que a linha-mestra de identificação do poder segue o modelo que Foucault (1988) chama de soberano-lei, ou seja, a estrutura que permite identificar a mecânica do poder mais forte e do poder mais fraco. Para Foucault (1988), a ênfase de sua análise deve ser as correlações de força e os mecanismos do poder, que vão além dessa mecânica do poder como algo imputado. Foucault (2003) expõe, em sua análise, que não há uma ontologia do poder, no sentido de que existiria, por um lado, o poder com P maiúsculo, como uma espécie supraterrestre e, de outro lado, as resistências dos infelizes coagidos a se vergarem ao poder.

> [...] Penso que uma análise desse gênero é totalmente falsa, pois o poder nasce de uma pluralidade de relações que se enxertam em outra coisa, nascem de outra coisa e tornam possível outra coisa. Daí o fato de que, por um lado, essas relações de poder se inscrevem no interior de lutas que são, por exemplo, lutas econômicas ou religiosas. Portanto, não é fundamentalmente contra o poder que as lutas nascem. Mas, por outro lado, as relações de poder abrem um espaço no seio do qual as lutas se desenvolvem. [...] é preciso voltar a situar as relações de poder no interior das lutas, e não supor que há de um lado, o poder e, do outro, aquilo sobre o qual ele se exerceria, e que a luta se desenrolaria entre o poder e o não poder. (Foucault, 2003, p. 276)

Sobre essa dinâmica, quando Foucault diz "que uma análise desse tipo é totalmente falsa", deve-se aumentar o cuidado na utilização de seu conceito de poder, pois, nas discussões sobre aprendizagem organizacional e comunidades de prática, há sempre tendência de enfatizar os aspectos que tornam o poder mais compreensível e racionalizável. Quando Foucault (2003, p. 277) reforça que o poder nasce de uma "pluralidade de relações que se enxertam em outra coisa, nascem de outra coisa e tornam possível outra coisa", revela que as situações estão sempre em aberto, o que torna possível o exercício do poder naquele contexto, mas seus atributos não são necessariamente produzidos ali. Esse é outro fator importante e que possui distanciamento das discussões sobre aprendizagem organizacional e comunidades de prática, pois os circunscritos de análise e avaliação estão em contextos específicos (organização ou comunidade), em modalidades específicas de manifestações de poder e conhecimento.

Tendo em vista essa tendência positivo-funcionalista nesses circunscritos de análise e avaliação, sublinha-se que Foucault (2003) não é um funcionalista. Ele mesmo procura destacar e manifestar sua ira, ao ser taxado como tal, afirmando que muitos leem, mas não entendem suas obras. O foco principal de sua análise recai sobre o desenvolvimento das ideias, sua relação poder/saber (que será aprofundada adiante) e como a dinâmica do poder é produzida no contexto social. Ao discutir o panóptipo de Bentham*, a impressão inicial é que Foucault (2002) concede ao poder uma função, um modo particular de exercício, porém, isso não condiz com sua análise.

* Bentham foi quem idealizou a penitenciária panóptica: trata-se de uma estrutura em que a visibilidade dos presos seria amplamente garantida por uma torre central que, do alto, vigia um polígono onde estão detidos os internos. Esse conceito seria, inicialmente, apenas uma metáfora para a forma disciplinar de poder, pois formaliza o princípio de que o poder deve ser visível e inverificável. Visível na forma da torre, inverificável porque cada preso não sabe ao certo se está sendo vigiado naquele instante. Nesse esquema, acaba-se por induzir as pessoas ao autocontrole. Elas tornam-se, ao mesmo tempo, sujeito e objeto de dominação.

Quando Foucault (2002) retoma o projeto do panóptipo, dizendo que é um modelo de poder por excelência, ele não afirma que esse modelo funciona perfeitamente, pois isto de fato nunca ocorreu, mas que seu surgimento está diretamente acoplado – e por isso surge e é sustentado – às ideias veiculadas no contexto da sociedade moderna. No processo de descrição desse modelo, a relevância está na ênfase que Foucault (2002) atribui a seu funcionamento, em que nem a prisão nem o modelo do panóptipo funcionaram plenamente, nunca chegando a atingir seus objetivos iniciais. Por quê? Por existir uma dinâmica do poder que subjaz essas utopias, da qual as instituições são produzidas, porém elas não funcionam necessariamente como tal. Esse aspecto permite outra apreensão acerca das discussões sobre aprendizagem organizacional e comunidades de prática, pois, como já referido, essas discussões estão assentadas em contextos específicos de manifestação de poder e conhecimento, que possuem sempre certa funcionalidade e racionalidade. Isso permite ressaltar um ponto enfático na análise que Foucault (2003) realiza: as relações de poder são complexas, difíceis, nunca funcionalizadas e, realmente, nunca funcionam. Como o próprio Foucault (2003, p. 274) diz,

> O poder não é onipotente, onisciente, ao contrário! Se as relações de poder produziram formas de inquirição, de análises dos modelos de saber, é precisamente porque o poder não era onisciente, mas cego, porque se encontrava em um impasse. Se assistimos ao desenvolvimento de tantas relações de poder, de tantos sistemas de controle, de tantas formas de vigilância, é justamente porque o poder sempre foi impotente.

Ao enfatizar esse ponto que diz respeito à impotência do poder, Foucault (2003) distancia-se radicalmente das análises desenvolvidas no contexto da aprendizagem organizacional e das comunidades de prática. A dinâmica que ainda domina neste campo é a ideia de um poder onipotente e onipresente, além da noção de margem e periferia das relações de poder apregoada nas discussões acerca da aprendizagem organizacional e das comunidades de prática. Mesmo que nas discussões sobre a PPL, instituída por Lave e Wenger (1991), não estejam contidas as noções de margem e periferia, estas estão contidas nas relações de poder ali estabelecidas. Tendo como ênfase as discussões sobre o poder, Foucault (1988) desenvolve a relação entre poder/saber, uma das principais abordagens foucaultianas discutidas no âmbito dos processos de aprendizagem organizacional e sobre as relações nas comunidades de prática. Como ressaltam Gherardi e Nicolini (2001), a relação estabelecida por Michel Foucault sobre a dinâmica poder/saber permite entender os contextos de aprendizagem organizacional e aprendizagem situada, como forma de disciplinarização dos indivíduos nas organizações. Os modelos de aprendizagem refletiriam formas cada vez mais elaboradas de disciplina e docilização dos indivíduos. Gherardi e Nicolini (2001) utilizam adequadamente os conceitos que Michel Foucault desenvolveu, contudo muitos desses conceitos não são aprofundados, por exemplo, o de disciplina, o de jogos de verdade e até mesmo o de relação poder/saber, o que induz a vários mal-entendidos, principalmente em relação ao último.

Cabe aqui retomar alguns aspectos. Michel Foucault é um filósofo e historiador das ideias. O foco de seu trabalho sempre foram as ideias e as formas de pensamento. Desde seu primeiro livro, "História da loucura" (Foucault, 1987), até a sua última coletânea, "História da sexualidade" (Foucault, 1988, 1989, 1991), a ideia que permeia suas discussões é: o que aconteceu para que houvesse mudanças e surgimentos de novos saberes? Foucault (1987), ao estudar a história da loucura, verifica que a ideia de "louco" sofreu várias alterações, desde o século XVII até o século XX. Isto permitiu o surgimento de saberes como a medicina psiquiátrica no justo momento em que "louco" passa a ser visto, não mais como um indivíduo errante, mas como um indivíduo doente mental, que deve ser curado.

De um estatuto de abandono social e de entrega à Nau, que acontecia no início do século

XVII, Foucault (1987) verifica que, no final do século XVIII e início do século XIX, o "louco" passa a ser visto, além de um indivíduo perigoso socialmente, como um indivíduo que necessita de cuidados médicos. Quando Foucault (1987) fala de saberes, a ideia subjacente é de um saber específico, que se forma naquilo que ele próprio chama de dobra do saber, ou seja, um saber que surge em determinada época e possui coerência – daí a ideia de jogos de verdade – com os outros saberes difundidos. Essa constatação levou Foucault (1999), em seus primeiros livros, a falar de *èpistemé*, dando a ideia de que os saberes estão difundidos sob um mesmo complexo de verdade. Conforme seus últimos livros, os saberes são produzidos sob aquilo que ele chamou de dispositivo, ou seja, são constituídos, desenvolvidos e aceitos, porque possuem coerência com esses jogos de verdade.

> Essa objetivação e essa subjetivação não são independentes uma da outra; do seu desenvolvimento mútuo e de sua ligação recíproca se originam o que se poderia chamar de 'jogos de verdade': ou seja, não a descoberta das coisas verdadeiras, mas as regras segundo as quais, a respeito de certas coisas, aquilo que um sujeito pode dizer decorre da questão do verdadeiro e do falso. Em suma, a história crítica do pensamento não é uma história de aquisições nem das ocultações da verdade; é a história da emergência dos jogos de verdade: é a história das 'veridicções', entendidas como as formas pelas quais se articulam, sobre um campo de coisas, discursos capazes de serem ditos verdadeiros ou falsos: quais foram as condições dessa emergência, o preço com o qual, de qualquer forma, ela foi paga, seus efeitos no real e a maneira pela qual, ligando um certo tipo de objeto a certas modalidades do sujeito, ela constitui, por um tempo, uma área e determinados indivíduos, o *a priori* histórico de uma experiência possível. (Foucault, 2004, p. 235)

Nesta dinâmica, Michel Foucault não é um estruturalista, que procura localizar as estruturas que sustentam os saberes de determinada época. Muito ao contrário, o pensamento que permeia suas considerações é o de que, em determinada época, há sempre relações entre os saberes, o que concede a eles estatutos de verdade. Por esse motivo, Foucault (1988) denomina esse processo como "jogos de verdade", no sentido de que, para ganhar estatuto de verdade, os saberes entremeiam-se uns aos outros e assim são aceitos e difundidos.

Na ideia de dispositivo, Foucault (1988) mostra que um dispositivo, por exemplo, o sexo, produz uma série de instituições, regras sociais e sujeitos, que vão permitir a difusão dessa modalidade de saber. Daí surgem sexólogos, psicanalistas, pedagogos, entre outros, que vão cuidar de problemas como a histeria, o onanismo, etc. Esse fato revela que, ao ganhar o estatuto de verdade, os saberes ganham também estatuto de poder, o que permite a produção de sujeitos, instituições, prazer, etc., desde aí o poder vai ser visto mais por características estratégicas do que repressivas. Aqui está formada a relação que Michel Foucault estabelece entre poder/saber e verdade.

Existe ainda algo de extrema importância a ser ressaltado acerca da relação entre poder/saber desenvolvida por Michel Foucault. Mesmo sendo essa uma análise subjacente a todo empreendimento que Michel Foucault realizou, ela possui papel central para se entender seus estudos, assim como é crucial no processo de alocação de sua teoria nos estudos em aprendizagem organizacional. O que subjaz as discussões de Michel Foucault sobre a relação poder/saber, assim como sobre os jogos de verdade e sua ênfase nos estudos sobre o poder, é que todo empreendimento desse filósofo/historiador está centrado no sujeito: o sujeito "louco" da história da loucura; o sujeito médico do nascimento da clínica,; o sujeito delinquente de 'Vigiar e Punir'; o sujeito sexual, o sujeito moral e o sujeito hedônico dos três volumes de 'História da Sexualidade'. Enfim, o saber é sempre um saber sobre o sujeito, daí a ideia de um saber vinculado à produção da disciplina.

Na retomada dessa discussão sobre a relação entre poder/saber por Gherardi e Nicolini (2001) e mesmo por Fox (2000), alguns pontos devem ser ressaltados. Na temática do saber, no contexto da aprendizagem organizacional e da aprendizagem situada, há sempre a ideia de um sujeito que conhece e, portanto, é ativo nesse processo, o que não condiz com a ideia foucaultiana do sujeito. Na visão foucaultiana, o sujeito nunca será ativo, mas entregue a processos constantes de subjetivação, que o colocam numa maquinaria de relações poder/saber, em que nem sempre ele possui consciência total – e nunca racionalizada – daquilo que faz.

Não é o sujeito capaz de produzir conhecimento, mas são as relações entre saber/poder que produzem os sujeitos. Por esse motivo, Foucault (1982) elucida que as alterações nos conteúdos dos saberes de cada época produziram sujeitos diversificados, assim como ideias diferenciadas sobre os sujeitos existentes, como aconteceu no caso do "louco". O processo de constituição histórica do homem é denominado por Foucault de processos de subjetivação:

> [...] a questão é saber se essas regras são efetivamente postas a trabalhar pelo espírito humano, muito bem; se o historiador e o linguista podem meditar nelas, cada um por sua vez, muito bem; essas regras deveriam permitir-nos entender o que é dito ou pensado por esses indivíduos. Mas tenho dificuldade de aceitar que essas regularidades sejam ligadas ao espírito humano ou à sua natureza, como condições de existência: parece-me que se deve, antes de atingir esse ponto – de qualquer maneira, falo unicamente da compreensão –, recolocá-las no domínio das outras práticas humanas, econômicas, técnicas, políticas, sociológicas, que lhes servem de condições de formação, de aparecimento, de modelos. Eu me pergunto se o sistema de regularidade, de coação, que torna possível a ciência, não se encontra em outros lugares, fora inclusive do espírito humano, nas formas sociais, nas relações de produção, nas lutas de classe, etc. (Foucault, 2003, p. 106)

Nesta temática, Foucault (1982) verifica a necessidade de se livrar do sujeito constituinte, ou seja, desse sujeito ativo, para chegar a um nível de análise que possa dar conta da constituição do sujeito na trama histórica. Esse não parece ser um aspecto levado em consideração nas análises relacionadas à compreensão da aprendizagem organizacional e, muito menos, na teoria da aprendizagem situada, pois a ideia que permanece está vinculada aos atributos e dinâmicas do funcionamento desses processos de aprendizagem, dando ênfase ao fato de a aprendizagem ocorrer em situações sociais compartilhadas e informais. Quando Gherardi e Nicolini (2001) realizam a discussão acerca das temáticas ditas "pós-modernas" da aprendizagem organizacional, chegam a propor que a aprendizagem situada seria uma dessas formas pós-modernas de análise dos processos de aprendizagem. No escopo de elucidação da temática pós-moderna, Gherardi e Nicolini (2001) enfatizam, por exemplo, que o foco de análise estaria sobre as relações entre poder/saber e, também, sobre o que se poderia chamar de identidade fragmentada. Mas quando se analisa o foco, por exemplo, das discussões acerca da identidade, percebe-se que ainda está presente, no contexto das considerações sobre a aprendizagem situada e da comunidade de prática, a ênfase no processo de construção de identidade, como se essas modalidades de aprendizagem permitissem a manifestação dessa identidade. Nessa temática, Foucault (1982, p. 15) é categórico em sua análise sobre o sujeito constituinte e sobre a identidade, ao dizer que

> É isso que eu chamaria de genealogia, uma forma de história que dê conta da constituição dos saberes, dos discursos, dos domínios de objetos, etc., sem ter que se referir a um sujeito, seja ele transcendente com relação ao campo de acontecimento, seja ele perseguindo sua identidade vazia ao longo da história.

Como as discussões sobre a identidade possuem papel central nas altercações acerca da aprendizagem situada e das comunidades de prática, particularmente no trabalho Wenger (1998), trazer à reflexão a concepção foucaultiana é algo importante. Como foi exposto nas discussões sobre a relação poder/saber, existem peculiaridades no trabalho de Michel Foucault que devem ser levadas em consideração para se realizar a articulação consistente entre suas concepções teóricas e as análises instituídas em outras áreas do saber, por exemplo, o que esse autor assume acerca das concepções de identidade. Fica evidente que o objetivo de Foucault (1982) não está assentado sobre processos e manifestações da identidade, mas sobre as dobras dos saberes que constituem os sujeitos. São essas dobras que permitem dizer identidades fragmentadas, no entanto, esse não é um termo difundido na concepção foucaultiana. Por esse motivo, a referência a um sujeito transcendente ou perseguindo – ao qual esse autor prefere chamar de "identidade vazia" – deve ser eliminada, quando se procura dar conta de instituir as concepções foucaultianas nos estudos em aprendizagem organizacional.

Com essa discussão, o limiar de aprofundamento das concepções foucaultianas surge, possibilitando o delineamento e a compreensão dos termos amplamente difundidos nas discussões acerca da aprendizagem organizacional, particularmente no trabalho de Gherardi e Nicolini (2001) e Gherardi (2005), assim como os observados nos trabalhos de Roberts (2006), Cox (2005) e, principalmente, Fox (2000), nas discussões acerca da aprendizagem situada e das comunidades de prática. Resta apenas (re)pensar as amplitudes, limitações e possibilidades dessas relações.

○ CONSIDERAÇÕES FINAIS

Apesar da amplitude e da ambiguidade com que o problema instituído no contexto deste capítulo foi explanado – *será realmente possível estabelecer essa relação entre as discussões constituídas por Michel Foucault e os estudos em aprendizagem organizacional?* Pensar esse tipo de articulação demonstra maturidade, além de elucidar possibilidades e limitações na apropriação teórica advindas de outras áreas da ciência. Isso não quer dizer que não seja possível essa articulação, pois seria ingênuo pensar que os saberes estão fechados sobre si mesmos, como blocos monolíticos de conhecimento. A própria retomada das concepções teóricas de Michel Foucault revela que os saberes entremeiam-se uns com os outros e assim ganham estatutos de verdade. Então o problema instituído no início deste capítulo já surgiu condicionado ao fracasso? Se a afirmação é de que há relações entre os saberes, então a resposta, desde o início, foi "sim"?

Trata-se de questões importantes, que merecem um esforço para desconstruí-las, pois não é sobre essa lógica que se assenta o árduo trabalho de constituição do percurso realizado até este ponto. O único fator preponderante, que sustenta esse árduo trabalho, é que as apropriações devem ser condizentes com o escopo traçado pelos autores apropriados, excluindo-se a possibilidade de realizar mero "sequestro teórico", prática corrente não somente nos estudos acerca da aprendizagem organizacional (vide Capítulo 3 deste livro). Isso não quer dizer, por exemplo, que os trabalhos de Gherardi e Nicolini (2001), Gherardi (2005) e Fox (2000) não possuem coerências conceituais ao que realmente Michel Foucault entendia como poder, saber, discursos, verdade, etc. Pelo contrário, com a retomada das concepções foucaultianas, fica evidente que há essa coerência conceitual. O problema maior – foco central desse capítulo – é que, ao trazer esses conceitos para o contexto dos estudos em aprendizagem organizacional e comunidades de prática, ocorre a deturpação e o conceito passa a funcionar numa dinâmica da qual, muitas vezes, ele deveria estar distante.

Gherardi e Nicolini (2001), ao analisarem as temáticas desenvolvidas por Michel Foucault, enfatizam aspectos concernentes a suas preocupações, como a relação poder/saber na produção da disciplina, a subjetivação e a dissolução entre mundo e cultura. Mesmo ao pensarem a amplitude de análise dos contextos social nas assertivas sobre a aprendizagem organizacional, essas discussões surgem sob a epistemologia positivista/funcionalista. Esse processo fica claro, por exemplo, quando Gherardi e Nicolini (2001) dizem que o conhecimento é fator importante nas análises em aprendizagem, assim como é esse conhecimento que permite a disciplinarização e a normalização dos indivíduos, funcionando como tecnologia de poder utilizada e disseminada nas organizações. A lógica subjacente a esse percurso é que há um processo de aprendizagem, assim como o conhecimento é algo que pode ser obtido, além do fato que o conhecimento obtido pode produzir a disciplina e a normalização.

Essa não é uma lógica infiltrada no pensamento de Michel Foucault, pois a relação poder/saber ocorre num espectro de manifestações que se desenvolve nas microrrelações estabelecidas no contexto social. No pensamento foucaultiano, o saber não é algo a ser adquirido, mas algo que funciona no contexto social e produz espaços discursivos preenchidos por sujeitos. Por isso, a ideia de que deve-se se livrar do sujeito constituinte é algo central nas análises realizadas por Foucault (1982), pois a trama está sempre sobre um sujeito constituído, que nunca está acima da história. Diante desse fato, as relações de poder para Foucault (1988) são sempre pensadas em sua impotência, no sentido de que não há, no pensamento foucaultiano, a ideia de potência do poder, muito menos a noção de um poder partindo de determinado lugar e produzindo efeitos. As relações de poder são sempre microrrelações estabelecidas nas diversas situações sociais, produzindo efeitos estratégicos de poder e também resistências. Nesta linha foucaultiana, não há como dizer nem mesmo detectar a unilateralidade do poder, sua supremacia e sua potência. Não há uma organização capaz de desenvolver conhecimento e produzir normalização e disciplina, pois, para Foucault (1982), a sociedade moderna é uma sociedade disciplinar. Por isso, o saber, para Foucault (1988), nunca é um saber científico ou um saber especializado, mas o corpo de saber – e isso transita num feixe que perpassa toda a sociedade – que domina as práticas sociais em determinada época.

Quando Gherardi e Nicolini (2001) e mesmo Fox (2000) salientam que as discussões sobre aprendizagem situada estão alinhadas a uma postura pós-moderna, seus efeitos devem ser repensados, particularmente quando essa designação "pós-moderna" assenta-se sobre uma temática foucaultiana. Nesta afirmação, da forma como foi constituída, não estão presentes, no âmbito das discussões em aprendizagem situada e comunidades de prática, as ideias acerca de identidades fragmentadas, relações poder/saber e discursos organizacionais sendo difundidos. Não é pelo fato de conceber essas modalidades de aprendizagem como situadas que existe a possibilidade de apropriação e funcionamento de teorias – como a de Michel Foucault –, enfocando as microrrelações sociais, pois o escopo e o foco continuam em contextos diferenciados. Apesar da tentativa de Fox (2000) em desenvolver essas relações, as preocupações foucaultianas continuam distantes das preocupações dos estudos em aprendizagem organizacional e comunidades de prática. Mesmo sendo as relações poder/saber o foco do trabalho de Michel Foucault, não é sobre modalidades específicas de saber que esse filósofo francês debruça-se, mas sobre os processos de surgimento e de rupturas pelos quais os saberes passaram e ganharam estatutos de verdade nas sociedades.

Isso revela que não há possibilidade de utilização da teoria de Michel Foucault nos estudos em aprendizagem organizacional e comunidades de prática? Ao contrário, as possibilidades estão em aberto. As articulações desenvolvidas por Michel Foucault possuem peculiaridades que possibilitam muitas "leituras" sobre os fenômenos organizacionais. Essa é a grande possibilidade, a leitura. Seria incompreensível alocar o pensamento e os conceitos difundidos por Foucault no entremeio de conceitos e ideias difundidos nas considerações teóricas acerca da aprendizagem organizacional e das comunidades de prática, como se, pelo fato de ambas considerarem o contexto social e as microrrelações, essas possibilidades já estivessem permitidas. É necessário entender o foco e o processo de análise que, em cada autor, por riqueza e amplitude da área, são utilizados na tentativa de possibilitar novas contribuições. Caso contrário, pode-se incorrer em ações que deturpam ou prejudicam o entendimento dessas ideias, colocando articulações diversificadas – essa é a riqueza – em blocos monolíticos de conhecimento. Pensar e repensar essas articulações, sem a isenção da crítica, é uma maneira prudente e madura de ampliar o escopo das análises organizacionais e dos estudos em aprendizagem organizacional.

○ QUESTÕES PARA REFLEXÃO

1. Quais são as principais características da abordagem pós-moderna da aprendizagem organizacional?
2. Qual o argumento contido nas discussões sobre aprendizagem situada para que essa modalidade de aprendizagem fosse identificada, nos estudos em aprendizagem organizacional, como uma abordagem pós-moderna?
3. Por que é importante, nos estudos sobre comunidades de prática, trazer as discussões sobre o poder?
4. Observando as discussões sobre comunidades de prática, o que limita a utilização da concepção foucaultiana do poder nessa temática de estudo?
5. Quais são os principais problemas identificados na utilização das concepções foucaultianas nos estudos em aprendizagem organizacional? Por que as possibilidades de sua utilização são limitadas?
6. Por que é importante repensar a utilização de teorias advindas de outras áreas das ciências nos estudos em aprendizagem organizacional?
7. Os estudos em aprendizagem organizacional comportam a utilização de teorias advindas de outras áreas da ciência? Há possibilidades de utilização dessas teorias? Quais são as possibilidades?

○ REFERÊNCIAS

BROWN, J. S.; DUGUID, P. Organizational learning and Communities-of-practice: toward a Unified view of working, learning and Innovation. In: COHEN, M. D.; SPROULL, L. S. (Ed.). *Organizational learning*. London: Sage, 1995.

COX, A. What are communities of practice? a comparative review of four seminal works. *Journal of Information Science*, v. 31, n. 6, p. 527-540, 2005.

DERRIDA, J. *Gramatologia*. São Paulo: Perspectiva, 1973.

FOUCAULT, M. *A arqueologia do saber.* 5. ed. Rio de Janeiro: Nau, 1997.

FOUCAULT, M. *As palavras e as coisas*: uma arqueologia das ciências humanas. São Paulo: Martins Fontes, 1999.

FOUCAULT, M. *Ética, sexualidade, política*. Rio de Janeiro: Forense Universitária, 2004.

FOUCAULT, M. *História da loucura na idade clássica*. 2. ed. São Paulo: Perspectiva, 1987.

FOUCAULT, M. *História da sexualidade I*: a vontade de saber. Rio de Janeiro: Graal, 1988.

FOUCAULT, M. *História da sexualidade II*: o uso dos prazeres. Rio de Janeiro: Graal, 1991.

FOUCAULT, M. *História da sexualidade III*: o cuidado de si. Rio de Janeiro: Graal, 1989.

FOUCAULT, M. *Microfísica do poder*. 3. ed. Rio de Janeiro: Graal, 1982.

FOUCAULT, M. O sujeito e o poder. In: DREYFUS, H.; RABINOW, P. *Michel Foucault*: uma trajetória filosófica: para além do estruturalismo e da hermenêutica. Rio de Janeiro: Forense Universitária, 1995. p. 231-249.

FOUCAULT, M. *Vigiar e punir*: história da violência nas prisões. 25. ed. Petrópolis: Vozes, 2002.

FOUCAULT, Mi. *Estratégia, poder-saber*. Rio de Janeiro: Forense Universitária, 2003.

FOX, S. Communities of practice, Foucault and actor-network theory. *Journal of Management Studies*, v. 37, n. 6, p. 853-867, 2000.

GHERARDI, S. *Organizational knowledge*: the texture of workplace learning. London: Blackwell, 2005.

GHERARDI, S.; NICOLINI, D. The sociological foundations of organizational learning, In: DIERKES, M. et al. *Organizational learning and knowledge*. Oxford: Oxford University Press, 2001.

LATOUR, B. *Science in action*. Massachusetts: Harvard University Press, 1987.

LAVE, J.; WENGER, E. *Situated learning*: legitimate peripheral participation. Cambridge: Cambridge University Press, 1991.

ROBERTS, J. Limits to communities of practice. *Journal of Management Studies*, v. 43, n. 3, p. 623-639, 2006.

WENGER, E. *Communities of practice*: learning, meaning, and identity.Cambridge: Cambridge University Press, 1998.

○ SUGESTÕES DE *SITES* SOBRE O TEMA

Sobre a vida, obra e textos de Michel Foucault:

http://www.co-i-l.com/coil/knowledge-garden/cop/lss.shtml

http://www.ewenger.com/

http://www.infed.org/biblio/communities_of_practice.htm

http://www.michel-foucault.com/

http://www.michel-foucault-archives.org/

http://www.unb.br/fe/tef/filoesco/foucault/

http://www.universidad-de-la-calle.com/Wenger.pdf

19

Éder Henriqson
Juliana Kurek

AS INTERCONEXÕES DO CONHECIMENTO TÁCITO E EXPLÍCITO EM NÍVEL INDIVIDUAL E COLETIVO

o treinamento de gerenciamento de recursos de equipes na aviação

OBJETIVOS DO CAPÍTULO

- Analisar o gerenciamento de recursos de equipe na aviação (CRM – *Crew Resource Management*), como conhecimento explícito e tácito, manifestado nos níveis individual e coletivo por tripulantes de empresas aéreas brasileiras.
- Identificar a percepção de tripulantes de empresas aéreas brasileiras em relação à noção de CRM como prática.
- Caracterizar as interconexões entre conhecimento tácito e explícito nos níveis individual e coletivo.

RESUMO

O capítulo apresenta um estudo que tem como objetivo analisar o significado atribuído por pilotos de empresas aéreas brasileiras aos conceitos de CRM (*Crew Resource Management*), após a realização desses treinamentos, conforme a legislação aeronáutica vigente. Neste sentido, o problema de pesquisa é discutido à luz do referencial teórico de Aprendizagem Organizacional, por tratar-se de uma dinâmica que articula dimensões formais (programa de treinamento) e informais (relações de poder, cultura, entre outros), bem como estar alicerçado em práticas de reflexão na ação, sendo um processo contínuo de apropriação e geração de novos conhecimentos em nível individual, grupal e organizacional. Assume-se, assim, a existência de interconexões entre conhecimento tácito e explícito, em nível individual e coletivo, e o saber como uma forma distinta de conhecimento. Desta forma, foi realizado um estudo qualitativo básico ou genérico, a partir de entrevistas em profundidade com pilotos de diferentes empresas aéreas. Os resultados apontam para a construção dos conceitos de CRM, na perspectiva das cinco formas de conhecimento identificadas na pesquisa de campo.

○ INTRODUÇÃO

A indústria do transporte aéreo tem adotado, ao longo dos anos, diferentes estratégias para o aumento da eficiência e da segurança dos voos. Dados deste setor apontam para a uma taxa média mundial de, aproximadamente, três acidentes por milhão de decolagens nos últimos 10 anos (Flight Safety Foundation, 2007). Embora, este número possa variar de forma bastante acentuada entre diferentes regiões, países e continentes, as principais causas imediatas de acidentes continuam sendo de natureza humana (Hollnagel; Woods, 2005).

Houve aumento de 20% para 80% do erro humano como fator contribuinte primário em acidentes e quase-acidentes em indústrias de sistemas complexos (Hollnagel; Woods, 2005; Woods; Hollnagel, 2006). No Brasil, dados do Centro de Investigação e Prevenção de Acidentes Aeronáuticos indicam a participação do elemento humano como fator contribuinte (Aspectos Psicológicos, Fisiológicos e Operacionais) em 95% dos acidentes (Brasil, 2007). Como medida de segurança à contenção desses índices, o antigo Departamento de Aviação Civil, atualmente Agência Nacional de Aviação Civil (Anac), lançou, em 2005, a Instrução de Aviação Civil (IAC) 06-1002A, regulamentando o treinamento em gerenciamento de recursos de equipes (CRM) para empresas aéreas brasileiras (Brasil, 2005).

A Organização de Aviação Civil Internacional* indica que o CRM, implantado na década de 80 e 90 nos Estados Unidos e na Europa Ocidental**, contribuiu, de forma importante, para a redução dos índices de acidentes nestas regiões para patamares inferiores a um acidente por milhão de decolagens (Organização da Aviação Civil Internacional, 1999). Para Helmreich e colaboradores (2001), o CRM constitui-se na principal medida de contenção e gerenciamento do erro humano na aviação.

O CRM, na perspectiva da IAC 060-1002A, corresponde à aplicação de conceitos de gerenciamento nas diferentes atividades operativas e administrativas relacionadas ao voo, visando ao uso eficiente e eficaz de todos os recursos disponíveis (humanos, equipamentos, informações, entre outros) que interagem nesta situação (Brasil, 2005). Leimann Patt (1998) aponta que o CRM deve ser implantado, numa organização, de forma contínua, a fim de verdadeiramente incorporar-se às práticas administrativas da organização e enraizar-se à cultura operacional da empresa. Para Reason (1997), o CRM deve ser capaz de conduzir a organização a um processo reflexivo de mudança, tanto em práticas e políticas administrativas relacionadas às operações de voo, como na cultura corporativa de segurança de voo. Segundo Jensen (1995) e Helmreich (1998), o CRM constitui-se na principal ferramenta de desenvolvimento gerencial em uma empresa aérea, capaz de aperfeiçoar habilidades relacionadas à resolução de problemas, tomada de decisão, trabalho em equipe, liderança e comunicação, contribuindo para a influência positiva dos fatores humanos na segurança de voo.

Neste sentido, este estudo propõe analisar, a partir das possíveis interconexões existentes entre conhecimento tácito e explícito em nível individual e coletivo, o significado atribuído por pilotos de empresas aéreas brasileiras aos conceitos de CRM, após a realização dos treinamentos em gerenciamento de recursos de equipes.

A questão de pesquisa é tratada, principalmente, a partir da perspectiva da Aprendizagem Organizacional e, secundariamente, pela ótica da Gestão do Conhecimento por: (a) focar a análise dos impactos gerados pelo treinamento de CRM nas rotinas operativas e administrativas (Helmriech; Merrit, 2000); (b) existirem evidências empíricas do CRM como fator de mudança de rotinas, atitudes e valores imbricados na cultura de uma organização (Reason, 1997; Helmreich, 1998); e (c) tratar-se de um processo contínuo de apropriação e geração de novos conhecimen-

* Órgão das Nações Unidades com o objetivo de incentivar o desenvolvimento da aviação civil de forma segura e eficiente, através da regulação técnica, econômica e política do setor.

** Países regulamentados pela Joint Aviation Authorities (JAA) e European Aviation Safety Administration (EASA).

tos nos níveis individual, grupal e organizacional (Antonello, 2005).

Entende-se por Aprendizagem Organizacional (AO) o processo de apropriação e geração de todas as formas de conhecimento, envolvendo métodos de aprendizagem formais e informais, em nível individual, coletivo e organizacional (Antonello, 2005). A Gestão do Conhecimento (GC) apresenta-se como um processo paralelo e relacionado à AO (e, muitas vezes, confunde-se com esta), por representar um processo sistemático de geração, apropriação e disseminação do conhecimento como forma de recurso organizacional (Gephart et al., 1996). A distinção entre AO e GC é assumida pelo fato da AO ter como ponto de partida a tensão entre o novo e o velho conhecimento (Antonello, 2005) e não objetiva a gestão dos processos de aprendizagem (vide o Capítulo 8 deste livro).

Este capítulo está organizado nas seguintes seções: (1) referencial teórico, apresentando as perspectivas teóricas relacionadas ao CRM em empresas aéreas e a Aprendizagem Organizacional; (2) descrição do método de pesquisa adotado para a realização do estudo; (3) apresentação e análise dos resultados do estudo; (4) considerações finais, limitações do estudo e sugestões para pesquisas futuras.

1 • PERSPECTIVAS TEÓRICAS DE CRM E DA APRENDIZAGEM ORGANIZACIONAL

• 1.1 • Treinamento em gerenciamento de recursos de equipe na aviação

As perspectivas teóricas de CRM partem da descrição de conceitos centrais do tema e sua relação com o estudo dos fatores humanos na aviação. Da mesma forma, é necessária a compreensão das práticas formais regulamentadas de treinamento em gerenciamento de recursos de equipes na aviação, considerando as particularidades do contexto brasileiro.

1.1.1 Conceito de CRM e fatores humanos

Os programas de gerenciamento de recursos de equipes na aviação, introduzidos e consolidados na década de 80, têm sido continuamente avaliados e aprimorados, a fim de garantir maior eficácia dessa prática nas cabines de aviões comerciais. O "C" da sigla "CRM", em seu conceito, tem evoluído através da ampliação do escopo de recursos a serem gerenciados nas operações (*cockpit* = cabine; *crew* = tripulação; *corporate/company* = empresa; *complete* = sistema de aviação). Nessa ótica, passa-se a identificar o CRM não somente como ferramenta de gestão, mas sim como filosofia operacional intrínseca às rotinas e aos procedimentos realizados na operação de uma aeronave. Os resultados esperados vão para além da busca de sinergia entre os tripulantes para a realização de um voo seguro, visando à maior eficácia global do voo, expressa também em termos de economia e conforto (Helmreich; Merriet; Wilhelm, 1999).

O CRM vem a ser uma ferramenta de gestão voltada à maximização da eficácia dos resultados de um trabalho em equipe, enfocando a sensibilização dos tripulantes para a importância da comunicação, processo decisório, consciência situacional, gerenciamento do erro, administração de conflitos e liderança (Leimann Patt, 1998). Como filosofia operacional, o CRM deve ser, então, um padrão de comportamento a ser considerado no desenvolvimento das aeronaves, de seus sistemas, dos procedimentos de operação, das regras de navegação e tráfego aéreo e da formação, pois tais aspectos determinam a natureza dos processos e contribuem para constituir a cultura operacional (Helmreich; Wilhelm, 1998).

A cultura operacional representa o conjunto de valores, práticas e rotinas expresso através das múltiplas características associadas à operação, como, padrões, treinamento, formação dos tripulantes, estilo gerencial, habilidade de comunicação, entre outros (Helmreich, 1998; Reason, 1997). Segundo Helmriech e Wilhelm (1998), esses aspectos são essenciais para a segurança das operações aéreas, pois, se bem conduzidos, os programas de CRM levam à mudança de atitude dos tripulantes.

De forma frequente, o CRM é tratado na aviação como treinamento de Fatores Humanos para o desenvolvimento de habilidades gerenciais não técnicas, relativas à pilotagem ou ao manuseio de artefatos complexos (Woods; Hollnagel, 2006). Entende-se por Fatores Humanos (ou Ergonomia) a disciplina científica relacionada ao estudo das interações entre os seres humanos e outros elementos de um sistema, a partir da aplicação de teorias, princípios, dados e métodos, visando à adaptação do ambiente de trabalho às características, habilidades e limitações das pessoas envolvidas com a realização das tarefas (Industrial Ergonomics Association, 2007).

1.1.2 O treinamento em gerenciamento de recursos de equipes na aviação como prática de aprendizagem formal

No ano de 2005, o Departamento de Aviação Civil (DAC) brasileiro, seguindo normas internacionais, publicou a IAC 060-1002A intitulada "Treinamento em Gerenciamento de Recursos de Equipes (*Corporate Resource Management – CRM*)", visando à regulamentação do CRM como prática de treinamento obrigatória em empresas aéreas brasileiras. Este documento, além de estabelecer diretrizes para os programas de treinamento das empresas, preconiza a implantação de um CRM de modo constante e gradual, uma vez que não se espera que hábitos inadequados, inculcados nos sujeitos durante anos, mudem rapidamente, como o autoritarismo e a resolução de conflitos exclusivamente através do exercício do poder formal (Brasil, 2005).

Segundo a Organização da Aviação Civil Internacional (1999), o treinamento de CRM caracteriza-se por: (a) estabelecer a aplicação dos conceitos de fatores humanos para a melhoria do desempenho das equipes; (b) envolver todo o pessoal da empresa relacionado com a atividade aérea (pilotos, comissários, despachantes de terra, gerentes de base, agentes de segurança de voo, entre outros); (c) focar as atitudes e os comportamentos das equipes e seus impactos na segurança de voo; (d) estabelecer uma cultura autorreflexiva das atividades e atitudes individuais e coletivas; (e) maximizar a eficácia do trabalho em equipe e a tomada de decisão; e (f) envolver toda a empresa na busca de uma cultura operacional própria, alinhada com práticas e princípios de segurança das operações.

Para a implantação do CRM em empresas áreas, Helmreich e colaboradores (2001) apontam como fatores fundamentais: a necessidade do conhecimento do contexto organizacional; o compromisso da alta direção da empresa; a customização do treinamento para a realidade organizacional; e o estabelecimento de uma estrutura de treinamento capaz de acomodar as necessidades de implantação das práticas de CRM à rotina organizacional.

Dessa forma, os treinamentos de CRM são estruturados em três fases, segundo a AIC 060-1002A (Brasil, 2005). Na Fase I, são abordados os conceitos fundamentais do CRM, como: comunicação e tomada de decisão; formação e manutenção de equipe; fatores individuais, estresse e seus efeitos no desempenho; interação "humano-máquina"; gerenciamento do erro humano; estudo de acidentes aéreos com fatores contribuintes individuais, coletivos e organizacionais.

Na Fase II, são realizados exercícios práticos de CRM, nos quais problemas cotidianos da organização são propostos aos participantes, através de dinâmicas de grupo, dramatizações, simulações e outras técnicas, a fim de propiciar um espaço de vivência dos conceitos de CRM previamente ministrados. Segundo Helmreich, Merriet e Wilhelm (1999), o valor fundamental desta fase reside na possibilidade de conduzir os participantes a uma reflexão sobre suas ações, as ações do grupo e seu papel como membro de uma equipe. Para Leimann Patt (1998), o verdadeiro aprendizado reside na capacidade de o indivíduo e o grupo aplicarem os conceitos de CRM no cotidiano organizacional, transferido o conhecimento adquirido no treinamento formal para situações de rotina e gerando novos conhecimentos, a partir de sua vivência e utilização.

A Fase III do treinamento de CRM corresponde à atualização permanente dos conceitos e práticas previamente ministrados e exercitados (Brasil, 2005). Constitui-se, assim, em treinamento formal de reforço, ministrado em intervalos de um ano.

• 1.2 • Aprendizagem organizacional e conhecimento organizacional

Uma vertente dos estudos em aprendizagem organizacional têm buscado compreender o processo de mudança, desenvolvimento e sucesso (ou fracasso) competitivo das organizações utilizando-se, predominantemente, de modelos teóricos da administração, cujos padrões são mais prescritivos (oriundos da psicologia aplicada, economia e sistema de informações) e inseridos numa lógica de processamento de informação e conhecimento, como produto de aprendizagem – as denominadas Organizações que Aprendem. As opções teóricas de gênese multidisciplinar, que se sustentam nas áreas de conhecimento da sociologia, antropologia, história e ciências políticas, são os pilares dos estudos descritivos, da vertente denominada Aprendizagem Organizacional (Antonello, 2005).

Neste contexto, a gestão da aprendizagem nas organizações e a gestão do conhecimento surgem como uma alternativa e, ao mesmo tempo, uma abordagem complementar para entender como as organizações aprendem e com isso geram vantagem competitiva (Argyris, 1999). O conhecimento é tido pela visão baseada em recursos (RBV) como fator de vantagem competitiva sustentável (Prahalad; Hamel, 1990).

Para Weick e Roberts (1993), o conhecimento organizacional refere-se: (a) aos conhecimentos, habilidades e experiências retidos nos indivíduos; e (b) aos documentos, registros, regulamentos, padrões e tecnologias das organizações. De acordo com Nonaka e Takeuchi (1997), a principal fonte de conhecimento organizacional está na transformação do conhecimento tácito* em explícito**.

Prange (2001) sugere, como ponto de partida para a construção do conceito de aprendizagem, a identificação do(s) sujeito(s) de aprendizagem. Neste sentido, a autora aponta como possibilidades a construção da aprendizagem como fenômeno organizacional, um processo que parta do individual para o coletivo ou deste para o individual.

Discussões sobre conhecimento no contexto individual e coletivo ou mesmo de natureza tácita e explícita têm sido recorrentes na literatura (Antonacopoulou, 2006). Em geral, essas questões focam a forma pela qual o conhecimento individual pode ser associado à visão da aprendizagem em nível coletivo e organizacional (Argyris; Schön, 1978; Cook; Brown, 1999; Easterby-Smith et al., 2004). Igualmente, questionam-se os modos como o conhecimento explícito organizacional é capaz de refletir no conhecimento organizacional retido na memória da organização (Cohen; BACdayan, 1994). As dimensões tácitas do conhecimento, tanto individuais como coletivas, também têm sido exploradas no sentido da avaliação da aprendizagem organizacional (Nonaka; Takeuchi, 1997). A atividade coletiva tem sido tratada, também, como foco de pesquisas da aprendizagem organizacional e da gestão do conhecimento (Elkjaer, 2004; Weick, 1991).

* Conhecimento tácito: é produto de experiência e vivência; adquirido ao longo da vida; imbricado no "agir" dos sujeitos. Geralmente é difícil de ser formalizado ou explicado a outra pessoa, pois é subjetivo e inerente às habilidades de uma pessoa, como "*know-how*". A palavra "tácito" vem do latim, *tacitus,* que significa "não expresso por palavras".

** Conhecimento explícito: é o conhecimento formalizado em textos, desenhos, diagramas, entre outros, assim como guardado em bases de dados ou publicações. A palavra "explícito" vem do latim, *explicitus,* que significa "formal, explicado, declarado". Geralmente está registrado em artigos, revistas, livros e documentos.

A relação entre a aprendizagem e a geração do conhecimento organizacional ainda é, contudo, pouco clara na literatura (Chiva; Alegre, 2005; Schein, 1993), conforme explorado no Capítulo 8 deste livro. O foco dos modelos de AO tem tratado a questão da geração e transferência do conhecimento numa perspectiva que parte do individual para o coletivo e do organizacional para o interorganizacional (Nonaka; Takeuchi, 1997). Cook e Brown (1999) identificam dois modelos epistemológicos de abordagem do conhecimento: conhecimento como posse e conhecimento como prática. No primeiro, o conhecimento é tratado como um recurso que pode ser transferido ou transmitido. No segundo, o conhecimento é tido como um fator intrínseco da atividade, produzido na reflexão da ação, e gênese de conhecimento organizacional.

1.2.1 A noção de conhecimento como posse

Diferentes modelos epistemológicos têm focado a aprendizagem por perspectivas distintas (Cook; Brown, 1999). Por um lado, tem-se aprendizagem como processo de apropriação de conhecimentos externos ao indivíduo, os quais, quando adquiridos, geram mudanças. Por outro, a aprendizagem e o conhecimento são tidos como produções da ação prática individual e/ou coletiva.

O termo "aprendizagem" está geralmente associado a noções de adquirir, tomar, reter, segurar, pegar, agarrar, prender e assimilar, ou seja, quase sempre é aplicado no sentido de apropriação ou posse (Ferreira, 2004).

Para Chiva e Alegre (2005), a aprendizagem é um processo de transformação, interpretação e melhoria das representações da realidade que ocorre por intermédio dos membros de uma organização. Sob esta perspectiva cognitivista, o conhecimento é tratado como "objeto" de posse, sendo que uma organização aprende quando seus membros e suas unidades adquirem conhecimento.

Aprendizagem é tida, neste sentido, como o resultado da aquisição de conhecimento e da mudança de comportamento, que parte exclusivamente do nível individual e deste, então, para o coletivo (Argyris, 1996). O conhecimento explícito, gerado pela observação prática e científica de padrões tácitos, possível de ser mensurado e objetivado, representa o produto mais palpável dessa abordagem.

Os estudos de Gherardi (2005) fundamentam-se em uma abordagem sociológica da AO, partindo de concepções mais tácitas do conhecimento como construção social, moldado por relações de força imbricadas em práticas discursivas e pela produção de significado (Foucault, 1979). Gherardi identifica um conjunto de premissas implícitas em aprendizagem organizacional, que ilustram o discurso disciplinar e a imposição de significados, como:

a. A aprendizagem é sempre positiva.
b. Se a aprendizagem assemelha-se a processos de apropriação e capitalização de algo externo, então as formas nas quais ela é produzida podem ser especificadas e sustentadas por normas (aprendizagem normalizada e intencional).
c. É necessário que a equipe de trabalho aprenda e transfira o conhecimento, então, adquirido para a estrutura organizacional, gerando aumento do desempenho.
d. Silenciam-se as relações de poder na transferência do conhecimento e a AO é assumida como algo de livre transferência, transparente, voluntária e hierarquizada, negando-se os microconflitos, interesses pessoais, micronegociação, distorção sistemática e deliberada do conhecimento gerado.
e. Aprendizagem propõe mudança de comportamento de indivíduos, grupos e modelos mentais, sem necessariamente requerer o entendimento dos indivíduos e da lógica que leva às mudanças de procedimentos padronizados.
f. A existência de alguma mudança na organização representa o aprendizado, sem, contudo, significar que toda mudança requer um aprendizado.

A relação epistemológica estabelecida entre sujeito (indivíduo, grupo, organização) e objeto (mundo físico e social) tem como gênese o desenvolvimento do conhecimento que pode ser denominada empirismo (Becker, 1994). Neste caso, o indivíduo é tido como "uma folha de papel em branco" e seu desenvolvimento e o de seu intelecto dependem de circunstâncias intrínsecas do contexto, captadas através dos sentidos numa lógica psicológica cognitiva de processamento de informação (Popper, 1975). Esta abordagem paradigmática dá sustentação aos tradicionais modelos da administração que tratam a AO e a OA como resultado do conhecimento gerado, gerido e transferido do nível individual para o coletivo e, deste, para o organizacional (Argyris, 1996).

Uma abordagem menos behaviorista pode considerar a aprendizagem numa perspectiva apriorista, ao conceber o conhecimento humano como algo subjetivado no indivíduo (Becker, 1994). Assim, o conhecimento não é ensinado, mas aprendido pela interação entre sujeito e objeto. A construção do conhecimento, apresentada por Piaget (1977) como fruto de um processo de reflexão crítica através da ação e da problematização da ação, traz outras implicações à aprendizagem organizacional, como a valorização do papel individual e coletivo nas práticas de aprendizagem e a interferência dos elementos da cognição neste processo.

Elkjaer (2004) identifica que a AO tem sido tratada, na literatura, a partir de uma perspectiva de aquisição de conhecimentos e habilidades individuais em um sistema organizacional de aprendizagem, através de comunidades de práticas. O referido autor propõe, nesse sentido, a aprendizagem focada no desenvolvimento de experiências e conhecimentos, a partir da prática do pensamento reflexivo, dando, nesse processo, maior importância a dimensões como intuição e emoção.

Os modelos epistemológicos da literatura de AO têm privilegiado a análise dos processos de aprendizagem individuais sobre os coletivos e da gestão do conhecimento explícito sobre o tácito (Cook; Brown, 1999). Para Nonaka (1994), a gestão eficiente do conhecimento passa pela capacidade de a organização e os indivíduos transformarem conhecimento tácito em explícito. Weick e Roberts (1993) apontam que o conhecimento coletivo emerge das ações individuais. Hutchins (1991) propõe, da mesma forma, que as inter-relações existentes na coletividade determinam a formação de um sistema cognitivo que depende da organização social das habilidades individuais distintas.

A noção de conhecimento como posse pode ser caracterizada, então, como algo que se manifesta nos níveis individual e coletivo, considerando a natureza dos conhecimentos tácitos e explícitos. A visão do conhecimento como posse pode ser explicada pela análise dos quadrantes da Figura 19-1.

Cada quadrante representa uma categoria de conhecimento:

a. Conhecimento explícito individual: refere-se ao conhecimento formal observado em nível do indivíduo. Pode ser identificado pelas capacidades objetivas da pessoa relacionadas ao conhecimento de regras, técnicas, procedimentos e padrões operativos. Consiste no conhecimento armazenado na memória do indivíduo, que pode ser acessado e transferido, por exemplo, para situações treinadas.
b. Conhecimento tácito individual: refere-se ao conhecimento não formal do indivíduo. Pode ser identificado pelas capacidades implícitas da pessoa, relacionadas a um modelo mental de representação evoluída. Consiste na *expertise* do operador, referindo-se ao conjunto de aspectos que não podem ser por ele explicados, mas que se fazem presentes. É desenvolvido, ao longo do tempo, através de vivência e experiência.
c. Conhecimento explícito coletivo: refere-se ao conhecimento formal observado em nível coletivo. Pode ser identificado pelas capacidades objetivas do grupo relacionadas ao conhecimento de regras, técnicas, procedimentos e padrões operativos. Consiste no padrão explícito de rotinas seguidas pelos indivíduos de uma equipe ou organização.

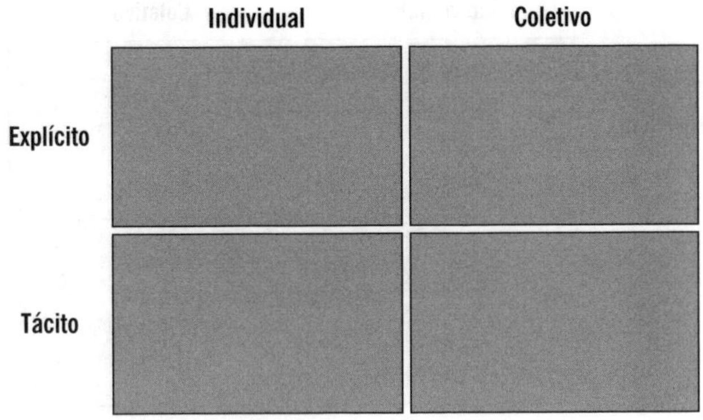

FIGURA 19-1 As quatro formas de conhecimento.

Fonte: Cook e Brown (1999, p. 383).

d. Conhecimento tácito coletivo: refere-se ao conhecimento não formal manifestado pelo grupo. Pode ser identificado pelas capacidades implícitas da equipe, grupo ou organização relacionadas à *práxis* de modos subjetivados. Consiste em valores de natureza intangível que, embora não sejam explícitos, permeiam o grupo ou a organização, estabelecendo regras, padrões e condutas a serem seguidas. É desenvolvido, ao longo do tempo, pela vivência e pela experiência, e reforçado por condições de natureza histórico-cultural da organização.

Cook e Brown (1999) propõem uma concepção de aprendizagem focada na substituição do velho pelo novo conhecimento pela ação prática do conhecimento. Neste sentido, Gherardi (2005) identifica que a visão da aprendizagem na ação prática vai além da tradicional episteme do conhecimento como posse, referindo-se, assim, ao conceito de aprendizagem organizacional como um processo emergente da ação prática, o que é abordado na próxima seção.

1.2.2 A noção do conhecimento como prática

A noção de "conhecimento como prática" permite tratar aprendizagem e conhecimento como fatores indissociáveis, que ocorrem no fluxo da experiência de forma consciente ou não (Cook; Brown, 1999; Gherardi, 2005).

Para Elkjaer (2004), o conteúdo da aprendizagem está no desenvolvimento da experiência, que emerge da relação do indivíduo com a organização e vice-versa. O pensamento reflexivo é apresentado pelo autor como método de aprendizagem circunscrito em contextos de intuição e emoção. A abordagem de AO parte, desta forma, de uma perspectiva sociológica diacrônica de aprendizagem individual e organizacional (Gherardi; Nicolini, 2001).

A aprendizagem organizacional, contudo, se considerada desde de diferentes perspectivas, entre elas a psicológica, a sociológica e a antropológica (vide Capítulo 1 deste livro), ocorre a partir do compartilhamento de modelos interpretativos e rotinas, que os indivíduos adquirem a partir de experiências, vivências, capacidade de reflexão, interpretação de conceitos, fatos e atitudes, valores, crenças, convivência e outros saberes que são fruto de experiências individuais (Czarniawaska, 2001; Gherardi; Nicolini, 2001; Kim, 1998; Maier; Prange; Von Rosenstiel, 2001).

Cook e Brown (1999) caracterizam o saber de forma distinta do conhecimento, sendo que o primeiro não pertence à epistemologia de posse, mas à epistemologia de prática. Na Figura 19-2,

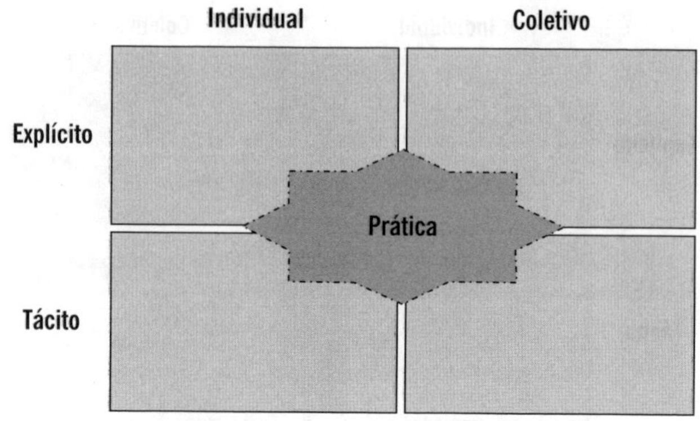

FIGURA 19-2 As cinco formas de conhecimento.
Fonte: Cook e Brown (1999, p. 391)

os autores representam o conceito de saber na prática, não capturado apenas por uma das quatro formas de conhecimento, mas permeando os quatro quadrantes.

Para Gherardi (2005), a visão do conhecimento como algo que se processa na prática rompe com a linearidade e o reducionismo do paradigma empirista, ao considerar que as pessoas, nas organizações, estão diariamente criando conhecimento pela negociação de significados, palavras, ações, situações, materiais e artefatos. Nesse sentido, aprendizagem e conhecimento não podem estar dissociados, pois acontecem na prática da ação. De acordo com a sociologia do conhecimento, aprendizagem e conhecimento organizacional são considerados como objetos culturais criados por práticas sociais de trabalho (Berger; Luckmann, 2002; Gherardi, 2005).

A abordagem sociológica, proposta por Cook e Brown (1999), vai ao encontro do saber (*knowing*) como produto das interconexões entres os diferentes conhecimentos (*knowledge*), em nível tácito e explícito, individual e coletivo. Assim, o conhecimento tem como gênese as relações impostas pelo saber na ação, constituindo-se em ponte entre as epistemes da posse e da ação.

1.2.3 Conhecimento e saber

Loiola e colaboradores (2002) comentam que, dentre a diferentes discussões teóricas em AO, uma merece destaque. De um lado tem-se o voluntarismo, apontando que o indivíduo age nas organizações e, por isso, nelas aprende. Neste sentido, os indivíduos são criadores de estruturas organizacionais que dão suporte aos processos de aprendizagem, como os programas de treinamento. Do outro lado, tem-se o determinismo impondo uma visão da estrutura organizacional como uma matriz de aprendizagem e, assim, a organização, embora dependa dos indivíduos para aprender, é capaz de aprender de forma independente de um indivíduo particular.

A aprendizagem individual ocorre quando as pessoas respondem de forma diferente ao mesmo estímulo, enquanto a aprendizagem organizacional processa-se quando a organização (grupo de pessoas) apresenta a mesma resposta a estímulos diferentes (Weick, 1993). A articulação entre aprendizagem individual e organizacional pressupõe a precedência e dependência da primeira em relação à segunda, o que remete ao conceito de transferência de aprendizagem do nível individual para o coletivo, conforme proposto por Nonaka e Takeuchi (1997) e Loiola e colaboradores (2002).

O uso de representações mentais "declarativas" (informações, valores, crenças) e "procedimentais" (regras, normas, categorizações) formadas em um determinado contexto e reaplicadas em outros contextos, diferentes mas similares, ajustados às situações relacionadas, caracterizam a transferência de aprendizagem (Howard, 1999).

Neste sentido, as práticas de treinamento referem-se a ações organizacionais que utilizam tecnologia instrucional, visando à aquisição de conhecimentos, habilidades e atitudes para a melhoria da eficiência das atividades de trabalho (Pantoja; Borges-Andrade, 2002). Assim, o treinamento tem como objetivo preparar indivíduos para novas funções ou novas tecnologias (Borges-Andrade, 2000). Birdi (apud Pantoja; Borges-Andrade, 2002) apontam que tais práticas podem ter efeitos nos níveis individual, coletivo e organizacional (Quadro 19-1).

Para Gherardi (2005), o treinamento, tido pelos pesquisadores empiristas como vetor e solução das questões que envolvem a aprendizagem, é falho por não dar conta da ação reflexiva do sujeito na aprendizagem e negar a diferença entre novatos e peritos no exercício da ação.

O saber está relacionado ao uso do conhecimento como ferramenta para resolução de problemas. O conhecimento por si só não permite conhecer, mas o saber utilizado de forma disciplinada, a partir de regras, teorias e conceitos, produz capacidade de interação com o mundo físico e social e a geração de novos conhecimentos (Cook; Brown, 1999).

A lógica tradicional da perspectiva empirista reduz o conhecer (ou conhecimento) ao reconhecer (ou reconhecimento) de modelos e padrões identificados e circunscritos na história e na cultura de um sistema sociotécnico (Gherardi, 2005). O conhecimento é representado pelas complexas redes de relações que unem os indivíduos e os tornam aptos a participar de uma realização prática (conhecer para participar e participar para conhecer) (Elkjaer, 2000; Gherardi, 2005).

Conhecimento e saber têm uma diferença sutil. O conhecimento pode ser classificado como

QUADRO 19-1
Consequências da transferência de aprendizagem

Níveis	Efeito da transferência de aprendizagem
Individual	• Afetivo: atitudes frente a outras pessoas, objetos de trabalho, trabalho em si, motivação, bem-estar, capacidade de colaboração. • Cognitivo: uso de informações verbais, conceitos e regras no trabalho, solução de problemas, criatividade na realização de tarefas. • Psicomotor: velocidade e fluidez no desempenho do trabalho.
Coletivo (equipe)	• Coesão, satisfação, orientação para a tarefa, divisão de tarefas, delegação. • Conhecimento compartilhado, modelo mental. • Comunicação interna, divisão de responsabilidades, tomada de decisão, participação. • Certificações formais recebidas pela equipe.
Organizacional	• Novos clientes e compra de novas organizações. • Novas tecnologias de trabalho, clima organizacional, absenteísmo, rotatividade do conjunto de trabalhadores, taxa de acidentes de trabalho. • Quantidade, qualidade e variedade de produtos. • Crescimento, lucro e retorno sobre investimentos.

Fonte: Adaptado de Birdi (apud Pantoja; Borges-Andrade, 2002).

algo que se possui (seja explícito ou implícito), é abstrato e estático e pode ser usado em uma ação, por exemplo. O saber não é utilizado na ação, necessariamente, mas é algo que faz parte da prática, tanto individual como grupal. O saber é dinâmico, concreto e relacional. O "saber" tem aspecto de ação, sendo algo que se faz e não que se possui (Cook; Brown, 1999).

Para Loiola e colaboradores (2002), indivíduos e grupos aprendem em contextos específicos – institucional, organizacional e da experiência de aprendizagem. Esses diferentes contextos, segundo os referido autores, propiciam a relação mútua entre os esquemas e as representações que os indivíduos possuem e aqueles que serão internalizados. A aprendizagem individual e a organizacional, portanto, podem ser definidas como dimensões distintas, mas complementares, de um mesmo processo de produção do conhecimento e do saber pela ação prática.

2 • MÉTODO DE PESQUISA

Buscando analisar o significado atribuído por pilotos de empresas aéreas brasileiras aos conceitos de CRM, após a realização dos treinamentos em gerenciamento de recursos de equipes, adotou-se como estratégia de pesquisa o estudo qualitativo básico ou genérico. Para Merrian (1998), este estudo caracteriza-se pela busca da compreensão do significado que participantes atribuem ao fenômeno estudado. Para a autora, diferentes aspectos caracterizam esse tipo de estudo: (a) a construção de significado a partir das experiências vividas pelos participantes da pesquisa; (b) o processo de condução da pesquisa essencialmente indutivo; (c) o resultado da pesquisa com um relato detalhado e rico do fenômeno investigado.

Partindo-se do modelo das cinco formas de conhecimento de Cook e Brown (1999), foram definidas *a priori*, à luz da fundamentação teórica, seis categorias de análise: (a) indivíduos, grupos e contextos (voltada à caracterização dos participantes); (b) conhecimento explícito individual; (c) conhecimento explícito coletivo; (d) conhecimento tácito individual; (e) conhecimento tácito coletivo; (f) conhecimento como prática.

Foram realizadas entrevistas individuais com doze pilotos das principais empresas aéreas brasileiras, com um roteiro semiestruturado com 18 perguntas organizadas a partir das seis categorias de análise. Para Patton (1986), este tipo de entrevista permite que os dados sejam analisados de forma mais sistemática. O roteiro de entrevista foi validado por dois especialistas (um pesquisador em AO e um facilitador em CRM), buscando assegurar clareza, precisão e adequação do vocabulário em relação aos assuntos pesquisados (Gil, 1999).

O grupo de entrevistados constituiu-se de seis comandantes com mais de 10 anos de experiência em CRM e seis copilotos com mais de cinco anos de experiência em CRM. As entrevistas foram direcionadas aos pilotos pelo fato do CRM trazer implicações especialmente voltadas à maximização do desempenho dos tripulantes, com foco na eficácia e na segurança dos voos, conforme preconizado na IAC 060-1002A. Os entrevistados pertenciam a empresas brasileiras do segmento de transporte aéreo regular* (oito sujeitos: quatro comandantes e quatro copilotos) e não regular** (quatro sujeitos: dois comandantes e dois copilotos). A escolha obedeceu ao critério de eles possuírem treinamento formal de CRM, tendo concluído as três fases previstas na IAC 060-1002[a], conforme apresentado no Quadro 19-2.

Os registros foram realizados mediante gravações, posteriormente transcritas.

* Serviço público de transporte aéreo realizado a partir de rotas, frequências e horários específicos publicados no Horário de Transporte HOTRAN da Agência Nacional de Aviação Civil, como rotas domésticas (nacionais/regionais) e internacionais.

** Serviço público de transporte aéreo, cuja realização depende de prévia autorização e o voo não consta no Horário do Transporte HOTRAN, como a operação de empresas de táxi aéreo.

QUADRO 19-2
Perfil dos entrevistados

Sujeitos	Função	Tipo de empresa	Tempo de empresa	Nº de vezes que cursou o CRM
S1	Comandante	Regular	25 anos	Mais de 10 vezes
S2	Comandante	Regular	22 anos	Mais de 10 vezes
S3	Comandante	Regular	17 anos	Mais de 10 vezes
S4	Comandante	Regular	17 anos	Mais de 10 vezes
S5	Comandante	Não regular	14 anos	Mais de 5 vezes
S6	Comandante	Não regular	11anos	Mais de 5 vezes
S7	Copiloto	Regular	8 anos	Mais de 5 vezes
S8	Copiloto	Regular	8 anos	Mais de 5 vezes
S9	Copiloto	Regular	4 anos	Mais de 5 vezes
S10	Copiloto	Regular	4 anos	Mais de 5 vezes
S11	Copiloto	Não regular	3 anos	Mais de 5 vezes
S12	Copiloto	Não regular	2 anos	Mais de 3 vezes

Os dados foram analisados a partir da técnica de Análise de Conteúdo do tipo Categorial. Para Freitas, Cunha Júnior e Moscarola (1996), essa técnica deve ser utilizada para que o pesquisador consiga substituir suas "impressões" por procedimentos mais padronizados, buscando converter "materiais brutos" em dados passíveis de tratamento científico. Assim, os achados foram analisados em função das ideias ou palavras que eles continham (enunciados), tendo como norteador o referencial teórico. O conteúdo foi ordenado e integrado em função dos objetivos perseguidos. A Análise de Conteúdo Categorial, segundo Bardin (1977), permite a classificação dos elementos significativos de acordo com a ausência ou presença das categorias analisadas. Três passos básicos foram adotados nessa análise, conforme proposto por Moraes (1999): organização do material, decomposição do texto em unidades de significado e organização nas categorias, conforme as categorias de análise apresentadas no Quadro 19-3.

Os textos obtidos, a partir das transcrições das entrevistas, foram analisados e decompostos em unidades de significado,* segundo as categorias definidas de acordo com a fundamentação teórica. Os enunciados foram, então, identificados em relação às subcategorias, de modo que o conjunto da mesma categoria pudesse permitir a explicação, não só da subcategoria, mas também da categoria em si, produzindo um metatexto.** Nessa organização das unidades de significado, o conjunto organizado deu origem a um metatexto, sobre o qual as informações foram tratadas à luz da fundamentação teórica e dos pressupostos empíricos da pesquisa.

Na seção seguinte, apresenta-se a análise dos dados, conforme as proposições metodológicas abordadas nessa seção.

* Unidades de significado correspondem a frações de texto que contenham um significado para o que está sendo pesquisado (Moraes, 1999).

** Metatexto, para Bardin (1977), corresponde a um texto mais amplo, contendo dados integrativos do fenômeno observado e sobre o qual uma interpretação dos fatos é estruturada.

QUADRO 19-3
Categorias e subcategorias de análise

Categorias	Subcategorias
Indivíduos e contextos	Experiência e percepção individual de CRM CRM em nível organizacional CRM no contexto brasileiro
Conhecimento explícito individual	Participação em treinamento de CRM Conhecimentos e habilidades desenvolvidas
Conhecimento explícito coletivo	Normas e rotinas operacionais Divisão de tarefas e áreas de responsabilidade
Conhecimento tácito individual	Mudança de comportamento individual Forma de agir e pensar
Conhecimento tácito coletivo	Mudança de comportamento coletivo Filosofia de CRM
Conhecimento como prática	CRM como prática Aprendizagem de CRM no dia a dia

3 • APRESENTAÇÃO E ANÁLISE DOS ACHADOS EM CAMPO

Esta seção está organizada em seis partes. Inicialmente é apresentada a caracterização dos indivíduos participantes do estudo, considerando experiência e percepção individual de CRM e a caracterização do CRM em nível organizacional e no contexto brasileiro. Nas seções seguintes, os achados em campo são apresentados e analisados à luz da fundamentação teórica, a partir das cinco formas de conhecimento de Cook e Brown (1999).

• 3.1 • Indivíduos e contextos

Os entrevistados manifestaram a experiência em CRM basicamente oriunda de cursos, treinamentos de reciclagem e atuação prática como facilitador de CRM e instrutor de voo. Oito deles revelaram ter participado de mais de 10 cursos de CRM, ao longo da carreira, excluindo treinamentos periódicos de reciclagem. Outros quatro revelaram possuir maior experiência em CRM oriunda da atuação prática como facilitadores de treinamento em CRM, em simuladores de voo e instrução aérea.

A implantação do treinamento em CRM, conforme preconizado pela IAC 060-1002A, revela estar destoante em relação aos pressupostos metodológicos do referido documento, uma vez que os treinamentos têm sido considerados "muito teóricos" pelos entrevistados.

Evidências de padrões distintos de treinamentos de CRM podem ser encontradas na fala dos profissionais de empresas aéreas não regulares, os quais revelaram pensar que o CRM apresenta-se como prática e cultura pouco difundida nas empresas de menor porte e de atuação regional. Estes participantes da pesquisa revelaram, contudo, que empresas seguradoras têm exigido e, não raramente, pago os treinamentos de CRM, evidenciando a crescente preocupação do setor com esta prática de aprendizagem.

A qualidade dos cursos de CRM parece estar sendo impactada por questões estruturais e culturais do contexto político, econômico e regulatório do setor. Conforme citado por um dos respondentes, há "uma cultura de pressão por produtividade", sendo o CRM aplicado exclusivamente para atendimento de requisitos normativos da regulamentação técnica do setor, ficando a segurança de voo, muitas vezes, em segundo plano. Conforme citado por um dos entrevistados: "nas empresas em que trabalhei, nunca vi o CRM ser aplicado da maneira correta: no contexto *corporate*. Só se aplica o que é obrigação."

Nesse sentido, outro entrevistado acrescenta que: "me parece que o CRM como é feito hoje é para cumprir o que o DAC (ANAC) exige. Não vejo muito rendimento no CRM que é feito hoje. O último que fiz foi uma palestra sobre CRM que poderia ter sido melhor aproveitada." Ainda outro entrevistado aponta críticas em relação ao modelo de treinamento de CRM atual: "é bonitinho, mas difícil de aplicar, não sei o que fazer com o conhecimento adquirido."

Apesar de os dirigentes das empresas aparentemente implantarem o CRM por força de regulamentação, um dos entrevistados identifica que o CRM surgiu na empresa em que atua "após o pior acidente que (a empresa) teve." Outro entrevistado, comentando dificuldades organizacionais do passado, salienta que o treinamento de gerenciamento de recursos de equipes "veio para arrumar a casa". Neste sentido, pode-se supor que o CRM revela-se como prática de aprendizagem organizacional, uma vez que contribui para a modificação das estruturas funcionais da organização.

Os treinamentos têm sido aplicados em suas três fases, conforme preconizado pela IAC 060-1002A. Os pesquisados identificam a Fase III do treinamento (reciclagem dos conceitos e práticas de CRM) como altamente eficaz como prática de aprendizagem. Isso evidencia-se na fala de um dos entrevistados: "o mais importante é a reciclagem do CRM, no primeiro contato é muita informação. Quando chega na fase de reciclagem é que temos um momento importante para se autoavaliar." Neste discurso, pode-se identificar que a atual proposta de treinamento em gerenciamento de recursos de equipes oferece um espaço, no qual os conceitos de CRM podem ser vivenciados e os operadores podem ser conduzidos a um processo de autorreflexão.

Os entrevistados das empresas de transporte aéreo não regular revelaram existir dificuldade na implantação da segunda e terceira fases do CRM, uma vez que as empresas menores geralmente não possuem simuladores das aeronaves para a constituição dos espaços de aprendizagem, como o LOFT (Treinamento de Voo Orientado para a Linha, realizado em simulador). Neste caso, os participantes apontam que "é comum o treinamento transformar-se em ensino teórico de conceitos, buscando a sensibilização dos tripulantes para a importância do trabalho em equipe".

O CRM atual parece também falhar na proposta de sua aplicação em nível corporativo (*corporate*). Segundo um dos entrevistados, "a empresa em que trabalho não aplica o CRM em nível de direção ou organização". Outro entrevistado acrescenta que gostaria de ter a oportunidade de participar de um treinamento de CRM como funcionários de terra, gerentes ou diretores da empresa.

• 3.2 • Conhecimento explícito individual

A análise de conteúdo das falas dos sujeitos pesquisados revela o conhecimento formal, em nível individual, a partir da transferência de conhecimento das situações treinadas para situações reais de trabalho, seguindo pressupostos de Howard (1999) e Loiola e colaboradores (2002). Segundo um dos entrevistados: "quando isso acontecia, lembrava do curso." Outro demonstrou ser capaz de transferir o aprendizado de CRM entre distintas situações, ao comentar que "por incrível que pareça o melhor treinamento CRM que tive não foi sobre CRM". Neste sentido, ele descreve outros treinamentos técnicos de que participou, desempenhando trabalho em equipe, sendo capaz de nele aplicar e desenvolver suas habilidades de CRM.

A percepção dos conceitos de CRM manifestada pelos entrevistados refere-se exclusivamente a dimensões como gerenciamento de recursos, tomada de decisão, comunicação e liderança. Para um dos pesquisados, "CRM é uma maneira de chegar a um resultado melhor usando os recursos". Em relação à tomada de decisão, os pesquisados salientam sua importância em função da complexidade da atividade aérea.

A comunicação emerge como elemento mais mencionado pelos sujeitos nas definições de CRM. Neste sentido, um dos entrevistados cita como habilidade desenvolvida em treinamentos de CRM a capacidade de "comunicação ampla não apenas entre duas pessoas, no sentido de ouvir, identificar as pessoas e o que está acontecendo". A comunicação aparece também como o fluxo de informação necessário para se alcançar em um objetivo durante o trabalho de equipe.

O CRM proposto pela IAC 060-1002A contempla a dimensão do gerenciamento do erro (*EM-CRM, Error Management and Corporate Resource Management*), conforme proposto por Helmreich (1994). Um dos entrevistados aponta que "aprendi que errar é humano. [...] Lembro que no começo da carreira eu errava, ficava frustrado ou, pior, inferiorizado e desvalorizado, e isso atrapalhava o progresso do voo e não era bom para mim como pessoa e profissional, diminuía a segurança no voo." Essa fala revela a compreensão do entrevistado em relação ao conceito de gerenciamento do erro da forma com que é trabalhado nos treinamentos de CRM, ou seja, o CRM como contramedida de segurança ao erro.

Para os sujeitos pesquisados, um bom comandante é uma pessoa flexível, aberta ao diálogo, capaz de assumir a condição de chefe de uma equipe, sem a necessidade de liderar através do uso do poder formal. Os entrevistados destacam a necessidade de o líder impor-se por empatia dos liderados e não pelo uso da força. Um deles relaciona o conceito de liderança à tomada de decisão, citando que "a tomada de decisão tem relação com a responsabilidade legal, mas ser flexível e seguro é saber que as pessoas estão juntas para ajudar."

Os pesquisados identificam também que o CRM não trata apenas de discutir o papel dos líderes, mas também dos liderados nas equipes. Assim, identificam que um bom copiloto "é aquele que sabe sua posição e conhece o comportamento do comandante para que possam conversar e trocar informação". Outro entrevistado acrescenta que o bom copiloto "tem a consciência de que é tão responsável pelo segurança e eficácia do voo quanto o comandante".

Em relação aos comissários (tripulação de cabine), identificam que o "CRM de cabine inclui uma integração entre os pilotos e os comissários e tudo que diz respeito ao voo (segurança da operação, conforto do passageiro, tentativa de cumprir as metas da empresa em termos de pontualidade, conforto e segurança)". Nesse sentido, ampliando para o conceito de CRM *corporate* citam: "seria a interação não só entre a tripulação técnica e de cabine [pilotos e comissários], mas também com as equipes de solo, mecânicos, despachantes operacionais, pessoal de *check-in*, entre outros. Ou seja, a integração de um grupo maior."

Conforme os pesquisados, as habilidades individuais desenvolvidas invariavelmente referem-se à capacidade de interpretar os diferentes contextos para saber como se posicionar em termos de atitudes e opiniões. Um dos entrevistados cita: "desenvolvi uma capacidade de observação maior, capacidade de observar as partes, não só da operação, mas de todo o ambiente a minha volta". Na visão de outro: "saber observar as coisas ao redor, não só os objetivos, mas também as questões de como alcançar os objetivos, o processo, as diferentes interações, as diferentes pessoas e materiais".

Para todos os sujeitos, o treinamento de CRM trouxe aprendizagem para questões que estão além do dia a dia das operações aéreas. De acordo com um deles: "sou capaz de aplicar o CRM na vida pessoal: em relação à compra de um carro, apartamento, relacionamento com namorada, família, sou capaz de observar mais coisas". O CRM é também identificado como modalidade de curso que "estuda as formas de comunicação, negociação e métodos de planejamento na busca de uma melhor ação prática".

• 3.3 • Conhecimento explícito coletivo

A identificação e análise de conhecimentos explícitos em nível coletivo revelaram aspectos relativos a regras, procedimentos e padrões operativos expressos nos manuais das empresas.

Os entrevistados revelaram que, atualmente, os manuais de operação de fabricantes de aeronaves como Boeing e Airbus definem um padrão de operação da aeronave pautado em práticas de CRM, como, a operação no conceito de tripulação (*multi-crew co-operation*), divisão de funções, tarefas e áreas de responsabilidade. Neste sentido, salientaram a importância do CRM para que tais práticas operativas funcionem de forma eficaz.

Segundo os pesquisados, os principais documentos que expressam o conhecimento explícito em nível coletivo são os Manuais Gerais de Operação (MGOs) e os Manuais de Procedimentos de Operação Padrão (*Standard Operating Procedures*). Os primeiros descrevem procedimentos, políticas e sistemas relativos à padronização das atividades do departamento de operações de voo de uma empresa aérea. Os segundos estabelecem os procedimentos e as políticas de operação específicas de diferentes modelos de aeronaves que o operador adota. Ambos os manuais são organizados em conformidade com a legislação técnica aeronáutica e aprovados pela Agência Nacional de Aviação Civil.

Os relatos revelaram existir "uma pressão por padronização", determinada pelo estabelecimento de parâmetros que são continuamente monitorados nas empresas de diferentes formas. Um dos exemplos citados refere-se ao FOQA (*Flight Operational Quality Assurance*), sistema que registra, continuamente, mais de 200 parâmetros relativos à segurança da operação da aeronave. Havendo desvio em um desses parâmetros por parte da tripulação ou de algum órgão de controle, a gerência da empresa toma imediato conhecimento, buscando intervir de forma proativa ou reativa à situação para garantir o padrão de segurança e eficácia.

Segundo um dos entrevistados: "a pressão pela padronização existe e os limites são muito pequenos; não tem margem para você extrapolar; realmente tem que fazer o que está escrito". Conforme os relatos, os padrões de operação, nas empresas, nem sempre foram tão rígidos e alinhados a uma filosofia de trabalho em equipe. Acidentes e incidentes organizacionais, novas tecnologias para o monitoramento dos voos e mudanças na legislação técnica aeronáutica, nos últimos 20 anos, teriam sido os principais fatores que interferiram nessas mudanças de rotinas padronizadas, evidenciado dimensões da aprendizagem organizacional numa perspectiva histórico-cultural. Conforme outro: "os padrões operacionais foram radicalmente modificados". Tais fatores parecem corroborar as perspectivas históricas de aprendizagem organizacional propostas por Gherardi e Nicolini (2001).

Alguns aspectos identificados na fala dos sujeitos revelam que as práticas de CRM estão imbricadas nas normas e rotinas operacionais das empresas: "Não tem mais espaço para o 'dono' da bola", é necessário trabalho de equipe. A empresa exige e a legislação exige. Os manuais exigem. E acaba sendo predominante."

• 3.4 • Conhecimento tácito individual

O conhecimento tácito descortina-se na autorreflexão dos entrevistados em relação a conhecimentos, habilidades e atitudes que observam ter modificado com a prática do CRM. Para um deles, a principal mudança ocorreu na aquisição de novos conhecimentos: "consegui classificar minhas atitudes e das outras pessoas como boas ou ruins para o andamento das coisas". A frase revela modificação do significado que ele possuía sobre a prática do trabalho de equipe, ainda que o foco do CRM não seja a classificação de atitudes individuais ou coletivas.

O aumento de *expertise* fica evidenciado na fala de um dos sujeitos: "fico mais consciente, mais alerta, em vez de fazer as coisas mecanicamente". Outro entrevistado acrescenta ainda: "Ele (o CRM) me trouxe consciência das próprias limitações. Percebi que eu estava fazendo um melhor trabalho em conjunto com outras pessoas. Apesar de ser subordinado ao comandante, hoje vejo que devo ser proativo e ao mesmo tempo flexível, pois estamos lidando com pessoas".

A discussão dos elementos tácitos do CRM com os entrevistados suscitou deles, por vezes, uma abordagem de CRM como prática de boas maneiras. Aos serem questionados se percebiam o CRM como "curso de boas maneiras", reagiram da seguinte forma: "dependendo da atitude que tu tens, pode provocar uma reação nos outros, se formos agressivos, receberemos agressão também".

No âmbito do conhecimento tácito, identificou-se que tendem a abordar o CRM do ponto de vista de relacionamento interpessoal nas equipes. Tal fato salienta a importância dada por eles às relações "humano-humano" no trabalho de equipe, reconhecendo a importância dos elementos de uma equipe e a necessidade de sinergia para a busca da eficácia operacional. Segundo um dos entrevistados: "O CRM é intuitivo, ter bom relacionamento ajuda a deixar as pessoas mais confortáveis para estimular a comunicação. Tudo isso é intuitivo. Muitas pessoas fazem isso naturalmente, por excelência. O treinamento de CRM contribui e pode contribuir ainda mais com isso".

Um importante elemento identificado pelos pesquisados para a dinâmica de equipes é a flexibilidade por parte dos componentes do grupo. Neste sentido, um deles aponta que é necessário: "ser flexível ao ponto de deixar o comandante falar e seguir a linha do comando e conseguir que as suas vontades e decisões sejam efetivadas como se fossem decisões coletivas, sem, contudo, abdicar do direito de opinar e interferir na operação sempre que a segurança for afetada." Para outro, "é mais difícil ser copiloto do que comandante, em relação ao comportamento", pois o comandante tem sempre a atribuição do poder formal, enquanto o copiloto, o comissário ou o despachante de terra devem utilizar bom senso e persuasão na relação de trabalho com o comandante.

Para os sujeitos pesquisados, o CRM não é só boas maneiras ou treinamento de relações interpessoais na cabine. Trata-se, nas palavras de um deles, de "gerenciar a informação e outros recursos da forma mais eficaz possível, observando o contexto ao redor para definir uma forma de se posicionar e atuar".

• 3.5 • Conhecimento tácito coletivo

Para um dos entrevistados, "existe CRM porque a cultura obriga que se trabalhe corretamente, que se siga os SOPs (procedimentos padronizados)". A frase denota a percepção relativa ao CRM como resultado de relações de força que partem do contexto.

Conforme os relatos, existem condições implícitas que permeiam a cultura da organização: "acho que muita coisa acontece nas entrelinhas. Tem diferentes maneiras de passar para determinada pessoa o que se quer. A gente vai atingindo um grau de conhecimento e habilidade, aprendendo formas de agir diferente com cada pessoa". Tais condições permeiam as relações entre os indivíduos.

As relações de força que se estabelecem, a partir de condições histórico-culturais da organização, interferem na relação de poder que se estabelece entre os membros da equipe. A fala de um dos entrevistados ilustra essa afirmação, ao discutir a relação de poder entre comandantes e comissários: "os comissários sempre ficam na porta (do veículo de transporte entre hotel e aeroporto) esperando o comandante entrar primeiro, afinal é o comandante".

A mesma natureza de relação parece se estabelecer entre comandantes e copilotos, ao analisar-se o relato de um dos entrevistados, com experiência profissional em mais de uma empresa aérea brasileira, que identificou diferenças na cultura organizacional e na prática de CRM: "Exemplo, na (Empresa A) me chamam de senhor; na (Empresa B) não lembro disto. Concluo que a cultura de CRM deve ser diferente" (citou como exemplo de assimetria de poder, referindo-se à interação comandante/copiloto nas empresas em que atuou). Na percepção do entrevistado, essa assimetria de poder pode prejudicar a relação harmoniosa na cabine de comando, no sentido de produzir atitudes de não contestação ou questionamentos por parte de copiloto. Tal fato é lembrado pelo entrevistado quando cita: "não posso ter uma barreira em que o copiloto veja eu fazendo uma coisa errada e não diga que acha isso um erro. O cara que te chama de comandante ou senhor pode acabar por ter vergonha de apontar um erro teu, o que pode interferir na segurança da operação uma vez que sua função é alertar".

A dimensão histórica da construção da cultura de CRM nas empresas também é lembrada e comparada por um dos pesquisados, o qual afirma ter havido mudança de cultura nos últimos quinze anos: "eu não sei se é por conta da evolução da tecnologia, comunicação, do mundo. Não sei se foi por conta do CRM. Houve uma mudança comportamental sim". No mesmo sentido, outro acrescenta: "eu não sei distinguir se é a pressão que a empresa exerce ou os mecanismos que a empresa coloca para que seja aplicada a doutrina do CRM, ou se a cultura é espontânea".

Quando questionados sobre características da cultura da organização e das equipes que podem ser identificadas, foi apontada a existência de práticas de pressão por produção, especialmente no que se refere ao cumprimento de horários e à economia de recursos. Para um dos entrevistados "o bom atendimento externo será resultado de um bom atendimento interno, se você vive em uma relação de pressão sem lealdade e transparência afeta a prestação do serviço e da qualidade final".

Outro aspecto identificado aponta para zonas de tensão entre o conhecimento explícito e tácito coletivo. Embora a empresa determine funções e tarefas de forma diferenciada para comandantes e copilotos, em conformidade com as prerrogativas de CRM atuais, existem práticas implícitas que reforçam a assimetria de poder nas relações entre pilotos. Segundo uma das falas: "apesar de eles (empresa) pregarem que o copiloto é uma peça importante na tomada de decisão, os comandantes não se sentem muito à vontade com a figura do copiloto realmente participando". Outro acrescenta que "a empresa se contradiz quando define as funções e fala que as mesmas são semelhantes, dizendo que cada um tem sua participação e que não pode existir essa relação de assimetria de poder. Mas no momento em que ela privilegia a função de comandante e desmerece o copiloto, então de certa forma está estimulando a assimetria de poder. Na verdade ela é mais produtora de assimetria de poder do que as próprias pessoas, os próprios comandantes ou a própria tripulação de cabine".

• 3.6 • Conhecimento como prática

Na análise do conhecimento como prática, na visão de Gherardi (2005) e de Cook e Brown (1999), é possível perceber que o CRM é definido também como uma filosofia de vida possível de ser aplicada em qualquer circunstância, momento ou coisa que se possa fazer. Assim, o CRM aparece como um conhecimento e um saber oriundo da ação prática, mas também produzido em treinamentos.

Conforme apontado por um dos entrevistados: "estou aprendendo CRM no dia a dia, na prática, e o conhecimento adquirido no treinamento de CRM é fundamental para eu conseguir enxergar isso. Se fosse um piloto que nunca tivesse feito CRM eu não estaria nem avaliando, não teria dados para analisar se estou fazendo certo ou errado."

Outro corrobora a visão de CRM como conhecimento expresso na ação prática: "eu acho que a cultura de CRM é uma cultura que deve ser aplicada no dia a dia. [...] A experiência de CRM vem de treinamento e vivência".

Os modelos atuais de treinamento, na perspectiva dos sujeitos, apresentam fragilidades em suas premissas essenciais de mudança de comportamento, numa perspectiva behaviorista, ou na modificação de representações mentais, numa perspectiva cognitivista. Neste sentido, é possível especular que as atuais práticas formais de aprendizagem acabam por se constituírem em sessões de apresentação de um conjunto de frases motivacionais prontas, com vistas a encantar o público ouvinte, sem conteúdo crítico que possa levar o operador a um processo estruturado de reflexão sobre suas ações.

A percepção do CRM infiltrado na cultura, bem como as evidências encontradas, sugerem a manifestação de um padrão tácito de conhecimento relacionado às experiências da ação (fazer) e às associações delas com as condutas manifestadas no comportamento individual e coletivo.

A distinção do CRM como um saber aponta, pois, para o desenvolvimento de metaconhecimentos relacionados à ação prática de aprendizagem, uma vez que os entrevistados reconhecem conhecimentos retidos e articulados na ação prática.

○ CONSIDERAÇÕES FINAIS

A análise do significado atribuído por pilotos de empresas aéreas brasileiras aos conceitos de CRM (*Corporate Resource Management*), após a realização desses treinamentos, conforme a legislação aeronáutica vigente, revelou um processo de articulação de dimensões formais (programa de treinamento) e informais (relações de poder, cultura, entre outros), bem como práticas de reflexão na ação, na dinâmica apropriação e geração de novos conhecimentos nos níveis individual, grupal e organizacional.

Para a realização do estudo, partiu-se do referencial teórico de Cook e Brown (1999), assumindo a existência de interconexões entre conhecimento tácito e explícito, em nível individual e coletivo, e o saber como uma forma distinta de conhecimento.

Os entrevistados manifestam serem capazes de transferir conhecimento, a partir de representações mentais declarativas e procedimentais, para diversas situações similares no dia a dia da operação de aeronaves, bem como na vida pessoal. Tal fato confirma as proposições de Howard (1999), Pantoja e Borges-Andrade (2002) e Loiola e colaboradores (2002).

Foi possível identificar que, de forma geral, os conhecimentos explícitos coletivos de CRM são expressos de forma consoante com as práticas operativas da empresa, constantes em seus manuais de operação e padronização. Identificou-se que práticas têm evoluído ao longo dos anos, evidenciando dimensões implícitas de aprendizagem relacionada a fatores histórico-culturais da organização, como práticas de comunicação mais aberta e atitudes mais assertivas (de copilotos) e colaborativas (de comandantes), reforçadas por eventos críticos como acidentes aeronáuticos, conforme referencial de Gherardi e Nicolini (2001) e Gherardi (2005).

Pela análise do conhecimento tácito individual foi possível identificar, na fala dos entrevistados, capacidades implícitas desenvolvidas por meio de experiências individuais em CRM. As evidências achadas apontam que os entrevistados acreditam que o CRM propiciou mudança de comportamento e, por assim dizer, aprendizagem.

A manifestação do conhecimento tácito coletivo revelou emergir e confundir-se com o próprio conceito de cultura organizacional. Para os entrevistados, a cultura organizacional das empresas vem evoluindo, no decorrer dos anos, alinhada aos princípios do CRM. É possível identificar que o CRM tem influenciado a cultura, bem como esta tem influenciado as práticas de CRM nas organizações. Este aspecto vai ao encontro das proposições teóricas de Helmreich (1998), Helmreich e Wilhelm (1998) e Leimann Patt (1998), discutidas na fundamentação teórica.

A visão do CRM como resultado de relações de força que partem do contexto, definindo um padrão que permeia o grupo, estabelecendo regras e condutas a serem seguidas, pode ser identificada no relato dos entrevistados. Esta concepção está alinhada às proposições de Gherardi (2005), quando identifica que a aprendizagem na ação prática, transcendendo da episteme do conhecimento como posse para a episteme de conhecimento como prática na dimensão do saber, definida por Cook e Brown (1999).

A análise das discussões da episteme do conhecimento como posse ou conhecimento como prática, formuladas na revisão de literatura, contribuiu para a formulação de um novo olhar de como o CRM vem se produzindo como conhecimento e saber organizacional. O CRM pode ser analisado na perspectiva da posse, ou seja, das representações declarativas individuais e procedimentais adquiridas por intermédio do treinamento formal e/ou desenvolvidas pela vivência e experiência. Foi possível identificar a produção do CRM como forma de conhecimento e saber organizacional pela ação prática ou epistemes do conhecimento como prática, como formas distintas, mas complementares, de aprendizagem individual e organizacional de acordo com Gherardi (2005), Cook e Brown (1999).

O saber como forma de conhecimento revela constituir-se em ponte entre as epistemes do conhecimento, como posse e prática pela articulação das quatro formas de conhecimento definidas por Cook e Brown (1999), ocorrendo, contudo, na produção do conhecimento pela ação prática e na reflexão da ação (Elkjaer, 2004).

Este estudo, por tratar-se de uma pesquisa qualitativa básica ou genérica, apresenta as seguintes limitações: (a) resultados circunscritos à perspectiva dos entrevistados; (b) a quantidade de entrevistas limitada a tripulantes técnicos (pilotos) não se constitui em um recorte representativo de todas as empresas do setor; (c) foco na análise dos impactos gerados pelo treinamento de CRM nas rotinas operativas essencialmente de tripulantes, sem abranger o escopo do pessoal de terra (administrativo), o que se contrapõe à proposta de CRM "*Corporate*". A ampliação do número de sujeitos, com participação de pessoal de terra e de organizadores e facilitadores das empresas aéreas, bem como a realização de sessões de grupos focados, poderia contribuir para o aprofundamento da análise das questões propostas.

Neste sentido, como sugestão para pesquisas futuras ou outros desdobramentos relativos ao tema, apontam-se as seguintes possibilidades: (a) realização de uma investigação de caráter descritivo para examinar a articulação entre as práticas de aprendizagem formais e informais dos contextos vivenciados pelos indivíduos entrevistados; (b) realização de uma triangulação de métodos de coleta e análise de dados; (c) realização de uma investigação tomando, como perspectivas de análise em AO, as dimensões psicológica, sociológica e antropológica, buscando analisar o contexto, o processo de aprendizagem e a geração de conhecimento tácito, explícito, individual, coletivo. Sugere-se também, para investigar o conhecimento como ação prática, conforme os pressupostos teóricos de Gherardi (2005) e Cook e Brown (1999), a realização de um estudo etnográfico, com base na sociologia do conhecimento, examinando, assim, os processos de aprendizagem no contexto de trabalho.

As teorias da AO podem contribuir, de forma significativa, para a análise e o desenvolvimento de ações e práticas, no campo administrativo e na área de treinamento e desenvolvimento, alinhadas ao contexto político, econômico e cultural das empresas aéreas brasileiras

QUESTÕES PARA REFLEXÃO

1. De que forma o CRM pode ser caracterizado na perspectiva do conhecimento como tácito, explícito, individual e coletivo?
2. De que forma pode-se caracteriza o CRM, a partir de uma episteme de conhecimento como posse e prática?
3. Que evidências apontadas no texto sugerem a noção do CRM como conhecimento e saber?
4. De que forma o saber constitui-se em ponte entre o conhecimento individual de CRM e a noção de cultura organizacional?
5. A partir dos resultados apresentados no estudo, é possível identificar contribuições e limitações teóricas e práticas das proposições de Cook e Brown (1999) e Gherardi (2005)?

REFERÊNCIAS

ANTONACOPOULOU, E. P. The relationship between individual and organizational learning: new evidence from managerial learning practices. *Management Learning*, v.37, n.4, p. 455-473, 2006.

ANTONELLO, C. S. A metamorfose da aprendizagem organizacional: uma revisão critica. In: RUAS, R. L.; ANTONELLO, C. S.; BOFF, L. H. (Org.). *Os novos horizontes da gestão*: aprendizagem organizacional e competências. Porto Alegre: Bookmann, 2005. p. 13-33.

ARGIRYS, C. *On organizational learning*. 2nd ed. Oxford: Blackwell, 1999.

ARGIRYS, C. *Organizational Learning II*: theory, method and practice. Reading, MA: Addison Wesley, 1996.

ARGYRIS, C.; SCHON, D. A. *Organizational learning*: a theory of action perspective reading. Massachusetts: Addison-Wesley, 1978.

BARDIN, L. *Análise de conteúdo*. Paris: PUF, 1977.

BECKER, F. Modelos pedagógicos e modelos epistemológicos. *Educação e Realidade*, Porto Alegre, v. 19, n. 1, p. 89-96, 1994.

BERGER, P. L.; LUCKMANN, T. The social construction of reality. In: CALHOUN, C. et al. *Contemporary sociological theory*. London: Blackwell, 2002.

BORGES-ANDRADE, J. E. Desenvolvimento de medidas de avaliação de treinamento. In: ENCONTRO NACIONAL DOS PROGRAMAS DE PÓS-GRADUAÇÃO EM ADMINISTRAÇÃO, 24., 2000, Florianópolis. *Anais...* Florianópolis: ANPAD, 2000.

BRASIL. Comando da Aeronáutica. Departamento de Aviação Civil. *Instrução de aviação civil*: IAC 060-1002A: gerenciamento de recursos de equipes (Corporate Resource Management). Rio de Janeiro: Departamento de Aviação Civil, 2005.

BRASIL. Ministério da Defesa. Centro de Investigação e Prevenção de Acidentes Aeronáuticos. *Programa de prevenção de acidentes para a aviação civil 2007-2008*. Brasília, DF: Comando da Aeronáutica, 2007. Disponível em: <www.cenipa.aer.mil.br> Acesso em: 22 dez. 2007.

CHIVA, R.; ALEGRE, J. Organizational learning and organizational knowledge: towards the integration of two approaches. *Management Learning*, v. 36, n. 1, p. 49-68, 2005.

COHEN, M. D.; BACDAYAN, P. Organizational routines are stored as procedural memory: evidence from laboratory study. *Organizational Science*, v. 4, n. 4, p. 554-568, 1994.

COOK, S. D. N.; BROWN, J. S. Bridging epistemologies: the generative dance between organizational knowledge and organizational knowing. *Organizational Science*, v. 10, n. 4, p. 381-400, 1999.

CZARNIAWASKA, B. Anthropology an organizational learning. In: DIERKES, M. et al. *Organizational learning and knowledge*. Oxford, UK: Oxford University Press, 2001.

EASTERBY-SMITH, M. et al. Constructing contributions to organizational learning: Argyris and next generations. *Management Learning*, v. 35, n. 4, p. 371-380, 2004.

ELKJAER, B. Em busca de uma teoria de aprendizagem social. In: EASTERBY-SMITH, M. et al. *Aprendizagem organizacional e a organização de aprendizagem*: desenvolvimento na teoria e prática. São Paulo: Atlas, 2000.

ELKJAER, B. Organizational Learning: the "third way". *Management Learning*, v. 35, n. 4, p. 419-434, 2004.

FERREIRA, A. B. H. *Novo dicionário Aurélio*: dicionário eletrônico versão 5.0. Curitiba: Positivo Informática, 2004.

FLIGHT SAFETY FOUNDATION. Major aviation accident declines in 2006 aviation rates at record low. [S.l.], 2007. Disponível em: <http://www.flightsafgety.org/news/nr07-01.pdf>. Acesso em: 22 dez. 2007.

FOUCAULT, M. *Microfísica do poder*. 18. ed. Rio de Janeiro: Graal, 1979.

FREITAS, H. M. R.; CUNHA JÚNIOR, M. V. M.; MOSCAROLA, J. Pelo resgate de alguns princípios de análise de conteúdo: aplicação prática qualitativa em marketing. In: ENCONTRO NACIONAL DOS PROGRAMAS DE PÓS-GRADUAÇÃO EM ADMINISTRAÇÃO, 1996, Andra dos Reis. *Anais*... Angra dos Reis: ANPAD, 1996.

GEPHART, M. et al. Learning organizations come alive. *Training and Development*, v. 50, n. 12, p. 35-45, 1996.

GHERARDI, S. *Organizational knowledge*: the texture of workplace learning. London: Blackwell, 2005.

GHERARDI, S.; NICOLINI, D. The social foundations of organizational learning. In: DIERKES, M. et al. *Organizational learning and knowledge*. Oxford, UK: Oxford University Press, 2001.

GIL, A. C. *Métodos e técnicas de pesquisa social*. 5. ed. São Paulo: Atlas, 1999.

HELMREICH, R. L. *Culture at work in aviation and medicine*: national, organization and professional influences. Aldershot: Ashgate, 1998.

HELMREICH, R. L. et al. Culture, error and crew resource management. In: SALAS, E.; BOWERS, C. A.; EDENS, E. (Ed.). *Improving teamwork in organizations*: applications of resource management training. Hillsdale, NJ: Erlbaum, 2001. p. 305-331.

HELMREICH, R. L. Future directions in Crew Resource Management training. *International Civil Aviation Organization (ICAO) Journal*, v.48, n. 7, p. 8-9, 1994.

HELMREICH, R. L.; MERRITT, A. C. Safety and error management: The role of crew resource management. In: HAYWARD, B. J.; LOWE, A. R. (Ed.). *Aviation resource management*. Aldershot, UK: Ashgate, 2000. p. 107-119.

HELMREICH, R. L.; MERRITT, A. C.; WILHELM, J. A. The evolution of crew resource management training in commercial aviation. *International Journal of Aviation Psychology*, v. 9, n. 1, p. 19-32, 1999.

HELMREICH, R.; WILHELM, J. CRM and culture: National, professional, organizational, safety. In: INTERNATIONAL SYMPOSIUM ON AVIATION PSYCHOLOGY, 9., 1998, Ohio. *Proceedings of the Ninth International Symposium on Aviation Psychology.* Ohio: The Ohio State University, 1998. p. 635-640.

HOLLNAGEL, E.; WOODS, D. D. *Joint cognitive systems*: an introduction to cognitive systems engineering. Boca Raton: CRC Taylor & Francis, 2005.

HOWARD, R. W. Reconceptualizing Learning. *Review of General Psychology*, v. 3, n. 4, p. 251-263, 1999.

HUTCHINS, E. The social organization of distributed *cognition*. In: RESNICK, L. B.; LEVINE, J. M.; TEASLEY, S. D. (Ed.). *Perspectives on socially shared cognition*. Washington, DC: American Psychology Association, 1991.

INDUSTRIAL ERGONOMICS ASSOCIATION (IEA). *What is ergonomics?* Taiwan, 2007. Disponível em: <http://www.iea.cc/browse.php?contID=what_is_ergonomics>. Acesso em: 04 Jan. 2008.

JENSEN, R. S. *Pilot judgment and crew resource management*. Aldershot, UK: Ashgate, 1995.

KIM, L. Crisis construction and organizacional learning: capability building in cathcin-up at Hunday Motor. *Organization Science*, v. 9, n. 4, p. 506-521, 1998.

LEIMANN PATT, H. O. *CRM:* una filosofía operacional: gerenciamiento de los recursos humanos en las operaciones aeronáuticas. 2. ed. Buenos Aires: Sociedade Interamericana de Psicologia Aeronáutica, 1998.

LOIOLA, E. et al. Fatores determinantes da aprendizagem da equipe técnica da COSUP na Companhia de Processamento de Dados da Bahia – PRODEB. In: ENCONTRO NACIONAL DOS PROGRAMAS DE PÓS-GRADUAÇÃO EM ADMINISTRAÇÃO, 2., 2002, Salvador. *Anais*... Salvador: ANPAD, 2002.

MAIER, G.; PRANGE, C.; VON ROSENSTIEL, L. Psychological perspectives of organizational learning. In: DIERKES, M. et al. *Organizational learning and knowledge*. Oxford, UK: Oxford University Press, 2001.

MERRIAN, S. B. *Qualitative research and case study applications in education*. San Francisco: Jossey-Bass, 1998.

MORAES, R. Análise de conteúdo. *Educação*, v. 22, n. 37, p. 7-31, 1999.

NONAKA, I. A dynamic theory of organizational knowledge creation. *Organizational Science*, v. 5, n. 1, p. 14-37, 1994.

NONAKA, I.; TAKEUCHI, H. *Criação de conhecimento na empresa*. Rio de Janeiro: Campus, 1997.

ORGANIZAÇÃO DA AVIAÇÃO CIVIL INTERNACIONAL. *Compêndio de factores humanos num. 14* (Circular 163). Quebec: OACI, 1999.

PANTOJA, M. J.; BORGES-ANDRADE, J. E. Uma abordagem multinível para o estudo da aprendizagem e transferência nas organizações. In: ENCONTRO NACIONAL DOS PROGRAMAS DE PÓS-GRADUAÇÃO EM ADMINISTRAÇÃO, 26., 2002, Salvador. *Anais*... Salvador: ANPAD, 2002.

PATTON, M. Q. *Qualitative evaluation methods*. Beverly Hills, California: Sage, 1986.

PIAGET, J. *O desenvolvimento do pensamento*: equilibração das estruturas cognitivas. Lisboa: Dom Quixote, 1977.

POPPER, K. R. *Conhecimento objetivo*: uma abordagem evolucionária. São Paulo, SP: USP, 1975.

PRAHALAD, C. K.; HAMEL, G. The core competence of the corporation. *Harvard Business Review*, v. 68, n. 3, p. 79-91, 1990.

PRANGE, C. Aprendizagem organizacional: desesperadamente em busca de teorias? In: EASTERBY-SMITH, M.; BURGOYNE, J.; ARAÚJO, L. (Org.). *Aprendizagem organizacional* e organização de aprendizagem: desenvolvimento na teoria e na prática. São Paulo, Atlas: 2001.

REASON, J. *Managing the risks of organization accidents*. Aldershot: Ashgate, 1997.

SHEIN, E. On dialogue, cultural and organizational learning. *Organizational Dynamics*, v. 22, n. 2, p. 40-51, 1993.

WEICK K. E. The nontraditional quality of organizational learning. *Organizational Science*, v. 2, n. 1, p. 116-124, 1991.

WEICK, K. E.; ROBERTS, K. H. Collective mind in organizations: heedful interrelations on flight decks. *Administrative Science Quarterly*, v. 38, p. 357-381, 1993.

WOODS, D. D.; HOLLNAGEL, E. *Joint cognitive systems*: patterns in cognitive systems engineering. Boca Raton: CRC Taylor & Francis, 2006.

○ SUGESTÕES DE *SITES* SOBRE O TEMA

http://www.anac.gov.br

http://www.crm.devl.org

http://www.flightsafety.org

http://www.informs.org/site/Organization_Science

http://www.sagepublications.com

http://www.ucc.ie/hfrg

Claudia Simone Antonello

20

DESENVOLVIMENTO DE PROJETOS E APRENDIZAGEM NAS ORGANIZAÇÕES

OBJETIVOS DO CAPÍTULO

- Apresentar as noções básicas de desenvolvimento de projetos e sua possível articulação aos processos de aprendizagem nas organizações.
- Discutir a coexistência de processos de aprendizagem em diferentes níveis organizacionais.

RESUMO

O capítulo apresenta um estudo cujo objetivo é analisar o desenvolvimento de um método de intervenção voltado para geração, difusão e compartilhamento de conhecimento no âmbito organizacional. Os resultados do estudo indicam que o processo de aprendizagem gerencial associado ao desenvolvimento de competências é complexo e dinâmico, transcendendo o domínio individual. A teoria substantiva gerada permite destacar a importância da aprendizagem na ação e o compartilhar significados, e a transição da aprendizagem do nível individual para o organizacional pelo desenvolvimento de projetos. O processo de conhecimento e a aprendizagem gerencial no desenvolvimento de competências foram compreendidos como um processo contínuo de responder às diversas demandas pessoais e ambientais, organizacionais e sociais, que surgem da interação entre experiência, conceituação, reflexão e ação.

○ INTRODUÇÃO: A FORMAÇÃO GERENCIAL E O CONTEXTO EMPRESARIAL

As inovações tecnológicas, a transformação das estruturas organizacionais, as mudanças quase contínuas nos processos de trabalho e o crescente volume dos conhecimentos científicos exigem aprendizagem contínua como base que permita enfrentar a mudança e as transformações que dela decorrem. A questão suscita a necessidade de capacitar os gestores a lidarem e a "gerirem" as incertezas. Os sistemas de treinamento e desenvolvimento gerencial baseados em competências tornaram-se uma resposta frequente a este cenário, insistindo na flexibilidade e adaptabilidade do indivíduo. Contudo, até o presente momento, são escassos os estudos que validem seus resultados considerando a performance dos gerentes como eficaz.

Os programas baseados em competências e, em particular, os que possuem um formato unificado, têm atraído consideráveis críticas, tanto filosóficas quanto práticas. Estas críticas surgem fundamentadas no fato de que programas baseados em competências são muito funcionais ou comportamentais em sua orientação; acentuadamente burocráticos e simplistas; atomísticos e individualistas e deficientes no sentido de cobrir adequadamente a diversidade característica do ambiente das organizações. Muitos dos programas de formação de executivos, por exemplo, têm dificuldade de levar em conta a complexidade, a contextualidade, a contingencialidade e a natureza sempre variável do papel gerencial. Estes programas vêm sendo desafiados a fornecer formação mais abrangente, a integrar conteúdos e referenciais. Se a competência não se reduz ao saber, nem tampouco ao saber-fazer, mas à sua capacidade de mobilizar e aplicar esses conhecimentos e capacidades numa condição particular, onde se colocam recursos e restrições próprias à situação específica, pode-se presumir que os programas de formação gerencial deveriam considerar a natureza evolutiva, dinâmica e processual do desenvolvimento de competências gerenciais.

A revisão da literatura acerca destas questões decepciona pela carência de trabalhos empíricos que avaliem a eficácia da formação gerencial voltada para o desenvolvimento de competências. As empresas não investem na mensuração dos resultados destes investimentos da mesma forma que para avaliar a eficiência e eficácia de suas vendas e produção. Os investimentos, nesta área, continuam sendo feitos sem considerar uma avaliação sistemática.

Ao mesmo tempo, constata-se outro problema: as abordagens e metodologias empregadas nos referidos cursos. Por exemplo, nos programas de pós-graduação *lato sensu* (especialização), as abordagens e metodologias estariam distantes da problemática empresarial, deixando transparecer não estar conseguindo atender às demandas de formação gerencial, em função da complexidade do atual ambiente de negócios.

Mais recentemente, os programas de formação convencionais têm procurado inserir inovações, como experiências, simulações em sala de aula, laboratórios e estudo de caso, mas ainda estão "distantes de uma perspectiva de desenvolvimento de competências" (Ruas, 2001, ver também Capítulos 10, 14 e 17 deste livro). Concomitantemente, a crítica empresarial volta-se para o distanciamento destas metodologias das especificidades do ambiente organizacional. Há dificuldade no processo de transferência e adaptação dos resultados da formação no ambiente de trabalho pelos participantes destes cursos.

Neste contexto, surge um questionamento: *quais competências e como elas são desenvolvidas no processo de relação entre os conteúdos apropriados em sala de aula e o espaço/ambiente organizacional?* Para responder a esta problemática foi desenvolvido um estudo longitudinal junto a duas turmas de gestores integrantes de um curso de especialização e de mestrado profissional *in company*, pertencentes a uma organização do setor de telefonia móvel – aqui denominada Telefonia. Os cursos foram concebidos a partir de desenho e metodologia diferenciados.

O estudo teve dois objetivos principais: primeiro, conhecer e analisar qual o potencial de contribuição e possíveis relações entre o desenvolvimento de projetos e o desenvolvimento de competências gerenciais, a partir da noção de aprendizagem experiencial; segundo, identificar e analisar quais as oportunidades de aprendizagem, além da educação formal, que contribuem para o desenvolvimento de competências.

A relevância científica do estudo apoia-se nos seguintes aspectos, que dizem respeito à escassez na literatura de estudos nacionais: (a) que tentem esclarecer as relações entre o desenvolvimento de competências gerenciais e os processos de aprendizagem formais e informais; (b) que desenvolvam um estudo longitudinal tendo como objeto de análise o indivíduo, visando examinar a natureza processual da aprendizagem individual e coletiva no desenvolvimento de competências. Salienta-se que os resultados e as análises apresentados são fruto de estudo mais abrangente e representam uma parcela dos achados de pesquisa.

1 • ESTRATÉGIAS PARA DESENVOLVER COMPETÊNCIAS GERENCIAIS: A APRENDIZAGEM NA AÇÃO E O DESENVOLVIMENTO DE PROJETOS

Se as competências e atividades gerenciais são conceituadas para serem específicas às situações e inseridas nas organizações nas quais elas são praticadas, a questão que surge é: qual é o melhor modo para preparar os gerentes para a complexidade, a incerteza e a singularidade? – aspectos que caracterizam os ambientes organizacionais.

O estudo aqui apresentado buscou referências em Raelin (1998), que propõe um modelo calcado na aprendizagem baseada no trabalho. O modelo deste autor é sustentado na simples ideia que aprendizagem pode ser adquirida por meio da prática. Raelin propõe que sejam fundidas, deliberadamente, a teoria com a prática e reconhece a interseção de formas explícitas e tácitas de saber.

Embora atualmente exista uma rica fonte de conhecimento, que ajuda a entender como aprendizagem baseada no trabalho acontece e pode ser facilitada, precisa-se de uma concepção que possa integrar as muitas tradições que estão por trás de sua construção (Raelin, 1998). Ao se tentar desenvolver esta concepção aqui, incorporaram-se duas dimensões fundamentais para o processo de aprendizagem na ação: teoria e modos de prática de aprender de Kolb, Rubin e McIntyre (1990) e formas explícitas e tácitas de conhecimento dos autores Nonaka e Takeuchi (1997). Desde que a teoria possa ser vista como uma estrutura que desafia as suposições da prática, faz sentido combinar o modo de aprender com a ação. (Schön, 2000).

Além da teoria e da prática, a outra dimensão incorporada foi a distinção entre formas explícitas e tácitas de conhecimento. Aprendizagem na ação requer uma epistemologia de prática que busca não somente explorar as instruções explícitas e as diretrizes disponíveis no local de trabalho, mas também os processos tácitos invocados pessoalmente pelos gestores, como eles resolvem os problemas de gerenciamento diário. Conhecimento explícito é a forma classificada familiar, a qual é transmissível pela linguagem formal e sistemática. Conhecimento tácito é o componente de conhecimento que não é facilmente relatado, na medida em que está profundamente vinculado à ação e implicado num contexto específico (Polanyi, 1966).

Há dois níveis de atividade nos quais se aprende pela ação e pelo trabalho. Um deles é que se pode aprender no nível individual, quando a interseção entre os modos de aprendizagem e as formas de conhecimento desafiam as estruturas pessoais de ação. Porém, aprender numa extensão de aprendizagem que vá além da individual já diz respeito a outro nível, o da aprendizagem em nível coletivo. Este é constituído, entre outros, por colegas de trabalho, estejam eles presentes dentro ou fora do ambiente de trabalho ou de ensino.

Na tentativa de responder a indagação lançada no início desta seção, a partir da literatura sobre o assunto, propõe-se considerar a articulação do desenvolvimento de projetos – seja em ambiente organizacional ou de formação – à concepção do ciclo de aprendizagem experiencial de Kolb, Rubin e McIntyre (1990). O pressuposto é que, ao associar o ciclo de desenvolvimento de projetos ao ciclo de aprendizagem experiencial, de forma que aumente a sinergia entre ambos, possa se propiciar o desenvolvimento de competências gerenciais.

Tomou-se, como parâmetro e eixo norteador, a proposta experimental realizada por Ruas (2001, p. 255) de "desenvolver um método de intervenção que contribua para geração, difusão, sistematização e compartilhamento de competências no âmbito das organizações". Este autor desenvolveu e implementou uma intervenção orientada para o desenvolvimento de competências com a finalidade de "[...] orientar o processo de apropriação e aplicação, no ambiente de trabalho, dos conteúdos e experiências vivenciadas em programas de formação e treinamento"(Ruas, 2001, p. 254), através, dentre outras estratégias de aprendizagem, da elaboração de miniprojetos experimentais de desenvolvimento de competências. Esta proposta abrange diversas estratégias com as quais se compactua, mas, aqui, a ideia é aprofundar a questão da relação entre os dois ciclos mencionados – de desenvolvimento de projeto e da aprendizagem experiencial e a conversão do conhecimento (Nonaka; Takeuchi, 1997), como apresentado no Quadro 20-1.

Considera-se que o ciclo de aprendizagem experiencial de Kolb, Rubin e McIntyre (1990) e a noção de conversão do conhecimento de Nonaka e Takeuchi (1997) oferecem uma epistemologia que, ao ser integrada aos domínios de programas de desenvolvimento de competências, pode ser útil. Ela pode auxiliar os gestores a atribuírem significado à experiência, elevar a consciência da sua teoria-em-uso e ajudá-los a desenvolver, testar e continuamente refinar teorias subjetivas de ação, facilitando sua formação/desenvolvimento de competências.

Dewey (2000) apresenta duas conclusões importantes sobre o processo de aprender pela experiência e que se entende relevantes para este estudo: (1) experiência é principalmente um fazer ativo-passivo; não é principalmente cognitivo; (2) a medida do valor de uma experiência está na percepção das relações e continuidade para as quais conduz.

Aprender com base na experiência é fazer uma conexão para trás e para frente entre o que se faz para os acontecimentos e o que se desfruta ou se sofre, como consequência, a partir deles.

> Sob tais condições, fazer torna-se tentar; um experimento com o mundo para descobrir com que se parece; a experiência transforma-se em instrução – descoberta da conexão entre as coisas [...] a experiência é, principalmente, uma questão ativa-passiva; não é fundamentalmente cognitiva. Todavia, a medida do valor de uma experiência reside na percepção das relações ou continuidades, as quais ela conduz. Inclui cognição, à medida que é cumulativa ou corresponde a algo, possui significado (Dewey, 2000, p. 140).

A partir deste posicionamento, conclui-se que o significado do pensamento pode ser inferido pela reflexão das ações que eles produziram. Dewey clarifica este processo elucidando a tarefa do pensamento: fundamentalmente experiência reflexiva é instituir um conjunto de conexões entre o que se faz e suas consequências. A visão do autor de experiência humana é que inclui ambas: experiência ativa e passiva em combinação. O desenvolvimento de projetos possibilita "experimentar" (tentar algo) e, nas palavras de Dewey, "sofrer as consequências". Quando se está sofrendo estas consequências é que se experimenta algo que está sendo feito à própria pessoa. Quando se faz algo, o impacto da experiência no próprio sujeito não é tanto o produto do que se fez, como o efeito ao qual os componentes passivo e ativo, de tentar e sofrer as consequências, estão conectados.

Levando em conta as propostas de Dewey e de Kolb, pode-se começar a apreciar a riqueza da ação do ciclo de aprendizagem experiencial como

QUADRO 20-1
Fases do desenvolvimento de projetos associadas ao ciclo de aprendizagem experiencial e conversão e criação de conhecimento

Ciclo de aprendizagem – Kolb	Fases do projeto	Conversão do conhecimento – Nonaka e Takeuchi
Abstração – generalização (formação de conceitos abstratos e generalizações): conforme o indivíduo desenvolve conceitos e generalizações, seu pensamento inclui imaginar outras experiências concretas distintas que, invariavelmente, levantam novas questões. As respostas para estas questões requerem aprendizagem e experimentação posteriores, e o desenvolvimento de novos conceitos que as acompanha.	**1. Definição e planejamento do projeto** Esta fase inicia quando se define o objetivo e a extensão do projeto. Em seguida, os participantes do grupo ocupam-se de buscar conhecimento interno e externo sobre o conteúdo do projeto em questão. Caso se identifique que outros projetos semelhantes já foram realizados dentro da organização, convidam-se seus participantes para compartilharem as experiências já aprendidas.	A **socialização** inicia-se a partir do desenvolvimento de um "campo" de interação, capaz de facilitar o "compartilhamento de experiências e modelos mentais dos membros". A **externalização** é provocada pelo "diálogo ou reflexão coletivo" significativos, nos quais o emprego de uma metáfora ou analogia significativa auxilia as pessoas a *externarem* o conhecimento tácito – que, de outra forma, seria mais difícil de ser transmitido.
Experiência concreta Aprendizagem inicial que ocorre quando a pessoa depara-se com uma nova experiência concreta e transaciona com ela em termos de novos sentimentos, observações e reações.	**2. Implementação** Esta fase é semelhante à maioria das implementações de projeto, embora, durante este período, seus participantes mantenham registros sobre *insights* e lições de aprendizagem que ocorram durante o processo.	Os processos de aprendizagem que permeiam a externalização estão relacionados com as bases de conhecimentos dos indivíduos – como administração, música, cultura, filosofia, sociologia, psicologia –, permitindo que tais conhecimentos construam conexões e pensamentos cíclicos, abstratos, para estruturar e moldar comparações para a futura construção de modelos operacionalizáveis.
Observação – reflexão É como o indivíduo observa a nova situação. No primeiro estágio, ele adiciona ou ajusta sua percepção baseado em sua aprendizagem anterior. Este processo compele o indivíduo a refletir sobre experiências passadas e a pensar sobre a experiência corrente como algo a ser tomado como modelo/padrão ou não. Ele realiza observação cuidadosa, antes de emitir um juízo, vendo situação/objeto/ideias de perspectivas diferentes, procurando um significado para eles.	**3. Avaliação e revisão do projeto** Nesta fase, busca-se um relato sobre o processo, dificuldades e aspectos facilitadores encontrados para realizar as ações previstas pelo projeto. O objetivo da revisão é que os participantes do grupo discutam os vários modos pelos quais o projeto desenvolveu-se, se foi diferente do esperado; se identificam aspectos que poderiam ter sido mais bem trabalhados; quais elementos que estavam bem definidos. Outro propósito desta fase é documentar o que aconteceu e como aconteceu e se diferiu do que fora esboçado no planejamento do projeto.	A **combinação** surge através da apresentação do conhecimento recém-criado e do conhecimento já existente proveniente de outras seções da organização em uma "rede". A **internalização** trata-se do processo de incorporação do conhecimento explícito ao tácito, sendo a aprendizagem uma forma de efetuar esta conversão. O conhecimento transferido por meio de um processo de aprendizagem tende a ter alta viscosidade (riqueza ou espessura de conhecimento): com o tempo, o receptor obterá um grande volume de conhecimento detalhado e sutil. O conhecimento obtido de um banco de dados *online* ou da leitura de um artigo.

QUADRO 20-1
Fases do desenvolvimento de projetos associadas ao ciclo de aprendizagem experiencial e conversão e criação de conhecimento *(Continuação)*

Ciclo de aprendizagem – Kolb	Fases do projeto	Conversão do conhecimento – Nonaka e Takeuchi
Experimentação – ativa Teste das implicações dos conceitos em novas situações, as quais levarão a novas experiências. Quando o indivíduo realiza a construção das respostas, estas não são necessariamente completas, e futuros testes são requeridos. Propõe novas experiências concretas e inicia um novo ciclo.	**4. Interpretando *insights* e lições aprendidas** Esta fase é projetada para avaliar resultados obtidos – se inovadores, se fundamentais – e, a partir disto, gerar novas ideias para próximos projetos; realizar testes; decidir sobre novas ações ou manutenção das já realizadas. Também tem o objetivo de desenvolver "histórias" sobre o projeto que podem ser compartilhadas com toda organização; com outros grupos; identificar *insights* fundamentais e lições aprendidas. Além de ser registrado, será armazenado e compartilhado. Podem ser desenvolvidas várias páginas de *Web* em que os participantes do projeto compartilharão suas "histórias" e experiências.	Pode também ocorrer sem a necessidade de vivenciar as experiências das outras pessoas, como quando se escuta uma história de forma tão real que ela passa a fazer parte de um modelo mental tácito. Se a maioria dos membros de uma organização compartilhar esse modelo mental, o conhecimento tácito passa a fazer parte da cultura da organização.

Fonte: Elaborado pela autora a partir de literatura.

um conceito central na geração de competências gerenciais e na aprendizagem. Experimentação ativa rende experiências concretas que são mais bem compreendidas por meio de observação reflexiva e que levam a novo conhecimento de conceituação abstrata. Claramente, a ação que leva à aprendizagem é reiterativa ou um processo cíclico. Incorporar a fase de reflexão no desenvolvimento de projetos é uma contribuição relevante do ciclo de Kolb.

Perrenoud (2001) diz que a utilização de desenvolvimento de projetos pode visar alguns objetivos: fazer ver as práticas sociais que acrescentam saberes e aprendizagens; a mobilização do saber e do saber-fazer, construindo competências; descobrir novos saberes e mundos com uma perspectiva de sensibilização ou de motivação; colocar diante de obstáculos além do projeto; provocar novas aprendizagens sobre o mesmo projeto; permitir identificar experiências e falhas, a partir de uma perspectiva de auto e heteroavaliação; desenvolver a cooperação e a inteligência coletiva; ajudar na obtenção da confiança em si, reforçar a identidade pessoal e coletiva, por meio de uma forma de *empowerment*, tomada de iniciativa do ator; desenvolver a autonomia e a capacidade de fazer escolhas e de negociar; formar concepção e conduta de projetos.

É importante comentar, que neste processo, a participação é descrita como fundamental na aprendizagem situada. Trata-se do processo pelo qual os estudantes que trabalham em conjunto e com especialistas numa organização social, resolvendo problemas relacionados a circunstâncias de sua vida cotidiana (Lave, 1988; Shön, 1983). A participação descreve o intercâmbio de ideias, a tentativa de resolver problemas e o compromisso ativo dos indivíduos entre si e com os conteúdos de aprendizagem. É o processo de interação com outros que produz e estabelece sistemas de significado entre os aprendizes. A partir de uma perspectiva de cognição situada, a aprendizagem ocorre num *setting* social, através do diálogo com outros (Lave, 1988). Aprender torna-se um processo de refletir, interpretar e negociar significados entre os participantes de um grupo, de compartilhar as narrativas produzidas por um grupo.

Orner (1996) relata como narrativas que surgem das experiências vividas pelos aprendizes tornam-se informações para o diálogo e situam o significado de conteúdo para o grupo. A cognição situada no ambiente de ensino torna-se o veículo para os aprendizes desafiarem e intervirem nas construções sociais impostas por várias instituições e cenários políticos e culturais. O autor estimula os aprendizes a se engajarem a "interpretar negócios como projetos usuais"(Orner, 1996, p. 77). Os projetos são oportunidades para os indivíduos interpretarem, intervirem e interromperem os acontecimentos habituais de suas próprias experiências. A aprendizagem ocorre pela reflexão na experiência, ocupando-se de diálogo com outros e explorando o significado de eventos em um espaço e tempo particulares, isto é, num contexto específico.

2 • O ESTUDO E A METODOLOGIA EMPREGADA

Caracteriza-se como um estudo exploratório de natureza predominantemente qualitativa, construído a partir de um desenho longitudinal (dois anos). A pesquisa desenvolvida teve como unidade de análise o gestor e constituiu-se de três etapas – inicial, intermediária, avançada –, o que permitiu cortes profundos para uma análise processual do tema investigado.

• 2.1 • Caracterização: desenho dos cursos desenvolvidos e os *workshops* de miniprojeto

O desenho dos cursos em questão (vide Figura 20-1), em que são apresentadas as grandes linhas e referências de sua programação, ressalta a relevância da associação entre os conhecimentos originários de disciplinas teóricas e as experiências

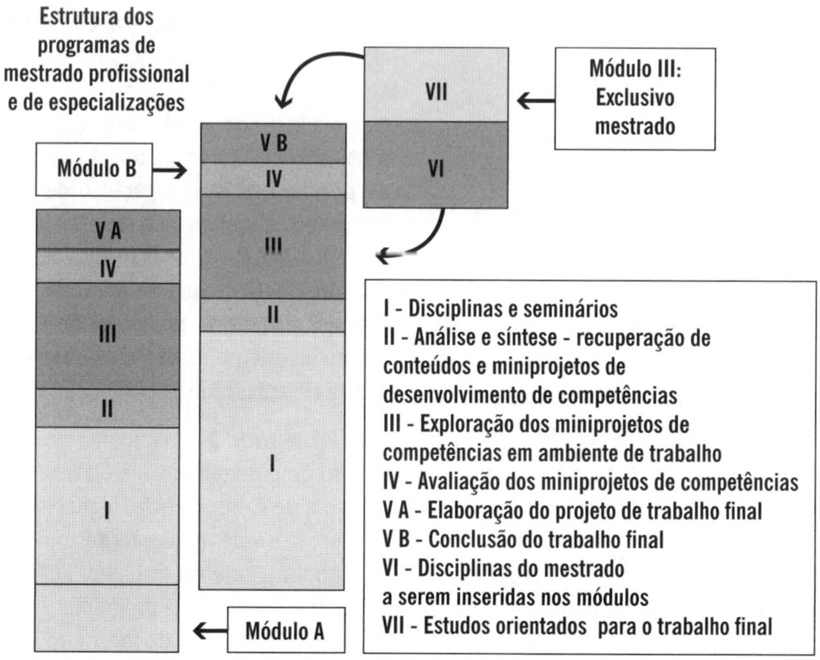

FIGURA 20-1 Desenho dos Cursos *In company*.
Fonte: CEAD/ UFRGS (2002).

no ambiente de trabalho, a partir de uma metodologia específica.

A abordagem adotada pretendia desencadear um processo de desenvolvimento de competências gerenciais que atingisse resultados muito mais amplos do que uma proposta de curso convencional. Tinha como objetivo identificar, explorar e buscar o desenvolvimento de competências gerenciais e organizacionais, considerando o atual ambiente de negócios, destacando a dinâmica, a problemática e as perspectivas do setor de telecomunicações. Objetivava alavancar um processo sistemático e integrado de desenvolvimento de competências, explorar e integrar esse esforço ao fortalecimento e à consolidação das chamadas competências essenciais da empresa: gestão do negócio, sensibilidade ao cliente, prontidão para mudanças e gestão humana do trabalho.

A metodologia adotada para os cursos baseava-se em princípios e métodos de formação e capacitação, orientados para o ambiente de trabalho, visando associar os conteúdos e as vivências desenvolvidas no *curriculum* de disciplinas e seminários às experiências e práticas dos participantes. Permitia que cada participante selecionasse duas competências que desejasse desenvolver, num processo de aprendizagem e experimentação que fosse apropriado pelo coletivo da empresa e não por alguns gestores de forma individual. Os programas dos cursos compreendiam três fases básicas (Ruas, 2001).

- **Fase 1: sensibilização e compreensão:** etapa de desenvolvimento de disciplinas, seminários e *workshops*, a partir dos quais se pretendia apresentar e explorar os conteúdos teóricos e as experiências considerados mais relevantes para o desempenho gerencial, nas condições em que atuava a Telefonia.
- **Fase 2: análise e síntese e projetos de competência:** pretendia recuperar os conteúdos e as experiências desenvolvidas na fase anterior; identificar aqueles mais relevantes para a atividade gerencial dos participantes, bem como para as necessidades da empresa; organizá-los e explorá-los sob a forma de Projetos de Competências a serem desenvolvidas. Compreendia um pequeno conjunto de *workshops* temáticos e metodológicos e a elaboração "*in loco*" de Projetos de Competências Individuais e Grupais, a serem aplicados nas semanas seguintes, em seu próprio ambiente de trabalho.
- **Fase 3: exploração, avaliação e replanejamento:** nesta fase, os Projetos de Competências foram aplicados nas próprias situações de trabalho dos participantes, mobilizando os potenciais e recursos acumulados. Compreendia o monitoramento periódico durante a aplicação do projeto a partir de uma atividade de tutoria que, ao final, foi avaliado em *workshop* específico. A partir dessa fase, foi possível repensar e, quando necessário, replanejar projetos, atividades e processos corporativos.

A realização de *workshops* que trataram da apropriação de conteúdos, elaboração e avaliação de miniprojetos de competências é o que diferencia o curso *in company* da Telefonia em relação aos convencionais. Ocorreu o desenvolvimento de uma série de *workshops*, cujo conjunto teve o objetivo de explorar a relação entre o programa de pós-graduação e a geração de competências gerenciais. O objetivo final dessas atividades, que envolveram quatro *workshops*, foi o de desenvolver uma metodologia de apropriação de competências, a partir de processos de formação e/ou desenvolvimento, que pudesse ser explorada em toda a organização.

a. ***Workshop*** **1** – recuperar conteúdos do curso de pós-graduação e elaborar um Miniprojeto de Competência, o qual iria direcionar o processo de aplicação de uma competência no ambiente de trabalho/atividade de cada participante deste programa.

   O objetivo do primeiro *workshop* foi o de construir um projeto (Miniprojeto) de exploração e desenvolvimento de uma competência associada à atividade gerencial dos participantes. Foram realizadas, neste *workshop*, as seguintes atividades:

- relacionar a noção de competências gerenciais às condições das atividades profissionais dos participantes;
- elaborar um roteiro que oriente as atividades teórico-práticas de aplicação e análise da competência no ambiente de trabalho, roteiro este que foi denominado Miniprojeto de Desenvolvimento de Competência;
- recuperar os principais conteúdos e experiências desenvolvidos no programa de pós-graduação, como forma de subsídio ao processo de exploração da competência selecionada na etapa anterior.

b. ***Workshop* 2** (duas edições) – acompanhou o processo de aplicação das competências no ambiente de trabalho e de registro e análise desse processo sob a forma de relato.

c. ***Workshop* 3** – Apresentação e avaliação dos relatos e análise das experiências da exploração de competências em ambiente de trabalho.

As atividades associadas aos quatro *workshops* desenvolvidos resultaram num relatório final, que constituiu a primeira parte do trabalho de conclusão obrigatório para o recebimento do diploma, no caso da turma de especialização.

Na elaboração dos miniprojetos, foram estabelecidas ações associadas a indicadores e fontes de informações (relatórios gerenciais, pesquisa de clima, etc.), utilizados para mensurar os resultados obtidos em cada miniprojeto (resultado esperado *versus* obtido). Para que o leitor tenha maior clareza, apresenta-se, no Quadro 20-2, os indicadores e as fontes de informação utilizadas pelos alunos no desenvolvimento de seus miniprojetos.

Os resultados esperados eram: a) sensibilizar os participantes para o desenvolvimento de procedimentos de apropriação de competências; b) desenvolver de forma compartilhada um método que associava, de um lado, os conteúdos e as experiências desenvolvidos em formação e desenvolvimento e, de outro, as competências gerenciais requeridas à realização de certas atribuições profissionais, no sentido de buscar a apropriação e o desenvolvimento destas últimas.

• 2.2 • Procedimentos para coleta e análise dos dados

A principal técnica de campo foi a entrevista em profundidade. "O campo de aplicação clássica da *grounded theory* é a pesquisa de campo na qual o próprio pesquisador é envolvido, geralmente por meio da observação participante" (Mayring, 2002, p. 106). Foram também utilizadas as técnicas de observação participante acerca da interação e atuação dos alunos em oito *workshops*, e a realização de grupos de foco, perfazendo um total de 130 horas; anotações da participação e orientação (tutoria) dos miniprojetos, junto a dois grupos de trabalho (elaboração do roteiro do projeto, saída a campo e apresentação dos resultados); anotações da participação e relatos do coordenador dos *workshops* e de outro orientador dos miniprojetos; o estabelecimento de comparativo entre a proposta inicial do miniprojeto e a fase final; e sua apresentação formal pelos participantes em sala de aula.

3 • APRESENTAÇÃO E ANÁLISE DOS RESULTADOS

O número total de miniprojetos desenvolvidos foi de 44, a distribuição por áreas da empresa está demonstrada no Quadro 20-3.

O público que foi envolvido diretamente pelos miniprojetos abrangeu diversos níveis funcionais. No total de cerca de 670 funcionários e 60 gestores, 215 eram atendentes; 27 técnicos de engenharia; 4 engenheiros; 36 analistas (júnior/pleno/*master*); 4 operadores de habilitação; 3 advogados; 1 consultor externo; 95, vendedores; 8 caixas; 9 assistentes;, 19 executivos de conta; 4 executivos de negócios; 5 monitores; 7 promotores; e 60 gerentes e supervisores.

QUADRO 20-2
Indicadores e fontes de informação para avaliação dos resultados dos projetos

Fontes de Informação	Indicadores considerados
1. Atas de reuniões. 2. Avaliação de desempenho (documento formal). 3. *Feedback* de outras áreas, usando o documento "PODE" adaptado da área de *Call Center*. 4. Gráficos de performance individual: demonstração de casos tratados e ligações efetivas por atendente, reativações. 5. Informações provenientes do suporte a vendas (qualidade na forma como estão sendo entregues os documentos). 6. Relatório de qualidade. 7. Pesquisa de Clima Organizacional. (comparação com a pesquisa de clima do ano anterior), usando os itens que falam do relacionamento da área com outras e com a empresa como um todo. 8. Pesquisa mensal de satisfação de clientes. 9. Plano de ação da pesquisa de clima. organizacional: documento formal. 10. Relatório PODE. 11. Relatório *Aging*. 12. Relatório diário de completos (contratos). 13. Relatório diário de visitas. 14. Relatório volume de chamadas *symposium*. 15. Relatórios gerenciais – receita (valores recuperados). 16. Relatos de atividades. 17. Relatos individuais.	1. Avaliação de desempenho individual (comparação com a anterior). 2. Desempenho de ativações – controle Suporte a Vendas – diário e mensal. 3. Indicadores de venda de crédito, aumento de *air time, churn*. 4. Índices da receita da unidade/departamento. 5. Índice das rechamadas (*contact rate*). 6. Índice de retenção de clientes. 7. Índice de satisfação de clientes. 8. Índices de erros – relatórios *call center* – diário e mensal. 9. Índices de inadimplência e *churn*. 10. Índices de indicadores das pendências e erros. 11. Índices de pendências – relatórios suporte a vendas – semanal e mensal. 12. Índices de produtividade. 13. Nível de conhecimento do programa por parte dos clientes. 14. Nível de satisfação dos funcionários. 15. Nível de uso dos benefícios. 16. Número de casos tratados x evolução do percentual de oportunidades convertidas. 17. Número de linhas / CNPJ. 18. Qualidade das informações. 19. Quantidade de clientes atendidos *versus* Clientes Telefonia. 20. Redução do TMA – Tempo médio dedicado ao atendimento. 21. Resultado da loja com número de ativações e atingimento de metas. 22. Resultados da loja em termos quantitativos (real *versus* meta). 23. *Turnover*, absenteísmo, atestados médicos. 24. Volume de chamadas *in/out*. 25. Volume de valores recuperados. 26. Volume de recuperação de ativos.

Os pesquisados envolvidos neste estudo foram 44 gestores. As competências organizacionais envolvidas em cada projeto constam no Quadro 20-4.

As competências organizacionais envolvidas em cada projeto foram: 22 projetos em Gestão Humana no Trabalho; 14 em Gestão do Negócio; 11 em Prontidão à Mudança e 9 em Sensibilidade aos Clientes. Diversos miniprojetos estavam voltados, simultaneamente, para duas competências organizacionais em particular: em Gestão Humana no Trabalho e Gestão do Negócio.

Durante os *workshops,* diferentes atividades e exercícios foram desenvolvidos, além do miniprojeto, o que permitiu identificar, mapear e estabelecer relações entre as competências organizacionais. Os resultados e as áreas impactadas pelos miniprojetos, assim como o

QUADRO 20-3
Número de projetos desenvolvidos por área

Nº de projetos desenvolvidos	Área onde foram desenvolvidos
15	*Call Center*
6	Em cinco lojas corporativas
1	Envolvendo nove Quiosques (balcões na forma de minilojas, em *shopping*)
5	Comercial
3	Marketing
2	Recursos Humanos
6	Engenharia
1	Departamento Jurídico
2	Setor de Cobrança
2	Financeira
1	Direção do projeto envolvendo 60 gestores (diretores, gerentes e supervisores) e os 670 colaboradores.

desenvolvimento de competências gerenciais e as disciplinas e os conteúdos que contribuíram para a apropriação de recursos de competência, na percepção dos participantes dos referidos cursos, estão apresentados no Quadro 20-5. Um aspecto particularmente relevante é que, pela análise das entrevistas, dos miniprojetos, dos grupos de foco, de orientações e relatórios, identificou-se forte tendência quanto às competências gerenciais escolhidas para serem desenvolvidas pelos gestores, particularmente em relação ao desenvolvimento de equipes.

Identificou-se que ocorreu uma preocupação bem direcionada por parte dos gestores em desenvolver a *capacidade de atuar como facilitador e mobilizador de sua equipe de trabalho para:*

1. prevenir, compartilhar e resolver problemas, desafios e melhorias;
2. relacionar-se com o cliente;
3. compartilhar responsabilidade e autonomia e ampliar comprometimento;
4. orientar-se para e atingir metas/resultados;
5. ter capacidade para perceber, entender e agir frente a mudanças;
6. priorizar e compartilhar informações;
7. identificar oportunidades de negócio.

QUADRO 20-4
Número de miniprojetos desenvolvidos com foco na competência organizacional

Nº de miniprojetos	Desenvolvidos com foco na competência organizacional
22	Gestão humana no trabalho
14	Gestão do negócio
11	Prontidão à mudança
9	Sensibilidade aos clientes

<table>
<tr><th colspan="5">QUADRO 20-5
A contribuição dos miniprojetos e das disciplinas do curso ao desenvolvimento das competências gerenciais</th></tr>
<tr><th colspan="2">Disciplinas</th><th>Competências gerenciais</th><th>Competências organizacionais</th><th>Resultados</th></tr>
<tr><td rowspan="4">Métodos e práticas de pesquisa e workshop de desenvolvimento de competências</td><td>Estratégia competitiva</td><td rowspan="3">• Orientar-se para e atingir metas e resultados
• Identificar oportunidades de negócio
⟷</td><td>Gestão do negócio</td><td>• Identificação de novas oportunidades de negócio, relacionadas a diferentes situações na célula de retenção (por ex.: a consecução de vendas cruzadas em determinados momentos)
• Aumento da receita da área
• Aumento da integração, discussão e debate sobre novas possibilidades de negócios
• Na parte das pendências de ativações, propostas objetivas de melhorias na forma de atuação, com ganhos financeiros
• Em alguns casos, superação da meta em 21% e aumento de receita</td></tr>
<tr><td>Marketing estratégico</td><td>Gestão do negócio e sensibilidade ao cliente</td><td>• Embora não tenha se evidenciado em todas, algumas pessoas passaram a focar mais o valor agregado de cada cliente e não somente vender mais para determinado clientes
• Inovação no processo de retenção de clientes, quando, em células normais, tratam somente do não acontecimento do churn. Passaram a tratar cada cliente como uma nova oportunidade</td></tr>
<tr><td rowspan="2">Relacionamento com clientes</td><td>Sensibilidade ao cliente</td><td>• Junto ao cliente
• Redução de volume de erros retrabalho
• Incremento das ações de relacionamento
• Melhoria no atendimento aos clientes e valorização do Programa de Relacionamento
• Criação de grupo de especialistas para o qual o grupo de atendimento recorre quando têm dúvidas, ampliando seu conhecimento e agilizando o atendimento
• Mais qualidade das informações prestadas e, consequentemente, redução relativa de rechamadas (contact rate)
• Melhoria do nível de serviço, a partir da otimização de processos, através de maior entendimento das necessidades dos clientes internos e externos
• Estudo de novo formato de marcação de motivos
• Redução de tempo no atendimento</td></tr>
<tr><td>• Relacionar-se com o cliente
⟷</td><td>Sensibilidade ao cliente e gestão humana do trabalho</td><td>• Aprofundar o conhecimento sobre o Programa
• Maior autoconfiança na abordagem do Programa junto aos clientes
• Sensibilização quanto à diferenciação na condução do atendimento, adicionando informações e reforçando os benefícios do Programa com os clientes
• Aproximação com os conceitos de MKT de relacionamento e importância do Programa nas estratégias da empresa
• Equipe passou a direcionar para especialistas as demandas dos clientes referentes ao Programa, oportunizando agilidade no atendimento
• Despertou o interesse de outros funcionários para conhecer mais o Programa V. C.
• Integração e interação de MKT com a equipe de vendas</td></tr>
</table>

QUADRO 20-5
A contribuição dos miniprojetos e das disciplinas do curso ao desenvolvimento das competências gerenciais (*Continuação*)

Disciplinas		Competências gerenciais	Competências organizacionais	Resultados
Métodos e práticas de pesquisa e *workshop* de desenvolvimento de competências	Laboratório de gestão e criatividade	• Perceber, entender e agir frente a mudanças	Prontidão à mudança	• Atitude de predisposição à mudança: algumas pessoas deixaram de ser passivas e passaram a buscar soluções para problemas em determinadas situações • Alteração na postura de algumas pessoas, passando de reativa em algumas situações para proativas
	Desenvolvimento da percepção – visão		Prontidão à mudança e gestão humana do trabalho	• Maior coesão, flexibilidade e adaptação a novos cenários • Melhor nível de serviço a partir de maior comprometimento, melhoria nos processos, proatividade nos atendimentos • Troca de informações permitiu e permite constante atualização do grupo sobre os problemas potenciais em andamento, aumentando a capacidade da gerência em desenvolver "*Job Rotation*" • Maior participação nas ações das pessoas • A transformação da informação em conhecimento possibilitou que os grupos de trabalho utilizassem recursos e meios inventivos para fazer as coisas de forma diferentes, quando a situação torna-se mais importante de que a previsão rotineira
	Liderança e mobilização de pessoas	• Prevenir, compartilhar e resolver problemas, desafios e melhorias • Compartilhar responsabilidade, autonomia e comprometimento • Priorizar e compartilhar informações • Orientar-se para e atingir metas e resultados • Identificar oportunidades de negócio	Gestão humana do trabalho	• Aumento da integração do grupo e interesse no debate e exposição de conhecimentos • Pessoas multitarefa • Equipe compartilha informações e tarefas • Conscientização de cada um sobre o seu papel no contexto organizacional, mobilização e compartilhamento das dificuldades e propostas na busca de soluções • Melhor ambiente de trabalho • Melhor relacionamento pessoal e profissional • Em média, 73% das equipes de atendimento alcançaram quadrante 5 em qualidade, produtividade, adesão e assiduidade • Ampliação e consolidação de conhecimento das atividades • Melhores condições de trabalho pela compreensão dos impactos das atividades pelo atendente em sua condição física – ações como estímulo à ginástica laboral • Redução de horas-extra e do índice de absenteísmo • Surgimento de "líderes" • Elaboração de documento formal de padrão de processos das atividades de cada um • O ambiente de trabalho começou a ser visto de maneira mais global.
	Cultura organizacional			

(*Continua*)

QUADRO 20-5
A contribuição dos miniprojetos e das disciplinas do curso ao desenvolvimento das competências gerenciais (*Continuação*)

Disciplinas		Competências gerenciais	Competências organizacionais	Resultados
Métodos e práticas de pesquisa e *workshop* de desenvolvimento de competências	Estratégia competitiva		Gestão humana do trabalho e gestão do negócio	• Coesão da equipe, aumento nos resultados individuais e em grupo, sem aumento da competitividade interna • Processos começaram a ser revistos, repensados, reavaliados • A padronização e a racionalização de processos e otimização de recursos • Melhora da performance geral da área • Criação de novos indicadores e prática de novas formas de operação propostas pelo grupo (p. ex. – controle de pendências) • Redução de retrabalho • Revisão do formato de registros de informações/ atendimentos no sistema, buscando maior facilidade de preenchimento e a consequente disponibilização de informações mais precisas

Fonte: Elaborado pela autora a partir dos dados empíricos.

Ou seja, o aspecto mobilizar a equipe para compartilhar mostrou-se prioridade para os gestores e terminou abrangendo e contribuindo para as competências organizacionais de Gestão Humana no Trabalho e Prontidão para Mudança e a combinação destas duas competências organizacionais, em especial em áreas como, Engenharia, *Call Center* e Comercial. Identificou-se também que conteúdos abordados e as disciplinas, como criatividade, cultura organizacional, liderança e mobilização de pessoas, foram os que mais contribuíram como suporte para o desenvolvimento de competências de acordo com os pesquisados. Enquanto conteúdos abordados nos *workshops* de competência e métodos de pesquisa foram recursos empregados em todos os miniprojetos, de acordo com os gestores.

Diversos miniprojetos também foram desenvolvidos, associando a competência organizacional Gestão Humana no Trabalho à Gestão do Negócio. Neste caso, a competência gerencial visada era *desenvolver e mobilizar junto a sua equipe a capacidade de orientar-se para atingir metas e resultados e identificar oportunidades de negócio,* utilizando os conteúdos das disciplinas de estratégia competitiva, liderança e mobilização de pessoas e cultura organizacional, principalmente nas áreas de *Marketing*, Comercial e *Call Center*.

Além de oportunizar o desenvolvimento de competências gerenciais para facilitar e mobilizar suas equipes, numa visão mais geral, os resultados obtido, a partir dos miniprojetos voltados para competência organizacional *Prontidão para Mudança e Gestão Humana do Trabalho,* concentraram-se em cinco pontos:

1. **processos**: no repensar, redesenhar e criar processos implicando sua padronização e racionalização;
2. **ambiente de trabalho**: relações interpessoais;
3. **no campo da atitude**: proatividade em relação aos problemas;
4. **desempenho**: melhor performance na obtenção de resultados;
5. **equipe:** coesa e integrada, principalmente pelo compartilhar de informações e conhecimento.

Os resultados obtidos, a partir de miniprojetos voltados para *Gestão do Negócio e Sensibilidade ao Cliente*, concentram-se em:

1. **atendimento**: inovação no processo; agilidade e qualidade no serviço;
2. **aproximação de *marketing* e estratégias da empresa**: incremento do relacionamento com cliente;
3. **integração das áreas**: *call center* – comercial – *marketing*.

• 3.1 • Conexão: desenvolvimento do miniprojeto e o ciclo de aprendizagem experiencial

Na investigação do processo de aprendizagem, emergiram as categorias apresentadas no Quadro 20-6.

A partir das categorias identificadas, que se referem ao processo e às oportunidades de aprendizagem, é possível dizer que o desenvolvimento do miniprojeto permitiu aos participantes dos cur-

QUADRO 20-6
Processo de aprendizagem: categorias de análise

Categorias	
1. Aprendizagem no processo	Na percepção dos gestores, o desenvolvimento do projeto permitiu modificar ou ampliar: • principalmente a reflexão e conscientização de seu papel gerencial e de sua equipe de trabalho; • o comprometimento da sua equipe com resultados; • a percepção da importância de ter um método para criar e resolver problemas; • a forma de trabalhar as resistências e dificuldades junto a sua equipe; • a atitude enquanto Gestor frente à equipe.
2. Transformação pessoal ocorrida no gestor e/ou em sua equipe a partir do miniprojeto	Transformação na equipe: • maior integração, motivação e comprometimento; • maior capacidade para lidar com a mudança; • aumento da satisfação e autoestima; • ampliou sua capacidade para receber *feedback* e autodesenvolvimento; • obtenção dos resultados – atingir metas. Pessoal – gestor: • maior sensibilidade às diferenças individuais e às necessidades de sua equipe; • aquisição de maior segurança e flexibilidade como gestor; • desenvolvimento da sua capacidade para gerenciar equipes. Transformação em ambos – equipe e gestor: • otimização do planejamento para obtenção e superação de resultados; • ampliação da capacidade de compartilhar conhecimentos, oportunizando maior integração e a percepção da própria equipe; • maior aceitação, compreensão e redução da resistência à mudança;
3. Dificuldades intrínsecas para desenvolver o miniprojeto	• dificuldade em reunir o grupo todo – não poder retirar todos os funcionários do trabalho, ao mesmo tempo – principalmente no caso do *Call Center*; • resistência e medo na equipe; • mudanças na organização – principalmente a situação de venda e fusão; • pessoas com diferentes percepções sobre a mesma situação/evento; • sobrecarga de trabalho do gestor; • equipe nova – recém-estruturada; • dificuldades relacionadas à aplicação do método; • dificuldade de mensurar os resultados.

QUADRO 20-6
Processo de aprendizagem: categorias de análise *(Continuação)*

Categorias	
4. Desenvolvimento do miniprojeto permitiu aprender	• definir objetivos e ter um método de trabalho – projeto; • lidar com diferenças individuais e necessidades da equipe de trabalho; • comunicar-se e compartilhar a informação com o grupo; • valorizar e confiar no trabalho em equipe; • lidar com a mudança; • ampliar sua capacidade ouvir; • obter segurança (autoconfiança);
5. As atividades que se mostraram as melhores oportunidades de aprendizagem na percepção dos gestores além do miniprojeto	Identificaram-se três momentos significativos: 1. elaboração propriamente dita dos miniprojetos em grupos; 2. aplicação prática – dia a dia do projeto; 3. apresentação dos resultados do miniprojeto para a turma do seu curso, em que: Etapa (1) de elaboração e etapa (3) apresentação de trabalhos em sala de aula: • elaboração e a apresentação (depoimentos) do projeto propriamente dito, revisão de conteúdos; • interação, convivência e trocas/compartilhar de experiências com colegas; • discussões e reflexões entre colegas da mesma ou outras áreas. Etapa (2) prática do projeto – dia a dia do trabalho: • troca de informações, vivências;
	• vivência diária com alicerce técnico do projeto; • discussão de processos e macroprocessos; • *feedbacks* da equipe e gestor; • atividades do dia a dia por permitir estar próximo a equipe.

Fonte: Elaborado pela autora a partir dos dados empíricos.

sos vivenciarem o ciclo de aprendizagem de Kolb em suas diferentes fases. Isto é, planejar uma experiência, ter esta experiência, examinar seus resultados e extrair conclusões, sendo que cada uma destas fases implicou uma maneira de o indivíduo lidar com a informação, os sentimentos, a situação e o conhecimento. O gestor tratou a informação de maneira simbólica ou conceitual, apoiou-se nas qualidades tangíveis da experiência imediata, ampliando a percepção do ambiente, mediante a intervenção ativa ou a reflexão pessoal.

Identificou-se também que, a cada fase do miniprojeto, subciclos foram ocorrendo. Por exemplo, as reavaliações sistemáticas relatadas pelos pesquisados, quando estavam na fase de campo do miniprojeto. Conforme desenvolviam as ações e atividades propostas em seu miniprojeto, deparavam-se com obstáculos – resistência da equipe, mudanças organizacionais, sobrecarga de trabalho, a situação de fusão que a empresa estava atravessando, novos acionistas, etc. – que os obrigavam a sucessivas paradas para reavaliações, exigindo observação e reflexão para orientação das próximas ações do projeto.

Na Figura 20-2, apresenta-se a relação dos relatos dos gestores sobre o desenvolvimento do miniprojeto e o ciclo de aprendizagem experiencial (Kolb, 1984, 1990), em que:

a. **Conceituação-abstração – etapa de elaboração –** atividades em grupo: a partir da revisão de conteúdos das disciplinas, reunidos em grupos por áreas afins, os gestores iniciaram a elaboração de seus miniprojetos. Embora, num macroprocesso refira-se à fase de conceituação/abstração do ciclo de apren-

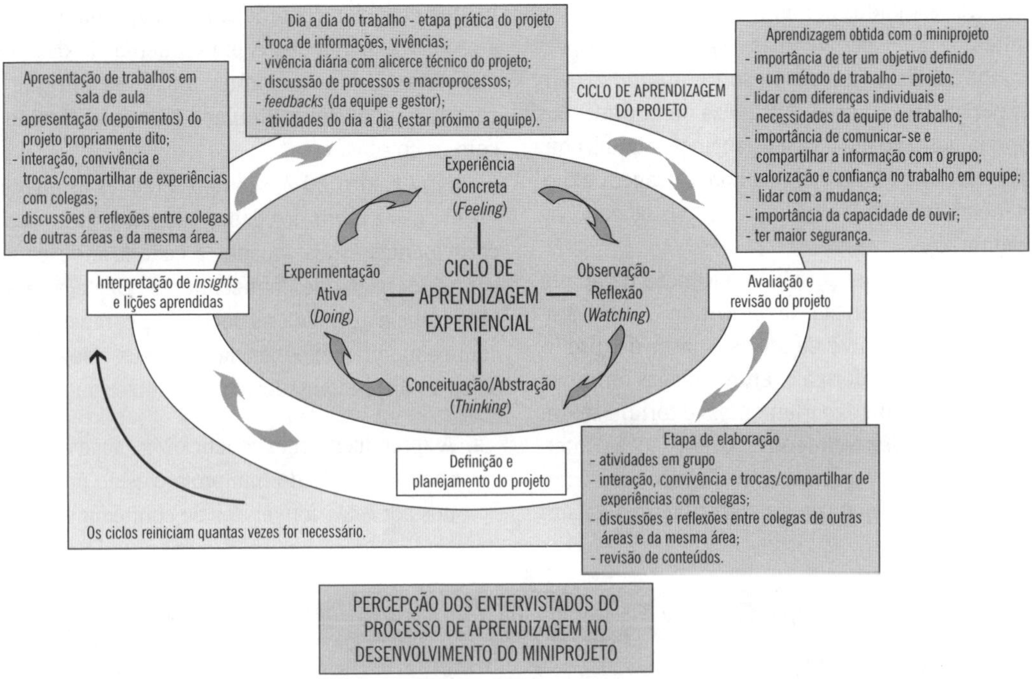

FIGURA 20-2 Articulação do ciclo de aprendizagem experiencial e o desenvolvimento de miniprojetos a partir dos dados empíricos.

Fonte: Elaborado pela autora a partir de literatura e dos dados empíricos.

dizagem experiencial, os gestores realizaram também troca de ideias e experiência e refletiram sobre as ações e a elaboração do miniprojeto.

b. **Experiência concreta – etapa prática do projeto:** depois de elaborado o miniprojeto – definidos objetivos; competências gerenciais a serem desenvolvidas, cronograma de ações, indicadores, resultados esperados – os gestores partiram para campo com o objetivo de colocar em prática seu projeto junto a sua equipe de trabalho. Na própria ação, diversos gestores tiveram necessidade de refletir, observar e, muitas vezes, redirecionar algumas das ações que estavam previamente programadas no miniprojeto.

c. **Experimentação – ativa:** apresentação de trabalhos em sala de aula: a cada *workshop,* e também em seu dia a dia, o gestor discutia, com os orientadores, coordenador e seus pares, o andamento de seu miniprojeto, refletindo, trocando experiências e compartilhando dúvidas e conhecimentos, numa espécie de monitoramento do processo. No final, os resultados foram apresentados em aula. Novamente, em grande grupo, houve interação, troca de experiências e conhecimentos e reflexão sobre o processo e os resultados obtidos em cada miniprojeto.

d. **Observação/reflexão: aprendizagem obtida com o miniprojeto –** na elaboração do relatório final do miniprojeto, cada gestor refletiu sobre os resultados desejados e os obtidos e, especificamente, sobre como havia se desenvolvido todo o miniprojeto, se a competência gerencial havia sido desenvolvida e como. A observação e a reflexão pessoal predominaram durante todo o processo.

Os resultados até aqui apresentados já permitem estabelecer algumas relações com aspectos da teoria apresentada sobre aprendizagem experiencial/ na ação. A riqueza de informações obtida nesta coleta leva a estabelecer alguns pontos relacionados ao ciclo de aprendizagem experiencial de Kolb, como pode ser visualizado na Figura 20-2.

Os miniprojetos, sob a concepção da aprendizagem experiencial, favoreceram o intercâmbio de informação e de ideias a partir de discussões formais e informais, entre colegas em nível de setor, área ou departamentos, e tornou-se um estímulo para experimentar novas práticas, intercâmbio e observação recíproca. Entre os processos individuais que favoreceram a aprendizagem há que considerar a reflexão para aprender com a própria experiência. A experimentação de novas estratégias ou enfoques tornou-se enriquecedora quando foi estimulada pelo intercâmbio com os colegas.

No Quadro 20-7, são apresentadas as análises obtidas a partir dos dados coletados junto aos participantes e relacionados a cada fase de conversão e criação de conhecimento. Destaca-se a importância atribuída ao socializar, compartilhar conhecimento e experiência com seus colegas no discurso dos pesquisados. Pode-se dizer que:

a. A aprendizagem experiencial/na ação e o desenvolvimento do miniprojeto estão permeados por estas conversões de conhecimento.

QUADRO 20-7
Desenvolvimento de projetos associado ao ciclo de aprendizagem experiencial e conversão e criação de conhecimento a partir dos dados empíricos

Ciclo de aprendizagem Kolb, Rubin e McIntyre (1990)	Fases do projeto	Processo de criação do conhecimento conforme Nonaka e Takeuchi (1997)	Conversão do conhecimento – Nonaka e Takeuchi (1997)
Abstração – generalização	1. Definição e planejamento do projeto	**FASE 1: compartilhando o conhecimento tácito:** • elaboração do projeto propriamente dito.	**A socialização** iniciou-se através do desenvolvimento de um "campo" de interação entre os participantes do curso no momento que iniciaram as aulas e, mais especificamente, nos *workshops* utilizados para elaboração do miniprojeto em pequenos grupos de trabalho (multiáreas), facilitando o compartilhamento de experiências e modelos mentais dos membros.
Experiência concreta	2. Implementação	**FASE 2: criação dos conceitos: poderia se dizer que esta fase já inicia na anterior do desenvolvimento de projeto** **FASE 3: justificação dos conceitos:** • revisão de conteúdos; • interação, convivência e trocas/ compartilhar de experiências com colegas; • discussões e reflexões entre colegas de outras áreas e mesma área.	A **externalização** é provocada pelo "diálogo ou reflexão coletiva" significativos, nos quais o emprego de uma metáfora ou analogia significativa" auxilia as pessoas a *externarem* o conhecimento tácito – que, de outra forma, seria mais difícil de ser transmitido. Os processos de aprendizagem que permeiam a externalização estão relacionados com as bases de conhecimentos dos indivíduos. No caso, a revisão de conteúdos no início de cada *workshop* de competências, quando o aluno identificava os conteúdos de cada disciplina que contribuiriam para seu miniprojeto, possibilitou que tais conhecimentos construíssem conexões e pensamentos cíclicos, abstratos, para estruturar e moldar comparações para o miniprojeto em construção e sua futura operacionalização.

QUADRO 20-7
Desenvolvimento de projetos associado ao ciclo de aprendizagem experiencial e conversão e criação de conhecimento a partir dos dados empíricos *(Continuação)*

Ciclo de aprendizagem Kolb, Rubin e McIntyre (1990)	Fases do projeto	Processo de criação do conhecimento conforme Nonaka e Takeuchi (1997)	Conversão do conhecimento – Nonaka e Takeuchi (1997)
Observação – reflexão	3. Avaliação e revisão do projeto	**FASE 4: construção de arquétipo** • importância de ter um objetivo definido e um método de trabalho – projeto • lidar com diferenças individuais e necessidades da equipe de trabalho • importância de comunicar-se e compartilhar a informação com o grupo • valorização e confiança no trabalho em equipe • lidar com a mudança • importância da capacidade ouvir • maior segurança	**Combinação** – surge através da colocação do conhecimento recém-criado e do conhecimento já existente proveniente de outras seções da organização em uma "rede". De acordo com os alunos, após a realização e apresentação do miniprojeto ocorre na empresa: • utilização de planejamento para obtenção de resultados; • o compartilhar conhecimentos gerados pelo miniprojeto e curso; • há maior integração e a percepção da equipe; • o estabelecimento de objetivo comum para atingir e/ou superar os resultados; • há maior aceitação, compreensão e redução da resistência à mudança.
Experimentação – ativa	4. Interpretando *insights* e lições aprendidas	**FASE 5: difusão interativa do conhecimento:** • troca de informações, vivências • vivência diária com alicerce técnico do projeto • discussão de processos e macroprocessos • *feedbacks* (da equipe e do gestor) • atividades do dia a dia (estar próximo à equipe)	**Internalização** – através do processo de incorporação do conhecimento explícito ao tácito, em que a aprendizagem foi uma forma de efetuar esta conversão, o conhecimento transferido por meio deste processo de aprendizagem evidenciou-se rico em volume e qualidade. O conhecimento foi obtido não somente nas disciplinas e *workshops*, mas também na apresentação dos miniprojetos, em sala para os colegas, confirmando que não obrigatoriamente o conhecimento ocorre com a necessidade de vivenciar as experiências das outras pessoas, mas quando escutaram o relato de um miniprojeto dos colegas, ele passou a fazer parte de um modelo mental tácito. A maioria dos gestores da empresa compartilharam alguns modelos mentais e o conhecimento tácito passou a fazer parte da cultura da organização: • Conscientização de seu papel • Maior comprometimento da equipe com resultados • Importância de ter um método para criar e resolver problemas • Trabalhar as resistências e as dificuldades • Necessidade de constante mudança da atitude do gestor – flexibilidade

Fonte: Elaborado pela autora a partir dos dados empíricos.

b. A função da organização, no processo de criação do conhecimento organizacional foi a de fornecer o contexto apropriado para facilitar as atividades em grupo (p.ex.: com a fusão da empresa havia ocorrido ameaça de suspensão dos cursos, mas os novos acionistas optaram por sua manutenção), bem como a criação de conhecimento em nível individual e grupal (através da aprendizagem experiencial associada às atividade em grupo e às práticas de trabalho).

O ciclo de aprendizagem experiencial associado ao desenvolvimento de projetos revelou-se instrumento que deu suporte às conversões de conhecimento, principalmente por propiciar o compartilhamento de modelos mentais.A realização de projetos com esta concepção gerou aprendizagem e o desenvolvimento de competências, à medida que os participantes projetaram, classificaram, armazenaram, refletiram, disseminaram e incorporaram lições aprendidas. Diversos miniprojetos desenvolvidos inovaram, de alguma forma, processos, por mais simples que fossem e também geraram conhecimento, podendo inspirar futuras práticas organizacionais. Observou-se que os pesquisados aprenderam, reconhecendo e respondendo a um jogo diverso de demandas ambientais e pessoais. A aprendizagem envolveu a interação entre duas dimensões interdependentes de conhecimento: aquisição e transformação. Cada dimensão exigiu dos gestores que solucionassem uma dialética ou um jogo de aprender através das tensões. Kolb (1984, p. 105) descreve:

> Apreensão da experiência é um processo subjetivo pessoal que não pode ser conhecido pelos outros, exceto pela comunicação a eles das compreensões que usamos para descrever nossa experiência imediata. Por outro lado, compreensão é um processo objetivo, uma ferramenta de cultura. Disto resultam dois tipos de conhecimento: o pessoal (a combinação de minhas apreensões diretas de experiência e as compreensões socialmente adquiridas que eu uso para explicar esta experiência e guiar minhas ações); e o conhecimento social (independente, social e culturalmente transmitido por uma rede de palavras, símbolos e imagens que são somente baseados em compreensão).

Quando se fala em aprendizagem, se está falando de um conceito que inclui o explícito e o tácito. Inclui o que é dito e o que é não dito; o que é representado e o que é assumido. Envolve a linguagem, as ferramentas, os documentos, as imagens, os símbolos, os papéis bem definidos, os critérios especificados, os procedimentos, os regulamentos e os contratos que várias práticas fazem explícitas para uma variedade de propósitos. Abrange também todas as relações implícitas, convenções tácitas, sugestões sutis, regras não declaradas, as intuições, as percepções, a sensibilidade, compreensões incorporadas, suposições subjacentes, as visões de mundo compartilhadas que nunca puderam ser articuladas.

• 3.2 • Compartilhar e transformar modelos mentais

Nesta seção, são apresentados os resultados que possibilitam afirmar a mudança de alguns dos modelos mentais dos gestores que participaram do curso e que revelam que o ciclo de aprendizagem experiencial pode facilitar seu compartilhamento.

Os denominados modelos mentais abrangem interpretações, esquematizações, perspectivas e pontos de vista que ajudam os indivíduos a perceberem e a definirem as suas visões de mundo (Senge, 1990). Em outras palavras, os indivíduos criam modelos da realidade que são usados para tratar e construir respostas apropriadas para dada situação (Argyris, 1999). Identificou-se que o momento pelo qual a Telefonia passava – de aquisição e fusão – propiciava a seus gestores responderem a esta situação com determinados modelos mentais.

O curso e o desenvolvimento de miniprojetos auxiliaram na maneira como os indivíduos representavam o mundo, através de suas estruturas ou esquemas mentais internos, mudando sistematicamente, através da assimilação de novos conhecimentos e a acomodação dos conhecimentos existentes (Piaget, 1977). A aprendizagem é, portanto, a modificação de uma experiência, modificação esta que leva à evolução da organização interna do pensamento.

De uma maneira geral, identificou-se a mudança em três grandes modelos mentais a partir do compartilhar: a) em relação a como percebiam sua equipe; b) da noção de problema e de miniprojeto propriamente dito; c) da noção de atendimento e foco no cliente, apresentados a seguir.

a. Modelo mental de sua equipe

Duas questões foram fundamentais na análise dos relatos: primeiro, a mudança de modelo mental do gestor; segundo, por consequência, a mudança de modelos mentais em suas equipes de trabalho. Um dos modelos mentais que mais se transformou, no transcorrer do desenvolvimento dos miniprojetos, foi o de equipe. Os gestores apresentavam uma visão de que suas equipes eram passivas, desinteressadas e que dificilmente poderia lhes ser atribuída maior autonomia. Havia uma atitude de desconfiança em relação a sua equipe de trabalho, fazendo com que centralizassem as informações. Outro modelo mental identificado foi de que a forma como estavam gerindo até aquele momento suas equipes trazia resultados, *"por que mudar?"*. Ocorria uma certa rigidez em utilizar as mesmas técnicas de gerenciamento de equipes para obtenção de resultados ou para resolução de problemas, uma vez que obtinham resultados.

Com o desenvolvimento de miniprojetos, estes modelos foram se transformando, foram sendo reconstruídos. Isto foi impulsionado pelo compartilhamento de modelos mentais com seus colegas no desenvolvimento dos miniprojetos, em sala de aula, e no compartilhamento de com suas equipes de trabalho, no dia a dia. Estes aspectos repercutiram no modo de gestão da equipe. O gestor passou a descentralizar, atribuir maior responsabilidade à equipe, compartilhar informações e gerar indicadores de acompanhamento de desempenho.

Os gestores, além de compartilhar as informações, reexaminaram algumas questões sobre ações disciplinares junto a sua equipe e estabeleceram uma relação de maior confiança, autonomia e responsabilidade assumida. Isto ocorreu porque houve mudança de atitude do gestor em relação à equipe, ampliação de sua capacidade de escuta das necessidades da equipe.

b. Modelo mental de problema e o desenvolvimento de miniprojeto

Na medida em que, principalmente no *Call Center*, as metas vinham sendo atendidas e, na área comercial, muitas eram superadas, os gestores entendiam que em pouco precisariam modificar suas práticas de trabalho. Na ocasião, sua atenção estava voltada para a captação de novos clientes demandada pela nova direção da empresa. A justificativa de que a falta de tempo não lhes permitia rever processos e práticas de trabalho ou estabelecer algum tipo de planejamento, reforçado pelos bons resultados, os levava a crer que os problemas não poderiam ter outro tratamento além do atual. Identificar, analisar e planejar o tratamento de um problema, ou seja, ter algum método que sistematizasse seu tratamento e auxiliasse na tomada de decisão era, na opinião dos entrevistados, desnecessário. Contudo, no desenvolvimento dos miniprojetos, diversos gestores modificaram esta percepção, mudaram seu modelo mental evidenciando, em alguns casos, a adoção de maior flexibilidade no tratamento das situações-problema.

Diversos gestores mostraram-se resistentes e incrédulos, no momento inicial, à necessidade de desenvolver miniprojetos e seus impactos no desempenho. Ao final do trabalho, esta crença havia sido modificada. O miniprojeto, além de ser veículo para o desenvolvimento de competências gerenciais, permitiu a conexão de conteúdos teóricos abordados durante as disciplinas do curso e, inclusive, perceber o gerenciamento de equipe como uma forma de gestão viável.

c. Modelo Mental de Atendimento e Foco no Cliente

Além da mudança que já ocorrera no atendimento, a unificação das ilhas de atendimento no *call center* – a situação de aquisição da Telefonia por outra empresa intensificou a necessidade de obter melhores resultados, consequentemente, a revisão da noção de "foco no cliente". Naquele momento, sua visão era obter maior número possível de clientes para incrementar e atingir os resultados solicitados pela organização, predominando a preocupação "quantidade de clientes".

De acordo com alguns gestores, o desenvolvimento dos miniprojetos permitiu alterar a visão de cliente e rever a questão do atendimento. De um atendimento passivo passaram a desenvolver uma atitude de abordar o cliente para venda e as formas de negociação foram aperfeiçoadas. Interessante que alguns gestores conseguiram perceber o próprio ciclo de aprendizagem experiencial em suas equipes de trabalho. (Entrevistado *6*) – "A postura do atendimento ao cliente está sendo refletida pelas participantes de uma forma mais crítica. Sabemos que este é um exercício cíclico, pois constantemente temos que reforçar conceitos e eles são mais facilmente compreendidos quando vivenciados" [...].

Houve mudança na postura da área de *Marketing*, buscando reduzir seu distanciamento do cliente e tornar-se mais orientada para o mercado, aproximando-se das estratégias da empresa. Na captação de clientes, deixaram de buscar apenas quantidade e adotaram estratégias que permitissem o predomínio da visão de qualidade – clientes não somente rentáveis em curto prazo, mas em longo prazo.

Em diversos casos, a explicitação e a revisão de modelos mentais passou ou levou a reconsiderar processos e procedimentos, como o ter desencadeado questionamentos sobre o formato dos registros de atendimentos atuais e melhor entendimento das necessidades dos atendentes e dos clientes internos. Nesta oportunidade, não ocorre apenas o repensar processos e procedimentos, mas é necessário repensar a própria forma de lidar com a questão "falta de tempo", utilizada como justificativa para a não realização de mudanças ou reflexões sobre suas práticas de trabalho, ou, até mesmo, a postura de querer obter resultados imediatos, sempre em curto prazo.

Em diversos casos, a explicitação e a revisão de modelos mentais levaram os gestores a reconsiderar processos, procedimentos e resultados. Enquanto elementos interdependentes, foi possível identificar a contribuição da mudança de modelos mentais para a ocorrência de aprendizagem do gestor e sua relevância para o desenvolvimento de competências.

Evidenciou-se que a fase de criação de conceitos concretizara-se quando os gestores expressaram um modelo mental compartilhado através do diálogo contínuo, sob a forma de reflexão coletiva nos trabalhos em sala de aula e junto a sua equipe de trabalho. O modelo mental tácito compartilhado foi verbalizado em palavras, frases e cristalizado em conceitos explícitos e na atitude e na ação dos gestores (Nonaka; Takeuchi, 1997). Isto foi acompanhado do desenvolvimento de alguma competência do gestor.

Quando os modelos mentais foram, explicita e ativamente compartilhados, a base de significados comuns expandiu-se e a capacidade para uma ação eficaz e coordenada aumentou (Kim, 1993, p. 13). Isto ficou visível nos relatos e resultados obtidos com os miniprojetos e o desenvolvimento de competências, apresentados no Quadro 20-3. Essa base de conhecimento organizacional serviu como fonte rica e relevante para a formulação da estratégia organizacional e a tomada de decisões (Duncan; Weiss, 1979), a exemplo da aproximação que ocorreu entre as áreas de *Marketing* e Atendimento do *Call Center*. Aqui se destaca um aspecto fundamental: as ações e decisões derivam de modelos mentais que repercutiram no processo de aprendizagem e no desenvolvimento de competências gerenciais e, consequentemente, terão impacto nas ações e no desempenho da organização.

O estudo evidencia que, para o aprendizado ser significativo, deve avançar em dois níveis (Kim, 1996). No nível operacional, o aprendizado evidenciou-se no aperfeiçoamento de comportamentos ou métodos (compartilhar informações, estabelecer indicadores, avaliar resultados dos exemplos relatados), a fim de melhorar o desempenho de determinados sistemas da empresa pesquisada. A noção de aprendizado conceitual diz respeito à mudança dos modelos mentais sobre como o mundo funciona, como reformular um problema num contexto diferente e investigar suas implicações (por exemplo, reformulação da crença de quantidade *versus* qualidade de clientes).

○ CONSIDERAÇÕES FINAIS

Além de serem identificadas as competências gerenciais desenvolvidas durante os cursos e sua relação com as competências organizacionais, em resposta às questões de pesquisa, evidenciaram-se os seguintes achados:

a. Ocorreu a articulação entre prática e teoria, através da realização dos miniprojetos, valorizando a abordagem da aprendizagem experiencial/na ação e a apropriação de competências pelos gestores.
b. As práticas de trabalho, se associadas ao ambiente de ensino, contribuem para o desenvolvimento de competências.
c. A relevância da mudança de modelos mentais no desenvolvimento de competências e no processo de aprendizagem individual e grupal.
d. A possibilidade de articulação do processo de conversão e criação de conhecimento à aprendizagem na ação pela realização de projetos.
e. A aprendizagem gerencial é um processo de natureza social, emancipatória, que envolve a representação interna do gestor (autoconhecimento) e sua ação social (conhecimento do outro, viabilizando o desenvolvimento de suas competências.
f. Historicamente, o gerenciamento de projetos foi visto como uma estrutura organizada de várias equipes espalhadas pela empresa e empregadas independentemente. Porém, quando são associadas às características de aprendizagem experiencial para transformá-lo em "aprendizagem por projeto" é que este sistema possibilita o desenvolvimento de competências do gestor e da equipe. Não só auxilia os gestores a transferirem suas competências e a compreensão de contextos, como também lhes apresenta diferentes estratégias para realizar essas conexões.

A proposta em análise, que promoveu a criação e a implementação de projetos, desenvolveu nos gestores capacidade:

a. de transferir o que aprenderam de um contexto para o outro e a consolidação de seus próprios conhecimentos;
b. de empenharem-se em processos de conhecimento organizacional e no desenvolvimento de competências.

Ela contribuiu igualmente para a geração de algum de conhecimento em suas equipes. Nesta formação, baseada na exploração e na apropriação de competências, percebe-se que ocorre estímulo à "capacidade de descoberta" do gestor, reorientando o domínio das competências da organização para o indivíduo. Outro aspecto relevante é a autonomia exigida ao gestor em seu processo de aprendizagem. A oportunidade de identificação e escolha das competências a serem desenvolvidas e os caminhos por ele selecionados para seu desenvolvimento (tendo como veículo o projeto) foram fundamentais para que assumisse a responsabilidade por sua própria formação e, portanto, de autonomia como protagonista deste processo de aprendizagem.

A inter-relação entre formação, educação e trabalho deve centrar-se mais na aprendizagem. Se a intenção é, sobretudo, auxiliar o gestor a desenvolver capacidade de transferir competências e compreensão de diversas situações, são necessários contextos de aprendizagem que explorem e chamem a atenção para isso. Como se pode constatar, essa transferência exigiu processos de revisão e reflexão crítica. A reflexão organizada sobre o que se aprendeu e o que será necessário aprender para o futuro pode servir como ponte entre as práticas de trabalho, a aprendizagem e entre as competências que se deseja desenvolver. A investigação realizada e sua respectiva análise permitem dizer que a formação se dá pelo percurso profissional e também por intermédio de processos e interações formais e informais, no contexto em que o indivíduo está inserido, sendo viável uma combinação da formação com aspectos profissionalizantes. Esta noção converge para a ideia que o desenvolvimento de competências é um processo individual e coletivo. As competências tornaram-se coletivas no âmbito das equipes ou da empresa pesquisada.

Identificou-se a natureza social do processo analisado. O contexto é uma complexa trama de referências (intercâmbio de informações, ideias, etc.) que, a longo prazo, pode auxiliar a configurar o saber dos indivíduos e determinar uma arquitetura social para este saber. Compreendido deste modo, o contexto em que ocorre a aprendizagem pode ou não criar equilíbrio dinâmico entre o saber/teoria e saber-fazer/prática (Sellin, 2003). É através desta estreita interdependência ou coprodução de conhecimento teórico-prático que as competências podem ser desenvolvidas. A alternativa de atividades acadêmicas conjuntas às organizações mostrou-se oportunidade, espaço e laboratório para a experimentação de novas ideias, modelos e práticas voltados para a realidade das empresas brasileiras, oxigenando-as.

Tangencialmente, acredita-se que o estudo atribui luz e contribui, mesmo que minimamente, para reduzir a pouca atenção conferida aos microprocessos de aprendizagem e às interações dos indivíduos em pequenos grupos, nos estudos sobre o fenômeno da aprendizagem nas organizações e geração de conhecimento, seja pelos resultados obtidos, seja por ter considerado sua natureza processual ao tratar *como* ocorre esta articulação. Por outras vias, instiga e descortina possibilidades para a continuidade desta investigação.

○ QUESTÕES PARA REFLEXÃO

1. Como você estabeleceria a diferença entre compartilhar modelos mentais e compartilhar significados para construção de uma realidade (a partir da leitura deste capítulo e do Capítulo 3)?
2. Que aspectos podem ser considerados mais relevantes no desenvolvimento de projetos e sua articulação com a aprendizagem nas organizações?
3. Existe alguma etapa, no desenvolvimento de projetos, que você entende que seja crucial para que ocorram processos de aprendizagem?
4. Quais aspectos podem ser considerados obstáculos para o processo de aprendizagem dos integrantes de um grupo que está desenvolvendo projetos?

○ REFERÊNCIAS

ARGYRIS, C. *On organizational learning*. 2nd ed. Oxford: Blackwell, 1999.

DEWEY, J. *Democracy and education*. New York: Macmillan: 2000.

DUNCAN, R.; WEISS, A. Organizational learning: Implications for organizational design. In: CUMMINGS, L. L.; STAW, B.M. (Ed.). *Research in organizational behavior*. Greenwich: JAI Press, 1979. p. 75-123.

KIM, D. H. Gestão sistêmica da qualidade: melhorando a qualidade do agir e do pensar. In: WARDMAN, K. T. *Criando organizações que aprendem*. São Paulo: Futura, 1996.

KIM, D. H. The link between individual and organizational learning. *Sloan Management Review*, v. 35, n. 1, p. 37-50, 1993.

KOLB, D. *Experiential learning*. New Jersey: Prentice-Hall, 1984.

KOLB, D.; RUBIN, I.; McINTYRE, J. *Psicologia organizacional*. São Paulo: Atlas, 1990.

LAVE, J. *Cognition in practice*. New York: Cambridge, 1988.

MAYRING, P. *Einführung in die qualitative Sozialforschung* [Introdução à pesquisa social qualitativa] 5nd ed. Weinheim: Beltz Stadlum, 2002.

NONAKA, I.; TAKEUCHI, H. *Criação de conhecimento na empresa*. Rio de Janeiro: Campus, 1997.

ORNER, M. Teaching for the moment. *Theory into Practice*, v. 35, n. 2, p. 72-78. 1996.

PERRENOUD, P. Objectifs communs et parcours individualisés dans les cycles d'apprentissage pluriannuels, *Éducateur*, n. 10, p. 26-31, 2001.

PIAGET, J. *Psicologia da inteligência*. Rio de Janeiro: Zahar, 1977.

POLANY, M., *The tacit dimension*. Garden City, NY: Doubleday, 1983.

RAELIN, J. Work based learning in practice. *Journal of Workplace Learning*, v. 10, n. 6/7, p. 280-283, 1998.

RUAS. R. Desenvolvimento de competências gerenciais e contribuição da aprendizagem organizacional. In: FLEURY, M. T.; OLIVEIRA, M. (Org.). *Gestão estratégica do conhecimento*. São Paulo: Atlas, 2001. p. 242-269.

SCHÖN, D. *Educando o profissional reflexivo*. Porto Alegre: Artmed, 2000.

SELLIN, B. A abordagem baseada nas competências: consequências na concepção da formação. *Revista Européia, Formação Profissional*, n. 28, p. 33-50, 2003.

SENGE, P. *A quinta disciplina*. 2. ed. São Paulo: Best Seller, 1990.

SHON, D. *The reflective practitioner*: how professionals think in action, basic books. New York: Basic Books, 1983.

○ SUGESTÕES DE *SITES* SOBRE O TEMA

http://books.google.com/books?hl=pt-BR&lr=&id=CUnMDXyYKIAC&oi=fnd&pg=PA15&dq=%22desenvolvimento+de+projetos%22+%22aprendizagem+organizacional%22&ots=PLBRPrwQSy&sig=AL9_-lEUHdN9KpeA7T2KvmCFtg0#PPP1,M1

http://groups.yahoo.com/phrase/organizational-developmentnetwork

http://ieeexplore.ieee.org/stamp/stamp.jsp?arnumber=04402174

http://repositorio.bce.unb.br/handle/10482/1319

http://server01.bc.unicamp.br/seer/ojs/viewarticle.php?id=123&locale=es

http://www.fabavi.br/revista/artigos/vol%202%20n%202/v.1_n.1_Artigo_1.doc.

http://www.springerlink.com/

APRENDIZAGEM ORGANIZACIONAL E INTERORGANIZACIONAL

Diego Bonaldo Coelho
Arilda Schmidt Godoy

21

ENTRE LATAS, PAPELÕES E OUTROS RECICLÁVEIS

um estudo sobre a aprendizagem em empreendimentos solidários

OBJETIVOS DO CAPÍTULO

- Interpretar o processo organizativo de um empreendimento solidário.
- Explorar e refletir a respeito dos processos de aprendizagem nesse tipo de empreendimento.

RESUMO

Este capítulo analisa o processo organizativo de um empreendimento solidário, com objetivo de explorar e refletir sobre a aprendizagem nesse tipo de organização. Expõe uma pesquisa de campo que adotou a abordagem qualitativa e foi desenvolvida por meio de estudo de caso de natureza interpretativista. O empreendimento estudado foi uma cooperativa de seleção e processamento de materiais recicláveis, de características solidárias, formada por antigos catadores de rua. A análise das informações coletadas levou em consideração dois contextos específicos da experiência estudada: sua formação e sua dinâmica organizacional. Concluiu-se que o caso apresenta *insights* e portas de entrada interessantes para refletir-se os empreendimentos solidários como arranjos organizacionais que, por meio de suas práticas, estabelecem momentos de aprendizagem capazes de desenvolver aspectos técnicos, sociais e políticos de seus trabalhadores.

○ INTRODUÇÃO

A aprendizagem sempre motivou os mais diversos debates. É tema apaixonante, que envolve a problematização da própria ontologia, da existência humana. Nesse sentido, a reflexão sobre como se aprende e se conhece não poderia ser excluída dos estudos organizacionais, uma vez que as organizações são criadas e recriadas pelos seres humanos, sendo sua *performance* resultado direto e/ou indireto da capacidade de eles aprenderem e aplicarem aprendizados e conhecimentos.

Na literatura acadêmica de Administração, a aprendizagem começa a ser tratada, nas organizações, nas décadas de 50 e 60 do século passado. Seu alvorecer foi marcado por análises focadas no desenvolvimento de modelos explicativos para as mudanças organizacionais ora em curso, como consequência da consolidação de um novo ambiente de negócios, caracterizado pela turbulência e pelo acirramento da competição. Nesses termos, os primeiros estudos estavam preocupados em centralizar a aprendizagem como ativo intangível capaz de levar as empresas à vantagem competitiva necessária para um desempenho superior, quando não a sua própria sobrevivência. O tom era prescritivo e gerencialista, ocupado em desenvolver modelos e receituários de como as empresas deveriam agir para promover aprendizagem e competências.

A partir dos anos 1990, os estudos sobre a aprendizagem nas organizações mudam seu foco, adquirem maior complexidade, passando a se preocupar em explicar, analisar e entender, criticamente, como e em quais condições ela ocorre. O foco analítico torna-se como os indivíduos aprendem nas organizações, quais seus processos e ciclos e em quais situações, condições e contextos estes realizam-se. Passam a considerar a aprendizagem como processo socialmente construído e fundamentado em situações concretas, nas quais as pessoas participam e interagem (Easterby-Smith; Araújo, 2001). Este foco torna-se fundamental aos estudos de aprendizagem nas organizações, pois, a partir da adoção de uma perspectiva social para a compreensão das organizações (Spink, 1991, 1996; Weick, 1973), entendendo-as como resultado de processos organizativos, elas tornam-se lócus primordial de aprendizagem.

Nessa perspectiva, os estudos organizacionais têm procurado entender e analisar como as pessoas aprendem no interior das organizações, a partir dos processos organizativos que ali acontecem. Com isso, a tentativa de entender o fenômeno da aprendizagem nas organizações tem ocasionado a geração de muitos modelos teóricos associados a outros campos do saber (como mostra o Capítulo 1 deste livro), embora a pesquisa empírica acerca do tema ainda seja incipiente, especialmente no Brasil. Como detectado na revisão apresentada no Capítulo 2, nos estudos brasileiros predomina a investigação no nível diretivo e gerencial, em empresas da iniciativa privada, do setor de serviços e industrial. Ainda são escassos os estudos que partem da perspectiva social. Entre esses, não foi detectado estudo algum envolvendo cooperativas e empreendimentos solidários, o que torna a pesquisa aqui relatada singular e oportuna.

Ademais, o tema proposto também parte da importante constatação de que a exclusão social, por toda sua perversidade, carga simbólica e impactos, adquiriu centralidade nas principais agendas acadêmicas e governamentais, concentrando a maioria dos debates no entendimento de suas causas e, principalmente, na formulação de políticas que visem neutralizá-la, reduzindo as desigualdades, as privações e a marginalização dos indivíduos nas sociedades.

Por se tratar de problemática complexa, as causas da exclusão social não podem ser atribuídas única e exclusivamente à monocausalidade, mas a problemas sistêmicos que direta e/ou indiretamente atingem, em maior ou menor grau, todos os países. Na análise desses problemas, cientistas sociais e economistas (Singer, 1998a; Souza, 2003) têm apontado a crise da sociedade salarial e seu desdobramento, o desemprego, como duas de suas principais causas.

A crise da sociedade salarial (Souza, 2003; Singer, 1998a) pode ser entendida pelas transformações nas estruturas produtivas, ocupacionais e de emprego, decorrentes das (r)evoluções ocorridas, notadamente a partir dos anos 1970-80, quando da migração de uma sociedade industrial para uma informacional, em dinâmica e processos que acabaram por iniciar nova economia: a economia global (Castells, 1999).

Pautada pelas globalizações financeira e produtiva e por inovações tecnocientíficas, a economia global reestruturou as relações de produção, modificando ocupação e emprego, que, por suas novas configurações, acabaram por precarizar e deteriorar as antigas relações de trabalho, assim como acentuar e impor novas determinantes ao desemprego. Observa-se, nesse contexto, que parcela significativa da sociedade não consegue recolocar-se nem se especializar na mesma velocidade do mercado, num processo que, além de incrementar o desemprego estrutural, com a exclusão de indivíduos da possibilidade de prover seu próprio sustento (salário), também pressiona a precarização das relações de trabalho até então vigentes, levando grande contingente populacional empregado a se submeter a condições aviltantes: longas jornadas, baixa remuneração, desproteção legal e instabilidade (Souza, 2003).

Em contrapartida a esse cenário, alternativas e ações para provimento de trabalho, emprego formal, renda e redução da exclusão começaram a ser discutidas em escala global. Dentre essas, encontra-se o ressurgimento do debate em torno da organização coletiva do trabalho (Singer, 1999, 2000, 2002, 2003), que remete ao Cooperativismo e, atualmente, à Economia Solidária e seus respectivos empreendimentos.

A organização coletiva do trabalho é caracterizada por diversas práticas e formas organizacionais que têm por objetivo associar pessoas para produzir e reproduzir meios de vida com base em relações de reciprocidade e igualdade (Cunha, 2003). A forma típica desse tipo de organização é a cooperativa, cujos meios de produção estão nas mãos dos trabalhadores, sendo sua gestão democraticamente conduzida por eles.

Nesse sentido, vários estudos brasileiros têm se concentrado na análise dos impactos desses empreendimentos no mercado de trabalho e, consequentemente, de seu papel no desenvolvimento econômico e social do Brasil (Culti, 2002; Nascimento, 2004; Singer, 1998b, 2000, 2002). Não obstante, duas novas frentes de pesquisa, destacadamente nos estudos organizacionais, começaram a ganhar importância recentemente. A primeira trata de estudos que se voltam para o debate teórico e conceitual desses empreendimentos, buscando entendê-los em suas manifestações e formações (arranjos) organizacionais na sociedade (França Filho, 2002; Gaiger, 1996, 2003). A segunda, bem representada nos trabalhos de Oliveira (2005) e Liboni (2002), está direcionada às influências que esse tipo de empreendimento pode gerar em seus membros. Nessas duas frentes, pesquisas têm se desenvolvido pelo diálogo entre as ciências sociais aplicadas e humanas, como a administração, a economia, a sociologia, a antropologia e a psicologia.

Este capítulo apresenta um estudo inspirado nessas frentes de pesquisa, com destaque àquelas que atentam para a perspectiva social da aprendizagem nas organizações e às questões organizacionais dos empreendimentos solidários. Procurou-se estabelecer novas problemáticas de pesquisa, que suscitem outras dimensões sócio-organizacionais presentes e relevantes nessas experiências organizacionais solidárias e nas particularidades sociais, individuais e de aprendizagem de seus atores (trabalhadores). Com isso, o estudo descrito neste capítulo procurou compreender o processo organizativo de um empreendimento solidário, focando a questão da aprendizagem neste tipo de organização. Para alcançar tal objetivo, apresenta dois itens teóricos: um que foca os conceitos e aspectos envolvidos no Cooperativismo, na Economia Solidária, nas cooperativas e nos empreendimentos solidários; e outro que trata da aprendizagem nas organizações. Segue, então, para o item que descreve a metodologia utilizada para o desenvolvimento da pesquisa de campo realizada. O caso estudado é analisado a partir de dois processos fundamentais que se mostraram relevantes para a compreensão do empreendimento examinado – a sua formação e sua dinâmica organizacional – e dos momentos de aprendizagem ali detectados.

1 • COOPERATIVISMO E ECONOMIA SOLIDÁRIA: POSSÍVEIS LEITURAS

Cooperativismo e Economia Solidária são conceitos, movimentos e práticas em constante revisão, que tentam dar conta do rico debate acerca da organização coletiva do trabalho. As origens desse debate e de seus consequentes desdobramentos práticos e teóricos possuem raízes comuns, arraigadas na questão social (Iamamoto, 2001), deflagrada pelos impactos sociais, políticos e econômicos quando da ascensão e consolidação do capitalismo industrial.

Em sua origem, o capitalismo industrial deflagrou dinâmica conflituosa entre capital e trabalho que, ao subjugar o segundo ao primeiro, acabou por originar novas relações sociais de produção, marcadas pela exploração e pela alienação. Nessas novas dinâmica e estrutura sociais, grande contingente de trabalhadores ficou recluso à miséria, em condições subumanas, excluído da possibilidade de viver dignamente (Engels, 2002).

Tais trabalhadores, antes de perceberem e de se revoltarem pela extinção da alienação, próprio ato produtivo, reagiram primeiro pelos excluídos, opondo-se à exploração e às severas restrições à possibilidade de subsistirem nas próprias regras do sistema (vendendo a sua força de trabalho) e, no segundo momento, por inserção política mais positiva na sociedade. As principais e notórias manifestações e reivindicações alinhadas com essa pauta foram o luddismo e o cartismo (acesso ao emprego, melhores condições de vida, direitos políticos, dignidade ao trabalhador, entre outros), sendo nessas primeiras reações que se colocam as raízes do discurso que fundamentam o Cooperativismo e a Economia Solidária. Entretanto, como práticas mais articuladas e sustentáveis, suas raízes encontram-se em outro importante movimento iniciado concomitantemente a essas lutas: a organização coletiva do trabalho.

A organização coletiva do trabalho nasceu da reflexão sobre essa perversa questão social que se configurava. Pensadores começaram a indagar sobre o funcionamento estrutural do capitalismo e de seus impactos no contexto social (exclusão), o que, aos poucos, acabou por formar correntes de pensamento que buscavam refletir e prescrever saídas para essa situação legada aos trabalhadores, tida como insustentável.

Buber (2005) destaca seis principais pensadores que contribuíram, em gerações distintas, para a construção de um pensamento reflexivo e proativo na luta contra a dinâmica capitalista, propenso à reestruturação da sociedade e à inserção social positiva: Saint-Simon (1760-1825); Fourier (1772-1837); Owen (1771-1858); Proudhon (1809-1865); Kropotkin (1842-1921); e Landauer (1870-1919).

Por meio da análise dos escritos e das atividades desses autores, encontram-se reflexões acerca de nova forma de organização do trabalho oposta ao ideário do chão de fábrica capitalista, sendo possível constatar com mais clareza os primados do Cooperativismo e da Economia Solidária. São reflexões voltadas para uma forma de organização do trabalho que, por ser coletiva, apresenta características organizacionais que extrapolam a mera dimensão econômica, carregando consigo dimensão política e social de caráter idealmente transformador.

Pode-se dizer, então, que as raízes discursivas e práticas do Cooperativismo e da Economia Solidária confundem-se com as reações da classe trabalhadora à exploração do capitalismo, sendo, nesse sentido, frutos do custo humano da Revolução Industrial. Contudo, a despeito dessas raízes estarem na reação operária e intelectual aos resultados do capitalismo industrial, observadas no desenvolvimento de iniciativas empreitadas em defesa do trabalhador e, principalmente, na organização coletiva do trabalho, seus conceitos e movimentos foram construídos, ao longo da história, inicialmente com a consolidação do Cooperativismo e, posteriormente, da Economia Solidária.

• 1.1 • Cooperativismo

O Cooperativismo consolida-se como movimento de defesa da organização coletiva do trabalho de caráter cooperativista (cooperativas), sendo caracterizado ao longo do tempo por certa politização e doutrinação de seu discurso. Seu fulcro é o ideário cooperativista, que vem se conformando por meio de inúmeras iniciativas de organização coletiva do trabalho, tendo sua principal origem e desdobramento político-doutrinário a partir da experiência de Rochdale, em 1844, na cidade de Manchester, Inglaterra.

O discurso doutrinário por detrás da defesa da organização cooperativista é o de que esse modelo centra no indivíduo suas condutas e ações no trabalho, promovendo liberdade econômica e social em ambiente democrático. É uma proposta de reforma do meio socioeconômico, concretizada de maneira gradual e pacífica, por meio da implantação de cooperativas (Pinho, 2004). Na perspectiva histórica e crítica de alguns autores, como Singer (1998b, 2000), a consolidação desse tipo de organização é, no limite, pilar de potencial contrarrevolução à revolução capitalista. Como analisa o autor, do mesmo modo que houve uma revolução social capitalista que, por meio de avanços tecnológicos, consolidou novas relações de produção, fundando uma nova sociedade com resultados perversos à classe trabalhadora, há também uma potencial revolução social socialista em curso. Uma revolução social como processo de mudanças estruturais lentas, que se iniciou na Inglaterra, há dois séculos, por meio da formação de sindicatos, aprovação de legislação trabalhista, sistema de seguridade social e, notoriamente, das cooperativas. A consolidação da organização coletiva do trabalho é, portanto, nessa visão, um movimento político e social de fundamentos e princípios opostos ao capitalismo, adquirindo dimensão socialista (Singer, 1998b, 2000, 2003).

Nesse raciocínio, as cooperativas formam a base de um novo modelo de trabalho e de distribuição, alternativo ao capitalismo, uma vez que "casa o princípio da unidade entre posse e uso dos meios de produção e distribuição (da produção simples de mercadorias) com o princípio da socialização desses meios (do capitalismo)" (Singer, 2000, p. 13), sendo criadas e recriadas, destacadamente, por aqueles que se encontram marginalizados do mercado de trabalho.

Dessa maneira, tanto a teoria como a doutrina cooperativista proclamam-se portadoras de ideal organizacional capaz de reformar o homem e a sociedade, a partir dos valores e princípios que as regem. Os sete princípios que as sustentam foram institucionalizados pelos pioneiros de Rochdale, quando da criação de uma organização de gestão cooperativista, com o objetivo de permitir que esse modelo alcançasse com sucesso os fins solidários de sua fundação e sua razão de ser, a saber: adesão livre; controle democrático; devolução ou retorno sobre as compras; juros limitados para o capital; neutralidade política e religiosa; vendas em dinheiro e à vista; fomento ao ensino (Irion, 1997). Ainda hoje, estes princípios são as expressões e os sentidos dos valores, ideais, espírito e práticas organizacionais cooperativistas contemporâneos, que foram assim estabelecidos pela Aliança Cooperativa Internacional [ACI], em 1995: adesão livre e voluntária; controle democrático pelos sócios; participação econômica dos sócios; autonomia e independência; educação, treinamento e informação; cooperação entre cooperativas; preocupação com a comunidade (Tesch, 2000).

Tais princípios doutrinários tornaram-se diretrizes de conduta e atuação das cooperativas, os quais, alinhados com os pressupostos filosóficos e operacionais da organização coletiva do trabalho, institucionalizam e modelam a cooperativa como organização específica. Tornam-se, inclusive, referência internacional de prática e reflexão, contribuindo para a formação de identidade organizacional cooperativista.

• 1.2 • Economia solidária

O conceito de Economia Solidária é uma noção contemporânea, ainda sem forte consenso, que carrega em si a síntese de um debate que incorpora várias experiências reativas da classe trabalhadora ao sistema capitalista, principalmente aquelas que possuem como seu ponto central e fundamental a organização coletiva do trabalho, como o Cooperativismo.

A organização coletiva do trabalho, no âmbito da Economia Solidária, remete às experiências de Economia Social influenciadas pelos pensamentos cooperativistas e socialistas, as quais são caracterizadas pela associação de pessoas em gestões democráticas para produzir e reproduzir meios de vida, segundo relações de solidariedade, reciprocidade e igualdade. As três formas principais dessa Economia são as cooperativas, as mutualidades e as associações.

De acordo com Wautier (2004, p. 65), a Economia Social trata de

> um conjunto de organizações e empresas cujas atividades produtivas respondem a princípios prioritários: adesão livre, democracia interna (uma pessoa, uma voz), lucratividade limitada (reinvestimento dos excedentes na ação social e não lucratividade individual dos associados), respeito da dimensão humana da atividade e solidariedade.

Ao se incorporar a leitura de todos os clássicos socialistas e as experiências vividas, até então, na Europa da Economia Social, forja-se, no século XX, o conceito mais preciso de Economia Solidária. De acordo com França Filho (2002), os autores que se incumbiram de tal tarefa foram Jean-Louis Laville e Bernard Eme. Laville constrói o conceito de Economia Solidária como

> conjunto de atividades econômicas cuja lógica é distinta tanto da lógica do mercado capitalista quanto da lógica do Estado. Ao contrário da lógica capitalista, centrada sobre o capital a ser acumulado e que funciona a partir de relações competitivas cujo objetivo é o alcance de interesses individuais, a economia solidária organiza-se a partir de fatores humanos, favorecendo as relações onde o laço social é valorizado através da reciprocidade e adota formas comunitárias de propriedade. Elas se distinguem também da economia estatal que supõe autoridade central e formas de propriedade institucional. (Laville, 1994 apud Lechat, 2002, p. 5).

França Filho (2002) aponta que esse novo conceito foi utilizado para tentar dar conta da forte emergência e proliferação de diversas iniciativas e práticas socioeconômicas na Europa, as quais estavam assumindo a forma associativa e tinham como objetivo responder a certas problemáticas locais específicas. A Economia Solidária, pois, não remete apenas a iniciativas econômicas associativas da Economia Social, mas incorpora o objetivo claro de responder a certas problemáticas locais específicas, trazendo elementos relevantes para entendê-la como conjunto de iniciativas econômicas caracterizadas por serem meios pelos quais se busca a realização de fins sociais. Com isso, alarga-se em movimento de dimensões políticas e sociais, que extrapola a mera organização coletiva do trabalho. Esse alargamento pode ser apreendido pela diferenciação tipológica dos conceitos de Economia Social e Economia Solidária de Wautier (2004). Como demonstra a autora, os conceitos de Economia Social e Economia Solidária são muitos próximos, contudo, existe pequeno ponto que permite diferenciação, dando maior peso político e social contemporâneo à Economia Solidária.

Para Wautier (2003, p. 110), a Economia Solidária incorpora a Economia Social completamente e "acentua a noção de projeto, de desenvolvimento local e de pluralidade das formas de atividade econômica, visando à utilidade pública, sob a forma de serviços diversos, destinados, principalmente, mas não exclusivamente, à população carente ou excluída".

Nesse sentido, a Economia Solidária, ao tratar de iniciativas de organizações coletivas e solidárias para superar dificuldades estruturais locais promotoras de exclusão, carrega em si dois termos que são noções historicamente dissociadas (iniciativa econômica e solidariedade) que acabam se incorporando, colocando a solidariedade na elaboração de atividades econômicas coletivas e locais (França Filho, 2002).

As iniciativas de Economia Solidária, com isso, invertem os princípios da economia tradicional de concentração de riquezas, tornando-se formas de luta política de grupos da sociedade para a instituição de nova relação com a economia. Constituem-se movimento complexo que, por suas características, é destacadamente composto pelas dimensões econômica, política e social.

Essas iniciativas, portadoras do discurso e prática da Economia Solidária, podem ser entendidas como empreendimentos solidários (Gaiger, 1996, 2003). Conforme Gaiger (1996, 2003), esse tipo de empreendimento apresenta as características ideais de: autogestão; democracia; participação; igualitarismo; cooperação; autossustentação; desenvolvimento humano e responsabilidade social.

Observa-se que a complexidade do fenômeno Economia Solidária e seu desafio encontram-se nas características que suas iniciativas de organização coletiva do trabalho (empreendimentos solidários) possuem em equilibrar distintas e diversas lógicas que a atravessam. Por se tratar de iniciativas coletivas e solidárias de organização do trabalho para problemas locais, elas não podem ser observadas estrita e exclusivamente pela ótica da racionalidade econômica. Os empreendimentos solidários encontram-se na problemática que determina dois traços característicos (hibridação de economias e construção conjunta da oferta e da demanda) que se apresentam em forte tensão entre três economias (mercantil, não mercantil e não monetária) e duas lógicas (instrumental e substantiva) (França Filho, 2002). Para observar essas distintas lógicas, França Filho (2002) propõe a visão polanyiana, com base na economia plural.

De acordo com este autor, a relevância de se interpretar as experiências dos empreendimentos solidários da Economia Solidária pela economia plural ocorre pelo fato de não se reduzir ao mercado e a uma única racionalidade econômica de visão neoclássica esse tipo de empreendimento, que detém dimensões além da econômica. A economia plural é conceito desenvolvido por Polanyi que extrapola a existência de apenas um comportamento econômico, incorporando pluralidade de princípios. Para Polanyi, conforme desenvolve França Filho (2002), existem quatro grandes princípios do comportamento econômico: o mercado autorregulado, a redistribuição, a administração doméstica e a reciprocidade.

Esses princípios resumem-se a três formas de economias: mercantil, não mercantil e não monetária. A economia mercantil caracteriza-se pelo princípio do mercado autorregulado. Nesse caso, as trocas são marcadas pela impessoalidade e pela equivalência monetárias. As trocas, assim, são dadas por características utilitaristas que visam ao estabelecimento de valores de trocas dos bens por seus preços/utilidades. A economia não mercantil funda-se no princípio da redistribuição. Ela é marcada pela verticalização das trocas e tem caráter obrigatório. Existe, nesse caso, a figura de uma instituição superior, como o Estado, que se apropria de recursos com objetivo de distribuição. A economia não monetária fundamenta-se pelo princípio da reciprocidade. Nessa economia, as trocas são pela lógica da dádiva maussiana, constituída pelo: dar, receber e retribuir. Assim, a circulação dos bens tem por objetivo constituir e manter laços sociais de reciprocidade.

Desse modo, observar a noção de economia plural é ultrapassar a ideia da economia de mercado como única fonte de riqueza, identificando-a entre três polos de complementaridade. É pensar em forma de produção e distribuição de riqueza "não necessariamente contra o mercado, mas a seu favor, entretanto sob, a condição de que o mercado seja submetido a outros princípios, ou melhor, que esteja engastado ou enraizado junto a outros registros de práticas" (França Filho, 2002, p. 6).

Logo, pode-se entender a Economia Solidária como um fenômeno de forma singular de organização e atuação que, pela organização coletiva do trabalho, constitui espaço que não é só econômico, mas de recuperação e de ressignificação de valores e práticas sociais sucateadas e esquecidas pelo capitalismo. Ao propiciar inclusão e reconstrução pessoal dos indivíduos excluídos (Gaiger, 1996, 2003), proporciona novas iniciativas locais portadoras de outro modo de funcionamento e finalidades, reunindo personagens preocupados em articular inserção econômica positiva com fins de estabelecimento de liame social (França Filho, 2002).

• 1.3 • Economia solidária no Brasil

As iniciativas de empreendimentos cooperativistas e da Economia Social, disseminados pelo Brasil, por meio de cooperativas de vários ramos, bancos comunitários, associações, no campo e na cidade, em reação às crises dos 1970-80 e 1990-2000, começaram a confirmar e aos poucos constituir, em seu conjunto, a Economia Solidária no país. Consequentemente, dá-se o início dos empreendimentos solidários como alternativa (Gaiger, 1996, 2003). De acordo com Singer (2000, p. 25), "a economia solidária ressurgiu, de forma esparsa, na década de 1980 e tomou impulso na segunda metade dos anos 1990, resultando em movimentos sociais de reação à crise de desemprego em massa, em 1981, e se agravando com a abertura do mercado interno às importações, a partir de 1990".

Destacadamente nos anos 1990, a Economia Solidária nasce no Brasil como movimento pela inclusão no mercado de trabalho, diretamente ligada ao contexto de crise econômica e exclusão social e suas consequências, como o desemprego, a marginalidade, a precarização e a informalidade.

É no Governo Lula que a Economia Solidária assume seu caráter mais estrito. Torna-se política pública e, principalmente, ganha sua mais forte institucionalização federal. No ano de 2003, no âmbito do Ministério do Trabalho e Emprego [MTE], cria-se a Secretaria Nacional de Economia Solidária [SENAES]. O principal objetivo da SENAES é "promover o fortalecimento e a divulgação da Economia Solidária, mediante políticas integradas, visando à geração de trabalho e renda, inclusão social e promoção do desenvolvimento justo e solidário" (Brasil, 2006).

Nessa linha política, a Economia Solidária no Brasil começa a se constituir como movimento que busca e propõe iniciativas para superar as crises social e econômica que geraram grande desigualdade e exclusão sociais. Para isso, alimenta-se de nova expressão do movimento cooperativista (Nascimento, 2004; Singer, 1999, 2000), que extrapola a Economia Social (Wautier, 2004), sustentando-se nos empreendimentos solidários (Gaiger, 1996, 2003).

O discurso da Economia Solidária brasileira idealmente se pauta pelo valor atribuído à democracia, igualdade e autogestão dentro dos empreendimentos, portando para si uma espécie de ressurreição de valores que fazem parte da cultura do movimento cooperativista e operário: solidariedade, autogestão, autonomia, mutualismo, economia moral e outros (Nascimento, 2004).

2 • DAS COOPERATIVAS AOS EMPREENDIMENTOS SOLIDÁRIOS: PERSPECTIVA ORGANIZACIONAL

As organizações são estruturas fundamentais da sociedade moderna, uma sociedade de organizações (Perrow, 1991). A despeito de se viver cotidianamente imersos em suas estruturas, entendê-las não é tarefa corriqueira. Seu debate conceitual reserva particular e extensa gama de autores que procuram conceituá-las, definindo seus princípios, características e objetivos. Parsons (1960) destaca-se ao definir as organizações como unidades sociais (ou agrupamentos humanos) intencionalmente construídas e reconstruídas a fim de atingir objetivos específicos. Nessa perspectiva, analisa-se que o conceito de organização contém, em seu fulcro, temas e variáveis comuns, a saber: indivíduos, estrutura e instrumentalismo (uma considerável relação racional de adequação entre meios e fins). Nesse sentido, uma organização pode ser entendida como resultado da construção racional de estrutura burocrática coordenada, criada por indivíduos para execução de fim comum.

Entretanto, como provocou Weick (1973, p. 1), para se saber algo a respeito das organizações, não se faz necessário dizer o que elas são, mas, fundamentalmente, supor

> a existência de processos que criam, conservam e dissolvem coletividades sociais, que tais processos constituem o trabalho de organizar, e que as maneiras pelas quais tais processos são continuamente executados *são* a organização.

Ao considerar as organizações como dinâmica processual, Weick (1973, p. 1) propõe uma visão psicossocial das organizações, direcionando sua análise para "comportamentos entrelaçados que estão imersos em processos condicionalmente relacionados". As organizações tornam-se lócus primordial de interações e relações sociais, que se conformam em múltiplas dimensões: indivíduo(s)-indivíduo(s); indivíduo(s)-grupo(s); grupo(s)-grupo(s); organização-indivíduo(s); organização-grupo(s); bem como com o meio externo. Alinhado com Weick (1973), Spink (1996) apreende essa relação entre estrutura organizacional e dinâmica social, considerando que a organização deve ser analisada como um processo social por excelência, de relevante dimensão simbólica, sendo sua existência o resultado da dinâmica de certo agrupamento humano, dotado de uma ação coletiva específica e orientada para realização de determinado conjunto de interesses (Spink, 1991; 1996). Sato (1999, p. 220) resgata esse conceito e desenvolve a importância do entendimento da organização como processo social, destacando que ele direciona os esforços de análise

> Para pensar como pessoas interagem para definir objetivos e para construir os meios para atingi-los, como constroem regras, rotinas e procedimentos num contexto conformado por duas ordens de realidade: de um lado pelo fato de as pessoas terem suas histórias de vida, suas expectativas e visões de mundo e também suas necessidades materiais particulares de sobrevivência; de outro, esse contexto também é conformado pelos recursos de que se dispõe, pela tecnologia que se domina, pela realidade de mercado e pela racionalidade econômica que vigoram como parâmetros para as relações nessa sociedade.

Nesses termos, no processo de conformação das organizações, entendido como processo organizativo, a ação coletiva não gera apenas os interesses coletivos do agrupamento, mas também cria e ressignifica toda a história e materialidade da organização e de seus protagonistas (Sato, 1999; Spink, 1996). Tal perspectiva permite entender as organizações como frutos de processos organizativos de caráter simultaneamente político, social, individual, cultural e econômico, dados por uma intensa e constante ação humana.

Observa-se, com isso, que para análise do processo organizativo são demandadas duas visões abrangentes fundamentais. A primeira, sobre o modelo ideal de organização a que se pretende alcançar *a priori*, sua estrutura técnica racional ideal, bem como as bases legais que a sustentam e a regem. A segunda, mais relevante, trata da interpretação dos processos de natureza psicossocial e política que ocorrem na interação intra-agrupamento e dessa com o meio externo, no devir de construção da organização, ou seja, a análise de como o grupo dota de significado seu modelo de organização ideal e legal.

A segunda, que trata da interpretação dos processos de natureza psicossociais, deve ser apreendida pelo estudo, análise e interpretação de como o agrupamento constituiu-se, como promoveu e promove suas interações sociais, simbólicas e políticas na construção das estruturas organizacionais, bem como a vivência de sua dinâmica e suas práticas organizacionais.

A visão que trata do modelo ideal de organização pretendido pressupõe uma análise geral de como a organização está ideal e racionalmente estruturada, tendo em vista uma forma organizacional já prevista e constituída *a priori*. Implica a análise dos pressupostos de determinada estrutura organizacional, anterior à análise dos processos sociais de sua construção por determinado grupo. Por essa visão, torna-se possível refletir acerca de como as organizações são idealmente modeladas e como elas pretendem agregar os indivíduos para consecução de uma tarefa específica, o trabalho.

Nesta investigação, com objetivo específico de compreender a organização de empreendimentos solidários e o processo organizativo do caso analisado, tomaram-se como balizadoras as duas visões acima apresentadas. A seguir, procura-se entender como idealmente se organiza e se estrutura um empreendimento solidário como organização, a partir do exame de seus princípios doutrinários, valores e características próprias. Na pesquisa de campo, exploram-se aspectos alinhados à segunda visão, a partir de recorte que foca os processos que parecem permear a construção e a estruturação do empreendimento estudado como organização, estabelecendo-se conexões com a aprendizagem nas organizações.

Como analisado, os empreendimentos típicos da Economia Solidária apresentam as características ideais de: autogestão; democracia; participação; igualitarismo; cooperação; autossustentação; desenvolvimento humano e responsabilidade social (Gaiger, 1996, 2003), tornando-se, nesse sentido, releituras dos movimentos Cooperativista e de Economia Social, que tomam as cooperativas e seus pressupostos como seus principais modelos e ideário, sendo estas suas principais manifestações organizacionais. Em consequência, para entendê-los organizacionalmente, faz-se necessário estudar as cooperativas.

As cooperativas, como apresentado, estruturaram-se como organização com o crescimento e a disseminação doutrinária dos ideais do Cooperativismo mundo afora, desde Rochdale (1844). Como forma e tipo específico de organização, reconhecido e de bases estruturais comuns, sua definição só foi dada em 1948, por ocasião do Primeiro Congresso da Aliança Cooperativista Internacional [ACI]. Nesse congresso, realizado em Praga, conforme descreve Polônio (2001, p. 19), ficou assim definida:

> Será considerada como cooperativa, seja qual for a constituição legal, toda a associação de pessoas que tenha por fim a melhoria econômica e social de seus membros pela exploração de uma empresa baseada na ajuda mínima e que observe os princípios de Rochdale.

No Brasil, uma definição mais técnica, inclusive, foi institucionalizada no Seminário Brasileiro de Cooperativas de Trabalho, em 1983:

> As Cooperativas de Trabalho são organizações de pessoas físicas, reunidas para o exercício profissional comum, em regime de autogestão democrática e de livre-adesão, tendo como base primordial o retorno ao cooperado do resultado de sua atividade laborativa, deduzidos exclusivamente os custos administrativos, a reserva técnica e os fundos sociais. (Pinho, 1984, p. 251).

Posteriormente, em 1995, no Congresso Centenário da Aliança Cooperativa Internacional [ACI], redefiniu-se o conceito de identidade cooperativa, sendo incorporado à definição de cooperativa um tom mais abrangente, menos técnico e mais normativo:

> Cooperativa é uma associação autônoma de pessoas unidas, voluntariamente, para atender suas necessidades e aspirações econômicas, sociais e culturais comuns, por intermédio de uma empresa coletiva e democraticamente controlada (Tesch, 2000, p. 50).

Em definição geral, doutrinária e identitária, construída a partir de seus sete princípios (Rochdale, 1844), as cooperativas podem ser conceituadas como empreendimentos solidários abertos, geridos de forma democrática, autônoma e independente, com função de centralizar a remuneração no trabalho e, neutra de interesses políticos, religiosos e/ou de raça, possuem como objetivo promover o desenvolvimento de seus sócios e da comunidade local.

Percebe-se, da evolução histórica de sua própria definição e à luz de seus princípios, que, no fulcro da questão, entende-se por cooperativa um tipo de organização de forma mista entre associação e empresa. Sua forma organizacional e pressupostos resgatam, de maneira clara, seus ideários de fundação (Rochdale, 1844), bem como suas experiências de organização coletiva de trabalho como alternativas às típicas relações de produção capitalistas de assalariamento. A cooperativa torna-se uma simbiose (associação-empresa) que lhe confere *status* relevante, pois a faz ultrapassar a dimensão e o aspecto meramente econômico de produção e adentrar, significativamente, na dimensão social (Pinho, 1982). Contudo, apesar de ser uma organização voltada para prática associativista, pautada na ajuda mútua, ainda é focada no indivíduo, porém, de maneira diferente do individualismo egoísta. Como regem seus princípios, este modelo de organização visa à livre reunião de indivíduos para o alcance de objetivos que são comuns a todos. Eis o diferencial que a afasta do caráter mercantilista. Essa livre iniciativa, sob os auspícios de estrutura administrativa democrática específica, tem seu capital concebido como meio para realização dos fins institucionais e, não, fim em si mesmo. Como analisa Tesch (2000, p. 51), a cooperativa "é administrada e desenvolvida em função unicamente dos seus associados e trabalhadores, técnicos e administradores, todos com os mesmos direitos e obrigações". Busca "gerar de maneira autônoma um instrumento de produção ou prestação de serviços para melhor inserção no mercado de trabalho" (Tesch, 1995, p. 12), que, consequentemente, venha melhorar a condição do próprio indivíduo.

Destaca-se, assim, a essência e a maneira com que uma organização cooperativa difere-se da organização mercantil (tipicamente capitalista). A comparação entre elas é interessante, pois apresenta pontos de inflexões valiosos para analisarem-se os modelos estruturais e seus princípios organizativos, entre eles as formas pelas quais o trabalho, os indivíduos e o lucro são internalizados e entendidos em suas respectivas estruturas.

Conforme esquematizaram Pinho (1984) e Tesch (2000), as organizações cooperativas e mercantis podem ser diferenciadas, no geral, pelo tipo de organização e estrutura, mas, principalmente, com relação a seu fim existencial. A organização cooperativa é um sistema organizacional e social para atuar no mercado por meio do trabalho desenvolvido por seus associados, em livre adesão. Seu fim é prover, por meio do trabalho cooperado e da autogestão, a inserção social e a melhoria de vida de seus associados. As organizações mercantis atuam no mercado por meio da contratação da mão de obra, com função única de produzir e vender bens e serviços para sustento e lucro dos detentores de capital, sendo a inserção econômica do trabalhador corolário dessa função. Na essência, percebe-se que, enquanto, na organização cooperativista, o fim é o indivíduo e seu trabalho, na mercantil, o fator principal é a remuneração do capital dos detentores dos meios (sejam acionistas, empresários, etc.). O Quadro 21-1 sintetiza estes aspectos.

O ponto crucial da estrutura organizacional cooperativa, que a instrumentaliza como capaz de atingir seu fim normativo, filosófico e existencial de gestão livre e democrática, é a autogestão que possibilita a essência e o princípio democráticos da organização cooperativa, dotando-a de dimensão política, além da econômica. Torna-se, no limite, a síntese dos princípios, valores e características da doutrina cooperativista.

Como modalidade de gestão, a autogestão está arraigada ao pensamento anárquico, particularmente em Proudhon, nas concepções de sindicalismo revolucionário europeu e norte-americano e na ideia de autogoverno industrial dos socialistas ghildistas (Follis, 1998). Os primeiros esboços de uma participação democrática nas relações de trabalho foram dados, em linhas gerais, pelo casal Webb, quando, em 1897, introduziu a expressão democracia industrial, com a conotação de democracia econômica. Entretanto, a paternidade da autogestão está em Proudhon (Motta, 1981). Como apresenta Motta (1981), a autogestão como concepção normativa ideal para a organização da sociedade foi dada por Proudhon, que empregou o seu conteúdo, não restringindo o sentido de uma sociedade autônoma à simples administração de uma empresa pelo seu pessoal. Ele deu, pela primeira vez, à sua concepção, o significado de um conjunto social de grupos autô-

QUADRO 21-1
Comparação entre organização cooperativa e organização mercantil

Organização cooperativa	Organização mercantil
O principal (fim) é o indivíduo.	O principal (fim) é o capital.
Princípio democrático; cada indivíduo um voto.	Controle proporcional ao capital; voto determinado por participação acionária.
Organização de indivíduos, sem a figura do "patrão".	Sociedade de capital, com a figura do "patrão".
Linha de comando democrática.	Linha de comando hierárquica.
Propriedade pertencente aos trabalhadores associados.	Propriedade pertencente aos investidores.
Resultados (renda) é função do trabalho realizado.	Resultados (renda) em função do capital.
Indivíduo é livre e valorizado; considera-se a participação, a igualdade e a solidariedade nas relações de trabalho.	Indivíduo é considerado como recurso (objeto), empregado subordinado.

Fonte: Elaborado pelos autores a partir de Tesch (2000).

nomos, associados tanto nas suas funções econômicas de produção quanto nas funções políticas. A sociedade autogestionária, em Proudhon, é a sociedade organicamente autônoma, constituída de um feixe de autonomias de grupos se autoadministrando, cuja vida exige a coordenação, mas não a hierarquização.

Proudhon lançou as bases ideológicas para a propriedade coletiva como organização coletiva do trabalho, organicamente autônoma e autogerida, de distribuição igualitária da riqueza gerada. A partir dos escritos de Proudhon, é possível esboçar, de maneira abrangente, um conceito de autogestão. Um modelo que pode ser entendido como:

> Um sistema de organização das atividades sociais, desenvolvidas mediante a cooperação de várias pessoas (atividades produtivas, serviços, atividades administrativas), em que as decisões relativas à gerência são diretamente tomadas por quantos aí participam, com base na atribuição do poder decisório às coletividades definidas por cada uma das estruturas específicas de atividade (empresa, escola, bairro, etc.) (Follis, 1998, p. 74)

A autogestão, de nascimento normativo no campo social, nas esferas política e econômica, incorporou-se como base de organização coletiva do trabalho, em particular nas organizações cooperativas, pressupondo, assim, um modo de organização do trabalho cujos meios de produção são coletivos, sem haver, necessariamente, separação entre concepção e execução do trabalho.

Conclui-se, por toda essa perspectiva analítica, que os empreendimentos solidários são desdobramentos organizacionais das cooperativas, uma vez que, no bojo da Economia Solidária, tornam-se organizações coletivas de trabalho que incorporam o ideário cooperativista, principalmente pelos ideais e valores atribuídos à democracia, igualdade e autogestão, com objetivo de tornarem-se iniciativas locais (governamentais e/ou da sociedade civil) que, ao estabelecerem e ressignificarem novas relações com a economia, possam superar as crises social e econômica que geram grande desigualdade e exclusão sociais, por meio da inclusão econômica e social dignas de seus trabalhadores.

3 • APRENDIZAGEM NAS ORGANIZAÇÕES: PERSPECTIVA SOCIAL

Dentre os arcabouços teóricos que focam a temática da aprendizagem nas organizações, toma-se como balizadora deste estudo a perspectiva social, que encontra entre seus principais propositores Easterby-Smith e Araújo (2001), Brown e Duguid (1991), Nicolini e Meznar (1995), Lave e Wenger (1991), Gherardi, Nicolini e Odella (1998) e Elkjaer (2001, 2003, 2004). Embora os autores que se orientam por esta perspectiva tenham apresentado suas ideias usando diferentes rótulos, é possível dizer que para este grupo a aprendizagem organizacional deve ser compreendida como um processo socialmente construído e fundamentado em situações concretas, que ocorrem normalmente no ambiente de trabalho, nas quais as pessoas participam e interagem.

De acordo com Brown e Duguid (1991) e Nicolini e Meznar (1995), a aprendizagem acontece e o conhecimento é gerado por meio de conversações e interações entre as pessoas. Está incrustada nas relações e interações entre as pessoas, vez que a participação nas práticas sociais constitui-se forma fundamental por meio da qual se aprende.

Como ressaltam Gherardi e Nicolini (2001), aprender não é algo que acontece apenas na mente das pessoas, mas algo produzido e reproduzido nas relações sociais, enquanto participam da vida em sociedade. Gherardi, Nicolini e Odella (1998, p. 274) esclarecem que:

> tanto na vida cotidiana como nas organizações de trabalho as pessoas e os grupos criam conhecimento, negociando o significado de palavras, ações, situações e artefatos materiais. Todos participam e contribuem para o mundo, o qual inclui o mundo cotidiano, assim como os ambientes de trabalho que são socialmente e culturalmente estruturados e constantemente reconstituídos pelas atividades daqueles que a eles pertencem.

Destaca-se, com isso, o caráter processual da aprendizagem, também presente nos trabalhos de Lave e Wenger (1991) e de Elkjaer (2001, 2003, 2004).

Para Lave e Wenger (1991), a aprendizagem pode ser compreendida como "situada" em uma prática social. O "aprender" é considerado parte inevitável do trabalho em ambientes sociais e as práticas de trabalho são entendidas como construções sociais passíveis de serem comunicadas por meio de narrativas e histórias. A preocupação destes autores é entender a aprendizagem em situações que não apresentem quaisquer sinais daquelas atividades que normalmente denominamos de ensino, abarcando as formas de aprender que envolvem a participação dos indivíduos em práticas socioculturais. Assim, a participação do indivíduo em qualquer prática implica ocorrência de algum tipo de aprendizagem.

Para estes autores, os aprendizes estão sempre participando de "comunidades de prática" em contextos interagentes. Tais comunidades não devem ser confundidas com os grupos de trabalho que se organizam formalmente no interior das organizações, pois elas se formam espontaneamente, a partir de indivíduos que querem compartilhar aprendizagens e conhecimentos. Suas fronteiras são bem mais amplas e fluidas, muitas vezes envolvendo pessoas de ambientes físicos e organizacionais dispersos geograficamente. Estudar a organização sob a ótica das comunidades de prática implica compreender como elas se formam, espontaneamente, no interior da empresa, compartilhando ideias e valores que acabam por estabelecer uma linguagem comum e por criar uma identidade que demarca fronteiras de pertencimento e é passada aos novos membros. Desse modo, para os novatos adquirirem habilidades e/ou aprenderem tarefas no ambiente organizacional, eles podem participar das práticas socioculturais de uma comunidade. A aprendizagem aqui se dá como parte da prática social e provém do envolvimento do sujeito na ação, sendo a participação uma forma fundamental para sua aquisição. As pessoas, no interior de tais comunidades, constroem significados e aprendem durante sua trajetória de participação, à medida que se tornam mais profundamente envolvidas.

Embora Lave e Wenger (1991) tenham ressaltado que esta proposta não negligencia o papel do indivíduo, Elkjaer (2001) considera que, ao focalizar demais o contexto, ela não examina suficientemente a questão da experiência individual. Neste sentido, os trabalhos de Bente Elkjaer tentam complementar o de Jean Lave e Etienne Wenger, adotando uma perspectiva interagente que propõe que o ato de aprender envolve contínua reconstrução da experiência que é, ao mesmo tempo, de natureza individual e social.

A teoria da aprendizagem social apresentada por Elkjaer (2001, 2003, 2004) está fundamentada no conceito de "mundos sociais" de Anselm Strauss e em ideias que fazem parte do pragmatismo americano (especialmente John Dewey) e da tradição sociológica da Escola de Chicago.

Elkjaer (2001, p. 109) esclarece que, para Strauss,

> a ação/interação e a experiência (individual e coletiva), que são parte integral da ação, são vistas como um processo contínuo. Normalmente, ação/interação consistem em atividades rotineiras, mas que podem ser interrompidas e levar a uma reorganização. É uma suposição importante que o mundo dos fenômenos sociais seja altamente complexo, e que a estabilidade social e mudança não possam ser separadas.

Para os indivíduos interagentes, tais ações/ interações resultam em múltiplos significados desenvolvidos a partir da autorreflexão que pode ocorrer antes, durante e/ou após as ações manifestas. Os fenômenos sociais não se desenvolvem de forma automática, nem são diretamente causados pelas circunstâncias sociais, econômicas e/ ou culturais, mas formados pelas interações dos atores sociais que evoluem no tempo e no espaço.

Elkjaer (2001, p. 112) toma emprestada a noção de aprendizagem de Dewey, definindo-a

> como uma contínua reorganização e reconstrução da experiência [que] ocorre todo o tempo e em todas as situações em que as pessoas agem e interagem – refletem e pensam.

Abarca a ideia de experiência reflexiva, que se desenvolve a partir de uma situação em que a pessoa está confusa ou em dúvida, ou seja, está perante um problema que a faz parar e pensar. Assim, o fluxo da aprendizagem envolve situação → indagação → reflexão → nova situação e implica continuidade entre fazer e conhecer. A experiência não envolve apenas atividade, mero fazer, mas engloba mudança. Não qualquer mudança, mas aquela que, conforme explica Elkjaer (2001, p. 113), pressupõe

> reflexão sobre ações anteriores, com o fim de antecipar consequências futuras [...] Uma pessoa está aprendendo somente quando é capaz de refletir sobre suas ações e reorganizar, assim como reconstruir experiência, por meio de um processo contínuo de reflexão-pensamento.

Refletir e pensar constituem-se, portanto, em esforços complementares que procuram estabelecer conexões entre as ações e os pensamentos delas resultantes. Neste processo, o indivíduo age a partir de um objetivo, um propósito, sendo a ação condição necessária para o pensamento, embora não seja suficiente, pois o pensamento requer uma linguagem para se expressar. A linguagem é fundamental neste processo, ao se constituir num recurso mediador (entre outros) que usamos para pensar e refletir. Ela gera significado e cooperação com os outros e a possibilidade de comunicação consigo mesmo.

Elkjaer (2001) entende que a ideia de participação em comunidades de prática de Lave e Wenger (1991) é uma contribuição importante, pois implica que, para aprender, é necessário participar. Segundo Elkjaer (2004), a aprendizagem nas organizações combina a aquisição de habilidades e conhecimentos (produto) e a participação em comunidades de prática (processo). A organização passa a ser vista como mundo social. Nela, o indivíduo não é um agente livre ou subjugado à comunidade, mas pode (ou não) estar comprometido e participar em eventos que se constituem parte da vida e da prática organizacional.

Para que haja aprendizagem no interior das organizações, parece fundamental se engaja no projeto organizacional. Para a criação de uma participação engajada, torna-se necessário incluir os membros da organização nas decisões acerca de "para onde se deseja ir", "orientados por quais motivos e interesses" e "de que forma será feita a caminhada".

A noção de experiência trazida da obra de Dewey por Elkjaer (2001, 2003), ao envolver a relevância de tentativas, ações e reflexões, com vistas a resolver problemas, parece contribuir para o exame dos eventos organizacionais. Chama atenção para o fato de que o processo de aprender na organização requer empenhar-se nos problemas encontrados no próprio local, influenciando ações desenvolvidas no sentido de solucioná-los.

De acordo com Elkjaer (2003), cabe aos aprendizes/novatos construir seu próprio conhecimento e dar sentido a sua participação no processo social da organização. Mas não é apenas o indivíduo que retém conhecimento, pois este conhecimento também é distribuído no grupo e entre os colegas. O conteúdo da aprendizagem é específico do contexto em que ela está ocorrendo. Implica a descoberta do que é para ser feito, quando e como, de acordo com rotinas específicas da organização, envolvendo também o conhecimento dos artefatos que são usados neste processo. Conhecer pressupõe ser capaz de participar, de forma competente, do complexo conjunto de relacionamentos entre pessoas e atividades.

O papel dos aprendizes individuais aqui é estar engajados em atribuir sentido e criar conhecimento dentro e entre sua trajetória de participação. Assim, a aquisição do conhecimento faz parte das mudanças, as quais podem ser delineadas pela participação dos indivíduos em mundos sociais (conforme conceituação de Strauss, apresentada anteriormente, ou mesmo nas comunidades de prática, de acordo com a proposta de Lave e Wenger).

Para Elkjaer (2003), ser e tornar-se um sujeito cognoscente demanda participação em processos sociais, o que envolve relacionar-se com outros seres humanos e com artefatos do mundo social produzidos histórica e culturalmente. O conteúdo da aprendizagem também não se resume à aquisição de habilidades e conhecimentos ou em tornar-se um "especialista", inclui mais do que isto, pois, ao adotar o conceito de experiência, acaba por salientar o papel do corpo, da emoção e da intuição como fundamental para a aprendizagem organizacional. Considera que a intuição e a emoção são importantes "gatilhos ou alavancas" para o desenvolvimento da experiência e a aquisição do conhecimento nas organizações.

Pode-se dizer que a adoção da perspectiva social para o entendimento da aprendizagem nas organizações recoloca o paradoxo suscitado por Weick e Westley (2004). Para estes autores, a aprendizagem nas organizações ocorre em situações nas quais a ordem justapõe-se à desordem, quando a organização desorganiza-se, o novo impõe-se e os indivíduos são compelidos a traçar novos rumos para suas decisões, não necessariamente certos. Essas experiências, que permitem aos indivíduos depararem-se com o novo, desconhecido e caótico e perceberem o que rotineiramente não era percebido, são chamadas momentos de aprendizagem. Weick e Westley (2004) destacam que os momentos de aprendizagem não são óbvios e previsíveis e não devem ser confundidos com as atividades formais das organizações, principalmente aquelas explicitamente voltadas à aprendizagem.

A problemática que se coloca é a de buscar momentos e situações que, já ritualizados nas dinâmicas, inscritos na cultura e privilegiados na prática (ação) das organizações, sejam propícios à aprendizagem. Nesse sentido, os espaços informais e incidentais de aprendizagem adquirem importância, uma vez que esses momentos não são tão óbvios e formais.

Desse modo, a aprendizagem ocorre em lugares e tempos específicos da vida organizacional, nos quais se envolvam indivíduos, ambiente e atividades para criação de significado. Nesses termos,

> em vez de representar aprendizagem como o que acontece dentro de sistemas formais, por exemplo, pelo treinamento em aula ou uso de banco de dados, esta abordagem volta-se para a aprendizagem que acontece através da participação no trabalho. À medida que os novatos se movem da periferia destas comunidades para o centro, eles se tornam mais ativos e engajados na construção da cultu-

> ra destas e, então, assumem o papel de *experts*. Nesse sentido, o aprendizado ocorre de maneira não intencional, não deliberada. A transferência de conhecimento e aprendizagem mais integrados é facilitada através da autêntica interação social (Antonello, 2006, p. 205).

Marsick e Watkins (1997) definem esse processo de aprendizagem pelo binômio: informal e incidental. Para estes autores, a questão da formalidade não se torna tão relevante, dado que ambas, informal e incidental, podem ocorrer por meio de experiências formalmente estruturadas, como processos formais de ensino. A principal questão que as diferencia torna-se a intencionalidade. Na aprendizagem informal, seja planejada ou não, os indivíduos que vivenciam as experiências têm consciência de que estão aprendendo ou irão aprender. Os fins de aprendizagem são postos, intencionais. A aprendizagem incidental é totalmente não intencional. Nesse caso, a aprendizagem resulta de outras práticas/atividades corriqueiras da realização de tarefas cotidianas

Conclui-se que, por meio da perspectiva social para o exame da aprendizagem e das contribuições teóricas aqui apresentadas, é possível analisar os momentos de aprendizagem, ou seja, as maneiras particulares por meio das quais os indivíduos vivenciam experiências, refletem sobre elas, desenvolvem-se e aprendem no tipo de organização objeto deste estudo.

4 • DESCRIÇÃO DE COMO A PESQUISA FOI REALIZADA

Tendo em vista as características da problemática explorada, para este estudo foi utilizada a abordagem qualitativa, que está interessada em examinar quais os significados que os indivíduos atribuem ao fenômeno e/ou situação estudada (Merriam, 1998). Optou-se pelo desenvolvimento de um estudo de caso, o qual está cada vez mais difundido nas ciências sociais aplicadas, particularmente nos estudos organizacionais, conforme atesta o trabalho de Godoi e Balsini (2006).

Utilizou-se o estudo de caso de natureza interpretativista, à luz de Stake (2000), Hartley (2004) e Merriam (1998), dado o espaço de reflexão, interpretação e *insights* que este tipo de método possibilita. A pesquisa de campo apoiou-se em três estratégias fundamentais: observação não participante, análise de documentos e entrevistas.

A observação foi conduzida por uma presença sistemática no campo, de característica não participante (Godoy, 2006), diferentemente da observação participante, inspirada nos trabalhos do antropólogo Malinowski, na qual o pesquisador deixa de ser espectador e passa a assumir funções no campo, misturando-se a ele. No presente estudo, embora o pesquisador tenha integrado o campo, isso foi feito de maneira mais distante, no papel de atento espectador.

A observação não participante executada neste estudo ocorreu por meio de visitas regulares, ao longo de cinco meses, que tiveram por objetivo acompanhar o ato de trabalhar na seleção de materiais recicláveis, observar o local de trabalho, participar de algumas reuniões e assembleias, bem como executar as entrevistas com os cooperados. Os principais instrumentos utilizados, nessa observação, foram o diário de campo e a documentação midiática (pequenas filmagens e fotos).

Pela tomada *lato sensu* da documentação de qualquer organização como sua cultura material, considerou-se aqui os documentos como expressões materiais da origem e razão de ser da organização (Estatuto), bem como de toda a sua dinâmica registrada (Regimento Interno, Atas, estatísticas, etc.). Foram objetos de análise os seguintes documentos: estatuto; regimento interno; atas e convênio prefeitura-cooperativa.

As entrevistas foram semiestruturadas e realizadas a partir de um roteiro. O roteiro de entrevistas objetivou estruturar uma conversa fluida que estimulasse o indivíduo a reconstruir um pouco de sua história pessoal, sua trajetória e vivência no trabalho e no empreendimento solidário, bem como os possíveis reflexos dessas experiências em sua vida. No limite, explorou a vivência do cooperado na construção do empreendimento solidário em questão. O roteiro estava dividido em quatro blocos, embora, em sua utilização no transcorrer da entrevista, fosse respeitada a sequência narrativa estabelecida pelo próprio entrevistado.

O número de indivíduos entrevistados não foi pautado por amostragem estatística. Buscou-se entrevistar número considerável de cooperados, não levando em consideração restrito filtro específico. A título de homogeneidade, as entrevistas focaram os cooperados mais assíduos no trabalho e distribuíram-se de forma relativamente igualitária em tempo de organização a partir de dois grupos: cooperados recentes e cooperados mais antigos. Foram feitas 12 entrevistas no total. A primeira delas foi de cunho exploratório e foi feita com a presidente em exercício da cooperativa, antes mesmo da elaboração do roteiro. Com o roteiro finalizado, foram entrevistados 10 cooperados, de um total de 20, dos quais cerca de 15 eram realmente ativos. A última entrevista foi feita com um vereador do legislativo da Prefeitura Municipal de Americana-SP, tendo em vista seu envolvimento direto no projeto do empreendimento, apresentando-se como principal articulador entre a Prefeitura Municipal e o empreendimento.

A análise dos dados pautou-se na metáfora do pesquisador qualitativo como *bricoleur* (Denzin; Lincoln, 1994). Pretendeu-se aproximar o processo de análise de dados qualitativos pela dinâmica encontrada na definição do *bricoleur* como aquele "que executa um trabalho usando meios e expedientes que denunciam a ausência de um plano preconcebido e se afastam dos processos e normas adotados pela técnica" (Lévi-Strauss, 1976, p. 32). Com isso, atribui-se ao processo de análise a possibilidade de ser conduzido não por uma lógica científica positivista e predeterminada em rígidas etapas, mas de se caminhar abertamente para construção de interpretação não concebida aprioristicamente. Afastam-se de seu resultado características herméticas e restritas, tornando-o fruto da coleta de fragmentos acumulados nas experiências manifestadas no campo, "causos" e histórias compactuados em terreno intersubjetivo, sendo dessa maneira, uma leitura à moda do pesquisador, uma interpretação para o fenômeno em seu contexto.

Essa *bricolage*, em sua dinâmica, foi tecida da seguinte forma: todos os documentos do empreendimento acessados foram observados em seu contexto cultural e operacional e comparadas suas letras a dinâmicas na práxis. As observações e diálogos do pesquisador em campo possibilitaram construir uma interpretação das entrelinhas dadas em contexto, além de sugerir portas de entrada para *insights* de análise do fenômeno. As entrevistas semiestruturadas, com papel preponderante nessa construção interpretativa, tiveram seus resultados tratados como narrativas construídas pelos cooperados. Optou-se, então, para corroborar a atividade de *bricolage* à análise das entrevistas, tomar as narrativas dos cooperados como crônicas (Coffey; Atkinson, 1996).

5 • APRESENTAÇÃO E ANÁLISE DO CASO

Dois processos tornaram-se relevantes para análise do empreendimento estudado: sua formação e sua dinâmica organizacional. Eles justificaram-se, pois a história de sua concepção, do início de seu processo organizativo, bem como sua dinâmica atual, apresentam pontos e momentos interessantes de análise, abarcando não apenas o caso em si, mas resgatando o debate teórico da Economia Solidária, seus empreendimentos e suas potencialidades e, fundamentalmente, conexões com a problemática da aprendizagem nas organizações.

• 5.1 • Formação

A formação do empreendimento, o início de seu processo organizativo, desdobrou-se da interação entre a Prefeitura Municipal de Americana e a comunidade periférica da Favela da Vila Martins, quando das primeiras intervenções locais do setor público na execução de política de desenvolvimento urbano para a região. Por ser uma região considerada em situação de risco, marcada por invasões, irregularidades e precariedade de moradia, a política de desenvolvimento da Prefeitura para a Favela inicialmente focou suas ações no provimento de habitações (política habitacional), as quais ocorreram por meio da organização de mutirões.

Por se tratar de empreitada coletiva baseada na ajuda mútua, a dinâmica dos mutirões promove interação social. No caso da Favela da Vila Martins, a organização dos mutirões e sua realização acabaram por desenvolver certa aproximação entre os envolvidos, estabelecendo contato (diálogo e relações) que permitiu à Prefeitura observar mais detalhadamente os problemas e demandas locais, revelando alguns pontos além da questão habitacional. Uma das principais questões detectadas nessa interação emergiu da problemática da salubridade.

A despeito da situação precária da higiene em moradia inapropriada (barracos e autoconstruções, ausência de saneamento básico, de esgoto, de asfalto, etc.), foi constatada a presença de grande carga de entulho e lixo nas zonas residenciais, que acabava por se tornar refúgio de insetos, roedores e outros vetores de zoonoses. Ao estudar a origem desses entulhos, os agentes da Prefeitura descobriram tratar-se do resultado da atividade de coleta de matérias recicláveis e/ou reutilizáveis por famílias locais. De maneira caótica e desmedida, os catadores saíam à revelia pelas ruas da cidade, "catando" todo o tipo de material reciclável e/ou reutilizável que pudesse gerar alguma renda. Ao final do dia, acabavam por utilizar seus próprios barracos e/ou autoconstruções como armazém. Consequentemente, por serem em número expressivo e não trabalharem em lugares específicos e/ou organizados, a atividade desses catadores acabava por transformar as residências em ambiente extremamente insalubre, tanto para seus moradores, como para seus vizinhos.

A precariedade desse trabalho de coleta, que, em sua dinâmica, trazia pequeno ganho para o catador e gerava externalidades negativas ao saneamento local, sensibilizou os agentes públicos envolvidos no projeto de mutirões. O que era para ser política de desenvolvimento urbano focada apenas em habitação alargou-se, tornando-se ação integrada e sustentável: habitação e urbanização com restauração e preservação da salubridade e provimento de condições dignas para os catadores continuarem suas atividades.

Como primeira ação, uma assistente social da Prefeitura percorreu a Favela, cadastrando e convocando os catadores para comparecerem a uma série de assembleias comunitárias, presididas pelos agentes da Prefeitura, com vistas a discutir-se possibilidades para equacionar o problema gerado por suas atividades. As primeiras assembleias foram caracterizadas pelo estreitamento do diálogo entre as partes. A principal intenção da Prefeitura era trocar experiências e conhecer quem eram esses catadores e qual a dinâmica de suas atividades, ou seja, informar-se e aprender a respeito deste grupo social para propor uma saída viável para o problema.

Dadas as poucas experiências desse tipo de diálogo do setor público brasileiro com sua comunidade mais próxima, somada à inércia da baixa participação política dos brasileiros nesse tipo de processo, as primeiras assembleias não obtiveram dos catadores a atenção e a consideração política esperadas. Conforme relato de uma catadora, os primeiros encontros foram bons para eles, pois "tinha lanche e eles davam almoço". A fala sincera, em referência à relevância das assembleias estar no lanche, apresenta dois pontos importantes de análise. O primeiro, da corroboração que a população que sobrevive da coleta de materiais recicláveis e reutilizáveis está em situação social de risco, na maioria das vezes abaixo da linha da pobreza (Banco Nacional de Desenvolvimento Econômico e Social, 2006). A existência de um lanche gratuito fornecido pelo poder público acabou por se tornar atrativo àqueles que não possuíam condições de ter todas as refeições no dia. O segundo ponto trata da questão do estranhamento, no início do diálogo, entre a Prefeitura e os catadores. Tendo em vista que a convocação dos catadores partiu da Prefeitura, os primeiros diálogos foram caracterizados como distantes e pouco entrosados. Como em todo "assembleísmo", há um tempo para maturar a interação e as discussões serem mais participativas e, principalmente, propositivas.

Com o passar das primeiras assembleias, os diálogos foram se estreitando. Foi possível, por exemplo, discutir com maior propriedade a dinâmica dos catadores no cotidiano da atividade de coleta de materiais recicláveis e/ou reutilizáveis nos lixos das casas da cidade.

A primeira maturação desse processo ocorreu quando a Prefeitura começou a esboçar a possibilidade de organizar a atividade de coleta, permitindo a utilização do espaço da olaria comunitária, construída para fornecer tijolos aos mutirões das casas populares, como um galpão que abrigasse esses catadores. Essa ação visava garantir a manutenção da atividade econômica no local, possibilitando que ela fosse executada de modo mais organizado, retirando a armazenagem das moradias.

Com a permissão da utilização do galpão pelos catadores, observou-se movimento interessante: constatou-se certa migração de atividades. A existência de espaço público para exploração de atividades privadas pelos indivíduos que exerciam a coleta de materiais recicláveis e/ou reutilizáveis deslocou a maioria dos catadores locais para esse espaço, incentivando, inclusive, o surgimento de "novos" catadores – indivíduos desempregados que almejaram, nesse momento, relativa oportunidade de trabalho para geração de renda. O galpão acabou por se tornar espaço disputado que, em pouco tempo, já não comportava de modo satisfatório e organizado as atividades de coleta. Os catadores passaram a disputar severamente seu espaço, entrando, muitas vezes, em conflito.

Nesse momento, agentes da Prefeitura, incentivados por experiências similares em outras cidades da região, colocaram em pauta a possibilidade de organizar esse trabalho por meio de uma cooperativa. De acordo com o vereador líder e precursor da ideia, a escolha da cooperativa foi pautada pela avaliação positiva deste modelo pela Prefeitura, que o vislumbrou como sendo o mais sólido e sustentável para alcançar os objetivos institucionais e gerenciais do trabalho de coleta e seleção de materiais recicláveis e/ou reutilizáveis no local, bem como para prosperidade de seus trabalhadores. Nesse entendimento, a cooperativa seria uma resposta organizacional adequada para dar forma mais eficaz e sustentável ao caso.

Após algumas assembleias de exposição sobre o que seria uma cooperativa e os ganhos que os catadores poderiam conquistar, atuando nessa forma de organização, chegou-se, finalmente, à votação favorável a sua implantação. Em uma assembleia lotada, no ano de 1999, uma salva de palmas rompeu o silêncio da noite, aclamando o nome escolhido para o mais novo empreendimento do bairro: Cooperlírios.

O nome Cooperlírios carrega em si dois termos: o Cooper e os Lírios. Os Lírios trata-se de uma referência clara ao local de instalação do empreendimento, o loteamento popular Jardim dos Lírios, que deu nome ao bairro, após a urbanização de sua favela (Vila Martins). O prefixo Cooper é uma denominação ao tipo de empreendimento fundado, uma cooperativa.

A motivação da Prefeitura de Americana para formação da Cooperlírios estava dada em dois pontos principais: a) organizar a atividade dos catadores no local, tendo em vista que sua prática precária estava trazendo prejuízos à salubridade do bairro; b) garantir a manutenção econômica dessa atividade, dado que ela era relevante e, na maioria dos casos, a única fonte de renda dos indivíduos e das famílias praticantes da coleta.

Alinhada a esses objetivos, a justificativa da escolha dos moldes cooperativistas para a futura organização, conforme relatado pelo vereador líder do projeto, era a de que esse tipo de empreendimento garantiria, de modo formal, o principal objetivo de manutenção dessa atividade econômica (emprego), assim como seu marco institucional, baseado na igualdade e na solidariedade, poderia levar a organização e seus indivíduos de forma sustentada à prosperidade. Ao optar pela organização coletiva do trabalho, a Prefeitura pretendeu constituir empreendimento que não apenas garantisse o emprego com segurança institucional, mas, principalmente, incitasse a formação de liame social, o qual pudesse gerar contextos organizacional e social catalisadores da prosperidade do empreendimento e de seus indivíduos. De acordo com o vereador, "[...] durante esse processo todo, trabalhar para junto aos diferentes órgãos do poder público, de que era importante, era necessário investir na organização dessa empresa comunitária. E mais do que isso, porque empresa comunitária? Porque também ela tem o ganho social".

Com relação à forma e ao processo como a Cooperlírios foi constituída, observou-se, em campo, uma organização que, nos termos do Cooperativismo e da Economia Solidária, vive, em sua particularidade, os ideais do movimento. Trata-se, conforme seu Estatuto, de uma organização formada para defender seus cooperados por meio de ajuda mútua, dando-lhes, com isso, condições de exercer e fortalecer suas atividades profissionais, além de contribuir para seu meio social, por meio da preservação do meio ambiente (reciclagem). Mais claros ainda, com relação aos princípios do movimento cooperativista, tornam-se seus objetivos estatutários que observam a essência dos preceitos do cooperativismo e da Economia Solidária. Em sua síntese, os objetivos estatutários da Cooperlírios determinam: a) colocar a organização à disposição para auxiliar os cooperados em seu trabalho; b) focar-se nos cooperados, sendo guiada por interesses coletivos; c) promover e disseminar a educação cooperativista; d) buscar diálogo com o meio social – seja comunidade, governo ou universidade.

O perfil dos cooperados, observado na Cooperlírios, revela brasileiros migrantes intra e inter-regionais de baixa renda e baixa escolaridade que, em situação de risco, migraram para cidades do eixo Ribeirão Preto – São Paulo (Capital), em busca de oportunidades de trabalho, residindo na periferia das cidades e sobrevivendo, na maioria, da informalidade e "bicos" no mercado de trabalho.

Pelas narrativas desses cooperados e pela inserção no campo, constatou-se que a Cooperlírios melhorou consideravelmente a vida econômica da maioria, atingindo seus principais objetivos constitutivos. Tornou-se meio de renda, pelo qual o cooperado, mesmo possuindo renda variável por sua produtividade, declara que agora pode "abrir seu carnê de compra", pois sabe que ganhará dinheiro todo mês. Ao tornarem-se cooperados, os indivíduos manifestaram sentirem-se mais seguros com relação à renda, tratando-a como "salário". Esse salário inclusive permitiu, conforme relatos, que houvesse alteração do *mix* de compra. Eles passaram a consumir alguns tipos de carne de primeira, alimentos e, destacadamente, bens de consumo geral: roupas, sapatos, etc.

Do ponto de vista organizacional, a Cooperlírios mostrou-se bem ativa. A busca de seus cooperados, sempre em parceria com a Prefeitura, é de constante e contínuo aprendizado e aperfeiçoamento dentro dos modelos cooperativista e solidário e de seus princípios. A cada dia trabalhado e a cada curso frequentado, ou seja, a cada experiência vivenciada, os cooperados parecem querer se aproximar mais dos modelos, tomando ações nesse sentido.

A análise estatutária da Cooperlírios, o perfil de seus cooperados e a situação em que o empreendimento encontra-se institucionalmente lançam as primeiras reflexões sobre a aprendizagem neste ambiente de trabalho. Como observado em seus objetivos estatutários, existem processos de aprendizagem que são previstos institucionalmente. Está previsto espaço de promoção e desenvolvimento de educação cooperativista, sendo esta entendida como a necessidade de disseminação do movimento para que os sócios entendam seus princípios e, desse modo, estejam preparados para assumir a cooperação na prática. Esse objetivo também carrega a função de disseminação do cooperativismo pela sociedade, carregando forte conteúdo doutrinário. Percebe-se, com isso, que estes espaços de aprendizagem são formais e tentam, por forte doutrinação e politização, desenvolver competências políticas nos cooperados.

No caso estudado, esses processos formais eram executados por meio de cursos promovidos por órgãos ligados ao Cooperativismo e à Economia Solidária. O conteúdo dos cursos observados na pesquisa apresentava, em sua maioria, os princípios e valores do Cooperativismo, e, na minoria, cursos na área de gestão (noções de contabilidade).

Apesar da grande quantidade de cursos, média de quatro cursos realizados por cooperado, quando questionados sobre o que aprenderam, a maioria diz "bastante", porém sem conseguir verbalizar ou exemplificar o que, especificamente. Muitos, inclusive, não conseguiam se lembrar dos tópicos tratados e estudados, mesmo o curso tendo sido realizado no dia anterior. Os cooperados diziam que os cursos eram difíceis e cansativos, porém, grande parte manifestou vontade para assisti-los e, principalmente, aprender. Os cursos, portanto, apresentaram-se motivadores, mas ineficazes quanto a seus objetivos, embora procurassem atender ao perfil educacional dos cooperados.

Tal confirmação corrobora algumas ideias apresentadas no referencial teórico de aprendizagem nas organizações, pois este assume que não se deve entendê-la restrita a seu aspecto formal (sala de aula), mas aos processos situacionais, informais e incidentais socialmente contextualizados. O trabalho de Conlon (2004) mostra estimativas em que aproximadamente 90% da aprendizagem, nas organizações, advêm de meios (processos) informais. O caso Cooperlírios parece alinhar-se com esta estimativa e abordagem, considerando as práticas sociais (relações e interações) e de trabalho, assim como as experiências vivenciadas no processo organizativo, processos capazes de proporcionar momentos de aprendizagem. Parece ser possível dizer que as aprendizagens ali constituídas ocorreram em função das interações oportunizadas entre catadores, representantes da Prefeitura e de órgãos ligados ao Cooperativismo e Economia Solidária, envolvendo contínua reorganização da experiência vivenciada e das ações tomadas para a efetivação do empreendimento. Em caso contrário, a Cooperlírios nem conseguiria constituir-se, alinhar-se com o movimento cooperativista, ser ativa como é e inclusive inserir positivamente seus cooperados na economia. Indaga-se, dessa maneira, quais seriam e como se processam essas interações (momentos) promotoras de aprendizagem, assim como quais os aspectos, a partir delas desenvolvidos.

• 5.2 • Dinâmica organizacional

A dinâmica organizacional pode ser entendida, de maneira geral, como a forma processual cotidiana pela qual os trabalhos são executados em uma organização. Trata-se, no limite, das relações e interações que são construídas e significadas entre os indivíduos, seus trabalhos e a estrutura organizacional, que dão sentido aos primeiros acerca de **onde** e **como** trabalham. As práticas de trabalho e organizacionais não apenas ditam o *modus operandi* da organização, sua dinâmica, mas também influenciam a vida dos indivíduos.

O estudo da dinâmica organizacional da Cooperlírios suscitou algumas experiências organizacionais densas de significados, que se tornaram portas de entrada interessantes para constatarem-se momentos de aprendizagens e seus efeitos nas vidas dos cooperados. Tornaram-se momentos de aprendizagem pelos quais se pode inferir sobre a relação ordem-desordem que possibilitou a construção social de reflexão e crítica de experiências das quais novos rumos e caminhos foram tomados pela organização e seus indivíduos.

5.2.1 Autogestão

Como estudado, o modelo organizacional de empreendimento solidário, de base cooperativista, é caracterizado por uma organização focada no indivíduo, de princípios democráticos, cuja propriedade nas mãos dos cooperados estabelece cada indivíduo como um sujeito ativo, livre, solidário e igualitário. Desse modo, ao ser cooperado não se é exclusivamente responsável pelo próprio trabalho, mas pelo todo organizacional. O cooperado, como sujeito ativo, não responde apenas por suas atividades, nem estabelece interação apenas com um chefe/companheiro de departamento, ele assume papel holístico, interagindo com todas as dimensões da organização.

Esse pressuposto normativo do princípio democrático do empreendimento solidário é manifestado em sua dinâmica organizacional prática por meio de assembleias (autogestão). Nesse sentido, o arranjo organizacional do empreendimento pressupõe intensa interação social, na qual toda a gestão é discutida em arena aberta de debates. As assembleias acabam por ditar dinâmica que aproxima os cooperados uns dos outros, e, acima de tudo, abre espaço para diálogo, argumentação e participação. Tornam-se espaços que incentivam o ato de aprender, envolvendo, conforme preconiza Elkjaer (2003), reflexão e pensamento. Ao refletir sobre seus problemas no trabalho e ter a oportunidade de opinar sobre questões de gestão, o cooperado começa a exercitar sua capacidade argumentativa, participativa e reflexiva.

Essa dinâmica pôde ser observada na Cooperlírios, por meio dos relatos que os cooperados fazem da experiência de serem seus próprios patrões, participando de assembleias e reuniões informais sobre a gestão do empreendimento. O ato de trabalhar sem patrão, com responsabilidade não apenas de sua atividade individual, mas promovendo o engajamento no projeto organizacional, fez com que as assembleias se tornassem influentes para muitos cooperados, tornando-se espaço de ressignificação de personalidades e comportamentos individuais e coletivos, escancarando, muitas vezes, da desordem à ordem cotidiana. Nesse sentido, as assembleias e as reuniões informais tornaram-se momentos de aprendizagem, sendo identificados aspectos de aprendizagem situada, informal e incidental.

Observaram-se, na gestão por princípio democrático da Cooperlírios, em dinâmica de assembleias, momentos de aprendizagem que influenciaram três processos, individuais e coletivos, de aprendizagem: a) o desenvolvimento de competência crítica-argumentativa que incentiva a interação social; b) a experiência cidadã e de noções de direitos, por meio da reflexão cívica e solidária de preocupação com o próximo e com o todo; c) o desenvolvimento de competências gerenciais e noções de administração.

O primeiro processo observado está ligado ao relacionamento interpessoal dos cooperados e à exposição pública. Alguns cooperados que se achavam tímidos e/ou avessos à interação social e/ou à exposição pública, depois de experimentarem a gestão e a dinâmica organizacional cooperativista e solidária, admitiram que mudaram: estão socialmente mais "soltos" e menos tímidos. Desenvolveram maior dinâmica social, facilidade em fazer amizades e tratá-las, bem como competência crítica-argumentativa, pela qual conseguem expor suas opiniões em público, debatendo-as. Observa-se, nesse ponto, um processo de aprendizagem incidental. A dinâmica da autogestão, ao expor os cooperados em plenária e demandar suas participações, resultou em competências sociais não intencionadas. A prática de plenárias, ao confrontar a ordem estabelecida por meio de debates que visavam criticar processos e decisões, propiciou aos cooperados a aprendizagem de tais competências sociais, as quais, se pelo lado individual qualificaram o indivíduo, também foram positivas no âmbito coletivo, uma vez que as assembleias tornaram-se mais eficientes e eficazes na revisão dos processos de trabalho e do clima organizacional integracionista.

O segundo processo de aprendizagem a partir da autogestão está relacionado à experiência cidadã, cívica e solidária, sendo corolário do primeiro processo. Cada cooperado possui o direito e a liberdade de expor suas ideias diretamente ao outro, vivendo o exercício constante de análise dos limites de seus direitos e dos direitos dos outros. Desenvolve-se, com isso, uma dinâmica em que os indivíduos começam a se posicionar constantemente, sentindo-se responsáveis pela condução dos processos e parte determinante da gestão da organização. Há o sentimento coletivo de que a responsabilidade é de todos e cabe a cada um participar. Nessa dinâmica, as experiências vivenciadas em assembleias, caracterizadas por argumentação, reflexão e críticas diretas, desenvolveram certa consciência cidadã, preocupação e zelo pelo próximo, fundamentando-se, principalmente, na noção de direitos. Observa-se um processo de aprendizagem incidental, pois, se o movimento cooperativista e solidário preconiza valores que resgatam a inserção social e a superação da questão social, a consciência cidadã de respeito ao próximo não foi adquirida em sala de aula, mas no contexto de interação social das assembleias. Esta consciência veio com a prática de tomar decisões e desenvolver ações concretas, envolvendo a gestão da Cooperlírios.

Um caso denso de significado, apresentado por uma cooperada, ilustra as características de um processo de aprendizagem incidental de consciência cidadã. Em uma votação para decidir se a licença saúde remunerada deveria ser concedida ou não ao cooperado que machucou suas costas, a cooperada, seguida de amigas, foi categoricamente contra. De acordo com seu raciocínio, na prática de trabalho cooperativista, a pessoa recebe por sua produção, logo, se não trabalha, não recebe. Meses depois, quem se machucou foi essa cooperada. As amigas, bem como a maioria da assembleia, seguiram e votaram pautados pelo mesmo raciocínio. Conclusão: a cooperada foi afastada sem vencimentos. Durante essa experiência e reflexão, a cooperada manifestou que tinha sido injusta com o primeiro cooperado, não gostando de ter sofrido a sanção que ela mesma defendera. Pensando e refletindo a respeito dos direitos daqueles que estão impossibilitados de trabalhar e vivenciando tal situação, quando voltou, argumentou com os demais cooperados que essa situação devia ser revista, que não era correto pensarem apenas em si mesmos, que deveriam pensar também naqueles que dividem o mesmo trabalho, a mesma organização.

Essa dinâmica de reflexão cotidiana na prática de trabalho cooperativista e solidária também gerou, no caso estudado, o terceiro processo de aprendizagem. Como relataram os cooperados mais antigos e que mais participaram de assembleias, atualmente eles sentem-se mais preparados para dialogar e debater sobre a organização em que trabalham. Não apenas manifestam conhecimento sobre o funcionamento da organização e de sua gestão, mas todos têm, de prontidão, uma sugestão para melhoria dos trabalhos. Discutem contabilidade, remuneração, férias, produção, logística, etc. Nessas sugestões e discussões, alguns termos técnicos são suscitados, mas, mesmo quando ausentes, o conteúdo e a noção de como funciona uma empresa, seus objetivos e processos, estão presentes. Pode-se dizer que, de acordo com a teoria de aprendizagem social apresentada anteriormente, os cooperados aprenderam e colocaram em ação – individual e coletivamente – competências gerenciais e noções de administração construídas durante sua trajetória de envolvimento e participação no trabalho.

Nesse caso, o processo de aprendizagem é de característica situacional e informal. Ao assumirem a responsabilidade de conduzir o empreendimento, os cooperados, mesmo não tendo formação na área de administração, por meio da experiência de indagar, discutir e refletir a respeito dos rumos do negócio, tomar decisões gerenciais e agir intencionalmente para promover mudanças, acabaram por promover as aprendizagens necessárias ao exercício das competências exigidas pelo processo de autogestão. Elas, entretanto, apresentam-se fortemente desenvolvidas fora dos processos formais – ocorrem nas práticas de trabalho; quando do pagamento pela produção; quando o caminhão chega para recolher o material; quando percebem que não estão sendo bem remunerados –, sendo posteriormente analisadas e discutidas nas assembleias.

○ CONSIDERAÇÕES FINAIS

Aventurar-se pela problemática da constituição de momentos de aprendizagem por meio das práticas e dinâmicas organizacionais vivenciadas num empreendimento solidário suscitou algumas questões e eventos que devem ser considerados (Lévi-Strauss, 1976) no campo da aprendizagem nas organizações.

Ao se analisar o processo organizativo (Spink, 1991, 1996) da Cooperlírios, foi possível observar como formou-se um grupo específico (Prefeitura e catadores) que, com objetivos e interesses comuns, constituiu um empreendimento de características solidárias. Analisou-se a dinâmica do grupo desde sua origem até seu cotidiano hodierno, e, principalmente, como este grupo construiu o empreendimento e vivencia sua dinâmica organizacional.

A rica experiência no campo (com observação não participante; entrevistas e análise de documentos) permitiu destacar dois processos relevantes: formação e dinâmica organizacional. Por meio desses processos, foi possível examinar questões que agregam para o debate da aprendizagem nas organizações, a saber: a constituição de momentos de aprendizagem a partir de práticas e dinâmicas organizacionais que influenciaram e influenciam aspectos técnicos, sociais e políticos da vida de seus trabalhadores.

O primeiro momento de aprendizagem pode ser dado pela própria peculiaridade do empreendimento solidário, que, ao inverter a lógica capitalista-mercantil de organização, propicia experiências e vivências sociais intensas, as quais estão pautadas por estreita interação. Como observado, o objetivo da Prefeitura de Americana foi o de organizar os trabalhos de coleta de materiais recicláveis e/ou reutilizáveis para melhoria do saneamento do bairro e manutenção formal dessa atividade, garantindo emprego e renda. Percebe-se que a finalidade que orienta essa motivação é de natureza econômico-instrumental, a construção de um meio, uma organização formal, para consecução de um fim dado: saneamento urbano, emprego e renda. Entretanto, a escolha deliberada do meio para consecução dessa cadeia instrumental foi dada em torno da aposta em vínculo social que um modelo específico, o cooperativista-solidário, propugna como capaz de gerar. Nesse sentido, a opção por este modelo obteve sua finalidade na criação de vínculos específicos, a partir de uma ótica substantiva, os quais pudessem constituir liame social capaz de gerar prosperidade e sustentabilidade ao empreendimento.

Essa articulação entre uma lógica instrumental e substantiva é passível de ser bem articulada nos empreendimentos solidários e retoma os estudos de França Filho (2002). Os empreendimentos solidários, por sua natureza, possuem "capacidade de articular lógica de ação bastante diferenciadas na sua dinâmica" (França Filho, 2002, p. 2). Conforme analisado, a compatibilidade entre eficiência econômica e lógica solidária está respaldada no conceito de economia plural, desenvolvido por França Filho (2002), a partir dos estudos de Polanyi. Desse modo, o processo organizativo da Cooperlírios, por ser cooperativista-solidário, determina, *a priori*, experiência diferente daquela disseminada na economia brasileira.

Indagou-se, então, se as motivações de se constituir um empreendimento com eficiência econômica por meio de laços solidários realmente levariam, na dinâmica de seu processo organizativo, à realização desses objetivos. Subjacente a essa indagação, encontra-se a análise de como um grupo determinado, formado por interesses comuns, constrói, em sua prática particular, seus meios.

Os estudos do arranjo organizacional e da dinâmica de gestão da Cooperlírios levaram à interpretação de que o empreendimento, em sua particularidade, enquadra-se alinhado com os preceitos do movimento cooperativista e da Economia Solidária, adquirindo, com sucesso, dimensões que possibilitam que ele seja entendido como empreendimento solidário (Gaiger, 1996, 2003). Do primeiro ao sétimo princípio cooperativista (pioneiros de Rochdale), a Cooperlírios vive, à sua maneira, todos os seus pressupostos. Os catadores, antes sequer conhecedores do movimento cooperativista-solidário, ao vivenciarem a experiência de formar um empreendimento solidário, entraram em processo de aprendizagem situada e informal, pelo qual, agora, não apenas se consideram cooperados, mas também recicladores engajados em desenvolver o empreendimento: torná-lo cada vez mais um empreendimento solidário em pleno funcionamento, que integra a cadeia do tratamento do lixo urbano da cidade, inserindo indivíduos na formalidade do trabalho, gerando não apenas renda, mas também condições dignas de vida.

A interpretação do modelo de gestão construído e de sua dinâmica organizacional possibilitou outros pontos fundamentais para a reflexão sobre os empreendimentos de Economia Solidária e as influências nas questões de aprendizagem nas organizações. Conforme o próprio discurso do movimento propugna, os incentivos de formação de empreendimentos solidários estão dados atualmente na busca por uma solução digna, por meio de emprego e renda, para as populações de baixa renda e baixa escolaridade em situação de risco. Nesse sentido, como desenvolve Singer (2000), tendo em vista o perfil dos indivíduos trabalhadores dos empreendimentos solidários, existe descrença generalizada em sua capacidade administrativa. Muitos inclusive consideram essa questão problema maior ao sucesso do empreendimento do que a própria reação do capitalismo e da dinâmica do mercado a esse tipo de iniciativa. Não obstante, como Singer (2000) argumenta, o conhecimento é um processo que acontece no devir do tempo, tanto quanto a maturidade da autogestão, como a administração de todo o negócio.

As observações corroboram Singer (2000), pois, como desenvolvido, o arranjo organizacional cooperativista e solidário de autogestão conformou, no caso estudado, momentos de aprendizagem, os quais permitiram processos de aprendizagem que influenciaram a vida de seus cooperados, por meio do desenvolvimento de algumas competências técnicas, sociais e políticas, tanto individuais como coletivas. Esses processos são marcadamente situacionais, informais e incidentais, pelos quais, a despeito dos cooperados não possuírem educação escolar e profissional, a experiência de participar de assembleias, discutir criticamente a gestão e o trabalho em seu cotidiano, desenvolveu, na maioria deles, consideráveis noções de administração, as quais se apresentaram como suficientes para uma boa condução gestora do empreendimento. Os cooperados inclusive estruturam todo o modo e processo de gestão, desenhando a divisão do trabalho que os remunera de maneira mais justa, produtiva e motivadora. Ressalta-se, ainda, conforme analisado, não somente o desenvolvimento de noções de administração e competências gerenciais, mas, também, aprendizados relacionados com dinâmica social, cívica e solidária. Os cooperados manifestaram que, ao trabalhar na Cooperlírios, parecem estar mais aptos a argumentar e participar, bem como apresentam preocupação com o próximo e relativa capacidade de organização coletiva.

Estes processos de aprendizagem, que desenvolveram nos cooperados da Cooperlírios competências e habilidades técnicas, sociais e cívicas, retomam o debate da aprendizagem nas organizações como processo, e não produto, inerente da prática social, interpretado e incorporado por dois processos: participação e reflexividade.

Tais observações suscitam debate interessante sobre o princípio democrático nas organizações, recuperando os estudos de Pateman (1992). Esta autora apresenta seminal estudo sobre a participação no trabalho, abrindo o debate em torno dos reais princípios democráticos da autogestão *versus* as iniciativas gerencialistas de incentivo à participação dos anos 1960, como o toyotismo, cogestão, entre outros. A questão que se coloca é: afinal, de qual participação estamos falando?

Em seu livro Participação e Teoria Democrática, Pateman (1992) revê o papel da participação nas teorias da democracia e faz contundente crítica às imprecisões com que este conceito é utilizado pelos autores da Administração, nas análises de situações reais de trabalho. Nesses termos, Pateman (1992) analisa os tipos de exercício participativo dos trabalhadores nas organizações, definindo três tipos-ideais: pseudoparticipação, participação parcial e participação plena. De acordo com Pateman (1992, p. 98), a participação plena faz referência aos trabalhadores autorregulados, tendo,

> [...] neste tipo de situação... [a não existência de] dois 'lados' com poderes desiguais de decisão, mas um grupo de indivíduos iguais que têm de tomar suas próprias decisões a respeito da atribuição das tarefas e execução do trabalho [...] tal forma de participação consiste 'num processo no qual cada membro isolado de um corpo deliberativo tem igual poder de determinar o resultado final das decisões'.

Segundo esta autora, o corolário que se tem do exercício desse tipo de participação seria a vivência democrática e igualitária ativa nas organizações, trazendo consigo um componente pedagógico, tendo como resultado o incentivo à participação cívica. Promoveria, ainda, a formação de um indivíduo social e politicamente engajado.

Nesses termos, a Cooperlírios, ao consolidar a existência de um princípio democrático, dado por argumentação em assembleia e votação, pode ser considerada palco de experiência muito próxima da participação plena (Pateman, 1992). Mesmo nela sendo experimentada somente a dinâmica de votação, assumindo a possibilidade de influência nas decisões por determinados grupos (cooperados mais antigos, membros da Diretoria, e Prefeitura), interpretou-se que, por meio dessa dinâmica assembleística, discussão e voto, há, nesse empreendimento solidário, elementos de participação e reflexividade, que configuram experiências democráticas, práticas e pedagógicas, que se tornam momentos de aprendizagem positivos para técnica gerencial, sociabilidade, civismo e participação de seus cooperados.

Por seus aspectos e momentos de aprendizagem, conclui-se que a dinâmica de organizações solidárias sustenta possíveis condições objetivas e subjetivas que podem favorecer transformações econômicas direcionadas para humanização e emancipação, tomando os empreendimentos solidários dessa natureza como ações viáveis para o desenvolvimento local, mas, principalmente, como um arranjo organizacional que pode influenciar positivamente aspectos técnicos, sociais e políticos da vida de seus trabalhadores, sendo, nesses termos, incentivados como mecanismos de políticas públicas para redução da desigualdade e resgate da cidadania.

QUESTÕES PARA REFLEXÃO

1. À luz do arcabouço teórico de aprendizagem nas organizações que adota perspectiva social, identifique e analise quais foram os processos mais relevantes e impactantes no caso Cooperlírios: formais, informais e/ou incidentais? Justifique.
2. A partir dos estudos de Lave e Wenger (1991), Elkjaer (2001) e Weick e Westley (2004), analise os porquês da dinâmica organizacional de autogestão ter sido considerada, no caso Cooperlírios, relevante "momento de aprendizagem".
3. De acordo com o arcabouço teórico de aprendizagem nas organizações que adota perspectiva social, a aprendizagem é um processo socialmente construído e que se fundamenta em situações concretas, nas quais as pessoas interagem e participam. Dessa forma, Weick e Westley (2004) observaram que a aprendizagem nas organizações ocorre em situações nas quais a ordem justapõe-se à desordem, ou seja, em que o novo impõe-se e os indivíduos são compelidos a traçar novos rumos. Essas experiências são chamadas de momentos de aprendizagem. Explore uma organização, buscando analisar as interações e processos de trabalhos que nela ocorrem, com objetivo de identificar e analisar momentos de aprendizagem. Justifique os momentos de aprendizagem identificados, interpretando quais aspectos, competências e habilidades foram, a partir deles, desenvolvidos.

REFERÊNCIAS

ANTONELLO, C. S. Aprendizagem na ação revisitada e sua relação com a noção de competência. *Comportamento Organizacional e Gestão*, v. 12, n. 2, p. 199-220, 2006.

BANCO NACIONAL DE DESENVOLVIMENTO ECONÔMICO E SOCIAL. *Análise do custo de geração de postos de trabalho na economia urbana para o segmento de catadores de materiais recicláveis*. Rio de Janeiro, 2006. Disponível em: <http://www.bndes.gov.br>. Acesso em: 16 nov. 2006.

BRASIL. Ministério do Trabalho e Emprego. Brasília, DF, 2006. Disponível em: <http://www.mte.gov.br>. Acesso em: jul. 2008.

BROWN, J. S.; DUGUID, P. Organizational learning and communities-of-practice: toward a unified view of working, learning and innovating. *Organization Science*, v. 2, n. 1, p. 40-57, 1991.

BUBER, M. *O socialismo utópico*. São Paulo: Perspectiva, 2005.

CASTELLS, M. *A sociedade em rede*. São Paulo: Paz e Terra, 1999.

COFFEY, A.; ATKINSON, P. *Making sense of qualitative data*. Thousand Oaks, CA: Sage, 1996.

CONLON, T. J. A review of informal learning literature, theory and implications for practice in developing global professional competence. *Journal of European Industrial Training*, v. 28, n. 2/4, p. 283-295, 2004.

CULTI, M. N. O cooperativismo popular no Brasil: importância e representatividade. In: CONGRESO EUROPEO DE LATINOAMERICANISTAS, 3., 2002, Amsterdã, Holanda. 2002. Disponível em: <http://www.ecosol.org.br/txt/coopop.pdf>. Acesso em: 10 dez. 2006.

CUNHA, G. C. Dimensões da luta política nas práticas de economia solidária. In: SOUZA, A. R.; CUNHA, G. C.; DAKUZAKU, R. Y. (Org.). *Uma outra economia é possível*. São Paulo: Contexto, 2003. p. 45-72.

DENZIN, N. K.; LINCOLN, Y. S. Introduction: entering the field of qualitative research. In: DENZIN, N. K.; LINCOLN, Y. S. (Ed.). *Handbook of qualitative research*. Thousand Oaks, CA: Sage, 1994. p. 1-17.

EASTERBY-SMITH, M.; ARAUJO, L. Aprendizagem organizacional: oportunidades e debates atuais. In: EASTERBY-SMITH, M.; ARAUJO, L.; BURGOYNE, J. (Coord.). *Aprendizagem organizacional e organizações de aprendizagem*: desenvolvimento na teoria e na prática. São Paulo: Atlas, 2001. p. 15-38.

ELKJAER, B. Em busca de uma teoria de aprendizagem social. In: EASTERBY-SMITH, M.; ARAUJO, L.; BURGOYNE, J. (Coord.). *Aprendizagem organizacional e organizações de aprendizagem*: desenvolvimento na teoria e na prática. São Paulo: Atlas, 2001. p. 100-118.

ELKJAER, B. Organizational learning: the 'third way'. *Management Learning*, v. 35, n. 4, p. 419-434, 2004.

ELKJAER, B. Social learning theory: learning as participation in social processes. In: EASTERBY-SMITH, M.; LYLES, M. A. (Ed.). *The Blackwell handbook of organizational learning and knowledge management.* Oxford: UK: Blackwell, 2003. p. 38-53.

ENGELS, F. *A situação da classe trabalhadora na Inglaterra*. São Paulo: Boitempo, 2002.

FOLLIS, M. Autogestão. In: BOBBIO, N.; MATTEUCCI, N.; PASQUINO, G. (Org.). *Dicionário de política*. 11. ed. Brasília, DF: Ed. UnB, 1998. p. 74-81.

FRANÇA FILHO, G. C. A problemática da economia solidária: um novo modelo de gestão pública? In: ENCONTRO NACIONAL DA ASSOCIAÇÃO NACIONAL DE PÓS-GRADUAÇÃO E PESQUISA EM ADMINISTRAÇÃO, 26., 2002, Salvador. *Anais*... Salvador, BA, 2002.

GAIGER, L. I. G. Empreendimentos econômicos solidários. In: CATTANI, A. D. (Org.). *A outra economia*. Porto Alegre: Veraz, 2003. p. 135-142.

GAIGER, L. I. G. Empreendimentos solidários: uma alternativa para economia popular? In: GAIGER, L. I. G. (Org.). *Formas de combate e de resistência à pobreza*. São Leopoldo: UNISINOS, 1996. p. 101-126.

GHERARDI, S.; NICOLINI, D. The sociological foundations of organizational learning. In: DIERKES, M. et al. (Org.). *Organizational learning and knowledge*. Oxford: Oxford University, 2001. p. 35-60.

GHERARDI, S.; NICOLINI, D.; ODELLA, F. Toward a social understanding of how people learn on organizations: the notion of situated curriculum. *Management Learning*, v. 29, n. 3, p. 273-297, 1998.

GODOI, C. K.; BALSINI, C. P. V. A pesquisa qualitativa nos estudos organizacionais brasileiros: uma agenda bibliométrica. In: GODOI, C. K.; BANDEIRA-DE-MELLO, R.; SILVA, A. B. (Org.). *Pesquisa qualitativa em estudos organizacionais*: paradigmas, estratégias e métodos. São Paulo; Saraiva, 2006. p. 89-112.

GODOY, A. S. Estudo de caso qualitativo. In. GODOI, C. K.; BANDEIRA-DE-MELLO, R.; SILVA, A. B. (Org.). *Pesquisa qualitativa em estudos organizacionais*: paradigmas, estratégias e métodos. São Paulo: Saraiva, 2006.

HARTLEY, J. Case study research. In: CASSELL, C.; SYMON, G. (Ed.). *Essential guide to qualitative methods in organizational research*. London: Sage, 2004. p. 323-333.

IAMAMOTO, M. A questão social no capitalismo. *Temporalis*, v. 2, n. 3, p. 9-31, 2001.

IRION, J. E. *Cooperativismo e economia social*. São Paulo: STS, 1997.

LAVE, J.; WENGER, E. *Situated learning*: legitimate peripheral participation. New York: Cambridge University Press, 1991.

LECHAT, N. M. P. As raízes históricas da economia solidária e seu aparecimento no Brasil. In: SEMINÁRIO DE INCUBADORAS TECNOLÓGICAS DE COOPERATIVAS POPULARES, 2., 2002, Campinas, SP. *Anais eletrônicos* ... São Paulo: UNICAMP, 2002. Disponível em: <http://www.ecosol.org.br/txt/historic.doc>. Acesso em: 12 jul. 2006.

LÉVI-STRAUSS, C. *O pensamento selvagem*. São Paulo: Nacional, 1976.

LIBONI, M. T. L. *A empresa de autogestão*: uma visão psicossocial. Maringá, 2002. Dissertação (Mestrado em Administração) – Ciências Sociais Aplicadas, Departamento de Administração, Universidade Estadual de Maringá, Maringá, 2002.

MARSICK, V. J.; WATKINS, K. E. Lessons from informal and incidental learning. In: BURGOYNE, J.; REYNOLDS, M. (Ed.). *Management learning*: integrating perspective in theory and practice. Thousand Oaks, CA: Sage, 1997. p. 295-311.

MERRIAM, S. B. *Qualitative research and case study applications in education*. San Francisco: Jossey Bass, 1998.

MOTTA, F. C. P. *Burocracia e autogestão*: a proposta de Proudhon. São Paulo: Brasiliense, 1981.

NASCIMENTO, C. *Autogestão e o novo cooperativismo*. Brasília, DF: Ministério do Trabalho e emprego, 2004. Texto para discussão. Disponível em: <http://www.mte.gov.br>. Acesso em: 12 jul. 2006.

NICOLINI, D.; MEZNAR, M. B. The social construction of organizational learning: conceptual and practical issues in the field. *Human Relations*, v. 48, n. 7, p. 727-46, 1995.

OLIVEIRA, A. R. N. *Identidade e transformação na economia solidária*: a trajetória de vida de Luciene. Salvador, 2005. Dissertação (Mestrado em Administração) – Escola de Administração, Universidade Federal da Bahia, Salvador, 2005.

PARSONS, T. *Structure and process in modern society*. Glencoe: The Free Press, 1960.

PATEMAN, C. *Participação e teoria democrática*. São Paulo: Paz e Terra, 1992.

PERROW, C. A society of organizations. *Theory and Society*, v. 20, n. 6, p. 725-762, 1991.

PINHO, D. B. *Cooperativismo no Brasil*: da vertente pioneira à vertente solidária. São Paulo: Saraiva, 2004.

PINHO, D. B. *Manual do cooperativismo*. Brasília, DF: CNPq, 1982. v. 1.

PINHO, D. B. *Manual do cooperativismo*. Brasília, DF: CNPq, 1984. v. 4.

POLÔNIO, W. A. *Manual das sociedades cooperativas*. São Paulo: Atlas, 2001.

qualitative research. In: DENZIN, N. K.; LINCOLN, Y. S. (Ed.). *Handbook of qualitative research*. Thousand Oaks, CA: Sage, 1994. p. 1-17.

SATO, L. Djunta-mon: o processo de construção de organizações cooperativas. *Psicologia USP*, v. 10, n. 2, p. 219-225, 1999.

SINGER, P. *Cooperativismo e sindicatos no Brasil*. São Paulo: CUT, 1999. Disponível em: <http://www.cut.org.br>. Acesso em: 23 jan. 2006.

SINGER, P. Economia solidária. In: CATTANI, A. D. (Org.). *A outra economia*. Porto Alegre: Veraz, 2003. p. 116-124.

SINGER, P. Economia Solidária: um modo de produção e distribuição. In: SINGER, P.; SOUZA, A. R. (Org.). *A economia solidária no Brasil*: a autogestão como resposta ao desemprego. São Paulo: Contexto, 2000. p. 11-28.

SINGER, P. *Globalização e desemprego*: diagnóstico e alternativas. Petropólis: Vozes, 1998a.

SINGER, P. *Introdução à economia solidária*. São Paulo: Contexto, 2002.

SINGER, P. *Uma utopia militante*: repensando o socialismo. São Paulo: Contexto, 1998b.

SOUZA, A. R. Economia solidária: um movimento nascente da crise do trabalho. In: SOUZA, A. R.; CUNHA, G. C.; DAKUZAKU, R. Y. (Org.). *Uma outra economia é possível*. São Paulo: Contexto, 2003. p. 27-44.

SPINK, P. A organização como fenômeno psicossocial: notas para uma redefinição da psicologia do trabalho. *Psicologia e Sociedade*, v. 8, n. 1, p. 174-192, 1996.

SPINK, P. O resgate da parte. *Revista de Administração da USP*, v. 26, n. 2, p. 22-31, 1991.

STAKE, R. E. Case studies. In: DENZIN, N. K.; LINCOLN, Y. S. (Ed.). *Handbook of qualitative research*. 2nd ed. Thousand Oaks, CA: Sage, 2000. p. 435-454.

TESCH, W. *Cooperativismo de trabalho, alternativa ao desemprego*. São Paulo: Instituto de Promoção Social, 1995.

TESCH, W. *Dicionário básico de cooperativismo*. São Paulo: Walter Tesch, 2000.

WAUTIER, A. M. T. G. E. A economia social na França. In: CATTANI, A. D. (Org.). *A outra economia*. Porto Alegre: Veraz, 2003. p. 109-115.

WAUTIER, A. M. T. G. E. As relações de trabalho nas organizações de economia solidária: um paralelo Brasil-França. 2004. Tese (Doutorado em Sociologia) - Universidade Federal do Rio Grande do Sul, Porto Alegre, 2004.

WEICK, K. *A psicologia social da organização*. São Paulo: Edusp, 1973.

WEICK, K. E.; WESTLEY, F. Aprendizagem organizacional: confirmando um oximoro. In: CLEGG, S. R.; HARDY, C.; NORD, W. R. (Org.). *Handbook de estudos organizacionais*. São Paulo: Atlas, 2004. p. 361-388.

○ SUGESTÕES DE *SITES* SOBRE O TEMA

http://ewenger.com/

http://www.busca.sebrae.com.br/search?q=cultura+da+coopera%C3%A7%C3%A3o&btnG.x=0&btnG.y=0&btnG=Pesquisa%2BGoogle&entqr=3&getfields=*&output=xml_no_dtd&sort=date%253AD%253AL%253Ad1&entsp=0&client=web_um&ud=1&oe=UTF-8&ie=UTF-8&proxystylesheet=sebrae2&site=web_all&filter=0http://www.gestaocooperativa.com.br/tabid/410/Default.aspx

http://www.dpu.dk/site.aspx?p=5290&init=beel&msnr=1&lang=eng

http://www.portaldocooperativismo.org.br/sescoop/default.asp

http://www98.griffith.edu.au/dspace/simple-search?query=communities+of+practices

http://www98.griffith.edu.au/dspace/simplesearch?query=situated+learning

Claudia Simone Antonello

22

O PROCESSO INTERNÍVEIS DA APRENDIZAGEM ORGANIZACIONAL

OBJETIVOS DO CAPÍTULO

- Compreender o processo de aprendizagem organizacional numa dimensão dinâmica, a partir da integração de diferentes níveis organizacionais.
- Apresentar aspectos que permitem estabelecer a articulação entre a aprendizagem organizacional e o desenvolvimento de competências em diferentes níveis.
- Propor uma agenda para desenvolvimento de futuros estudos.

RESUMO

O estudo apresentado neste capítulo teve por objetivo discutir e explorar as articulações entre aprendizagem organizacional e desenvolvimento de competências individuais, funcionais e organizacionais. Trata-se de uma pesquisa qualitativa longitudinal que investigou três grupos de gerentes sobre os processos de aprendizagem nos níveis individual, grupal e organizacional. Os resultados obtidos auxiliaram a identificação da difusão de competências por meio do trabalho interativo e em equipe; pelo intercâmbio de experiências com especialistas, em reuniões, desenvolvimento de projetos e de maneira informal. Os achados também permitiram propor a noção de aprendizagem organizacional interníveis e sua articulação ao desenvolvimento de competências. O principal obstáculo a ser superado para realizar tal integração é substituir a tendência de se pensar em termos de categorias fixas de aprendizagem e trabalhar com a noção de processos dinâmicos, nos quais o nível grupal é fundamental. O capítulo conclui sugerindo uma agenda para estudos futuros sobre as conexões entre os processos de aprendizagem organizacional e o desenvolvimento de competências.

○ INTRODUÇÃO

As pesquisas sobre aprendizagem nas organizações têm se revelado cada vez mais importantes para que se possa não só compreender, como também intervir em processos de mudança organizacional. Investigar este fenômeno envolve compreender como as pessoas, individual e coletivamente, pensam, decidem e agem, ao se defrontarem com os desafios cotidianos que se impõem em suas atividades de trabalho.

A aprendizagem nas organizações pode ser entendida como um processo permanente de construção e desenvolvimento de competências, baseado na apropriação de novos conhecimentos, voltados para o desenvolvimento de novos mapas cognitivos que possibilitam às pessoas compreenderem a si próprias, a organização e o ambiente que as cerca, estabelecendo novas atitudes em relação a seu trabalho, a sua empresa e ao mundo externo (Fleury; Fleury, 2000; Kolb, 1984; Swieringa; Wierdsma, 1995).

Koenig (1996) afirma que a aprendizagem nas organizações, entendida como fenômeno coletivo de aquisição e elaboração de competências, pode contribuir de modo eficaz para o processo de mudança. Segundo o autor, a dimensão coletiva da aprendizagem pode ser ativada de duas maneiras, não mutuamente excludentes.

O primeiro modo baseia-se na circulação de ideias ou na difusão de práticas construtivas de novas competências. Neste caso, o impacto da aprendizagem cresce com a diversidade de interpretações produzidas pelos indivíduos. À medida que as pessoas passam a compreender, de forma similar, as diferentes percepções por elas produzidas, sua aprendizagem aumenta a possibilidade de aquisição de uma nova competência. O segundo modo é sustentado pela criação de relações entre as competências preexistentes, visando à maior confrontação e articulação entre os atores, que, normalmente, estão habituados a mobilizar suas competências de maneira independente. Koening (1994) apresenta as seguintes formas para ativar o processo de aprendizagem coletiva:

- Difusão de competências por meio do trabalho interativo e em equipe.
- Intercâmbio de experiências com especialistas ou entre domínios de competências, por intermédio de reuniões, projetos comuns ou de maneiras mais informais.
- Coleta de novos conhecimentos, acessíveis aos funcionários.

Pode-se identificar, na literatura, frequentes estudos que investigam a questão da aprendizagem organizacional e o desenvolvimento de competências de forma descolada. Esta investigação tem como objetivo principal discutir e avançar a etapa de análise e propor a ampliação do que se entende por aprendizagem organizacional e suas conexões com o desenvolvimento de competências. Isto somente foi possível por se tratar de um estudo longitudinal que investigou os processos nos níveis individual, grupal e organizacional e não somente os resultados da aprendizagem. Desta forma, foi a partir do micronível organizacional (indivíduo e seu grupo) que se realizou uma análise envolvendo o macronível organizacional, atribuindo-se destaque aos processos e níveis de aprendizagem. Este capítulo constitui-se de cinco seções principais: (1) metodologia empregada; apresentação e análise dos resultados simultaneamente associados à literatura sobre o assunto; (2) análise dos ciclos de aprendizagem (processos); (3) análise da criação de conhecimento (níveis), (4) apresentação de uma proposta de noção de aprendizagem organizacional e o desenvolvimento de competências por interníveis; (5) proposições para estudos futuros e considerações finais.

1 • O ESTUDO E A METODOLOGIA EMPREGADA

A pesquisa desenvolvida caracteriza-se como um estudo exploratório, de natureza predominantemente qualitativa, construído a partir de um desenho longitudinal (dois anos). Teve como unidade de análise o gestor e constituiu-se de três etapas – inicial, intermediária, avançada –, o que permitiu cortes profundos para uma análise processual do tema investigado.

O estudo investigou como ocorre o desenvolvimento de competências gerenciais dos participantes de programas de especialização e mestrado profissional em administração, no âmbito de uma universidade pública, e os processos de aprendizagem implicados. Os entrevistados participavam de duas modalidades de curso: de especialização e mestrado profissional *in company* (Caso I – Telefonia e Caso II – Metal) e de cursos abertos* (Caso III – ALFA). O desenho do curso da empresa Telefonia era diferenciado dos demais, pois se solicitava o desenvolvimento de projetos junto à própria organização (ver também Capítulos 10, 14 e 20).

Os gestores foram selecionados, de acordo com os seguintes critérios: ser participante dos referidos cursos e estar exercendo a função de gerência em sua organização, pelo menos há dois anos, período suficiente para o sujeito ter tido contato com as políticas de recursos humanos e o ambiente organizacional. Foram acompanhados e pesquisados, durante o período de dois anos, 24 gestores da empresa Telefonia (segmento de telefonia móvel) – gerências de RH, *Call Center*, Engenharia, Financeiro, Comercial, Lojas, Jurídico, Quiosques, Administração e Operações; 10 gestores da empresa Metal (segmento de máquinas e implementos agrícolas), pertencentes às áreas: Planejamento, Financeiro, Comercial, Exportação, Engenharia, Custos, Compras, RH, Produção; 9 gestores do caso ALFA, pertencentes a diferentes áreas de atuação e a empresas dos segmentos de Petroquímica, Ensino Superior e de Línguas, Médico-Hospitalar, Agronegócios, Construção Civil, Metalurgia e Comércio.

Na investigação, foram adotados recursos metodológicos da *grounded theory*. Foram utilizadas as técnicas de observação participante, acerca da interação e atuação dos alunos em *workshops*, e a realização de grupos de foco, perfazendo um total de 130 horas. Estes métodos foram empregados para investigar quais competências foram desenvolvidas e quais os processos de aprendizagem envolvidos – formais e informais – na percepção dos gestores. O objetivo era responder o questionamento: *Como ocorre o processo de intercâmbio entre as práticas informais e formais de aprendizagem, no processo de desenvolvimento de competências, numa dimensão individual e coletiva?*

No decorrer do levantamento de dados, gerou-se um referencial teórico, que foi sendo modificado e complementado. Ao examinar quais competências poderiam estar sendo desenvolvidas, houve uma preocupação de investigar e analisar qualitativamente aspectos relacionados aos processos de aprendizagem. Em fase posterior, a análise dos dados foi apresentada aos sujeitos pesquisados, com a finalidade de certificar se as descobertas eram coerentes com a realidade. A teoria gerada foi também confrontada com a literatura pertinente ao tema de pesquisa, a fim de identificar os contrastes e as contribuições.

2 • APRESENTAÇÃO E ANÁLISE DOS RESULTADOS

• 2.1 • Os processos de aprendizagem organizacional

Considerando a amplitude e a profundidade dos dados coletados no período de 24 meses, tornou-se possível realizar uma análise mais fidedigna dos processos (ciclos) de aprendizagem organizacional (Argyris; Schön, 1978; Crossan; Lane; White, 1999; Kolb, 1984; Swieringa; Wiersdisma, 1995); a criação de conhecimento (Nonaka; Takeuchi, 1997) e competências individuais, gerenciais e organizacionais (Le Boterf, 1999; Ruas, 2001; Sandberg, 2001), no Caso I, complementados pelos casos II e III.

* Entendidos como cursos de especialização e mestrado profissional, oferecidos pela Universidade e direcionados a profissionais de diversos segmentos e organizações.

As competências essenciais definidas e perseguidas pela Telefonia eram: gestão do negócio, sensibilidade ao cliente, prontidão para mudanças e gestão humana do trabalho. Após um ano do início deste estudo, a empresa foi adquirida, juntamente com outras três empresas do mesmo segmento de atuação. Os gestores da Telefonia já possuíam, antes da fusão, um estilo de atuação voltado para a questão das melhorias, modificando as regras e procedimentos existentes (aprendizagem de ciclo simples). Em determinados momentos, desde a fase seguinte à de implantação até a primeira troca de acionistas, chegaram a transitar pelo ciclo de aprendizagem duplo:

- Realizando mudanças também nos *insights* (teorias, conhecimentos, opiniões, argumentos) subjacentes às regras.
- Desenvolvendo mudanças em maior nível de profundidade e abrangência.
- Originando, muitas vezes, conflitos entre indivíduos e departamentos.
- Perguntando o "porquê" das regras, numa postura de maior proatividade (preventiva) do que corretiva, principalmente na área de engenharia (Swieringa; Wiersdisma, 1995).

No ritmo acelerado de mudanças, a própria troca de acionistas da empresa e um considerável corte de recursos financeiros fez, contudo, este movimento continuamente oscilar para o ciclo simples de aprendizagem, envolvendo a descoberta e a correção de erro dentro de um conjunto de variáveis administrativas e mudanças de natureza mais incremental, na tentativa de obter *feedback* rápido e, na sequência, realizar ajustes rápidos sobre as situações imprevistas e indesejadas (Argyris; Schön, 1978).

Após a consolidação da fusão, os gestores passaram a questionar princípios essenciais sobre os quais se fundamentava a empresa: a posição que a organização ocupava no ambiente externo; o tipo de empresa que queria tornar-se; sua identidade e suas competências organizacionais. As instâncias de tomada de decisão de maior porte e os processos nobres da empresa foram transferidos para a matriz, em outro estado, não permitindo que se estabelecesse um processo de "ruptura e desenvolvimento, impedindo assim, a geração do ciclo de aprendizagem triplo" (Swieringa; Wierdisma, 1995). Com a realização dos cursos *in company*, houve movimento e esforço dos gestores, e eles passaram a retomar o ciclo duplo de aprendizagem. Para ilustrar isso, apresenta-se um exemplo a partir dos projetos desenvolvidos na Figura 22-1.

A aprendizagem organizacional, em seu nível mais básico, recorre à aquisição de compreensão, experiência, técnicas e práticas que são, em algum grau, novas para a organização, como o reposicionamento da área de *Marketing* em relação à proximidade do cliente; o redimensionamento do sistema de atendimento a clientes no *call center*; novas práticas de avaliação e estabelecimento de indicadores. A aprendizagem manifestou-se em novos pensamentos e ações, mudanças de comportamento e atitudes e visões subjacentes, e redesenho de práticas e processos organizacionais. O sucesso da aprendizagem organizacional mostrou-se dependente da habilidade de seus gestores e equipes para perceber as coisas de diferentes formas, obter novos *insights* e compreensões (principalmente a noção de foco no cliente) e adotar novos padrões de comportamento, estratégias para captação e manutenção de clientes rentáveis a longo prazo (Argyris; Schön, 1978).

> E7 – Eu acho que foi uma coisa que mudou na cabeça de todo mundo, porque antes era vamos botar cliente, e isso foi uma das coisas que a gente falou muito, do valor do cliente. Foi uma coisa no momento adequado, a gente pensou, refletiu, o cliente é importante, mas também tem que ser efetivo.

Para Argyris e Schön (1978), a aprendizagem de ciclo simples é uma forma de aprendizagem instrumental. O relato anterior exemplifica a mudança de variáveis governantes, abrangendo a mudança na direção estratégica e a revisão dos sistemas. Os gestores procuraram ampliar os resultados através da captação de clientes sem muitos critérios, não estavam, até certo ponto, voltados para descoberta e correção de erros em

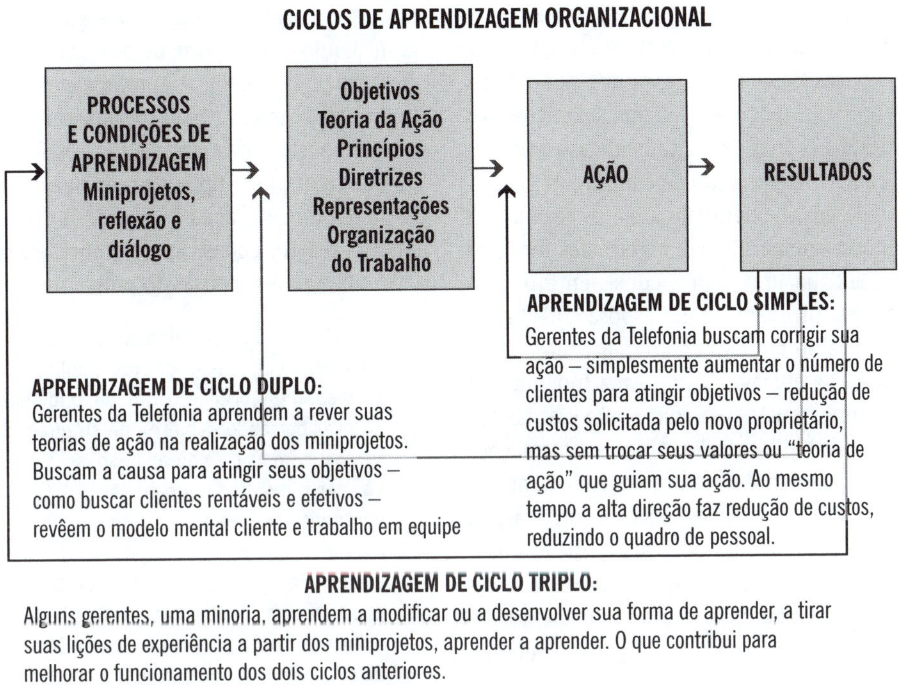

FIGURA 22-1 Exemplo de ciclos da aprendizagem.

Fonte: Elaborado a partir de dados coletados de Argyris e Schön (1978) e Swieringa e Wierdisma (1995).

perseguição a metas presentes, dentro de estruturas existentes. Em contraste a esta aprendizagem de repetições, se tem a de duplo ciclo, de caráter não rotinizado e baseada em processos cognitivos.

> E8 – A gente utiliza o erro como uma oportunidade de crescimento. Isso sempre foi o foco, sempre que tem o erro, nós erramos aqui, mas onde é que a gente pode melhorar. O que a gente não fez, ou o que deveria ter feito ou ter olhado pra que esse erro não ocorresse. Só que no início, como a rede era nova, tem implantação, problema de qualidade, trabalhamos durante muito tempo na reação, correndo atrás das coisas. Mas de um ano e meio pra cá, quando se conseguiu efetivamente trabalhar na prevenção. Baixamos de 30% de hora extra do pessoal de campo para 8. Se conseguiu inclusive mensurar isso.

A aprendizagem de duplo ciclo resultou em mudanças nas estruturas mentais subjacentes dos gestores, como: de teorias em uso (de uma forma mais centralizada para uma mais flexível de gerir equipes); suposições – "está funcionando bem assim", "cliente tem que ser atendido rapidamente" – para:

- Associação de atendimento rápido com a qualidade casada com a venda.
- Estratégias organizacionais (de "*marketing* distante para próximo ao cliente") e normas (redimensionamento de controles, procedimentos e indicadores utilizados).
- As formas nas quais foram construídos competências e ambientes.

Pelo surgimento e pela mudança de teorias variáveis em uso, a aprendizagem de ciclo duplo conduziu a troca transformacional para franqueza, flexibilidade e autonomia das equipes de trabalho. Ainda de acordo com Argyris e Schön, as pessoas possuem, em suas mentes, mapas sobre como devem planejar, implementar e avaliar suas ações. Poucas pessoas, no entanto, estão conscientes que os mapas que usam em suas ações são diferentes das teorias explicitamente assumidas.

O curso de especialização e mestrado *in company* e o desenvolvimento de projetos permitiram externalizar, compartilhar e rever estes modelos mentais. Existia uma teoria consistente que os gestores verbalizavam (teoria esposada) – "acredito no trabalho em equipe" ou "a equipe anterior que eu gerenciava desta forma funcionava" – e uma outra consistente com o que eles faziam (teoria em uso) – "centralização das informações e da tomada de decisão". A fim de realizar melhores escolhas sobre as ações a serem tomadas, os gestores precisaram conhecer sua teoria em uso, pois esta tratava das regras que governavam seu comportamento, no caso: muito controle e pouca autonomia e responsabilidade para sua equipe de trabalho. À medida que o curso e os projetos oportunizaram o questionamento, a reflexão e o diálogo, eles conseguiram se aproximar de suas teorias esposadas (regras sobre as quais os gestores acreditavam basear seu comportamento) e passaram a ter maior confiança, compartilhar informações, ouvir suas equipes, construir decisões em conjunto.

Argyris e Schön (1978) afirmam que as teorias em uso são desenvolvidas por variáveis governantes – valores aceitos pelo indivíduo e que determinam suas estratégias de ação. Por exemplo: E20 – "as pessoas são passivas, tenho que dizer o que devem fazer" – esta estratégia de ação era reforçada no dia a dia de trabalho, pois os resultados terminavam sendo alcançados, ou seja, as ações tomadas geravam consequências que realimentavam o julgamento das estratégias de ação.

Quando as consequências das ações vão de encontro às expectativas, surge a necessidade de mudança que pode acontecer de duas diferentes formas, relacionadas aos conceitos de aprendizagem de ciclo simples e ciclo duplo. Na primeira, o resultado da ação é analisado apenas no nível das estratégias de ação. Não se questionam, porém, as variáveis que guiam tais ações (E17: "se minha equipe é composta de pessoas passivas não questiono o porquê"). A aprendizagem em ciclo simples consiste em não se desafiar ou questionar os pressupostos mais arraigados dos indivíduos. Salienta-se que este tipo de aprendizagem é ineficiente em uma situação de mudança organizacional, pois resolve apenas aparentemente a questão e não questiona as causas do problema.

> E12 – E aí com o trabalho em cima do projeto eu comecei a ver, mas só um pouquinho, se eu fizer uma coisa de forma estruturada, onde em vez de eu ficar berrando daqui o que eu quero e fizer o pessoal começar a pensar nisso, será que eu não vou ter o resultado que eu espero? Comecei me dar conta. Apareceu um monte de coisas, de trabalhar diferenças, tem pessoas que não têm o mesmo tipo de conhecimento, de trabalhar com planejamento. E aí a equipe se envolveu, começou a dar resultado, em vez de eu ficar berrando aqui de cima o que eu queria, eles começaram a participar mais.

Na aprendizagem de ciclo duplo houve a preocupação de revisar as variáveis governantes. Neste caso, a aprendizagem foi mais eficaz, uma vez que o gestor questionou alguns modelos mentais que governavam suas decisões e suas ações. Como resultado, houve maior conscientização quanto ao processo de tomada de decisões. Nesta aprendizagem de ciclo duplo, houve um processo de questionamento sobre as causas dos problemas, auxiliando o gestor a tomar atitudes mais eficazes sobre a realidade. Os questionamentos foram *feedbacks* que lhe permitiram rever as regras de comportamento que governam as ações. Rotinas defensivas surgiram entre a etapa de reflexão e a etapa de formação dos conceitos, durante os *workshops* desenvolvidos nos cursos (exercício em pequenos grupos), por exemplo: "isso eu já sei; isso é muito complexo; tenho pressa, urgência; na prática é diferente; qual é a utilidade disto?; o que eu ganho com isso?; isso é óbvio; isso é muito acadêmico; já vimos isso ontem." Um dos questionamentos, que impulsionou o processo de transição do ciclo de aprendizagem simples para o duplo, foi o de obter uma visão sistêmica da organização, a partir das discussões nos *workshops*. Os participantes, em diversos momentos, foram levados a questionar-se e a refletir sobre sua entrega (Dutra, 2001).

> E3 – O que a tua área entrega sabe? Para que existe garantia de receitas na minha empresa?" Então me despertou isso, qual é a entrega da minha área? Tu tens que saber o que tu faz. Tudo tem que ser em prol de alguma coisa, enfim, tu tens uma parte. Porque o MKT fez a sua parte, porque o *call center* fez a parte dele e porque a garantia de receitas fez a sua parte, garantindo a qualidade. Então eu diria, me despertou muito mais a visão sistêmica da coisa. Despertou essa coisa de ver que um fato não é isolado, e me desenvolveu esse lado de poder olhar, por que isso tá acontecendo? Tem que ter outro reflexo.

Enquanto as atividades do ambiente de trabalho, no caso os projetos, não tomaram parte do contexto dentro do qual a aprendizagem acontece, o processo de aprendizagem não iniciou ou parou formalmente (Watson; Harris, 1999). Percebe-se, ao analisar o caso I, que a aprendizagem organizacional requer processos formais ou informais e estruturas pelas quais a aprendizagem possa ser empreendida e, então, difundida e transferida entre os indivíduos e grupos. Isto ocorreu pela articulação dos cursos *in company* com as práticas de trabalho. Enquanto processos e resultados da aprendizagem individual são condições prévias para aprendizagem organizacional (Probst; Raub; Romnhardt, 2002), a aprendizagem individual pode se dissipar, se não for compartilhada em nível de grupo e inserida, em nível organizacional, nos sistemas, estruturas, estratégias e rotinas (Lundberg, 1995).

> E7 – Tinha pessoas do *call center*, por exemplo, que eu conhecia quando muito por telefone, não tinha contato direto. Isso foi uma das grandes aprendizagens. O trabalho do projeto é um dos corresponsáveis por a gente estar mais unido hoje. Porque a gente sentava junto, trocava ideias, vimos que a gente trabalha junto, não somos inimigos, nós temos o mesmo objetivo, isso foi super importante, essa troca. Porque tem pessoas que ficam fisicamente em locais diferentes, que não interagem nunca. A engenharia é uma área que não interage nunca. A gente teve oportunidade de ver como eles trabalham, como fazem, como o trabalho deles reflete no teu trabalho, esse foi um momento muito rico do curso. Aumentou o inter-relacionamento das áreas, a capacidade de interagir com as áreas distantes.

Tal aprendizagem tornou-se real e objetiva quando se manifestou em uso como a teoria da organização (Lundberg, 1995); o mesmo aconteceu com a aquisição de conhecimento, a distribuição e a interpretação da informação (Argyris; Schön, 1996). Ocorreu na Telefonia um fato que, de acordo com Argyris e Schön, é comum: a empresa não estava em seu todo atuando num mesmo ciclo de aprendizagem. O que foi intensificado por não terem alguns gestores participado dos cursos e por outros terem participado, mas sem revelarem mudança em seus modelos mentais, gerando certas disparidades, no dia a dia da organização.

Alguns relatos permitiram identificar que o nível mínimo de aprendizagem – de superfície e de utilidade imediata – não tem longa duração ou implicações de desenvolvimento. O nível seguinte – assimilativo – aconteceu quando o comportamento foi incrementalmente modificado para retificar erros, numa situação específica, e assim satisfazer metas e valores existentes, processo denominado de ciclo simples (Argyris; Schön, 1978). A aprendizagem de ciclo duplo, por contraste, envolveu maior grau de reflexão e questionamento de valores subjacentes, percepções e teorias em uso pelo indivíduo. Este nível requer "olhar para trás" e um empreendimento reflexivo crítico para promover uma mudança mais fundamental (Argyris; Schön, 1978). Alguns gerentes (conforme Figura 22-1) conseguiram modificar ou desenvolver sua forma de aprender; tirar suas lições de experiência a partir dos projetos; aprender a aprender; mobilizar os recursos de competência.

De acordo Walsh e Ungson (1991), conceber a empresa sob a noção de aprendizagem organizacional implica que se construa seu conhecimento a partir de dois processos, que puderam ser evidenciados na Telefonia. Seus gestores (a) aprenderam com a experiência acumulada, mediante adaptações progressivas de novas ideias ou propostas – "memória coletiva organizacional"; (b) aprenderam com os projetos postos em prática. Se o primeiro processo permitiu certa estabilidade na organização, dada por sua cultura organizacional e por sua própria história coletiva de modos de atuar (gerir a experiência), os projetos em que se envolveram os gestores possibilitaram sua regeneração e a aprendizagem pela experiência prática. Um e outro dependem, em grande parte, das redes de colaboração que existem entre seus membros, visto que, sem um intercâmbio de experiências e ideais, o centro como instituição terá poucas possibilidades de mudança. No relato a seguir, ficam evidentes estes aspectos, pois, de acordo com o gerente de recursos humanos, os funcionários que pediram demissão ou foram demitidos da empresa permaneceram, de alguma maneira, impregnando a cultura da organização.

> E9 – Algumas coisas foram embora com as pessoas. Outras ficaram. O estilo de administrar ficou. Isso não sai. Fora algumas características pessoais, o que é natural de cada gestor, o "jeitão" de administrar ficou, mas ficou porque já tava sedimentado por outras políticas ou por outras práticas. Alguma coisa mais especifica de cada área provavelmente foi junto com a pessoa, mas porque era conhecimento dela. A administração do negócio, a gestão dos processos principais das áreas, todos esses permaneceram, em todas as áreas. O que a gente perdeu mesmo foi a possibilidade de desenvolver esses processos que ficaram com aquela pessoa que já dominava.

Os conceitos de memória e reflexão também são importantes. A aprendizagem, ao ser discutida, não só envolveu aquisição de conhecimento, mas também o uso de memória para armazenar o conhecimento adquirido. Por memória e reflexão, os indivíduos geraram modelos mentais que estruturaram o pensamento e a ação. Deste modo, estabeleceram um sentido de mundo; categorizaram nova informação ou conhecimento; avaliaram suas consequências; consideraram o que fazer; entraram em ação (Crossan; Lane; White, 1999).

Pode-se dizer que ocorreu aquisição de conhecimentos; desenvolvimento de competências; correlações ao longo do curso; partilha destes conhecimentos pela difusão e disseminação do que foi aprendido; uso da memória organizacional, a partir da experiência anterior, inclusive de funcionários que "permaneceram na cultura" da organização; utilização destes conhecimentos, a partir da integração desta aprendizagem disponível, a qual foi generalizada e reformulada em novas situações.

Na análise realizada, confirma-se o constatado por Beeby e Simpson (1998), em seus estudos sobre o assunto: a aprendizagem organizacional "sugere a importância *de* " e o "potencial *para*":

- Novas formas de pensar e agir – os gestores relataram novas formas de perceber os contextos interno e externo da organização (visão sistêmica) e, melhor, de perceber a si próprio (autoconhecimento), evidenciando isto em suas ações.
- Transformação de modelos mentais, sistemas de valores e estruturas mentais – identificados principalmente em análise dos projetos, modelos mentais em relação à equipe; noção de atendimento ao cliente; noção de problema e desenvolvimento de projetos propriamente dito, que se institucionalizaram.
- Processos de diálogo – oportunizado pelo desenho de curso que articulava desenvolvimento de competências e aprendizagem.
- Atenção para o sistema de capacitação e barreiras para a aprendizagem produtiva e a mudança: investimentos realizados nos cursos.
- Estratégias de *empowerment* a longo prazo-autonomia e responsabilidade no período de implantação da Telefonia e nas equipes no desenvolvimento de projetos.

A exposição realizada nesta seção permite dizer que as novas aprendizagens organizacionais, dependentes da emergência de novos padrões organizacionais, como a criação de interpretações de fatos e conhecimentos construídos socialmente, tornam-se parte da organização, geradas internamente ou induzidas por agentes externos. Dar primazia a esta dimensão organizacional da aprendizagem implica a criação de condições estruturais que a tornem possível, em que as pessoas possam estar disponíveis, em termos de atitudes, para aprender em contextos de trabalho, tanto gerando e fazendo o intercâmbio de conhecimentos, a partir da própria prática, como processando socialmente o conhecimento procedente de agentes internos ou organizações externas. Os membros de uma organização comunicam-se e assimilam valores, normas, procedimentos, durante a interação formal ou informal no trabalho. Qualquer organização conta com processos formais e informais, com estruturas para adquirir, partilhar, utilizar conhecimentos e habilidades, os quais podem ser empregados de forma sistêmica ou não, dependendo da organização e de seus integrantes.

• 2.2 • Criação de conhecimento: o papel do grupo

Diversos relatos dos entrevistados permitiram concluir que pela interação, talvez muitas vezes incidental, os gestores, em seu processo de aprendizagem, adquiriram e desenvolveram formas explícitas e implícitas de conhecimento. Os gestores utilizaram formas tácitas e explícitas de conhecimento ao lidarem com assuntos e problemas no cotidiano de seu ambiente de trabalho e em sala de aula. Em diferentes situações, identificou-se que pela socialização obtiveram um "conhecimento compartilhado" – modelos mentais ou habilidades técnicas compartilhados (Nonaka; Takeuchi, 1997). Na externalização, ocorreu o conhecimento conceitual, expresso por meio da comparação de métodos de trabalho e formas de solucionar seus problemas. Através da combinação, surgiu o conhecimento sistêmico, que apresentou como resultado a geração, por exemplo, de novos relatórios de controles estatísticos. Pela internalização, deram origem ao conhecimento operacional, executando as novas atividades, por exemplo, de atendimento ao cliente. Esses tipos de conhecimento não eram estanques, mas dinâmicos, interagindo entre si.

> E12 – Mas a gente podia ver que tinha muita diferença, primeiro que não tinha um padrão – os controles estatísticos agora são mais padronizados. Eu me matava fazendo uma coisa aqui, e ela se matava fazendo a mesma coisa lá e não existia essa aproximação. A gente acabou sentando na mesma mesa e discutindo coisas que nos afetavam, em vez de esconder o projeto. Começamos a discutir as questões, a ver que as dificuldades, base, tipo de pensamento e problemas eram os mesmos. Começamos a fazer o projeto, nos envolvemos, vimos que tínhamos soluções para as mesmas dificuldades.

Davenport e Prusak (1998) afirmam que a aquisição de conhecimento está claramente relacionada com o processo de aprendizagem e é mais ampla e mais profunda do que a mera acumulação de dados e informações. No caso I, a aprendizagem surge da tensão entre o novo e o velho conhecimento, bem como da transformação do conhecimento presente na memória de seus funcionários. Este contexto de aprendizagem acontece quando conceitos, estruturas e capacidades são criados ou se desenvolvem à luz do conhecimento que é novo ao indivíduo.

> E9 – Os debates e as discussões voltados para a estratégia. Os conceitos que eles [professores] nos passaram, estão permeando a organização como um todo. A gente aprendeu *marketing* integrado. Ele conceituou algo que a gente queria fazer, algo que a gente acreditava. Ele formalizou, sustentou algo que a gente achava que era bom e começamos a praticar. Então esse conceito de *marketing* integrado tá aqui, tá instaurado, já existe. A gente se baseia nele pra tomar uma série de atitudes, planejar ações.

A partir da proposta de estabelecerem-se relações entre os níveis de aprendizagem, utiliza-se a literatura proposta por Kolb (ênfase no individual), Nonaka (ênfase no grupal) e Crossan (ênfase no organizacional). No Quadro 22-1, apresenta-se um exemplo tomado dos relatos dos entrevistados que participaram dos cursos *in company* da Telefonia. Observa-se que tipos diferentes de conhecimentos vão sendo difundidos, de modos diferentes, como parte do processo de aprendizagem organizacional. As habilidades e o conhecimento técnico, muito do qual é organizado e formulado explicitamente, foram compartilhados mais facilmente e difundidos subsidiando procedimentos, normas, manuais ou estabelecendo rotinas fixas (por exemplo, os controles estatísticos e estabelecimento de indicadores no *call center*).

O conhecimento e as habilidades envolvidos em relações sociais são mais difíceis de articular, diferenciar e difundir. No caso da Telefonia, o conhecimento que está inserido nas suposições, crenças e valores da organização (noção de foco no cliente) necessitou de mais tempo para ser compartilhado, por ser individual e coletivamente internalizado (Tompkins, 1995). Embora já houvesse interações antes dos cursos, foram necessários praticamente dois anos oportunizando relações pelas quais o conhecimento explícito e/ou tácito pudesse ser originado, discutido e processado pelos indivíduos e grupos, a fim de que tal conhecimento se tornasse parte da teoria em uso (Von Krogh; Ichijo; Nonaka, 2000). Além do ambiente organizacional interno e dos gerentes, outros sujeitos que estão envolvidos na cadeia de valor – clientes, fornecedores, consultores externos, etc. – também possibilitaram oportunidades importantes para aprendizagem, o que talvez tenha se modificado foi a forma como os gestores passaram a tratar estes eventos como oportunidade de aprendizagem.

Além do espaço em curso, os elementos-chave que facilitaram o compartilhamento de aprendizagem foram: (a) a abertura dos canais de comunicação entre gestor e sua equipe; (b) o redesenho e a unificação do *call center;* (c) a transferência de todos os gestores da área administração para o mesmo andar do prédio; (d) a discussão e a revisão de alguns procedimentos e rotinas e o uso de método para planejar-se, permitindo aos membros da organização utilizarem a investigação, em vez de confiarem no conhecimento tácito (Marquardt, 1996; Probst; Raub; Romnhardt, 2002; Von Krogh; Ichijo; Nonaka, 2000). Embora com dificuldades, alguns gestores abandonaram determinados comportamentos e suposições para permitir o desenvolvimento de novas teorias em uso.

Em vez de olhar para aprendizagem no trabalho em níveis diferentes, profissionais ou de hierarquias organizacionais, eles têm que ser vistos como processos entrelaçados entre si. Nestes processos, a aprendizagem está conectada aos contextos de trabalho. Os processos reflexivos são instrumentos, contidos nos contextos, para explicar e produzir conhecimento implícito. Isto também significa que não é possível entender aprendizagem somente como uma construção de conhecimento formal.

• 2.3 • Processo interníveis da aprendizagem organizacional e as competências

A natureza da relação entre aprendizagem individual e organizacional é um tema de relevância neste estudo. Observa-se que, no caso da Telefonia, o desenvolvimento de projetos no ambiente organizacional e a interação em sala de aula favoreceram a obtenção dos efeitos necessários entre estes níveis. A aprendizagem individual foi inicialmente compartilhada em grupos e por comunicação, por meio de processos institucionais, a fim de transferir o que fora aprendido pelos indivíduos para a organização e o reverso, bem como para armazenar e acessar o que fora aprendido (Crossan; Lane; White, 1999; Lundberg, 1995). Observou-se também que, mesmo ocorrendo certa disparidade entre os gestores participantes do programa de desenvolvimento gerencial, alguns

QUADRO 22-1
Quadro com exemplo das relações entre Kolb, Nonaka e Crossan

Ênfase Nível	Individual Kolb (1984)	Grupal Nonaka e Takeuchi (1997)	Organizacional Crossan, Lane e White (1999)
INDIVIDUAL	**Experiência** (experiências concretas): os gestores partiram de sua experiência de trabalho, nas quais se deparam com novas experiências concretas, e transacionam com ela em termos de novos sentimentos, observações e reações. **Observação reflexiva** (observação e reflexão): os gestores tiveram oportunidade de observar a nova situação, quando da elaboração do projeto. No primeiro momento, eles adicionaram ou ajustaram sua percepção baseados em sua aprendizagem anterior. Assim, refletiram sobre experiências passadas e passaram a pensar sobre a experiência corrente com o projeto como algo a ser tomado como modelo ou não. Depois, na fase de avaliação dos resultados do projeto, realizaram observação cuidadosa.	**Socialização:** ocorreu nos *workshops* para desenvolvimento de competências; na interação no ambiente de trabalho e em sala de aula, durante o curso de especialização e mestrado, facilitando o "compartilhamento de experiências e modelos mentais dos membros".	**Intuição:** **(a)** alguns gestores conseguiam intuitivamente identificar as possibilidades e/ou padrões inerentes de sua experiência pessoal; **(b)** no gerenciamento de suas equipes de trabalho. **Interpretação:** ocorreu quando os gestores, em sala de aula, procuraram explicar um *insight* ("cair as fichas", como denominam) ou ter algumas ideias para si mesmos e para os outros.
GRUPAL	**Conceituação abstrata** (formação de conceitos abstratos e generalizações): à medida que algumas experiências adaptaram-se a um padrão, os gestores estabeleceram uma generalização e um conjunto de conceitos para definir a situação em questão. Por exemplo, a unificação do atendimento no *call center*. Quando desenvolveram o novo "conceito de call center" e o generalizaram, passaram a imaginar outras diferentes experiências concretas. Levantamtam novas questões, como a possibilidade de, além da realização do atendimento, venderem para o cliente, exigindo a elaboração e a generalização de outros conceitos.	A **externalização** foi provocada pelo "diálogo ou reflexão coletiva" dos significados, durante o curso e no desenvolvimento dos projetos, auxiliando as pessoas a externarem o conhecimento tácito que, de outra forma, seria mais difícil de ser transmitido. A **combinação** que surge através da "colocação do conhecimento recém-criado e do conhecimento já existente provenientes de outras seções da organização em uma rede", quando os gestores utilizaram o espaço das orientações em grupo, nos *workshops*, e a apresentação dos resultados dos projetos como meios para combinar diferentes conhecimentos.	**Integração:** é o processo de desenvolver o entendimento compartilhado entre indivíduos e a tomada de ação coordenada por ajuste mútuo. Instigados pelo curso, estabeleceram diálogo dentro e fora do ambiente de sala de aula e do trabalho, produzindo uma ação em comum até obter desenvolvimento do entendimento compartilhado. Por exemplo, duas gerências de lojas de diferentes municípios identificaram que seus problemas eram semelhantes e estavam sendo tratados de formas diversas, implicando dificuldades e muito esforço de cada gestor individualmente. Este processo foi, inicialmente, *ad hoc* e informal, embora também ocorresse em ambiente formal. A maioria das ações selecionadas e coordenadas em cada projeto ocorreu periódica e significativamente.
ORGANIZACIONAL	**Experimentação ativa** (teste das implicações dos conceitos em novas situações, as quais levarão a novas experiências). Alguns projetos, por exemplo, não foram necessariamente completos, exigindo novos testes e aperfeiçoamento, bem como novas experiências concretas, iniciando-se novo ciclo.	A **internalização** trata-se do processo de conversão do conhecimento explícito em tácito. Ela ocorreu quando os gestores foram a campo e colocaram em prática as atividades propostas em seu projeto.	**Institucionalização:** processo que assegura que as ações rotinizadas aconteçam. O *call center*, por ex., mantém em andamento cerca de 80% dos projetos desenvolvidos por ocasião do curso, ou seja, houve institucionalização, pois ocorreu a inserção da aprendizagem dos gestores e grupos dentro da organização e a inclusão de sistemas, estruturas, procedimentos e estratégia.

Fonte: Elaborado pela autora a partir da literatura.

mecanismos foram se instalando, por intermédio dos cursos, para suprir esta defasagem, conforme relata o gestor de recursos humanos:

> E11 – Como tinha essa distância entre os gestores que estavam no desenvolvimento de gestores e os que não estavam, em algumas situações faltava conceito. E aí iam para discussão, um falava uma coisa, dois entendiam, um não entendia. Acabava que as pessoas tinham que explicar, não é o mais estruturado, não é o mais indicado. Mas funcionava, porque senão a pessoa que já tem o conceito não consegue discutir.

Este aspecto condiz com o que Locke e Jain (1995) comentam sobre os fatores que podem impedir a aprendizagem individual de propagar-se pela organização, os quais incluem políticas organizacionais e procedimentos e a falta de uma massa crítica de pessoas com novas competências para trabalharem juntas para a mudança. No caso I, embora tenham surgido conflitos para superar estas barreiras, houve um número suficiente de pessoas capacitadas, com conhecimento e liderança para aplicação da nova aprendizagem. O diálogo entre gestores, como o elemento-chave, encorajou-os a pensarem juntos e no processo, aliviando perturbações que podem limitar a aprendizagem no nível individual (Romme; Dillon, 1997).

Pela forma como transcorreram os processos de aprendizagem na Telefonia, pode-se, a partir deste estudo, propor uma noção de "processo dinâmico de interníveis" para a aprendizagem organizacional. Considerando a aprendizagem organizacional como a capacidade (ou processos), dentro de uma organização, de manter ou melhorar o desempenho baseado em experiência e sendo ela construída e interpretada como um fenômeno sistêmico que vai além da aprendizagem dos indivíduos, pode-se identificar quatro níveis de complexidade – individual; equipe/grupal; interáreas; organizacional – que impactam o desenvolvimento da aprendizagem na organização (Figura 22-2). Pode-se propor também a noção de aprendizagem organizacional como um processo contínuo e sistêmico em interníveis (individual, grupal, interáreas e organizacional) de apropriação e geração de novos conhecimentos, envolvendo todas as formas de aprendizagem – formais e informais – no contexto organizacional. Processo este alicerçado numa dinâmica de reflexão e ação sobre as situações-problema e voltado para o desenvolvimento de competências gerenciais e organizacionais.

Aqui, aprendizagem envolve um "fluxo de mudança" pelos níveis individual, de equipe/grupo, interáreas e organizacional, altamente dependente da administração eficaz da atividade de internível. Inspirado em Kolb (1984), é um processo cíclico de quatro fases – experimentação; observação/reflexão; conceitualização; experimentação ativa – que combina ação e conceitualização, quando empregado em questões de mudança. Em cada um dos níveis, ocorrem diversos ciclos experienciais e, ao interagir com outros interníveis, são gerados novos ciclos experienciais.

No primeiro nível, é necessário que o indivíduo mova-se pelas fases do ciclo de aprendizagem, refletindo *sobre* e estando aberto a experiências, prestando atenção consciente a pensamentos internos e a sentimentos, quando frente a situações e eventos. O segundo nível de aprendizagem em grupo envolve dar atenção para ambas as questões – de conteúdos que estão relacionados à tarefa e processar questões da dinâmica de grupo – como estas se desenvolvem e impactam na coesão do grupo por intermédio do diálogo; é onde ocorre a difusão e o compartilhar de competências individuais (baseado em Argyris; Schön, 1978; Nonaka; Takeuchi, 1997).

Na aprendizagem em terceiro nível do grupo interáreas, volta-se a atenção para os efeitos de perspectivas culturais no processo e conteúdo de aprendizagem e se estabelecem, em alguns casos, competências ditas específicas de cada área. Por exemplo, a competência funcional da área de MKT é a de otimizar segmen-

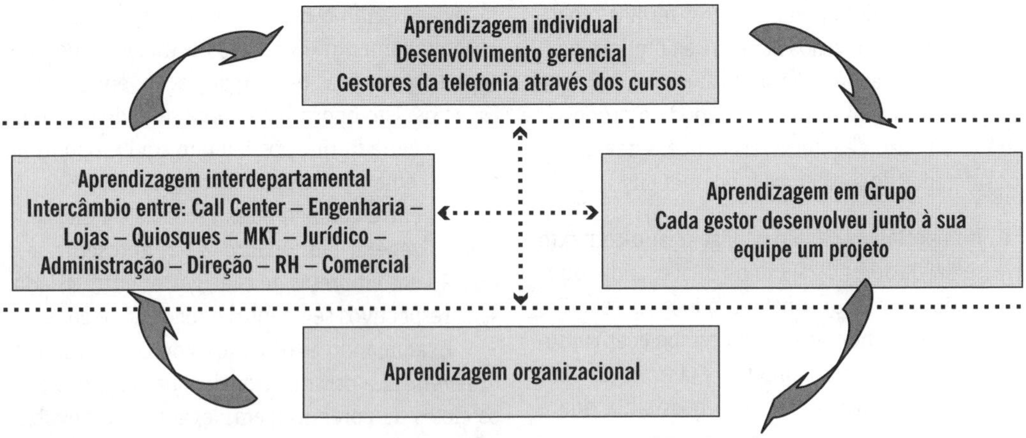

FIGURA 22-2 Aprendizagem nas organizações – interníveis.

Fonte: Elaboração própria.

tação de produtos e serviços e construir rede de relacionamento, diferente da competência funcional da área de engenharia que é a de garantir o funcionamento do sistema de operações (cobertura do sinal). O cuidado exigido é o esclarecimento e o desfazer-se de estereótipos normalmente identificados nas organizações (vendas não considera capacidade de produção; administração só tem procedimentos burocráticos, impedindo atendimento ágil aos clientes, dentre outros). Ou seja, a aprendizagem, neste nível é particularmente propensa à distorção pelos efeitos de dinâmica de intergrupo negativa, em que distinções rígidas entre o grupo e seu exterior são sustentadas por estereótipos positivos de si e estereótipos negativos de outro(s) (baseado em Crossan; Lane; White, 1999; Nonaka; Takeuchi, 1997).

O nível de aprendizagem organizacional requer a integração dos níveis de aprendizagem 1, 2 e 3 sobre como aprender a respeito do ambiente externo e da estratégia organizacional. Em todos os níveis, a aprendizagem é habilitada ou inibida, à medida que indivíduos, em equipes ou pelo grupo inter-áreas, empenham-se ou não na exploração conjunta de suposições e modelos mentais (baseado em Argyris; Schön, 1978; Crossan; Lane; White, 1999).

Observa-se que o curso instigou os gestores ao processo de questionamento e reflexão e à possibilidade de comunicação e troca entre seus participantes. Uma das condições para que este processo ocorra é, portanto, os indivíduos estarem atentos à eficácia do diálogo (Schein, 1993), bem como aos meios práticos de transformar relações adversas em relações mútuas, alterando os modos de as pessoas pensarem e agirem em seus sistemas, e de facilitar a evolução de modelos mentais compartilhados e de processos de pensamento perpassados por subculturas organizacionais. Evidencia-se, assim, que a teoria e a prática de diálogo são meios importantíssimos na facilitação da aprendizagem nas organizações.

Seguindo a linha de pensamento de aprendizagem organizacional como um processo internível dinâmico, pode-se também representar esta noção como uma rede de níveis de aprendizagem, sistematicamente interdependentes por um padrão complexo e fluido de transações de mão-dupla, com entradas e saídas e ciclos de *feedback* (Crossan; Lane; White, 1999). Conforme Tompkins (1995), a representação não linear do processo de difusão pode requerer muitas repetições completas ou ciclos para que a aprendizagem coletiva possa acontecer, assegurando a aprendizagem entre todos os níveis do modelo proposto. Para esta noção de interníveis também devem ser considerados dois aspectos fundamentais:

1. A importância de não negligenciar o contexto social da aprendizagem no qual os indivíduos estão inseridos, considerando suas relações e preocupando-se em não estabelecer rupturas entre o conhecimento e a ação (Raelin, 1997; Richter, 1998). Isto possibilita que a ação, neste caso, em que se conjugaram as dimensões individual, grupal, interáreas e organizacional, seja analisada a partir de novos níveis de complexidade.
2. A conexão dos conceitos de aprendizagem organizacional e difusão/disseminação – quer dizer que a aprendizagem coletiva trata-se também da difusão de competências do indivíduo para os membros do coletivo (nível grupal), pelo compartilhar (Nonaka; Takeuchi, 1997). Isto aumenta a capacidade de a organização entrar em ação efetiva, gerando novas competências individuais, funcionais e organizacionais. Desta perspectiva: aprendizagem coletiva é igual a compartilhar e disseminar competências mais a capacidade ampliada para entrar em ação efetiva.

3 • SUGESTÃO PARA ESTUDOS FUTUROS

Enquanto o Caso I possibilitou obter algumas considerações, as informações e as análises oriundas dos Casos II e III permitem levantar, para estudos futuros, questões sobre a possível relação entre as competências e os níveis de aprendizagem organizacional. Nas entrevistas em profundidade realizadas com os gestores, foi solicitado que, além da autobiografia profissional, descrevessem a organização à qual estavam vinculados e relatassem situações de mudança, que tivessem de alguma forma impactando o negócio e as pessoas; ações de desenvolvimento e práticas de trabalho; competências requeridas pela organização; entre outros aspectos. Isto oportunizou uma série de subsídios que, de certa forma, possibilitam aqui propor uma análise, embora incipiente, sobre as possíveis conexões entre competências gerenciais e ciclos de aprendizagem. No Quadro 22-2, apresenta-se a relação das empresas de cada gestor entrevistado, seus respectivos segmentos e focos de negócio.

Examinando as evidências do comportamento gerencial e organizacional e suas relações com os ciclos de aprendizagem, levanta-se a possibilidade de melhor avaliar qual tipo de aprendizagem sustenta ou propicia algum tipo de competência, pois cada ciclo de aprendizagem organizacional termina refletindo o conjunto de processos e rotinas adotado pela organização e seus gestores (Fiol; Lyles, 1985). Se as conexões entre os ciclos de aprendizagem organizacional e o desenvolvimento de competências forem identificadas, isto trará maiores implicações para a formação de competências organizacionais e para o desempenho da organização. A partir das entrevistas, foi possível identificar alguns tipos de orientação para aprendizagem, que estão apresentadas no Quadro 22-3.

A partir destas categorias, procurou-se localizar cada uma das empresas representadas pelos entrevistados e relacioná-las com as competências transversais desenvolvidas a partir dos cursos (Quadro 22-4). Evidentemente estas competências não são universais e tão pouco generalizáveis, a ideia é desenvolver um tipo de raciocínio que instigue estudos futuros. Pelo quadro proposto, observa-se que a passagem de um ciclo para outro pode ser gradual e que esta classificação não representa necessariamente toda a empresa, mas uma ênfase, pois algumas áreas podem se situar em ciclos diferentes. O Quadro 22-4 foi elaborado com o intento de elucidar as possíveis conexões aqui propostas.

As orientações sugeridas para aprendizagem emergiram dos entrevistados. Certamente, em outras empresas poderão ser identificadas novas

QUADRO 22-2
Entrevistados do caso II – Metal e caso III – Alfa

Foco	Valorização (classificação a partir de Gubman, 1998)	Segmento empresa	Empresa
Clientes	Relacionamento	Telecom	Telefonia
Clientes	Relacionamento	Ensino Superior	Ensinar
Clientes	Relacionamento	Ensino Línguas	Línguas
Clientes	Relacionamento	Médica	Medicare
Clientes	Relacionamento	Comércio	Vestir
Operações	Método, resultados concretos	Construção Civil	Arquitetura
Operações	Método, resultados concretos	Petroquímica	Petros
Produto	Inovação	Máquinas Agrícolas	Metal
Produto	Inovação	Agronegócios	Agro
Produto	Inovação	Motosserra	Motor
Produto	Inovação	Metal – Forjas	Metal

Fonte: Dados empíricos.

orientações. Ressalta-se que, conforme Weick (1991), a capacidade de uma organização de responder ao ambiente é dependente de sua capacidade de percepção, do processo de exploração e de sua capacidade de resposta. Consequentemente, o esquema de uma organização ou visão de mundo pode variar do altamente avançado ao muito básico e inadequado para lidar com estímulos ambientais.

De acordo com alguns autores, as evidências de aprendizagem de ciclo duplo e triplo estão por trás da criação da competência organizacional (Beckett; Murray, 2000). Quando grupos trabalham para criar significado compartilhado de suas experiências, boas ou ruins, elas se traduzem em competência integrativa, conduzindo à maior capacidade, que transcende experiência individual. Identificar quais competências são ou podem ser desenvolvidas a cada ciclo de aprendizagem organizacional auxiliaria, portanto, a compreender como são constituídas as competências organizacionais. A proposta aqui é a de instigar o leitor ao desenvolvimento de novas pesquisas.

CONSIDERAÇÕES FINAIS

A partir deste estudo, pode-se dizer que transitar entre o micro e o macronível de análise é claramente essencial se se quiser avançar o pensamento sobre aprendizagem organizacional. O principal obstáculo a ser superado para trazer tal integração é substituir a tendência de pensar em termos de categorias fixas de aprendizagem e trabalhar com a noção de processos dinâmicos de aprendizagem, em que o processo em nível de grupo é fundamental. É importante levar em conta que a competência é um fenômeno que está evoluindo constantemente, ela está em construção por indivíduos que interagem dentro de contextos e níveis organizacionais variáveis. Para melhor entender a noção de competências é útil fazer algumas distinções entre os diferentes modos de conhecimento. Kim (1993) utiliza a teoria da aprendizagem experiencial para sugerir que aprendizagem acerca do "saber como" diz respeito a habilidades e trabalho relacionados ao conhecimento e "saber por que", ao conheci-

QUADRO 22-3
Tipos de orientação para aprendizagem

Organização orientada para	Características
1. Mudanças simples	• A habilidade para mudança é básica e *ad hoc*, porque a aprendizagem ocorre principalmente por meio da experiência em pequenos passos e avanços incrementais.
2. Estrutura	• Sistemas e procedimentos são primordiais para auxiliar a empresa a aprender e a crescer, cultivando uma base para prescrever como fazer melhor as coisas. • Qualquer mudança mais significativa é reativa.
3. Eficiência	• No gerenciamento, as pessoas começam a reconhecer a necessidade de melhorar a eficiência para resolver problemas relativos a fazer as coisas de forma correta. • A produção aumenta por causa da melhoria da eficiência e dos esforços de eficiência orientados para maior aprendizagem.
4. Valor	• Através do reconhecimento que a aprendizagem passada está baseada num ciclo simples de aprendizagem, as pessoas começam a questionar o sistema presente perguntando "por que". Isto conduz a incongruências do sistema presente, pois existem crenças que serão alteradas. • A mudança virá do maior engajamento e proatividade para inovação e melhoria incremental, criando valor agregado da mudança de processos. • Ambos, gerentes e funcionários, estão orientados para aprendizagem e a visão de mundo é constantemente modificada. • A empresa começa a colocar maior prioridade sobre sistemas de pensamento e a geração de novo conhecimento passa a ser importante.
5. Dinâmica de aprendizagem	• Mudança passa a ser uma forma de vida como cultura da empresa. • Questionamento crítico e reflexão são comuns. • A aprendizagem é caracterizada pela forte alteração da noção de capacidade do indivíduo para a de grupo. As equipes e o ambiente interno são dinamicamente integrados. • Pensamento sistêmico é comum. Inovação e criação de conhecimento são muito valorizados.

Fonte: Elaborado pela autora a partir de dados coletados.

mento das convicções e valores que constroem a identidade. Conclui-se que a interação de ambas as formas de aprender provê a conexão essencial entre pensamento e ação.

A abordagem proposta, a partir dos resultados deste estudo, sugere que a aprendizagem é uma atividade social que acontece dentro de um ambiente participativo, em que a interação entre pessoas conduz a uma terceira dimensão instruída, "saber quem". Cada uma destas três dimensões deve ser vista como uma competência que pode ser elaborada através de múltiplos níveis de análise. Juntas, elas subsidiam uma estrutura inclusiva para guiar a compreensão e o desenvolvimento das competências que contribuem para a construção das competências organizacionais. Modelos semelhantes já foram aplicados em outros domínios de conhecimento (Defillippi; Arthur, 1996 em carreiras; Quinn; Anderson; Finkelstein, 1996, capital intelectual).

Encerra-se este capítulo apresentando-se o Caso I (Figura 22-3) como ilustração da noção proposta de aprendizagem organizacional, em interníveis, pela disseminação e pelo compartilhar de competências.

Na ilustração da Figura 22-3, o gerente desenvolve competências de gestão, técnicas, sociais e de aprendizagem, ao mover-se pelas fases do ciclo de aprendizagem, refletindo *sobre* e estando aberto a experiências, dentre outras manei-

QUADRO 22-4
Ciclos de aprendizagem e competências desenvolvidas

Ciclo aprendizagem	Orientação da aprendizagem	Empresas	Competências desenvolvidas
Simples	1. Orientada p/ mudanças simples	**Metal**	O desenvolvimento de competências não ocorre num planejamento sequencial, pois qualquer tomada de decisão é mais flexível por não existirem procedimentos e sistemas.
	2. Orientada para estrutura	**Metal** – grupos de melhorias	**COMPETÊNCIAS TÉCNICAS:** 1. conhecer processos e atividades da empresa; 2. conhecer e saber como e quando aplicar ferramentas; 3. conhecimentos específicos e gerais em sua área de atuação; 4. capacidade de rever conceitos.
Duplo	3. Orientada para eficiência	**Metal** – times da qualidade	**COMPETÊNCIAS DE GESTÃO – Capacidade para:** 1. estabelecer objetivos; 2. questionar entrega – atividade/trabalho; 3. contextualizar – leitura de ambiente/situação interna-externa; 4. visão sistêmica; 5. tomada de decisão; 6. prontidão à mudança – flexibilidade; 7. visão de negócio; 8. negociação.
Triplo	4. Orientada p/ dinâmica de aprendizagem	**Telefonia** – fase de implantação até a fusão	**COMPETÊNCIAS SOCIAIS – Capacidade de:** 1. relacionamento interpessoal; 2. comunicação; 3. gestão de pessoas; 4. trabalhar em grupo; 5. desenvolver equipes. **COMPETÊNCIAS DE APRENDIZAGEM – Capacidade de:** 1. reflexão; 2. visão crítica – emancipatória; 3. observação – olhar observador; 4. estabelecer um conhecimento reflexivo; 5. permitir-se o erro; 6. autodesenvolvimento; 7. lançar mão dos conhecimentos na ação – agir;

Fonte: Elaborado pela autora a partir de dados coletados.

ras, pelas práticas de trabalho de seu dia a dia. No segundo nível de aprendizagem em grupo, ocorre a expansão destas competências ditas funcionais (por exemplo, na Engenharia, principalmente a competência técnica), que estão relacionadas à tarefa, quando ocorre a difusão e o compartilhamento de competências individuais. Os processos de aprendizagem, neste nível, podem ocorrer a partir da elaboração de projetos por uma equipe de trabalho ou em reuniões e aqui também são desenvolvidas competências ditas específicas de cada área. Na aprendizagem em terceiro nível, de grupo interáreas, desenvolve-se competências que darão sustentação às competências organizacio-

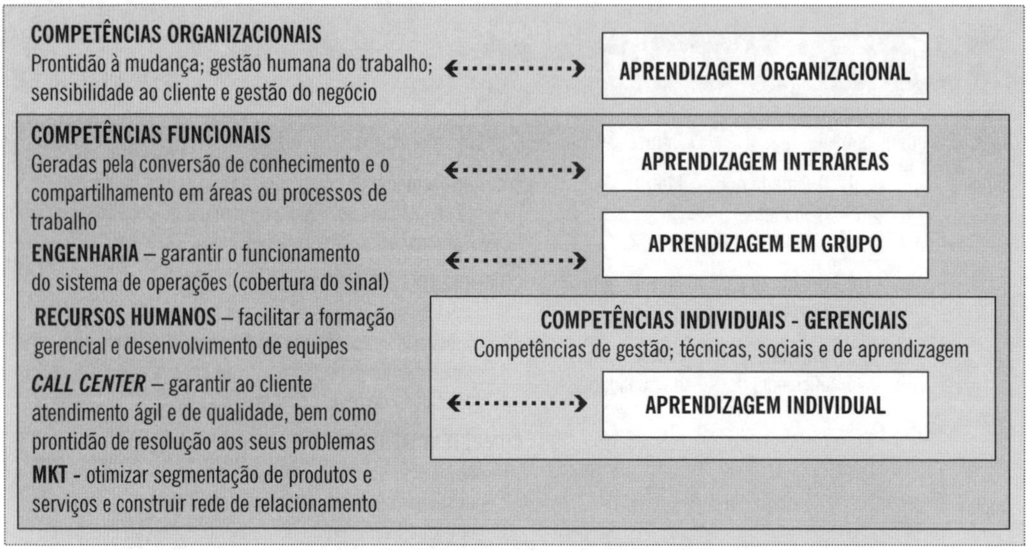

FIGURA 22-3 Aprendizagem organizacional e desenvolvimento de competências – Telefonia.
Fonte: Elaborado pela autora a partir de dados coletados e literatura pesquisada.

nais. Por exemplo, o *Call Center* – à medida que tem que garantir ao cliente atendimento ágil e de qualidade, bem como prontidão de resolução aos seus problemas – expande principalmente a competência funcional social. Quando o *Call Center*, por exemplo, desenvolve um projeto conjunto com MKT (que tem como competência funcional a gestão), para aproximação de suas interfaces de trabalho, ocorrem processos de aprendizagem e a difusão de competências que podem facilitar o desenvolvimento de uma competência organizacional – sensibilidade ao cliente –, emergindo a possibilidade de aprendizagem organizacional.

Ressalta-se que o contexto organizacional é uma complexa trama de referências (intercâmbio de informações, ideias, dentre outros) que, a longo prazo, pode auxiliar a configurar o saber dos indivíduos e, em igual tempo, determinar uma textura social para este saber. Compreendido deste modo, o contexto em que ocorre a aprendizagem pode ou não criar equilíbrio dinâmico entre o saber/teoria e saber-fazer/prática. É através desta estreita interdependência ou coprodução de conhecimento teórico-prático que as competências podem ser desenvolvidas. Aprender significa desenvolver competências por envolvimento num processo contínuo e dinâmico de aprendizagem. Como tal, a aprendizagem não é apenas reprodução, mas também reformulação e renovação do conhecimento e das competências, a partir da interação dos indivíduos nos diferentes níveis organizacionais.

○ QUESTÕES PARA REFLEXÃO

1. Discuta, posicione-se e argumente acerca da seguinte afirmação: "Aprender significa desenvolver competências por envolvimento num processo contínuo e dinâmico de aprendizagem. Como tal, a aprendizagem não é apenas reprodução, mas também reformulação e renovação do conhecimento e das competências, a partir da interação dos indivíduos nos diferentes níveis organizacionais".
2. Caracterize as diferenças estabelecidas entre ciclo simples, duplo e triplo de aprendizagem, a partir de exemplos do ambiente organizacional.
3. O que você entende por criação do conhecimento?
4. O que pode instigar a aprendizagem coletiva e como pode fazê-lo?

○ REFERÊNCIAS

ARGYRIS, C.; SCHÖN, D. *Organizational learning*: a theory of action perspective. San Francisco, CA: Jossey-Bass, 1978.

ARGYRIS, C.; SCHÖN, D. *Organizational learning II*: theory, method, and practice. Massachuts: Addison, 1996.

BECKETT, R.; MURRAY, P. Learning by auditing: a knowledge creating approach. *The TQM Magazine*, v. 12, n. 2, p. 125-36, 2000.

BEEBY, M.; SIMPSON, P. Barriers, boundaries and leaks in an organization development dimension. *The leardship and Organization Development Journal,* v. 19, p. 353-61, 1998.

CROSSAN, M.; LANE, H. W.; WHITE, R. E. An organizational learning framework: from intuition to institution. *The Academy of Management Review,* v. 24, n. 3, p. 522-537, 1999.

DAVENPORT, T.; PRUSAK, L. *Conhecimento empresarial*: como as organizações gerenciam o seu capital intelectual. Rio de Janeiro: Campus, 1998.

DEFILLIPPI, R.; ARTHUR, M. Boundaryless contexts and careers. In: ARTHUR, M.; ROUSSEAU, D. *The boundaryless career*. New York: Oxford University Press, 1996.

DUTRA, J. S. (Org.). *Gestão por competências*. São Paulo: Gente, 2001.

FIOL, C. M.; LYLES, M. A. Organisational learning. *Academy of Management Review*, v. 10, n. 4, p. 803-813, 1985.

FLEURY, A., FLEURY, M. T. *Estratégias empresariais e formação de competências*. São Paulo: Atlas, 2000.

GUBMAN, E. *Talento*. Rio de Janeiro: Campus, 1998.

KIM, D. H. The link between individual and organizational learning. *Sloan Management Review*, v. 35, n. 1, p. 37-50, 1993.

KOENIG, G. L'apprentissage organisationnel repérage des lieux. *Revue Française de Gestion*, n. 97, p. 76-83, 1994.

KOLB, D. *Experiential learning*. Englewood Cliffs, NJ: Prentice-Hall, 1984.

LE BOTERF, G. L. *L'ingénierie des compétences*. Paris: Les editions d'organisation, 1999.

LOCKE, E. A.; JAIN, V. K. Organizational learning and continuous improvement. International. *Journal of Organizational Analysis*, v. 3, p. 45-68, 1995.

LUNDBERG, C. C. Learning in and by organizations: three conceptual issues. *The International Journal of Organisational Analysis*, v. 3, n. 1, p. 10-23, 1995.

MARQUARDT, M. J. *Building a learning organization*: a system approach to quantum improvement and global success. New York: McGraw-Hill, 1996.

NONAKA, Y.; TAKEUCHI, H. *Criação de conhecimento na empresa*. Rio de Janeiro: Campus, 1997.

PROBST, G.; RAUB, S. ROMNHARDT, K. *Gestão do conhecimento*. Porto Alegre: Bookman, 2002.

QUINN, J. B.; ANDERSON, P.; FINKELSTEIN, S. Managing professional intellect. *Harvard Business Review*, p. 19-28. Mar./Apr. 1996.

RAELIN, J. Action Learning and action science: are they different? *Organizational Dynamics*, v. 26, n. 1, p. 21-34, 1997.

RICHTER, I. Executive learning and organizational learning: diffuse power or dormant potential. In: CONGRESS OF ORGANIZATIO NAL LEARNING, 1., 1999, Lancaster. *Proceedings...* [S.l.: s.n.], 1999.

ROMME, G.; DILLON, R. Mapping the landscape of organizational learning. *European Management Journal*, v. 15, p. 68-78, 1997.

RUAS, R. A *gestão das competências gerenciais e a aprendizagem nas organizações*: 2ª Versão. 2001. Documento Preliminar, PPGA/UFRGS, Porto Alegre. Mimeo.

SANDBERG, J. Understanding human competence at work: an interpretative approach. *Research Seminar Series*, v. 43, n. 1, p. 9-17, 2001.

SCHEIN, E. On dialogue, culture and organisational learning. *Organizational Dynamics*, v. 22, n. 2, p. 40-51, 1993.

SWIERINGA, J.; WIERDISMA, A. *La organización que aprende*. Massachusetts: Addison Wesley, 1995.

TOMPKINS, T. C. The role of diffusion in collective learning. *International Journal of Organisational Analysis*, v. 3, n. 1, p. 69-85, 1995.

VON KROGH, G.; ICHIJO, K.; NONAKA, I. *Enabling knowledge creation*. Oxford: University Press, 2000.

WALSH, J. P.; UNGSON, G. R. Organizational memory. *Academy of Management Review,* v. 16, n. 1, p. 57-91, 1991.

WATSON, T.; HARRIS, P. *The emergent manager*. London: Sage, 1999.

WEICK, K.E. The non-traditional quality of organizational learning. *Organization Science*, v. 2, n. 1, p. 116-24, 1991.

○ SUGESTÕES DE *SITES* SOBRE O TEMA

http://findarticles.com/p/articles/mi_m4339/is_3_21/ai_65379605/

http://www.12manage.com/methods_nonaka_seci.html

http://www.accessmylibrary.com/coms2/summary_0286-30911921_ITM

http://www.actionscience.com/argbib.htm

http://www.aomonline.org/

http://www.brint.com/papers/orglrng.htm

http://www.infed.org/index.htm

http://www.infed.org/thinkers/argyris.htm

http://www.ingentaconnect.com/

http://www.onepine.info/pargy.htm

http://www.oup.com.au/titles/academic/business_and_economics/business/9780199240289

http://www.sciencedirect.com/science

http://www.valuebasedmanagement.net/methods_organizational_learning.html

Douglas Wegner

23

APRENDIZAGEM INTERORGANIZACIONAL

um estudo das redes horizontais de pequenas empresas

OBJETIVOS DO CAPÍTULO

- Abordar aspectos teóricos sobre aprendizagem interorganizacional.
- Aprofundar a compreensão sobre os fatores que influenciam a aprendizagem interorganizacional em redes de pequenas empresas.
- Apresentar dois estudos de caso de redes de empresas e o impacto dos fatores identificados para a aprendizagem interorganizacional.

RESUMO

O grande número de alianças estratégicas, parcerias e redes de empresas existentes no mercado, aliado ao potencial de geração de aprendizagem nas relações interorganizacionais, tem estimulado a realização de estudos envolvendo os dois temas. Este capítulo tem como objetivo aprofundar a compreensão sobre os elementos que moderam a aprendizagem em redes de pequenas empresas, influenciando o processo de aprendizagem e a disposição dos atores de buscar e gerar conhecimentos. A partir de um estudo qualitativo, de caráter exploratório e descritivo, foram realizadas entrevistas em profundidade com empresários de duas redes gaúchas de comércio varejista de materiais de construção. Os resultados demonstram que a participação eficaz dos empresários em atividades da rede é fundamental para que ocorra a aprendizagem. Elementos como inexistência de concorrência no grupo, objetivos compartilhados e um ambiente sem conflitos, aliados à disposição e à abertura dos empresários para aprender, também foram destacados. A contribuição teórica deste estudo está na compreensão integrada de um conjunto de elementos que afetam a aprendizagem em rede. Além disso, as entrevistas revelaram que a aprendizagem atua como motivadora da participação e da manutenção do interesse de muitos empresários na relação cooperativa.

○ INTRODUÇÃO

A cooperação empresarial tem sido tratada extensivamente pelo meio acadêmico nos últimos anos, como resultado do grande número de organizações que passaram a utilizar a colaboração como uma estratégia para obter novos recursos e competitividade. O potencial de aprendizagem proporcionado pelos arranjos organizacionais cooperativos também tem sido tema de estudos acadêmicos, preocupados em compreender melhor o fenômeno e seus reflexos para os arranjos e as organizações participantes. Isso se deve ao fato de que, como ressalta Child (2001), mesmo aquelas relações interorganizacionais que não foram estabelecidas com o objetivo explícito de gerar aprendizagem acabam fazendo com que este seja um subproduto para os envolvidos, uma vez que conhecimentos e experiências distintas são levados para a relação.

Nas palavras de Holmqvist (2003), a aprendizagem gerada pelas relações interorganizacionais apresenta um importante complemento para aquela gerada dentro da própria organização. O autor acredita que o contato com outras organizações é fundamental para gerar variedade de experiências, pela experimentação, inovação e aceitação de riscos que ele proporciona. De certa forma, essa aprendizagem serve como contrapeso à intraorganizacional, focada na busca da produtividade, rotinização, refinamento e elaboração das experiências existentes, mas que pode conduzir a empresa a uma visão limitada e à perda de oportunidades. É o equilíbrio entre esses dois processos de aprendizagem (intra e interorganizacional) que permite explorar oportunidades presentes e futuras.

Entende-se, portanto, que todas as relações interorganizacionais oferecem um importante espaço onde o contato de diferentes conhecimentos e vivências, trazidos pelos participantes, pode ser compartilhado. Mais do que isso, a partir da interação podem ser gerados novos conhecimentos que modificam as organizações participantes e a relação cooperativa em si. As redes horizontais de empresas são uma dentre várias formas organizacionais cooperativas possíveis, sendo normalmente compostas por pequenas ou médias empresas de um mesmo segmento de atividade, com carência de recursos e competências, que colaboram em função de objetivos comuns, visando à manutenção ou à ampliação de sua competitividade no mercado.

Este estudo tem como objetivo aprofundar a compreensão sobre o processo de aprendizagem interorganizacional que ocorre em redes horizontais de pequenas empresas, a partir da perspectiva dos empresários que as compõem. Parte-se de uma contextualização dos arranjos organizacionais cooperativos, dentre os quais as redes de empresas, destacando suas características e peculiaridades. Na sequência, são apresentadas perspectivas teóricas sobre aprendizagem organizacional, atribuindo destaque à abordagem sociocultural, selecionada como lente para o desenvolvimento do estudo. A seção destaca também os elementos moderadores da aprendizagem em redes de empresas. Acrescenta-se, depois, o método de pesquisa utilizado, a análise dos achados em campo e as considerações finais do estudo, com discussões sobre suas implicações para a teoria e a prática organizacional.

1 • COOPERAÇÃO EMPRESARIAL: AS REDES HORIZONTAIS DE EMPRESAS

A cooperação tornou-se uma estratégia de importância crescente para empresas em situação desvantajosa no mercado ou que pretendem ampliar suas condições de competição em um ambiente dinâmico. De um lado, a falta de recursos essenciais ou a incapacidade de construir individualmente vantagens competitivas e, de outro, o acirramento da competição protagonizado pela abertura de mercado e as facilidades de comunicação, aumentaram a importância da cooperação interorganizacional. Especialmente pequenas empresas têm na colaboração com seus pares uma possibilidade de adquirir em conjunto recursos e competências essenciais às suas atividades (Casarotto Filho; Pires, 1998).

Um amplo espectro de formas organizacionais baseia-se nos princípios de cooperação empresarial e formação de alianças, compreendendo *joint-ventures*, parcerias, redes de empresas e acordos de colaboração. De forma genérica, Gulati (1998) define alianças estratégicas como arranjos voluntários entre empresas, envolvendo troca, compartilhamento e desenvolvimento conjunto de produtos, tecnologias e serviços. Elas podem surgir em função de diversos motivos e metas, tomar uma variedade de formas e ocorrer através de relações horizontais ou verticais. Apesar do grande número de configurações possíveis de arranjos cooperativos, variando em função de fatores como integração, poder, controle e perfil dos participantes, este trabalho tem como foco a aprendizagem em redes horizontais de empresas.

Rede horizontal é um modelo de arranjo cooperativo formado por empresas de um mesmo segmento produtivo que possuem objetivos comuns e concordam em trabalhar em conjunto para ampliar ou proteger sua competitividade, mantendo sua autonomia. O surgimento de uma rede deve-se à identificação de uma necessidade de recursos por parte de um conjunto de empresas e a percepção de que através da cooperação será possível obter tais recursos (Cândido; Abreu, 2000). Essas redes, em uma variação denominada redes de cooperação, distinguem-se de outros tipos de arranjos cooperativos devido à participação de empresas de um mesmo segmento de atividade e pelo seu caráter de gestão participativa e igualitária. Diferem das redes verticais, por exemplo, nas quais há uma empresa líder, normalmente de grande porte (Casarotto Filho; Pires, 1998) e das redes proprietárias (Grandori; Soda, 1995), como é o caso das franquias, onde existe um controlador que determina parâmetros ou mantém o controle de recursos específicos. Como ressalta Verschoore (2004), nas redes de cooperação cada membro mantém sua individualidade, participando diretamente das decisões e dividindo de forma simétrica os benefícios e os resultados que são alcançados através das atividades conjuntas.

Entre os benefícios auferidos pelas empresas participantes dessas redes destacam-se a aprendizagem, a legitimação e o *status*, bem como vantagens econômicas (Podolny; Page, 1998). Isto é, os participantes conseguem negociar melhores condições com fornecedores e clientes, realizam divulgação conjunta, abrem novos mercados ou desenvolvem novos produtos, além de obter vantagens relacionadas à troca de informações e à aprendizagem em grupo.

A constituição de uma aliança cooperativa é marcada por várias etapas. Ceglie e Dini (1999) fazem referência a cinco etapas distintas que marcam o processo de criação de uma rede: promoção do empreendimento e motivação dos potenciais participantes, planejamento estratégico das atividades do grupo, realização de projetos-piloto, desenvolvimento de projetos estratégicos e autogestão da rede. O grupo passa por um processo de maturação ao longo da constituição da rede, culminando com a autogestão, quando os agentes externos que em muitos casos apoiam a rede, deixam de ter papel central nas atividades. No caso da metodologia de constituição de redes de empresas utilizada pelo programa público do Governo do Estado do Rio Grande do Sul (Rio Grande do Sul, 2004), as etapas caracterizam-se pela realização de contatos iniciais com as empresas, formatação de mecanismos legais e regulamentos, criação de equipes de trabalho e elaboração de planejamento estratégico, culminando com a consolidação da rede, quando ela atinge maturidade e capacidade de autogestão.

2 • APRENDIZAGEM: NÍVEIS E PERSPECTIVAS

Na literatura sobre aprendizagem organizacional identifica-se uma predominância de estudos que consideram os níveis individual e organizacional, priorizando a transferência do conhecimento do sujeito para a organização, pouco considerando o papel do nível grupal. Há uma enorme lacuna, portanto, que pode ser considerada em estudos futuros: o nível grupal (equipes, unidades e subculturas) e ampliar o escopo para examinar os diferentes atores nos diversos níveis de análise, incluindo processos que ultrapassam os limites organizacionais (aprendizagem interorganizacional).

A aprendizagem interorganizacional é aquela que ocorre no contexto de grupos de organizações que cooperam proativamente. Knight (2002) argumenta que desta noção podem ser extraídas abordagens diferentes: (a) a apropriação de aprendizagem pelas organizações individuais – o que cada uma pode aprender das demais ou a partir da interação entre elas (*interorganizational learning*); (b) a aprendizagem que é institucionalizada pela modificação do comportamento da aliança, o que pode ser compreendido como aprendizagem pelo grupo de empresas – aprendizagem da rede (*network learning*); (c) ou ainda as redes criadas com o objetivo exclusivo de gerar aprendizagem para seus membros (*learning networks*).

Relacionando o processo de aprendizagem com o sujeito que está aprendendo, Knight (2002) sugere que a aprendizagem interorganizacional refere-se a indivíduos, grupos e organizações aprendendo em um contexto de relações interorganizacionais. Por outro lado, a aprendizagem em rede contrasta com a ideia de aprendizagem interorganizacional porque se refere à rede como o sujeito da aprendizagem. Evidências da aprendizagem em rede estão relacionadas à criação de estruturas cognitivas compartilhadas dentro da rede, normas e interpretações compartilhadas, bem como práticas coletivas ou coordenadas através da rede. A autora destaca que, ao contrário do que acontece em organizações hierárquicas ou coordenadas, nas redes interorganizacionais a ausência de estruturas de autoridade significa que processos de aprendizagem não podem ser traçados por meio de evidências de procedimentos formalizados, políticas ou sistemas em nível da rede.

Em outro artigo, Knight e Pye (2005) afirmam que a aprendizagem em rede pode ser caracterizada por mudanças em propriedades no nível da rede, não sendo meramente a soma da aprendizagem dos indivíduos e das organizações que compõem a rede. A autora exemplifica que, se há mudanças em uma organização individual, mas não ocorre reflexo no nível da rede, então ocorreu aprendizagem organizacional no contexto da rede (aprendizagem interorganizacional), mas não ocorreu aprendizagem em rede. Para Knight e Pye (2005), a aprendizagem em rede pode ser de práticas da rede, interpretações da rede e estruturas da rede, em três níveis que vão do mais simples ao mais complexo.

Além das discussões sobre os níveis de aprendizagem – individual, grupal, organizacional e interorganizacional –, a literatura de gestão utiliza diferentes perspectivas para compreender e analisar o tema. A perspectiva psicológica, por exemplo, trata a aprendizagem organizacional como uma analogia da aprendizagem individual ou entende a aprendizagem individual como a base para a organizacional (Maier; Prage; Von Rosentiel, 2001). Na teoria econômica, habitualmente mais empregada pelos pesquisadores que investigam aprendizagem interorganizacional, toda criação e aquisição de aprendizagem é analisada pela ótica do incremento no desempenho econômico que ela pode proporcionar, de maneira que a aprendizagem organizacional é uma capacidade da empresa para facilitar a geração de conhecimentos e sua disseminação através da organização (Boerner; Maches; Teece, 2001). Já na perspectiva antropológica, as organizações são entendidas como culturas, como processos, em vez de estruturas, e a aprendizagem ocorre a partir das mudanças nas próprias culturas e nos artefatos culturais (Czarniawska, 2001).

Como forma de analisar a aprendizagem organizacional, teóricos de gestão também têm utilizado a perspectiva sociocultural de aprendizagem (Gherardi; Nicolini, 2001; Strati, 1998). Esta perspectiva valoriza as noções de participação e reflexividade. O conceito de participação destaca o fato de que a aprendizagem não acontece somente ou principalmente na mente dos indivíduos, mas, sim, a partir da participação dos indivíduos em atividades sociais. Com base em uma abordagem microinteracionista, a aprendizagem está relacionada com o processo de tornar-se membro de uma comunidade, porque as relações sociais são importantes para a transmissão de conhecimento e o desenvolvimento de identidades (Gherardi; Nicolini, 2001). Isto é, a aprendizagem sempre é situada na esfera da interação social.

A reflexividade está diretamente ligada à participação, porque ocorre quando o fluxo de experiência é interrompido e o sujeito reflete sobre o conhecimento. Refere-se às maneiras de ver o ato passado e reflete os modos existentes de ver (Gherardi; Nicolini, 2001). Logo, participação denota a existência de interação e compartilhamento de normas, valores, identidades e significados por um grupo de indivíduos, gerando aprendizagem. Segundo Gherardi e Nicolini (2001), é importante destacar que, na perspectiva sociocultural, a aprendizagem não é uma atividade distinta de outras atividades, mas é parte do processo de tornar-se membro de uma organização e é intrínseca às práticas que sustentam essa organização.

O problema de algumas perspectivas adotadas para investigar aprendizagem organizacional é que mesmo estando baseadas em modelos de aprendizagem que teorizam sobre o indivíduo e/ou a dinâmica social articulados às práticas cotidianas, terminam subestimando a complexidade desta dinâmica. Por esta razão, teorias contemporâneas de aprendizagem organizacional tendem a trocar seu foco: do individualismo para as perspectivas de aprendizagem sociais (Sawchuk, 2003), de aquisição para concepções baseadas em práticas (Hager, 2004) e de uma análise atomística para as análises sistêmicas que também respondem pelas microinterações que ocorrem dentro da atividade (Engeström, 2001). Além disso, embora timidamente, é crescente o interesse por analisar as relações de poder, aspectos políticos e a questão da diversidade, pois estas dimensões interferem nas atividades cotidianas e nos processos de aprendizagem gerados.

Porém, até mesmo os estudos que reivindicam que se deva considerar uma abordagem processual para estudar a aprendizagem nas organizações não examinam a natureza da aprendizagem como um fluxo. Para a complexidade social da aprendizagem somente agora está se buscando associar alguns *insights* que estão emergindo de tais análises (Antonacopoulou, 2006; Antonacopoulou; Chiva, 2005; Fenwick, 2002, ver também Capítulos 1, 2 e 4 deste livro) e a abordagem sociocultural está começando a lançar luzes sobre algumas das dimensões negligenciadas da aprendizagem no contexto de trabalho nas organizações. A aprendizagem é compreendida pelo emergir de relações e interações das pessoas com os elementos sociais e materiais de contextos particulares. Assim, *contexto* é considerado, a partir de suas divisões do trabalho e relações de poder, ambiente, cultura, linguagem, identidade, dentre outros.

À parte das diversas abordagens possíveis para compreender e analisar a aprendizagem organizacional, este estudo toma como lente a perspectiva sociocultural, justamente em função das características das redes de empresas. Tais estruturas organizacionais dependem, em grande medida, da interação de seus participantes e da sua capacidade de compartilhar recursos, conhecimentos e experiências, gerando resultados sinergísticos. É a partir da interação e das relações entre os participantes que a aprendizagem interorganizacional é possível e seus efeitos podem ser percebidos nas organizações que compõem as redes.

3 • APRENDIZAGEM EM REDE

Child (2001) observa que a troca e a obtenção de conhecimentos podem ser subprodutos desejáveis da colaboração, mesmo naquelas alianças e arranjos colaborativos que não são formados com a intenção específica de adquirir novos conhecimentos. Pode-se acrescentar que aprender com os parceiros e trocar conhecimentos é um processo natural, à medida que empresas e indivíduos com habilidades e competências diferentes criam alianças. Inkpen (1996) reforça que alianças criam oportunidades de aprendizagem inigualáveis para as empresas participantes, a partir das habilidades e capacidades das empresas que estão cooperando.

Uma característica positiva dos arranjos cooperativos é que os conhecimentos e as perícias complementares trazidos pelos participantes podem promover o aprendizado por meio da transferência ou da sinergia, estimulada pela aproximação de profissionais com diferentes bases de conhecimento (Child, 2001). Para esse autor, no entanto, o tipo de aprendizagem que pode ser gerada depende do propósito, do envolvimento e das necessidades dos parceiros. Esse conjunto de fatores irá determinar os níveis e o escopo do conhecimento que poderá ser transferido entre os participantes: conhecimento técnico, sistêmico e estratégico.

O nível técnico refere-se a técnicas específicas relacionadas, por exemplo, à seleção de pessoal, a processos de qualidade ou pesquisa de mercado. Child (2001) o compara ao *single-loop* ou aprendizagem de rotinas, de Argyris e Schön (1978). Já o nível sistêmico de conhecimento pertence aos sistemas organizacionais e procedimentos. O foco está em um tipo integrativo de aprendizagem que envolve a reestruturação de relacionamentos e a criação de novas regras, semelhante à aprendizagem de *double-loop* (Argyris; Schön, 1978). Por último, o nível estratégico refere-se à construção e ao compartilhamento de significados por parte dos gestores e envolve processos reflexivos que geram novos *insights* e promovem a proatividade estratégica.

Assim como destacado por Ceglie e Dini (1999), Child (2001) alerta para um ponto importante: a aliança cooperativa se desenvolve enquanto relacionamento ao longo do tempo, em termos de um ciclo de vida. Ela se move de um contato inicial, por meio de negociações e interações, para uma fase de cooperação gerenciada. O desenvolvimento pode levar a uma extensão da cooperação ou até mesmo à decisão de desfazer a aliança. A extensão e o aprofundamento da cooperação são baseados, em parte, na aprendizagem de como trabalhar em conjunto e adquirir sinergias entre competências complementares. Trata-se de um aprendizado conjunto sobre como gerenciar a cooperação e tirar dela o melhor proveito.

A Figura 23-1 relaciona as etapas de desenvolvimento de uma rede de empresas com os níveis de aprendizagem interorganizacional delineados por Child (2001). Parte-se do pressuposto que o tempo de existência de uma rede horizontal de empresas é marcado por fases distintas e que representam o amadurecimento da relação empresarial. Não se trata de um avanço contínuo e ininterrupto: há retrocessos, ajustes e reveses, marcados pela entrada de novos participantes (os quais possivelmente devem participar de níveis de aprendizagem mais básicos, ao entrar na rede), pela quebra ou redução da confiança no grupo (caracterizando um retorno a níveis mais elementares de aprendizagem) e até mesmo eventos fortuitos que aceleram a aprendizagem do grupo a níveis mais avançados (como a necessidade de tomar decisões estratégicas rapidamente).

Dado que durante os contatos iniciais para estabelecimento da cooperação o grau de conhecimento entre os empresários ainda é pequeno, a aprendizagem tende a limitar-se a aspectos técnicos, que não envolvem questões sistêmicas ou estratégicas. A interação e a ampliação dos contatos entre os participantes, aliadas a um conjunto de elementos discutidos posteriormente, tendem a impactar nos níveis de aprendizagem que a rede pode gerar. Uma vez que o arranjo esteja formatado, é provável que os integrantes já estejam mais dispostos a trocar informações e gerar aprendizagens sistêmicas. Nessa perspectiva de tempo e interação, acredita-se que a consolidação da rede será acompanhada por um avanço da aprendizagem em níveis estratégicos.

Embora o tempo de existência da rede não seja condição suficiente para assegurar níveis mais avançados de aprendizagem, o amadurecimento da relação cooperativa contribui significativamente para que os participantes passem da troca de informações elementares para outras mais estratégicas e, inclusive, de mudança de valores e identidade.

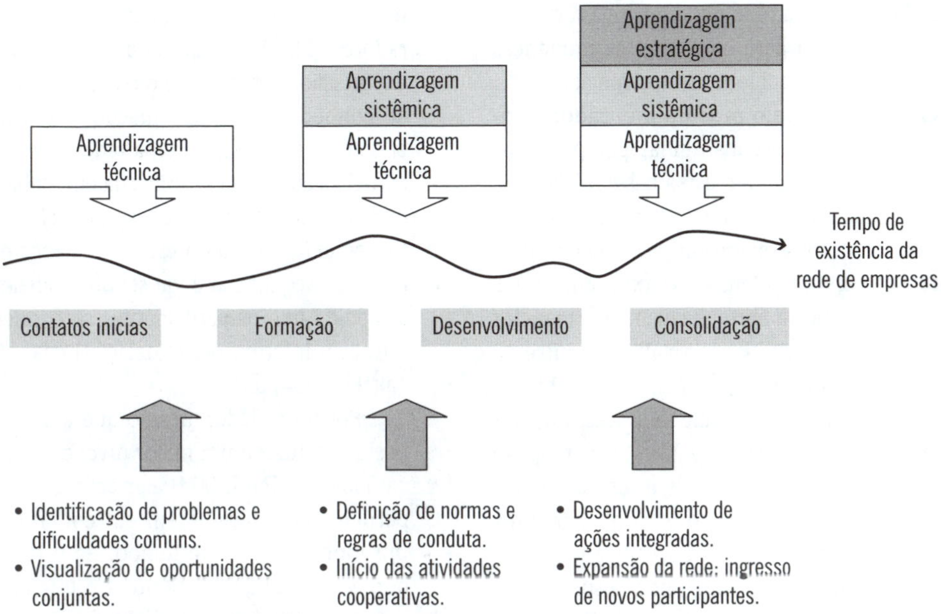

FIGURA 23-1 Níveis de aprendizagem em redes horizontais de empresas.

Fonte: Proposição do autor.

4 • ELEMENTOS MODERADORES DA APRENDIZAGEM EM REDES DE EMPRESAS

Alguns elementos podem ser considerados como moderadores na promoção da aprendizagem interorganizacional, uma vez que mediam ou estimulam a troca de conhecimentos e a aprendizagem (Child, 2001; Inkpen, 1996). Tais moderadores influenciam a necessidade e a disposição das empresas buscarem novos conhecimentos, assim como caracterizam o ambiente das relações interorganizacionais onde a aprendizagem ocorre.

Na sequência, são elencados e discutidos elementos considerados moderadores para a ocorrência de aprendizagem em redes interorganizacionais, destacados da literatura de aprendizagem e cooperação organizacional. Estes elementos fazem parte (a) do contexto geral em que uma rede está inserida (o ambiente competitivo das empresas que compõem o arranjo cooperativo); (b) são elementos característicos da própria rede em si ou, ainda, (c) elementos no nível das empresas participantes.

• 4.1 • Elementos do contexto geral

a. **Pressão do ambiente das empresas:** um ambiente concorrencial dinâmico – com maior número de competidores e/ou forte competição pelo mercado – pode estimular as empresas a buscarem o aprendizado em alianças. No contexto de um mercado altamente competitivo, em que as empresas precisam mudar constantemente, a cooperação pode ser percebida como uma oportunidade para gerar aprendizado, com a finalidade de tornar os participantes mais competitivos (Podolny; Page, 1998). Como argumenta Kraatz (1998), laços fortes entre empresas de uma rede são valiosos ao facilitar as tentativas das organizações de adaptar suas características centrais em resposta às mudanças do ambiente. Segundo o autor, a própria imitação dentro da rede pode ser uma forma de aprendizagem para contornar as mudanças impostas pelo ambiente concorrencial.

b. **Competição pelo mesmo mercado:** alianças cooperativas constituídas por parceiros que não disputam a mesma base de clientes, seja porque atuam em mercados complementares ou porque encontram-se dispersos geograficamente, tendem a constituir ambientes mais propícios à aprendizagem. De maneira oposta, a existência de rivalidade entre os parceiros impacta diretamente no ambiente interno e na possibilidade de fracasso da iniciativa (Park; Ungson, 2001). A percepção dos empresários que constituem a aliança de que as informações e os conhecimentos compartilhados não serão utilizados pelos parceiros de maneira prejudicial à sua própria empresa, faz com que aumente a disposição em aprender e dividir seus conhecimentos.

• 4.2 • Elementos no nível da rede de empresas

a. **Nível de confiança/qualidade das relações:** o nível de confiança existente entre os participantes de um arranjo cooperativo tem grande importância para determinar o alcance da cooperação (Florén; Tell, 2004). Segundo os autores, a construção de relações de confiança que se desenvolvem ao longo do tempo é um requisito indispensável para que seja possível obter altos níveis de aprendizagem em redes de empresas. É importante que haja reciprocidade entre os membros do grupo, pois a aprendizagem depende da qualidade dos relacionamentos. A própria experiência que os participantes têm em trabalhar conjuntamente impacta o processo de aprendizagem dentro da rede, à medida que a interação tende a ampliar a confiança entre os empresários.

Hamel (1991) também faz referência à transparência dos parceiros como fator que impacta a aprendizagem, com reflexos na qualidade dos relacionamentos entre os integrantes da rede ou aliança. Lima e colaboradores (2004), pesquisando consórcios de exportação, afirmam que o compartilhamento de conhecimentos, informações e experiências entre empresas de uma rede depende da participação, a qual é verificada em ambientes onde a confiança já está construída. No entanto, segundo esses autores, "a confiança é um processo sequencial e vai sendo estabelecida à medida que os participantes se conhecem e trocam informações e ideias" (Lima; Lima; Takaki, 2004, p. 13).

Por outro lado, mesmo que a interação possa conduzir a um maior nível de confiança, Florén e Tell (2004) alertam que após os participantes trabalharem em conjunto por um longo período de tempo, há o risco de que a rede atinja um ponto em que as pessoas se conhecem umas às outras de tal maneira que a aprendizagem pode ser obstruída. Quando a rede é extremamente fechada e não há entrada de novos participantes, pode haver limitações de aprendizagem ao longo do tempo. Ou seja, mesmo que o ambiente, a confiança e a qualidade das relações existentes na rede sejam bons, a falta de renovação do grupo pode contribuir para que a aprendizagem diminua com o passar do tempo.

b. **Relações de poder:** as redes horizontais de empresas são constituídas a partir de princípios orientadores que buscam manter o equilíbrio de poder nas relações entre os participantes, por meio da definição de regras que garantam igualdade nas decisões e acesso aos cargos de gestão (Verschoore, 2004). Entretanto, é inevitável que haja assimetria de poder dentro do grupo, afetando os relacionamentos e a disposição para aprendizagem e compartilhamento de informações. Lotia (2004) ressalta que é esperado que as organizações mais poderosas [em uma relação cooperativa] tenham maior influência nas ideias geradas, debatidas e interpretadas. A dinâmica do poder irá determinar quais ideias serão levadas à discussão. Interpretações particulares podem ser dadas às ideias geradas e compartilhadas porque elas servem aos que detêm mais poder, passando a ser compreendidas de maneira comum e aceitas por todos. Para o autor, a aprendizagem em relações cooperativas é o resultado de interações sociais e políticas entre as organizações que participam da colaboração.

Elementos como as relações entre os participantes, citadas anteriormente, e o poder que naturalmente emerge nestas relações são característicos da perspectiva sociocultural de aprendizagem (Gherardi; Nicolini, 2001; Strati, 1998). Nessa perspectiva, a aprendizagem é uma decorrência da interação entre os indivíduos, das práticas compartilhadas por eles e do processo de tornar-se membro de um grupo, influenciada pelas próprias relações de poder que emergem entre eles.

c. **Mecanismos de controle:** Child (2001) argumenta que a existência de controles pode ser positiva e facilitar a aprendizagem em dois aspectos. De um lado, os controles estabelecem limites para as ações dos participantes no processo de aprendizagem e, de outro, permitem a avaliação dos resultados. Ao avaliar, é possível assegurar que o conhecimento foi incorporado à memória da organização e que o processo de aprendizagem foi eficaz. Em geral, o controle é percebido como um aspecto negativo, visto que aprendizagem costuma ser associada a autonomia e criatividade. No caso de alianças cooperativas, no entanto, a falta de controles pode fazer com que os participantes privilegiem seus objetivos particulares, e não os da rede (Child, 2001). Portanto, o controle pode ser um mecanismo para certificar-se que as decisões conjuntas sejam executadas pelos associados e incorporadas às atividades das organizações que compõem o grupo.

d. **Mecanismos de informação/comunicação:** mais do que um clima de abertura, a existência de mecanismos que oportunizem o acesso às informações pode influenciar a aprendizagem organizacional. Child (2001) faz referência à ideia de disponibilidade e redundância de informações – uma sobreposição intencional que facilita a circulação do conhecimento. Isso significa que as informações estão disponíveis mesmo àqueles que possam não estar interessados em utilizá-la imediatamente. Cabe acrescentar que a tecnologia da informação torna possível estocar maior quantidade de informações e permitir sua circulação com maior facilidade.

e. **Existência de objetivos compartilhados:** a existência de objetivos comuns dentro da rede, com os quais os participantes concordam, contribui para que seja criado um ambiente favorável à aprendizagem. Khanna, Gulati e Nohria (1998) destacam que uma razão para o desapontamento de muitas empresas com alianças estratégicas se deve à falta de compreensão sobre a dinâmica dos relacionamentos. As empresas falham em reconhecer a existência de assimetria de incentivos em investir na relação, a qual, inevitavelmente, surge à medida que a aliança evolui. Objetivos que antes eram comuns podem, com o passar do tempo, perder parte do sentido e, consequentemente, reduzir o interesse de um ou outro participante em cooperar. Monitorar as expectativas e o quanto continuam alinhadas é importante para manter o interesse de colaboração de todas as partes e estimular a continuidade do processo de aprendizagem.

Relações de poder também devem ser compreendidas como um influenciador do (des)alinhamento de objetivos em redes de empresas. Uma vez que as organizações mais poderosas são capazes de direcionar as atividades da rede (Lotia, 2004), podem modificar a qualidade das relações e o interesse dos participantes em relação aos objetivos estabelecidos. Participantes menos influentes na rede podem sentir-se incapazes de direcionar os objetivos, perdendo interesse na relação interorganizacional ou afetando a qualidade do ambiente dentro da rede. Como consequência, existindo desequilíbrios de poder que afetam o alinhamento dos objetivos e a qualidade das relações, os processos de aprendizagem podem ser prejudicados.

• 4.3 • Elementos no nível das empresas participantes

a. **Conhecimentos complementares:** ganhos relacionais são possíveis quando os parceiros de uma aliança combinam, trocam ou investem em ativos, conhecimentos e recursos idiossincráticos (Dyer; Singh, 1998), gerando sinergias. A existência de conhecimentos complementares e/ou considerados importantes pelos parceiros estimula os empresários à troca de conhecimentos e à aprendizagem. Quando a complementaridade é limitada ou os conhecimentos se sobrepõem, as oportunidades de aprendizagem são menores.

   Embora a complementaridade de conhecimentos possa existir em determinado momento, a continuidade das relações interorganizacionais pode, em si mesma, levar ao esgotamento das diferenças. Recuperando os argumentos de Florén e Tell (2004), a própria interação continuada pode levar ao esgotamento das diferenças que constituía uma vantagem para os participantes, de maneira que incorporar novos conhecimentos ao grupo, complementares aos já existentes, pode ser fundamental para a relação cooperativa.

b. **Predisposição dos participantes em aprender:** de acordo com Hamel (1991), algumas empresas aderem a uma aliança com maior receptividade à aprendizagem do que outras. Não é possível pensar em simetria de aprendizado à medida que cada participante tem uma predisposição diferente para aprender, a qual determina a capacidade de aprender. Isso se refere tanto às demonstrações de interesse em aprender por parte da gestão da empresa (e incorporar esses aprendizados ao negócio), como também às habilidades pessoais dos indivíduos envolvidos na cooperação em mostrar-se receptivos.

   Esse argumento é reforçado por Florén e Tell (2004), segundo os quais é indispensável que os atores estejam abertos às novas e diferentes perspectivas trazidas pelos demais, para que a aprendizagem ocorra. A aprendizagem interorganizacional é influenciada pela predisposição de aprender das empresas associadas (a institucionalização do desejo de aprender com os parceiros da rede), mas também é influenciada pela predisposição particular dos indivíduos que representam essas empresas na rede. É preciso lembrar, no entanto, que elementos da própria rede, como o alinhamento de objetivos, as relações de poder e a qualidade das relações, podem afetar a predisposição dos participantes de aprender ao longo do tempo, tanto positiva quanto negativamente.

Os elementos moderadores da aprendizagem em redes interorganizacionais estão representados na Figura 23-2, de acordo com o nível em que se encontram: nível do contexto/ambiente em que a rede está inserida, nível da rede de empresas e nível da organização participante da rede. Esses moderadores não esgotam a discussão sobre os elementos que impactam a aprendizagem em redes interorganizacionais. Deve-se considerar que cada rede possui suas particularidades, seja em função do ambiente em que está inserida, as características dos participantes e a forma como foi estruturada. Além disso, os próprios elementos estão inter-relacionados e influenciam-se mutuamente, modificando-se continuamente à medida que a relação cooperativa se modifica.

5 • MÉTODO

Em conjunto com a revisão teórica, a escolha do método de pesquisa representa a lente pela qual

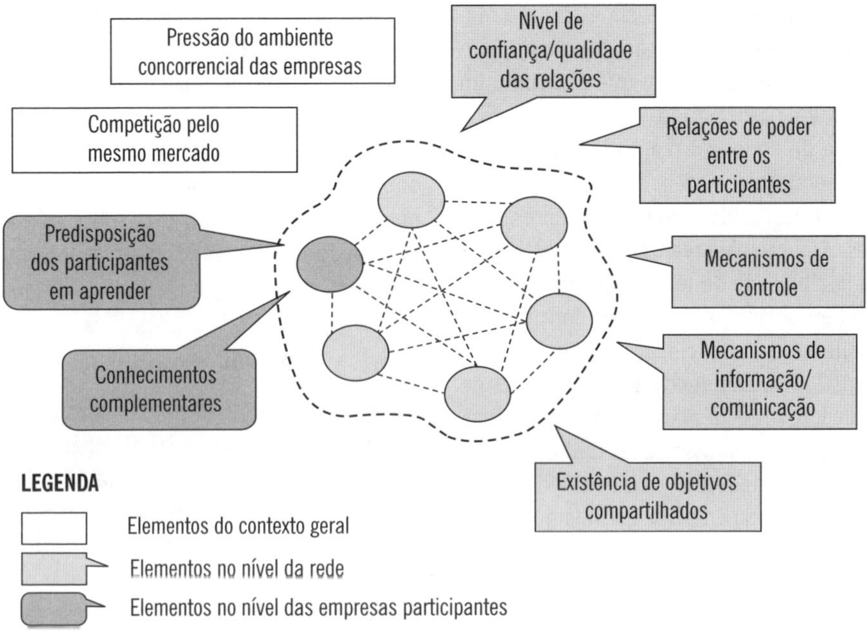

FIGURA 23-2 Fatores moderadores da aprendizagem em redes interorganizacionais.

Fonte: Proposição dos autores.

o pesquisador deseja observar a realidade, revelando suas próprias orientações e suposições sobre o contexto. Em grande medida, os resultados da pesquisa são um reflexo dessa escolha. Não se trata da escolha de um método "certo" para os objetivos da pesquisa, mas a compreensão das influências do método escolhido sobre a forma como o fenômeno ou o objeto de pesquisa será observado. Tratando-se a aprendizagem como um processo que ocorre em vários níveis e contextos, inclusive interorganizacional, a definição da lente (método) influenciará significativamente o que a pesquisa efetivamente irá captar.

O estudo foi desenvolvido a partir de uma perspectiva epistemológica caracterizada por Merriam (1998) como interpretativista, procurando compreender a experiência de aprendizagem interorganizacional a partir do ponto de vista dos próprios empresários que compõem as redes de empresas. Com base nessa perspectiva, o trabalho se caracteriza como uma pesquisa qualitativa genérica, de caráter exploratório e descritivo. "O estudo qualitativo genérico é aquele conduzido com o objetivo de descobrir ou entender um fenômeno, um processo ou as perspectivas e visões de mundo das pessoas envolvidas" (Merriam, 1998, p. 11), e os resultados são um misto de descrição e análise.

Estudos qualitativos tendem a utilizar amostras não probabilísticas, visto que não têm como objetivo generalizar resultados. Como ressalta Merriam (1998), tais estudos buscam solucionar problemas qualitativos, como descobrir o que ocorre, como ocorre e os relacionamentos entre as ocorrências. A amostra é determinada com o objetivo de maximizar as informações, visando compreender a situação problemática apresentada. Como objeto de estudo foram selecionadas duas redes horizontais de pequenas empresas do segmento de comércio varejista de materiais de construção existentes no estado do Rio Grande do Sul: Rede Construir e Redemac. Ambas possuem mais de cinco anos de existência e são referência no seu segmento de atuação, buscando consolidar-se no mercado, motivos que contribuíram para sua escolha neste estudo.

A coleta de dados foi realizada por meio de entrevistas semiestruturadas, com oito empresários participantes das duas redes de empresas selecionadas. A opção pela realização de entrevistas deve-se à flexibilidade da técnica, que permite ao entrevistador esclarecer perguntas, formular de maneira diferente e especificar significados (Colin; Knobel, 2008), atendendo às necessidades de estudos qualitativos genéricos. As empresas participantes do estudo são associadas da Redemac e da Rede Construir na região do Vale do Rio Pardo (com exceção de uma empresa do Vale do Taquari), centro do estado do Rio Grande do Sul.

O Vale do Rio Pardo é composto por 22 municípios, com uma população de cerca de 407.000 habitantes, e tem Santa Cruz do Sul e Venâncio Aires como cidades-polo, com 116.000 e 64.000 habitantes, respectivamente (Fundação de Economia e Estatística, 2007). A região foi colonizada por imigrantes alemães, italianos e portugueses, e tem sua economia fortemente baseada na cadeia produtiva do tabaco. Além de milhares de famílias que cultivam o tabaco, as principais multinacionais beneficiadoras e exportadoras desse produto estão instaladas nas duas cidades-polo. É em torno dessa indústria, de um polo metal-mecânico em expansão e de um setor de prestação de serviços em crescimento que se concentra a renda da região. O acirramento das campanhas antitabagistas e a criação de legislações mais rigorosas contra o consumo de cigarros geram preocupações para o futuro da região, diante da sua alta dependência do tabaco.

6 • APRENDIZAGEM INTERORGANIZACIONAL: OS CASOS DA REDEMAC E DA REDE CONSTRUIR

Na próxima seção são apresentadas informações gerais e o histórico das duas redes de empresas do segmento de comércio varejista de materiais de construção. Também são descritos trechos das entrevistas com quatro empresários de cada uma das redes, destacando aspectos da aprendizagem nas redes interorganizacionais. Os trechos em destaque representam as falas dos empresários e suas percepções sobre os elementos moderadores de aprendizagem apresentados na Figura 23-2.

• 6.1 • Redemac

A Redemac surgiu na região metropolitana de Porto Alegre no final de 1999, a partir da reunião de 11 empresas do varejo de material de construção, para discutir possibilidades de trabalho em conjunto. De acordo com o *site* institucional da rede, em 2000 a decisão de ampliar o número de participantes da rede gerou a necessidade de formalizar a união do grupo e buscar apoio público. Naquele mesmo ano a rede recebeu o apoio do Programa Redes de Cooperação, do Governo do Estado do Rio Grande do Sul, e, em 2001, ocorreu o lançamento oficial da marca para o mercado consumidor (Redemac, 2007).

Atualmente, a rede conta com 46 empresas associadas e mais de 70 lojas no estado. Entre os benefícios destacados pela rede está a ampliação das lojas dos associados, tanto em espaço físico como no *mix* de produtos ofertados, melhorias no atendimento, financiamentos com juros reduzidos, promoções e menores preços em função do poder de negociação que o volume de compras da rede proporciona (Redemac, 2007).

A sede da rede localiza-se em Porto Alegre (RS), e a gestão é realizada pelos próprios empresários, com o auxílio de 10 profissionais contratados. A diretoria, o conselho fiscal e o conselho de ética são eleitos democraticamente nas Assembleias da rede. Além disso, sete equipes de trabalho (negociação, marketing, expansão, inovação, rentabilidade, *mix* de produtos e equipe de busca e satisfação do cliente), formadas por associados e assessoradas pelos funcionários da rede, planejam e definem as ações que serão executadas. Os associados são estimulados a participar ativamente das equipes de trabalho e dos encontros e reuniões realizadas pela rede, de maneira a permanecer constantemente envolvidos.

Foram realizadas entrevistas em profundidade com empresários de quatro empresas associadas à Redemac, conforme o Quadro 23-1.

Um dos empresários entrevistados desempenha tarefas na rede desde que sua empresa se associou, tendo atuado como membro da equipe de *mix* de produtos (responsável pelas parcerias com fornecedores), como Diretor de Expansão e também fez parte da diretoria da rede. Atualmente, integra a equipe de inovação e o Conselho Fiscal da Redemac. A participação é destacada como um aspecto essencial para que o empresário se integre e obtenha vantagens com a rede. Nas suas palavras, *não acredito que uma rede possa funcionar sem a participação efetiva das pessoas. Ao não participar, não se entende muitas coisas que acontecem na rede. (...) Não concebo uma rede sem a participação efetiva do associado. A participação como sócio da rede é uma escola. Não tem faculdade melhor do que a rede.* Esse empresário ressalta que os momentos mais importantes de aprendizagem são as visitas a lojas, as participações em equipes e na diretoria da associação.

Outro entrevistado atualmente ocupa uma função na equipe de *marketing* da rede e, anteriormente, outro sócio da loja havia participado da equipe de negociação. O revezamento se deve à afinidade de cada um com as respectivas áreas, e a circulação dos empresários por várias equipes é estimulada. As reuniões da equipe ocorrem semanalmente e, uma vez por mês, algum representante da empresa participa da Assembleia Geral. De acordo com o entrevistado, a participação na rede e nas equipes é fundamental porque *há muita troca de figurinhas, se aprende muitas coisas. É quase uma faculdade prática.* Questionado sobre a importância de participar efetivamente das atividades da rede, o empresário ressaltou que *se pode avaliar a relação da seguinte forma: aquele que não participa tem só a metade dos benefícios que a rede pode proporcionar, ou nem isso. Ele tem só os benefícios monetários, desconto dos fornecedores, participação nas promoções. Mas, quando tu vais lá* [nas reuniões das equipes] *tu tens ideias novas, tu voltas para a empresa motivado para fazer mudanças em função do que tu ouviste e conversaste.*

Por sua vez, um dos empresários argumenta que já participou das atividades de gestão da rede como integrante da equipe de *marketing* e expansão, mas atualmente não exerce nenhuma função, devido às dificuldades de conciliar a gestão da empresa e filiais e ainda participar ativamente da rede. Em sua opinião, participar nas equipes *é válido, mas é muito burocrático. Reclamam que não vou, mas vou lá fazer o que? (...) O sistema de equipes é bom para quem está perto da sede, mas para quem está lon-*

QUADRO 23-1
Empresas pesquisadas associadas à Redemac

Sede da empresa	Filiais	Total de funcionários	Ano de fundação da empresa	Ano de associação à rede
Venâncio Aires	4	31	1978	2002
Santa Cruz do Sul	0	16	1944	2002
Candelária	2	18	1997	2002
Vera Cruz	0	15	1998	2004

Fonte: Dados coletados.

ge fica complicado. Para o associado, a maior vantagem da participação é a possibilidade de pagar uma mensalidade menor, *mas fora isso os ganhos são idênticos. O que acontece é que aquele que está nas equipes está mais envolvido no negócio, está mais por dentro, mas isso não é decisivo.* Mesmo assim, ele ressalta que é difícil imaginar *uma rede onde não haja participação, porque afinal de contas é o negócio da gente. Como tu vais deixar que outros decidam por ti, algo que afeta a tua loja?.* Este empresário coloca a expansão da rede como um desafio: *acho que todos que entram na rede trazem novidades. (...) A minha preocupação é até onde vai chegar isso. O que eu não vejo é ter a relação que eu tenho hoje com os colegas da rede caso ela tenha 80 participantes. Então não sei como conduzir isso, como "eles" vão fazer isso, porque precisa muita organização, senão vai estourar.*

Dentre os empresários entrevistados, um aderiu à rede mais recentemente. No início, limitava-se a participar das reuniões gerais e assembleias da rede e, há um ano, passou a atuar na equipe de *marketing.* As reuniões ocorrem semanalmente e exigem o deslocamento do associado à sede. Ele acredita que a participação faz com que o associado conheça melhor a realidade da rede. *Fácil é reclamar que alguma coisa não está bem. Quando se participa, se sente as dificuldades da rede também.* Além disso, *a participação gera relações mais próximas* [com outros associados]. *Então tu te sentes mais à vontade para conhecer as lojas dos outros, ver como estão atuando, o que estão vendendo. Sem participar das equipes tu não tens as mesmas amizades, é um pouco mais difícil chegar na loja e eles te abrirem tudo, e tu ficas meio constrangido para pedir as informações.*

• 6.2 • Rede Construir

A Rede Construir é uma associação de lojas independentes de material de construção. Surgiu em São Paulo, em 1997, e atualmente está presente em sete estados brasileiros: São Paulo, Rio de Janeiro, Minas Gerais, Paraná, Espírito Santo, Pernambuco e Rio Grande do Sul. A rede tem por objetivo qualificar as lojas participantes para que possam competir com as grandes redes nacionais e internacionais do segmento de material de construção (Rede Construir, 2007). No Rio Grande do Sul, a rede foi criada em 2000 e conta atualmente com 36 lojas em diversas regiões do estado, depois que quatro empresas deixaram a rede no último ano.

A rede possui funcionários trabalhando na sede, em Porto Alegre (RS), e conta com o apoio de um consultor empresarial contratado para auxiliar em questões estratégicas e de organização da rede. Além disso, os próprios empresários participam de equipes de gestão. Mesmo que a rede estimule os empresários a participarem das atividades, não há regras claras de obrigatoriedade. Como destacou um associado da rede, *os empresários são incluídos nas equipes, mas não é garantia de que irão participar.* Na opinião desse empresário – dirigente da rede – muitos são apenas associados, mas praticamente não tem participação na gestão.

Foram realizadas entrevistas em profundidade com empresários de quatro empresas associadas à Rede Construir, conforme o Quadro 23-2.

Há diferenças significativas em termos de participação de cada um dos empresários nas atividades e na gestão da rede. Um dos empresários é vice-presidente da rede e recusou o convite para assumir a presidência na nova gestão. Quatro meses após associar-se à rede, já passou a integrar a equipe de negociação, tendo atuado também na equipe de *marketing.* Nas suas palavras, viajou semanalmente a Porto Alegre nos últimos quatro anos, envolvido em reuniões e trabalhos da rede. Ele afirma que *a rede só é válida para quem participa. [...] Tem coisas que só se busca estando lá, trocando ideias com os colegas, na hora do bate-papo. Eu diria que as questões estratégicas se aprendem lá.*

QUADRO 23-2
Empresas pesquisadas associadas à Rede Construir

Sede da empresa	Filiais	Total de funcionários	Ano de fundação da empresa	Ano de associação à rede
Santa Cruz do Sul	0	21	1989	2003
Venâncio Aires	0	10	1977	2005
Santa Cruz do Sul	0	13	1991	2003
Taquari	0	8	1955	2003

Fonte: Dados coletados.

Quanto à evolução da aprendizagem proporcionada pela participação na rede, o empresário argumentou que *quando tu entras na rede, tens um grande aprendizado, começa a troca de informações com os colegas e tu aprendes com "eles" sobre produtos, estratégias. No início, tu dás um grande salto, tu mudas de patamar, mas depois chega em um ponto em que não agrega mais tanto. Não há mais tanto aprendizado, ou seja, tu estás contribuindo mais para o aprendizado dos associados novos, das lojas menores, do que tu estás colhendo. Chega-se a um ponto em que precisaria entrar gente nova, novo capital intelectual, mas hoje só conseguimos trazer para a rede lojas menores, que não agregam tanto em termos de conhecimento. Isso desmotiva.*

De maneira oposta, outro entrevistado atualmente não desempenha atividades na rede, embora já tenha feito parte da equipe de *marketing* no passado. Ele argumenta que *existem reuniões periódicas, que já foram obrigatórias, mas hoje não são mais. Eles já se deram conta que o custo benefício não compensa, não dá para se envolver o dia inteiro para ir a uma reunião. [...]Não tem essa necessidade de participar, todas as pesquisas acontecem por e-mail, não precisa ir à sede.* Embora o empresário admita que a participação em atividades da rede pode gerar benefícios como aprendizagem, ele argumenta que é preciso avaliar se há tempo para participar dessas atividades. A rede oportuniza *uma visão expandida do segmento, não só dentro da realidade do município. A troca de experiências foi muito boa. Aprendi em termos de produtos, de layout de lojas, na época em que realizamos reuniões mensais em cada loja. Tu vês outras lojas por dentro, o que estão vendendo, como estão expondo os produtos, isso me fez aprender e pude colocar em prática. [...] Não trocamos experiências sobre questões internas. Em termos de gestão eu não troquei experiências.*

Um dos empresários entrevistados chegou a participar das atividades de negociação com fornecedores, mas nos últimos anos não se envolveu diretamente com a gestão da rede ou as equipes. Nas suas palavras, as reuniões eram semanais e isso dificultava a participação. *Isso pesa. Perde-se um dia.* [Com o passar do tempo] *acabamos participando ainda menos. Deveríamos ir a pelo menos duas reuniões mensais para ter uma participação ativa, e não íamos. Íamos a uma, às vezes nenhuma. Ou então somente na reunião geral: "hoje preciso ir porque senão vou esquecer que estou na rede ou a rede vai esquecer de mim". Ia mais por obrigação. Se você está numa rede, precisa participar. Se não tem tempo para isso, não faz sentido.* Ele acredita que *participar nas equipes não faz tanta diferença. Você tem que ir lá fazer a negociação como se estivesse fazendo aqui, mas em nome do grupo. Então, se consigo receber meus fornecedores aqui na empresa e obter bons preços, é o mesmo que se tentava fazer lá na rede.* Seu argumento é que, embora possa haver ganhos pelo envolvimento nas equipes, é difícil avaliar se isso compensa pela ausência na empresa. Na época em que foi realizada a entrevista, a empresa já havia solicitado seu desligamento da Rede Construir e, em algumas semanas, voltaria a atuar como uma loja individual, sem o apoio da rede.

Segundo esse lojista, *a expectativa do empresário em relação à rede vai mudando ao longo do tempo. [...] Houve um momento em que pensamos: "a rede é o máximo". Aí, com a saída de alguns e a perda de outros associados, começou a perder força. Uma pessoa não pode carregar a rede nas costas. Há associados que abraçaram a rede, que fizeram trabalhos muito bons na rede, mas que chegaram a um momento de querer tocar seu próprio negócio. Então, olhando isso, me parece que daqui a pouco não terá ninguém para tocar a rede.* Apesar de considerar valioso o período em que sua empresa esteve associada à rede, ele considera que neste momento pode ser mais vantajoso voltar a atuar individualmente.

A participação de outro entrevistado ocorre na equipe de negociação da rede. Semanalmente há reuniões para tomada de decisões referentes à linha de produtos que cabe a esta equipe negociar com os fornecedores. Para ele, *a questão de participar é muito válida, importante para trocar informações. [...] Problemas que tu vives são parecidos para os parceiros da rede. [...] Então, há muitos ganhos que não são apenas preço; os ganhos são muito mais amplos. A rede te impulsiona, te incentiva a melhorar a loja.* Ele destaca que, mesmo dentro da rede, *há aqueles que dizem que não podem perder um dia de trabalho, de foco na sua empresa, para ir às reuniões da rede. [...] Mas, uma das vantagens da rede é a troca de conhecimento e de informações. Nem se consegue mensurar o valor.* Situações comuns, enfrentadas pelos associados, são solucionadas através da troca de conhecimentos. Além disso, a interação entre os colegas estimula a troca de informações mais restritas, como faturamento, desempenho das linhas de produtos e estratégias.

• 6.3 • Elementos moderadores da aprendizagem em redes de empresas

As subseções seguintes apresentam os elementos moderadores de aprendizagem extraídos da literatura, acrescidos de evidências empíricas e comentários das entrevistas com os empresários das redes. Como moderadores, estes elementos influenciam o processo de aprendizagem nas redes e a disposição dos participantes para buscarem aprender nas relações com outros empresários e empresas.

6.3.1 Pressão do ambiente das empresas

- **Redemac:** Apesar do bom momento do setor e do crescimento do mercado, os entrevistados ressaltaram a alta competitividade do segmento de materiais de construção, com o aumento do número de concorrentes e a entrada de grupos internacionais. *Sem a rede é difícil se defender; a concorrência é fortíssima.* Embora o foco central da rede seja a negociação e a melhoria do *mix* de produtos, *inconscientemente se acaba ganhando conhecimentos.* Um entrevistado argumentou que existe a percepção de que o concorrente está fazendo as coisas e é preciso acompanhar. A alta competitividade do segmento faz com que as empresas fiquem mais dispostas a aprender dentro do grupo. Como ressalta um empresário: *pelear sozinho é difícil. [...] De jeito nenhum conseguiríamos fora o conhecimento que conseguimos na rede.* A rede também serve como um estímulo para as lojas: ver os colegas ampliando e se desenvolvendo estimula os outros a buscarem o mesmo e se anteciparem à concorrência.
- **Rede Construir:** Um dos entrevistados argumentou que o setor continua muito competitivo e os diferenciais são rapida-

mente copiados. A rede oferece uma boa negociação de compras, parâmetros sobre o mercado e informações. Ele acredita que *a concorrência não mudou muito. É preciso estar na frente. Hoje até me sinto mais forte, porque estou na rede, tenho mais informações, na rede melhorei a loja, a gestão, a organização.* Outro entrevistado destaca ainda que *a rede dá suporte para fazer mudanças,* [mostra] *o caminho para mudar, mas vai do associado fazer ou não.* Diante do cenário competitivo, vários entrevistados da Rede Construir também argumentaram que os colegas servem como estímulo e encorajamento para ampliar a loja, para mudar e se adaptar à competição.

Os empresários destacaram que a forte concorrência no setor aumenta a necessidade de obter boas condições de compra e exige inovação. Isto é, dado o alto grau de competição no setor, a rede é vista como um espaço para obtenção de conhecimentos e aprendizagem, e a própria compreensão da dinamicidade do ambiente estimula os empresários a uma maior abertura e a compartilhar e obter conhecimentos dentro da rede, acelerando a inovação. Confirma-se a suposição de que a aprendizagem é um subproduto das relações interorganizacionais (Child, 2001; Podolny; Page, 1998) e as redes têm papel importante para a competitividade das pequenas empresas em ambientes concorrenciais dinâmicos. O próprio surgimento das redes e a decisão dos empresários de aderir a elas estão relacionados à competitividade e à pressão do mercado.

6.3.2 Competição pelo mesmo mercado

- **Redemac:** O fato de a rede possuir uma política de zoneamento que evita que haja lojas associadas em uma mesma região, é apontado como muito relevante para que os participantes se disponham à troca de ideias. *Se houvesse outro associado da rede nesta cidade, não nos sentiríamos à vontade para compartilhar conhecimentos.* Nas palavras de outro entrevistado, isso *influencia demais. Por serem colegas são teus irmãos. Pelo fato de nos encontrarmos nas reuniões a rede se torna uma família. [...] Tem uma atividade da rede que é sensacional, que é o retrato Redemac. Um colega abre a loja dele para mostrar tudo, sem segredos: faturamento, dificuldades e avanços, e depois dessa palestra ele mostra a empresa. Vemos coisas muito boas, bem mais avançadas daquelas que temos, mas também coisas erradas. Então, não tem faculdade que oferece isso. São coisas mínimas, mas que vemos e podemos fazer. Isso não seria possível em uma associação local, porque os concorrentes não abririam* [essas informações], *já que estamos competindo no mesmo campo. Na rede é um colega teu. Se vamos visitar uma empresa em Porto Alegre, ele abre toda a empresa, é um grande aprendizado.* Um lojista diz que se houvesse concorrentes na rede *seria diferente. Eu não mostraria para ele como atuo, as minhas estratégias, minha loja, a relação com profissionais. É natural se resguardar.*
- **Rede Construir:** Embora um dos entrevistados acredite que a existência de concorrentes diretos na rede pode limitar a aprendizagem e o compartilhamento de informações, ele afirma também que *atualmente circulam dentro da rede apenas informações superficiais, genéricas. Informações de gestão e informações particulares das lojas não circulam. O que cada um faz em sua loja não é compartilhado.* A falta de participação do empresário na rede é uma explicação possível para as limitações de acesso, em termos de informações, a que ele se refere. Questionado sobre a existência de competidores dentro da rede e o impacto no compartilhamento de informações e aprendizagem, o empresário de Santa Cruz do Sul ressaltou que esta é a única cidade do interior do Estado em que há mais de uma loja da Rede Construir. *Embora o outro empresário par-*

ticipe pouco, eu não abro todas as informações quando ele está participando. Nas suas palavras, *quando não há concorrentes na rede, o tipo de informação que circula é diferente. Por isso, a rede é muito melhor que uma associação local de varejistas, onde todos são colegas, mas concorrentes de porta. Troca-se algumas informações que são comuns a todos, mas as estratégias não circulam.* Todos argumentaram que a inexistência de concorrentes é fundamental para que haja troca de conhecimentos estratégicos, que do contrário não seriam revelados. Se há concorrentes, *por mais que se esteja no mesmo barco, cada um vê seu lado e acaba não abrindo algumas informações. Ninguém vai abrir seu negócio.*

A inexistência de concorrentes diretos dentro da rede mostrou-se um elemento de grande importância para a troca de informações e geração de aprendizagem, com influência sobre outros elementos, como confiança e qualidade das relações. O fato de não haver rivalidade, portanto, contribui para o sucesso da rede e para a construção de um ambiente favorável à aprendizagem (Park; Ungson, 2001). O tipo de informações que circulam na rede é significativamente diferente quando há competidores no grupo – como revelado pelo empresário da Rede Construir. Além disso, os momentos de aprendizagem destacados pelos entrevistados – visitas às lojas, fóruns de troca de informações, discussões sobre estratégia – são possíveis (ou ocorrem de maneira mais eficaz) porque não existe a sensação de que algum dos parceiros possa utilizar esse conhecimento para prejudicar outro.

6.3.3 Nível de confiança/qualidade das relações

- **Redemac:** De acordo com os entrevistados, os relacionamentos dentro da rede são bons, permitindo que haja trocas de informações e conhecimentos. A existência de confiança entre os parceiros, e o combate às quebras de confiança que eventualmente ocorrem, são vistos como essenciais para o sucesso da rede. À medida que há confiança e esta se reforça, *as empresas se enxergam como parceiras e abrem a loja umas para as outras, para conhecer e ver o que está sendo feito.* Nesse sentido, a seleção dos parceiros – o perfil dos associados – é fortemente considerada para sustentar boas relações: *as pessoas precisam ter o perfil de cooperar, do contrário não funciona. Isso se percebe conversando antes com o futuro associado, como ele reage quando se fala da rede, da associação, quando se diz que muitas vezes ele será voto vencido e mesmo assim precisará aceitar* [as decisões do grupo]. Uma vez dentro da rede, a participação nas equipes e nas atividades é destacada como uma forma de estimular o desenvolvimento da confiança interpessoal, visto que permite aos lojistas se conhecerem melhor e aprofundar laços.
- **Rede Construir:** A existência de conflitos é destacada por um entrevistado como um fator de impacto sobre a qualidade das relações e, por consequência, sobre a participação e a disposição de trocar informações, reduzindo a aprendizagem. *Há muitas cabeças diferentes na rede. Cada um se sente um líder, por ter montado seu negócio e se achar bom no que faz. Há conflitos e hoje a maior qualidade de um presidente é saber administrar conflitos.* A relação entre os conflitos, o ambiente da rede e a aprendizagem do grupo também são destacados: *Esse tipo de conflito influencia as pessoas a não serem tão participativas, e acaba influenciando também a abertura para trocar informações e conhecimentos.* A existência de relações conflitantes influenciou o desligamento de quatro lojas no último ano. No entanto, os outros entrevistados avaliam o ambiente da rede como positivo: *pelo menos quando nos reuníamos ou quando fazíamos visitas esporádicas uns aos outros, o relacionamento era muito bom.*

As diferenças na qualidade dos relacionamentos e conflitos entre as redes corroboram a importância desse fator para estimular a aprendizagem na rede, como argumentam Florén e Tell (2004). Mais do que isso, a existência de conflitos na rede, afetando os relacionamentos, afeta a participação dos empresários na rede. Quando a participação diminui é compreensível que as oportunidades de aprendizagem também sejam menores. Conforme destacaram Lima, Lima e Takaki (2004), a troca de conhecimentos depende da participação e de um ambiente de confiança – onde a predisposição dos envolvidos torne a aprendizagem possível. Os depoimentos dos empresários reforçam a importância da interação social (participação), confiança entre os agentes e a qualidade dos relacionamentos para que ocorra aprendizagem, como sustenta a perspectiva sociocultural.

6.3.4 Relações de poder

- **Redemac:** A rede foi constituída de maneira que houvesse iguais oportunidades de participação e equilíbrio de poder. No entanto, é inevitável que haja relações de poder e, por consequência, algumas atividades sejam direcionadas. Para um dos entrevistados, *a princípio, todos têm voto igual na rede, independentemente do faturamento, mas nas assembleias e nas equipes, aquele que argumenta bem consegue mais votos para uma posição ou para outra.* A dinâmica de poder, mesmo que seja uma *questão de argumentação, não de poder econômico,* impacta o que será discutido, o que será encaminhado. Um entrevistado argumentou que *às vezes acontece que o pessoal de Porto Alegre, por ter uma maior concentração de empresas, acaba decidindo.* Para outro, essa região *tem mais força, porque vende mais e [...] injeta mais recursos para dentro da rede.*

  A participação nos eventos e nas atividades também se mostra uma fonte de poder, à medida que permite influenciar as decisões e os rumos da rede. *Acho que é natural que aqueles que têm mais experiência, que já estão há mais tempo na rede, na diretoria ou nas equipes* [tenham mais poder]. *A posição da equipe ou dessas pessoas pesa, pelo conhecimento e pela experiência que tem, mas não por ser uma loja maior.* Outro associado completa dizendo que *a participação nas equipes é uma forma de obter poder. Estar presente ou participando é uma forma de ter mais influência. Sem participar não posso argumentar.*
- **Rede Construir:** Embora o conhecimento seja importante para influenciar as decisões na rede, o empresário A destaca que o poder de compra tem um peso muito grande. As atividades são direcionadas, em grande parte, por aqueles que têm os maiores volumes de compra. Como consequência, aquilo que se discute, os temas centrais da rede, são também determinados pelos representantes dessas lojas. Um dos entrevistados destaca o poder econômico e o tempo de participação como fontes de poder: *sabe-se que aquele empresário que representa um volume maior, uma participação maior, empresários mais antigos, fundadores, que tem lojas maiores ou um número maior de lojas, que foram presidentes ou estão no conselho administrativo... têm uma influência maior sobre os demais.* Ele continua, afirmando que *o empresário que chega novo quer participar, mas é limitado até certo ponto.* Outro empresário ressalta: *os lojistas maiores muitas vezes não querem abrir mão do seu nome em prol da padronização da rede. Aí há certa resistência, que limita a possibilidade de conseguir uma maior padronização visual. Os grandes são mais resistentes. Depende muito da mentalidade, mas o grande era o que mais tinha resistência.*

Nas duas redes, a existência de relações de poder é confirmada pelos empresários, sob perspectivas diferentes. Se na Redemac a participação nas equipes, a capacidade de argumentação e a defesa de ideias é vista como uma forma de direcionar as atividades, na Rede Construir o volume de compras do associado é percebido como uma fonte de poder. Isso confirma os argumentos de Lotia (2004) quanto ao direcionamento das atividades pelas organizações mais poderosas da rede. São elas que determinam a direção da rede, que ações serão priorizadas e executadas, influenciando as relações sociais e a aprendizagem que delas emerge.

Não se pode ignorar que, eventualmente, as relações de poder afetam a qualidade do ambiente, podem induzir ao conflito e influenciar a disposição em participar (Lima; Lima; Takaki, 2004). A observação de um dos entrevistados de que justamente as maiores lojas da rede eram resistentes a algumas mudanças, demonstra que as relações de poder existem e são perceptíveis na rede. Por consequência, podem levar ao desalinhamento de objetivos, à desmotivação dos participantes e afetar os relacionamentos, tão importantes para a aprendizagem, segundo Hamel (1991) e segundo a perspectiva sociocultural de aprendizagem (Gherardi; Nicolini, 2001; Strati, 1998).

6.3.5 Mecanismos de controle

- **Redemac:** A rede procura utilizar mecanismos de avaliação e de controle para garantir que os objetivos estipulados e as decisões das assembleias sejam colocados em prática. *Trabalhamos com planejamento estratégico nas equipes e verificamos se as ações foram realizadas, tanto nas equipes como na rede.* O próprio programa de qualificação desenvolvido pela rede define controles quanto ao cumprimento das regras. Embora isso seja uma forma de aferir se as lojas aplicaram as decisões estabelecidas, um dos empresários vê um aspecto negativo: *é preciso cumprir as regras para ganhar pontos. Mas aí acabamos fazendo muitas coisas para ganhar pontos e não porque isso é realmente importante ou para corrigir problemas.* Entre os mecanismos de controle utilizados está o envio de fotos com as alterações visuais ou de organização definidas nas reuniões, e a visita de representantes da rede para verificar se as lojas estão seguindo as regras. Outro mecanismo adotado pela rede é a indicação de um "guardião" em cada loja: *É alguém para verificar se a loja atende os requisitos da rede. Ela manda as informações para as equipes.* Além disso, regularmente nas equipes *alguém liga para saber como está o atendimento nas lojas, o tempo de espera, pede orçamentos, o retorno dos orçamentos. Cada grupo faz isso.* O estatuto e os instrumentos formais da rede são vistos como importantes para estimular os associados a cumprir as decisões tomadas pelo grupo.
- **Rede Construir:** Um entrevistado que não participa da gestão da rede acredita que não há verificações para controlar o que foi definido na rede: *Para nós não há verificação. Alguns saem da rede justamente porque não fazem o que foi definido. "Eles" sabem pelo volume que cada loja está comprando, mas a rede dá total liberdade, cada um faz o que quer.* De fato, na opinião de outro empresário, a rede evita um nível de controle que possa gerar insatisfação entre os associados por diminuir sua liberdade de ação. *Tínhamos uma pessoa que fazia as visitas às lojas, sentava com os empresários, cobrava as ações. Hoje há penalidades para aqueles que não participam das pesquisas e das reuniões.* Mesmo assim, alguns empresários preferem pagar as penalidades a participar. Para um dos entrevistados, a rede tem como verificar se os objetivos estão sendo atingidos e as decisões sendo implementadas, mas isso não está sendo feito. Ele destaca que a rede vinha se organizando bem, inclusive fazendo esforços para que os associados cumprissem as decisões tomadas pelo grupo, mas a saída de alguns membros importantes da rede afetou negativamente.

Ambas as redes possuem mecanismos para verificar e controlar as ações dos associados, como sustentado por Child (2001), embora a eficácia dos controles da Rede Construir seja percebida como insuficiente pelos entrevistados. Nas duas redes pesquisadas, há uma preocupação clara no controle de aspectos operacionais das lojas, em especial quanto à linha de produtos e à padronização visual. Os principais ganhos de aprendizagem destacados pelos entrevistados são o resultado de uma decisão particular de cada um de buscar conhecimentos e informações dentro da rede e junto aos parceiros, e não de planejamentos e verificações da própria rede. Mecanismos de controle, nos moldes apresentados por Child (2001), parecem mais eficazes para garantir que decisões sejam cumpridas e executados do que para estimular a aprendizagem nas relações entre os participantes.

Apesar dos benefícios que o controle pode oferecer para garantir que o processo de aprendizagem seja eficaz – que as decisões da rede sejam incorporadas às lojas e reflitam os objetivos do grupo – pode haver aspectos negativos. Como ressaltou um empresário da Redemac, há controles que se tornam fins em si mesmos, ou então servem para verificar o cumprimento de regras que não melhoram os resultados das empresas.

6.3.6 Mecanismos de informação/ comunicação

- **Redemac:** Os canais eletrônicos de comunicação e de informação são os mais utilizados pela rede, inclusive uma intranet que agiliza a troca de dados. A maioria das trocas de informações dos associados acontece com a sede da rede e, em alguns poucos casos, entre lojas associadas. Apesar das facilidades da comunicação eletrônica, um empresário destacou que *as trocas de experiências e informações acontecem mais quando estamos reunidos nas equipes, nos fóruns ou nas visitas técnicas.* Portanto, a existência de formas rápidas de comunicação não conseguiu substituir plenamente os momentos presenciais e de interação para que ocorra aprendizado. Ao estimular a participação dos empresários em eventos ou visitas técnicas, a rede garante a manutenção de oportunidades em que o aprendizado possa ocorrer com maior facilidade.
- **Rede Construir:** As trocas de informações operacionais são realizadas exclusivamente por meio eletrônico, por *e-mail* ou *intranet* da rede. Pela área restrita do *site* é possível *acessar as informações da rede, as pesquisas, atas das reuniões, as metas "deles", responder as pesquisas. Não é uma relação pessoal, mas troca de dados.* Segundo outro empresário, as atas das reuniões também são mecanismos de comunicação. *As atas de reuniões da diretoria e das equipes trazem o que foi decidido, mas é nas conversas paralelas que se capta muitas coisas. [...] O que foi tratado com o fornecedor vai para a ata, mas o que pode te ajudar na loja não aparece.* Outro entrevistado confirma que, embora houvesse boletins enviados por *e-mail*, *quem participava das equipes, dentro da rede, obviamente estava mais por dentro e provavelmente conseguia usufruir mais. Fica mais difícil aceitar ou até mesmo fazer as coisas quando não se participa tanto. Deveria ter participado mais.*

Embora a tecnologia da informação tenha sido destacada por Child (2001) como uma ferramenta essencial à disponibilização e à troca de informações, as entrevistas demonstram que ela não é suficiente para que haja aprendizagem estratégica. As redes utilizam correio eletrônico, intranet e disponibilizam as atas das reuniões, mas é nos encontros presenciais, nas reuniões e conversas entre os empresários que circulam as informações consideradas por eles mais relevantes e que podem ser utilizadas no negócio. Embora seja adequado que as informações estejam disponíveis mesmo àqueles que possam não estar interessados em utilizá-las imediatamente (Child, 2001), como é o caso das atas de reuniões, a aprendizagem ocorre com maior frequência nos momentos de interação, denotando, mais uma vez, a importância da participação e da interação social, o processo de tornar-se membro do grupo e compartilhar informações (Gherardi; Nicolini, 2001; Strati, 1998).

6.3.7 Objetivos compartilhados

- **Redemac:** O alinhamento de objetivos mostra-se como fator de grande importância para a manutenção da motivação dos associados e, por consequência, de sua participação e aprendizagem na rede. Além de pesquisas realizadas pela rede para monitorar a satisfação dos empresários, há mecanismos específicos para evitar a divisão do grupo ou a insatisfação. *Quando se coloca algo em discussão e a votação fica em torno de 55% ou 60%, não consideramos a questão como aprovada. Fica em suspenso para uma próxima reunião, porque deixou muitos insatisfeitos.* Evita-se que parte significativa dos associados fique insatisfeita ou desmotivada e, consequentemente, menos comprometida e interessada em participar das atividades da rede. Mesmo assim, *aquele que perdeu vai ter que cumprir o que foi estabelecido, mas talvez ele não dê o mesmo gás que daria se tivesse vencido o time dele. Mas com o tempo isso se contorna.* Para outro entrevistado, *há decisões polêmicas, mas quem está na rede já tem a mentalidade de saber como funciona. Quem não aceita isso já nem entra na rede. Quem entra já tem um perfil de associativismo, de cooperação, de olhar no longo prazo.*
- **Rede Construir:** A existência de objetivos claros e com os quais todos concordam é considerada importante. Quando há divisão no grupo, decisões onde há vencedores e perdedores, resultado de objetivos diferentes, ocorre desmotivação. Os conflitos deflagrados na rede resultam, em muitos casos, de divergências de opiniões e desalinhamento de objetivos, gerando posições contrárias ou desinteresse em continuar participando. Um entrevistado destaca que, como consequência, *pode desagradar quando alguém começa a se distanciar da sede. Aquele empresário que entra pensando só em preço e continua pensando só em preço, talvez não veja tanta vantagem na rede. Ele se desmotiva porque não está trocando informações, participando daquilo que a rede oferece, fazendo os cursos que a rede oferece. [...] Ele não entende o que realmente é a rede.* As divergências também podem resultar das relações de poder, como referido anteriormente.

A capacidade da rede de alcançar e manter objetivos comuns – superando os inevitáveis conflitos – mostra-se relevante para que um ambiente de aprendizagem seja mantido. A diferença entre as redes, justamente no que se refere a tomar decisões sem dividir o grupo, impacta a disposição dos empresários em continuar participando e compartilhando informações. Entretanto, como destacado por Khanna, Gulati e Nohria (1998), é comum que haja assimetria de incentivos em investir na relação, à medida que a cooperação evoluiu e objetivos que inicialmente eram comuns passam a ser distintos. Monitorar o desalinhamento de objetivos e encontrar mecanismos para evitar a desmotivação e o distanciamento passa a ser um papel importante para os gestores. É compreensível que aqueles empresários que não veem seus objetivos minimamente refletidos nos objetivos da rede sintam-se menos motivados e menos propensos a realizar as atividades que a rede propõe ou necessita para um bom funcionamento.

6.3.8 Conhecimentos complementares

- **Redemac:** De acordo com o empresário que atua na diretoria, a existência de complementaridade dos conhecimentos dos empresários é perceptível, e aproveitá-la da melhor maneira possível é uma preocupação da rede. Há empresários com maior experiência em uma área ou outra, até mesmo conhecimentos de outras atividades que realizaram. *As pessoas entram nas equipes que têm mais afinidade, mas existe um princípio de passar por todas elas. Fica-se um período em cada equipe e então se troca. As informações acabam se concentrando nas equipes, e vejo que agora aproveitamos muito mais questões de* marketing *porque eu participo dessa equipe.* Não só a complementaridade é perceptível, como a rede se preocupa em estimular a circulação dos empresários pelas equipes para que o aprendizado de diferentes áreas possa ocorrer. *A rede quer que haja rotatividade dentro dos grupos [...] para ter acesso a outros conhecimentos. Até pelo convívio com outros.* Como destaca um entrevistado, os conhecimentos circulam na rede e isso é estimulado, mas depende da vontade de cada um de buscar informações.

- **Rede Construir:** Há empresários com perfis diferentes, com conhecimentos diferentes. *Aquele que participa e tem algum conhecimento, vai trocar informações, vai agregar.* Um dos principais motivos destacados por um empresário para que se sinta desmotivado é que esgotaram as trocas de conhecimentos complementares no grupo. *Às vezes falta até vontade para conversar com um ou com outro, porque se torna repetitivo, não há nada novo. É muito bom trabalhar com quem é melhor do que você mesmo.* Ele complementa dizendo que *no início há um ganho de conhecimento muito grande, mas depois talvez se fique muito exigente, querendo continuar a aprender, até por estar se dispondo a ir às reuniões. Mas parece que, se não entram associados novos, você estaciona, parece que já sugou tudo o que os outros sabem.*

A existência de conhecimentos complementares e recursos idiossincráticos (Dyer; Singh, 1998) é claramente perceptível nos dois grupos de empresas, na opinião dos empresários. Mais do que isso, a possibilidade de que estes conhecimentos sejam compartilhados – gerando aprendizagem – é percebida como um fator importante para motivar alguns empresários e estimular a participação. Quando não existe a percepção de que estar presente pode trazer benefícios (em termos de informações, conhecimentos e aprendizado), os empresários preferem ser associados sem participação efetiva, com reflexos significativos sobre a continuidade e o futuro da rede.

6.3.9 Predisposição para aprender

- **Redemac:** Um dos entrevistados acredita que os empresários *estão abertos a aprender. Já se aprendeu muito, já se conheceu muito. Acho que é uma escola sensacional. Em 5 anos* [participando da rede] *evoluímos muito, melhoramos muito nosso negócio.* Outro empresário reforça a importância da rede como fonte de aprendizagem: *acho que a maioria reconhece que um dos principais ganhos seja a troca de experiências e dá muito valor a isso.* O entrevistado com menos tempo de participação na rede destaca que está aberto a aprender. *Isso está sendo muito importante para nós* [o aprendizado]. *Em um mês estivemos numa loja que é muito boa com estoque, no outro fomos a uma loja que organiza muito bem a distribuição e entrega, uma terceira é a que melhor vende utilizando financeiras.* É a predisposição em buscar os conhecimentos existentes na rede que pode gerar aprendizados diferentes entre os associados.
- **Rede Construir:** As diferenças na predisposição para aprender são percebidas por um dos empresários. *Alguns não querem aprender, para outros tanto faz e outros não aprendem nunca, mas também tem os que sugam o que podem. Alguns acham que sabem tudo e não estão abertos ao aprendizado.* A decisão de outro empresário de não participar

reflete também sua falta de motivação com a rede e pouca disposição em aprender, mesmo sendo o mais jovem entre os entrevistados e talvez com menor experiência no ramo. De acordo com um dos entrevistados: *o pessoal que vai lá* [que frequenta a rede e as atividades] *é porque tem essa abertura. Mas ainda tem aqueles que dizem que não é proveitoso, que não vale a pena ir lá.*

Seguramente a receptividade e a predisposição para aprender, destacadas por Hamel (1991) e Florén e Tell (2004), são essenciais para que ocorra aprendizagem significativa nas redes de empresas. Associados que não participam das atividades de gestão e integração da rede e, portanto, demonstram pouca receptividade aos conhecimentos que circulam no grupo, relataram poucas oportunidades de aprendizagem na rede ou até mesmo desinteresse por esse aspecto da rede. Dadas as evidências empíricas, é possível que este seja um fator primordial para que a aprendizagem em rede ocorra. Isto é, quando os empresários não estão abertos à aprendizagem ou as empresas que eles representam não aceitam os conhecimentos que a rede pode proporcionar, é pouco provável que outros mecanismos criados pelas redes sejam suficientes para que a aprendizagem interorganizacional ocorra.

Por outro lado, deve-se considerar que outros elementos moderadores podem afetar essa disposição de aprender dos associados. Situações como, por exemplo, o desalinhamento de objetivos, as relações de poder e a deterioração do ambiente do grupo e das relações podem afetar o interesse pelo aprendizado. A disposição em aprender é afetada por outras variáveis do contexto e modifica-se ao longo do tempo, como decorrência da própria vivência dos empresários no grupo, suas expectativas e percepções. O argumento de um empresário que, em determinado momento achava que "a rede era o máximo", mas atualmente está se desligando do grupo, mostra claramente que ocorrem mudanças de percepção ao longo do tempo, sendo inevitável que isso afete a disposição de aprender.

○ CONSIDERAÇÕES FINAIS

O estudo teve como objetivo ampliar a compreensão sobre os processos de aprendizagem que ocorrem em redes horizontais formadas por pequenas empresas, analisando o papel e o impacto de um conjunto de elementos para estimular e moderar a aprendizagem. As evidências reforçaram as afirmações de Child (2001) sobre a aprendizagem como resultado natural dos arranjos colaborativos. Embora as redes pesquisadas tenham sido criadas primariamente com o objetivo de obter melhores condições de negociação e realizar *marketing* compartilhado, a aprendizagem ocorreu naturalmente a partir da reunião de indivíduos com conhecimentos e experiências diferentes.

Mais do que isso, a aprendizagem deixou de ser um subproduto, para tornar-se um importante fator de motivação (ou, na sua ausência, de desmotivação), para empresários na rede. Criar e manter um ambiente onde a aprendizagem seja estimulada – e constante – parece ser um desafio para empresários e gestores de redes de empresas, inclusive para manter o interesse e a participação dos associados à medida que a rede se consolida. Em outras palavras, embora os ganhos econômicos possam ser um importante motivador para uma empresa entrar em uma rede, eles caem de importância à medida que se institucionalizam, reservando às oportunidades de aprendizagem o papel de mantenedor do interesse dos empresários pelo trabalho em rede.

Segundos os entrevistados, as redes realizam trocas de informações e conhecimentos capazes de estimular não apenas aprendizagem técnica e sistêmica, como também aprendizagem estratégica (Child, 2001). No entanto, o fato de que ambas já ultrapassaram os estágios iniciais de desenvolvimento e encontram-se consolidadas, não permitiu identificar as modificações nos níveis de aprendizagem ao longo do tempo de existência das redes, conforme proposto na Figura 23-1. Por outro lado, observou-se claramente que, mais do que o tempo de existência do arranjo cooperativo, o envolvimento dos empresários nas atividades da rede e sua participação ativa nas equipes mostraram-se fundamentais para a evolução da aprendizagem em níveis mais avançados, como aprendizagem sistêmica e estratégica.

Cabe reservar um espaço para comentar o importante papel da participação ativa dos integrantes na rede. A perspectiva sociocultural, baseada dentre outras na teoria de aprendizagem situada, apresenta como conceitos centrais a participação, a identidade e a prática (em comunidades ou redes de prática) e as dinâmicas entre eles. No que tange à questão da participação (periférica, central ou marginal), esta perspectiva chama atenção para noções de que ela é um envolvente e continuamente renovado conjunto de relações, e é inseparável da prática social. Desta forma, os termos periferia e participação podem ser empregados para denotar o grau de engajamento e de participação na rede. Quanto mais engajado na rede o empresário está mais ao centro da rede ele poderá se manter. Destaca-se também, a partir do estudo, a questão da legitimidade, que incide na dimensão que diz respeito a relações de poder e autoridade perante o grupo, onde em alguns momentos, determinados empresários ou grupos dentro da rede definem seus rumos e a tomada de decisão.

Conforme Gherardi e Nicolini (2006), aprender é *um ato de pertencer* e a aquisição de conhecimento implica a construção de uma identidade. No caso desta investigação os achados evidenciam que a participação dos empresários na rede implica uma atividade da qual os participantes têm uma compreensão comum sobre o que é e o que significa para suas vidas, construindo uma identidade. Também que o conhecimento e a ação estão localizados em ecologias de relações sociomateriais, ou seja, em *redes de ação*. As relações entre indivíduos e o objeto de sua atividade são mediadas por conceitos e tecnologias. Os relacionamentos entre a comunidade e todo objeto de sua atividade, no caso a rede, são mediados pela divisão de responsabilidades e atividades, as relações entre indivíduos e a rede das quais eles fazem parte são mediadas por regras e procedimentos. Tais fatores comprimem uma bricolagem interrelacionada de recursos materiais, mentais, sociais e culturais para o pensamento e a ação dos indivíduos que integram a rede.

As ideias e as práticas compartilhadas, segundo Nicolini, Gherardi e Yanow (2003), ao referirem-se a Comunidades de Prática, surgem de um conhecimento e aprendizado baseados predominantemente através de fenômenos sociais e culturais. No caso das redes, quer dizer que o conhecimento e a aprendizagem não seriam concebidos pelos processos mentais que residem na cabeça dos empresários, mas seriam vistos como formas de *expertise*, ou seja, como um conhecimento situado na ação em contextos históricos, sociais e culturais.

A pesquisa de campo também lançou luzes sobre as afirmações de Florén e Tell (2004) quanto aos limites da aprendizagem em rede, resultantes da interação continuada dos mesmos participantes. É fundamental para as redes compreender as limitações de aprendizagem e estimular a abertura para a entrada de novos participantes e, com eles, de novos conhecimentos. Redes fechadas, que não recebem novos participantes ou têm dificuldade para associar novas empresas, correm o risco de alcançar níveis de aprendizagem menores com o passar do tempo, afetando a qualidade das relações, a motivação e participação dos empresários.

Cabe destacar que pela perspectiva sociocultural de aprendizagem organizacional dá-se ênfase à natureza histórica, mediada e transformacional dos empreendimentos colaborativos. O conceito de atividade é tido como cognato de prática e dissolve a distinção entre ordem e desordem. Isto porque atividades são sempre ordenadas em comunidades e estão orientadas para objetos de trabalho parcialmente existentes, emergentes e gerados dentro da própria atividade, o reconhecimento do objeto de uma atividade requer aprendizagem expansiva. Tal expansão demanda que o sistema de atividade aprenda novas maneiras de acomodar todos os diferentes elementos de composição, um esforço que inevitavelmente afeta a natureza da atividade desenvolvida e gera novas inconsistências e contradições, disparando um novo ciclo de transformação. Portanto, a inclusão e a abertura para novos integrantes podem potencializar este processo de transformação. Quando a ampliação do número de empresas não é possível ou desejável, encontrar meios de trazer à rede novos conhecimentos pode ser de grande importância para instigar a aprendizagem do grupo.

A inexistência de empresas concorrentes dentro da rede e a construção e manutenção de um ambiente de confiança, com boas relações, também é fundamental para que haja aprendizagem e troca de conhecimentos, como defendem Florén e Tell (2004). Além disso, o alinhamento de objetivos, em um ambiente em que existem relações de poder, é necessário para que se evite a deterioração das relações. Gestores têm um papel importante em acompanhar o interesse dos empresários no processo de cooperação e sua percepção quanto aos objetivos estabelecidos. Para Antonello (2002), os indivíduos elaboram seus próprios mecanismos de confiança, porque sabem o que cada um deles é capaz de fazer, possibilitando que as ideias fluam mais facilmente dentro do grupo. Assim, parece que identificar e estimular a circulação dos conhecimentos complementares existentes no grupo, oportunizando a aprendizagem, também se mostra fundamental em redes horizontais de empresas.

Finalmente, a participação ativa dos empresários nas atividades da rede – como gestores, integrantes de equipes e nas assembleias – demonstrou ser um elemento-chave para que a aprendizagem possa ocorrer e seja percebida. Os mecanismos de comunicação e controle utilizados pelas redes estudadas não abrangem informações e conhecimentos tão significativos quanto os que circulam em momentos de interação, nos quais ocorre maior aprendizagem, segundo os empresários. A participação está diretamente relacionada à predisposição dos empresários para aprender (Florén; Tell, 2004; Hamel, 1991) e na sua abertura para aceitar pontos de vista diferentes e novas experiências, mas também pode ser afetada pelas relações de poder (Lotia, 2004) e conflitos que emergem na rede. O destaque atribuído a elementos como participação, qualidade das relações e momentos de interação converge com a perspectiva sociocultural de aprendizagem, baseada na ideia de que a participação dos indivíduos em atividades sociais (Gherardi; Nicolini; Odella, 1998) é fundamental para que ocorra aprendizagem.

As entrevistas demonstram que ocorreu não apenas aprendizagem interorganizacional (dos atores em um ambiente de rede) como também aprendizagem em rede (Knight, 2002; Knight; Pye, 2005), à medida que a própria relação cooperativa modificou-se com o tempo. As semelhanças nos apontamentos dos entrevistados de uma das redes, por exemplo, demonstra a criação de estruturas cognitivas compartilhadas dentro da rede, normas e interpretações compartilhadas, bem como práticas coletivas.

Do ponto de vista teórico, este estudo contribui para o aprofundamento da compreensão da aprendizagem em redes de empresas, com destaque para a multiplicidade de elementos que geram influência e merecem atenção no processo. É por meio da inter-relação dos elementos estudados e das mútuas influências entre eles que o processo de aprendizagem é construído e modificado continuamente no ambiente interorganizacional, revelando-se fundamental para a relação cooperativa, com *status* de motivador da participação e da manutenção do interesse de muitos empresários na rede. A diminuição da aprendizagem, decorrente da consolidação e do amadurecimento da rede, é um desafio a ser superado pela gestão das redes e pelos próprios participantes, como requisito para evitar a perda de interesse nas atividades cooperativas.

O estudo não teve a pretensão de gerar resultados conclusivos sobre aprendizagem interorganizacional em redes horizontais de pequenas empresas. Dado seu caráter exploratório-descritivo e a coleta de dados com empresários de duas redes distintas, procurou-se ampliar a compreensão sobre os elementos que influenciam na aprendizagem dos participantes desse tipo de arranjo organizacional. Aspectos como os tipos de aprendizagem que ocorrem nas redes de empresas, ao longo do seu ciclo de vida, merecem ser aprofundados – notadamente com métodos de pesquisa que permitam o alcance desse objetivo. Sugere-se a realização de estudos complementares, com redes de outros segmentos de atuação e com características distintas das que fizeram parte desta pesquisa. Novos estudos também podem contemplar a aprendizagem em rede (Knight; Pye, 2005), além da aprendizagem interorganizacional abordada na investigação aqui apresentada.

QUESTÕES PARA REFLEXÃO

1. Qual é sua opinião sobre o papel da cooperação interorganizacional para a competitividade de empresas de pequeno porte?
2. Que estratégias podem ser adotadas por consultores e gestores de redes de empresas para estimular a aprendizagem dos participantes?
3. Que características de uma rede de empresas são importantes para induzir a criação de um ambiente propício à troca de conhecimentos e aprendizagem?
4. Com base nos resultados do estudo, como a seleção dos parceiros influencia as atividades de uma rede de empresa e a propensão à aprendizagem interorganizacional?
5. Na sua opinião, que mecanismos poderiam ser utilizados para a seleção dos parceiros com perfil mais adequado à constituição de uma rede de empresas?

REFERÊNCIAS

ANTONACOPOULOU, E. P. The relationship between individual and organisational learning: new insights from managerial learning practices. *Management Learning*, v. 37, n. 4, p. 455-473, 2006.

ANTONACOPOULOU, E. P.; CHIVA, R. Social complex evolving systems: implications for organizational learning. In: INTERNATIONAL ORGANIZATIONAL KNOWLEDGE, LEARNING AND CAPABILITIES CONFERENCE, 6., 2005, Massachusetts. *Proceedings...* Massachusetts: OKLC, 2005.

ANTONELLO, C. S. Formação gerencial: pós-graduação lato sensu e o papel das comunidades de prática. In: ENCONTRO NACIONAL DA ASSOCIAÇÃO NACIONAL DOS PROGRAMAS DE PÓS-GRADUAÇÃO EM ADMINISTRAÇÃO, 26., 2002, Salvador. *Anais...* Salvador: ANPAD, 2002. v. 1. p. 1-14.

ARGYRIS, C.; SCHÖN, D. *Organizational learning*: a theory of action perspective. Reading, Mass: Addison Wesley, 1978.

BOERNER, C.; MACHER, J. T.; TEECE, D. J. A review and assessment of organizational learning in ecnomic theories. In: DIERKES, M. et al. *Organizational learning and knowledge*. Oxford: Oxford University Press, 2001. p. 14-34.

CÂNDIDO, G. A.; ABREU, A. F. Os conceitos de redes e as relações interorganizacionais: um estudo exploratório. In: ENCONTRO NACIONAL DA ASSOCIAÇÃO NACIONAL DOS PROGRAMAS DE PÓS-GRADUAÇÃO EM ADMINISTRAÇÃO, 24., 2000, Florianópolis. *Anais...* Florianópolis: ANPAD, 2000.

CASAROTTO FILHO, N.; PIRES, L. H. *Redes de pequenas e médias empresas e desenvolvimento local*. São Paulo: Atlas, 1998.

CEGLIE, G.; DINI, M. *SME cluster and network development in developing countries*: the experience of UNIDO. Viena: UNIDO, 1999.

CHILD, J. Learning through strategic alliances. In: DIERKES, M. et al. *Organizational Learning and knowledge*. Oxford: Oxford University Press, 2001. p. 657-680.

COLIN, L.; KNOBEL, M. *Pesquisa pedagógica*: do projeto à implementação. Porto Alegre: Artmed, 2008.

CZARNIAWSKA, B. Anthopology and organizational learning. In: DIERKES, M. et al. *Organizational learning and knowledge*. Oxford: Oxford University Press, 2001. p. 118-136.

DYER, J. H.; SINGH, H. The relational view: cooperative strategy and sources of interorganizational competitive advantage. *Academy of Management*, v. 23, n. 4, p. 660, 1998.

ENGESTRÖM, Y. Expansive learning at work: toward an activity theoretical reconceptualization. *Journal of Education and Work*, v. 14, n. 1, p. 133-146, 2001.

FENWICK, T. Canadian women negotiating working knowledge in enterprise: interpretive and critical readings of a national study. *Canadian Journal for the Study of Adult Education*, v. 16, n. 2, p. 1-29, 2002.

FLORÉN, H.; TELL, J. The emergent prerequisites of managerial learning in small firms networks. *Leadership & Organization Development Journal*, v. 25, p. 292-307, 2004.

FUNDAÇÃO DE ECONOMIA E ESTATÍSTICA. [*Site institucional*]. Porto Alegre, 2008. Disponível em: <http://www.fee.tche.br>. Acesso em: 27 fev. 2008.

GHERARDI, S.; NICOLINI, D. *Organizational knowledge*: the texture of workplace learning. Oxford: Blackwell, 2006.

GHERARDI, S.; NICOLINI, D. The sociological foundations of organizational learning. In: DIERKES, M. et al. *Organizational learning and knowledge*. Oxford: Oxford University Press, 2001. p. 35-60.

GHERARDI, S.; NICOLINI, D.; ODELLA, F. Toward a social understanding of how people learn in organizations. *Management Learning*, v. 29, n. 3, p. 273-297, 1998.

GRANDORI, A.; SODA, G. Interfirm networks: antecedents, mechanisms and forms. *Organization Studies*, v. 16, n. 2, p. 319-340, 1995.

GULATTI, R. Alliances and networks. *Strategic Management Journal*, v. 19, p. 293-317, 1998.

HAGER, P. Lifelong learning in the workplace? challenges and issues. *Journal of Workplace Learning*, v. 16, n. 1/2, p. 22-33, 2004.

HAMEL, G. Competition for competence and inter-partner learning within international strategic alliances. *Strategic Management Journal*, v. 12, p. 83-103, 1991.

HOLMQVIST, M. A dynamic model of intra-and interorganizational learning. *Organization Studies*, v. 24, n. 1, p. 95-123, 2003.

INKPEN, A. C. Creating knowledge through collaboration. *California Management Review*, v. 39, n. 1, p. 123-141, 1996.

KAHNAA, T.; GULATI, R.; NOHRIA, N. The dynamics of learning alliances: competition, cooperation, and relative scope. *Strategic Management Journal*, v. 19, p. 193-210, 1998.

KNIGHT, L. Network learning: exploring learning by interorganizational networks. *Human Relations*, v. 55, n. 4, p. 427-454, 2002.

KNIGHT, L.; PYE, A. Network learning: an empirically derived model of learning by groups of organizations. *Human Relations*, v. 58, n. 3, p. 369-392, 2005.

KRAATZ, M. Learning by association? interorganizational networks and adaptation to environmental change. *Academy of Management Journal*, v. 6, n. 41, p. 621-643, 1998.

LIMA, G. A. N.; LIMA, J. B.; TAKAKI, H. R. C. Confiança e aprendizagem organizacional na formação de consórcios de PMEs para exportação. In ENCONTRO NACIONAL DA ASSOCIAÇÃO NACIONAL DOS PROGRAMAS DE PÓS-GRADUAÇÃO EM ADMINISTRAÇÃO, 28., 2004, Curitiba. *Anais*... Curitiba: ANPAD, 2004. 1 CD ROOM.

LOTIA, N. Power dynamics and learning in collaborations. *Journal of the Australian and New Zealand Academy of Management*, v. 10, n. 2, p. 56-68, 2004.

MAIER, G.; PRANGE, C.; VON ROSENSTIEL, L. Psycological perspectives of organizational learning. In: DIERKES, M. et al. *Organizational learning and knowledge*. Oxford: Oxford University Press, 2001. p. 14-34.

MERRIAM, S. B. *Qualitative research and case study applications in education*. San Francisco: Jossey-Bass, 1998.

NICOLINI, D.; GHERARDI, S.; YANOW, D. (Ed.). *Knowing in organizations*: a practice-based approach. New York: Armonk, 2003.

PARK, S. H.; UNGSON, G. Interfirm rivalry and managerial complexity: a conceptual framework of alliance failure. *Organization Science*, v. 12, n. 1, p. 37-53, 2001.

PODOLNY, J.; PAGE, K. Networks forms of organization. *Annual Reviews Sociological*, n. 24, p. 57-76, 1998.

REDE CONSTRUIR. Associação das Revendas Independentes de Materiais para Construção do Sul. [Site institucional]. São Paulo, 2008. Disponível em: <http://www.redeconstruir.com.br>. Acesso em 07 jan. 2008.

REDEMAC. Associação Redemac de Lojas de Materiais de Construção e Decoração em Geral. [Site institucional]. Porto Alegre, 2008. Disponível em: <http://www.redemac.com.br>. Acesso em: 07 jan. 2008.

RIO GRANDE DO SUL. Secretaria do Desenvolvimento e dos Assuntos Internacionais. *Redes de cooperação*: manual do programa. Porto Alegre, 2004. 1 CD-ROM.

SAWCHUK, P. *Adult learning, technology, and working class life*. Cambridge, UK: Cambridge University Press, 2003.

STRATI, A. Organizational symbolism as a social construction: a perspective from the sociology of knowledge. *Human Relations*, v. 51, n. 11, p. 1379-1402, 1998.

VERSCHOORE, J. R. S. Redes de cooperação: concepções teóricas e verificações empíricas. In: VERSCHOORE, J. R. S. *Redes de cooperação*: uma nova organização de pequenas e médias empresas no Rio Grande do Sul. Porto Alegre: FEE, 2004. p. 15-46.

○ SUGESTÕES DE *SITES* SOBRE O TEMA

http://anpad.com.br/rac/vol_06/dwn/rac-v6-n1-mck.pdf

http://findarticles.com/p/articles/mi_m4339/is_1_24/ai_98595128

http://www.pucrs.br/eventos/cooperacaobrasil/

http://www.pucrs.br/eventos/cooperacaobrasil/evento2005/?page=programa

Claudia Simone Antonello

24

ORGANIZAÇÕES CULTURAIS E A APRENDIZAGEM BASEADA EM PRÁTICAS

OBJETIVOS DO CAPÍTULO

- Discutir e explorar as contribuições da literatura acerca dos processos de aprendizagem nas práticas de trabalho de profissionais que atuam em organizações do setor cultural e artístico.
- Apresentar e comentar informações relacionadas ao setor artístico cultural no contexto nacional e internacional.

RESUMO

Considerando que a noção de organizações culturais por si mesma é uma questão de debate entre orientações intelectuais, muitas vezes antagônicas, para a elaboração deste capítulo, delimitou-se o foco em organizações que atuam no âmbito artístico e cultural e que não produzem em escala industrial. A questão que norteia o ensaio teórico, aqui apresentado, trata de refletir sobre quais os processos de aprendizagem que permeiam o desenvolvimento de profissionais que trabalham em organizações que atuam no setor cultural e das artes? Na tentativa de responder esta indagação, teve-se como objetivo principal discutir e explorar as contribuições da literatura acerca dos processos de aprendizagem nas práticas de trabalho de profissionais que atuam nestas organizações. Assim, explora-se a visão da aprendizagem baseada em práticas como uma possibilidade para maior compreensão das organizações que atuam no setor de atividades culturais e artísticas.

○ INTRODUÇÃO

Uma discussão sobre o desenvolvimento do setor criativo é importante, complexa e oportuna. Apesar de recente, o ascendente interesse pelo assunto revela que a terminologia mais básica é nebulosa, pois se identificam na literatura denominações como: indústria cultural, indústrias culturais, indústrias criativas, economia criativa, indústrias de conhecimento, indústrias de conteúdo, indústrias de entretenimento, indústrias de proteção dos direitos autorais, indústrias de (multi)mídia... O aparato conceitual, em uso nos últimos 10 anos, pode descrever a evolução das organizações que produzem conteúdo simbólico e ilustrar seu crescimento. Algumas abordagens deste assunto focam a classe criativa ou a mão de obra criativa, outros, a questão de agrupamentos destas indústrias e há ainda aqueles que consideram o setor criativo a partir da utilização e do compartilhamento de uma infraestrutura, caracterizando um sistema de produção de multi-indústria. Junto a esta explosão de conceitos, quase exagerada, alguns pesquisadores já falam inclusive em mitologização.

Embora crucial para a pesquisa acadêmica e para a formulação de políticas, a nebulosidade e a mitologização do aparato conceitual dificultam a compreensão clara de complexidade, similaridades ou diferenças, por exemplo, entre a indústria cultural e as indústrias criativas. Estas duas denominações terminam, por vezes, sendo empregadas de forma intercambiável, mesmo não existindo consenso sobre seu significado.

Em muitos países, as indústrias criativas foram promovidas como o principal setor de exportação e fonte de emprego na *nova economia*. Tem-se dito que as indústrias culturais são cruciais em resposta à queda de posicionamento econômico de alguns países europeus (Himanen, 2005). Contudo, nem sempre está presente, no discurso, a formulação e a avaliação de políticas que dariam apoio a estes setores culturais e industriais (Segers; Huijgh, 2006).

Como o próprio objeto de estudo é uma questão de debate entre orientações intelectuais, muitas vezes antagônicas, optou-se, neste capítulo, por delimitar o foco e considerar, na análise, apenas as organizações voltadas para o âmbito artístico e cultural, que não produzem em escala industrial, evitando tentar propor mais uma denominação ou nomenclatura. Acredita-se que, desta maneira, além de contemplar segmentos culturais e artísticos que não se limitam a empresas, abrangem-se organizações sem fins lucrativos e trabalhadores autônomos que atuam e desenvolvem seu trabalho no campo cultural e das artes, mas com a diferença essencial de não produzirem em massa. Assim, a elaboração deste ensaio é instigada pela questão: quais são os processos de aprendizagem que permeiam o desenvolvimento de profissionais que trabalham em organizações atuantes no setor cultural e das artes? Na tentativa de responder esta indagação, tem-se como objetivo principal discutir e explorar as contribuições da literatura sobre os processos de aprendizagem informal nas práticas de trabalho, mais especificamente, a abordagem da aprendizagem baseada em práticas de profissionais que atuam em organizações voltadas para atividades culturais e das artes.

A partir desta introdução, apresenta-se, em seção inicial, o delineamento de cenário acerca dos investimentos que têm sido realizados no denominado setor criativo e nas pessoas nele atuantes. Na sequência, aborda-se a questão dos processos de aprendizagem nas organizações, discutindo a presença de duas correntes predominantes na literatura sobre o assunto, atribuindo destaque à teoria da aprendizagem baseada em práticas. Encerra-se, apontando algumas contribuições desta abordagem para compreensão das organizações atuantes no setor de atividades culturais e artísticas.

1 • SETOR CRIATIVO: UMA FOTOGRAFIA

Conforme a literatura, o desenvolvimento da indústria criativa está se tornando uma estratégia para o desenvolvimento urbano e regional. As indústrias criativas podem funcionar tanto como atores globais, como bastiões da identidade local. Diferentes países, entre eles, Canadá, Cingapura, Reino Unido, Austrália, França e Alemanha, empregam o setor criativo como fornecedor primário de imagens nacionais no estrangeiro e como ferramenta de relações internacionais (Wyszomirski, 2004). Esta visão de interesse político e econômico nas artes e na área cultural tornou-se mais comum no final do século passado, nos Estados Unidos, quando as artes passaram a ser vistas como um pequeno segmento da economia americana, enquanto, em outros países, não era incomum serem transformadas em mero entretenimento, algo sem real valor (Venturelli, 2000). Recentemente, as artes e as atividades culturais, por várias razões, adquiriram prioridade mais elevada na agenda, particularmente na forma de desenvolvimento da indústria criativa.

A denominação indústria cultural foi proposta, em 1947, por Theodor Adorno e Max Horkheimer, teóricos da Escola de Frankfurt, que utilizaram o termo para definir um conjunto de empresas e instituições que tinham, como principal atividade econômica, a produção cultural, com fins lucrativos e voltados ao mercado (Adorno; Horkheimer, 1985). Millar, Choi e Chen (2005) afirmam que as indústrias criativas possuem grande tendência a se globalizarem, em função, principalmente, de fatores como destacados investimentos em produto, marca, promoção, singularidade de suas matérias-primas finais.

Existem críticas quanto à utilização da expressão indústria para a produção criativa, por ser considerada bastante restritiva, denotando significativa necessidade de capital e organização tradicional dos meios de produção. O termo indústria é também frequentemente evitado para fugir das conotações de fábricas e processos de manufatura.

Alguns observadores comentam que, na era da informação, a propriedade intelectual tornou-se uma chave, um recurso econômico, e os artistas, as organizações de artes sem fins lucrativos e as corporações culturais e comerciais não são somente importantes geradores de propriedade intelectual, mas também são procuradores de vastos estoques do conteúdo cultural, nas formas de coleções em museu, arquivos históricos e na realização de amplo repertório das artes (Cherbo; Wyszomirski, 2000).

Como observa Hesmondhalgh (2002), o significado do alcance das indústrias culturais vai além de aspectos econômicos, porque:

- Mais do que outros tipos de produção, têm influência na compreensão que as pessoas têm do mundo e as ajudam a constituir identidades, vidas internas e privadas.
- Administram e circulam a criatividade.
- Além de fontes importantes de riqueza e emprego são também centrais para a reunião social e para a vida econômica.

De forma semelhante, Moneta (2000) discute que as indústrias culturais constituem um sistema de serviços de multimídia com campo de ação que abarca a totalidade da vida diária dos indivíduos e tem influência significativa na formação de valores, na seleção de prioridades das questões públicas, nas características do espaço público e não governamental e na legitimidade das regras e dos atores envolvidos. Assim, elas têm papel fundamental na esfera social e política e nas relações dentro e entre estados e sociedades. Da mesma forma, seu papel é importante na construção de uma atmosfera favorável ou hostil para cooperação regional e de integração.

As organizações do setor cultural/criativo apresentam uma pequena identidade comum, e o público possui pouca consciência delas como uma coletividade. A confusão conceitual, segundo Wyszomirski (2004), deriva de duas fontes:

- O uso implícito de diferentes critérios de definição para determinar quais atividades serão classificadas dentro de um setor cultural/criativo.
- A tentativa de sobrepor o estabelecimento de indicadores e padrões de referência, para avaliar o seu desenvolvimento efetivo, à construção de um *framework* conceitual que sirva para o desenho e para a implementação de iniciativas de políticas de desenvolvimento.

As ramificações destes problemas de definição são particularmente inquietantes, porque o setor cultural difere, em fundamento e formas, de muitos outros tipos de indústrias. Por exemplo, poucas indústrias geram produtos que não só possuem valor econômico público e privado, mas também valor cultural, ao longo de várias dimensões. Da mesma forma que seu valor, a natureza dos produtos culturais é variável, à medida que eles podem tomar a forma de um evento ou objeto físico/tangível e de ideias intangíveis e conteúdo reutilizável.

A ideia de agrupar atividades culturais, comerciais e industriais em um mesmo segmento e denominá-lo indústria criativa é relativamente nova. Na Inglaterra, o termo surgiu no Ministério de Trabalho, em 1997, que o definiu como indústrias que tivessem origem na criatividade, habilidade e talento, com potencial para criação de empregos e bem-estar, por meio da geração e do aproveitamento da propriedade intelectual. Desde então, tem sido largamente adotado na Europa, América do Norte, Austrália, Nova Zelândia e Ásia (Jones et al., 2004).

A Inglaterra possui grande número de especialistas no assunto e criou um ministério dedicado especialmente a este tema. O *Department for Culture, Media and Sport* elaborou, em 1998, o primeiro Documento de Mapeamento das Indústrias Criativas, como uma das alternativas para combater a depressão econômica que atingia as cidades industriais. Esses documentos definiram e classificaram as indústrias criativas em 13 campos distintos: publicidade; arquitetura; arte e mercado de antiguidades; artesanato; desenho; desenho de moda; cinema e vídeo; *softwares* interativos de entretenimento; música; artes performáticas; edição; *software* e serviços de computação; televisão e rádio (Unesco, 2006).

Na América Latina, são também crescentes as iniciativas na área de indústrias criativas. O *Convênio Andrés Bello* (CAB) publicou trabalhos pioneiros no estudo da dimensão que alcançam as indústrias criativas dentro das diferentes economias nacionais, por exemplo, o *Guía para Mapeos Regionales de Industrias Creativas*, preparado pelo Centro de Investigación da Colômbia (CRECE) (Unesco, 2006).

No Brasil, há carência de análise mais minuciosa do setor cultural, em suas diferentes dimensões. De acordo com as informações do Cadastro Central de Empresas (Cempre), divulgadas, em 18 de dezembro de 2007, pelo Instituto Brasileiro de Geografia e Estatística (IBGE), foram criadas 52.231 empresas, órgãos de administração e entidades sem fins lucrativos no setor cultural, entre os anos de 2003 e 2005. Isto representa aumento de 19,4%. Com esse acréscimo, a quantidade total passou de 269.074 para 321.395 organizações. Assim, houve um crescimento de 203.845 pessoas ocupadas, com rendimento de R$ 1.565,74, valor que pode ser considerado alto, na comparação com a média nacional de R$ 1.060,48. No total, o setor empregava 1,6 milhão de pessoas, em 2005.

Ainda em 2005, os empreendimentos com até quatro funcionários representavam 84,9% (272.758 pessoas) do total de empresas de cultura e ocupavam 26,5% (433.986 pessoas) dos profissionais do setor. As maiores empresas, que possuem 500 ou mais funcionários, correspondiam a apenas 0,1% daquelas que atuam nas atividades culturais, totalizando 261 organizações. Elas eram responsáveis, no entanto, por cerca de 23% (390.460) do pessoal ocupado e por 50% do total de salários pagos, que somavam R$ 11,9 bilhões. Em um universo mais restrito, referente às empresas formais do setor, registrou-se aumento de 24.995 organizações, no mesmo período analisado. O total de empresas culturais atingiu, portanto, 153.669. Na análise setorial, verifica-se redução na participação de empresas culturais industriais, que diminuiu de 6,6% para 6,1%, e de comerciais culturais (queda de 32,3% para 24,4%). O grupo das atividades de serviços culturais aumentou sua participação, de 61,1% para 69,5%. Em 2005, foram registradas as seguintes empresas formalmente constituídas nos três segmentos econômicos: 9.371 nas atividades industriais culturais, 37.487, nas comerciais culturais e 106.811 nas de serviços culturais.

A Unesco realizou um estudo no qual constatou que o comércio de bens culturais passou de US$ 39,3 bilhões, em 1994, para US$ 59,2 bilhões, em 2003. De acordo com dados da ONU, em 2005, esse segmento representou, aproximadamente, 7% do PIB mundial e movimentou cerca de U$ 1,3 trilhão. Em 2000, esse valor havia sido de U$ 831 bilhões, o que evidencia o rápido crescimento dessas atividades nos últimos anos (Jaguaribe, 2004). Observa-se, portanto, elevado aumento da demanda e crescimento das indústrias criativas.

Em função do foco deste estudo estar nos processos de aprendizagem, destaca-se o investimento que alguns países têm realizado na formação de profissionais que atuam no setor criativo. Quanto à formação, os projetos *The Entertainment Industry Development Corporation/the Entertainment Training, Research and Education Initiative* nos EUA, *The Canadian Cultural Workforce Projects* e o *The Creative Industries Initiative in the United Kingdom* provêm exemplos de países que investem no mapeamento e na identificação de necessidades de desenvolvimento das indústrias criativas. Estes projetos revelam a preocupação com necessidades de mecanismos de facilitação de produção tradicionais e, marcadamente, com o desenvolvimento de mão de obra para atender às indústrias criativas.

Na Inglaterra, em particular, os esforços envolveram diretamente uma política educacional e programas de desenvolvimento de exportação e também estratégias de desenvolvimento para este segmento. Por exemplo, o *Creative Industries Higher Education Forum* reúne representantes do governo, de indústrias criativas e do ensino superior para desenvolver uma visão compartilhada em inter-relacionamento de indústrias criativas, educação e pesquisa. O desenvolvimento de novas parcerias entre indústria criativas privadas, educação e profissionais é encorajado e tem como canal a criação de conselhos de habilidades de setor (SSCs), como o *Skillset* (*Sector Skills Council for Broadcast, Film, Video and Interacative Media*) ou *Metier* (*National Training Organization for Arts and Entertainment*). Simultaneamente, foram desenvolvidas propostas para remover obstáculos que frustram o desenvolvimento – de artistas, gerentes e empreendedores culturais –, criando uma estrutura que pudesse dar suporte à liberdade do potencial criativo; tornasse mais fácil o acesso para os artistas individuais e as pequenas empresas à proteção da propriedade intelectual; facilitasse o estabelecimento de redes com organizações similares; e oportunizasse o desenvolvimento de habilidades dos profissionais envolvidos. Percebe-se, portanto, o investimento predominante na educação e em processos de aprendizagem formal.

Conforme Wyszomirski (2004), seria possível adotar quatro perspectivas para analisar o setor criativo:

- Como serviço/produto
- Como *clusters* de produção
- A criatividade como processo central de produção
- A ocupacional

Os estudiosos que adotam como lentes a perspectiva ocupacional comentam que existem, neste terreno, vários problemas e tensões não resolvidos. Em primeiro lugar, os profissionais que ocupam este segmento de trabalho consideram-se desvinculados de uma mão de obra comum (Venturelli, 2000.) Cunnigham (2001) observa que os trabalhadores do setor criativo são notoriamente não colaboradores entre si.

Em segundo lugar, há dificuldade em se identificar o padrão de uma mão de obra cultural mais ampla, linhas profissionais distintivas podem equivocadamente ser exacerbadas, geralmente pelo uso analítico de categorias e informação que unificam práticas.

O terceiro aspecto contempla que, dentro de cada grupo profissional, há muitas subcategorias e, exatamente nelas, é que os trabalhadores tendem a localizar sua identidade profissional. Por exemplo, entre artistas, há os atores e poetas, dançarinos e pintores, diretores e coreógrafos, etc. Há ainda os gerentes culturais, os técnicos e os que se interessam pela formação de artistas, os pedagogos das artes que tendem a focar em elementos de educação profissional, pré-profissional, formação e aprendizagem ao longo da vida. Há também os psicólogos educacionais e uma variedade de profissionais interdisciplinares que abordam, por exemplo, como ocorrem os processos de criatividade, as técnicas de preservação e o risco na tomada decisão.

A quarta questão é que individualmente nenhuma destas ocupações tem massa suficientemente necessária para atrair atenção econômica ou política contínua. De acordo com Jeffcutt (2001), há falta de reconhecimento estratégico sobre as relações e redes que habilitam e sustentam o processo criativo numa economia de conhecimento. Estas relações são estabelecidas entre diversos atores e são contínuas em comunidades de diversas atividades. Parece que, em tempos atuais, ocorre uma troca de foco: da noção de artista individual como participante essencial, para um processo de criatividade que não mais funciona efetivamente sem colaboradores de outras ocupações e sem uma variedade de apoios de infraestrutura. Ficou quase impossível produzir um artefato cultural individualmente, sem a intervenção, ajuda, orientação, colaboração ou obstáculo de outras pessoas (Murdock, 2003).

Outra característica importante das indústrias criativas é que muito da infraestrutura crítica do "produzir empresas" e dos "criadores" que a constituem é externo a estas organizações e indivíduos. Conforme Zolberg (2006), apoio cultural, criação, disseminação e recepção não constituem meramente processos de intercâmbio econômico, mas são também simbólicos. Nenhum dos atores da relação é apenas recipiente passivo, mas interage com outros processos de negociação, seleção e conflito:

> Assim como os próprios artistas ganham ou perdem posição, dependendo do prestígio da estrutura de apoio, da 'qualidade' da plateia e do valor dado à forma de arte, também as plateias têm muito em jogo quando fazem suas escolhas artísticas. Em consequência da reciprocidade da relação, pois em certos aspectos ocorre um inextricável entrelaçamento, é importante ter em mente ambos os lados, dentro do contexto sociohistórico em que existe. (Zolberg, 2006, p. 207-208)

Silva, Araújo e Souza (Brasil, 2007) desenvolveram uma pesquisa que descreve o emprego formal cultural e suas características no Brasil, a partir da Relação Anual de Informações Sociais (Rais). Os resultados indicam que o setor cultural é importante como componente do mercado de trabalho, possui dinamismo e tem potencial, ainda não explorado sistematicamente, para a geração de empregos, renda e bens simbólicos. Os resultados apontam para importantes desigualdades regionais no que se refere ao desenvolvimento de atividades culturais. Os impactos do crescimento do setor cultural sobre a formação política e a cidadania, bem como a dinâmica setorial em relação às políticas culturais, foram objeto de inúmeros debates. Muitas críticas também foram dirigidas à sociedade de consumo de massa e às indústrias culturais no que tange a seus efeitos sobre a cultura. Pouca atenção, no entanto, foi direcionada ao estudo de suas características socioeconômicas e muito menos esforços foram feitos para quantificar alguns dos aspectos centrais do dinamismo do setor cultural. São esses esforços, ainda insuficientes e distantes das necessidades de um acompanhamento sistemático do setor cultural, que guiam algumas das intenções analíticas deste estudo.

Alguns estudiosos do assunto (a exemplo de Wyszomirski, 2004) argumentam que as ocupações do setor cultural/criativo são desigualmente profissionalizadas e têm pouca identificação compartilhada. Estes fatores não só resultam em incerteza teórica, mas têm efeitos práticos no planejamento e no desenvolvimento, na capacidade mobilizar e avaliar, nos processos políticos e na educação/formação.

2 • OS PROCESSOS DE APRENDIZAGEM NAS ORGANIZAÇÕES

As novas formas de organizar os processos de trabalho e a literatura, que apontam para a necessidade de superação dos modos de organização tayloristas, oportunizam questionar o modelo de racionalidade técnica da formação – caracterizado por seu caráter linear e cumulativo – mas que, na prática, ainda parece predominar nos programas de formação e desenvolvimento adotados pelas organizações. Isto porque os métodos tradicionais de ensino talvez não se ajustem e/ou não sejam suficientes à aprendizagem, exigindo também o estabelecimento de um pensamento reflexivo crítico (Antonello, 2007) (vide Capítulos 6, 10 e 14 deste livro).

No campo de conhecimento em Desenvolvimento de Recursos Humanos (DRH), a aprendizagem presente na prática cotidiana de trabalho já é reconhecida há muito tempo. Diversas pesquisas em DRH empregaram as teorias da aprendizagem informal, aprendizagem na ação e concepções da aprendizagem organizacional, concluindo que o local de trabalho é um espaço de produção contínua do conhecimento coletivo. Este espaço existe paralelamente, mas certamente não subordinado a cursos formais como intervenções de desenvolvimento.

Recente metarrevisão da literatura da aprendizagem no trabalho, desenvolvida por Fenwick e Rubenson (2005), comparou artigos publicados de 1999 a 2004, em 10 periódicos, e identificou forte presença particularmente de duas perspectivas: (a) aprendizagem como aquisição de conhecimento individual; (b) aprendizagem como desenvolvimento individual. Elas são brevemente abordadas na seção a seguir.

• 2.1 • Aprendizagem como aquisição ou desenvolvimento individual

Numa perspectiva denominada aquisitiva, a aprendizagem é caracterizada como um processo humano individual de consumir e armazenar novos conceitos e habilidades/comportamentos, tendo frequentemente o objetivo de traduzir a aprendizagem para as capacidades que adicionem valor para os recursos organizacionais (Nafukho; Hairston; Brooks, 2004). As pesquisas desenvolvidas nesta perspectiva focam como aproveitar e utilizar ou obter e usar o conhecimento adquirido do indivíduo. As preocupações incluem transferência do conhecimento adquirido para a prática, medir a competência e estreitar o *gap* entre o investimento em treinamento e seus resultados (Bates; Holton, 2004).

Na perspectiva do desenvolvimento humano individual, está a suposição de que o indivíduo aprende e, então, afeta o grupo, mas o propósito está mais sobre o indivíduo em desenvolvimento do que nas capacidades produzidas e na inovação para a organização (Jacobs; Washington, 2003). A base geral é a aprendizagem construtivista. O respeito à história do indivíduo é enfatizado, o foco no indivíduo está na construção do significado e em auxiliá-lo a aprender continuamente. As preocupações da pesquisa incluem como promover a capacidade de aprendizagem autodirigida e como entender a relação do trabalho nos processos de desenvolvimento individuais (Clardy, 2000). O papel do coletivo é descrito principalmente no sentido de fomentar condições para a aprendizagem de capacidades do indivíduo.

Estas concepções de aprendizagem no trabalho, com foco no desenvolvimento individual, retiram em grande parte sua inspiração dos modelos de aprendizagem experiencial, popularizados particularmente por Kolb (1984). Conforme este modelo, propõe-se que os indivíduos reflitam mentalmente em sua experiência concreta e construam e transformem seu próprio conhecimento. Esta concepção é útil por atentar à produção do indivíduo e a seu processo de aprendizagem no trabalho. Lança, porém, a noção de experiência como algo fixo, separado do processo conhecer-fazer. O que fica proeminente são as representações mentais individuais de eventos estáticos e distintos junto a outras pessoas, sendo interdependente a objetos e à linguagem (Fenwick, 2003). Levada ao extremo, esta visão separa a mente do corpo, o pensar do fazer e o individual do coletivo. A noção de desenvolvimento termina sendo criticada por estar arraigada em hierarquias e nas deficientes suposições de que os trabalhadores precisam capacitar-se de acordo com o que é determinado pelo olhar do pedagogo ou planejador de recursos humanos, numa trajetória progressiva de tempo cronológico (Fenwick, 2006).

Os críticos também identificam esta abordagem como convencional e apolítica, pois ignora as relações de poder que determinam hierarquias; o tipo de aprendizagem que é mais valorizado; quais capacidades são mais importantes; que determinados conhecimentos devem permanecer marginais. O problema para a prática do DRH é que, a menos que esteja baseada em modelos de aprendizagem que adequadamente teorizem sobre o indivíduo e/ou a dinâmica social articulados em suas práticas cotidianas, termina subestimando a complexidade deste processo. Quer dizer, a possibilidade progressiva para ambos, indivíduo e mudança social, permanece vaga, a menos que esta dinâmica passe a ser compreendida a partir de outras lentes e com maior profundidade.

• 2.2 • Perspectivas contemporâneas: aprendizagem baseada em práticas

Um debate vibrante está acontecendo no campo de aprendizagem organizacional (Gherardi; Nicolini, 2000; Nicolini; Gherardi; Yanow, 2003), segundo o qual aprendizagem baseada em práticas não abarca somente ações e atividades, mas também o papel da linguagem e de outros artefatos culturais e materiais; a natureza das interações sociais e as respostas tácitas, situadas e quase instintivas, de atores nos mundos e redes socialmente construídos nos quais eles residem. Esta perspectiva também enfatiza a importância de comunidades de práticos *(practitioners)* como o espaço em que a dinâmica social de aprendizagem é negociada, reforçando, assim, princípios de interconectividade e interdependência entre agência e estrutura, ponto central na teoria de estruturação (Giddens, 1984) e na teoria de ator-rede (Law; Hassard, 1999).

Estes argumentos também ocuparam os pesquisadores nas ciências sociais mais amplas, particularmente na sociologia, em estudos sobre gênero, cultura, em estudos organizacionais e sobre educação de adultos. Há contínuo debate sobre a natureza precisa das relações entre pessoas, objetos e discursos; a natureza de mútua reconfiguração, que ocorre nas interações; a natureza e o local onde o conhecimento é gerado. A parir da noção de aprendizagem informal, novas teorias e modelos baseados em práticas emergiram para explicar estes temas, considerando as evidências que estão sendo produzidas por estudos etnográficos em aprendizagem em várias organizações (Gherardi; Nicolini, 2000; Sawchuk, 2003).

Esforços para integrar estes fluxos de pesquisa e auxiliar o entendimento mais sistêmico da natureza da prática resultaram em sua nova conceituação. A noção de prática que passa a enfatizar a natureza holística do fenômeno, como um fluxo contínuo de múltiplas, contínuas e interconectadas práticas constituem o cerne de sua evolução (Antonacopoulou, 2006). A literatura existente supre diferentes aspectos de prática, conforme ela é definida. Algumas das interpretações mais comuns são: prática como ação (Bourdieu, 2004); prática como estrutura-linguagem, símbolos, ferramentas (Turner, 1994); prática como sistema de atividade (Engeström Miettinen; Punamäki, 1999); prática como contexto social (Lave; Wenger, 1991); e prática como conhecimento (Nicolini; Gherardi; Yanow, 2003). Estas múltiplas interpretações revelam a coexistência de uma pluralidade de práticas entrelaçadas que coevoluem em interação dinâmica umas com as outras. A execução cotidiana da prática torna-se um contexto de tensões entre diferentes práticas e os grupos que as incorporam. As tensões, porém, capturam forças sociopolíticas e a elasticidade e a fluidez do organizar, como diferentes processos, que conectam práticas para prover novas possibilidades (Antonacopoulou, 2006).

Esta literatura sugere que o conhecimento está incrustado na ação cotidiana ou até mesmo em corpos, como competências deslocadas, e não nas mentes. Estudos de comunidades de trabalho também revelam que o conhecimento tende a ser distribuído entre os participantes, em lugar de concentrar-se dentro de indivíduos (Cook; Yanow, 1993). Embora já exista algum consenso, são escassas as pesquisas que têm como foco *o quê e como* ambientes e formas de participação produzem práticas particulares de atividade e de conhecimento (Billett, 2004).

As teorias baseadas em práticas também insistem que aprendizagem não pode ser considerada somente como um processo individual. A aprendizagem é compreendida pelo emergir de relações e interações das pessoas com os elementos sociais e materiais de contextos particulares. Assim, "contexto" é considerado em termos de suas divisões do trabalho e relações de poder, ambiente, cultura, linguagem, dentre outros.

Este ensaio discute que a compreensão dos processos de aprendizagem em organizações voltadas para atividades culturais e artísticas pode ser enriquecida se incorporada à perspectiva de aprendizagem baseada em práticas. Esta perspectiva está preocupada em compreender como o conhecimento é produzido ou transformado por meio de sujeitos com e/ou em atividade. Há pelo menos quatro teorias e/ou abordagens que podem ser consideradas para construção da noção de aprendizagem baseada em práticas.

A primeira é da participação pela aprendizagem situada (Lave; Wenger, 1991); a segunda trata da teoria da atividade cultural-histórica (Engeström, 2001); a terceira é a teoria ator-rede (Latour, 2005); a quarta traz a abordagem cultural (Cook; Yanow, 1993) e da estética (Gagliardi, 2004; Strati, 2003, 2007). Todas elas são sinteticamente comentadas a seguir.

1. Teoria ator-rede

O *framework* da sociologia da tradução, também conhecida como teoria ator-rede, deu início aos estudos sociais dentro da ciência e da tecnologia, com base na noção de que "o social" não é senão um modelo de rede de materiais heterogêneos – não somente pessoas, mas também máquinas, animais, textos, dinheiro, arquiteturas – mantidos juntos por processos ativos de ordenação (Law, 1992). De acordo com o princípio da simetria, "conhecedor" e conhecimento mutuamente definem um ao outro. Pensar o mundo como um efeito performático implica o reconhecimento que se entidades (humanas ou não humanas) atingirem a sua forma, como consequência das relações em que estão localizadas, e se as relações não acontecem por si, elas têm que ser realizada *em, por* e *através* destas relações. A ordem e a "natureza" das coisas são, portanto, sempre resultado reversível e incerto, um efeito de operações, artifícios e processos que mantêm as coisas no lugar. O conhecimento e a ação estão localizados em ecologias de relações sociomateriais ou, como essa teoria propõe, em *redes de ação*. A organização, a estabilidade e a persistência são, portanto, o resultado de um esforço e não uma qualidade intrínseca das coisas. O conhecimento e a ação estão localizados em ecologias de relações sociomateriais ou ação-redes (Czarniawska; Hernes, 2005). Essa teoria contribui para a teoria baseada em práticas por conceber o conhecimento na forma performática e suas intermediações, ele não só media práticas como também as propaga.

2. Teoria da atividade

Esta teoria provém do trabalho de Vygotsky e enfatiza a natureza histórica, mediada e transformacional do esforço colaborativo. A expressão "sistema de atividade" é utilizada por Engenström, Puonti e Seppänen (2003), bem como por Blackler, Crump e Mcdonald (2003). Ela significa um sistema constituído por incoerências, contradições, paradoxos e tensões. Entre outras coisas, o seu conceito de atividade (que é cognato da prática) dissolve a distinção entre a ordem e a desordem. Essa teoria contribui com a ideia de uma aprendizagem e uma ação no ambiente de trabalho que são parcialmente existentes e parcialmente emergentes. O conceito de atividade é tido como cognato de prática e dissolve a distinção entre ordem e desordem. Atividades são sempre ordenadas em comunidades e estão orientadas para objetos de trabalho parcialmente existentes, emergentes e gerados dentro da própria atividade, o reconhecimento do objeto de uma atividade requer aprendizagem expansiva. Tal expansão demanda que o sistema de atividade aprenda novas maneiras de acomodar todos os diferentes elementos de composição, um esforço que inevitavelmente afeta a natureza própria do objeto de trabalho e gera novas inconsistências e contradições, disparando novo ciclo de transformação. As relações entre indivíduos e o objeto de sua atividade são mediadas por conceitos e tecnologias. Os relacionamentos entre a comunidade e todo objeto de sua atividade são mediados pela divisão de trabalho. As relações entre indivíduos e as comunidades das quais eles fazem parte são mediadas por regras e procedimentos. Tais fatores comprimem uma bricolagem inter-relacionada de recursos materiais, mentais, sociais e culturais para o pensamento e a ação dos indivíduos. A ideia de um objeto de trabalho, que em parte é dado e parcialmente emergente, revela a tentativa de estabelecer que conhecer e agir são os aspectos fundamentais desta abordagem para as práticas.

3. Teoria da aprendizagem situada

Em contraste com a perspectiva cognitiva, aborda aprendizagem e conhecimento como processos que são integrais para a prática cotidiana no ambiente de trabalho e em outros espaços sociais. O foco muda de um conhecimento objetivo e descontextualizado para o reconhecimento da aprendizagem situada (contexto). Apresenta como conceitos centrais a participação, a identidade e a prática (em comunidades ou redes de prática) e as dinâmicas entre eles. No que tange à questão da participação (periférica, central ou marginal), esta teoria chama atenção para noções de que ela é um envolvente e continuamente renovado conjunto de relações, de que integra e é inseparável da prática social. Esta teoria, desenvolvida por Lave e Wenger (1991) (vide Capítulo 19 deste livro), utiliza também o conceito de "comunidade de prática", que define um sujeito coletivo, um tipo especial de comunidade, implicando envolvimento mútuo, partilha e um repertório de ações, estilos de artefatos, conceitos, discursos e histórias. A competência é histórica e socialmente definida nas comunidades e a interação entre o saber e a competência dá todos os constituintes, oportunidades de aprendizagem e inovação. A noção de comunidade de prática enfatiza, portanto, conhecimento em prática como uma sociedade mista e de pertença. Esta é uma de suas contribuições para os estudos baseados em práticas.

4. Abordagem cultural e estética

A abordagem cultural pode ser vista como práticas culturais (Swidler, 2001) que preservam e transmitem o contexto específico, possuindo coletivamente significados incorporados às práticas. Essa abordagem destaca como o domínio (conhecimento) depende de processos sociais, tanto para sua existência como para sua comunicação: a prática é, simultaneamente, o meio pelo qual o domínio é expresso e comunicado. A perspectiva cultural também mostra como artefatos e interações sustentam o significado e o *knowing* em prática, sem ter que se concentrar em pensamento, crença ou ação de um ator, ou em uma ideia específica, ou num conjunto de valores e predisposições. Quando uma perspectiva cultural-interpretativista é empregada, algumas das ferramentas conceituais utilizadas para compreender a noção de cultura são transferidas para a esfera do pensamento das práticas. Isto torna possível o foco sobre as práticas, como esforço coletivo, e direciona a atenção para as ações, interações, objetos e linguagem utilizados nestas transações sociais, incluindo os significados de um *site* específico e de diversos artefatos, para os atores na situação e um conjunto de métodos interpretativos para acessar e analisar esses dados.

A interpretação na perspectiva cultural enfatiza os contextos específicos, os significados produzidos coletivamente, incorporados nas práticas e sustentados por e reproduzidos em todas as atividades humanas organizadas. Ela destaca como o domínio depende de processos sociais, tanto para sua existência como para sua comunicação: a prática, que é, ao mesmo tempo, o meio através do qual o domínio é expresso e comunicado, e os resultados dessa maestria. A perspectiva cultural-interpretativista também discute como artefatos e interações sustentam tanto o significado e o conhecimento na prática, sem intervir no processo de representação (Cook; Yanow, 1993).

A compreensão cultural e simbólica da organização tem seus fundamentos e bases na abordagem da estética, trata-se do fluxo de pesquisa que mais contribui para aprendizagem baseada em práticas, porque supera a dicotomia mente-corpo e introduz sentimentos como uma forma de saber não cognitivo. Considerando o tema em foco neste estudo – organizações culturais, e sua natureza – é dedicado maior espaço para apresentação e discussão da estética organizacional.

A referência à dimensão cinestésica, tácita, estética do conhecimento como prática é desenvolvida por Strati (2003, 2007). Este autor discute como capacidades perceptivas, sensoriais e estéticas são particularmente importantes não só para realizar uma atividade no trabalho, mas também para tomar a decisão de assumir determinado tipo de trabalho, para ensinar os outros como fazê-lo e para a seleção de pessoal especializado capaz de realizá-lo.

Strati salienta a dimensão estética do conhecimento como prática. Ao fazer isto, o autor dá voz a um número crescente de autores orientados para as práticas, cuja sensibilidade é parte integrante de seu discurso, uma característica que os define para além dos cognitivistas – que tendem a ignorar esta dimensão da inteligência humana e a ação –, bem como da maioria dos estudiosos organizacionais, que estenderam discurso hierárquico do 'logos acima do pathos' para o domínio das organizações sociais e empresariais (Gagliardi, 2004). Conceituando estética do conhecimento como forma de competência que as pessoas adquirem através da ativação de capacidades específicas de suas faculdades perceptivo-sensoriais e do juízo estético, Strati traz à baila a importância central do conhecimento pessoal nos processos de conhecimento organizacional, bem como sua corporalidade.

O socializado, inscrito, treinado, habituado, condicionado e sensível corpo humano, descrito por Strati em seus estudos, torna-se um lócus crítico de ligação e de reprodução da ordem social, de modo que a sensualidade e o cultural tomam lugar central nos processos sociais e organizacionais, permitindo a ordem social, a fim de ser reproduzida e/ou perturbada e/ou reconstituída. Estes corpos disciplinados são portadores e transportadores da ordem social, como Strati observa, eles estão, estética e emocionalmente, fazendo e refazendo a organização.

Quando se assume uma estética em prática, se está enfatizando conhecimento (*knowing*) como uma forma de experiência estética, ao mesmo tempo pessoal e social. Ao realçar a importância da dimensão tácita do conhecimento, a abordagem de Strati permite pensar conhecimentos práticos não como o que ainda não foi tornado explícito como um continente maduro para exploração científica, mas como o que não pode ser falado, porque não é verbal em si mesmo.

Para explicitar esta ideia de transfiguração e de constante movimento do conhecimento, que pode ser *apreendido* momentaneamente, busca-se inspiração em Matisse. O artista, a partir de uma encomenda para elaborar um painel para escadaria de um palácio em Moscou, pinta às pressas, em 1909, *Dance I* (cujo título original é *Dance and Music*) e, posteriormente, a segunda versão intitulada *Dance II* (apresentada em Paris em 1910), quando então, as cores são mais intensas e os corpos mais musculosos. A cena mostra criaturas míticas numa paisagem em infinito, vide Figuras 24-1 e 24-2.

Práticas são, portanto, padrões de atividades institucionalizadas por virtude de um conjunto de julgamentos normativos que as pessoas negociam entre si, no curso da prática atual, e que expressam em termos éticos, estéticos e de critérios técnicos de apropriação (Gherardi, 2006). Pode-se dizer que as pessoas compartilham uma prática se suas ações são consideradas compatíveis às normas de prática correta e incorreta, aos critérios de sensação estética e a padrões de igualdade, de equidade (Nicolini; Gherardi; Yanow, 2003).

Nas artes, como na vida e nos processos de aprendizagem, este *devir* pode se expressar sob diferentes formas e estéticas. Na construção de significados do coletivo e do imaginário, uma dança pode ser ressignificada na pintura, a qual pode ser transformada por sua releitura numa escultura. A partir da obra de Matisse, anteriormente mencionada e que ele mesmo reinterpreta, outros artistas assim o fizeram, evidenciando este *devir*, imanência e *incompossibilidade*, vide Figuras 24-3 e 24-4.

FIGURA 24-1 Obra de Henri Matisse. Dance I (1909). Paris, Hôtel Biron.

Fonte: Matisse (1909).

FIGURA 24-2 Obra de Henri Matisse. Dance II – 1910 – Oil on canvas. Hermitage Museum, São Petersburgo, Rússia.
Fonte: Matisse (1910).

Embora exista a obra "concretamente", ela estará sempre atravessada pelo *olhar* de seu intérprete, seu conhecimento estético e sensível (conforme Strati, 2003), que a *apreende* no instante em que a admira e interpreta, num constante *por vir* e *significar*, assumindo a possibilidade de ser um agente que participa da construção desta obra artística de maneira ativa e, em igual tempo, passiva.

FIGURA 24-3 Obra de Alice Pittaluga. "La Dance" *inspirado em Henri Matisse, 1910 – Dance*. Conjunto escultório no Jardim Botânico. Art urban. Fotografia de Claudio Lara. Rio de Janeiro.
Fonte: Pittaluga ([200-?])

FIGURA 24-4 Obra de Sancho Oliveira. Latão-*Brass inspirado em Henri Matisse, 1910 – Dance (Hermitage version).*

Fonte: Oliveira (2006).

> [...] O que dá o movimento, como diz Rodin, é uma imagem onde os braços, as pernas, o tronco, a cabeça são tomados, cada qual num instante diferente de tempo, figurando, portanto, o corpo numa atitude que não teve momento algum, e que impõe às suas partes ajustamentos fictícios, como esse enfrentamento dos incompossíveis pudesse, e somente ele pudesse, soldar no bronze e na tela a transição e a duração (Chauí, 2006, p. 486).

Dada a natureza do trabalho desenvolvido pelos profissionais que atuam no campo cultural e das artes, é oportuno lembrar que "todo trabalho artístico, como atividade humana, envolve a ação conjunta de certo número de pessoas, frequentemente de um grande número delas. Graças a essa cooperação, a obra de arte que eventualmente vemos ou ouvimos acontece e continua a acontecer" (Becker, 1982). O profissional que atua no campo das artes, assim como a arte, é uma construção social e histórica.

> [...] a sociologia de obras culturais precisa tomar como seu objeto a totalidade das relações (objetivas e também efetivadas na forma de interações) entre o artista e outros artistas, e além deles, a totalidade de atores engajados na produção da obra ou, pelo menos, do valor social da obra (críticos, donos de galeria, mecenas, etc.) [...] O que as pessoas chamam de "criação" é o conjunto do *habitus* socialmente constituído e de uma certa posição (*status*), ou já constituído ou possível na divisão de trabalho da produção cultural (e além disso, num segundo grau), na divisão de trabalho da dominação (Bourdieu, 2004, p. 2).

○ CONSIDERAÇÕES FINAIS

Recentes publicações, no periódico internacional *Human Resource Development Review* (2007), relatam estudos em que é examinada e promovida a aprendizagem contínua que ocorre nas atividades do local de trabalho. Raramente, porém, é atribuída a devida consideração às nuanças dos conhecimentos que emergem em prática, por serem considerados movimentos complexos, construções e escolhas do indivíduo com e/ou em atividade e interação social.

A abordagem da aprendizagem baseada em práticas possibilita examinar o processo emergente de conexão entre atores, sistemas, processos e artefatos – um processo dinâmico que se distingue da concepção estática de uma aplicação de rotinas para uma realidade preexistente. Por estas razões, entende-se que a teoria baseada em práticas pode melhor contribuir para a compreensão das organizações voltadas para atividades culturais e das artes.

> Em contraste com os especialistas da estética, os cientistas sociais partem da premissa de que a arte deve ser contextualizada, em termos de lugar e tempo, em sentido geral, bem como, mais especificamente em termos de estruturas institucionais, normas de recrutamento, treinamento profissional, recompensa e patronato ou outro apoio qualquer. (Zolberg, 2006, p. 38-39)

Deixa-se de pensar no profissional das artes e da cultura como um ser isolado, tende-se a sair do individualismo para as perspectivas sociais (Sawchuk, 2003); da noção de simples aquisição para concepções baseadas na prática (Hager, 2004); de análises atomísticas para as análises sistêmicas, inclusivas, que também respondem por microinterações dentro das atividades (Engeström, 2001). Crescentemente são analisadas relações de poder pelas teorias de aprendizagem endereçadas às políticas de conhecimento, produção e diversidade social que permeiam as atividades cotidianas e a aprendizagem gerada dentro disto.

> Conhecer mecenato, política e política cultural é indicativo de que a ideologia, a política cultural e a política de diferentes estruturas de apoio têm impactos variados sobre os tipos e estilos de arte criados pelos artistas, bem como sobre os próprios artistas. Embora estas estruturas não sejam determinantes no processo criativo, elas elucidam como e por que as pessoas são levadas a ser artistas, por quais meios são selecionadas, por intermédio de

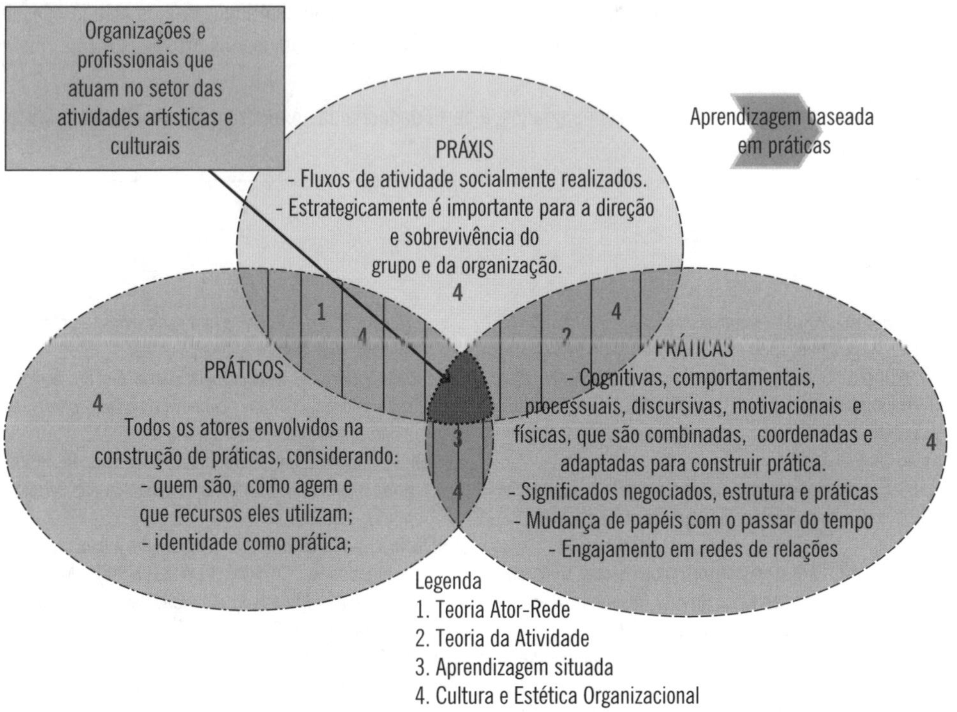

FIGURA 24-5 Organizações que atuam no setor de atividades culturais e artísticas e a visão da aprendizagem baseada em práticas.

Fonte: Elaborado pela autora a partir da literatura.

que agentes ou agências, a natureza e trajetórias de suas carreiras, o que criam e como – às vezes – sobrevivem. O público não é a menor dessas instituições, sendo um fenômeno que pode ser definido como um conceito sociológico, mas que deve ser visto como tendo uma história socialmente construída (Zolberg, 2006, p. 203-204)

Longe de pretender esgotar o tema ou possibilidades, acredita-se que a utilização das lentes da aprendizagem baseada em práticas pode contribuir para se explorar e avançar na compreensão do intrincado, polêmico e complexo universo das organizações relacionadas às atividades artísticas e culturais, principalmente no que diz respeito às práticas de trabalho de profissionais que interagem e/ou atuam nestas organizações. Na Figura 24-5 procura-se sistematizar algumas das ideias aqui apresentadas.

Este capítulo constitui um esforço inicial de apresentar a visão da aprendizagem baseada em práticas como uma alternativa para examinar, em outra dimensão, as organizações culturais e artísticas. Fica o convite e o desafio para a realização de estudos que utilizem este *olhar*.

○ QUESTÕES PARA REFLEXÃO

1. Quais são as divergências ou aproximações ontológicas e epistemológicas que podem ocorrer ao se adotar as quatro abordagens apresentadas na Seção 2.2, como constituintes da teoria da aprendizagem baseada em práticas?
2. Como e por que a teoria da aprendizagem baseada em práticas pode contribuir para os estudos desenvolvidos junto a organizações e profissionais que atuam no setor das atividades artísticas e culturais no Brasil?
3. Quais outros segmentos poderiam ser estudados, a partir da teoria da aprendizagem baseada em práticas? Exemplifique e justifique.

○ REFERÊNCIAS

ADORNO, T.; HORKEIMER, M. *Dialética do esclarecimento*. Rio de Janeiro: Jorge Zahar, 1985.

ANTONACOPOULOU, E. A new dynamic logic of practice: the 12ps of reconfiguring practices, In. ORGANIZATION STUDIES SUMMER WORKSHOP, 2., 2006, Mykonos. Greece. Organization Studies, 2006.

ANTONELLO, C. S. Aprendizagem na ação revisitada e sua relação com a noção de competência. *Aletheia*, n. 26, p.146-167, 2007.

BATES, R.; HOLTON, E. III. Linking workplace literacy skills and transfer system perceptions. *Human Resource Development Quarterly*, v. 15, n. 2, p.153-170, 2004.

BECKER, H. S. *Art worlds*. Berkeley: University of California Press, 1982.

BILLETT, S. Workplace participatory practices: conceptualizing workplaces as learning environments. *Journal of Workplace Learning*, v. 16, n. 5/6, p. 312-325, 2004.

BLACKLER, F.; CRUMP, N.; MCDONALD, S. Organizing processes in complex activity networks. In: NICOLINI, D.; GHERARDI, S.; YANOW, D. (Ed.). Knowing in organizations: a practice-based approach. Armonk: M. E. Sharpe, 2003.

BOURDIEU, P. *Questões de sociologia*. Lisboa: Fim de Século, 2004.

BRASIL. Ministério da Cultura. *Economia e política cultural*: acesso, emprego e financiamento. Brasília, DF: 2007.

CHAUÍ, M. Merleau-Ponty, obra de arte e filosofia. In. NOVAES, A. *Artepensamento*. São Paulo: Companhia das Letras, 2006. p. 467-492.

CHERBO, J.; WYSZOMIRSKI, M. Mapping the public life of the arts in America. In. CHERBO, J.; WYSZOMIRSKI, M. (Org.). *The public life of the arts in America*. New Brunswick: Rutgers University Press, 2000.

CLARDY, A. Learning on their own: vocationally oriented self-directed learning projects. *Human Resource Development Quarterly*, v. 11, n. 2, p. 105-125, 2000.

COOK, S. D.; YANOW, D. Culture and organizational learning. *Journal of Management Inquiry*, v. 2, n. 4, p. 373-390, 1993.

CUNNINGHAM, S. From cultural to creative industries: theory, industry, and policy implications. *Culturelink*, p. 19-32, 2001.

Special Issue. Disponível em: <http://www.culturelink.org/review/s01/s01cont.html>. Acesso em: dez. 2008.

CZARNIAWSKA, B.; HERNES, T. Actor-network theory and organising. Copenhagen: Liber, 2005.

ENGESTRÖM, Y. Expansive Learning at Work: toward an activity theoretical reconceptualization. *Journal of Education and Work*, v. 14, n. 1, p. 133-156, 2001.

ENGESTRÖM, Y.; MIETTINEN, R.; PUNAMÄKI, R. *Perspectives on activity theory*. Cambridge: Cambridge University Press, 1999.

ENGESTRÖM, Y.; PUONTI, A.; SEPPÄNEN, L. Spatial and temporal expasion of the object as a challenge for a reorganizing work. In: NICOLINI, D.; GHERARDI, S.; YANOW, D. (Ed). *Knowing in organizations*: a practice-based approach. Armonk: M. E. Sharpe, 2003.

FENWICK, T. *Learning through experience*: toubling orthodoxies and intersecting questions. Malabar: Krieger, 2003.

FENWICK, T. The audacity of hope: towards poorer pedagogies. *Studies in the Education of Adults*, v. 38, n. 1, p. 6-20, 2006.

FENWICK, T.; RUBENSON, K. Taking stock: a review of work-learning literature 1999-2004. In: INTERNATIONAL RESEARCHING WORK AND LEARNING CONFERENCE, 2005, Sydney. *Proceedings*... Sydney: University of Technology Sydney, 2005.

GAGLIARDI, P. Explorando o lado estético da vida organizacional. In: CLEGG, S.; HARDY C.; NORD, W. R. *Handbook de estudos organizacionais*. São Paulo: Atlas, 2004.

GHERARDI, S. *Organizational knowledge*: the texture of workplace learning. London: Blackwell, 2006.

GHERARDI, S.; NICOLINI, D. To transfer is to transform: the circulation of safety knowledge. *Organization*, v. 7, n. 2, p. 329-348, 2000.

GIDDENS, A. *The constitution of society:* outline of the theory of structuration. Cambridge: Polity, 1984.

HAGER, P. Lifelong learning in the workplace? challenges and issues. *Journal of Workplace Learning*, v. 16, n. 1/2, p. 22-33, 2004.

HESMONDHALGH, D. *The cultural industries*. London: Sage, 2002.

HIMANEN, P. The culture of creativity. In. CREATIVE CAPITAL CONFERENCE, 2005, Amsterdam. *Proceedings...* Netherlands: [s.n.], 2005.

INSTITUTO BRASILEIRO DE GEOGRAFIA E ESTATÍSTICA. *Sistema de Informações e Indicadores Culturais 2003-2005*: estudos e pesquisas informação demográfica e socioeconômica. Rio de Janeiro: Ministério da Cultura, 2007. n. 22.

JACOBS, R.; WASHINGTON, C. Employee development and organizational performance: a review of literature and directions for future research. *Human Resource Development International*, v. 6, n. 3, p. 343-354, 2003.

JAGUARIBE, A. As indústrias criativas: parâmetros para as políticas públicas. In. WORKSHOP DA UNCTAD, 2004, São Paulo. *Indústrias criativas empreendedoras*. São Paulo, 2004.

JEFFCUTT, P. Creativity and convergence in the knowledge economy: reviewing key themes and issues. *Culturelink*, p. 9-18, 2001. Número especial. Disponível em: <http://www.culturelink.org/review/s01/s01cont.html>. Acesso em: dez. 2008

JONES, P. et al. Creative industries: economic contributions, management challenges and support initiatives. *Managements Research News*, v. 27, n. 11/12, p. 134-141, 2004.

KOLB, D. *Experiential learning*. Englewood Cliffs, NJ: Prentice Hall, 1984.

LATOUR, B. *Re-assembling the social*: an introduction to actor network theory. London: Oxford University Press, 2005.

LAVE, J.; WENGER, E. *Situated learning*: legitimate peripheral participation. New York: Cambridge University Press, 1991.

LAW, J. Notes on the theory of the actor-netwok: ordering, strategy and heterogeneity. *System practice*, v. s., n. 4, p. 379-393, 1992.

LAW, J.; HASSARD, J. *Actor network theory and after*. Oxford, UK: Blackwell, 1999.

MACHLES, D. Situated learning. *Professional Safety*, v. 48, n. 9, p. 22-28, 2003.

MATISSE, H. *Dance*. 1909. Obra de arte. The Museum of Modern Art. Disponível em: <http://www.moma.org/collection/browse_results.php?object_id=79124>. Acesso em: 05 mar. 2008.

MATISSE, H. *Dance II*. 1910. Obra de arte. Hermitage Museum, Saint Petersburg, Russia. Disponível em: <http://oseculoprodigioso.blogspot.com/>. Acesso em 05 mar. 2008.

MILLAR, C. C.; CHOI, C.; CHEN, S. Globalization rediscovered: the case of uniqueness and "creative industries". *Management International Review*, v. 45, n.1, p. 121-128, 2005.

MONETA, C. J. *Cultural industries in the Latin American economy*: current status and outlook in the context of globalization. Washington, DC: Office of Cultural Affairs of the Organization of American States, 2000.

MURDOCK, G. Back to work: cultural labor in altered times. In: BECK, A. (Org.). *Cultural work*: understanding the cultural industries. New York: Routled, 2003. p. 15-36.

NAFUKHO, F.; HAIRSTON, N.; BROOKS, K. Human capital theory: implications for human resource development. *Human Resource Development International*, v. 7, n. 4, p. 545-551, 2004.

NICOLINI, D.; GHERARDI; S.; YANOW, D. *Knowing in organizations*: a practice-based approach. New York: Sharpe, 2003.

OLIVEIRA, S. *Latão-Brass*: homens de arame. 2006. Disponível em: <http://homensdearame.blogspot.com/2006/06/56-dance.html>. Acesso em: 05 mar. 2008.

PITTALUGA, A. *La dance*. [200-?]. Obra de arte. Disponível em: <http://www.flickr.com/photos/claudiolara/293063936/>. Acesso em: 05 mar. 2008.

SAWCHUK, P. *Adult learning, technology, and working class life*. Cambridge, UK: Cambridge University Press, 2003.

SEGERS, K.; HUIJGH, E. Clarifying the complexity and ambivalence of the cultural industries. Gent, Bélgica: Steunpunt Re-Creatief Vlaanderen, 2006. Working paper n. 2.

STRATI, A. Knowing in practice: aesthetic understanding and tacit knowledge. In: NICOLINI, D.; GHERARDI, S.; YANOW, D. (Ed.). *Knowing in organizations*: a practice-based ap-proach. Armonk, NY: M.E. Sharpe, 2003. p. 53-75.

STRATI, A. *Organização e estética*. Rio de Janeiro: FGV, 2007.

SWIDLER, A. What anchors cultural practices. In: SCHATZKI, T. R.; KNORR-CETINA, K.; VON SAVIGNY, E. (Ed). *The practice turn in contemporary theory*. London: Routledge, 2001. p. 74-92.

TURNER, Stephen. 1994. *The social theory of practices*. Chicago: University of Chicago Press, 1994.

UNESCO. *Understanding creative industries*: cultural statistics for public-policy making. Geneva, 2006. Disponível em: <http://portal.unesco.org/culture/en/ev.php-URL_ID=29947&URL_DO=DO_TOPIC&URL_SECTION=-465.html>. Acesso em: 03 jan. 2008.

VENTURELLI, S. *Center for arts and culture*. Washington DC: Blackwell, 2000.

WYSZOMIRSKI, M. *Defining and developing creative sector initiatives*. Ohio: The Ohio State University, 2004. Disponível em: <http://arted.osu.edu/publications/pdf_files/paper34.pdf>. Acesso em: 03 jan. 2008.

ZOLBERG. V. *Para uma sociologia das artes*. São Paulo: SENAC, 2006.

○ SUGESTÕES DE *SITES* SOBRE O TEMA

http://arted.osu.edu/publications/apapapers4.php

http://desafios2.ipea.gov.br/desafios/edicoes/19/artigo14847-1.php

http://industrias-culturais.blogspot.com/

http://sites.univ-lyon2.fr/artco/schedule.html

http://tip.psychology.org/lave.html

http://web.infomoney.com.br/templates/news/view.asp?codigo=882824&path=/seunegocio/

http://www.bruno-latour.fr/livres/livres.html

http://www.cultura.gov.br/site/2005/04/04/criatividade-comofator-de-desenvolvimento/

http://www.cultura.gov.br/site/2005/11/11/teses-academicassobre-cultura/

http://www.edu.helsinki.fi/activity/pages/chatanddwr/chat/

http://www.edu.helsinki.fi/activity/people/engestro/

http://www.learningandteaching.info/learning/situated.htm

http://www.learning-theories.com/situated-learning-theory-lave.html

http://www.users.globalnet.co.uk/~rxv/books/latour.htm

Claudia Simone Antonello
Arilda Schmidt Godoy

25

CONSTRUINDO UMA AGENDA PARA ESTUDOS EM APRENDIZAGEM ORGANIZACIONAL NO BRASIL

OBJETIVOS DO CAPÍTULO

- Analisar os estudos em Aprendizagem Organizacional no Brasil
- Colaborar com os desafios apresentados

RESUMO

A partir da literatura e dos estudos apresentados é possível estabelecer algumas conclusões relacionadas a oito dimensões sobre pesquisas em aprendizagem nas organizações publicadas no Brasil: quanto ao contexto cultural de pesquisa; quanto ao contexto intelectual de pesquisa (tradições); quanto à relação entre teoria e prática; quanto aos tipos de organizações estudadas; quanto aos agentes de aprendizagem nas organizações; quanto ao tratamento da aprendizagem nas organizações pela literatura; quanto aos processos e modelos de aprendizagem nas organizações; e quanto às tendências das práticas de aprendizagem nas organizações. Tomando estas dimensões como referência apresentamos as contribuições deste livro no desenvolvimento desse campo do conhecimento, para, a seguir, sugerir uma agenda para os estudos nacionais.

○ INTRODUÇÃO

Na literatura internacional pode-se identificar três obras amplamente empregadas por pesquisadores e estudiosos da Aprendizagem e Conhecimento Organizacional. Esses livros tratam de mapear as publicações e produção científica na área: *The Blackwell Handbook of Organizational Learning and Knowledge Management (Easterby-Smith; Lyles, 200), Handbook of Organizational Learning and Knowledge (Dierkes et. al., 2001) e Organizational Learning* (Cohen; Sproull, 1995) cujos editores decidiram republicar clássicos em Aprendizagem Organizacional.

Considerando as publicações e os avanços nesse território de conhecimento no Brasil, entendemos necessário empreender iniciativa similar. Este livro foi organizado a partir de uma coletânea de textos de reconhecidos pesquisadores, oferecendo ao leitor uma ampla visão da aprendizagem organizacional e de temas relacionados ao conhecimento em organizações no Brasil. Procurou-se, ainda, uma interlocução da Aprendizagem Organizacional com os Estudos Organizacionais – tema pouco explorado, segundo Bapuji e Crossan (2004) – no Capítulo 3, em que os autores abordam o uso da Aprendizagem Organizacional como forma de controle nas organizações, propiciando ao leitor uma oportunidade de reflexão crítica acerca do tema.

Além de sistematizar textos predominantemente conceituais que abordam o atual debate, buscou-se demonstrar o desenvolvimento de trabalhos nacionais e apresentar temas futuros que cobrem tópicos relacionados à Aprendizagem Organizacional e ao Conhecimento Organizacional. Embora ainda não se consiga estabelecer uma aproximação definitiva destes dois temas, trata-se de uma contribuição ao estabelecimento de um diálogo entre estes campos, refletindo criticamente sobre as origens dos conceitos, das teorias e dos estudos. Assim, este livro tenta resumir e analisar o estado da arte, apresentando diferentes abordagens teóricas, aplicações e práticas, que enriquecem o debate sobre as debilidades e forças dos estudos em Aprendizagem Organizacional no Brasil. Por fim, delineia-se uma agenda para pesquisa, considerando o contexto nacional, os atores e os processos organizacionais.

1 • A AGENDA: ANALISANDO OS ESTUDOS EM APRENDIZAGEM ORGANIZACIONAL NO BRASIL

Berthoin Antal e colaboradores (2001) encerram o *Handbook of Organizational Learning and Knowledge* estabelecendo algumas conclusões relacionadas a oito dimensões sobre este campo de estudo (Quadro 25.1).

Assim, tomando como referência estas oito dimensões, a partir da análise da produção acadêmica em Aprendizagem Organizacional no Brasil apresentada no Capítulo 2 deste livro, e com intuito de instigar o leitor a estabelecer reflexões comparativas, apresentamos, a seguir, algumas considerações que podem sugerir uma agenda brasileira para os estudos em Aprendizagem Organizacional.

- **Quanto ao contexto cultural de pesquisa:** identificou-se o predomínio da literatura americana (Argyris; Schön, 1978; Senge, 1990; Kolb, 1984; Kim, 1993; Garvin, 1993; Dibella, 1999) em detrimento da perspectiva anglo-saxônica (Easterby-Smith, 1997), que possibilitaria examinar a aprendizagem como um fenômeno processual. Percebeu-se a reduzida inclusão de experiências de outras regiões do país, além daquela em que o pesquisador e/ou seu grupo está situado. Esta delimitação de territórios de pesquisa dificulta a expansão de conhecimento, a realização de estudos comparativos e, em consequência, dificilmente se direcionará para estudos que envolvam a questão da internacionalização. A aproximação e maior interlocução entre os grupos de pesquisa de diferentes instituições e regiões se fazem, portanto, necessárias, inclusive

QUADRO 25.1
O desenvolvimento da aprendizagem nas organizações como um campo de investigação

Dimensão	Origens	Fase inicial	Desenvolvimento na década de 1990	Desafios que estão emergindo
Contexto cultural de pesquisa	Da perspectiva anglo-saxônica que reivindicava universalidade		Ocorre a inclusão de experiências japonesas e do oeste europeu	Em direção da internacionalização, estudos comparativos e a inclusão de outras regiões
Contexto intelectual de pesquisa, tradições	De pesquisadores/ estudiosos da administração insatisfeitos com a existência de modelos racionais construídos a partir de conceitos oriundos da psicologia	Desenvolvimento de uma ampla variedade de modelos ainda fortemente sustentados na psicologia	Inclusão de conceitos oriundos da antropologia e uma intensificação no interesse em outras disciplinas; emerge o conhecimento no campo da administração	Em direção a transdiciplinariedade construída sobre uma ampla base de disciplinas de conhecimento, incluindo a redescoberta de precursores
Relação entre teoria e prática	De relatos conceituais baseados em experiências de estudos de caso	Uma divisão entre publicações amplamente conceituais e tentativas de satisfazer as demandas imediatas de assessoria; multiplicidade de publicações por consultores (práticos), incluindo "receitas"		Em direção à criação de conhecimento pela cooperação próxima entre acadêmicos e práticos
Tipos de organizações estudadas	De uns poucos exemplos muito diferentes das organizações tradicionais (agências governamentais, instituições educacionais, negócios...)		A gradual redescoberta de outras entidades, tais como, administração pública e estado	Em direção a *network* de organizações; comunidades e ambientes de aprendizagem
Processos e modelos de aprendizagem nas organizações	De abordagens comportamentais, modelos estímulo-resposta, com alguns elementos cognitivos e conceitos evolucionários.		Reconhecimento das dimensões interpretativas; estágio de competição e modelos em espiral	Em direção à aprendizagem e criação conhecimento como processos imbricados
Agentes de aprendizagem nas organizações	Do indivíduo como agente, normalmente gerentes seniores.	Equipes, unidades e subculturas como agentes		Em direção a atores em todos os níveis e comunidades de prática, cruzando os limites organizacionais.
Tendência do tratamento da aprendizagem nas organizações na literatura	Poucas publicações reconhecendo como a política distorce a aprendizagem e as barreiras emocionais que podem ser encontradas no processo de aprendizagem	Uma predominância de publicações que tratam a aprendizagem como um processo não político, levando automaticamente para um resultado positivo.		Em direção a aprendizagem organizacional e criação do conhecimento como processos políticos e emocionais para os quais o conflito é integrante e para quem os resultados podem não ser considerados positivos
Tendências nas práticas de aprendizagem nas organizações	Da aprendizagem como um assunto "intuitivo", ou como atividade de treinamento e desenvolvimento. Alguma coisa acerca de planejamento de cenários	Pela popularização da aprendizagem organizacional como um elemento do processo de mudança (ex. reengenharia, reestruturação...)	Em direção a aprendizagem como intenção de estratégia; *benchmarking*, gerenciamento do conhecimento; institucionalização de papéis (ex. *Chief Learning Officer*) e estruturas (ex. universidade corporativas); experimentos com métodos estruturados livres/flexíveis (ex. diálogo, tecnologia *open space*)	

Fonte: Berthoin Antal e colaboradores (2001).

para discutir a própria agenda de pesquisa sobre AO.

- **Quanto ao contexto intelectual de pesquisa (tradições):** a produção em AO, no Brasil, mantém-se baseada numa perspectiva fortemente sustentada nos modelos oriundos da psicologia (predominantemente cognitivista e experiencial) e da ciência da administração e, há forte influência do viés econômico (baseada nas curvas de aprendizagem), deixando de incluir conceitos oriundos de outras áreas de conhecimento, tais como sociologia, antropologia, história e ciência política. Em função destes referenciais, a aprendizagem é tratada como um fenômeno técnico e cognitivo, fonte de vantagem competitiva, e como resultado (ótica da mudança de comportamento e/ou rotina e estrutura organizacional). Este problema não ocorre somente na produção nacional, mas também nas publicações internacionais. Contudo, é mais marcante no Brasil, pois, na literatura internacional já ocorreu uma evolução e a perspectiva sociocultural abriu novos espaços, exibindo com maior frequência estudos que adotam a perspectiva sociológica e da ciência política. Cabe, portanto, incluir nesta agenda a possibilidade de construir estudos com ampla base de disciplinas de conhecimento, visando à transdisciplinariedade. Isto parece apropriado para um campo aplicado e multidisciplinar como o da administração.
- **Quanto à relação entre teoria e prática:** a partir dos estudos examinados que tratam a questão do estado da arte em AO no Brasil, ficou explicitada a discussão relacionada às duas vertentes – Aprendizagem Organizacional e Organizações que Aprendem – e, em alguns casos é sugerida a aproximação destes dois campos (baseada na proposta de Tsang, 1997). Por outro lado, constatou-se algo preocupante, que é a migração das investigações que antes predominavam na vertente da AO, conforme estudo de Loiola e Bastos (2003), para a vertente Organizações que Aprendem. Não foi possível, contudo, identificar por que este fenômeno está ocorrendo. Pode-se perguntar se os prazos requeridos para desenvolvimento de pesquisas e publicações na área de administração têm incentivado os pesquisadores a realizar estudos longitudinais que, normalmente, demandam mais tempo e investimentos.
- **Quanto aos tipos de organizações estudadas:** identificou-se que apenas 25% dos estudos foram desenvolvidos junto a organizações públicas e são escassas as investigações realizadas em organizações de pequeno e médio porte. O fato de os estudos desenvolverem-se principalmente na área de serviços é compreensível, considerando-se a ambiência de negócios. Continua, porém, marcante a tendência a se pesquisarem organizações de segmentos mais tradicionais e de grande porte. Seria, portanto, relevante uma agenda que contemple pesquisas desenvolvidas junto ao terceiro setor, ao agronegócio, ao setor público, em organizações de pequeno e médio porte e que envolvam redes de organizações e comunidades de aprendizagem.
- **Quanto aos agentes de AO:** há predominância dos estudos que consideram os níveis individual e organizacional, priorizando a transferência do conhecimento do sujeito para a organização e o gerente como ator central neste processo, pouco considerando o papel do nível grupal, interorganizacional e societal. Há uma enorme lacuna, portanto, que poderia ser considerada em estudos futuros: o nível grupal (equipes, unidades e 'as culturas organizacionais') e a ampliação do escopo para examinar os diferentes atores, nos diversos níveis de análise, além, por exemplo, das comunidades de prática e dos processos que perpassam os limites organizacionais. Enfim, a introdução de novas unidades de análise pode auxiliar o campo de conhecimento a avançar.

- **Quanto ao tratamento da AO na literatura:** embora os ensaios teóricos (nacionais e internacionais) recomendem aos pesquisadores atenção especial aos aspectos políticos e emocionais imbricados nos processos de aprendizagem, há predominância de publicações que tratam a aprendizagem como um processo não político (ou apolítico), considerando que, automaticamente, a aprendizagem conduz a um resultado positivo. Frequentemente, a aprendizagem é simplesmente uma caixa-preta, quando a atenção volta-se às entradas (*inputs*), às condições (facilitadores e obstáculos) ou aos resultados positivos (*outputs*) do processo. Raras são as contribuições sorbe como a ideologia pode associar as identidades das organizações e dos indivíduos às relações de poder, por meio dos processos de aprendizagem, por exemplo. Ou seja, evidencia-se a necessidade de estudos que examinem o fato de o conflito poder integrar o processo de aprendizagem e de não ser necessariamente a aprendizagem organizacional sempre algo positivo. Trata-se, também, de abrir uma oportunidade para explorar as possíveis interseções entre a aprendizagem organizacional e as teorias organizacionais, além de colocar em discussão as tensões entre o 'organizar' (*organizing*) e o 'aprender', procurando realizar uma leitura reflexiva e analítica das perspectivas em debate.
- **Quanto aos processos e modelos de AO:** há predominância da utilização de modelos teóricos baseados na noção de aprendizagem experiencial e dos ciclos de aprendizagem de modelos mentais e de curvas de aprendizagem, o que termina conduzindo a estudos que priorizam abordagens mais comportamentais, voltadas para resultados do processo de aprendizagem. Uma das correntes de pensamento no campo da AO, denominada *aprendizagem baseada em práticas* (Lave; Wenger, 1991; Gherardi; Nicolini, 2001), tem enfatizado a importância das comunidades de prática e a aprendizagem situada. Esta abordagem parece mais adequada para examinar a AO, por contemplar, pelo menos mais proximamente, a noção de aprendizagem como processo e os diferentes níveis nos quais ele ocorre. Nicolini, Gherardi e Yanow (2003) propõem a noção de que AO e conhecimento são fenômenos principalmente sociais e culturais e que estão baseados *em práticas*, a partir de diferentes e influentes perspectivas: sociológica, interpretacionista-cultural, comunidades de prática, teoria da atividade cultural-histórica e ator-rede. No volume 40 do periódico *Management Learning* de abril de 2009, Gherardi apresenta e discute, na introdução (*The Critical Power of the 'Practice Lens'*), os artigos que utilizam a teoria baseada em práticas. Conforme a autora, nos estudos organizacionais a teoria baseada em práticas entra em conflito com o cognitivismo e o racionalismo, porque define conhecimento como uma atividade prática e situada em contexto. A autora propõe uma visão de '*organizing*' como uma ação coletiva do conhecer dentro de uma ecologia de humanos e não humanos. O estudo baseado em prática constitui tanto uma sociologia como uma política de conhecimento em seu uso cotidiano."(Gherardi, 2009, p. 124). Sugere-se, para aprofundar esta questão, a leitura da obra *Organizational knowledge: The texture of workplace learning* de Gherardi (2006).
- **Quanto às tendências das práticas de AO:** os estudos analisados refletem, pelo menos parcialmente, como a noção de AO tem sido aportada nas práticas organizacionais. Estão pautados pela ideia que historicamente as organizações têm seu foco nas atividades de treinamento e, mais recentemente, como um elemento-chave nos processos de mudança (vinculados, principalmente a reengenharia, gestão de qualidade, *downsizing*, reestruturação, *benchmarking*, entre outros).

Pouco se examina as práticas informais de aprendizagem nas organizações, embora elas tenham sido elencadas em diversos estudos nacionais como facilitadoras da AO. Na realidade, em lugar de considerar apenas *o quê* e *como* o conhecimento é adquirido no trabalho, os estudos deveriam focar no *o quê* e *como* ambientes e formas de participação produzem práticas particulares de atividade e de conhecimento (Billette, 2004). Clarificar como o processo de aprendizagem dos atores organizacionais está imbricado nos ambientes sociais, pode ser uma importante trilha a ser aberta pelos pesquisadores brasileiros.

2 • A COLABORAÇÃO DESTE LIVRO FRENTE AOS DESAFIOS APRESENTADOS

Embora não se tenha a pretensão de focar especialmente os desafios apresentados na seção anterior, acredita-se que houve uma modesta contribuição neste sentido.

Além disso, espera-se que esta divulgação das idéias e dos resultados das pesquisas aqui expostas fortaleça a discussão do tema entre os diferentes grupos que desenvolvem estudos neste campo no Brasil. A participação de Miguel Pina e Cunha e Luis Araújo trazem a esperança de continuidade deste diálogo profícuo com acadêmicos de outras partes do mundo.

Sem buscar uniformidade, por acreditar como Berthoin Antal e colaboradores (2001) que a diversidade de abordagem faz parte de um processo natural de maturação e desenvolvimento do campo, o conjunto de capítulos aqui apresentados estão assentados em algumas escolhas e preferências que fundamentam esta produção, de certa forma representativa dos Estados do Rio Grande do Sul e de São Paulo, que abrigam a maior parte dos autores. Mas esta não se constitui numa territorialidade acidental, nem reflete "corporativismo", pois faz parte de um esforço deliberado de aproximação de grupos de pesquisa e pesquisadores representativos de diferentes instituições e programas de pós-graduação situados nestes estados, promovendo assim a expansão do conhecimento e o intercâmbio de ideias entre eles.

Uma possível leitura a respeito da contribuição deste livro ao estudo da AO está organizada a partir de quatro aspectos fundamentais e inter-relacionados particularmente visíveis quando se examina o conteúdo trabalhado neste livro.

O primeiro, englobando os capítulos 1 e 2, situa o campo de estudos da AO, apresentando as diferentes perspectivas teóricas que tratam do tema, e analisa a produção acadêmica realizada pelos pesquisadores brasileiros no período de 2001 a 2005. Acredita-se que esta sistematização, elaborada a partir de um olhar multiparadigmático, tenha sido fundamental à organização das oito dimensões examinadas anteriormente e que apontam para os vários desafios a serem vencidos nesta aventura dedicada à melhor compreensão do tema.

O segundo aspecto refere-se à contribuição dos ensaios teóricos desenvolvidos segundo uma perspectiva multidisciplinar, propiciando a articulação do tema com outros campos fronteiriços como a Gestão do Conhecimento (Capítulo 7) e o Conhecimento Organizacional (Capítulo 8). Além disso, tais ensaios buscam "olhar" AO a partir de arcabouços teóricos próprios de outras áreas do saber como estudos organizacionais (Capítulo 3), a teoria da cultura (Capítulo 4), a teoria foucaultiana (Capítulo 19) e a utilização da metáfora das artes para entender o processo de improvisação e aprendizagem nas organizações (Capítulo 5), o significado do trabalho (Capítulo 14) e ambiente organizacional (Capítulo 13). A perspectiva da *aprendizagem baseada em prática*, pelo seu caráter integrador também recebeu atenção especial (Capítulos 4 e 25), sendo os autores representativos desta vertente também utilizados em alguns dos estudos empíricos relatados, mas de forma isolada, sem o emprego da teoria baseada em prática para o desenvolvimento do estudo empírico.

Como terceiro aspecto é importante pontuar que o referencial teórico adotado pelos estudos de campo aqui apresentados, além de utilizar autores clássicos ou muito conhecidos como Argyris e Schön (1978) e Kolb (1984), entre outros, amplia a literatura para a disseminação de autores representativos de uma visão mais européia da AO, como Nicolini, Gherardi e Yanow (2003). Neste caso, destacam-se as pesquisas e estudos relatados nos Capítulos 6, 12, 17, 19, 21 e 23. Além disso, nas investigações que articulam a questão da aprendizagem com o desenvolvimento de competências, o conceito de competência apóia-se nos autores franceses como Le Boterf (1999) e Zarifian (2001) e no inglês Sandberg (2000). Por fim, os capítulos de natureza teórica destacam-se por empregar literatura menos usual neste campo de estudos, estabelecendo algumas reflexões, a exemplo dos Capítulos 3 e 19.

O último aspecto diz respeito às escolhas metodológicas realizadas pelos pesquisadores que participam deste livro. É possível verificar que todos eles desenvolveram suas pesquisas de campo utilizando metodologias qualitativas que tem como paradigma investigativo norteador o interpretativismo e o construcionismo (Lincoln; Guba, 2006, Schwandt, 2006), sendo que em dois capítulos (16 e 21) estão presentes elementos da perspectiva participativa e de intervenção (Lincoln; Guba, 2006; Macke, 2006). Segue-se, portanto, neste livro a recomendação de Easterby-Smith, Araújo e Burgoyne (2000), Yanow e Schwartz-Shea (2006) e Gherardi (2009) que advogam o uso de métodos qualitativos, etnográficos, narrativos e linguísticos nas pesquisas dos processos de aprendizagem nas organizações. Embora este livro traga uma contribuição no sentido de apresentar uma diversidade dentre os métodos qualitativos utilizados pelos pesquisadores, não se nota ainda o emprego dos formatos narrativos e linguísticos.

Dentre as metodologias qualitativas utilizadas merecem destaque:

- o estudo qualitativo básico ou genérico (Merriam, 1998) que orientou as pesquisas desenvolvidas nos Capítulos 9, 11, 12, 13, 19 e 23;
- a *grounded theory* (Strauss; Corbin, 1990) que foi usada nos Capítulos 6, 10 e 22;
- o estudo qualitativo de desenho longitudinal presente na pesquisa desenvolvida no Capítulo 14;
- as histórias de vida (Demartini, 1988, Denzin, 1989, Nóvoa, 1995) empregadas nos Capítulos 15 e 18;
- os estudos de caso (Hartley, 2004; Yin, 2001) eleitos nos Capítulos 16 e 21;
- a pesquisa-ação e de intervenção (Macke, 2006) presente nos estudos discutidos nos Capítulos 16 e 20.

No entanto é importante lembrar que a pesquisa qualitativa segundo Denzin e Lincoln (2006, p. 17)

> Consiste em um conjunto de práticas materiais e interpretativas que dão visibilidade ao mundo. Essas práticas transformam o mundo em uma série de representações, incluindo as notas de campo, as entrevistas, as conversas, as fotografias, as gravações, os lembretes. Nesse nível, a pesquisa qualitativa envolve uma abordagem naturalista, interpretativa, para o mundo, o que significa que seus pesquisadores estudam as coisas em seus cenários naturais, tentando entender, ou interpretar, os fenômenos em termos dos significado que as pessoas a eles conferem.

Por ser multimétodo, por excelência, envolve variadas formas de coleta de dados em um único estudo o que poderá ser facilmente verificado pelo leitor ao examinar a seção referente aos aspectos metodológicos descritos nos estudos de campo que fazem parte deste livro. Para Denzin e Lincoln (2006, p. 17) os pesquisadores que orientam-se pelas metodologias qualitativas "utilizam uma ampla variedade de práticas interpretativas interligadas, na esperança de sempre conseguirem compreender melhor o assunto que está ao seu alcance".

Além dos aspectos destacados cumpre também pontuar que diferentes tipos de organizações, níveis de análise e atores foram contemplados nas pesquisas de campo realizadas.

Assim, acredita-se que o livro avança em alguns pontos e possibilita um material empírico

rico e diverso que realça algumas contribuições teóricas, gerando também dúvidas e discordâncias que evidentemente se constituem em oportunidades para novos diálogos.

○ CONSIDERAÇÕES FINAIS

O este livro permite identificar as trajetórias e analisa, ao menos parcialmente, a construção conceitual no campo da Aprendizagem Organizacional no Brasil, os diferentes paradigmas que dão sustentação às pesquisas, identifica e discute como se está trabalhando e empregando as metodologias de pesquisa AO, explora metaconjeturas e, por fim, sugerir temas, tópicos e questões para estudos posteriores.

A postura de reflexividade, que acompanhou todo o processo de construção deste livro permitiu, inclusive, a reflexão e a discussão da definição de Aprendizagem Organizacional. AO que, em sua história, foi caracterizada como incremento/melhoria de desempenho no transcorrer do tempo, como fenômeno comportamental, cognitivo, sociocultural, fenômeno com dimensões reflexivas e emocionais, fenômeno experiencial. O que se percebe, em alguns casos, é que os estudos e as teorias propostas para AO pecam por não levar em conta as lições oriundas da experiência e dos diversos estudos já desenvolvidos na área de conhecimento em aprendizagem.

Em função da evolução das teorias, dos estudos, das discussões, tensões e contraposições que permeiam este livro e adotando-se um olhar capaz de acomodar diversas representações da temática, acredita-se que seja possível identificar cinco características da AO que precisam ser mais discutidas, incorporadas e/ou resgatadas para compreensão do fenômeno e para delineamento de um conceito de AO que fundamente seu estudo empírico. Revela-se, portanto, importante que se reflita sobre a pesquisa existente em AO, lançando luzes sobre os resultados estabelecidos e as questões que permanecem com a necessidade de maior investigação.

Assim, concluímos salientando que, além das quatro questões centrais para discussão da Aprendizagem Organizacional, apontadas no Capítulo 1 deste livro e sugeridas no Capítulo 4:

1. Nível da aprendizagem: nesta questão. levanta-se a possibilidade de se considerar a aprendizagem explicitamente como um fenômeno interpessoal;
2. Neutralidade da meta: a aprendizagem pode ser vista como algo positivo ou negativo;
3. Noção de mudança: nem toda a aprendizagem manifesta-se como uma mudança no comportamento;
4. Natureza processual da aprendizagem: aprendizagem é um processo e como tal deveria ser estudada encerramos destacando uma preocupação;

   trata-se da **Natureza política** da aprendizagem. Embora já sinalizado por Coopey (1995), Easterby-Smith (1997, 2000), Contu, Grey e Örtenbland (2003) e Contu e Willmott (2003), mantém-se a necessidade de realização de estudos que considerem as relações de poder que perpassam os processos de aprendizagem nas organizações. Espera-se, assim como Contu e Willmott (2003, p. 292), que a aprendizagem organizacional deixe de ser tratada como uma Cinderela da teoria da administração

   > [...] e que nossa crítica acerca da forma como é disseminado o tema, estimule outros a aceitar o desafio analítico, sustentado inicialmente pelo ponto de vista avançado [...] de que aprendizagem como uma prática situada, apresenta uma noção complexa, implicada em estruturas sociais que envolvem relações de poder.

○ REFERÊNCIAS

ARGYRIS, C.; SCHÖN, D. A. *Organizational learning*. Reading: Addison-Wesley, 1978.

BAPUJI, H.; CROSSAN, M. From questions to answers: reviewing organizational learning research. *Management Learning*, v. 35, n. 4, p. 397-417, 2004.

BERTHOIN ANTAL, A. et al. Organizational learning and knowledge: reflections on the dynamics of the field and challenges for the future. In: DIERKES, M. et al. (Ed.). *The handbook of organizational learning and knowledge*. Oxford: Oxford University, 2001. p. 921-938.

BILLETT, S. Workplace participatory practices: conceptualizing workplaces as learning environments. *Journal of Workplace Learning*, v. 16, n. 5-6, p. 31-325, 2004.

COHEN, M.; SPROULL, L. *Organizational learning*. London: Sage, 1995.

COOPEY, J. The learning organization: power, politics and ideology. *Management learning*, v. 26, n. 2, p. 193-213, 1995.

CONTU, A.; GREY, C.; ÖRTENBLAD, A. Against learning. *Human Relations*, v. 56, n. 8, p. 931-952, 2003.

CONTU, A.; WILLMOTT, H. Re-embedding situatedness: the importance of power relations in learning theory. *Organizations Science*, v. 14, n. 3, p. 283-296, 2003.

DEMARTINI, Z. B. F. Histórias de vida na abordagem de problemas educacionais. In: SIMSON, O. M. V. (Org.). *Experimentos com histórias de vida*: Itália-Brasil. São Paulo: Vértice, 1988.

DENZIN, N. K. *Interpretive biography*. Newbury Park: Sage Publications, 1989.

DENZIN, N. K.; LINCOLN, Y. S. (Org.). *O planejamento da pesquisa qualitativa*: teoria e abordagens. 2. ed. Porto Alegre: Artmed, 2006.

DIBELLA, A.; NEVIS, E. C. *Como as organizações aprendem*: uma estratégia integrada voltada para a construção da capacidade de aprendizagem. São Paulo: Educator, 1999.

DIERKES, M. et al. (Ed.). *The handbook of organizational learning and knowledge*. Oxford: Oxford University, 2001. p. 921-938.

EASTERBY-SMITH, M. Disciplines of organizational learning: contributions and critiques. *Human Relations*, v. 50, n. 9, p. 1085-1113, 1997.

EASTERBY-SMITH, M.; ARAUJO, L.; BURGOYNE, J. (Org.). *Aprendizagem organizacional e organizações de aprendizagem*: desenvolvimento na teoria e na prática. São Paulo: Atlas, 2000.

EASTERBY-SMITH, M.; LYLES, M. A. (Ed.). The Blackwell handbook of organizational learning and knowledge management. Malden: Blackwell Publishing, 2003.

GARVIN, A. Building a learning organization. *Harvard Business Review*, v. 71, n. 4, p. 78-91, 1993.

GHERARDI, S.; NICOLINI, D. The sociological foundations of organizational learning. In: DIERKES, M. et al. (Ed.). *The handbook of organizational learning and knowledge*. Oxford: Oxford University, 2001. p. 35-60.

GHERARDI, S. *Organizational knowledge*: the texture of workplace learning. Oxford: Blackwell Publishing, 2006.

GHERARDI, S. *Introduction*: the critical power of the 'practice lens'. *Management Learning*, v. 40, n. 2, p. 115-128, 2009.

HARTLEY, J. Case study research. In: CASSELL, C.; SYMON, G. (Ed.). *Essential guide to qualitative methods in organizational research*. London: Sage, 2004. p. 323-333.

KIM, D. The link between individual and organizational learning. *Sloan Management Review*, v. 35, p. 37-50, 1993.

KOLB, D. A. *Experimental learning*: experience as the source of learning. New Jersey: Prentice-Hall, 1984.

LAVE, J.; WENGER, E. *Situated learning*. legitimate peripheral participation. New York: Cambridge University, 1991.

LE BOTERF, G. *L'ingénierie des compétences*. Paris: Les editions d'organisation, 1999.

LINCOLN, Y. S.; GUBA, E. G. Controvérsias paradigmáticas, contradições e confluências emergentes. In: DENZIN, N. K.; LINCOLN, Y. S. (Org.). *O planejamento da pesquisa qualitativa*: teoria e abordagens. 2. ed. Porto Alegre: Artmed, 2006. p. 169-192.

LOIOLA, E.; BASTOS, A. V. A produção acadêmica sobre aprendizagem organizacional no Brasil. *Revista de Administração Contemporânea*, v. 7, n. 3, p. 181-201, 2003.

MACKE, J. A pesquisa-ação como estratégia de pesquisa participativa. In: GODOI, C. K.; BANDEIRA-DE-MELLO, R.; SILVA, A. B. *Pesquisa qualitativa em estudos organizacionais*. São Paulo: Saraiva, 2006.

MERRIAM, S. B. *Qualitative research and case study applications in education*. San Francisco: Jossey-Bass, 1998.

NICOLINI, D.; GHERARDI, S.; YANOW, D. *Knowing in organizations*. New York: Sharpe, 2003.

NÓVOA, A. Histórias de vida: perspectivas metodológicas. In: NÓVOA, A. *Vidas de professores*. 2. ed. Portugal: Porto, 1995.

SANDBERG, J. Understanding human competence at work: an interpretative approach. *Academy of Management Journal*, v. 43, n. 1, p. 9-25, 2000.

SENGE, P. A. Quinta disciplina. 2. ed. São Paulo: Best Seller, 1990.

STRAUSS, A.; CORBIN, J. *Basics of qualitative research*: grounded theory procedures and techniques. Newbury Park: Sage, 1990.

SCHWANDT, T. A. Três posturas epistemológicas para a investigação qualitativa: interpretativismo, hermenêutica e construcionismo social. In: DENZIN, N. K.; LINCOLN, Y. S. (Org.). *O planejamento da pesquisa qualitativa*: teoria e abordagens. 2. ed. Porto Alegre: Artmed, 2006.

TSANG, E. Organizational learning and the learning organization. *Human Relation*, v. 50, n. 1, p. 73-89, 1997.

YANOW, D.; SCHWARTZ-SHEA, P. (Org.). *Interpretation and method*: empirical research methods and the interpretative turn. Armonk: Sharpe, 2006.

YIN, R. K. *Estudo de Caso*: planejamento e métodos. Porto Alegre: Bookman, 2001.

ZARIFAN, P. *Objetivo competência*: por uma nova lógica. São Paulo: Atlas, 2001.

ÍNDICE